Margret Bärtschi
Hansjoachim Spengler

Hunde sehen – züchten – erleben
Das Buch vom Berner Sennenhund

Margret Bärtschi
Hansjoachim Spengler

Hunde sehen – züchten – erleben

Das Buch vom Berner Sennenhund

Verlag Paul Haupt Bern und Stuttgart

CIP-Titelaufnahme der Deutschen Bibliothek

Bärtschi, Margret:
Hunde sehen – züchten – erleben: das Buch vom Berner Sennenhund / Margret Bärtschi;
Hansjoachim Spengler. – Bern; Stuttgart: Haupt, 1992
ISBN 3-258-04302-7
NE: Spengler, Hansjoachim:

Printed in Germany

Vorwort

Das vorliegende Buch «Hunde sehen – züchten – erleben» schliesst in mehrfacher Hinsicht eine Lücke in der schon reichhaltigen kynologischen Literatur. Obschon der Berner Sennenhund zu den im In- und Ausland verbreitetsten Vertretern unter den Schweizer Hunderassen zählt, hat bisher eine umfassende literarische Darstellung gefehlt. Das Buch ist aber mehr als «nur» eine Rassemonographie. Es ist ein Werk, das weit über das Rassekundliche, -spezifische hinausgeht und Fragen nach den Grundlagen der Hundekunde, -haltung und -zucht beantwortet.

Nach jahrelanger intensiver Arbeit und gestützt auf eigene Zuchterfahrungen der Verfasser liegt nun eine umfassende Gesamtschau des Berner Sennenhundes vor. Der Text, verdeutlicht durch zahlreiche fotografische und schematische Abbildungen, gibt dem Züchter, aber auch dem Hundehalter eine Fülle von Wissenswertem über das Äussere, das Wesen und das Verhalten, die Zucht und die Haltung und vermittelt die für eine Zucht auf Schönheit wie auch auf Gesundheit unentbehrlichen Grundlagen der Genetik in allgemein verständlicher Form. Obschon Ausgangspunkt der Darlegungen stets der Berner Sennenhund bleibt, hat vieles Allgemeingültigkeit, so dass auch Züchter und Halter anderer Rassen grossen Genuss und Nutzen daraus ziehen können.

Bern, im September 1990

Prof. Dr. Ulrich Freudiger
Direktor der Klinik für kleine Haustiere
der Universität Bern

Einleitung

Seit Jahren wird es von den vielen Freunden des Berner Sennenhundes im In- und Ausland als Mangel empfunden, dass über diese verbreitete Hunderasse noch immer kein umfassendes Buch erhältlich ist. Als der Schweizerische Klub für Berner Sennenhunde 1982 das Fest seines 75jährigen Bestehens vorbereitete, wurde diese Lücke besonders deutlich. Durch viele Fragen, vor allem auch ausländischer Freunde angeregt, entschlossen wir uns damals, alles Wissenswerte zu sammeln, schriftlich festzuhalten und durch geeignetes Bildmaterial zu dokumentieren, um es eines Tages allen Interessierten zur Verfügung stellen zu können.

Die ersten Untersuchungen galten vor allem der Entstehungsgeschichte dieser grossen Bauernhunde. Es sollte geklärt werden, welche wirtschaftlichen, kulturellen und sozialen Umstände, aber auch welche landschaftlichen und klimatischen Bedingungen zusammengewirkt haben, damit es zur Entwicklung eines solchen Hundeschlages kam. Ort und Zeit des ersten Vorkommens sollten aufgespürt werden, vor allem auch deshalb, weil die bisherige, immer wieder verwendete Rassegeschichte auf offensichtlich falschen Annahmen beruht. Während sich die Auffindung der ersten Dürrbächlerhunde und die Anfänge der Reinzucht um die Jahrhundertwende verhältnismässig gut verfolgen lassen, erwiesen sich die Nachforschungen über Vorkommen, Verwendung und Aussehen von Bauernhunden in früheren Zeiträumen bald als ausserordentlich schwierig und zeitraubend. Die Spuren, die Hunde, vor allem die gewöhnlichen Landhunde, in den auswertbaren archäologischen, schriftlichen und bildlichen Zeugnissen der vergangenen Jahrhunderte hinterlassen haben, sind äusserst spärlich, schwer auffindbar und lückenhaft. Etwas Konkretes über sie in Erfahrung zu bringen, erfordert ein immenses Durchackern aller möglichen und «unmöglichen» Quellen.

Als dann die Fragen nach dem von vielen erwarteten Buch immer drängender wurden, entschlossen wir uns 1986, die Fertigstellung des speziellen rassegeschichtlichen Teiles vorläufig noch zurückzustellen und zunächst das zu veröffentlichen, was aus praktischen Gründen Züchter und Freunde von Berner Sennenhunden vor allem interessiert: der Berner Sennenhund, wie er sich heute von seinem Äusseren und seinem Charakter her zeigt und wie er gehalten, beurteilt und gezüchtet wird. Entscheidend für den Fortgang der Arbeit in diesem Sinne war auch ein besonderer Glücksfall: Ausgelöst durch eine Reihe von Zeitschriftenveröffentlichungen, entwikkelte sich zwischen den Autoren ab 1983 ein reger Briefwechsel. Persönliche Kontakte haben dann zu einer intensiven und fruchtbringenden Zusammenarbeit über Ländergrenzen hinweg geführt, bei der das Interesse am heutigen Berner Sennenhund und seiner Weiterentwicklung im Mittelpunkt stand.

Wir legen nun ein Buch vor, das Haltern und Züchtern Auskunft und Anregung gibt, wie der Dürrbächler in seinem Äusseren, seinem Wesen und seinem Gesundheitszustand nicht nur erhalten, sondern, wo es nötig ist, auch noch verbessert werden kann. Zuchtziele abzustecken und Hilfe anzubieten, damit diese auch erreicht werden können, war eines unserer zentralen Anliegen. Doch auch der nicht züchtende Hundefreund erhält Hinweise, wie dieser Hund zu verstehen, zu beurteilen und in unserer Zeit ins Alltagsleben zu integrieren ist.

Es war von Anfang an unser Ziel, den Berner-Sennenhund-Freunden, vor allem den Züchtern unter ihnen, ein Buch in die Hand zu geben, in dem sie alles finden können, was sie für ihre Arbeit brauchen. Für die vielen offenen Fragen, die immer wieder neu in Gesprächen unter engagierten Hundeleuten auftauchen, sollten vielseitige und umfassende Überlegungsgrundlagen angeboten werden.

Bei diesem Vorhaben hat uns der Verlag dankenswerterweise von Anfang an zur Seite gestanden, weil es für den Käufer praktischer ist, wenn alles in einem einzigen Buch vereint vorliegt. Er hat uns dabei ermutigt, Grundsätzliches so auszuarbeiten, dass es auch für Züchter und Halter weiterer grosser Hunderassen wertvolle Hinweise geben kann. In diesem Sinne wurde dann auch der Obertitel «Hunde sehen – züchten – erleben» gewählt, weil das, was vom Berner Sennenhund gesagt wird, ebenso für viele andere Rassen gilt.

Zu unserer Freude hatten wir gleichfalls die vorbehaltlose Unterstützung der Herren des Vorstandes des Schweizer Sennenhund-Vereins für Deutschland. Sie waren es, die das Manuskript als zukünftiges Standardwerk bezeichneten und uns tatkräftig ermutigten, die umfangreiche Arbeit auf den Markt zu bringen. Ihnen und weiteren ausländischen Freunden der Rasse ist die nunmehrige Veröffentlichung vor allem zu verdanken, um so mehr, als der in den letzten Jahren amtierende Vorstand des Schweizerischen Klubs für Berner Sennenhunde (KBS) bedauerlicherweise nie für eine Mitarbeit oder Unterstützung zu gewinnen war.

Erst nachdem das Manuskript schon eine Weile abgeschlossen war und der Verlag bereits mit der Herstellung begonnen hatte, entschlossen wir uns auf ausdrücklichen Wunsch des Stiftungsrates der Albert-Heim-Stiftung, dem bereits umfangreichen Werk noch einiges zur Rassegeschichte voranzustellen. Wir konnten uns dabei auf das Material stützen, das wir für eine weitere Publikation, die allein diesem Thema gewidmet sein soll, bereits zusammengetragen hatten. Im nachhinein stellen wir fest, dass dieses erste Kapitel trotz der extremen Kurzfassung eine echte Bereicherung ist, um so mehr, als über die Herkunft des Dürrbächlers bisher noch sehr wenig publiziert worden ist.

Das der Rassegeschichte folgende ausführliche Kapitel über das erwünschte Aussehen des Berner Sennenhundes konnte, ebenfalls in letzter Minute, noch an die Formulierungen des neuesten Standards von 1990 angepasst werden.

In den Darlegungen über Wesen und Charakter wird von den historischen Beschreibungen des Dürrbächlers ausgegangen, die zum Teil sprichwörtlich geworden sind, jedoch heute kritisch bewertet werden müssen. Wir können ihnen entnehmen, was dieser Hund einmal war und welche Aufgaben er zu erfüllen hatte, müssen aber der heutigen völlig andersgearteten Umgebung Rechnung tragen, die viele alte Anreize nicht mehr bietet, so dass einst wesentliche Charakterzüge kaum mehr zum Tragen kommen.

Um eine Hunderasse zielgerichtet züchten zu können, sind Grundkenntnisse der modernen Genetik unerlässlich. Weil in der deutschsprachigen Literatur leicht verständliche und vom Züchter konkret anwendbare entsprechende Darstellungen fehlen, hielten wir einen solchen Teil für wichtig. Aus dem hochkomplizierten genetischen Geschehen wurde bewusst nur das ausgewählt und möglichst einfach dargestellt, was für die Zucht von praktischer Bedeutung ist: In erster Linie soll dem Züchter das Handwerkszeug gegeben werden, Gesundheit, Wesen und Schönheit seiner Tiere in der Generationenfolge zielbewusst beeinflussen zu können.

Eng daran schliesst sich der Versuch an, die züchterische Beeinflussung einzelner Merkmale anzugehen. Oft sind es ja Einzelpositionen, die dem Züchter Sorgen bereiten und die er verbessern möchte. In dieses Kapitel sind auch die mitgeteilten Erfahrungen vieler Beobachter eingeflossen, die in Zukunft noch weiter ergänzt werden könnten. Dieser Teil enthält eine Besprechung genetisch bedingter Krankheiten, die beim Berner Sennenhund Sorgen bereiten. Es werden Wege zu deren Bekämpfung aufgezeigt. Hier kann noch viel getan werden, wenn es gelingt, Züchter und Halter zu überzeugen, über ihren eigenen Schatten zu springen und zusammenzuarbeiten.

Die Darstellung der praktischen Seite der Züchteraufgaben – sowohl der Zuchtaufbau als auch die Überwachung von Deckakt und Geburtsgeschehen und die Gestaltung der Jungtieraufzucht – fasst unsere eigenen Probleme und Erfahrungen sowie die Beobachtungen vieler weiterer Züchter und ihrer tierärztlichen Betreuer zusammen. Hier sind konkrete Hinweise für das praktische Vorgehen im Einzelfall zu finden. Zu einer ganzen Anzahl von Fragestellungen konnte Zahlenmaterial gesammelt und statistisch ausgewertet werden, das genaue Angaben ermöglicht.

Der letzte Teil soll vor allem Anregung geben, das Zusammenleben mit dem vierbeinigen Kameraden auszuschöpfen. Wir haben es einerseits mit einem Tier zu tun, für das es immer schwieriger wird, seine speziellen Veranlagungen auch in den einengenden heutigen Verhältnissen ausleben zu können, andererseits mit dem Menschen, der selber vielseitigen Zwängen unterliegt und deshalb kaum noch Gelegenheit hat, das Wesen «Hund» umfassend kennen zu lernen. Berührungspunkte müssen bewusst gesucht werden. Dazu möchte dieses Kapitel ermutigen.

Es war unser Anliegen, nur Sachverhalte darzustellen, die auf aktuellen wissenschaftlichen Erkenntnissen beruhen. Wir hatten dabei die grosszügige Unterstützung von Wissenschaftlern/innen und Veterinärmedizinern/innen, die uns Auskünfte erteilten, uns berieten, Manuskriptteile überprüften und uns in jeder Hinsicht zur Seite standen. Wir danken herzlich

Herrn Prof. Dr. Ulrich Freudiger, Direktor der Klinik für kleine Haustiere der Universität Bern

Herrn Prof. Dr. Claude Gaillard, Direktor des Instituts für Tierzucht der Universität Bern

Herrn Dr. med. vet. Urs Küpfer, Leiter der Abteilung für Fortpflanzungsprobleme an der Klinik für Nutztiere und Pferde der Universität Bern

Frau Dr. med. vet. Vreni Schärrer, Oberassistentin an der Klinik für kleine Haus-

tiere und Lektorin an der veterinär-medizinischen Fakultät der Universität Bern
Frau Dr. med. vet. Ruth Morgenstern, Lektorin und Oberassistentin am Institut für Tierpathologie der Universität Bern
Herrn Dr. zool. Marc Nussbaumer, Zoologe am Naturhistorischen Museum der Stadt Bern und Betreuer der Albert-Heim-Stiftung
Frau Dr. med. vet. Linda Hornisberger, praktische Tierärztin, Bern
Herrn Dr. med. vet. Volker Wienrich, praktischer Tierarzt, Güstebieser Loose

Dank schulden wir auch folgenden Züchterinnen, die durch die Mitteilung ihrer Erfahrungen und die Überlassung ihrer Zwingerdaten massgeblich zu diesem Buch beigetragen haben:
Frau Marianne Hübscher, Zwinger «vom Sihleggrain», Wollerau
Frau Vreni Gasser, Zwinger «vom Waldacker», Burgdorf
Frau Margrit Beer, Zwinger «von der Beernau», Langnau
Frau Verena Treuthardt, Zwinger «von Savora», Vouvry

Sehr dankbar sind wir insbesondere auch der Präsidentin des Arbeitsausschusses für Zuchtfragen und SHSB der Schweizerischen Kynologischen Gesellschaft, Frau Eva Walliser, Rütschelen, für ihre ständige Unterstützung und die kritische Durchsicht von Manuskriptteilen.

Ein so umfangreiches Buch wie das vorliegende hätte ohne finanzielle Unterstützung nicht gedruckt werden können. Wir verdanken sein Erscheinen den folgenden Institutionen:
Albert-Heim-Stiftung
Polizeidirektion des Kantons Bern (Sevafonds)
Effems AG, Beratung für Kleintierhaltung, Zürich
Schweizerische Kynologische Gesellschaft (SKG)
Schweizer Sennenhund-Verein für Deutschland e.V.
Verein für Schweizer Sennenhunde in Oesterreich
Regionalgruppe Bern des Klubs für Berner Sennenhunde
Oekonomische und gemeinnützige Gesellschaft des Kantons Bern (OGG)
Kantonalbank von Bern
Spar- und Leihkasse Kirchberg
und Herrn Matthias und Frau Vreni Senft-Steuri

Bern und Bad Lausick, im Juli 1991

Margret Bärtschi
Hansjoachim Spengler

Inhaltsverzeichnis

Prof. Dr. Albert Heim (1849–1937) zum Gedenken

Ein Buch über den Berner Sennenhund kann nicht geschrieben werden, ohne dass zuerst an den grossen Förderer unserer heimatlichen Sennenhunde-Rassen erinnert wird.

Albert Heim wurde am 14. Februar 1849 als Sohn eines Kaufmanns in Zürich geboren. Schon als Knabe begeisterte er sich für die Berge und fiel als ungewöhnlich scharfer Beobachter und geschickter Zeichner auf. Nach seiner Maturitätsprüfung mit 17 Jahren wurde er Mitglied des Schweizer Alpenklubs und erwarb sich bald Bekanntheit durch die meisterhafte Darstellung von Gebirgspanoramen. Nach dem Studium der Geologie an der Universität Zürich und einem Semester in Berlin wurde der erst

22jährige 1871 zum Professor an der Eidgenössisch Technischen Hochschule in Zürich ernannt und ein Jahr später auch an die Universität berufen. Von Anfang an erwies er sich als begabter Lehrer, der seine Schüler mitzureissen und auch Schwieriges durch geschickte Zeichnungen verständlich darzustellen verstand. 1871 vermählte er sich mit Dr. Marie Vögtlin, der ersten Frau, die in der Schweiz eine eigene Arztpraxis führte.

Albert Heim lehrte bis 1911 an den beiden Hochschulen und zog sich dann von seiner Lehrtätigkeit zurück, um mehr Zeit für seine geologischen Forschungen zur Verfügung zu haben. Er war zur weit über unsere Landesgrenzen hinaus bekannten und anerkannten Kapazität für Gebirgsgeologie geworden. Immer wieder wurde er zu allen möglichen Gutachten herangezogen, stellte geologische Berechnungen für Stauseen, Tunnelbauten und ähnliches an. Daneben setzte er sich für soziale und gesellschaftliche Fragen ein, engagierte sich für Alkoholabstinenz, für Kinderkrippen, für Frauenrechte und vieles andere mehr. Heim hat in seinem langen Leben über 200 Publikationen verfasst, darunter mehrere mehrbändige bahnbrechende Werke seines Fachgebiets; er war Ehrenmitglied von 37 Gesellschaften und Ehrendoktor der Universitäten Bern und Oxford.

Neben seiner Begeisterung für die Berge galt seine tiefste Liebe unzweifelhaft den Tieren, insbesondere den Hunden. Nach dem Tode seines ersten Hundes, eines Irischen Setters, kaufte er 1887 in Deutschland sein erstes Neufundländerpaar, Pluto und Thetis. Am 2. Juli 1888 wurde er in die damals erst fünf Jahre alte «Schweizerische Kynologische Gesellschaft» aufgenommen, für deren Anliegen er sich trotz aller anderen Belastungen bis an sein Lebensende immer mit grossem Einsatz engagierte.

Heim, den Naturforscher, faszinierten insbesondere alle ursprünglichen, natürlich gebliebenen Hunderassen, die ausserdem fähig waren, dank ihrer besonderen Eigenschaften für den Menschen allerlei nützliche Dienste zu verrichten. 1889 importierte er zwei Neufundländer direkt aus Neufundland, denen später weitere folgten. So konnte er ganz «ursprüngliches Zuchtmaterial» erhalten. Damit baute er seine Neufundländerzucht «vom Wolfbach» auf, durch die er unter Kynologen bald bekannt wurde.

In der unfreiwilligen Langeweile, zu der viele Hunde durch den Menschen verurteilt werden, sah Heim ein grosses Unrecht. Er setzte sich daher unermüdlich dafür ein, dass jedermann seinen Hunden «Arbeitsmöglichkeiten» verschaffe, damit diese körperlich und vor allem «geistig» gesund bleiben. Seine Neufundländer bildete er zur Wasserarbeit aus und lehrte sie kleine Wagen ziehen. Im Dienst als Zughund sah er für alle grossen Hunderassen eine sinnvolle Betätigung und setzte sich auch bei den Behörden für die Erhaltung dieses alten «Hundeberufes» ein. Der damals aufkommenden strengen Polizeihundedressur, die leider oft menschlichem Renommiergehabe entspringt, konnte er jedoch wenig abgewinnen.

Bald wurde Heim an den immer mehr an Bedeutung gewinnenden Hundeausstellungen als Preisrichter geschätzt, am Anfang als Fachmann für Neufundländer, später auch für andere Rassen. Mit der für ihn typischen Pünktlichkeit erschienen seine Richterberichte über alle von ihm gerichteten Hunde jeweils schon in den nächsten Nummern des «Centralblattes». Bei aller fachlichen Kompetenz, die keine Mängel übersah, erblickte Heim in jedem Hund, auch dem unscheinbarsten, eine Persönlichkeit, der er mit Liebe begegnete.

In den Sennenhunden erkannte er «altes kostbares Gut der Schweizer Bauern», was sie in seinen Augen besonders wertvoll machte. Ihrer nahm er sich in den letzten 35 Jahren seiner kynologischen Tätigkeit besonders an.

Bei seinen geologischen Forschungen im Alpsteingebirge hatte er den Appenzeller Sennenhund kennen gelernt. Als er nach dem Tode Max Sibers im Jahre 1889, der sich schon länger für die Erhaltung der schweizerischen Treibhunde eingesetzt hatte, von der SKG dazu gedrängt wurde, sich dieser Rasse anzunehmen, tat Heim das mit der ihm eigenen Gründlichkeit und Begeisterung. Er richtete die Appenzeller nicht nur auf den Ausstellungen, sondern setzte sich auch bei den Bauern für deren Reinzucht ein. 1906 war er Mitbegründer des ersten Rasseklubs und stellte den Standard für diese Sennenhundrasse auf.

1904 begegnete er an einer internationalen Hundeausstellung in Bern den ersten «Dürrbächlern». Ganz selbstverständlich wurde Heim dann auch diese neue Schweizer Rasse zugeteilt. 1907 hatte er an einer Ausstellung in Luzern erstmals eine Klasse Dürrbachhunde zu richten.

An der Hundeausstellung in Langenthal 1908 glaubte er in einem grossen stockhaarigen Hund, der als Dürrbächler vorgeführt wurde, den «alten Metzgerhund» wiederzuerkennen und sah die Möglichkeit der Entwicklung einer weiteren eigenständigen Rasse. Spontan gab er ihr einen Namen: Grosser Schweizer Sennenhund. «Bello» wurde deren Stammvater und Vorbild für die Standardformulierung.

1913 wurden Heim, wieder in Langenthal, vier stummelschwänzige Sennenhunde aus den Entlebuch zur Beurteilung vorgestellt. Mit seinem Engagement und der Ausarbeitung eines Standards begann die Entwicklung der vierten Sennenhunderasse, des Entlebuchers.

Dem Berner Sennenhund gab Heim nicht nur seinen heutigen Namen, sondern auch sein eigentliches Gepräge. Wer in der Rassegeschichte des Dürrbächlers anhand der Richterberichte verfolgt, wie stark Heim bei der Gestaltung mitwirkte und wie dessen Überlegungen und Entscheide richtungweisend waren, wird feststellen, dass dieser grosse Hunderichter den rohen Bauernhund erst zu dem gemacht hat, was er heute ist. Er tat dies nie von oben herab, sondern entwickelte die neuen Ziele immer schrittweise suchend mit den Züchtern zusammen. Das hat ihm auch das Vertrauen der Klubmitglieder eingetragen.

Heims Wirken für die Hunderassen, die ihn interessierten, wäre wohl längst in Vergessenheit geraten, wenn er seine Beobachtungen, Erkenntnisse und Erfahrungen nicht schriftlich niedergelegt hätte. Neben den vielen grundsätzlichen Artikeln und seinen zahlreichen wegweisenden Richterberichten, die im Verlauf der Jahre im «Centralblatt» erschienen waren, greift man noch heute auf seine Arbeiten über den Neufundländer (1928) und den St. Bernhardshund (1933) zurück. Für die Freunde der Sennenhunde ist aber vor allem seine kleine Schrift «Die Schweizer Sennenhunde» von Bedeutung. Er verfasste sie 1914 aus Anlass der zweiten grossen Schweizerischen Landesausstellung in der Hoffnung, mit diesem leidenschaftlichen Plädoyer die

Schweizer Bevölkerung auf die lange verkannten eigenen Rassen aufmerksam zu machen.

In dem unscheinbaren Schriftchen werden die Schweizer Sennenhunde erstmals ausführlich beschrieben: ihr Aussehen, ihr Wesen und ihre charakterlichen Eigenarten, ihre Verwendungszwecke, ihre Haltung und wie sie gezüchtet werden sollen.

Beim Appenzeller Sennenhund konnte Heim seine Darlegungen vorwiegend auf eigene Beobachtungen stützen, die er bei seinen geologischen Exkursionen im Ursprungsgebiet gewonnen hatte. Den Berner Sennenhund kannte der Züricher Gelehrte jedoch fast nur von Ausstellungen her, er musste sich deshalb vor allem auf die Aussagen der Züchter verlassen. Seiner Darstellung liegt ein Brief des jungen Dürrbachklubs und eine Beschreibung Dr. A. Scheideggers, eines Tierarztes in Langenthal, zugrunde. Das gilt es zu berücksichtigen, wenn man das Schriftchen oder Nachdrucke davon heute richtig einschätzen will.

Das kleine Bändchen hat bis heute ganze Generationen von Sennenhundfreunden begleitet und ist die klassische Schrift geblieben. Neben dieser Quelle gab es kaum Informationen über die Sennenhunde, schon gar nicht über den Berner, ausser vielleicht den spärlichen Angaben, die in den Werken des Berner Professors Theophil Studer (1845–1922) eingestreut sind, der zu seiner Zeit durch Forschungen über die Herkunft unserer Hunderassen bekannt wurde. Wer sich mit Gestalt und Charakter des Berners befassen will, muss also unweigerlich auf die Schriften Heims zurückgreifen. Sie behalten ihren uneingeschränkten Wert, wenn auch der Gelehrte in seiner Begeisterung über die einheimischen Rassen manches idealisiert hat und in anderen Punkten ein Kind seiner Zeit gewesen ist, dessen Ansichten durch die Wissenschaft unterdessen überflügelt worden sind.

So hatte er sich auch den damals gültigen Theorien der ausländischen Herkunft unserer Bauernhunderassen angeschlossen. Die moderne Vererbungslehre hat sich erst später durchgesetzt, so dass Heim z. B. noch an die Vererbung erworbener Eigenschaften glaubte. Auch seine Ansicht, die er nach der Ausstellung in Langenthal 1908 zu entwickeln begann, die Sennenhunde seien als «ungewöhnlich durchgezüchtete, feste, viele Jahrhunderte alte Rassen» in dieser Form schon seit Urzeiten dagewesen, muss heute in Frage gestellt werden.

Als einige Forscher glaubten, die Sennenhunde auf römische Vorfahren oder gar auf den Tibethund zurückführen zu können, schloss er sich dieser heute überholten Ansicht an. Heims Verdienst liegt nicht in solchen theoretischen Überlegungen, sondern darin, aus den rohen Bauernhundeschlägen vier klar unterscheidbare Rassen herausgearbeitet zu haben. Er hat Kriterien für deren Abgrenzung voneinander aufgestellt und eindeutige Zuchtziele formuliert. Heim hat die Sennenhunde-Rassen nicht «ausgegraben», sondern zusammen mit den Klubs durch das, was er einbezog und durch das, was er ausschloss, erst eigentlich geschaffen.

In diesem Sinne sind seine Ausführungen in den Richterberichten und Schriften immer noch wichtige Grundlagen geblieben. Es sind Zeugnisse von dem, was ursprünglich vorhanden war und was seit dem Beginn der Reinzucht daraus entwikkelt wurde. Die von Heim gewiesene Richtung für die Züchtung des Berner Sennenhundes ist heute immer noch wegleitend. Als bedeutendster Förderer und eigentlicher Schöpfer der Schweizer Sennenhunde wird Heim unvergessen bleiben.

Mit der Albert-Heim-Stiftung in Bern haben ihm die Schweizer Hundefreunde ein Denkmal gesetzt. Am 14. April 1929, zu seinem 80. Geburtstag, hat die Delegiertenversammlung der Schweizerischen Kynologischen Gesellschaft beschlossen, eine Stiftung seines Namens zu errichten, damit Wertvolles von Hunden erhalten und unter seinem Namen weiter Wissenswertes über sie gesammelt und erforscht werden kann.

Nach einigen stillen Jahren, in denen er sich bis zum Schluss mit Fragen zum besseren Verständnis unserer Hunde auseinandersetzte, ist Professor Heim, 88 Jahre alt, am 31. Juni 1937 in seinem Chalet «Hagrose» ausserhalb der Stadt Zürich gestorben.

Jahre vorher, 1923, hatte er anlässlich einer Hundeausstellung seine Festrede mit den für sein Leben bezeichnenden Worten geschlossen:

«Und wenn ich mein Sterben herannahen fühle, so werde ich nach dem Dank an die Mitmenschen, die mir Liebe gegeben haben, und an die Natur, in der ich forschend arbeiten durfte, auch danken den Tieren, besonders den treuen Hunden, die mich in Freud und Leid begleitet haben.«

1. TEIL

BERNER SENNENHUNDE RICHTIG SEHEN

Wie der Berner Sennenhund entstanden ist

Um eine Rasse und deren Eigenschaften verstehen zu können, muss man wissen, wie sie entstanden ist und welchen Zweck sie einmal zu erfüllen hatte. Hunde sind von allen Tieren mit dem Menschen die längste und engste Bindung eingegangen. Mit ihren besonderen Fähigkeiten erleichterten sie ihm den harten Kampf ums Überleben. Anders als im Leben des modernen, die Welt mit technischen Mitteln bewältigenden Menschen, der den Hund weitgehend entbehren könnte, war er einst für viele Bewohner der Erde eine Notwendigkeit. Wenn Hunderassen heute noch verändert und bestimmte Grundformen oder Verhaltenseigenschaften ins Extreme gesteigert werden, steht dahinter in den allermeisten Fällen ganz einfach die Freude an der Variation, am auch noch Möglichen, am Neuen und Besonderen. Solche Antriebe können im Menschen dann entstehen, wenn nicht mehr alle Energien durch den Existenzkampf gebunden werden. Sie setzen voraus, dass mehr als die absoluten Lebensgrundlagen vorhanden sind. Auch in der Vergangenheit hat es immer wieder Zeitabschnitte gegeben, wo es Bevölkerungsgruppen besser ging und der Wunsch nach dem Besonderen erwachen konnte. Reine Freude an der Variation mag bei der Verwandlung des wilden Ausgangstieres in die so überaus vielgestaltigen heutigen Hunderassen immer auch mitbeteiligt gewesen sein. Die überwältigende Mehrheit unserer Vorfahren lebte jedoch auf so gefährdeter Lebensgrundlage, dass Haustiere in allererster Linie der Sicherung der nackten Existenz zu dienen hatten. Was diese verbesserte, wurde erhalten, gepflegt und vermehrt, was zum Nachteil geriet, wurde zwangsläufig ausgeschieden. Hunde hatten nur soweit Lebensberechtigung an der Seite des Menschen, als sie echte Gehilfen waren. Nur wer dazu am besten taugte, konnte in dieser engen Gemeinschaft überleben. War die Menschengruppe zu ihrer Ernährung von der Wildtierjagd abhängig, überlebten Hunde, die am besten riechen und suchen, am schnellsten hetzen und verfolgen, am sichersten umzingeln, stellen und fassen konnten. Stand jedoch der einmal gerodete und nutzbar gemachte Fleck Boden im Vordergrund, auf dem die Menschengruppe hauste und sich von ihren Äckern und Haustieren erhielt, musste es ein Hund sein, der in der Nähe blieb und Mensch und Vieh Sicherheit verlieh. Wer am besten wachen, Gefährliches abschrecken und vertreiben konnte oder auch stark genug war, es im Kampf zu überwinden, wurde vom Menschen erhalten. Nur jahrhundertelang gleichgerichtete Anforderungen der Menschen an Generationen dieser vierfüssigen Begleiter haben es vermocht, Körpergestalt und Verhaltensweisen primitiver Ausgangstiere so zu verändern, dass daraus verschiedene Arten von Haushunden wurden, die unterschiedlichen Zwecken zunehmend besser dienten.

Eine Hunderasse richtig sehen, heisst daher in jedem Falle auch, ihre heutige Gestalt und ihren Charakter als Ergebnis einer langen, langen Geschichte an der Seite des Menschen zu verstehen.

Der Berner Sennenhund wird der grossen Gruppe der Bauernhunde zugerechnet. Er ist in der ländlichen Bevölkerung Mitteleuropas zu Hause, ist in dieser Zone geworden und erfüllte die Bedürfnisse der dortigen, den Boden bewirtschaftenden und Vieh züchtenden Menschen.

Rekonstruktion eines neolithischen Jäger-Bauern-Dorfes um 3800 v. Chr. anhand der Funde. Es handelt sich dabei um die Station Egolzwil 5, Kanton Luzern, die zwischen 1954 und 1964 systematisch ausgegraben wurde. In jedem Haus lebten jeweils zwischen 4–6 Personen; viele Tätigkeiten wurden im Freien zwischen den Häusern verrichtet. Hier trieben sich auch die Hunde herum, was meistens durch viele Knochenfragmente mit Nagespuren bezeugt wird. (Foto Schweizerisches Landesmuseum Zürich)

Erste Vorfahren primitiver Bauernhunde

Die Vorfahren erster «Bauernhunde» tauchen in der Schweiz gleichzeitig mit den ersten primitiven Steinzeitbauern im Neolithikum auf. Als Neolithikum (Jungsteinzeit) bezeichnet man die Epoche von etwa 4000 bis 1800 v. Chr., als das reine Sammler-Jäger-Dasein der Frühmenschen («Höhlenbewohner») zu Ende ging und die ersten Formen primitiver Landwirtschaft die moderne Kultur- und Wirtschaftsgeschichte einleiteten. Der Anbau von Nutzpflanzen, die Haltung von Haustieren, das sesshafte Wohnen in kleinen Dörfern (sog. «Pfahlbauten») an Seeufern und Wasserläufen und die Herstellung von Tongefässen sind die Kennzeichen der neuen Zeit. Der in den Siedlungsüberresten dieser Epoche aufgefundene Hund ist ein kleines Tier mit einer

Widerristhöhe zwischen 35 und 45 cm und einer Basilarlänge von 130 bis 150 mm (Berner Sennenhund 175 bis 210 mm, Ø ca. 200 mm). Er ist als «Torfhund» (Canis palustris) in die Literatur eingegangen. Ausser der ungefähren Grösse kann man über sein Aussehen nichts aus den aufgefundenen Knochenresten erschliessen. (Die frühere Bezeichnung «Torfspitz» ist irreführend und wird heute nicht mehr gebraucht.) Wie die damalige Bevölkerung, wo jeder alles können musste, was zum Lebensunterhalt erforderlich war, war vermutlich auch er ein «Allrounder». Er wurde in ganzen Rudeln um die kleinen Häusergruppen herum gehalten, oft innerhalb der Umzäunung, und diente als Wächter und Beschützer ihrer Bewohner; er zeigte Raubtiere wie Bär, Wolf und Luchs an, wenn sie die kleinen, in den lichten Wäldern weidenden Herden von Rindern, Schweinen, Ziegen oder Schafen bedrohten; er war Jagdgehilfe, wenn Treibjagden auf Rothirsch, Wildschwein, Ur, Elch oder kleinere Wildtiere veranstaltet wurden, denn ein grosser Teil des Fleischbedarfs wurde damals noch durch erbeutete Wildtiere gedeckt. Ausserdem beseitigte er den Unrat in den kleinen Dörfern und wurde zu guter Letzt auch gegessen. In einigen Gegenden muss man in bestimmten Epochen diese Hunde auch regelrecht zum späteren Verzehr gehalten und gezüchtet haben. Von einem Spezialistentum oder einer Züchtung auf bestimmte Formen und Leistungseigenschaften kann aber in dieser Zeit wohl nicht gesprochen werden, weil die damalige Gesellschaftsstruktur noch zu wenig differenziert und spezialisiert war, um verschiedenartige Spezialaufgaben für Hunde denkbar zu machen.

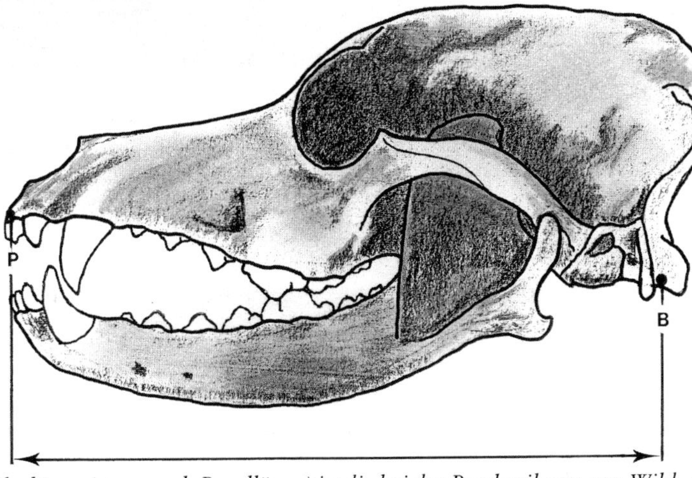

Die Basilarlänge (etwa auch Basallänge) ist die bei der Beschreibung von Wild- und Haushundschädeln gebräuchlichste Bezugsstrecke. Aus ihr kann die ungefähre Grösse eines normal gebauten Hundes errechnet werden. Sie umfasst die Strecke zwischen
P = Prosthion, dem hinteren Rand der Zahnfächer der mittleren Schneidezähne (I 1) und
B = Basion, dem Richtung Mund zugewandten Rand des grossen Hinterhauptloches.
Beim Berner Sennenhund liegt die Basilarlänge zwischen 170 und 214 mm. Die meisten der in der Albert-Heim-Stiftung in Bern aufbewahrten Berner-Sennenhund-Schädel messen zwischen 190 und 210 mm. Die durchschnittliche Basilarlänge beträgt 199,54 mm.

Die Bedeutung der Jagd nimmt ab – die der Landwirtschaft zu: Grössere Hunde tauchen auf

Unterschiede in der Bevölkerungsstruktur bildeten sich erst nach der Entdeckung und Verwendung des Metalls, zuerst der Bronze und später des Eisens, nach und nach heraus (Bronzezeit ca. 1800–800 v. Chr.). Die Verarbeitung von Rohmetallen zu Arbeitsgeräten, Waffen und Schmuck war Facharbeit, die genaue Kenntnisse erforderte. Schon aus der Frühbronzezeit aufgefundene Naben und Räder deuten darauf hin, dass man bald auch den Wagen kannte. In der Bevölkerung entwickelte sich das erste Spezialistentum, der Stand des Handwerkers. Da das kostbare Metall nicht an Ort und Stelle gefunden, sondern über weite Strecken befördert und gehandelt wurde, entstand innerhalb Europas ein weitreichendes Verbindungsnetz, auf dem auch andere Waren als Austauschmittel transportiert wurden. Handel zu treiben wurde eine neue Lebensform. Händler und Depothalter wurden neben den Handwerkern zu neuen Berufsgruppen. Die Herstellung von Sicheln, Hacken, Äxten und später auch primitiven Pflügen erlaubte eine intensivere Bodenbewirtschaftung und eine Steigerung der Erträge. Die Jagd zum Zwecke des Nahrungserwerbs verlor zunehmend an Bedeutung. Siedlungen, in Form von kleineren und grösseren, durch Palisadenzäune oder Schutzwälle befestigten Blockhäusergruppen, wurden jetzt auch entfernt von den Wasserläufen auf Anhöhen und an andern günstigen Stellen im damals noch vielerorts sumpfigen Urwald Mitteleuropas errichtet. Aus den Siedlungsüberresten und den Grabbeigaben lässt sich erschliessen, dass sich erste soziale Unterschiede herauszubilden begannen. Neben der durchschnittlichen primitiv-bäuerlichen Bevölkerungsschicht muss es bereits auch einzelne wesentlich reichere und einflussreichere Leute gegeben haben.

Auch die Hunde aus den bronzezeitlichen Schichten zeigen nun eine grössere Vielfalt. Immer noch findet man in den meisten Siedlungen Knochenüberreste des kleinen Torfhundtyps. Doch kommen daneben auch mittelgrosse Tiere vor, und mitunter tauchen auch schon wesentlich grössere auf. Ein bei Font am Bielersee gefundender Hundeschädel aus dieser Epoche wurde vom Berner Naturforscher Prof. Theophil Studer 1892 folgendermassen beschrieben: «Der Schädel von Font gehört einem Thier von der Grösse eines mittelgrossen Fleischerhundes. Seine Basilarlänge beträgt 192 mm... Ferner nähert er sich gewissen grossen Hundeformen der Jetztzeit, so den mittelgrossen Hofhunden unseres Mittellandes.» Ausser einer ganzen Anzahl von Einzelfunden an verschiedenen Stellen Mitteleuropas, die in ihren Skelettausmassen an die Grössen heutiger Bauernhunderassen heranreichen, wurden Anfang 1920 bei Ausgrabungen am Alpenquai in Zürich in einer bronzezeitlichen Siedlung Knochenteile von über 20 grossen Hunden gefunden. Bei 13 errechnete man eine Basilarlänge von 170–180 mm, bei 4 Hunden zwischen 180–190 mm und bei weiteren 4 zwischen 190 und 205 mm, was der Schädellänge z. B. des Berner Sennenhundes entspricht. Überreste von Torfhunden fehlen in dieser Siedlung ganz.

Es konnte bisher nicht geklärt werden, woher die grösseren Hundeformen gekommen sind. Ob die Einwohner sie durch Zuchtwahl aus den kleineren Torfhunden

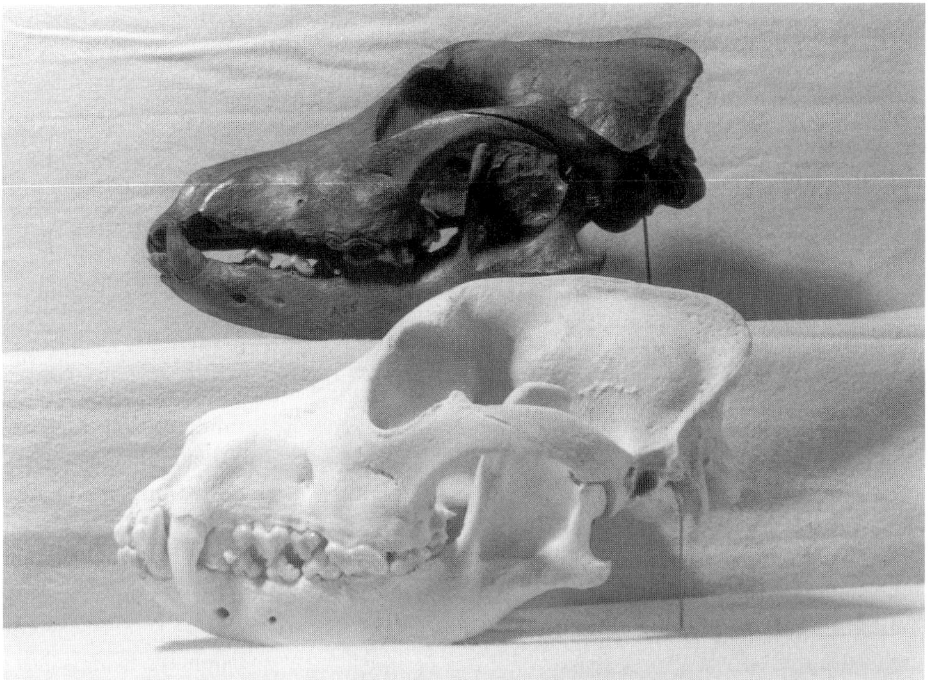

Der Schädel von Font (dunkel) im Vergleich zu dem eines heutigen Berner Sennenhundes – Der helle Schädel unten stammt von der Hündin Lady vom Hübelihof SHSB 264041, gew. 3. Okt. 1975 (s. Foto Seite 206, obere Hündin). Beide Schädel haben eine Basilarlänge von 192 mm; der moderne Schädel ist aber insgesamt etwas breiter, ausgeprägter modelliert und hat mehr Stop. Dies sind Anzeichen einer in der entsprechenden Richtung betriebenen Zuchtwahl. Solche Veränderungen können u. U. in wenigen Generationen erreicht werden.

herausgezüchtet haben, ob die in Mitteleuropa lebenden grossen Wölfe eingekreuzt wurden oder ob sie von einwandernden Bevölkerungsgruppen mitgebracht worden sind, ist heute nicht mehr festzustellen.

Auch die Hunde der Bronzezeit waren mit ziemlicher Sicherheit noch mehr oder weniger undifferenzierte Alleskönner. Da die Jagd in dieser Zeit zunehmend an Bedeutung verlor, muss man vermuten, dass sie vor allem Wach-, Warn- und Schutzfunktionen zu erfüllen hatten. Die Befestigung der Siedlungen und die aufgefundenen Waffen deuten darauf hin, dass den bronzezeitlichen Menschen nicht nur durch die zahlreich vorkommenden Raubtiere, sondern auch durch kriegerische Auseinandersetzungen vielerlei Gefahren drohten. Mit Bestimmtheit kann man auch annehmen, dass Hunde damals schon eingesetzt wurden, um vor allem die Herden der kleinen Torfrinder und vermutlich auch der Hausschweine, Schafe und Ziegen zu schützen, die sich Sommer und Winter über in den umliegenden lichten Wäldern ihre Nahrung suchten. Es ist ebenso zu vermuten, dass die Urinstinkte dieser Hunde schon so weit gelenkt werden konnten, dass sie sich zum Zusammenhalten oder Antreiben dieser kleinen Herden gebrauchen liessen. Ganz allgemein deutet vieles darauf hin, dass man in dieser Zeit begann, weniger und dafür grössere Hunde zu bevorzugen. Wir können deshalb die Vorfahren unserer mitteleuropäischen Bauernhunde durchaus schon in der Bronzezeit vermuten. Eine Bauernkultur in unseren Zonen ist ohne Hunde schlicht undenkbar.

Unterschiedliche Bevölkerungsgruppen – unterschiedliche Hunde

Die nachfolgende Eisenzeit (800 bis ca. 50 v. Chr.) wird in zwei grosse Epochen, die Hallstattzeit (800 bis 450 v. Chr.) und die Latènezeit (450 bis 50 v. Chr.) eingeteilt.

Die Hallstattzeit hat ihren Namen von einem grossen Gräberfeld erhalten, das bei Hallstatt in Oberösterreich freigelegt wurde und Aufschluss über Gestalt und Ausstattung der damaligen Menschen gab sowie Rückschlüsse auf deren Kultur und Wirtschaftsformen zuliess. Die wesentlichsten Veränderungen, die sich in dieser Epoche vollzogen haben und auch auf die Hundehaltung nicht ohne Einfluss gewesen sein dürften, sind folgende:

Als neues landwirtschaftliches Gerät taucht die Sense auf. Eine Verschlechterung des Klimas mit langen schneereichen Wintern, zusammen mit der Möglichkeit, nun mit dem neuen Gerät im Sommer Grünfutter schneiden zu können und getrocknet als Viehfutter für den Winter zu sammeln, hat vermutlich dazu beigetragen, dass jetzt vielerorts die zeitweise Stallhaltung des Viehs erstmals in der Geschichte der mitteleuropäischen Landwirtschaft auftaucht. Damit werden neue Siedlungsformen entwikkelt. Das auch vereinzelt stehende Gehöft mit Wohnteil, Stallung und Speicher entsteht. Die Bevölkerungsdichte nimmt zu, und es wird viel Land neu gerodet. Immer noch ist das Rind Hauptlieferant für Fleisch, wird aber ziemlich sicher auch schon zur Milchgewinnung herangezogen. Wildtiere machen nur noch ein bis zwei Prozent des Fleischbedarfs aus. Fürstensitze und Fürstengräber legen Zeugnis davon ab, dass sich in der Bevölkerung immer stärkere soziale und rangmässige Unterschiede herausbilden. Im schweizerischen Mittelland sind bisher 26 solcher Fürstengräber bekannt geworden (auch Wagengräber genannt, weil die adeligen Toten mitsamt ihren Waffen und Wagen bestattet wurden). Das Pferd erlangt immer grössere Bedeutung, und aus bildlichen Darstellungen, vor allem aus Norddeutschland, geht hervor, dass in gehobenen Kreisen eine neue Jagdart aufkommt: die von Hunden begleitete Hetzjagd zu Pferd.

Diese Entwicklung muss auch für die Hundehaltung und für die Schaffung verschiedener Hundetypen von grosser Bedeutung gewesen sein, denn es ist anzunehmen, dass mit der Aufsplitterung der Bevölkerung in unterschiedliche soziale Schichten eine Aufteilung der Hunde in verschiedene Gebrauchsgruppen Hand in Hand ging. Eine Tiergruppe wird nur dann züchterisch verändert, wenn über lange Zeit ein Interesse in der gleichen Richtung verfolgt wird. Diese Voraussetzung war in der Hallstattzeit zum erstenmal gegeben. Die Jagd wurde in erster Linie von den «Fürsten» ausgeübt, und diese müssen stark daran interessiert gewesen sein, sich möglichst jagdtüchtige Hunde als Gehilfen heranzuziehen. Es ist anzunehmen, dass sie geeignete

Tiere aus dem vorhandenen, noch wenig differenzierten Bestand herausgegriffen und deren erwünschte Eigenschaften, z. B. Schnelligkeit, Spurtreue etc., durch geeignete Paarungen und Auslese zu steigern suchten. Die bäuerlich gebliebene Bevölkerung hingegen brauchte zum Schutz ihrer Gehöfte viel eher einen Hund, der nicht jagte, sondern bei der Wohnstatt blieb, einer, der wachsam und kräftig genug war, um Raubtiere fernzuhalten. Da der Reichtum dieser Menschen in ihrem Vieh bestand, muss in derselben Zeit auch die Schaffung geeigneter Hirten- und Hütehunde gefördert worden sein.

In der Eisenzeit waren erstmals die wirtschaftlichen Voraussetzungen gegeben, dass sich verschiedenartige und einander ausschliessende Zuchtziele herausbilden und über längere Zeit verfolgt werden konnten. So muss angenommen werden, dass aus dem ursprünglichen «Universalhund» verschieden ausgerichtete Primitivrassen – Bauernhunde und Jagdhunde – entwickelt worden sind. Zusammen mit dem Bauerngehöft hat sich auch der Hofhund entwickelt.

Hundefunde aus der Hallstattzeit sind in der Schweiz ausserordentlich selten. Im benachbarten Süddeutschland, dessen kulturelle und wirtschaftliche Entwicklung mit derjenigen auf dem heutigen Schweizergebiet identisch verlief, wurden zwischen 1959 und 1965 bei Ausgrabungen auf der Heuneburg, einem ehemaligen hallstattlichen Fürstensitz, auswertbare Knochenfragmente von etwa 30 Hunden gefunden. Wozu sie gebraucht worden waren, kann nicht ermittelt werden, einige Forscher halten sie einfach für eine Ansammlung von «Dorfkötern». Auffallend ist aber deren Grösse. Ihre Schädelbasislänge bewegt sich zwischen 178 und 205 Millimetern. Die Widerristhöhe wurde auf 55–65 Zentimeter errechnet, was durchaus etwa der Grösse eines Rottweilers, Hovawarts oder Berner Sennenhundes entsprechen könnte. Kleinere Hunde fehlten in dieser Siedlung vollständig.

Diese wenigen Belege müssen hier genügen. Viele weitere könnten genannt werden. (Die entsprechenden Quellen dafür sind im Literaturverzeichnis angegeben.) Alle diese Funde zeigen unmissverständlich, dass Hunde von der Grösse unserer heutigen Bauernhunderassen schon lange vor der Römerzeit in unseren Gebieten vorkamen.

Die Kelten – erste Hundezüchter in Mitteleuropa?

Die nachfolgende Latènezeit (450–50 v. Chr.) ist kulturell und wirtschaftlich gesehen eine Weiterentwicklung dessen, was in der Hallstattzeit begonnen hatte. Es ist die Zeit der Keltenherrschaft in Mitteleuropa, deren einer Stamm, die Helvetier, die nördlichen Teile der Schweiz und Süddeutschland bevölkerten. Der Begriff Kelten (oft auch Gallier) wurde von den Griechen und Römern gebraucht, um die Völkerschaften nördlich der Alpen – einerseits ihre Handelspartner, andererseits ihre politischen Konkurrenten um die Vormachtstellung in Europa – zu bezeichnen. Daneben sprachen sie auch von den Germanen, Völkerschaften in Norddeutschland und Skandinavien, die ihnen kaum bekannt waren und mit denen sie sich damals noch weniger auseinandersetzen mussten. Zwischen Germanen und Kelten lassen sich – wie man heute weiss – keine klaren Grenzen ziehen, da deren Entwicklung und Lebensformen ähnlich waren und sich überschnitten.

Die für die Hundehaltung bedeutsamen Hauptmerkmale der Keltenzeit in unseren Gebieten können etwa wie folgt umrissen werden: Die wirtschaftlichen Grundlagen sind weiterhin Getreidebau und Viehzucht. Eine kontinuierliche Hofbesiedlung seit der Hallstattzeit wird durch Grabfunde nachgewiesen. Es gibt keine Fürsten mehr, die wie in der vorausgegangenen Epoche in Wagengräbern bestattet werden, dafür bilden sich lokale Kleinadelige, Ritterherrschaften, heraus. In Gräbern finden sich neben den gewöhnlichen Leuten auch begüterte Hofbesitzer, was weitere soziale Differenzierungen bezeugt. Zu den Griechen, den oberitalienischen Etruskern und zu Südfrankreich (Marseille) bestehen lebhafte Handelsbeziehungen. Kelten dienen als Söldner, u. a. auch der Römer, und bringen südliches Kulturgut in den Norden. Die (griechische) Schrift und die Bezahlung mit Geldmünzen verbreiten sich in den keltischen Ländern. Die Griechen und Römer liefern erste schriftliche Aufzeichnungen über die keltischen und germanischen Völker. Frühe Völkerwanderungen, vor allem von Norden nach Süden, werden in römischen und griechischen Überlieferungen beschrieben und durch archäologisches Fundgut bezeugt. Kunstvolle Alltagsgeräte, Waffen, Wagen und Schmuckgegenstände legen Zeugnis davon ab, dass Kultur und Lebensweise bereits eine hohe Stufe erreicht haben. Religion und Kult spielen im Alltagsleben dieser Völker eine bestimmende Rolle.

Das schweizerische Mittelland war in der Latènezeit dicht besiedelt (La-Tène ist eine keltische Brückenstation mit grossen Waffenfunden am untern Ausfluss des Neuenburgersees). Alles deutet auf Sesshaftigkeit der Bevölkerung und langandauernde Besiedlung der einmal gerodeten Stellen hin. Die keltischen Bauern haben selbst ihre Felder bestellt und ihr Vieh betreut. Feudalherrschaften, wie sie sich zu dieser Zeit schon in den südlichen Ländern herausbildeten, blieben hier unbekannt. Die Höfe bestanden vermutlich aus mit Mörtel bestrichenen und mit Stroh oder Schilf bedeckten Holzbauten mit zugehörigen Speichern und Ställen und kamen einzeln, in kleinen Gruppen oder in Form von Dörfern vor. Immer noch hielten die Bauern ein kleines Rind, ihre von den Vorfahren übernommenen Säue und ein nicht sehr grosses, leichtes Pferd.

Zahlreiche keltische Ausdrücke aus dem Gebiet der Viehzucht und Milchverarbeitung, die nicht nur in unsere, sondern auch in die lateinische Sprache eingegangen sind, zeigen, dass Viehzucht und Milchverarbeitung in der keltischen Wirtschaft eine grosse Bedeutung hatten und teilweise von andern Ländern übernommen wurden. Verschiedentlich ist auch schon die Bewirtschaftung der Alpen nachzuweisen. Obwohl die zahlreichen Funde belegen, dass zum südlichen Ausland lebhafte Handelsbeziehungen bestanden, gibt es keine Hinweise, dass dadurch die einheimische Landwirtschaft oder gar Tierhaltung wirksam beeinflusst worden wäre.

Als neue Informationsquelle für Kultur und Lebensweise nördlich der Alpen kommen in dieser Zeit die schriftlichen Aufzeichnungen griechischer und römischer Autoren hinzu, die festhielten, was sie – meist vom Hörensagen – aus diesen Ländern wussten. In diesen literarischen Quellen gibt es viele verstreute Hinweise, dass die

Kelten grosse Hundefreunde waren. So kann mit Bestimmtheit angenommen werden, dass auch die keltischen Bauern von den Vorfahren übernommene Hof- und Hütehunde hielten und nutzten. In der griechischen und römischen Literatur wird ebenfalls belegt, dass die Kelten genügend Kenntnisse der Tierzucht besassen, um Hunde als Primitivrassen für bestimmte Zwecke gezielt züchten zu können. Einer dieser Zeugen ist Flavius Arrianus (ca. 95–175), ein gebürtiger Grieche, römischer Verwaltungsbeamter und Offizier und grosser Jagdfreund. Er schreibt: «... Die Jagd betreiben alle Kelten, die reich sind und ein vornehmes Leben führen ... Sie leben nicht von der Jagd, sondern treiben sie um ihrer Annehmlichkeit willen. Sie haben nämlich dort eine Rasse von zum Spüren geschickten Hunden ...» Dann beschreibt Arrianus zwei Jagdhunderassen, die nach seiner Schilderung von den Reichen und Vornehmen rein gezüchtet werden.

Diese Stelle lässt erkennen, dass die Kelten bereits zielgerichtet unterscheidbare Rassen zu züchten verstanden, sie zeigt jedoch auch, dass die Jagd schon damals vom gewöhnlichen Volk nicht mehr betrieben, sondern nur noch von Angehörigen des gehobenen Standes ausgeübt wurde. Wenn es zu dieser Zeit von Menschen erzüchtete Jagdhunderassen gab (was ausser Arrianus auch andere Autoren bezeugen), muss es daneben in der übrigen Bevölkerung auch gezielt geschaffene nichtjagende Hundearten gegeben haben.

Wie schon in der vorausgehenden Hallstattzeit sind Hundefunde aus der Latènezeit auf Schweizer Gebiet sehr selten. Unter den verstreuten Funden sind alle Grössen, vom Torfhund bis zum heutigen Berner Sennenhund, vertreten. Wichtige Hinweise für die keltischen Hunde liefern die Ausgrabungen des ehemaligen keltischen Oppidums Manching bei Ingolstadt in Oberbayern. (Ein Oppidum ist eine befestigte Fluchtburg von der Grösse eines Dorfes.) Dort konnten zwischen 1955 und 1958 280 000 Tierknochen ausgewertet werden, unter denen sich die Überreste von 318 Hunden ausscheiden liessen. Interessanterweise ergaben die Auswertungen zwei deutlich voneinander geschiedene Grössengruppen: Die erste, zahlenmässig kleinere Gruppe, umfasst kleine schlanke Hunde von etwa 30 bis 40 cm Widerristhöhe (Basallänge 112 bis 130 mm). Sie entsprechen damit etwa einem heutigen Zwergschnauzer oder Zwergpudel. Eine grössere Gruppe umfasst mittelgrosse bis grosse Hunde von 40 bis 65 cm Widerristhöhe (Basallänge 146 bis 191 cm). Das entspricht heutigen Hunden von Foxterrier- bis etwa Rottweilergrösse. Zwischen diesen beiden Gruppen gibt es keine Übergangsformen, so dass angenommen werden muss, dass sie für bestimmte Zwecke getrennt voneinander gezüchtet wurden. Da sich im gesamten Knochenmaterial nur etwa 0,2% von Wildtieren befanden, kann es sich dabei nicht um Jagdhunde gehandelt haben, sondern viel eher um Wach- und Hütehunde. Die Forscher halten es durchaus für möglich, dass diese grossen Hunde noch aus mehreren unterscheidbaren Rassen bestanden, was sich aus dem Knochenmaterial allein jedoch nicht ablesen lässt.

Die Römer auf helvetischem Boden

Im Jahre 58 v. Chr. machten sich die keltischen Helvetier auf, verbrannten hinter sich die «etwa ein Dutzend Oppida und um 400 Dörfer (Vici)» in der Absicht, weiter im Süden ein neues Wohngebiet in Besitz zu nehmen. Das war das Ende der helvetischen Unabhängigkeit. Die nach heutiger Schätzung etwa 160 000 Menschen mit 40 000 kriegstüchtigen Männern wurden bei Bibracte (im heutigen Burgund) von Julius Cäsar geschlagen und zur Rückkehr in die alte Heimat und zu deren Wiederaufbau gezwungen. Helvetien wurde zur römischen Provinz. Die ersten römischen Truppen wurden jedoch erst dort stationiert, nachdem Kaiser Augustus in zahlreichen Kämpfen ganz Gallien, die Alpenzonen und das Rheingebiet bis zur Nordsee unterworfen hatte. 17 v. Chr. nahm die 13. römische Legion das keltische Oppidum Vindonissa nahe des Rheins in Besitz und begann, es zum Militärlager auszubauen.

Es würde zu weit führen, alle kulturellen Veränderungen darzustellen, die der Einzug der römischen Verwaltungsmacht in Helvetien und die etwa 300jährige Besetzung mit sich brachten. Wir nennen davon nur das Augenfälligste: Häuser, nach südlichem Muster in Stein erbaut, neben kleineren Siedlungen drei grössere Städte mit Verwaltungsgebäuden und Markthallen, mit Theatern, Tempeln und Bädern; römische «Schnellstrassen»; römische Bildung, Schrift und Lebensweise. Was uns vor allem interessiert, sind die vielen verstreut im günstigen Flachland zwischen Genfer- und Bodensee erbauten römischen Gutsbetriebe, villenartige Steinbauten mit Ökonomiegebäuden und Ställen und einer verbesserten Landwirtschaft. Was die Römer an bisher nördlich der Alpen nicht vorhandenen Tieren, Pflanzen und Anbaumethoden eingeführt haben, hat die Forscher immer wieder beschäftigt.

Um 1905 gab der Hundeschriftsteller Richard Strebel sein zweibändiges Werk «Die Deutschen Hunde» heraus. Die Schweizerische Kynologische Gesellschaft war damals gerade gute 20 Jahre alt, und man bemühte sich diesseits und jenseits des Rheines, das Interesse an den einheimischen Hunden zu wecken. Strebel hat nun in seinem Kapitel über die Treibhunde die verhängnisvolle Vermutung aufgestellt: «Ihr Ursprung ist sicher römisch, und sie sind durch die Heerzüge der Römer nach Deutschland... gebracht worden, dafür spricht der Umstand, dass sie noch heute besonders da zu finden sind, wo die grossen römischen Heerstrassen lagen und dort festen Fuss gefasst haben... Dieser römische Treibhund scheint die Heere begleitet zu haben, wahrscheinlich um das mitgenommene Vieh zu hüten und zu treiben und ist so über die Alpen gekommen, hat in Entlibuch und Appenzell seine Spuren zurückgelassen und ist über den Bodensee gekommen, wo der dem ersteren sehr gleichende Rottweiler entstand... Was mich in dieser Ansicht bestärkt, ist die deutliche Abgrenzung ihres Vorkommens, welches sich mit dem Vordringen der Römer deckt.»

Diese Stelle ist seither kritiklos von vielen Hundebuchautoren übernommen und auch auf die Berner Sennenhunde übertragen worden. Für die Darstellung einer Geschichte des Berner Sennenhundes kamen noch weitere um die Jahrhundertwende aufgestellte Spekulationen hinzu. 1897 hatte der Mitbegründer der Schweizerischen Kynologischen Gesellschaft, Max Siber, eine Studie über die sagenumwobene «Tibetdogge» herausgegeben und auf eine gewisse Ähnlichkeit mit anderen grossen Hunderassen unserer Landschaft, insbesondere mit dem Bernhardiner, hingewiesen. Als nun gegen Ende des letzten Jahrhunderts bei Grabungen in der früheren Militärkolonie Vindonissa ein Hundeschädel gefunden wurde, dessen «Grösse und derber Knochenbau auf ein kräftiges Tier, etwa vom Umfange eines grösseren Fleischerhundes» schliessen liess, glaubte der Züricher Doktorand Hermann Krämer, in Ermangelung von ähnlich grossen Hundefunden aus der Keltenzeit, Verwandte dieses Tieres nur im römischen «Molosser» sehen zu können. In seiner Dissertation zur Erlangung der Doktorwürde legte er 1899 anhand von Zitaten aus der griechischen und römischen Literatur dar, dass der römische Molosser seinerseits in grossen, aus Indien zuerst nach Griechenland und später von dort nach Italien gebrachten Hunden – die für ihn nur Tibetdoggen gewesen sein konnten – seine Vorfahren haben musste. Der Weg von der Tibetdogge über den römischen Molosser zum mitteleuropäischen «doggenartigen Hund» und damit auch zu den Sennenhunden schien damit geschlossen und ist in dieser Form in die Hundeliteratur eingegangen.

Was ist heute von diesen Theorien im Zusammenhang mit der Besetzung der Schweiz und Süddeutschlands durch die Römer zu halten?

Aus den vorangegangenen Darstellungen geht hervor, dass Hunde von der Grösse eines Berner Sennenhundes oder Rottweilers in diesen Gebieten längst vor der römischen Besetzung heimisch waren, das zeigen seit der Jahrhundertwende aufgefundene Hundeknochen ganz eindeutig. In der älteren Literatur wird der römische Einfluss auf die Gebiete nördlich der Alpen zudem stark überschätzt. Die römischen Steinbauten sind vielerorts erhalten geblieben, während die daneben vermutlich auch noch existierenden Holzbauten der einheimischen Kelten von der Witterung zerstört wurden. Das verleitet zur Annahme, die Kelten seien völlig in der römischen Kultur und Lebensweise aufgegangen, während in Wirklichkeit der Anteil der römischen Bevölkerung in der Schweiz nach moderner Schätzung zu keiner Zeit mehr als 2 bis höchstens 5% betragen haben dürfte. Wenn während der römischen Zeit das einheimische Rind an Grösse zugenommen hat und daneben auch deutlich grössere Exemplare auftauchten, ist das nach modernen Erkenntnissen vor allem besseren Haltungsbedingungen oder höchstens der gelegentlichen Einkreuzung römischer Stiere zuzuschreiben, nicht aber dem Massenimport römischen Viehs. Die Römer haben keine «Viehherden über die Alpen getrieben». Die Soldaten in Vindonissa z. B. haben u. a. die kleinen keltischen Rinder gegessen, was darauf schliessen lässt, dass sie durch die umliegenden helvetischen Einwohner versorgt wurden. Dass römische Truppen Hunde, etwa Kampfhunde, mit sich geführt hätten, ist in den ausführlichen Schilderungen der römischen Armeen nirgends erwähnt. Sicher haben die römischen Einwanderer – Verwaltungsbeamte, Offiziere, Bauleute, Lehrer etc. – auch gelegentlich Hunde aus Italien mitgebracht, doch lässt nichts darauf schliessen, dass dies vor allem grosse «Molosser» gewesen seien. Vielmehr zeigen die Hundefunde aus römischer Zeit, dass es in römischen Grosssiedlungen etwa die gleiche Streuung von Hundearten gab wie schon vorher zur Keltenzeit. Die neuere Forschung zeigt, dass die ländliche Hundepopulation Mitteleuropas durch den römischen Einfluss kaum verändert worden ist, sondern eine Fortsetzung dessen darstellt, was schon vorher von den ortsansässigen Viehzüchterstämmen entwickelt worden war. Auch die oft zitierte Stelle des römischen Militärschriftstellers Vegetius (ca. 375 n. Chr. erschienen), wonach die römischen Soldaten am Limes wilde Hunde zur Verteidigung der Wachttürme hielten, sagt nichts über deren römische Herkunft aus, wurden diese Soldaten doch damals aus den umliegenden, zum römischen Imperium gehörenden keltischen und germanischen Stämmen rekrutiert, und das war mit Sicherheit auch bei den Hunden der Fall.

Das Appenzellerland und das Entlebuch, von denen Strebel glaubt, die Römer hätten dort ihre Treibhunde zurückgelassen, waren ausserdem zur Römerzeit noch unbewohnte Urwaldgebiete.

Bauernhunde – ein buntes Gemisch von Gemeinsamkeiten

Es geht nun darum, einmal zu skizzieren, was unter einem Bauernhund unserer Zonen verstanden werden muss, sind doch diese Hunde das Reservoir gewesen, aus dem in den letzten hundert Jahren eine ganze Anzahl heute als reine Rassen gezüchtete Hundearten herauskristallisiert werden konnten. Dazu gehören u. a. der Grosse Schweizer Sennenhund, der Appenzeller-, der Entlebucher- und der Berner Sennenhund, der Rottweiler, der Hovawart und letztlich auch der Bernhardiner und der Leonberger. Wenn wir zu den Ausgangsformen dieser in den letzten hundert Jahren zu sehr unterschiedlichen Typen entwickelten Hunderassen zurückkehren, fällt viel Gemeinsames auf: Alle haben sie ein verhältnismässig stämmiges, derbes Aussehen. Die Körpergrundform ist eine primitiv-natürliche, es fehlen alle extremen Formen, die eine lange stark einschränkende Selektion in der gleichen Richtung verlangen würden, wie etwa extreme Kurz- oder Langköpfigkeit, besondere Lang- oder Feingliedrigkeit, verkürzte Gliedmassen usw. Der Kopf entspricht mit unwesentlichen Abweichungen einer «natürlichen Mittelform», alle haben sie ein mittelgrosses Hängeohr, die Fellart wechselt zwischen einem kurzen Stockhaar und einem nicht extremen Langhaar. Auch die vorkommenden Farben lassen sich auf wenige Grundeinheiten reduzieren, die, verschieden miteinander kombiniert, alle bei diesen Rassen vorkommenden Farbmuster ergeben. Vorherrschend ist das sehr alte Schwarz-loh-Muster: schwarzer Mantel mit braunen Abzeichen und Vieraugenflecken. Dazu kommt ebenso häufig gelb (rot) in verschiedenen Schattierungen vor. Beides ist oft kombiniert mit mehr oder weniger grossen weissen Abzeichen. Die ganze Hundegruppe lässt sich somit, vor allem was die Farben, aber auch was die anderen Körpermerkmale betrifft, auf einen eingeschränkten und wenig differenzierten Genvorrat (Grundstock an Erbfaktoren) zurückführen. Würde man alle die genannten heutigen Rassen wieder «in einen Topf werfen» und sich einige Generationen lang unkontrolliert vermehren lassen, liessen sich die gleichen Hundetypen hinterher ohne weiteres wieder daraus entwikkeln. Was aber nicht möglich wäre, ist die Schaffung ganz neuer Farben und Formen (wie z. B. reinweiss, Dalmatinertupfen; Windhundformen, verzwergte Kleinhundformen; Stehohren oder langes Schlappohr), weil die genetischen Grundlagen in der Erbmasse dieser Hunde gar nicht vorhanden sind.

All das deutet an, dass es sich bei dieser Hundegruppe um Tiere handelt, bei denen man sich in der Vergangenheit mit einer wenig differenzierten Selektion zufrieden gab. Sie sind das Ergebnis einer vielleicht Jahrtausende alten Primitivzucht, wie sie für Landbevölkerungen wohl typisch ist. Für eine systematische Züchtung auf ein bestimmtes einheitliches Aussehen oder Extremformen gab es in der früheren Bauernbevölkerung gar keinen Anlass. Anders als die Jagdhunde der Adeligen war der Bauernhund nie ein Renommierobjekt. Er existierte unter den andern Hoftieren in untergeordneter Stellung nebenher und hatte einfach seine «Pflicht» zu tun, Aussehen und Farbe spielten eine untergeordnete Rolle. Aus den Würfen, wohl selten geplant entstanden, griff man das heraus, was der Vorstellung gerade am besten entsprach, und das konnte sich von Ort zu Ort oder von Zeitabschnitt zu Zeitabschnitt auch wieder wandeln.

Grösser als die auf den ersten Blick erkennbaren äusserlichen Gemeinsamkeiten innerhalb dieser Gruppe sind jedoch die charakterlich-wesensmässigen, die auf eine lange Selektion hinsichtlich bestimmter Gebrauchsqualitäten schliessen lassen. Alle haben sie einen verhältnismässig nur noch schwach ausgeprägten Jagdinstinkt. Sie jagen wohl etwa hinter einem Wildtier her, wenn sie es zu Gesicht bekommen, nehmen aber kaum Spuren auf, um sie zielgerichtet zu verfolgen. Es sind Hofhunde und daraufhin ausgewählt, dass sie beim Hause bleiben und dort ihre Wächterfunktion ausüben. Lauffreudigkeit und Bewegungsbedürfnis sind, verglichen mit anderen Rassen, nicht sehr gross. Sie entwickeln eine starke Bindung an ihren Heimbezirk, an die ihm zugehörigen Menschen und Tiere. Dabei können sie zwischen den zu ihrem Lebenskreis gehörigen Menschen oder Tieren und allem Fremden unterscheiden. Was zu ihnen gehört, lassen sie in Frieden und versuchen oft, es zusammenzuhalten, Fremdes hingegen wird angezeigt und zu vertreiben versucht. In günstigen Fällen tun sie dies einfach durch Bellen, Drohen, Anspringen und Verfolgen, sie können aber durchaus auch zum gefährlichen Angreifer werden, wenn sich der Eindringling sonst nicht vertreiben lässt. Ein Grossteil dieser Hunde hat eine angeborene Neigung, sich mit Grosssvieh abzugeben. Sie können daher leicht zu Treibern abgerichtet werden, die Rinderherden vorwärts- oder zusammentreiben und sie behüten. Im Vergleich mit den ausgesprochenen Schafhüterassen sind sie jedoch als Schafhüter weniger geeignet. Ihnen fehlen typische Verhaltensmuster, die Hunde, wie etwa den Border Collie, für diese Arbeit besonders auszeichnen. Die grösseren unter diesen Bauernhunderassen sind, wie es zu erwarten ist, etwas weniger lebhaft, lauf- und bellfreudig als die kleineren Arten.

Was wir in diesen Bauernhunden vor uns haben, ist das Ergebnis einer langen Zuchtwahl auf einer sehr breiten Basis, die sich nur auf Wesentliches beschränkte und so eine grosse Variationsbreite innerhalb einer weitgesteckten Norm zuliess. Diese Norm war einzig die Gebrauchseignung als Beschützer der menschlichen Wohnstätten und der zugehörigen Menschen und Tiere vor Gefahren in Form von Raubtieren und feindlich gesinnten Menschen. Die Neigung, Viehherden zusammenzuhalten oder voranzutreiben, entwickelte sich vermutlich als Nebeneffekt und wurde dann von den Menschen weiter gefördert.

Die Einheitlichkeit dieser Hundegruppe ist nicht, wie Strebel das glaubte, auf römischen Import «entlang der Heerstrassen» zurückzuführen, sondern darauf, dass die Gebiete des südlichen Deutschland und der Nord- und Mittelschweiz seit der Hallstattzeit fast ununterbrochen eine kulturelle und wirtschaftliche Einheit gebildet haben und die Entwicklung der bäuerlichen Wirtschaftsformen in ähnlichen Bahnen verlief. Das brachte es mit sich, dass hier auch ein ähnlicher Hundeschlag entwickelt wurde. Die verhältnismässig primitiven Fell- und Farbmuster, vor allem der so häufig auftretende schwarze Mantel mit den braunen Abzeichen, vermutlich eines der ältesten Farbmuster überhaupt, lassen darauf schliessen, dass die Wurzeln dieses Hundeschlags weit zurück in der Entwicklungsgeschichte des Haushundes gesucht werden müssen. Es ist bis heute ungeklärt, aber es ist möglich, dass die Kelten diese Farbe aus kultisch-religiösen Gründen sogar bevorzugt haben. Die wichtige Rolle, die der «vieräugige» Hund in der Sagenwelt unserer Zonen spielt, weist in diese Richtung.

Hundeschläge als Produkt auch von Landschaft und Siedlungsform

Als das römische Reich im dritten und vierten Jahrhundert langsam zerbröckelte und sich die hier heimisch gewordenen Südländer aus unseren Zonen zurückzogen, blieb von dem, was aufgebaut worden war, erschreckend wenig übrig: Die Städte mit ihren Tempeln und Theatern wurden zerstört oder verfielen, das Strassennetz wurde überwuchert, die Gutshöfe verschwanden. Die von Norden her zwischen dem 4. und 7. Jahrhundert in mehreren Schüben einwandernden Alemannen brachten wieder eine bäuerliche Lebensweise mit, die der bereits bestehenden keltischen nicht unähnlich war und damit verschmolz. Auch der schon in der Schweiz vorhandene und der neu dazugebrachte Hundebestand dürften daher keine grossen Unterschiede aufgewiesen haben. Die alemannische Siedlungsform und die Bewirtschaftungsart des Bodens hat den nördlichen Teilen der Schweiz – und damit auch der Weiterentwicklung der Bauernhunde – bis in die Gegenwart hinein das Gepräge gegeben.

Die Grenze des alemannischen Einflusses verläuft etwas südlich von Bern, ungefähr auf einer Linie zwischen den höheren Voralpenzügen, der Stadt Freiburg und dem nördlichen Ende des Neuenburgersees. Die französische Sprache und die nach südländischem Muster aus Stein gebauten geschlossenen Dörfer zeigen an, dass hier eine andere, vom Süden her bestimmte, Kulturform beginnt. Südlich der genannten Linie, die auch Sprachgrenze ist, wurden auch keine der beschriebenen Bauernhunde gefunden. Die Menschen wohnen dort dorfweise eng zusammen, sozusagen in Rufnähe, so dass sie sich gegenseitig selber schützen können. Ein Hofhund war dort nie eine absolute Notwendigkeit, um überleben zu können, wie in den nördlichen Regionen.

Die alemannische Landwirtschaft war, im Gegensatz zu den römischen Gutsbetrieben, die für Verkauf und Tauschhandel produzierten, ganz auf Selbstversorgung ausgerichtet. Mit wenigen Ausnahmen wurde, was man brauchte, auf dem Hof

produziert, und das wenige, das man von aussen herbeischaffen musste, machte kein starkes Verkehrs- und Verbindungsnetz nötig. Ein Charakteristikum der alemannischen Bauernwirtschaft ist der sich selbst versorgende Einzelhof. Er ist das prägende Element der süddeutschen und der nord- und mittelschweizerischen Landschaft. Zwischen dem 8. und 11. Jahrhundert drangen die alemannischen Bauern dann vom flachen Mittelland her immer weiter und höher ins Voralpengebiet vor und errichteten an günstigen Stellen in den damaligen Wäldern ihre Häuser, die Wohnteil, Scheune und Stall unter einem Giebel vereinigten. Um die Siedlungen herum rodeten sie genügend Land, um ihre Familien und das Vieh ernähren zu können. So wurden das Emmental, das Schwarzenburgerland südlich von Bern, das Entlebuch, das Appenzellerland und weitere Teile der Schweiz nach und nach erschlossen. Die einzelnen Gebiete bildeten, schon landschaftlich bedingt, stark in sich selbst geschlossene Einheiten. Der Verkehr zwischen den einzelnen Landschaften war gering. So entwickelten sich an den verschiedenen Orten mehr oder weniger voneinander abweichende Kultur- und Wirtschaftsformen und damit auch andere Hundeschläge. In Gegenden mit kargerem Boden und härteren Lebensbedingungen, wie im Kanton Appenzell, im Entlebuch und in höheren Lagen, wo heute noch wenig Acker- und Getreidebau, dafür aber eine intensive Viehwirtschaft betrieben wird, wurde ein kleiner und genügsamer, jedoch robuster, wendiger und wachsamer Schlag bevorzugt. Er hatte in erster Linie ein guter Viehtreiber und fähig zu sein, auch in schwierigem Gelände grössere Herden anzutreiben oder zusammenzuhalten. Solche kleinen Treibhundeschläge, oft Sennenhunde genannt, lassen sich in den vorangegangenen Jahrhunderten fast im ganzen Alpengebiet feststellen. Im Kanton Appenzell und im Entlebuch (eine viehreiche Talschaft zwischen Emmental und Luzern) waren sie besonders verbreitet und liessen eine gewisse Einheitlichkeit erkennen.

Stattliche Höfe – stattliche Hunde

Im Kanton Bern hatte der Bauernstand von Anfang an eine bevorzugte Entwicklung genommen. Fruchtbarer Boden, günstiges Klima, ein Erbrecht, das der unzerteilten Erhaltung der Höfe diente und eine die Bauern begünstigende Politik der Berner Regierung trugen dazu bei, dass die Berner Bauern im Gegensatz zu andern europäischen und schweizerischen Bauernständen wirtschaftlich immer verhältnismässig gutgestellt waren. Dies bezeugen nicht nur die stattlichen Häuser unter weitausladenden Dächern, sondern auch der Stolz dieser Leute, die sich auf ihren Höfen schon immer wie kleine Könige gefühlt haben.

Diese Verhältnisse waren für die Entwicklung eines grossen Hofhundes ausserordentlich günstig. Einmal machte die isolierte Lage der Gehöfte einen zuverlässigen Wächter, im Mittelalter zum Schutz vor Raubtieren, später vor allem zur Abhaltung von allerlei unerwünschtem Gesindel und Bettelvolk, unerlässlich. Und dann herrschte hier nie wirtschaftliche Not, so dass man es sich leisten konnte, stattliche, zum Hofe passende Hunde zu halten. Jeremias Gotthelf (1797–1854), der grosse bernische Erzähler, hat in seinen Bauerngeschichten diese Hofhunde immer wieder dargestellt. In seinem Roman «Zeitgeist und Bernergeist» beschreibt er die Heimkehr des Bauern Benz zu seinem Hof:

«Oben auf einem Vorsprung an des Berges Seite war schon lange ein grosser Hund sichtbar, unbeweglich, als wäre es ein steinerner. Als Benz über die Mitte des Berges war, ward das Bild lebendig, schlug einige Male an, kam dann trippelnd und wedelnd den Berg ab, tat einige kurze Sätze, wedelte endlich nahe bei dem Meister mit dem ganzen Leibe, sprang an ihm auf, leckte ihm die Hand, sprang voraus, sprang zurück, wand sich um des Meisters Beine, und lange gings, bis er es endlich dahin brachte, sittig neben seinem Herrn einherzugehen. Benz nahm diesen Empfang mit der Ruhe hin, welche eben die Hunde am meisten fesselt durch Liebe und Respekt. Er nahm sie an, tätschelte dem Hund einige Male den Kopf, trat dann nicht weiter mit ihm ein, geschweige dass er seine Narrheiten teilte und mit ihm spielte wie ein Metzgerjunge...»

Der Kenner kann in diesem Gehabe unschwer die Art und Weise erkennen, wie Berner Sennenhunde ihre Menschen begrüssen, auch wenn Gotthelf das Aussehen des Hofhundes auf der «Ankenballe» nicht näher beschreibt.

Der grosse Berner Gelehrte Prof. Theophil Studer (1845–1922), dessen Forschungen über die Herkunft unserer Haushunde jahrzehntelang grundlegend waren, beschrieb die Sennenhunde 1902 so:

«Farbe schwarz mit oft weitgehenden gelben Abzeichen und weiss, das bei den meisten Exemplaren am Kopf als Blässe, an den Läufen, dem Bauch, der Rutenspitze als Abzeichen auftritt. Es gibt auch Hunde ohne weiss, nur schwarz und braun, black and tan...

Im Kanton Bern ist der Hund meist grösser, über 60 Zentimeter, mit zuweilen längerer Behaarung und häufig von rotgelber Farbe mit weissen Abzeichen.»

Die bernischen Bauernhunde waren also keineswegs alle dreifarbig, wie der Sennenhundfreund das gerne annehmen möchte. Rotgelb mit weissen Abzeichen kam ebenso häufig vor. Eine zielgerichtete Farbenzucht ist vermutlich zu keiner Zeit betrieben worden. Da schwarz-loh bei Paarungen verschiedenfarbiger Hunde gelb überdeckt, konnten in den Würfen immer rotweisse und dreifarbige Welpen liegen. Hundehochzeiten fanden wohl ohnehin in den meisten Fällen ohne menschliches Zutun irgendwo im Freien zwischen den benachbarten Höfen statt, wie es auf dem Lande auch heute noch geschieht. Die Zuchtwahl bestand dann vor allem darin, nur geeignet erscheinende Welpen aufzuziehen und die übrigen abzutun. Erwiesen sich aufgezogene Tiere als nicht ausreichend dem vorgesehenen Zwecke dienend, weil sie schwächlich, bösartig, Streuner oder Wilderer waren, nicht wachten oder sich an den Hühnern vergriffen, wurden sie auch nachträglich noch kurzerhand abgetan oder dem Metzger verkauft. Geschlachtet und gegessen, wie es im Kanton Appenzell üblich war, haben die Berner Bauern ihre Hunde nicht. Aus den Würfen wurden vor allem geeignet erscheinende Rüden und nur selten Hündinnen aufgezogen.

Wenn ein Berner ausdrücken will, dass etwas häufiger als erwünscht vorkommt, z.B. nicht gerade hochgeschätze Leute, sagt er: «O, vo dene git's meh weder rot Hüng». («Ach, von diesen gibt es mehr als rote Hunde.») Rote Hunde erfreuten sich also nicht gerade besonderer Wertschätzung, waren aber trotzdem überall vorhanden. Beliebter waren schon die dreifarbigen. Es gab deshalb in früheren Zeiten, als man noch keine Rassebezeichnungen kannte, auch viele Namen, um diese Hunde von den roten zu unterscheiden:

«Gelbbäckler», «Vieräugler» oder auch «Bärihunde», weil sie im Gehabe dem Berner Wappentier glichen. Der «Bäri» war häufig ein dunkler Hund, ohne oder mit wenig Blesse, der «Ringgi» einer mit einer weissen Halskrause und der «Bläss» einer mit breiter weisser Blesse.

Die «Bernhardinerseuche»

Zwischen 1850 und 1890 grassierte unter den Berner Bauern das, was Heim später als «Bernhardinerseuche» bezeichnete. Diese Hunde hatten im Ausland grosse Berühmtheit erlangt, jedermann begehrte sie zu kaufen. Für einen Bernhardiner konnte man zeitweise höhere Preise lösen als für einen stattlichen «Muni» (Zuchtstier). Da es für den St.-Bernhardshund vor 1887 keinen verbindlichen Standard gab, begannen die Berner Bauern in den bereits vom Eisenbahnverkehr erschlossenen Gebieten vor allem die rotweissen Hunde aufzuziehen und ihre Hündinnen möglichst grossen Rüden zuzuführen. Tausende von rotweissen Berner Bauernhunden verliessen damals als «Bernhardiner» das Land. Die alten «Gelbbäckler» hingegen nahmen immer mehr ab und waren schliesslich nur noch in abgelegenen Gegenden zu finden.

Das Wirtshaus im Dürrbach

Ein solches Gebiet ist das zur Stockhornkette ansteigende Voralpengebiet südlich von Bern mit den grösseren Ortschaften Riggisberg und Schwarzenburg. In den unteren Teilen ist es ähnlich besiedelt wie das Emmental, je höher man aber hinaufkommt, desto rauher wird das Klima und desto kleiner und armseliger sind die Höfe. Die Gebiete über 1000 m entlang der Voralpenkette des Stockhorns sind ausgedehnte Alpweiden und werden nur im Sommer bestossen. Die Bauern hier schätzten die langhaarigen dreifarbigen Hunde als genügsame und wetterfeste Hofwächter und arbeitswillige Zughunde; die Sennen setzten sie auf den Alpen als Viehtreiber ein. Wirtschaftlich uninteressant, wurde dieses Gebiet lange kaum von Strassen, geschweige denn von Bahnen erschlossen, so dass der alteingesessene Vieräugler bis in unser Jahrhundert hinein unvermischt erhalten blieb.

In diese abgelegene Gegend hatte die Berner Regierung im 16. und 17. Jahrhundert die armen «frömden Auslendigen» hingewiesen, um die damalige Bettlerplage loszuwerden, und ihnen erlaubt, in den abgelegenen Hochtälern bei Rüschegg «nicht an den besten Plätzen ein Hüsli oder Hüttli zu erstellen und da ze wohnen». Der Lebensunterhalt dieser Leute war karg, so dass sie ihn durch die Herstellung von allerlei damals gebräuchlichen Werkzeugen und Korbwaren aufzubessern versuchten, die sie dann im Frühling und Sommer im Unterland verkauften. Pferde vermochten sie keine zu halten. Zugtiere an ihren schweren zweirädrigen Karren waren grosse einheimische Hunde, und damit zogen sie, meist von Kind und Kegel begleitet, hausierend und bettelnd von Haus zu Haus. Die starken und genügsamen «Rüscheggerhunde», langhaarig und dreifarbig, oft struppig und ungepflegt, erwarben sich dadurch im Unterland eine eigene Berühmtheit.

In diesem Berggebiet wurde im 19. Jahrhundert ein Berghotel, das «Gurnigel-Bad», zum Kurhaus ausgebaut und Attraktionspunkt für Fremde und Einheimische. Zwischen Bern und Gurnigel errichteten geschäftstüchtige Leute einen regelmässigen Postkutschendienst, der bald auch von den Berner Metzgern, Händlern, Handwerkern und Jägern benutzt wurde, die in diesem Gebiet Geschäfte tätigen oder jagen wollten. In der Nähe von Riggisberg wurden jeweils vor dem steilen Anstieg auf die Gurnigelhöhen beim Wirtshaus «Dürrbach» die Pferde gewechselt und eine Pause eingelegt. Das Gasthaus war Umschlagplatz für Vieh und Holz und Treffpunkt für die einheimischen Bauern, die Rüschegger Hausierer, die Alphirten aus den höher gelegenen Gebieten und die Stadtberner Metzger, Vieh- und Holzhändler und allerlei Handwerker.

In der Stadt Bern wurde damals ein grosser Teil des Kleinverkehrs von Hundegespannen ausgeführt. Im Jahr 1899 waren z. B. bei den Berner Behörden 319 Zughunde registriert. Geeignete Hunde waren deshalb sehr gesucht, und da die «Riggisbergerhunde» einen guten Ruf als willige und intelligente Tiere besassen, begannen die Berner Händler und Handwerker, ihren Bedarf an Zughunden bei ihren Gängen nach «Dürrbach» zu decken. Der Wirt, Hofmann, züchtete selbst solche Hunde und bezog weitere von den umliegenden Bauern und von den Alphirten, um der Nachfrage aus

Die Häusergruppe Dürrbach mit Wirtshaus «Dürrbach» (Gebäude in der Mitte) und Pferdestallungen an der Strasse von Bern nach Gurnigel, heutige Gemeinde Rüti bei Riggisberg. Das Wirtshaus ist seither abgebrannt.

der Stadt nachzukommen. In Bern jedoch wurden diese dreifarbigen langhaarigen Hunde bald einfach «Dürrbachhunde» oder «Dürrbächler» genannt. Von der Stadt aus verbreitete sich dieser Name im ganzen Kanton und ist dort heute noch immer gebräuchlich.

Den Stadtbernern oder möglicherweise auch den Rüschegger Hausierern haben es die Berner Bauern wohl abgeschaut, als sie nach der Erbauung der Talkäsereien zwischen 1830 und 1870 anfingen, ihre Hofhunde vor kleine Karren zu spannen, um die Milch vom Güterbuben in die Dorfkäserei bringen zu lassen. Vor dieser Zeit war die Milch nur in den Alphütten zu Käse verarbeitet worden, die Talbauern machten Butter daraus und brauchten sie für die Kälber- und Schweinemast. Es gab noch keine Käsereien und keine Milchtransporte. Die bekannten Käsereihunde sind also eine verhältnismässig junge Erscheinung.

Hundezucht bekommt neue Dimensionen

Zwischen 1855 und 1890 wurde durch den Bau der Eisenbahnen in der Schweiz erstmals ein durchgängiges Verkehrsnetz aufgebaut, das diese auch mit dem Ausland verband. Der nun möglich gewordene schnelle Güter- und Personenverkehr über weiteste Distanzen eröffnete auf allen Gebieten ganz neue Möglichkeiten. So auch in

Käsereihund bei Guggisberg (Nähe Dürrbach). Das Bild wurde kurz nach der Jahrhundertwende aufgenommen und zeigt einen für viele hügelige Gegenden typischen Milchkarren. Das Gefährt wird von einem älteren Knaben, dem «Käsereibuben», manövriert, der Hund zieht seitlich als zusätzliche Kraft. Dieser Hund ist zweifellos ein Dürrbächler, hat aber noch den vielerorts häufigen breiten weissen Kragen.

Sigmund Freudenberger (1745–1801)
«Am Murtentor in Bern»

Franz Niklaus König (1765–1831)
«Die Kindstauffe im Canton Bern»

Berner-Sennenhund

Netty v. Burgdorf, S. H. S. B. 3.479 / Züchter: Max Schafroth, Burgdorf / Besitzer: Fritz Schertenleib, Burgdorf
gew. 12. 9. 1906 von Bäri aus Prisca v. Burgdorf, S. H. S. B. 3.480
(1914 nach Photographie und Natur gemalt von Prof. Dr. Albert Heim)

Auf dem Viehmarkt in Thun, dem Tor zum Berner Oberland, etwa 1980

der Hundezucht: Rassen, von denen man bisher nur vom Hörensagen oder aus Büchern wusste, konnten jetzt von Land zu Land ausgetauscht werden. Weil alles Fremde mehr besticht als das Alltägliche, waren die damaligen Hundefreunde in der Schweiz vor allem an neuen, ausländischen «Racen» interessiert, die sogar «Stammbäume» und allerlei Prämierungen hatten. 1880 schlossen sich in Aarburg einige Männer zu einem Verein zusammen, um «das Interesse für edle Rassehunde zu verbreiten, solche einzuführen, rationell zu pflegen und zu züchten und so die minderwertigen Köter mehr und mehr zu verdrängen». Als Mittel zum Zweck organisierten sie auch kurz darauf im grossen Aarburger Schloss eine siebentägige Ausstellung, um dem breiten Volk publik zu machen, was unter edlen «Racehunden» zu verstehen sei und um Käufer ihrer Produkte zu finden.

Auf einer deutlich weitsichtigeren Basis waren die Absichten der 26 Männer gegründet, die am 8. Juni 1883 den Statutenentwurf zur Gründung der «Schweizerischen Kynologischen Gesellschaft (SKG)» unterzeichneten: «Zur Aufzucht und Pflege unseres ältesten und edelsten Haustieres, des Hundes» wurde als Zweck des Vereins angegeben. Mindestens einige unter den Gründern, darunter der erst 24jährige Forstadjunkt Max Siber, waren schon damals der Überzeugung, dass in der Schweiz nicht nur «minderwertige Köter», sondern auch züchtungswürdige Rassen vorhanden wären. Er dachte vor allem an die verschiedenen Jagdhundeschläge, hatte aber schon damals auch die Treibhunde im Kopf.

In den folgenden Jahren haben sich jedenfalls Max Siber und andere Mitglieder der SKG bemüht, leider mit nur sehr geringem Erfolg, die Appenzeller Bauern dafür zu gewinnen, ihre Hunde sorgfältiger zu züchten und sie auf Hundeausstellungen vorzuführen.

Die Schweizerische Kynologische Gesellschaft begann nach ihrer Gründung, anerkannte und prämierte Rassehunde in einem Verzeichnis zu sammeln, dem «Schweizerischen Hundestammbuch». Sie suchte sich eine Zeitschrift, die ihre Anliegen und Ideen publizierte und veranstaltete zusammen mit ortsansässigen Hundefreunden bis 1900 neun «Internationale Hundeausstellungen», an denen jedes Jahr neue, bisher unbekannte Rassen bewundert werden konnten.

Der Dürrbachhund taucht auf

In grösseren Städten entstanden Zweigvereine, so 1899 (zweite Gründung) im Kanton Bern der «Kynologische Verein Berna». Solche Vereine bestanden damals vor allem aus Leuten, die angefangen hatten, Bernhardiner oder eine ausländische Rasse zu züchten und zu propagieren. 1902 veranstaltete die «Berna» auf dem Galgenfeld bei Ostermundigen ihre erste «Schweizerische Hundeschau». Am 11. Mai fanden sich dort 320 Rassehunde ein.

Im Katalog dieser Ausstellung finden wir auf der letzten Seite folgende Eintragung:

Nicht klassifizierte Rassen. Treibhund. Leonberger. 43

Nicht klassifizierte Rassen.

Treibhund (Dürrbächler).

Richter: F. Probst.

Versuchsklasse, Rüden und Hündinen.

315. **Prinz.** Bes. G. Linder, Schlieren. Z.: Peter, Dürrbach. Gew. Juli 1900. Ohne Abstammungsangaben. Verkäufl.

316. **Prinz.** Bes. F. Schütz, Tiefenau. Ohne weitere Abstammungsangaben. Unverk.

317. **Bläss.** Bes. Chr. Burkhalter, Stettlen. Gew. Okt. 1901. Ohne weitere Abstammungsangaben.

318. **Barri.** Bes. Gebr. Wyss, Bern. Ohne weitere Abstammungsangaben. Unverk.

Leonberger.

319. **Dora.** Bes. G. Ryff, Au. Ohne weitere Angaben. Verk. Fr. 100.

---

320. **Max.** Bes. J. Peschl, Thun. Ohne weitere Abstammungsangaben. Verkäufl.

Wer war dieser Fritz Probst, der hier als Richter der Dürrbächler aufgeführt ist, und wie ist es zur Teilnahme dieser vier Hunde an der Berner Ausstellung gekommen?

Man weiss wenig über Fritz Probst (1867–1945), der sich, nachdem seine «Dürrbächler» anerkannt waren, wieder aus der Hundeszene zurückzog. Er war Inhaber einer Kaffee- und Küchliwirtschaft an der Aarbergergasse in Bern, verbrachte jedoch seine ganze Freizeit entweder im nahen Tierpark oder durchzog als Jäger mit einem Jagdhund die Wälder und Höhen um Gurnigel und Riggisberg. Daneben las er vor allem Tierbücher und hielt sich die aktuellen Jagd- und Hundezeitschriften. Mit seinem Deutschen Vorstehhund «Bosco» hatte er mehrmals an Ausstellungen der Schweizerischen Kynologischen Gesellschaft Preise gewonnen. 1901 trat er dem kynologischen Verein «Berna» bei. Es muss in diesem Kreis gewesen sein, wo zum ersten Mal der Gedanke aufkam, man könnte auch die «Dürrbächler», die man als Zughunde so häufig in der Stadt antraf, zur «Rasse» erheben. Fritz Probst galt immer als Initiator dieses Gedankens und besonderer Kenner der Rasse. Auch andere Mitglieder der «Berna», wie Professor Studer und besonders Adolf Tagmann, Redaktor der bernischen «Tierbörse», selber Neufundländerzüchter und anerkannter Hunderichter, müssen sich für diese Idee eingesetzt haben. Die Besitzer der vier an der Berner Schau erstmals ausgestellten «Dürrbächlerhunde» sind wohl von Fritz Probst persönlich aufgefordert worden, ihre Rüden dort vorzuführen.

Im offiziellen Nachrichtenblatt der Schweizerischen Kynologischen Gesellschaft, dem «Centralblatt für Jagd- und Hundeliebhaber», wurden zwar zusammen mit den andern Preisträgern ordnungsgemäss auch die drei Dürrbächler publiziert, No. 317, «Bläss», erhielt den 1. Preis, No. 315, «Prinz», den 2. und No. 316, ein weiterer «Prinz», den 3. Preis. No. 318, «Barri», scheint leer ausgegangen zu sein, sonst nahm man aber vom Auftauchen der Dürrbächler keine Notiz. Redaktor Adolf Tagmann hingegen liess in seiner «Tierbörse» den folgenden Artikel erscheinen:

«Auch an einer *Versuchsklasse* fehlte es dieser Schau nicht. Eine solche bildeten die sog. *«Dürbächler»*. Es ist dies eine Hundegattung, welche im Kanton Bern ungefähr die gleiche Rolle spielt, wie im Kanton Appenzell die sog. Appenzeller Sennenhunde, nur mit dem Unterschiede, dass die erstern grösser und langhaarig sind.

In Farbe sind sie schwarz und rostrot mit rotgelben Tüpfen ob den Augen, wie wir es beim deutschen Zwergpintscher finden. – Die «Dürbächler» haben ihren Namen von der Ortschaft Dürbach im Kanton Bern, in welcher Gegend sie heute noch wie vor vielen Jahren gezüchtet und geschätzt werden. – Würde sich ein energischer Züchter dieser Hundegattung annehmen und dazu den gehörigen «Timtam» spielen, was unbedingt zur Reklame nötig ist, so wäre die Existenzberechtigung als Rasse mindestens ebenso gerechtfertigt als bei noch manch anderer Hundespecialität, die heute als blaublütige Rassetiere an den Ausstellungen erscheinen.»

Der Dürrbächler wird hoffähig

1904 veranstaltete dann die «Berna» ihre erste grosse «Internationale Ausstellung von Hunden aller Rassen». Es sollte eine ganz grosse Sache werden, waren doch als besondere Attraktion erstmals Wasserprüfungen für Neufundländer und Dressurprüfungen für Polizei-, Sanitäts- und Kriegshunde angesagt. Auch die einheimischen Hunderassen wurden nicht vergessen. Unter der Bezeichnung «Schweizerische Hirtenhunde» wurden zwei Versuchsklassen, eine für Appenzeller Sennenhunde und eine für Dürrbachhunde, eingerichtet. Bei den Appenzellern erschienen ein Rüde und eine Hündin, von den Dürrbächlern aber fünf Rüden und eine Hündin. Als Richter amtierte wieder Fritz Probst, der sonst nie gerichtet hat. Wiederum entstammten alle Hunde der Umgebung Berns, mit Ausnahme von «Phylax», den ein junger Tierarzt, namens Scheidegger, aus Frutigen mitgebracht hatte. Tagmann schreibt in der «Tierbörse» von dieser Gruppe: «Die sechs Dürrbach-Hunde machen keinen ausgeglichenen Eindruck.» Aus einer Handschrift von Dr. Scheidegger wissen wir, «dass es sich darum handelte, diese bisher völlig verkannten Hunde als eigentliche Rasse anzuerkennen, insofern das ausgestellte Material genügend übereinstimmende Rassenmerkmale aufweisen würde, was dann auch der Fall war». Die vier prämiierten Tiere wurden in der Folge schliesslich als erste ihrer Rasse als «Dürrbacher-Sennenhunde» in Band 9 des «Schweizerischen Hundestammbuches» eingetragen, das 1906 herausgekommen ist.

Die Berner Ausstellung war in mehrfacher Hinsicht der entscheidende Durchbruch. Nicht nur wurden die «Dürrbächler» dort offenbar als eigenständige Rasse offiziell anerkannt, sie kamen auch Professor Heim aus Zürich erstmals zu Gesicht, der mit seinen Neufundländern an den Wasserprüfungen teilgenommen hatte. Und in Bern wurden auch einige «Herren aus Burgdorf», die dort ihre andern Rassehunde ausgestellt hatten, dazu angeregt, diese Dürrbächler nun selber zu züchten.

Die Herren von Burgdorf

Diese Herren waren ein Kaufmann namens Gottfried Mumenthaler, zuerst Züchter von Neufundländern und Bernhardinern und später von Deutschen Rauhhaarpinschern, und sein Geschäftspartner Emil Günther, Colliezüchter. Mumenthaler kaufte von Zimmermeister Stämpfli die Berner Siegerhündin «Belline» SHSB 2701, nachdem dieser von ihr und dem Siegerrüden «Ringgi» SHSB 2700 noch einen Wurf aufgezogen hatte. Zu «Belline» liess sich Mumenthaler durch Redaktor Tagmann einen passenden Rüden suchen. «Sultan» SHSB 3476, so hiess der Auserwählte, war klein, gedrungen, mit schönem schlichtem Haar und gut getragener Rute, jedoch ohne Blesse. Da damals nur ausgestellte und prämiierte Hunde ins Schweizerische Hundestammbuch eingetragen wurden, ist unbekannt, wieviele Würfe aus diesen beiden Stammtieren des Zwingers «von der Gysnau» hervorgingen.

Als eigentlicher Pionier der systematischen Reinzucht, der nach Heim «die Sache energisch an die Hand nahm», hat stets Max Schafroth, Kunstwollenfabrikant in Burgdorf, gegolten. Zum Schutz seiner brandgefährdeten Fabrikanlagen hatte er immer scharfe Hunde gehalten, früher Deutsche Doggen. Nun wandte er sich den Dürrbächlern zu. Er fand in Gerzensee bei Thun eine passende Hündin. «Priska» SHSB 3480 war eine ausgezeichnete Wächterin, klein, sehr scharf und hatte eine leicht gespaltene Nase. Durch den Frutiger Tierarzt Dr. Scheidegger kam er zu einem Wurfbruder des in Bern ausgestellten «Phylax» SHSB 2698. Dieser «Bäri» SHSB 4528, von Heim später als der «alleroriginellste Bauernhund» bezeichnet, war klein, sehr gedrungen, schlichthaarig und ausserordentlich wachsam, ohne bissig zu sein. Diese beiden Hunde waren die Stammtiere von Schafroths Zwinger «von Burgdorf». Es würde zu weit führen, nun alle Hunde, die aus diesen Tieren hervorgingen, aufzulisten. Gekauft wurden sie fast ausschliesslich von weiteren Burgdorfer Geschäftsleuten, die sich aus dem dortigen «Handels- und Industrieverein» und der «Oekonomi-

Schweizerisches Hundestammbuch, Band IX. 43

Eskimohund.

Hund.

2739. Storni. Bes.: R. Baumann, Landwirt, Obersteckholz. Z. und Abst. unbekannt. Importiert. Grau. Geb. 1902. Präm.: I. Preis offene Klasse Bern 1904.

Appenzeller Sennenhunde.

Hunde.

2696. Fritz. Bes.: Jean Lichtensteiger, Horgen. Z.: Etter, Oberegg. Vorwiegend schwarz, Blässe, weisser Halsring. Geb. September 1902. Von Bläss (Schlachthaus Heiden). Aus Bläss zur frohen Aussicht (Oberegg). Präm.: I. Preis offene Klasse Bern 1904.

2697. Bläss. Bes.: Jean Lichtensteiger, Horgen. Z.: Welti, Ebnat. Vorwiegend schwarz, halber Halsring, Blässe. Geb. Mai 1903. Von Bläss (Neu St. Johann). Aus Frisch (Ebnat-Kappel). Präm.: I. Preis offene Klasse Bern 1904.

Dürrbacher Sennenhunde.

Hunde.

2698. Phylax. Bes.: Ad. Scheidegger, Tierarzt, Frutigen. Z.: G. Reichen, Bühlbad, Kandersteg. Schwarz mit weissen und gelben Abzeichen. Geb. 15. Juli 1903. Von Bläss. Aus Netty. Präm.: II. Preis offene Klasse Bern 1904.

2699. Prinz. Bes.: Fr. Grimm, Bern. Z.: Fritz Zybach, Bern. Schwarz, weiss und rotgelb. Geb. 15. März 1903. Von Barri. Aus Belline. Präm.: III. Preis offene Klasse Bern 1904.

2700. Ringgi. Bes.: Louis Keller, Metzgermeister, Bern. Z.: Hänni, Landwirt, Schlieren b. Köniz. Dreifarbig. Geb. März 1902. Von Bläss (von Schlieren). Aus Belline (von Schlieren). Präm.: I. Preis offene Klasse Bern 1904.

Hündin.

2701. Belline. Bes.: N. Stämpfli, Zimmermeister, Bern. Z. und Abst. unbekannt. Dreifarbig. Geb. 1902. Präm.: I. Preis offene Klasse Bern 1904.

Dalmatiner.

Hunde.

2579. Caro. Bes.: Robert Heusser, Bautechniker, Biel. Schwarze Flecken auf weissem Grund. Geb. Frühjahr 1899. Abstammung unbekannt. Präm.: I. und Ehrenpreis offene Klasse Luzern 1903.

Seite 43 von Band 9 des Schweizerischen Hundestammbuches mit der Eintragung der ersten Berner Sennenhunde.

schen und gemeinnützigen Gesellschaft» kannten und damit ihrerseits eine Zucht begründeten.

1905 oder 1906 muss zu dieser Gruppe auch noch Franz Schertenleib, Weinhändler «vom Schlossgut» und später Wirt «von der Rothöhe», gestossen sein, der sich bald zum unermüdlichen Sammler guter Hunde entwickelte und nicht nur zum Aufbau der Dürrbächler-Rasse, sondern auch des Grossen Schweizer Sennenhundes und des Entlebuchers Wesentliches beigetragen hat. Schertenleib hatte schon 1892 im Dürrbachgebiet einen Hund gekauft und nach Burgdorf gebracht, «in dem die alten Leute den Gelbbäckler der guten alten Zeit» wiedererkannten. Eigentlich gezüchtet hat er vor 1906 jedoch vermutlich nicht und hat auch nie an Hundeausstellungen teilgenommen. Schertenleib beschaffte sich nun als erstes von einem Züchter Marti in Rüedligen bei Kirchberg die Rüden «Nero» SHSB 3427 und «Bello» SHSB 3475. Diese beiden hatten als Besonderheit eine gespaltene Nase. Offenbar gehörte Schertenleib zu den Leuten im Kanton, die die Auffassung vertraten, der «echte» Dürrbächler müsse eine Spaltnase haben! Auf der Seftigschwandalp, nördlich vom Gurnigelbad, züchtete nämlich eine Küherfamilie einen Stamm von doppelnasigen Hunden, die ausserdem noch helle, hervortretende Raubvogelaugen besassen und als ganz besonders wachsam und wehrhaft galten. Nach einem alten Volksglauben sollten solche Hunde auch die bösen Geister von der Alp fernhalten. Die «Seftigschwändler» waren daher sehr begehrt und galten vielerorts als besonders gut und echt.

Luzern 1907: Die Herren von Burgdorf stellen aus

1907 entschlossen sich die Burgdorfer Züchter, ihre Hunde an der in diesem Jahr einzigen Internationalen Hundeausstellung in Luzern der Öffentlichkeit vorzuführen. Sie meldeten sich mit 4 Rüden und 4 Hündinnen an. Schafroth nahm seine «Priska» mit, dazu deren Nachkommen «Prinz», «Belline», «Miss» und die erst 9 ½ Monate alte «Netty». Mumenthaler stellte seinen «Sultan» aus und Franz Schertenleib die beiden Spaltnäsler «Bello» und «Nero». Prof. Heim, seit kurzem von der SKG dazu bestimmt, alle Sennenhunde zu richten, musste sich nun erstmals mit dieser neuen Rasse befassen. Er liess sich durch die Burgdorfer Züchter gründlich unterrichten und veröffentlichte hinterher im «Centralblatt für Jagd- und Hundeliebhaber» einen langen Bericht. Diese Darlegungen sind das erste ausführliche schriftliche Dokument, das es über die Rasse gibt. Es machte die Dürrbächler erstmals über den Kanton Bern hinaus bekannt. «Prinz» SHSB 3475 und die schöne «Netty» SHSB 3479, die Heim später auch malte, erhielten die ersten Preise und wurden zum Leitbild der Rasse. Was nun aber Heim gar nicht gefallen konnte, war die gespaltene Nase einiger Hunde. In seinem Bericht drückte er sich jedoch sehr vorsichtig aus: «Die Spaltnase soll, weil alteingebürgert, dem Hund nicht zur Unehre gerechnet werden, wohl aber ist bei zwei gleichwertigen Tieren der Spaltnäsler als weniger wert zurückzustellen ... Möge es unseren Freunden in Burgdorf gelingen, der vorzüglichen Rasse der Dürrbächler – mit oder lieber ohne Spaltnase – durch liebevolle Zucht und Pflege zur richtigen Anerkennung zu verhelfen...»

Heims Ansichten zur Spaltnase, an der Ausstellung selbst wohl mündlich deutlicher vorgebracht, reichten aber aus, dass die Spaltnasenfrage ein für allemal vom Tisch war.

Für Franz Schertenleib war die Begegnung mit Heim von entscheidender Bedeutung. Er verkaufte seine beiden spaltnasigen Rüden und erwarb von Schafroth die schöne junge «Netty». Gleichzeitig begann er bei seinen Fahrten über Land unermüdlich nach guten Hunden Ausschau zu halten und sie nach Burgdorf zu bringen. Zwischen 1907 und 1910 hielten, neben einigen Jungtieren, allein drei neu im Dürrbachgebiet aufgetriebene Zuchtrüden und drei Zuchthündinnen Einzug in seinem Zwinger «vom Schlossgut».

Der Dürrbach-Klub wird gegründet

Vom Erfolg in Luzern und der wohlwollenden Begegnung mit dem grossen Heim ermutigt, dazu von Redaktor Tagmann gedrängt, beschlossen die Burgdorfer Züchter, sich nun verbindlicher zusammenzuschliessen. Nach einer Mitteilung in der «Tierbörse» wurde am 15. November 1907 unter dem Präsidium von Fritz Probst im Restaurant «Gysnau» der «Dürrbach-Klub, Verein für Züchtung rassereiner Dürrbachhunde» gegründet. 16 Mitglieder liessen sich einschreiben, als Präsident wurde Gottfried Mumenthaler gewählt, ein weiterer Geschäftsmann, Emil Heiniger, amtierte als Sekretär-Kassier, und Franz Schertenleib wurde Beisitzer des neuen Vorstandes.

Als erstes erarbeitete der Klub verbindliche Rassekennzeichen, die zuerst in der «Tierbörse» vom 4. Januar 1908 und dann auch im «Centralblatt», No. 12, vom 20. März 1908, veröffentlicht wurden (s. Kapitel 2, «Der Standard – Masstab und Wegleitung»).

Langenthal 1908: Das Kurzhaar wird ausgeschieden

Zwei Anlässe standen dem jungen Klub im Jahr nach der Gründung bevor: Für den 6. und 7. Juni hatte der neu gegründete kynologische Verein «Berner Oberland» in Interlaken eine «Schweizerische Hundeschau» ausgeschrieben, und am 29. und 30. August 1908 sollte in Langenthal eine grosse «Internationale Jubiläumsausstellung» zum 25jährigen Bestehen der SKG durchgeführt werden. Für beide hatte sich der Klub Grosses vorgenommen. Tatsächlich stellten sich in Interlaken 21 und in Langenthal 22 Dürrbächler ein. Nur 7 davon wurden an beiden Orten ausgestellt, insgesamt fanden 33 neue Hunde den Weg in den Ring. Da regionale Schauen nicht zur Eintragung ins Schweizerische Hundestammbuch berechtigten, sind in Band 12 nur die preisgekrönten Hunde von Langenthal eingetragen. Überhaupt lässt sich gerade anhand dieser beiden Ausstellungen feststellen, dass gleich von Anfang an mit viel mehr Hunden gezüchtet wurde, als je den Weg ins Stammbuch fanden. Dieses wurde damals noch als etwas eher Nebensächliches betrachtet, es war bloss ein fakultatives Verzeichnis der prämiierten Hunde, und eine grosse Zahl von Züchtern dachte gar nicht daran, ihre Hunde dort zu melden.

Nach der Spaltnase stellte sich nun für die Dürrbächler-Züchter ein neues Problem: Sowohl in Interlaken wie in Langenthal wurden auch Hunde vorgeführt, die zwar durchaus dem Dürrbächlertyp entsprachen, jedoch kurz- oder stockhaarig waren. Tagmann, der in Interlaken die Dürrbächler richtete, löste nach Rücksprache mit den Klubmitgliedern die Sache so, dass er die Hunde kurzerhand in zwei Klassen, langhaarige und stockhaarige Berner Sennenhunde, einteilte und getrennt bewertete. Wieviele Hunde von jeder Haarart anwesend waren, ist unbekannt, denn Tagmann schrieb keine Richterberichte.

Dasselbe Vorgehen wurde nun in Langenthal von den Klubmitgliedern auch von Heim gewünscht. Er liess sich dazu überreden, die Dürrbachhunde als langhaarige und kurzhaarige «Varietät» zu richten. Nachdem er acht langhaarige Rüden bewertet hatte, schrieb er in sein Richterheft:

«Nun erscheint das Dürrbach Kurzhaar!

No. 442, *Bello* (Bes. Schertenleib), ist ein in seiner Art herrlicher, alter Sennen-(Metzger-)hund der *grossen*, im Verschwinden begriffenen Rasse. Der Rüde hat 67 cm Schulterhöhe, ist von gewaltigem und doch vom Bernhardiner ganz verschiedenen Bau. Er ist von feurigen Farben und wundervoller Farbzeichnung, besonders am Kopf. Er dreht die Hinterzehen etwas auswärts und spreizt die Pfoten. Wie die meisten Dürrbachhunde hat er doppelte Wolfskrallen. Hier unter den normalen Hunden und besonders auch für die Zucht mit denselben, ist er doch ein unpassender Riese. Wäre er unter den ‹bisher nicht genannten Rassen› gemeldet, so hätte ich ihn als grossen Sennenhund bezeichnet und ihm I. Preis mit Freuden zuerkannt, unter den Dürrbachhunden darf ich dem interessanten Tier doch nicht mehr als II. Preis geben; er gehört nicht ganz hierher.»

Seine Überlegungen zur Frage, ob der Dürrbächler in Zukunft in zwei Haararten gezüchtet und gerichtet werden solle, legte er im Richterbericht über die Ausstellung in Langenthal ausführlich dar:

«Ich bin der Meinung, dass man bei den Dürrbachhunden das *Langhaar* pflegen soll. Es rechtfertigt sich nicht bloss, weil es weitaus die Regel ist, sondern auch, weil dadurch die Rasse viel besser und natürlicher sich vom Appenzeller Sennenhund abgrenzt. Das Stockhaar dagegen ist festzuhalten für den alten grossen Sennen-(oder Metzger-)hund, der freilich auf Ausstellungen bisher als Rasse noch nicht aufgetreten ist, obschon er dafür wohl befugt wäre ...»

Heims Überlegungen sind ein Markstein in der Geschichte der Sennenhunde geworden. Die zwei in Langenthal erschienenen kurzhaarigen Rüden «Bello» und «Nero» wurden als erste «Grosse Schweizer Sennenhunde» ins Stammbuch Nr. 12 eingetragen und legten den Grundstein zu dieser neuen Rasse.

Seinen Bericht schloss Heim mit den Worten:

«Gutes Zuchtmaterial und die rechten Leute sind nun zusammen, um eine spezifisch schweizerische Rasse, den Berner Sennenhund – vielleicht würde dieser Name bald geläufiger als der Dürrbachhund – zur Geltung zu bringen und zu heben und zu veredeln ... in welcher Richtung sollen die Zuchtbestrebungen gehen? ... Im besonderen habe ich den Eindruck, dass das Haar, das oft noch struppig und krause ist, schöner, besonders schlichter, dichter und länger werden könnte ... Sodann ist in Zukunft mehr als bisher auf einen menschenfreundlichen, schönen Gesichtsausdruck zu achten. Die Wachsamkeit muss darunter nicht leiden, dass manche der Gesellen einen weniger wilden, unsicheren, dafür mehr edeln Gesichtsausdruck annehmen ... Die Berner Sennenhunde sollten auch unter sich etwas hundefreundlicher sein. Im zu kleinen Richterring war es oft kein Leichtes, Raufereien zu verhindern. Dies kann gelingen ... dadurch, das wirkliche Raufbolde nicht zur Zucht verwendet werden ...»

Für eine Umbenennung des «Dürrbächlers» in Berner Sennenhund war der Klub jedoch nicht zu haben. Drei Wochen nach der Langenthaler Ausstellung erschien in der «Tierbörse» der folgende Artikel, unterzeichnet von Klubsekretär Emil Günther:

«Wir wollen gerne hoffen, dass bei künftigen Ausstellungen der S.K.G. unsere Lieblinge mit dem ihnen zukommenden Namen genannt werden. Der vom Klub nach langer Debatte festgestellte Name ist *«Dürrbachhund»*, der Ortschaft und der Gegend zu Ehren, in welcher sich die Rasse am reinsten erhalten hat. Am Namen selbst wüssten wir nichts zu verbessern, er macht auch die Sache nicht aus, dagegen aber wird die Zucht dieser Tiere noch manches Jahr Mühe und Arbeit kosten, bis das Produkt durchgehends nach den vom Klub festgestellten Rassekennzeichen fällt.»

Entgegen Heims Auffassung wurde der Hund also zunächst nicht umbenannt. Das hängt damit zusammen, dass die Berner Züchter nur schwerlich einen Zusammenhang mit einem «Sennenhund» sehen konnten. Im Kanton Bern nannte man den Alphirten «Küher», und dessen vierbeiniger Gehilfe war der «Küherhund». Ausserdem verkörperte ein «Sennenhund» für sie einen ganz anderen Typ, nämlich den viel kleineren Treibhund, wie er im Appenzeller nun auch als Rasse existierte. In den nächsten Jahren traten beide Bezeichnungen «Dürrbachhund» und «Berner Sennenhund» wechselweise auf, je nachdem, wer über sie berichtete. Erst als der Klub 1912 neue Satzungen verfasste, nannte er sich erstmals «Berner-Sennenhund-Klub, vormals Schweizerischer Dürrbach-Club». Diese neue Bezeichnung wurde auch in der «Tierbörse» angezeigt.

Basel 1909: Heim weist die Richtung für den anzustrebenden Typ

Im folgenden Jahre, 1909, stellten sich an der Ausstellung in Basel 31 Sennenhunde ein. Erstmals standen sich mit 17 Berner(Dürrbach-)Sennenhunden, neun Appenzeller Sennenhunden und fünf Grossen Schweizer Sennenhunden die drei Arten als eigenständige Rassen gegenüber. Heim schrieb darüber einen langen ausführlichen Bericht im «Centralblatt», in dem er zum erstenmal seine eigene Theorie zur Herkunft dieser Rassen entwickelte.

Professor Heim und Klubpräsident Mumenthaler begutachten gemeinsam Berner Sennenhunde an einer Ausstellung.

«Eine Austellung von 31 Sennenhunden ist noch nie dagewesen! Sie bietet ein prachtvolles und sehr belehrendes Bild! Es gilt hier, längst vorhandenes, vortreffliches, eigenes Material, Ureigentum des Landes zu zeigen und zur Geltung zu bringen gegenüber einer Überflutung von Mode oder von Fremdlingen... Die Sennenhunde in den drei vorgeführten Unterrassen: Grosse, Appenzeller und Berner (Dürrbächler) sind nicht erst in ausgeprägten Rassentypen zu schaffen, sie sind fertig da. Es gilt nur noch Richtlinien zu schaffen, das eine oder andere Unliebsame auszumerzen, den Rassetypus da oder dort noch genauer zu fixieren und zu veredeln und die schönen Rassen vor Bastardisierung zu schützen...»

Für die Berner (Dürrbach-)Sennenhunde hält er dann fest:

«...es gibt zwei Gruppen: Die einen haben kürzeren, gedrungeneren Bau und Kopf, machen einen roheren Eindruck, sind wohl die ursprünglicheren Formen, der alte Bernerbauernhund. Die andern sind schlanker im Körper und im Kopf, edler in der Gesamterscheinung... Mir scheint, wir sollten in der *Mittelregion* zwischen den Formen bleiben... Wir möchten das Tier weniger roh haben, aber wir müssen uns davor hüten, von diesen Urformen zu weit abzuweichen. Der veredelte Berner Sennenhund soll immer noch ein ziemlich gedrungener und stämmiger Bursche werden, der im Gesamtbau und im Kopf sich etwas dem Neufundländer, aber ja nicht dem Setter nähern darf.»

Nach der Basler Ausstellung war im Jahresbericht des damaligen Präsidenten der SKG über die Berner Sennenhunde zu lesen:

«Die Nachfrage nach dieser Rasse soll in stetem Steigen begriffen sein, so dass derselben nicht Genüge geleistet werden kann...»

Burgdorf 1910: Die grosse Heerschau

Diese erfreuliche Situation schaffte dem Klub jedoch auch Sorgen: Nachdem die Rasse nun anerkannt war, begannen viele Bauern auf ihre Weise Dürrbächler zu züchten. Sie kauften sich bei Klubmitgliedern Hündinnen, ohne sich jedoch dem Klub anzuschliessen oder die Nachkommen je an Ausstellungen zu zeigen. Die ganze Sache wurde immer unübersichtlicher. Es schienen bei den Bauern noch viel mehr Dürrbächler vorhanden zu sein, als man bisher angenommen hatte.

Lebhafte Diskussionen löste auch immer wieder der 1907 festgelegte Standard aus. Die Klubmitglieder wollten unbedingt einen Standard haben, der der Wirklichkeit der vorhandenen Tiere entsprach und nicht einem erst zu erreichenden Idealbild, und diese Wirklichkeit war immer noch sehr vielfältig.

Diese Probleme führten dazu, dass die 22 Mitglieder des Schweizerischen Dürrbachklubs an ihrer Hauptversammlung vom 21. Nov. 1909 beschlossen, «im Frühling 1910 in Burgdorf eine Dürrbachhunde-Schau abzuhalten und dafür zu sorgen, dass zu dieser Schau auch Tiere gebracht würden, welche sich nicht im Besitze von Klubmitgliedern befinden, da noch viel schönes Material vorhanden sei.»

Gemäss Beschluss wurden in der «Tierbörse» und in ländlichen Tageszeitungen Inserate aufgegeben. Danach veranstaltete der Schweizerische Dürrbachklub «auf Sonntag den 24. April 1910, nachmittags 1 Uhr in der Reitbahn zu Burgdorf eine Heerschau für Hunde der Dürrbachrasse», zu der sämtliche Besitzer und Liebhaber von Hunden dieser Spezies, gleichviel ob Mitglied des Klubs oder nicht, freundllichst eingeladen seien.

«Die Schau ist für alle Besitzer von Dürrbachhunden kostenlos und bezweckt:

1. Endgültige Festlegung der Rassekennzeichen
2. Auswahl der geeigneten Zuchttiere
3. Allgemeine Wegleitung für die Züchter der Dürrbach-Rasse...

Als Preisrichter konnte Herr Prof. Dr. A. Heim in Zürich gewonnen werden, der sich seit Jahren als Förderer, Kenner und Preisrichter dieser Rasse und um unsere Klubbestrebungen sehr verdient gemacht hat...»

Und das Ergebnis? Es war so überwältigend, dass die Organisation versagte und der Klub, nach Heims Worten, «in Verlegenheit kam». Um die 30 Hunde hatte man erwartet – eingetroffen waren 107! «Von weit her kamen die Bauern», schrieb Heim 1914 in seiner Rückschau. «Es war ein wundervoller Anblick.»

Zur Beurteilung wurden die Hunde in vier Klassen eingeteilt, je in Rüden und Hündinnen über ein Jahr und unter einem Jahr. In jeder Klasse wurden vier Qualifikationen vergeben:

I	vorzüglich	
II	gut	beide zur weiteren Züchtung empfohlen
III	mangelhaft	mit leicht sich vererbenden Fehlern behaftet, zur Zucht nicht empfohlen
IV	nicht von der Rasse	

Die 107 Hunde wurden wie folgt bewertet:

vorzüglich:	47 Tiere
gut:	33 Tiere
mangelhaft:	19 Tiere
nicht von der Rasse:	8 Tiere

Allen Besitzern von Hunden über einem Jahr mit der Qualifikation «vorzüglich» wurde eine Prämie von Fr. 5.– ausbezahlt.

Junghundebesitzer erhielten als Preis eine vernickelte Kette. Ausserdem wurden in der «Tierbörse» Name und Adresse jedes Ausstellers veröffentlicht, der einen zur Zucht geeigneten Hund besass.

Wie man es sich vorgenommen hatte, wurden auch die Rassekennzeichen neu überarbeitet. Überraschenderweise kann man beim Vergleich der beiden Fassungen feststellen, dass nur geringfügige Änderungen vorgenommen wurden, das Grundkonzept blieb bestehen. Die untere Rassengrösse wurde herabgesetzt, die Kopfform und die Lage der Ohren wurden präzisiert, krause Haare an den Ohrlappen und auf dem Rücken entfielen, beim Gesichtsausdruck wurde «lebhaft» hinzugefügt. Die Spaltnase wurde nicht mehr als Fehler gerechnet, sondern ganz ausgeschlossen.

Verbreitungsgebiet der Dürrbächler vor Beginn der Reinzucht. ▶

In diesem Gebiet wurden zwischen 1902 und 1920 insgesamt 104 Berner Sennenhunde, sog. «Findlinge», bekannt. Sie sind entweder von Züchtern gekauft und dann der Reinzucht zugeführt oder von ihren Besitzern an Ausstellungen gezeigt worden. Jeder schwarze Punkt steht für einen mindestens einmal, z.B. in einem Ausstellungskatalog, registrierten Hund. Die von Klubmitgliedern oder anderen Züchtern in der gleichen Zeit gezüchteten Hunde sind hier nicht vermerkt. (Auf die Wiedergabe der zugehörigen Liste der Hunde wird verzichtet, da die vielen Namen nur verwirren würden. Die Nummern beziehen sich auf die Reihenfolge der Auffindung.)

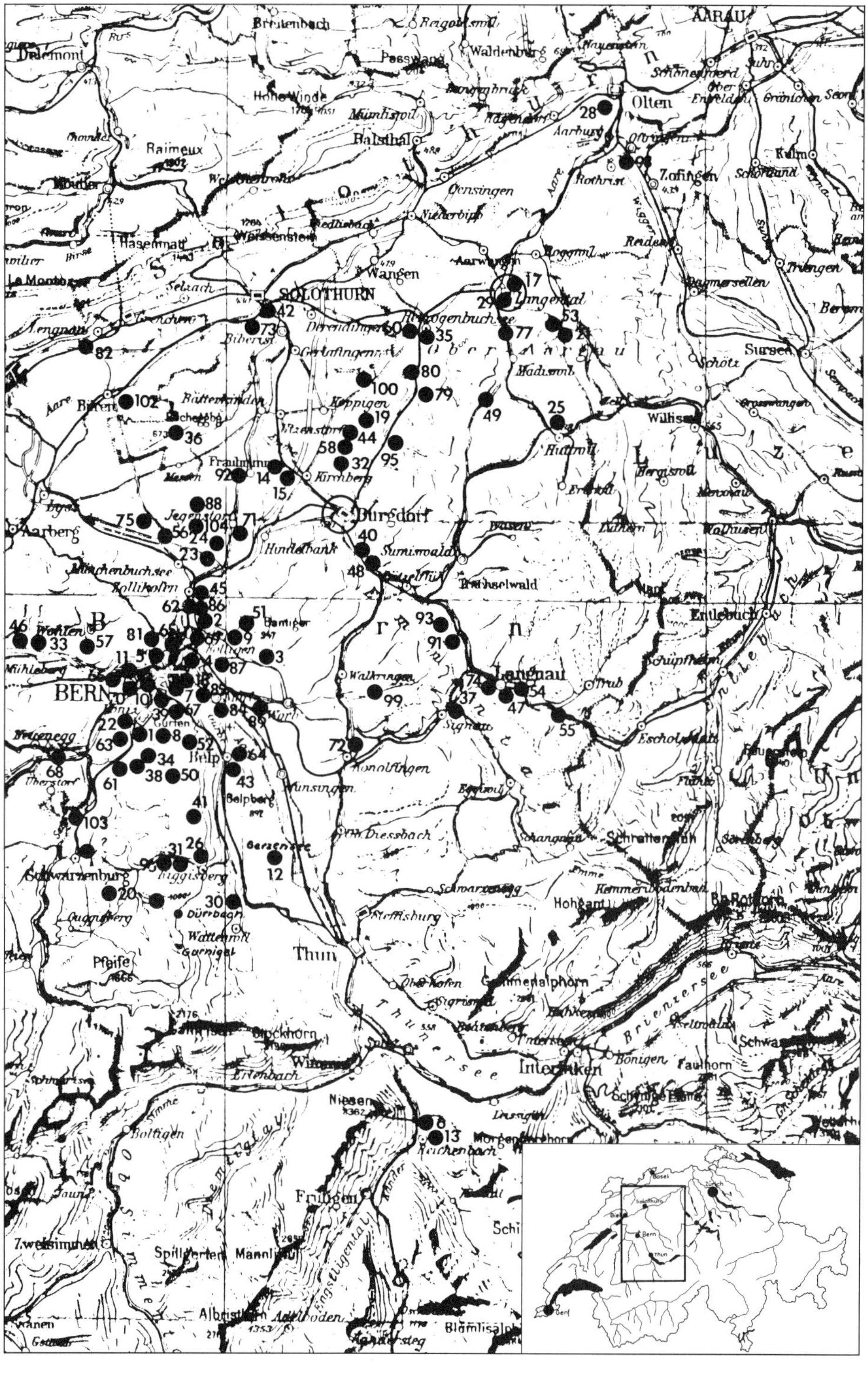
Delémont
Raimeux
Passwang
Olten
Aarburg
Zofingen
Balsthal
Oensingen
Niederbipp
Wangen
SOLOTHURN
Langenthal
Herzogenbuchsee
Biberist
Willisau
Huttwil
Kirchberg
Burgdorf
Sumiswald
Hindelbank
Aarberg
Jegenstorf
Münchenbuchsee
Zollikofen
Wohlen
BERN
Belp
Münsingen
Konolfingen
Langnau
Signau
Trub
Escholzmatt
Entlebuch
Schüpfheim
Schwarzenburg
Riggisberg
Thun
Steffisburg
Oberhofen
Sigriswil
Interlaken
Bönigen
Brienzersee
Thunersee
Erlenbach
Boltigen
Niesen
Reichenbach
Frutigen
Adelboden
Zweisimmen
Blümlisalp
Bern
Thun
Genf

1910–1914: Jahre der Befestigung

Die nächsten Jahre, von der grossen Heerschau bis zum Kriegsausbruch 1914, waren die wichtigste Phase für die Stabilisierung und die Entwicklung der Dürrbächler zur ausgeglichenen Rasse. Der Standard war nun klar umrissen, die grundsätzlichen Diskussionen beendet und die Zuchtziele festgelegt. Ein guter Grundstock an Zuchttieren war vorhanden, und darüber hinaus hatte die Heerschau gezeigt, dass auch ausserhalb des Dürrbach-Klubs noch ein grosses Reservoir an typischen Hunden vorhanden war, aus dem man schöpfen konnte. Die Züchter konnten sich jetzt ganz dem kontinuierlichen Aufbau widmen. Der Standard lag so nahe am ursprünglichen Bauernhund, dass nichts Spektakuläres erreicht werden musste. Heim hat sich immer wieder in dieser Richtung geäussert:

«Alle Schweizer Sennenhunde sind von starkem Bau, breitbrüstig, in ihren Formen frei von jeder einseitigen Übertreibung und jeder Überzüchtung, durchweg harmonisch und schön in den Proportionen.»

«Alle Schweizer Sennenhunde zeigen die gleichen guten Proportionen ohne irgendwelche auffällige Abweichung vom normalen Hunde. Kein Körperteil ist irgendwie aus den Proportionen gefallen. Es gilt dies besonders auch vom Kopf, der sich dadurch abzeichnet, dass nichts Extremes (weder Länge noch Kürze noch Tiefe usw.), nichts Überzüchtetes sich geltend macht. Es ist ein schöner Kopf von normalen Proportionen.»

«Es versteht sich, dass ... die bewusste Edelzucht nichts Wesentliches mehr ändern kann oder soll. Sie soll nur den vorhandenen Typus schützen und rein erhalten, sie soll gelegentlich Fehler und Unschönheiten, die ja stets vorkommen, möglichst ausmerzen und das schönst Befundene, was in der Rasse liegt, mehren und befestigen.»

Heim richtete, mit wenigen Ausnahmen, bis in die Zwanzigerjahre hinein die Berner Sennenhunde immer selbst. Nach jeder Ausstellung veröffentlichte er einen ausführlichen Bericht, in dem jeder Fortschritt festgehalten, jedoch auch jeder sich zeigende Mangel besprochen und bewertet wurde. Diese Berichte waren wegleitend für die weitere Gestaltung und Ausformung der Rasse.

Als bahnbrechende Züchter taten sich besonders Franz Schertenleib, Zwinger «vom Schlossgut», später «von der Rothöhe», und Tierarzt Dr. Scheidegger in Langenthal hervor. Sie erschienen an jeder Ausstellung mit neuen grossen Gruppen von bis zu 18 Tieren und wetteiferten um die schönsten Preise. Beide Züchter hielten grosse Hundebestände. Franz Schertenleib war der Sammler. Er entdeckte bei seinen Fahrten über Land immer neue gute Tiere und führte sie der geregelten Zucht zu, indem er sie kaufte und nach Burgdorf brachte. Dr. Scheidegger war der systematische Züchter. Er hatte die meisten seiner Zuchthunde, wie dies damals noch häufig gemacht wurde, bei den umliegenden Bauern untergebracht, überliess diesen Aufzucht und Verkauf, bestimmte aber die Paarungen und holte sich dann nur die besten Tiere aus den Würfen in die Zucht. Er hat seine Linien sorgfältig aufgebaut und immer auch wieder Rückkreuzungen auf die besten Tiere vorgenommen. Inzucht war zur Befestigung der erwünschten Rassemerkmale ein von ihm häufig eingesetztes Mittel. Da aber bis in die

Zwanziger Jahre hinein auch immer wieder ganz neue Tiere von aussen hereingeholt wurden, bestand nie die Gefahr einer allzu einseitigen Verwandtschaftszucht.

1914: Die erste Schrift über die Schweizer Sennenhunde

1914 wurde in Bern die zweite grosse Schweizerische Landesausstellung durchgeführt, an der sechs Monate lang alles gezeigt werden sollte, was die Schweiz damals produzierte. Es war die Zeit, als nach dem Bau der modernen Transport- und Kommunikationsmittel (Eisenbahn, erste Autos, Telegraph und Telephon) und der Freude über die grenzenlosen Beziehungen, die sie ermöglichten, eine Gegenbewegung eingesetzt hatte. Unter dem Ansturm alles Neuen begann man, sich auf die eigenen Werte zu besinnen. Die ersten Bestrebungen für Natur- und Heimatschutz entstanden, für die sich auch Prof. Heim rückhaltlos engagierte.

Auch die SKG konnte an der Landesausstellung ihre Anliegen darstellen. In der Luftschiffahrtshalle wurden ihr mehrere Räume für eine «permanente Ausstellung» zur Verfügung gestellt. Ein Raum war für Professor Heim und seine Sennenhunde reserviert.

«Schon von weitem grüssen uns die farbigen Bilder der Sennenhunde entgegen. Der ‹Appenzeller-Bläss› und der «Berner-Bäri» sind naturgetreu dargestellt. In der Mitte davor steht ein lebensgrosses Modell eines «Grossen», angetan mit einem Mustergeschirr mit der Inschrift ‹Arbeit macht stark›.»

Als Kernstück der «Abteilung Heim» aber lag ein unscheinbares graues Büchlein auf, das jeder Besucher für Fr. 2.– erwerben konnte: «Albert Heim: Die Schweizer Sennenhunde».

Es ist ein leidenschaftlicher Appell an die Schweizer Bevölkerung, sich dieser einheimischen Hunde anzunehmen und beginnt mit den vielen älteren Sennenhundfreunden noch bestens bekannten Worten:

«Die Schweizerischen Sennenhunde sind lange, lange unbeachtet geblieben. Kein Hundefreund kannte einen Rassenamen für sie, an keiner Ausstellung wurden sie gezeigt, als ‹ganz gewöhnliche Hunde›, ‹Bauernhunde›, ‹Metzgerhunde› wurden sie beiseite geschoben, ohne dass man ihre treffliche Rassigkeit bemerkte, und was ihre Besitzer alles zu rühmen wussten, bezog man auf den einzelnen Hund und hielt es für Zufall, nicht für Rasse. Und doch sind die Schweizer-Sennenhunde die ältesten in der Schweiz lebenden und bodenständigsten Hundearten und ursprünglich die einzigen, welche in verschiedenen Varietäten über das ganze Land verbreitet waren. Sie sind die wahrhaftigen schweizerischen Nationalhunde ... Wir wollen einen echten edlen Heimatschutz an ihnen üben, treu sein den Getreuen und sie retten zu gerechter Würdigung!»

In dem kleinen Büchlein waren die Sennenhunde zum ersten Mal ausführlich dargestellt (noch ohne den Entlebucher, der damals noch nicht als reine Rasse gezüchtet wurde). Es war lange Zeit die einzige verfügbare Informationsquelle und eine geschätzte Wegleitung für Sennenhundfreunde und -züchter.

Heims darin geäusserter Wunsch, «dass das Büchlein seinen Zweck erfülle, diesen Hunderassen dauernde Beachtung, Schutz und Verbreitung zu verschaffen», hat sich seither mehr als erfüllt. Die Sennenhunde sind nicht nur in der Schweiz wieder verbreitete und geschätzte Rassen geworden. Für Berner Sennenhunde bestehen heute bereits in 14 europäischen und überseeischen Ländern eigene Rasseklubs, die sie mit viel Begeisterung betreuen.

Wir schliessen damit unsere kurze Übersicht über die wichtigsten Etappen auf dem langen Weg, den Mensch und Hund gemeinsam durch die Jahrtausende gegangen sind. Vieles hat zusammengewirkt, dass aus einem scheuen unscheinbaren Wildtier der schöne und stattliche Begleiter wurde, dessen unbeirrbare Zuwendung uns moderne Menschen immer wieder neu berührt. Wir haben im Berner Sennenhund ein Geschenk der Natur und der Geschichte erhalten. Nun gilt es, das, was Professor Heim vor vielen, vielen Jahren als besonders wertvoll erkannte, auch in Zukunft zu bewahren:

«Mir scheint, der gute Berner Sennenhund ist durch sein Ebenmass in jeder Richtung und seine herrliche Farbe wohl der schönste Hund, den es gibt. Nichts ist einseitig übertrieben, alles ist harmonisch, nichts ist sonderbar, alles ist an seinem natürlichen Platz. Der Berner Sennenhund scheint mir durch seine Normalität schön.»

Belline SHSB 2701, gew. 1902, ist die 1904 in Bern ausgestellte und als erste ins Schweizerische Hundestammbuch eingetragene Berner Sennenhündin. Heim bekam sie erst an der Ausstellung 1909 in Basel zu Gesicht und schreibt von ihr: «Belline ist der vorigen (Netty, d. Verf.) ähnlich, gross und gut gebaut, durch Wolfskrallen Zehen etwas auswärtsgestellt, Kreuz etwas hoch, älter, Gelb etwas blass (oder verblasst). 2. Preis.»

Belline scheint zahlreiche Nachkommen gehabt zu haben, von denen nur die wenigsten eingetragen wurden. Ihr bedeutendster Sohn war der vielgebrauchte Zuchtrüde Bläss Stämpfli SHSB 3973, gew. 1906, den sie vor der Übernahme durch Mumenthaler noch in Bern nach dem Sieger der Berner Ausstellung, Ringgi 2701, geworfen hatte.

Drei Findlinge aus der Anfangszeit.

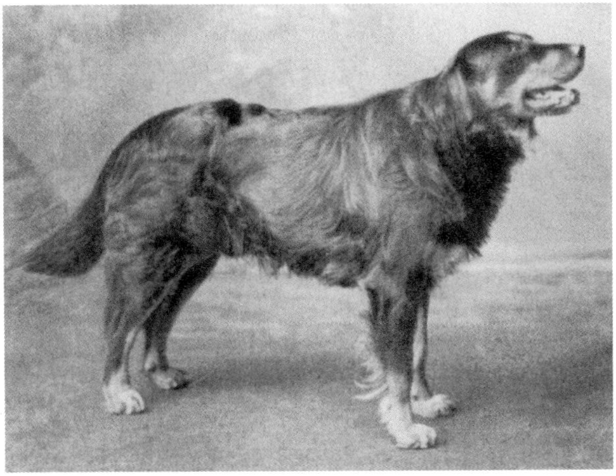

Sultan SHSB 3476, gew. ca. 1905, Abstammung unbekannt. Dieser Rüde wurde Mumenthaler nach der Berner Ausstellung durch Tagman als Partner zu Belline vermittelt. Da er nur 57 cm gross war, wurde er nur im Anfang zur Zucht verwendet, hat aber wesentlich dazu beigetragen, dass Heim das schlichte Haar und die schwebend getragene Rute zum Ideal erhob. 1907 wurde er ihm in Luzern vorgestellt: «Sultan: Gut und typisch, eher etwas kleiner und leichter als die vorigen (Prinz von Burgdorf, Bruder von Netty und die beiden Spaltnäsler Bello und Nero von Rüedtligen). Ohr etwas zu lang hängend. – Dieser Hund trägt die Rute schön schwebend, während die andern sie ähnlich wie ein Spitz über den Rücken zurückschlagen. Gewiss ist diese Rutenhaltung schöner, der Ringelschwanz aber offenbar viel allgemeiner. Züchterisch wäre es sicher ein schwieriges Problem, die Ringelrute durchwegs wegzubringen und der Richter darf den Hund durch Ringelrute so wenig wie bei den Appenzellerhunden als disqualifiziert betrachten.»

Bläss Farner SHSB 3972, gew. 1906, Züchter und Abstammung unbekannt. Dieser Hund wurde Heim zweimal an Ausstellungen vorgestellt. 1908 gab er ihm in Langenthal in der offenen Klasse noch den 2. Preis und schrieb: «No 441, Bläss, ist etwas leichter im Bau (als Nr. 440, d. Verf.), Kopf sehr stark, Farben sehr feurig und gut in Zeichnung, gute Blässe, Gang etwas steif.» In Basel 1909 erhielt Bläss nur noch «Hoechst Lobende Erwähnung», was dem heutigen «Sehr gut» entspricht.

«Bläss hat noch ausgesprochener (als Bäri v. Burgdorf, d. Verf.) den kurz zusammengestossenen Bau, Kopf prächtig, Auge dunkel, Gesamterscheinung typisch, aber nicht edel, hinten etwas steil, Rücken etwas eingezogen, Kraushaar.»

Berner (Dürrbach)-Sennenhund Bäri Brönnimann vom Schlossgut SHSB 3971, gew. Okt. 1906, Abstammung unbekannt, Züchter Fr. Brönnimann, Hasli bei Riggisberg. Diesen Rüden hat Franz Schertenleib vermutlich 1908 im Dürrbachgebiet gekauft und mit ihm an einer Ausstellung 1909 in Mühlhausen einen 1. Preis geholt. Heim wurde er nie vorgestellt. Bäri Brönnimann muss als der wichtigste Stammrüde der Zucht betrachtet werden. Besondere Bedeutung bekam er durch den Wurf vom 6. Mai 1909 aus Netty von Burgdorf, aus dem die Zuchtrüden Max, Medor, Tyrass und Beda und die drei Zuchthündinnen Sulla, Norma und Trudy vom Schlossgut hervorgingen.

Prägende Zuchttiere der ersten und zweiten rein gezüchteten Generation

Nachdem sich Heim an den ersten Ausstellungen einen Überblick über die Rasse verschafft hatte, begann er später immer nachhaltiger, Tiere als Vorbilder hinzustellen. Die von ihm gemalte Netty 3479 war von 1907 bis 1909 Vorbild für die Hündinnen. Sein Richterbericht von Basel 1909: «Gleich falle ich auf die zweifellos Schönste, Netty von Burgdorf und vernehme erst nachher, dass ich sie schon in Langenthal an die Spitze stellte. Das Tier ist gleich typisch wie elegant und von schönem Gang, temperamentvollen Bewegungen, nichts auszusetzen. 1. Preis».

Von den Rüden wurden zwischen 1910 und 1912 Medor vom Schlossgut und Ringgi vom Burigut zu den Vorbildern der Rasse. Oft gleichzeitig ausgestellt, konkurrierten sie jeweils um den ersten Platz. Von ihnen sagte Heim 1910: «Diese… Burschen können wohl als Vorbild gelten, für das was wir zur Zeit im Berner Sennenhund anstreben.» Beide wurden in der Folge zu viel gebrauchten Zuchtrüden.

Medor vom Schlossgut SSHSB 4525, gew. 6. Mai 1909, Züchter und Besitzer: Franz Schertenleib, Burgdorf.
Von Bäri Brönnimann SHSB 3971 aus Netty von Burgdorf SHSB 3479, Grösse 65 cm.

Richterbericht, Lausanne 1910: «Ein herrlich gebauter und farbiger, typischer Hund von edlem Ausdruck, dem nur etwas mehr Blässe zu wünschen wäre. Preis 1 a.»

Richterbericht, Zürich 1911: «Er ist der schönste und beste Berner Sennenhund der Ausstellung und fast möchte ich sagen, er ist überhaupt der schönste Hund der ganzen Ausstellung. Er ist brillant im Haar, hat prachtvollen Stand und prachtvolle Bewegungen. Etwas mehr Weiss täte ihm gut und die Doppelwolfskrallen hätte ich lieber weg. 1. Preis, vorz.»

Richterbericht, Langenthal 1911: «Medor v. Schlossgut ist abgehaart, hat eine sehr schmale Blässe, aber feuriges Rot. Der Gang hinten ist immer noch korrekt, doch weniger leicht als bei Ringgi. Dafür ist sein übriger Körperbau von ungewöhnlicher Kraft, namentlich die Stellung vorn.»

Ringgi vom Burigut SHSB 5053, gew. 5. März 1909, Züchter und Besitzer: E. Lüthi-Ryser, Burigut, Burgdorf, Grösse 63 cm.

Von Tyrass vom Schlossgut SHSB 4541 aus Flora (v. d. Gysnau) vom Burigut SHSB 4542.

In Bern 1910 erhielt Ringgi vor Medor, «obwohl das Auge etwas tiefer liegen dürfte», den 1. Preis.

In Lausanne desselben Jahres vergab Heim den beiden Rüden, weil er sich nicht entscheiden konnte, gemeinsam den 1. Preis, Ringgi erhielt Preis 1 b. «Er gehört zu den allerbesten. In der Kreuzpartie ist er etwas leichter als Medor und sein Blick ist etwas weniger edel.»

Richterbericht, Langenthal 1911: «In der offenen Klasse, 6 Rüden, machen sich Medor und Ringgi den Rang streitig. Diesmal gewinnt ihn Ringgi, der in seinem vollen Haarschmuck, seinem imposanten Gebäude und dem schönen Gang, der lebhaften Farbe, ein prächtiges Bild eines Dürrbachrüden bietet. Sein kleiner Fehler ist die etwas weiche Fesselstellung vorn. Medors Gang ist doch etwas weniger leicht als bei Ringgi. In ihrer Qualität als Ausstellungs- und Deckrüden halten sie sich die Waage.»

Zuchtmethoden der ersten Züchter

Um den Rassetyp zu stabilisieren, haben die Züchter auch Paarungen unter verwandten Tieren vorgenommen. Insbesondere Dr. Scheidegger, Langenthal, hat seine Zuchtlinien sehr systematisch aufgebaut. Da er fast alle seine Hunde ins Stammbuch eintragen ließ, kann der Zuchtaufbau heute noch verfolgt werden. Aus den sporadischen Aufzeichnungen der anderen Züchter geht hervor, dass sie grundsätzlich ähnlich vorgingen, wenn auch etwas weniger systematisch. Nach dem ersten Weltkrieg, als die Zuchtbasis schon deutlich breiter geworden war, nahmen die Verwandtschaftspaarungen ab, um schliesslich fast ganz aus der Zucht zu verschwinden. Der vorgestellte Rüde, von Heim 1914 vom Typ her als vorbildlich eingestuft, ist ein Beispiel für den Zuchtaufbau in den ersten 15 Jahren.

Max vom Oberaargau, SHSB 7379, gew. 17. Aug. 1911,
Grösse 68 cm, Züchter Dr. A. Schneidegger, Langenthal

Abstammung:

Max Nora Kuno *v. Oberaargau*
- Medor v. Schloßgut 4535
  - Bäri Brönnimann 3971
  - Netty v. Burgdorf 3479
    - Bäri 4528
    - Priska 3480
- Julia v. Oberaargau 5628
  - Bäri Brönnimann 3971
  - Rosy v. Burgdorf 4545
    - Bläss Stämpfli 3973
      - Ringgi 2700
      - Belline 2701
    - Priska 3480

So beurteilte Heim Max v. Oberaargau in Bern 1914: «Der Bursche übertrifft alle andern an stämmiger Kraft und doch hoher Eleganz im Bau und den Bewegungen. Er ist gross, aber voll Typus und Adel. Auge, Ohr, Haar, Rute, alles ist gut. Nur die Farbzeichnung ist etwas düster, mehr Blässe und leuchtenderes Gelb täten ihm gut. Vorzügl. 1. Preis.»

München 1914 (erste Vorstellung von Schweizer Sennenhunden im Ausland): «Im gesamten Bau, in Kopfform, im Auge, im Haar, im ganzen Adel der Erscheinung übertrifft er alle andern unzweifelhaft. Er ist etwas gross (68 cm) und leider in den Farben etwas düster, zu wenig Blässe. Vorzügl. 1. Preis.»

Der Anfang der Entwicklung hin zum schwereren Berner Sennenhund

Leo-(Greiner) SHSB 9018, gew. 20. Juli 1916, Züchter: Notar Greiner, Fraubrunnen.

Von Ringgel-(Hofer) aus Flora-(Grunder).

Da seine Mutter während der gleichen Hitze von mindestens zwei Rüden gedeckt worden war, ist die Abstammung Leos unklar. In den von ihm gezeugten Würfen kamen viele rotweisse Welpen vor. Trotzdem war Leo in den frühen Zwanzigerjahren der meistgebrauchte Zuchtrüde und hat ein neues Idealbild gesetzt. Er war stämmiger und kompakter als seine Vorgänger und hat die Zuchtrichtung hin zum wesentlich schwereren Berner Sennenhund eingeleitet, die dann zwischen 1930 und 1950 weiterverfolgt wurde und schliesslich zum heutigen Rassetyp geführt hat.

Dr. Scheidegger kaufte den Rüden 1919 zum für damalige Verhältnisse respektablen Preis von 800,– Franken und führte ihn der Zucht zu. Nach der Ausstellung in Langenthal 1918 schreibt Heim in seinem Richterbericht: «Der herrliche stämmige Bursche hat 70 cm Schulterhöhe. Alles an ihm ist vorzüglich bis auf die Rute, die hie und da zu stark übergebogen wird. Ich musste ihn lange betrachten. Er schien mir der allerschönste Hund zu sein, den ich in meinem Leben überhaupt gesehen habe! Diese Harmonie von Kraft und Schönheit, die herrlichen Farben, die schöne Zeichnung, das prachtvolle schlichte Haar und der Adel in Ausdruck und Gesamterscheinung sind bezaubernd. Vorzüglich und 1. Preis.»

Leo blieb dann bis 1923 ununterbrochen an der Spitze und erhielt als erster Berner Sennenhund den neugeschaffenen Titel «Sieger».

1924 ist Leo 8 Jahre alt an einer akuten Nierenentzündung eingegangen. Dr. Scheidegger schrieb von ihm in einem Nachruf:

«Wer Sieger Leo hat kennen lernen, seine vielen Tugenden, sein ruhiges, liebes, treues und doch so beherztes Wesen, wenn's nötig war, der stellte seinen Charakter entschieden über alle Ausstellungserfolge».

Die Stammtiere der Zucht von Berner Sennenhunden in Deutschland

Das Bild zeigt Professor Heim mit Dr. Scheidegger und in der Mitte Frau Nanny Behrens, Schleissheim bei München, die Gründerin des Schweizer Sennenhundvereins (SSV) für Deutschland (1923).

Vor Frau Behrens sitzt die Stammutter der deutschen Zucht, Regina vom Oberaargau, rechts steht Sieger Leo Greiner.

Das Ehepaar Behrens hatte sich schon 1911 auf den Rat von Heim einen Berner Sennenhund gekauft, Senn vom Schlossgut SHSB 10331, gew. 10. Sept. 1911, von Medor vom Schlossgut 4535, aus Belline II (nicht ins SHSB eingetragen).

Erst nach dem 1. Weltkrieg kauften sie dann 1918 bei Dr. Scheidegger ihre erste Hündin, Regina vom Oberaargau SHSB 8329, gew. 29. April 1917, von Walo vom Schlossgut SHSB 6642, aus Gemmi von Oberaargau SHSB 8564.

An der Ausstellung in Olten 1920 erhielt sie den 1. Preis, der damalige Richter E. Lüthi, Burigut, Burgdorf, gab aber keinen Richterbericht bekannt.

Aus der Verbindung Senn–Regina ging am 8. Jan. 1919 der Rüde Ajax v. Sieberhaus SHSB 9224 hervor und am 27. Okt. 1919 die beiden Hündinnen Blüemli SHSB 9793 und Britta SHSB 9794.

Im Frühling 1920 fuhr Frau Behrens mit Regina zur Paarung mit dem Sieger Leo Greiner SHSB 9018 in die Schweiz. Aus der Verbindung Leo–Regina gingen am 23. Juli 1920 Cato SHSB 10699 und Clown SHSB 10700 hervor.

Diese Hunde legten den Grundstein zur Zucht von Berner Sennenhunden in Deutschland. Das Foto wurde vermutlich anlässlich des obenerwähnten Besuches von Frau Behrens in der Schweiz 1920 aufgenommen.

Der hier wiedergegebene Stammbaum von Regina von Oberaargau ist ein gutes Beispiel für den Zuchtaufbau in den ersten 10 bis 15 Jahren. Hunde, die nur mit dem Rufnamen bezeichnet sind, oft mit Zusatz des Namens des Besitzers oder Züchters, und keine weiteren Abstammungsangaben haben, wurden der Zucht von aussen neu zugeführt, es sind sog. Findlinge. Sie wurden ins Hundestammbuch eingetragen, wenn sie an einer Ausstellung vorgeführt und aufgrund ihres Aussehens als Berner Sennenhunde eingestuft worden waren. ▶

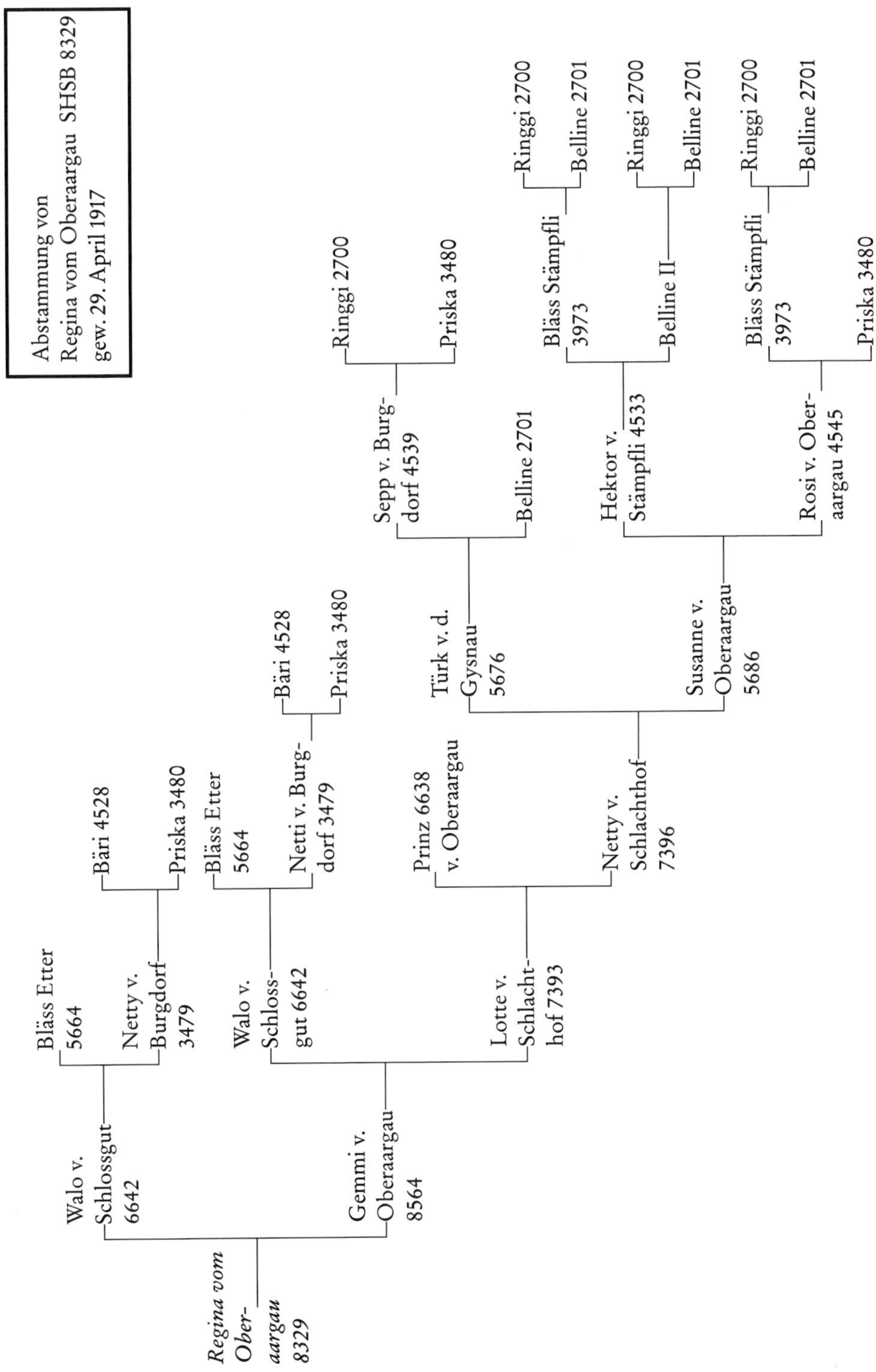
Abstammung von
Regina vom Oberaargau SHSB 8329
gew. 29. April 1917
Regina vom Ober-aargau 8329
Walo v. Schlossgut 6642
Gemmi v. Oberaargau 8564
Bläss Etter 5664
Netty v. Burgdorf 3479
Walo v. Schloss-gut 6642
Lotte v. Schlacht-hof 7393
Bäri 4528
Priska 3480
Bläss Etter 5664
Netti v. Burg-dorf 3479
Prinz 6638 v. Oberaargau
Netty v. Schlachthof 7396
Bäri 4528
Priska 3480
Türk v. d. Gysnau 5676
Susanne v. Oberaargau 5686
Sepp v. Burg-dorf 4539
Belline 2701
Hektor v. Stämpfli 4533
Rosi v. Ober-aargau 4545
Ringgi 2700
Priska 3480
Bläss Stämpfli 3973
Belline II
Bläss Stämpfli 3973
Priska 3480
Ringgi 2700
Belline 2701
Ringgi 2700
Belline 2701
Ringgi 2700
Belline 2701

Der Standard – Massstab und Wegleitung

Die ersten Kennzeichen der Dürrbächler-Rasse wurden 1907 vom damals gegründeten Dürrbach-Klub festgelegt und 1908 veröffentlicht. Damit haben die Begründer der stammbuchmässigen Zucht erstmals schriftlich formuliert, wie die als typisch für diese Rasse zu betrachtenden Hunde aussahen und gleichzeitig die Richtung für die zukünftige Entwicklung gewiesen. Alles, was in wesentlichen Punkten nicht der Beschreibung entsprach, konnte fortan auf Hundeausstellungen als nicht zur Rasse gehörig weggewiesen werden. 1910 wurden alle Besitzer von Hunden, die diese für Dürrbächler hielten, zu einer grossen «Heerschau» nach Burgdorf eingeladen. Anhand der 107 vorgeführten Hunde wurden die Rassekennzeichen von 1907 von den Vorstandsmitgliedern des Klubs zusammen mit dem als Richter amtierenden Prof. Albert Heim aus Zürich noch einmal überarbeitet. Dieser damals entstandene Standard ist im wesentlichen die Grundlage für die Zucht von Berner Sennenhunden bis in die heutige Zeit hinein geblieben. Später wurden einzig kleinere Veränderungen oder Präzisierungen vorgenommen, die vor allem Grösse und Zeichnung betrafen. 1973 setzte sich eine Gruppe von schweizerischen und deutschen Richtern zusammen und passte die alten Formulierungen modernen Erfordernissen an. Wiederum war nichts Wesentliches verändert worden. Einzelne Positionen wurden lediglich genauer umschrieben. Dieser Standard war fast 20 Jahre lang Massstab und Wegleitung für Zucht und Beurteilung.

Die historischen Rassekennzeichen

Die Rassekennzeichen von 1907 (Klubgründung)

Rassekennzeichen

Grösse:	Rüden 60 bis 70 cm, Hündinnen 55 bis 65 cm
Kopf:	Oval mit leichtem Stirnabsatz und länglicher Schnauzenpartie. Lefzen wenig ausgebildet, Oberkopf leicht gewölbt, Augen braun und feurig. Ohren kurz und dreieckig mit krausen Haaren besetzt.

Körper:	Eher gedrungen als lang, mit stark gewölbtem Brustkorb und kräftiger Rippenpartie.
Läufe:	Gerade und knochig, mit gut entwickelten, sehnigen Sprung-Gelenken. Pfoten rundlich und geschlossen.
Rute:	Buschig und gewellt, nicht über den Rücken getragen.
Behaarung:	Dicht und lang, über den Rücken zuweilen gekraust.
Farbe:	Glänzend schwarzer Mantel, rostrote Abzeichen an Läufen, Backen, nebst charakteristischen rostroten Tupfen über den Augen. Vordere Schnauzenpartie meist weiss, desgleichen Füsse. Weisser Bruststern, Halsring, Blässe, weisse Schwanzspitze nicht Bedingung.
Gesichtsausdruck:	Freundlich und intelligent.

Als Fehler gelten: Spaltnase, Hasenpfoten, plumper schwerer Kopf und langgestreckter Körper. Ferner über den Rücken getragene Rute und schwerer, jagdhundartiger Behang, zu helles Auge (Raubvogelauge) und Übergebiss.

Die Rassekennzeichen von 1910

Rassekennzeichen für Berner Sennenhunde
fixiert an der Spezialschau in Burgdorf, den 24. April 1910

Grösse:	Rüden 58 bis 65 cm, Hündinnen 53 bis 62 cm. (Beste Grössen 62–66, bzw. 57–62 cm).
Kopf:	Scheitel flach, leichter Stirnansatz und kräftiger Fang. Lefzen wenig ausgebildet, Augen braun und feurig; Ohren hoch angesetzt, kurz und dreieckig, in der Ruhe flach anliegend.
Körper:	Eher gedrungen als lang, mit tiefreichender, breiter Brust und kräftigen Lenden.
Läufe:	Gerade und stämmig, gutgewinkelte Sprunggelenke; Pfoten rundlich und geschlossen. (Entfernung der Doppelwolfskrallen ist wünschenswert.)
Rute:	Buschig und nicht geringelt.
Behaarung:	Weich, schlicht und lang, auch wenig gewellt, aber nicht gekraust.
Farbe:	Bedingung: Glänzend schwarz mit leuchtend gelb-roten Abzeichen an allen vier Läufen, Backen und über den Augen. Nicht Bedingung, jedoch gerne gesehen: Weisse, leichte Kopfzeichnung, weisser Nackenfleck, Halsring, Bruststern, weisse Füsse und Schwanzspitze.
Gesichtsausdruck:	Freundlich, intelligent und lebhaft.

Als Fehler gelten: Plumper, schwerer Kopf; lang gestreckter Körper; Hasenpfoten; über den Rücken getragene Rute; schwerer, jagdhundartiger Behang; zu helles Auge (Raubvogelauge); vortretendes Auge; Übergebiss.
Spaltnase: Vom Klub nicht anerkannt.

Die Rassemerkmale von 1951

Rassemerkmale des Berner-Sennenhundes

Der Klub für Berner-Sennenhunde hat am 24. April 1910 bzw. 4. Februar 1951 folgende Rassezeichen fixiert:

Grösse: Rüden 64–70 cm, Hündinnen 58–66 cm (Beste Grösse: 66–69 bzw. 62–65 cm.)

Kopf: Scheitel flach, leichter Stirnabsatz und kräftiger Fang, Lefzen wenig ausgebildet, Augen braun und feurig, Ohren hoch angesetzt, kurz und dreieckig, in der Ruhe flach anliegend.

Körper: Eher gedrungen als lang, mit tiefreichender, breiter Brust und kräftigen Lenden.

Läufe: Gerade und stämmig, gut gewinkelte Sprunggelenke, Pfoten rundlich und geschlossen. (Doppelwolfskrallen sollen entfernt sein!).

Rute: Buschig und nicht geringelt.

Behaarung: Weich, schlicht und lang, auch wenig gewellt, aber nicht gekraust.

Farbe: Bedingung: Glänzend schwarz mit leuchtend gelbroten Abzeichen an allen vier Läufen, Backen und über den Augen. Weisse leichte Kopfzeichnung, weisse Brust.

Nicht Bedingung, doch gerne gesehen: Kleiner, weisser Nackenfleck, weisse Pfoten und Rutenspitze. Wenn starke weisse Abzeichen vorhanden sind, dann darf auch die Blässe zwischen den Augen nicht fehlen, sonst wird der Gesichtsausdruck zu düster.

Als Fehler gelten: Plumper, schwerer Kopf, langgestreckter Körper, Hasenpfoten, über den Rücken getragene Rute, schwerer, jagdhundartiger Behang, zu helles Auge, (Raubvogelauge) vortretendes Auge, Überbiss.

Der Standard von 1973

Allgemeine Erscheinung: Übermittelgrosser kräftiger, beweglicher Gebrauchshund, harmonisch und schön im Ebenmass, mit geraden stämmigen Gliedmassen.

Grösse: Rüden 64 bis 70 cm Widerristhöhe. Ideale Grösse 66–68 cm. Hündinnen 58 bis 66 cm Widerristhöhe. Ideale Grösse 60–63 cm.

Kopf: Kräftig, mit flachem Scheitel und wenig ausgebildeter Mittelfurche, gut ausgeprägter, nicht zu starker Stirnabsatz (Stop), kräftiger gerader Fang, Ohren mittelgross, hoch angesetzt, dreieckig, in der Ruhe flach anliegend, Augen dunkel-braun, mandelförmig, geschlossene Lider. Lefzen wenig ausgebildet.

Gebiss: Vollständiges Scherengebiss.

Hals: Kräftig, muskulös und mittellang.

Körper	Eher gedrungen als lang. Verhältnis Widerristhöhe: Körperlänge ca. 9:10. Bis mindestens auf Ellbogenhöhe reichende breite Brust mit deutlicher Vorbrust, kräftigen Lenden, Rippenkorb von rund-ovalem Querschnitt. Rücken fest und gerade und sanft abgerundete Kruppe.
Rute	Buschig, unter Sprunggelenk, jedoch nicht bis zum Boden reichend, leicht schwebend getragen.
Vordergliedmassen	Schultern lang, kräftig und schräggestellt, mit dem Oberarm einen stumpfen Winkel bildend, flach anliegend und gut bemuskelt. Stellung von allen Seiten gesehen gerade. Vordermittelfuss (Fesseln) wenig nachgebend. Paralleler Stand.
Hintergliedmassen	Keulen breit, kräftig und gut bemuskelt. Oberschenkel ziemlich lang und von der Seite gesehen schräg zum Unterschenkel stehend. Sprunggelenke gut gewinkelt, breit und kräftig. Stellung gerade, weder ein- noch ausdrehend. Wolfskrallen (Afterkrallen) müssen in den ersten Lebenstagen entfernt werden.
Pfoten	Kurz, rundlich und geschlossen.
Farben	Tiefschwarze Grundfarbe mit sattem braunrotem Brand, an den Backen, über den Augen, an allen vier Läufen und auf der Brust. Weisse, leichte bis mittelgrosse symmetrische Kopfzeichnung (Blässe) und weisse Brustzeichnung (Kreuz). Sehr gern gesehen, aber nicht Bedingung: weisse Pfoten, höchstens bis zum Mittelfussgelenk (Fesseln) reichend und weisse Rutenspitze. Kleiner weisser Nackenfleck und weisser Afterfleck unerwünscht, jedoch toleriert.
Behaarung	Lang, schlicht oder leicht gewellt.
Bewegung	Ausgreifender Vortritt und guter Nachschub, raumschaffender gleichmässiger Bewegungsablauf in allen Gangarten.
Wesensgrundstimmung	Selbstsicher, gutmütig, freundlich.
Wesensveranlagung	Sicher, mit wenig erwünschter Schärfe, furchtlos, schussfest. Mittlere Temperamentslage.

Der heute gültige Standard

In den letzten Jahren bemüht sich die F. C. I. (Fédération Cynologique Internationale), die Dachorganisation, in der gegenwärtig 64 kynologische Landesverbände zusammengeschlossen sind, Ordnung und ein einheitliches System in die ganz verschiedenartig abgefassten Rassestandards zu bringen. Alle Rassebeschreibungen sollen in Zukunft so verfasst werden, dass daraus die wichtigsten Informationen über eine

Hunderasse auf einen Blick ersichtlich sind. Die Standardkommission arbeitete ein Modell aus und forderte die Ursprungsländer der vielen Hunderassen auf, ihre Standards nach dieser Vorlage umzuarbeiten. Die nun neu vorliegende Fassung für den Berner Sennenhund wurde von der Schweizerischen Kynologischen Gesellschaft (SKG), dem für die Schweizer Rassen zuständigen Landesverband, in Zusammenarbeit mit dem Schweizerischen Klub für Berner Sennenhunde erarbeitet. Im Juni 1990 wurde sie von der Standardkommission der FCI geprüft und zur Genehmigung empfohlen. Einige gewünschte redaktionelle Änderungen, vor allem hinsichtlich der Zeichnung, machten jedoch eine erneute Bearbeitung einiger Positionen nötig. Der hier vorliegende neue Standard wurde in dieser Form gutgeheissen und am 27. Februar 1991 publiziert. Damit ist er für alle Länder verbindlich geworden.

Was ist gegenüber früheren Standardfassungen anders oder neu?

1. Die von der F. C. I. verlangte Form:
   Vorangestellt wurden das Ursprungsland, der Verwendungszweck der Rasse und die Klassifikation der F. C. I. Dazu kommt ein «Kurzer geschichtlicher Überblick».
2. Zusätzlich aufgenommene Einzelpositionen:
   Nasenspiegel- und Lefzenfarbe, Bauch, Hinweis auf die Hoden, die beim Rüden vorhanden sein müssen.
3. Änderungen, Ergänzungen, Präzisierungen innerhalb der Positionen «Allgemeines Erscheinungsbild», «Charakter und Verhalten», «Kopf», «Gebiss», «Ohren», «Brust», «Lendenpartie», «Rute», «Vorderhand» (hierzu «Schultern», «Vordermittelfüsse» und «Pfoten»), «Gangwerk» und umfassend bei «Farbe».
4. Eine Liste der wichtigsten Fehler (ähnliches war in den Standards von 1907 bis 1951 schon einmal enthalten).

Um die Aufzählung von einzelnen, bei Berner Sennenhunden möglichen Fehlern nicht endlos lang werden zu lassen, steht am Anfang der Fehlerliste das Prinzip der Beurteilung: Jede Abweichung von den vorher im Standard einzeln beschriebenen Punkten (Standardpositionen) ist als Fehler anzusehen. Bei der Bewertung muss eingeschätzt und entsprechend berücksichtigt werden, ob diese Abweichung geringfügig oder erheblich ist und ob und inwieweit sie funktionell Wichtiges oder eher Nebensächliches betrifft.

Als «schwere Fehler» werden Abweichungen bezeichnet, die auch bei ansonsten dem Standard entsprechenden Tieren eine deutliche Abwertung zur Folge haben und in der Regel zum Zuchtausschluss führen.

Unter «ausschliessenden Fehlern» werden selten auftretende Erscheinungsformen genannt, die in so wesentlichen Punkten von den Rassemerkmalen abweichen, dass solche Tiere gar nicht mehr als «richtige» Berner Sennenhunde betrachtet werden können. Auf Ausstellungen müssen sie als «ungenügend», d. h. nicht dem Standard entsprechend, ausgeschlossen werden.

Diese Unterscheidung der Fehlergrade, insbesondere die Nennung der «ausschliessenden Fehler», ist vor allem für Richter bedeutsam, die nicht Spezialkenner der Rasse sind. Besonders in Ländern, wo der Berner Sennenhund noch wenig bekannt ist und von «Allroundern» gerichtet wird, sind diese Abgrenzungen wichtig. Das Langhaar z. B. ist – abgesehen vom Typ – ein wichtiges Unterscheidungsmerkmal gegenüber dem Grossen Schweizer Sennenhund. Äusserst selten kommt es auch noch vor, dass andersfarbige Welpen geboren werden. Die symmetrische Dreifarbigkeit und der tiefschwarze Mantel sind jedoch so wesentliche und unverzichtbare Kennzeichen des Berner Sennenhundes, dass andersfarbige – auch wenn sie von reinrassigen Eltern abstammen sollten – als nicht den Rassekennzeichen entsprechend, ausgeschieden werden müssen.

Von der F. C. I. genehmigte und registrierte Standards können, sind sie einmal anerkannt, nicht mehr ohne weiteres geändert werden. Das ist die Grundlage und Garantie dafür, dass Hunderassen auf der ganzen Welt im wesentlichen einheitlich gezüchtet und beurteilt werden.

F.C.I.-Standard Nr. 45 Berner Sennenhund (Dürrbächler)

Ursprungsland: Schweiz
Verwendung: Ursprünglich Wach-, Treib- und Zughund auf Bauernhöfen, heute auch Familien- und vielseitiger Arbeitshund
Klassifikation F. C. I.: Gruppe II, Sektion 3, Schweizer Sennenhunde, ohne Arbeitsprüfung
Kurzer geschichtlicher Überblick: Der Berner Sennenhund ist ein Bauernhund alter Herkunft, der in den Voralpengebieten und Teilen des Mittellandes in der Umgebung von Bern als Wach-, Zug- und Treibhund gehalten wurde. Nach dem Weiler und Gasthaus Dürrbach bei Riggisberg, wo dieser langhaarige, dreifarbige Hofhund besonders häufig vorkam, erhielt er seinen ursprünglichen Namen: «Dürrbächler». Nachdem 1902, 1904 und 1907 bereits solche Hunde auf Hundeausstellungen gezeigt worden waren, schlossen sich im November 1907 einige Hundezüchter aus Burgdorf zusammen, um die Rasse rein zu züchten. Sie gründeten den «Schweizerischen Dürrbach-Klub» und stellten Rassekennzeichen auf. 1910 wurden an einer Hundeschau in Burgdorf, zu der viele Bauern der Umgebung ihre Dürrbächlerhunde brachten, bereits 107 Tiere vorgeführt. Von da an erwarb sich die Rasse, in Anlehnung an die anderen Schweizer Sennenhunde nun «Berner Sennenhund» genannt, rasch Freunde in der ganzen Schweiz und bald auch im benachbarten Deutschland. Heute ist der Berner Sennenhund dank seiner attraktiven Dreifarbigkeit und seiner Anpassungsfähigkeit weltweit als Familienhund bekannt und beliebt.

Allgemeines Erscheinungsbild:
Langhaariger, dreifarbiger, übermittelgrosser, kräftiger und beweglicher Gebrauchshund mit stämmigen Gliedmassen; harmonisch und ausgewogen

Wichtiges Massverhältnis (Format):
Verhältnis der Widerristhöhe zur Körperlänge ca. 9:10. Eher gedrungen als lang

Charakter und Verhalten (Wesen):
Sicher, aufmerksam, wachsam und furchtlos in Alltagssituationen; gutmütig und anhänglich im Umgang mit vertrauten Personen; selbstsicher und freundlich gegenüber Fremden; mittleres Temperament, gute Führigkeit

Kopf:	kräftig; Oberkopf im Profil und von vorn gesehen wenig gewölbt; ausgeprägter, jedoch nicht zu starker Stirnabsatz (Stop), wenig ausgebildete Mittelfurche; kräftiger, mittellanger, gerader Fang
Nasenspiegel:	schwarz
Lefzen:	wenig ausgebildet und anliegend, schwarz
Gebiss:	vollständiges, kräftiges Scherengebiss
Augen:	dunkelbraun, mandelförmig, mit gut anliegenden Lidern
Ohren (Behang):	dreieckig, leicht abgerundet, hoch angesetzt, mittelgross, in der Ruhe flach anliegend
Hals:	kräftig, muskulös, mittellang
Körper:	kräftig, kompakt
Brust:	bis auf Ellenbogenhöhe reichend, breit, mit deutlicher Vorbrust; Rippenkorb von breit-ovalem Querschnitt
Rücken:	fest und gerade
Lendenpartie:	breit und kräftig
Kruppe:	sanft abgerundet
Bauch:	nicht aufgezogen
Rute:	buschig, mindestens bis zum Sprunggelenk reichend, in Ruhestellung hängend, in Bewegung schwebend auf Rückenhöhe oder leicht darüber getragen
Gliedmassen:	
Vorderhand	
Allgemeines:	Stellung eher breit, von vorne gesehen gerade und parallel
Schultern:	lang, kräftig, schräggestellt, mit dem Oberarm einen nicht zu stumpfen Winkel bildend; anliegend und gut bemuskelt
Vordermittelfüsse:	nahezu senkrecht stehend, fest
Pfoten:	kurz, rundlich und geschlossen; Zehen gut gewölbt

Hinterhand

Allgemeines: Stellung von hinten gesehen gerade, nicht zu eng, Hintermittelfüsse und Pfoten weder ein- noch auswärts gedreht; Afterkrallen müssen entfernt sein.

Oberschenkel: ziemlich lang, von der Seite gesehen mit dem Unterschenkel einen deutlichen Winkel bildend, breit, kräftig und gut bemuskelt

Sprunggelenke: kräftig und gut gewinkelt

Gangwerk:

raumschaffender, gleichmässiger Bewegungsablauf in allen Gangarten; ausgreifender, freier Vortritt und guter Schub aus der Hinterhand; im Trab von vorn und hinten betrachtet geradlinige Gliedmassenführung

Haarkleid:

Beschaffenheit des Haares: lang, schlicht oder leicht gewellt

Farbe:

tiefschwarze Grundfarbe mit sattem braunrotem Brand an den Backen, über den Augen, an allen vier Läufen und auf der Brust

weisse, saubere, symmetrische Kopfzeichnung (Blesse und Fangzeichnung) weisse, mässig breite, durchgehende Kehl- und Brustzeichnung

Erwünscht: weisse Pfoten und weisse Rutenspitze

Nicht erwünscht, jedoch toleriert: kleiner weisser Nackenfleck und weisser Afterfleck

Grösse:

Rüden: 64 bis 70 cm Widerristhöhe, ideal 66 bis 68 cm

Hündinnen: 58 bis 66 cm Widerristhöhe, ideal 60 bis 63 cm

Rüden müssen zwei offensichtlich normal entwickelte Hoden aufweisen, die sich vollständig im Skrotum befinden.

Fehler:

Jede Abweichung von den vorgenannten Punkten ist als Fehler anzusehen. Dessen Bewertung muss im Verhältnis zum Grad der Abweichung stehen und mitberücksichtigen, inwieweit Wesentliches beeinträchtigt ist.

Schwere Fehler:

Wesensmängel: Ängstlichkeit, Aggressivität

Vorbiss, Rückbiss

Fehlen von anderen Zähnen als höchstens zwei P1

Entropium, Ektropium

stark abfallende Rückenlinie
Ringelrute
feine Knochen
Kraushaar

Atypische Zeichnung: fehlende Kopfzeichnung
zu breite Blesse (zwischen der Blesse und den rotbraunen Flecken über den Augen muss ein Streifen Schwarz verbleiben)
weisse Fangzeichnung, die weiter als bis zu den Lefzenwinkeln reicht
grosser Nackenfleck
weisser Halskragen
weisse Stiefel (weiss bis über die Mitte des Vordermittelfusses reichend)
auffallend asymmetrische Kopf- und Brustzeichnung

Ausschließende Fehler:
Spaltnase
blaue Augen
Kurz- oder Stockhaar
fehlende Dreifarbigkeit
andersfarbiger als schwarzer Mantel

Die Bedeutung des Rassestandards

Der Standard ist eine Musterbeschreibung. Sie macht deutlich, wie der gute Rassevertreter aussieht. Es werden die Ziele genannt, die jeder Züchter anstreben sollte.

In Wirklichkeit wird immer nur ein Teil der Hunde dieser Idealvorstellung entsprechen. Auf Ausstellungen und Zuchtmusterungen beurteilen die Richter, ausgebildete Kenner der Rasse, inwieweit jeder Hund der im Standard formulierten Beschreibung nahekommt. Wenn gut gezüchtet und gerichtet wird – beides gehört eng zusammen – nähern sich im Verlaufe der Zeit immer mehr Tiere dem beschriebenen Ideal. Wie mühsam aber selbst kleine dauerhafte Annäherungen ans Idealbild erkämpft werden müssen, weiss jeder Züchter zu berichten. Doch gerade die Ausrichtung auf ein fernes Ziel macht die Züchtertätigkeit zur spannenden Aufgabe und ist der Motor, der hinter allen Bemühungen steht. Der Beitrag jedes einzelnen zur Verbesserung bestimmter Positionen ist sein Verdienst an der Rasse.

Der Standard kann nur eine Beschreibung in begrenztem Rahmen sein. Er ist nichts Ausführliches oder Umfassendes. Probleme entstehen dadurch, dass die gedrängten Formulierungen in guten Treuen verschieden aufgefasst und ausgelegt werden können. Worte, Begriffe sind immer relativ und werden von denen, die sich um die Rasse bemühen, auch subjektiv gedeutet. Deshalb bedarf jeder Standard einer Erläuterung. Er bildet nur den Rahmen, innerhalb dessen das lebendige Bild vom guten Berner Sennenhund konkret ausgestaltet werden muss. In diesem Sinne wird hier durch die folgenden Darstellungen in Wort und Bild erläutert, was mit den Standardformulierungen im einzelnen gemeint ist; das nur in Umrissen schwarz-weiss Gezeichnete wird gleichsam farbig ausgemalt. Diese ins Detail gehende Betrachtung der Rassekennzeichen soll dazu beitragen, dass der einzelne konkreter über die erwünschte Gestaltung jedes Merkmals Bescheid weiss und zielgerichteter die Idealform anstreben kann.

Bei dieser Auseinandersetzung mit dem neuen Standard halten wir uns im wesentlichen an die dort gebrauchte Einteilung und weichen lediglich davon ab, wenn eine andere Reihenfolge logisch ist. So besprechen wir die Grösse vor dem Format, weil die Position «Wichtiges Massverhältnis» nicht erläutert werden kann, ohne dass die Widerristhöhe einbezogen wird. Auf «Charakter und Verhalten» gehen wir erst ein, nachdem alle körperlichen Merkmale besprochen worden sind.

Wir gehen von den festgelegten Formulierungen aus und betrachten diese, wo es dem Verständnis dient, unter Beachtung der historischen Sicht. Mitunter vergleichen wir eine Position zur Verdeutlichung mit der anderer bekannter Rassen. Hinweise auf anatomische und physiologische Zusammenhänge sollen das Wesentliche an einem Merkmal erschliessen. Notwendiges wird ergänzt. Alles soll der Konkretisierung der Standardforderungen dienen.

Bei der Beurteilung wird in der Praxis zwischen Fehlern und Mängeln unterschieden. Mängel sind geringfügige Abweichungen vom Ideal, Fehler ausgeprägte. Und dann ist zu berücksichtigen, ob Abweichungen Wesentliches (wie beispielsweise Charakter- oder Gangwerkfehler = Fehler, die den Gebrauchswert mindern) oder nicht so Bedeutsames (Schönheitsfehler wie kleine Abweichungen von den Zeichnungsanforderungen etc.) betreffen. Unter diesen Gesichtspunkten ist beim Richten zu werten und bei der Zucht zu verfahren. Im Rahmen der Kommentare zum Standard werden Fehler und Mängel nicht im einzelnen unterschieden, wenn sich dies aus den Erläuterungen ohnehin ergibt.

Abgesehen von den für Rüde und Hündin unterschiedlich festgelegten Körperhöhen gelten alle Formulierungen für beide Geschlechter. Dabei ist zu beachten, dass Hund und Hündin über einen eben das Geschlecht besonders kennzeichnenden Typ verfügen, den Geschlechtstyp. Man versteht darunter die ausgeprägten Eigenarten, die neben wohlausgebildeten Geschlechtsorganen (den primären Geschlechtsmerkmalen) das eine Geschlecht vom anderen unterscheiden (sekundäre Geschlechtsmerkmale): Der Rüde ist kräftiger, stärker im Skelett; der Kopf ist markanter, der Widerrist deutlicher ausgeformt, der Rumpf kürzer, männliche Tiere haben oft längeres und härteres Haar; sie sind männlich robust im Ausdruck.

Die Hündin ist – abhängig von der etwas geringeren Körperhöhe – etwas weniger massiv, länger im Rumpf, ihr Kopf ist im Verhältnis zum Rumpf etwas kleiner, das Haar ist nicht so lang und weniger hart. Die Körperumrisslinien sind runder, fliessender; der Ausdruck weiblich weich.

Das männliche und das weibliche Element – Rüde und Hündin nach gemeinsamem Spiel.

Erläuterungen zum Standard

Allgemeines Erscheinungsbild

Standardformulierung:

Langhaariger, dreifarbiger, übermittelgrosser, kräftiger und beweglicher Gebrauchshund mit stämmigen Gliedmassen; harmonisch und ausgewogen

Diese erste Position enthält – sozusagen als Zusammenfassung des ganzen Standards – die wichtigsten Kennzeichen der Rasse: Langhaarigkeit, Dreifarbigkeit, Übermittelgrösse und kräftiger Körperbau machen den Berner Sennenhund aus. Sie sind die wichtigsten Punkte seines Signalements. Durch diese charakteristischen Merkmale, die alle vorhanden sein müssen, unterscheidet er sich von anderen Hunderassen. Begegnet jemand einem Hund, auf den diese Beschreibung passt – sei dies nun ein Schönheitsrichter in einem Ausstellungsring oder ein Mann auf der Strasse – kann er sicher sein, einen Berner Sennenhund vor sich zu haben.

Neben den Angaben über Behaarungsart, Grösse und Farben, die später noch besprochen werden, stehen hier zwei Anforderungen, die ein guter Berner Sennenhund erfüllen muss:

Erstens: Der Berner Sennenhund sei kräftig und beweglich. Heim hat im allgemeinen Teil seiner Richterberichte die Rasse immer wieder als «feurig, lebhaft, munter und aufgeweckt» beschrieben. Das soll sich auch in ihrem Körperbau ausdrücken. Der Berner ist ein Gebrauchshund und muss es bleiben. Die Stämmigkeit darf nie so übertrieben werden, dass die Beweglichkeit darunter leidet. Er ist kein Schwergewicht, das vor lauter «Kraft» nicht laufen kann, sondern ein Hund, dessen stabiler Körperbau immer im Zusammenhang mit der biologisch gesunden Funktion gesehen werden muss. Andererseits darf die Behendigkeit nie auf Kosten der Stämmigkeit gefördert werden, weil er sonst seine charakteristische Gestalt verliert. Der Berner Sennenhund ist kräftiger als z. B. der Hovawart und hebt sich deutlich von so relativ feingliedrigen Rassen wie den belgischen Schäferhunden und dem Collie ab. Seine Gliedmassen sind, entsprechend dem früheren Verwendungszweck auch als Zughund, viel stämmiger.

Zweitens: Daran anschliessend heisst es, dass er «harmonisch und ausgewogen» sein muss. Früher war formuliert: «schön im Ebenmass». Beides drückt dasselbe aus. Es wird deutlich, dass sich Kraft und Beweglichkeit in ihm vereinen und kein Körperteil auf Kosten eines anderen überbetont sein darf. Alle müssen in Form und Entwicklungsgrad gut zusammenpassen, eine Einheit ergeben. Nur dann wird das Erscheinungsbild ebenmässig sein. Ausgewogenheit drückt sich in harmonischer Übereinstimmung der Einzelteile mit dem Ganzen aus. Wie sehr stört ein zu grosser Kopf auf kleinem Körper! Wie wenig passen zarte Glieder unter einen mächtigen Rumpf! Wie wichtig sind eine gerade Rückenlinie, eine schwebend getragene Rute, langes glattes Haar und lockeres Laufen für ein harmonisches Gesamtbild! Keine Unebenheit stört. Die Umrisslinien verlaufen fliessend. Zur Harmonie des Berner Sennenhundes gehören aber auch Lebhaftigkeit im Gebaren und eine ausdrucksvolle Haltung im Stand und in der Bewegung.

Ebenmass und Harmonie spielen bei der vergleichenden Beurteilung auf Hundeausstellungen eine wichtigere Rolle als etwa bei der Auswahl von Zuchttieren auf Körungen. Sie heben einzelne Hunde im Ausstellungsring aus dem Durchschnitt heraus, auch wenn diese kleinere Unvollkommenheiten haben. Auf Zuchteignungsprüfungen werden vor allem die Fehler und Mängel gewichtet. Trotzdem sollte der Züchter darauf achten, dass seine Hunde auch harmonisch sind, denn Tiere, deren Ebenmass gestört ist, taugen nur in beschränktem Masse zur Zucht. Ins Auge springt die Harmonie eines Hundes immer zuerst. Sie macht seine Ausstrahlung als Rassetier aus. Die Standardforderung, dass der Berner nicht nur eine kräftige Gestalt und ebensolche Gliedmassen haben soll, sondern auch harmonisch und ausgewogen sein muss, kann deshalb nicht deutlich genug betont werden.

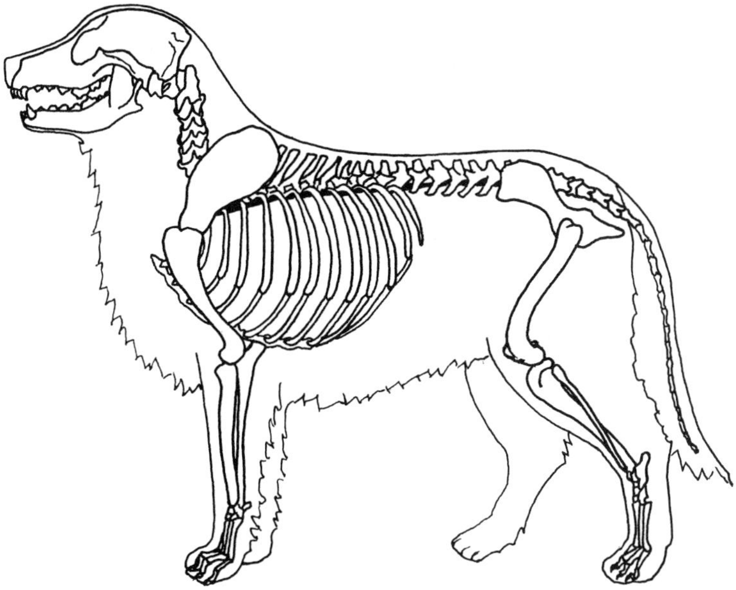

Skelett einer Berner Sennenhündin.

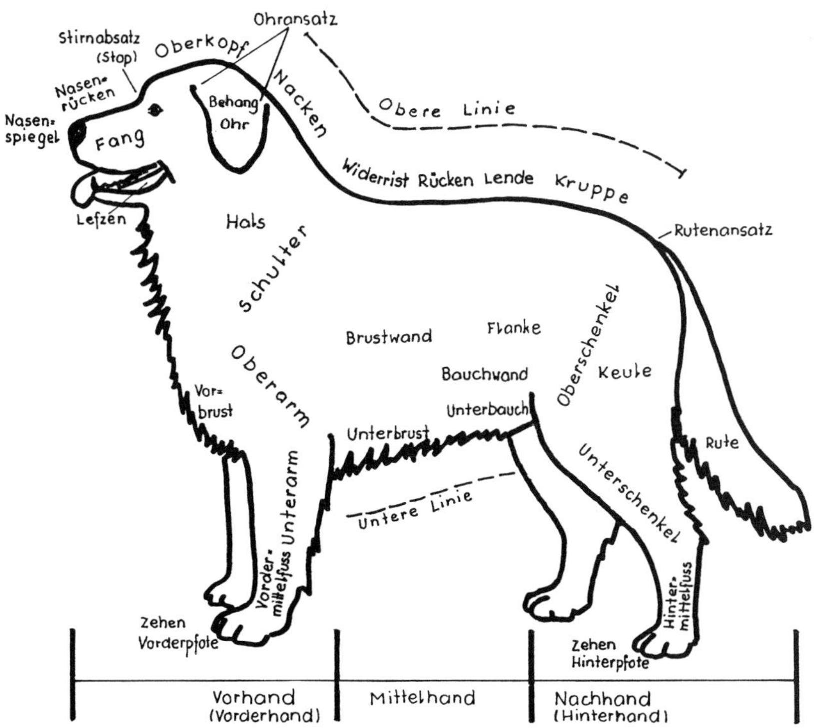

Exterieurbezeichnungen.

Die fünf Körperbautypen		
Typ	**leicht** verfeinert	**noch mittelschwer** kräftig-drahtig, sportlicher Typ
Typisch ist ein Hund, wenn er in allem dem Standard im wesentlichen oder überhaupt entspricht. Der Begriff Typ wird von Hundeleuten meist aber nur auf die allgemeine Erscheinung, die Gesamtgestalt, bezogen, den Körpergrundtyp bzw. den Körperbautyp. Allgemein können beim Berner Sennenhund 5 Körperbautypen unterschieden werden. Sie sehen in ihren Umrissen folgendermassen aus und sind durch die genannten Merkmale gekennzeichnet:	(etwas) hochgestellt schwache Brustwölbung und Lendenausbildung, aufgezogene untere Linie schmaler Stand der Vorderbeine schwach ausgeprägte Bemuskelung *nicht standardgemäß*	mittlerer Bodenabstand genügend Brustwölbung, Vorbrust und Lendenausformung in Tiefe und Breite genügend breiter Stand der Vorderbeine feste Bemuskelung *dem Standard entsprechender Körperbautyp*

Grösse

Standardformulierung:

Rüden: 64 bis 70 cm Widerristhöhe, ideal 66 bis 68 cm
Hündinnen: 58 bis 66 cm Widerristhöhe, ideal 60 bis 63 cm

Aus den erhalten gebliebenen Beschreibungen und Heims Messungen geht hervor, dass sich in den ersten Jahren für die Dürrbachhunde keine einheitliche Grösse

mittelschwer kraftvoll Zuchttyp	**schwer** wuchtig Zuchttyp	**zu schwer** vergröbert, plump
mittlerer Bodenabstand	tiefgestellt oder bei großen Hunden mittlerer Bodenabstand	tiefgestellt oder bei großen Hunden mittlerer Bodenabstand
gute Brustwölbung und Vorbrustentwicklung, tiefe, breite Lendenpartie	stark ausgeprägte Brustwölbung – bei kleineren Hunden meist voluminöse Vorbrust – sehr breite und tiefe Lenden,	besonders bei nicht zu großen Hunden mächtige Brustwölbung, Vorbrustentwicklung, Bauch- und Lendenausbildung
breiter Stand der Vorderbeine	besonders bei nicht so großen Hunden betont breiter Stand der Vorderbeine	Vorderbeine oft zu breit gestellt
gut ausgeprägte feste Bemuskelung	reichlich ausgebildete Bemuskelung, oft nicht fest, weil viel Fettgewebe eingelagert ist	Muskelbildung zu voluminös, eher schwammig durch zu geringe Festigkeit, zu viel eingelagertes Fettgewebe
→ Anzustrebender Mittelwert ←		
dem Standard entsprechender Körperbautyp	*dem Standard entsprechender Körperbautyp*	*nicht standardgemäß*

feststellen liess. Die ersten Dürrbächlergruppen waren ein Sammelsurium von Grossen und Kleinen. Man hat dann einfach irgendwo eine Grenze des Zulässigen gezogen, um einen Rahmen zu schaffen. Viele Hunde der ersten Generation waren im Durchschnitt deutlich kleiner als unsere heutigen. Schafroths erster Zuchtrüde «Bäri» mass z. B. nur 57 cm. Die meisten in der Zucht eingesetzten Rüden sind jedoch über 62 cm gross gewesen. Die Hündinnen waren eher klein. Es werden u. a. Widerristhöhen von nur 53 cm genannt. So hiessen denn die Masse im ersten Standard von 1907 (Klubgründung) 60 bis 70 cm für Rüden, 55 bis 65 cm für Hündinnen. Bereits 1910 korrigierte der Klub die Masse für beide Geschlechter, wahrscheinlich, um sie den tatsächlichen

18 Monate alter, sehr typischer Jungrüde, kräftig, ausgeglichen proportioniert.

Typischer, harmonischer, kraftvoller Rüde, den sein langes Haar besonders schmückt.

Der junge Rüde ist harmonisch proportioniert, seine ausdrucksvolle Haltung verrät Aufmerksamkeit und Temperament. Er steht gut auf seinen korrekten, kräftigen Läufen.

Diese Junghündin ist ein Beispiel für harmonische Proportionen und «runde» weibliche Linien; schönes Kopfprofil, richtiges Format, exakte Rückenlinie, Kruppe gut gerundet, kräftige Gliedmassen, guter Stand.

Hier passt nichts zusammen: langer Rumpf, Kruppe überbaut, aufgezogener Bauch, lange, wenig kräftige Beine, zu kleiner Kopf mit übermässig grossen Ohren, die nicht anliegen. Bei einem Blick ins Gesicht dieser Hündin empfindet man trotzdem Sympathie.

Sehr harmonischer, ausdrucksvoller Rüde des sportlich-eleganten Typs, der als Zuchttier aber schon zu wenig kräftig ist.

Zwei Hunde des verfeinerten Typs

Ausgewachsener, langrumpfiger Rüde mit sehr zarten Gliedmassen, was besonders bei den Vorderbeinen deutlich wird.

Erwachsener Rüde, extrem leibarm.

Der anzustrebende Zuchttiertyp
Harmonisch proportioniert, in allen Teilen sehr schön kräftig, ohne jede Tendenz zur Vergröberung und Verfeinerung: formschöner ausdrucksvoller Kopf, tiefe, breite, gut gewölbte Brust, tadelloser Stand der Vorderbeine, kurzer, gerader Rücken, Kruppe sanft gerundet, schnittige untere Linie, die die schöne Gesamtform wesentlich mitbestimmt, kraftvoller Stand der genügend gewinkelten, allerdings nicht ganz korrekt gerade stehenden Hintergliedmassen. Der sehr schön gezeichnete Rüde zeigt sich aufmerksam und ausdrucksvoll.

Kompakter, insgesamt noch harmonischer Rüde, der aber doch auf ziemlich kurzen Läufen steht.

Wuchtiger, tiefgestellter, harmonischer Rüde, jedoch an der Grenze zum zu schweren Typ.

Grobschlächtiger Typ.

anzupassen. Er setzte sie herab und legte die Mindestgrösse auf 58 cm für Rüden und 53 cm für Hündinnen fest. Ab 1951 gilt dann: Rüden 64 bis 70 cm, Hündinnen 58 bis 66 cm.

Bei grossen Hunden zweifelte Heim immer daran, dass sie zur Rasse gehörten und schloss viele davon aus. 1908 bezeichnete er den 68 cm grossen Bello, SHSB 3965, der später zum Grossen Schweizer Sennenhund erklärt wurde, noch als «unpassenden Riesen». Trotzdem zeigte es sich, dass viele Züchter die grossen Rüden als Zuchtpartner bevorzugten. So ergab sich schon in den Jahren von 1910 bis 1914 eine durchschnittliche Vergrösserung um mehrere cm. Die Angaben im heute gültigen Standard entsprechen den in dieser Zeit angestrebten Grössen.

Glücklicherweise blieb der Berner Sennenhund davon verschont, dass man ihn züchterisch erheblich vergrössert hat, wie das bei anderen Rassen geschehen ist. Aus der Sicht der heutigen Forschung weiss man, dass Hunde durch eine fortgesetzte Grössensteigerung leicht Schaden nehmen.

Der Standard lässt bei Rüden Grössendifferenzen bis zu 6 cm zu, bei Hündinnen gar von 8 cm. Das ist erheblich. Wie es scheint, wird damit heute noch einer verhältnismässigen Unausgeglichenheit am Anfang der Rasseentwicklung Rechnung getragen. Grundsätzlich ist es ein Vorteil,dass der Widerristhöhe und der Weisszeichnung vom Standard her keine engen Grenzen gesetzt werden. Es ist ein Nachteil für die Zucht, wenn zu sehr eingeengt wird und z. B. schon ein cm mehr oder weniger zum Zuchtausschluss führt. Während aber die Zeichnung eine reine Liebhabersache ist, beeinflusst die Widerristhöhe den Körpergrundtyp, die Gesamtkörpergestalt, so dass sich davon abhängig deutliche Unterschiede im Typ entwickeln können. Wichtig ist vor allem – unabhängig von der Körperhöhe im vorgegebenen Rahmen – dass das Ebenmass der Gesamtgestalt gewahrt wird.

Stellt man eine kleine Hündin (von 58 cm) neben einen grossen Rüden (von 70 cm), beträgt die Differenz 12 cm. Das ist viel. Anzustreben sind, auch schon im Interesse der Harmonie zwischen den Geschlechtern, die in der Rassebeschreibung genannten Idealmasse: 66 bis 68 cm für männliche Tiere, 60 bis 63 cm für weibliche.

Wichtiges Massverhältnis (Format)

Standardformulierung:

Verhältnis der Widerristhöhe zur Körperlänge ca. 9:10
Eher gedrungen als lang

Der Berner Sennenhund ist im Rumpf nur wenig langgestreckt. Seine Gesamtlänge ist etwas grösser als die Widerristhöhe. Für dieses Format nennt der Standard das Verhältnis von 9:10. Das heisst, dass z. B. ein 65 cm großer Berner ca. 72 cm lang ist (9:10 = 65:72,22 cm).

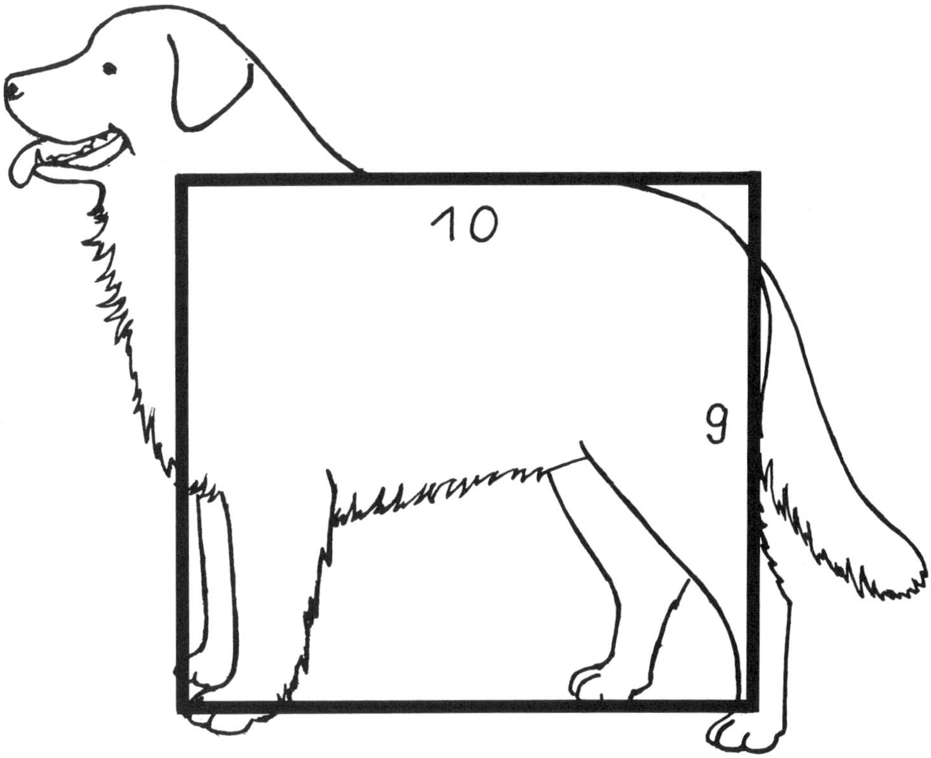

Das richtige Format.

Rumpf ca. 15 % zu lang (Format = 9:11,5 statt 9:10)

Rumpf ca. 10 % zu kurz (Format 9:9 statt 9:10).

Das Format widerspricht der Standardforderung.

Abbildung 32, 33, 34

Das quadratische Format (der Hund ist ebenso lang wie hoch) ist nicht anzustreben. Solche Tiere wirken – ganz besonders bei aufgebogener Rute – klobig. «Kurz zusammengestossen» nannte das Heim. Sie haben oft auch Gangwerkfehler (übermässiger Passgang; Übertreten der Hinterläufe, seitlich an den vorderen vorbei, da für normales Ausgreifen unter der kurzen Körpermitte nicht genügend Platz vorhanden ist).

Ebenso ist zu beobachten, dass kurzrumpfige Tiere hinten oft steiler stehen als lange. Das gilt im Prinzip nicht nur für den einzelnen Hund, sondern grundsätzlich für alle Rassen.

Zu lange Hunde fallen ebenso aus dem Rahmen, sind nicht typisch und neigen zu Senkrücken.

Für gestörte Gesamtproportionen gibt es verschiedene Gründe:

Der zu kurze Hund hat – bei normaler Gliedmassenlänge – eine tatsächlich kürzere Wirbelsäule, oder aber seine Beine sind bei normalgrossem Rumpf einfach zu lang (wozu auch eine gering ausgeprägte Winkelung beiträgt).

Auch bei zu langen Tieren gibt es zwei verschiedene Typen: Einmal den in den übrigen Körperteilen normalgrossen Hund mit zu langer Wirbelsäule, zum anderen sieht man solche mit zu kurzen Beinen unter einem normal langen Rumpf (Basset-Typ). Im Bestreben, möglichst gedrungene Typen zu züchten, ist diese Form mit verhältnismässig zu kurzen Beinen immer wieder anzutreffen.

Grundsätze für das Messen

Erscheint ein Tier zu klein oder zu gross, zu kurz oder zu lang, soll es gemessen werden. (In einigen Ländern misst man anlässlich von Zuchtmusterungen grundsätzlich. Das ist vor allem deshalb wertvoll, weil so verwertbare Angaben über Entwicklungen in der Rasse gewonnen werden.)

Der Hund muss beim Messen auf festem ebenem Untergrund stehen.

Er ist so zu halten, wie er von selbst bequem steht: weder hochziehen oder niederdrücken noch langziehen oder zusammenschieben. Da Hunde selten ganz ruhig stehen, kommt es leicht zu ständigen Veränderungen und damit zu ungenauen Ergebnissen. Wird Wert auf auch nur annähernd richtige Masse gelegt, genügt einmaliges Messen nicht. Das allermindeste ist: Zweimaliges Messen, Werte zusammenzählen, durch zwei teilen. Besser ist der Durchschnitt aus mehrmaligem Messen.

Es ist eine einwandfreie Messlatte zu verwenden, für die Bestimmung des Brustumfanges ein Schneidermessband.

Die Messlatte muss genau senkrecht stehen bzw. waagerecht gehalten werden, ihre Schenkel wirklich gerade. Am Messband muss stets der gleich starke Zug erfolgen.

Masstabelle als Grundlage für die Kontrolle des Formats

	cm Widerristhöhe		*cm Rumpflänge* (Werte gerundet)
Verhältnis	9	zu	10
	58		64
	59		66
	60		67
	61		68
	62		69
	63		70
	64		71
	65		72
	66		73
	67		74
	68		76
	69		77
	70		78

Messen der Widerristhöhe

Sie entspricht dem senkrechten Abstand der höchsten Stelle des Widerrists (über den oberen Rändern der Schulterblätter) vom Boden.

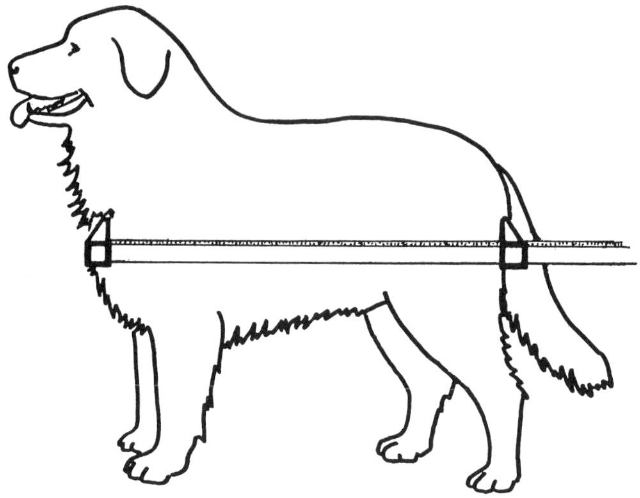

Messen der Rumpflänge

Sie entspricht der waagerechten Entfernung zwischen der vorderen Rundung des Schultergelenks und dem Sitzbeinhöcker. Der vordere Schenkel der Messlatte wird in der Praxis meist in Höhe des Schultergelenks an der Vorbrust angelegt. Das ist einfacher, besonders bei langhaarigen Hunden. (Schenkel der Messlatte so hautnah wie möglich anlegen, langes Haar an Brust und Rückseite der Oberschenkel!) In diesem Falle sind beim Berner ca. 2 cm vom ermittelten Wert abzuziehen.

Beim Messen des Brustumfanges

ist das Messband dicht hinter dem oberen Rand der Schulterblätter um den Brustkorb herum zu legen.

Beim Messen der Brusttiefe

ist der Brustkorb zwischen die Schenkel der senkrecht gehaltenen Messlatte einzuspannen (Haar an der Unterbrust!). Die Brusttiefe ist der senkrechte Abstand zwischen der Stelle dicht hinter dem oberen Rand der Schulterblätter und der Unterbrust.

Kopf

Standardformulierung:

Kräftig; Oberkopf: im Profil und von vorn gesehen wenig gewölbt; ausgeprägter, jedoch nicht zu starker Stirnabsatz (Stop); wenig ausgebildete Mittelfurche; kräftiger, mittellanger, gerader Fang.

Entsprechend seiner massiven Gesamtkörperform hat der Berner Sennenhund auch einen kräftigen Kopf. Aber ebenso, wie zu massige und zu leichte Hunde aus dem Rahmen fallen, ist es auch mit den Köpfen: sogenannte schwere sind genauso atypisch wie schmale und spitze. Die Standardforderungen schliessen Abweichungen nach beiden Seiten hin aus.

«Der Kopfschnitt und das Verhältnis vom Schädel zum Gesichtsteil weist noch grosse Verschiedenheiten auf. Es gibt... sowohl zu lange und spitze als auch zu stark verkürzte Nasen» schrieb Dr. Scheidegger 1923 nach 15 Jahren Reinzucht in einer Handschrift. Was angestrebt wurde, war ein «normaler» Hundekopf ohne Übertreibungen. Sehr energisch hat Heim alle Tiere mit großen und schweren Köpfen, solche, die den Bernhardinertyp verkörpern, ausgeschlossen. Wir tun dies heute nicht mit dieser Konsequenz: Langsam aber stetig werden die Köpfe in einigen Zuchtlinien zu massig.

Diese negativen Tendenzen äussern sich

1. in immer kürzer werdenden Gesichtsschädeln (Kiefer- und Nasenbeinverkürzung); der Fang wird zu kurz und dadurch auch im Verhältnis zu breit,
2. in einer zunehmenden Ausprägung der Jochbeine. (Das sind die etwa fingerbreiten Knochenbögen, die nach oben und nach aussen gewölbt, unterhalb der Augenhöhlen nach hinten verlaufen; sie bestimmen die Breite des Schädels im Backenbereich.) Ein starker Backenmuskelansatz wird begünstigt und dadurch der Hirnschädel (Oberkopf) in seinem Aussehen noch zusätzlich verbreitert;
3. in einer stärker werdenden Betonung des Stirnabsatzes und
4. in der damit zusammenhängenden zunehmenden Wölbung der Scheitelbeine: Der Hirnschädel wird zu rund, zu hoch, zu voluminös (Mopskopf), was Vorbeissergebisse deutlich begünstigt.

Man kann heute gar nicht so selten Köpfe feststellen, die eine Entwicklung zur Form des schweren Welpenkopfes erkennen lassen. Man hat den Eindruck, der Schädel bleibt juvenil (kindlich) rund, fast verquollen; die Linien sind unklar, nicht wie gefordert möglichst gerade, die Flächen sind gewölbt und nicht wie gewünscht flach. Der Kopf ist wenig modelliert. Durch die gewölbte und sogar oft leicht dachförmig verlaufende Kopfquerlinie (zwischen den Ohren), die nahezu gerade sein soll, verwischt sich auch die gewünschte Dreiecksform. Sie soll dann entstehen, wenn die Ohren bei Aufmerksamkeit an der Wurzel gehoben und hinten leicht nach vorn gedreht werden. Nicht umsonst wurde früher ein plumper, schwerer Kopf in den verschiedenen Standards immer wieder als Fehler bezeichnet. Durch diese ungute Entwicklung verliert der Kopf und damit der ganze Hund an rassischem Ausdruck, und in zunehmendem Masse geht der Adel verloren. Das sind Entwicklungstendenzen, die jeder Kenner etwas sorgenvoll betrachtet.

Zu schmale Köpfe kommen kaum mehr vor, dagegen hin und wieder zu flache (wenig Stop).

Ergänzend sei darauf hingewiesen, dass die Art der Zeichnung das Kopfbild optisch verändert: Breite Blessen, die auch weit in Richtung Lefzenwinkel reichen, lassen den Kopf flacher, weniger modelliert erscheinen, oft auch schmaler und länger im Fang als er wirklich ist.

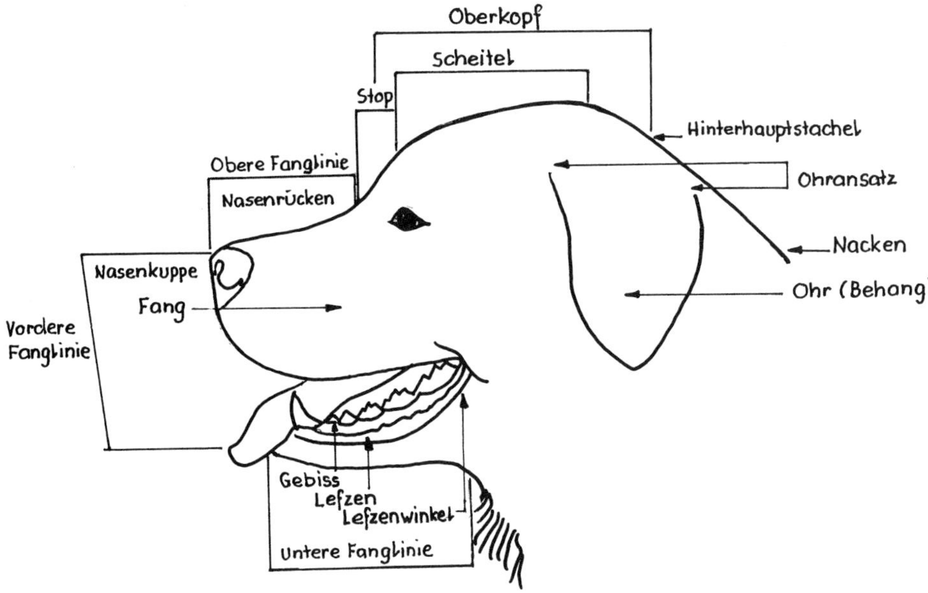

Normaler Rüdenkopf

Zu schwerer Kopf
Kurzer Fang, zu starker Stop, runder Oberkopf

Zu schmaler Kopf
Flacher Stop und spitz zulaufender Fang

Championrüde der 60er Jahre mit einer seiner Schwestern und seiner Mutter; Beispiele für korrekte Köpfe, wie sie der Standard fordert.

Nasenspiegel

Standardformulierung: schwarz

Noch nie vorher war in einem Standard die Forderung nach dem schwarz ausgefärbten Nasenspiegel formuliert. Bei vielen Rassen besteht dieser Anspruch seit jeher. Dies erstmals für den Berner festgelegt zu haben, ist verdienstvoll. Die Forderung zeigt, dass es nötig geworden ist, darauf zu achten, kommt es doch immer wieder und in den letzten Jahren häufiger vor, dass Hunde mit Schmetterlingsnasen auftauchen: Die Nasenkuppe weist rosa Flecken auf, oft in den Nasenlöchern, aber auch aussen. Das sieht unschön aus, und wenn sich dieser Pigmentmangel genetisch festigt und ausbreitet, könnte es unter Umständen einmal zu Tieren mit fleischfarbenen Nasen kommen.

Dass der Nasenspiegel nicht tiefschwarz, sondern eher etwas grau oder graubraun ist, kommt ebenfalls vor. Vor allem in den sonnenarmen Wintermonaten kann das dunkle Pigment etwas aufhellen.

Braune bzw. leberfarbene Nasenspiegel kommen bei Hunden mit schwarzem Mantel überhaupt nicht vor. In ihrem Genbestand fehlt die Anlage dafür. Allein schokoladenfarbene oder rote Hunde (Genotyp bb für braun) haben solche Nasenkuppen (auch Zehenballen und Nägel). Sie bilden überhaupt keinen schwarzen Farbstoff.

Lefzen

Standardformulierung: wenig ausgebildet und anliegend, schwarz

Die schwerer werdenden Schädel begünstigen zunehmend auch unerwünscht grosse Lefzen. Die Lefzen sind die Lippen des Hundes. Die oberen, viel ausgeprägter entwickelt, länger und dicker als die unteren, hängen glatt herab und überdecken seitlich noch den Unterkiefer und die Ränder der unteren Lefzen. Diese sind viel dünner und wesentlich schmaler.

Die Standardformulierung «Lefzen wenig ausgebildet» meint: Die Lefzen des Oberkiefers dürfen nicht so lang sein, dass sie lose hängend den Unterkiefer ganz überragen und dadurch die Kopfform verändern, die Fangtiefe vergrössern. Die Lefzen des Unterkiefers sollen unauffällig sein, dem Kiefer anliegen, nicht herabhängen, noch im Mundwinkel eine Tasche bilden. Stark ausgebildete Lefzen des Unterkiefers hängen meist durch, schliessen schlecht, und die Hunde können den Speichel nicht im Maul halten, er läuft heraus, der Hund geifert (sabbert).

Im neuen Standard ist erstmalig die schwarze Ausfärbung gefordert wie für den Nasenspiegel auch. Sehr oft aber sind die Lefzen mit kleinen oder grösseren rosa oder weisslichen Flecken durchsetzt. Auch hier sollte darauf geachtet werden, dass dies nicht noch zunimmt.

Dass fleischfarbene Flecken im Nasenspiegel und helle Lefzen nichts Neues sind, wird beim Lesen alter Richterberichte deutlich. Prof. Heim schrieb 1912 von der

Ausstellung in Luzern: «Neue Besonderheiten haben sich mir die folgenden gezeigt: Der vorzügliche, sehr typische Rüde Nr. 450 mit II. Preis in offener Klasse hat an Lippen und bis an die Nasenflügel Pigmentmangel, Fleischfarbe statt schwarz. Der Mitteltheil der Nase ist normal schwarz. Wir haben noch keine Erfahrung, ob dieses bisher bei den Berner Sennenhunden mir noch nie entgegen getretene Merkmal leicht sich vererbt oder nicht. Sollte es sich leicht vererben, so kann es auch zunehmen. Dann läge eine Gefahr darin, solche Hunde zur Zucht zu empfehlen, denn eine teilweise oder ganz fleischrote Nase würde sehr hässlich sein. Sollte ich wegen dem noch bescheiden auftretenden Merkmal den sonst so trefflichen Rüden zurückstellen? Erst abwarten, bis wir wissen, ob es sich vererbt! Sollte dies der Fall sein, dann streng dagegen auftreten, gerade so wie gegen die Spaltnase!»

Ganz sicher war es richtig, diesen Rüden wegen des Pigmentmangels nicht gleich zu bestrafen, jedoch aber zu bemerken, dass man streng darauf achten muss, dass sich solcher Pigmentmangel nicht ausbreitet. Diese Erscheinung kann allerdings mit der Spaltnase nicht auf eine Stufe gestellt werden. Das ist eine schlimme anatomische Missbildung (vgl. auch «Erbliche Defekte beim Berner Sennenhund – eine Übersicht», Teil «Lippen-, Kiefer- Gaumenspalten»!). Der Pigmentverlust ist dagegen unter die Fehler einzureihen, die nur die Schönheit herabsetzen.

Gebiss

Standardformulierung: Vollständiges kräftiges Scherengebiss

Das vollständige Gebiss hat 42 Zähne. 20 Zähne stehen im Oberkiefer, in jeder Kieferhälfte 3 Schneidezähne (Incisivi), 1 Fang- oder Hakenzahn (Caninus), 4 vordere Backenzähne (Prämolaren), 2 hintere Backenzähne (Molaren)

Im Unterkiefer stehen 22 Zähne

P4 oben und M1 unten (die vier größten Backenzähne) werden auch Reisszähne genannt.

Darstellung mit Hilfe der Zahnformel

				oben					
links	2 M	4 P	1 C	3 I	3 I	1 C	4 P	2 M	*rechts*
	3 M	4 P	1 C	3 I	3 I	1 C	4 P	3 M	
				unten					

Die geforderte Gebissstellung

Beschreibung	*Illustration*	*Vorkommen und züchterische Beurteilung*
Schere: Die unteren Schneidezähne liegen mit ihrer Vorderseite unmittelbar an der Rückseite der oberen an.	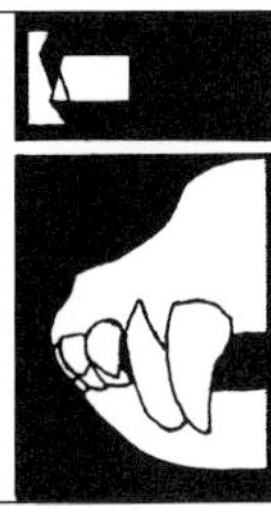	Die häufigste Form, im Standard gefordert, wird züchterisch immer wieder angestrebt

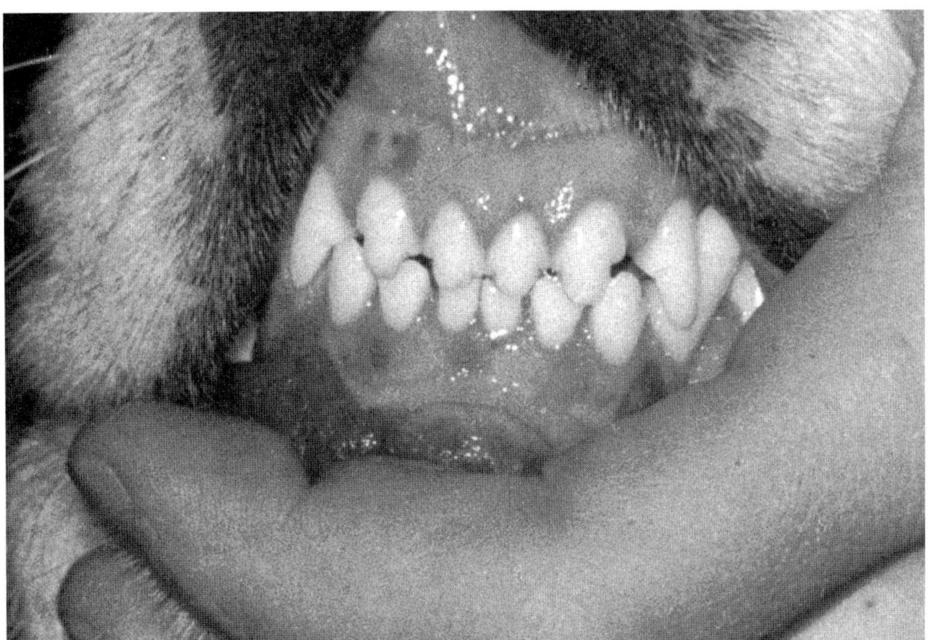

Scherengebiss beim 13 Monate alten Junghund.

Unerwünsche Formen der Gebissbildung

1. Veränderungen der Kiefer in der Längenentwicklung bedingen Bissfehler: Die Schneidezahnreihen stehen nicht scherenartig:

Beschreibung der Abweichung	*Illustration*	*Vorkommen und züchterische Beurteilung*
Zange Die Schneidezähne stehen aufeinander (beissen auf) wie die beiden Schmalflächen einer Beisszange		Häufig vorkommend; eine Folge auch der Zuchtwahl auf massige Köpfe; Vorstufe zum Vorbiss; wird bei Hunden toleriert, die ansonsten dem Rasseideal nahekommen.
Vorbiss (Überbiss) Die Schneidezähne des Unterkiefers stehen vor denen des Oberkiefers.		Öfters vorkommend, eine Folge der Verkürzung des Oberkiefers, begünstigt durch „Mopskopfbildung"; führt zu Zuchtausschluß.
Rückbiss (Unterbiss) Die Schneidezähne des Unterkiefers stehen nicht mehr anliegend, sondern mit Abstand hinter denen des Oberkiefers		Wenn, dann in der Regel bei langschädeligen Rassen vorkommend; führt zu Zuchtausschluß – Rückbiss ist bei Berner-Welpen häufig. Er wächst sich meistens im Jugendalter aus.

Sonderform: *Kreuzbiss*
Die Schneidezähne des Unterkiefers stehen auf der einen Seite hinter, auf der anderen vor denen des Oberkiefers.

Beim Berner Sennenhund nur in seltenen Einzelfällen bekannt geworden; führt zu Zuchtausschluss

2. Einzelne Zähne stehen falsch (Auflösung der gleichmäßigen Reihung)

Beschreibung der Abweichung	*Illustration*	*Vorkommen und züchterische Beurteilung*
– Drehung um die Längsachse (Torsion, Rotation), mit Querstellung (Kulissenstellung) verbunden – Drehung um die Querachse (Deviation)	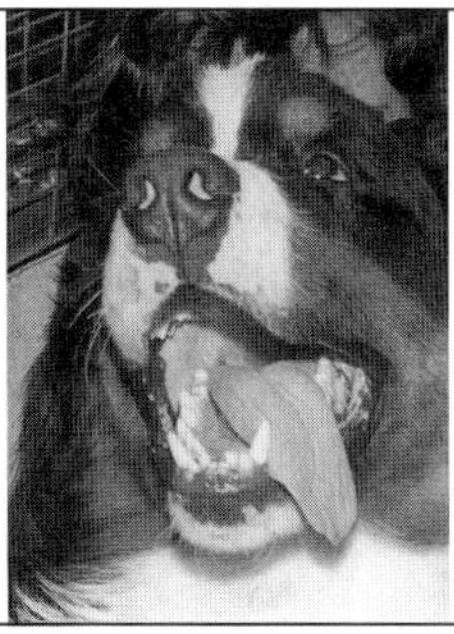	Diese unregelmäßigen Stellungen kommen vor allem bei den Incisivi vor. Solche missgebildeten Gebisse führen zum Zuchtausschluss.

Scherengebiss am Skelett

Die beiden Incisivi 1 im Unterkiefer sind zu klein, deshalb ist der Scherenschluss dort nicht deutlich.

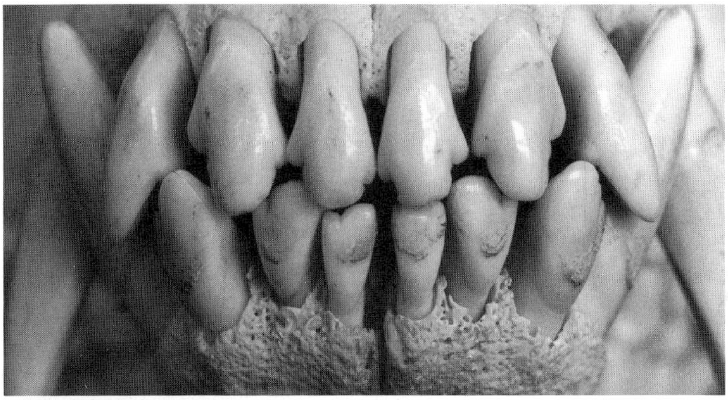

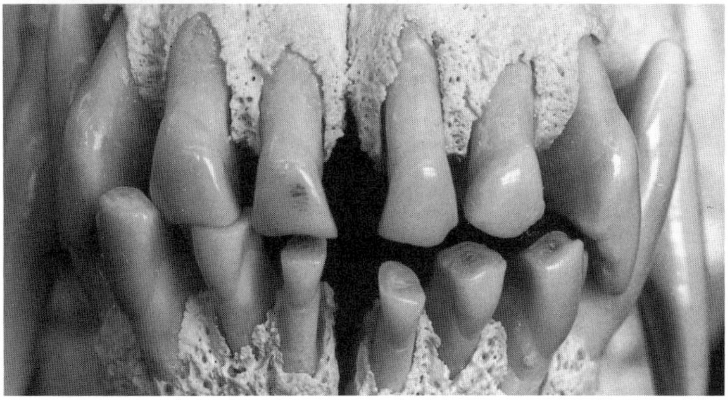

Zangengebiss am Skelett

Die Schneidezähne, insbesondere im Unterkiefer, sind durch Alter und vor allem infolge des Aufbeissens stark abgenutzt.

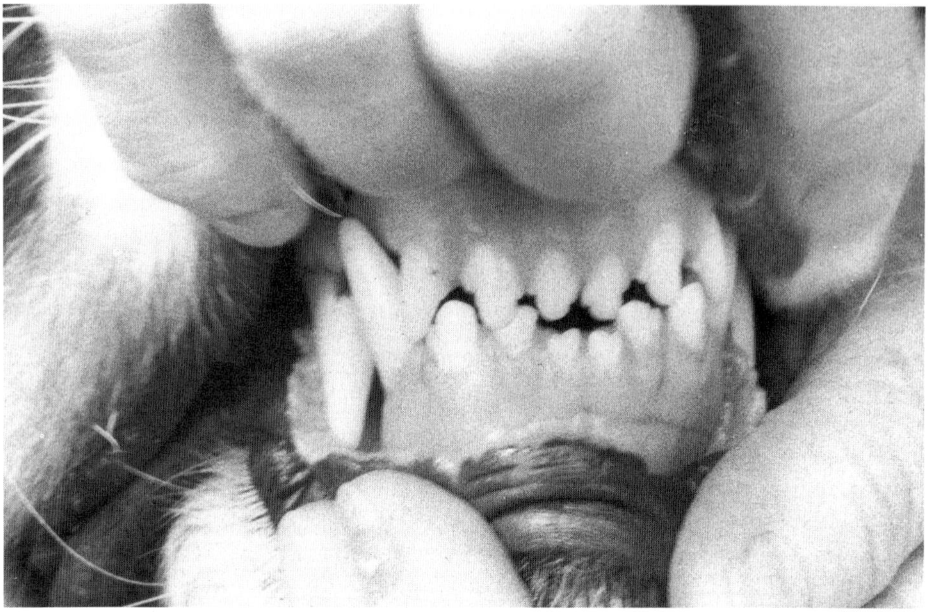

Bei der Beurteilung des Gebissschlusses (Stellung der Schneidezähne zueinander) geht man immer vom beweglichen Unterkiefer aus. Beispiel Kreuzbiss: Im Unterkiefer stehen die beiden äusseren Schneidezähne rechts (I 2 und I 3) hinter denen des Oberkiefers (Scherenschluss); die beiden mittleren Incisivi (I 1 rechte, I 1 linke Kieferhälfte) stehen als Zange, I 2 und I 3 links beissen vor.

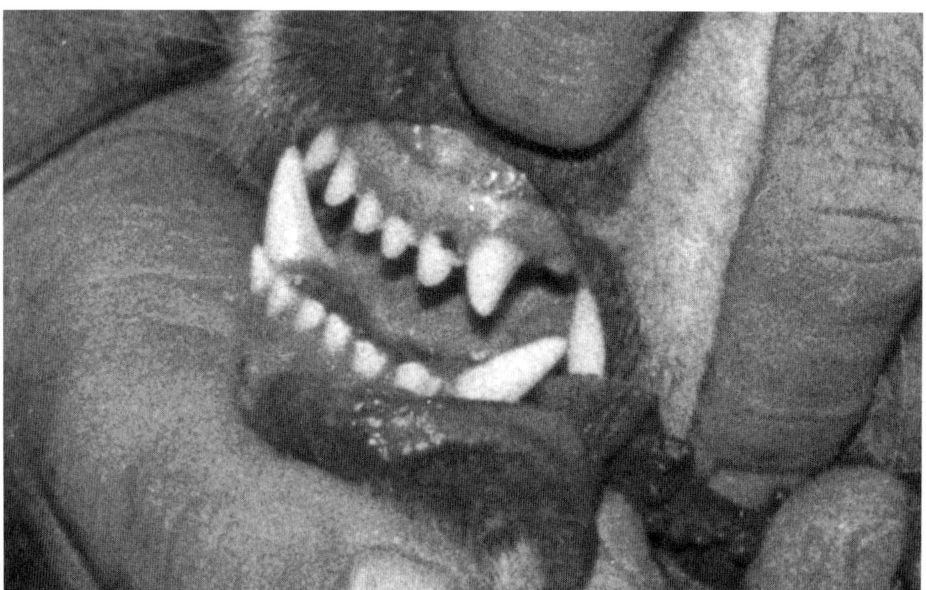

Vorbiss: Der Unterkiefer ist deutlich länger.

3. Unterentwickelte Zähne

Beschreibung		*Vorkommen und züchterische Beurteilung*
– zu kleine Schneidezähne (betrifft meistens die beiden mittleren, die Incisivi 1) – zu kleine Backenzähne (betrifft bei Vorkommen meist P1 und M3)		Häufig vorkommend; beides ist zu registrieren und ausser beim M3 züchterisch zu beachten.

4. Abnorme Zahnzahl

– zusätzliche Prämolaren (kleine, meist unmittelbar beim P1 stehend; vor allem im Oberkiefer, aber auch im Unterkiefer möglich)		Seltener vorkommend; ist zu registrieren und züchterisch zu beachten. (Überzählige Molaren und Incisivi sind beim Berner Sennenhund bisher nicht bekannt geworden.)
– fehlende Backenzähne: Prämolaren, Molaren Meist sind es M3,		Ausser den M3 sollen keine Zähne fehlen!
auch P1,		Fehlen mehr als zwei P1, ist das lt. Standard ein schwerer Fehler! Auch das Fehlen schon eines P1 ist unbedingt zu beachten!
mitunter P4, vor allem im Unterkiefer, auch M2		Seltener; ein grosser, wichtiger Zahn Beide Arten von Backenzähnen dürfen Zuchttieren nicht fehlen!
– fehlende Schneidezähne		Beim Berner Sennenhund bisher nicht festgestellt, bei einigen anderen Rassen schon häufiger; zuchtausschliessend

Im Standard von 1990 ist die bisher gültige Formulierung «vollständiges Scherengebiss» durch das Wort «kräftiges» ergänzt worden. Das soll heissen, dass die Zahngrösse im richtigen Verhältnis zur Grösse des Kopfes zu stehen hat. Sieht man sich die Zähne vieler Berner Sennenhunde (und der etlicher anderer grosser Rassen) genau an, dann fällt nämlich auf, dass sie relativ klein sind. Das wird noch deutlicher, wenn mit der Zahngrösse z. B. kleiner Terrierrassen verglichen wird. Deren Gebiss ist im Verhältnis zur Körpergrösse deutlich sichtbar kräftiger. Mit der Ergänzung im neuen Standard soll zumindest darauf aufmerksam gemacht werden, dass die Grösse der Zähne künftig gut zu beachten und einer weiteren Verkleinerung vorzubeugen ist.

Neben Vor- und Rückbiss ist unter «schwere Fehler» das «Fehlen von anderen Zähnen als höchstens zwei P 1» genannt. Demnach dürften die M 3 nicht fehlen! Sie kommen nur im Unterkiefer vor, sind lediglich wenige Millimeter gross und kaum geformt; sie haben nur eine Wurzel und im Oberkiefer keinen Gegenzahn. Diese «Zähnchen» unterliegen einer allgemeinen stammesgeschichtlichen Rückbildungstendenz. Viele Beurteiler in fast allen Ländern, in denen Backenzähne überhaupt überprüft werden, «vergessen» meist, nach diesen kleinen Zähnen zu sehen. Deren Fehlen zu tolerieren, ist züchterisch vertretbar. Da aber auch im gegenwärtig gültigen Standard ein vollzähliges Gebiss (42 Zähne) gefordert wird, ist es bei einer Beurteilung am korrektesten, das Fehlen von M 3 zwar zu vermerken, aber nicht zu bestrafen. (Vgl. auch die ausführlichen Darlegungen zum Gebiss im Kapitel «Vorkommen und züchterische Problematik einzelner Merkmale beim Berner Sennenhund».)

Strittige Formen des Gebissschlusses (sog. unechte, erworbene)

Zu den genannten, sich durch eine veränderte Kieferlänge ergebenden echten Fehlstellungen, können weitere, meist umstrittene Formen, hinzukommen. Sie entstehen, wenn einzelne oder mehrere Zähne in falscher Richtung stehen. Sie sehen ähnlich wie ein Zangen-, Vor- oder Rückbiss aus, dürfen aber nicht mit diesen verwechselt werden.

In allen drei Fällen treffen die Schneidezähne in einem unrichtigen Winkel aufeinander.

unechte Zange

Die Incisivi beider Kiefer sind nach vorn geneigt.

unechter Vorbiss

Die Incisivi des unteren Kiefers weichen von ihrer normalen Stellung ab. Sie sind nach vorn geneigt.

unechter Rückbiss

Die Incisivi des oberen Kiefers weichen von ihrer normalen Stellung ab. Sie sind nach vorn geneigt.

Von Hundebesitzern wird für Stellungsanomalien der Schneidezähne ihrer Tiere oft als Entschuldigung (wohl richtiger als Beschönigungsgrund) angegeben, man habe mit dem Junghund viel Tauziehen gespielt, ihn in Lappen beissen lassen und tüchtig gezogen, um ihn zur Schärfe zu reizen, dadurch hätten sich die Zähne verschoben. Das ist u. U. möglich. Sind nur die Schneidezähne nach vorn gekippt, kann von unechtem Zangen-, Vor- oder Rückbiss gesprochen werden im Gegensatz zum echten (Kieferveränderungen).

Es ist genau zu prüfen, ob nur die Zähne nach vorn geneigt sind, oder ob nicht doch auch eine unrichtige Länge der Kiefer vorliegt, was in den allermeisten Fällen so ist. Am lebenden Hund ist das schwer festzustellen, und man muß bei Kontrollen gut aufpassen, dass der bewegliche Unterkiefer nicht nach vorn oder nach hinten gedrückt ist. Dadurch kommt es an der Fangspitze schnell zu Unterschieden von einigen Millimetern, und das genügt schon, eine Fehlstellung zu bewirken oder auch etwas zu korrigieren. Leichte Veränderungen des Gebissschlusses allein durch Schneidezähne, die eindeutig nach vorn geneigt sind (niemals nach hinten), brauchen nicht generell zum Zuchtausschluss zu führen. (Trotzdem Vorsicht: Eine genetische Komponente ist nicht auszuschliessen!) Ratsamer ist es auf alle Fälle, Junghunde so aufzuziehen, dass solche zweifelhaften Zahnstellungen gar nicht erst erzeugt werden.

Schwierigkeiten bereitet oft die richtige Beurteilung, wenn die Incisivi beim älteren Hund schon stärker abgenutzt sind und es zu einer Form von erworbenem Zangenschluss kommt. Die Altersabnutzung bei Hunden über fünf oder sechs Jahre (je nach Härte des Zahnschmelzes, der Art der Fütterung usw.) ist normal und deshalb kein Diskussionsgegenstand. Beim jüngeren Hund ist eine stärkere Abnutzung der Incisivi nicht die Ursache für eine leichte Fehlstellung, sondern deren Ergebnis: Er hatte schon vorher ein Zangengebiss, und deshalb haben sich die Schneidezähne vorzeitig abgenutzt.

Eine vermeintliche Art von Zangengebiss ergibt sich, wenn die beiden mittleren Schneidezähne (I1 links und rechts) im Unterkiefer kleiner sind. Es handelt sich dabei um eine Art Hemmungsbildung. Sie kommt verbreitet bei sehr vielen Rassen aller Größen vor, auch z.B. beim Terrier, der allgemein für ein sehr kräftiges Gebiss bekannt ist. Diese Abweichung hat mit einem Zangengebiss nichts zu tun. Davon kann erst gesprochen werden, wenn mindestens die 4 mittleren Zähne (Incivisi 1 und 2, je links und rechts) aufbeissen. Auch diese Arten der Veränderungen sind nicht leicht zu beurteilen, aber sie sind einschätzbar. Trotzdem kommt es durch unterschiedliche Urteile immer wieder zu Ärgernissen. Da Berner Sennenhunde, die den Rassekennzeichen nahezu entsprechen, mit Zangengebiss zuchttauglich sind und bei ansonsten hervorstechender Qualität auch mit «vorzüglich» bewertet werden können, trifft dies für diese Abweichung auch zu. In diesem Falle ist eine gewisse Grosszügigkeit bei der Beurteilung sicher angebracht, nicht aber bei der Zuchtplanung.

Das Staupegebiss

Es hat ringförmige und andere Schmelzdefekte, bräunliche oder ins Schwarze gehende Verfärbungen und ist ein erworbener Mangel, der dann entsteht, wenn der Hund gerade während des Zahnwechsels an Staupe erkrankt. Auf Ausstellungen führt es nicht zu einer erheblichen Abwertung; es beeinflusst bei Gleichwertigkeit von Tieren nur deren Plazierung. Bei Zuchttieren ist es unbedenklich.

Augen

Standardformulierung: dunkelbraun, mandelförmig, mit gut anliegenden Lidern

Vorrangig ist die Forderung nach Gesundheit. So vor allem haben sich Zucht und Beurteilung zu orientieren.

Die Augenlider müssen glatt am Augapfel anliegen. Sie dürfen

- nicht lose sein (betrifft vor allem die unteren Lidränder, die herabhängen und auch nach aussen gedreht sein können; Ektropium),
- sich nicht einwärts, dem Augapfel zudrehen (Entropium).

In beiden Fällen wird die Gesundheit der Augen beeinträchtigt: Bei lose hängendem Lid, auch in nur wenig ausgeprägter Form, ist das Auge Zugluft, Staub und anderen Fremdkörpereinwirkungen schutzlos ausgesetzt, und die Bindehäute werden sich in jedem Fall entzünden; Rötungen sind durchaus nicht normal, wie man das oft hört! Sie weisen immer auf eine Bindehautentzündung hin; unbehandelt entsteht daraus der chronische Bindehautkatarrh. Bei eingerollten Lidern reiben die Wimpern die Hornhaut wund. Entropium und Ektropium sind «schwere Fehler».

Die Form der Lidspalte (mandelförmig) ist vorgeschrieben. Die Formulierung soll ausdrücken, dass die Augenform ellipsenförmig und nicht rund sein soll, wie das am Anfang der Zucht oft noch der Fall war. (Lider liegen meist nicht sauber an.) Das schlitzförmige «Chinesenauge» ist das andere unerwünschte Extrem (begünstigt Entropium).

Die Farbe ist ein Schönheitsmerkmal. Es ist keine Frage, dass helle Augen (wässriges Hellbraun bis Gelbtönung) unschön sind, den Blick stechend und unruhig erscheinen lassen, ihm das Sympathische, Warme nehmen. Sie sind laut Standard fehlerhaft.

Blautönungen (Glasaugen), ein- oder beidseitig, auch nur Teile des Auges betreffend (Birkauge), sind gröbste Farbabweichungen und führen zur Disqualifikation. Mit solchen Tieren soll nicht gezüchtet werden.

Augen hell, wodurch der Blick etwas stechend wirkt; mandelförmige Augen, Lider sauber anliegend.

Ohren (Behang)

Standardformulierung:
dreieckig, leicht abgerundet, hoch angesetzt, mittelgross, in der Ruhe flach anliegend

Wichtig für den typischen Bernerkopf sind die keinesfalls grossen, dreieckigen, hoch und nicht weit hinten angesetzten, kurzbehaarten Ohren. Sie liegen in Ruhestellung dem Kopf flach an. Will der Hund aufmerksam hören, richten sie sich am Ansatz hinten auf, die vordere Kante bleibt dem Kopf angeschmiegt. So entsteht die schon erwähnte hübsche dreieckige Kopfform, die so viel Aufmerksamkeit und Spannung ausdrückt, und die Heim und die ersten Züchter bei allen Sennenhunden bevorzugt und gefördert haben. Wenn wir darauf verzichten, geht dem Hund ein Teil seiner Originalität verloren!

Sind die Ohren tief oder auch weit hinten angesetzt (was oft mit einem runden Oberkopf einhergeht), zu lang (was zusätzlich durch üppige Behaarung vorgetäuscht wird) oder ist die Haltung schlecht (Abstehen vom Kopf, teilweise oder in ganzer Breite), wird die Schädelform optisch negativ beeinflusst. Insbesondere abstehende Ohren (Flatterohren) sind ein Fehler.

Hals

Standardformulierung: Kräftig, muskulös, mittellang

Bei Zuchtmusterungen und auf Ausstellungen wird dieser Position kaum Beachtung geschenkt, weil es hier sehr selten Abweichungen vom Normalen gibt. Auch in den Berichten Heims aus der Anfangszeit ist dazu nichts zu lesen. Wammenbildung (lose Kehlhaut) kommt beim Berner Sennenhund nicht vor, und auch die Halslänge – bei manchen Rassen wird sie in der sogenannten modernen Zucht aus rein ästhetischen Gründen stark beachtet – stand und steht im Prinzip immer im harmonischen Verhältnis zur Gesamtfigur. Eindeutig ist, daß ein kurzer Hals den Hund zusätzlich gedrungen erscheinen läßt und eine aufgereckte (sogenannte stolze) Haltung kaum ermöglicht, weil der Kopf nicht genügend hoch erhoben werden kann. Nacken- und Kehllinie sollen ohne Unterbrechung harmonisch in den Körper übergehen.

Funktionell bedeutsam ist die Ausprägung der Halsmuskulatur. Sie hat Einfluß auf die Bewegung der Vordergliedmassen, und ihre kraftvolle Ausbildung befähigt den Hund, auch schwere Gegenstände zu tragen und beim Schutzdienst wirkungsvoll zuzupacken.

Der lange Hals verfälscht etwas den Rassetyp dieser ansonsten wunderschönen Junghündin.

Körper

Standardformulierung: kräftig, kompakt

Auf die Form des Rumpfes ist bereits unter «Allgemeines Erscheinungsbild» («Die fünf Körperbautypen») und «Wichtiges Massverhältnis (Format)» ausführlich eingegangen worden.

Brust

Standardformulierung:

Bis auf Ellenbogenhöhe reichend, breit, mit deutlicher Vorbrust. Rippenkorb von breit-ovalem Querschnitt

Durch große Rippenlänge wird bei gut gerundetem Brustkorb eine Brusttiefe erreicht, die im Idealfalle mindestens 50% der Widerristhöhe ausmacht bzw. im Verhältnis von 1:1 zum Bodenabstand steht. Der Bodenabstand muss nicht gemessen werden. Er ergibt sich: Widerristhöhe minus Brusttiefe gleich Bodenabstand.

Zur Standardformulierung ist anzumerken: Wo der Ellbogen liegt, ist abhängig von der Länge des Oberarmknochens und des Schulterblattes und dem Winkel, den sie miteinander bilden. Lange Knochen sowie deren steile Lage bedingen, dass der Ellbogen weiter entfernt von der Wirbelsäule liegt. Im umgekehrten Fall (kurze Knochen, ausgeprägter Winkel) liegt er ihr näher. Automatisch sind dann bei gleicher Widerristhöhe die Unterarmknochen kürzer bzw. länger. Damit kann die Einschätzung der Brusttiefe fehlerhaft sein, wenn man sich nach dem Ellbogen richtet (vgl. Skizzen, mit denen drei Varianten von vielen möglichen dargestellt sind).

Die Vorbrust ist deutlich ausgeprägt. Das ist der Teil, der vor den Oberarmknochen liegt, sich dort nach vorn wölbt und zwischen den Beinen in die Unterbrust übergeht.

Die Unterbrust verliert nach den Flanken hin wenig an Tiefe, die Bauchlinie ist also nur gering aufgezogen. Ist sie es gar nicht, wirkt der Hund plump, unförmig und verliert merklich an Schnitt.

Entsprechend dem breiten und geräumigen Brustkorb stehen die Läufe von vorn gesehen breit.

Ein zu sehr gerundeter Brustkorb ist kaum anzutreffen, wohl aber ein im Verhältnis zur Körpergrösse zu kleiner. (Eine Prozentzahl kann nicht genannt werden, da hierzu genaue Untersuchungen fehlen. Diese wären nur durchzuführen, wenn einige Jahre lang alle auf Körungen vorgestellten Tiere exakt gemessen würden.) Die ungenügende Ausprägung der Brust stört das Gesamtbild. Langbeinige Tiere wirken immer schlanker, kurzbeinige voller, kompakter. Damit die harmonischen Gesamtproportionen gewahrt bleiben, muss der Brustkorb immer im richtigen Breiten- und Tiefenverhältnis zur Beinlänge stehen, was eben öfters nicht der Fall ist. Eine grosse Gliedmassenlänge (Unterarme) z. B. – die dann meist auch im Missverhältnis zu deren Dicke steht – zieht nicht automatisch auch eine tiefe Ausformung der Brust nach sich. Es kommt deshalb bei lang-, aber auch kurzbeinigen Hunden mitunter zu Disproportionen. Das ist in der Regel nicht der Fall, wenn die vom Standard genannten Idealgrössen erreicht werden. Die Formulierung unter «Allgemeines Erscheinungsbild», der Hund sei «harmonisch und schön im Ebenmass», bezieht sich deutlich auch auf diese Verhältnisse.

Beurteilung der Brusttiefe

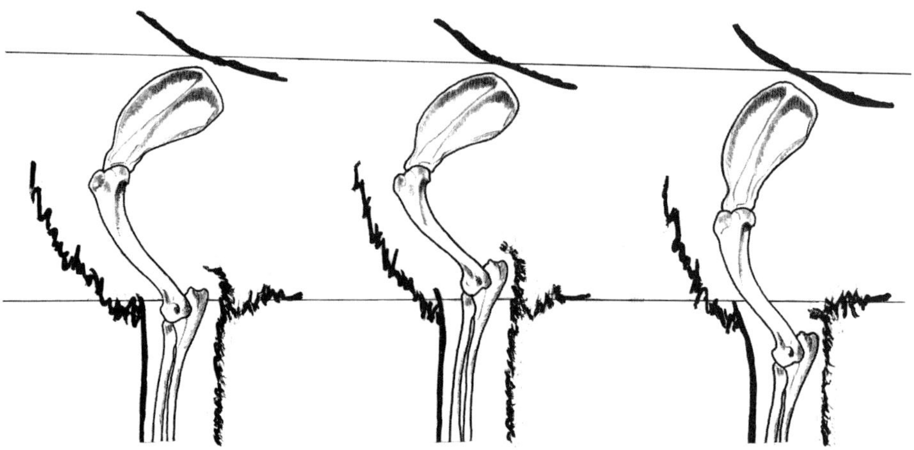

Links:	Schulter- und Oberarmknochen sind lang und liegen vor allem schräg. Die Brusttiefe, bezogen auf den Ellbogenhöcker, entspricht etwa dem Geforderten.
Mitte:	Das Ellbogengelenk ist durch einen kurzen Oberarmknochen weit nach oben verlagert: Die Brust scheint sehr tief ausgeprägt zu sein.
Rechts:	Die Knochen sind genauso lang wie in der linken Skizze. Da sie aber steil liegen, verschiebt sich das Ellbogengelenk weit nach unten. Es fehlt scheinbar deutlich an Brusttiefe.

In Wirklichkeit ist die Brust in allen 3 Fällen gleich tief. Um keiner Täuschung zu unterliegen, ist es am besten, sie im Verhältnis zur Widerristhöhe einzuschätzen. Das macht dann auch deutlich, ob Disproportionen ihre Ursache in einer wenig tiefen Brust oder in der Bildung der Vordergliedmassen haben.
Anhand der Skizzen ist ebenfalls zu erkennen: Lange, gut schräg liegende Knochen (Schulterblatt, Oberarm) bedingen eine gute Vorbrustbildung (vgl. linke Skizze). Je steiler die Knochen liegen (weit offener Winkel), desto weniger deutlich ist die Vorbrust ausgebildet (vgl. rechte Skizze).

Dort, wo später einmal die Vorbrust deutlich ausgeprägt sein soll, ist bei diesem Junghund vorerst nicht viel mehr als ein Loch. Demzufolge fehlt es auch noch an Brusttiefe. Bei guter Abschlussentwicklung wird es ein Jahr später ganz anders aussehen. Der gesamte Rumpf wird sich sowohl in der Breite als auch in der Tiefe noch erheblich auswachsen.

Es gibt einen nicht geringen Prozentsatz an Hunden, deren Brustkorb zu schmal ist. Dessen Form ist dann längsoval. Solchen Tieren fehlt es oft auch an Vorbrust. Die Vorderbeine solcher Berner stehen dann aber eng beieinander. Es ist im Einzelfall zu untersuchen, ob die enge Stellung allein einem schmalen Brustkorb (und evtl. wenig ausgebildeter Vorbrust) oder auch der Beschaffenheit der Vordergliedmassen zuzuschreiben ist, was bei der Erläuterung dieser Position näher betrachtet werden wird. Zwischen beidem besteht oft eine enge Beziehung.

Betont sei: Es sind nicht etwa Länge und Wölbung der Rippen allein, die die Form der Brust bedingen, sondern die seitliche Muskulatur der Schulter-Oberarm-Partie trägt wesentlich dazu bei.

Bei der Einschätzung ist deutlich auf den hinter den Ellenbogen gelegenen Teil zu achten. Form und Länge des Brustbeines (weit nach hinten reichend) und auch ein deutlich schwanzwärts ausgedehnter Rippenkorb machen die gute Brust aus (viel Volumen). Neben entsprechender Tiefe und Breite wird vor allem der lange Brustkorb gewünscht. Er ist eine Grundlage für die feste Lenden- und somit auch straffe Rückenpartie: Der Abstand der letzten Rippe zur Hinterhand ist geringer.

Rücken, Lende, Kruppe

Standardformulierungen:

Rücken: *fest und gerade*
Lendenpartie: *breit und kräftig*
Kruppe: *sanft abgerundet*

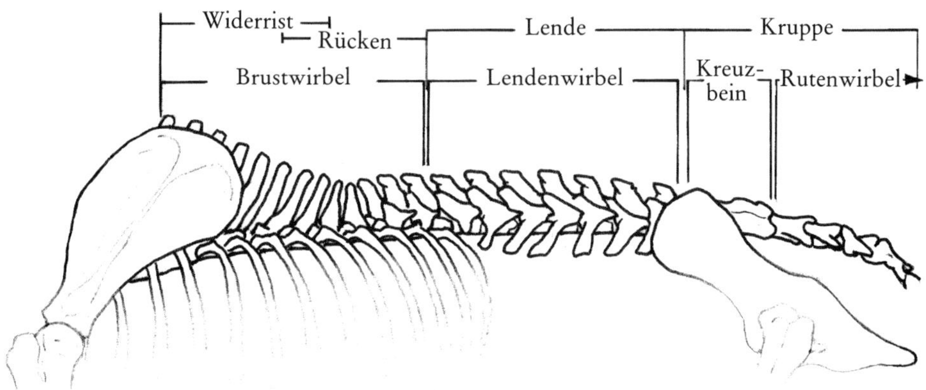

Wenn von den Körperteilen Widerrist, Rücken, Lende und Kruppe gesprochen wird, ist eine Verständigung wichtig. Sowohl in der Literatur als auch bei der praktischen Beurteilung werden diese Körperabschnitte mitunter unterschiedlich abgegrenzt. Eine Festlegung ist nötig.

Der Widerrist,
im Standard nicht erwähnt, beginnt am Halsansatz, kurz vor dem fühlbaren vorderen Rand des oberen Teils der Schulterblätter. Er reicht bis zu einer tastbaren leichten Vertiefung, die ungefähr über der Mitte des Brustkorbs liegt. (Damit ist nicht die sog. Rückendelle gemeint. Diese liegt etwa 3 bis 4 Wirbel weiter hinten über dem 11., dem Wechselwirbel.) Wo das genau ist, hängt von der Entwicklung der Muskulatur ab. Der sog. Trapezmuskel kann schwach entwickelt sein. Dann ist der Widerrist flach und kurz, und er reicht wenig weiter als bis zum hinteren Schulterblattrand. Ist er stark entwickelt, ist der Widerrist hoch und lang und erstreckt sich dann viel weiter schwanzwärts. Setzt man die Länge des Widerrists ins Verhältnis zur Wirbelsäule, kann gar nicht gültig gesagt werden, bis zu welchem Dornfortsatz der Brustwirbel er reicht.

Der Widerrist wird gut ausgebildet verlangt. Das ist er, wenn die Schulterblätter schräg liegen. Dann reicht deren oberer Teil weiter nach hinten, als wenn sie steil stehen. Von einem deutlich ausgebildeten Widerrist wird gesprochen, wenn auch die ihm unterlagerte Muskulatur ausgeprägt und der Hund gut genährt ist (Fetteinlagerung).

Widerristbildung

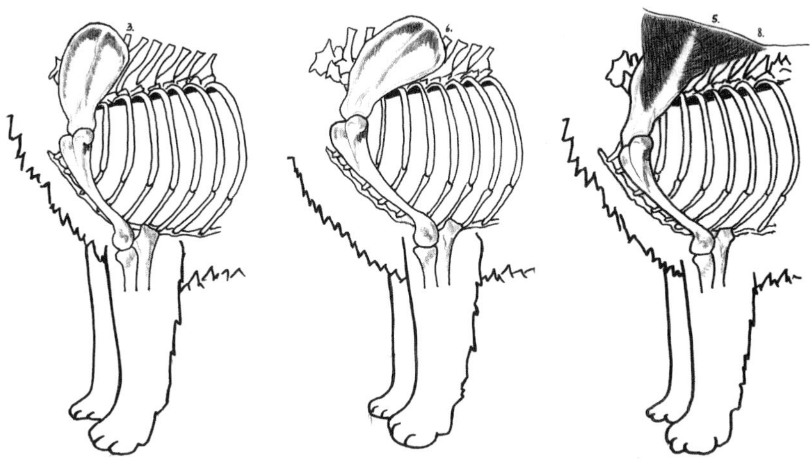

Links: Das steilgestellte Schulterblatt reicht wenig weit schwanzwärts, nur ca. bis zum Dornfortsatz des 3. Brustwirbels.

Mitte: Das betont schräg liegende Schulterblatt reicht mit seinem oberen Teil weit nach hinten, ungefähr bis zum Dornfortsatz des 6. Brustwirbels.

Rechts: Gut schräg liegendes Schulterblatt (hinterer oberer Rand reicht ungefähr bis zum Dornfortsatz des 5. Brustwirbels). Eingezeichnet ist von der oberen Muskelschicht der Trapezmuskel mit seinen beiden Teilen, dem halswärts gerichteten (trapecius cervicis) und dem zum Brustkorb hin liegenden (trapecius thoracis). Seiner Form wegen wird dieser Muskel auch Kappen- oder Kapuzenmuskel genannt. Er liegt beidseits der Wirbelsäule. Schwanzwärts reicht er – abhängig von seiner Entwicklung – ungefähr bis zum Dornfortsatz des 8., 9. Brustwirbels.

Der Rücken
im eigentlichen oder engeren Sinne ist sehr kurz. Er reicht vom Widerrist bis zum 13. Brustwirbel. Der liegt ungefähr in der Mitte des Rumpfes. Wie weit vorn er beginnt, hängt von der Länge des Widerrists ab. Beim gutproportionierten Berner Sennenhund ist der eigentliche Rücken nur ungefähr reichlich handbreit und umfasst etwa die letzten 5 Brustwirbel. Er soll fest und gerade, also weder eingesenkt noch aufgebogen sein.

Die Lende
beginnt beim 1. Lendenwirbel ungefähr in der Mitte des Rumpfes und reicht bis zum 7. Lendenwirbel. Damit umfasst sie den Teil zwischen Brustkorb und Hüfthöcker über der seitlichen Bauchwand. Die Lende ist ungefähr doppelt so lang wie der eigentliche Rücken. Sie wird breit und kräftig verlangt. Da die Lendenwirbelsäule nicht wie die Brustwirbelsäule durch Rippen stabilisiert wird, ist deren Festigkeit allein durch eine gut ausgebildete Muskulatur garantiert.

Die Kruppe
beginnt beim Hüfthöcker und endet beim Sitzbeinhöcker, nicht etwa beim Rutenansatz. Knöcherne Grundlage sind Kreuzbein und Becken. Die Kruppe wird «sanft abgerundet» gewünscht.

Rückenlinie, Rückenpartie
Diese Begriffe haben sich eingebürgert. Gemeint ist damit der Abschnitt der oberen Linie, der den hinteren Teil des Widerrists, Rücken und Lende umfasst, man kann auch sagen, die obere Begrenzung der Mittelhand.

Die sog. obere Linie schliesst Hals, Widerrist, Rücken, Lende und Kruppe ein. Der Verlauf der oberen Linie ist nicht nur von der Länge der Wirbelsäule abhängig (den einzelnen Wirbelkörpern und den Zwischenwirbelscheiben), er wird auch sehr von der Muskelbildung bestimmt, die ausgeprägt gewünscht wird und so eine gute Breite, Festigkeit und Elastizität garantiert.

Tadelloser, gerader Rücken.

Senkrücken.

Rückenpartie aufgezogen (Karpfenrücken).

Lendenpartie aufgezogen.

Hintergliedmassen wenig gewinkelt = Kruppe liegt zu hoch = überbaut.

Die Lage von Kreuzbein und Becken und die Winkelung der Hintergliedmassen beeinflussen die obere Linie besonders. Steil gestellte Hintergliedmassen verlagern den hinteren Teil der oberen Linie (Kruppenbereich) nach oben. Der Hund ist dann überbaut. Liegen Kreuzbein und Becken zu horizontal, ist der Kruppenverlauf zu wenig oder gar nicht gerundet. Damit wird auch der Ansatz der Rute gehoben. Das kann eine Ursache für deren unerwünschte Haltung sein: Die Rute ist zu hoch angesetzt und wird dann auch leicht zu weit erhoben getragen.

In der Draufsicht soll die obere Fläche des Rumpfes fast gleichmässig breit sein, nicht aber gänzlich wie ein Brett. Eine im hinteren Teil ein wenig eingezogene Lendenpartie (Taille) gibt dem Rumpf etwas «Schnitt» und lässt den Hund nicht plump aussehen, was bei zu reichlich gefütterten Tieren leider allzu oft der Fall ist.

Die Wirbelsäule zeigt manchmal Abweichungen von der Normalform und somit auch die durch sie wesentlich bedingte obere Linie. Der öfter vorkommende Senkrükken entsteht durch eine leichte Verbiegung der Wirbelsäule nach unten. Er ist häufiger bei lang- als bei kurzrumpfigen (fälschlicherweise als kurzrückig bezeichneten) Tieren festzustellen. Hauptursache: Die Hunde werden zu viel gefüttert, dafür aber zu wenig bewegt! Der zu schwere Rumpf überdehnt die Bänder, die zwischen und über den Wirbelkörpern gespannt sind und verbiegt im wahrsten Sinne des Wortes die Wirbelsäule. Die wenig ausgeprägte Muskulatur kann dem nicht entgegenwirken. Tatsächlich sieht man selten einmal einen Berner mit tadelloser Rückenlinie. Sie bestimmt aber in hohem Grade die schöne Gestalt mit. Es sei betont: Regelmässige Bewegung im flotten Trab trägt wesentlich zur gewünschten Ausformung des Rumpfes bei. (Pferdeleute wissen: Jungpferde werden zur Bildung der Rückenmuskulatur longiert.)

Senkrücken tritt verständlicherweise mitunter bei Hündinnen auf, die schon mehrere Würfe getragen haben, oder man findet ihn bei älteren Tieren, da mit den Jahren die Spannung der Bänder und die Funktionstüchtigkeit der Zwischenwirbelscheiben nachlässt. Das führt ebenfalls zum Durchhängen. Bei anderen Hunden aber darf der Senkrücken nicht vorkommen. Fehlerhaft ist auch der selten vorkommende sog. Karpfenrücken, der auf einer Verbiegung der Rumpfwirbelsäule nach oben beruht. Seitenverbiegungen kommen heute bei Rassehunden infolge entsprechender Selektion so gut wie nicht mehr vor.

Im neuen Standard ist unter «schwere Fehler» u. a. auch «stark abfallende Rückenlinie» formuliert. Sie ist heute beim Deutschen Schäferhund stark verbreitet. Für den Berner Sennenhund dagegen ist sie absolut untypisch und kommt praktisch nicht vor. Wir haben sie in 35 Jahren bei einer einzigen Hündin in der Schweiz gesehen. Viel eher ist das ebenso unschöne Gegenteil der Fall. Der Berner ist nämlich im Kruppenbereich oft zu hoch, nicht «sanft abgerundet» (Standard). Ist das Fell dort stark gewellt oder gar etwas gelockt, was häufig vorkommt, erscheint dies auch nur so. Durch Betasten kann festgestellt werden, ob das Haar aufbauscht oder das Tier hinten tatsächlich zu hoch ist. In relativ vielen Fällen trifft beides zu. Der Hund wirkt dadurch ungelenk und unharmonisch. Die obere Linie soll (im Profil gesehen) vom Hals her über den Widerrist leicht abwärts, dann gerade und horizontal, an ihrem Ende in sanft gerundetem Schwung wieder nach unten verlaufen.

Der Eindruck, den Brustbreite und -tiefe, die Breite von Widerrist, Rücken, Lende und Kruppe vermitteln, wird wesentlich durch Muskel- und Fettansatz mitbestimmt. Fettgewebe setzt sich nicht nur im Bauch und auf den Rippen, sondern auch zwischen der Muskulatur an. Dadurch wirkt ein Schwergewichtler oft auch in allen diesen Partien breiter als ein richtig gefütterter ähnlich gebauter Hund.

Weil Gedrungenheit, Kraft und Stämmigkeit Rassemerkmale des Berner Sennenhundes sind, gibt es immer wieder Züchter und Halter, die dies durch einen fetten Hund vortäuschen wollen, und es gibt auch Beurteiler, die Masse mit Substanz verwechseln. Fettleibigkeit ist für jeden Hund schädlich, belastet den Kreislauf, verkürzt die Lebensdauer und kann zu Skeletterkrankungen führen. Auch dem Berner ist es wohler, wenn er muskulös und beweglich sein darf, statt die Unvernunft des Meisters herumschleppen zu müssen. Die erwünschte Substanz liegt nicht im Fettpolster, sondern in gut ausgeprägter Muskulatur und stämmigem Knochenbau.

Bauch

Standardformulierung: nicht aufgezogen

Diese Position taucht erstmalig im Standard von 1990 auf! Richtig ist, dass die untere Linie – bestimmt von der Länge des Rippenkorbes, der Tiefe der Unterbrust und des Unterbauches – nicht etwa «windhundartig stark aufgezogen» sein darf wie u. a. beim Greyhound oder wie bei der Deutschen Dogge eine «geschweifte Linie» bilden soll. Es ist aber deutlich zu sagen, dass der Bauch auch nicht wie ein voller Sack wirken darf. Gerade eine, und das sei betont, leicht nach hinten ansteigende untere Linie verleiht dem Rumpf Form und Schnitt. Dies ist am Beispiel etlicher Fotos hervorragender Hunde zu erkennen, die wir zur Illustration des Typs dort abgebildet haben. Leibarme Tiere widersprechen sowieso eindeutig einem «kompakten» Hund, wie dies unter der Position «Körper» im Standard formuliert ist.

Rute

Standardformulierung:

Buschig, mindestens bis zum Sprunggelenk reichend, in Ruhestellung hängend, in Bewegung schwebend auf Rückenhöhe oder leicht darüber getragen

Die Forderung nach der sogenannten guten Rutenhaltung ist so alt wie die Rasse selbst. Als die geordnete Zucht begann, gab es neben wenigen Berner Sennenhunden mit geraden, schwebend getragenen Ruten vor allem solche, die den Schwanz ringelten und öfter auch wie ein Spitz auf den Rücken legten. Heim bezeichnete das zu Recht als «unedel», solche Hunde wie «kurz zusammengestossen» aussehend, einen «rohen»

Rutenhaltung im Stand
So soll die Rute im Stand vollständig aushängen; links Hündin, rechts Rüde.

Eindurck machend. So veredelt denn auch im besten Sinne eine schwebend getragene Rute die gesamte Erscheinung des Hundes, sie verlängert ihn optisch etwas, lässt die obere Linie im eleganten Schwung auslaufen. «Rute buschig und nicht geringelt» wurde damals in den ersten Rassekennzeichen festgehalten. Man wünschte sich die «schöne» Rute, wie sie einzelne Exemplare schon hatten und machte sie zum Zuchtziel. Die Gesamterscheinung des Berners hat dadurch viel gewonnen.

Bei einem «normalen» Berner ist die Rute jedoch fast immer in Bewegung und schwingt hin und her. Solange sie nicht über die Rückenlinie steigt, ist diese Haltung korrekt.

Im neuen Standard sind vier Forderungen genannt:

1. «buschig», d. h. rundherum dicht behaart
   Fehlerhaft sind Setterschwänze (zu dünn behaart) und nur an der Unterseite lang behaarte sog. Besenruten. Wie sonst auch, sollen die Haare möglichst glatt, sie dürfen vor allem nicht gekraust sein.
2. «mindestens bis Sprunggelenk reichend»
   Hängt der Schwanz aus, ist mit der Hand zu prüfen, ob der letzte Rutenwirbel bis mindestens zum Sprunggelenk reicht, nicht etwa nur die Haarspitzen. In solchem Falle wäre die Rute etwa 8 bis 15 cm (je nach Haarlänge) zu kurz. Das macht durchschnittlich gesehen immerhin etwa 20 bis 30 Prozent der Gesamtlänge aus!
   Längere Ruten sind selten, kürzere kommen vor. Besonders der kurze Schwanz ist untypisch und schönheitsmindernd. Er wird entsprechend dem Grad der Abweichung vom Geforderten als Mangel oder Fehler bewertet.
3. «in Ruhestellung hängend». Diese neue Forderung wurde früher bei der Beurteilung viel mehr beachtet als in den letzten 25 Jahren. Sie ist das erste Kriterium für eine sog. gute Rutenhaltung. Steht der Hund entspannt, soll die Rute gerade herabhängen. Hunde, die die Rute also ständig, eben auch im Stand, mehr oder weniger seitlich abgedreht oder aufgebogen halten, entsprechen in dieser Position nicht dem Standard.
4. «in Bewegung schwebend auf Rückenhöhe oder leicht darüber getragen». Gegenüber 1973, wo noch formuliert war, «leicht schwebend getragen», was aussagt, dass die verlängerte Rückenlinie die obere Grenze war, ist diese Festlegung etwas grosszügiger und der Wirklichkeit eher angepasst.

Diese Rute wird nicht über die Rückenlinie erhoben, ist aber am Ende geringelt und daher fehlerhaft.

Die Rute darf weder steil aufgestellt noch eingeschlagen (geringelt) und auch nicht seitlich abgedreht oder gehakt werden. Diese Formen kommen, der Häufigkeit nach in der aufgezählten Reihenfolge, heute noch allzuoft vor. Öfters ist die Rute zu hoch angesetzt, weil das nahezu waagrecht liegende Kreuzbein die ihm folgenden ersten Rutenwirbel automatisch anhebt. Besonders die Rüden tragen ihr «Stimmungsbarometer» im Affekt gerne hoch erhoben. Das gehört, wie das Aufrichten des ganzen Körpers, zum Renommierverhalten; sie erscheinen dadurch grösser, sie «wollen es dem Rivalen zeigen». Diese Drohgebärde hat mit schlechter Rutenhaltung im eigentlichen Sinne nichts zu tun. Solcherart hochgetragene Schwänze sind durchaus zu tolerieren. Werden sie aber bis zur Senkrechten erhoben oder gar kopfwärts eingeschlagen, ist das fehlerhaft und hat weniger mit der Stimmung zu tun als mit der Sehnen- und Muskelbildung der Rutenoberseite (Verkürzungen, starker Zug).

Ganz zu verwerfen und im nun gültigen Standard unter «schwere Fehler» eingereiht, ist die «Ringelrute». Es gibt beim Berner davon zwei Arten: 1. Die Rute wird so stark eingeschlagen und nach vorn hochgenommen, dass sie fast oder ganz den Rücken berührt oder gar auf ihm aufliegt. 2. Die Rute wird an sich nicht wesentlich oder auch gar nicht über der verlängerten Rückenlinie getragen, bildet aber mit ihrer hinteren Hälfte einen mehr oder weniger geschlossenen Ring. Beide Formen zerstören das geforderte harmonische Gesamtbild und müssen durch entsprechende Beurteilung und Zuchtwahl zurückgedrängt werden.

An den Hinterschenkeln angeklemmte oder gar unter den Bauch gezogene Ruten deuten an, dass der Hund furchtsam ist und nicht zur Zucht taugt.

Angepresste Rute eines ängstlichen Hundes. Er taugt nicht zur Zucht.

Auch eine seitlich abgebotene Rute stört die elegant auslaufende Silhouette.

Rutenhaltung in der Bewegung
Erwünschte, ideale Haltung.

Zwei schöne Hündinnen mit in der Bewegung nicht über die Rückenlinie erhobener Rute; die der links gehenden ist besonders buschig.

Häufige Rutenhaltung bei Tieren, die ihren Rang durch ein deutliches Renommiergehabe zum Ausdruck bringen. Die Rute ist aber nicht bis zur Senkrechten erhoben und nicht geringelt. Solche Haltungen können akzeptiert werden.

Über den Rücken geschlagene Ruten sind unerwünscht. Da sie aber immer noch sehr häufig vorkommen, werden sie notgedrungen bei ansonsten sehr guten Tieren toleriert.

Gliedmassen

Vorderhand: Allgemeines, Schultern

Standardformulierung:

Allgemeines: Stellung eher breit, von vorne gesehen gerade und parallel;
Schultern: lang, kräftig, schräggestellt, mit dem Oberarm einen nicht zu stumpfen Winkel bildend, anliegend und gut bemuskelt

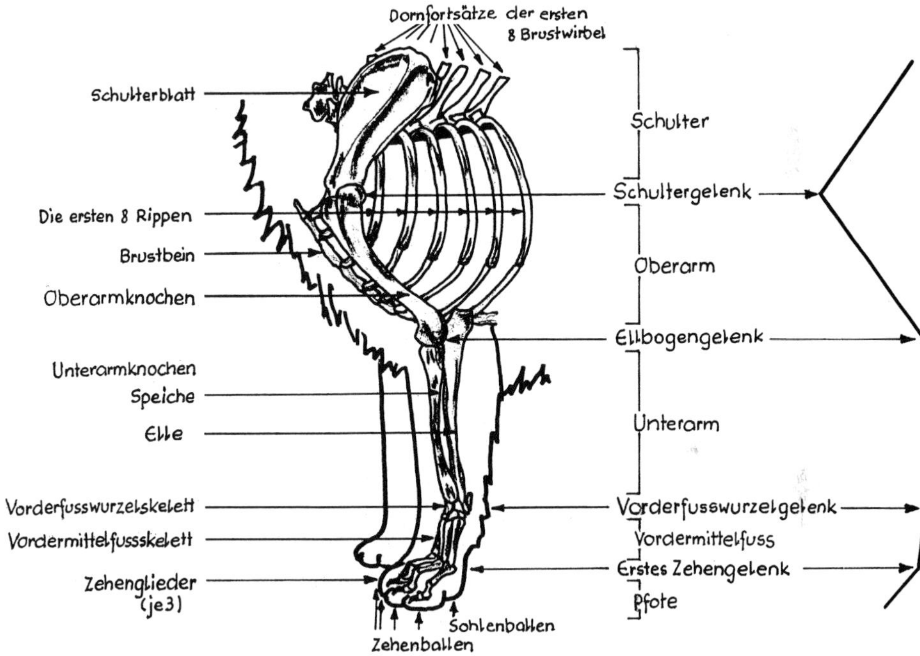

Von einem «beweglichen Gebrauchshund» (vgl. «Allgemeines Erscheinungsbild») sind, auch wenn er recht kompakt ist, funktionsfähige Gliedmassen zu fordern, die gute Bewegungsleistungen garantieren. Berner Sennenhunde sollen zügig und ausdauernd laufen können. Die im Standard aufgezählten Einzelpositionen der Gliedmassen sind die notwenige «Ausrüstung» dafür, dass ein reibungsloser Bewegungsablauf überhaupt zustandekommen kann. Zu kurze Knochen (Schulterblätter, Oberarm- und Unterarmknochen), zu offene Winkel am Schulter- und Ellbogengelenk (steile Stellung) und damit verbunden häufig zu schwache Bemuskelung verhindern eine raumschaffende Vorwärtsbewegung (Zusammenhänge s. «Gangwerk»). Die Bedeutung einer gutgebauten Vorhand für gute Schreit-, Trab-, Galopp- und Springleistungen wird oft unterschätzt. Die Vordergliedmassen fangen nicht nur die Stösse der vortreibenden Hinterhand auf, sondern bewegen den Hund durch eigenes Vorgreifen aktiv mit. Sie tragen beim Galopp oder bei Sprüngen das Hauptgewicht des Körpers und müssen daher gut abfedern können. Dazu trägt ihre korrekte Winkelung und vor allem die Einlagerung in eine starke Muskulatur massgeblich bei. Mit der Wirbelsäule und dem Rippenkorb sind die Vorderläufe nur durch Muskeln verbunden, es gibt kein verbindendes Gelenk zwischen Wirbelsäule und Vorderbeinskelett, wie es das Hüftgelenk bei den Hintergliedmassen bildet.

Die Schultern sollen dem Brustkorb anliegen und sich weder im Stand noch in der Bewegung von ihm wegdrehen (abstehende Ellbogen). Zu losen Schultern kann es kommen – abgesehen von erblicher Veranlagung – wenn der Junghund (alles ist noch in der Entwicklung und weich) falsch belastet wird. Jede Überforderung der ohnehin stark belasteten Vorhand (Springen, Treppen abwärtssteigen, auch Ausrutschen, zu hohes Gewicht u. ä.) kann zu einer Lockerung im Schultergelenkbereich führen, die u. U. bleibend ist. Nur wenn die Bänder straff sind, nicht überdehnt werden, sowie eine feste Muskulatur Schulterblatt und Oberarmknochen umlagert und festhält, werden auch die Schultern anliegen.

Gerade beim Berner Sennenhund mit seiner dichten, oft auch noch gewellten Behaarung, ist es nicht einfach, die genaue Beschaffenheit des oberen Bereichs der Vordergliedmassen festzustellen. Die Länge und Lage der einzelnen Knochen kann einerseits durch Betasten, andererseits im Bewegungsablauf anhand der Schrittlänge festgestellt werden. Kurze, stelzende Schritte weisen auf zu kurze Oberarmknochen hin oder auf ein zu steil gestelltes Schulterblatt. Steil gestellte Vordergliedmassen bieten wenig Raum für guten Muskelansatz, so dass die ganze Muskulatur bei solchen Hunden schwächer ausgebildet ist und nur wenig ausdauernde Laufleistung ermöglicht.

Dass die Beine von allen Seiten gesehen gerade sein und parallel stehen sollen, ist nicht in erster Linie eine Frage des Schönheitsempfindens, sondern hat viel mehr mit einem kräftesparenden Stehen und Laufen des Tieres zu tun. Nur auf geraden, stabilen Knochen kann ein Hund, ohne dass Muskulatur und Bänder unnötig belastet werden und ermüden, längere Zeit stehen oder gehen. In diesem Sinne sind Fehlstellungen der Vordergliedmassen nicht leicht zu nehmen. Skizzen zeigen die häufigsten Abweichungen vom erwünschten breiten, geraden und parallelen Stand. Alle unerwünschten Stellungen bedingen immer auch eine unökonomische Fortbewegung, weil einzelne Muskeln zusätzlich ausgleichende Stützleistungen erbringen müssen, die sonst vom entsprechend gebauten Skelett allein übernommen werden.

Stand der Vorderbeine in der Frontansicht

	Abweichungen			
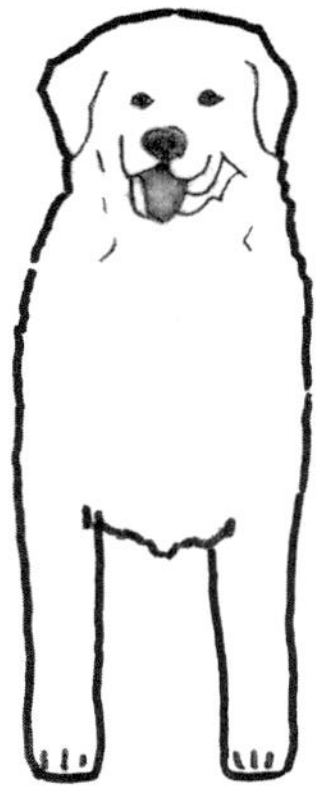	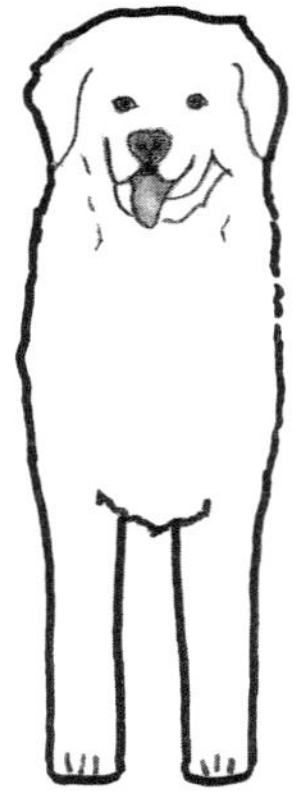	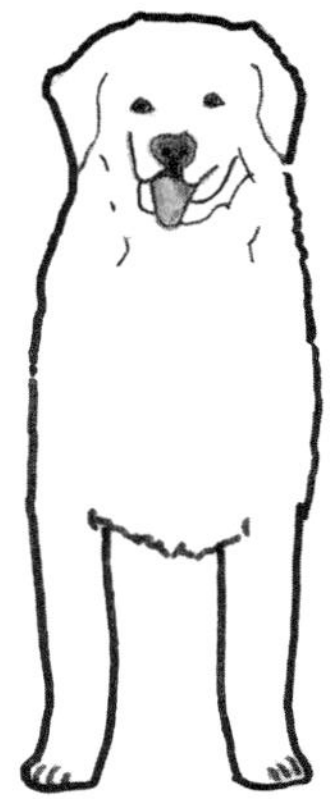	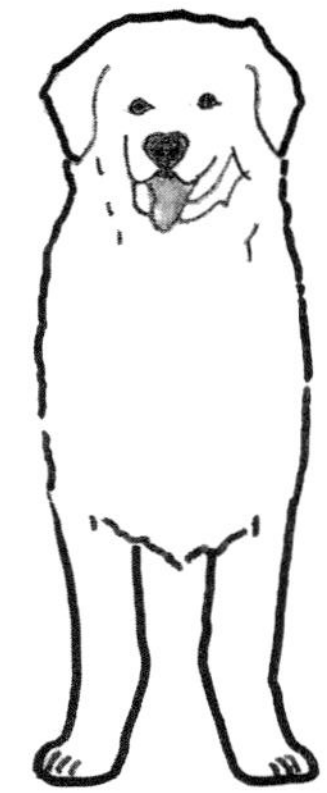	
Normalbreiter, gerader Stand	*Parallel, jedoch zu eng gestellt (schmal)* Stehen die Vorderbeine zu eng beieinander, ist die Ursache meistens ein zu schmaler und oft auch zu wenig tiefer Brustkorb.	*Normal breiter Stand, ausgedrehte Pfoten* Diese sehr häufig vorkommende leichte Abweichung hat ihre Ursache meist in etwas weichen Vordermittelfussgelenken, die sich schon in der Jugend ausgeprägt haben.	*X-beiniger Stand (französische Stellung)* Schmaler Brustkorb, unter den Rumpf geschobene Ellbogen und wenig straffe Vordermittelfüsse sind die Ursache für die Fehlstellung. Ausgedrehte Fesseln und Pfoten gleichen die zu geringe obere Breite aus; ab und zu vorkommender Fehler.	*Breiter Stand, einwärts gedrehte Pfoten (o-beinig)* Vom Körper abstehende Ellbogen infolge wenig straffer Schultermuskulatur und überdehnter Bänder sind die Ursache für diese Stellung. Die einwärts gewendeten Pfoten gleichen die zu grosse obere Breite aus; öfters vorkommender Fehler.

Der erwünschte gerade und parallele Stand.

Von vorne gesehen sollen die vorderen Beine die hinteren abdecken. Dieser Hund steht vorne zu schmal (und dreht die Vordermittelfüsse und Pfoten aus) und hinten zu breit.

Steile Schulter und steiler Oberarm; dadurch hat der Hund auch keine ausgeprägte Vorbrust.

Lange und gut schräg liegende Schulterblätter und Oberarmknochen ermöglichen ein weites, kraftvolles Ausgreifen.

Schmale Brust und wenig ausgebildete Vorbrust ergeben den schmalen Stand. Zum Ausgleich drehen die Pfoten leicht nach aussen.

Schmaler Stand; ausgedrehte Vordermittelfüsse und Pfoten (französische oder Tanzmeisterstellung).

Linker Ellenbogen deutlich ausgedreht (lose Schulter); zum Ausgleich nach innen gedrehte Pfote.

Vordermittelfüsse

Standardformulierung: nahezu senkrecht stehend, fest

Da in der Praxis anstelle der anatomisch richtigen Bezeichnung meist der Begriff «Fesseln» verwendet wird, sei hier darauf eingegangen.

Die Fessel sind die 5 Knochen des Vordermittelfusses unterhalb des Vorderfusswurzelgelenks. Diese 5 Knochen entsprechen den Mittelhandknochen beim Menschen. Die Bezeichnung «Fesseln» ist – wie so vieles – der Pferdekunde entnommen. Zwischen Fessel und Fuss des Pferdes und des Hundes besteht aber ein grosser Unterschied: Das Pferd steht auf der Spitze einer einzigen – der mittleren – Zehe, die beim Menschen dem Mittelfinger entspricht. Die übrigen Zehen sind verkümmert. Der Huf, auf dem es steht und geht, umfasst nur das vorderste Zehenglied. Die Fessel wird aus den zwei übrigen Zehengliedern und durch das Gelenk zwischen dem 3. Zehenglied und dem einen Mittelfussknochen gebildet. Beim Hund machen alle drei vorderen Glieder der Zehen zusammen die Pfoten aus. Er geht, mit dem Menschen verglichen, sozusagen «auf den vier Fingern». Das beim Pferd ausgeprägte Fesselgelenk liegt beim Hund viel tiefer, nahe am Boden und ist von dem grossen hinteren Ballen unterlagert. Beim Hund kann daher die ganze Pfote nachgeben und federt harte Stösse in sich selber ab. Die Vordermittelfüsse erfüllen bei ihm nicht dieselbe stossdämpfende Funktion wie beim Pferd. Landet der Hund auf den Vorderbeinen (Sprung, Galopp, flotter Trab), federn die Pfoten und Schultern den Aufprall genügend ab. Die Vordermittelfüsse sollen deshalb im Stand fest sein und nahezu gerade stehen, damit sie in der Bewegung nicht zu sehr nachgeben. Das sei betont: Feste Fesseln eignen sich besser, Gewicht zu tragen. Beim Berner Sennenhund sind die Vorderfusswurzelgelenke und die obersten Zehengelenke – dort spielt sich nämlich die Biegung ab und darauf ist der Blick zu richten – fast generell nicht straff genug. Sie werden durch zu viel Körpergewicht mehr belastet als es gut ist und allzuoft zu sehr durchgebogen (Überdehnung der Bänder).

A B C

Rüde: vorn fesselweich, Hasenpfoten; nicht kräftig genug im Knochenbau, lang im Rumpf.

Stehen die Vordermittelfüsse betont schräg, spricht der Praktiker von weichen Fesseln (B), in noch weiter ausgeprägter Form von Durchtritt (C), in ganz extremen Fällen von Bärentatzigkeit.

Die Pfoten, die jetzt im Standard als nächste Position folgen, werden erst im Zusammenhang mit den Hintergliedmassen beschrieben, und zwar die Vorder- und die Hinterpfoten.

Hinterhand

Standardformulierung:

Allgemeines:	*Stellung von hinten gesehen gerade, nicht zu eng, Hintermittelfüsse und Pfoten weder ein- noch auswärts gedreht; Afterkrallen müssen entfernt sein.*
Oberschenkel:	*ziemlich lang, von der Seite gesehen mit dem Unterschenkel einen deutlichen Winkel bildend, breit, kräftig und gut bemuskelt*
Sprunggelenke:	*kräftig und gut gewinkelt*

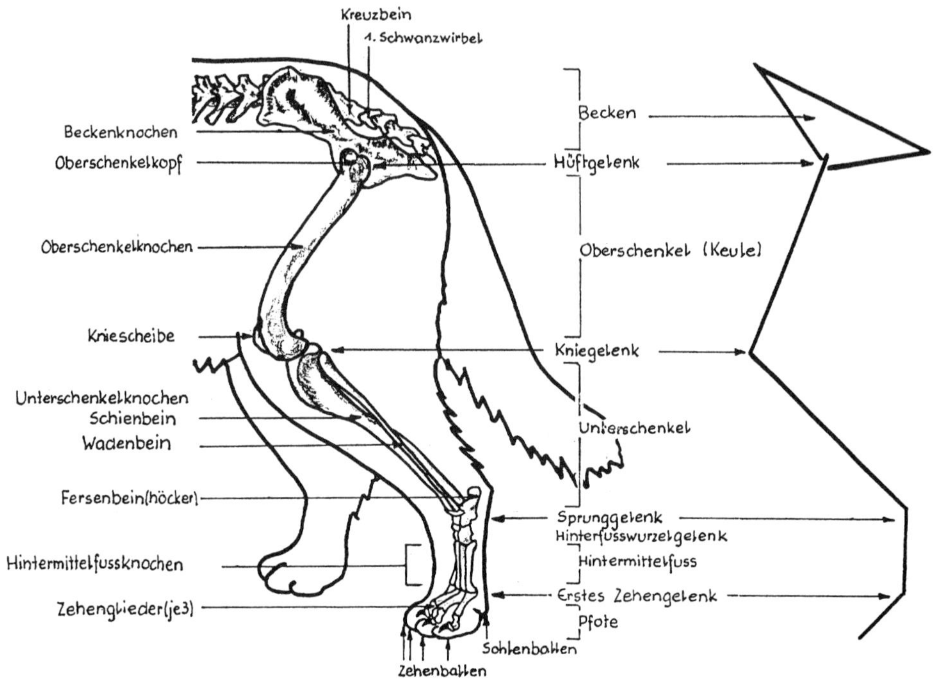

Die Hintergliedmassen werden oft als Motor des Hundes bezeichnet. Durch ihre Kraft und das Ausmass der Schrittweite wird der Hund mehr oder weniger wirksam vorwärtsbewegt. In dem Masse, wie sich die Hintergliedmassen beugen und wieder strecken können, entsteht der vorwärtstreibende Schub. Das Beuge- und Streckvermögen hängt weitgehend ab von der Länge der Knochen sowie ihrer Lage zueinander und von einer kräftigen Muskulatur. Die einzelnen Skeletteile müssen in ihren Gelenkverbindungen in einem möglichst günstigen Winkel zusammengefügt sein. Je offener diese sind, d. h. je gerader die Knochen aufeinandertreffen, desto geringer ist der Bewegungsspielraum und damit die Schubkraft.

Vom Berner, als verhältnismässig grossem und massivem Hund, kann und soll keine so ausgeprägte Winkelung wie z. B. vom Deutschen Schäferhund gefordert werden. Trotzdem ist ganz allgemein festzustellen, dass ein erheblicher Prozentsatz zu steil steht. Das wirkt sich unvorteilhaft auf die Schrittlänge und die Bewegungsabläufe aus. (s. auch «Hintergliedmassen» in «Vorkommen und züchterische Problematik einzelner Merkmale»). Angaben zur Schräglage der Skeletteile zueinander bzw. zu den dadurch entstehenden Winkelverhältnissen können nicht in konkreten Gradangaben gemacht werden, da am lebenden Tier ja niemals auch nur annähernd exakt gemessen werden kann. Jede Änderung der Körperhaltung verändert auch sofort die Winkelung. Bei der Beurteilung ist daher der Gesamteindruck und der Vergleich verschiedener Tiere untereinander ausschlaggebend, wobei die Beschaffenheit der einzelnen Skelettabschnitte und deren Lage zur genauen Klärung des Gesamteindrucks jeweils mitberücksichtigt werden müssen.

Der Standard rückt im Hinblick auf die Winkelung drei Gesichtspunkte in den Mittelpunkt, die auch am stehenden Tier gut beobachtet werden können:

1. Die Oberschenkel müssen «ziemlich lang» sein.
2. «Von der Seite gesehen» sollen sie «mit dem Unterschenkel einen deutlichen Winkel» bilden.
3. Die Sprunggelenke müssen «gut gewinkelt» sein.

Damit sind drei Voraussetzungen genannt, die eine genügende Winkelbildung überhaupt erst ermöglichen. Niemals kann es sich darum handeln, dass nur die Sprunggelenke gut gewinkelt sind, entweder sind es in gleicher Weise alle andern beteiligten Gelenke auch oder eben nicht. Beim stehenden Berner lässt sich aber am Sprunggelenk die Schräglage der Knochen am besten feststellen, während die Situation bei den andern Gelenken durch Fell und Muskulatur stärker verdeckt ist und oft nur durch Betasten und in der Bewegung sicher ermittelt werden kann. Wenn man bei der Hinterhand von Winkelung spricht, ist daher immer der ganze Bau gemeint. Ausser den kleinen Zehengliedern sind alle Knochen durch ihre Länge und Lage mitbeteiligt.

Becken und Kreuzbein sollen schräg nach hinten geneigt sein (Standard: sanft abgerundete Kruppe!). Dadurch erhält der Oberschenkelknochen schon vom Hüftgelenk ausgehend die richtige, kopfwärts schräggerichtete Lage.

Die Oberschenkelknochen können gar nicht lang genug sein. Dann liegen ihre unteren Enden auch weit kopfwärts, die Knochen also genügend schräg nach vorn.

Die Unterschenkelknochen, von deren Länge die Schrittweite ebenfalls abhängt, sollen schräger, d. h. mehr der Horizontalen angenähert liegen als die Oberschenkelknochen. Ihre Lage bestimmt wesentlich den Winkel am Kniegelenk. Je grösser, d. h. offener dieser ist, desto schlechter ist die ganze Winkelung und umgekehrt.

Die Hintermittelfüsse stehen nahezu senkrecht. Dadurch ergibt sich bei deutlicher Schräglage der Unterschenkel eine gute Winkelung der Sprunggelenke. Diese sind kräftig. Zarte Gelenke, wie sie z. B. beim Collie vorkommen, passen nicht zur kompakten Statur des Berner Sennenhundes.

In sehr vereinzelten Fällen kommt es beim Berner Sennenhund vor, dass die Unterschenkelknochen zu lang sind und die Hintermittelfüsse nicht senkrecht, sondern unten schräg nach vorn weisend stehen. Der Winkel am Sprunggelenk wird dann zu klein, der Hund erscheint «überwinkelt». Man spricht dann von «Säbel- oder Sichelbeinigkeit», wie sie beim Deutschen Schäferhund häufiger vorkommt. Da sich die Sichelbeinigkeit nachteilig auf die Schubkraft auswirkt, ist sie fehlerhaft.

Breite und kräftige Oberschenkel (Keulen) ergeben sich dann, wenn die Knochen lang sind und genügend schräg liegen (Kniegelenk weit kopfwärts). Sie bieten dann genügend Ansatzfläche und Entwicklungsmöglichkeit für die Muskulatur, was bei steiler Lage, besonders der Oberschenkelknochen, nicht der Fall ist. Kräftige Muskeln können sich allerdings auch bei einem gutgewinkelten Hund nur dann ausbilden, wenn er genügend bewegt wird. Sonst bleiben sie schlaff und unterentwickelt.

Die Abhängigkeit der Winkelung von Länge und Lage der Knochen wird in der folgenden Zeichnungsreihe dargestellt.

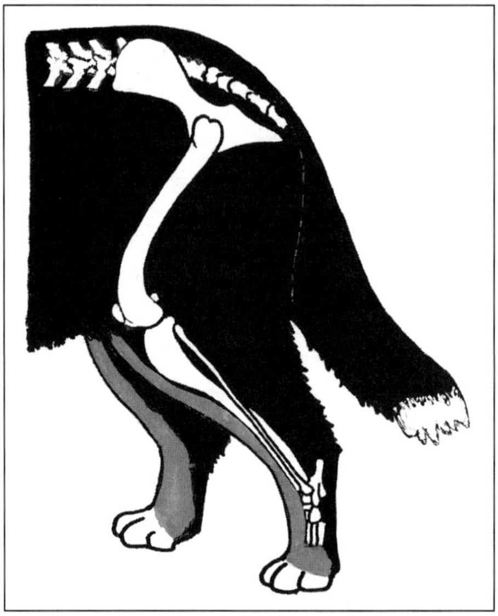

Darstellung 1 zeigt den gewünschten Stand:

Exterieurforderung lt. Standard	anatomische Grundlagen
Kruppe: sanft abgerundet	Becken und Kreuzbein liegen schwanzwärts gut geneigt.
Oberschenkel: ziemlich lang, von der Seite gesehen mit dem Unterschenkel einen deutlichen Winkel bildend;	Die Knochen sind lang. Sie liegen in einem stumpfen Winkel zueinander, der sich mehr dem rechten als dem gestreckten annähert. Das Kniegelenk liegt weit kopfwärts.
breit, kräftig und gut bemuskelt	Lange, schräg liegende Knochen ermöglichen guten Muskelansatz.
Sprunggelenke: kräftig und gut gewinkelt.	Die an den Sprunggelenken endenden Knochen (Schien- und Wadenbein) und die 7 kleinen Hinterfusswurzelknochen, die es bilden, sind kräftig, ebenso die Sehnen. (Sie sind leicht tastbar und fühlen sich hart wie dünne Knochen an.) lange, gut schräg liegende Unterschenkelknochen, senkrecht stehende Hintermittelfüsse

Abweichungen, von der Seite gesehen:
Steil gestellt (häufig); Ursachen: Sie sind meist komplexer Natur, d.h., es ist oft nicht nur eine deutlich ausgeprägte Ursache vorhanden, sondern es liegen Kombinationen mehrerer geringgradiger Abweichungen vor. Diese führen dann zusammen zur Steilstellung.
In den Darstellungen 2–4 haben wir uns auf drei Beispiele beschränkt:

Darstellung 2
Das Becken ist schwanzwärts kaum geneigt. Das Kreuzbein liegt ebenfalls statt schräg fast waagerecht (Kruppe nicht gerundet, sondern gerade oder sogar überbaut). Somit wird der Oberschenkelknochen etwas „gehoben". Dadurch liegt dieser automatisch weniger schräg, der Winkel am Kniegelenk öffnet sich und wird schwanzwärts verlagert. Dadurch wird auch der Sprunggelenkwinkel zu weit: Die gesamte Gliedmasse steht steiler.

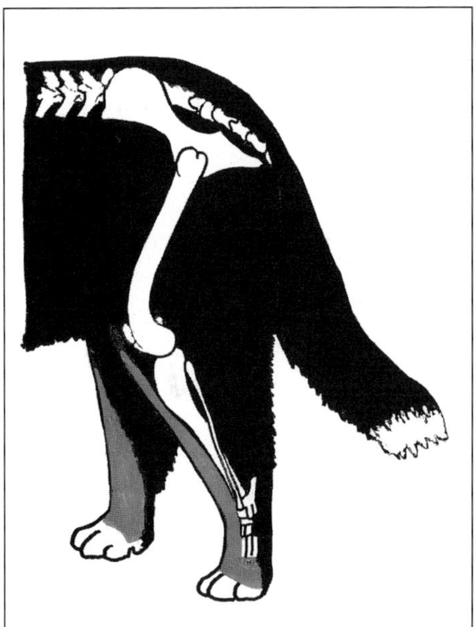

Darstellung 3
Eine Verkürzung der Unterschenkelknochen bedingt die Öffnung der Winkel am Knie- und Sprunggelenk.

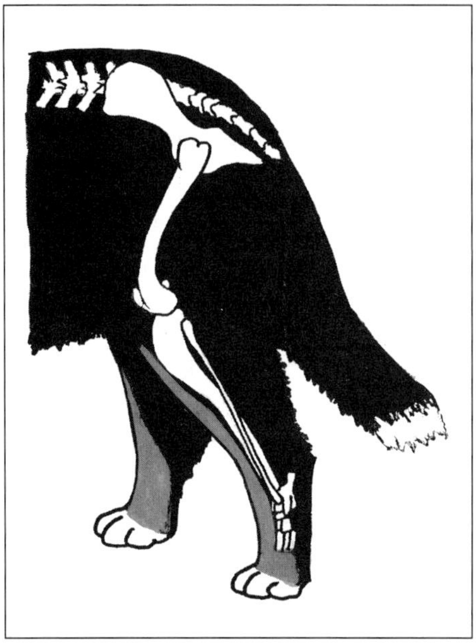

Darstellung 4
Der kurze Oberschenkelknochen „öffnet" den Winkel am Kniegelenk und verlagert es schwanzwärts. Auch der Winkel am Sprunggelenk wird negativ beeinflußt.

Von hinten gesehen, stehen die Hinterbeine beim korrekt gebauten Hund gerade und parallel in einem bestimmten, der Körperbreite des Hundes entsprechenden Abstand voneinander, eben nicht zu eng. Abweichungen vom geraden Stand, der auch ein geradliniges Aufsetzen der Pfoten in der Vorwärtsbewegung ermöglicht, wie das Ein- und Auswärtsdrehen der Hintermittelfüsse oder Pfoten, sind fehlerhaft. (Vgl. folgende Zeichnungen.)

Stand von hinten gesehen

	Abweichungen:			
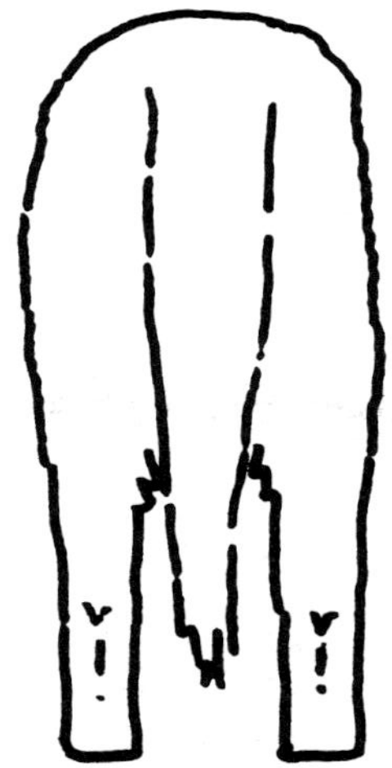	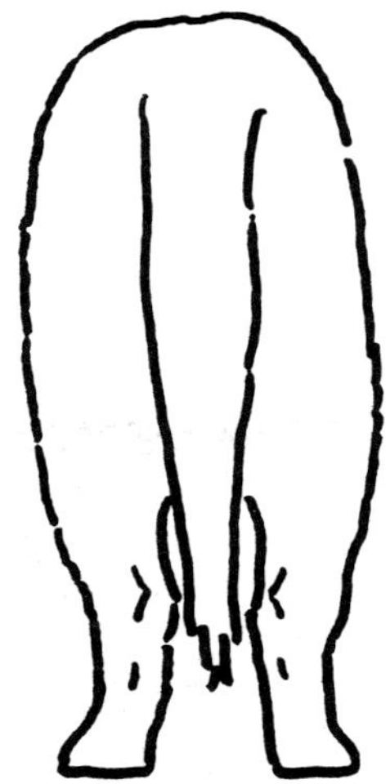	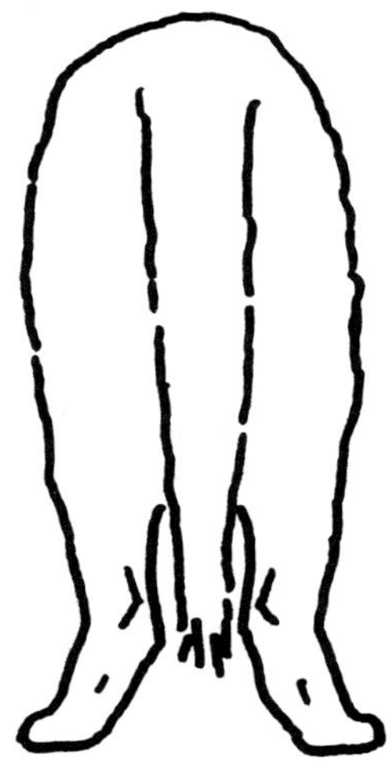	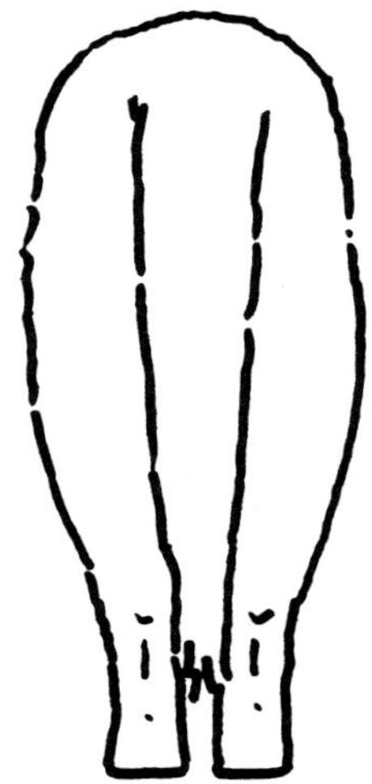	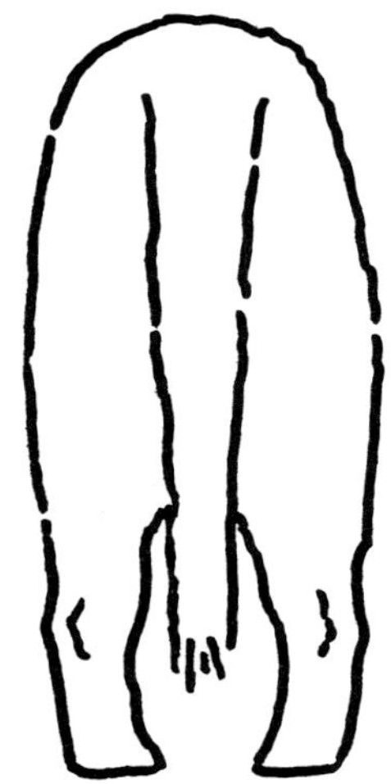
Gewünschter korrekter Stand	*Etwas ausgedrehte Pfoten, leichte Hackenenge* (angedeutete Kuhhessigkeit); sehr verbreiteter Mangel	*Kuhhessigkeit:* Kniegelenke nach aussen, Hacken (Fersenbeinhökker) nach innen gedreht; Hintermittelfüsse und Pfoten nach aussen gespreizt; unterschiedlich deutlich, häufig vorkommender Mangel bzw. Fehler	*Hacken- und bodenenger Stand:* Die Hinterbeine stehen ab den Sprunggelenken nach unten dicht beisammen; öfters vorkommender Mangel	*Fassbeinigkeit:* Die Sprunggelenke werden hinten nach aussen gedreht, die Pfoten stehen mit den Zehen gegeneinander; die Beine wirken fassartig verbogen; selten vorkommender Fehler

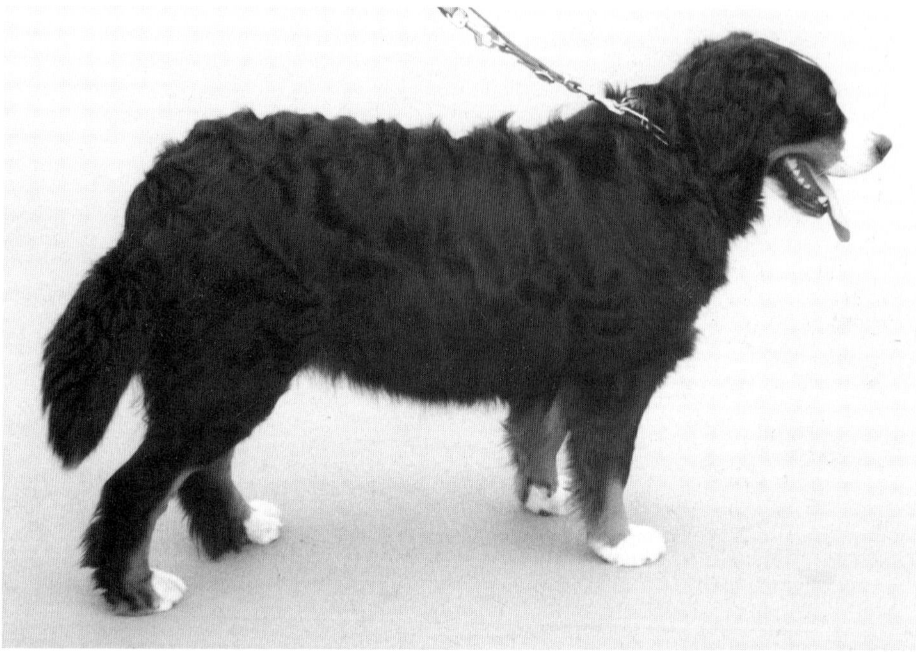

Gut gewinkelte Hintergliedmassen im Stand.

Gut gewinkelte Hintergliedmassen in der Bewegung.

Steiler Stand; Die Sprunggelenke sind kaum gewinkelt, weil vor allem die Unterschenkelknochen zu kurz sind.

Steiler Stand und deshalb überbaute Kruppe. Bei diesem Hund ist vor allem der Oberschenkel zu kurz (man vergleiche die unterschiedlichen Höhen von Ellbogen- und Kniegelenk).

Die häufigste Fehlstellung der Hintergliedmassen: Knie, Hintermittelfüsse und Pfoten sind ausgedreht, die Hacken rücken zusammen: kuhhessige Stellung;
oben: links von der Seite, rechts von hinten; unten von schräg vorn gesehen.

Pfoten

Standardformulierung: Kurz, rundlich und geschlossen; Zehen gut gewölbt

So geformt sind die Pfoten dann, wenn die Zehen nicht flach auf dem Boden liegen, sondern zwischen den hinteren und vorderen Ballen einen Bogen bilden und eng beeinander stehen. (A)

Fehlerhaft sind

- Hasenpfoten = gestrecktere, flachere Zehenglieder; diese erscheinen dadurch länger, die Pfoten automatisch schmaler (B),
- offene Pfoten = gespreizte und wenig gewölbte Zehen (C); offene Pfoten sind weniger widerstandsfähig (Wundlaufen, Verletzungsgefahr).

Beide fehlerhaften Formen federn Stöße geringer ab, und sie stören das Gesamtbild.

Die Hinterpfoten, im Standard nicht erwähnt, sind weniger gewölbt als die Vorderpfoten. Dadurch sind sie etwas länger und so auch schmaler.

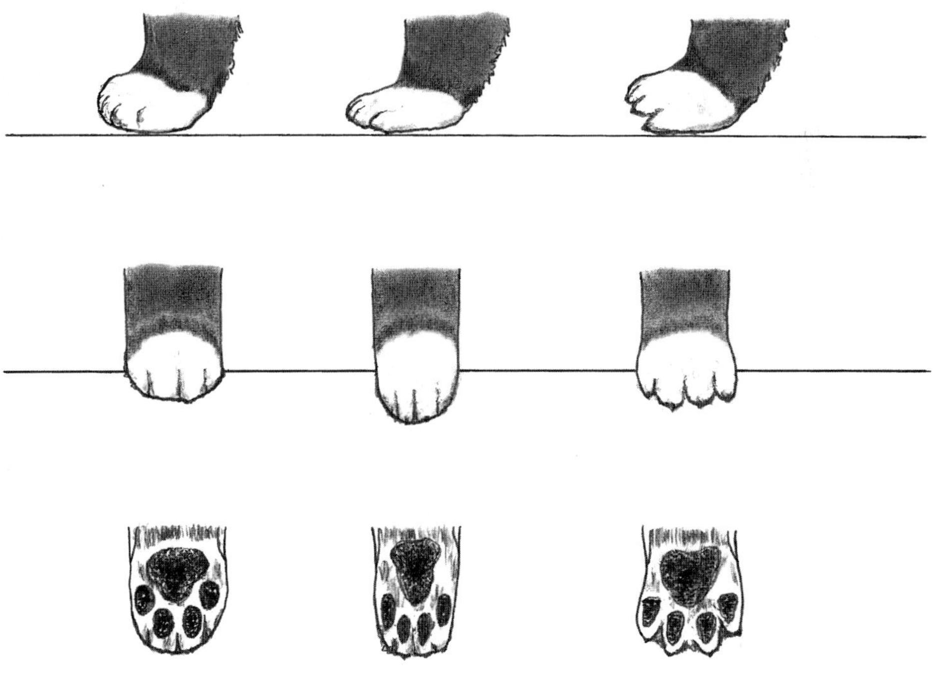

A B C

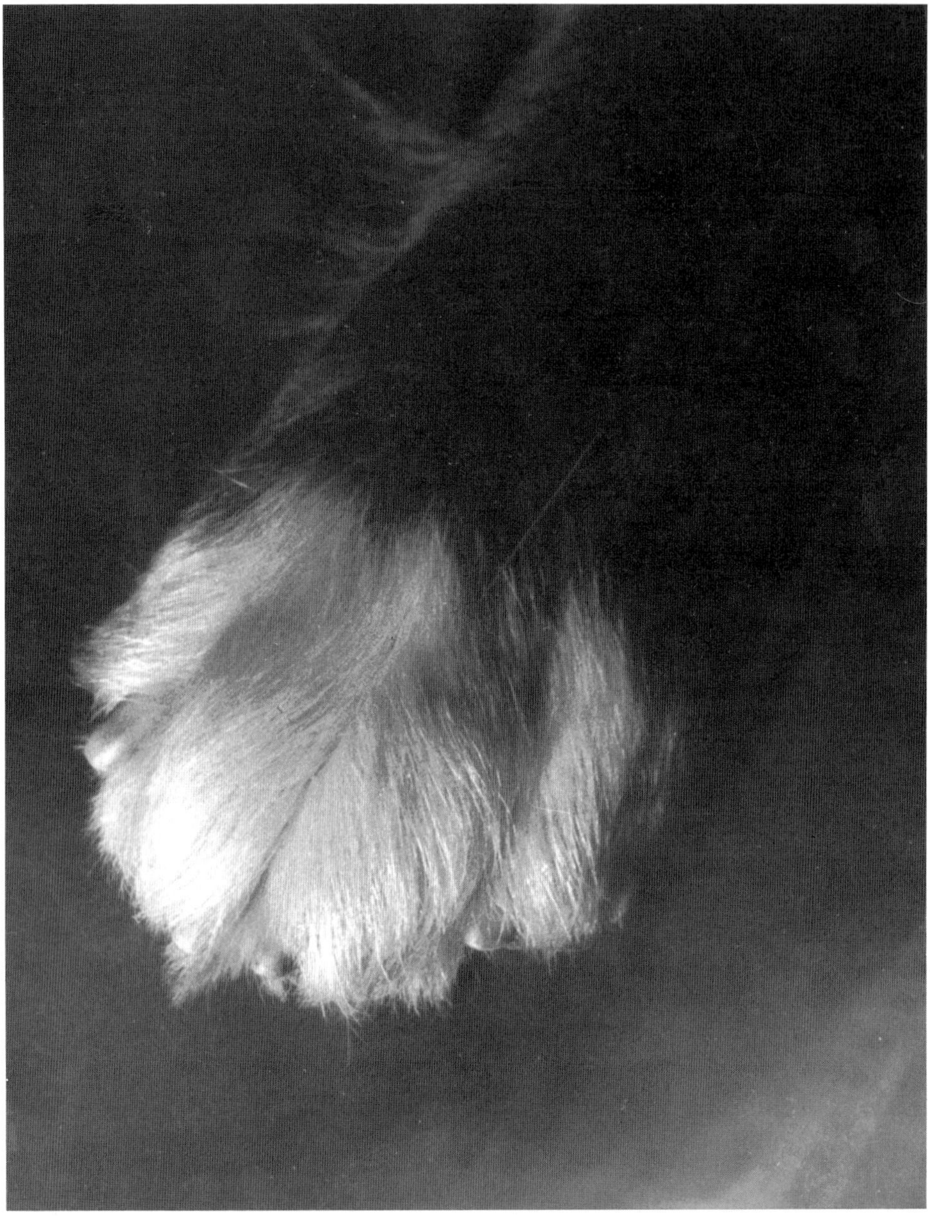

Die erwünschte runde Pfote

Die Nägel sind abgelaufen. Wenn der Hund ausreichend bewegt wird, müssen die Krallen nicht gekürzt werden (ausser bei Saugwelpen). Ist dies aus irgendeinem Grunde aber doch einmal nötig, dann sind nur die Spitzen zu kappen. Vorher gesäubert (gebadet oder längere Zeit vor dem Kürzen mehrmals eingefettet, sind sie weicher) und gegen das Licht gehalten, ist im Nagel deutlich das rötlich schimmernde Krallenbein zu erkennen. Es ist durchblutet und soll nicht verletzt werden.

Gangwerk

Standardformulierung:
raumgreifender, gleichmässiger Bewegungsablauf in allen Gangarten; ausgreifender, freier Vortritt und guter Schub aus der Hinterhand; im Trab von vorn und hinten betrachtet geradlinige Gliedmassenführung.

Diese Ansprüche sind hoch, aber sie entsprechen den Anforderungen, die an einen «beweglichen Gebrauchshund» (Standard) gestellt werden müssen. Die Erhaltung und Festigung guter, d. h. wirksamer und ökonomischer Bewegungsabläufe können in der Zucht und bei der Beurteilung nicht ernst genug genommen werden.

Die Gliedmassen werden landläufig als Gangwerk bezeichnet: das Werkzeug zum Gehen. Ihre Hauptleistung ist die Fortbewegung. Daran nimmt der ganze Körper teil: Die Gliedmassen als Trag- und Hebelwerkzeuge, die den Körper vorwärtsführen; der Rumpf – insbesondere die Wirbelsäule – übertragen die Kraftwirkung; Kopf, Hals und Schwanz beteiligen sich, indem sie das Gleichgewicht halten und ausgleichend wirken.

Die konstruktionsmässige Grundlage des Bewegungsapparates bildet das Skelett. Als formendes und stützendes Element ist es passiv. Es wird bewegt. Die Muskulatur ist der aktive Teil, sie bewegt. Im Gegensatz zum Pferd, dessen Bewegungsmechanismus stärker von Bändern und Sehnen zusammengehalten und geführt wird, spielt beim Hund die weichere und durch Beanspruchung schneller ermüdbare Muskulatur eine wichtigere Rolle. Deshalb zeigen Hunde im Stehen z. B. bald Ermüdungserscheinungen und setzen oder legen sich hin. In der Bewegung wechseln sie häufig ihre Gangart, um immer wieder andere Muskelgruppen zu belasten.

Die korrekte Wuchsform des Skeletts und die bestmögliche Ausformung der Muskulatur sind Voraussetzung für die Entwicklung wirkungsvoller und harmonischer Bewegungsabläufe in den verschiedenen Gangarten. Während das Skelett aber stabil und nach Erreichen des Erwachsenenalters nicht mehr formbar ist, hängt die Ausbildung leistungsfähiger Muskulatur weitgehend auch vom entsprechenden Training ab.

Hunde, als ehemalige Laufraubtiere, die auch weite Räume jagend durchmessen, bedienen sich abwechslungsweise und je nach Erfordernissen vier verschiedener Gangarten, die in sich selbst zum Teil noch feiner unterteilt werden können.

Haben Hunde kein bestimmtes Ziel oder keinen Anlass, schneller irgendwohin zu gelangen, gehen sie im Schritt. Dabei sollen die Pfoten abwechslungsweise geradlinig vorgesetzt werden. Da sie nicht im Schwerpunkt, der unter der Körpermitte liegt, sondern ähnlich wie im Stand je seitlich davon aufgesetzt werden, wird das Gleichgewicht durch ein leichtes Hin- und Herpendeln des Körpers geschaffen. Hunde schreiten selten lange. Sobald sie wirklich vorwärtsgelangen wollen, setzen sie sich in Trab. Dieser ist die für sie am wenigsten ermüdende, natürliche Fortbewegungsweise, die sie über lange Distanzen einhalten können und daher bevorzugen. Das wird meist viel zu wenig bedacht, wenn Hunde nur an der Leine ausgeführt und dadurch zum langandauernden Gehen im Schritt gezwungen werden!

Im Schritt wird die Schrittlänge beurteilt; es wird ermittelt, ob die Pfoten geradlinig, auf dem kürzesten Weg, aufgesetzt werden und ob die Gliedmassen gerade sind. Fehlerhaft sind Kurztrittigkeit, unregelmässige Belastung der vier Gliedmassen, Schlenkerbewegungen, steppender Gang (zu grosses Hochheben der Pfoten wie bei Zirkuspferden), Steifheit, Auswärts- oder Einwärtsdrehen von Schultergelenken, Hacken, Mittelfüssen oder Pfoten. Alle diese Mängel lassen auf Fehler im Bau der Gliedmassen schliessen. Sie haben ungleichmässige Belastungen der Muskulatur und des Bänderapparates zur Folge, lassen einige Körperteile schneller ermüden und führen zu Verschleisserscheinungen. Daher müssen sie züchterisch bekämpft werden. Es sei eindeutig gesagt: Alle genannten Abweichungen vom Korrekten sind am deutlichsten im Schritt zu erkennen. In der flotten Bewegung werden sie infolge des grösseren Tempos und der schnelleren Abfolge weniger deutlich, und der stärkere aktive Einsatz der Muskulatur überdeckt dann leicht Unkorrektheiten des Gliedmassenbaus.

Die Trabbewegung beginnt mit dem kraftvollen Strecken der Gelenke und dem flotten Abstemmen eines Hinterlaufs vom Boden. Der Schwung wird über das Becken auf den Rumpf und von dort hin zum diagonalen Vorderlauf übertragen. Dieser drückt sich ab und schwingt nach vorn, gefolgt von dem Hinterbein, das die Vorwärtsbewegung eingeleitet hat. Inzwischen haben sich die Gelenke der anderen Hintergliedmasse gestreckt, und nun folgt die Bewegung des entgegengesetzten Vorderlaufs und so fort.

Im Standard wird «guter Schub aus der Hinterhand» gefordert. Die frühere, allgemeingebräuchliche Bezeichnung «guter Nachschub» ist dem Sinn nach falsch: Die Hintergliedmassen schieben nicht nach, sondern treiben voran. Damit handelt es sich in Wirklichkeit um Schub nach vorn. Dieser Schub der Hintergliedmassen ist insgesamt dann vorhanden, wenn vor allem infolge langer, gut schräg liegender Oberschenkel und einer ausgeprägt entwickelten Muskulatur ein kraftvoller Vorwärtsschwung und eine grosse Schrittweite ermöglicht werden.

Die Vorderläufe können weit gestreckt werden, wenn infolge der schräggestellten langen Oberarme und schräg liegender, beweglicher Schultern (gute Winkelung) der Vortritt frei ist (Standard), nicht «gebunden». Diese gute Beweglichkeit der Schultergelenke in Laufrichtung (Schulterfreiheit) ermöglicht gelöste, durch das weite Vorschwingen der gesamten Läufe lange Schritte (vgl. auch die folgenden Skizzen).

Im Trab werden weiter beurteilt: Aktivität, Regelmässigkeit und Geradlinigkeit der Bewegung, die «geradlinige Führung» der Gliedmassen (Standard). Kurze, wenig ausgreifende Schritte, steppender Gang, Schlenkern und Überkreuzen der Pfoten sowie das Aufsetzen der Hinterpfoten seitlich neben den vorderen sind fehlerhaft. Während im Schritt entsprechend der breiteren Gangart der Rumpf leichte gewichtsausgleichende Schwankungen machen darf, soll im korrekten Trab der Körper geradlinig und gleichmässig vorangetragen werden. Die Pfoten werden etwas unter den Körper in die Nähe des jeweiligen Schwerpunkts gesetzt. Schwanken Kopf und Körper auch im Trab hin und her oder auf und ab, lässt dies auf Mängel im Bau der Gliedmassen schliessen.

Im Trab können Hunde drei verschiedene Tempi anschlagen, die sich auch in der Art und Reihenfolge, wie die Beine vorgeführt werden, leicht unterscheiden. Als gewöhnlichen oder Dauertrab kann man einen eher gemütlichen lockeren Trott beobachten, den Hunde fast ohne zu ermüden lange Zeit einhalten können und auch immer wieder einsetzen, wenn sie z. B. allein eine Landschaft erkunden. Schneller und mit längeren Schritten bewegen sie sich im sog. beschwingten Trab, bei dem ebenfalls je das diagonal entgegengesetzte Vorder- und Hinterbein vorgeschwungen und dann wieder aufgestützt wird. Die Hinterpfoten setzen dabei nahezu im Schwerpunkt unter der Körpermitte etwa dort auf, wo die Vorderpfoten den Boden soeben verlassen haben. Die hinterlassene Spur am Boden verläuft je nach Tempo fast oder ganz gerade auf einer Linie. Die Hinterläufe treten dabei weit nach vorn und werden deutlich nach hinten geschwungen; die Vorderbeine greifen kräftig voraus. Eher selten wird das Tempo noch weiter zu einer Art forciertem oder geworfenem Trab weiter erhöht. Dies ist eine stark beschleunigte, anstrengende Gangart, bei der alle Bewegungen des Trabs noch in gesteigerter Form ausgeführt werden. Sie kann im Richterring für kurze Zeit erzwungen werden, doch fallen unsere Berner dann meist direkt in den Galopp.

Beim Galopp wird der Körper nicht mehr vorangetragen, sondern von den hinteren fast gleichzeitig aufsetzenden Beinen kräftig vorwärtsgeschleudert und nach einer Schwebephase mit den Vorderläufen aufgefangen. Die Wirbelsäule biegt und streckt sich dabei abwechslungsweise und trägt wesentlich zum kraftvollen Vorankommen bei. Auch beim Galopp gibt es eine langsamere und eine schnellere Form, die sich in der Reihenfolge, wie die Pfoten aufgesetzt werden und dem Grad, wie sehr sich der Hund im Sprung ausstreckt, etwas unterscheiden, doch ist dies für die Beurteilung des Gangwerks in der Praxis nicht wichtig. Im Alltag beobachten wir am häufigsten den etwas gemächlichen Mittelgalopp. Im Richterring wird er von Hunden mitunter angeschlagen, wenn diese ungern flott traben. Dann muss immer genau geprüft werden, ob dies nicht evtl. einen Hinweis darauf gibt, dass das Gangwerk nicht korrekt gebaut ist.

Beim Passgang werden die Beine einer Körperseite gleichzeitig vorgeführt. Der Hund pendelt dabei, um das Gleichgewicht zu halten, mit dem ganzen Körper rhythmisch hin und her. Meist erfolgt der Passgang im Schritt, einige Hunde verwenden ihn aber auch im Trab. Da dabei die Muskulatur anders belastet und gefordert wird, nimmt man an, dass der Pass dem Ausgleich dient und Ermüdungserscheinungen abhilft. Man kann ihn bei fast allen Hunden beobachten, einige, besonders schwerfällige, haben ihn sich aber auch angewöhnt. Sie raffen sich dann einfach nicht auf, mit einer ersten raschen Bewegung den korrekten Trab einzuleiten und müssen oft dazu durch eine Beschleunigung der Gangart gezwungen werden, denn im Richterring hat dieser «Wüstenschiffgang» nichts zu suchen.

Geprüft wird das Gangwerk im Ring in Schritt und Trab, wobei die als zweite genannte Trabform, der beschwingte Trab, beim Vorführen am häufigsten zum Zuge kommt. Die Hunde werden von vorn, von hinten und von der Seite beurteilt.

Gut ist der Bewegungsablauf, wenn er regelmässig, weiträumig, geradlinig und zügig-locker vorwärtstreibend erfolgt.

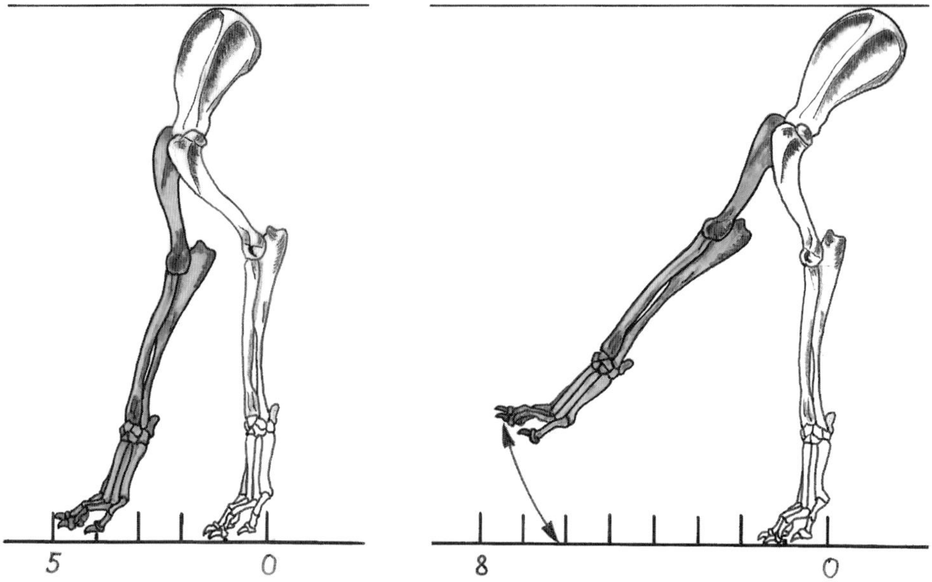

Abhängigkeit der Schrittlänge vor allem von der Lage des Schulterblattes und der Länge und Lage des Oberarmknochens (Beispieldarstellung)

Die hell gezeichneten Skeletteile zeigen die Gliedmassen in Ruhestellung, die vorgeführten dunklen lassen die theoretisch grösste Streckungsmöglichkeit erkennen. In Wirklichkeit werden die Winkel niemals ganz geöffnet.

Die Unterarmknochen sind in allen drei Fällen gleich lang.

Links: Der Oberarmknochen ist kurz, das Schulterblatt noch normal lang. Es liegt aber steil. Der von beiden Knochen gebildete Winkel ist sehr stumpf. Das lässt keinen langen Schritt zu.

Rechts: Das normal lange Schulterblatt liegt genügend schräg. Das Bein kann weit vorgeführt werden. Der zu kurze (und dadurch zu wenig schräg liegende) Oberarmknochen jedoch lässt ein stossfreies Traben nicht zu. Durch viel Arbeit gleicht die Muskulatur diesen Konstruktionsmangel anfänglich etwas aus. Nach Belastung aber kommt es zur Ermüdung. Dann «fallen» solche Hunde bei jedem Bewegungsablauf deutlich auf das jeweils vorgeführte Vorderbein. Vor allem Kopf, Hals und Widerrist, aber auch Rücken, Lende und Kruppe, schwingen im Rhythmus des Trabens auf und nieder und pendeln dazu noch jeweils etwas von der einen auf die andere Seite. Diesen Kraftverschleiss sucht der Organismus dann dadurch etwas auszugleichen, indem die Läufe nicht so weit gestreckt werden, wie dies möglich ist. Der Schritt wird kürzer. Dadurch erhöht sich aber von dieser Seite her der Kraftaufwand wieder. (Mehr Bewegungsabläufe werden nötig, um eine bestimmte Strecke zurückzulegen.)

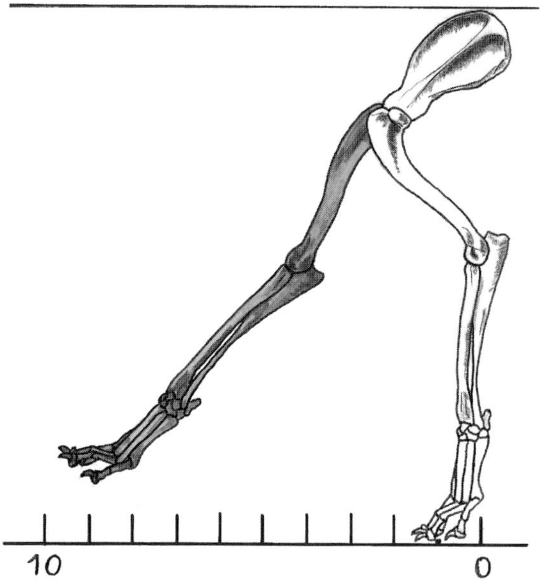

Oben: Langes Schulterblatt mit guter Schräglage weit in den Widerrist hinein und langer, schräg liegender Oberarmknochen zusammen ermöglichen weites Ausgreifen. Dabei wird das Bein bodennah genug vorgeführt, so dass die Streckungsmöglichkeit auch ausgenutzt und der Körper in guter Gleichgewichtslage gehalten werden kann.

Alle Aussagen in bezug auf die Bewegung müssen in engem Zusammenhang mit den vorangegangenen Ausführungen über die Vorder- und Hintergliedmassen gesehen werden.

Ganz allgemein gelten folgende Grundsätze:

Lange Knochen = ausgeprägte Schräglage = gute Winkelung = weites Ausgreifvermögen. Eine bestimmte Strecke wird mit weniger Bewegungsabläufen bewältigt = geringer Kraftaufwand = ökonomisch.

Kurze Knochen = geringe Schräglage = wenig Winkelung = geringes Ausgreifvermögen. Die gleiche Strecke kann nur mit mehr Bewegungsabläufen bewältigt werden = unökonomisch.

Diese Zusammenhänge werden durch die Zeichnungen am Beispiel der Vordergliedmassen erläutert. Sie gelten in gleicher Weise auch für die Hintergliedmassen.

Ergänzt sei: Eine ausgeprägte Winkelung fängt die Stösse von Knochen zu Knochen besser ab als eine geringere, besonders die Erschütterungen beim Galopp und beim Springen. Andererseits ist aber die gesamte Kraftübertragung günstiger, wenn die Winkel nicht allzu eng sind. Dies kommt beim Berner Sennenhund jedoch kaum vor.

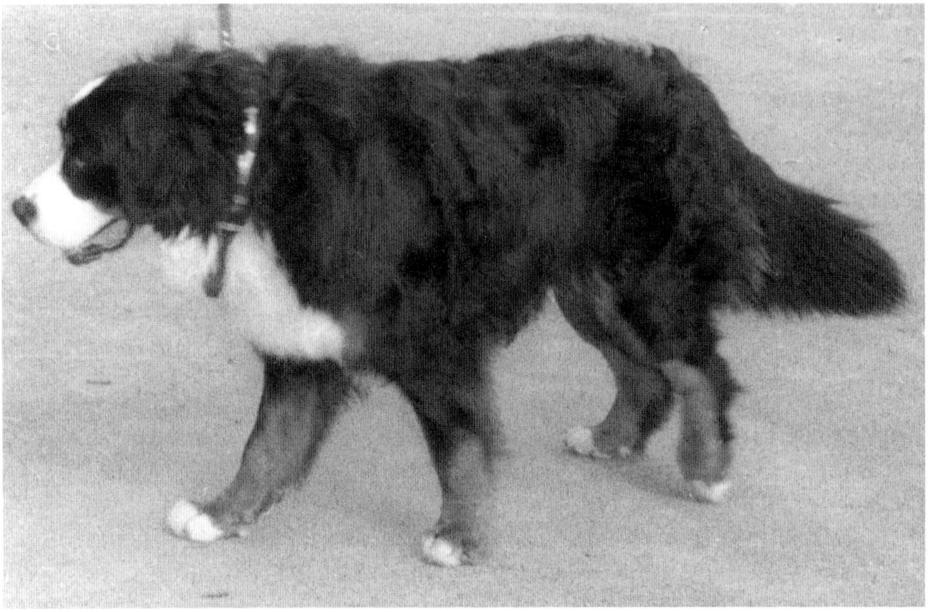

Kuhhessigkeit in der Bewegung.

Rüde im Passgang.

Haarkleid

Beschaffenheit des Haares

Standardformulierung: lang, schlicht oder leicht gewellt

Der Dürrbachhund ist gerade seines längeren Haares wegen von Anfang an unter den anderen dreifarbigen Schweizer Sennenhunden aufgefallen. Trotzdem war dieses nicht in einheitlicher Länge vorhanden, und es hat auch noch über eine lange Zeit hinweg Haarlängen in allen Spielarten gegeben. Darum hatte sich der junge Klub nur ungern auf das von Heim ausschliesslich befürwortete lange Schlichthaar festlegen lassen, und auch später noch, bis in die Mitte der 20er Jahre hinein, wurde mit allem gezüchtet, was nicht ausgesprochen kurzhaarig war. Noch immer variiert die Haarlänge deshalb insgesamt gesehen deutlich.

Heute gilt: Fang, Oberkopf und Vorderseite der Beine sind bei beiden Geschlechtern kurz behaart. An allen anderen Stellen wächst längeres Haar. Es erreicht seine grösste Länge an der Vorderseite der unteren Halspartie, an Vor- und Unterbrust (Mähne, besonders bei Rüden), an der Hinterseite der Keulen (Hosen) und an der Rute. Beim Rüden sind an diesen Partien Haarlängen von 12 bis 18 cm die Regel, bei Hündinnen von 10 cm und mehr. Hals, Widerrist, Rücken, Lendenpartie und Kruppe sind ein klein wenig kürzer behaart, ebenso die Hinterseite der Vorderläufe (Fahnen). Die Länge ist noch etwas geringer an den seitlichen Brustwänden, der seitlichen Lende (Nierenpartie) und den Pfoten.

Glattes Haar ist meist kürzer als (stark) gewelltes und gelocktes.

Die Textur (glatt, gewellt, gelockt, gekraust) ist variabel, sowohl grundsätzlich als auch in der Verteilung. Es gibt Hunde, bei denen das lange Haar am ganzen Körper glatt ist (relativ selten). Es ist glänzender als gelocktes. Die Stellen, an denen es zur Welle oder Locke neigt, sind vor allem Kruppe, Rute und oberer Teil der Schenkel. Kraushaar (ausgeprägte kleine Locke) ist zu verwerfen und im neuen Standard unter «schwere Fehler» angeführt. Es war von Anfang an unerwünscht, weil es das Tier plump erscheinen lässt, das Muskelspiel verdeckt, wenig Glanz hat und den Regen auffängt, statt ihn abperlen zu lassen. Trotzdem finden wir auch heute noch Tiere mit mehr oder weniger krausem Haar.

Es ist langes Schlichthaar anzustreben, das sich nur über Rückenpartie und Kruppe in weichen Wellen an den Körper anlegt. Sobald das Haar vom Körper absteht, weil es zu sehr gelockt ist, werden die Körperlinien verwischt, und es entspricht nicht mehr dem Standard.

Entsprechend seiner robusten Erscheinung soll der Berner kein überlanges und kein weiches Seidenhaar haben (wie etwa der heutige Collie), sondern ein eher stabiles und dichtwachsendes Oberhaar, das sich geschlossen und glänzend über die dichte, dunkle Unterwolle legt. Ist diese gelblich oder hellgrau, gilt das als Fehler.

Kraushaar.

Rüde, extrem kurz im Haar (entspricht fast kurzem Stockhaar).

Sehr typischer Rüde mit schönem langem Schlichthaar.

Unter «ausschliessende Fehler», solche also, die einen Hund grundsätzlich als rasseuntauglich abwerten, sind im Standard Kurz- und Stockhaar genannt, wie es z. B. beim Grossen Schweizer Sennenhund bekannt ist. Langhaar, auch verhältnismässig kurzes, ist immer mit buschiger Rute und Fransen an den Ohren gekoppelt. Kurz- oder Stockhaar lässt die Rassereinheit bezweifeln. Langhaar ist durch den doppelt vorhandenen Rezessivfaktor bedingt, züchtet also immer rein weiter: Aus der Paarung zweier reinrassiger Berner kann es kein Kurz- oder Stockhaar geben.

Farbe

Standardformulierung:

tiefschwarze Grundfarbe mit sattem braunrotem Brand an den Backen, über den Augen, an allen vier Läufen und auf der Brust; weisse, saubere, symmetrische Kopfzeichnung (Blesse und Fangzeichnung); weisse, mässig breite, durchgehende Kehl- und Brustzeichnung.

Erwünscht:
weisse Pfoten
weisse Rutenspitze

Nicht erwünscht, jedoch toleriert:
kleiner weisser Nackenfleck
weisser Afterfleck

Ideale Zeichnung.

Schwere Fehler: atypische Zeichnung wie
- *fehlende Kopfzeichnung*
- *zu breite Blesse (Zwischen Blesse und den rotbraunen Flecken über den Augen muss ein Streifen Schwarz verbleiben.)*
- *weisse Fangzeichnung, die weiter als bis zu den Lefzenwinkeln reicht*
- *grosser Nackenfleck*
- *weisser Halskragen*
- *weisse Stiefel (Weiss bis über die Mitte des Vordermittelfusses reichend)*
- *auffallend asymmetrische Kopf- und Brustzeichnung*

Ausschliessende Fehler:
- *Fehlende Dreifarbigkeit*
- *Andersfarbiger als schwarzer Mantel*

Zuerst: Im neuen Standard sind unter «Ausschliessende Fehler» «fehlende Dreifarbigkeit» und ein «andersfarbiger als schwarzer Mantel» genannt. Das heisst also in jedem Fall: Dreifarbigkeit – schwarz, braunrot und weiss – ist eine ganz grundlegende Anforderung an die Rasse. Klar getrennte und symmetrisch angeordnete Farben sind nicht nur ein wesentliches Schönheitskriterium, sondern unterscheiden den Berner (und im wesentlichen die drei anderen Sennenhunde) von allen anderen Rassen.

Wenn die tiefschwarz geforderte Decke Rot-, Braun- oder Grauschimmer zeigt, ist das noch keine andere Farbe, wohl aber als Mangel oder Fehler zu werten, je nach dem Grade der Ausprägung. Besonders im Sommer (viel Sonne) kann sich ein rötlicher Schimmer entwickeln und gegen das Licht betrachtet dann deutlich auffallen. Andersfarbig ist der Mantel dann, wenn er gelb, braun oder rot ist. Diese Farbausprägungen beruhen auf ganz anderen Genen, als sie für «black and tan» (schwarz mit braunen Abzeichen) gelten. Sie waren früher im Genbestand der Rasse noch häufiger enthalten, wie das eben bei Bauernhunden der Fall ist, von denen viele in all diesen Farben vorkamen und auch heute noch als «bunte Mischungen» verbreitet auf den Höfen im Lande anzutreffen sind. Als Faktoren, die sich rezessiv (verdeckt) vererben, kommen sie nur ans Tageslicht, wenn sie zu einem Paar zusammentreffen, also bei beiden Elterntieren auch mit schwarzem Mantel noch im Genbestand versteckt vorhanden sind. Das ist heute selten, weil sie durch die strenge Selektion für die rein schwarze Grundfarbe immer mehr verdrängt worden sind. Paart man aber zwei rote Tiere, die ja für diese Farbe reinerbig sind, also das Gen für Schwarz gar nicht mehr besitzen, dann gibt es immer wieder nur rote Nachkommen. Das gilt auch für havannabraune Berner, die unlängst in Deutschland aufgetreten sind und leberfarbene Nasen, Lefzen und Pfotenballen haben.

Unter Beachtung dieser Tatsachen ist es sinnvoll, wenn die tiefschwarze Grundfarbe im Standard strikt gefordert wird. Das ist überall in der Welt zu beachten, wo auch in der Farbe «reinrassige» Berner Sennenhunde gezüchtet werden sollen.

Der Brand muss satt braunrot sein. Auch hier ist kompromisslos anspruchsvoll formuliert worden. Diese Farbausprägung ist aber nach wie vor nicht die Regel. Sehr oft ist sie weniger intensiv. Sie kommt in vielen Abstufungen vor (alle Braunschattierungen bis gelblich, auch mit Schwarz vermischt = Russ). Je weniger leuchtend bzw. je heller der Brand ist, desto negativer ist das zu werten. Einige verstreute schwarze Haare stören wenig, grössere Russstellen mindern den Schönheitswert, weil damit die klare Dreifarbigkeit durchbrochen ist.

Gegenüber allen anderen Positionen sind die Anforderungen an die Zeichnung im Standard von 1990 am deutlichsten präzisiert und erhöht worden. Damit wurde auch einem oft geäusserten Wunsch, vor allem ausländischer Freunde, des Berner Sennenhundes entsprochen, Bedeutung und Ausmass der weissen Abzeichen genauer zu definieren.

Die weissen Abzeichen sind in drei Gruppen unterteilt. Genannt sind:

1. solche, die unbedingt vorhanden sein müssen: weisse Kopfzeichnung (Blesse und Fangzeichnung) und weisse Kehl- und Brustzeichnung;
2. solche, die bei einem guten Berner Sennenhund erwünscht sind bzw. vorhanden sein sollten, die aber bei einer Bewertung weniger ins Gewicht fallen: weisse Pfoten und weisse Rutenspitze. Ihr Fehlen ist als Mangel zu werten, zuletzt das fehlende Weiss am Schwanz;
3. solche, die nicht erwünscht sind, jedoch toleriert werden können, d.h. keinen wesentlichen Abzug in der Bewertung zur Folge haben müssen: kleiner weisser Nackenfleck (bis etwa 5 cm Durchmesser) und weisser Fleck um den After.

Die Kopfzeichnung (Blesse und Fang) wird erstmals «sauber» verlangt. Diese Forderung ist anspruchsvoll. Die seit eh und je im Weiss des Fanges vorkommenden schwarzen, grauen und braunen Pigmenttupfen sind demnach – je nach Ausprägungsgrad (Anzahl, Grösse, Intensität) – als Mangel oder Fehler zu werten.

Die bisherige Angabe über die Breite der Blesse – «leicht bis mittelgross» – wurde aufgegeben, da dies relative Begriffe sind, die individuell ganz verschieden ausgelegt werden können. Dafür wird eine überhaupt fehlende oder eine allzu breite Blesse unter den «schweren Fehlern» angeführt. Als fester Bezugspunkt für die Bestimmung der Blessenbreite bieten sich die braunen Überaugenflecken an. Solange zwischen diesen und dem weissen Stirnstreif noch ein Streifen Schwarz vorhanden ist, kann auch eine an sich breite Blesse akzeptiert werden. Eine Vorschrift über die Minimalbreite gibt es nicht. Auch schmale, sog. Schnurblessen sind standardgemäss. Somit kann die erlaubte Blessenbreite von etwa 0,3 bis ungefähr 4 cm variieren.

Erstmals ist im neuen Standard auch das Ausmass der weissen Fangzeichnung festgelegt. Unter der Fangzeichnung werden die weissen Streifen verstanden, die zwischen Nasenspiegel und Braun der Wangen von der Blesse bis zum Fang hinunterreichen. Fehlt die weisse Fangzeichnung, d. h. erstreckt sich das seitliche Braun bis zur Nase, ist dies ein Mangel. Dehnt sich das Weiss jedoch bis weit nach hinten aus, die braunen Backen hinter den Lefzenwinkel zurückdrängend («Gelbbäckler»), ist dies als Fehler zu werten. Zu viel Weiss am Fang ist häufig mit einer allzu breiten Blesse verbunden. Es entstellt den Ausdruck des Hundes («Schafsköpfe») und muss auch aus genetischen Gründen bekämpft werden.

Selten einmal kommt es vor, dass die Blesse und/oder die weisse Fangzeichnung fehlen. Derartiges Überhandnehmen der Braunzeichnung liegt in der Variationsbreite des Farbmusters, das der Dreifarbigkeit zugrunde liegt. Hunde ohne Kopfweiss, insbesondere ohne Blesse, sind keine typischen Vertreter der Rasse; sie sind daher deutlich abzuwerten. Obwohl dieser Fehler sehr auffällt, ist er genetisch weniger bedenklich als zu ausgedehntes Weiss (s. «Vorkommen und züchterische Problematik einzelner Merkmale», «Farben und Farbverteilung»). Solche Fehlzeichnungen sind einmalige «Ausrutscher» in der Generationenreihe. Nachkommen von solchen Tieren können wieder richtig gezeichnet sein. Deshalb ist ein Zuchtausschluss nicht in jedem Fall zwingend.

Auch das Ausmass der weissen Brustzeichnung ist im neuen Standard genauer festgelegt. Verlangt wird eine mässig breite und vor allem von der Kehle bis zur Unterbrust ohne Unterbrechung durchgehende weisse Zeichnung. Die weisse Brust (das weisse Hemd) ist das, was am sitzenden Berner nebst der symmetrischen Kopfzeichnung vor allem ins Auge fällt. Schwarze Halsringe oder Flecken wirken dort sehr störend und haben ausserdem eine starke Tendenz, sich zu vererben. Die früher in Klammern beigefügte Anmerkung «Kreuz» wurde fallen gelassen, da das «Kreuz» vorwiegend bei sehr schmalen Brustzeichnungen beobachtet werden kann, die unter der heute erwünschten Breite liegen. Die neu formulierte Bezeichnung «mässig breit» zeigt andererseits an, dass es auch ein Zuviel gibt: Allzuweit nach dem Hals und gegen die Ellbogen ausgedehntes Brustweiss lässt den Hund klobig erscheinen und ist daher abzulehnen.

Unter den Fehlern sind auch «grosser Nackenfleck», «weisser Halskragen» und «weisse Stiefel» aufgeführt. Ganz allgemein ist dazu zu sagen, dass Weiss, als Rezessivfaktor, immer wieder die Tendenz hat, sich übermässig auszudehnen und festzusetzen. Zu viel Weiss an irgendeiner Stelle muss daher in der Zucht stärker unterdrückt und in der Bewertung strenger beurteilt werden als etwa zu wenig oder fehlendes Weiss. Das ist der Grundgedanke, der diese Festlegungen bestimmt. Reicht das Pfotenweiss über die eigentliche Pfote hinaus weit in die Läufe hinauf, ist das aus genetischen Gründen ein schwerwiegenderer Fehler, als wenn die Pfote braun ist. Ausgedehnte weisse Nackenflecke und Halskragen sind in den letzten dreissig Jahren mühsam weggezüchtet worden und sollten daher, wenn sie trotzdem wieder auftauchen, eine deutliche Abwertung zur Folge haben. Grosse Nackenflecke sind oft die Vorstufe zum noch weiter ausgedehnten weissen Halsring. Beides durchbricht den schwarzen Mantel.

«Auffallend asymmetrische Kopf- und Brustzeichnung» sind unter den «schweren Fehlern» eingereiht worden. Damit wird die Forderung nach symmetrischer Verteilung dieser Abzeichen sehr unterstrichen. Vollständig spiegelbildliche Gleichheit kommt allerdings nicht vor und kann auch nicht verlangt werden. Starke Asymmetrien jedoch, insbesondere der Kopf-, aber auch der Brustzeichnung, können einen Hund völlig entstellen und werten ihn ab. Nicht gleichmässig gezeichnete Pfoten fallen weniger ins Gewicht und können auch nicht verlangt werden.

Mit Hunden, deren Zeichnung im Sinne der unter den «schweren Fehlern» genannten Punkte von der idealen Zeichnung abweicht, sollte in der Regel nicht gezüchtet werden.

Es ist keine Frage: Die Kombination von tiefem Schwarz, sattem, leuchtendem Braunrot und symmetrisch gezügeltem Weiss an allen beschriebenen Stellen ist das die Rasse so einmalig prägende Merkmal und sieht am schönsten aus. Immer wieder soll hier das Ideal angestrebt werden, wie es der Standard jetzt festlegt.

Aber: Auch wenn man Zeichnungsfanatiker ist: Gesundheit, Wesen, Typ und Gangwerk sind vorrangig!

Dem Standard nicht entsprechend	*erwünschte und tolerierte Variationsbreite*	
Zu wenig Weiss (je nach Grad unerwünscht oder fehlerhaft)	*Wenig Weiss* (korrekt)	*Ideales Weiss* (erwünscht)
Kopf fehlende, nur angedeutete oder unterbrochene unvollständige Blesse, kein Weiss am Fang	*Kopf* – schmale Schnurblesse (ca. 0,5 bis 1 cm), – noch etwas Weiss zwischen Nasenkuppe und brauner Backe	*Kopf* – mittelbreite Blesse (ca. 1,5 bis 2,5 cm), – mässig Weiss um die Nasenkuppe – Braun bis zur Fangmitte
Kehle und Brust nur schmaler Streifen (weniger als handbreit), schwarze Flecken oder Streifen im Weiss (unterbrochen)	*Kehle und Brust* knappes, jedoch deutlich vorhandenes sauberes und symmetrisches Weiss	*Kehle und Brust* mässig breiter Latz
Läufe – kein Pfotenweiss, – Braun mit Schwarz (Russ) durchsetzt	*Läufe* nur weisse Zehenspitzen	*Läufe* alle Pfoten gleichmässig weiss (bis zum ersten (oberen) Zehengelenk
Rutenspitze fehlt	*Rutenspitze* angedeutet; wenige Haare	*Rutenspitze* ca. 3 Finger breit

 *der weissen Abzeichen*	 *Dem Standard nicht entsprechend*	 *Je nach Grad toleriert, unerwünscht oder fehlerhaft*
Viel Weiss (korrekt)	*Zu viel Weiss* (Je nach Grad unerwünscht oder fehlerhaft)	*Unsymmetrisches Weiss* zum Beispiel
Kopf – breite Blesse, zwischen der Blesse und den braunroten Flecken über den Augen noch ein Streifen Schwarz vorhanden) – viel Weiss am Fang, jedoch nicht bis zum Lefzenwinkel reichend	*Kopf* – sehr breite Blesse (bis zu den Augentupfen), – Blesse bis zum Nacken, – Weiss am Fang bis hinter den Lefzenwinkel, – viele Pigmentflecken, – grosser Nackenfleck	*Kopf* – Blesse schief, – Weiss am Fang: links zu wenig, rechts zu viel (bis hinter den Lefzenwinkel) Unsymmetrien wirken am Kopf besonders unschön, stark ausgeprägt sogar verunstaltend.
Kehle und Brust breiter Latz	*Kehle und Brust* – zu breiter Latz, – Ansatz zum Halskragen – Halskragen	*Kehle und Brust* einseitig und ungleichmässig
Läufe Pfotenweiss knapp über die Pfote hinausgehend (Ansatz zum Stiefel)	*Läufe* – Stiefel, d. h., Weiss weit über erstes Zehengelenk hinaufreichend, – weisser, bis oben reichender Streifen auf der Innenseite der Läufe	*Läufe* Links zu viel Weiss (Stiefel), rechts kein (oder fast kein) Weiss
Rutenspitze etwa handbreit	*Rutenspitze* über handbreit	

Charakter und Verhalten

Standardformulierung:

Sicher, aufmerksam, wachsam und furchtlos in Alltagssituationen; gutmütig und anhänglich im Umgang mit vertrauten Personen; selbstsicher und freundlich gegenüber Fremden;
mittleres Temperament, gute Führigkeit

Hier geht es um den Charakter, das bedeutsame «Innere», das Wesen(tliche) des Berner Sennenhundes, um das, was ihn zum Helfer und Freund des Menschen hat werden lassen. Dass selbst der schönste Hund nie zur Freude wird, wenn er charakterlich abnorm oder mühsam ist, muss nicht besonders erwähnt werden. Auf ganz spezielle Eigenarten und Fähigkeiten der Rasse wird im Kapitel «Wesen und Charakter des Berner Sennenhundes» gesondert eingegangen. Im Standard wird nur das erwähnt, was unabdingbar zum guten Hund der Rasse gehört.

Gegenüber den Forderungen im Standard von 1973 fallen kleine Änderungen auf: Einiges ist lediglich anders formuliert. Weggelassen wurde «mit wenig erwünschter Schärfe» und «schussfest». Ein «sicherer» und «furchtloser» Hund ist aber automatisch Belastungen auch durch extreme Geräusche gewachsen, und der «wachsame» Berner verfügt über eine gewisse Portion Schärfe. Insofern sind die Neuformulierungen in dieser Hinsicht lediglich etwas allgemeiner als früher. Insgesamt sind Charakter und Verhalten treffend und anschaulich beschrieben.

Neu ist der Anspruch an «gute Führigkeit». Sie ist dann gegeben, wenn sich zwischen Hund und Mensch schnell eine gute Beziehung entwickelt, wenn das Tier kontaktfreudig ist, sich leicht unterordnet und bereitwillig und flott auf Hör- und Sichtzeichen reagiert. Dieses positive Verhalten ist für die Rasse fast sprichwörtlich. Einzig schnelles Reagieren ist weniger ausgeprägt, weil der Berner eher etwas behäbig ist. Besonders betont sei, dass der richtig veranlagte Berner Sennenhund Sicherheit ausstrahlt. Das Gegenteil sind Unsicherheit, Reserviertheit, leichte Beeindruckbarkeit durch allerlei Reize (Menschen, Dinge, Geräusche), Reizbarkeit und ständige Bereitschaft, bei geringem Anlass durch Flucht oder Schnappen zu reagieren.

Man erkennt den wesensguten Berner schon daran, wie er in einer Gruppe von Menschen und im Richterring steht: fest auf seinen vier Beinen mit frei erhobenem Kopf interessiert in die Runde blickend, die Rute freundlich bewegt, sobald ihm jemand seine Aufmerksamkeit schenkt oder ihn gar anspricht. Er lässt es ohne weiteres geschehen, dass man ihn anfasst, ihn klopft und reagiert gutmütig auf ungeschicktes Verhalten kleiner Kinder oder im Menschengedränge.

Trotz seiner Gutmütigkeit und Freundlichkeit soll er die Fähigkeit nicht verloren haben, sich zu seinem Schutze oder dem der Familie und deren Hab und Gut zu wehren. Als Hund, der im Notfall seine Zähne zu gebrauchen weiss, war der Dürrbächler schon immer bekannt, doch soll er kein Beisser sein, am allerwenigsten aus Furcht (Angstbeisser). Hunde, die unsicher, ängstlich, extrem schussscheu oder betont scharf sind, werden negativ eingestuft und sollen nicht zur Zucht verwendet werden. Oft ist die Einschätzung bestimmter Verhaltensweisen schwierig, weil jeder Hund durch unsachgemässe Haltung trotz guter Veranlagung verdorben werden kann. Was zählt, ist nicht das Erworbene, sondern die Veranlagung, denn das wird er an seine Nachkommen weitergeben. Praktisch ist es jedoch meist unmöglich, ererbte und erworbene Verhaltensweisen auseinanderzuhalten. Deshalb wird bei der Beurteilung nur das in Betracht gezogen, was am Hund auch klar feststellbar ist: Wirkt ein Tier unsicher, scheu, so wird es als scheu taxiert, auch wenn es vielleicht durch falsche Erziehung oder Umgebung erst so geworden ist.

Von seinem Temperament her steht der Berner Sennenhund in der Mitte zwischen den sehr agilen und den eher trägen Hunden. Heim schilderte ihn als feurig und lebhaft, doch ist er kein Quecksilber, wie etwa die Vertreter vieler kleinerer Rassen. Andererseits darf er aber auch nicht ein nur fader, gemütlicher und träger «Bäri» sein, wie er oft eingeschätzt wird. Bei guter Haltung, die seinen «Geist und Körper» anregt, zeigt er durchaus das, was man gemeinhin mit Temperament bezeichnet. Jungtiere sind oft sehr lebhaft und ungestüm, und das ist so auch richtig. Ab etwa zwei Jahren werden die Hunde viel ruhiger.

Berner Sennenhunde ausstellen

Hundezucht ohne Ausstellungen ist ein Wirken hinter verschlossenen Türen

«Der Hund spendet dem Menschen Herzensfreuden. Wenn ich die Reihen einer Hundeausstellung durchgehe, so ist das für mich ein hoher, edler Naturgenuss, vergleichbar dem Anblick einer herrlichen Bergaussicht, einer blumigen Au oder einer Gartenausstellung. Was hat hier die Natur alles Herrliches geleistet! Ich erstaune in Bewunderung ihrer göttlichen Gestaltungskraft und des Einflusses der menschlichen Leitung der Naturkräfte.» **Albert Heim**

Viele Menschen unserer Zeit haben Mühe, anlässlich einer Hundeausstellung noch so etwas wie einen Naturgenuss zu erleben wie Heim ihn empfand. Sie können in Hundeausstellungen nicht viel mehr sehen als «Jahrmärkte menschlicher Eitelkeiten».

Gewiss gibt es Leute, die sich brüsten, als hätten sie ein goldenes Ei gelegt, sobald nur ein Lebewesen am anderen Ende der Leine hängt, das eine bunte Schleife trägt. Ebenso gewiss gibt es Hunderassen, die durch den Menschen derart verzüchtet wurden, dass sie im eigentlichen Sinne des Wortes unnatürlich geworden sind. Ganz gewiss ist der Aufenthalt in einer Boxe auch nicht der lustvollste Lebensraum eines Hundes. Aber er hat ja an allen anderen Tagen seinen Auslauf, sein gewohntes Futter und seine Menschen nur für sich! Für unsere Hunde wird der Ausstellungstag eine kleine Abwechslung, die ihnen bestimmt mehr zusagt als ein langweiliger Tag in der Wohnung, im kleinen so geruchsarmen Garten oder dem eintönigen Zwinger. Wenn wir den Hund fragten, würde er sofort sagen: Komm, wir gehen! Wer weiss, was wir erleben werden!

Gewiss ist aber auch: Dank der Hundeausstellungen ist der Berner Sennenhund zu dem geworden, was er heute ist. Ohne sie wäre er untergegangen. Auch jetzt noch kann die Rasse nur ihr Niveau behalten oder sich gar verbessern, wenn die Hunde einander hie und da gegenübergestellt und verglichen werden. Erst dann, wenn gleichartige und vielleicht auch etwa gleichwertige Tiere nebeneinander stehen, zeigen sich Unterschiede. Plötzlich sieht man, dass an einem Hunde dies, am anderen das noch besser ein könnte. Man merkt, dass sie durchaus nicht alle gleich schön sind, wie dies am Anfang noch schien. Der Züchter denkt wohl an seine eigenen Hunde zu Hause und geht in Gedanken durch, in welcher Hinsicht er nun die nächste Generation verbessern möchte. Der blosse Aussteller kann erkennen, worauf beim schönen

Berner Sennenhund geachtet wird. Vielleicht muss er es in Kauf nehmen, dass andere da sind, die tatsächlich dem idealen Bild noch mehr entsprechen als sein vierbeiniger Kamerad, vielleicht darf er aber erleben, dass sein Hund auch in den Augen des objektiven Betrachters ein besonders schönes Tier ist. So oder so wird er mehr über diese Rasse unserer Heimat erfahren. Er wird – mit oder ohne Preis – stolz sein, dass er sie nun noch besser kennt und richtiger einzuschätzen weiss. Zu Hause dann wird ihm ganz sicher sein Hund wieder als der Schönste erscheinen, vor allem aber als der Liebste, und das ist gut und richtig so!

Hundeausstellungen sind, wie alles in unserer Zeit, Massenveranstaltungen geworden, und trotzdem sind sie unumgänglich. Für den Züchter sind sie ein Muss. Nur hier kann er sein Schönheitsempfinden schulen, nur hier bekommt er zu Gesicht, was an qualitätsvollen Deckrüden neu herangewachsen ist, nur hier kann er die Nachkommen eines Zuchtpaares im Vergleich mit anderen vor Augen bekommen. Nur der Züchter, der sich innerlich verpflichtet fühlt, seine Hunde auch öffentlich zu zeigen, wird dazu angespornt, sich nicht mit der blossen Hundevermehrung und dem Verkauf zufrieden zu geben, sondern auch – so weit das in seiner Macht steht – mit jeder Paarung und jeder Generation ein kleines Stücklein dem Ideal näher zu kommen.

Glücklicherweise gehört der Berner Sennenhund auch heute noch zu den Rassen, die man als natürliche Hunde betrachten darf. Man hat vor allem versucht, das, was zu Beginn der Rassehundezucht als typische Dürrbächler aufgefunden wurde, noch vollkommener und ausgeglichener zu gestalten. Seit Beginn der Reinzucht hat sich die Größe mehr vereinheitlicht, sind Zeichnung, Haarkleid und Gangwerk ausgeglichener und schöner geworden. Im Ganzen gesehen haben Substanz und Masse zugenommen wie fast bei allen Hunderassen. Es gilt nach wie vor, das Natürliche und Normale und damit das Gesunde am Berner Sennenhund zu erhalten und allen Übertreibungen entgegenzuwirken, damit sich jedermann an ihm erfreuen kann.

Zuchtrüde mit einem Teil seiner Söhne auf einer Klubschau.

Die Beurteilung der Hunde auf Ausstellungen

Im vorangegangenen Kapitel wurde dargestellt, wie der schöne Berner Sennenhund aussehen muss und was als bedeutsame Fehler oder nur als kleine Mängel zu betrachten ist.

In verschiedenen Ländern und zu unterschiedlichen Zeiten hat man versucht, Hunde mit Hilfe von Punktsystemen zu beurteilen. Bester wurde der mit der höchsten Punktzahl: Man addierte z. B. zehn Punkte für den idealen Kopf, 20 für besten Körperbau, fünf für richtige Rutenhaltung usw. Immer ist man aber wieder davon abgekommen, weil die wirkliche Qualität eines Tieres nicht in Zahlen erfasst werden kann, auch nicht mit noch so ausgeklügelten Systemen. Zu oft bleibt dabei der Hund in seiner Gesamtheit letztlich auf der Strecke. Die Addition korrekter Details ergibt allein nicht den typischen Hund. Ein Tier mit zwei oder drei kleinen Mängeln kann trotzdem schöner sein als eines, das keine augenfälligen Fehler hat.

Der gute Richter wertet Abweichungen vom Gewünschten nicht einfach nur nach deren Grad. Er unterscheidet, ob sie das Wesentliche beeinträchtigen: Gesundheit und Leistungsfähigkeit. Danach fallen Mängel im Gangwerk beispielsweise viel deutlicher ins Gewicht als Beeinträchtigungen der sogenannten «reinen Schönheit», wie etwa nicht so dunkler Brand, eine unvollkommene Zeichnung, etwas hellere Augen usw. Wir haben im 2. Teil, «Berner Sennenhunde züchten», unter dem Titel «Die Verbesserung von Zuchtbeständen und die Bekämpfung unerwünschter Rezessivmerkmale» eine Übersicht über «Verschiedene Schweregruppen von Negativmerkmalen – eine Rangfolge für deren Bekämpfung» aufgestellt. Dazu besteht eine enge Beziehung beim Einschätzen, was gravierende und was weniger bedeutsame Mängel sind.

Formwertrichter und andere Hundekenner, die ein untrügliches Empfinden für Schönheit haben, stellen vor allem auch die Gesamterscheinung in den Vordergrund. So beurteilen sie insbesondere Typus, Harmonie und Adel eines Hundes. Das sind komplexe Positionen, die über die buchstabengetreue Auslegung des Standards, in dem ja vor allem Einzelheiten aufgezählt sind, weit hinausgehen.

Der Begriff *Typus* umfasst alles, was das Kennzeichnende einer Rasse ist, das, was die Grundform ganz besonders prägt. Ein Hund kann vollendete Formen haben und doch kein typischer Berner Sennenhund sein. Es fehlt ihm das Hervorstechende seiner Rasse. Einem etwas schlankwüchsigen Tier mit feinem Kopf und betont eleganten Formen fehlt das Kraftvolle, Urwüchsige, das der richtige Berner unbedingt verkörpern muss. Bei einem solchen Tier spricht man von mangelndem Typ. Wir haben in den Erläuterungen zum Standard unter «Allgemeine Erscheinung» dazu das Wesentliche ausführlich dargelegt und entsprechend illustriert.

Von einem Rüden werden darüber hinaus unverwechselbar männliche Formen und maskuliner Ausdruck verlangt, «Hengsthaftes», sagen viele Züchter. Die Hündin dagegen soll bei aller Stämmigkeit in den Linien runder, weicher, fliessender sein, eben das feminine Element verkörpern. Das macht im Wesentlichen den Geschlechtstyp aus. Feminine Rüden und maskuline Hündinnen können nie so hoch bewertet werden wie Tiere, die in den Formen, im Gehabe und im Ausdruck ihrem Geschlecht entsprechen.

Mit *Harmonie* sind ausgeglichene Proportionen gemeint. Alles muss zusammenpassen. Ein an sich schwerer und deshalb schon etwas zu kritisierender Kopf und damit ja eigentlich ein Mangel, passt zu einem starkknochigen Hund mit kompaktem Rumpf und ist dann, im Rahmen des Gesamtbildes betrachtet, durchaus akzeptabel. Ein im ganzen eher etwas eleganter Typ verträgt beispielsweise, soll der Hund noch harmonisch sein, keine betont breite Vorderfront mit schweren Knochen, obwohl dies ja eigentlich gewünscht wird, und ein ansonsten substanzvoller Berner ist unharmonisch, wenn die Hintergliedmassen schwach sind. Auch der Bewegungsablauf muss ausgeglichen sein, «rund» verlaufen, wie wir dies ausführlich in den Standarderläuterungen unter «Gangwerk» besprochen haben. Die Hintergliedmassen können noch so gut gewinkelt und der Schritt noch so weit sein, fällt der Hund dabei auf die Vorhand, ist die Harmonie gestört, das Ganze stimmt nicht. Zur Stimmigkeit von Formen und Bewegung gehört die Ausgeglichenheit im Charakter, das den Berner kennzeichnende Wesen, wenn von wirklicher Harmonie gesprochen werden soll. Wenn der Richter auf einer Ausstellung den Charakter eines Hundes auch nicht endgültig einzuschätzen vermag, so erkennt er doch ohne besondere Untersuchungen, ob ein Hund ruhig und dabei freundlich oder ob er z. B. ängstlich oder gar bösartig ist.

Adel hat ein Hund, der eine ganz bestimmte Ausstrahlung besitzt. Hervorragende Hunde jeder Rasse haben ihren eigenen Adel, ihre besondere «Rassigkeit», sind auf eine ganz bestimmte rassegemässe Art edel, besonders schön in der Wirkung. Die Art, wie sich ein Hund hinstellt, wie er sich bewegt und gibt, ganz einfach, wie er eben als «Persönlichkeit auftritt», das erweckt im Beschauer einen speziellen Eindruck, ein Gefühl, mit diesem Tier etwas Besonderes vor sich zu haben oder eben nicht. Durchschnittliches zeigt keine adlige Wirkung. Allerweltshunde haben keine Ausstrahlung. Dass das, was mit dem Begriff Harmonie ausgedrückt wird und das, was wir unter Adel verstehen, eng zusammengehört wird deutlich, sobald man sich einmal damit befasst.

Diese richtige Betrachtungsweise, die nicht das Detail im Vordergrund sieht, sondern das Ganze, die kluge Zusammenschau des Wesentlichen, ist die Grundlage, auf der gute Ausstellungsrichter ihr Urteil fällen. Sie bringen die einzelnen Abweichungen vom Gewünschten ins richtige Verhältnis zum Ganzen. Sie messen kleinen Schönheitsfehlern viel weniger Bedeutung bei als leistungsmindernden Gebrauchsfehlern und solchen, die die Gesamtgestalt negativ beeinflussen. Diese Art der Einschätzung, bei der die Gesamtwirkung im Vordergrund steht, bringt der Ausstellungsrichter in Einklang mit der Wertung aller einzelnen Punkte, wie sie im Standard vorgeschrieben sind, wenn er eine Gruppe von Hunden vor sich hat und die schönsten bestimmen muss. Daher kommt es, dass auch ein Hund mit einem offensichtlichen kleinen Fehler oder auch mehreren Mängeln zum Ersten bestimmt werden kann, einfach, weil er am meisten Ausstrahlung besitzt, ein ganz besonders typischer Hund seiner Rasse ist und weil alles Wesentliche zusammenpasst. Daneben kann einer zurückstehen, der zwar keinen deutlich sichtbaren Mangel hat, als Ganzes aber doch weniger vollkommen ist, der eben im Typ nicht so gut, der nicht harmonisch ist und über keinen Adel verfügt.

Schönheitsempfinden wird natürlich auch vom Geschmack bestimmt. Wenn ein Richter nicht am gesunden Idealbild vorbeibewertet, muss man ihm ein Urteil nach dem eigenen Geschmack schon zugestehen. Dafür hat ein Hundebesitzer, der überzeugt ist, einen besonders schönen Berner zu haben, Gelegenheit, diesen noch anderen Richtern auf vielen anderen Ausstellungen vorzustellen.

Es sei aber auch betont, dass Schönheitsempfinden in gewissen Grenzen erlernbar ist. Geschmack hat durchaus auch fassbare Hintergründe: Solides Wissen um das Richtige, Übung im Einschätzen wirklicher Qualität und ein geschultes Auge für ausgewogene Formen sind Grundlage.

Ausstellungsklassen, Preise und Titel

Heute können auf nationalen und internationalen Hundeausstellungen nur noch Hunde vorgeführt werden, deren Reinrassigkeit durch die Eintragung in einem anerkanten Stammbuch (Zuchtbuch) nachgewiesen ist. In der Schweiz ist dies das Schweizerische Hundestammbuch (SHSB), in der Bundesrepublik Deutschland das Zuchtbuch für Berner Sennenhunde beim Schweizer-Sennenhund-Verein (SSZ/BS), in andern Ländern die offiziell anerkanten Zuchtbücher der jeweiligen Landesverbände. Das war bis Ende der Zwanzigerjahre nicht so. Da konnte in der Schweiz jeder Bauernhund, der wie ein Berner Sennenhund aussah, vorgeführt und prämiert werden, auch wenn seine Abstammung unbekannt oder zweifelhaft war. In den Ländern, die der FCI (Fédération Cynologique Internationale) angehören, werden Ausstellungen auch ungefähr nach dem gleichen System organisiert. Skandinavien, England und die USA haben ihre eigenen Systeme.

Für beide Geschlechter, die getrennt gerichtet werden, gibt es folgende Klassen:

Jugendklasse: Dort werden die jungen Hunde zwischen 9 und 18 Monaten beurteilt.

Offene Klasse: Hier können Hunde vom 15. Lebensmonat an gezeigt werden.

Siegerklasse: Hunde, die bereits den Titel des Internationalen Schönheitschampions oder einen anerkannten nationalen Schönheitssiegertitel errungen haben, können hier vorgestellt werden.

Gebrauchshundeklasse: Sie ist offen für Hunde über 15 Monate, die zu den anerkannten Gebrauchshunderassen oder den Jagdhunderassen gehören und eine entsprechende Leistungsprüfung bestanden haben. Für Windhunde mit einer Rennlizenz werden in einigen Ländern Leistungsklassen gebildet. Auf Ausstellungen werden dann diese tüchtigen Hunde auch hinsichtlich ihrer Schönheit beurteilt. Der Berner Sennenhund gehört heute nicht mehr zu den speziellen Gebrauchshunderassen, weil das Interesse an seiner Abrichtung lange Zeit gering war. Bewährte Arbeitshunde müssen also mit ihren arbeitsmässig weniger geförderten Kollegen zusammen antreten, ohne dass ihre Leistung gewürdigt werden könnte. Für manche dieser Hunde kann das ein gewisser Nachteil sein, weil Arbeitshunde immer eher schlank gehalten werden und dann weniger «vorstellen», als das oft gewünscht wird.

Auf nationalen Ausstellungen kann für die Allerjüngsten von 6–9 Monaten eine *Jüngstenklasse* eingerichtet werden. Für die altverdienten Hunde gibt es die Veteranenklasse (ab 8 Jahren). Tiere, die bereits mit «vorzüglich» bewertet worden sind, kann man auch «hors concours» (ausser Konkurrenz) ausstellen. Sie werden dann nicht ein weiteres Mal gerichtet, sondern nur vorgestellt und sind zum Anschauen da, zur Freude für alle und zum Stolz der Besitzer.

Wenn sich der Besitzer eines Berner Sennenhundes entschliesst, sein Tier einmal einem Richter zu zeigen, muss er meist nur entscheiden, ob er den Hund in der Jugend- oder der offenen Klasse ausstellen will. Da der Berner sich eher langsam entwickelt und erst mit etwa zweieinhalb Jahren vollständig ausgewachsen ist, sollte man den jungen Hund bis 18 Monate in der Regel in der Jugendklasse melden, da er dort nur mit ebenfalls noch nicht fertig entwickelten Tieren konkurrieren muss. Viele Richter geben in der Jugendklasse kein «Vorzüglich», da man weiss, dass bei einem Berner Sennenhund die Prognose, wie er als Erwachsener sein wird, nicht ohne weiteres zu stellen ist. Oft geht ein Hund, der im Alter von einem Jahr schon sehr schön harmonisch dasteht, nachträglich noch völlig «aus den Fugen». Andererseits kann einer mit zwölf Monaten eher «schäbig» aussehen und dann doch zum prächtigen Erwachsenen gedeihen. Urteile in der Jugendklasse dürfen deshalb nur als vorläufig angesehen werden. Das Ausstellen des jungen Hundes wird oft mit Recht mehr als Vorbereitung für später gesehen, als ein Angewöhnen an den Ausstellungsbetrieb. Die beste Zeitspanne, einen Berner auszustellen, liegt zwischen drei und sechs Lebensjahren.

Die gültigen Bewertungen in den einzelnen Klassen (Formwerte) sind:

Vorzüglich: (v.)	Hunde, die dem Rassestandard in vollendeter Weise entsprechen, in allen Formen grösste Vollkommenheit aufweisen und dem Idealtypus am nächsten kommen.
Sehr gut: (sg.)	Hunde, die den Rassekennzeichen in hohem Grade entsprechen und deren anatomischer Bau als nahezu fehlerfrei angesprochen werden kann, die jedoch trotz edler und beachtenswerter Formen nicht an die höchste Qualifikation heranreichen.
Gut (g.):	Hunde, die im allgemeinen den Rassekennzeichen hinreichend entsprechen, jedoch kleinere Mängel aufweisen.
Genügend: (gen.)	Hunde, die den Rassenkennzeichen noch entsprechen.
Ungenügend: (ungen.)	Hunde, die dem Standard nicht entsprechen oder mit groben Wesensfehlern behaftet sind.

Alle Hunde erhalten nach der Einzelbewertung einen schriftlichen Richterbericht, auf dem ihre Vorzüge und Mängel sowie die endgültige Formwertnote festgehalten sind.

Die schönsten Hunde jeder Klasse kommen anschließend ans Einzelrichten noch einmal in den Ring und werden in der Reihenfolge ihrer Qualitäten geordnet: Es erfolgt die Rangierung oder Plazierung. Die vier besten erhalten zusätzlich zur Formwertnote noch einen Platz oder Rang zugesprochen, z. B. v1 (= vorzüglich 1), v2, v3, v4 oder in der Jugendklasse entsprechend z. B. sg1, sg2, etc. Der schönste Rüde und die schönste Hündin der Jugendklasse erringen mit dem 1. Rang üblicherweise den Titel Jugendsieger.

Die erstplazierten Hunde der offenen und der Siegerklasse konkurrieren jeweils miteinander um die verschiedenen zur Verfügung stehenden Titel. Diese variieren je nach Art der Ausstellung und werden vorher in der Ausschreibung bekanntgegeben. Es gibt Titel, die vom zuständigen Rasseklub verliehen werden, andere, die eine einzelne Untergruppe vergibt, dann solche, die ein Landesverband ausschreibt und weitere, u. a. internationale Titel. Ein und derselbe Hund kann somit an einer einzigen Ausstellung gleich mehrere Auszeichnungen zusammen zugesprochen bekommen. Einige Titel werden direkt an einer bestimmten Ausstellung vergeben, für den Titel der nationalen Schönheitssieger oder des Internationalen Schönheitschampions müssen dagegen mehrere Anwartschaften gewonnen werden, d. h. derselbe Rüde oder dieselbe Hündin müssen mehrere Male als Schönste ihres Geschlechts bezeichnet worden sein.

Titel, die ohne Anwartschaften auf bestimmten Ausstellungen an einem einzigen Tag errungen werden können:

In der Schweiz vergibt der Klub für Berner Sennenhunde jedes Jahr nach einem bestimmten Punktsystem den Titel des Klubsiegers für je den schönsten Rüden und die schönste Hündin. Wird eine eigene Zuchtschau für Berner Sennenhunde durchgeführt (etwa alle drei Jahre) erhalten der schönste Rüde und die schönste Hündin je den Titel des Zuchtschausiegers bzw. der -siegerin.

In der Bundesrepublik Deutschland ernennen die Landesgruppen des SSV an ihren Zuchtschauen den jeweiligen Landesgruppensieger. Bundessieger wird ein Hund, der an der jährlichen Bundessiegerschau der Beste ist, Europasieger derjenige, der an einer als Europasiegerschau bezeichneten Ausstellung der Erste wird. An der jedes Jahr in demjenigen FCI-Land durchgeführten Welthundeausstellung, das den Kynologischen Weltkongress der FCI durchführt, wird der Titel des Weltsiegers vergeben.

Titel, für die mehrere Anwartschaften (erste Plätze) erforderlich sind:

Dazu gehören die nationalen Schönheitssieger und der Internationale Schönheitschampion.

Herausragende Hunde, die an drei verschiedenen Ausstellungen in ihrem Lande, davon mindestens zwei internationalen, unter mindestens zwei verschiedenen Richtern im Zeitraum von wenigstens einem Jahr Erste geworden sind und dort das CAC (Certificat d'Aptitude au Championat) zugesprochen bekommen haben, sind dann nationaler Champion, also z. B. «Schweizer Schönheits-Sieger» oder «Österreichischer Schönheits-Sieger».

Für den Titel des VDH-Champions (Sieger des Verbandes für das Deutsche Hundewesen) sind 4 Anwartschaften im Zeitraum von mindestens 12 Monaten notwendig.

Für den begehrten Titel «Internationaler Schönheits-Champion» sind vier CACIB (Certificat d'Aptitude au Championat International de Beauté) nötig. Diese Auszeichnungen müssen in drei verschiedenen Ländern unter drei verschiedenen Richtern errungen werden. Eines der vier CACIB muss im Lande des Wohnsitzes des Eigentümers oder im Ursprungsland der Rasse erlangt worden sein.

Für den jeweils zweitbesten Hund kann das Reserve-CACIB bzw. Reserve-CAC verliehen werden, wenn er so überragend ist, dass er den Anwartstitel errungen hätte, wäre der vor ihm plazierte Hund nicht anwesend gewesen. Ist dieser schon Inhaber des Titels, wird diesem zweitbesten Tier der Reserve-Titel wie ein CACIB oder ein CAC angerechnet.

Einzelne Ausstellungsleitungen kündigen in ihren Ausschreibungen auch noch die Verleihung der Titel BOB (Best of Breed) und BOS (Best of Show) an. Für den Titel des «Best of Breed» (= Bester der Rasse) werden jeweils der erstplazierte Rüde und die erstplazierte Hündin der Rasse miteinander verglichen und das bessere der beiden Tiere bestimmt. Dieses tritt dann mit den jeweils schönsten Vertretern der an dieser Ausstellung anwesenden Rassen vor einem Richtergremium zur Konkurrenz um den Titel des schönsten Hundes der Ausstellung (Best of Show) an. Bei der Vergabe dieses Titels ist allen Beteiligten klar, dass Hunde verschiedener Rassen eigentlich nicht so ohne weiteres verglichen werden können. Diese feierlichen Ausscheide dienen denn auch vor allem als Publikumsattraktion.

Die Vergabe all dieser Titel hat auch ihre Schattenseiten: Sie rückt immer nur einen einzelnen Hund in den Mittelpunkt und viele, vielleicht ebenbürtige Tiere, müssen hintenangestellt werden. Zum Erreichen des Titels «Internationaler Schönheitschampion« z. B. braucht es nicht nur einen schönen Hund, sondern auch viel Ausstellerfleiss: Der Hund muss ja viermal in drei verschiedenen Ländern der Schönste gewesen sein. Nicht alle Hundebesitzer haben den Ehrgeiz, die Zeit oder das Geld, den ganzen Aufwand auf sich zu nehmen. Dann gibt es auch ausstellungserfahrene Leute, die sehr genau wissen, zu welchen Ausstellungen sie mit ihrem Hund fahren müssen, um eine kleine Konkurrenz anzutreffen, so dass das CACIB dann verhältnismässig leicht errungen werden kann. Der Kenner lässt sich nie von einem Titel blenden. Er lernt selber beobachten und urteilen. Dabei entdeckt er vielleicht Hunde, die nur deshalb keine grossartigen Auszeichnungen haben, weil ihr Besitzer sie nur ein- oder zweimal ausgestellt hat. Es genügte ihm, dass ein Richter den Hund als «vorzüglich» einstufte. Besonders für Hündinnenbesitzer, die zu züchten beabsichtigen, ist dies wichtig, denn ein «Sieger» passt vielleicht überhaupt nicht zu ihrer Hündin, und sie sollten sich unbedingt einen andern Rüden auszusuchen wissen, wenn sie qualitätsvolle Nachkommen erhalten wollen. Trotz dieser negativen Aspekte sind die Titel als Ansporn wichtig und ehren Besitzer und Züchter. Man muss nur damit umzugehen lernen.

Zuchtgruppenwettbewerbe

Damit soll gegenüber der Herausstellung eines einzelnen Hundes ein Ausgleich geschaffen werden. Der beste Züchter ist ja nicht der, der neben lauter «Nieten» zufällig einmal ein Supertier hervorbringt, sondern derjenige, der gleichmässig gute Hunde züchtet. Darum haben auf jeder Ausstellung die Züchter Gelegenheit, unter den ausgestellten Hunden ihrer Zucht mindestens drei auszuwählen und zu einer Gruppe zusammenzustellen. Diese wird dann in Konkurrenz mit anderen vor allem hinsichtlich ihrer qualitätsvollen Ausgeglichenheit beurteilt und rangiert. Dabei hat es als besonders wertvoll zu gelten, wenn die ausgewählten Tiere nicht etwa alle aus einem Wurf stammen, sondern unterschiedlicher Abstammung sind, so z. B. Mutter, Tochter, Cousin oder Grossvater, Enkel, Halbbruder o. ä. Der Züchter weist mit einer solchen Gruppe dann nach, dass er einen einheitlichen Typ züchtet und nicht nur zufällig drei sehr gute, einander ähnliche Tiere hat. Das ist wichtig.

Auf internationalen Ausstellungen stehen Zuchtgruppen verschiedener Rassen in Konkurrenz. Wie bei der Wahl des «Best of Show» ist der Vergleich von Hunden unterschiedlicher Rassen natürlich problematisch, aber es lassen sich schon einige objektive Gesichtspunkte zugrunde legen, und die Zuchtgruppenrichter sind speziell ausgebildete Fachleute. Auf alle Fälle ist die Teilnahme eine schöne Werbung für die Rasse und den Züchter. Alle Gruppen werden der Reihe nach rangiert.

Auf Ausstellungen (Schauen), die der Rasseklub veranstaltet, stehen sich dann nur mehrere Bernergruppen gegenüber. Auch hier ist die gute Plazierung eine wertvolle Anerkennung für den Züchter.

Kleinen Züchtern, die nur mit einer oder zwei Hündinnen züchten, macht es oft Mühe, eine Zuchtgruppe zusammenzustellen, weil die Nachkommenzahl relativ gering ist und nur wenige Tiere ausgestellt werden. Sie sollten es trotzdem versuchen.

Wenn der Berner Sennenhund zu einer Ausstellung geht

Berner Sennenhunde brauchen wenig Aufwand, um auf einer Ausstellung im schönsten Staate dazustehen. Das Wenige aber muss getan werden. Ungepflegte Hunde sind keine Augenweide.

Ist der Hund verschmutzt, muss er gebadet werden, zum allermindesten sind alle weissen Stellen zu waschen (Hunde-Spezialshampoo verwenden!). Muss man ihn ganz baden, sollte dies unbedingt etliche Tage vor der Ausstellung geschehen, damit sich das Haar wieder legen kann, sonst wirken viele Berner wie aufgeplusterte Vögel ohne Form, besonders, wenn sie gewelltes Haar haben. Wer ein wirklich schön glänzendes Fell erreichen möchte, bürstet den Hund einige Wochen lang täglich.

Fransen an den Pfoten werden rechtzeitig zurückgeschnitten, so dass die Pfoten rundlich aussehen, dasselbe geschieht mit übermässigem Haar an den Ohren. Man nehme nicht zu viel auf einmal weg, damit keine Stufen entstehen. Das muss man ausprobieren. Hunde, die in Härung stehen, sollte man nicht ausstellen, denn das schöne Haar gehört unbedingt zum schönen Hund. Glänzt das Fell überhaupt nicht oder nur mässig, ist die Fütterung zu überprüfen. Möglicherweise fehlt ein bestimmter Wirkstoff. Verschiedenen Mitteln wird eine besonders günstige Wirkung für ein schönes glänzendes Fell zugeschrieben: ein Esslöffel Hirseflocken ins tägliche Futter, Weizenkeimflocken, Hefetabletten, Lebertran, Eigelb, Meeralgen und weitere Produkte, die beim Tierarzt oder in Tierhandlungen zur Fellaufbesserung erhältlich sind. Wir können für keines dieser Mittel eine unmittelbare Wirkung bezeugen, völlig absprechen kann man sie ihnen aber auch nicht. Am meisten schadet der Fellfülle der ständige Aufenthalt in geheizten Räumen. Hunde, die auch im Winter viel an frischer Luft sein können, haben immer das bessere Haar, vorausgesetzt, sie werden öfters gekämmt und gebürstet, sonst bleibt das Fell eher etwas stumpf.

Ganz wichtig ist, dass das Vorführen im Ring vorher zu Hause geübt wird. Nur wenn der Hund einige Befehle kennt und innere Sicherheit gewinnt, weil er fühlt, was der Meister von ihm will, wird er sich im Ring frei und natürlich verhalten. Der kluge Mann und die kluge Frau schauen sich deshalb vorher auf einer Hundeausstellung genau an, wie die Vorgänge im Ring ablaufen und wie ein Hund vorgeführt werden muss, damit er sich möglichst vorteilhaft zeigt. Leider werden Berner Sennenhunde allzuhäufig schlecht präsentiert. Die Tiere sind unruhig, streben nach allen Seiten weg, stehen schlacksig da, setzten sich ständig hin und wissen überhaupt nicht, was von ihnen erwartet wird. Das liegt immer am Meister, nicht am Hund. Es lohnt sich daher, sich auch etwas bei andern Rassen abzuschauen, bei denen das Ausstellen und Vorführen fast wie eine Kunst gepflegt wird.

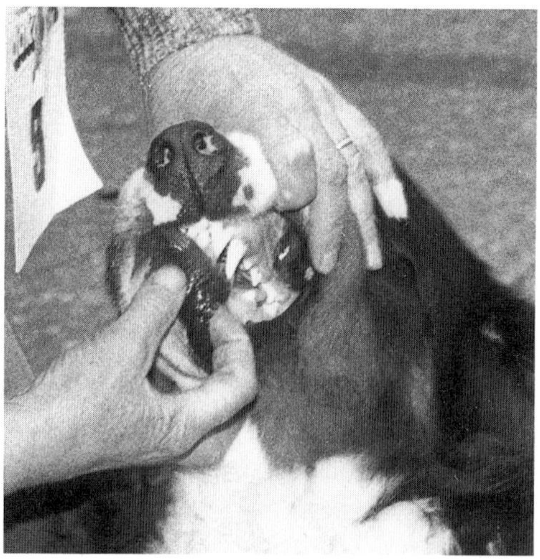

Zähne zeigen muss zu Hause geübt werden.

Zuerst ist das Zähnezeigen zu üben. Man gewöhne den Hund von klein auf daran. Dazu genügt es, dass man ihm öfters das Maul mit den Fingern öffnet und hineinschaut, stets ruhig und ohne jede Gewalt. Ist er daran gewöhnt, wird vor einer Ausstellung das exakte Zeigen des Gebisses geübt, bis es wie im Schlafe geht. Dazu sitzt der Hund am besten. Zuerst werden bei geschlossenem Fang die Lefzen im Schneidezahnbereich nach unten und oben geschoben (Gebissschluss, Schneidezähne). Dann wird zuerst die eine, dann die andere Seite gezeigt (Prämolaren, Molaren), unten und oben. Dazu wird der Fang etwas geöffnet und die Lefzen nach unten und nach oben angehoben. Zuletzt ist der Fang so weit zu öffnen, dass der Richter auch sehen kann, ob im Unterkiefer ganz hinten die kleinen Molaren 3 da sind.

Ausser dem Zähnezeigen sind es vor allem zwei Dinge, die Hund und Besitzer eingeübt haben müssen: Das ruhige und vorteilhafte Stehen und das gelöste Traben. Es kann durch Übung erreicht werden, dass ein Hund gerade auf seinen vier Läufen steht, gespannt und voller Aufmerksamkeit, den Kopf erhoben. Bei jedem muss ausprobiert werden, wie man dieses Ziel am besten erreicht. Einige Tiere präsentieren sich besonders schön, wenn sich der Besitzer vor sie hinstellt und leise mit ihnen spricht, andere, wenn er sie an die Seite nimmt und am Hals oder der Flanke krault. Der Aussteller konzentriere sich während des Richtens auf seinen Hund, nicht auf den Richter. Nur so kann er feststellen, ob das Tier richtig, d. h. gerade auf seinen vier Läufen mit korrekt nach vorn gerichteten Pfoten steht. Wenig Sinn hat es, an einem Hund, der nicht schön steht, herumzuziehen und zu schieben. Man mache mit ihm an lockerer Leine ein paar Schritte vorwärts oder eine leichte Wendung und lasse ihn aus dem Gehen heraus neu stehen. Der Hund sollte zum Stehen einen Befehl kennen, so dass er auch im Ring weiss, was von ihm erwartet wird.

Da jedes Tier ebenfalls in der Bewegung beurteilt wird, muss auch das Laufen geübt werden. Das Traben im Ausstellungsring hat nichts zu tun mit dem «Gehen bei Fuss» auf einem Dressurplatz, ja dieser Befehl ist für den Hund jetzt nur hinderlich. Wird Bei-Fuss-Gehen gefordert, hat sich der Hund in jedem Fall dem Tempo des Meisters anzupassen und möglichst hauteng an seinem Knie zu gehen. Viele laufen dabei sehr unregelmässig oder schief. Die Schönheit der Bewegung spielt bei dieser Übung keine Rolle. Anders ist es im Richterring. Hier soll die Bewegung möglichst locker, harmonisch und gleichmässig aussehen. Dazu ist schon eine gewisse Distanz zum Führer nötig, damit sich Hund und Meister beim Traben nicht stören. Der Hund wird deshalb mit Vorteil an etwa senkrecht gehaltener Leine etwas entfernt vom Knie geführt. Ganz wichtig ist auch, dass diesmal der Hund das Tempo angibt. Der Trab muss zügig und locker sein und die Pfoten dabei geradlinig vorgesetzt werden. Welches Tempo für einen schönen Vorführtrab das beste ist, muss zu Hause ausprobiert werden. Hunde, die sofort in Galopp fallen, müssen etwas langsamer geführt werden, solche, die gerne im Passgang gehen, etwas schneller. Der Befehl ist nun auch nicht mehr «Fuss», sondern etwas anderes, z. B. «lauf». Wird zuhause das Laufen trainiert, wird man bald entdecken, dass Hunde es sehr lieben, zügig zu traben, wenn der Meister locker nebenher läuft und sich ihrem Tempo anpasst. Diese Übung macht Spass. Der Körper strafft sich, der Kopf wird erhoben. Ein Hund, der ein Befehlswort kennt, wie «lauf» oder ähnliches, wird im Ring sofort begreifen, was zu tun ist und sich richtig in Bewegung setzen, wenn es von ihm verlangt wird.

Bei Hunden, die an Ausstellungen gewöhnt sind, hat man oft das Gefühl sie wüssten, worauf es ankommt. Sie stellen sich so selbstsicher hin, dass man glauben könnte, sie spürten, dass sie schön sind. Genau das soll erreicht werden, indem man mit den Auszustellenden vorher übt und ihnen die nötige Sicherheit vermittelt.

Diese schöne Hündin wird so vorgeführt, dass sie ihr gutes Gangwerk zeigen kann: Mit der etwa senkrecht gehaltenen Leine wird sie aufgemuntert, das Ende ist in der Hand und baumelt nicht herum. Das Tempo der beiden stimmt überein. Die Hündin wirft das linke Vorderbein energisch nach vorn und setzt dabei den rechten Hinterlauf gut unter den Körper, stützt mit dem rechten Vorderbein weit unter dem Rumpf ab, während der linke Hinterlauf nach hinten schwingt. Das energische Strecken der Gelenke bringt Raumgewinn. Rücken- und Lendenpartie sind gespannt. Sie läuft freudig, was an der seitlich schwingenden Rute zu erkennen ist.

Wesen und Charakter des Berner Sennenhundes

Ist es schon nicht einfach, das Aussehen eines Hundes eindeutig und unmissverständlich zu beschreiben, wird es noch schwieriger, seine Wesensart und seinen Charakter klar zu umreissen, denn in erster Linie ist jeder Hund zunächst ganz einfach Hund. Das Gemeinsame zwischen allen Rassen überwiegt weit die sich abzeichnenden Unterschiede. In jedem Hunde schlummert noch das einstige Laufraubtier, das grosse Lust am Verfolgen und Fassen einer fliehenden Beute empfindet. In jedem von ihnen lebt das Bedürfnis, sich einem Rudel und einem überlegenen Führer anzuschliessen oder sich selbst zum Führer zu erheben. In jedem Hunde schlummet auch noch ein kleines Stücklein von der Furcht, die das wilde Tier einst vor Gefahren warnte und zur Flucht antrieb. Ebenso ist in jedem auch der Drang geblieben, seine Jungen, sich selbst, sein Revier und auch die Rudelgenossen mit scharfen Zähnen gegen Feinde zu verteidigen. Wenn der Mensch bei seinem ihm angepassten und freundlich-zahmen Kameraden über lange Zeiten hinweg überhaupt nichts mehr von diesen einst so wichtigen und lebenserhaltenden Urbedürfnissen merkt, liegt es nicht daran, dass sie gänzlich verloren gegangen oder weggezüchtet sind, sondern dass sie ganz einfach nicht erweckt wurden und tief innen schlafen. Besondere Reize und Umstände können sie jederzeit in irgendeiner Form auferstehen lassen. In dieser Hinsicht unterscheidet sich der Berner Sennenhund in nichts von anderen seiner Art. Es liegt ganz in der weise vorausschauenden Verantwortung seiner Meistersleute, diese Urneigungen nicht durch Versuchungssituationen aufwachen zu lassen, denn einmal erweckt, ist es schwierig, sie wieder zum Abklingen zu bringen. Hunde, die einst auf dem Bauernhof Schwierigkeiten machten, jagten oder nicht schon in zartem Alter bereit waren, Geflügel und andere Tiere in Ruhe zu lassen, wurden kurzerhand abgetan. Durch diese fortwährende Selekton sind viele Urinstinkte beim Berner Sennenhund nicht mehr unmittelbar an der Oberfläche, doch sie sind immer noch da. Dem muss auch beim liebsten und dem Menschen angepasstesten Hausgenossen Rechnung getragen werden. Zur Schwierigkeit, dass sich die verschiedenen Hunderassen in ihrem Verhalten viel ähnlicher sind, als man gemeinhin wahrhaben will, kommt beim Versuch einer gültigen Wesenscharakterisierung einer bestimmten Rasse noch der Umstand hinzu, dass jeder Hund stark von seiner Umwelt geprägt wird. Eine unterschiedliche Umgebung kann aus zwei gleich veranlagten Individuen völlig verschiedene machen. Der Hund, der auf einem einsamen Hofe aufwächst, wo nur selten ein fremder Mensch auftaucht, wird sich anders entwickeln als jener in der Großstadt, der täglich durch Menschenmengen geht. Bei einem Tier, das zu dem Eindruck erzogen wird, es sei in seiner Familie der Rudelführer, dessen «Willen und Wünschen» sich nie ein wirkliches Hindernis in den Weg stellt, wird sich ein völlig anderes Verhalten ausbilden als bei einem, das gelernt hat, sich unterzuordnen und von starker Hand geleitet zu werden.

Als dritte Schwierigkeit, Gültiges für eine ganze Rasse zu formulieren, kommt hinzu, dass jeder Hund eine eigene Persönlichkeit ist, ein Individuum, dem kein anderes gleicht. Jeder, der das Glück hatte, mit mehreren Hunden eine Weile zusammen zu leben, bezeugt – fasziniert oder verärgert, je nachdem – dass jedes Tier anders auf die Welt einging und anders verstanden werden musste als seine Genossen. So gibt es «den typischen Berner Sennenhund» eigentlich gar nicht, so wenig, wie es unter den Menschen «den typischen Schweizer» gibt. Es gibt nur Dürrbächler-Persönlichkeiten. Trotzdem besitzen Berner Sennenhunde gewisse Wesensmerkmale, oft mehr oder weniger ausgeprägt, die als zur Rasse gehörig betrachtet werden können und die dem Hundefreund im Unterschied etwa zu Schäfer- oder Jagdhunden an ihnen auffallen. Wenden wir uns zuerst den geschichtlichen Beschreibungen zu.

Historische Beschreibungen

Die schönsten Beschreibungen des Sennenhund- und speziell des Dürrbächlercharakters finden wir in Heims Schrift von 1914: «Die Schweizer Sennenhunde». Zuerst beschreibt er die allen Sennenhunden gemeinsamen Eigenschaften:

«Kurz ein Wort über die Charaktereigenschaften der Schweizer-Sennenhunde überhaupt.

Ihre sehr alte Domestikation gibt sich darin zu erkennen, daß sie viel leichter für den Hausgebrauch oder die Arbeit bei der Herde zu erziehen sind, als manche andere Rasse. Sie bedürfen keiner besonderen Dressur um etwas Tüchtiges zu werden. Unbestechliche Treue und Wachsamkeit, höchste Aufmerksamkeit wird ihnen überall nachgerühmt. Viele entwickeln in Schutz und Wache ganz besondere Intelligenzen, z. B. im Halten von Pferden, Bewachen des Wagens, Kennen von genauen Eigentumsgrenzen, Schützen von Kindern, Beschützen der weiblichen Ehre. Allen ist mehr oder weniger das Viehtreiben und das Suchen von verlorenem Vieh angeboren. Es braucht dazu nur Gelegenheit und Beispiele, keine besondere Dressur. Durch Generationen hindurch lebten diese Hunde bei Metzgern, Viehhändlern, Sennen, Bauern, wo sie dies einübten, bis es sich fixierte ... Alle Schweizer-Sennenhunde, auch die Größten, sind sehr temperamentvoll, unermüdlich lebhaft und ausdauernd bei der Arbeit. Sie gehen meist sehr gut beim Fuß und hinter dem Wagen. Sie sind, wenn nicht in der Jugend verdorben, hühner- und katzenfromm, furchtlos aber keine Raufer. Vor allem sind die Sennenhunde treue, allseitig anpassungsfähige, sehr intelligente, verständnisvolle, liebenswürdige und schöne Haushunde. Wer sie aus Erfahrung kennt, ist stets des Ruhmes voll. Bei allen Hunderassen kommt es als Ausnahme vor, daß gelegentlich ein einzelnes Tier auch in seinem Charakter aus der Rolle fällt. Dieser Vorbehalt ist auch bei den Sennenhunden zu machen. In solchen Fällen läßt sich manchmal als

Ursache eine falsche Erziehung erkennen, es gibt aber auch als seltene Ausnahme Tiere, die trotz guter Erziehung ganz mißraten – abtun!»

Um den Berner Sennenhund genau beschreiben zu können, hat sich Heim dann offenbar an Tierarzt Dr. Scheidegger in Langenthal gewandt, der das Wesen dieser Hunde aus dem Alltag kannte und als Tierarzt auch vergleichend einzuschätzen vermochte. Dr. Scheidegger beantwortete Heims Anfrage mit einem langen Brief, den dieser, nur wenig ergänzt, wörtlich in seine Schrift aufnahm:
«Der richtige Dürrbächler ist in seinen Eigenschaften und seinem Wesen der schweizerischen Landwirtschaft angepaßt, wie keine andere Rasse. Nach dem Begriffe eines Bauern ist ein Hund *«gut»*, wenn er wachsam und scharf ist ohne zu beißen, beim Ausgehen beim Fuß folgt, beim Wagen zwischen den beiden Hinterrädern und nicht in den Kulturen herumläuft, den Meister im Notfalle verteidigt, auf dem Felde liegen gelassene Gegenstände bewacht, nicht wildert, Katzen und Hühner in Ruhe läßt, nicht herumvagiert. In gebirgigen Gegenden werden die Eigenschaften des Viehhütens und Viehtreibens, im Unterland dagegen mehr die Eignung zum Zugdienste geschätzt. Es ist sehr bemerkenswert, das viele Sennenhunde allen diesen Forderungen oft ohne besondere Ausbildung dazu gerecht werden.

Die Wachsamkeit insbesondere ist ein scharf hervortretender Zug, ebenso das Folgen beim Fuß des Meisters, das sich viele vollständig aus eigenem Antriebe zur Pflicht machen. Wo ein Berner-Sennenhund dem einen oder andern Programmpunkte nicht von selbst nachkommt, ist es meistens ganz leicht, in ihm das Fehlende auszubilden. Verlangt man aber vom Dürrbächler anderes, als in seinem vielhundertjährigen Pflichtenhefte steht, z. B. Polizeihundedressur, Wasserdresur, Jagdhunddressur, so scheitern gewöhnlich alle derartigen Bemühungen an einer offenkundigen Abneigung und Verständnislosigkeit des Hundes.»

Dr. Scheidegger fährt fort: «Die Herkunft, das Milieu, aus dem die Sennenhunde stammen, ist auch in ihrem Benehmen erkennbar. Sie sind darin recht ländlich und feine Manieren besitzen sie im allgemeinen nicht von selbst. Daraus darf indessen nicht gefolgert werden, daß denselben in der Jugend nicht auch wie andern Hunden «Bildung» beigebracht werden könnte. Der Appell läßt oft zu wünschen übrig. Der Sennenhund ist oft ein entfesselter Draufgänger, der auch seine Tugenden oft mit einem gewissen Ungestüm ausübt. Zum Glück werden diese Hunde in einem gewissen Alter ruhiger, verständig und sehr viele werden gerade so wie man sie gerne hat. Das hier landläufige Wort ist am «Dürrbächler» geworden: Drei Jahre ein junger Hund, drei Jahre ein guter Hund, drei Jahre ein alter Hund.

Der Hund ist, was die Menschen aus ihm gemacht haben, an seinen allfälligen Fehlern erkennt man mehr die Fehler des Lehrmeisters als angeborene Untugenden des Zöglings. Ein Berner Sennenhund, mit dem sich Menschen viel abgeben, lernt mit seiner Intelligenz und seiner Freundlichkeit viele Dinge, die nicht im alten Bauernprogramm enthalten waren. Gute Berner Sennenhunde schließen sich besonders Schulkindern oft als treueste Gespielen an und lernen dann auch apportieren, Korbtragen und allerlei Sachen, die ihnen nicht ererbt inneliegen. Sie sind sehr aufmerksam, sie beachten alles, sie liefern Beweise höchster Intelligenz und Überlegung, sie sind sehr lebhaft und beweglich, sie sind sehr anhänglich, liebevoll und treu und sie sind, wie alle Sennenhunde, ohne jede Hinterlist. Sie sind kühn und furchtlos, aber keine Raufer. Das alles sind durchgreifende, uralt erzüchtete und vererbte Rasseneigenschaften.

Orientierungsvermögen und feiner Geruch fehlen nicht.

Wie der «Appenzeller» und der «Entlebucher» findet auch der Berner Sennenhund verlorenes Vieh, treibt es auf dem Melkplatz zusammen, besorgt die Einstallung, treibt auf der Straße. Dabei stößt der Berner Sennenhund wie der «Appenzeller» so viel wie möglich nur mit der Schnauze an das Rind, ohne zu fassen. Bei Ungehorsam des Rindes packt er nicht wie der flinkere, kleinere stets sicher nach dem Zwick ausweichende Appenzeller in der bequemen Höhe, sondern ganz tief unten am Fuß, so daß der Fußschlag des Rindes über den Hund hinaus in die Luft trifft. Im Notfall packt der Berner Sennenhund das Rind auch an den Nüstern.

Ganz besonders zeigt die Sennenhundeeigenschaft sich auch bei den «Bernern» in ihrer Leichtfuttrigkeit. Sie nehmen mit allem vorlieb, sie fressen hastig auf ihre besondere Art. Sie sind enorm wetterfest, zähe und ausdauernd.

Dank ihrer Mittelgröße, ihrer Wetterfestigkeit, ihres geringen Anspruches an Bewegung, ihrer gewissen Selbstdressur *und ihrer vortrefflichen Haushundeigenschaften*, sowie ihrer *Schönheit* sind sie berufen, immer mehr zum Haus- und Begleithund zu werden. Es ist eine dankbare Aufgabe der Züchter, einerseits die vielen guten Eigenschaften der «Dürrbächler» zu erhalten, und andererseits nicht nur ihre äußere Form und Farbe, sondern auch ihr Benehmen zu veredeln.»

Wir dürfen dieser Beschreibung nicht mehr, aber auch nicht weniger Bedeutung zumessen, als ihr zukommt: Sie ist in erster Linie ein historisches Dokument.

Einiges mag allzu ideal gesehen worden sein, doch darf man nicht ausser acht lassen, dass die Ausführungen über die Sennenhunde ja sozusagen als Werbeschrift vorgesehen waren, womit ein möglichst grosser Kreis für sie gewonnen werden sollte. Um zu erfahren, welche Eigenschaften zur damaligen Zeit am Dürrbächler geschätzt wurden, gibt es keine besseren und anschaulicheren Darstellungen. In diesem Sinne haben sie heute noch Gültigkeit.

Vom historischen zum modernen Berner Sennenhund

Seit Heim in seiner Schrift die wesentlichsten Eigenschaften des Dürrbächler-Hundes so anschaulich beschrieben hat, sind mehr als 75 Jahre vergangen. Die seither betriebene Reinzucht hat nicht nur, was offensichtlich ist, auf die äussere Erscheinung Auswirkungen gehabt, sondern den Charakter mitbetroffen. Das darf bei einer heutigen Betrachtung des Wesens nicht ausser acht gelassen werden.

Mit dem Beginn der stammbuchmässigen Reinzucht wurden die Auswahlkritierien für die Zuchttiere entscheidend verändert. War es früher der zuverlässigste Wächter, der tüchtigste Treiber, der willigste und stärkste Zughund, der als Zuchtrüde oder als Mutterhündin nachgezogen wurde, so war es von der Klubgründung an unzweifelhaft der Hund, der dem angestrebten Schönheitsideal am besten entsprach. Massstab für den Wert eines Hundes waren von diesem Zeitpunkt an nicht mehr die Gebrauchseigenschaften, sondern die Ausstellungsqualifikationen. Ein gutes Wesen war sicher nach wie vor erwünscht, doch wie bei allen Hunderassen, die nicht, wie etwa Jagd- oder Dienstgebrauchshunde, bestimmte Leistungseigenschaften erfüllen mussten, wurde die Bedeutung des Wesens hinter die der äusseren Erscheinung zurückgesetzt. Es waren die «Sieger», von denen man sprach. Was ein Hund sonst daneben war, fand kaum noch Beachtung. Die altgeschätzten Gebrauchseigenschaften wurden somit nicht weiter gefördert, ob sie sich erhielten, war dem Zufall überlassen. Trotzdem haben sich viele dieser Anlagen in den Berner Sennenhunden bis heute erhalten, in einigen Tieren mehr, in andern weniger. Sie müssten nur geweckt werden, um wieder da zu sein.

«Unbestechliche Treue und Wachsamkeit, höchste Aufmerksamkeit wird ihnen überall nachgerühmt».

Bis nach dem zweiten Weltkrieg war jeder Züchter in der Schweiz in der Wahl seiner Zuchttiere vollständig frei. Obwohl schon in den Anfängen der Zucht einige Züchter, in erster Linie Dr. Scheidegger in Langenthal und wohl auch einige andere, darauf achteten, nur mit charakterlich einwandfreien Tieren zu züchten, gab es in dieser Hinsicht keine allgemeine Kontrolle. Die Ansichten darüber, was ein guter und was ein schlechter Berner sei, waren früher ohnehin sehr verschieden. Auf dem Land musste ein Hund nach wie vor in erster Linie ein guter Wächter sein. Ob er dabei aus Misstrauen oder gar Furcht reagierte, wenn sich etwas Fremdes dem Hofe näherte, war nur von untergeordneter Bedeutung, Hauptsache, er bellte zuverlässig. Ein auch Fremden gegenüber allzu gutmütiger und vertrauensseliger «Tscholi» war hier unbrauchbar. Ganz anders lagen die Verhältnisse in städtischen und vorstädtischen Verhältnissen, in die der Berner Sennenhund, seit er bekannt geworden war, Einzug gehalten hatte. Hier brachte ein misstrauischer, fluchtbereiter oder gar aggressiver Hund nur Schwierigkeiten. Als «guter» Hund galt hier der gutmütig-tolerante, der auch einiges an Lärm und Betrieb ertragen konnte.

Mit Beginn der Fünfzigerjahre wurde der Vorstand des Klubs für Berner Sennenhunde zunehmend mit Reklamationen von Käufern konfrontiert, die nebst Mängeln des Exterieurs auch häufig das Wesen der Hunde beanstandeten. Scheue oder allzu aggressive Tiere wurden gemeldet. Der Klubvorstand führte darauf, zuerst auf freiwilliger Basis, die sogenannten Zuchtmusterungen ein. Die Jungtiere mussten einer Kommission vorgeführt werden, die prüfte, ob sie punkto Exterieur und Wesen gewissen Mindestanforderungen entsprachen, um als Zuchttiere überhaupt in Frage zu kommen. Die Erfahrungen waren positiv, so dass die Generalversammlung des Klubs diese Zuchtmusterungen 1957 für alle Zuchttiere als obligatorisch erklärte. Damit griff der Rasseklub nun erstmals aktiv ins Zuchtgeschehen ein. Mit deutlich vom Standard abweichenden und offensichtlich wesensmässig schwachen Hunden konnte im Rahmen des Klubs nicht mehr gezüchtet werden. Nachkommen von zur Zucht nicht anerkannten Tieren wurden nicht mehr ins Schweizerische Hundestammbuch eingetragen und erhielten keine Abstammungsurkunden. Bald zeigte es sich, dass zu einer einigermassen fundierten Beurteilung des Wesens Richtlinien nötig waren. Ein bloss flüchtig gewonnener Gesamteindruck des Richters erwies sich als zu wenig objektiv und verlässlich. So wurde zwischen 1960 und 1965 mit den ersten Wesensprüfungen begonnen. 1976 wurden sie als Bestandteil der «Zuchtmusterungen» oder «Ankörungen» fest eingeführt. Wesensprüfungen bestehen aus einer Reihe von Testsituationen, in denen das Verhalten des Hundes beobachtet und beurteilt werden kann. Schreckhafte, scheue, furchtsame oder gar aggressive Tiere, von denen man annehmen muss, dass sie heutigen Alltagssituationen nicht gewachsen sind, können so erkannt und von der Zucht ausgeschlossen werden. Diese Wesensprüfungen sind inzwischen immer wieder verändert und verbessert worden. Obwohl es auch vorkommt, dass Hunde sich so verhalten, dass sie falsch eingeschätzt werden, haben sich diese Wesensprüfungen doch aufs Ganze gesehen bewährt. Der Anteil an Bernern, die den Anforderungen des modernen Lebens nicht gewachsen sind, hat seither deutlich abgenommen.

Was bei solchen Wesenstests überhaupt nicht geprüft werden kann, sind positive Eigenschaften, die früher am Berner geschätzt wurden, wie etwa der Grad seiner Wachsamkeit, die Bereitschaft, seine Bezugspersonen im Notfall zu verteidigen, sein Verhalten gegenüber anderen Tieren, seine Haustreue, seine Treibhundeigenschaften, seine Zurückhaltung gegenüber Wild etc.

Massstab und Grundidee der wesensmässigen Zuchtauslese zielen einzig darauf hin, Hunde auszuschalten, die dem veränderten Leben unserer Tage nicht gewachsen sind. Wie sehr das auch den Verlust von einst geschätzten Veranlagungen nach sich zieht, kann nur schwer abgeschätzt werden.

Unterschiede zwischen alter und neuer Umwelt

Um den heutigen Berner Sennenhund verstehen zu können, müssen wir uns noch einmal vergegenwärtigen, wie die Bauernhunde im Kanton Bern früher gelebt haben und zum Teil in entlegenen Gebieten auch heute noch unverändert leben. Die hier übliche Siedlungsform und Lebensweise hat ihren Charakter nachhaltig mitgeprägt. Das Emmental wurde 1768 so beschrieben:

«Hier liegen die Bauernhäuser nicht in geschlossenen Dörfern zusammen, sondern in den Tälern, auf den Hügeln und an den Berglehnen zerstreut. Es ist die Regel, dass Ackerland, Matten, Obstgarten, Weide und Holzung ein geschlossenes Ganzes bilden und bloss durch einen Lebhag voneinander geschieden sind...»

Ein mittelgrosser bernischer Bauernhof umfasste in der Grösse bis vor kurzem etwa eine altalemannische «Hube», das ist ein Erfahrungsmass und entspricht etwa 42 Jucharten (14 Hektaren) oder einem Rechteck von ungefähr 350×400 Metern. Soviel Boden musste im frühen Mittelalter ungefähr urbar gemacht werden, um eine Familie durch Ackerbau und Viehwirtschaft ernähren zu können, und ebenso gross war auch «das Reich» des Hofhundes.

Auch die Dörfer sind verhältnismässig locker gebaut. Jeder Hof im Dorf – ein grosses Bauernhaus mit kleineren Nebengebäuden – liegt mitten in seiner Obsthofstatt, den Gärten und oft auch einigen Matten. Aneinandergebaute Häuser kennt man nicht. So ist jedes Haus von einer deutlich festgelegten und üblicherweise nur von den Bewohnern zur Bearbeitung betretenen Zone umgeben. Bevor die modernen landwirtschaftlichen Maschinen eingeführt wurden, hatte jeder Dorfhund ein klar begrenztes Heimrevier, innerhalb dessen er volle Freiheit genoss. Es trug die Duftmarken seiner Leute und der auf dem Hof lebenden Tiere. Diese Grenzen konnte schon der Welpe kennenlernen, wenn er etwa einem Hausbewohner bei einer Besorgung nachlief. Sie blieben sein ganzes Hundeleben lang am festgelegten Ort bestehen und wurden kaum von Aussenstehenden übertreten. Für einen Berner Bauern oder eine Bäuerin, die etwas auf sich hielt, wäre es früher eine Schande gewesen, sich nicht vollständig selbst zu versorgen und auf die Nachbarn angewiesen zu sein. So bestand zu normalen Zeiten wenig Personenverkehr zwischen den einzelnen Höfen, auch nicht im Dorf.

Der König des Hofes.

Auf einem solchen Hofe lebte bis gegen die Mitte des letzten Jahrhunderts ein Tierbestand von vier bis sechs Milchkühen, sechs bis acht ein- und zweijährigen Rindern und zwei bis drei Milchkälbern, hie und da auch ein Zuchtstier oder ein bis zwei Ochsen. Dazu wurden, je nach Lage des Pferdemarktes, auch zwei bis vier Stuten und ein bis zwei Fohlen gehalten, dazu auch einige Schweine verschiedener Altersstufen und häufig auch ein paar Schafe. Immer war eine Hühnerschar vorhanden, manchmal darunter auch einige Enten, die sich frei ums Haus herum einen Teil ihrer Nahrung zusammenpickten. Der Tierbestand war also vor der Einführung der Käsereien, mit der vielerorts der Beginn der reinen Stallhaltung verknüpft war, nicht sehr gross. Der Hofhund wuchs mit diesen Tieren auf, mit ihnen hatte er im Frieden auszukommen. Er hatte sie zu beschützen, darauf zu achten, dass sich keines über die Hofgrenzen hinaus verlief oder ein verirrtes Fremdes in das so klar umgrenzte «Reich» eindrang.

Bevor nach dem zweiten Weltkrieg die Technisierung der schweizerischen Landwirtschaft ganz neue Arbeitsmethoden mit sich brachte, lebte auf jedem Hof eine grössere Gemeinschaft. Ausser dem Bauern und der Bäuerin mit ihren Kindern waren meist auch noch die Eltern und häufig unverheiratete Geschwister, ein bis zwei Mägde, ein Melker, ein Pferdeknecht und manchmal weitere Bedienstete im Haus. Die Zusammensetzung der Hofgemeinschaft blieb oft jahrelang gleich, so dass der Hund fest darin eingebunden war.

Ein typisches Gehöft mit Bauernhaus, Stöckli und Nebengebäuden inmitten des zugehörigen Obstgartens; das frühere Reich der Berner Bauernhunde.

Üblicherweise beschäftigen sich alle ein wenig mit ihm: Der Melker nahm ihn mit zum Heimholen der Kühe, der Bauer für einen Gang übers Feld, der Güterbub begleitete ihn in die Käserei, mit der Magd konnte er zur Pflanzung gehen, die Frau tolerierte ihn in der grossen Küche, wenn sie an der Arbeit war, dem Grossvater, der auf der Terrasse sass, konnte er zu Füssen liegen.

Es war eigentlich immer jemand da, um dem Bäri zu «flattieren» oder ihn an seiner Arbeit im Freien teilhaben zu lassen.

In dem recht grossen und vielseitigen Lebensraum spielte es auch keine bedeutende Rolle, ob der Hund sich vorsichtig oder gar furchtsam unter die Haustür zurückzog, wenn Fremde nahten, die Hauptsache war, er bellte. Da die Hunde genügend Bewegungsfreiheit hatten, kam es selten vor, dass einer einen Eindringling angriff, höchstens vielleicht, wenn jemand das Wohnhaus betreten wollte, denn Hausierer, Boten, Kinder, die etwas auszurichten hatten, wurden meist unter der Türe empfangen, und daran gewöhnte sich der Hund. Eigentliche Kettenhunde sah man selten. Nur nachts wurden die meisten Hofwächter an eine lange Kette gelegt, an der sie sich zwischen Haus- und Stalltüren bewegen konnten, damit sie den Hof bewachten und nicht etwa läufigen Hündinnen nachstrichen. Da das Haus immer belebt war und ein Hund kaum je wirklich ganz allein bleiben musste, bestand auch wenig Anlass für ihn, umherzustreunen. Richtige Streuner wurden schon immer abgetan, da man keinen Ärger mit Nachbarn oder Behörden wollte.

Bergbauernfamilie beim Imbiss auf dem Kartoffelacker. Bäri ist selbstverständlich mit dabei.

Der Tageslauf eines solchen Hundes war einfach: Wurde er am Morgen von der Kette gelassen, machte er seine Runde ums Haus, um nachzusehen, wer etwa in der Nacht unterwegs gewesen war. Der Hund ging nicht weit, denn bald schon folgte die Fahrt in die Käserei, die er nie verpasste. Er wartete meist beim Wagen. Kam er nach Hause, oft erschöpft, wurde er gefüttert und ruhte sich aus. Tagsüber begleitete er die Einwohner auf ihren Gängen. Wurde er nachmittags an die Kette gelegt, weil die Familie auf entfernten Feldern arbeitete und der Wächter zu Hause bleiben sollte, war das für ihn nicht weiter schlimm, denn er hatte ja schon viel erlebt. Abends folgte noch einmal die Fahrt zur Käserei, vielleicht eine Balgerei mit den Kindern, die Futterzeit, und wenn alle zur Ruhe gegangen waren, schlief auch er. Raufereien zwischen Hunden erlebte man in den Dörfern selten – ausser wenn sich zwei temperamentvolle Helden etwa nachts bei einer Schönen begegneten – denn jeder Hund hatte ja sein klares Revier, und das wurde von den andern respektiert.

Junghunde wuchsen ganz von selbst in diese Welt hinein. Richtiges Verhalten lernten sie schon von ihrer Mutter. Wenn sie sich nicht um Hühner und Katzen kümmerte, spielten auch die Welpen bald daneben, ohne diese zu beachten. Rannte sie einem Fremden bellend entgegen, um ihn erst aufmerksam zu beschnuppern, bevor sie ihn sich der Haustür nähern liess, hielten es ihre Söhne bald ebenso. Da früher meist höchstens zwei Welpen am Leben bleiben konnten, war der Lernprozess noch intensiver. Meist wurden Hunde auch erst viel später verkauft. Lernte ein Junghund nicht durch wenige Einwirkungen der Menschen, was er zu tun und zu lassen hatte, waren seine Tage gezählt.

In dieser Welt ist der Berner Sennenhund so geworden, wie wir ihn heute schätzen: aufmerksam, anhänglich und fähig, sich in eine Gemeinschaft einzuordnen.

95% aller jungen Dürrbachler werden heute in die Stadt oder in nichtbäuerliche Verhältnisse verkauft, wo die Welt vollständig anders ist: Es fehlt der grosszügige Lebensraum, das vielfältige und klar begrenzte Heimrevier. Berner Sennenhunde leben in Einfamilienhäusern, wo der kleine Ziergarten nur am Sonntag benutzt wird, sie wohnen in Blöcken, wo schon vor der Wohnungstür das eigene Revier aufhört. Sie sind nicht mehr einer grossen Gemeinschaft angeschlossen, in der immer einer etwas tut, an dem sich der Bäri beteiligen kann. Meist sind sie tagsüber mit der Hausfrau allein. Viele Menschen gehen ein und aus, von denen der Hund nie recht wissen kann, ob die nun dazu gehören oder nicht. Auf der Strasse begegnet er ganzen Menschenmengen. Vor einem Laden angebunden, muss er es sich gefallen lassen, dass er von Fremden angefasst, gezupft, beklopft oder gestreichelt wird. Überall begegnet er Artgenossen, von denen er nicht weiss, woher sie kommen, wie sie sind. Auf der harten Strasse dröhnt der Verkehr. Es stinkt ihm in die Nase, er kann sich nirgendwo mehr verkriechen wie seine Urahnen einst. Statt am sonntäglichen Gang den Feldern entlang teilnehmen zu können, wird er eng mit den Familienmitgliedern zusammen in ein Auto gestopft und in vollständig fremde Gegenden entführt...

Wir müssen uns das einmal vor Augen halten, um inne zu werden, was ein Hund heute ertragen können muss, wenn er in unserer Gesellschaft, ohne krank zu werden, überleben will! Wenn man es genau überlegt, ist es ein Wunder, dass sich diese einstigen Könige der Höfe überhaupt anpassen konnten! Vielen gelang es ausgezeichnet, sonst wäre der einstige Dürrbächler nicht ein so beliebter Begleit- und Familienhund geworden. Andererseits wird durch die Überlegung auch klar, dass nicht alle Hunde dieser Umstellung gewachsen sind und eine entsprechende charakterliche Zuchtauslese unumgänglich ist. Der Hund, der sich schnell gereizt fühlt, wenn man ihm allzunahe tritt, der Hund, der sich vor vielen fremden Menschen oder grossem Lärm am liebsten irgendwo verkriecht, der Hund, der jeden andern als Rivalen betrachtet, den es zu überwältigen gilt, der Hund, der jeden Familienbesitz auf Gedeih und Verderb zu verteidigen sucht – und sei dies auch ein Kind: Dieser Hund ist in der modernen Gesellschaft im Gegensatz zum früheren Hof- und Dorfleben nicht mehr tragbar. Die Toleranzschwelle für menschliche Nähe, für Lärm und Gestank, für gedrängtes Leben und für den Verlust jeder Fluchtmöglichkeit muss heute ganz erheblich höher sein als früher. Wo man bei der Zuchtplanung nicht sorgfältig darauf achtet, dass nur Hunde gepaart werden, die den Anforderungen des modernen Lebens auch gewachsen sind, muss man damit rechnen, dass sich ein Dürrbächlerschlag ergibt, der sicher früher auch seine Berechtigung hatte, heute aber große Schwierigkeiten bringt: nur auf wenige Menschen bezogen, misstrauisch, oft sogar furchtsam und aus innerer Not zum Angriff neigend.

Obwohl die praktische Durchführung der Wesensprüfungen noch hin und wieder zu heftigen Diskussionen Anlass gibt, muss man sie doch als ein grosses Glück für die Rasse betrachten. Die positiven Eigenschaften der guten Rassevertreter wurden ins rechte Licht gerückt und bekamen Bedeutung. Glücklicherweise hat man sich auch darauf geeinigt, dass durch diese Zuchtauswahl nicht etwa die Schärfe gefördert werden sollte, die zweifellos auch im Berner Sennenhund schlummert, sondern vielmehr alle Eigenschaften, die ihn als modernen Freund und Begleiter auszeichnen; das sind gute Bindung an seinen Führer, gesunde Neugier, Selbständigkeit, Furchtlosigkeit, Sicherheit und Freundlichkeit.

Andere Länder haben unterdessen ähnliche Prüfungen geschaffen oder aber vertrauen auf den einzelnen Züchter, dass er den Berner Sennenhund nicht zur Modepuppe macht, sondern ihn züchterisch so fördert, dass er auch in moderner Zivilisation dank seiner uralten positiven Eigenschaften ein zuverlässiger und unersetzlicher Begleiter bleibt.

Nachdem in den vorausgehenden Abschnitten gezeigt wurde, dass der moderne Berner Sennenhund nicht mehr ganz der alte rohe Bauernhund sein kann, weil sich unsere Lebensweise zu sehr vom früheren Dasein auf dem Bauernhof entfernt hat, wollen wir uns jetzt einzelnen Wesenzügen zuwenden. Wir setzen uns dabei vor allem mit den Schilderungen des Dürrbachhundes auseinander, die Dr. Scheidegger uns hinterlassen hat und wählen seine Gesichtspunkte auch als Reihenfolge.

Die Beziehung des Dürrbächlers zum Menschen

Vielen Hundeliebhabern, die zuvor andere Rassen gehalten haben, fällt am Berner Sennenhund dessen starke Bezogenheit auf den Menschen auf. Mit liebenswürdig tolpatschiger Freundlichkeit und Anhänglichkeit geht er auf jeden ihm vertrauten Hausgenossen ein. Die Liebe seines Meisters oder seiner Meisterin scheint ihm alles zu bedeuten. Er ist der Hund, der, ohne jemals rastlos in den Zimmern umherzulaufen, der Hausfrau am liebsten den ganzen Tag folgt und teilhaben will an allem was sie tut. Ein gutes Wort bedeutet ihm alles. Scheltworte können ihn völlig «vernichten». Ein gutgehaltener Berner zeigt so etwas wie eine natürliche Bereitschaft, dem Menschen, den er als seinen Führer anerkennt, ständig zu Gefallen zu leben. Jemand nannte ihn recht treffend einen «starken Bären mit sensiblem Herzen«. Deshalb wirken sich Isolation durch Zwingerhaltung oder Ausschluss vom Familienleben für ihn besonders verhängnisvoll aus. Er degeneriert, wird stumpf, nervös und aggressiv, oder aber er läuft weg und sucht sich seine Liebe anderswo.

Ein ausgesprochener Einmannhund, der sich nur an einen Führer bindet, ist der Berner nicht. Wohl wendet auch er sich am stärksten dem Menschen zu, der ihm am meisten Aufmerksamkeit erweist, doch kann er seine Zuwendung durchaus allen Familienmitgliedern schenken. Er ist ohne weiteres bereit, sich auch mehreren Menschen unterzuordnen und sich von ihnen führen zu lassen. Dies hängt ganz von deren Konsequenz und Geschicklichkeit ab. In einer Gruppe von Menschen fühlt sich der Dürrbächler ausgesprochen wohl. Von einer furchtsamen Hündin wurde uns erzählt, dass sie ängstlich am Führer klebte oder am liebsten zu Hause blieb, wenn nur ein einziges Familienmitglied mit ihr ausgehen wollte. Kamen aber alle mit, so dass so etwas wie ein Rudel entstand, war sie wie verwandelt: lebhaft, fröhlich, aufmerksam, ohne irgendwelche Anzeichen von Furcht.

Normale, gute Berner Sennenhunde halten auf Spaziergängen mit allen Familienmitgliedern Kontakt. Verliert sich jemand aus dem Blickfeld, wird der Hund unruhig und versucht, ihn zurückzubringen. Dabei umkreist er die Familie nicht wie ein Schäferhund, sondern läuft von einem zum andern oder sucht sich einen markanten Punkt, von dem aus es ihm möglich ist, seine «Herde» zu überblicken. Auch zu Hause im Alltag sind viele Berner Sennenhunde erst ruhig und zufrieden, wenn alle Familienmitglieder unter dem heimischen Dache sind. Wo Kinder regelmässig ein- und ausgehen, kennt der Berner Sennenhund oft in kurzer Zeit ihren Rhythmus und erwartet sie, wenn sie von der Schule heimkehren. In vielen älteren Berichten ist auch zu lesen, dass der Hund es merkte, wenn etwa ein Kind von zu Hause weglief, dass er es suchte und dann schützend begleitete. Infolge der modernen Verkehrsverhältnisse sind solche Ereignisse heute kaum mehr möglich. Doch kann dem guten Beobachter die Aufmerksamkeit des Dürrbächlers, die er der ganzen Familie und deren Tageslauf zuwendet, nicht entgehen.

Er hat auch die Fähigkeit, sehr schnell zu erfassen, wer zu einer Gruppe gehört und wer nicht. Wir haben mehrere Male – mit verschiedenen Hunden – an Kursen oder Familienlagern teilgenommen, wobei es meist nur ein oder zwei Tage dauerte, bis der Hund wusste, wer zur jeweiligen Gruppe gehörte und wer nicht. Eine zusammengehörige Gemeinschaft wurde als erweiterte Familie akzeptiert und überblickt, die Mitglieder freundlich bei einer Begegnung begrüsst, Fremde dagegen ignoriert. Dies geschah natürlich nur, wenn der Hund in die Aktivitäten einbezogen wurde und die Gruppe als Ganzes kennenlernen konnte.

Viele Beobachter führen die Fähigkeit der Sennenhunde, zusammengehörige Gruppen von Menschen instinktiv zu erfassen und sich in sie einzuordnen, auf den «Treibinstinkt» des früheren Herdenhundes, der seine Herde kennen musste, zurück. Vermutlich hat aber auch das Alltagsleben auf den bernischen Bauernhöfen die Selektion in Richtung auf einen Hund gefördert, der zur ganzen Hofgemeinschaft eine enge Beziehung entwickelt. Ein «Einmannhund» wäre dort nicht das Richtige gewesen, da es nur in Ausnahmefällen der Bauer selber war, der sich mit dem Hunde beschäftigte.

Die Fähigkeit, gleichzeitig zu mehreren Menschen eine erkennbare Bindung zu entwickeln, heisst nun nicht, dass der Berner Sennenhund ein «Jedermanns-Hund» ist, der sich wahllos jedem anschliesst. Im Gegenteil, die Bindung an die eigene Familie ist meist sehr stark. Der «Dürrbächler» kann zwar zu vielen Menschen freundlich sein, seine Liebe und «innere Verpflichtung» bleibt aber auf seine Familie beschränkt. Platzwechsel in späteren Jahren sind daher oft nicht unproblematisch. Schwierigkeiten und Verhaltensstörungen bei Berner Sennenhunden, die sich meist nach dem ersten Lebensjahr bemerkbar machen, kommen oft daher, dass der Hund nicht harmonisch in die Familiengemeinschaft hineinwachsen konnte. Soll sich ein Dürrbächler gut entwickeln, braucht er unbedingt einen engen und konstanten Bezug zu den Menschen seiner Umgebung. Er muss an ihrem Leben teilhaben können. Wo sich dieses Leben hauptsächlich im Hause abspielt, weil man keinen ganzen Bauernhof mehr zu bewirtschaften hat, darf der Hund nicht ausgeschlossen werden. Ein normal veranlagter Berner Sennenhund hat die Fähigkeit, aber auch das Bedürfnis, seine Zuwendung zu den Menschen, zu denen er gehört, immer wieder und auch sehr deutlich auszudrücken. Zurückhaltung und vornehme Reserviertheit, die vielleicht andere Rassen auszeichnen, kennt er nicht. Er ist für Freundlichkeit ständig empfänglich, hat aber auch viel Zuwendung anzubieten. Nebst dem schönen Äusseren sind es wohl gerade diese warmen, gefühlsstarken Wesenszüge, die dem Dürrbächler in unserer gemütsarmen Zeit so viele Herzen erschliessen.

Wachsamkeit

Wachsamkeit zum Schutze von Haus, Hof und Menschen ist eine der Eigenschaften, die am Berner Sennenhund von alters her geschätzt und auch besonders gefördert worden sind. Ein träger, allzu gutmütiger Hund war früher nutzlos und wurde wohl auch bald einmal abgetan. Nach Dr. Scheideggers Schilderung sollten die Bauerhunde «wachsam und scharf sein, ohne zu beissen», womit wohl gemeint ist, dass sie alles nicht zum Hof Gehörige sofort entdecken, durch Bellen anzeigen und begleiten sollten, ohne jedoch herankommende Fremde gleich anzugreifen. In einem Brief, den G. Mumenthaler, der erste Präsident des Klubs für Berner Sennenhunde, vermutlich 1913 an Prof. Heim schrieb, hält er folgendes fest:

«Als Wächter bei Nacht ist der Berner Sennenhund ganz besonders geeignet. Nichts entgeht ihm, ohne dass er gross Lärm macht. Der Schreiber dies bewohnt ein alleinstehendes Haus. Sein Dürrbächler-Bäri gibt zur Nachtzeit alles an, was sich auf etwa 100 Meter dem Haus nähert, auch die Hausgenossen und zwar nur durch einen einzigen Laut. Alsdann wartet er am Haustor und begleitet Hausgenossen bis zur Haustüre, während er fremde Personen lebhaft verbellt und am Eintritt verhindert, ohne zu beissen. Nur auf ausdrücklichen Befehl wird er sich an der betreffenden Person energisch vergreifen. Er möchte auch keinem anraten, sich feindselig gegen ihn zu benehmen sobald der «Bäri» ihn begleitet. Wir haben in dieser Richtung schon verschiedene Proben gemacht.»

Diese Art von Wachsamkeit basiert auf der Fähigkeit der Hunde, ihre Umgebung sehr genau zu beobachten. Sie kennen Tageslauf und Gepflogenheiten ihrer Familie und merken sofort, wenn etwas Ungewöhnliches geschieht. Sie entwickeln oft Eigenschaften, um den Bereich dieser Lebensgemeinschaft wirksam zu schützen, die wie eigenständige «Intelligenz» anmuten. Sie wissen genau, wie weit Fremde üblicherweise Zutritt bekommen und grenzen dieses Gebiet gegen Orte ab, wo kein Fremder hingehört und verteidigen diese engeren Bezirke auch.

So berichten Ladenbesitzer, dass die Kunden wohl den ganzen Tag über, von ihrem Dürrbächler freundlich geduldet, ein- und ausgehen können, dass er ihnen aber nie den Zutritt zur Wohnung gestatten würde und dass er, ist die Ladentür abends einmal abgeschlossen, dann jeden Eindringling angreift. Bauern erzählen, dass ihr Dürrbächler Fremde wohl bis zur Haustür, nicht aber in die Stallungen oder hinter das Haus gehen lässt. Eine eigenartige Eigenschaft, die vielen Berner Sennenhunden nachgeredet wird, ist die, dass sie Fremde wohl ins Haus gelangen lassen, nicht aber wieder hinaus. Sie dulden es schon gar nicht, dass von einem Unbekannten etwas aus dem Haus fortgetragen wird. Eine solche Geschichte hat vor ein paar Jahren ein Bauer berichtet, der bei seinem Nachbarn, der einen Dürrbächler besass, ein Werkzeug aus der Tenne holen wollte, als der Nachbar auf dem Felde arbeitete. Der Hund liess ihn ein, als er aber sah, dass der Mann etwas wegtragen wollte, drohte er ihm mit Entschiedenheit. Alles gute Zureden nützte nichts, der «Dieb» musste regungslos an der Wand stehen bleiben, bis der Meister nach Hause kam und ihn von dem Hunde erlösen konnte.

«Bäri hörte auf der Welt kein Wort lieber als das: ‹Bäri, fass›.» (Gotthelf.)

Solches Verhalten, von dem in ähnlicher Weise immer wieder berichtet wird, ist aus dem Beuteverhalten von Hunden erklärbar: Sie sehen zur Familie gehörige Gegenstände als Familienbeute an, die sie gegen Rudelfremde verteidigen. Alles, was vom Meuteführer, dem Menschen, oft gebraucht wird, betrachten sie als etwas Ähnliches wie eine besondere Beute und schützen sie davor, davongetragen zu werden. Wenn es um das Bewachen und Verteidigen einer «Beute» geht, werden auch sonst ängstliche Hunde sehr bestimmt und scharf. Unsere Kitty war im Rudel etwas scheu und wurde gern unterdrückt. Sobald sie aber einen Besitz hatte, war sie eine rabiate Furie, die nie einen Gegenstand hergab. Gegen ins Haus aufgenommene Ferienhunde hat sie bestimmte Gegenstände und Orte während der ganzen Dauer deren Aufenthaltes immer erfolgreich verteidigt. Dies waren: die Stiefel, die ich zum Ausgehen mit den Hunden trage, die Jacke und meine Geldbörse. Orten, wo diese Gegenstände lagen, durfte der Ferienhund nie nahe kommen, auch wenn sie ihn sonst frei in Haus und Garten gewähren liess. Ebenso verwehrte sie ihm, die Küche und mein Arbeitszimmer zu betreten. Offensichtlich betrachtete sie diese beiden Orte, an denen ich mich am meisten aufhalte und wo sie oft zu meinen Füssen lag, als Nest und die genannten Gegenstände, von denen sie beobachtete, dass ich sie täglich gebrauchte, als meine mir wohl besonders wichtigen Dinge, die sie keinem Rudelfremden abzutreten gewillt war.

Eine solche Art des Bewachens von Familienbesitz, die ähnlich vielfach von Berner Sennenhunden berichtet wird, liegt durchaus im Bereich des möglichen Hundeverhaltens, obwohl es beim ersten Zusehen eher legendenhaft erscheint. Wer mit mehreren Hunden ausgeht, kann beobachten, dass es z. B. nicht möglich ist, sie gemeinsam apportieren zu lassen, weil die Rudelgenossen dem Finder des Apportiergegenstandes meist die «Beute» abjagen, um sie selbst zurückzubringen und das Lob zu ernten. So konnten wir einst auch beobachten, wie Kinder einer Berner Sennenhündin den Schlüsselbund wegnahmen, den ihr Besitzer bei ihr abgelegt hatte, wonach die Hündin nicht etwa die Kinder angriff, sondern ihnen nachlief und nur nach dem Schlüsselbund schnappte, worauf sie ihn wieder an den alten Platz zurücktrug, sich daneben legte und ihn mit der Pfote festhielt, während die Kinder auf ihr herumturnten. Auf einem Dressurplatz beobachteten wir, wie beim Üben des korrekten Gegenstandbewachens ein Berner den recht schweren Rucksack, den er bewachen sollte, aufnahm, als der Piqueur (Scheintäter) herankam und kurzerhand quer über den weitläufigen Platz zum Auto des Besitzers trug, wo er sich darauf niederliess und deutlich zeigte, dass er nicht duldete, dass Gegenstand oder Auto von Fremden angefasst würden. Dies war wohl nach der gültigen Prüfungsordnung nicht das richtige Verhalten, zeigt aber sehr deutlich, dass Berner Sennenhunde zu Besitztümern ihres Meisters ein enges Verhältnis haben können und ihre eigene «Intelligenz» entwickeln, um diesen Besitz vor fremdem Zugriff zu schützen.

Dass Sennenhunde überhaupt, und damit auch der Berner, gerne bei liegengebliebenen Gegenständen verweilen, um sie zu beschützen, wird oft berichtet. Dr. Scheidegger schildert, wie eine Hündin aus seinem Zwinger auch über Nacht zwei auf dem Felde liegengebliebene Kleidungsstücke bewachte, wobei sie das eine eingrub und das

Berner Sennenhunde lassen sich leicht zum Bewachen von Gegenständen abrichten.

andere mit dem Körper bedeckte. Wir haben auf dem Bauernhof zu Hause unseren Sennenhund zweimal längere Zeit vermisst und bereits verloren geglaubt, weil er das eine Mal mehrere Tage lang im Regen einen auf dem entfernten Feld vergessenen Imbisskorb beschützte und ein anderes Mal eine Hacke in der Pflanzung bewachte, die die Mutter absichtlich dort gelassen hatte, um sie nicht hin- und hertragen zu müssen.

Merkwürdigerweise war der Hund beide Male am ersten Abend noch nach Hause gekommen, um seine Käsereifahrt auszuführen und hatte erst in der Nacht seinen Wachtposten wieder bezogen.

Im heutigen Dasein, das weniger klar geregelt und für den Hund oft verwirrend und weniger übersichtlich ist, kann ähnliches Verhalten nur noch selten beobachtet werden. Die modernen Lebens- und Verkehrsbedingungen erlauben es kaum mehr, dass solche Instinkte geweckt und gefördert werden. Der starke Bezug zu Gegenständen und Besitz der vertrauten Menschen lässt sich aber bei genauem Beobachten bei vielen Bernern immer noch feststellen und kann sehr leicht gefördert werden. Zum Bewachen des Hauses, des Autos oder anderer Dinge lässt sich der Berner Sennenhund sehr leicht ausbilden, ohne dadurch ein wütender Beisser oder Kläffer zu werden.

Es ist bekannt, dass eher ängstliche und misstrauische Tiere die allerbesten Wächter sind, während selbstsichere und vertrauende Hunde eine viel grössere Toleranz gegenüber allem Unbekannten beweisen und es oft gar nicht für nötig erachten, Ungewöhnliches anzuzeigen. Sie beobachten es bloss und werden deshalb als schlechte Wachhunde eingestuft. Dazu kommt, dass gute Berner keine Beller sind, die aus geringstem Anlass oder aus Langeweile die Umwelt in Atem halten. Ein sicherer, wesensfester Dürrbächler bellt nur dann, wenn wirklich ein Anlass dazu besteht. Gerade diese Eigenschaft qualifiziert ihn auch als zuverlässigen Wächter. Die klare Unterscheidung zwischen fremd und vertraut, zwischen Heim und Aussenwelt, nimmt bei vielen Hunden erst nach der Reifezeit, zwischen dem ersten und zweiten Lebensjahr, konkrete Formen an. Der Junghund begegnet der Umwelt noch mit Neugier und Vertrauen. Das soll so sein, denn nur so kann er sie kennenlernen und später auch zwischen echter Gefahr und blossem Schein unterscheiden. Ein Welpe, der schon als kaum Entwöhnter alle Welt ankläfft und ein Junghund, der sich von allem Anfang an als «grossartiger Wächter» hervortut, weil er alles und jedes verbellt, ist fast immer ein unsicherer Hund, der sich im Grunde genommen fürchtet und deshalb nichts an sich herankommen lässt. Solche Tiere ergreifen im Ernstfall dann auch immer die Flucht, und wo sie nicht fliehen können, beissen sie zu. Das ist der Typ des gefährlichen Angstbeissers, der in der modernen Zeit überall zur Gefahr für fremde Menschen und vor allem für Kinder werden kann und deshalb verschwinden muss.

Der wesensfeste Berner Sennenhund entwickelt seine Wächtereigenschaften aus der furchtlosen Beobachtung seiner Umgebung und dem engen Kontakt mit seinem «Rudel», seiner Familie, heraus. Er zeigt mit kurzem kräftigem Bellen an, wenn Fremde sich dem Hause nähern, geht auf sie zu, versucht durch Beschnuppern zu erfahren, wer es ist und begleitet sie beobachtend, ohne anzugreifen, zur Tür. Einige Hunde bellen dabei weiter, bis der Meister oder die Meisterin gekommen sind und die Fremden begrüsst haben. Dabei beruhigen sie sich sofort, bleiben aber meist in der

Typisches, keinesfalls bösartiges Bellen des guten Berner Sennenhundes. Es dient zum Warnen und Herbeirufen der Hausbewohner.

Nähe und begleiten die Unbekannten dann oft noch ein Stück, um sich zu vergewissern, dass sie wirklich aus ihrem Bereich weggegangen sind. So ungefähr sieht die Wächterfunktion eines guten Berners im Alltag aus.

Nun gibt es aber auch etwa Klagen, dass Berner Sennenhunde, die ausdrücklich als Wachhund gekauft wurden, «versagen». Dies ist fast ausschliesslich bei wesensfesten Hunden der Fall, bei denen der Bewachungs- und Verteidigungsinstinkt durch die entsprechende Gestaltung ihrer Umwelt nie geweckt wurde. Viele dieser Hunde bewachen auch deshalb das Haus nicht, weil es nicht zu ihrem Heim geworden ist: Sie haben keinen Anschluss an die Familie, sie fühlen sich nicht fest integriert, weil die Besitzer es versäumt haben, mit dem Hunde eine tragfähige Beziehung aufzubauen. Berner Sennenhunde beschützen Häuser und Leute nur aus innerer Verbundenheit heraus. Es ist zwecklos, einen solchen, im Grunde genommen gutmütigen Hund, in den Park einer Villa zu sperren, in der Hoffnung, er werde nun als «geborener Wachhund» dieses Haus beschützen, wenn er zur Familie nicht eine sehr feste Beziehung aufbauen kann. Der Berner schützt nur das, was er «liebt». Andere Hunde wiederum haben so viel Kontakt mit lauter freundlichen Leuten, dass sie sich zu stark an Fremde gewöhnen und deshalb jedermann als Kumpan betrachten. Die Lebensweise ihrer Meistersleute erlaubt es nicht mehr, dass ein Unterschied zwischen Freund und Feind für den Hund einsichtig wird. Wachsamkeit ist nicht nur Instinkt, sie basiert auch auf einem Lernprozess und muss gefördert werden. Viele sichere Hunde brauchen zur Aufnahme ihrer Wächterdienste Ermutigung und Bestätigung. Diese hat auf dem früheren Bauernhof jeder Hund automatisch bekommen, indem der Meister aus dem Stall oder die Bäuerin aus dem Hause trat, um nachzusehen, was los sei, wenn der junge Hund anfing, Ungewöhnliches durch Bellen anzuzeigen. Dieses Herbeikommen war eine Ermutigung. Eine ähnliche Unterstützung braucht auch der moderne Berner Sennenhund. Sein erstes, zaghaftes Knurren oder Bellen ist, gleichzeitig mit der Drohung an den Ankömmling, auch immer ein Herbeirufen der Bezugsperson. Ein Hund wie der Berner, der von seiner ruhigen Wesensart her eigentlich nur bellt, wenn es dafür einen Anlass gibt, muss gelobt werden. Ist das nicht so, kann er den Impuls, Fremdes anzuzeigen, auch wieder verlieren. Was wie eine Stumpfheit des Hundes erscheint, ist dann nur eine Auswirkung der Stumpfheit der Menschen, die nicht fähig waren, dem Erleben des Junghundes Interesse entgegen zu bringen.

Ausser der starken Neigung, Hab und Gut der Bezugspersonen gegen Fremde zu beschützen, schlummert in den meisten auch ein starker Schutztrieb für die von ihnen geliebten Menschen. Dr. Scheidegger erzählt in seinen Erinnerungen eine Geschichte von seinem «Leo», die man als klassisch für Berner Sennehunde bezeichnen kann: «Leo leistete der Frau Doktor Gesellschaft, als ein bekannter Metzgermeister in die Wohnung gebeten wurde, um abzurechnen. Da die Frau auf einem Zettel etwas nicht entziffern konnte, trat der Mann raschen Schrittes an sie heran und streckte die Hand aus, um ihr behilflich zu sein. Sofort sprang Leo zähnefletschend dazwischen. Er musste von der Frau beruhigt und entfernt werden.» Andere Hunderassen zeigen ähnliche Verhaltensweisen auch, doch beim Berner Sennenhund muss fast immer damit gerechnet werden.

Eine mehr oder weniger starke Selektion für die ihm eigene Art von Wehrhaftigkeit muss in früherer Zeit stattgefunden haben, vermutlich noch damals, als sich die Berner Bauern durch die vielen Bettler und oft diebischen Hausierer veranlasst sahen, ihre Häuser durch ganz besonders aufmerksame Hunde zu schützen. Seit dem Beginn der Reinzucht hat man keine spezielle Zuchtwahl in dieser Richtung mehr betrieben. Durch die Anwendung von Wesensprüfungen für Zuchthunde wurden starke Reizbarkeit und Aggressionsneigungen aus verborgener Angst und damit auch die Wachsamkeit aus Furcht eingedämmt. Berner Sennenhunde können deshalb in ihrem Verhalten sehr unterschiedlich sein. Durch die ständige Gewöhnung an viele Menschen ist ein grosser Teil von ihnen fast zu gumütig geworden. Bei der Mehrzahl muss man aber immer damit rechnen, dass der alte Schutztrieb geweckt werden kann. Jeder Berner-Sennenhund-Besitzer muss sich aber bewusst sein, dass dies im modernen Leben für andere Menschen auch eine Gefahr bedeuten kann und deshalb gut überlegen, ob er ihn erwecken und fördern oder lieber darauf verzichten will.

Das Bleiben beim Haus

Dass Berner Sennenhunde keine Streuner seien, sondern beim Hause bleiben, ist für viele Leute der Anlass, einen solchen Hund zu kaufen. Geschieht dies in der Absicht, einen möglichst «leichten» Hund zu bekommen, der keine grossen Ansprüche an Zeit und Aufmerksamkeit seiner Besitzer stellt, werden sie dann oft enttäuscht: Plötzlich streunt ihr Hund, obwohl er ein «Berner mit besten Papieren» ist. Wie kann das kommen?

Da ist die sympathische und gewiss sehr tierliebende Dame, die den alten eingegangenen Hund durch einen jungen ersetzt. Das Hundehaus vor der Villa samt Liegeplatz mit Sonne und Schatten wird tadellos renoviert. Da sie Hunde liebt, ist sie auch gegen das Anbinden an eine Kette. Der Garten um die Villa hat nur einen symbolischen niedrigen Zaun. Selbstverständlich darf der Hund auch ins Haus hereinkommen, wenn die Kinder mit ihm spielen wollen. Doch solange das Zimmermädchen da ist, soll er sich im Garten, der ja sehr gross ist, unterhalten. Nach einem Jahr kommt die Meldung, der Hund müsse weg, er streune herum. Sie sei so enttäuscht von der Rasse...

Da ist die junge Frau, die mit Begeisterung einen jungen Berner Sennenhund aufgenommen und erzogen hat. Nun kommt das erste Kind. Da es gesundheitlich zart ist, kann sie es nur bei gutem Wetter ausfahren und getraut sich auch nicht, es allein zu lassen. Der Hund ist an Garten und Veranda gewöhnt, wo sie sich früher, bevor das Kind da war, oft nach den Ausgängen zu ihm gesetzt hatte, um Handarbeiten zu verrichten. Der Kinderarzt warnt sie, den Hund jetzt hereinzunehmen. Da kommt die Enttäuschung, dass der Hund, der nach der Rassebeschreibung «beim Hause bleibt», tagelang verschwunden ist und zweimal von der Polizei zurückgebracht wird. Sie ist verzeifelt. Was soll sie tun?

Diese beiden Beispiele sollen nur darauf hinweisen, wie sehr sich die Verhältnisse seit der Entdeckung der Rasse verändert haben. Auch wenn ein Dürrbachler früher im Freien gehalten wurde und draussen in einer Hundehütte schlief, war er eigentlich nie allein. Ein grosser Teil des Hoflebens spielte sich ausserhalb der Wohnräume ab, und da war er mit einbezogen und konnte sich beteiligen. Entfernte er sich einmal ein Stückchen weit, um etwas Besonderes auszukundschaften, befand er sich meist noch lange auf dem eigenen Land. Wird ein Berner Sennenhund heute in nichtbäuerlichen Verhältnissen im Freien gehalten, ist er oft tagelang buchstäblich allein. Das Familienleben spielt sich im Hause ab, durch die Veränderung der Lebensweise ist er ausgeschlossen. Deshalb darf der Satz, «ein Berner Sennenhund streunt nicht, sondern bleibt beim Hause», nur noch bedingt angewendet werden. Tatsächlich entwickelt ein gutgehaltener Berner eine sehr enge Bindung an Familie und Haus und wird keinen Anlass sehen, wegzulaufen, wenn er fest in eine Familie integriert ist und teilhaben kann an einem Leben, das ihm auch ein wenig Spannung und Abwechslung bietet. Wird er aber ausgeschlossen oder vernachlässigt, sucht sich auch der Bäri ausserhalb des Heimbereiches Abwechslung, um nicht vor Langeweile im einsamen Garten umzukommen.

Das kritische Alter liegt bei Berner Sennenhunden etwa zwischen acht und fünfzehn Monaten. Insbesondere die Rüden werden zu dieser Zeit schon stark vom erwachenden Geschlechtstrieb geplagt, die selbstverständlichen Bindungen an die Heimfamilie lockern sich, der Hund wird selbständiger und von mancherlei Empfindungen getrieben, die er vorher nicht gekannt hat. Gelingt es in dieser Zeit, das Tier davor zu bewahren, dass es ausreisst – fast ausnahmslos auf der unbestimmten Suche nach einer läufigen Hündin, wobei es dann auch anderes entdecken kann – ist nach der Krisenzeit die Sache meist gewonnen. Hunde lernen sehr stark am «Erfolg». Können Triebe ausgelebt werden, verstärken sie sich, erfolglos geblieben, schlafen sie wieder ein. Das beste ist deshalb, dass man sich zu dieser Zeit ausgiebig mit dem Hund beschäftigt und ihm möglichst zu Ersatzerfolgen verhilft, wie dies z. B. durch eine Ausbildung oder weite gemeinsame Spaziergänge oder durch Zugdienste geschehen mag. Kann ein Hund zu der Zeit, wo er innerlich in Verwandlung und Aufruhr ist, durch gemeinsame Tätigkeit die Beziehung zu seinem Meister vertiefen, ist der Anlass, selbständig in die Welt hinauszulaufen, meist nach Abschluss dieser schwierigen Periode endgültig vorbei. Es hängt ausschließlich vom Menschen ab, ob ein Berner Sennenhund tatsächlich der Hund wird, der beim Hause bleibt.

Das Folgen bei Fuss

Von Bäri, einer «Hauptperson» in der bekannten Geschichte «Michels Brautschau», schreibt Jeremias Gotthelf, dass er, nachdem er sich «in weiten Sprüngen ausgetobt» hatte, «sittig wie ein Kammerherr seinem Herrn nachschritt». Als dann die richtige Braut gefunden war, «pilgerten sie den Berg hinab, wobei Bäri fast mehr hinter dem Meitschi als hinter Michel war.»

In diesem angeborenen Verhalten zeigt sich ein deutlicher Unterschied zu dem von Schäferhunden, die ihren Herrn bei Ausgängen am liebsten ständig umkreisen, was man bei einem Berner Sennenhund nie beobachten kann. Trotzdem sieht man das anscheinend einst als Rassemerkmal bei den Bauern geschätzte Hinter-dem-Herrn- oder Hinter-dem-Wagen-Hergehen selten mehr. Wir haben es nur noch bei besonderen Gelegenheiten und dann nicht einmal als erwünscht beobachtet. Ermüdet ein Berner Sennenhund auf längeren Märschen und will er sich in der Nähe seines Herrn halten, geht er automatisch hinterher, die Nase an dessen Fersen, und nicht etwa neben ihm. Das wirkt sich auch auf Dressurplätzen aus, wenn mit Berner Sennenhunden zu lange Gehorsam und Leinenführigkeit gedrillt werden: Ist der Hund müde, wird er sich lethargisch an seinen Führer halten, und wenn er nicht zum korrekten Nebenhergehen gezwungen wird, läuft er hinter ihm her. Das ist der natürliche Platz eines Berners, der sich an seinen Herrn halten will. Das heute ausschliesslich als korrekt geltende «Bei-Fuss-Gehen», mit der Schulter am Knie des Führers, ist auf Hunde zugeschnitten, die natürlicherweise vor ihrem Meister herlaufen würden und daher zurückgehalten werden müssen. Weil der Dürrbächler von seiner Art her automatisch «wie ein Kammerherr hinter seinem Herrn nachschreitet», wenn er keinerlei eigene Interessen verfolgt, gehört er zu den Hunden, die im üblichen Gehorsam gerne »zurückhängen«, was ihm von Rasseunkundigen oft als Faulheit angelastet wird, richtigerweise aber nur seinem natürlichen Instinkt entspricht. Der alte Befehl für den Vierbeiner, der sich an seinen Führer halten und nicht herumalbern sollte, war früher auch nicht «Fuss», sondern «hinter», ein Wort, das auch Michel bei seinem Bäri gebraucht und das wir in den ältesten Dressuranleitungen ebenso für andere Rassen lesen.

Dass Berner Sennenhunde von selbst, auch wenn sie nicht müde sind, hinterhergehen, haben wir von acht Hündinnen nur bei zweien deutlich festgestellt, die beide als etwas unsicher eingestuft werden mussten, wovon die eine noch an schwerer HD litt und deshalb schnell ermüdete. Auch auf Übungsplätzen und bei Ankörungen sieht man das automatische Hinterhergehen nur bei nicht ganz wesensfesten Hunden, die an einem unbekannten Ort verunsichert sind. Alle andern Berner traben meist spielerisch und mit ihrer Nase die Welt untersuchend, irgendwo in mehr oder weniger grosser Distanz von ihrem Führer einher. Dass Berner offenbar nicht mehr brav hinter ihrem Herrn hergehen, wie es früher der Fall war, hängt wohl mehr mit unterschiedlicher Lebensweise als mit einem Instinktverlust zusammen: Unsere modernen Hunde haben fast allesamt zu wenig Bewegung und können selten so weite Spaziergänge machen, dass sie müde werden und froh sind, sich ihrem Meister an die Fersen heften zu können. Auch Michels «Bäri» hat sich anfangs ausgetobt und dann ging Michel ja nach der Erzählung an einem heissen Tag vier Stunden weit. Als zweites kommt dazu, dass unsichere Berner Sennenhunde, die sich aus Furcht sehr eng an ihren Meister halten, seltener geworden sind. Sichere Tiere bewegen sich auch in einem weiteren Radius als ängstliche.

Überreste von Verhaltensweisen des alten Bauernhundes, der nicht in den Kulturen herumlaufen sollte, kann man beim Berner unter günstigen Umständen auch heute noch entdecken: Da dieser Hund natürlicherweise nicht kreist und kein wildes Bewegungsbedürfnis hat, kann er sehr leicht dazu angeleitet werden, sich bei Spaziergängen an die Wege zu halten. Merkwürdigerweise genügt meist ein entschiedenes «Nein», wenn er in eine Wiese mit hohem Gras oder in ein Kornfeld laufen will, und der Hund versteht, was der Führer will und hält sich an Weg und Pfad.

Der Hund, der nicht jagt und Hühner und Katzen in Ruhe lässt

Zweifellos ist bei den früheren Kühern und Bauern ein Hund bevorzugt worden, der keinen unwiderstehlichen Jagdtrieb besass. Weder konnte es sich der Küher (Viehhirte, Senn) leisten, dass sein Hund plötzlich stundenlang verschwunden war, weil er hinter ein paar Rehen herhetzte, noch hat es ein Bauer geduldet, dass der Hofhund die eigenen Hühner abwürgte. So wie der erwünschte Jagdtrieb durch gekonnte Zuchtwahl bei Jagdhunden in der Vergangenheit mehr und mehr gesteigert werden konnte, wurde er bei Berner Hofhunden bestmöglich eingedämmt. Dass er nicht vollständig verlorengegangen ist, weil der Jagdtrieb zu den Grundveranlagungen aller Caniden gehört und einmal lebenserhaltend war, ist eigentlich zu erwarten. Wer Berner Sennenhunde genau beobachtet, kann feststellen, dass einige in bestimmten Situationen sogar auch für eine Weile korrekt vorstehen! Gemeinsamkeiten mit andern Hunderassen sind also durchaus da. Es gibt hier aber grosse individuelle Unterschiede. Viele Berner Sennenhunde zeigen tatsächlich wenig Interesse an Wild, und die meisten lassen sich mit Leichtigkeit an andere Haustiere gewöhnen. Viele schliessen sogar eine Art Freundschaft mit einem anderen Haustier und scheinen es auf ihre Art zu mögen. Sie dehnen im Heimbereich ihren Beschützerinstinkt auch auf die artfremden Kumpane aus.

Wildspuren gegenüber zeigen sie meist nicht mehr Interesse als an anderen. Offenbar spielt das Alter einer Fährte die grössere Rolle als deren Art. Mit drei Berner Sennenhunden konnten wir dies einmal im frischen Schnee sehr deutlich beobachten: Zuerst verfolgten sie mit Interesse die Spur eines andern Hundes, die aber schon etwas älter zu sein schien und untersuchten sorgfältig alle Duftmarken. An einem Kreuzungspunkt wechselten sie auf die Fährte eines Hasen hinüber, die etwas frischer war. Diese Fährte löste in ihnen nichts aus, das wie Jagdfieber aussah. Nach einer kurzen Strecke wurde die Hasenfährte von der Spur eines Kindes gekreuzt, das offenbar vor nicht allzulanger Zeit hier vorbeigekommen war und einen Schlitten hinter sich hergezogen hatte. Diese Fährte erregte in den Hunden grosses Interesse. Sie wurde eifrig verfolgt, bis die Hunde abgerufen werden mussten, da sie sich zu weit entfernten. Keine der die Kinderspur kreuzenden Wildfährten hatte sie noch irgendwie abzulenken vermocht. Ein ausgesprochener Jagdhund hätte ohne Zweifel die Wildspuren vorgezogen. Doch muss hier bedacht werden, dass diese Neigung ja auch von jedem Jäger in seinem Hunde von Jugend auf verstärkt wird, während die Berner nie ein positives Echo bekamen, wenn sie einer Wildspur nachschnüffelten, hingegen waren alle drei schon gelobt worden, wenn sie eine menschliche Fährte ausgearbeitet hatten. Natürliche Neigung und menschliche Beeinflussung können in diesem Falle also nicht sicher getrennt werden.

Ganz frische Wildfährten werden auch von Berner Sennenhunden aufgenommen, doch meist nur aus Neugierde ein Stück weit verfolgt. Schlimm wird es dann, wenn einem witternden Berner Sennenhund bei dieser Gelegenheit zufällig ein jagdbares Tier vor die Augen gerät. Auch hier lernen die Hunde am Erfolg. Gelingt es einem Junghund, ein solches Tier, etwa einen Junghasen, zu reissen, wird er dies zeitlebens nie mehr vergessen und das Erlebnis zu wiederholen versuchen. Von einer solchen Berner Sennenhündin musste der Besitzer unlängst sagen, dass sie «jagt wie der Teufel» und in Wäldern nur noch an der Leine geführt werden kann. Aufgeschreckten Rehen, Hasen und auch in den Feldern pirschenden Katzen jagen Berner Sennen-

Im Morgennebel. Auch Berner Sennenhunde jagen, vor allem, wenn sie im Rudel sind.

hunde automatisch nach, wenn sie diese sehen. Da dieses Hetzen aber selten zum Erfolg führt, geben sie die Verfolgung nach kurzer Zeit wieder auf. Ältere Hunde, die bereits wissen, dass sie die Tiere ja doch nicht einholen werden, verzichten oft von Anfang an darauf, sie mehr als ein paar Sprünge weit zu verfolgen. Sie jagen also eigentlich nicht mehr.

Diese Anmerkungen sollen noch einmal darauf hinweisen, dass die Verhältnisse seit der Ursprungszeit der Rasse anders geworden sind, auch was die Verleitung zum Jagen betrifft. Auch wenn der Berner Sennenhund keinen ausgesprochenen Jagdinstinkt mehr hat, kann dieser aber durch unglückliche Umstände geweckt werden. Als früherer Hofhund mit einem festen Bezirk wurde er kaum zum Jagen verleitet, da Wildtiere sich ohne Not meist nicht in unmittelbarer Nähe menschlicher Siedlungen aufhalten. Er konnte aufwachsen, ohne dass der etwas abgeschwächte Jagdinstinkt in der Jugend geweckt wurde. Sein «Jagen» beschränkte sich vermutlich darauf, fremde Wildtiere aus seinem Revier zu vertreiben. Schlecht beaufsichtigte moderne Berner Sennenhunde ohne feste Beschäftigung können aber durchaus auch so etwas wie Jagdfreude entwickeln. Es hängt hier wieder vom Menschen ab, ob der Berner der alte nichtjagende Hund bleiben kann oder nicht. Anfänge müssen auf jeden Fall unterbunden und keinem Hund darf das Streunen gestattet werden. Sind Hunde einmal zu zweit oder zu dritt, wird sich der Berner nicht weniger vom Verfolgungsfieber anstecken lassen als Hunde anderer Rassen auch.

Ähnlich verhält es sich mit dem Verhältnis des Berner Sennenhundes zu anderen Haustieren. Die Bereitschaft, sie in Ruhe zu lassen oder mit ihnen gar «Freundschaften» einzugehen ist gross. Trotzdem wird sie oft überschätzt. Auch hier muss die frühe Gewöhnung dazukommen. Leben Welpen auf einem Bauernhof mitten unter Hühnern, Katzen, Jungschweinen und Kälbern, lernen sie automatisch von ihrer Mutter, dass «man» solche Tiere nicht jagt. Auch hier wird diese Art von Toleranz nicht einfach ererbt, sondern zusätzlich erlernt. Junghunde, die ohne Kontakt mit andern Tieren aufwachsen, werden selbstverständlich neugierig auf solche zugehen, wenn sie ihrer irgendwo ansichtig werden, um sich die Sache anzuschauen. Ergreift dieses Tier rennend oder flatternd die Flucht, löst das auch im Berner Sennenhund automatisch den Reflex des Verfolgens aus. Auch hier ist es wieder entscheidend, ob die Verfolgung zu einem Erfolge führt, wobei eine ungestörte Hetzjagd unter einer flatternden und krächzenden Hühnerschar an sich schon ein Erfolg ist. Solche Situationen müssen unter allen Umständen vermieden werden. Berner Sennenhunden, die nicht mehr natürlicherweise von jung auf mit anderen Tieren vertraut sind, muss vom Besitzer Gelegenheit gegeben werden, diese Gewöhnung nachzuholen. Dabei genügt es, dass man mit dem angeleinten Junghund Begegnungen mit solchen Tieren immer wieder herbeiführt und sorgfältig vermeidet, dass diese durch das Verhalten des Hundes oder des Menschen in die Flucht getrieben werden. Verfolgungsabsichten, die sich beim Berner Sennenhund spätestens dann ankündigen, wenn er die Ohren anhebt und schneller atmet, müssen gedämpft und energisch unterbunden werden. Nachträgliches Strafen ist zwecklos. Auch in diesem Falle kann der Dürrbächler nur dann zu dem werden, was man von ihm erwartet, wenn man ihm dazu verhilft.

Mit anderen zum Haus gehörigen Tieren lebt der Berner meist im Frieden.

Das Treiben von Vieh

Mit dem Jagdtrieb verwandt und doch von ihm verschieden, ist die Instinkthandlung Vieh an- oder zusamenzutreiben. Ein starker Treibtrieb ist eines der Merkmale, die den Schweizer Hundefreunden an den Sennenhunden von Anfang an als Besonderheit aufgefallen sind. Als Max Siber 1896 die Frage nach den Sennenhunden durch einen Artikel im «Centralblatt» wieder aufrollte, ging es in erster Linie darum, die in der Schweiz verschwindenden «Treibhunde» zu erhalten, wobei man sich über Typ und Aussehen noch keine klaren Vorstellungen machen konnte. Eduard Baur, einer der Gründer des Aarburger Vereins, hatte sich vor ihm schon seit 1882 «wiederholt und in warmen Worten für Aufnahme und Rettung des rasch verschwindenden (mit dem Rückgehen der grossen Viehmärkte und dem Transport per Bahn), vorzügliche Eigenschaften besitzenden mittelgrossen Treibhundes, den man in seiner Gegend Entlibucher nannte», eingesetzt.

Baur führte 1889 in einem auf Sibers Wunsch verfassten Artikel aus: «Am besten gekannt und geschätzt ist unser Hund vom Hirten und Kleinviehhändler. Überhaupt darf kühn gesagt werden, dass er in unserem Ländchen voll und ganz die Rolle des Schäferhundes übernimmt.»

Als Siber dann 1896 den Faden wieder aufnahm, wies er auch in erster Linie auf diese auffallenden hervorragenden Eigenschaften hin. «Die Schweiz hat noch eine einheimische Rasse, die speziell den Landwirt interessieren muss, . . . weil diese Rasse vorzügliche Eigenschaften hat, gute Dienste leistet, kurz ein Gebrauchshund par excellence ist.»

Es waren ausdrücklich diese «nutzbare alte Form und die guten Eigenschaften», die es vermochten, den Treibhund ins Blickfeld treten zu lassen. «Das unscheinbare Äussere wird kaum ein Spekulationsobjekt für Züchter, Händler und Aussteller werden», meinte Siber in seinem Artikel.

Dass damals zuerst die appenzellischen Treibhunde ins Blickfeld rückten, hängt wohl einzig und allein damit zusammen, dass in der Ostschweiz die kynologischen Anliegen schon viel weiter gediehen waren als im Kanton Bern und Max Siber die dortigen Treibhunde auch aus eigener Anschauung kannte, während im Kanton Bern bis zur (zweiten) Gründung des kynologischen Vereins Berna 1899 kein Gremium vorhanden war, das in diesem Gebiet gezielt nach Treibhunden hätte Ausschau halten können. Tatsächlich hatte Baur aber schon in seinem ersten «Eingesandt» 1882 erwähnt, dass im Kanton Bern auch grössere solche Hunde vorhanden seien, ohne diese jedoch zu beschreiben. Er gab an, diese großen Hunde seien Kreuzungen mit den kleinen, den eigentlichen Treibhunden. Damit hat er wohl recht, denn:

Im Kanton Bern gab es vom 15. bis zur Mitte des 19. Jahrhunderts zwei angesehene Berufsstände: den des Kühers und den des Bauern. Der Bauer war sesshaft und bewirtschaftete sein eigenes Land. Der Küher besass wohl seine eigene Herde, weidete sie aber während des Sommers auf den gepachteten Weiden der emmentalischen Alpen. Er war Fachmann für die Milchverarbeitung und stellte Käse her. Anstelle eines Pachtzinses belieferte er die Grundbesitzer – häufig bernische Patrizierfamilien –

mit seinen Milchprodukten. Im Herbst zog er zu Tal und mietete sich mitsamt seiner Herde bei den Talbauern ein. Die Talbauern stellten ihm ihre Stallungen zur Verfügung und belieferten ihn mit dem im Sommer geernteten Heu. Dafür erhielten sie Käse und Butter und den als Dünger sehr begehrten Mist.

Für die Betreuung ihrer grossen Herden hielten sich diese Küher tüchtige Treibhunde der kleineren Art, die Küherhunde. Sie waren unerlässlich zum Alpauftrieb, zum Zusammenhalten und Überwachen der Kühe auf den weitläufigen Alpen, zum Zusammentreiben der Tiere wenn Melkzeit war, zur Verlegung der Herde auf eine andere Alp, wenn die erste abgeweidet war und schlussendlich wieder zur Rückkehr ins Tal im Herbst.

Während der Bauer in erster Linie den respektablen Wachhund wollte und kaum auf einen speziellen Viehtreiber angewiesen war, suchte der Küher in seinem Hund weit vor allem anderen gute Treibeigenschaften. Da sich nun aber Bauernhunde und Treibhunde jeden Winter gemeinsam in den Dörfern aufhielten und wohl kaum eingeschlossen wurden, haben sie sich immer wieder neu vermischt. Die ausgesprochenen Treibneigungen vieler Berner Sennenhunde sind vermutlich viel eher ein Erbe dieser Zeit als einer entsprechenden Zuchtwahl auf den Höfen.

In Gotthelfs Erzählungen treten auch Metzger und Viehhändler, die in jener Zeit die Höfe aufsuchten, immer in Begleitung eines Viehtreibers auf. Häufig waren es grosse Metzgerhunde, oft aber auch kleine «Küherhündli». In der schon erwähnten Geschichte «Michels Brautschau» lässt Gotthelf so einen Metzgerhund Michels Bäri begegnen. Ein «Bern-Metzger» hatte beim Jungbauern Michel zur Unzeit angeklopft, um ihn um ein fettes Kalb anzugehen, welche Störung der Michel dem Metzger übelnahm und ihn nicht gerade freundlich fortschickte.

«Da versuchte des Metzgers Hund was zur Sache zu sagen, aber da war Bäri bei der Hand, gab bündig Bescheid, dass Metzger und Hund nichts Besseres wussten, als ihr Heil in der Flucht zu suchen . . .Sie stoben übers Feld durch Korn und Bohnen aus Leibeskräften . . . Bäri wohl, der überschoss den armen Metzgerhund, dass er das Rad schlug wie ein Hase, den man in den Kopf geschossen.»

Auch Metzgerhunde, die unzweifelhaft gute Treiber sein mussten, haben bei den Bauernhunden «mitgemischt» und ganz bestimmt auch umgekehrt. So wurde der «Dürrbächler» von Anfang an auch in die Gruppe der Treibhunde eingeschlossen.

Nachdem er 1902 anlässlich seines ersten öffentlichen Auftretens in der Kynologenwelt als «Treibhund» im Katalog aufgeführt worden war, wird er dann in den weiteren Beschreibungen zwischen 1902 und 1914 mehr als Hof- und Zughund bekannt gemacht. Erst in Heims Schrift von 1914 erwähnt Dr. Scheidegger wieder den auch vorhandenen Treib- und Hütetrieb:

«Wie der Appenzeller- und der Enthlebucher findet auch der Berner Sennenhund verlorenes Vieh, treibt es auf dem Melkplatz zusammen, besorgt die Einstallung, treibt auf der Strasse.»

Einige Beobachter behaupten, es seien vor allem die kleineren Berner Sennenhunde, die eine ausgesprochene Treibneigung zeigen, während die grossen dem Vieh gegenüber eher gleichgültig seien. Dies mag damit zusammenhängen, dass ein kleinerer

Hund ohnehin temperamentvoller als ein schwerer und mächtiger ist. Es kann aber auch noch ein altes Erbe der kleinen, eingekreuzten Treibhundeschläge sein.

Genaue Untersuchungen über die Treibinstinkte bei Berner Sennenhunden sind nie gemacht worden. Die meisten Beschreibungen beziehen sich auf die beiden kleineren Schläge, den Appenzeller und den Entlebucher Sennenhund. Um die Treibinstinkte beim viel grösseren Berner festzustellen, fehlt in heutiger Zeit selbst in Landwirtschaftsbetrieben jegliche Gelegenheit: Die Wege der Rinder zu den Weideplätzen sind kurz, und der elektrische Draht hat die Rolle des einstigen Hüterbuben, der einen Hund einsetzen könnte, übernommen. Der moderne Bauer schätzt es auch durchaus nicht, wenn ein bellender Hund die Herde beunruhigt oder gar herumhetzt. Damit wird in den meisten Hunden der Treibinstinkt von Anfang an unterdrückt und kommt gar nicht mehr zur Entfaltung, so dass auch Hunde, die ursprünglich auf Vieh ansprachen, im späteren Alter in dieser Beziehung vollständig gleichgültig werden. Trotzdem bezeugen viele Halter von Berner Sennenhunden, dass ihr Junghund spontan auf Vieh reagiert und – unbeeinflusst – die Neigung zeigt, Kälber und Rinder bellend in Bewegung zu versetzen.

Ähnlich wie beim Jagdtrieb, bedarf es zur Auslösung des Treibtriebes eines entsprechenden Erlebnisses. Ruhig weidenden oder dastehenden Rindern oder Pferden begegnet der unerfahrene Junghund mit friedlichem Interesse. Falls auch das Rind den neugierigen Vierbeiner nicht fürchtet, bleibt es beim gegenseitigen Beschnuppern. Einige Junghunde gehen aber bald in die klassische Spielaufforderung über, die sie ebenso auch grösseren erwachsenen Artgenossen entgegenbringen: Sie bellen das Rind auffordernd an, viele knicken dabei auch mit den Vorderläufen ein, während sie es umspringen. Fast ausnahmslos wird dieses Verhalten von Rindern und Kühen mit Flucht beantwortet, was beim Hund dann das Antreiben von hinten auslöst. Ungeübte Vierbeiner tanzen dabei bellend hinter dem Rind einher. Selten getraut sich einer, die Tiere nach Sennenhundeart in die Fesseln zu kneifen. Erst wenn der Hund einige Sicherheit dem grossen Tiere und dessen Reaktionen gegenüber erreicht hat, treibt er zielstrebig auch mit dem bekannten tiefen Biss in die Fessel: dem sogenannten Stechen. Einige Hunde springen das Rind ganz einfach an, dies jedoch ohne zuzubeissen. Die ganze Aktion ist darauf ausgerichtet, das Tier in Bewegung zu bringen. Dr. Scheidegger will zwischen den kleineren Treibhunden, die die Tiere in der bequemen Höhe fassen, und dem Berner Sennenhund einen Unterschied sehen, indem dieser seiner Ansicht nach das Rind so tief fasst, dass der Hufschlag über den Hund hinweggeht. Andere Augenzeugen hingegen sagen aus, dass der Berner Sennenhund seiner Grösse wegen häufiger getroffen wird als die kleineren und flinkeren Treibhunde.

Über den Treibtrieb ist viel gerätselt worden. Einige Autoren halten ihn für einen leicht abgewandelten Jagdtrieb. Sicher ist die ureigene Freude am Hetzen eines fliehenden Tieres ein Teil der Antriebsenergie. Doch fehlt beim Treiben nicht nur die Tötungsabsicht, sondern der Hund befindet sich auch in einer ganz anderen Grundstimmung, und die gesamten Bewegungsabläufe sind viel zu verschieden, als dass man den Treibtrieb einfach dem Jagdtrieb zuordnen könnte. Dass ein treibender Hund dem laufenden Rind in die Flanken fällt, ihm an die Kehle geht oder in den Nacken springt, um sich dort festzubeissen, wie wir es bei einem Saluki wiederholt beobachtet haben, konnte bei treibenden Hunden nie festgestellt werden. Steht das Rind, steht meist auch der Hund, oder er versucht, es durch Bellen wieder in Bewegung zu versetzen. Beim Berner Sennenhund kann ein anderer Grundimpuls als beim Jagen an einem andern Punkt sehr deutlich festgestellt werden: Der Berner Sennenhund jagt stumm! Oft kann man beobachten, dass Berner Sennenhunde, wenn sie unvermutet eines Rehs ansichtig werden, zuerst ein kurzes hohes Jaulen hören lassen und dann in grösstmöglichem Tempo, jedoch schweigend, die Verfolgung aufnehmen. Bei einer Hündin haben wir allerdings einmal beim Beginn der Verfolgung eines Rehs ein sonst nie gehörtes überhohes Bellen gehört, das durchaus an das Geläute eines Jagdhundes erinnerte.

Zwischen dem Tier, das, je nachdem, einmal gejagt oder aber getrieben wird und dem Hund, muss eine starke, sich gegenseitig bedingende Handlungsabfolge bestehen, sonst würden nicht dieselben Hunde einmal ins Treiben und ein anderes Mal ins reine Jagen mit Tötungsabsicht verfallen. Besonders gefährdet sind in dieser Hinsicht Schafe, die von nicht als Hütehunden ausgebildeten Tieren nach anfänglichem Hetzen auch besonders oft gerissen werden, wobei Berner Sennenhunde, sobald sie im Rudel

sind, keine Ausnahme machen. Das Verhalten von Schafen und deren geringere Grösse muss demnach im Hund eher den reinen Jagdtrieb auslösen, als etwa das von Rindern oder Pferden, die nie eigentlich angefallen und gerissen werden.

Räber ist in seinem grundlegenen Buche «Schweizer Hunderassen» (1968) allen Aspekten des Treibinstinktes bei Schweizer Sennenhunden nachgegangen. Auch er kommt zum Schluss, dass sich die ihn auslösende Handlungsabfolge nicht einfach aus dem Jagdtrieb ableiten lässt, sondern dass ihre Wurzeln viel eher in einem Spielverhalten begründet sind, das Welpen und Junghunde von selbst annehmen und einüben und im Erwachsenenalter dann auf große Tiere übertragen. Geübte Treibhunde zwicken das Vieh mit den Zähnen dicht über der Klaue in ein Hinterbein, wenn sie es vorwärts treiben wollen. Räber weist dieses «Stechen» genannte Beissen dem natürlichen Verhaltensinventar der Wildcaniden zu. Er beobachtete es auch beim Spiel seiner Schnauzerhündinnen mit ihren Jungen und bei den Welpen untereinander. Das zum Spiel antreibende Fassen der Hinterbeine wird bei den jungen Schnauzern von einem Bellen in hoher Tonlage begleitet, ähnlich dem Treibgebell. An sich müsste nun diese spezielle Spielform bei jungen Sennenhunden besonders häufig beobachtet werden können. Wie zuverlässige Züchter jedoch berichten, ist dies aber keineswegs der Fall. Wenn sich Berner-Welpen gelegentlich bei den Hinterläufen fassen, geschieht dies eher zufällig, weil der «Kollege» gerade da erwischt wird. Es fehlen die gezielte Absicht und das spielerisch-antreibende Element.

Das Hinterlauffassen ist mehr ein Festhalten oder ein Haschen nach den Beinen des davonlaufenden Kameraden, ähnlich dem Fassen nach einem davonrollenden Ball. Will ein Welpe den anderen zum Spiel auffordern oder antreiben indem er bellt, posiert er sich eher vor ihm auf und wirft sich dann auf den Genossen. Fast alle Sennenhundwelpen stürzen sich aber gerne auf den Menschen und kneifen ihn in die Beine, sobald er in die Nähe kommt. Einer Welpenschar kann man kein grösseres Vergnügen machen, als vor ihr herzulaufen, wobei die Kleinen unermüdlich versuchen, die sich bewegenden Menschenbeine mit ihren scharfen Milchgebissen in der Nähe der Knöchel zu fassen. Dass erwachsene Sennenhunde Menschen gerne in die Waden beissen, um sie zu Spiel oder Bewegung aufzufordern, ist häufig zu beobachten. Drei unserer bisher 9 Hündinnen hatten die Angewohnheit, laut bellend herumzutanzen, sobald man die Leine zur Hand nahm und den Begleiter in die Beine zu kneifen, um ihn zu grösserer Eile zu bewegen. Sobald die Gruppe in Bewegung war, hörte die Antreiberei auf. Eine der Hündinnen zwickte ihren Führer auch unterwegs etwa in die Knöchel, wenn sie wollte, dass er sich speziell mit ihr befassen und z. B. ein kleines Arbeitsprogramm mit ihr absolvieren sollte. Sennenhunde sind auch dafür bekannt, dass sie Fremde, die in ihr Revier eindringen, gerne umkreisen und von hinten an den Unterschenkeln packen, um sie wieder wegzutreiben. Sie deshalb als «falsch» zu bezeichnen, wäre ungerecht. Diese Angewohnheit ist für viele Treibhunde die natürliche Art, ein fremdes Lebewesen aus ihrem Heimbereich zu drängen.

Es scheint, dass der Treibtrieb wohl aus einem spielerischen Impuls hervorgeht, der bei Sennenhunden erhalten ist und besonders gefördert werden kann. Die Gewohnheit, Vieh von hinten durch Fesselbiss anzutreiben, kann aber nicht direkt aus einem entsprechenden Spielverhalten abgeleitet werden, das Welpen untereinander zeigen. Es erscheint uns am logischsten, dass ein Hund Tiere, die viel grösser sind als er und die er zum Spiel verlocken möchte, in einer für ihn bequemen Höhe da angreift, wo es ihm am ungefährlichsten erscheint: möglichst weit unten und möglichst weit hinten. Kühe zeigen Hunden gegenüber nebst Neugier oft auch eine beträchtliche Neigung zum Angreifen. Geht eine Kuh mit gesenktem Kopf, den starken Hörnern und den für den Hund übergrossen Augen geradewegs auf ihn zu, weicht der ungeübte fluchtartig aus und greift dort an, wo er von dem ihm gefährlich erscheinenden Kopf am weitesten entfernt ist: am untern Teil der Hinterbeine. Er kann ja nicht wissen, dass das grosse Vieh nicht nach ihm beissen kann, so wie ein Artgenosse. Ergreift die Kuh die Flucht, wenn der Hund von hinten an sie herangekommen ist, was meist geschieht, hat er auch schon seinen Zweck erreicht und damit gelernt, wie man solche Tiere behandeln muss, um sie zu verscheuchen. Sind Rinder ohnehin in Bewegung, sieht der junge Hund vor sich nur die Hinterbeine, und wenn er die Entdeckung macht, dass das mächtige Tier seinen Gang beschleunigt, wenn man in diese sich bewegenden Säulen hineinkneift, ist die Lust an dieser Wirkung, am Treiben, auch schon geweckt.

Wenn ein Berner Sennenhund Rinder oder andere Tiere lustvoll vorwärts jagt, ist das natürlich noch lange kein gekonntes, nützliches Treiben. Wird der Hund nicht vom Menschen entsprechend beeinflusst und konsequent geschult, bleibt es beim blossen ziellosen Herumhetzen. Bei der Abrichtung eines Treibhundes, der eine Kuhherde korrekt in den Stall bringen kann, kommt ihm die natürliche Neigung der Rinder, bei Gefahr in Richtung ihres Standplatzes zu laufen, sehr entgegen. Wird er dann auch noch gelobt, begreift er aus der Wiederholung, was man von ihm erwartet und wird im Verlaufe der Zeit zielbewusst vorgehen.

Das Hereinholen von entlaufenen oder entfernten Tieren wird teilweise dem Rudelverhalten zugeordnet, kann aber auch in den Jagdinstinkten verwurzelt sein. Der gute Jagdhund treibt sein Wild dem Standort des Jägers zu.

Zweifellos haben Berner Sennenhunde in ihren Treibhundfunktionen viel mehr Beziehung zu ihrem Wohnbereich als etwa zur Herde an sich. Sie kreisen sie nicht ein und jagen sie nicht zusammen, wie dies die Schäferhunde bei den wandernden Schafen tun, sondern sie treiben sie an bekannte Stellen oder auf bestimmten Wegen. Das Vieh des Besitzers gehört zu ihrer festen Umwelt wie das Revier, in dem Hund und Meister sich bewegen, und alle Gegenstände, die zu diesem «Rudel» gehören. In diesem Sinne wird Dazugehöriges überwacht und zusammengehalten und Fremdes verscheucht. Bei Berner Sennenhunden kann häufig beobachtet werden, dass sie nicht nur fremde Katzen konsequent aus dem eigenen Garten verjagen, sondern auch die eigenen nach Hause zu treiben versuchen, wenn sie sie ausserhalb des Gebietes, das sie als ihr Heimrevier betrachteten, antreffen. Dabei werden sie nicht einfach gehetzt, sondern die Hunde zeigen deutliches Treibverhalten. Ein Überrest des ursprünglichen Treibhundinstinktes?

Es wäre interessant, auch aus anderen besonderen Verhaltensweisen noch die ursprünglich geförderten Treibhundinstinkte erschliessen zu können. Doch dazu müsste das, was den guten Treibhund beim Berner Sennenhund einst charakterisierte, besser bekannt sein. In heutiger Zeit noch genaue Beobachtungen machen zu können, erscheint unmöglich. Es ist uns kein einziger Berner Sennenhund bekannt, der heute noch gezielt als Treiber zum Einsatz käme, ausser gelegentlich zum Spass. Zur Neigung und Treibfreude muss ja immer auch die Schulung kommen, auch wenn sie unbewusst, nur einfach durch die festen Gewohnheiten einer viehwirtschaftlichen Betriebsform erfolgt. Davon, dass man es mit seinem Berner Sennenhund einmal ausprobiert, wenn man zufällig an einer weidenden Herde vorbeikommt, muss dringend abgeraten werden. Mehr als eine ziellose Hetze, die das Vieh verängstigt und strapaziert, kann daraus nicht werden, und es ist durchaus nicht wünschenswert, dass in einem Dürrbächler der modernen Welt die Treibinstinkte wieder geweckt werden, so dass er sich dann mit leidenschaftlicher Freude auf jedes fremde Rindvieh stürzt.

Die Freude am Ziehen

Es war die offensichtliche Freude aller Zughunde an ihrer Tätigkeit, die schlussendlich die Behörden der schweizerischen Kantone und die Tierschutzvereine am Ende des letzten Jahrhunderts davon überzeugte, dass der Zughund nicht verboten werden darf, sondern geschützt werden muss. Auch der richtig eingesetzte Berner Sennenhund hängt an dieser Arbeit und ist dafür bekannt geworden. In vielen Ländern, in denen er sich heute Freunde erwirbt, wird er dadurch zur ganz besonderen Attraktion. Der St. Bernhardshund ist dort als Rettungshund, der Berner Sennenhund als Zughund eingeführt worden. Auch wenn in einigen Ländern Hunde zum Ziehen von Lasten in der Öffentlichkeit nicht gestattet sind, werden sie doch bei Familienanlässen, Klubveranstaltungen und Kinderfesten gerne eingespannt. Alle Freunde des Dürrbächlers machen dabei die Beobachtung, dass er sich ohne Schwierigkeiten an ein Zuggeschirr gewöhnt und meist schon nach kurzer Anlernzeit leicht und freudig zieht. Viele Zughundbegeisterte halten dies dann für einen klaren Züchtungserfolg. Doch dem ist nicht so. Der Berner Sennenhund ist nie gezielt in Hinsicht auf eine spezielle Eignung als Zughund gezüchtet worden. Er war einfach ein grosser, vielseitiger Allgebrauchshund, der dann zum Ziehen von Lasten eingesetzt wurde, wenn der Meister eben unter anderem auch einen Zughund brauchte. Viele Bauern im Kanton Bern bevorzugten für diese Arbeit oft noch grössere Hunde, häufig Doggen- oder Bernhardinerbastarde oder den Grossen Sennenhund. Es scheint, dass man früher kurzhaarige Hunde für geeigneter hielt, vermutlich vor allem, weil sie an Regentagen schneller abtrockneten und bei hohen Temperaturen weniger unter der Hitze litten. Auch erforderte ihr Haarkleid keine Pflege. So hat an der ersten Zughundeprüfung anlässlich einer Hundeausstellung in Langenthal 1908 keiner und an der zweiten 1913 unter 18 Hunden nur ein einziger Berner Sennenhund teilgenommen. Dieser war nur 55 cm gross und hat nach Dr. Scheideggers Bericht seinen Dienst doch vorzüglich getan.

Die untrennbare Verknüpfung der Rasse mit dem Begriff des Zughundes rührt wohl vor allem von den legendären Zughunden vor den Karren der Rüschegger Hausierer her. Auch die Tradition, Hunde als Zugtiere vor einen kleinen Wagen zu spannen, mit dem die Milch zur Käserei gefahren werden kann, hat viel zur Propagierung des Berners als Zughund beigetragen. Sie ist aber heute nicht mehr als etwas über 100 Jahre alt. Vorher wurden die Bauernhunde kaum als Zugtiere eingesetzt. Von einer langen Selektion in Hinsicht auf besonders gute Zughundeigenschaften kann also keine Rede sein.

Dass der Berner zusammen mit dem Grossen Schweizer Sennenhund so besonders als Zughund bekannt wurde, hat auch viel mit Heims Einsatz dafür zu tun, dass alle grossen Hunde zur Gesunderhaltung Arbeit bekommen sollten. Die Zughundeprüfungen, die früher anlässlich von Hundeausstellungen durchgeführt wurden, gehen auf seine Anregung zurück. Den Bericht über eine solche Prüfung in Langenthal 1913 schliesst er mit einem Passus, den man sich auch heute wieder zu Herzen nehmen sollte:

«Als Helfer zum Transport kleinerer Lasten ist der Zughund nicht zu ersetzen. Die Milch, Gemüse, Brot, Fleisch, Eier, Blumen liefernde Bevölkerung kleinerer Städte würde ruiniert sein, wenn man ihr den Zughund wegnähme. *Und der Hund wäre dadurch auch ruiniert!*... Schützen wir den Zughund wie das ziehende Pferd. Lassen wir jedem das Mass von Arbeit, für das es sich eignet. Gönnen wir auch dem Hunde seine Arbeitsleistung, die ihn gesund und lebensfroh erhält, viel länger, als es bei Müssiggang der Fall sein würde. *Wer das Tier wirklich lieb hat, der muss sich über jede praktische Verwendung seiner Fähigkeiten im Dienste der Menschen freuen,* denn das sichert ihm Leben und Wertschätzung. Dem Hunde das Ziehen zu verbieten, hiesse, hunderte von Hunden, weil unnütz geworden, dem Schlächter zuzuführen und ihre Zahl dauernd vermindern. Wir wollen unseren ältesten Genossen und Mithelfer im Kampf ums Dasein nicht mehr und mehr ausschalten, sondern auch ihm dankbare Treue beweisen und ihn in unseren Dienst nehmen, damit er gedeihe und sich mehre. Das ist der richtige Tierschutz. Ihm die Arbeit zu verbieten, für die er sich geeignet erweist, ist das Gegenteil von Tierschutz.»

Zughunde sind heute aus dem Alltagsleben endgültig verdrängt. Der Lebensbereich, den Heim den grossen Hunden erhalten wollte, damit sie sich weiterhin dienstbar im Alltag betätigen könnten, ist für unsere Vierbeiner verloren; ihn beherrschen Motoren oder hastiges Gedränge. Der Zughund in Wohngebieten wird zum Hindernis, zum Ärgernis oder gar zur Gefahr. Der Hunde sind deswegen aber nicht weniger geworden. Tausende und Abertausende von grossen Hunden leisten heute den Menschen Gesellschaft und tragen ihnen ihre ganze Zuneigung an. Dabei verbringen sie ihr kurzes Leben fast ausschließlich mit Warten darauf, dass etwas geschieht! Der Hund ist durch den Entzug aller seiner natürlichen Arbeitsmöglichkeiten teilweise «ruiniert»! Ob die Lebensdauer bei vielen Berner Sennenhunden deshalb kürzer verläuft, als zu erwarten wäre, weil ihnen Sinn und Beschäftigung fehlen, bleibt eine Vermutung. Bewegungsarmut und der Mangel an Möglichkeiten für gemeinsames Tun sind aber für den Hund und seinen aufmerksamen Besitzer oft eine verborgene Not. In diesem Sinne müsste alles dafür getan werden, dass unsere treuen Tiere auch die alte Betätigung als Zughund wieder aufnehmen können, wo immer sich eine Gelegenheit dazu schaffen lässt.

Auf dem Weg zur Käserei. Oft waren beträchtliche Lasten, bis zu 150 kg (zwei bis vier Milchkannen) und mehr zu ziehen, auch bergan.

Dass Berner Sennenhunde, für den Hundeliebhaber deutlich wahrnehmbar, eine Art grosse Freude empfinden, wenn sie für vertraute Menschen etwas tun können, gehört sozusagen zu ihren charakterlichen Rassemerkmalen. Ausserdem scheint das Laufen vor einem Wagen den Hunden an sich Befriedigung zu verschaffen. Ob dies deshalb so ist, weil sie sich am Wagen mächtiger vorkommen, sich dadurch sozusagen «grösser» fühlen oder weil es ihnen ähnliche Körperempfindungen verschafft, wie wenn sie vor einem Rudel herlaufen würden, das wissen wir nicht. Es ist auch möglich, dass die körperliche Anstrengung, die der Vierbeiner dabei vollbringen muss, in ihm letztlich ein «Gefühl der Befriedigung» auslöst, weil sie seinen Organismus ins Gleichgewicht bringt. So wäre es erklärlich, dass Hunde bereit sind, unter Umständen selbst dann freudig Lasten zu ziehen, wenn ihnen dies nach menschlichem Ermessen eigentlich nicht zugemutet werden könnte.

Richtig angewendet, ist der Einsatz von Berner Sennenhunden am Wagen oder auch vor dem Schlitten ein ausgezeichnetes Konditionstraining. Falls das Gefährt nicht allzuschwer beladen wird und die Tiere ihrem eigenen Tempo überlassen werden, fallen Zughunde gerne in einen leichten zügigen und gleichmässigen Trab, den sie über weite Distanzen einhalten können. Dieses natürliche Tempo ist für begleitende Fussgänger meist etwas zu schnell, deshalb wurde früher im Kanton Bern der ziehende Hund gerne auf dem Fahrrad begleitet, wenn man nicht auf dem Gefährt selbst mitfahren wollte. Aufsitzen ist bei vielen Hundefreunden verpönt, sie haben den Eindruck, um den Hund zu schonen, müsse man zu Fuss nebenher gehen. Das zwingt ihn aber, seine Gangart dem langsameren Tempo des Menschen anzupassen, wobei das Schreiten für ihn eher ermüdender ist als der selbstgewählte lockere Trab. Heute geht es wohl eher darum, neue sportliche Arten von Zughundbetätigungen zu erschliessen, als den Hund wieder in seine alten Ämter zurückzubringen. Es muss kein Leiterwägeli und kein Milchkarren sein, an die man den Berner Sennenhund spannt. Der den Sennenhundfreunden so lieb gewordene nostalgische blumengeschmückte Käsereiwagen muss heute als das genommen werden, was er ist: eine schöne Erinnerung an einen ehemaligen Hundeberuf. Damit, dass solche Wagen zur Freude des Publikums etwa Festumzüge bereichern, ist für den Hund selbst noch nichts getan. Nur das häufige und regelmässige Ziehen verschafft ihm Bewegung und Abwechslung. Da nicht allen Leuten die sportliche Ausbildung eines Hundes in einer Gebrauchshundedisziplin zusagt und das blosse Spazierengehen mit dem Hund auch zur langweiligen Pflicht werden kann, erschliesst sich mit dem Gebrauch des Hundes zum Ziehen auch für moderne Menschen eine weitere Möglichkeit, mit ihrem Gefährten zusammen in der Freizeit eine gesunde Beschäftigung auszuüben. Wie viel lieber lassen sich doch Kinder zu einer Wanderung bewegen, wenn der Vierbeiner im Wagen ihr Gepäck mitführt und der Kleinste von Zeit zu Zeit aufsitzen kann! Welch ein Vergnügen, wenn der Bäri vor den Schlitten oder den kleinen Skifahrer gespannt wird, wenn der sonst nicht mit den Eltern langlaufen mag! Warum sollen nur nordische Hunde Schlittenrennen laufen? Für den Berner Sennenhund müssten eigene Regelungen gefunden werden, damit dieser Sport an dessen Eigenart angepasst werden kann. Es ist durchaus nicht zu verstehen, warum man nicht auch anderen Hunderassen auf diese Art zur Lauffreude und dem Menschen zu interessanter Wintertätigkeit an frischer Luft verhelfen sollte! Eigenartigerweise haben sich die Abrichtevereine einzig und allein auf Disziplinen festgelegt, die nur auf Polizeidienst, Militärhundewesen oder Rettungsaufgaben ausgerichtet sind. An sportliche Trainingsarten für Zughunde, die vielen Leuten vielleicht besser liegen und den Hunden genausogut Bewegung, Einordnungsbereitschaft und Vergnügen bringen würden, hat man eigentlich noch nie gedacht. Der Hund ist heute für den Alltagsgebrauch nicht mehr nötig. Er hat aber als Mitgestalter von gesunderhaltenden Freizeitbeschäftigungen für den Menschen eine neue wichtige Aufgabe übernommen. Dank des Hundes bewegt man sich regelmässig im Freien. Die vielseitigen Möglichkeiten, die er als Anreger zu bieten hat, sind noch lange nicht ausgeschöpft. Eine davon ist beim Berner Sennenhund seine Freude an allen Arten von Arbeiten im Zug. Hier würde sich noch viel für ein lustvolleres Zusammenleben tun lassen. In dieser Richtung müssten sich Berner Sennenhundfreunde gegenseitig ermuntern, die konventionellen Wege zu verlassen und Neues zu finden.

2. TEIL

BERNER SENNENHUNDE ZÜCHTEN

Wer kann züchten?

Der kleine Züchter zählt

Jede Hunderasse lebt vom Engagement ihrer Züchter. Von deren Ernsthaftigkeit, von deren Wissen und Können hängt es ab, ob sie sich weiterentwickelt, stehenbleibt oder sich verschlechtert. Nur hie und da ist es ein einzelner, der einer Rasse durch ein paar besonders gute Hunde einen entscheidenden Impuls geben kann. Der grösste Beitrag aber wird durch die vielen kleinen Züchter geleistet. Das, was sie immer wieder an Jungtieren hervorbringen, prägt im Verlauf der Jahre die Qualität der Rasse.

Seit Beginn der Reinzucht bis Ende 1987 sind in der Schweiz insgesamt 26 011 Berner Sennenhunde ins Hundestammbuch eingetragen worden. Wenn wir davon ausgehen, dass pro Wurf im Durchschnitt etwa 5 Welpen aufgezogen wurden (in den letzten 10 Jahren waren es nur noch um 4,3), sind das rund 5200 Würfe. So viele erfolgreiche Paarungen haben stattgefunden. Das sind rund 25 neue Generationen Berner Sennenhunde, in deren Folge sich die Rasse verändert hat. Sie ist ausgeglichener, schöner und besser im Wesen geworden.

Grosszuchten mit mehr als 3 Hündinnen im zuchtfähigen Alter hat es in dieser Zeit kaum je gegeben. Es sind meist Landwirte, Handwerker, Angestellte, Bäuerinnen und Hausfrauen, die neben ihrer Alltagsarbeit eine oder zwei Zuchthündinnen betreuen.

Wir haben vor einigen Jahren (1981) einmal ausgezählt, wie die Verhältnisse in der Schweiz genau liegen. Da sich seither nichts grundlegend verändert hat und innerhalb der letzten 10 Jahre auch gleichmässig viele Würfe fielen, haben die damaligen Verhältnisse auch heute noch Gültigkeit. Ins Hundestammbuch wurden 205 Würfe eingetragen. Die einzelnen Züchter hatten folgende Wurfzahlen gemeldet:

115 meldeten 1 Wurf
26 meldeten 2 Würfe
7 meldeten 3 Würfe
3 meldeten 4 Würfe
1 meldete 5 Würfe

141 Züchter, das sind 92,8%, sind Kleinzüchter. Sie haben nur eine oder zwei Hündinnen. Nur 11 oder 7,2% züchten mit mehreren Hündinnen gleichzeitig. Diese Zahlen machen deutlich, dass es die kleinen Züchter sind, die die Rasse gestalten. Sie haben von 880 Welpen rund 720 hervorgebracht, einzig 160 (18%) gingen aus den grösseren Zuchtstätten hervor. Sie also sind es, die die Rasse gestalten.

Untersucht man, wieviele Welpen von erfahrenen und wieviele von weniger erfahrenen Leuten gezüchtet worden sind, bietet sich wieder ein neues Bild. Es gibt jedes Jahr viele, die ihren ersten Wurf melden. Bei etwa der Hälfte bleibt es dabei. Andere aber finden am vorausschauenden Planen und Aufziehen von jungen Hunden ihre

Freude und üben diese Beschäftigung jahrelang aus. Für einige wird es zum Lebenswerk. Wenn wir beobachten, den wievielten Wurf die Zuchtstätten meldeten, sehen die Zahlen so aus:

29 meldeten den 1. Wurf (Buchstabe A)
8 meldeten den 2. Wurf (Buchstabe B)
43 meldeten den 3. oder 4. Wurf
13 meldeten den 5. Wurf
29 meldeten den 6.–10. Wurf
13 meldeten den 11.–15. Wurf
14 meldeten den 16.–20. Wurf
6 meldeten den 20.–25. Wurf
5 haben schon über 25 Würfe aufgezogen.

Diese Zahlen haben sich seit damals nicht wesentlich verändert. Sie zeigen, dass auch viele, die erst mit dem Züchten anfangen, das Geschick der Rasse mitbestimmen. Nicht nur das, was die erfahrenen und langjährigen Züchter hervorbringen, muss beachtet werden, denn sie sind eine Minderheit. Auch die Hunde derer, die erst am Beginn stehen oder gerade die ersten paar Würfe gehabt haben, zählen mit.

Innere und äussere Voraussetzungen zur Hundezucht

Hunde sind, neben Katzen, Kaninchen, Meerschweinchen u. ä., Hühnern und Vögeln, die einzigen Haustiere, die auch von Nichtlandwirten gezüchtet werden können. Ist Lebensraum für eine Hündin da, scheint schnell auch die nötige Einrichtung für einen Wurf geschaffen. Der Reiz, die drolligen Jungtiere aus nächster Nähe zu erleben, verlockt. So fängt Hundezucht bei den meisten Leuten wohl eher zufällig an. Die einen lassen es bei ein oder zwei Würfen bewenden, die anderen fühlen sich bald davon so fasziniert und zu einem schöpferischen Tun herausgefordert, dass sie die Sache nicht mehr loswerden. «Selbstgeschaffene» Tiere an andere weitergeben zu können, erfüllt sie mit Stolz und Befriedigung. Diese beiden Züchtergruppen – die Gelegenheitszüchter und die langjährigen – dürfen nicht gegeneinander ausgespielt werden. Es ist genau so legal, aus Interesse und Spass nur einen oder zwei Würfe aufzuziehen, wie eine ganze Zuchtabfolge zu planen. Oft setzen Hundefreunde, für die Züchten nur ein einmaliges, kurzfristiges Unterfangen ist, gerade besonders viel an Vorbereitung, Zeit und Liebe dafür ein.

Trotzdem gibt es eine ganze Reihe von Gesichtspunkten zu durchdenken und ehrlich für sich selber zu beantworten, bevor man einen Wurf junger Hunde in die Wege leitet. Hundezucht ist keine Privatsache. Automatisch übernimmt man damit eine Menge Verantwortung, ob man es will oder nicht. Da ist einmal, wie die vorangehenden Zahlen belegen, die Verantwortung gegenüber der Rasse. Es sind die Kleinzüchter, die mit ihren ein oder zwei Würfen pro Jahr entweder Fortschritte oder Rückschläge bewirken. Jeder leistet seinen Beitrag im Guten oder im Schlechten. Es reicht nicht aus, dass man einfach mit seiner Hündin zum nächstbesten Rüden geht.

Jede Paarung muss bestmöglich geplant werden. Worauf man bei Paarungen achten sollte, berichtet dieses Buch in den folgenden Kapiteln. Wer sich nicht darum bemühen mag, mit jedem Wurf möglichst eine Verbesserung des Bisherigen – in gesundheitlicher, charakterlicher und schönheitsmässiger Hinsicht – anzustreben, sollte keine Hunde züchten.

Zur Verantwortung für die Rasse kommt die für den einzelnen Hund. Wir dürfen keine Lebewesen in die Welt setzen, wenn wir nicht im voraus dafür einstehen können, dass sie auch ein artgerechtes Leben erwartet. Wer züchten will, muss also sicher sein, dass er für seine Welpen Plätze finden wird, an denen sie nach Hundeart glücklich leben können. Hunde zu produzieren, ohne dass man eine Ahnung hat, wohin sie einmal kommen werden, ist unverantwortlich. Es genügt nicht, dass man sich mit irgendeinem Vermittler vertröstet, der dann die Welpen schon verkaufen werde. Wer nicht bereit ist, für jeden einzelnen von ihm gezüchteten Welpen eine gewisse Verantwortung auch für dessen weiteres Leben zu übernehmen, sollte keine Hunde züchten.

Wer verantwortlich züchten will, kommt nicht darum herum, sich auch einiges Wissen anzueignen. Hundezucht ist heute eine anspruchsvolle Sache geworden. Paarungen müssen geplant werden. Dazu muss man wissen, wie man das macht, damit die Jungtiere besser als die Eltern werden. An die Welpen werden durch kritische Käufer hohe Anforderungen gestellt. Viele Leute wissen heutzutage weit mehr, als dies noch vor wenigen Jahren der Fall war. Mit biologischen Problemen werden schon die Kinder in der Schule konfrontiert, und sie rücken auch immer mehr ins Bewusstsein der gesamten Bevölkerung. Dass Gesundheit und Wesen eines Hundes weitgehend durch die ersten Lebenswochen in der Zuchtstätte mitbestimmt werden, ist allgemein bekannt geworden. Der Züchter muss also wissen, wie man die Aufzucht bestmöglich gestaltet. Dass die Grossmutter einmal mit Milchbrocken ein paar unerwünschte Hündchen durchbrachte, ist da als Vorbild nicht genug. Wer Rassehunde züchten will, muss bereit sein, sich damit auch gründlich zu befassen. Er muss sich konkretes und erprobtes Wissen erarbeiten. Ohne Fachkenntnisse kann man heutzutage keine Hunde mehr züchten, zu denen man auch stehen kann.

Zu diesen inneren Voraussetzungen, dem echten Verantwortungsgefühl für sein Tun und dem nötigen Wissen, muss jeder angehende Hundezüchter auch über die nötige Einrichtung verfügen, um rein äusserlich für Welpen, Junghunde und Zuchttiere richtig sorgen zu können. Berner Sennenhunde sind eine grosse, anspruchsvolle Rasse. Sie benötigen Platz. In Wohnungen und notdürftig hergerichteten Räumen oder Hundehütten kann man sie nicht aufziehen. Wer wissen will, was genau vorhanden sein muss, lese einmal im Kapitel über Welpenaufzucht nach. Er wird dann auch merken, dass verantwortungsvolle Hundezucht Zeit braucht, sehr viel Zeit! In den ersten drei Lebenswochen der Welpen sind das gegen 2 Stunden am Tag, wenn sie älter werden, so an die 3 oder mehr. Das braucht man, um die Tiere zu füttern, ihre Ausläufe sauber zu halten, sie zu pflegen und mit ihnen zu spielen. Welpenaufzucht ist nichts, was man so nebenbei erledigen kann. Es muss eingeplant werden können, sonst kommen die Hundekinder zu kurz und nehmen Schaden an Gesundheit und Wesen.

Volle Berufstätigkeit und andere zeitausfüllende Beschäftigungen sind neben der Aufzucht von Würfen nicht möglich, auch keine Urlaubsreisen und sonstige Abwesenheiten. Junghunde brauchen die Präsenz ihres Betreuers eigentlich rund um die Uhr.

Eine weitere Voraussetzung ist das Vorhandensein einer zuchtwürdigen Hündin. Sie muss im Charakter einwandfrei, ganz gesund und im Aussehen ohne schwerwiegende Fehler sein. In vielen Ländern erlassen die Rasseklubs genaue Vorschriften, die erfüllt sein müssen, damit die Welpen Abstammungsurkunden bekommen. In der Schweiz, in Deutschland und Österreich müssen alle zukünftigen Zuchttiere an einer Zuchteignungsprüfung (Körung, Ankörung) vorgestellt werden. Sie beinhaltet eine Beurteilung ihres äusseren Erscheinungsbildes anhand des Rassestandards und einen Wesenstest. Die Hüftgelenke der Tiere müssen vorher durch einen Tierarzt geröntgt und von einer offiziellen Stelle beurteilt worden sein. Mit Hunden, die krankhaft veränderte Hüftgelenke haben (in der Schweiz HD über Grad 0 oder Grad 1, in der BRD mehr als leichte HD) darf nicht gezüchtet werden. Zweifelhafte Hündinnen sollten, der Rasse zuliebe, keine Jungen bekommen.

Irrtümliche Voraussetzungen

Im Volksglauben halten sich hartnäckig einige Ansichten, die immer wieder Unerfahrene dazu verleiten, mit ihrer Hündin einen oder mehrere Würfe zu haben, obwohl sie das Hundezüchten gar nicht letztlich fasziniert. Wir müssen uns damit auseinandersetzen.

Ein Weibchen muss einmal Junge haben können

Es wird dabei von einer menschlichen Denkweise ausgegangen. Weil bei Hündinnen der Geschlechtszyklus so sichtbar und eindrücklich abläuft, nehmen mit dem Tierleben nicht sehr Vertraute an, Tierweibchen vermissten es, wenn sie keine Jungen aufziehen könnten. Dem ist aber nicht so. Hündinnen können keine Vorstellung davon entwickeln, was es heisst, Kinder zu haben. Sie vermissen sie auch nicht. Alle Abläufe, wie Hitze, Trächtigkeit, Geburt und Welpenbetreuung, sind rein hormonell gesteuert und dringen nicht ins Bewusstsein der Hündin. Sie reagiert bloss auf die inneren und äusseren Reize, und wenn die Phase vorbei ist, ist alles wieder erloschen. Auch unter den Wildcaniden, wie Wölfen und Schakalen, gibt es viele Weibchen, die ihr ganzes Leben lang keine Jungen bekommen. Sie sind daraufhin angelegt und deswegen nicht weniger vollwertige Mitglieder der Meute. Eine Geburt und die nachfolgende Betreuung der Welpen verändert das Hundeweibchen nicht. Es tut dann einfach seine „Pflicht“. Auch eine Hündin, die nie geboren hat, lebt in verständnisvoller Umgebung ein volles, glückliches Hundeleben.

Trächtigkeit heilt Scheinträchtigkeit

Dass eine einmalige Trächtigkeit kein Heilmittel ist gegen die bei einigen Hündinnen öfters oder auch nach jeder Hitze auftretende Scheinträchtigkeit, zeigen am besten die Zuchthündinnen, die, obwohl sie jedes Jahr einen Wurf aufziehen, doch nach jeder dazwischenliegenden Hitze, bei der sie nicht gedeckt worden sind, genau so stark scheinträchtig sein können, als wenn sie nie Junge aufgezogen hätten. Scheinträchtigkeit ist eine Veranlagung, die da sein kann oder nicht. Das ein- oder mehrmalige Austragen von Welpen ändert daran nichts.

Trächtigkeit beugt Krebs und Gebärmuttervereiterung (Pyometra) vor

Leider zeigt die Statistik, dass Erkrankungen der Gebärmutter, wie Infektionen oder früher Krebs, bei Hündinnen, die geworfen haben, nicht weniger häufig vorkommen als bei jungfräulichen. Wer seine Hündin vor Erkrankung der Geschlechtsorgane schützen möchte, wähle als einziges sicheres Mittel die Sterilisation.

Trächtigkeit verbessert den Charakter

Besitzer von ängstlichen Hündinnen oder von schlechten Wächterinnen werden hie und da sogar von sogenannten Fachleuten darauf gestossen, sie doch einmal einen Wurf haben zu lassen, damit der Charakterfehler ausgebügelt werde. Das ist ein Wunschtraum. Die charakterliche Grundveranlagung wird durch einen Wurf nicht verändert. Wohl kann eine Hündin, im Bestreben, ihre Kleinen zu beschützen, für kurze Zeit selbstbewusster oder aggressiver auftreten. Sind die Jungen grösser geworden oder verkauft, tritt das alte Verhalten wieder auf. Mit nicht wesenssicheren Hündinnen oder solchen, die sonst unerwünschte Verhaltensweisen zeigen, sollte unter gar keinen Umständen gezüchtet werden. Nicht nur, dass es die Sache nicht verbessert, sondern die Charaktermängel werden an die Jungen weitervererbt und zudem erlernen diese gerade das, was man nicht will: In ihrer Prägungszeit von der 3. Lebenswoche an ahmen sie ihre Mutter nach. Durch den Wurf wird der Fehler nicht verbessert, sondern vervielfacht!

Unsere Kinder möchten einmal junge Hunde erleben

Dieser Wunsch taucht fast in allen Familien auf, wo Hündinnen und Kinder zusammenleben. Sicher ist es für Kinder ein wunderbares Erlebnis, junge Lebewesen hautnah in nächster Umgebung werden, wachsen und Kontakt aufnehmen zu sehen. Trotzdem ist der Wunsch der Kinder allein nicht genug. Würfe als Attraktion für Kinder dürfen nur dann geplant werden, wenn auch alles andere stimmt. Es ist gerade die ganze Verantwortung für die uns anvertrauten Haustiere, die Kinder mittragen lernen müssen. Eltern, die sich nicht ganz für die Sache begeistern können und die Welpen in Liebe zu betreuen bereit sind, sollten sich nicht zu einem «Wurf für die

Kinder» hinreissen lassen. Kinder sind wohl in der Aufzucht von Hundewelpen oft die besten Helfer, müssen aber konsequent angeleitet werden und können niemals selbst Verantwortung übernehmen. Unterschätzt wird oft der Schmerz, den es einem sensiblen Kind bereiten kann, wenn es von seinen kleinen Spielgenossen gerade dann Abschied nehmen muss, wenn sie ihm so richtig ans Herz gewachsen sind. Sind die nötigen Einrichtungen nicht vorhanden oder leicht herzurichten und wollen sich die Eltern nicht mit allen Fragen der Zucht befassen, wird für Kinder besser ein Ersatz gesucht. Das liebevolle Verständnis der Eltern für einen solchen Wunsch und die gemeinsame Suche nach etwas anderem, was auch Freude macht, kann einem Kind Entscheidendes geben, auch wenn auf einen Wurf der eigenen Familienhündin verzichtet werden muss.

Die finanzielle Seite

Hundezucht ist und bleibt ein Hobby. Ein einträglicher Nebenverdienst ist es nie und wird es nie werden können. Das haben in verschiedenen Ländern auch schon die Steuerbehörden einsehen müssen, die diese Einkommen belasten wollten und von den Züchtern Abrechnungen verlangten. Wohl geht dann, wenn ein guter Wurf verkauft werden kann, in kurzer Zeit eine grössere Summe ein. Es gibt auch immer noch Züchter, die nun glauben, etwas verdient zu haben. Stellt man aber seriös, wie ein Geschäftsmann, der auch alle entstehenden Kosten für ein Produkt berücksichtigen muss, alle Ausgaben pro Jahr zusammen, bleibt vom Welpenerlös fast nichts mehr übrig. Es sind die kleinen Beträge, die sich zusammenläppern. Neben Ausgaben für Futter, Einrichtung, Tierarzt (mindestens die Impfungen), Hundesteuern, Decktaxen, Klub-, Vereins- und Ausstellungsgebühren kommen viele kleine Beträge dazu, die man ohne Hundezucht nicht hätte. Man verfährt Autokilometer, bezahlt Telefongebühren und Posttaxen, braucht neue Halsbänder, Leinen, Matrazen oder Überzüge, offeriert allen Besuchern, die Welpen aussuchen, ansehen, abholen oder schon gekaufte zeigen wollen, einen kleinen Imbiss, abonniert Zeitschriften und kauft etwa ein Buch, man verbraucht mehr Kleider, mehr Waschmittel und mehr elektrischen Strom. All das muss in eine Kostenaufstellung einbezogen werden. Diese Ausgaben bleiben sich jahraus jahrein beinahe gleich, ob man nun Welpen verkaufen kann oder nicht. In Jahren, wo gute Würfe da sind, werden sie gedeckt, gibt es nur wenige Welpen, legt man drauf. Die aufgewendete Arbeitszeit wird nie in barem Geld entlohnt.

Es ist das Unberechenbare, das die Hundezucht unrentabel macht. Kaiserschnitte, notwendige Operationen oder Behandlungen können in kurzer Zeit die Tierarztrechnungen über den Welpenerlös steigen lassen. Mit leerbleibenden Hündinnen, kleinen Würfen, mit Welpen, die wegen Mängeln unter dem Preis abgegeben werden müssen, ist immer zu rechnen. Dazu kommen die Aufzuchtkosten für Nachwuchstiere, die oft umsonst aufgewendet sind, weil der Junghund sich dann doch zur Zucht nicht eignet, und es kommt die langwährende Altersfürsorge für die «ausgedienten» Hündinnen hinzu.

Das tönt alles wie Schwarzmalerei. Es ist aber die «Sorge» vieler Züchter, dass sie in ihr Hobby im Grunde genommen mehr hineinstecken als sie herausholen können. Die «guten Jahre», in denen man vielleicht zwei oder drei Zuchthündinnen hat, die grosse Würfe bringen, sind seltene Glückszeiten. Und Hundezucht so zu betreiben, dass an allem und jedem gespart wird, vor allem auch am Futter und wo die alten Tiere möglichst bald «verschachert» werden, kann im Interesse unserer vierbeinigen Freunde niemandem ernsthaft geraten werden. So muss sie als das genommen werden, was sie ist: eine faszinierende Freizeitbeschäftigung, die in sich selbst ihren Lohn trägt.

Jeder Züchter braucht ein Ziel

Wisse, was du willst!

Jedermann kann wissen, was er will, auch dann, wenn er sein Ziel nicht erreichen kann. Trotzdem haben nur wenige von denen, die sich Hundezüchter nennen, ein klar umrissenes Ziel vor Augen. Sie vermehren Hunde, ohne eine deutliche Vorstellung davon entwickelt zu haben, wie diese Hunde herauskommen sollen. Genau zu wissen, was man will, ist eben nicht so leicht, wie es auf den ersten Blick erscheint. Sich ein klares Ziel zu stecken, ist mehr als blosses Wunschdenken. Jede Zielvorstellung muss mühsam erarbeitet werden. Genauso mühsam ist es, dabei zu bleiben und nicht auf halbem Weg stillzustehen. Die Versuchung zu glauben, man habe das Ziel schon erreicht, wenn man nur ein paar Schritte vorwärtsgekommen ist, ist gross. Noch grösser ist die Gefahr, sich am Ziel zu glauben, wenn man nur einen einzigen Hund erzüchtet hat, der über dem Durchschnitt steht. Der Versuchung, die Fehler der eigenen Hunde zu beschönigen und sich gar nicht erst auf den Weg nach dem Besseren zu machen, erliegen viele.

Es ist keine Kunst, bloss Besitzer eines schönen Hundes zu werden. Man muss dazu nicht einmal wissen, was ein guter Hund ist. Wer Geld hat, kann einfach irgendwo einen Sieger kaufen. Den echten, berufenen Züchter wird das aber nie befriedigen. Er möchte selbst gute Hunde hervorbringen können. Nicht nur einen, der zufällig einmal Sieger wird, sondern viele. Er möchte, dass möglichst alle Hunde, die aus seiner Zucht hervorgehen, über dem Durchschnitt liegen. Sie müssen seiner Zielvorstellung nahekommen, vorher ruht er nicht. Das kann ihn packen wie eine Besessenheit. Auf diese Art möchte er sich selbst ausdrücken können. Die Zucht wird für ihn zur schöpferischen Kunst, der er sich verpflichtet fühlt. Wie ein Bildhauer an einem Marmorblock meisselt und nicht ruht, bis seine innere Vorstellung im Stein Gestalt angenommen hat, so arbeitet der Züchter an der Verwirklichung eines inneren Bildes und formt es aus Fleisch und Blut. Welcher Künstler würde sich aber schweisstriefend am harten Marmor abmühen, ohne Plan, wie das Kunstwerk werden soll, das er schafft? Vielleicht gelingt es ihm nie, ganz das zu erreichen, was ihm im Inneren vorschwebt. Doch wenn er weiss, was er will, kann er seinem Idealbild wenigstens nahekommen.

Das Züchten von Hunden ist nichts letztlich anderes als das Streben nach einer bestimmten Gestalt. Trotzdem wissen die wenigsten, die sich so bemühen, genau was sie wollen. Sie unterlassen es, sich ein Idealbild zu konzipieren, auf das sie hinarbeiten können. Ihr Wirken ist ohne Ziel. Es kostet Arbeit und Mühe, sich eine genaue Vorstellung von dem zu machen, was man erschaffen will. Man muss bereit sein, sich zu öffnen und immer neu dazuzulernen. (nach K. Onstott, 1977)

Wie man sich Ziele setzt

Auch der Züchter von Berner Sennenhunden sollte sich ein Ziel setzen. Viele Käufer sind zwar zufrieden, wenn sie nur einen im Rahmen des üblichen gezeichneten Welpen bekommen, der sich später zu einem angenehmen Hausgenossen entwickelt, doch damit kann sich ein echter Züchter nicht zufriedengeben. Er weiss, dass die Rasse ihre eigene Art von Schönheit hat, die lange nicht in jedem Hund verwirklicht ist. Der Rassestandard versucht, sie in Worte zu fassen. In diesem Buch wird sie dargestellt. Die folgenden Hinweise sollen dem Züchter helfen, das Empfinden für das Wesentliche dieser Rasse zu verfeinern und daraus ein eigenes Ziel zu gewinnen.

Wer eine eigene innere Vorstellung entwickeln will, muss zuerst und vor allem seine Augen schulen.

1. Man muss erkennen, was überhaupt ein guter Hund ist. Gute Hunde vermitteln immer ein Bild von Gesundheit und Harmonie, von Kraft und Eleganz, ganz gleich, welcher Rasse sie angehören. Es ist nötig, immer wieder die Urteile von Sachverständigen anzuhören und dabei das Wesentliche herauszukristallisieren. Ein untrügliches Gefühl für das Schöne, das Richtige und das Leistungsfähige muss sich entwickeln, bis man bei jedem Hund, dem man begegnet, instinktiv spürt, ob er gut oder eher kümmerlich ist.

2. Man muss sich den Rassestandard zu eigen machen. Dabei genügt es nicht, ihn im Wortlaut zu kennen, sondern mit jeder Position muss sich eine konkrete Vorstellung verbinden. Eine fortwährende Auseinandersetzung mit jedem einzelnen Punkt am lebenden Hund ist nötig, bis man den Sinn und das Wesentliche davon erkennt. Man muss erlernen, was Rassequalität ist und seinen Blick für alle Merkmale schulen, die in ihrer Einheit das Typische der Rasse und deren Harmonie ausmachen.
3. Man muss die Geschichte dieser Rasse, ihren ursprünglichen Bestimmungszweck und ihre Verwendung kennen, damit man weiss, warum bestimmte Eigenarten so und nicht anders sein müssen und was davon wichtig oder zweitrangig ist.
4. Es ist nötig, sich auch etwas mit dem Standard verwandter Rassen auseinanderzusetzen und mit deren Idealhunden zu vergleichen. Nur so kann man auf Nuancen achten lernen, kann erkennen, was für den Berner typisch ist und ihn von ähnlichen Artgenossen unterscheidet. Ein guter Züchter kann nie ein Spezialist mit Scheuklappen sein.
5. Der engagierte Züchter kommt auch nicht darum herum, häufig dahin zu gehen, wo Hunde zu sehen sind. Er muss Ausstellungen, Körungen und Leistungsprüfungen besuchen. Dort kann er seine Augen schulen und sich im Herausfinden des Wesentlichen üben. Er kann Urteile vergleichen und seine Kritikfähigkeit, sein Wissen und Können entwickeln. Prämierungslisten zu lesen oder sich über die Gewinner berichten zu lassen, genügt da nicht. Man muss die Hunde mit eigenen Augen sehen und aufmerksam betrachten. Es gilt auch, immer wieder andere Züchter zu besuchen und sich mit ihnen über die Hunde auszutauschen. Im Vergleich und im Gespräch wird manchem Züchter klar, was er nun anstreben und was er vermeiden möchte.
6. Dieser letzte Punkt ist für viele das Allerschwierigste: Der Züchter muss seine eigenen Hunde objektiv anschauen lernen und darf dabei auch die Details nicht vergessen. Punkt um Punkt sollte er sie analysieren und dabei ehrlich zu sich selber sein. Er wird Eigenschaften an seinen Tieren entdecken, die gut sind und die er erhalten oder gar verstärken möchte. Doch er wird auch einiges finden, das ihm nicht gefallen kann und das er im Verlaufe der Zucht zu verbessern sich vornimmt.

Züchter, die sich so um ein inneres Idealbild bemühen, werden bald nicht mehr damit zufrieden sein, einfach irgendeinen Rüden und eine Hündin zu paaren, um einen Wurf zu erhalten. Sie werden sorgfältig aussuchen was verspricht, die Nachzucht dem Idealbild näherzubringen, auch wenn sie nur eine einzige Hündin haben. Sie wissen, was sie wollen. Sie sind wie Architekten geworden, die nach einem inneren Plan an der Zukunft der Rasse bauen.

Etappenziele – Stufen auf dem Weg

Hat sich der Züchter erst einmal ein Idealbild, sein Zuchtziel, geschaffen, ist ein wichtiges Stück Vorarbeit getan. Er hat jetzt einen Massstab, ein Vergleichsbild, nach dem er die Zuchttiere auslesen wird. Dabei kann diese Vorstellung von Züchter zu Züchter durchaus auch unterschiedlich sein, je nachdem, was dem einzelnen besonders wichtig ist. Es geht um die Akzentsetzung. Der eine legt vielleicht mehr Wert auf besonders schönes Haar, der andere auf rassige Köpfe, der dritte auf den ausgreifenden Gang. Solange ein Punkt nicht auf Kosten der anderen übertrieben oder ausschliesslich verfolgt wird, sondern nur eine Betonung im Rahmen des Gesamtbildes bleibt, das der Standard nennt, ist das richtig und fruchtbar.

Es ist nötig, das Gesamtziel in Teilziele aufzuteilen, die nacheinander verfolgt werden. So, wie es jeder von uns im täglichen Leben schon erfahren hat, ist es auch in der Hundezucht: Alles miteinander kann kaum je erreicht werden, so dass notgedrungen Prioritäten gesetzt werden müssen.

Im Standard sind rund 80 Positionen genannt, die zusammen den schönen und guten Berner Sennenhund ausmachen. Einige davon gehören in die Beschreibung seines Wesens. Überhaupt nicht erfasst sind die Merkmale der Gesundheit. Sie stellen eine absolute Grundlage dar; sie werden einfach vorausgesetzt! In der Zuchtplanung sind sie streng zu beachten! Das kann im praktischen Zuchtgeschehen bedeuten, dass ein in allen äusserlich sichtbaren Positionen schöner Hund wegen seiner – erst im Röntgenbild sichtbaren – kranken Hüftgelenke eben doch für die Zucht nicht taugt. Wir hatten in den Siebzigerjahren in der Schweiz einen wunderschönen Siegerrüden. Nachdem es sich aber herausstellte, dass seine Augen wegen Entropium operiert worden waren, wurde er gemieden. Das ist tragisch, aber mit solchem Missgeschick muss in der Zucht immer wieder einmal gerechnet und damit müssen wir vor allem fertig werden. Denken wir an den Standard: Es ist unmöglich, 80 verschiedene Punkte in aller Konsequenz miteinander zu verfolgen. Je besser man sie kennt, desto klarer ist festzustellen, dass es kaum einen Hund gibt, der in allen Positionen ideal ist. Da fast jede Zucht mit einer mehr oder weniger zufällig vorhandenen Hündin beginnt, wird gerade die objektive Einschätzung dieses Ausgangstieres dem Züchter dazu verhelfen, sich erste Ziele zu setzen. Er kann zum Beispiel erreichen wollen, dass die nächste Generation vielleicht etwas längeres Haar und eine bessere Rutenhaltung hat. Wenn die Voraussetzungen gut sind, kann er gleichzeitig noch einen guten Lidschluss der Augen anstreben. Will er dazu gleich auch noch eine Korrektur der Zeichnung und eine ausgeprägtere Winkelung erzielen, wird er es nicht schaffen können; es ist zuviel auf einmal!

Der Züchter kann Ziele nur erreichen, wenn er sie realistisch absteckt und auf einiges vorerst verzichtet, wobei Verzicht bedeutet, bewusst nicht von allem das Ideal auf einmal anzustreben, jedoch ist auch in allen Positionen ein notwendiges Minimum einzuhalten. Gerade die Utopie, mit einer einzigen Paarung alles erreichen zu wollen, vereitelt vielen Züchtern den Fortschritt. Sie träumen vom Superhund, rechnen mit dem Glück und bringen ihre Hündin zum gerade vorhandenen Sieger, um dann enttäuscht zu sein, wenn die Nachkommen weit weniger vollkommen sind. Wer nicht fähig ist, Ziele und Teilziele abzustecken und dabei auf einige auch erstrebenswerte Punkte im oben genannten Sinne zu verzichten, wird nie Fortschritte sehen. Er baut nicht auf, sondern züchtet Hunde, wie man ein Lotteriespiel betreibt! Willkürliches, also planloses Wechseln der Zuchtpartner von einem zum anderen, je nachdem, wer gerade als Siegerhund ausgerufen wurde, bringt nicht voran.

Natürlich kann auch so hie und da ein gutes, vielleicht sogar ein Spitzentier entstehen. Würde man aber die rund 30 Hunde aus dem ersten halben Dutzend Paarungen neben die aus dem letzten halben Dutzend einer langen Züchterzeit stellen, liesse sich kein Fortschritt erkennen. Die Durchschnittsqualität wäre immer noch gleich.

Wer sich neben dem grossen Ziel auch Etappenziele steckt und diese zäh verfolgt, bis die gewünschten Merkmale vorhanden und gefestigt sind, und dann das nächste ins Auge fasst, wird Erfolge sehen können und langsam vorwärtskommen. Natürlich darf man sich nicht stur an einmal Vorgenommenes klammern. Oft ist der Zuchtpartner nicht da, der in dem einen Punkte weiterbringt, er tut es aber in einem anderen. Dann muss man umstellen können, anders disponieren, ohne das Angestrebte jedoch fallen zu lassen. Beweglichkeit und wache Vernunft sind nicht dasselbe wie Ziel- und Planlosigkeit! Ersteres kann einen grossen Schritt weiterbringen, letzteres lässt jeden kleinen Erfolg wieder versanden.

Wer eine Sache lang genug betreibt weiss, dass es nach Jahren erfolgreicher Arbeit auch immer wieder einmal aus irgend einem Grunde zum Stillstand oder zu Rückschritten kommen kann. An diesem Punkt zeigt sich, wer planvoll züchtet. Misserfolge müssen mit der gleichen Vehemenz analysiert werden, wie man Erfolge feiert. Ursachen sind zu ergründen und zu beseitigen; das Ziel darf nicht aufgegeben werden. Beweist man Tatkraft und gebraucht seinen Verstand, wird es wieder vorwärtsgehen. Die gute Zucht weist sich nicht dadurch aus, dass es zu keinem Rückschlag kommt, sondern dadurch, dass es, über eine Reihe von Jahren betrachtet, insgesamt vorwärtsgeht!

Eines müssen wir aber auch wissen: Der einzelne Züchter kann unterschiedliche Schwerpunkte verfolgen. Die Zuchtleitung dagegen muss dafür sorgen, dass im Zuchtprogramm für die Gesamtrasse alle wichtigen Positionen enthalten sind, sonst kann es passieren, dass im Laufe von ein paar Generationen plötzlich eine bestimmte positive Merkmalsausprägung kaum noch zu finden ist und auf diese Art und Weise für die Rasse verlorengehen kann. Hieran wird schon sichtbar, dass zwar jeder einzelne erfolgreich züchten kann, dass er aber auch die Erfolge der anderen braucht, um vorwärts zu kommen.

Beurteilung, Auslese, Verpaarung: die 3 Schritte zum Ziel

Die folgenden drei Grundelemente aller Zucht sind die Vorausetzung für jeden Fortschritt:

Die Beurteilung: Vorzüge, Mängel und Fehler müssen festgestellt werden. Die Tiere in Hinblick auf das zu erreichende Ziel objektiv und richtig beurteilen ist die wichtigste Grundlage für die Auslese: Gewünschtes und Nichtgewünschtes sind zu trennen. Nur das Gewünschte darf weiter in der Zucht eingesetzt werden. Kompromisslose Selektion ist die Grundlage für

die Verpaarung: Es sollen nur Zuchttiere zusammengeführt werden, die dem Ziele, die Nachkommen gegenüber den Eltern zu verbessern, näherbringen.

Diese drei Phasen stellen eine unendliche Folgekette dar; nur über diese Etappen wird ein Zuchtfortschritt erreicht. Je genauer, gründlicher, umfassender – wir können auch sagen je klüger – jeder einzelne Schritt überlegt wird, desto besser werden die angestrebten Etappenziele und schliesslich das grosse Ziel erreicht.

3 Schritte

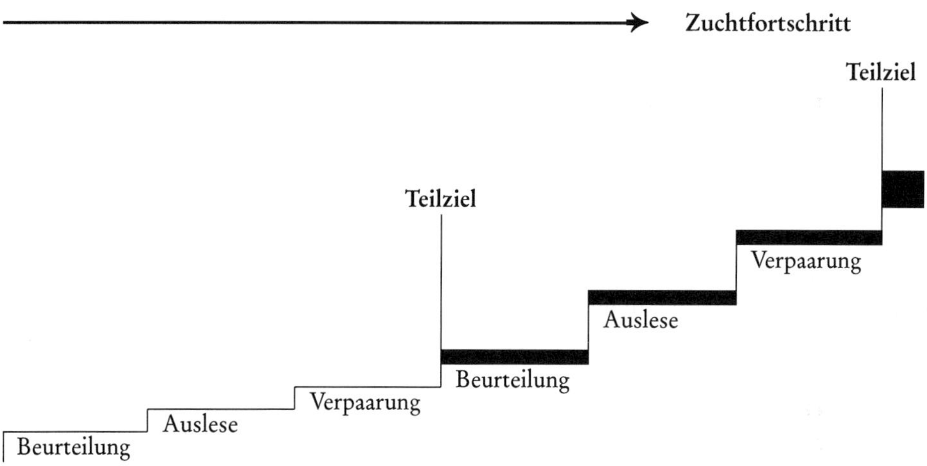

Die einzelnen Stufen auf dem Weg zum Ziel

Über Probleme der Beurteilung und insbesondere der Verpaarung wird noch zu sprechen sein, hier soll zunächst einmal nur die Auslese als grundlegendes Mittel für die Zucht guter Hunde betont werden.

Das Bestmögliche ist gerade gut genug

Auslese (Selektion) bezieht sich darauf, welche Tiere zur Zucht eingesetzt werden sollen und welche nicht. Das Herauslesen und Ausscheiden der nicht geeigneten Hunde (negative Selektion) ist dabei das Wichtigste; das betrifft sowohl Rüden wie auch Hündinnen. Natürlich soll der Massstab der Selektion bei den männlichen Tieren strenger sein, da sie ja meist wesentlich mehr Nachkommen im Laufe ihres Zuchttierdaseins haben können als die weiblichen. Die andere Seite ist die positive Auslese: Es werden die Hunde mit den besten Eigenschaften und – was noch wichtiger ist – mit den besten Erbanlagen herausgesucht und vorrangig zur Zucht eingesetzt.

Durch zielbewusste Auslese unter den vorhandenen Tieren haben die Völker seit jeher Tiere gezüchtet. Man wählte aus, was dem erstrebten Ziele am deutlichsten entsprach und liess nur die besten Tiere sich paaren. So konnten Steigerungen der erwünschten Eigenschaften erreicht werden, Jahrtausende bevor so etwas wie die Vererbungslehre bekannt war. Die Methode war richtig, weil sich der Erfolg einstellte. Nach einer alten Legende ging das etwa so vor sich:

Ein herzbrechender Test

Mohammed spielte eine besondere Rolle beim Start des Vollblutpferdes. Er wünschte kräftige Tiere mit Ausdauer, Geschwindigkeit und Mut. Für zwei Tage liess er seine Pferde am Rande der Wüste mit Sicht auf fliessendes Wasser einzäunen. Am dritten Tag legte man die Zaunstangen nieder. Frei stürzten die durstigen Tiere an das Wasser, aber plötzlich blies ein Trompeter zum Angriff. Die meisten von ihnen jagten in den Bach – alle, bis auf einige, und jene wenigen herzhaften warfen die Köpfe hoch, setzten über das Wasser und schwenkten in Kampfformation ein. Obgleich die besondere Herde aus Mohammeds Preispferden zusammengesetzt war, befahl er, alle zu töten, ausgenommen jene wenigen, die auf den Trompetenruf geachtet hatten. Diese Mutigen wurden für Zuchtzwecke gerettet und ingezüchtet, um jene Qualitäten, die er bei seinen Pferden wünschte, zu verewigen.

Für uns gilt in diesem Zusammenhang nicht, wieviel daran Legende und was Wahrheit ist. Bedeutsam ist allein die Verdeutlichung der Wichtigkeit einer strengen Auslese, des unerbittlichen Trennens des Besten vom nicht so Guten. Das ist die Grundlage für jedes erfolgreiche Züchten. Hier wird so recht deutlich, wie eng Beurteilung, Auslese und Zucht zusammengehören.

Ein Beispiel, wie auch in der modernen Hundezucht konsequente Selektion als ein grundlegendes Verfahren genutzt wurde, immer Besseres zu erzielen, finden wir in der heutigen Zucht von Blindenführhunden.

An Wesen und Charakter solcher Hunde werden ganz bestimmte, sehr hohe Anforderungen gestellt. Die aufwendige Ausbildung lohnt sich nur für Tiere, die eine entsprechend gute Veranlagung mitbringen. Bevor solche Hunde systematisch im Welpenalter ausgesucht, trainiert und dann mit ähnlich bewährten Tieren gepaart wurden, waren die Misserfolge hoch. 1946, als man begann, eine bewusste Selektion vorzunehmen, erreichten nur 9 % der Hunde, mit denen eine Ausbildung begonnen wurde, auch den Führhundstatus. In Amerika begannen hierauf Pfaffenberger und seine Mitarbeiter, spezielle Kriterien zu erarbeiten, denen ein Welpe entsprechen musste, damit er für die Schulung überhaupt in Frage kam. Nachdem die Hunde immer strenger ausgewählt und nur die besten miteinander verpaart worden waren, erreichten gegen Ende des Fünfzigerjahre 90 % der Tiere das gesteckte Ziel. Nur noch einer von 10 Hunden, die in der Führhundschule St. Raphael selbst gezüchtet wurden, versagte (Pfaffenberger 1976). Blindenführhunde werden seither auf der ganzen Welt ähnlich ausgewählt, gezüchtet und ausgebildet.

Beim Berner Sennenhund wird eine eigentliche Gebrauchszucht nicht betrieben,d. h., eine ganz bestimmte Leistung ist nicht mehr das Ziel wie z. B. bei Blindenführ- oder Jagdhunden. Es wird vorausgesetzt, dass der gutgebaute und psychisch gesunde Berner alle Leistungen erbringen kann, die von einem Begleiter und Wächter im täglichen Leben, als Kamerad bei sportlicher Ausbildung oder anderer Freizeittätigkeit heute erwartet werden.

Wenn wir davon ausgehen, dass Selektion bedeutet, Gewünschtes vom Nichtgewünschten zu trennen, muss der erste Schritt darin bestehen, alle nicht ganz gesunden und alle charakterlich enttäuschenden Tiere auszuscheiden, was immer auch die Störung sei. Was nützt der schönste Hund, wenn er gesundheitlich beeinträchtigt oder ein vierbeiniger Psychopath ist? Erst unter den verbleibenden gesunden und wesensmässig normalen Tieren können dann wieder die auch in der körperlichen Erscheinung besten ausgesucht werden.

Auslese in mehreren Etappen

In der Praxis des Züchters verläuft die Selektion in mehreren Etappen. Eine erste Auslese wird bis zum dritten Tag nach der Geburt vorgenommen, indem alle mit Geburtsfehlern behafteten, schwächlichen und nicht richtig gezeichneten Welpen ausgeschieden und gar nicht erst aufgezogen werden. In der Schweiz steht dem Züchter bei dieser Auslese ein erfahrenes Klubmitglied zur Seite (Wurfkontrolleur). Dort erhalten nur kontrollierte Würfe Abstammungsurkunden. In anderen Ländern ist die Beurteilung dem Züchter selbst überlassen, und in der BRD steht dem Töten gesunder Welpen das Tierschutzgesetz entgegen.

Eine zweite Auswahl wird getroffen, wenn die Welpen 8 bis 10 Wochen alt sind. Alle, die hohen wesensmässigen und körperlichen Anforderungen nicht genügen, scheiden für Zuchtpläne aus. Was in der Praxis bedeutet, dass sie an Leute abgegeben werden, die nicht mit ihnen züchten wollen. Sind mehrere Welpen im Wurf, die im Hinblick auf das gesteckte Ziel vielversprechend sind, sollte der Züchter immer erwägen, möglichst viele davon zu behalten oder mit Zuchtrecht abzugeben, damit später, wenn mehr Eigenschaften ersichtlich sind, nochmals ausgewählt werden kann. Leider ist die Auslese im Welpenalter häufig die letzte, die der Züchter trifft. Er sucht einfach eine Hündin oder einen Rüden aus und hofft, dass sie später zuchttauglich werden. So verbleiben in Züchterhand oft nur mittelmässige Tiere, und die besten kommen als Familienhund nie zum Zuchteinsatz.

Eine dritte Auslese wird dann getroffen, wenn die meisten körperlichen und wesensmässigen Merkmale ausgeprägt sind, also im Alter zwischen 12–18 Monaten. Je später diese Auswahl vorgenommen werden kann, desto verlässlicher ist die Beurteilung. In einigen Ländern (Schweiz, Deutschland, Österreich u. a.) sind die Rasseklubs dazu übergegangen, diese wichtige Entscheidung, nämlich ob ein Tier zur Weiterzucht geeignet ist oder nicht, nicht dem einzelnen zu überlassen. Zukünftige Zuchttiere müssen zu einer Zuchteignungsprüfung oder Ankörung vorgestellt werden. Dabei überprüfen Klubfunktionäre neben der körperlichen Beschaffenheit im Vergleich zum Standard auch die wesensmässigen Eigenschaften und bestimmte gesundheitliche Merkmale (Augenlider, Röntgenbefund der Hüftgelenke). Alle Hunde, die entweder in ihrer äusseren Erscheinung, dem Wesen oder ihrem Gesundheitszustand nicht den Anforderungen entsprechen, erhalten keine Zuchterlaubnis.

Die Zuchteignungsprüfung (Körung) ist eine rein negative Selektion, indem ein gewisser Prozentsatz an Tieren ausgeschieden wird (in der Schweiz etwa 20 % der vorgestellten Hunde). Der zielorientierte Züchter wird sich aber niemals damit zufrieden geben, dass ein Tier angekört ist, sondern er legt für sich selbst weit strengere Massstäbe an. Zu unterschiedlich ist die Qualität der zur Zucht zugelassenen Hunde. Nur wenn er unter diesen vorselektierten Tieren eine noch strengere Auslese trifft, wird er wirklich vorankommen. Deshalb wäre es wichtig, dass für jede Folgegeneration mehr als ein Jungtier nachgezogen wird, damit dann wirklich die besten ausgewählt werden können.

Positive Selektion wird, was das Äussere betrifft, an den Hundeaustellungen betrieben. Dort werden die besten Tiere herausgesucht und den anderen vorangestellt. In diesem Sinne erbringt das Ausstellen für den Züchter weitere Hinweise. Im Hinblick auf das Wesen geben oft auch Arbeitsprüfungen wichtige Fingerzeige. Nur ein wesensmässig guter Hund kann ordentliche Arbeitsleistungen erbringen. Da aber nur ein kleiner Teil der Berner für Arbeitsprüfungen vorbereitet wird, fallen diese für die meisten als Beurteilungsgrundlage aus.

An ihren Kindern sollt ihr sie erkennen

Die drei bisher genannten Auslesestufen – kurz nach der Geburt, im Welpenalter und im jungen Erwachsenenalter – basieren allein auf der Beurteilung des Einzeltieres. Ihnen muss unbedingt eine weitere Auswahl folgen, wenn es die ersten Nachkommen gebracht hat. Nicht nur die Erscheinung, sondern auch die Zuchtleistung ist wichtig. Wie sehr Zuchtleistung, d. h. die Qualität der Nachkommen, ausser von den äusserlich sichtbaren auch von zunächst unsichtbaren Faktoren abhängt, wird in den nachfolgenden Kapiteln gezeigt werden. Die Kenntnis dieser grundlegenden Gesetzmässigkeit ist für die Zuchtplanung unerlässlich. Hier ist vorerst nur festzustellen: Nach den ersten Würfen – für Hündinnen sollten es wenigstens zwei, für Rüden am besten einige mehr sein, damit genügend Welpen beurteilt werden können – ist unbedingt noch eine weitere Auslese zu treffen. Auch bei besten und schönsten Hunden können unter deren Nachkommen so schwerwiegende Mängel und Fehler auftreten, dass eine weitere Verwendung in der Zucht sinnlos oder gefährlich wird. Zeigen sich unter den Nachfahren gehäuft Wesensmängel, Erbkrankheiten wie Hüftdysplasie, Wachstumsstörungen der Vordergliedmassen, Entropium, Ektropium oder weitere Fehler, ist es zwecklos, wenn ein Züchter mit einem solchen Tier weiter Zeit verliert. Handelt es sich um eine Hündin, kann sie in jungen Jahren ohne weiteres noch an einem guten Platz untergebracht werden, so dass Raum für eine besser veranlagte entsteht. Soll es in der Zucht vorangehen, kann so etwas nötig werden, und man wird es tun müssen, auch wenn es weh tut. Betrifft es einen Rüden, so muss er unverzüglich aus der Zucht genommen werden, und wenn er das schönste Tier wäre. Es ist in einem solchen Falle nicht verantwortbar, dass er weiter Nachkommen zeugt, da er der Rasse Schaden zufügt. Einsichtige Rüdenhalter ziehen diese Konsequenzen selbst. In anderen Fällen müssen die Rasseklubs zum Schutz der Hündinnenbesitzer und vor allem im Interesse der Nachkommen geeignete Massnahmen treffen.

Eine letzte Auslese der Zuchttiere anhand der Beurteilung ihrer Nachzucht ist also unerlässlich, um so mehr, als viele im Erbgut verborgene Eigenschaften oder Fehler erst durch die Nachkommen sichtbar werden. Für Züchter, deren Ziel es ist, die Qualität der Hunde mit jeder Generation anzuheben, sind auch die Konsequenzen selbstverständlich, so schwer zu ertragen sie auch manchmal für Betroffene sein mögen. Ein Blick auf das zu erreichende Ziel wird helfen, das Notwendige zu tun. Nur Züchter, die sich selbst gegenüber auch hart sein können, werden dem Angestrebten schlussendlich näherkommen.

Von den Rasseklubs wird aus vielerlei Gründen meist auf die Beurteilung der Nachzucht und damit des Zuchtwertes der Tiere verzichtet. Deshalb gibt es keine Zuchtleistungsanalysen, und die Weiterzucht wird im Prinzip allein auf der Grundlage der für den Zuchtfortschritt ungenügenden Phänotypeinschätzung des Einzeltieres betrieben. So wird ein wichtiges Mittel aus der Hand gegeben, bei der Verbesserung der Rasse voranzukommen. Die Bewertung der Nachkommen ist das sicherste, ja das einzige Mittel, Zuchtleistungen einschätzen zu können. Was ist im Alter zwischen 9 und 15 Monaten (übliches Alter für Nachzuchtprüfungen) nicht feststellbar? Das sind diejenigen Negativmerkmale, die erst in einem späteren Alter auftreten, wie z. B. Magendrehung, evtl. Kreuzbandriss, auch Epilepsie und Tumorerkrankungen, wenn das alles zu vererbbaren Krankheiten gerechnet werden soll. Natürlich hat alles nur Sinn, wenn auf Grund der Ergebnisse der Nachzuchtbeurteilung dann auch Konsequenzen gezogen werden, also Hunde, die deutlich Fehler vererben, nicht mehr zur Zucht benutzt werden. Wie das zu steuern ist (Abkörung, Streichung von der Deckrüdenliste, Veröffentlichung der Ergebnisse im Presseorgan u. ä.) ist den Zuchtleitungen überlassen. Es sind vielerlei Erfahrungen vorhanden, wie Nachzuchtprüfungen erfolgreich und sinnvoll für die Zucht genutzt werden können, auch von Klubs anderer Rassen.

Wo diese Möglichkeiten den Züchtern nicht geboten werden, ist ihnen alles selbst überlassen. Das ist recht aufwendig und mühsam. Der einzelne kann zur Not die meisten Tiere aus eigenen Würfen ansehen, wohl kaum aber einen grösseren Prozentsatz der Nachkommen mehrerer Rüden, die für seine Zuchtzwecke infrage kämen. Und gerade die Zuchtleistungen der Rüden mit ihren vielen Nachkommen sind für die gesamte Rasse so wichtig! So bleibt allerhöchstens die Einschätzung der Zuchtleistung der Hündin für ganz persönliche Zwecke. Das wenigstens aber ist notwendig, besonders dann, wenn der Züchter etwas für sich nachziehen will. Dann müssen aussagekräftige Daten vorhanden sein. Nur wenn nämlich der Durchschnitt der Nachkommen einer Hündin eindeutig über dem Stand der Zucht liegt – auch wenn kein eigentliches Spitzentier darunter ist – kann es durch zielbewusste Auslese weiter vorangehen, können mit berechtigter Erwartung neue Teilziele angestrebt werden.

Selbstverständlich spielt neben der richtigen Beurteilung und Auslese auch die Paarung eine ganz entscheidende Rolle. Auf sie wird noch gründlich eingegangen werden. Viele Züchter versprechen sich aber von der «richtigen Verpaarung» alle Wunder der Welt und übersehen die Wichtigkeit der zielgerichteten Auslese. Auch beste Verpaarungen nützen nichts, wenn der Züchter kein Ziel verfolgt, wahllos einmal nach dem einen, dann nach dem anderen Gesichtspunkt ausliest, wenn er sich mit dem zweit- oder drittbesten Zuchttier begnügt oder wenn er nur oberflächlich kontrolliert, was durch seine Einwirkungen an Neuem herausgekommen ist. Nur die gezielte, fortlaufende, systematische Auslese auf der Grundlage einer genauen und objektiven Beurteilung führt weiter.

Das Einmaleins der Hundezucht Grundbegriffe der Genetik

Wie eine neue Hundegeneration entsteht

Heute wissen alle Züchter, dass man bei der Beurteilung von Tieren zwischen deren Genotyp (ihren im Inneren liegenden Erbanlagen) und dem Phänotyp (der Gesamtheit aller tatsächlich auftretenden Merkmale) unterscheiden muss. Praktische Erfahrung lehrt: Nicht alles, was ein Hund äusserlich zeigt, spiegelt auch komplett seine Erbanlagen wider. Ein schöner Hund kann auch enttäuschende Nachkommen bringen. Das ist genau das, was dem Praktiker am meisten Kummer bereitet und etliche zu der Ansicht kommen lässt, dass alles doch nur ein einziges Lotteriespiel sei, bei dem einige, die Glücklichen, die guten Lose ziehen, die anderen eben halt die schlechten. Wenn man bei der Zucht aber nicht einfach hoffen und abwarten will, was denn nun wohl herauskommen werde, dann muss man sich bemühen, ein bisschen einzudringen in das, was Augen und Ohren verborgen bleibt, aber eben doch da ist und wirkt.

Alles, worüber unsere Zuchttiere verfügen und was sie an ihre Kinder weitergeben können, liegt in ihrem Körper, tief drinnen in dessen kleinsten Bausteinen, den Zellen.

So muss unser «Blick in die Tiefe» dort hinein zu dringen versuchen bis hin zu den Erbanlagen. Dabei müssen wir uns bemühen, auch die Regeln für deren Weitergabe von Generation zu Generation zu erkennen. Je besser der Züchter die Gesetzmässigkeiten kennt, die der Vererbung zugrunde liegen, desto wirkungsvoller kann er dem den Kampf ansagen, was wie Willkür und reiner Zufall erscheint.

Das Geheimnis der Zelle

Eine einzige erste Zelle ist der Beginn eines neuen Lebewesens. Stammen ihre beiden ursprünglichen Teile – die Ei- und Samenzelle – von Berner Sennenhunden, dann steht felsenfest, dass sich aus der befruchteten Eizelle wieder ein Hund dieser Rasse entwikkeln wird, Vater und Mutter ähnlich, doch keinem anderen seiner Art genau gleich.

Die befruchtete Eizelle (die Zygote, es haben einige nebeneinander auf einem Millimeterstreifen Platz) verdoppelt sich durch Zellteilung. Bei dieser sogenannten Gleichheitsteilung (oder Mitose) entstehen mit der Ausgangszelle völlig identische Tochterzellen. Diese teilen sich wieder und wieder. Dabei senden die Erbanlagen Befehle aus, die signalisieren, welche Stoffe sich wann und wo zu bilden haben. Die am Anfang gleichartigen Zellen fangen dann einmal an, sich zu differenzieren, sie bekommen unterschiedliche Gestalt: Verschiedene Zellarten und Gewebe entstehen. Am Ende dieser Entwicklung der Frucht – es vergehen nur ungefähr 62 Tage – wird ein kompletter kleiner Berner geboren mit einem Näschen und Ohren, mit Beinen und Schwänzchen, mit einem Herzen und mit, mit ... wir könnten lange Zeit in Gedanken ergänzen. Und dann bestehen die einzelnen Organe wiederum aus vielen Teilen, die ihrerseits bestimmte Funktionseinheiten darstellen, und alles greift nach einem genau vorherbestimmten Lebensplan ineinander und gruppiert sich in einem exakt funktionierenden Ganzen, dem kompletten Organismus eines kleinen Sennenhundes. Der verfügt nach der Geburt, von der ersten Minute an, über Sinne, mit deren Hilfe er sich mit der ganz neuen, fremden Umwelt auseinandersetzen kann und viele, viele Anlagen, die sich erst zu späteren Zeitpunkten seines Erdendaseins ausbilden werden. Alles ist wie ein Wunder, und es ist wunderbar!

In einer Ausgangszelle – der befruchteten Eizelle – sind alle Grundlagen der Vererbung verschlüsselt, liegen alle Baupläne des ganzen grossen und komplizierten Organismus. Auch die Lebenskraft ist enthalten, ihn aus einer einzigen Zelle komplett aufzubauen, sich wieder fortpflanzen zu lassen ...

Während sich die Zellen zum Körperaufbau immer völlig gleichartig verdoppeln, also dabei auch das gesamte Erbmaterial mitnehmen, muss dies bei der Bildung der Geschlechtszellen anders ein. Vater und Mutter steuern ja je die Hälfte zum neuen Lebewesen bei.

Chromosomen – Träger der Erbanlagen

Was den Züchter vor allem interessiert: Die Erbsubstanz liegt im Kern der Zellen. Dort sind unter dem Mikroskop färbbare Körperchen zu erkennen, stäbchen- oder fadenförmige Gebilde, die Chromosomen (grch. chroma = Farbe; soma = Körper). Diese sind nur einige tausendstel Millimeter gross (mehrere hundert finden auf einem Millimeter nebeneinander Platz). Wegen ihrer enormen Bedeutung für die Vererbung wurden sie gründlich erforscht. Sie bestehen im wesentlichen aus Nukleinsäure (Eiweisskörpern), die die Erbsubstanz besonders kennzeichnet (Kernsäure; nukleus = Zellkern). Als Zuckerbestandteil enthält sie Desoxyribose. Deshalb wird sie Desoxyribo-nuklein-säure genannt (kurz DNS). Die Anzahl der Chromosomen ist für jede Tierart charakteristisch. Der Hund hat deren 78 (39 Paare). Die Körperzellen des Menschen enthalten 46 Chromosomen.
In den normalen Körperzellen entsprechen immer zwei in Form, Grösse und genetischer Ausstattung einander. Diese gleichartigen (homologen) Chromosomen sind in Paaren angeordnet (immer ein Chromosom vom Vater des Individuums, eines von der Mutter stammend). Bei der Geschlechtszellenbildung werden sie getrennt. Damit ist also deren genetische Ausstattung jeweils um die Hälfte verringert. Bei der Befruchtung treffen sie mit einem neuen, ihnen entsprechenden, also gleichartigen Partnerchromosom zusammen. Es legen sich immer diejenigen zwei zu einem Paar aneinander, auf denen die Gene angeordnet sind, die dasselbe Merkmal beeinflussen.

Chromosomenverteilung (nur 3 Paare gezeichnet) bei einer Geschlechtszellenbildung durch Reifeteilung und Verschmelzung von Samen- und Eizelle (auf das Wesentliche reduzierte Darstellung)

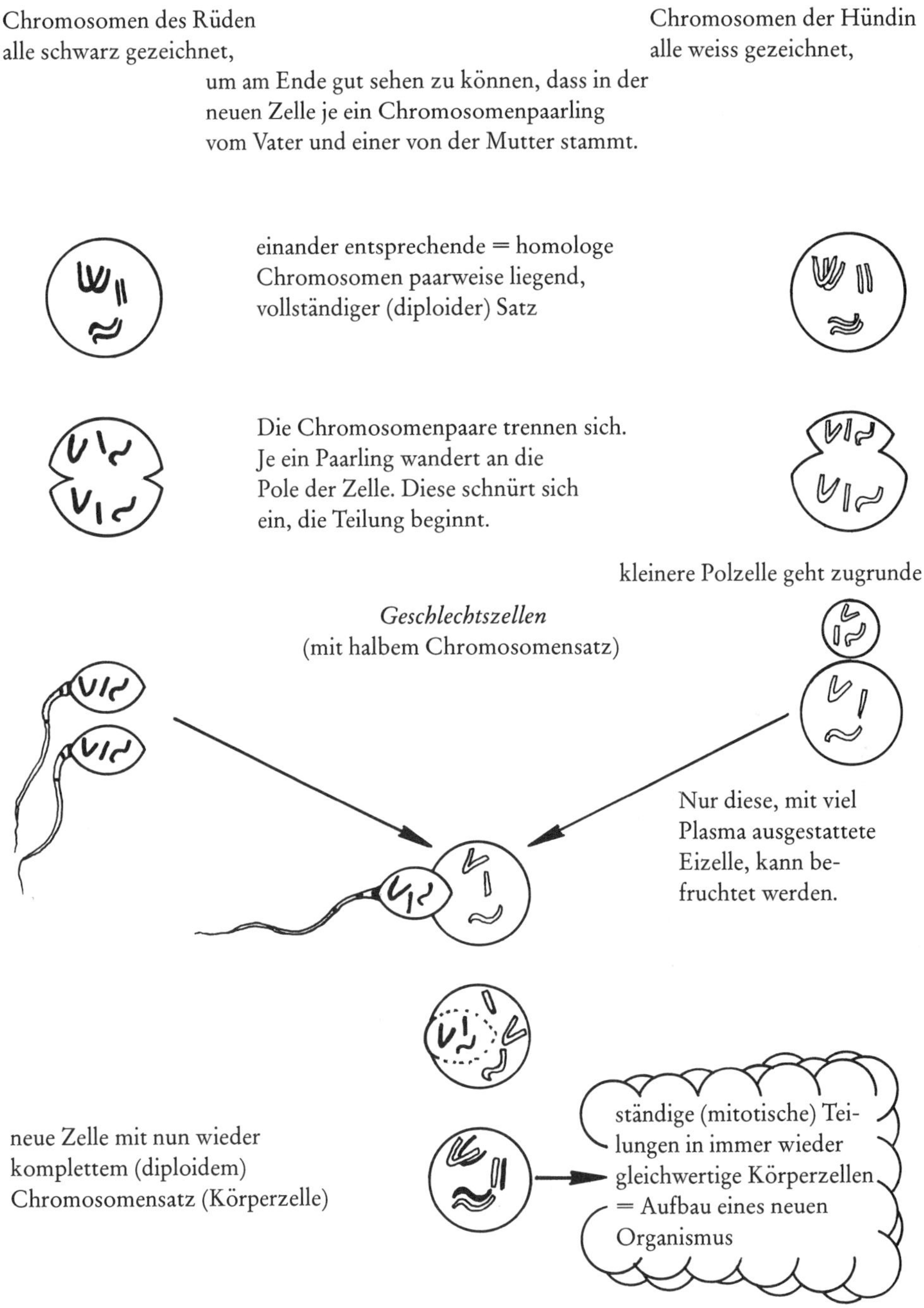

Diese Reduktionsteilung (Herabsetzungsteilung) oder Meiose (grch. meion = vermindern) geht kurz vor der Bildung der befruchtungsfähigen Geschlechtszellen, der Gameten (grch. gamein = heiraten, begatten) im Innern der Fortpflanzungsorgane vor sich. Die Chromosomen müssen auf den halben (haploiden; grch. hapl = einfach) Satz herabgesetzt werden, um nach der Vereinigung von Ei- und Samenzelle in der Zygote dann wieder den normalen doppelten (diploiden; grch. dipl = zweifach), den paarigen Stand erreichen zu können.

Enthielten Ei- und Samenzellen die volle Chromosomenzahl wie jede Körperzelle – würde also die gesamte Zahl unverändert immer wieder auf die in jeder folgenden Generation gebildeten Keimzellen übertragen – führte das bei der Befruchtung ständig zu deren Verdoppelung (Eizelle 78 + Samenzelle 78 = 156). Die Zellen der Kindergeneration enthielten dann also 156, die der Enkel 312 Chromosomen usw. Das Bestehen der Art setzt aber voraus, dass die Anzahl der Chromosomen gleich bleibt.

Neukombination der Chromosomenpaarlinge bei der Befruchtung

In der nächsten Skizze ist dargestellt, wie sich bei der Reduktionsteilung die Chromosomenpaare aufspalten. Es sind zur Vereinfachung nur zwei Chromosomenpaare eingezeichnet, eines länglich, eines rund, damit sie unterschieden werden können. Dabei stammt je ein Paarling vom Vater des Individuums (schwarz) und einer von dessen Mutter (weiss). In den beiden Ausgangszellen (Stufe I) ist der komplette Satz enthalten, also zwei Paare, wobei bei Rüde und Hündin je zwei Chromosomen von deren Vater (schwarz) und zwei Chromosomen von deren Mutter (weiss) stammen.

Durch die Teilung werden die zusammengehörigen Chromosomen getrennt (Stufe 2): In der Geschlechtszelle (beim Rüden die Samenzelle, bei der Hündin die Eizelle) ist nur noch je ein Paarling enthalten. Das ergibt in unserer Darstellung 4 unterschiedlich bestückte Keimzellen (Stufe III). Die Aufteilung geschieht rein zufällig.

Es ergeben sich 4 Möglichkeiten:

a beide väterliche (schwarz),
b beide mütterliche (weiss),
c ein väterliches (schwarz, länglich) und ein mütterliches (weiss, rund),
d ein väterliches (schwarz, rund) und ein mütterliches (weiss, länglich).

Die nächste Stufe (IV) der Skizze zeigt, was geschieht, wenn die Samenzellen und die Eizellen nun zusammentreffen und sich bei der Befruchtung vereinigen. Sofort ist zu sehen, dass die so neugebildete Zelle (Zellen 1, 2, 3, 4), jeweils die Ausgangszelle für ein neues Lebewesen, nun wieder den ganzen Chromosomensatz enthält. In unserer Darstellung sind das zwei längliche und zwei runde nun wieder komplette Chromosomenpaare. Keine der 4 neuen Zellen entspricht aber den diploiden Ausgangszellen (Stufe I). Die Chromosomenkombination ist neu. Die Erbanlagen sind anders zusammengesetzt. Wieder gibt es 4 verschiedene Möglichkeiten der Kombination, je nachdem, welche Samenzelle auf welche Eizelle trifft und mit ihr verschmilzt.

Reduktionsteilung und Neukombination

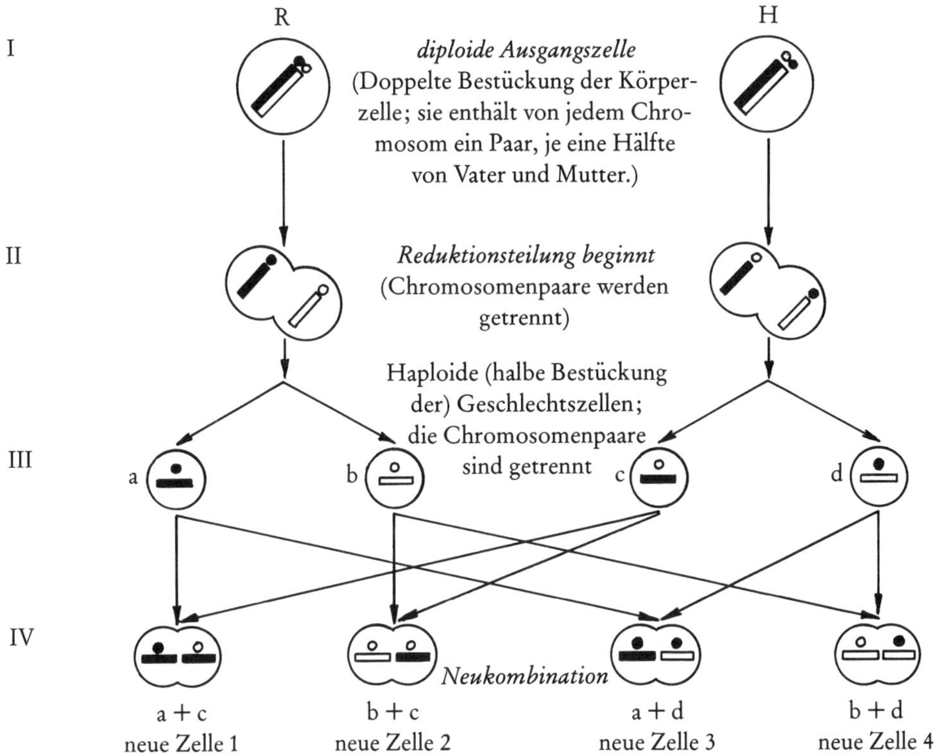

Der Genverlust

Jede neue Zelle (Stufe IV) enthält die Hälfte (50%) der Chromosomen (der Genketten) und damit der Erbanlagen des Vaters und die Hälfte der Mutter. Die andere jeweilige Hälfte ist verlorengegangen und hat keinen Einfluss mehr auf das werdende Lebewesen. Von jedem Grosselterntier müssten theoretisch 25% vorhanden sein. Dass dies aber nicht so ist, zeigt die Darstellung: In der Zelle 1 sind beide Chromosomen des Grossvaters väterlicherseits enthalten, jedoch keine von der Grossmutter dieser Seite, dafür aber je eines beider Eltern der Hündin. In der Zelle 2 sind nur noch die beiden Chromosomen der Mutter des Rüden vorhanden, während die des Vaters verlorengegangen sind. Von den Eltern der Hündin ist je ein Paarling von beiden Eltern da.

Erbanlagen können also auf dem Wege von Generation zu Generation unwiderbringlich verlorengehen. Man bezeichnet das als Genverlust. In der Praxis bedeutet das, dass schon nach 2 Generationen ein Grossteil der Anlagen «berühmter» Vorfahren nicht mehr vorhanden sein kann. Sie sind «herausgemendelt». Dies kann aber auch durchaus unerwünschte Anlagen betreffen, die man so loswerden kann. In diesem Falle wird der Genverlust zu einem der wichtigsten Mittel der Zucht.

Was wir hier am Beispiel mit nur 2 Chromosomenpaaren gezeigt haben, spielt sich in der Wirklichkeit mit allen 39 Paaren des Hundes in gleicher Weise ab: Sie werden getrennt, und je die Hälfte vereinigt sich mit einer andern Hälfte; die eine stammt vom Rüden, die andere von der Hündin. Die Kombinationsmöglichkeiten aller Erbanlagen gehen dabei in die Millionen (bei unserem Beispiel mit 2 Chromosomenpaaren wären es im ganzen 16). Darum ist kein Hund je genau so wie der andere und keiner hat dieselben Erbanlagen. Das Prinzip bleibt aber immer dasselbe: Eine Hälfte der Anlagen eines männlichen Tieres kombiniert sich mit einer Hälfte der Anlagen eines weiblichen. Die jeweilige andere Hälfte geht unrettbar verloren.

Ein Mönch legte den Grundstein

Einer, dessen Name allen bekannt ist, Gregor Friedrich Mendel (1822 bis 1884), Augustinermönch und Botaniker, legte den Grundstein für die moderne Genetik. Er erkannte, dass bei der Erforschung der Vererbung weniger die Organismen als Ganzes, sondern vielmehr deren einzelne Merkmale untersucht werden müssen. Er wertete die Ergebnisse seiner Experimente mathematisch aus und entdeckte die später nach ihm benannten Mendelschen Regeln, mit denen wir uns im folgenden etwas befassen wollen. Eine seiner wesentlichsten Schlussfolgerungen war, dass für die Vererbung spezielle Erbanlagen (Gene) verantwortlich sein müssen.

Der Begründer der Genetik legte seine Forschungsergebnisse 1865 vor, aber Jahrzehnte noch hielten sich alte «Weisheiten» in den Kreisen der Tierzüchter. Noch kurz vor der Jahrhundertwende konnte man z. B. im «Centralblatt», der Zeitschrift der Schweizerischen Kynologischen Gesellschaft, lesen: Wird eine Hündin vor einer fleckigen Mauer gedeckt, gibt es scheckige Junge.

Mendel entdeckte Gesetzmässigkeiten. Wer sie kennt weiss, was aus bestimmten Paarungen zu erwarten ist und was nicht. Sie sind für den Züchter wie ein Schlüssel, mit dem er die Tür zu den Geheimnissen der Übertragung von Anlagen der Vorfahren auf die Nachkommen ein ganzes Stückchen öffnen kann.

Gene – Schaltstellen des Leben

Gene (grch. genea = Abstammung) sind winzige Konzentrationspunkte der DNS auf den Chromosomen. Hier liegen sie perlschnurartig angeordnet. Es ist schwierig, sich die Gene und deren Wirkungsweise wirklich vorzustellen. Deshalb formulieren wir mehrere einander ergänzende Aussagen: Gene oder Erbfaktoren können wir als verhältnismässig beständige biochemische Einheiten auffassen. Je nachdem, wie deren Bausteine (die Kernsäuren) zusammengefügt, wie sie also aufgebaut sind, lösen sie unterschiedliche Reaktionen aus, die unterschiedliche Anregungen zu einer ganz bestimmten Merkmalsausprägung an einer ganz bestimmten entfernten Stelle des Körpers geben. Wir können auch sagen: Die Impulsgeber für eine Merkmalsausprägung sind in einer Substanz enthalten, die als Gen bezeichnet wird. Je nachdem, wie es chemisch zusammengesetzt ist, sendet es entsprechende Reize aus, die zu unterschiedlichen Reaktionen bei der Ausformung der Merkmale führen.

Gen ist die Bezeichnungseinheit für die Fähigkeit, ein Merkmal auszubilden, die in jeder Körperzelle doppelt (entsprechend den paarigen Chromosomen), in Geschlechtszellen einfach (entsprechend dem halben Chromosomensatz) enthalten ist. Das Gen ist das Ausgangsglied im System der Merkmalsausformung, der Signalgeber, der Einleiter einer Entwicklung.

Pro Merkmal ein Gen

Mendels grundlegende Erkenntnis war, dass zu jedem eindeutig zu bestimmenden Merkmal eines Lebewesens ein Gen, ein Erbträger, gehört und dass diese Gene mit den Geschlechtszellen bei der Befruchtung von Generation zu Generation weitergegeben werden. Sie bewirken, dass jedes neue Individuum auch wieder die grundlegend gleichen Anlagen besitzt, wie sie bei seinen Vorfahren aufgetreten sind.

Beim Berner Sennenhund gehören z. B. Hängeohren, Langhaar und weisse Abzeichen (neben vielen anderen) zu den charakteristischen Merkmalen. Sowohl in den Eizellen der Hündin als auch den Samenzellen des Rüden liegen in den Chromosomen die chemisch verschlüsselten Anweisungen zur Ausformung jedes die Rasse prägenden und aller anderen Merkmale. Sie garantieren, dass nach der Verschmelzung der Geschlechtszellen zur Zygote alle genetischen Informationen für die Entwicklung des neuen Lebewesens Berner Sennenhund enthalten sind, so unter unendlich vielen anderen eben auch die für die Ausbildung von Hängeohren, Langhaar und weissen Abzeichen.

Bei einigen primitiven Tierarten war es möglich zu ergründen, an welcher Stelle auf welchem Chromosom die Gene für ganz bestimmte Merkmale liegen. Beim Hund, einem sehr komplizierten Lebewesen, ist dies noch nicht gelungen. Erforscht worden ist aber, dass in jedem Chromosom immer an derselben Stelle die gleichartigen Gene liegen. An bestimmten Orten befinden sich die Erbträger für Haarfarben, an anderen die Steuerungszentren, die die Augenfarbe bestimmen, wieder an anderen die Gene, die die Entwicklung der Grösse oder die Ausprägung der Knochenstärke steuern. Der Ort (= locus) für ein bestimmtes Gen ist immer derselbe, doch die einzelnen Erbfaktoren können unterschiedliche Informationen tragen.

Chromosomen eines männlichen Hundes im Kern einer Körperzelle
So erkennt man sie unter einem Mikroskop.

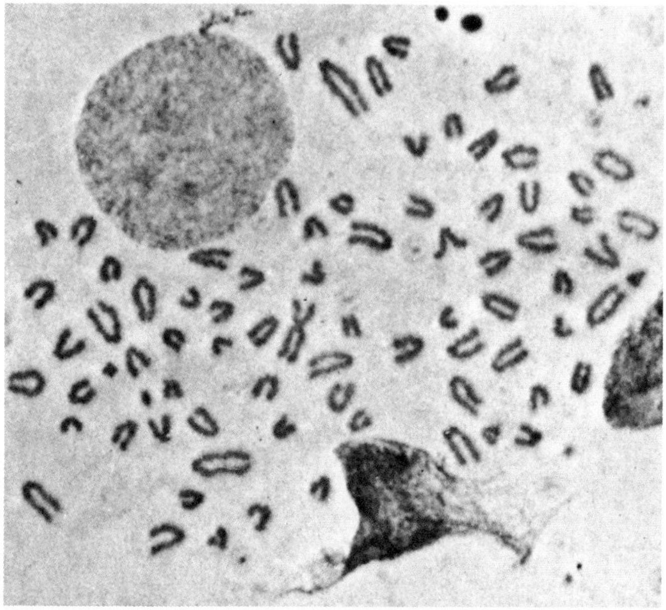

Graphisch aufbereitet, zusammengehörige Chromosomen in abnehmender Grösse zu Paaren geordnet.

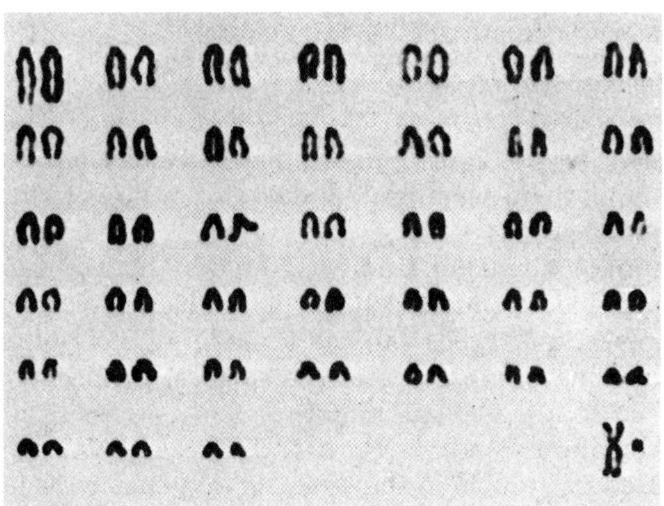

Die Chromosomen, kleine Körperchen mit unklaren Umrissen, lassen sich durch spezielle Techniken als stäbchenartige Substanzen hervorheben, auf denen eine dunkle Fleckung (Bänderung) erscheint, die Genorte. Es sind immer die zu einem Paar gehörenden 2 Chromosomen einander gleich. Ansonsten sind sie alle unterschiedlich (in der Grösse, hinsichtlich der Breite der Streifen, deren Anzahl und Intensität).
Chromosomensatz eines weiblichen Hundes, Körperzelle (Es sind zwei X-Chromosomen vorhanden, eines gebogen, jedes etwa 5 tausendstel Millimeter lang.)

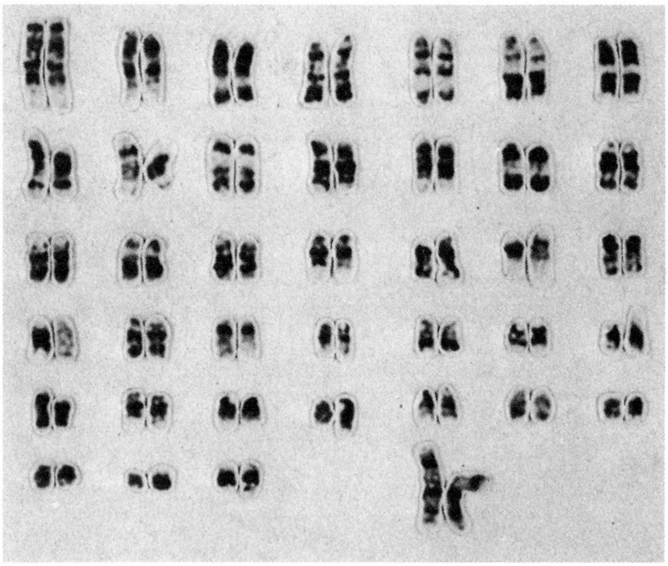

Diese schematische Darstellung ist üblich:

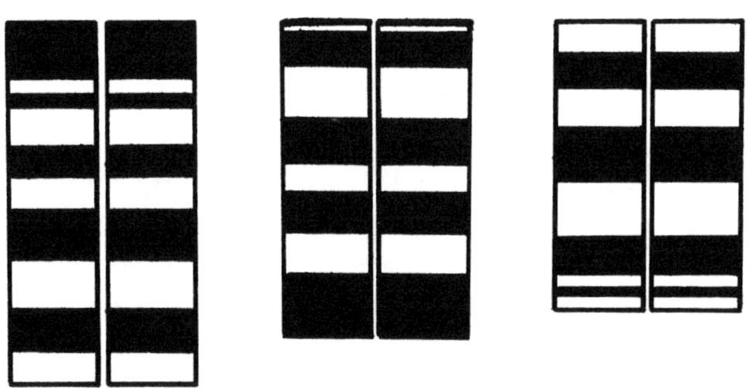

homologe Chromosomen
(einander entsprechend in Grösse, Form sowie Anordnung und Zahl der Genorte)

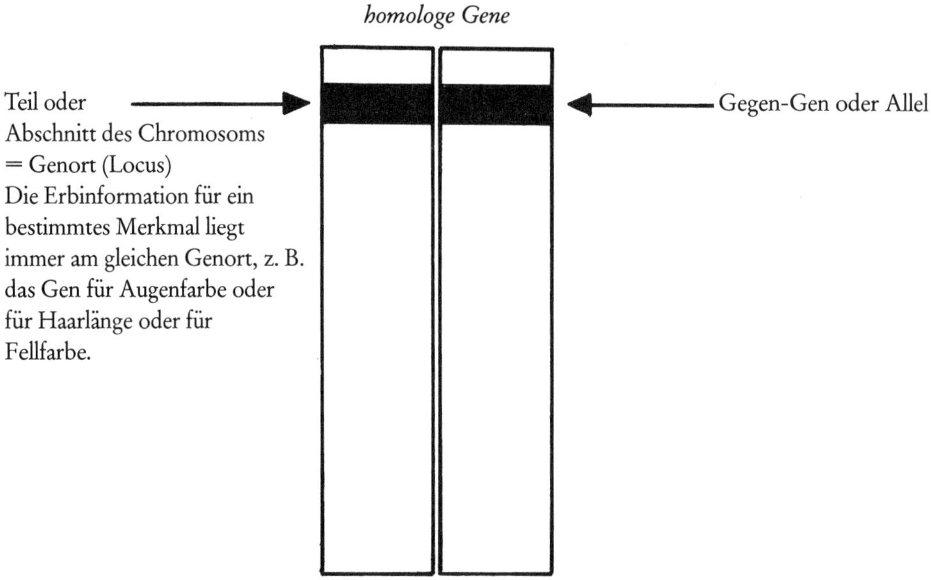

Gene und Allele: Abschnitte eines Chromosoms

Gleichartige (homologe) Gene liegen auf den zusammengehörenden Chromosomen an sich genau entsprechenden Orten (den Genloci) wie Bild und Spiegelbild einander gegenüber und sind zusammen für ein ganz bestimmtes Merkmal zuständig. Diese einander entsprechenden Gene auf den beiden zusammengehörigen Chromosomen am gleichen Genort werden deshalb auch Gegen-Gene oder allele Gene oder einfach Allele (grch. = gegenseitig) genannt. Je nachdem, welche Erbinformation das einzelne Allel in sich trägt, beeinflussen sie ein bestimmtes Merkmal in gleicher oder in unterschiedlicher Weise. Enthalten zwei beteiligte Allele genau die gleichen Erbinformationen, spricht man von Gleicherbigkeit oder Homozygotie, sind sie verschieden, von Ungleicherbigkeit oder Heterozygotie. Für einen Genort können mehrere Allele vorhanden sein, die das Merkmal je auf ihre Weise beeinflussen, so dass es anders ausfällt, je nachdem welche Allele bei der Befruchtung vorhanden sind und zum Zuge kommen. Bei Berner Sennenhunden gibt es z. B. am Genort, der für die Augenfarbe zuständig ist, eine ganze Anzahl von Allelen, so u. a. eines für dunkle Augenfarbe, eines für helle (einige Genetiker nehmen noch eines für mittelbraun an) und ein weiteres (schadhaftes) für blaue Augen. Je nachdem, welche zwei bei der Befruchtung zusammentreffen, fällt die Augenfarbe anders aus. Auch wenn viele mögliche Allele für eine Eigenschaft im Erbgut einer Hunderasse enthalten sind, sind es, entsprechend den Chromosomenpaaren, immer nur zwei, die im Erbgut des Einzelindividuums zusammenkommen, das eine vom Vater, das andere von der Mutter stammend.

Für dunkle Augenfarbe ist das Gen anders aufgebaut als für helle Augenfarbe. Die einzelnen Bausteine der DNS sind in einer ganz gering abweichenden Reihenfolge aneinander gefügt. Damit sind die Befehle zur Ausbildung des Merkmals als Ergebnis verschiedenartiger chemischer Reaktionen auch unterschiedlich.

alleles Gen 1	alleles Gen 2	mutiertes alleles Gen 3
Struktur der DNS ist so, dass chemische Vorgänge ihre Information für viel Pigmentbildung (= dunkel) geben.	Struktur der DNS ist so, dass sie Signale der Art sendet, dass wenig Pigment gebildet und eingelagert wird: Augenfarbe hell.	Erbgut verändert; der Wirkstoff, der die Pigmentbildung einleitet (die Tyrosinase) wird wenig aktiviert. Die Informationen zur Pigmentbildung sind schwach, diese hört frühzeitig auf: Augenfarbe blau.
Verhält sich im Erbgeschehen dominant, setzt seine Signale durch.	Diese rezessiven Allele werden nur wirksam, wenn sie doppelt vorhanden sind und nicht von einem dominanten überspielt werden. Erst dann nehmen sie Einfluss auf die Merkmalsausbildung.	

Von den Erbanlagen zum Merkmal

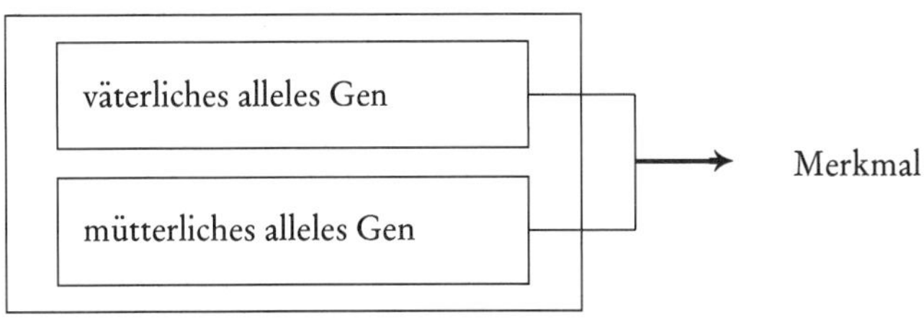

Sind die beiden Gene des allelen Paares gleich, dann bezeichnet man den Organismus als reinerbig für diese Anlage. Beide Genexemplare sind gleich strukturiert und besitzen demzufolge die gleiche Information für die Ausbildung des Merkmals, das sie steuern.

Erste Möglichkeit: Allele gleich = homozygot (grch. homoi = gleichartig)

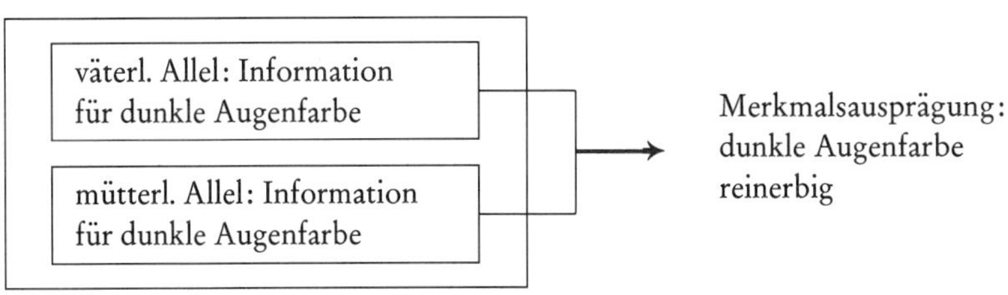

Zweite Möglichkeit: Allele gleich, verhalten sich im Erbgang rezessiv; können phänotypisch nur wirksam werden, weil sie in doppelter Dosis vorhanden sind

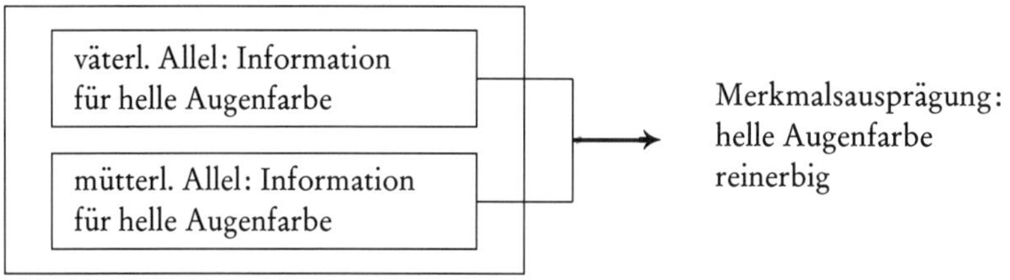

Dritte Möglichkeit: Allele ungleich in der Anweisung und im Erbverhalten = heterozygot (grch. heter- = andersartig)
väterliches Allel = dominant, merkmalsbestimmend; mütterliches Allel = rezessiv, es kann sich nicht durchsetzen

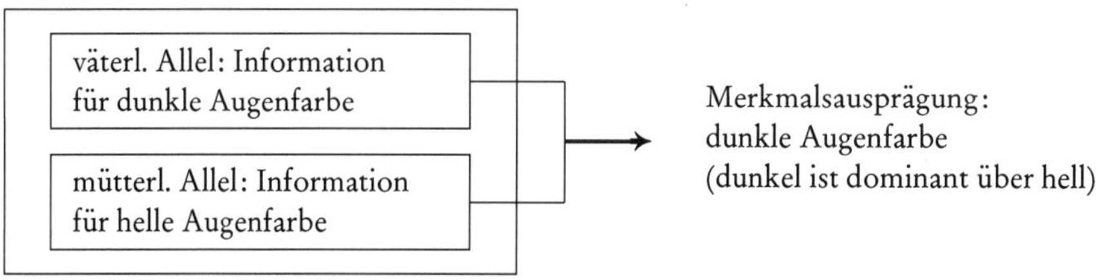

Vierte Möglichkeit: Allelpaar ungleich in der Anweisung, gleich „stark" im Erbverhalten

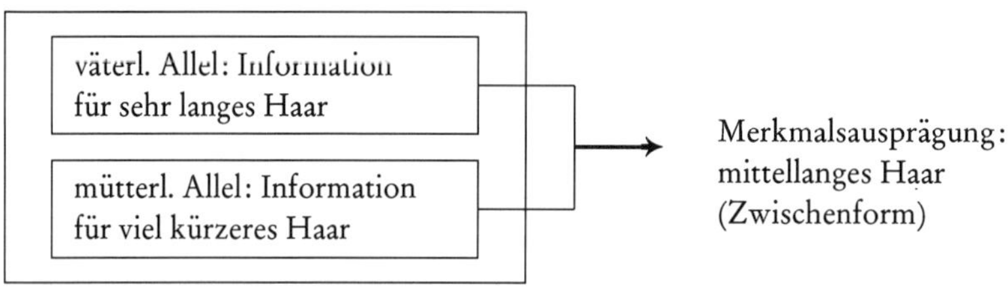

Für die Entstehung von Zwischenformen (vierte Möglichkeit) gibt es eine Reihe von Erklärungen, die wir hier erwähnen, ohne näher darauf einzugehen, weil für den Hund keine brauchbaren Forschungsergebnisse vorgelegt werden können. Der Züchter soll aber doch wissen, welche Möglichkeiten es gibt, zumal mit diesen Begriffen in der Haustiergenetik gearbeitet wird. Allele können kodominant sein (im Sinne von sich verträglich miteinander verhalten); beide im heterozygoten Zustand vorliegenden Allele kommen zur Wirkung. Die Nachkommen entsprechen dann weder dem Vater noch der Mutter, sondern das Merkmal erscheint als Mischform. Man spricht auch von intermediärem Erbverhalten der Allele (lat. inter = zwischen, medi- = Mitte.) Oft kommt es auch vor, dass sich das dominante Allel nicht vollständig durchsetzt: Von Dominanz bis Rezessivität gibt es viele Zwischenformen; alle Übergänge sind möglich: starke Dominanz – schwache (unvollständige) Dominanz – intermediäres Verhalten (sog. Semidominanz; lat. semi = halb) – schwache Rezessivität – starke Rezessivität.

Es kann aber auch so sein, und das ist z. B. bezüglich der Ausprägung des Langhaares am ehesten der Fall, da es viele fliessende Übergangsformen gibt, dass nämlich Nebengene mitwirken, die die Ausformung unterstützen oder mindern.

Neue Erkenntnisse kommen hinzu

Die Vererbungsforschung hat sich in den letzten Jahrzehnten ähnlich schnell entwikkelt wie andere Wissenschaften. Mit immer subtileren Verfahren und Instrumenten (Beispiel: Lichtmikroskope machen zweitausendfache, Elektronenmikroskope hunderttausendfache Vergrösserungen möglich) wurden zunehmend detaillierte Erkenntnisse gewonnen. In dem Masse, wie diese für Hundezüchter bedeutungsvoll sind, werden sie hier Beachtung finden.

Wir wissen heute, dass die Ein-Gen-Vorstellung vereinfacht. Auch bei den sogenannten einfach bedingten Mendelmerkmalen wirken neben den Hauptgenen (mit deutlicher Wirkung) Nebengene (mit kleiner Wirkung) und beeinflussen die Funktion dieser Grossgene (verstärken oder schwächen sie ab). An den grundlegenden Erkenntnissen hat sich dadurch nichts geändert: Jedes einzelne Gen verhält sich so, wie Mendel es erforscht hat.

Merkmale, die nur von einem Erbfaktor oder von wenigen gesteuert werden, erkennt man daran, dass sie entweder vorhanden sind oder aber fehlen.

Bestimmte Gene können Generation um Generation prägen, dann aber verschwindet unter bestimmten Bedingungen deren Wirkung. In einer nachfolgenden Generation kommen die entsprechenden Merkmale jedoch plötzlich wieder unverändert zum Vorschein. Die sie bewirkenden Gene lösen sich nicht auf und bilden keine Mischformen, sie können jedoch zeitweise «untertauchen».

Ein solches Gen ist z. B. der Faktor für die weissen Abzeichen. Es gibt Hunderassen, die ihn haben, bei anderen fehlt er ganz. Wenn das Gen für die Weissfleckung nicht vorhanden ist, zeigen die Tiere eben keine weissen Abzeichen.

Der Berner Sennenhund hat diesen Faktor in seinem Erbgut. Er bestimmt Generation um Generation. Wird ein Berner mit einem einfarbigen Hund gekreuzt, entsteht eine Kindergeneration ohne weisse Abzeichen, weil der Erbfaktor für Einfarbigkeit alles andere überdeckt. Werden diese mischerbigen Kinder aber wieder miteinander gepaart, ergeben sich plötzlich unter ihren Nachkommen solche mit weissen Blessen, Pfoten- und Brustzeichnungen, wie Berner Sennenhunde sie haben. Das Gen für Weisszeichnung ist dort wieder unverändert zur Wirkung gekommen, als hätte es keine einfarbige Zwischengeneration gegeben.

Ob ein Hund den Faktor für Weisszeichnung hat oder nicht, das sind unterschiedliche Qualitäten: Das Merkmal ist da oder nicht da. Diese Merkmale und deren Vererbung werden als qualitativ bezeichnet. Das betrifft vor allem die Fellfarben. Geht es aber um ein Viel oder ein Wenig eines Merkmals, also um die Menge (das Quantum), dann spricht man von quantitativer (oder auch polygener oder polyfaktorieller = durch viele Gene bedingter) Vererbung.

Die beiden Arten der Vererbung – Grundlegende Gegenüberstellung

Mono- (grch. ein-) *faktorielle Vererbung*	*Poly-* (grch. viel-) *faktorielle Vererbung*
Zusammenwirken ist häufig	
Das Merkmal wird hervorgerufen von einem Hauptgen (oder wenigen) mit grosser, deutlicher Wirkung	Viele Nebengene mit kleiner Wirkung steuern die Merkmalsausprägung/wandeln sie ab (Polygenie)
Es geht um die Qualität, d. h. um das Vorhandensein eines Merkmals überhaupt (oder eben nicht)	*Es geht um die Menge,* d. h. um viel oder wenig Ausprägung eines Merkmals, *um Veränderung*
Deshalb spricht man auch von	
qualitativen Merkmalen (Mendelmerkmalen)	*quantitativen Merkmalen* (Mengenmerkmalen)
Beispiel: Weisse Abzeichen sind da.	*Beispiel:* Ausmass der weissen Abzeichen
„Da-oder-nicht-da-Merkmale" *Kennzeichen:* diskontinuierliche Variabilität (sprunghafte, deutlich sichtbare Abwandlung ohne Übergänge); im Kreuzungsexperiment gut nachweisbar, zeigen nach Mendelgesetz klare Spaltungsergebnisse	*„Viel-oder-wenig-Merkmale"* *Kennzeichen:* kontinuierliche Variabilität (lückenlos durchgehende Abwandlung, fliessende, unscharfe Übergänge); im Kreuzungsexperiment nicht nachweisbar; Häufigkeiten werden ausgezählt und statistisch ausgewertet

Züchterische Arbeit mit qualitativen Merkmalen

Kombinationsmöglichkeiten väterlicher und mütterlicher Gene am Beispiel der Augenfarbe

Die Ausgangssituation ist bekannt: Jedes Elterntier gibt mit den Geschlechtszellen jeweils die Hälfte seines Erbgutes mit: die eine Hälfte der zusammengehörigen Gene eines Paares, das für ein Merkmal zuständig ist, also ein Allel.

Bei der Befruchtung treffen die Allele wieder zu Paaren zusammen. Drei Kombinationsarten sind möglich, je nachdem, wie die Paare bei Vater und Mutter zusammengesetzt waren:
2 dominante Allele, 2 rezessive oder eines von jeder Art.

Weil es sich so am besten zeichnerisch darstellen lässt, seien die verschiedenen Kombinationsmöglichkeiten dominanter und rezessiver Allele am schon erwähnten Beispiel der hellen und dunklen Augen erläutert. Das ist zugleich aktuell, denn tiefdunkle Augen und hellere findet man beim Berner Sennenhund in fast gleicher Verteilung, obwohl jeder Züchter, wie es der Standard vorschreibt, dunkle Augen anstrebt.

Das dunkle Auge ist die dominante, das helle die rezessive Ausprägung des Merkmals (Genaueres über die Vererbung der Augenfarbe s. Kapitel «Augen» in «Vorkommen und Genetik einzelner Merkmale»). Ähnlich verhält es sich z. B. auch beim Normalgebiss (Schere) gegenüber den unerwünschten Formen Vorbiss und Rückbiss oder beim dunklen Brand gegenüber dem blassen. Die erwünschte Eigenschaft hat eine dominante Tendenz. Überall, wo das Zeichen für dunkles Auge steht, könnte daher auch eine andere dominante Eigenschaft eingesetzt werden und da, wo das Zeichen für helle Augen steht, ihr rezessives Gegenstück.

Alle Erbanlagen sind als Viereck gezeichnet, sozusagen als Abschnitt aus dem Chromosom. Die Anlage für dunkle Augen (dominant) schwarz, die Anlage für helle (rezessiv) weiss. Auch die phänotypisch (äusserlich) sichtbare Augenfarbe ist in den Skizzen an der Farbgebung leicht zu erkennen.

1. Variante: Beide Eltern tragen nur dominante Allele für dunkle Augen im Erbgut:

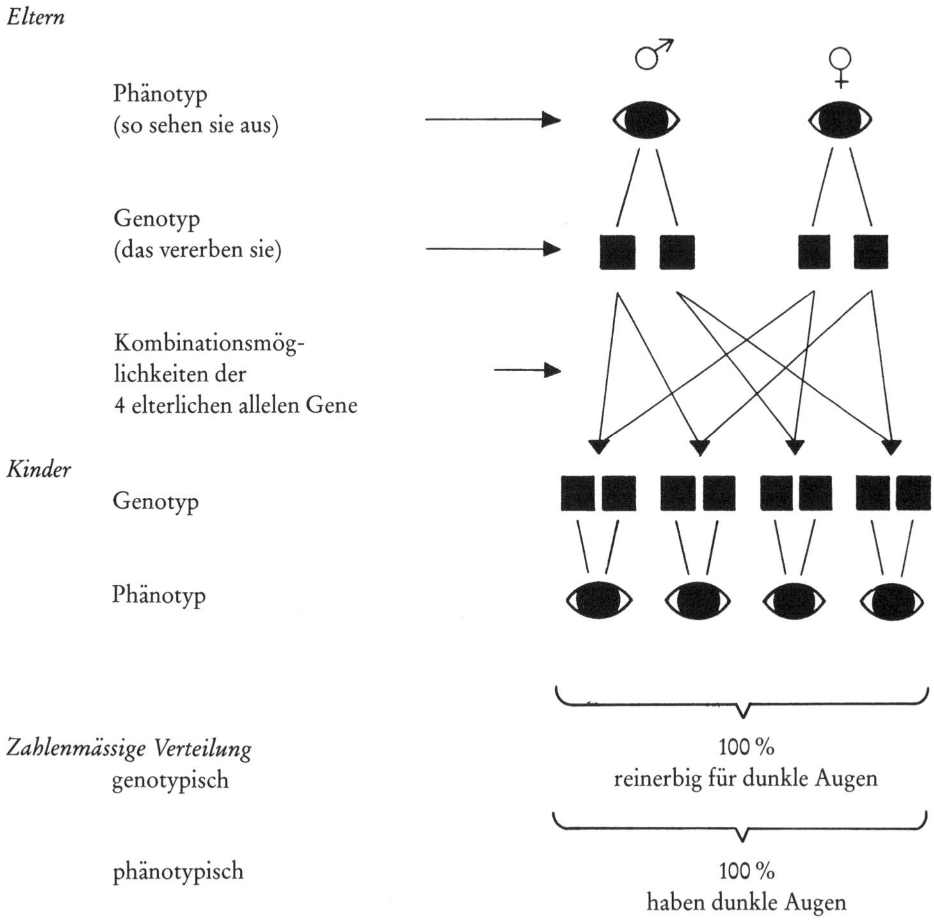

Das Beispiel zeigt, was jeder Züchter weiss: Aus reinerbig dunkeläugigen Eltern können gar keine anderen als dunkeläugige Nachkommen hervorgehen. Das gilt für jede dominante Eigenschaft. Da alle Allele gleich sind, können sie sich bei der Befruchtung zusammensetzen wie sie wollen, es gibt immer nur Paare mit doppelter Veranlagung für dunkle Augen. Aus den Nachkommen lässt sich umgekehrt auch auf die Veranlagung der Eltern schliessen: Sind in mehreren Würfen 100 % der Jungtiere den Eltern gleich, müssen diese in bezug auf das betreffende Merkmal reinerbig sein.

2. Variante: Beide Eltern tragen nur rezessive Allele für helle Augenfarbe im Erbgut

Eine Skizze erübrigt sich. Für ein rezessives Merkmal homozygote Tiere erzeugen zu 100 % ebensolche Nachkommen. Das bleibt über alle Generationen hinweg gleich.

Wer mit Hunden züchtet, die z. B. helle Augen oder bleichen Brand haben, wird nie etwas anderes bekommen, und wenn er hundert Jahre lang züchtete.

Man hört hie und da die Meinung, vermisste positive Eigenschaften müssten eines Tages doch wieder zum Vorschein kommen, wenn sie einmal ein Vorfahre hatte. Bei rezessiv vererbten Merkmalen ist dies unmöglich. Haben jetzt alle Hunde helle Augen oder hellen Brand, ist darunter keine Erbanlage mehr versteckt, die als dunkle Farbe wieder zum Vorschein kommen kann. Das auch nicht, wenn man es mit Inzuchtpaarungen versucht. Diese Allele sind verlorengegangen, «herausgemendelt».

Rezessivfaktoren lassen sich am reinsten züchten. Beim Berner Sennenhund ist das typische Langhaar z. B. ein Rezessivfaktor. Dominant ist das kurze Stockhaar, wie es die drei anderen Sennenhunde und beispielsweise der Rottweiler haben. Werden diese mit Bernern gekreuzt, fällt die erste Generation mit dem kurzen Haar. Da Berner von Anfang an mit dem Rezessivfaktor langes Haar gezüchtet worden sind, gibt es aus reinrassigen Tieren auch zu 100 % Langhaar-Nachkommen. Bei den vier anderen genannten Rassen aber, die mit der dominanten Erbanlage züchten, kommen auch heute noch hie und da langhaarige Welpen in den Würfen vor, weil der Rezessivfaktor noch nicht ganz aus der Zucht verschwunden ist.

3. Variante: Der Vater verfügt nur über dominante Allele für dunkle Augen, die Mutter nur über rezessive für helle Farbe (oder umgekehrt). Die Elterntiere sind unterschiedlich homozygot.

Aus der Paarung zweier homozygoter Tiere, je für den dominanten und den rezessiven Erbfaktor, gibt es nur eine einzige Art von Nachkommen: Sie sind ausnahmslos gemischterbig veranlagt und sehen so aus, wie es die dominante Anlage bestimmt: in diesem Fall dunkeläugig. Damit beginnt eine der grössten Schwierigkeiten in der Zucht: Die reinerbigen und die gemischterbigen Tiere lassen sich in den meisten Fällen äusserlich nicht unterscheiden! Während die für die erwünschte Anlage reinerbigen Zuchttiere allen Nachkommen nur dunkle Augen oder Normalgebiss oder dunklen Brand vererben, geben die gemischterbigen die Anlage auch für helle Augen, z. B. Vorbiss oder gelben Brand weiter, weil diese rezessiven Allele in ihrem Erbbestand unverändert vorhanden sind, auch wenn man nichts davon sehen kann. Die Nachkommen der 2. Generation aber werden es verraten.

Wird ein Hund mit einem nicht erkannten rezessiv vererbbaren Negativmerkmal zur Zucht eingesetzt, kann er die ganze Rasse verseuchen. Beispiel: Ein an Entropium (Augenlideinrollung) operierter Rüde wird viel zur Zucht eingesetzt, weil es ein ansonsten hervorragender Hund ist, der Mangel wurde aber bei der Ankörung nicht entdeckt. Alle seine Nachkommen – und da können die Mütter «noch so gesunde Augen haben» – tragen nun auch das krankmachende Gen im Erbgut. Fatalerweise sieht man dies den direkten Nachkommen, der ersten Generation, überhaupt nicht an, weil das gesunde Gen der Hündin dominant und das rezessive Defektgen überdeckt worden ist. Jeder Rüde, der für ein rezessives Gen reinerbig ist, das kann auch ein Krankheitsgen sein, das sich erst in späteren Jahren auswirkt, kann mit reinerbig

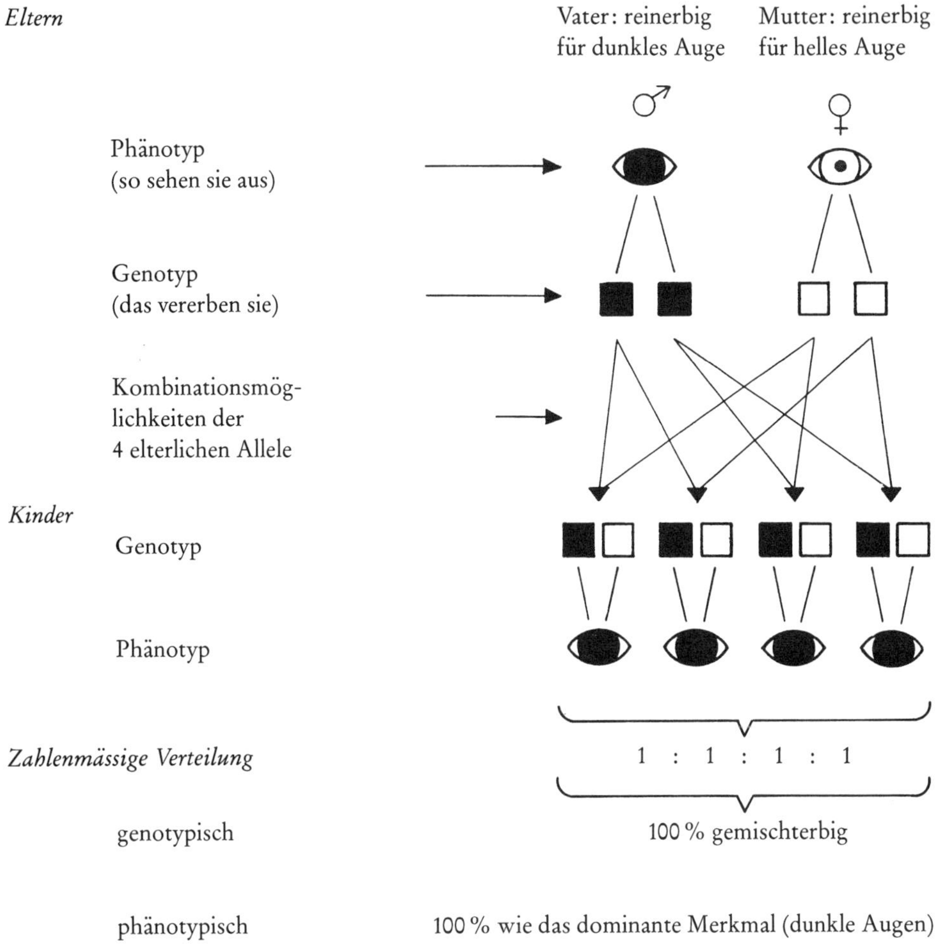

gesunden Hündinnen noch so viele Nachkommen zeugen, es können Hunderte sein, alle sehen so gesund aus wie ihre Mutter, vererben das Übel aber trotzdem. Es hat deshalb keinen Sinn, «verdächtige» Tiere an gesunde anzupaaren, um herauszufinden, «ob der Fehler auch vererbt wird». Die erste Generation wird zu 100 % gesund aussehen. Weil in diesem Fall das dominante Gen allein das Erscheinungsbild bestimmt, überschätzen viele Züchter auch die Wirkung bestimmter Paarungen. Haben sie ihre Hündin z. B. einem Rüden mit den begehrten dunklen Augen zugeführt, werden sie zwar einen ganzen Wurf dunkeläugiger Jungtiere bekommen, doch das rezessive Allel für helle Augen ist in jedem einzelnen noch vorhanden und muss erst in den nächsten Generationen «hinausgezüchtet werden», sonst tritt es immer wieder auf. Die erste Generation ist nie das Ende, sondern immer erst der Anfang der züchterischen Bemühungen!

4. Variante: Beide, Vater und Mutter, sind gemischterbig (heterozygot) veranlagt

Die Geschlechtszellen gemischterbig veranlagter Tiere – mit dem jeweils nur halben Chromosomensatz – enthalten immer nur eines der Allele der Paare, entweder dasjenige für helle oder dasjenige für dunkle Augenfarbe. Im Ergebnis der Befruchtung sind folgende Kombinationen möglich:

1. dunkel/dunkel (reinerbig)
2. dunkel/hell (gemischt- bzw. spalterbig)
3. hell/hell (reinerbig)

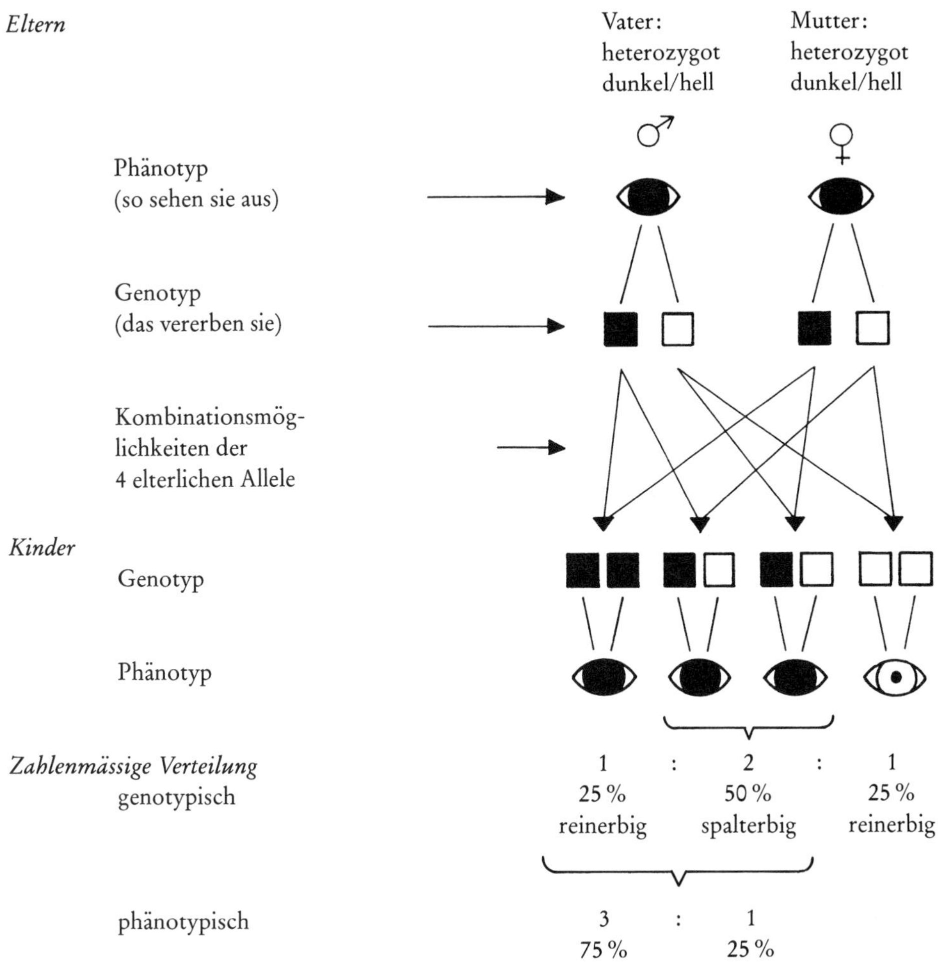

Entscheidend bei dieser Paarungsart sind die letzten 25 %, denn bei ihnen treten plöztlich die hellen Augen wieder auf. Allein solche Nachkommen verraten, dass beide Eltern in bezug auf die Augenfarbe gemischterbig sind. Diese letzte Gruppe steht für 25 % reinerbig rezessive Tiere, die aus allen gemischterbigen Paarungen zu erwarten sind. Für ein so gravierend negatives Merkmal wie Vorbiss oder Entropium z. B. ist das ein hoher Anteil. Es bedeutet praktisch, dass aus gemischterbigen Eltern jeder 4. Nachkomme diesen Fehler in mehr oder weniger ausgeprägtem Masse haben wird.

75 % der Hunde sehen aus wie erwünscht bzw. wie es das dominante Allel bestimmt. Von diesen sind aber 25 % besser als die Eltern, denn sie haben die dominante Anlage doppelt bekommen. Bei ihnen sind die Rezessivgene gar nicht mehr vorhanden. Der Fehler ist «hinausgezüchtet». Solche Nachkommen sind die wertvollen Zuchttiere, denn sie können nur noch das «Gute» weitervererben.

Die Hälfte aller Nachkommen sind vom Zuchtwert her genau gleich wie die Eltern. Von diesen wird sowohl das dominante wie auch das rezessive Gen weitergegeben. Falls auch sie wieder mit gemischterbigen Partnern gepaart werden, wird es genau gleich weitergegeben wie bei der aufgezeichneten Paarung.

Die Tatsache, dass auch aus gemischterbigen Paarungen der grösste Teil der Nachkommen, 75 %, so aussehen wie erwünscht, täuscht viele Züchter über die Bedeutung der verborgenen Rezessivgene hinweg. Das um so mehr, als man die Nachkommen, die den Fehler zeigen, oft gar nicht zu Gesicht bekommt. So sieht man aus ganzen Zuchtfamilien immer nur die phänotypisch guten Tiere und glaubt, sie seien reinerbig durchgezüchtet. In Wirklichkeit fällt aber über Jahre hinweg immer wieder eine Nachkommenschaft, die sich in die drei Gruppen unterteilen liesse: 25 % reinerbig erwünschte Tiere, 50 % gemischterbige, 25 % reinerbig fehlerhafte. Von einem Zuchtfortschritt kann in solchen Fällen natürlich nicht gesprochen werden.

Ein praktisches Beispiel, das den Aussagewert dieser Zahlenverhältnisse verdeutlicht: Zu einer Hündin mit eher hellen Augen wurde ein Partner gewählt, der neben anderen guten Eigenschaften dunkle Augen hatte. Beide hatten tadellose Gebisse und sauberen Lidschluss. Es war aber bekannt, dass sowohl in der Familie des Rüden wie auch der Hündin schon Vorbisse und Entropium vorgekommen waren. Es bestand also durchaus die Gefahr, dass die Zuchtpartner hinsichtlich Gebiss- und Lidschluss belastet sein könnten. Da die Würfe punkto Farbzeichnung und Typ sehr vielversprechend ausfielen und sich kein besserer Rüde anbot, wurde die Parung noch zweimal wiederholt; es wurden 17 Welpen aufgezogen.

Die Ergebnisse:
Augenfarbe: 6 dunkel, 11 hell

In bezug auf die Augenfarbe ist der Rüde also nicht reinerbig, sonst wären alle Nachkommen dunkeläugig gewesen. Der Anteil der Nachkommen mit dunklen Augen ist sogar unglücklich gering. Es wären statt 35 % (6 Welpen) deren 50 % (8–9 Welpen) zu erwarten gewesen.

Gebiss (Kieferstellung):
1. Wurf: 1 ausgeprägter Vorbiss
2. Wurf: 2 Zangen
3. Wurf: 1 knapper Vorbiss
4 von 17 Welpen zeigen das in den Familien vorhandene Rezessivmerkmal in unterschiedlich starker Form = 23,5 %.

Lidschluss:
1. Wurf: 1mal leichtes Entropium (konnte medikamentös unter Kontrolle gehalten werden)
2. Wurf: 1mal Augenlider zeitweilig leichter Ansatz zum Einrollen
3. Wurf: 1mal Entropium (operiert)
1mal leichtes Entropium (konnte medikamentös unter Kontrolle gehalten werden)
4 von 17 Welpen zeigen das Rezessivmerkmal unterschiedlich deutlich ausgeprägt = 23,5 %.

Das Auftreten der unerwünschten rezessiven Merkmale bedeutet, dass beide Zuchtpartner sowohl hinsichtlich Gebisschluss wie auch Lidschluss gemischterbig veranlagt waren, obwohl man es bei keinem sehen konnte. Die jeweils 23,5 % Nachkommen, die den Fehler zeigten, entsprechen durchaus den gesetzmässigen Zahlenverhältnissen (25 %), die sich im Rahmen einer grossen Zahl ergeben. Problematisch für die Weiterzucht ist nicht die Tatsache, dass Rezessivfaktoren zum Vorschein gekommen sind. Problematisch in diesen Fällen ist, dass von den 76,5 % (13 von 17), die phänotypisch in Ordnung sind, nur ungefähr ein Drittel (das sind 4) reinerbig sind für richtige Kieferstellung bzw. gesunde Augen. Zwei Drittel der äusserlich einwandfreien Tiere sind gemischterbig wie die Eltern, also ebenfalls Träger der nicht sichtbaren unerwünschten Anlagen.

Nur von 3–5 Nachkommen von den 17 aus diesen Paarungen darf erwartet werden, dass sie den einen oder anderen Fehler nicht vererben. Dass sich ein Nachkomme darunter befindet, der sogar in bezug auf beide Eigenschaften reinerbig positiv veranlagt ist, das erscheint als sehr unwahrscheinlich.

Aus dem 1. Wurf kamen 1 Rüde und 2 Hündinnen in die Zucht, aus dem 2. Wurf eine Hündin und aus dem 3. Wurf ein Rüde und eine Hündin. Alle 6 Zuchttiere waren selbstverständlich phänotypisch in Ordnung. Ob es sich dabei um reinerbige Hunde für die guten Eigenschaften handelt oder um solche aus der gemischterbigen Gruppe, kann niemand wissen, bis eine genügend grosse Zahl von Nachkommen verrät, ob die negativen Rezessivgene noch vorhanden sind oder nicht. Sobald irgendwo der erste Welpe mit Vorbiss oder Entropium fällt ist klar, dass sowohl der Zuchtrüde wie auch die Zuchthündin nicht «sauber» sind. Doch dann ist es zu spät. Einmal angekörte Hunde werden meist nicht mehr aus der Zucht gezogen. Man versucht es mit anderen Paarungen. Doch da von den meisten Zuchtrüden der Genotyp nicht bekannt ist, ist diese Korrekturmethode wenig zuverlässig.

Auf diese Art und Weise werden negative Eigenschaften von Generation zu Generation weitergeschleppt, ohne dass sich irgend etwas verändert. Es gibt Länder, in denen man bei einigen Rassen daher anders an die Sache herangeht: Je nach Breite der Zuchtbasis, der Verbreitung des Mangels in der Rasse, der Bedeutung des Fehlers für die Gesundheit und das Aussehen des Tieres werden Zuchthunde – insbesondere Rüden – abgekört, wenn sich Negativmerkmale bei ihren Nachkommen zeigen.

5. Variante: Ein Partner ist reinerbig und einer ist gemischterbig veranlagt

Erste Möglichkeit: Ein Elternteil ist reinerbig für das gewünschte Merkmal (dunkle Farbe), der andere ist gemischterbig veranlagt (dunkel, hell)

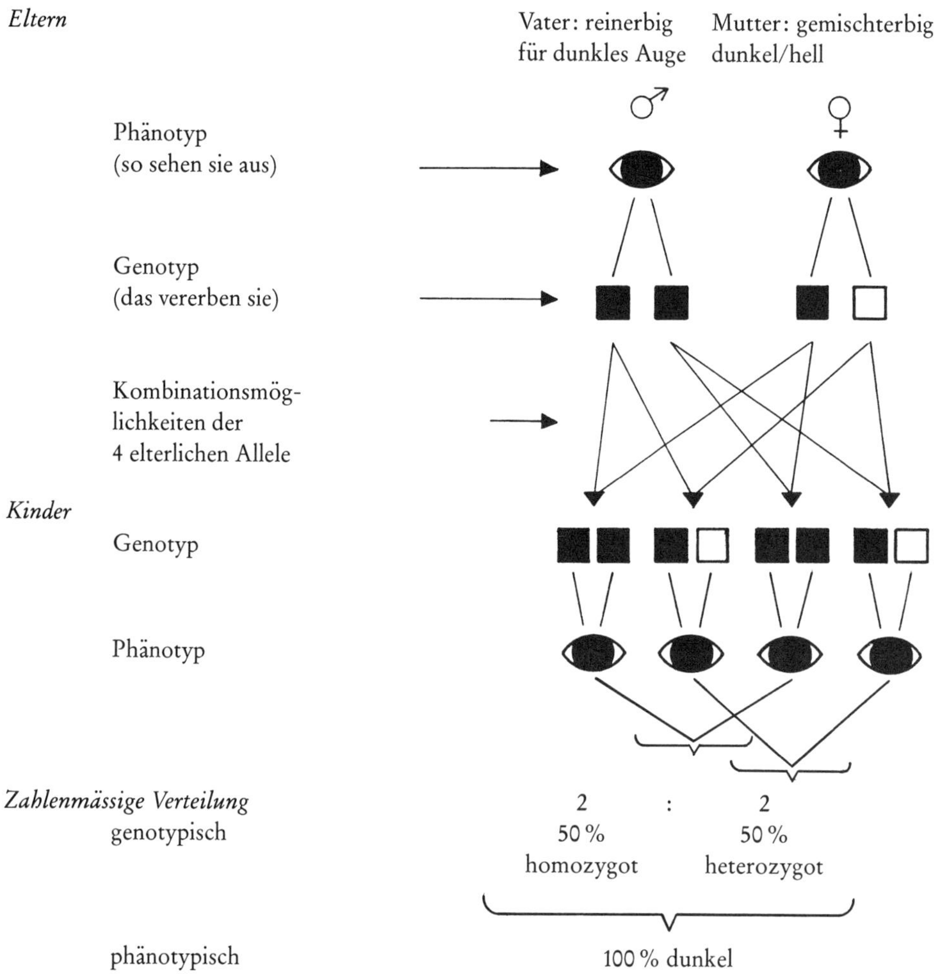

Das ist die richtige Paarungsart, wenn man seine Zuchtlinie verbessern, d. h. von negativen Rezessivgenen befreien will. Ob die Hündin gemischterbig veranlagt ist, kann man häufig schon nach dem ersten Wurfe wissen. Ist darunter ein Nachkomme oder sind es gar zwei, die Unerwünschtes zeigen (z. B. helle Augen, hellen Brand, Vorbiss oder Lidschlussfehler), ist sie in dieser Hinsicht gemischterbig. Da darf man sich keine Illusionen machen. In solchen Fällen lohnt es sich, einen Zuchtpartner zu suchen, der für das positive Merkmal reinerbig ist. Eine gemischterbig veranlagte Hündin mit ihm gepaart, wird keinen Nachkommen bringen, der den Fehler offen zeigt, und die Hälfte wird ihn auch nicht mehr in ihrem Erbgut tragen. Wenn es gelingt, diese Tiere ausfindig zu machen und nur mit solchen weiterzuzüchten, ist man das Unerwünschte ein für allemal los. Dies setzt natürlich voraus, dass es später nicht wieder durch einen gemischterbigen Zuchtpartner eingeschleppt wird.

Auch Zuchtrüdenbesitzer, die von ihrem Hund, der vielleicht viele andere positive Punkte hat, wissen, dass er für eines oder mehrere Merkmale gemischterbig veranlagt ist, können ihn, ohne der Rasse deutlich Schaden zuzufügen, einsetzen, wenn sie die Hündinnenbesitzer darauf aufmerksam machen. Sie sollten dann nur noch Hündinnen annehmen, die für die positive Anlage reinerbig sind. So werden sie ihren Rüden vor dem Verrufe bewahren, Rezessivmerkmale hervorgebracht zu haben. Von den Rezessivgenen freie Hündinnen werden nur phänotypisch erwünschte Nachkommen bringen. Natürlich wäre es besser, es würden für alle Merkmale nur reinerbig positive Rüden für die Weiterzucht gebraucht. Doch da die «mendelnden» Merkmale nur wenige unter vielen sind, die den Wert eines Zuchtrüden ausmachen, kann ein Vatertier seiner Rasse auch Gutes bringen, wenn es nicht für alles Erwünschte reinerbig ist. Es kann auf Grund anderer Qualitäten wertvoll sein.

Zweite Möglichkeit: Ein Partner ist gemischterbig (dunkel/hell), der andere ist für die unverwünschte Merkmalsausprägung reinerbig (hell/hell)

Die Ergebnisse solcher Paarungen werden häufig als «böse Überraschungen» registriert. Sie kommen zustande, wenn man das Rezessivmerkmal der Hündin, wie etwa den gelben Brand, die hellen Augen oder das gelockte Haar verbessern wollte und an einen Rüden gerät, der in bezug auf die positive Ausprägung des Merkmals nicht reinerbig ist. Wohl fallen erwartungsgemäß um 50 % der Nachkommen phänotypisch wie erwünscht, die restliche Hälfte hat aber genau so helle Augen oder krauses Haar wie die Mutter. Ausserdem sind die «guten» Nachkommen auch gemischterbig. Auch sie werden die negative Eigenschaft wieder hervorbringen, sobald sie mit heterozygot veranlagten Partnern gepaart werden. Diese Paarung ist die Erklärung dafür, warum in vielen Fällen auch ein Rüde mit z. B. dunklen Augen oder dunklem Brand plötzlich bei einer Hündin «nicht einschlägt» und nicht in dem Masse verbessert, wie man das erwartet hat.

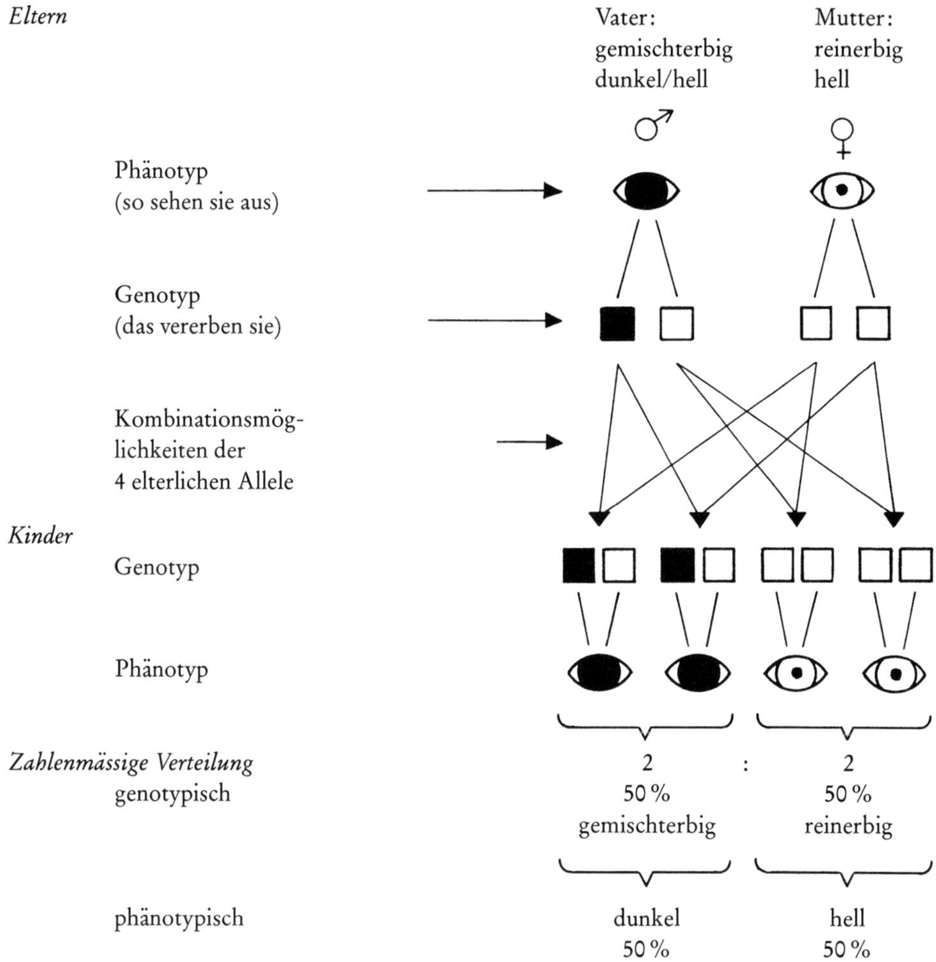

Merkmale, die beim Berner Sennenhund einen dominanten bzw. rezessiven Grundcharakter zeigen

Um exakte Aussagen über den Vererbungsmodus bestimmter Eigenschaften machen zu können, müssten genaue Auswertungsergebnisse systematischer Zuchtversuche vorliegen. Gezielte Versuche wurden in der Hundezucht bisher nur wenige gemacht. Sie sind wegen der langen Generationenfolge zeitlich aufwendig und kostspielig, es besteht kein allgemeines wirtschaftliches Interesse, und dann züchtet man nicht, um die Tiere später zu töten; der Hund ist kein Laboratoriumstier.

Beim Berner Sennenhund wurden bisher einzig für die Art und Weise der Vererbung der Spaltnase Zuchtversuche durchgeführt (s. dort). Alle Aussagen über den Vererbungsmodus anderer Merkmale basieren allein auf der sogenannten praktischen Erfahrung oder auf Analogieschlüssen zu anderen Rassen.

Etliche Merkmale, die hier unter denen aufgeführt werden, die sich wie «nach Mendel» vererben, müssten eigentlich unter einer anderen Vererbungsweise, der polyfaktoriellen (durch Mehrfachgene bewirkten) eingeordnet werden, denn bei einer ganzen Anzahl sind neben den Hauptgenen auch andere beteiligt bzw. wirken mehrere Hauptgene, die sich gegenseitig unterschiedlich beeinflussen. Aus rein praktischen Gründen werden aber auch diese Eigenschaften hier mitgenannt. Entscheidend für die Zuordnung war dabei die Frage, wie man bei der Zuchtplanung vorzugehen hat, um deren Ausbildung zu fördern oder sie wegzuzüchten. Wichtig für den Praktiker ist weniger der theoretisch-wissenschaftliche Hintergrund einer Eigenschaft, sondern wie sie zu behandeln ist. Nach diesem Gesichtspunkt ist die folgende Liste zusammengestellt.

Wenn man fragt, welche Merkmalsform sich dominant (äusserlich erscheinend) und welche sich rezessiv (zurückziehend) verhält, gibt es eine einfache Faustregel: Das Normale und damit Positive ist dominant, das Nichtnormale rezessiv. Da keine Regel ohne Ausnahme gilt und schon gar nicht sogenannte Faustregeln, gibt es auch einige Merkmale, bei denen dies eben nicht ganz so zutrifft, wie aus der folgenden Übersicht zu ersehen ist.

Als normal gilt z. B. das vollzählige Hundegebiss mit korrektem, gleichmässigem Scherenschluss. Ein Vor- oder Rückbiss oder fehlende Zähne z. B. sind Defekte des Normalgebisses, die einstmals die Überlebenschancen der Urväter in der Wildnis herabgesetzt haben. Auch für unsere Haushunde können solche Defekte negative Folgen haben u. a. beim Abnabeln der Welpen und beim Zerkleinern der Nahrung. Es ist anzunehmen, dass z. B. der Vorbiss aufgrund einer geringfügigen Veränderung der Erbanlage für Normalgebiss zustande gekommen ist, also eine Mutation in alter Zeit war, die sich bis jetzt – weil rezessiv – gehalten hat.

Das «normal» ausgebildete Merkmal kommt häufiger vor, es ist auch das erwünschte, weil es in der Regel die einwandfreie biologische Funktion ermöglicht. Dabei ist jedoch zu bedenken, dass sich der Begriff «normal» meist auf die Wildtiereigenschaft bezieht. Für uns ist die Dreifarbigkeit des Berner Sennhundes seine Normalfarbe. Ursprünglich aber war das Graugelb des Wolfes auch für den Hund die normale Färbung. Einheitliche Fellfarbe, also die Ausgangsfärbung, ist daher über die geschichtlich jüngere Zuchtfarbe des Sennenhundes dominant.

Es sei noch einmal betont: Der grösste Teil der hier aufgeführten Eigenschaften wird durch mehr als ein Allelpaar gesteuert. Die Bedeutung der zusammenwirkenden Gene oder der mitwirkenden Kleingene und deren Verhalten gegenüber einem Hauptgen ist dabei von Merkmal zu Merkmal sehr unterschiedlich. Bei einigen Eigenschaften stellt auch der Einfluss der Umwelt eine Wirkgrösse dar. Die Zuordnung sagt also nur aus, dass der Erbgang einen dominanten bzw. rezessiven Grundcharakter trägt, d. h., wir sehen es von der rein praktischen Seite her so.

Verhalten von Merkmalen im Erbgang

dominante Tendenz	*rezessive Tendenz*
dunklere Augenfarbe	hellere Augenfarbe Glasaugen (blaue Augen)
normalgrosse, gut eingebettete Augen	vorstehende Augen, zu kleine, tiefliegende Augen
gut anliegende Augenlider	hängende untere Augenlider (Ektropium), eingerollte Augenlider (Entropium)
Normalgebiss – Scherenschluss	Abweichungen vom Normalgebiss – Zange, Vorbiss, Rückbiss und alle anderen Abweichungen (z. B. Kreuzbiss)
– Zähne in Reihe stehend	– verschobene, unregelmässig stehende Zähne
– normalgrosse Zähne – vollzähliges Gebiss	– kleine Zähne – Zahnunterzahl
richtige Ohrenhaltung (anliegend)	fehlerhafte Ohrenhaltung (nicht anliegend = „offen“ getragen, nach hinten-oben gezogen)
kürzeres Langhaar Schlichthaar oder leichtes Wellhaar	langes Haar Kraushaar
höher getragene Rute	tiefer getragene Rute
Normalrute	Stummelrute Knickrute
Normalnase	Spaltnase
wenig Weiss (kleine weisse Abzeichen)	viel Weiss (grosse weisse Abzeichen an Kopf, Brust, Pfoten, Rutenspitze; Nackenfleck)
Pigmentflecken im Kopfweiss	sauberes Weiss
kräftiger Knochenbau	feiner Knochenbau
breite Brust	schmale Brust

Insbesondere beim Bau der Gliedmassen kommen bestimmte Mängel so häufig vor, dass man glauben könnte, die Abweichung sei der Normalfall. Das hängt damit zusammen, dass beim alten Hof- und Zughund die Auslese in einer ganz anderen Richtung betrieben wurde als heute (vgl. im noch folgenden Kapitel „Vorkommen und züchterische Problematik einzelner Merkmale", Teil „Gangwerk"). Dadurch sind im Rassebestand noch immer viele Gengruppen für Ausprägungen verbreitet, die vom heutigen Standpunkt aus gesehen negativ sind. *Deshalb entsprechen die Beobachtungen beim Berner Sennenhund nicht immer den Verhältnissen bei anderen Rassen.*

dominante Tendenz	*rezessive Tendenz*
Vordergliedmassen	*Vordergliedmassen*
– normale gute Winkelung der Schultergliedmassen	– kurze Knochen, geringe Winkelung
– *ausgedrehte Pfoten*	– *gerade gestellte Pfoten*
– *weiche Vordermittelfüsse*	– *straffe Vordermittelfüsse*
– breiter Stand der Vorderbeine	– enger Stand der Vorderbeine
– gerader Stand	– O-beinigkeit
Hintergliedmassen	*Hintergliedmassen*
– *kurze Knochen, gering ausgeprägte Winkelung*	– *lange Knochen, deutliche Schräglage*
– *ausgedrehte Pfoten* – *Kuhhessigkeit*	– *paralleler, gerader Stand der Hintermittelfüsse und Pfoten*
– normaler Stand der Hintergliedmassen	– enger Stand (ganzes Bein) – hackenenger Stand – Fassbeinigkeit – bodenenger, bodenweiter Stand
scheues, ängstliches Wesen (Wildcanidenscheue)	selbstsicheres, unbeeindruckbares Wesen

Je mehr Merkmale beachtet werden müssen, desto schwieriger wird die Zuchtplanung

Der praktische Züchter hat sich immer mit einer Fülle von Merkmalen zu befassen. Er kann gleichzeitig nur einige ganz bewusst verfolgen und darf doch die anderen nicht aus den Augen verlieren!

Dabei ist völlig klar, dass es umso einfacher ist, einen Fortschritt zu erzielen, je mehr Merkmale bei unseren Zuchttieren schon in der gewünschten Ausprägung vorhanden sind.

Anhand einiger Beispiele soll gezeigt werden, wie die züchterischen Erfolgschancen aussehen, wenn mehr als ein Merkmal gleichzeitig verbessert werden soll. Ein positives Ergebnis ist nur dann erreicht, wenn das gewünschte Merkmal nicht nur phänotypisch bei den Nachkommen vorhanden ist, sondern von ihnen auch weitervererbt wird. Ein wirklicher Fortschritt ist also nur das reinerbige (homozygote) Tier in bezug auf die angestrebte Eigenschaft.

Erinnern wir uns der Darstellung am Beispiel der Vererbung der Augenfarbe: Wird nur dieses eine Merkmal reinerbig angestrebt, können aus jeder Paarung zweier gemischterbiger Tiere, natürlich bezogen auf eine grössere Zahl an Nachkommen, 75 % erwartet werden, die phänotypisch dunkeläugig sind. Darunter sind aber nur 25 % reinerbig für das Angestrebte. Die übrigen 50 % sind nicht besser als ihre Eltern, nämlich auch gemischterbig. Das restliche Viertel fällt schlechter aus: Diese Nachkommen sind für die negative Ausprägung des Merkmals (helle Augen) reinerbig und scheiden für die Weiterzucht aus!

Man kann dies in einer Tabelle darstellen. Die in den Geschlechtszellen enthaltenen Anlagen des Rüden werden jeweils in die Kopfzeile, die der Hündin in die vordere Spalte eingetragen und dann miteinander kombiniert. In den einzelnen Feldern stehen die möglichen Kombinationen der neuen, befruchteten Eizellen.

Für jede Erbanlage wird ein Buchstabe eingesetzt. Für unsere Darstellung wurden diese Buchstaben willkürlich gewählt.

Dominant sich verhaltende Merkmale: *Grossbuchstabe*

rezessiv sich verhaltende Merkmale: *Kleinbuchstabe*

Wenn wir wieder auf die Augenfarbe zurückgreifen, sieht das so aus:

A = Augenfarbe dunkel, dominant

a = Augenfarbe hell, rezessiv

Für gemischterbige Tiere müsste dann für die Augenfarbe Aa eingesetzt werden, A für das dominante «dunkle» Gen, a für das rezessive, «helle» Gen.

Kombinationsmöglichkeiten der Erbanlagen bei 2 gemischterbigen Tieren:

Rüde : Aa

Hündin: Aa

Tab. 1

♀ ♂	A	a
A	AA	Aa
a	Aa	aa

erwünschter Phänotyp

erwünschter Genotyp

Ergebnis: Aa x Aa = AA + 2Aa + aa

Die Paarung ergibt 25 % reinerbig dunkeläugige Tiere

50 % gemischterbige

25 % reinerbig helläugige

Arbeit mit zwei Merkmalen – Kombinationsmöglichkeiten

Möchte ein Züchter nun aber erbreine Tiere für 2 Merkmale gleichzeitig anstreben, z. B. dunkle Augen und schönes Schlichthaar, wird die Sache schon schwieriger. Die Tabelle 2 zeigt, was unter den Nachkommen zu erwarten ist, wenn die Ausgangstiere in bezug auf beide Merkmale zwar phänotypisch wie gewünscht, jedoch nicht reinerbig sind.

Wir setzen für Haar den Buchstaben H. H = Schlichthaar, h = Kraushaar

Erbformeln	Rüde:	Aa Hh	A	= Dunkles Auge, dominant
	Hündin:	Aa Hh	a	= helles Auge, rezessiv
			H	= Schlichthaar, dominant
			h	= krauses Haar, rezessiv

Kombinationsmöglichkeiten bei 2 Merkmalen, wenn beide Tiere gemischterbig sind
(4 verschiedene Gene beteiligt)

Tab. 2

♀ ♂	AH	Ah	aH	ah
AH	$AAHH_1$	$AAHh_2$	$AaHH_3$	$AaHh_4$
Ah	$AAHh_5$	$AAhh_6$	$AaHh_7$	$Aahh_8$
aH	$AaHH_9$	$AaHh_{10}$	$aaHH_{11}$	$aaHh_{12}$
ah	$AaHh_{13}$	$Aahh_{14}$	$aaHh_{15}$	$aahh_{16}$

16 Kombinationsmöglichkeiten

Verhältnis 9 : 3 : 3 : 1 (Phänotyp)

A Phänotyp

9 sind dunkeläugig und schlichthaarig	(getönte Felder)	erwünschter Phänotyp
3 sind dunkeläugig, jedoch kraushaarig	(Nr. 6, 8, 14)	unerwünschter Phänotyp
3 sind helläugig und schlichthaarig	(Nr. 11, 12, 15)	
1 ist helläugig und kraushaarig	(Nr. 16)	

Diese Zahlenverhältnisse zeigen auf, dass von zwei gemischterbig veranlagten Tieren immer wieder viele phänotypisch unerwünschte Nachkommen erwartet werden müssen. Nur 56 % sind dunkeläugig und schlichthaarig, 44 % haben den einen oder anderen Fehler, einer darunter gar beide. Selbstverständlich erscheinen diese genauen Zahlenverhältnisse nur in einer grossen Zahl von Nachkommen. In den einzelnen Würfen können von der einen oder anderen Sorte auch mehr oder weniger Welpen liegen.

Noch weniger erfreulich sehen die Zahlen aus, wenn wir die 9 Hunde, die so aussehen wie ihre Elterntiere, nun auf ihren Genotyp hin untersuchen.

B Genotyp

9 Hunde, davon	1	reinerbig für beide Merkmale (Nr. 1)	Verbesserung gegenüber den Ausgangstieren
	2	reinerbig für 1 Merkmal: dunkle Augen (Nr. 2 + 5)	
	2	reinerbig für 1 Merkmal: helle Augen (Nr. 3 + 9)	
	4	gemischterbig für beide Merkmale	keine Verbesserung

Aus gemischterbigen Elterntieren ist also nur bei 31,25 % der Nachkommen (5 von 16) eine Verbesserung gegenüber den Ausgangstieren zu erwarten, 25 % werden gleich sein und 43,75 % sogar schlechter!

Für die Weiterzucht müsste nun unter den phänotypisch einwandfreien Tieren unbedingt Hund Nr. 1. ausgemacht werden können, der in bezug auf beide Merkmale auch reinerbig ist. Von ihm würden alle Nachkommen wie erwünscht ausfallen, ganz gleich, wie die Paarungspartner aussehen. Sind diese Zuchtpartnerinnen gemischterbig in bezug auf das eine oder andere Merkmal, würden dies auch 50 % der Nachkommen sein. Keiner würde aber den Fehler zeigen. Nun ist es aber nicht möglich, unter gleich aussehenden Tieren die reinerbigen herauszufinden. Der Genotyp wird erst durch die Nachkommen aufgedeckt.

Wird aber mit einigen der phänotypisch gut aussehenden Tiere weitergezüchtet, darf erwartet werden, dass auch das eine oder andere darunter ist, das wenigstens in bezug auf ein Merkmal reinerbig ist. Auch mit solchen Zuchttieren können Verbesserungen erreicht werden. Tiere, die sich durch ihre Nachkommen als reinerbig in bezug auf ein Merkmal erwiesen haben, sollten daher unbedingt zur Zuchtverbesserung herangezogen werden, auch wenn sie in anderen gemischterbig sind. Tabelle 3 zeigt auf, was zu erwarten ist, wenn zwei Tiere gepaart werden, die für je eins von zwei Merkmalen reinerbig sind.

Kombinationsmöglichkeiten von 2 Merkmalen, wenn beide Zuchtpartner für 1 Merkmal reinerbig sind

Erbformal: Rüde Aa HH — gemischterbig für Augenfarbe, reinerbig für Schlichthaar

Hündin AA Hh — reinerbig für Augenfarbe, gemischterbig für Haarart

Tab. 3

♀ ♂	AH	AH	aH	aH
AH	$AAHH_1$	$AAHH_2$	$AaHH_3$	$AaHH_4$
Ah	$AAHh_5$	$AAHh_6$	$AaHh_7$	$AaHh_8$
AH	$AAHH_9$	$AAHH_{10}$	$AaHH_{11}$	$AaHH_{12}$
Ah	$AAHh_{13}$	$AAHh_{14}$	$AaHh_{15}$	$AaHh_{16}$

Phänotyp
Alle 16 Nachkommen wie erwünscht (bei jeder Anlage mindestens 1 Grossbuchstabe)
Genotyp

16 Hunde, davon	4	reinerbig für beide Merkmale (Nr. 1, 2, 9, 10)	} Verbesserung
	8	reinerbig für 1 Merkmal (Nr. 3, 4, 5, 6, 11, 12, 13, 14)	} gleich wie die Elterntiere
	4	gemischterbig für beide Merkmale (Nr. 7, 8, 15, 16)	} Verschlechterung

Verbesserungen können also auch so erwartet werden:
25 % der Nachkommen sind besser als die Ausgangstiere.
50 % sind gleich wie die Ausgangstiere.
25 % sind schlechter als die Ausgangstiere.

Arbeit mit drei Merkmalen – Kombinationsmöglichkeiten

Je mehr Merkmale man anstrebt, um sie in der gewünschten Erscheinungsform reinerbig herauszuzüchten, desto schwieriger wird das Unterfangen und um so geringer die Wahrscheinlichkeit, dass ein für alle Merkmale reinerbiges Tier überhaupt fällt.

An zwei weiteren Beispielen wird gezeigt, was herauskommt, wenn man mit gemischterbigen und mit teilweise reinerbigen Tieren durcheinanderzüchtet. Beide Tabellen enthalten die Ergebnisse in bezug auf 3 Merkmale. Diese Beispiele sind nicht aus der Luft gegriffen, ist doch ein Grossteil der Zuchttiere bei unseren Berner Sennenhunden in Hinsicht auf mehrere Merkmale «erbunrein», auch wenn sie angekört und damit phänotypisch in Ordnung sind. Der Züchter ist dann enttäuscht, dass in seinen Würfen immer wieder Welpen liegen, die mit Fehlern behaftet sind, manchmal nur mit einem, manchmal aber auch gleich mit mehreren.

Die nachfolgenden Tabellen zeigen, wieviele Kombinationsmöglichkeiten es überhaupt geben kann. Wieder sind es theoretische Zahlenverhältnisse, die erst bei einer grossen Zahl von Nachkommen zum Tragen kommen würden, z. B. bei tausend und mehr. In einem Sechserwurf können aber alle Möglichkeiten vorkommen, je nachdem einmal mehr von den «guten» Tieren oder mehr von den «schlechten». Welche es gerade sind, bleibt dem Zufall überlassen. Bekommt man in einem Wurf nur phänotypisch erwünschte Tiere, darf das nicht darüber hinwegtäuschen, dass die unerwünschten rezessiven Gene trotzdem im Erbgut vorhanden sein können. Schon der nächste Wurf aus denselben Elterntieren kann dann plötzlich ganz schlecht ausfallen. Die Tatsache, dass aus den gleichen Elterntieren einmal ganz «gute» und dann wieder ganz «schlechte» Würfe fallen, können sich die Züchter oft nicht erklären. Werden alle Möglichkeiten in der grossen Tabelle aber einmal aufmerksam verglichen, ergibt sich eine Erklärung für die merkwürdigen Überraschungen: Alles liegt innerhalb der vorhandenen Kombinationsmöglichkeiten.

Die Tabellen scheinen auf den ersten Blick fast unentwirrbar zu sein. Man achte darauf, wie die Gross- und Kleinbuchstaben verteilt sind. Zwei gleiche Buchstaben ergeben immer die Erbreinheit des Merkmals, sind sie gross geschrieben, zeigt es die erwünschte Ausprägung, sind sie klein geschrieben die unerwünschte. Kommen Gross- und Kleinbuchstaben nebeneinander vor, zeigt das Merkmal zwar die erwünschte Erscheinungsform, ist aber erbunrein.

Wir wählen 3 Merkmale, die für Züchter von Berner Sennenhunden von Bedeutung sind: Augenfarbe, Haarstruktur, Gebisstellung.

Alle drei Merkmale vererben sich nicht rein nach den Mendelschen Gesetzen, sie werden durch mehrere Nebengene mitbeeinflusst, zeigen aber in ihrer negativen Ausprägung eine rezessive Grundtendenz, so dass der Züchter praktisch gleich vorgehen kann wie bei rein «mendelnden» Merkmalen, also nach dem Prinzip von dominant/rezessiv.

drei Merkmale:	*Gene:*	
Augenfarbe	A = dunkle Augen, dominant	a = helle Augen, rezessiv
Haarstruktur	H = Schlichthaar, dominant	h = Kraushaar, rezessiv
Gebissstellung	G = Scherengebiss, dominant	g = Vorbiss, rezessiv

Phänotyp und Genotyp der Nachkommen, wenn auf 3 Merkmale geachtet wird. Beide Ausgangstiere gemischterbig.

Rüde Aa Hh Gg
Hündin Aa Hh Gg

♀ ♂	AHG	AhG	AHg	aHG	Ahg	ahG	aHg	ahg
AHG	AAHHGG$_{1}$	AAHhGG$_{2}$	AAHHGg$_{3}$	AaHHGG$_{4}$	AAHhGg$_{5}$	AaHhGG$_{6}$	AaHHGg$_{7}$	AaHhGg$_{8}$
AhG	AAHhGG$_{9}$	AAhhGG$_{10}$	AAHhGg$_{11}$	AaHhGG$_{12}$	AAhhGg$_{13}$	AahhGG$_{14}$	AaHhGg$_{15}$	AahhGg$_{16}$
AHg	AAHHGg$_{17}$	AAHhGg$_{18}$	AAHHgg$_{19}$	AaHHGg$_{20}$	AAHhgg$_{21}$	AaHhGg$_{22}$	AaHHgg$_{23}$	AaHhgg$_{24}$
aHG	AaHHGG$_{25}$	AaHhGG$_{26}$	AaHHGg$_{27}$	aaHHGG$_{28}$	AaHhGg$_{29}$	aaHhGG$_{30}$	aaHHGg$_{31}$	aaHhGg$_{32}$
Ahg	AAHhGg$_{33}$	AAhhGg$_{34}$	AAHhgg$_{35}$	AaHhGg$_{36}$	AAhhgg$_{37}$	AahhGg$_{38}$	AaHhgg$_{39}$	Aahhgg$_{40}$
ahG	AaHhGG$_{41}$	AahhGG$_{42}$	AaHhGg$_{43}$	aaHhGG$_{44}$	AahhGg$_{45}$	aahhGG$_{46}$	aaHhGg$_{47}$	aahhGg$_{48}$
aHg	AaHHGg$_{49}$	AaHhGg$_{50}$	AaHHgg$_{51}$	aaHHGg$_{52}$	AaHhgg$_{53}$	aaHhGg$_{54}$	aaHHgg$_{55}$	aaHhgg$_{56}$
ahg	AaHhGg$_{57}$	AahhGg$_{58}$	AaHhgg$_{59}$	aaHhGg$_{60}$	Aahhgg$_{61}$	aahhGg$_{62}$	aaHhgg$_{63}$	aahhgg$_{64}$

64 Kombinationsmöglichkeiten

Verhältnis 27:9:9:9:3:3:3:1

Phänotyp

Unter den 64 möglichen Nachkommen aus gemischterbigen Elterntieren ergeben sich bei 3 Merkmalen die folgenden Phänotypen:

27	sind phänotypisch wie erwünscht, keine Fehler sichtbar		
9	zeigen 1 Fehler	helles Auge	(Nr. 28, 30, 31, 32, 44, 47, 52, 54, 60)
9		krauses Haar	(Nr. 10, 13, 14, 16, 34, 38, 42, 45, 58)
9		Vorbiss	(Nr. 19, 21, 23, 24, 35, 39, 51, 53, 59)
3	zeigen 2 Fehler	helles Auge + krauses Haar	(Nr. 46, 48, 62)
3		krauses Haar + Vorbiss	(Nr. 37, 40, 61)
3		helles Auge + Vorbiss	(Nr. 55, 56, 63)
1	zeigt alle 3 möglichen Fehler und ist dafür reinerbig: Nr. 64		
64			

Genotyp

werden die 27 phänotypisch guten Tiere auf ihren Genotyp untersucht, ergeben sich die folgenden Zahlenverhältnisse:

1	(Nr. 1) ist erbrein für alle 3 Merkmale (Erbformel AAHHGG)			Verbesserung gegenüber den Ausgangstieren
2	erbrein für 2 Merkmale	Augen + Gebiss	Nr. 2 + 9 (Erbformel AAHhGG)	
2		Augen + Haar	Nr. 3 + 17 (Erbformel AAHHGg)	
2		Haar + Gebiss	Nr. 4 + 25 (Erbformel AaHHGG)	
4	erbrein für 1 Merkmal	Augen	Nr. 5, 11, 18, 33 (Erbformel AAHhGg)	
4		Haar	Nr. 7, 20, 27, 49 (Erbformel AaHHGg)	
4		Gebiss	Nr. 6, 12, 26, 41 (Erbformel AaHhGG)	
8	für kein Merkmal erbrein		Nr. 8, 15, 22, 29, 36, 43, 50, 57 (Erbformel AaHhGg)	gleich wie Ausgangstiere
27				

Die Tabelle macht es klar: Viel ist von so gemischten Paarungen nicht zu erwarten: Nur 27 (42,19 %) der insgesamt 64 möglichen Nachkommen sehen wenigstens gleich aus wie die Elterntiere, 37 (57,81 %), die Mehrzahl, werden mindestens einen oder dann gleich zwei Fehler aufweisen, einer gar alle drei. Unter den fehlerhaften Tieren befinden sich auch solche, die die positive Merkmalsausprägung in erbreiner (homozygoter) Form aufweisen. Nr. 10 z. B. hat Kraushaar, würde aber dunkle Augen und Scherengebiss auch reinerbig weitergeben. Da Tiere, die Fehler sichtbar aufweisen, jedoch mit Vorteil gar nicht für die Zucht in Betracht gezogen werden, scheiden diese Tiere alle aus. Man könnte von ihren positiven Merkmalen ohnehin nicht unterscheiden, welche nun reinerbig und welche gemischterbig angelegt sind. Von den verbleibenden 27 phänotypisch guten Tieren sind deren 8 (12,5 %) genau gleich wie ihre Eltern, also in Hinsicht auf alle drei Merkmale gemischterbig. 19 (29,69%) jedoch bedeuten einen deutlichen Zuchtfortschritt: Sie sind für ein oder zwei Merkmale reinerbig in der positiven Ausprägung geworden. Eines davon ist gar für alle drei Merkmale reinerbig geworden. Diesen Hund müsste man herausfinden können. Das ist aber nur dann möglich, wenn er tatsächlich in die Zucht kommt und man an seinen Nachkommen erkennen kann, dass er keinen der möglichen Fehler vererbt.

Ein weiterer Fortschritt kann aber auch erreicht werden, wenn es gelingt, ein Tier, das in bezug auf ein oder gar zwei von drei möglichen Merkmalen erbrein ist, in die Zucht zu bekommen. Unser letztes Tabellenbeispiel soll aufzeigen, was zu erwarten ist, wenn zwei Tiere gepaart werden, die für eines bzw. zwei Merkmale erbrein sind. Nehmen wir an, Nr. 3 aus Tabelle 4 sei eine Hündin. Wir haben sie in die Zucht genommen und in zwei Würfen festgestellt, dass ihre Nachkommen ausnahmslos dunkle Augen und schönes Schlichthaar haben, jedoch waren zwei Hunde mit Vorbiss darunter. Das zeigt uns, dass sie die Erbformel AAHHGg haben muss. (Natürlich war auch der Vater der Jungtiere für die Gebissform gemischterbig.) Wir suchen nun einen Partner, mit dem wir die Gebissfehler korrigieren könnten und finden auch einen Rüden mit dunklen Augen, schönem Schlichthaar und prächtigem Gebiss. Eine Nachschau bei den Nachkommen ergibt, dass unter ihnen bisher noch kein einziger Hund mit einem Vorbisss vorgekommen ist, jedoch einige mit hellen Augen und krausen Haaren. Der Rüde ist also hinsichtlich des korrekten Gebissschlusses sehr wahrscheinlich erbrein (Erbformel AaHhGG). Wir entschliessen uns, da er sonst in allen Teilen ein hervorragendes Tier ist, ihn trotzdem als Zuchtpartner für diese Hündin einzusetzen. Was können wir nun unter den Nachkommen erwarten?

Kombinationsmöglichkeiten mit 3 Merkmalen, wenn ein Tier homozygot für 1 positive Merkmalsausprägung ist und 1 Tier homozygot für 2

Erbformeln Rüde AaHhGG (reinerbig für korrekten Gebissschluss
Hündin AAHHGg (reinerbig für dunkles Auge und Schlichthaar)

♀ \ ♂	AHG	AHG	AhG	AhG	aHG	aHG	ahG	ahG
AHG	AAHHGG	AAHHGG	AAHhGG	AAHhGG	AaHHGG	AaHHGG	AaHhGG	AaHhGG
AHG	AAHHGG	AAHHGG	AAHhGG	AAHhGG	AaHHGG	AaHHGG	AaHhGG	AaHhGG
AHG	AAHHGG	AAHHGG	AAHhGG	AAHhGG	AaHHGG	AaHHGG	AaHhGG	AaHhGG
AHG	AAHHGG	AAHHGG	AAHhGG	AAHhGG	AaHHGG	AaHHGG	AaHhGG	AhHhGG
AHg	AAHHGg	AAHHGg	AAHhGg	AAHhGg	AaHHGg	AaHHGg	AaHhGg	AaHhGg
AHg	AAHHGg	AAHHGg	AAHhGg	AAHhGg	AaHHGg	AaHHGg	AaHhGg	AaHhGg
AHg	AAHHGg	AAHHGg	AAHhGg	AAHhGg	AaHHGg	AaHHGg	AaHhGg	AaHhGg
AHg	AAHHGg	AAHHGg	AAHhGg	AAHhGg	AaHHGg	AaHHGg	AaHhGg	AaHhGg

Phänotyp: 64 Tiere vom erwünschten Phänotyp: dunkles Auge, Schlichthaar, Scherengebiss.

Genotyp

8 Tiere in bezug auf alle 3 Merkmale erbrein			Verbesserung gegenüber Vater + Mutter
8	erbrein für 2 Merkmale	dunkle Augen + Schlichthaar (Erbformel AAHHGg)	Verbesserung gg. d. Vater
8		dunkle Augen + Scherengebiss (Erbformel AAHhGG)	
8		Schlichthaar + Scherengebiss (Erbformel AaHHGG)	
8	erbrein für 1 Merkmal	dunkle Augen (Erbformel AAHhGg)	gleich wie Vater schlechter als Mutter
8		Schlichthaar (Erbformel AaHHGg)	
8		Scherengebiss (Erbformel AaHhGG)	
8 für kein Merkmal erbrein			Verschlechterung gg. beiden Elterntieren

Wenn wir nun mit Tabelle 4 vergleichen, wo für alle drei Merkmale gemischterbige Zuchtpartner verpaart wurden, ergibt sich in Tabelle 5 eine erhebliche Verbesserung. Wir vergleichen:

Positive Ausprägung des Merkmals in reinerbiger (homozygoter) Form

Tab. 4 *Elterntiere für alle 3 Merkmale gemischterbig*		Tab. 5 *Ein Partner für 1 Merkmal ein Partner für 2 Merkmale reinerbig*
1	reinerbig für 3 Merkmale	8
6	reinerbig für 2 Merkmale	24
12	reinerbig für 1 Merkmal	24
8	reinerbig für 0 Merkmale	8

Im ersten Fall bedeuten nur 19 Tiere eine Verbesserung gegenüber den Ausgangstieren, im zweiten sind es 32, also genau die Hälfte oder jedes zweite. Werden diese Tiere nun zur Weiterzucht eingesetzt, ist es viel wahrscheinlicher, dass sich darunter Tiere vom verbesserten Genotyp befinden als im ersten Fall. Jeder 8. Hund (8 von 64) kann einer sein, der in bezug auf alle 3 Merkmale reinerbig ist. Im ersten Fall ist es nur einer von 64! Die Chance, unter den Nachkommen möglichst viele Tiere zu erhalten, die für die gewünschten Merkmale reinerbig sind, erhöht sich also gewaltig, wenn man Elterntiere wählt, die möglichst schon für ein oder zwei Merkmale reinerbig sind.

Noch besser werden die Chancen, wenn bei beiden Ausgangstieren zwei von den drei gewählten Merkmalen reinerbig vorhanden sind. Würde, um im erwähnten Beispiel zu bleiben, zu Hündin Nr. 3 aus Tabelle 4 mit der Erbformel AAHHGg nun ein Rüde gewählt, der ausser dem guten Gebiss auch noch dunkle Augen vererbt, also die Erbformel AAHhGG aufweist, ergäben sich je 16 Tiere, die für alle drei Merkmale reinerbig sind, 32 Tiere, die für zwei reinerbig sind und 16, die nur für ein 1 Merkmal reinerbig sind. Damit wäre jeder 4. Hund (25 %) eine deutliche Verbesserung gegenüber den Ausgangstieren, die Hälfte wäre gleich gut und nur ¼ wäre schlechter.

Man könnte nun weitergehen und die Untersuchung auf noch mehr Merkmale ausdehnen. Je mehr Merkmale man in Betracht zieht, desto zahlreicher werden die Aufspaltungsmöglichkeiten der beteiligten Gene. Bei 4 Merkmalen gibt es z. B. schon 256 verschiedene und bei 5 Merkmalen gar 1024 Kombinationsmöglichkeiten. Dies in einer graphischen Übersicht darzustellen wird schon fast unmöglich. Das Prinzip bleibt sich aber immer gleich: Je mehr Gene für erwünschte Eigenschaften die Ausgangstiere in homozygoter Form in sich tragen, desto mehr vervielfachen sich die Chancen, dass phänotypisch und genotypisch noch bessere Hunde unter den Nachkommen vorhanden sind.

Züchter von Berner Sennenhunden werden nie darum herumkommen, auch Kompromisse zu schliessen. Sie entdecken, dass ihre Zuchthündinnen hinsichtlich verschiedener Merkmale nicht erbrein sind, da fehlerhafte Nachkommen auftauchen. Dazu stehen immer auch nur Zuchtpartner zur Verfügung, die ebenfalls den einen oder anderen Fehler vererben. Gäbe es Tiere, die für alle Merkmale in der erwünschten Erscheinungsform reinerbig sind, wäre das Züchten keine Kunst mehr! So muss oft Unvollkommenes mit Unvollkommenem gepaart werden. Achtet man aber darauf, darunter nur die besten Tiere auszuwählen, Tiere, die für möglichst viele Merkmale reinerbig sind, lassen sich von Generation zu Generation Verbesserungen erzielen. Bei Zuchthündinnen müssen in der Regel mehrere Würfe aufgezogen werden, bevor man etwas über deren Genotyp aussagen kann. Je nach den jeweiligen Zuchtpartnern tauchen im Erbgut vorhandene Fehler früher oder später auf. Oft kennt man die Erbanlagen einer Hündin erst, wenn sie schon fast aus dem Zuchtalter hinaus ist. Bei den Rüden ist das anders. Von ihnen stehen oft in kurzer Zeit eine grosse Anzahl von Nachkommen aus verschiedensten Hündinnen zur Verfügung, anhand derer der Genotyp des Vatertieres festgestellt werden kann. Würde man diese Ergebnisse sammeln, wäre es durchaus möglich, von jedem Zuchtrüden eine Liste der reinerbig positiv vorhandenen Erbanlagen aufzustellen. Das sollten die Rasseklubs anstreben. So würde es für die Züchter möglich, unter den vorhandenen Zuchtrüden diejenigen auszuwählen, die auch von ihrem Genotyp her ihre Zuchthündinnen am besten ergänzen. Die dadurch möglichen Verbesserungen kämen der ganzen Rasse zugute, da ja alle davon profitieren, wenn nicht nur phänotypisch, sondern auch genotypisch möglichst gute Tiere in der Zucht stehen.

Die Verbesserung von Zuchtbeständen und die Bekämpfung unerwünschter Rezessivmerkmale

Ziel aller Zucht ist es, Tierbestände zu bekommen, die von unerwünschten Merkmalen frei geworden sind. Positives soll gefördert, Negatives zurückgedrängt und schliesslich ganz ausgemerzt werden. Das würde praktisch heissen, dass in jedem Hund am Ende nur noch die positiven Erbanlagen in ihrer homozygoten Form vorhanden wären. Theoretisch wäre dies möglich. Man müsste nur alle Tiere, die einen Fehler zeigen oder vererben, von der Zucht ausschliessen. Wenn das so einfach wäre!

Einmal würden dann kaum mehr Zuchthunde übrigbleiben und zum anderen stösst jeder Züchter immer wieder an die Grenzen, die die Praxis setzt: Er kann wohl die Zuchtpartner nach bestem Wissen aussuchen, doch die im Erbgut versteckten rezessiven Erbeigenschaften bleiben ihm allzuoft verborgen. Selten ist ein Rüdenbesitzer bereit, ehrlich darüber Auskunft zu geben, obwohl er damit der Rasse einen grossen Dienst erweisen würde. So schlagen sich auch gewissenhafte Züchter mit ärgerlichen oder schlimmen Fehlern herum, die bei guter Zusammenarbeit vermeidbar wären. Entropium, Vorbiss, Nabelbrüche, blaue Augen und vieles mehr, darunter auch einige vererbbare Krankheiten, könnten in einer Hundepopulation durchaus zurückgedrängt oder gar weitgehend zum Verschwinden gebracht werden, wenn man nur gemeinsam vorgehen würde. Wirklich etwas erreicht wird nur, wenn alle Züchter bei einem Bekämpfungsprogramm mitmachen. Wenn alle miteinander vorgehen, können Schritt für Schritt Teilerfolge erzielt werden, die wieder allen zugute kommen. Mit den Grundlagen solcher Verbesserungsprogramme befasst sich das folgende Kapitel.

Die Notwendigkeit genetischer Untersuchungen

Jeder Art der züchterischen Bekämpfung von Negativem müssen genetische Untersuchungen vorausgehen, denn nur dann, wenn bekannt ist, dass es sich um erbliche Abweichungen handelt und wie jeweils der Erbgang aussieht, ist es möglich, ihnen zu begegnen.

Phänotypische Abweichungen vom Erwünschten lassen nicht ohne weiteres den Schluss zu, dass sie genetisch bedingt sind. Vererbbarkeit muss erst nachgewiesen sein. Es kann sich evtl. auch um Modifikationen handeln (nichterbliche, durch Umwelteinflüsse ausgelöste Veränderungen). Tritt eine Abnormität von Geburt an auf, muss sie nicht unbedingt unter genetischer Kontrolle stehen (schwere Schädigungen der Mutter können u. U. Auswirkungen auf den Fötus haben), und Defekte, die erst im späteren Lebensalter deutlich werden, müssen nicht nur umweltbedingt sein (z. B. Magendrehung bei ausgewachsenen Tieren).

Wenn hier auch nicht unnötigen Selektionsmassnahmen das Wort geredet werden soll, so ist doch generell festzustellen, dass bei den meisten Negativabweichungen, vor allem wenn es sich um körperliche Merkmale handelt, eine erbliche Veranlagung vorliegt. Das ist auch viel häufiger bei Verhaltenseigenschaften der Fall, als es der Züchter wahrhaben will. Allzuviel auf Umweltwirkungen schieben zu wollen (und es gibt da die kuriosesten Dinge zu hören; Hundezüchter sind in dieser Hinsicht sehr erfindungsreich), kommt einem Rückzug aus der Verantwortung gleich und schadet ehrlicher Zucht.

Wenn in der wissenschaftlichen Literatur zu lesen und von Genetikern zu hören ist, dass der Erbgang für eine Reihe von Merkmalen noch nicht oder nicht eindeutig geklärt ist, liegt das keinesfalls am Unvermögen der Wissenschaftler, sondern daran, dass ganz einfach zuverlässige oder überhaupt Daten fehlen, auf deren Grundlage ermittelt werden kann. Hundezüchten ist in den meisten Fällen eine Freizeitbeschäftigung. Da belastet man sich ungern mit Aufzeichnungen über Welpen (z. B. Vitalität oder Lebensschwäche, Störungen, Krankheiten, Abnormitäten, Sektionsbefunde gestorbener Tiere etc.). Man will ganz einfach Freude an seinen Hunden haben und sie an gute Plätze verkaufen. Und schliesslich könnte ja der Zuchtverband kommen und Fragen stellen, oder andere Züchter würden bestimmte Rüden oder Tiere aus dem eigenen Zwinger meiden usw. Also verschleiert man Unangenehmes oder verschweigt es ganz einfach, indem man betroffene Tiere «verschwinden» lässt.

Gerade das aber macht es so schwer, Erbfehlern auf die Spur zu kommen. Nicht von ungefähr wird von Wissenschaftlern immer wieder betont, wie wichtig es ist, dass Züchter genaue und richtige Aufzeichnungen machen.

Wollen Rasseklubs bestimmte Probleme untersuchen lassen, dürfte es für sie nicht so schwer sein, Protokollformulare auszuarbeiten, den Züchtern, Wurfkontrolleuren und Zuchtwarten zur Verfügung zu stellen und diese nach vorher festgelegten Gesichtspunkten einmal jährlich auszuwerten und die Ergebnisse beurteilen zu lassen. Diese Unterlagen könnten dann gut durch Ergebnisse von Nachzuchtbeurteilungen und Körungen ergänzt werden. Bei der Ausarbeitung der Formulare sollten sich die Züchtergemeinschaften unbedingt wissenschaftlich beraten lassen. Es ist in vielen Fällen nicht so einfach, den genauen Erbgang festzustellen. Dieser bestimmt jedoch die Methode, die zur Fehlerbekämpfung am besten angewendet wird.

Dass sehr wohl Hundefreunde zur Mitarbeit bereit sind, wird aus letzter Zeit z. B. an der Bekämpfung der Vorderhandstörungen deutlich. Nicht nur wurden dem Untersucher, Dr. Bienz an der Universität Zürich, innerhalb kurzer Zeit 77 Berner und je 10 Grosse Schweizer und Appenzeller Sennenhunde zur Verfügung gestellt (Bienz, 1985), sondern zahlreiche Züchter haben bereits begonnen, ihre zukünftigen Zuchttiere auch auf Ellbogenkrankheiten röntgen zu lassen, ohne dass der Rasseklub deswegen eine feste Vorschrift erliess.

Alle müssen sich der Probleme wirklich bewusst werden, und die Verantwortlichen haben dann festzulegen, welche unerwünschten Merkmale gemeinsam bekämpft werden sollen. Je nachdem, wie häufig sie in den verschiedenen Zuchtstämmen und Landesverbänden vorkommen, kann das Vorgehen unterschiedlich sein. Dabei müssen Prioritäten gesetzt werden. Eine Übersicht zeigt auf, wie grundsätzlich verfahren werden muss. Wir können die unerwünschten Merkmale in drei Gruppen zusammenfassen, die angeben, wie schwerwiegend ein Fehler ist. In dieser Reihenfolge müssen sie auch züchterisch angegangen werden.

Verschiedene Schweregruppen von Negativmerkmalen – eine Rangfolge für deren Bekämpfung

Schwere-gruppe Einteilung	*Bewertung*	*Beispiele*
I *erbliche Defekte* – reine Erbfehler – Erb-Umwelt-Krankheiten	*schädlich* für die Rasse; beeinträchtigt Gesundheitszustand, setzt Lebenskraft und Lebenserwartung herab *schädlich* im Sinne der Herabsetzung der Leistungsfähigkeit	– Skelettanomalien (wie Hüftgelenksdysplasie, Ellenbogengelenkkrankheiten) – andere Gesundheitsschäden (wie Magendrehung und -dehnung, Geschwulstbildung, Entropium, Ektropium, Epilepsie) – Verhaltensstörungen (wie extreme Ängstlichkeit, Überaggressivität) – Kieferanomalien (wie Vorbiss, Rückbiss, Kreuzbiss); erhebliche Zahnunterzahl
II	*unerwünscht* im Sinne der vom Menschen erwarteten Leistungsfähigkeit; die Minderung beeinträchtigt aber nicht das „Dasein" unter der Obhut des Menschen	– *physische Leistungsminderung* durch Mängel im Sklettbau (wie Senkrükken, Steilheit der Gliedmassen, durchgetretene Vordermittelfüsse) – *psychische Leistungsminderung* durch Ängstlichkeit, Temperamentlosigkeit, mangelhafte Fährtenveranlagung
III	*unerwünscht* im Sinne bestimmter Standardforderungen	*Merkmalsausprägungen, die den sogenannten Schönheitswert mindern* wie zu helle Augenfarbe, untypische Rutenhaltung, krause Haarstruktur, fehlerhafte Ohrenhaltung, zu helle Brandfärbung, (fehlende M3 und P1)

Innerhalb der 3 Gruppen ist noch zu unterscheiden nach der Bedeutung des Fehlers (Was beeinträchtigt die Leistungsfähigkeit bzw. den Schönheitswert mehr, was weniger?) und nach dem Schweregrad (Ist die Abweichung erheblich und damit direkt fehlerhaft oder ist sie weniger ausgeprägt, also nur als Mangel zu werten?). Es ist völlig klar, dass diese Unterscheidungen z. T. sehr schwer zu treffen sind. Auf eine in der letzten Konsequenz richtige Reihenfolge kommt es aber nicht allein an, sondern vor allem darauf, dass überhaupt Fehler zielstrebig bekämpft werden, zuerst die für die Rasse direkt schädlichen und dann das Unerwünschte.

Mutationen als Ursache erblicher Defekte

Eine grosse Bedeutung erlangt die Kenntnis von den Gesetzmässigkeiten der Vererbung auch dadurch, dass mit ihrer Hilfe Erbkrankheiten überhaupt als solche erkannt und dann bekämpft werden können. Erbliche Defekte sind die Folge von Mutationen. Die Wirkung der Gene wird bestimmt von der funktionell voneinander abhängigen Aufeinanderfolge von ca. 2000 Bausteinen der Kernsäuren. Die Reihenfolge im DNS-Strang kann sich an einzelnen Stellen z. B. verschieben (eines oder mehrere Nukleotide fallen aus, werden anders eingefügt, durch andere ersetzt). Minimale chemische Veränderungen können zu einer erbfesten Änderung des Informationsgehaltes der Gene führen. Das mutierte Gen beeinflusst zwar noch das gleiche Merkmal, prägt es aber anders aus, wenn es zum Zuge kommt. Ist die Abwandlung innerhalb der DNS-Struktur nur einfach, d. h. ist das betreffende Tier dafür gemischterbig, übernimmt das andere, das normal funktionierende Allel, die ganze Arbeit. Es ist dann allein merkmalsbestimmend. Der Defekt wird phänotypisch nicht sichtbar. Das ist erst dann der Fall, wenn die in ihrer richtigen Funktion gestörten Allele von beiden Elternseiten zusammenkommen, also wenn nur noch die veränderte Information, in doppelter (homozygoter) Form, vorliegt.

Mutationen führen in aller Regel zur Schädigung des Erbgutes. Die meisten mutierten negativ wirkenden Allele verhalten sich gegenüber den ursprünglichen rezessiv. Das mag auch mit der Schutzfunktion eines ingesamt gesund funktionierenden Organismus zusammenhängen: Es ist für ihn vorteilhaft, wenn die Wirkung schädigender Allele «entschärft», die «Krankheit» in Grenzen gehalten wird.

Mutationen waren entscheidend im Rahmen der
- Evolution (Entwicklung der Arten) und der
- Domestikation (Haustierwerdung).

Diese natürlichen oder Spontanmutationen waren der Motor bei der Entstehung der Rassen auch des Haushundes. Dort wurde durch den Menschen zu Gunsten der mutierten Gene ausgelesen, und so erhielt und pflegte man das gegenüber der Wildform Abnorme, das Ungewöhnliche, Besondere.

Künstliche Mutationen können z. B. ausgelöst werden durch
- Chemikalien, wenn giftige Substanzen in die Keimzellen gelangen (u. a. enthalten in Pflanzenschutzmitteln, Wuchsstoffen, Konservierungsmitteln, Aromastoffen u. a. m.) und durch
- ionisierende Strahlung (kosmische Höhenstrahlung, natürliche Radioaktivität, Röntgenstrahlung, Strahlung radioaktiver Isotope, Atomstrahlung u. a.).

Anzumerken ist, dass Mutationen nicht die Ursache dafür sind, wenn plötzlich und unerwartet negatives Erbgut zum Vorschein kommt, wie das von Züchtern öfters zu hören ist. Es handelt sich dabei in aller Regel um die Wirkung rezessiver Faktoren, die seit langem in der Erbmasse versteckt waren. Sie sind deshalb wieder sichtbar geworden, weil zwei relativ seltene Allele durch eine ganz bestimmte Paarung in einem Individuum zusammengetroffen sind. Einzig und allein dann, wenn ein Erbfehler auftaucht, der bis anhin in der Rasse völlig unbekannt war, kann an eine Mutation gedacht werden.

Führen geringste Verschiebungen im Gleichgewicht der Genchemie zu Mutationen, die Erbfaktoren nur geringfügig schädigen, wird der Organismus bzgl. des betreffenden Merkmals lediglich anfällig werden. Bei optimalen Umweltbedingungen tritt keine Veränderung ein. Wirken aber negative äussere Faktoren, kann sich die Krankheit ausprägen. Wir sprechen in diesen Fällen von einer Disposition (Empfänglichkeit, Bereitschaft des Körpers) für bestimmte Erkrankungen (Erb-Umwelt-Krankheiten).

Eine Übersicht, welche Krankheiten und Defekte beim Berner Sennenhund vorkommen, die auf eine erbliche Disposition zurückzuführen sind, wird im Kapitel «Erbliche Defekte beim Berner Sennenhund» gegeben.

Einzelne Verfahren, negative Anlagen zu verdrängen, positive Anlagen zu fördern

Dieselben Verfahren können und sollen auch bzgl. der Verbesserung von Rassemerkmalen angewendet werden und durchaus nicht nur bei der Bekämpfung von Erbkrankheiten.

Wir wissen: Unerwünschte Merkmalsausprägungen sind oft an Gene gebunden, die eine rezessive Vererbungstendenz aufweisen. Aus diesem Grunde sei an die Kombinationsmöglichkeiten und deren unterschiedliche phänotypische Ausprägung erinnert.

Anlageträger für Negativ-Merkmale sind äußerlich nicht erkennbar. Das ist das grosse Problem des Züchters. Die Fehler werden nur sichtbar, wenn der Rezessivfaktor von beiden Eltern vererbt wird und im Nachkommen doppelt vorhanden ist.

Üblicherweise werden für gesunde und kranke Veranlagungen die Symbole N und n verwendet. Diese sind für jede Art von Erbfaktoren mit 2 Allelen einsetzbar.

Allel N = Normal, gesund, positiv (dominanter Faktor)
Allel n = nicht positiv, steht für defekt (rezessiver Faktor)

Paarungsmöglichkeiten

	krank × krank	
1.	*nn* × *nn*	Diese Art Paarung wird in aller Regel nicht durchgeführt. Sämtliche Nachkommen sind negativ geprägt.
	gesund × krank	
2.	*NN* × *nn* Nn Nn Nn Nn	Wenn es sich bzgl. der Reinerbigkeit des Negativen nicht um ein Merkmal handelt, das von der Zucht ausschliesst, ist dies die bestmögliche Wahl. Ergebnis: Gegenüber der Hündin sind die Nachkommen phänotypisch 100%ig verbessert. Alle sind nun gemischterbig veranlagt.

	Träger × krank	
3.	*Nn × nn* Nn Nn nn nn	Typischer Fall für einen Fehlgriff. Der Nn-Rüde gleicht äusserlich (!) nur bei 50 % aus, die andere Hälfte ist weiter genotypisch und phänotypisch mangelhaft.
	Träger × Träger	
4.	*Nn × Nn* NN Nn Nn nn	Häufiger Fall, weil viele Tiere gemischterbig sind. Ergebnis nicht sehr gut. Nur bei 25 % tritt Verbesserung ein (NN); 50 % sind gemischterbig wie die Ausgangstiere. 25 % sind sogar auch phänotypisch mangelhaft und bei wichtigen Merkmalen untauglich für die Zucht (nn).
	gesund × Träger	
5.	*NN × Nn* NN Nn NN Nn	Der genetisch „saubere" Hund (NN) bringt eine erhebliche Verbesserung: 50 % NN; 50 % Nn, keine nn-Tiere.
	gesund × gesund	
6.	*NN × NN*	Die angestrebte, aber eher seltene Idealform: Das negative Allel ist gar nicht da.

Handelt es sich um Eigenschaften, die genetisch relativ einfach bedingt sind und in ihrem Vererbungsmodus den Mendelgesetzen unterliegen, ergeben sich innerhalb einer grösseren Nachkommenzahl eindeutige Aufspaltungsergebnisse (z. B. 25:50:25).
Wirken im Sinne einer polyfaktoriellen Vererbung mehrere Gene zusammen, sind die Verhältnisse komplizierter, und die zahlenmässige Verteilung unter den Nachkommen ist nicht so eindeutig.

1. Ausschluss der sichtbaren Merkmalsträger

Immer aber – ob nun vorwiegend ein Hauptgen den Ton angibt oder viele Kleingene mit unerwünschten Wirkungen für ein nichterwünschtes Merkmal oder einen Defekt als Ursache zusammenkommen – besteht in allen Fällen der erste wesentliche Schritt der Bekämpfung darin, sämtliche Merkmalsträger konsequent von der Zucht auszuschliessen. Konsequent, das ist der springende Punkt. Macht man dies aus irgendeinem Grunde nicht, kann sich der Schaden wie mit Siebenmeilenstiefeln über die Rasse verbreiten, und es wird, von belasteter Paarung zu belasteter Paarung, immer schwerer, ihn zu verdrängen.

Werden Hunde, die einen Rezessivfaktor phänotypisch zeigen und ihn demzufolge stark vererbbar tragen, in jedem Falle von der Zucht ferngehalten, stellen sich innerhalb der Familie/Linie/Population verhältnismäßig schnell Erfolge ein. In jeder Folgegeneration kommen erheblich weniger belastete Tiere vor. Die statistisch errechneten Annäherungswerte machen dies deutlich:

Generation	Prozentsatz von Tieren, die das Negativmerkmal zeigen
1.	25 %
2.	11 %
3.	6 %
4.	4 %
5.	2,8 %
6.	2,0 %
7.	1,6 %
8.	1,2 %
9.	1,0 %
10.	0,8 %

6 Generationen, das sind ca. 15 Jahre züchterischer Bemühungen (wenn man 2,5 Jahre für für jede Generation einsetzt), würden ausreichen, unerwünschte Merkmalsträger auf weniger als zwei Prozent zu senken. Nach 20 bis 25 Jahren wären sie auf ein ganz unbedeutendes Mass verdrängt. Aber jedes fehlerhafte Tier, das aus irgendeinem Grunde trotzdem zur Zucht verwendet wird, kann die Bemühungen wieder um Jahre oder Jahrzehnte zurückwerfen, vor allem, wenn es ein Rüde ist, der seine Erbanlagen über die gesamte Rasse verstreut.

Die Erfolgschancen werden geringer, wenn die gemischterbig veranlagten Tiere (Nn), denen man ja nicht ansieht, dass sie Fehlerträger sind, züchterisch stärker zum Zuge kommen als die für die erwünschte Eigenschaft reinerbigen (NN).

Die errechneten Prozentwerte für die Abnahme des Negativfaktors basieren auf der Annahme, dass sich alle Hunde gleichmässig mit anderen paaren und keiner mehr Nachwuchs zeugt als der andere.

Jeder genetisch intakte Hund, der mit gemischterbigen gepaart wird, vermindert den Anteil der Rezessivgene unter den Nachkommen um 50%. Er verbessert den Rassedurchschnitt dadurch erheblich. Stellen aber zufällig einige vielbenutzte Deckrüden, die hinsichtlich des Angestrebten nicht reinerbig sind, den Grossteil der Nachkommen, zögert das den Zuchterfolg um viele Generationen hinaus oder stellt ihn überhaupt in Frage. Das macht deutlich, wie wichtig es ist, die Anlageträger herauszufinden, womit wir uns noch ausführlich beschäftigen werden. Jeder gemischterbige Rüde hinterlässt zwangsläufig in 50% seiner Kinder das unerwünschte Allel. Das tun solche Mütter auch, doch ist es ein Unterschied, ob ein Zuchttier pro Jahr im besten Falle 6 Nachkommen hat wie die Hündin oder vielleicht 100 oder mehr wie ein vielbenutzter Zuchtrüde.

2. Ausschluss auch der Anlageträger

Jeder Fehler könnte mit einem Schlag eliminiert werden, wenn man nicht nur die homozygoten Tiere für das Rezessivgen (die Merkmalsträger) aus der Zucht nehmen würde, sondern auch die heterozygoten, die unsichtbaren Fehlerträger (die Anlageträger). In den meisten Fällen ist dies nicht ohne weiteres möglich. Bei weitverbreiteten Fehlanlagen, zu denen z. B. gegenwärtig noch Vorbiss und Entropium gerechnet werden müssen (in der Population der Schweiz mindestens ca. 3% Merkmalsträger, das entspricht 28% Anlageträgern), würde das den Bestand an zuchtfähigen Tieren viel zu sehr lichten, und es blieben kaum genügend übrig. Ausserdem macht eine einzelne unerwünschte Anlage den Zuchtwert eines Hundes ja nicht in jedem Falle zunichte. Er kann in bezug auf andere Merkmale gerade wertvoll sein.

Trotzdem ist festzustellen, dass es hinsichtlich bestimmter Erbfehler notwendig ist, schon bald nach erfolgter Eliminierung der sichtbaren Merkmalsträger aus der Zucht anzustreben, auch die Anlageträger an der Weitergabe schädlicher Gene zu hindern. Das betrifft insbesondere diejenigen Defekte, die die Gesundheit der Tiere erheblich schädigen. Als Beispiele für Krankheiten, die durch ein Rezessivgen verursacht werden, seien hier nur PRA (Progressive Retina Atrophie = Netzhautablösung = Erblindung der betroffenen Hunde nach 2–5 Lebensjahren) genannt und gewisse Formen der Epilepsie. Beides kommt beim Berner Sennenhund äusserst selten vor. Das ist aber ein Grund mehr, diese Krankheiten von Anfang an züchterisch zu bekämpfen. Anlageträger sind an ihren fehlerhaften Nachkommen zu erkennen. Tauchen solche auf, dann ist es Zeit, schnell und konsequent diese Vererber aus der Zucht zu nehmen, auch wenn sie in anderen Merkmalen schön sind und ganz gleich, wem sie gehören.

Es spielt, wenn mehrere Gene an der Ausprägung eines erblichen Defektes beteiligt sind (Polygenie), eine wesentliche Rolle, wie viele Nachkommen des betreffenden Zuchttieres den Fehler aufweisen, d. h. wie hoch seine genetische Belastung ist. Als Beispiel sei die Zurückdrängung der Hüftgelenksdysplasie (HD) genannt. In solchen Fällen sind Grenzwerte festzulegen, und es ist ein schrittweises Vorgehen möglich und nötig, indem zuerst diejenigen Rüden aus der Zucht genommen werden, die durch einen hohen Prozentsatz an kranken Nachkommen auffallen.

Wenn man weiss, wie häufig ein durch ein Rezessivgen bedingter Fehler in einer Rasse vorkommt, kann ermittelt werden, wie viele Vererber vorhanden sein müssen. Die Regel zur Berechnung wurde 1908 von den Wissenschaftlern Hardy und Weinberg formuliert und ist seitdem als Hardy-Weinberg-Gesetz bekannt. Die Prozentanteile beziehen sich auf Populationen, in denen sich die Tiere frei paaren können, so dass alle die gleichen Chancen haben (Panmixie). In jedem Rassebestand gibt es aber Abweichungen von diesem genetischen Gleichgewicht, bei Hunden vor allem durch die ausgeübte Selektion oder durch verstärkten Zuchteinsatz einzelner Tiere, ausserdem durch Migration (Zuführung von Genen aus anderen Rassebeständen durch Importe oder auch durch eventuelle Einkreuzungen anderer Rassen). Die im folgenden angegebenen Prozentzahlen können darum nur Annäherungswerte sein. Für den Praktiker geben sie aber wichtige Hinweise, mit wie vielen Trägertieren im Bestand er zu rechnen hat, wenn ihn ein Fehler beschäftigt.

Dominantes Allel	N	=	Normal, gesund, positiv
rezessives Allel	n	=	nicht positiv, krank

Prozentanteil der Hunde im gesamten Bestand bezüglich der 3 Genotypen
(Werte abgerundet)

erkrankte Tiere in der Population (nn)	*Anlageträger* (Nn)	*gesunde Tiere* (NN)
1	18	81
2	24	74
3	28	69
4	32	64
5	34	61
6	36	58
7	38	55
8	40	52
9	42	49
10	44	46
15	48	37
20	50	30

Leider ist die Anzahl der Anlageträger sehr hoch, auch wenn der Fehler relativ selten auftritt. Das ist die Ursache dafür, dass sich unerwünschte Eigenschaften viele Generationen lang halten können, auch wenn sie nur in geringem Masse auftauchen.

Ein Beispiel dafür sind die blauen Augen beim Berner Sennenhund. Sie sind auf eine rezessive Mutation zurückzuführen. Diese Abnormität taucht in bestimmten Zuchtfamilien häufiger, in anderen überhaupt nicht auf. Das rezessive Gen stammt noch aus der Zeit lange vor der systematischen Züchtung und wird seitdem meist unerkannt im Erbgut weitergetragen, bis es eben aus ganz bestimmten Verbindungen wieder auftaucht. Immer dann, wenn auch nur ein Junghund mit blauen Augen vorkommt, sind beide Elterntiere Träger der Anlage. Im Zuchtgebiet der Schweiz tritt dieser Defekt bei schätzungsweise 1 bis 2 Prozent der geworfenen Welpen auf. Entsprechend der Berechnungen nach der Hardy-Weinberg-Regel müssen also ungefähr 18% bis 24% Anlageträger angenommen werden.

Die bei Merkmalsträgern nicht voll funktionierende Pigmenteinlagerung in der Iris entstellt den Berner Sennenhund und lässt seinen Wert als Zuchttier auf Null sinken. Solche Welpen werden oft nachträglich noch abgetan oder verschenkt. Für den Züchter handelt es sich um einen lästigen Fehler mit finanziellen Konsequenzen. Würden alle Tiere, die sich als Anlageträger erwiesen haben, aus der Zucht gezogen (auf alle Fälle sollte dies als erster Schritt zumindest mit den Rüden getan werden, die die Anlage ja an viel mehr Nachkommen weitergeben als die Mütter), wäre man die blauen Augen in wenigen Jahren los. Dies würde keine grosse Anzahl von Zuchttieren mehr betreffen, denn von den möglichen Trägern leben ja viele als Familienhunde.

Die Fehler Vorbiss und Entropium kommen ungefähr doppelt so häufig vor, d. h., dass der hohe Prozentsatz an Trägertieren (ca. 24 bis 32%) Zuchtmassnahmen erschwert, die wirklich greifen, weil durch den Ausschluss zu vieler Hunde die Zuchtbasis unverhältnismässig eingeschränkt würde. Vorbiss ist für den privaten Halter kein erheblich ins Gewicht fallender Fehler. Blaue Augen werden subjektiv als sehr störend empfunden. Augenlidanomalien aber sind in jedem Fall schlimm, da sie die Gesundheit des Hundes beeinträchtigen und zur Belastung des Besitzers werden. Wenn bei der Verdrängung dieser Abnormitäten wirklich etwas erreicht werden soll, muß die Züchtergemeinschaft Prioritäten festlegen und Massnahmen beschließen, an die sich alle zu halten haben.

Für den Ausschluss auch der Träger rezessiver Gene gelten folgende Richtlinien:

- Wenn ein Fehler so schwerwiegend ist, dass die Gesundheit der betroffenen Tiere gestört ist, müssen auch die Anlageträger so schnell und so weitgehend wie es möglich ist aus der Zucht gezogen werden.
- Tritt ein Fehler nur noch oder erst ganz selten in der Zucht auf (Quote bei ein Prozent), lohnt es sich, auch die Träger der Negativallele auszuschalten, um ihn ganz zum Verschwinden zu bringen oder erst gar nicht richtig aufkommen zu lassen.
  (Je nach Möglichkeit kann in beiden Fällen in 2 Etappen vorgegangen werden. Erster Schritt: Vatertiere, zweiter Schritt: Mütter.)
- Ein Züchter kann für sich allein alle Träger einer unerwünschten Veranlagung von der Verpaarung ausschliessen, wenn er seine Linie rein erhalten oder davon freimachen will. Erfolge sind aber in diesem Fall nur begrenzt möglich. Verdächtige Tiere können ohne Bedenken als Familienhunde verkauft werden, denn sie selbst sind ja gesund.

3. Anpaarung an reinerbig positive Tiere

Dies ist wohl die am häufigsten angestrebte und auch praktizierte Verbesserungsmethode, und sie ist – betrachtet man die statistischen Werte – sehr wirksam. Das damit verfolgte Ziel besteht darin, schliesslich nur noch reinerbige Tiere für das Erwünschte zu haben bzw. zu bewirken, dass alle entsprechend begründeten Fehler allmählich hinausgezüchtet werden.

Auf diese Art und Weise kann sowohl der einzelne seinen Zuchtstamm verbessern als auch der Rasseklub eines Landes die dortige Population. Voraussetzung dazu ist, dass herausgefunden wird, welche Tiere die reinerbigen sind. Damit wird sich anschliessend zu beschäftigen sein. Betrachten wir erst, wie die Erfolgschancen für den Zuchtfortschritt aussehen, wenn nach dieser Methode gearbeitet wird:

Ausgangssituation:

Elterngeneration = P (Parentalgeneration)	*Nn* × *Nn*
beide gemischterbig	
Erste Kindergeneration = F 1 (F 1 = 1. Filialgeneration)	
25 % reinerbig positiv	NN
50 % gemischterbig	Nn
25 % reinerbig negativ; Zuchtausschluss	nn

Werden Gemischterbige (Nn) nun nur noch an homozygot Erwünschte (NN) angepaart, halbiert sich der Prozentsatz der «Risikohunde» mit jeder Generation. Die Verteilung sieht so aus:

Generation	*homozygot positiv* (NN) %	*heterozygot* pos./neg. (Nn) %	*homozygot* negativ (nn) Fehler sichtbar – %
F 2	50	50	0
F 3	75	25	0
F 4	87,5	12,5	0
F 5	93,75	6,25	0
F 6	96,875	3,125	0
F 7	98,44	1,5625	0
F 8	99,22	0,78125	0

Schon in der achten Generation ist der Prozentsatz der Tiere, die den bekämpften Fehler noch in ihrem Erbgut tragen, unter ein Prozent gefallen. Mehr als 99% aller Tiere wären also erbrein, d. h. homozygot in bezug auf das erwünschte Merkmal.

Man muss dabei nicht nur an die ganz schlimmen Fehler denken, sondern kann sich auch durchaus vorstellen, dass so die hellen Augen oder der gelbe Brand verschwunden sein könnten.

Hier sei wieder einmal darauf hingewiesen, dass der ernsthafte Züchter niemals nur an den Augenblick denkt, sondern sich der bekannten Regel verpflichtet fühlt: Züchten ist Denken in Generationen, und wir meinen damit: Züchten ist auch Denken an die Generationen, die danach kommen, ist verantwortungsvolles Handeln, das auf die Zukunft gerichtet ist.

Einer derart gezielten Zucht auf Erbreinheit in Hinsicht auf ein Merkmal stellen sich aber drei Hindernisse in den Weg:

– Reinerbige Tiere können nicht so ohne weiteres von gemischterbigen unterschieden werden. Da sie meist erst anhand ihrer ausnahmslos positiven Nachkommen (auch nach Anpaarung an genetisch belastete Partner, vgl. Ausführungen auf den folgenden Seiten) erkannt werden können, vergeht zusätzliche Zeit, die den oben erwähnten Zuchtfortschritt verzögert. Ideal ist natürlich das Zuchttier, welches schon bei seiner Geburt als reinerbig hinsichtlich des interessierenden Merkmals bekannt ist, da beide Eltern bereits reinerbig sind.

- Der Züchter kann nie nur ein einziges Merkmal verfolgen, sondern muss eine Vielzahl beachten. Er kann und muss aber für die wichtigsten Eigenschaften die hier dargestellte Methode zu nutzen wissen.
- Nicht alle für den guten Berner Sennenhund wichtigen Merkmale vererben sich nach diesen einfachen Mendelregeln, aber auch bei den polyfaktoriell bedingten Eigenschaften gelten sie für jedes der beteiligten einzelnen Gene, wobei hier allerdings mehr oder weniger komplizierte Wechselbeziehungen zwischen ihnen hinzukommen. Für die züchterische Praxis ist es wichtig zu wissen, dass sich bzgl. vieler Erbfehler und auch natürlich der Gebäude- und Wesensmängel meist ein polygener Erbgang mit rezessivem (selten mit dominantem) Grundcharakter zeigt.

Im folgenden Teil wird dargestellt, dass es möglich ist, für bestimmte Merkmale reinerbige Tiere herauszufinden und wie das geschehen kann. Dies ist eine wichtige Voraussetzung dafür, züchterisch wirklich etwas erreichen zu können.

Dass es nicht geht, gleichzeitig alle Eigenschaften anzugehen, haben wir versucht zu verdeutlichen und dazu vermerkt, dass man sich klug, der Wichtigkeit nach und von der Ausgangssituation bestimmt, immer eines oder im günstigen Falle auch einmal zwei gleichzeitig vornehmen muss und so zum Ziele kommen kann. Wir wollen bedenken, dass unsere ausgesuchten Zuchttiere ja nun wahrlich nicht über eine Unzahl unerwünschter Faktoren verfügen.

Und schliesslich werden wir uns im weiteren dann mit den züchterischen Methoden auseinandersetzen, mit deren Hilfe wir es vermögen, auch die polyfaktoriell bedingten Anlagen zu verbessern.

Unterscheidung reinerbiger und gemischterbiger Zuchttiere

In den allermeisten Fällen sind für dominante Merkmale reinerbige Hunde von gemischterbigen äusserlich nicht zu unterscheiden. Sie sehen gleich aus. Eine gewisse Ausnahme können Eigenschaftsausprägungen bilden, wo bei Heterozygoten die Dominanz nicht vollständig ausgebildet ist. Es gibt Züchter, die der Ansicht sind, dass z. B. dunkle Augen gemischterbiger Hunde einen Ton heller sind als die von dafür reinerbigen Tieren und dass der Brand bei ihnen etwas weniger dunkel ausgefärbt ist als bei solchen, die für das gewünschte Merkmal homozygot veranlagt sind; sie vertreten die Meinung, dass die Gemischterbigkeit sozusagen ein wenig durch den Phänotyp «hindurchscheint».

Unvollständige Dominanzen kommen durchaus vor. Sie äusserlich erkennen zu wollen, ist aber doch eine sehr unsichere Sache. Für exakte Zuchtplanung haben solche Annahmen keine Bedeutung.

Hinweise durch Überprüfung von Vorfahren

Einen klaren Hinweis auf den Genotyp können die Eltern geben, wenn z. B. folgende Situation vorliegt: Bei einem Zuchttier sind Augen und Brand dunkel. Ist z. B. bei dessen Vater die gleiche Farbausprägung vorhanden, die Mutter aber hat helle Augen und gelben Brand, ist der betreffende Hund in bezug auf diese beiden Merkmale gemischterbig veranlagt.

Anders ist es, wenn bei beiden Eltern nur äusserlich die positive Merkmalsausprägung vorliegt und das Negative, das man meiden möchte, überdeckt ist. Dann sind sie selbst gemischterbig, und man erhält keinen Aufschluss.

Hinweise durch Überprüfung von Geschwistern

Die Begutachtung der Geschwister kann u. U. zusätzliche Informationen liefern. Besitzen alle oder einige die Eigenschaft in ihrer unerwünschten Form (z. B. heller Brand), ist das interessierende Zuchttier sehr wahrscheinlich gemischterbig. Zeigen sie jedoch die interessierenden Eigenschaften in positiver Form, kann das zwar vermuten lassen, dass es tatsächlich reinerbig positiv ist, gewiss ist dies aber nicht. Die unerwünschten Faktoren können trotzdem verdeckt vorhanden sein.

Sichere Informationen durch Kontrolle der Nachzucht

Eindeutige Hinweise auf den Genotyp eines Zuchthundes, z. B. eines in Frage kommenden Rüden, geben nur dessen Nachkommen. Sobald der erste auftaucht, der ein unerwünschtes Rezessivmerkmal zeigt, ist dessen Vater zweifelsfrei gemischterbig veranlagt. Etwas anderes ist gar nicht möglich, ganz gleich, ob die Partnerin gemischterbig oder für die negative Eigenschaft reinerbig veranlagt ist. Wir haben schon dargelegt, dass positive Merkmalsausprägungen meist eine dominante Vererbungstendenz aufweisen und unerwünschte eine rezessive.

Sucht der Züchter nach einem Rüden, der für ein bestimmtes positives Merkmal reinerbig ist, kann er ihn nur durch die lückenlose Überprüfung einer bestimmten Anzahl seiner Nachkommen herausfinden.

Wie viele Nachkommen er erfassen muss, hängt von der Veranlagung der Hündinnen ab.

1. Möglichkeit: Die Zuchtpartnerin zeigt das Negativmerkmal (z. B. helle Augen, hellen Brand), sie ist also dafür reinerbig.
Ist der Rüde für die positive dominante Eigenschaft reinerbig, fällt aus solchen Paarungen kein einziger Welpe, der den Fehler aufweist. Um sicher zu sein, dass dies nicht ein Zufall und der Rüde trotzdem gemischterbig veranlagt ist, sind aber 6 Welpen zu wenig. Das Risiko, sich zu täuschen, beträgt dann immer noch 1,5%. Erst wenn 7 Welpen überprüft werden können, fällt es unter 1% auf 0,8%. Bei 10 Welpen ist es nur noch 0,1%, d. h. die Möglichkeit einer Täuschung ist nur noch 1 : 1000. Kann man also z. B. zwei Würfe mit mindestens 10 Welpen prüfen und alle sind phänotypisch in Ordnung, kann mit grosser Sicherheit angenommen werden, dass der Rüde für das interessierende Merkmal reinerbig ist.

2. Möglichkeit: Der Rüde wird an gemischterbige Hündinnen angepaart.
Das sind Tiere, die phänotypisch in Ordnung sind, sich aber durch fehlerhafte Nachkommen bereits als Fehlerträgerinnen erwiesen haben. Um unter dieser Bedingung Gewissheit zu bekommen, dass der Rüde für die positive Eigenschaft reinerbig ist, müssen mehr Welpen überprüft werden können. Bei 17 Tieren sinkt das Risiko der Täuschung unter 1% (0,7%). Bei 20 Nachkommen sinkt es auf 0,3%. In der Praxis heisst das, dass bei gemischterbigen Partnerinnen mindestens etwa 3 volle Würfe in die Untersuchung einbezogen werden müssen. Fällt dabei ein einziger Welpe, der den Fehler zeigt, ist der Rüde gemischterbig. Diese Art des Tests ist als zuverlässige Methode mit vertretbarem Aufwand anzusehen.

3. Möglichkeit: Die Veranlagung der Zuchtpartnerinnen ist nicht sicher oder nicht genügend sicher bekannt.
In der Praxis kommt dies häufig vor, da nicht alle Züchter über die Nachkommen ihrer Hündinnen genügend Buch führen oder die Ergebnisse nicht zur Verfügung stellen. In diesem Fall sind für eine hinlängliche Sicherheit noch mehr Nachkommen erforderlich. Genaue Angaben können für diesen Fall nicht gemacht werden. Doch da angenommen werden muss, dass unter den Zuchtpartnerinnen auch reinerbig positive Tiere sind, die keinen Schluss auf die Veranlagung des Rüden zulassen, muss es mindestens die doppelte Anzahl Welpen sein wie bei sicher gemischterbigen Hündinnen, also 6 oder mehr volle Würfe.

In diesem Falle stösst man in der Praxis schon an eine schwer zu überwindende Grenze. Es gilt gut abzuwägen, ob es genügt, die nötigen Aufschlüsse aus dem normalen Zuchtgeschehen zu gewinnen, oder ob – z. B. bei schwerwiegenden Fehlern – spezielle Testpaarungen durchgeführt werden müssen.

Testpaarungen zur Ermittlung von Trägern negativer Anlagen

Sie ergeben sich für viele Eigenschaften sozusagen von selbst durch die natürliche Zuchtverwendung eines Tieres. Kann man sich genügend komplette (!) Würfe ansehen (wieviele Tiere bei welcher Voraussetzung das sein müssen, wurde dargelegt), besteht für die Zuchtpartnerwahl in Hinsicht auf das beobachtete Merkmal eine gute Sicherheit. Ob Versuchspaarungen gezielt durchzuführen sind, wie das von Züchtern öfters empfohlen wird, oder ob dies nicht sinnvoll ist, muss von Fall zu Fall entschieden werden.

Testpaarungen sind unserer Ansicht nach von folgenden Bedingungen abhängig:

1. Verlangen die Umstände Sondermaßnahmen?

   Das ist bei schweren Fehlern angezeigt, die erstmals in der Population (oder auch in der Rasse überhaupt) auftauchen und deren weiterer Verbreitung sofort begegnet werden muss. Handelt es sich dabei um einen Defekt, der schon bei anderen Rassen aufgetreten und dessen Erbgang bekannt ist, dann kann mit einer hohen Sicherheit die gleiche Art der Vererbung vorausgesetzt werden.

2. Kann der Fehler noch im jugendlichen Alter erkannt werden?

   (Das ist z. B. möglich bei Kieferfehlern wie Vor- und Rückbiss, Augenlidanomalien wie Entropium und Ektropium, blauen Augen und Kryptorchismus, Vorderhandstörungen).

   Ist der Defekt erst im fortgeschrittenen Alter feststellbar?

   (Das trifft beispielsweise zu bei Magendrehung, Netzhautablösung, Epilepsie, Krebs).

   Je eher Fehlmerkmale zu erkennen sind, desto leichter, erfolgreicher und mit geringerer psychischer und auch finanzieller Belastung für Züchter und Besitzer ist ihnen zu begegnen.

   Sind Erbkrankheiten erst beim ausgewachsenen Hund sicher zu diagnostizieren bzw. kommen sie erst dann oder sogar noch später zum Ausdruck, sind Testpaarungen kein Mittel. Hier bleibt nur der Weg, solche Tiere ab «Erkennungsdatum» nicht mehr zur Zucht einzusetzen und künftig unbedingt jede Inzucht auf solche Hunde strikt zu vermeiden. Das beste Ergebnis wäre natürlich zu erreichen – dies wird sich allerdings nicht generell durchführen lassen – wenn auf den Zuchteinsatz aller Nachkommen der im späteren Alter erkrankten Tiere verzichtet würde (vor allem solcher, die evtl. bereits auf das betreffende Tier ingezüchtet sind und möglichst der Rüden). Das ist die wirksamste Methode, den Erbfehler entscheidend einzudämmen und in engen Grenzen zu halten. Wenn es bezüglich schwerer Defekte keinen Beschluss der Züchtergemeinschaft gibt, an den sich alle zu halten haben, müssen die einzelnen mit sich selbst ins reine kommen, wie sie sich entscheiden wollen.

3. Folgt der Erbgang – zumindest in seiner Tendenz – den Mendelregeln oder ist er deutlich als mehrgenig bedingt einzuordnen?

   Wenn wir auch bei vielen erblichen Defekten davon ausgehen müssen, dass sie nicht klar dem einfachen Mendelerbgang folgen, sondern polyfaktoriell bedingt sind und damit anderen erblichen Gesetzmässigkeiten unterliegen, kann doch in einigen Fällen die Wirkung eines Hauptgens angenommen werden. Das trifft dort zu, wo erwiesen ist, dass Fehlmerkmale unter den Nachkommen eines bestimmten Zuchttieres deutlich häufiger (oder überhaupt nur) auftreten als dies im Durchschnitt der Fall ist. Das trifft unserer Erfahrung nach ausser bei weniger bekannten Defekten z. B. bei Blauäugigkeit, Bissfehlern und den genannten Augenlidanomalien zu.

Bei Kryptorchismus dagegen, dessen Entstehung ein vielfältiger Faktorenkomplex zugrunde liegt, haben Testpaarungen wenig Sinn. Der Erbgang ist umstritten; er wird vorwiegend mehrgenig bedingt mit rezessiver Tendenz angenommen. (Das ist wahrscheinlich, jedoch weiss man auch bei diesem seit langem bekannten Defekt leider nicht genau Bescheid.) Auch aufwendige Massnahmen, die Anlageträger zu ermitteln, würden wenig Konkretes bringen. Es bleibt nur der Weg, alle Rüden von weiteren Paarungen auszuschliessen, die mit mehreren Hündinnen kryptorchide Nachkommen gebracht haben.

Im Falle eines rezessiven Erbganges sind Testpaarungen also u. U. durchaus sinnvoll, liegt aber ein wesentlich komplizierterer Vererbungsmodus vor hingegen nicht. Hier kann dem Defekt nur mit Auslesemethoden begegnet werden, die dieser Vererbungsform entsprechen: Tiere mit der im Phänotyp sichtbaren Ausprägung des Negativfaktors müssen, sobald sie erkannt werden können, von der weiteren Zuchtverwendung ausgeschlossen werden, auch wenn es sich um ansonsten besonders schöne Hunde handelt.

Bei einigen Fehlmerkmalen ist es dann zwar häufig schon spät, weil diese Tiere bereits viele Nachkommen haben können, aber es ist nie zu spät, einer noch weiteren Verbreitung des Mangels zu begegnen. Wichtig ist, dass selbst Hunde dann sofort von der Zucht ferngehalten werden, wenn der Fehler auch in nur gering erkennbarer Ausprägung vorliegt. Eine andere Möglichkeit züchterischer Massnahmen gibt es in diesen Fällen nicht. Polyfaktoriell bedingte Defekte können nicht vollständig ausgemerzt werden, weil man nicht gegen ein bestimmtes Gen auslesen kann. Wohl aber sind sie in deutlichem Umfang zu vermindern, und zwar in dem Masse, wie hoch das Merkmal vererbbar ist und mit welch scharfen Selektionskriterien ihm begegnet wird. (Mit der Vererbung und züchterischen Steuerung quantitativer Merkmale werden wir uns noch ausführlich beschäftigen.)

Rolle der Zuchtleitungen

In allen Fällen, in denen es sich um die Bekämpfung erblicher Fehlmerkmale handelt, sind die Leitungen der Rasseklubs als anregende, helfende und überwachende Gremien gefragt, und es ist die ehrliche Zusammenarbeit der Züchter gefordert, die es lernen müssen, über den eigenen Gartenzaun hinauszusehen.

Die grösste Schwierigkeit im Zusammenhang mit allen Tätigkeiten, für bestimmte Anlagen reinerbige von gemischterbigen Zuchttieren unterscheiden zu wollen besteht darin, ganze Würfe lückenlos erfassen zu können. Bei Fehlern, die sich erst im späteren Alter manifestieren, sind die Hunde meist in alle Winde verstreut. Leider haben viele Züchter die Angewohnheit, gerade die gravierenden Mängel zu verschweigen, weil sie um den Ruf ihres Zwingers fürchten. Das hat nichts anderes zur Folge, als dass alle immer nur am selben Ort treten. Über die Zuchtqualitäten der Rüden und Hündinnen, also über das, was über den Phänotyp hinausgeht, weiss niemand konkret Bescheid. Es ist keine Schande, wenn Zuchttiere Rezessivgene führen, die man lieber nicht hätte. Es zeugt nicht von Verantwortungsgefühl gegenüber der Rasse, wenn darüber geschwiegen wird und immer wieder Tiere für Paarungen verwendet werden, von denen man vermuten muss, dass sie Negatives im Erbgut tragen. Was dabei herauskommt, ist ein ständig gleichbleibender Anteil von mit Fehlern behafteten Tieren. Nur jahre- und jahrzehntelang darüber zu klagen führt zu nichts.

Besonders bei erst spät zu erkennenden Erbfehlern ist eine offene und ehrliche Zusammenarbeit der Züchter und oft auch eine klare Führung durch die Zuchtleitung unerlässlich, wenn etwas erreicht werden soll. Der einzelne kann alleine keine gravierenden Fehler im Gesamtbestand bekämpfen. Dies ist immer eine Gemeinschaftsarbeit. Sie kann aber nur dann geleistet werden, wenn jeder einzelne Züchter und Hundehalter bereit ist, ehrlich bestehende Probleme offenzulegen und damit die Grundlage zu schaffen, dass sie angegangen werden können. Es ist eine gewisse Tragik

der Hundezucht, dass die Fehlerbekämpfung weniger an der Einsicht scheitert, dass Defekte angegangen werden sollten als daran, dass im konkreten Einzelfall dann doch lieber vertuscht wird. Zuchtleitungen können nur soweit wirksam arbeiten, wie sie von der Züchterschaft unterstützt werden. Heimliche Ausweichtaktiken schaden immer dem ganzen Rassebestand und damit letztlich auch wieder dem einzelnen Züchter selbst.

Folgende konkrete Massnahmen der Zuchtleitung sind möglich und notwendig:

1. Im Falle der Durchführung von Testpaarungen zur Ermittlung von Trägertieren oder von solchen, die frei von negativen Rezessivgenen sind, müssen Würfe gestattet werden, in denen mehr als 6 Welpen belassen werden dürfen.
2. Jedes Zuchttier, das sich für irgendein positives Merkmal als reinerbig erwiesen hat, bekommt dies nach einer bestimmten Anzahl geprüfter Würfe in den Körpapieren bestätigt. Die Ergebnisse werden in der zentral geführten Deckrüdenliste vermerkt und im Sinne einer Zuchtempfehlung veröffentlicht. Damit würde eine bewusste Partnerwahl in bezug auf die untersuchten Merkmale möglich, und es könnte viel verbessert werden. Diese Bescheinigung, eine «genetische Fahrerlaubnis» gewissermassen, wäre für viele Besitzer der Zuchttiere ein höchst erstrebenswerter Qualitätsnachweis und für die gesamte Zuchtplanung ein grosser Vorteil.
3. Zur Bekämpfung erst spät auftretender Defekte kann die Zuchtleitung eine Datensammlung anlegen, die jedem auf Anforderung zur Verfügung steht, damit er sich über einzelne noch lebende und auch schon gestorbene Hunde, die als Vorfahren in den Ahnenreihen auftauchen, orientieren und eine auf faktischen Grundlagen beruhende Entscheidung treffen kann.

Schreckt man weiterhin vor solchen Massnahmen zurück, weil man den Aufwand scheut, wird sich die Zucht nach wie vor nur im Kreise drehen. Moderne Datenerfassungsgeräte (EDV) machen es durchaus möglich, Fakten zu erfassen und auszuwerten, die festzuhalten früher fast nicht möglich war. So würde der Aufbau einer aussagekräftigen Datensammlung heute zu den Aufgaben der Rasseklubs gehören. Ihre Arbeit müsste auch daran gemessen werden, was sie zur Zurückdrängung erblicher Krankheiten und anderer bedeutsamer Fehler unternommen haben. Dass diese Probleme in allen Hunderassen bestehen, ist bekannt. Sie müssen und können heutzutage auch angepackt werden. Das Beispiel der HD-Bekämpfung zeigt, dass konsequente Selektionsmassnahmen helfen, Erb- und Erb-Umwelt-Krankheiten einzudämmen, sobald nur alle mitmachen.

In einzelnen Fällen ist es nötig, Beratung durch genetisch geschulte Wissenschaftler einzuholen. Auch dies ist heute möglich. Die Forschung an Kleintieren, zu denen auch die Hunde gehören, hat in den letzten Jahrzehnten grosse Fortschritte gemacht. Die modernen Erkenntnisse sollten von den Rasseklubs und den Züchtern nur noch mehr genutzt werden. Sie können wesentliche Grundlagen liefern, um die Gesundheit der Rassehunde zu verbessern.

Züchterische Arbeit mit quantitativen Merkmalen

Seit Mendel seine Entdeckungen gemacht hat und diese für die Tierzucht fruchtbar geworden sind, ist die Forschung weitergegangen. Viele, gerade den Hundezüchter besonders interessierende Eigenschaften und deren Vererbung, können mit dem einfachen Schema dominant/rezessiv nicht erklärt werden.

Beim bisher besprochenen Vererbungsmodus ging es im Prinzip um klare Alternativen; entweder hat ein Hund das Gen oder er hat es nicht. Entweder ist der Faktor, der weisse Abzeichen bewirkt, vorhanden, dann haben die Hunde weisse Abzeichen, oder aber er fehlt. In diesem Falle sind sie vollfarbig schwarz-braun.

Gerade die Eigenschaften aber, die die Gesamtgestalt so bedeutsam prägen, wie Widerristhöhe, Harmonie, Winkelung der Gliedmassen, Kopfform usw. lassen sich nicht mit dem Mendelschen Schema einfangen. Bei diesen geht es nicht um klar abgegrenzte Alternativen, sondern um kleine und kleinste Unterschiede. Es gibt kein Entweder-Oder, sondern fliessende Übergänge. Und doch sind auch diese Nuancen ererbt, wie jeder Praktiker aus Erfahrung weiss. Man nennt solche Eigenschaften quantitative oder Mengenmerkmale, da es dabei nicht um die Art des Merkmals geht, sondern um ein Mehr oder Weniger, um das Quantum. Der Brustumfang beispielsweise lässt sich messen. Viel Brustumfang (eine grosse Menge) ist besser als wenig (eine kleine Quantität). Viel Länge der Knochen ergibt lange Läufe, wenig Länge einen tiefgestellten Hund. Viel Winkelung beim Knie- und beim Sprunggelenk ergibt den besseren Traber als wenig. Bei allen diesen und anderen ähnlichen Eigenschaften geht es nicht um abgrenzbare klare Unterschiede, sondern um eine Vielzahl von Abstufungen oder Ausprägungen ein und derselben Eigenart. Sie alle werden nicht nur von einem (oder wenigen) Genen gesteuert, sondern von einer Vielzahl. Diese Gene ergänzen und steigern sich in ihrer Wirkung, beeinflussen einander, häufen sich an und wirken gemeinsam in Form von Systemen. Man spricht hier von polyfaktorieller oder multifaktorieller Vererbung (grch. poly = viel; lat. multi = viel).

Die einzelnen Kleingene (minor-genes, solche mit geringer Wirkung im Gegensatz zu major-genes, Hauptgenen) erfahren vor der Befruchtung die gleiche Reduktion wie die Grossgene. Ein Teil davon geht verloren. Sie kombinieren sich bei der Befruchtung genauso neu mit den entsprechenden Kleingenen des Paarungspartners wie die anderen. Da jede dieser Erbeinheiten aber nur eine ganz geringe Wirkung erzeugt, entstehen dadurch keine frappanten Unterschiede, sondern nur Abweichungen in kleinem Ausmass. Bei diesen Genen geht es, ähnlich wie bei den sichtbaren Eigenschaften, die sie bewirken, um die Quantität. Kommen viele Kleingene derselben Wirkungsrichtung in einem Embryo zusammen, wird das Ergebnis deutlicher sein; die Ausprägung der entsprechenden Eigenschaft ist betonter, als wenn es nur wenige sind. Es geht darum, eine grosse Menge der richtigen Art in seine Zuchtlinie zu bekommen, viele von den «guten» und möglichst wenige von den «schlechten».

Allerdings sind die Gene nicht alle gleichermassen klein (in ihrer Wirkung); es gibt solche unter ihnen, die sich stärker durchsetzen als andere. Gerade diese sind es, die manchmal einen monofaktoriellen Erbgang (d. h. den Mendelregeln entsprechend) vortäuschen bzw. bedingt bewirken können. Dann entsteht der bereits erwähnte polygene Erbgang mit rezessiv-dominantem Grundcharakter.

Und schliesslich gibt es gar nicht so selten ein enges Zusammenwirken zwischen Major- und Minorgenen (Gross- bzw. Hauptgenen und Klein- bzw. Nebengenen): Z. B. wird das durch ein Grossgen (s^1) bedingte Weiss der Abzeichen bei unseren Sennenhunden in seiner Ausdehnung, der Menge, durch Kleingene bewirkt, wie wir schon dargestellt haben.

Die Wirkung der polyfaktoriellen Vererbung am Beispiel der Widerristhöhe

Wir gehen vereinfachend davon aus, dass die Widerristhöhe durch drei verschiedene Gene bedingt ist, z. B. eines für Wachstum überhaupt, eines für Wachstumsdauer, eines für Knochenlänge der Gliedmassen, deren Wirkung sich summiert.

Tatsächlich wird es noch mehr Genarten geben, die das Wachstum steuern, wie es weitere vom Körperbau abhängige Einflussgrößen auf die Widerristhöhe gibt. Es können auch für jede Art von Genen mehr als 2 Allele vorhanden sein. Damit kommt dem einzelnen Faktor ein weit geringerer Einfluss auf das Zustandekommen des Merkmals zu, als wir hier annehmen. Und dann werden auch die verschiedenen Einheiten unterschiedlich stark wirken. Doch das ist jetzt ohne Bedeutung. Wir werden uns das Prinzip der Vererbung der Mengenmerkmale (in seiner Form der additiven Polygenie) an einem Beispiel klarmachen. Dazu ist es nötig, dass die Übersichtlichkeit gewahrt bleibt.

Vorausgeschickt sei auch, dass diese Art der Vererbung quantitativer Merkmale nicht besonders kompliziert, sondern besonders differenziert ist, also von vielen feinen Unterschieden begleitet wird, die aber alle nichts Grundsätzliches verändern. Polygene Merkmale werden sehr ähnlich vererbt wie die Mendelmerkmale. Nur dadurch, daß viele Gene mit je kleinen Wirkungen beteiligt sind, lassen sich die einzelnen Genotypen nicht unterscheiden. Deshalb sind andere Methoden der Merkmalserfassung und der züchterischen Beeinflussung anzuwenden.

Wir benennen unsere drei Genpaare mit unterschiedlichen Buchstaben. Es sei angenommen, dass jedes Paar aus einem sich auf die Körpergrösse bedeutsamen und einem sich nicht ganz so deutlich auswirkenden Allel besteht. Bezeichnen wir das viel Grösse bewirkende mit grossem, das weniger Grösse beeinflussende Allel mit kleinem Buchstaben, so ergeben sich folgende Paare:

– für Wachstum Aa – für Wachstumsdauer Bb – für Knochenlänge Cc.

Ordnen wir ganz schematisch jedem grossen Buchstaben einen «Wachstumseinfluss von 12 cm» zu, jedem kleinen eine «Wirkung von 9,5 cm». Nehmen wir an, die Widerristhöhe eines mittelgrossen Berner Sennenhundes würde von diesen drei Paaren (Aa und Bb und Cc) bestimmt, dann wäre er 64,5 cm gross (12 + 9,5 und 12 + 9,5 und 12 + 9,5 cm). Das setzen wir auch als Mittelwert an, was genau dem Standard entspricht (Rüden 64–70 cm = 67 cm Mittelwert, Hündinnen 58–66 cm = 62 cm Mittelwert; Gesamtmittel: 64,5 cm).

Zwei Tiere mit den von uns angenommenen Genkonstellationen werden miteinander gepaart. Nach dem Gesetz des Zufalls ergeben sich bei drei allelen Paaren (Aa, Bb, Cc) bei der Reduktionsteilung und dem unterschiedlichen Zusammentreffen der einzelnen Allele bei der Befruchtung 64 Kombinationsmöglichkeiten (Genotypen), die hier zu 7 Gruppen (Phänotypen) zusammengefasst sind:

1. Einmal treffen alle die Grösse bedeutsam steigernden Allele zusammen:
   AABBCC = 72 cm Widerristhöhe
2. 6mal kombinieren sich 5 das Wachstum erheblich und eines es weniger deutlich bewirkende miteinander:
   Beispiel: *AABBCc = 69,5 cm Widerristhöhe*
3. 15mal treffen 4 günstige und 2 nicht so ausgeprägt wirkende Gene aufeinander:
   Beispiel: *AABBcc = 67 cm Widerristhöhe*
4. 20mal finden sich von jeder Art 3:
   Beispiel: *AABbcc = 64,5 cm Widerristhöhe*
5. 15mal kommt es zur Kombination von 2 viel und 4 weniger Widerristhöhe bewirkenden Allelen:
   Beispiel: *AAbbcc = 62 cm Widerristhöhe*
6. 6mal treffen eines von der ersten und 5 von der zweiten Art aufeinander:
   Beispiel: *Aabbcc = 59,5 cm Widerristhöhe*
7. Einmal kommen alle auf das Wachstum sich weniger günstig auswirkenden Faktoren zusammen:
   Beispiel: *aabbcc = 57 cm Widerristhöhe*

Außer unter 1. und 7. – wo es lediglich diese eine Möglichkeit gibt – wurde immer nur eine Variante der Zusammensetzung der verschiedenen Allele als Beispiel genannt. Punkto Grösse des Einzelhundes spielt das hier am Beispiel keine Rolle. Bezüglich der Möglichkeiten der Kombination bei der Befruchtung und der Streuung in der nächsten Generation ist es dann aber schon bedeutsam.

Da es sich bei unseren Hunden um Lebewesen und keine technischen Konstruktionen handelt, sind die Widerristhöhen selbstverständlich fliessend; könnte genau gemessen werden, ergäben sich unendlich viele kleinste Unterschiede, und die Masseinheit Millimeter wäre immer noch eine nur «grobe Einteilung». Diese geringen Differenzen lassen sich natürlich weder am einzelnen Tier noch mit unserer einfachen Übersicht nachweisen. Wir haben, um den Vererbungsgrundsatz zu veranschaulichen, mit nur 3 Erbfaktoren und mit Zentimeterangaben gerechnet, meinen aber, dass es sich sehr gut vorstellen lässt, dass die in Wirklichkeit viel grössere Anzahl von Genen auch eine weitere Differenzierung bewirkt. Diese ist noch viel grösser, wenn sich diese Faktoren in ihrer Wirkung nicht nur einfach addieren, sondern sich unter Umständen zueinander auch noch dominant oder rezessiv verhalten.

Nachweis der Vererbung

Dieser Nachweis
- ist nicht im einzelnen Zuchtversuch möglich und
- kann kaum am einzelnen Tier getroffen werden.

Das sind die wesentlichen Unterschiede gegenüber den einfachen Mendelmerkmalen. Deshalb wird die Entwicklung bestimmter Eigenschaften an Gruppen (Populationen) untersucht. Die Ergebnisse werden statistisch erfasst und oft auch grafisch dargestellt.

Darstellung unseres Beispiels der Vererbung der Widerristhöhe

Die Widerristhöhe schwankt, wie jedes Merkmal, in gewissen Grenzen, die von den Extremen gebildet werden (in unserem Falle den kleinsten und grössten Hunden). Dazwischen ordnen sich alle anderen ein. Ganz gleich, welche Merkmalsausprägung untersucht wird: Um die Mitte ist die grösste Anhäufung von Tieren festzustellen, nach beiden Seiten hin fällt die Zahl ab; an den beiden Enden der Kurve, bei den extremen Werten, sind die wenigsten Tiere zu finden.

Die Verteilung der Allele bei der Reduktionsteilung und die anschliessende Kombination anlässlich des Zusammentreffens von Ei- und Samenzellen bei der Befruchtung unterliegt, wie wir wissen, dem Zufall. Ganz wie die «Würfel fallen», wird der Genotyp des Nachkommen zusammengesetzt sein.

Entsprechend unserer Vereinfachung zum Zwecke der Veranschaulichung ist bei der Annahme von nur 3 Allelpaaren die Vielfalt der Möglichkeiten allerdings eingeschränkt. Es gibt pro «Genwürfel» nicht 6 verschiedene Seiten wie beim normalen Spielwürfel, sondern analog der beiden Allele pro Paar nur 2 (grosser oder kleiner Buchstabe). Deutlich vorstellbar ist aber trotzdem, dass selten zu gleicher Zeit alle kleinen oder alle großen Buchstaben fallen (je eine Wahrscheinlichkeit unter 64 Möglichkeiten) und dass meistens die Würfel so rollen werden, dass jeweils sowohl grosse als auch kleine Buchstaben oben liegen.

Auf einer Horizontalen ist der Merkmalswert eingetragen (Widerristhöhe in cm). Der Mittelwert errechnet sich, indem die Summe aller Masse durch die Anzahl der Tiere geteilt wird, in unserem Falle 4128 : 64 = 64,5. Dieser Wert entspricht dem Mittel der Standardgrössen. Links vom Mittelwert sind die Minus-, rechts die Plusabweicher zu finden. Auf einer Senkrechten, die rechtwinkelig auf der Horizontalen steht, ist die Anzahl eingetragen. Die Höhe der Säulen entspricht der Zahl der Hunde, die den unten angegebenen Merkmalswert aufweisen. Die Form der Kurve wird durch die Höhe der Säulen bestimmt.

Schematische Darstellung der Vererbung der Widerristhöhe

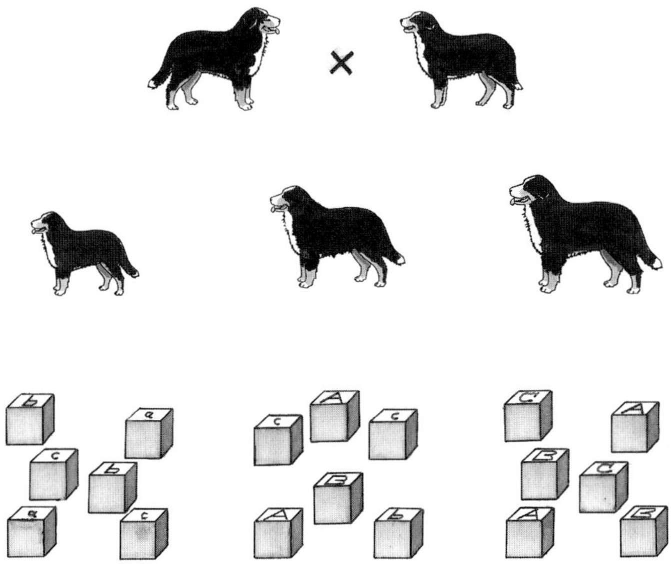

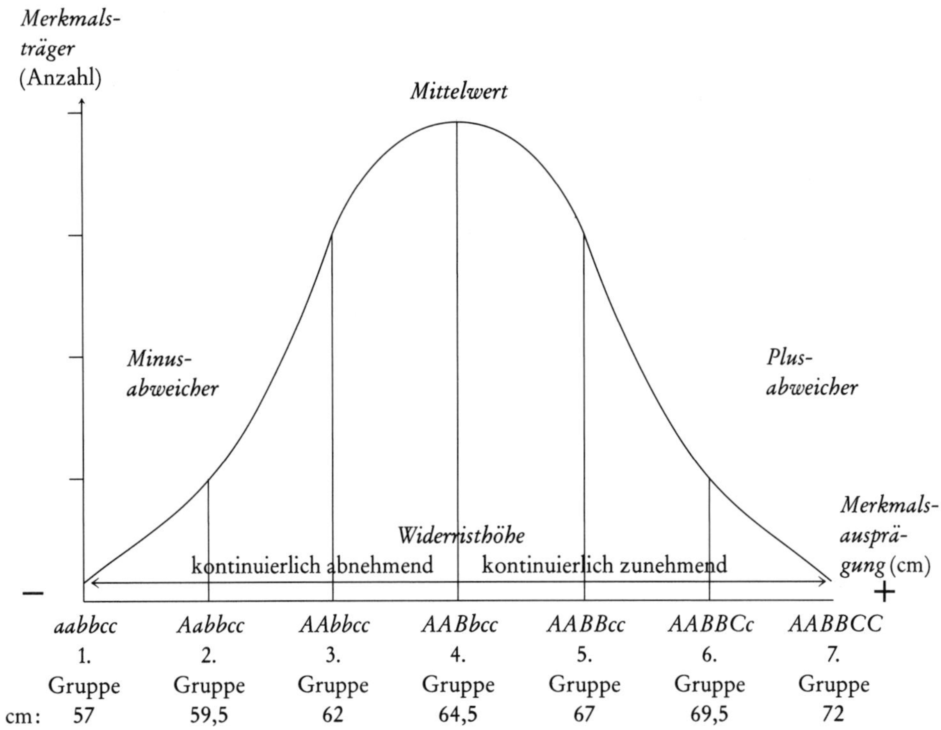

Beispiele für unterschiedliche Verteilung der Widerristhöhe

$\overline{X}$ = Mittelwert des Bestandes
s = Standardabweichung

Population mit zu breiter Streuung unerwünschter Masse: zu wenig Mittelwerte, zu viele zu kleine und zu grosse Hunde.

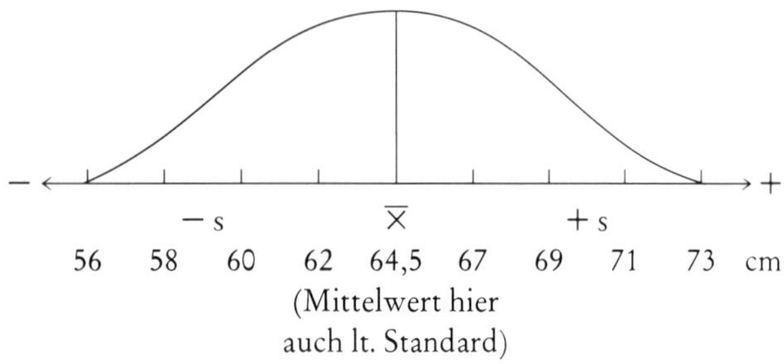

Breite Streuung der Widerristhöhen und sogenannte schiefe Verteilung : unausgeglichener Bestand mit ausserdem zu vielen kleinen Berner Sennenhunden.

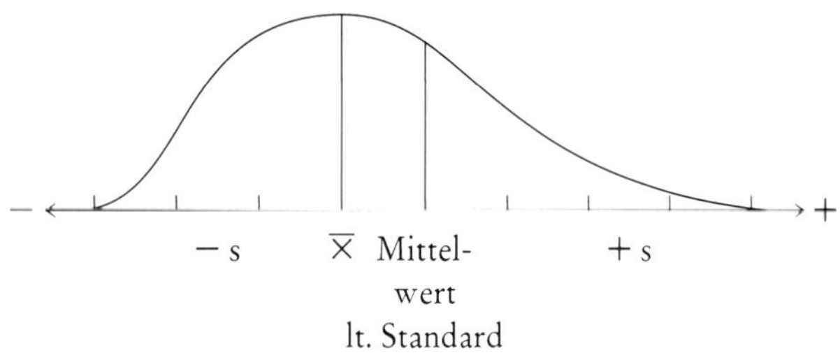

Bestand mit sehr guter genetisch stabilisierter Grössenverteilung: Die meisten Tiere liegen im Mittelfeld; Unter- und Übergrössen kommen praktisch nicht mehr vor.

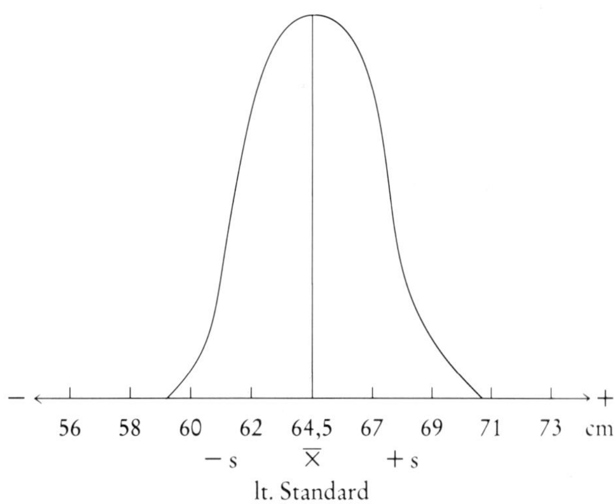

Zuchtplanung für Mengenmerkmale

Bei der Auseinandersetzung mit der Vererbung der Widerristhöhe haben wir uns etwas an die Zuchtplanung der polygen vererbten Merkmale herangetastet.

Bei den qualitativen, den sog. einfachen Mendelmerkmalen, ging es darum, möglichst das eine zu meiden oder wegzuzüchten und das Erwünschte rein zu erhalten oder reinerbig zu bekommen. Schon mit einer einzigen Paarung ist da ein durchschlagender Erfolg oder eine herbe Enttäuschung möglich. Bei den quantitativen Merkmalen geht es darum, deren Ausprägungsgrad zu steigern oder abzuschwächen. Fortschritte sind hier nur graduell und langsam möglich; sie werden Generationen dauern, betrachtet man nicht das einzelne Tier, sondern eine grössere Gruppe, und darum geht es! Der einzelne ist bei der züchterischen Bearbeitung der Mengenmerkmale viel mehr auf die anderen angewiesen, ist abhängig davon, wie zielstrebig und zuverlässig sie bereits gearbeitet haben.

Es war bereits zu erkennen, dass bei der Paarung zweier mittelgrosser Hunde, die alle die Widerristhöhe positiv wie negativ beeinflussenden Gene in ihrem Erbgut tragen, die Nachkommenschaft einen breiten Spielraum einnimmt, sich über das ganze Spektrum vom (zu) kleinen bis zum (zu) grossen Tier verteilen kann.

In der züchterischen Praxis wird oft z. B. für eine kleine Hündin ein grosser Partner – oder umgekehrt – gewählt, weil man hofft, mittelgrosse Berner zu erhalten. Das trifft auch für die erste Generation zum grösseren Teil zu, aber das Erbbild der aus dieser Paarung hervorgegangenen Hunde ist nun so vielfältig geworden, dass sie im weiteren Zuchteinsatz enorm streuen werden; sie tragen einen so sehr zwischen «gross» und «klein» gemischten Genbestand in sich, dass ihre Nachkommen praktisch im Bereich der ganzen Grössenpalette zu finden sein werden (vgl. auch die Beispielpaarung unserer beiden mittelgrossen Hunde mit dem «kompletten Genspektrum» und das Ergebnis der Aufspaltung).

Mit den Genen, die im Erbbild vorhanden sind, muss der Züchter rechnen. Um aber nicht immer und immer wieder nur auf das Glück zu hoffen, tatenlos zu warten, wie wohl «die Würfel rollen werden», gilt es dort anzupacken, wo es möglich ist! Dem Zufall sind die Wege zu verbauen! Wie kann das geschehen? Dazu sind beharrlich die Tiere, die das Ungewollte verkörpern (im Falle der Widerristhöhe die Extreme) von der Weiterzucht fernzuhalten.

Der Praktiker weiss, dass Nachkommen aus heterogenen (ungleichen) Paarungen (z. B. gross × klein) dazu auch unharmonisch sein können.
In gewisser Abhängigkeit zueinander stehende körperliche Merkmale werden von unterschiedlichen Gensystemen gesteuert. Es gilt immer, sich genau anzusehen, an welchen Körperteilen zur Verbesserung der Gesamtgestalt züchterisch angesetzt werden muss.

Zum Glück gilt aber, dass die «Natur» im Rahmen der Rasse immer wieder einen Ausgleich anstrebt und sich ausgeprägte Extrembildungen einzelner Körperabschnitte nur in seltenen Fällen entwickeln, so dass hier die Züchter nicht ständig korrigieren müssen.

Gleiche Phänotypen – ungleiche Genotypen – unterschiedliche Nachkommenschaft

	Eltern	*Nachkommen*				
	gleicher Phänotyp	*kleinster Hund*		*grösster Hund*		*Differenz*
Fall 1	Partner sind – geschlechtsübergreifend –alle mittelgroß=64,5 cm	*Genotyp*	*Phänotyp*	*Genotyp*	*Phänotyp*	
kunterbunte Grössenzucht – ungünstige *Genotypen* (unser Beispiel)	Aa Bb Cc X Aa Bb Cc	aa bb cc	57 cm	AABBCC	72 cm	15 cm
Fall 2 Über Generationen hinweg zuverlässig auf Mittelgr. gezüchtet – Beispiel für günstige *Genotypen*	z. B. AA Bb cc X AA Bb cc	AA bb cc	62 cm	AABBcc	67 cm	5 cm

Die angestrebte harmonische Form in Verbindung mit der Mittelgrösse wird man bei möglichst vielen Tieren erreichen, wenn immer wieder versucht wird, über Tiere, die die gewünschte Grösse und Harmonie zeigen, auch die bevorzugten Gene in das Erbgut hineinzubekommen und damit auf der anderen Seite die unerwünschten hinauszudrängen. Da das Einzeltier täuschen kann, wird es eine Reihe von Generationen dauern, bis sich ein klarer Erfolg einstellt. Dies wird zuverlässig nur gelingen, wenn innerhalb der gesamten Rasse die Tiere, die zu weit vom gewünschten Ausprägungsgrad entferntliegen, von der Zucht ausgeschlossen werden. Je schärfer innerhalb der gesamten Population selektiert wird, desto eher wird es zu Erfolgen kommen. Der einzelne kann sich noch so mühen, erwischt er einen Paarungspartner für seine Hündin, der aus einem in dieser Hinsicht «unzuverlässig» gezüchteten Stamm kommt, kann diese eine Paarung die anfänglich erzielten Erfolge wieder so verwässern, dass hinsichtlich dieses Merkmals praktisch wieder von vorn begonnen werden muss.

Eine gewisse Unterschiedlichkeit in der Widerristhöhe wird immer bleiben, weil sich Kleingene nicht vollständig selektieren lassen. Wichtig ist, dass sich der Durchschnitt um einen vernünftigen und genetisch stabilisierten Mittelwert bewegt und dass über die Generationen der prozentuale Anteil der Extreme immer geringer wird. Das lohnende Ziel ist, dass damit eine gewisse Zuverlässigkeit und Berechenbarkeit in die züchterische Tätigkeit einzieht.

Damit wird aus der für die Zucht quantitativer Merkmale geltenden Faustregel

«die beste Absicht bringt auch meist das beste Ergebnis»

so etwas wie ein Faustpfand für den Züchter.

Züchterische Beeinflussung der Kopfform

Die Mehrzahl der Tiere sollte, wenn nicht über etliche Jahre hinweg falsch gezüchtet worden ist, den typischen Berner-Sennenhund-Kopf haben: kräftig, mit wenig gewölbtem Oberkopf und wenig ausgeprägter Mittelfurche, gut ausgeprägtem, nicht zu starkem Stirnabsatz und kräftigem mittellangem, geradem Fang.

Zu leichte, schmale Köpfe kommen aber ebenso vor wie kurze, schwere und bullige. Beide Formen sind rasseuntypisch. Diese Extreme sind verhältnismässig selten, wenn sie nicht in falscher Auslegung des Standards und einer einseitigen Bevorzugung – aus welchen Gründen auch immer – züchterisch zu stark gefördert worden sind. Unterschiede wird es aber immer geben. Das liegt im Wesen polygener Merkmale.

Haben die Hunde aus einer bestimmten Zuchtlinie z. B. im Durchschnitt zu leichte und schmale Köpfe – wobei durchaus einige der gewünschten typischen Form entsprechen können – kann dies nicht dadurch korrigiert werden, dass man einen Rüden einkreuzt mit besonders schwerem, kurzem und breitem Schädel. Das brächte nur ein neues Problem: In den nachfolgenden Generationen kämen nun nicht nur wieder auch die zu leichten, schmalen Köpfe zum Vorschein, sondern zusätzlich zu kurze und zu schwere. Wir wissen nun bereits, warum dies so ist: In den Genbestand für die Ausprägung der Kopfform wäre schon mit dieser einen Paarung eine Reihe von verstärkenden Erbfaktoren eingedrungen, die eine grobe Schädelausbildung bewirken können. Das Kopfproblem wäre also nicht gelöst, sondern noch erschwert.

Bei der Korrektur aller Merkmalsausprägungen, die polyfaktoriell bedingt sind, müssen die Schwerpunkte der Zuchtwahl verschoben, nicht die Extreme gekreuzt werden; es sind Typen der Richtung anzupaaren, die wir bevorzugen. Es geht darum, mit den entsprechenden Formen die sie bedingenden Gene hereinzuholen, also den Genpool (wörtlich Genteich = Genvorrat) so zu gestalten, dass nur noch vor allem die angestrebten Typen hervorgehen können (Verringerung der unerwünschten Kleingene, auffüllen mit den erwünschten).

Am Beispiel des Kopfes, der beim Berner Sennenhund eine ziemlich grosse Variationsbreite vorkommender Formen hat, sei gezeigt, wie der Zuchterfolg in Richtung des idealen Kopfes, der in der Mitte zwischen den Extremen liegt, verbessert werden muss. Die Massnahmen gelten für den Zuchtbestand eines ganzen Landes ebenso wie für die Zuchtlinie des einzelnen Züchters.

Korrektur polygen gesteuerter Merkmale am Beispiel des BS-Kopfes

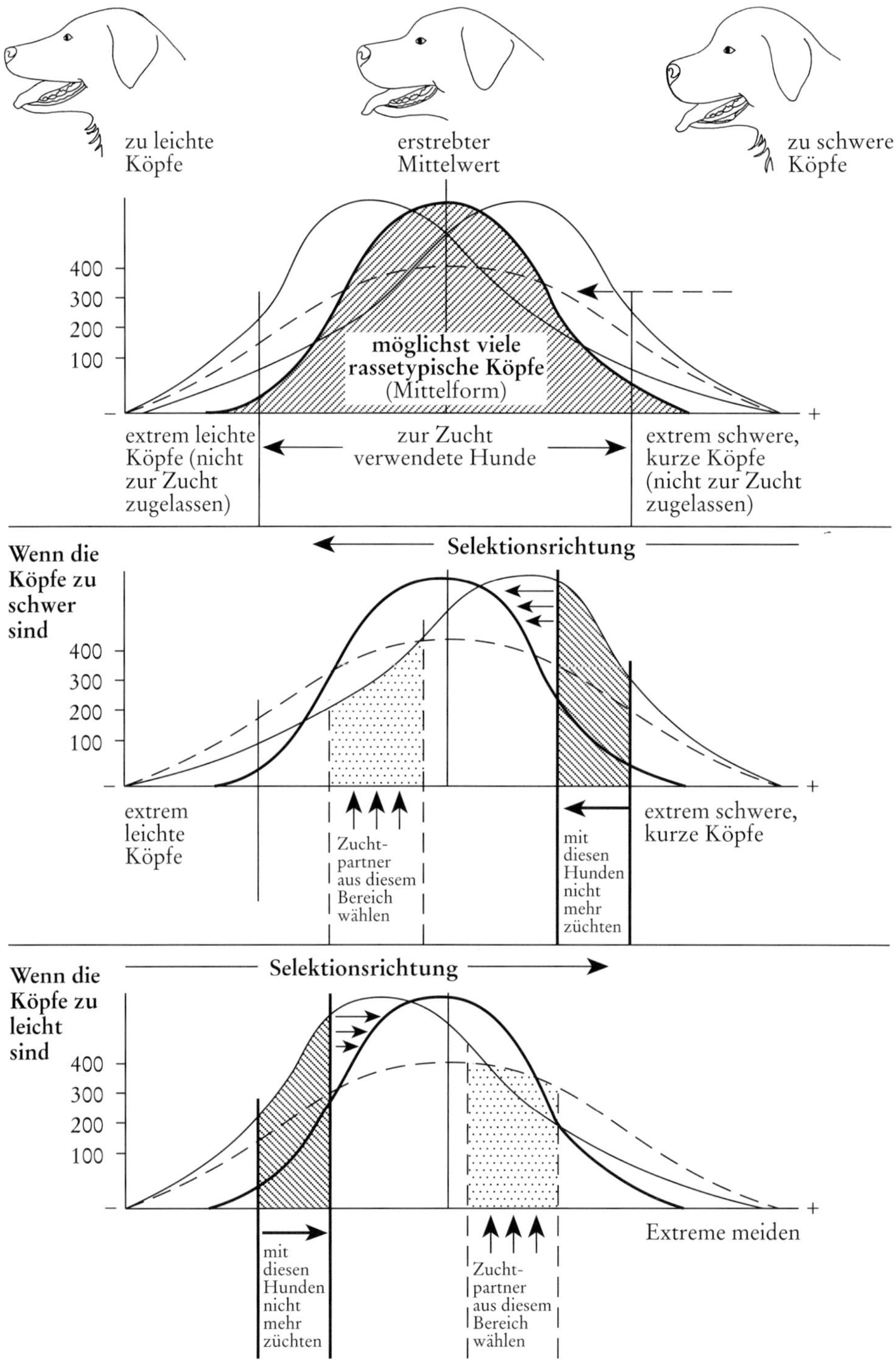

Züchterische Beeinflussung von Wesenseigenschaften

Das Wesen unserer Hunde, ihr Charakter, ist so wichtig wie die Rasse selbst! Die Werte, die ihre «Persönlichkeit» ausmachen, nicht nur durch gute Haltung und kluge Erziehung, sondern züchterisch zu verbessern, ist ein wichtiges Anliegen.

Bei Wesenseigenschaften ist es besonders schwierig, wenn nicht gar unmöglich, einzelne Grundtendenzen aus dem Gesamtbild des Charakters herauszulösen und züchterisch gezielt zu fördern. Zwischen vielen Komponenten des Wesens, wie z. B. Beeindruckbarkeit und Unterordnungsbereitschaft bestehen enge Zusammenhänge, während andere, wie z. B. Führigkeit und Bindung ans Territorium, keine direkte Beziehung erkennen lassen. Im ersten Falle wird eine Veränderung des Wesensgrundgefüges gleich eine ganze Reihe von Verhaltensweisen beeinflussen, im zweiten wird sich für die eine Eigenschaft wenig verändern, wenn man die andere züchterisch zu bearbeiten versucht.

Alles das ist dem schon etwas erfahrenen Züchter gut bekannt, aber er weiss auch genau, dass sich Wesenszüge ebenso vererben wie Haarfarbe oder Kopfform und die vielen anderen Körpermerkmale, dies oft gar bis in die kleinsten Einzelheiten hinein, so dass oft geradezu erstaunliche Übereinstimmungen selbst in Nuancen des Verhaltens zwischen Kindern und Eltern oder Enkeln und Großeltern zu beobachten sind.

Veränderung von Wesenszügen durch Zuchtwahl

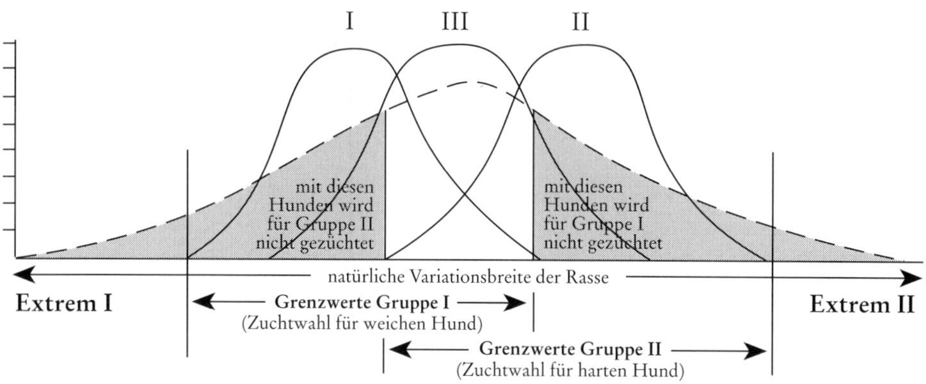

wenig Temperament	⟷	viel Temperament
geringe Reaktionsbereitschaft	⟷	hohe Reaktionsbereitschaft
stark beeindruckbar (weich)	⟷	wenig beeindruckbar (hart)
ausgeprägter Fluchttrieb	⟷	wenig oder kein Fluchttrieb
geringe Naturschärfe	⟷	hohe Aggressionsbereitschaft
hohe Unterordnungsbereitschaft	⟷	keine Unterordnungsbereitschaft
wenig Durchsetzungstrieb	⟷	ausgeprägter Behauptungstrieb
keine Bewachungs- und Verteidigungsbereitschaft	⟷	hohe Bewachungs- und Verteidigungsbereitschaft
starke Bindung ans Territorium	⟷	wenig Bindung ans Territorium

Die Darstellung zeigt, wie aus demselben Ausgangsmaterial (natürliche Variationsbreite der Rasse) zwei völlig verschiedene Wesenstypen geschaffen werden können.

Werden alle sehr temperamentvollen, scharfen Hunde mit starkem Behauptungstrieb, wenig Flucht- und Unterordnungsbereitschaft von der Weiterzucht ausgeschlossen und ihre weniger «schwierigen» Gegenstücke gewählt, entsteht ein ruhiger, führiger, anhänglicher, weicher und beeindruckbarer Wesenstyp, der nie ans Beissen denkt und sich jedem fügt oder aber flieht.

Werden aber alle diese weichen, sanften und z. T. furchtsamen Charakterzüge ausgeschlossen, entsteht ein dominierender, harter Hund, mit dem nicht zu spassen ist, ein ausgezeichneter selbständiger, scharfer Wächter und Kämpfer, der aber andererseits kaum zu führen ist und ausgesprochen gefährlich werden kann. Beide entsprechen nicht einem typischen Berner Sennenhund. Sein erwünschter Charakter liegt mehr in der Mitte und enthält viele Komponenten im ausgewogenen Masse. Dieses Wesensbild (Gruppe III) wird erreicht, indem die Extreme nach beiden Seiten von der Weiterzucht ausgeschlossen werden oder in einigen Fällen mit Plusabweichern gezüchtet wird. Gerade weil dies einerseits so schwierig und andererseits so wichtig ist, hat die Zucht «auf Charakter» einen so hohen Stellenwert. Dass der Berner Sennenhund im Grunde ein angenehmes und ausgeglichenes Wesensbild hat, ist ein Plus für die Rasse und stellt eine gute Grundlage dar; aus der Grafik ist aber auch zu erkennen, dass selbst bei sinnvoller Zuchtwahl Abweichungen in beiden Richtungen nicht ganz zu vermeiden sind. Sie werden im Laufe planmässiger Zucht seltener, können aber durch unglückliche Genkombinationen immer auch noch vorkommen. Deshalb muss der «züchterische Finger» immer auf der richtigen Stelle bleiben!

Züchterische Beeinflussung von Vitalitätseigenschaften

Vitalität ist die erblich bedingte, stark von Umwelteinflüssen abhängige Lebenskraft des Organismus. Sie wird daran gemessen, wie gut dieser in der Lage ist, sich mit Belastungen (Krankheit, Stress usw.) auseinanderzusetzen. Allgemeine Fitness, Langlebigkeit und Fruchtbarkeit z. B. hängen u. a. von der Funktionstüchtigkeit einzelner Organe, von intakten hormonellen Abläufen und weiteren einander gegenseitig beeinflussenden Faktoren ab, die von vielen Genen, besser von ganzen Gensystemen, gesteuert werden. Obwohl die Einsicht langsam zunimmt, dass Vitalitätseigenschaften wichtig sind, werden genetische Förderungsmöglichkeiten noch viel zu wenig erwogen. In der heutigen Hundeszene ist es für den Züchter immer noch weit attraktiver und einträglicher, Ausstellungssieger zu züchten, als gesunde, langlebige Hunde. Veteranenklassen an Ausstellungen fristen ein Schattendasein. In einigen Ländern wird versucht, durch Alterfrischewettbewerbe, die sich zunehmender Beliebtheit erfreuen, die Aufmerksamkeit auch auf den vitalen, langlebigen Hund zu lenken. Das kann aber nur ein Anfang sein, der weiter verfolgt werden muss.

Über das durchschnittliche Lebensalter von Berner Sennenhunden gibt es bisher kaum zuverlässige Angaben. Im Dezember 1989 hat M. B. Willis im Magazin des

«Bernese Mountain Dog Club of Great Britain» die Ergebnisse einer Untersuchung u. a. über die Lebensdauer von Berner Sennenhunden veröffentlicht. 116 Hunde konnten erfasst werden. Für Rüden ergab sich eine durchschnittliche Lebenserwartung von 6,8 Jahren, für Hündinnen von 7,3 Jahren, der Durchschnitt beider Geschlechter beträgt 7,08 Jahre. (In die Untersuchung wurden keine eingegangenen Welpen einbezogen.) Nur 18 Tiere (15,5 %) wurden älter als 10 Jahre, davon zwei 12 und weitere zwei 14 Jahre alt. Berner Sennenhunde sind danach also nicht langlebig. Rund 85 % sterben lange bevor sie alt werden.

Ohne Zweifel werden Gesundheitszustand, Lebensdauer und Fruchtbarkeit in hohem Masse von Umwelteinflüssen mitbestimmt (Ernährung, medizinische Versorgung etc. etc.). Auf diesen Gebieten konnten in den letzten Jahrzehnten auch grosse Fortschritte erreicht werden. Über Art und Weise der Vererbung von Vitalitätseigenschaften beim Hund ist hingegen so gut wie nichts bekannt. Für die Rasse bringt es praktisch nichts, wenn nur hier und da einmal ein einzelnes Tier aus der Zucht ausscheidet, das in irgendeiner Hinsicht versagt. Es genügt auch nicht, bloss «allge-

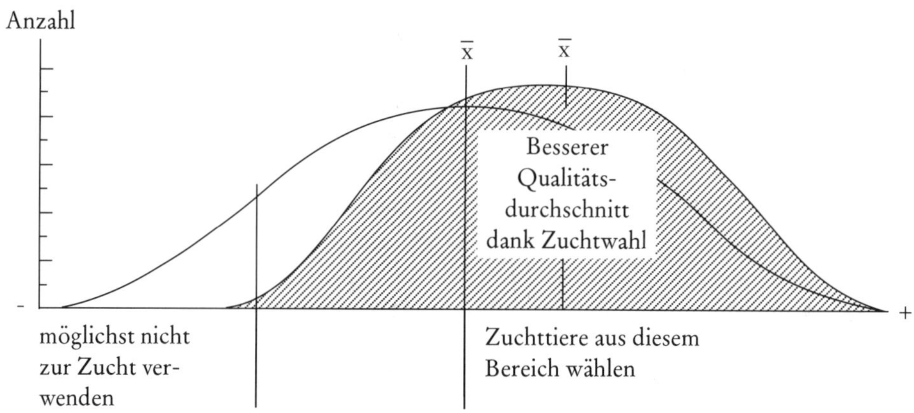

allgemeine Vitalität

eher schwach	*sehr gut*
– körperliche und psychische Beweglichkeit nimmt frühzeitig ab (frühes Altern)	– körperliche und psychische Beweglichkeit bis ins hohe Alter
– Lebensalter 4–7 Jahre	– Lebensalter 10 Jahre und mehr
– anfällig gegen Krankheiten	– resistent gegen Krankheiten

Fortpflanzungsmerkmale

nicht gut	*sehr gut*
– nur 3 bis 5 Welpen pro Wurf	– 8 und mehr Welpen
– schwere Geburten (Kaiserschnitt)	– leichte Geburten
– geringe Säugeleistung	– gute Milchleistung

mein mehr auf Gesundheit zu achten», wie man so schön sagt. Immer dringender wird es, ganze Rassebestände und insbesondere einzelne Zuchtfamilien in dieser Hinsicht genauer zu beobachten, Daten zu sammeln und auszuwerten, damit negative Entwicklungen überhaupt zuverlässig erkannt und dann bekämpft werden können. Zuchtstämme, deren Vitalitätseigenschaften über dem Rassedurchschnitt liegen, müssten andererseits ermittelt und vermehrt gefördert werden.

Es ist auf alle Fälle sinnvoll, zur Zucht Hunde aus Familien zu wählen, die sich gegenüber anderen deutlich durch hohe Vitalität auszeichnen und solche, die zur Gruppe mit negativen Werten gehören zu meiden, auch wenn diese Werte noch nicht auf gesicherten Daten beruhen. Gezielte Nachfragen beim Kauf eines Zuchthundes lohnen sich. Wichtig sind hier Grosseltern und Urgrosseltern. Das ist das einzig mögliche züchterische Mittel, erwünschte Vitalitätseigenschaften in der Rasse zu erhalten bzw. auf lange Sicht gesehen den Populationsmittelwert zu erhöhen.

Züchterisch so arbeiten – eine Zusammenfassung

In einer Hunderasse, deren Zuchtbasis verhältnismäßig breit ist und deren Gesamtzucht relativ wenig gesteuert wird, sind alle Extreme und deren Zwischenformen vorhanden. Es gibt beim Berner Sennenhund z. B. sehr grosse und sehr kleine Vertreter, recht breit gebaute und schmale, solche mit kurzem und sehr langem Langhaar, mit gutem und wenig festem Wesen usw. Würde man alle Hunde der Rasse für jedes Merkmal messen und sie in Gruppen einteilen, ergäbe die grafische Darstellung eine typische Verteilungskurve (Glockenform). Solche Kurven sind für alle quantitativen Merkmale mit polyfaktorieller Vererbung charakteristisch und geben die weite Streuung in der Gesamtpopulation wieder. Selektion ist möglich und nötig.

Man könnte, ja sollte für ausgewählte wichtige Merkmale, die vom Klub festzulegen wären, auf Grund genauer Untersuchungen eines möglichst grossen Teils der Population Kurven erarbeiten, die Grundlage für die allgemeine Zuchtberatung oder -planung sein könnten. Daten ergeben sich durch die Begutachtung z. B. anläßlich von Junghundebeurteilungen, Körungen, Leistungsveranstaltungen, Ausstellungen, aber auch durch das Röntgen der Hüftgelenke und der Vordergliedmassen, durch das Auswerten von Wurfabnahmeprotokollen usw. Kennt man einmal den Mittelwert und den zahlenmässigen Anteil der Extreme im Rassebestand, kann durch Ausschluss der Extreme der Mittelwertbereich angehoben werden. Ein Vergleich der Ergebnisse immer im Abstand von z. B. 5 Jahren (2 Generationen) ermöglichte einen Überblick über den aktuellen Stand und über die Entwicklung der Gesamtzucht. Der Klub und die einzelnen Züchter könnten dann entsprechend reagieren.

Mit diesem Ziele ist zu züchten: Planmäßige Verschiebung des Mittelwertes ($\bar{x}$) des Gesamtbestandes in die gewünschte Richtung und damit gleichzeitige Verringerung der genotypischen und phänotypischen Unterschiede. Konsequent so gezüchtet, wird sich nach einigen Generationen eine Stabilisierung des Positiven ergeben, die Zucht

Normalverteilung ohne gerichtete Selektion

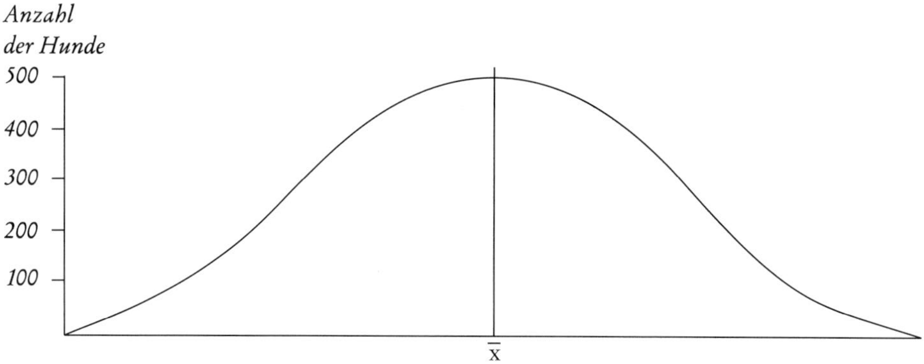

Minusabweichung	*Ausprägungsgrad quantitativer Merkmale*	*Plusabweichung*
zu wenig Weiss	← Zeichnung →	zu viel Weiss
zu klein	← Widerristhöhe →	zu gross
kurz	← Rumpflänge →	lang
schmalbrüstig	← Brustumfang →	breitbrüstig
sehr kurz	← Länge der Läufe →	zu lang
feingliedrig	← Gliedmassenstärke →	starkgliedrig
schmal und lang	← Kopfform →	kurz, breit, viel Stop
gerade, steil	← Winkelung d. Läufe →	ausgeprägt
kurz	← Haarlänge →	lang
kraus	← Haarstruktur →	glatt
schlecht	← Wesensgrundgefüge →	sehr gut
gering	← Vitalität →	hoch

wird berechenbarer und sicherer. Bei polygenen Merkmalen können die Selektionskriterien sehr gut schrittweise gesteigert werden. Man beginnt mit milden Anforderungen und erhöht diese dann.

Dass der Züchter in «Generationen denken» muss, diese Erkenntnis hat sich schon bei vielen durchgesetzt. Das «Denken in Populationen» – in grösseren Rassegruppen – das geht den Züchtern von Hunden aber noch weitgehend ab, weil sie sich noch zu wenig mit der Vererbungsweise polygener Merkmale (Mengenmerkmale) beschäftigt haben. Oft kocht noch allzu sehr jeder sein eigenes Süppchen, ohne sich im klaren zu sein, dass er immer auch auf fremde Zuchttiere angewiesen war, ist oder sein wird. Die Bekämpfung der Hüftgelenksdysplasie ist eine Massnahme, die auf die gesamte Population gerichtet ist. Sie ist ein gutes Beispiel für eine Kollektivmassnahme, wie sie bei polygen bedingten Negativmerkmalen eingesetzt werden kann. Je nach der Strenge der Selektion, unterschiedlich von Land zu Land, sind auch die Ergebnisse von Population zu Population verschieden (vgl. Teil «Vorkommen und züchterische Problematik einzelner Merkmale, Erbliche Defekte beim BS – ein Überblick»).

Das bedeutet, dass die eine Rassegruppe bzgl. dieses Merkmals z. B. zu 85% gesund ist, die andere nur zu 69%. Jeder Interessent, der Wert auf gesunde Tiere legt (und wer tut das nicht), wird sicherer sein, dass ein Hund nicht belastet ist, wenn er ihn aus einer Familie oder einem Lande wählt, wo die Krankheit nur noch wenig vorkommt. Ist die Gruppe aber durchschnittlich noch stärker belastet, ist auch das Risiko grösser.

Zuchtwertermittlung auf der Grundlage der Qualität der Nachkommen eines Rüden bedeutet, dass der Wert eines Einzeltieres an der durchschnittlichen Qualität seiner Nachkommen gemessen wird. Liegt diese deutlich über dem Durchschnitt, dann spricht der Züchter von einem guten Zuchtrüden, liegt sie höchstens im Populationsdurchschnitt oder gar darunter, kommt so ein Hund für die Zucht nicht mehr in Frage. Auch hier sind erste Ansätze des «Denkens in Populationen» vorhanden.

Veranschaulichung der Wirkung gezielter züchterischer Tätigkeit (konsequente Selektion in Richtung verbesserter Qualität)

Langsame Verbesserung, die mit der Zeit, insgesamt gesehen, immer deutlicher wird: Negativ wirkende Gene werden im Rassebestand immer weiter zurückgedrängt.

1. **Kurvenentwicklung für Merkmale, bei denen Mittelwerte ($\bar{x}$) anzustreben sind,** wie für Widerristhöhe, Kopfform, Zeichnung usw. Ziel der Zucht ist es, Extreme nach beiden Seiten zu beseitigen, den Anteil der Abweichungen immer mehr zu verringern.

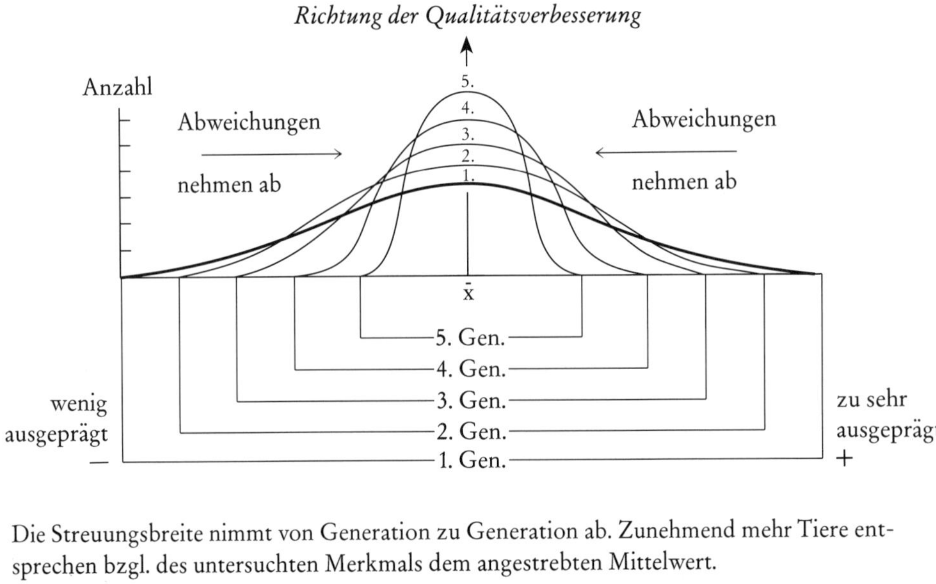

Die Streuungsbreite nimmt von Generation zu Generation ab. Zunehmend mehr Tiere entsprechen bzgl. des untersuchten Merkmals dem angestrebten Mittelwert.

2. **Kurvenentwicklung für Merkmale, bei denen es Negativabweichungen nur nach einer Seite gibt.**
   Bei ihnen liegt das Ideal im Plusbereich wie z. B. bei Gesundheitsmerkmalen, Wesen, Gangwerk, Rückenlinie, Rutenhaltung usw. Ziel der Zucht ist es, den Anteil der Minusabweicher immer mehr zu verringern.

Im Laufe der Zeit nimmt die Anzahl der Tiere mit fehlerhafter Merkmalsausprägung immer mehr ab und die mit den gewünschten Eigenschaften nimmt zu. Ab der 5. Generation ist hier im Beispiel nur noch eine geringe Anzahl von Tieren ▤ so wie der Durchschnitt der 1. Generation, alle anderen sind besser.

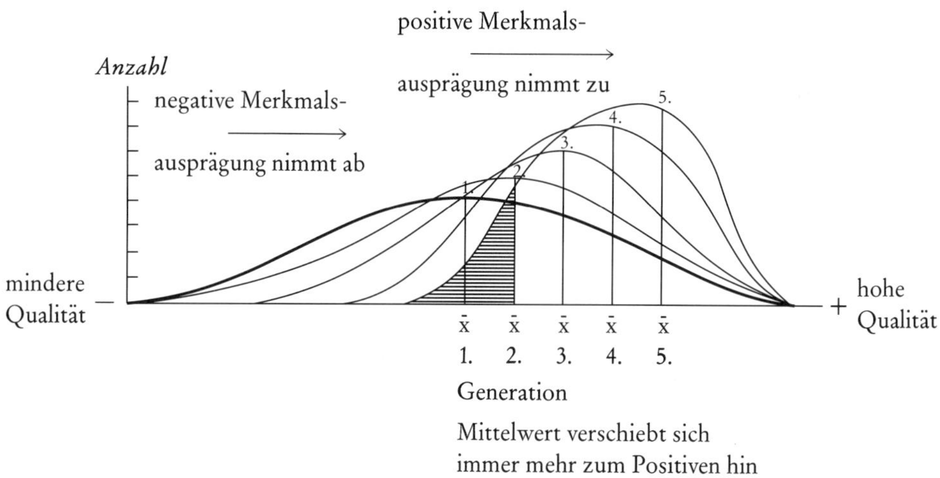

Massstab für den Zuchterfolg

Ihrer Natur gemäß, lassen sich polygen bedingte Merkmale besonders gut im Rahmen kollektiver Massnahmen steuern. Dem tragen die Körvorschriften einzelner Länder Rechnung. Alle Hunde, die Unerwünschtes zeigen oder vererben bzw. Erwünschtes in zu schwacher Ausprägung aufweisen, sollen von der Zucht ausgeschlossen werden, weil sie den Genbestand der ganzen Rasse «verwässern» können. Es liegt durchaus im Interesse der Züchter und damit des Rasseklubs, die Anforderungen von Zeit zu Zeit zu erhöhen, auch wenn es nur um graduelle Unterschiede geht.

Eine Züchtergemeinschaft misst ihren Erfolg daran, inwieweit es innerhalb eines bestimmten Zeitraumes in der gesamten Population gelungen ist, die angestrebten Formen und Eigenschaften entsprechend der Festlegung der Schwerpunkte zu stabilisieren und die Anzahl der Minusabweicher oder beider Extreme zu vermindern.

Der einzelne ist gewohnt, seinen züchterischen Erfolg oder Misserfolg am inneren Idealbild, das man für seine Hunde haben soll, ja unbedingt haben muss, zu messen. Das hat zwei Konsequenzen: Die einen Züchter sind deprimiert, weil sie immer hinter dem, was sie sich vorstellen, zurückbleiben. Ihre Tiere erreichen nie das Ideal. Die anderen sind schon zufrieden, wenn sie nur einen einzigen Hund, vielleicht auch zwei, gezüchtet haben, die ihrem Wunschbild entsprechen. Beides ist falsch!

Das innere Idealbild ist nötig, um uns voranzutreiben, es ist aber allein kein Massstab dafür, ob wir züchterisch erfolgreich sind oder nicht. Einen gültigen Wert ergibt – vor allem bei den quantitativen Merkmalen – der Vergleich mit dem Rassedurchschnitt. Wir können uns das Idealbild zu hoch oder zu tief gesteckt haben, darauf kommt es nicht unbedingt an. Erfolg hat ein Züchter dann erreicht, wenn der Qualitätsdurchschnitt seiner Hunde über dem Rassemittel liegt. Dabei muss er natürlich alle seine gezüchteten Tiere in die Bewertung einbeziehen, die besten und die ganz missratenen. Ebenso darf man, wenn der Gesamtdurchschnitt mit den eigenen Hunden verglichen wird, nicht nur an den besten Tieren messen, die in der V-Klasse an Ausstellungen zu sehen sind, sondern muss auch die schlechten einbeziehen. Hat man dann den begründeten Eindruck, dass die eigenen am wenigsten guten Hunde immer noch besser sind als die schlechtesten im Gesamtbestand und haben sie durchschnittlich auf der ganzen Linie positivere Eigenschaften als der Rassedurchschnitt, dann sind wir erfolgreich. Dies ist auch dann so, wenn man noch keinen Ausstellungssieger gestellt hat. Dieser dürfte aber nicht für immer auf sich warten lassen.

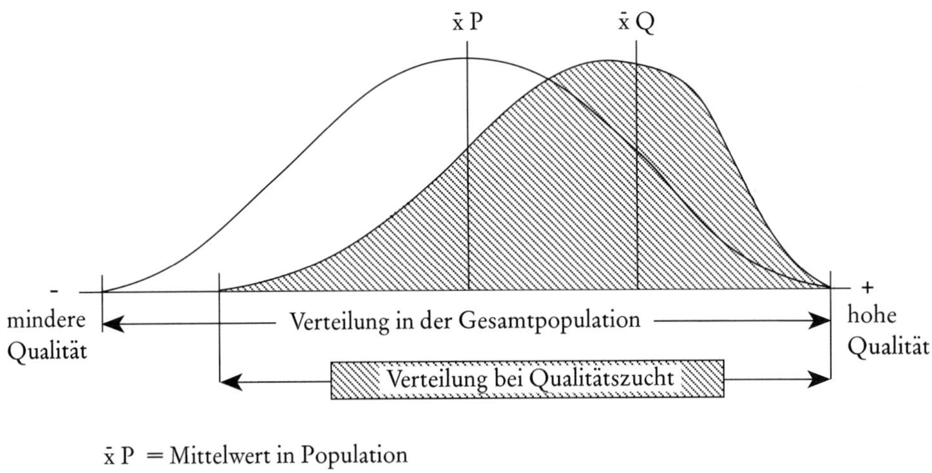

x̄ P = Mittelwert in Population

x̄ Q = Mittelwert bei Qualitätszucht

Der Einfluss der Umwelt auf das Erscheinungsbild

Bisher haben wir vom Einfluss der Gene auf die Ausgestaltung aller möglichen Eigenschaften so gesprochen, als würde von der Befruchtung weg ein Ablauf einsetzen, der durch nichts verändert werden kann. Es stimmt wohl, dass die Erbanlagen schon im Keim vorgegeben sind und dass sie mit unaufhaltsamer Kraft auf das ganze Wachsen und Werden jedes Lebewesens einwirken, bis es «fertig» ist; aber es gibt auch äussere Einflüsse, die ebenfalls zur endgültigen Formung der Gestalt und des Charakters beitragen. Sie vermögen zwar nicht, das Ererbte grundsätzlich zu verändern, können jedoch die Entwicklung so hemmen, dass ein Hund am Ende gar nicht das darstellt, was er von seinen Anlagen her eigentlich wäre, oder sie andererseits in einem Masse fördern, dass er sich sozusagen selber übertrifft.

Für den Züchter, der durch den Phänotyp hindurch bis zu dem vordringen möchte, was ein bestimmtes Tier von seinen Erbanlagen her ist, erschwert dies die Beurteilung zusätzlich. Hat ein Hund z. B. durchgetretene Vordermittelfüsse oder einen weichen Rücken, weil er es von seinen Vorfahren ererbt hat oder weil er in einem bestimmten Stadium der Entwicklung nicht die Nähr- und Ergänzungsstoffe bekommen hat, die

Veteranenklasse auf einer Ausstellung: Die zweite von links ist die 10½ Jahre alter Mutter der 4 mit abgebildeten Töchter, die auch alle über 8 Jahre alt sind. Veteranengruppen sollten an unseren Ausstellungen noch mehr gefördert werden. Ältere und alte Hunde, die sich in guter Verfassung befinden, zeugen von Vitalität in der Zuchtfamilie und guter Pflege durch ihre Besitzer.

eine gesunde Entwicklung des Skeletts ermöglichen? Ist er in der Jugend vielleicht stark überfüttert worden? Wurden schon vom Jungtier das Skelett und die Bänder überbeanspruchende Leistungen gefordert? Oft ist eine eindeutige Antwort nicht möglich, und es ist schon gar nicht zu ergründen, zu welchen Teilen vielleicht Erb- und Umwelteinflüsse eine Rolle spielen.

Zu den äusseren Einflüssen rechnet man vor allem:
- die Bedingungen im Mutterleib,
- die Nahrungsversorgung,
- klimatische Einflüsse wie Kälte, Wärme, Nässe (Unterbringung),
- Bewegung der verschiedensten Formen,
- Krankheiten,
- psychische Einflüsse (ein Klima der Geborgenheit oder furchtauslösende, verunsichernde Einflüsse, Erziehung).

Unter den Merkmalen, die in ihrer Ausformung durch die Umwelt mitbeeinflusst werden können, sind zwei Gruppen zu unterscheiden:
1. Qualitative Merkmale: Sie lassen sich in der Regel auf eindeutige Wirkungen einzelner Gene zurückführen (z. B. Vollfarbigkeit – Scheckung, Kurzhaar – Langhaar etc.). Für die meisten dieser durch eines oder mehrere Gene bedingten Eigenschaften gilt, dass sie durch Umwelteinflüsse nicht oder nur geringfügig veränderbar sind.
2. Quantitative Merkmale (Mengenmerkmale): Hier gibt es keine klar abgegrenzten Formen und Unterschiede, sondern fliessende Übergänge innerhalb bestimmter Bereiche von ... bis. Auf die polygenen Merkmale haben Umweltwirkungen einen mehr oder weniger deutlichen Einfluss, wobei häufig zwischen äusseren Einflüssen und erblicher Veranlagung nicht eindeutig getrennt werden kann.

Zum Problem des Erblichkeitsgrades

Quantitative Merkmale lassen sich allein über Nachkommenprüfungen steuern. Nur durch Vergleiche zwischen Eltern und Kindern und zwischen Geschwistern und weiteren Verwandten sind Aussagen über den Grad der Erblichkeit von Merkmalen möglich. Erst eine grössere Anzahl untersuchter Tiere lässt einigermassen sichere Schlüsse zu.

Heritabilität ist der Anteil am Phänotyp, der erblich bedingt ist. Auf ein (polygenes) Merkmal bezogen, ist der Erblichkeitsgrad das Mass dafür, mit welcher Wahrscheinlichkeit von Zuchttieren ähnliche Nachkommen erwartet werden können.

Um so mehr der Phänotyp (unbeeinflusst von Umweltfaktoren) dem Genotyp entspricht, desto grösser ist die Heritabilität und desto deutlicher und weniger zeitaufwendig lässt sich ein Merkmal züchterisch beeinflussen. Erblichkeitsgrade werden am verständlichsten in Prozenten ausgedrückt (0 bis 100%). Eine hohe Vererbbarkeit drückt sich in einem hohen Wert aus. Werden in der Literatur Prozentzahlen zu bestimmten Merkmalen genannt, dürfen diese nicht ohne weiteres auf den Berner Sennenhund übertragen werden. Diese Werte beziehen sich immer auf bestimmte Rassen und auf die speziellen Verhältnisse der jeweils untersuchten Population. Sie gelten also nicht generell, schon gar nicht für das einzelne Tier. Ein Beispiel: Für Skelettmasse – sie sind verhältnismässig gering von Umweltfaktoren beeinflussbar – gelten relativ hohe Werte zwischen 60 und 80 %. Das läßt sich beispielsweise für die Widerristhöhe oder die Länge des Kopfes schon auf das Einzeltier beziehen. Für die Hüftgelenksdysplasie dagegen, die durchaus auch zu den Skelettmerkmalen gerechnet werden kann, aber durch Umwelteinflüsse in hohem Masse veränderbar ist, werden Erblichkeitswerte im grossen Schwankungsbereich von 20–70% angegeben, je nach Rasse und untersuchter Population. Nehmen wir als Beispiel hier eine Heritabilität von 50% an. Das heißt dann, dass die für eine spezielle Gruppe ermittelte Bandbreite in der Ausformung der Hüftgelenke zur einen Hälfte durch Erbfaktoren und zur anderen durch Umweltwirkungen bestimmt wird. Beim Einzeltier aber kann HD im Prinzip fast zu 100% ererbt oder in Extremfällen zu 100% durch Umweltwirkungen bedingt sein. Eine statistische Schätzung der Anteile ist nur durch gross angelegte Nachkommenprüfungen möglich.

Umfangreiche populationsgenetische Berechnungen führen in einigen Tiergruppen zu Werten, die aufschlussreich und in großen Populationen eine Basis für die Zuchtplanung sind, sonst würden sich im Bereich der Landwirtschaft nicht wissenschaftliche Institute damit befassen. Vom praktischen Hundezüchter aber können Heritabilitätsberechnungen aus mehreren Gründen nicht durchgeführt werden (zu kleiner Tierbestand; umfangreiche Kenntnisse der höheren Mathematik sind ganz natürlich nicht vorhanden, Daten fehlen, enormer Zeitaufwand).

In letzter Konsequenz sagen aufwendig ermittelte genauere Schätzwerte in Prozenten dem Liebhaberzüchter aber wohl nicht mehr, als es mit folgenden allgemeinen Angaben versucht wird.

Ausgehend von dem Grundsatz, dass nur so viel Theorie sinnvoll ist, wie vom Hundezüchter auch verarbeitet und in die Praxis umgesetzt werden kann und wird (!), gehen wir auf das Problem von Heritabilitätsberechnungen nicht ein. Merkmale, die den Hundezüchter interessieren, werden ganz allgemein vier Gruppen zugeordnet. Das wird in der folgenden Übersicht dargestellt. Dabei könnte über die Zuordnung einiger Eigenschaften durchaus diskutiert werden. Es ist aber ohne jeden praktischen Nutzen, darum zu feilschen, ob ein Merkmal noch in diese oder doch und evtl. schon in die nächste Gruppe gehört. Es führt in der praktischen Zucht weiter, wenn nicht auf ein Wenn und ein Aber ausgewichen wird, sondern wenn wir für einen Mangel eher einen höheren Erblichkeitsgrad annehmen. Es bringt nichts, wenn irgendwo zu lesen ist, daß Kryptorchismus z. B. in Laborversuchen durch spezielle Mangeldiäten erzielt werden konnte oder dass es gelungen ist, einem Hund durch hohes Übergewicht und ständige Überbeanspruchung extremer Art so weiche Vorderfusswurzelgelenke beizubringen, dass die Vordermittelfüsse fast auf der Erde liegen und dann davon ableiten zu wollen, dass beim eigenen Tier ja auch die Umwelt (und oft ist damit die Haltung durch einen Käufer gemeint) an Mängeln schuld sein könnte und nicht die Gene.

Übersichten über Umweltwirkungen auf einzelne Merkmale

Gruppe 1: Merkmale, auf die die Umwelt im Prinzip keinen Einfluss ausübt. Veränderungen sind allein durch entsprechende Zuchtauslese möglich.

Augenfarbe; Sitz und Schnitt der Augen Kopfform (schmal/breit, lang/kurz, tief/flach, viel Stop/wenig Stop, Verhältnis von Gesichts- zu Hirnschädel) Lefzenform (anliegend – trocken/gross und lose hängend) Kieferlänge Zahnzahl und Stellung der Zähne (gewaltsame Einwirkungen ausgenommen) Ohrenlänge und -ansatz Form des Halses Rumpflänge Rutenansatz Zeichnung Pigmentierung von Lefzen und Ballen

Gruppe 2: Merkmale, deren Ausprägung vor allem durch die Erbanlage bestimmt ist; ein Einfluss der Umwelt ist aber gegeben oder möglich.

Merkmal	*modifizierende Umweltfaktoren*
Widerristhöhe Gliedmassenlänge Knochendicke Brustbreite Rücken- und Kruppenform	Bestmögliche Ernährung nach Menge und Zusammensetzung garantiert optimale ungestörte Entwicklung nach dem vorgegebenen genetischen Plan. *Hemmend oder schädlich sind* – *Mangelernährung:* vor allem zu wenig Eiweiss, zu wenig Calcium bzw. Missverhältnis zwischen Calcium und Phosphor, fehlende Vitamine
Winkelung und Stellung der Gliedmassen Form der Pfoten Gesundheit der Gelenke (Dysplasie der Hüften, der Ellenbogen)	– *Überernährung:* Mengenmässig zu viel (übermässige Gewichtszunahme), Überschuss an Eiweiss (zu schnelles Wachstum), zu viel Vitamin D (Störungen bei der Knochenausformung), Hormongaben; falsch dosierte Bewegung nach Art und Umfang
Nabelbrüche	falsches Abnabeln (Reissen an der Nabelschnur)
schwarze Farbe der Fellhaare, Pigmentierung der Nase	Klimatische Einflüsse können vorübergehend Rotschimmer bewirken (längere intensive Sonneneinstrahlung), doch nur dort, wo eine genetische Veranlagung besteht.
Intensität der Brandfärbung	Sie kann durch entsprechende Fütterung (viel Karotin) evtl. ganz leicht beeinflusst werden. Nach schweren Krankheiten, auch nach einem Wurf, kann der Brand für kürzere Zeit etwas aufhellen.

Gruppe 3: Merkmale, die eindeutig genetisch bedingt sind, durch Umwelteinflüsse aber doch erheblich mitgestaltet werden können

Merkmal	*modifizierende Umweltfaktoren*
Bemuskelung Beweglichkeit Laufleistung Art des Ganges (zügig u. regelmässig; unregelmässig, stelzend) Festigkeit der Vordermittelfussgelenke Festigkeit der Schulterpartie Festigkeit des Rückens	Alle diese Merkmale können, obwohl primär ererbt, durch entsprechendes Training (Entwicklung von Muskulatur und Bändern) deutlich positiv beeinflusst werden. Andererseits können Bewegungsarmut (Zwingerdasein) oder im Gegenteil Überanstrengung, besonders junger Tiere, ebenso Mängel provozieren wie Überernährung (hohes Gewicht) oder Unterernährung
Körperumfang und Fettansatz	Rachitis oder andere auf Fehlernährung basierende krankhafte Zustände verändern Brustumfang (Schmalbrüstigkeit), Lendenbreite und -tiefe, Rücken- und Kruppenbreite und -form. – Die Neigung zu übermässigem Fettansatz ist auch genetisch bedingt, kommt aber bei angemessener Ernährung nicht zur Auswirkung.
Lidschluss	Ausser angeborenen Lidschlussfehlern (Ektropium, Entropium) kann ein abnormes Klaffen der Lidspalte/Herabhängen der unteren Augenlider und eine Verengung der Lidspalte bei gleichzeitigem Einrollen der Lidränder auch durch Entzündungen infolge Zugluft oder Fremdkörpereinwirkung begünstigt werden. Fettansatz unter der Kopfhaut strafft die Lider, sodass „offene" Augen geschlossener erscheinen.
Haarlänge, Dichte und Glanz des Felles	Sie können durch gezielte Ernährung (vor allem spezielle Vitamingaben über lange Zeit) gesteigert werden, auch besonders gute Pflege hat Auswirkung. Mangelernährung, Krankheit und fehlende Pflege beeinträchtigen den Fellzustand.
Funktionstüchtigkeit innerer Organe	Die Funktionstüchtigkeit bzw. die Gesundheit innerer Organe (wie Herz, Lunge, Nieren, Magen; Aufhängung des Magens hinter dem Brustkorb) kann genetisch ungleich vorgegeben sein (empfindliche Nieren, Neigung zur Magendrehung). Ob sich eine manifeste Krankheit entwickelt, hängt aber auch von Ernährung und Haltung ab.

Gruppe 4: Umweltlabile Merkmale und Eigenschaften (erblich bedingt, in hohem Masse aber umweltabhängig)

Merkmal	*modifizierende Umweltfaktoren*
Lebensalter, Fruchtbarkeit	Ernährung, Pflege, psychische Einwirkungen haben Einfluss.
psychische Eigenschaften (Wesen/Charakter)	*Fast alle können durch Erziehung im weitesten Sinne in hohem Masse entwickelt oder unterdrückt werden. Feststellen zu wollen, welche Anteile am Wesensbild ererbt oder erworben sind, ist nur schwer möglich.*
Temperament	Überernährung und Krankheiten setzen das Temperament ebenso deutlich herab wie starker Zwang.
Selbstsicherheit Unerschrockenheit Geltungstrieb Durchsetzungsvermögen Aggressionsbereitschaft Wachsamkeit Unterordnungsbereitschaft Führigkeit Suchfreude (Fährte, Revier) Verträglichkeit mit anderen Tieren Beziehung zu Besitz und Territorium Anhänglichkeit	Eine Grundveranlagung ist jedem Welpen als Erbgut der Vorfahren mitgegeben. Ob ein Junghund Umweltreize mit Flucht, Aggression oder Phlegma beantwortet, wird vorwiegend von seiner genetischen Veranlagung bestimmt. Kein Merkmal ist aber so sehr durch die Umwelt veränderbar wie die Wesensveranlagung. Welche genetisch bedingten Triebrichtungen zum Tragen kommen, hängt ab von der Umwelt (reizarm, reizüberflutet; Lernmöglichkeiten). Das Vorbild der Mutter, die Einwirkung von Artgenossen und vor allem alle Wirkungen, die vom Menschen ausgehen bzw. von ihm beeinflusst werden können, prägen das Wesensbild.
Intelligenz im Sinne von besonderer Lern-, Gedächtnis- und Leistungsfähigkeit	Sie ist kaum mehr ein Merkmal, auf das geachtet wird. Es gibt aber eindeutig „intelligentere“ und „dümmere“ Tiere. Selten kann sich ein Hund durch das profilieren, was wir mit dem menschlichen Begriff Intelligenz umschreiben. Wo seine Leistungen nicht in Bahnen verlaufen, die vom Menschen bevorzugt genutzt werden (Gebrauchshunde), werden sie auch nicht bewusst gefördert. Besondere psychische Qualitäten sind beim in die Familie integrierten Hund natürlich sehr geschätzt. Das „Leben in der Familie“ (das aus dem täglichen Umgang resultierende Stellen von Anforderungen und Üben unterschiedlichster Leistungen, die Notwendigkeit für den Hund „zu verstehen“) lässt unterschiedliche Qualitäten von Anlagen erkennen und hilft andererseits, diese zu entwickeln. Zu Recht sagt man, dass ein guter Lehrer aus einem mittelmässig veranlagten Hund allemal mehr machen kann als ein schlechter aus einem hochveranlagten.

Konsequenzen für den Züchter

Für die praktische Arbeit selbst des «kleinsten» Züchters hat die Tatsache, dass auch die Umwelt am Erscheinungsbild mitwirkt, Konsequenzen, die sich zu zwei Gruppen ordnen lassen:

1. Auf Grund des hier Dargestellten wird jeder mit Unterstützung durch andere Fachleute zu ermitteln versuchen,
   - in welchem Masse Merkmale und Eigenschaften der Hunde, mit denen gezüchtet werden soll, erblich begründet sind,
   - in welchem Umfang das, was zu sehen ist, sowohl in positiver als auch negativer Richtung, durch spezielle Umweltwirkungen bedingt sein könnte.

   Es ist davor zu warnen, sein Urteil allein auf Aussagen des Eigentümers zu gründen. Nur solche sind von verlässlichem Wert, welche von ausgewiesenen Fachleuten stammen, die als Unbeteiligte gelten.

   So mancher, der sich gerne als stolzer Besitzer eines Deckrüden sehen möchte oder eine «Zuchthündin» verkaufen will, schützt irgendeine überstandene Krankheit, schlechte Ernährung am früheren Platze oder einen Unfall vor, wenn er weiss, dass solche Umstände tatsächlich einen bestimmten Mangel erzeugen oder verschlimmern können.

   Zu bedenken ist ebenfalls: Der prunkvolle Hund kann auch ein «Umweltglückspilz» sein. Durch gezielte Pflege und gekonnte Ringdressur kann viel erreicht werden. Oder aber er kann genetisch gesehen eine sogenannte einmalige Ausgabe darstellen. Er mag sein bestechendes Äusseres besonders günstigen Genkonstellationen verdanken. Solche idealen Kombinationen können nicht an die Nachkommen weitergegeben werden: Vererbt wird nur ein Teil der Gene, keineswegs die besondere «Fügung». Kenner wissen: Der Phänotyp ist wohl ein Hinweis auf die erbliche Veranlagung, aber er ist kein Ausweis!
2. Jeder Hundefreund wird eine zweite Konsequenz ziehen, die da lautet: Es ist alles daran zu setzen, gegenwärtigen und zukünftigen Zucht- und auch Ausstellungstieren beste Bedingungen für die Entfaltung zu bieten. Keiner wird sich darauf verlassen, daß sich die Qualitäten eines berühmten Vaters oder einer guten Mutter schon von allein durchsetzen werden, so dass der Nachkomme nicht hinter ihnen zurücksteht.

   Besonders wichtig hinsichtlich der Förderung oder Beeinträchtigung einer optimalen Entwicklung sind die ersten Lebenswochen und -monate. Ein Berner-Sennenhund-Welpe verzwanzigfacht sein Geburtsgewicht von rund 500 g in etwa bis zur zehnten Lebenswoche und wiegt bei der Abgabe an den Käufer ca. 10 kg. Jede Fehlernährung, jede ungünstige Haltung wirkt sich in diesen kritischen Wochen besonders verhängnisvoll aus. Es gibt irreparable Schäden, die sich u. U. auch erst beim erwachsenen Hund zeigen können. Fast ebenso wichtig sind die Monate des starken Grössenwachstums vom dritten bis zum zehnten Lebensmonat. Auch in diesem sensiblen Lebensabschnitt kann die Wirkung der Erbanlagen durch bestmögliche Umweltbedingungen erheblich begünstigt oder durch falsche

Haltung empfindlich gestört werden. Besonders sei darauf hingewiesen, dass die meisten Hunde zwar richtig gefüttert, aber viel zu wenig bewegt werden!

Und es sei betont: Es ist nicht nur alles zu tun, dass sich der junge Hund bestmöglich körperlich entwickeln kann, sondern auch psychisch. Das gilt es, für jeden zu beachten, ob mit dem Tier einmal gezüchtet, ob es ausgestellt, für einen bestimmten Gebrauchszweck oder ohne alle diese Ambitionen ganz einfach als Kamerad und als Mitglied der Familie gehalten werden soll, denn von allen wünschen wir, dass sie vor allem gesund, im Charakter so vollkommen wie möglich und auch im Sinne der Rasse schön sind.

Nur zielstrebige züchterische Arbeit zusammen mit bestmöglichen Aufzuchtbedingungen schaffen gute Hunde.

Zusammenspiel von Vererbung und Umwelt

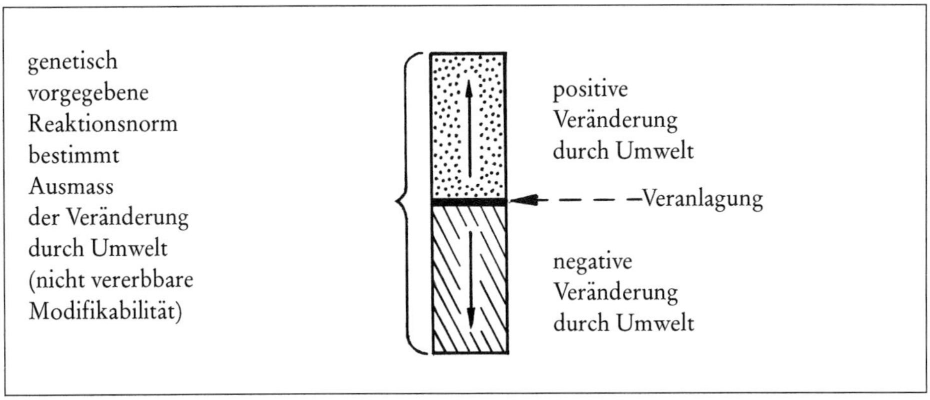

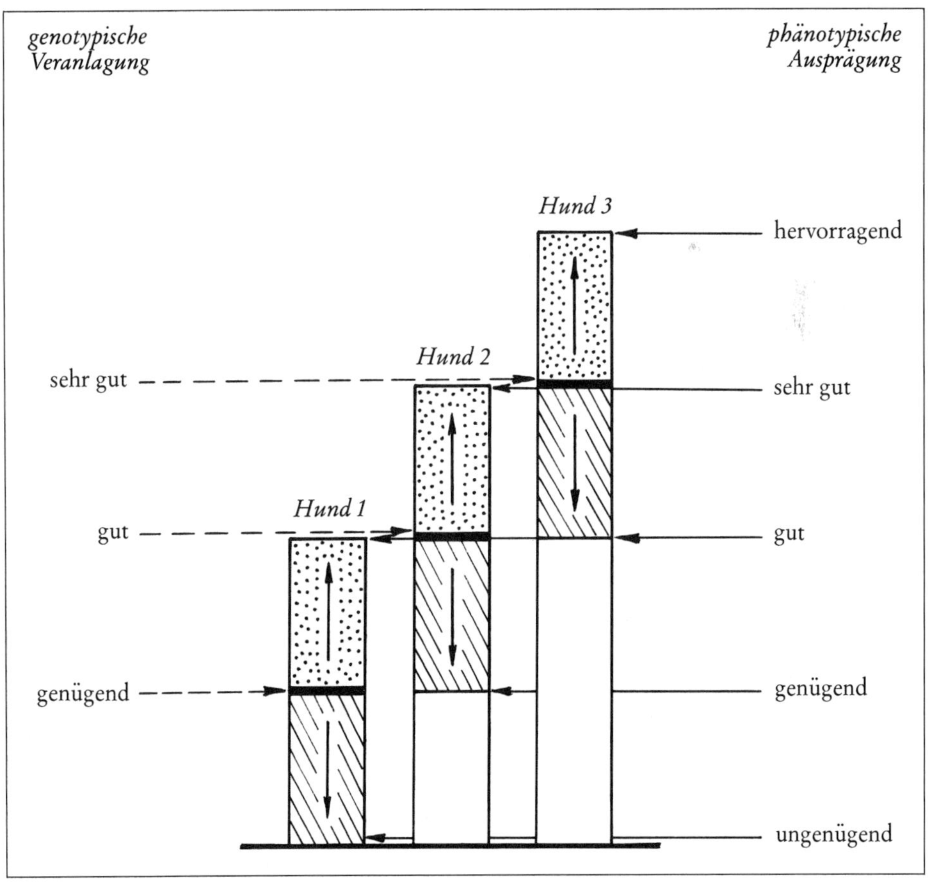

Zusammenfassung

Führen wir die Gedanken zu der Ausgangsüberlegung zurück, die als einfachste Modellgleichung auch der ganzen umfangreichen populationsgenetischen Mathematik vorangeht:

Der Phänotyp (P) ergibt sich aus der Summe der genetischen Veranlagung (G) und dem Umwelteffekt (U).

Also: $P = G + U$

Die genetisch bedingten Anlagen geben vor, in welchem Umfang eine Abweichung erfolgen kann. Sie bestimmen, in welchem Masse äussere Einflüsse, vor allem in sensiblen Phasen der Entwicklung des Hundes, in das Entwicklungsgeschehen eingreifen können. Die Umwelt beeinflusst, indem sie verbessernd oder verschlechternd wirkt.

Diese Veränderungen sind
- nicht erblich,
- müssen z. T. immer wieder neu erworben werden, wie beispielsweise die Ausprägung der Muskulatur, einige Leistungsfähigkeiten usw.

Negative Abwandlungen lassen sich nicht oder kaum mehr korrigieren, wie z. B. Gelenkschädigungen, lose Schultern ect.

Bei gleicher Veranlagung gehören diejenigen Tiere, die sich in einer positiven Umgebung optimal entwickeln können, zu den «Glückspilzen», die anderen, die nicht die guten Chancen haben, zu den «Pechvögeln».

Zuchtaufbau

Nach all dem bisher Gesagten kann es dem Leser ganz wirr im Kopf sein. Die vielen dargestellten Einzelheiten mögen wie die Teile eines Puzzles erscheinen, die nur schwer zusammenzufügen sind. Alle diese Dinge aber sind wichtig. Sie erklären, wie das Ganze funktioniert, warum eben etwas so herauskommt und nicht anders. In den Fugen zwischen den Teilen liegen trotzdem noch genügend Überraschungen bereit, die das Züchten zum Erlebnis machen.

Beim Zuchtaufbau geht es wieder um den ganzen Hund. Zucht ist mehr als genetisches Wissen, aber sie braucht es als ihr inneres Gerüst, das sozusagen im Hinterkopf bereitliegen muss, wenn man sich mit den Tieren beschäftigt, auf die unser ganzes Sinnen und Trachten gerichtet ist. Diese Kenntnisse müssen da sein, wenn man einschätzt, aussucht, plant, wieder verwirft und alles nochmal von vorn beginnt, aufs neue überlegt, um nach menschlichem Ermessen zum Besten zu kommen. Durch viel Fragen, Beobachten, Diskutieren, Zuhören, Nachforschen und Ablauschen erwirbt man sich in der Praxis weitere Kenntnisse, die, nachdem sie über den inneren Filter des kritischen Abwägens auf der Grundlage des eigenen Wissens gegangen sind, uns zu dem führen können, was man, etwas mysteriös klingend, «Instinkt für die Zucht» nennt.

Die eigene Zucht

Die meisten Berner-Sennenhund-Zuchten sind klein. Man hält sich eine Hündin, erfreut sich am jährlichen Wurf und zieht, wenn sie alt wird, eine Tochter nach. Auf diese Weise sind natürlich keine grossen Fortschritte zu erreichen. Der Aufbau einer eigenen Linie ist nicht möglich. Und trotzdem sind dank geschickter Paarungen auch aus diesen Kleinstzuchten schon viele gute Hunde hervorgegangen.

Wer aber mehr erreichen und eines Tages auf Fortschritte zurückblicken möchte, sollte sich Raum für mehrere Hündinnen schaffen. Zwei bis drei, die jedes Jahr werfen, müssten es schon sein. Nur so lassen sich Vergleiche anstellen, nur so wird man auch den Mut haben, eine Hündin durch eine andere zu ersetzen, wenn sie enttäuschende Nachkommen bringt.

Von der Beschreibung eigentlicher Massenzuchten und deren speziellen Möglichkeiten wird hier abgesehen. Sie sind Sonderfälle. Ausserdem eignen sich Berner, wie wohl die meisten Hunde, nicht für Grosszuchten. Sie brauchen individuelle Betreuung, Anschluss an Menschen, sonst verkümmern sie psychisch. Sechs Hündinnen, zwei im besten Alter, zwei ältere und zwei junge zum Nachziehen, das dürfte so das Äusserste sein, was ein einzelner Züchter noch mit gutem Gewissen betreuen kann.

Alle Hinweise beziehen sich deshalb auf züchterisches Geschehen, wie es der ganz normale Züchter verwirklichen kann.

Zu den Hündinnen auch einen Deckrüden zu halten, ist meist nicht zu empfehlen, es sei denn, man hätte besonderen Stolz, auch ein männliches Tier sein eigen zu nennen.

Zuchtrüden kann man nicht kaufen, sie werden einem «geschenkt». Das lehrt alle Erfahrung. Die wenigsten «grossen», eine Rasse prägenden Zuchtrüden, sind als Welpe bewusst ausgesucht und dann zum wertvollen Vatertier aufgezogen worden. Viel, viel häufiger sind dagegen die Fälle, dass Jungtiere gewählt wurden in der Hoffnung, sie möchten sich zum qualitätsvollen Zuchttier entwickeln, und dann standen sie doch weit hinter dem Erwarteten zurück. Viele bleiben auf der Strecke, weil sich nachträglich ein Fehler entwickelt, der den Rüden von vornherein von der großen Karriere ausschliesst. Der überwiegende Teil der guten Zuchtrüden wurde einfach eines Tages irgendwo entdeckt. Häufig stehen sie bei Leuten, die nie daran dachten, ihren Hund für die Zucht zu gebrauchen, sich dann aber überzeugen lassen, daß er der Rasse Gutes bringen könnte.

Gehört ein männliches Tier zur Meute, werden die Ansprüche an die Einrichtung besonders kompliziert. Es muß zeitweise, wenn die Hündinnen läufig sind, abgetrennt werden könnnen. Nicht alle Rüden ertragen das leicht. Es gibt liebeskranke Burschen, die nicht mehr fressen und völlig aus Haut und Haaren fallen.

Kommen fremde Hündinnen, muss auch für diese ein geeigneter Raum zur Verfügung stehen. Sie können viel Unruhe bringen.

Gravierender jedoch als alle diesen äusseren Dinge, die man vielleicht noch lösen kann, ist aber die Tatsache, dass der Rüde für die eigenen Hündinnen in den allermeisten Fällen gar nicht der bestmögliche Partner ist. Das steht oft schon vor einer Paarung fest oder stellt sich mit den ersten Würfen heraus. Oft sind dann nach zwei bis drei Jahren auch Töchter von ihm im Zwinger. Alle Erfahrung lehrt: Wer sich auf einen eigenen Deckrüden versteift, gibt damit von Anfang an die Möglichkeiten aus der Hand, den richtigen Partner für seine Hündinnen zu haben. Und nach den Kosten gefragt: Bei nur wenigen Deckakten pro Jahr im eigenen Zwinger übersteigen die Haltungskosten die Einsparungen an auswärtigen Deck- und an Reisegeldern weit.

Eine durchschnittliche Zuchtstätte für Berner Sennenhunde hat in den meisten Fällen einen kleinen Hündinnenbestand. Die besten Partner werden unter den vorhandenen Zuchtrüden im Lande und manchmal auch außerhalb gewählt.

Die Entscheidung, ob mit einem Tier auch gezüchtet wird, ist von folgenden drei Bedingungen abhängig:

1. Es muss gesund, also frei von erkennbaren erblichen Defekten sein wie HD, Ellenbogendysplasie, Augenanomalien, Biss- und Zahnmängeln.
2. Es muss wesensfest sein.
3. Es muss dem Standard hinreichend entsprechen.

Alles beginnt mit der Hündin

Drei mögliche Ausgangssituationen

Der häufigste Fall:	Trifft meist zu, wenn schon gezüchtet worden ist:	Seltener Fall, weil geeignete erwachsene Hündinnen kaum zu haben sind:
Die Hündin ist als Familienmitglied schon da, und sie soll nun Nachwuchs haben.	Eine Welpenhündin wird mit dem Ziel gewählt, mit ihr einmal züchten zu wollen.	Eine ausgewachsene Hündin wird als Zuchttier erworben.

Wahl zur Zucht ist hier

Einschätzung des Vorhandenen	Auswahl von Anfang an mit dem Ziel, bestmögliche Voraussetzungen zu haben

Folgende Überlegungen spielen bei der Paarung eine Rolle:

1. Je mehr Unvollkommenheiten bei der Hündin vorhanden sind, desto schwieriger ist es, einen Rüden zu finden, der diese auch alle ausgleichen kann.
2. Deutliche Abweichungen vom Geforderten (Fehler) sind schwerer zu korrigieren als geringe (Mängel).
3. Vorzüge, über die die Hündin verfügt, dürfen bei einer Paarung mit einem in den entsprechenden Positionen wenig vollkommenen Rüden nicht aufs Spiel gesetzt werden, sonst tauscht man nur Negatives gegen anderes Unerwünschtes aus.
4. Unvollkommenheiten komplexer Merkmale wie Typ, Bau der Gliedmassen sind schwerer zu korrigieren (kaum in einer Generation) als mehr punktuelle Einzelmerkmale, die auch genetisch weniger kompliziert begründet sind, z. B. helle Augen, gelblicher Brand, wenig langes Haar, und auch bei Zeichnungsmängeln verhält es sich so. Hier kann bei richtiger Partnerwahl bereits in der nächsten Generation phänotypisch ein deutlicher Fortschritt erreicht werden.

Fazit: Je besser die Hündin ist, desto einfacher ist es, eine Partner für sie zu finden und in gleichem Masse wird die Nachzucht von höherer Qualität sein.

Es ergibt keinen Sinn, geht man von der Praxis aus, lange darüber zu diskutieren, ob der Beginn einer Zucht auf diese oder die andere Art günstiger oder sachgerechter ist. In den meisten Fällen sind die Umstände gegeben.

Wir sehen jede Hündin letztlich als «vorhandene Grösse» an. Die Familienhündin kann hinsichtlich unseres Vorhabens ein glücklicher Kauf gewesen sein, und ein mit Bedacht ausgesuchter Welpe muss sich nicht immer positiv entwickeln.

Massgebend ist in beiden Fällen die verantwortungsbewusste letzte Entscheidung für oder gegen einen Zuchteinsatz.

Wenn allerdings ein älteres Tier erworben werden kann, hat man von Anfang an viele Trümpfe in der Hand.

Ohne Wenn und Aber gilt: Die erfolgreiche Zucht beginnt immer mit der guten Hündin. Wenn irgend möglich, soll weder auf Zeit noch Geld gesehen werden, eine zu erwerben.

Auswahl für die Zucht wird immer aufgrund der Beurteilung des Phänotyps und des Erbwertes getroffen. Das gilt gleichermassen für ein Aussuchen vor dem Kauf oder als Prüfstein danach, und dies trifft sowohl für weibliche als auch männliche Tiere zu. Und sobald Nachzucht vorhanden ist, kommt als drittes Kriterium der Zuchtwert hinzu.

Die drei Grundpfeiler der Auswahl

Erscheinungsbild

Grundsatz: Tiere, die hinsichtlich klar erblicher Merkmale Mängel oder gar Fehler schon äusserlich zeigen, werden in den betreffenden Positionen auch nicht positiv vererben. Es ist sinnlos zu hoffen, dass sie dafür erwünschte Gene einbringen werden. Diese sind nämlich entweder gar nicht (qualitative Merkmale) oder höchstens in geringem Masse (Mengenmerkmale) vorhanden.

Erbwert, Familienwert

Wertvoll ist es, in dieser Reihenfolge, die eine Rangfolge darstellt, einschätzen zu können: Vollgeschwister, Eltern, Grosseltern, Halbgeschwister, die Geschwister der Eltern (Onkel, Tanten), Nachkommen der Vollgeschwister (Neffen, Nichten), Nachkommen der Geschwister der Eltern (Cousins, Cousinen).

Zuchtwert

Sobald Nachkommen zu beurteilen sind, geben diese wichtige Aufschlüsse über die genetische Veranlagung der Zuchttiere. Immer sind bei der Beurteilung beide Elterntiere zu beachten. Nachkommen können nur die Hälfte des Zuchtwertes eines direkten Vorfahren erhalten. Je mehr Kinder eingeschätzt werden können, desto sicherer wird die Aussage sein.

Bei der Wahl einer Junghündin, mit der später einmal gezüchtet werden soll, gilt es, beide folgenden Kriterien gleichrangig zu beachten:

1. Auswahl nach dem Erscheinungsbild

Je älter der Welpe ist, desto besser ist er einschätzbar. Vor der achten Woche sind, ausser zur Zeichnung, kaum Aussagen möglich, es sei denn vom gut beobachtenden erfahrenen Züchter selbst.

Beachte: Das Jungtier soll neugierig sein. Es darf vor fremden Personen, bei ungewohnten Geräuschen oder optischen Eindrücken keine Furcht zeigen. Nicht in gewohnter Umgebung und im Kreis der Geschwister ist zu beurteilen, sondern allein und in fremder Umgebung, was zusammen an sich schon eine Belastung darstellt. Zeitpunkt beachten: Nach dem Fressen oder aus dem Schlaf erwacht, sind Welpen meist phlegmatisch. Ist Spielzeit, sind sie lebhaft. Gedrungener Körperbau, dicke Pfoten und Beine, die von vorn und hinten gesehen gerade stehen, gute Winkelung, lockeres Laufen, nicht Stelzen, Beine gerade vorführen, Pfoten nicht nach aussen schlenkern, sauber anliegende Augenlider sind vordringlich. Die Stellung der Schneidezahnreihe muss beachtet werden: Ein Vorbiss wächst sich nicht aus, Zangenstellung kann zum Vorbiss führen. Erwünscht ist eine normale Welpenschere: Die Schneidezähne des Unterkiefers stehen hinter denen des Oberkiefers (ca. 1–3 mm).

Wie und wann sich die einzelnen Merkmale entwickeln, haben wir im einzelnen genauer dargestellt (vgl. «Vorkommen und Genetik einzelner Merkmale»).

Phänotypische Anforderungen, die an ausgewachsene Berner Sennenhunde zu stellen sind, werden hier nicht noch einmal genannt. Das ist umfassend im Kapitel «Erläuterungen zum Standard» geschehen.

2. Auswahl nach dem Erbwert (Familienwert)

Die Geschwister des Jungtieres sind seine allernächsten Verwandten. Sie sollen möglichst im positiven Sinne ausgeglichen und einander ähnlich sein.

Aus einem ungleichmässigen Wurf, in dem die einen Welpen klein, die anderen gross, die einen gedrungen und die anderen aufgeschossen sind, eine zukünftige Zuchthündin zu wählen, ist ungünstig. Solche Würfe lassen darauf schliessen, dass das Erbgut unausgeglichen und wenig gefestigt ist. Von keinem Hund kann man wissen, wie er sich entwickeln wird.

Auch deutliche Differenzen in der Zeichnung sollten nicht vorhanden sein. Haben alle Welpen eher wenig Weiss oder alle viel, deutet das darauf hin, dass die Variationsbreite im Erbgefüge nicht so gross ist, und das erleichtert die spätere Planung eines Wurfes. Kommt die Hündin aber aus einer Geschwistergruppe, wo vom überreichlichen Weiss bis hin zu ganz kleinen weissen Abzeichen alles auftaucht, wie soll man da wissen, was sie genetisch führt? Immer erkunde man auch, ob Welpen abgetan werden mussten und warum. Es macht für die spätere Zuchtplanung einen grossen Unterschied aus, ob die Hündin aus einem Wurf stammt, der wegen Stiefeln an den Läufen, grossen Nackenflecken oder andererseits fehlendem Weiss von 9 auf 5 Tiere verringert werden musste oder ob 8 oder 9 gut gezeichnete Geschwister geworfen wurden, die lediglich zur Schonung der Mutter auf 6 reduziert worden sind.
Über den möglichen Körperbau und andere Eigenschaften können ältere Brüder und Schwestern aus früheren Würfen Aufschluss geben. Kann man sie sich ansehen, hat das enormen Wert.

Es ist zwar möglich, dass Geschwister aus der gleichen Paarung sehr verschieden ausfallen können, doch das deutet dann darauf hin, dass in dieser Linie viele Merkmale noch wenig gefestigt sind. Sehr verschiedenartige Geschwister geben den Hinweis, dass alles zu erwarten und nichts vorauszusagen ist. Häufig sind aber doch Gemeinsamkeiten zu finden. Sind diese positiver Art, gibt dies eine gewisse Gewähr dafür, dass sich auch die junge Hündin in ähnlicher Richtung entwickeln wird. Je mehr Übereinstimmung im gewünschten Sinne vorhanden ist, desto sicherer kann man sein, dass die Wahl richtig ist. Bekommt man mehrere nicht so gute Brüder und Schwestern zu Gesicht, sollte das zur Vorsicht beim Kauf eines an sich hübschen Welpen veranlassen.

Ein nordisches Sprichwort lautet: «Wenn du wohlgeratene Kinder haben willst, heirate nicht das einzige anständige Mädchen aus einem ganzen Clan.» Das gilt uneingeschränkt für die Hundezucht. Wer sich eine Hündin kaufen will, mit der er später einmal züchten möchte, tut gut daran, nicht nur auf deren Phänotyp zu sehen, sondern schon an die nächste Generation zu denken. Diese wird unfehlbar vom Erbgut mitgeprägt, über das die Hündin als Teil ihrer Sippe verfügt.

Die Mutter
des Jungtieres kann fast immer gemeinsam mit dem Wurf angesehen werden. Vorausgesetzt, es handelt sich um eine ganz normale Paarung nach der Methode der Fremdzucht oder weiterer Inzucht (vgl. die noch folgenden Ausführungen dazu), ist sie «die Hälfte» des Welpen. Als «Umweltfaktor» bedeutet sie für ihre Kinder aber viel mehr. Ihr Charakter färbt in hohem Masse auf die Jungtiere ab. So ist es doppelt wichtig, dass sie ein gutes Wesen besitzt, einen insgesamt robusten, «selbtbewussten» Eindruck macht und sich nicht etwa verzieht, wenn Besuch kommt. Nicht umsonst gilt unter Fachleuten: Hände weg von Welpen, wenn es bei der Mutter nicht stimmt! Über Anforderungen an das Äussere sind in verschiedenen Kapiteln so viele Hinweise enthalten, dass sich hier weiteres erübrigt. Wichtig ist es zu erfahren, wie es um die Fortpflanzungsmerkmale bestellt ist: Hat die Mutter grosse oder kleine Würfe? Verlaufen die Geburten normal? Wie ist die Säugeleistung? Wie betreut sie die Welpen?

Der Vater
des Jungtieres ist dann «die andere Hälfte». Wenn irgend möglich, sollte er begutachtet werden. In diesem Falle kennt man dann die ganze engere Familie und hat schon einen guten Überblick.

Weitere Verwandte
anzusehen kann zwar viele zusätzliche Hinweise geben, ist aber in der Praxis oft nicht möglich. Ein oder zwei zufällig bekannte Tiere haben keinen Aussagewert. Ein herausragender Cousin, der vielleicht Schönheitssieger ist, besagt ebenso wenig wie eine vielleicht zufällig missratene Tante.

Wer den Fleiss aufbringt, viele Nachkommen des Vaters anzusehen oder sich über sie aus zuverlässiger Quelle zu informieren, der erhält natürlich eine Menge weiterer Informationen. Ganz wichtig ist es, sich darüber zu unterrichten, ob bei der Nachzucht von Vater und Mutter evtl. Erbfehler wie HD, Vorhandstörungen, Entropium, Vorbiss, blaue Augen usw. vorkommen und in welchem Ausmass.

Die Mutter eines Wurfes kann Anhaltspunkte liefern, wie der Welpe einmal aussehen wird. Die zwei Hündinnen auf dem Photo sind ihrer Mutter (hinten) sehr ähnlich.

Auf diesem Wege kann man auch zu einem guten Welpen kommen: Durch viele über dem Durchschnitt stehende Nachzucht auf ein Vatertier aufmerksam geworden, schaut man sich nach einer hochwertigen Hündin um, die von ihm gedeckt worden ist und reserviert sich dort ein Jungtier.

Hat man bei der Wahl der zukünftigen Zuchthündin einen erfahrenen Partner an seiner Seite, am besten einen ausgewiesenen Fachmann, wenn man selbst noch nicht so viel Erfahrung hat, kann das eine grosse Hilfe sein, den richtigen Griff zu tun.

3. Auswahl nach dem Zuchtwert

Bei der Auswahl einer Hündin mit der später einmal gezüchtet werden soll, ist es meistens nur möglich, Phänotyp und Erbwert (Familie) zu beachten. Der Zuchtwert erweist sich nur an den Nachkommen. Welche Bedeutung ihm zukommt und wie er ermittelt werden kann, sehen wir uns im Zusammehang mit der Deckrüdenwahl an.

Der beste Zuchtrüde – Zuchtpaarzusammenstellung

Welcher Rüde passt am besten zu meiner Hündin? Aus welcher Paarung bekomme ich die besten Nachkommen? Das sind die beiden grossen Preisfragen, die fast jeden Züchter ständig beschäftigen.

Wie suche ich den optimalen Zuchtpartner für meine Hündin aus?

Ganz gleich, ob man zu denen gehört, die als grosszügig zu bezeichnen sind oder zu jenen, die es genau nehmen, ob die Wahl mehr «aus dem Handgelenk» oder auf der Grundlage exakter Aufzeichnungen getroffen wird, in jedem Falle stellt die Analyse der Hündin die Voraussetzung dar.

Ganz sachlich muss man sich darüber klar werden, in welchen Punkten die Hündin den Standardforderungen und unseren Wünschen entspricht und in welchen nicht, was es also möglichst zu erhalten und zu festigen gilt und was bei der Nachzucht verbessert werden muss. Dabei dürfen die Vorstellungen nicht verschwommen, sondern sie müssen so genau wie möglich sein. Es genügt nicht in Gedanken zu formulieren, dass beispielsweise die Vordergliedmassen «nicht so gut sind» und bei den Nachkommen «besser sein sollen». Wir müssen genau wissen, was nicht befriedigt, denn es gilt, gezielt zu verbessern: Ist der Bau nicht korrekt (Schulter, Oberarm, Länge und Lage zu einander/Winkel, Unterarm)? Stehen die Vordermittelfüsse nicht richtig? Werden nur vor allem die Pfoten ausgedreht? Stehen die gesamten Beine nicht gerade und parallel? Wie ist es in der Bewegung? Fehlt es an Substanz?

Bei diesem Analysieren tauchen auch die Fragen auf: Was werde ich als erstes und in welchem Ausmass erreichen können? Wo muss ich Abstriche machen? Worauf lege ich besonderen Wert? Was wird als zweitrangig angesehen?

Es ist natürlich ganz schwierig, eine Rangfolge der Merkmale nach deren Wichtigkeit aufzustellen. Sie wird bei jedem ein wenig anders aussehen, auch abhängig von dem, was erreichbar scheint. Der eine legt mehr Gewicht auf diese Position, der andere auf jene.

Eindeutig allerdings sind in dieser Reihenfolge 3 Gruppen zu unterscheiden:

1. Gesundheitswert:	Dazu gehören Merkmale wie Freiheit von HD und ähnlichen Abnormitäten, gesunde Augen usw.
2. Gebrauchswert:	Er wird bestimmt von solchen Positionen wie Wesenssicherheit, Typ (Größe, Proportionen, Substanz), Gebäudekonstruktion (also Bau des Rumpfes, der Gliedmaßen) Gang, korrektem Gebiss.
3. Schönheitswert:	Hierzu gehören Rassespezifika wie Kopfform, Zeichnung, Farbintensität, Rutenhaltung, Augenfarbe, Ohrenhaltung, Haarlänge und -struktur.

Besonders bei diesen Detailpositionen ist es müssig, eine Rangfolge aufstellen zu wollen, weil hier der Geschmack wirklich eine Rolle spielt und auch durchaus als subjektive Komponente akzeptiert werden kann.

In der Praxis wird noch zu oft einfach der Rüde genommen, der gut deckt oder der an Ausstellungen hoch bewertet worden ist, und dann darf er auch nicht zu weit weg stehen!

Eine Analyse wird häufig zu oberflächlich vorgenommen, und die Wahl des Rüden geschieht zu pauschal im Sinne von: Gut muss er sein. Dass dies mit Zucht im eigentlichen Sinne nichts zu tun hat, braucht hier nicht erörtert zu werden. Gesagt aber werden muss: Diese Nachlässigkeit ist ein wesentlicher Grund dafür, dass sich der Durchschnitt einer Rasse nicht verbessert. Eine Qualitätssteigerung ist nur zu erreichen, wenn streng selektiert wird und die am besten zusammenpassenden Partner so sorgfältig und überlegt ausgesucht werden, dass sich der gesamte Bestand positiv entwickelt. Geschieht das nicht in jedem Einzelfall sachgemäss, leiden alle darunter, weil nicht die Möglichkeit besteht, unter kontinuierlich besser werdenden Zuchttieren wählen zu können.

Fünf Grundregeln für die Paarung

Erste Grundregel:
Die Partner dürfen phänotypisch keine gemeinsamen Fehler bzw. Mängel haben!

Verbesserungen wären so nicht zu erreichen. Im Gegenteil: Das Unerwünschte würde sich noch verstärken und festigen!

Zweite Grundregel:
Paare möglichst phänotypisch Gutes mit ebenso Gutem (homogene Paarung)!

Das ist die wichtigste Voraussetzung dafür, Erwünschtes zu festigen. Nur so besteht die Möglichkeit, dass viele gute Anlagen von beiden Seiten in einigen Nachkommen zusammentreffen. Die Ähnlichkeit der Zuchtpartner in positivem Sinne kann sowohl einzelne Positionen wie auch die Gesamterscheinung betreffen. Je mehr die Tiere einander in mehreren Hinsichten gleichen, desto vielversprechender ist die Paarung.

Dritte Grundregel:
Versuche nie, Fehler mit Fehlerhaftem in der entgegengesetzten Richtung korrigieren zu wollen.

Verschiedenartigkeit der Zuchttiere schafft die Möglichkeit, Mängel oder gar Fehler der Hündin ausgleichen zu können.

Für diese heterogenen Paarungen gilt es, zweierlei zu beachten:

1. Es gibt Merkmale, bei denen Abweichungen vom Ideal nach beiden Seiten vorkommen. Werden zweimal Gene für Fehlerhaftes zusammengeführt, ergibt das nichts Positives! Also: Unvollkommenheiten können nur korrigiert werden durch Fehlerfreiheit bzw. durch den Mittelwert, evtl. mit solchen, die in der betreffenden Position ein wenig in die entgegengesetzte Richtung tendieren (* in den Skizzen).

2. Es gibt Merkmale, bei denen Abweichungen vom Ideal nur nach einer Seite möglich sind: Es gibt kein zu glattes Haar, kein zu gutes Gangwerk, kein extrem korrektes Wesen, keine zu einwandfreie Gesundheit usw. Zuchtgrundsatz ist also hier: Nur durch Rüden, die das Erwünschte so ideal wie möglich aufweisen, lassen sich Unvollkommenheiten korrigieren!

Beispiel:

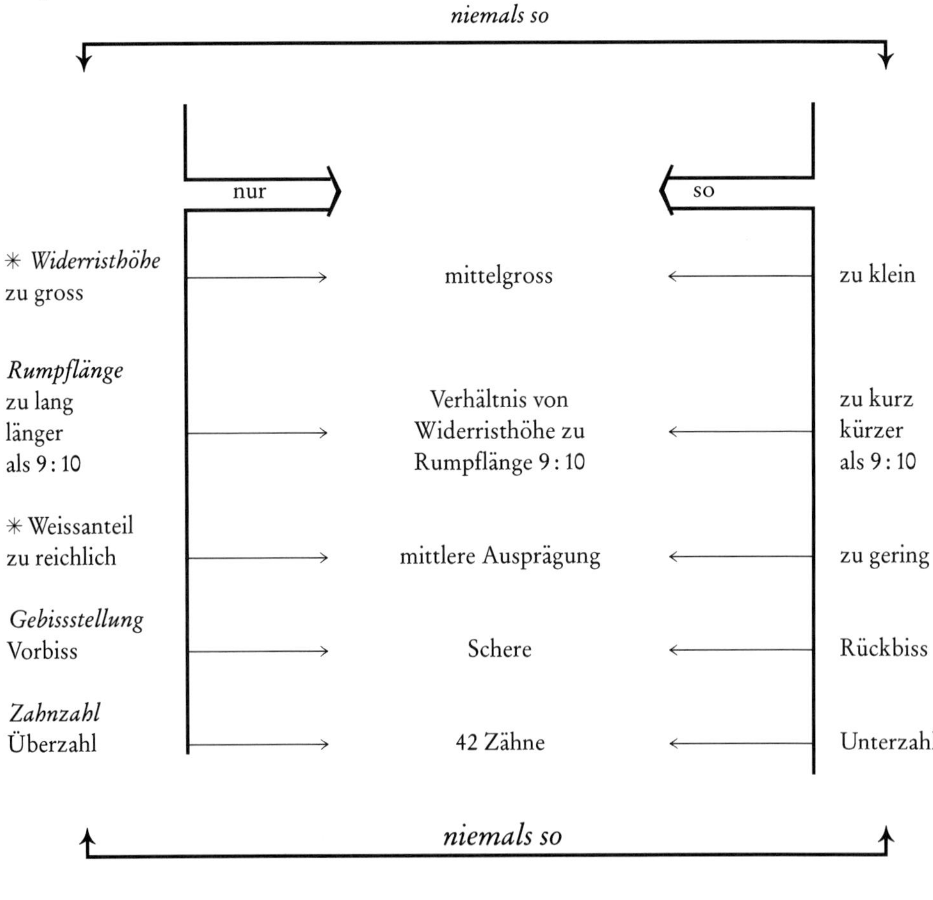

* Körpergrundform (Typ)
und Verlauf der Rückenlinie

* Kopfform

Vorderbeine

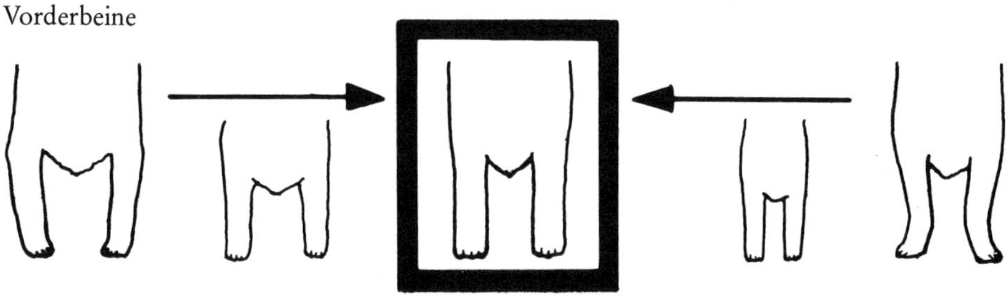

Hinterbeine

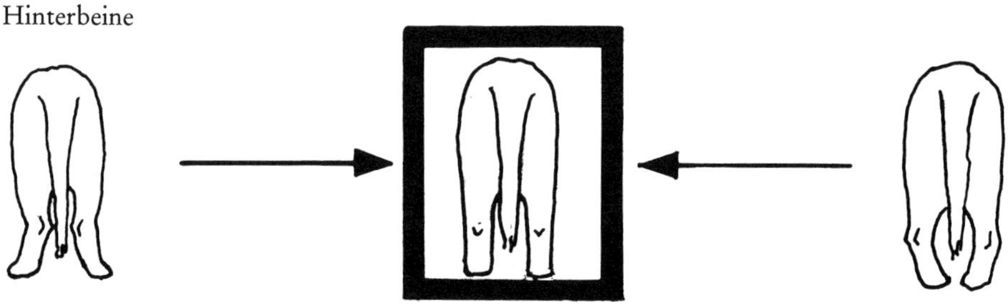

Vierte Grundregel:
Wähle möglichst sichere Zuchtpartner!

Je deutlicher die Vorzüge eines Tieres in dessen Familie erkennbar sind, umso näher wird der Phänotyp dem Genotyp sein und desto günstiger ist die Wahl.

Sind bereits Nachkommen vorhanden, wird die Qualität des ausgewählten Rüden ganz wesentlich davon bestimmt, daß möglichst kein Nachkomme die Fehler aufweist, die wir beseitigen wollen.

Fünfte Grundregel:
Achte darauf, daß in den Elterngenerationen beider Tiere keine gemeinsamen Fehler vorhanden sind, die sich auch bei einem der zu verpaarenden Hunde zeigen!

Das ist wichtig und erhöht die Sicherheit der Paarung sehr.

Aufzeichnungen zur Zuchtpaarzusammenstellung

Überlegungen zur Zuchtpaarzusammenstellung können sehr gut schriftlich vorgenommen werden. Wichtig ist es, die Notizen übersichtlich zu ordnen. Kritisch listet man die Vorzüge der Hündin auf, deren Mängel und eventuellen Fehler. Es ergeben sich unterschiedliche Gruppen von Eigenschaften, nämlich solche,

- die bei der Hündin bereits positiv ausgeprägt sind und durch die Paarung nicht gefährdet werden sollen, sondern durch die Wahl des Rüden vielleicht sogar noch gefestigt werden können,
- die verbessert werden sollten,
- die sich keinesfalls verschlechtern dürfen, weil sonst die ganze Paarung in Frage gestellt ist.

Daraus folgt automatisch, was vom Rüden verlangt wird. Wird beim in Aussicht genommenen Partner ähnlich verfahren und werden dann die Aufzeichnungen verglichen, ergibt sich deutlich, ob die Paarung nach menschlichem Ermessen ideal, möglich oder doch lieber nicht vorzunehmen und besser ein anderer Rüde zu wählen ist.

Die schriftliche Form hat folgende Vorteile:

1. Die Überlegungen werden exakter und klarer sein, weil die Schriftform dazu zwingt. Nur im Kopf Zurechtgelegtes, irgendwann und irgendwo Bedachtes, muß ganz natürlich verschwommen bleiben.
2. So eine Übersicht macht auf das aufmerksam, was evtl. noch fehlt, was noch untersucht oder bedacht werden muss.
3. Aufzeichnungen ermöglichen später, ohne dass etwas vergessen wird, Planungsvorstellungen und Ergebnisse genau zu vergleichen. Sie gestatten exakt festzustellen, ob die Paarung wiederholt oder der Rüde gewechselt werden sollte. Wenn eine Paarung wirklich erfolgreich war, also der gesamte Wurf überdurchschnittlich gut ist, ist das ein nicht so häufiger Glücksfall und es wäre ganz falsch, den Rüden zu wechseln in der Hoffnung, einen noch besser passenden zu finden.
4. Wenn davon ausgegangen wird, dass Zucht angewandte Genetik ist, dann helfen solche Aufzeichnungen, weitere Erkenntnisse zu gewinnen, die auch anderen Züchtern zugute kommen können.

Dass es nicht möglich ist, mit einer Paarung alles auf einmal zu erreichen, geschweige denn es dann in den Nachkommen schon gefestigt zu haben, das wurde schon betont. Den Rüden gibt es noch nicht, der mit einem Schlage alles, was man möchte, verbessert. So müssen, je nach Qualität der Hündin, Prioritäten gesetzt werden, und man muss versuchen, im Laufe der Generationen eines nach dem anderen zu erreichen. Zucht ist keine Sache von heute auf morgen, sondern Verbessern und Festigen des Erreichten von Generation zu Generation.

Der erste Schritt: Auswahl nach dem Phänotyp

Nur das phänotypisch gute Tier berechtigt zur Hoffnung, dass es auch genotypisch wertvoll ist. Aus diesem Grunde geschieht jede Auswahl zuerst nach dem Erscheinungsbild. Das ist die gängige Praxis, dies entspricht den Erkenntnissen der Erblehre.

Die Art der Ausprägung einer Eigenschaft gibt wichtige Anhaltspunkte.

Merkmalsausprägungen

sind negativ	*stellen Zwischenform dar*	*sind klar positiv*
Ist Negatives schon phänotypisch sichtbar, dann ist es auch deutlich (reinerbig/angehäuft) im Genotyp vorhanden. Das braucht nicht erst durch langwierige Experimente festgestellt zu werden.	Es ist berechtigt anzunehmen, dass unerwünschte Allele vorhanden sind und die Vererbung uneinheitlich sein wird.	Positive Anlagen sind mit Sicherheit vorhanden und werden auch deutlich vererbt werden. Trotzdem besteht infolge unterschiedlich starker Dominanz- und Epistasiewirkungen (in beiden Fällen werden Genwirkungen vorläufig unterdrückt) die Möglichkeit, dass Unerwünschtes im Erbgefüge enthalten ist und bei den Nachkommen auftaucht.

züchterische Beurteilung

kein Zuchttier	*unsicheres Zuchttier*	*bestmögliches Zuchttier*
Was sollen hier Nachforschungen über den Erbwert oder auch evtl. über den Zuchtwert? Sind hochwertige Nachkommen da, verdanken sie ihr Aussehen den Qualitäten der Mütter oder einer zufällig günstigen Kombination von Genen, die im Erbgeschehen wieder aufbricht.		Hier sind Erb- und wenn möglich Zuchtwertermittlungen eher sinnvoll: Sie bestätigen entweder das Positive und geben noch mehr Sicherheit, oder sie lassen trotz des positiven Phänotyps beim züchterischen Einsatz zur Vorsicht raten.

Der zweite Schritt: Auswahl nach dem Genotyp: Einschätzung des Erb- oder Familienwerts

Der Abstammungsnachweis

Er enthält, auf 3 Generationen verteilt, 14 Namen. Diese sind Schall und Rauch, solange die Tiere nicht genau bekannt sind oder von ihnen nicht objektive und umfassende Beschreibungen und wenn möglich auch aussagekräftige Fotos vorliegen.

Sogenannte Stammbaumfanatiker ergänzen die Angaben durch Hinzufügen der vierten, fünften, sechsten und weiterer Generationen und erfreuen sich z. B. am mehrmaligen Auftauchen eines Champions. Das alles ergibt keinen Sinn, solange nicht gewiss ist, dass auch ein bedeutsamer Teil der wertvollen Gene eines wirklich hochwertigen Vorfahren in der Erbausstattung unseres Hundes vorhanden ist. Und das ist in der Regel mehr als fraglich. In der fünften Generation hat ein Tier 32 Vorfahren. Das heisst, auf einen davon entfallen theoretisch (!) 3,125 % Erbmassenanteil. Praktisch ist das «weniger als nichts». (Unter welchen Bedingungen einem Vorfahren ausser den Eltern Bedeutung zukommt, erläutern wir bei der folgenden Besprechung der Zuchtmethoden.)

Hat unser Hund eine Reihe von Vorfahren, von denen wir genau wissen, daß sie beispielsweise schönes schlichtes Haar hatten, er selber aber zeigt krauses, dann hat er seine Erbanlagen dafür eben gerade von den anderen Ahnen bekommen, und es ist irrig anzunehmen, dass unter der eigenen Wuscheldecke das schöne Haar im Erbbestand vorhanden sei und er es entgegen seinem Phänotyp vererben wird.

Der Wert der engeren Familie

Was zur Bedeutung der Familie der Hündin gesagt worden ist, gilt genauso für den auszuwählenden Rüden: Ist er der einzige «Treffer» unter lauter «Nieten», dann kommt seine Wahl einem Lotteriespiel gleich. Es besteht wenig Wahrscheinlichkeit, dass er viele seiner Qualitäten vererben wird. Sie sind das Resultat einer besonders günstigen Zufallskonstellation, die bei der nächsten Paarung wieder zerfallen wird.

In dem Masse aber, wie die engen Verwandten im wesentlichen über dem Populationsmittelwert liegen, ist in diesem Stamm auch eine erwünschte Genausstattung anzunehmen, die immer wieder zu guten Hunden führen wird.

Auswahl der Tiere, die eine positive Entwicklung zeigen

Für den Züchter ist es sehr wichtig herauszufinden, ob innerhalb der Generationenfolge eine positive Entwicklung zu erkennen ist, ob im Rahmen der Familie kleine Veränderungen vor sich gehen und welche das sind, ob sich vielleicht auch Negatives entwickelt, verstärkt bemerkbar macht.

Alle Wandlungen treten in der Regel nicht plötzlich auf, sondern sie kündigen sich durch kleine Anzeichen an. Diese können auch wieder verschwinden und tauchen dann doch erneut auf. Minimale Abweichungen von Generation zu Generation ergeben in 6 bis 10 Jahren (3 bis 4 Generationen, erfahrungsgemäss bestimmter Zeitraum) deutlicher sichtbare Veränderungen. Es ist für den Züchter bedeutungsvoll, die Entwicklungsrichtung der Tiere einer Gruppe zu erkennen, weil es eine entscheidende Frage gekonnter Zuchtwahl ist, immer die Hunde einzusetzen, die, mit ihrer Familie verglichen, eine positive Entwicklung erkennen lassen.

Zukünftige Zuchttiere sollten aus möglichst ausgeglichenen Würfen gewählt werden.

Der dritte Schritt: Auswahl nach dem Wert der Nachkommen (Zuchtwertermittlung)

Die Herkunftsfamilie lässt vermuten, was ein Zuchttier sein könnte, seine Kinder sagen uns, was es ist.

Leider gibt es prächtige Rüden, die als Vererber enttäuschen. Das kann einmal der Fall sein, wenn sie unerwünschte Rezessivgene im Erbgut führen, die in Verbindung mit bestimmten für dieses Negativmerkmal gleichfalls belasteten Hündinnen zur Auswirkung kommen. Das führt dann zu Defekten oder Standardfehlern wie beispielsweise Entropium, Vorbiss oder blauen Augen.

Zum anderen können quantitative Merkmale trotz positiver Ausprägung beim Einzeltier genetisch noch ungenügend deutlich begründet sein, so dass sie nicht durchschlagskräftig vererbt werden können, oder zufällig günstig zusammengesetzte Gensysteme fallen bei der Keimzellenbildung wieder auseinander.

Rezessivgene, die bei einem Teil der Nachkommen Fehler bewirken, sind äusserst unangenehm. Es ist aber leichter, sie aus einem Stamm «hinauszuzüchten», als mit Zuchttieren, die zwar keine gravierenden Mängel haben, aber über keine herausragenden Vorzüge verfügen, qualitätsvolle Hunde zu züchten.

Bei den polygen bedingten Merkmalen sind es nicht einzelne Nachkommen die zählen, sondern der Gesamtdurchschnitt.

3 Grundsätze gilt es zu beachten:

1. Je mehr Nachkommen begutachtet werden, desto richtiger ist eine Einschätzung.
2. Keinesfalls dürfen nur die meistens besseren Kinder erfasst werden, die auf Ausstellungen erscheinen.
3. Auch die Extreme sind einzubeziehen; sie sind am aufschlussreichsten.

Abweichungen sind bedeutungsvoll, weil sie zeigen, in welcher Richtung die Erbanlagen tendieren. Beispiel: Es ist unvorsichtig, eine etwas leichte Hündin mit einem mittelschweren Rüden zu paaren, wenn unter dessen Nachzucht auch leichte Hunde auftauchen. Immer spielen natürlich auch die Mütter eine Rolle. Trotzdem: In den meisten Fällen wird ja ein Rüde gesucht, der durch seine Vorzüge dominiert. Im hier gewählten Falle soll er seinen Typ durchsetzen.

Gesagt muss auch werden: Selbst der durchschlagskräftigste Vererber wird unter seinen Nachkommen einmal weniger gute Tiere haben. Es zählt der Durchschnitt. Und der soll im oberen Qualitätsbereich zu finden sein. Der beste Rüde ist immer der mit dem höchsten Prozentsatz an guten Nachkommen. Für den Züchter ist es wichtig zu bedenken, dass grossartige Väter enttäuschende Nachkommen bringen können; enttäuschende Rüden aber werden kaum grossartige Kinder haben.

Um sich eine aussagekräftige Vorstellung von der Durchschnittsqualität eines Vatertieres zu verschaffen, kann es sehr vorteilhaft sein, sich Wichtiges übersichtlich zu notieren. Nicht alle Züchter sind Gedächtnisathleten, die nie etwas vergessen, und wie leicht geraten die Eindrücke verschiedener Hunde auch durcheinander.

Anwendung der Gesamtsummenmethode

Eine einfache und recht aussagekräftige Art, sich den Zuchtwert mehrerer Hunde vergleichend zu notieren, ist die «Gesamtsummenmethode».Dabei werden nur Zahlen aufgezeichnet und miteinander multipliziert. Die höchste Endsumme erreicht immer das beste Tier.

Der Züchter setzt für alle ihn interessierenden Merkmale Zahlenwerte nach eigenem Ermessen fest. Er stimmt alles, was bewertet werden soll, ganz auf seine Wünsche und Bedürfnisse ab. Eigenschaften, die ihm sehr wichtig sind, erhalten viele Punkte, also eine hohe Wertzahl, solche, die ihm für die spezielle Paarung weniger bedeuten, eine niedrige.

An einem praktischen Beispiel sei gezeigt, wie man vorgeht. Es wird vorausgesetzt, 7
dass einem Züchter für seine Hündin zwei phänotypisch etwa gleichwertige Rüden zur Verfügung stehen. Auch von der Familie her gibt es keine gravierenden Unterschiede. Er trifft seine Entscheidung anhand der Qualität der Nachkommen.

Zunächst wird auf einer Liste zusammengestellt, welche Eigenschaften dem Züchter hinsichtlich seiner Hündin besonders wichtig sind. Je bedeutsamer das Merkmal für ihn ist, desto höher die Zahl, die er dafür einsetzt.

Position	Bewertung nach Wichtigkeit (Wertzahl)	
gut mittelschwerer Typ	10	Die wichtigsten erwünschten Eigenschaften, die der Züchter sucht, erhalten eine hohe Wertzahl.
gerade, parallele Vordergliedmassen	10	
gut gewinkelte und parallel stehende Hintergliedmassen	10	
korrekter Gang	8	
richtige Rutenhaltung	8	
langes Schlichthaar	8	
typischer Kopf mit anliegenden Lefzen	6	Was dem Züchter auch noch wichtig ist, wird mit einer geringeren Wertzahl einbezogen.
Weiss ohne Pigmentflecken	4	
hochangesetzte Ohren	4	
tiefdunkle Augen	2	

Auf der Liste fehlen alle Eigenschaften, die als selbstverständlich vorausgesetzt werden, wie beispielsweis tadelloses Wesen, korrektes Gebiss oder gute Zeichnung. Je weniger Punkte er einem Merkmal gibt, desto eher ist er bereit, darauf zu verzichten. Die in der Wertigkeit hoch eingestuften Eigenschaften sind diejenigen, die er unbedingt stark positiv ausgeprägt haben will.

Jedes Tier, das der Züchter zu sehen bekommt, erhält für jede Position eine Note. Es spielt keine Rolle, ob man viele Abstufungen macht oder wenige. Wichtiger ist, dass es keine komplizierten, sondern einfache Zahlen sind, mit denen es sich leicht rechnen lässt. Man kann Noten geben von 1 bis 10, wobei 10 die beste, 1 die schlechteste ist oder auch nur innerhalb der Spanne von 1 bis 5 Punkten.

Ist der geprüfte Nachkomme typmäßig ein hervorragendes Tier, erhält er in der Position Typ z. B. 5 Punkte (beste Qualifikation). Steht er vorn ein wenig eng, notiert man eine 4, werden die Vordermittelfüße ausgedreht, werden es 3 sein oder noch weniger, je nach Ausprägung des Fehlers. Geht der Hund stark gehemmt, stelzend, erhält er in der Position Gang nur einen Punkt.

Die Noten werden zu den Positionen geschrieben und beide Zahlen miteinander multipliziert (Wertzahl der Position mal Note). Das Total aller Positionen ergibt die Gesamtsumme für das bewertete Tier, d. h. seine für den speziellen Züchter und die ganz bestimmte Paarung wichtige Qualität.

Beispiel: (Bewertungspunkte von 1 bis 5; beste Note: 5 Punkte):
Wertzahl × Note = Summe

Position	*Typ*	Vorh.	Hh.	Gang	Rute	Haar	Kopf	Pigm.	Ohr	Auge	*Totalsumme*
Wertzahl	10	10	10	8	8	8	6	4	4	2	
	×									×	
Note (z. B.)	5	3	4	3	2	5	4	5	5	5	
Wertzahl × erreichte Note =	= 50 +	30 +	40 +	24 +	16 +	40 +	24 +	20 +	20 +	= 10 =	*274 Punkte = 78 % des Maximums von 350 P.*

Soll nun die Qualität von z. B. je 6 Nachkommen zweier Zuchtrüden verglichen werden, genügt es, für jeden Hund zu jeder Position entsprechend der Güte der Ausprägung des Merkmals die entsprechende Note einzutragen und die Summen zu ermitteln (Wertzahl × erreichte Note).

Nebenstehende Seite:
Vergleich des Zuchtwertes der Rüden A und B in bezug auf die bewerteten Merkmale.

Rüde A ist der bessere Vererber.

Die Durchschnittsqualität (Totalsumme) seiner Nachkommen liegt mit 85,4 % des möglichen Maximums wesentlich höher als die von Rüde B mit 79,4 %.

Vergleicht man die jeweils ersten 6 Positionen (die in unserem Beispiel dem Züchter die wichtigsten sind) und dann die weiteren 4 miteinander, wird darüberhinaus deutlich: Rüde A erreicht seine Überlegenheit durch die höhere Qualität bei den besonders bedeutsamen Bewertungskriterien (4,33 Punkte im Durchschnitt gegen-

Anwendungsbeispiele:

Position	*Typ*	Vorh.	Hd.	Gang	Rute	Haar	Kopf	Pigm.	Ohr	Auge	*Totalsumme*
Wertzahl	10	10	10	8	8	8	6	4	4	2	
Rüde A											
Nachkommen											
Nr. 1 R	5	5	5	4	4	3	4	4	4	3	= 300 P.
Nr. 2 R	5	5	5	4	5	4	4	4	5	3	= *320 P.*
Nr. 3 R	4	5	5	3	3	4	3	4	3	3	= 272 P.
Nr. 4 R	5	5	5	5	①	4	5	4	5	5	= 306 P.!
Nr. 5 H	4	4	5	5	5	5	4	4	4	4	= *316 P.*
Nr. 6 H	5	4	4	4	5	3	3	4	3	4	= 280 P.
Addition der Spalten:	*28 +*	*28 +*	*29 +*	*25 +*	*23 +*	*23 +*	*23 +*	*24 +*	*24 +*	*22*	*1794 P. = 85,4 % von 2100 P.*

Position 1—6 = 156 P.
Notendurchschnitt = 4,33 P.

Position 7—10 = 93 P.
Notendurchschnitt = 3,88 P.

Position	*Typ*	*Vorh.*	*Hh.*	*Gang*	*Rute*	*Haar*	*Kopf*	*Pigm.*	*Ohr*	*Auge*	
Wertzahl	10	10	10	8	8	8	6	4	4	2	*Totalsumme*
Rüde B											
Nachkommen											
Nr. 1 R	4	5	5	4	5	4	3	5	3	5	= *304 P.*
Nr. 2 R	5	3	3	5	3	3	4	5	5	5	= 272 P.
Nr. 3 H	5	4	3	4	3	3	5	5	4	2	= 270 P.
Nr. 4 H	4	4	4	4	5	5	5	5	3	2	= *298 P.*
Nr. 5 H	3	4	5	3	3	4	5	5	5	5	= 280 P.
Nr. 6 H	3	4	3	3	2	5	5	3	4	3	= 244 P.
Addition der Spalten:	*24 +*	*24 +*	*23 +*	*23 +*	*21 +*	*24 +*	*27 +*	*28 +*	*24 +*	*22*	*1668 P. = 79,4 % von 2100 P.*

Position 1—6 = 139 P.
Notendurchschnitt = 3,86 P.

Position 7—10 = 101 P.
Notendurchschnitt = 4,21 P.

über nur 3,86 von Rüde B). Rüde B zeigt im zweiten nicht so wichtigen Teil mit 4,21 Punkten gegenüber 3,88 beim Rüden A den höheren Notendurchschnitt. Er verliert aber dadurch noch zusätzlich an Gewicht, weil er nur deshalb überhaupt so viel Gesamtpunkte erreicht.

Beide Rüden haben Nachkommen, die deutlich über dem Durchschnitt liegen.

Rüde A: Nr. 2, Nr. 5, Nr. 4

Rüde B: Nr. 1, Nr. 4

Sollen Nachzuchtrüden der beiden weiter beobachtet werden, dann kommen in Frage: vom Rüden A die Nr. 2. Er dürfte am interessantesten sein, da er nicht nur von allen 12 Nachkommen die höchste Punktzahl hat, sondern auch noch aus der Gruppe stammt, die insgesamt höher bewertet ist. Nr. 4 fällt aus, da dessen Gesamtwert durch den schweren Rutenfehler (nur ein Punkt) gering ist.

Vom Rüden B wäre die Nr. 1 weiter zu beobachten.

Anzumerken ist: Die Nachkommen 1 bis 6 (je Rüde) müssen keinesfalls aus einem Wurf stammen, wobei der Aussagewert selbstverständlich erhöht wird, wenn die Nachzucht komplett erfasst werden kann. Die hier ausgewertete Zahl ist für eine gültige Aussage natürlich noch zu gering. Aus 3 bis 4 verschiedenen Würfen sollten schon wenigstens an die 10–20 Nachkommen eingeschätzt werden können.

Eine Erfassung lebendiger Tiere in sterilen Zahlen mutet vielleicht etwas unlebendig an. Und doch kann sie für jeden Züchter, der gleichzeitig auf mehrere Eigenschaften achten möchte, eine unschätzbare Hilfe sein. Sie zwingt zur Objektivität. Man muss sich die Tiere genau und systematisch anschauen. Die Methode verhindert, dass man einen Hund aus irgend einem Grunde besonders sympathisch findet und dann Wichtiges übersieht. Diese Art zu bewerten verhilft zur Konsequenz, indem bei allen Hunden die gleichen Merkmale gleichwertig beobachtet und bewertet werden müssen.

Dabei lässt sie viel Freiheit. Jede nur denkbare Eigenschaft kann mit einer hohen Punktwertung an die Spitze gestellt werden, sie erhält im Total dann automatisch das grösste Gewicht. Deswegen braucht man weniger wichtige Positionen nicht einfach ausser acht zu lassen, sondern sie werden mit niedriger Wertzahl berücksichtigt. Damit beeinflussen sie die Gesamtwertung weniger.

Für den speziellen Fall, auf den sich der Züchter zu konzentrieren hat, können besonders wichtige Punkte jederzeit weiter unterteilt werden und erhalten dadurch mehr Gewicht. Im vorliegenden Beispiel haben z. B. die Vordergliedmassen nur eine Position. Dies kann weiter aufgeteilt werden, etwa in 1. korrekte Schulter-Oberarm-Partie, 2. gerade Läufe, 3. paralleler Stand. Dadurch würden insgesamt 3 Positionen zu den Vordergliedmassen berücksichtigt. Dieses Merkmal bekäme so besonderen Einfluss. Andererseits können auch Positionen, die nicht besondere Probleme aufgeben oder dem Züchter nicht so wichtig sind, in einer zusammengefasst werden. In unserem Beispiel ist der Kopf mit 4 Positionen berücksichtigt: Kopf und Lefzen, Pigment, Ohrenansatz, Auge. Dies lässt sich ohne weiteres unter «schöner Kopf»

zusammennehmen, wobei dann jeder Mangel, der am Kopf stört (z. B. Pigmentschwäche) lediglich mit einem Punktabzug bedacht wird.

So kann der Zuchtwert einzelner Rüden beurteilt und einander gegenübergestellt werden. Der Punkthöhere passt demnach besser in den Zuchtplan.

Es ist damit auch möglich, die Nachzuchtleistungen verschiedener Hündinnen objektiv miteinander zu vergleichen. Die Hündin, die die besten Würfe bringt, ist die bessere Vererberin. Aus ihren Nachkommen sollten die nachfolgenden Zuchttiere ausgewählt werden, also unter den durchschnittlich besseren Nachkommen die qualitätsvollsten.

Natürlich stellen sich der praktischen Durchführung solcher populationsgenetischer Massnahmen im Alltag des Züchters Hindernisse in den Weg. Aber auch dann, wenn sich diese Methode nicht lückenlos und umfangreich durchsetzen lässt, lohnt es sich, auf diese Art zu denken und auszuwählen. Das verhindert Impulshandlungen, die nicht weiter-, sondern rückwärtsführen.

Folgende Bedingungen sind dabei allerdings zu erfüllen:

- Wenn Durchschnittswerte ausgerechnet werden sollen, müssen genügend Nachkommen bewertet werden können, so viel wie möglich. Sonst sind die Ergebnisse nicht stichhaltig.
- Die gleiche Wertung derselben Eigenschaften muss über längere Zeit beibehalten werden.

- Die Punktwertung ist konsequent und immer gleich zu handhaben. Will man sich nicht nur auf sein Gedächtnis verlassen, schreibt man sich am besten auf, welche Abweichungen welcher Ausprägung wie bewertet wird. Um dies festzulegen, können auch kleine Skizzen einen guten Dienst leisten.

Jede Methode, ausschliesslich gebraucht, hat ihre Vor- und Nachteile. Deshalb schliesst auch die Anwendung der empfohlenen exakten Summenmethode nicht aus, dass der Züchter ganz persönliche Eindrücke zusätzlich in die Kalkulation einbezieht. Diese gewinnen in dem Masse an Wert, wie er sein Wissen und sein Gespür für Qualität geschult hat, und das kann nicht zuletzt durch die längere Handhabung der besprochenen Methode geschehen.

Zuchtmethoden

In der Rassehundezucht wird grundsätzlich Reinzucht betrieben (Paarung innerhalb einer Rasse).

Kreuzungszucht bleibt eine höchst seltene Ausnahme. Sie wird u. U. auf zweierlei Art durchgeführt:

1. Einmaliges Einkreuzen einer fremden, aber sehr ähnlichen Rasse, um
   - den Inzuchtgrad in der Population senken zu können,
   - verlorengegangene Gene damit hereinzuholen.

   Wirklich «blutsfremde» Importe derselben Rasse sind selten möglich, weil die Zuchten in anderen Ländern meist nur eine Erweiterung der einheimischen Population sind. Sie haben im wesentlichen denselben Genbestand.
2. Schaffung einer neuen Rasse durch Kreuzung zweier oder mehrerer bestehender.

Im Rahmen der rassereinen Zucht sind zwei Zuchtmethoden zu unterscheiden, deren Verschiedenartigkeit auf dem Verwandtschaftsgrad der zu paarenden Tiere beruht:

1. Fremdzucht (Die Paarungspartner sind nicht miteinander verwandt.)
2. Inzucht (Die Paarungspartner sind miteinander verwandt.)

Mit beiden wird jeder Züchter früher oder später arbeiten; mit einer von ihnen bereits, wenn er eine erste Paarung plant.

Wir legen zuerst wichtige Inhalte beider Zuchtmethoden im Rahmen einer Gegenüberstellung dar, fassen dann das, was bisher zum Problem homogener und heterogener Paarungen im einzelnen dargelegt worden ist, unter genetischem Aspekt ebenfalls übersichtartig zusammen und beschäftigen uns anschliessend mit der zweiten Zuchtmethode, der Inzucht.

Die beiden Zuchtmethoden Fremdzucht, Inzucht – eine Gegenüberstellung

Reinzucht (Paarung innerhalb der Rasse)

Fremdzucht

(Paarungspartner sind bis zur vierten Generation nicht miteinander verwandt)
verhindert weitgehend das Zusammentreffen gleichartiger Allele und damit das Homozygotwerden von Allelepaaren
– negativer, aber auch
– positiver Art

Verpaarung gleicher Partner bzgl. einzelner Merkmale

positive Merkmalsausprägungen bei beiden Partnern sollen zu ebenso guten Nachkommen führen

Verpaarung ungleicher Partner (Ausgleichspaarungen)

Fehler des einen sollen durch besondere Vorzüge des anderen ausgeglichen werden

Inzucht

(Paarungspartner sind innerhalb der ersten vier Generationen verwandt)
fördert weitestgehend das Zusammentreffen gleichartiger Allele und bewirkt damit das Homozygotwerden von Allelpaaren
– positiver, aber auch
– negativer Art

Gute Tiere (nur homogene Paarungen sind angezeigt) haben sehr wahrscheinlich weniger negative Gene als nicht so gute, wodurch das Risiko vermindert wird, dass sich solche verdoppeln. Es erhöht sich damit die Wahrscheinlichkeit, positive Allele zusammen zu führen, Reinerbigkeit für eine Reihe von qualitativen Merkmalen bzw. die Anhäufung gleichgerichteter positiver Gene zu erzielen.
Bei Inzucht besonders unabdinglich: Tiere, bei denen negative Erbanlagen reinerbig geworden sind oder sich unerwünschte Gene angehäuft haben, werden ausgeschieden.

Beide Zuchtmethoden sind im Rahmen ihrer Möglichkeiten überhaupt nur sinnvoll durchzuführen und bringen positive Ergebnisse, wenn sie mit Selektion einhergehen. Diese muss Schritt für Schritt erhöht werden: Allein wenn immer wieder unter den vorhandenen möglichen Zuchttieren die besten ausgesucht werden, sind Fortschritte möglich.

Paarungsarten im Rahmen der Fremdzucht – eine Übersicht

In der Praxis wird es fast immer so sein, dass bzgl. einer Anzahl von Merkmalen eine Paarung homogen und hinsichtlich anderer heterogen ist, da es Tiere, die nur positive Merkmalsausprägungen aufweisen, sehr wenige gibt und andererseits solche, die in vielen Merkmalen negativ sind, nicht zur Zucht eingesetzt werden.

homogene Paarungen
(Merkmale sind bei beiden Partnern gleich)

Tiere sehen im wesentlichen gleich aus; Genotyp wird bei Tieren aus Fremdzucht aber wenig ähnlich sein = Reinerbigkeit zu erzielen ist nur in geringem Umfang wahrscheinlich

- Bei qualitativen Merkmalen werden Ergebnisse (durch Aufspaltung) ungleich sein.
- Bei polygenen Merkmalen wird sich das Erbbild durch die Anhäufung positiver Kleingene etwas verbessern lassen.

Es wird nicht so sehr die Reinerbigkeit gefördert, wohl aber die Ähnlichkeit zwischen Vorfahren und Nachkommen. In Verbindung mit Selektion wird insgesamt eine gewisse Gleichförmigkeit erreicht, aber keine sichere Vererbung.
Die Paarungsart ist für den Liebhaberzüchter geeignet, der keinen besonderen Aufwand betreiben kann und ohne Unterstützung arbeiten muss.

heterogene Paarungen
(Merkmale sind bei beiden Partnern unterschiedlich ausgeprägt)

Der Grad der Ungleichartigkeit wird verstärkt, die Ähnlichkeit zu den Eltern (die ja auch miteinander nicht ähnlich sind in etlichen Merkmalen) wird vermindert.

- Bei qualitativen Merkmalen werden die Ergebnisse sehr uneinheitlich ausfallen.
- Bei polygenen Merkmalen kann es eine Entwicklung zur Einheitlichkeit unter den Nachkommen geben, sie wird aber nicht ausgeprägt sein. Die Ergebnisse werden mehr in der Mitte liegen.

Regel: Extreme vermeiden:
Das Fehlerhafte immer nur mit dem Richtigen zu korrigieren versuchen! Genetisch wird kaum etwas erreicht. Als Zuchttiere sind solche Exemplare unsicher.
Als ständiges Zuchtverfahren nicht günstig; Fortschritte werden nur vorübergehend sein. Die anfängliche Ungleichartigkeit der ersten (und weiterer Paarungspartner) wird wieder hervortreten.

Für beide Paarungsarten gilt: Wesentliche Fortschritte zu erzielen ist nur beschränkt möglich.

Inzucht – ein Problem und eine Möglichkeit

Unter Inzucht versteht man das Paaren von Tieren, die (noch) näher miteinander verwandt sind als der Populationsdurchschnitt.

Für den Züchter hat diese übliche Definition wenig praktischen Wert: Der Inzuchtgrad einer Rasse ist meistens nicht bekannt, und er schwankt von Land zu Land, abhängig von der Gesamtzahl der Hunde und der Art der Zucht.
Für die Praxis gilt deshalb gewöhnlich, dass dann von Inzucht gesprochen wird, wenn die Paarungspartner innerhalb der ersten vier zurückliegenden Generationen einen oder mehrere gemeinsame Ahnen aufweisen.

Durch die Paarung verwandter Tiere wird Ähnlichkeit in positivem Sinne unter den Nachkommen angestrebt, weil Verwandte einen (teilweise) ähnlicheren Genbestand besitzen und weitergeben als Nichtverwandte. Dadurch wird die Chance erhöht, dass bei der Befruchtung an mehr Genorten gleiche Allele zusammentreffen und erwünschte Erbeigenschaften homozygot (reinerbig) werden. Bei über mehrere Generationen wiederholter Inzucht werden die Gene an immer mehr Genorten homozygot und die Tiere einander immer ähnlicher. Durch fortgesetzte Verwandtschaftszucht (z. B. Geschwisterpaarungen) kann die Homozygotie so weit gesteigert werden, dass sie am Schluss fast 100% erreicht. Im gleichen Verhältnis geht die Heterzygotie (Gemischterbigkeit) zurück, d. h. es gehen immer mehr Gene unrettbar verloren.

Der Inzuchtgrad (Inzuchtkoeffizient = IK)

Er gibt Auskunft darüber, in welchem Masse (zu wieviel Prozent) ein Tier auf Inzucht beruht oder anders ausgedrückt, mit welcher Wahrscheinlichkeit an den Genorten zwei gleiche Allele vorliegen, die vom selben Vorfahren stammen.

Der Inzuchtgrad ist umso höher, je näher die Eltern miteinander verwandt sind.

Sewell Wright, ein amerikanischer Wissenschaftler, hat zur Berechnung eine Formel entwickelt. Ihr liegt die Erkenntnis der geometrischen Erbmassenteilung zu Grunde. (Die Wahrscheinlichkeit, ein bestimmtes Gen von einem Vorfahren zu erhalten, vermindert sich mit jeder Generation).

Es ist nicht so schwierig, den IK nach der Formel von Wright zu berechnen (oder auch mit mehreren möglichen Hilfsverfahren), solange die Verwandtschaftsverhältnisse eindeutig sind. Im gleichen Masse aber, wie die Beziehungen unübersichtlich werden (mehrere gleiche Ahnen z. B. kommen in verschiedenen Generationen vor und sind z. T. selbst wieder ingezüchtet usw.), wird es der Rechengang auch. Er stellt dann eine mathematische Hürde dar, die für den praktischen Züchter nicht abzubauen ist, zumal der seine Rechenergebnisse nicht auf deren Richtigkeit überprüfen kann. Das ist der erste Grund, warum wir hier auf eine Darstellung von Rechenbeispielen verzichten.

Der zweite: Alle exakten Berechnungen stimmen nur auf dem Papier. Von Generation zu Generation nimmt die Wahrscheinlichkeit mehr ab, dass die ermittelten Inzuchtkoeffizienten bzgl. der Homozygotie alleler Gene der biologischen Wirklichkeit entsprechen: Die Möglichkeit, dass ein Nachkomme X ein bestimmtes Gen von seinem Vater oder seiner Mutter vererbt bekommt, beträgt 50 %. Der Anteil der zweiten Vorfahrengeneration ist aber schon nicht mehr sicher zu bestimmen. Die Grosseltern sind zwar auch jeweils zur Hälfte am Genbestand der Eltern von X beteiligt, doch dieses Verhältnis löst sich schon während der Reifeteilung auf. Die Kombination ist zufällig, wie wir das im Abschnitt über die Reduktionsteilung dargestellt haben. Die Wahrscheinlichkeit bewegt sich zwischen den beiden extremen Möglichkeiten, dass ein Enkel z. B. von einem seiner Grossväter alle, oder aber nicht einen einzigen Erbfaktor erhalten hat. Die tatsächliche Zusammensetzung des Genbestandes eines Tieres kann also in Wirklichkeit erheblich von der errechneten abweichen.

Der dritte Grund, warum wir dem exakten Berechnen des IK nicht die grosse Bedeutung zumessen: Der IK sagt nichts darüber aus, welche konkreten Merkmale reinerbig geworden sind.

Beweis am Beispiel der Farbvererbung,
weil es damit am deutlichsten wird:
Voraussetzung: Schwarz (S) ist dominant über pfeffersalz (ps) und über gelb (g).

1. Paarung
Eltern

	Schnauzer	*Deutsche Dogge*
Vater:	reinerbig für schwarz	reinerbig für schwarz
Mutter:	reinerbig für pfeffersalz	reinerbig für gelb
	S S × ps ps	S S × g g
Kinder alle mischerbig	S ps	S g

(jeweils phänotypisch schwarz)

2. Paarung
(Kinder miteinander)

		Sps × S ps		S g × S g	
Enkel: 3 Arten von Genotypen	*reinerbig*	SS	schwarz	SS	reinerbig
	mischerbig	Sps Sps	schwarz/ pfeffersalz	Sg Sg	schwarz/ gelb
	reinerbig	psps	pfeffersalz	gg	gelb

Fazit: Ein Teil der Enkel ist bzgl. der Farbe nicht mehr mit dem schwarzen Großvater, ein Teil nicht mehr mit der pfeffersalzfarbenen bzw. mit der gelben Großmutter «verwandt». Paart man diese Tiere der Enkelgeneration miteinander, ist das lt. Ahnentafel engste Inzucht (Geschwisterpaarung), in Wirklichkeit aber hinsichtlich der Farbe Fremdzucht.
So wie im obigen Beispiel auch bei Inzucht einzelne Gene – hier Farbgene – verlorengehen können, ist es bei allen andern genauso möglich.

Dem Züchter kommt es nicht so sehr auf theoretische Werte an, sondern auf Einsichten in Zusammenhänge. Diese sollen hier durch die Auseinandersetzung mit Beispielen gewonnen werden. Durch die jeweilige Angabe des IK (in Prozent) wird sich auch dafür das Verständnis entwickeln.

Der Grad der Verwandtschaft wird bestimmt

- von der Anzahl der gemeinsamen Vorfahren,
- von der Zahl der Generationen, die zwischen dem betreffenden Tier und den gemeinsamen Ahnen liegen, also:

Z. B. drei gemeinsame Ahnen jeweils in der vierten Generation bewirken das Dreifache (nämlich 2,40 %) des Inzuchtgrades wie einer allein (0,80 %). Je näher die gemeinsamen Vorfahren dem ingezüchteten Tier in der Generationenfolge liegen, umso höher ist der Grad der Inzucht. Mit jeder Ahnenreihe mehr, die zwischen dem betreffenden Tier (Vater- und Mutterseite addiert) und dem gemeinsamen Vorfahren liegt, halbiert sich der IK.

Führende Genetiker, so u. a. Lush (1945), Johansson und Rendel (1968), vertreten den Standpunkt, dass unter einem Inzuchtgrad von 6,25% nicht mehr von Inzucht zu sprechen sei.

Das kann man unterschiedlich sehen, fest steht aber: Ein Ur-Ur-Großelternteil mit der theoretisch angenommenen Höchstmenge seines Erbmassenanteils von 6,25% und dem eher wahrscheinlichen Mittelwert von rund 3% übt praktisch keinen Einfluß mehr aus. (Der Erbmassenanteil oder auch «Blutanteil» gibt den genetischen Beitrag, d. h. den Anteil der Gene eines Vorfahren am betreffenden Hund an.)

Die für die Praxis gültige Festlegung sehen wir auch als die Konsequenz der folgenden Überlegungen:

- Selbst wenn in der vierten Generation von 16 möglichen nur 13 Vorfahren zu finden sind, also derselbe Urgrossvater 4mal, je 2mal väterlicher- und mütterlicherseits auftritt, ergibt das lediglich einen Inzuchtkoeffizienten von 3,125%.
- Wenn ein gemeinsamer Ahne als Vater oder Mutter (erste Generation), dann aber wieder erst in der fünften Generation auftaucht, ergibt sich kein deutlicher Inzuchtgrad (nur 3,125 %), weil sich eben die Wirkung des weit zurückliegenden Tieres der Nullgrenze nähert. Der in einer der folgenden Übersichten genannte IK von 6,25 % ergibt sich erst, wenn ein Vorfahre als Vater oder Mutter und dann wieder in der vierten Generation vorkommt.

Bei einer ersten intensiven Inzuchtpaarung ergibt sich gleich ein hoher IK, der aber mit jeder weiteren Generation nur noch immer die Hälfte beträgt.

Der ermittelte Inzuchtkoeffizient für sich allein ist hinsichtlich der vom Praktiker verfolgten Absicht ohne Aussage. Es genügt auch noch nicht, weiter zu wissen, in welchen Generationen der oder die Hunde vorkommen, auf die ingezüchtet worden ist. Für den Züchter ist es wichtig, den Vorfahren zu kennen, zu dem das bestimmte Verwandtschaftsverhältnis besteht, also zu wissen, auf welches bevorzugte Tier das züchterische Ziel gerichtet ist. Und dieses Tier und dessen Vererbungsleistung müssen zuverlässig eingeschätzt werden können. Beurteilen der Rasse fremde Genetiker oder Zuchtexperten die Inzuchtwirkung hinsichtlich der möglichen Homozygotie von Allelen, müssen sie sich von Rassefachleuten informieren lassen.

Grade der Inzucht – eine Übersicht

Bzgl. der Intensität der Inzucht können, grob eingeteilt, 3 Grade unterschieden werden:

Inzucht

weite (oder mässige)	*enge* (oder mittlere)	*engste* (auch als Inzestzucht bezeichnet)
IK von ca. 6,25 %	*IK von ca. 12,5 %*	*IK von ca. 25 %*
Paarung zwischen Urgrosseltern und Urenkeln, zwischen Vettern und Basen	Paarung von Grosseltern und Enkeln, von Halbgeschwistern	Paarung zwischen Eltern und Kindern, zwischen Geschwistern
Dieser mässige Inzuchtgrad entsteht z. B. auch, wenn derselbe Urgroßvater 4mal vorkommt, es also nur einen gibt.	Dieser Grad wird auch durch wiederholte weite Inzuchtpaarungen erreicht.	Dieser hohe Grad wird durch keine andere Paarung erreicht, es sei denn, mit bereits stark ingezüchteten Tieren wird wieder ingezüchtet.

⟷ fliessende Übergänge ⟷ fliessende Übergänge

Die zu empfehlende Art der Inzucht (unter der Voraussetzung, dass überhaupt Inzucht betrieben wird): *Linienzucht auf Einzeltiere*

Es sei nochmals betont: Inzucht bedeutet eine Anhäufung der Gene des Vorfahren, auf den ingezüchtet ist und verstärkt die Reinerbigkeit. Der Anteil der Gene, die verdoppelt sein werden, entspricht etwa dem Inzuchtgrad auf dieses Tier.

Auch der hervorragendste Hund, der besondere Vererber, kann, wie jeder andere auch, nur 50 % seiner Gene an die Kinder vererben. Welche das sind, unterliegt dem Zufall. (Da er logischerweise vorwiegend über gute verfügen muss, wird er natürlich auch nicht hauptsächlich negative weitergeben!) Einige Enkel können davon höchstens ein Viertel bekommen. Der Einfluss eines Vorfahren ist also nach 3 (theoretisch noch ein Achtel), höchstens 4 Generationen (theoretisch ein Sechzehntel) praktisch kaum oder letztlich gar nicht mehr vorhanden, wie das schon nachgewiesen worden ist.

Durch Inzucht auf ein Tier ist es aber möglich, dessen erblichen Anteil

- in den Nachkommen über die 50 % hinaus zu erhöhen,
- im Rahmen der gesamten Familie/Linie auf einer hohen Ebene zu halten.

Arten der Inzucht

Vor allem für den Praktiker gilt es, grundsätzlich zwei Arten klar zu unterscheiden:

Inzucht

1. auf mehrere Hunde

1.1. auf ein Paar

Werden z. B. Geschwister oder Enkel gepaart, wird immer auf ein Paar ingezüchtet; im ersten Falle auf dasselbe Grosselternpaar, im zweiten auf dasselbe Urgrosselternpaar.

1.2. auf mehr als ein Paar/mehr als zwei

Tauchen mehrere Tiere auf, vergrössert sich das noch, was als Widerspruch in sich zu bezeichnen ist: Es wird auf noch mehr verschiedene Genausstattungen gezüchtet, die untereinander ungleich sind. Das für den Züchter eigentliche Ziel der Inzucht wird damit ad absurdum geführt.

2. auf ein Tier

Bei der Paarung zwischen Kindern und Eltern oder Halbgeschwistern z. B. wird auf ein Tier zurückgezüchtet; das Erbgut eines Hundes wird verstärkt.

Diese Art Paarungen sind für den Züchter wenig oder gar nicht geeignet.

Nur das ist für den Züchter sinnvoll:

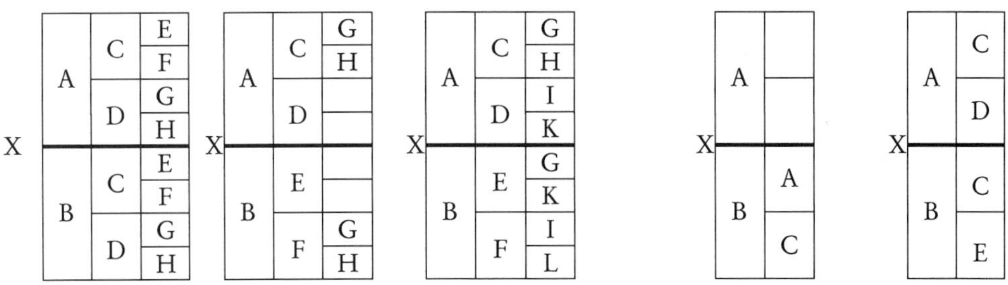

Geschwisterpaarung

2,2 : 2,2*
auf C, D
IK = 25 %
Die Inzuchtwirkung verteilt sich auf 2 Tiere mit je 12,5 %

Paarung von Enkeln

3,3 : 3,3*
auf G, H
IK = 6,25 %
Aufteilung je zur Hälfte auf 2 Tiere (je 3,125 %)

3,3,3 : 3,3,3*
auf G, I, K
IK = 9,375 %
Der Anteil zersplittert sich sogar auf 3 Tiere zu gleichen Teilen (je 3,125 %)

Vater-Tochter-Paarung

1 : 2*
auf A
IK = 25 %

Halbgeschwisterpaarung

2 : 2*
auf C
IK = 12,5 %

Das Ziel ist jeweils auf nur einen Vorfahren gerichtet. Der Effekt wird im Homozygotwerden eines Teils seiner Genausstattung bestehen

* Die Ziffern nennen die Anzahl der Generationen, in denen gemeinsame Ahnen vorkommen. Der Doppelpunkt trennt die väterliche von der mütterlichen Seite.

3 Beispiele zur Erläuterung: Die Prozentangaben über den Generationsspalten beziehen sich immer auf jeweils ein Tier dieser Generation und meinen den Anteil der Erbmasse, d. h. der Gene überhaupt, mit der dieser Hund am Nachkommen X beteiligt ist (Elterngeneration) bzw. theoretisch beteiligt sein kann (weitere Generationen).

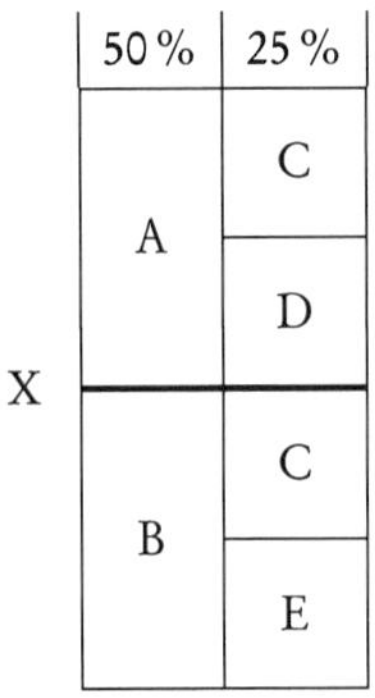

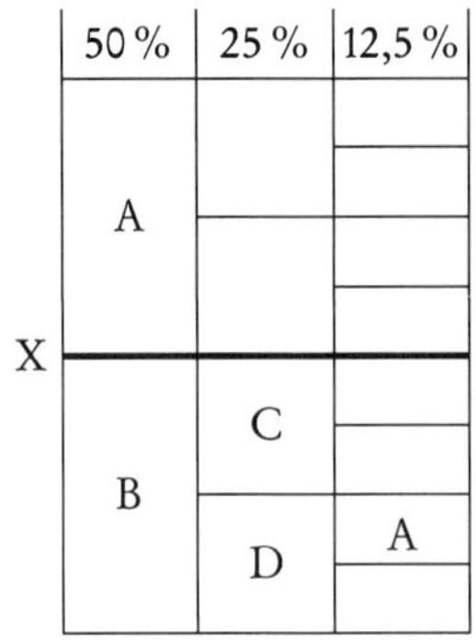

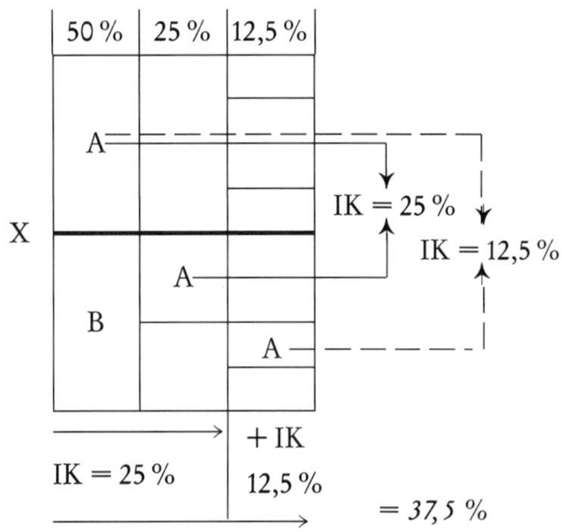

Beispiele für einmalige Linienzucht auf 1 Tier

Halbgeschwisterpaarung
2 : 2
IK = 12,5 %
entfallen auf einen Vorfahren (C). Dessen Erbmassenanteil beträgt 50 % (das 4fache des IK).

Großvater-Enkel-Paarung
1 : 3
IK = 12,5 %
entfallen auf einen Vorfahren (A). Dessen Erbmassenanteil beträgt 62,5 % (das 5fache des IK).

Derselbe IK – unterschiedliche Erbmassenanteile

Zweimalige Vater-Tochter-Paarung
1 : 2,3
IK = 37,5 %
entfallen auf einen Vorfahren (A), der sowohl Vater und Grossvater als auch Urgrossvater ist.
Dessen Erbmassenanteil beträgt 87,5 % (das 2,33 fache des IK).

Bespiel für zweimalige Linienzucht auf 1 Tier.

Ein Beispiel aus der Praxis
Ein befreundeter Leonberger-Züchter hat 1988 einen fabelhaften Wurf gezüchtet, in dessen Abstammungsurkunde Leu, ein mehrfacher Siegerrüde und nachgewiesenermassen sicherer Vererber, in der dritten Ahnengeneration gleich 4mal, also als einziger Urgrossvater vorkommt.

Inzucht 3,3:3,3. Das ergibt einen Inzuchtkoeffizienten von 12,5% bei einem Erbmassenanteil von 50%.

Auch eine Hündin, Carmen, taucht 2mal in der dritten Generation als Urgrossmutter auf.

Inzucht auf Carmen 3:3 = 3,125%, Erbmassenanteil 25%.

Beispiel für eione gezielte Inzuchtpaarung vor allem auf einen Rüden

11 Welpen	Hektor	Othello	Leu
			Carmen v. Westfalenzwinger
		Zulea	Leu
			Jasmin
	Britta vom Steinkauz	Wolf	Leu
			Carmen v. Westfalenzwinger
		Xenia	Leu
			Jana

(Ohne Zwingernamen: alle „vom Stammhaus Eike“)

Durch diese bewusste Inzucht versprach sich der Züchter bei den Nachkommen eine Festigung der polygen bedingten Merkmale, die Leus besondere Qualität ausmachten, wie Typ, Format, Rückenlinie, Stellung der Gliedmassen und gutes Wesen. Durch den Einbezug der ausgeprägt gewinkelten Urgrossmutter Carmen hoffte er, bei den Nachkommen die Winkelung der Hintergliedmassen zusätzlich noch verbessern zu können.

Der Wurf brachte 11 gesunde Welpen, von denen gemäss der gültigen Zuchtvorschriften 6 aufgezogen werden konnten. Sie erfüllen die in sie gesetzten Erwartungen durch hohe Qualität und Ausgeglichenheit, und bis heute (1991) kamen auch keine Defekte zum Vorschein.

Der Erfolg dieser Paarung muss als Glücksfall gewertet werden. Er ist aber auch darin begründet, dass der Zuchtwert von Leu (Genotyp) vorher vom Züchter sorgfältig geprüft worden war und dass er nur sehr sorgfältig ausgewählte Nachkommen dieses Rüden wieder zur Zucht verwendete.

Auf den Wert der Linienzucht auf Einzeltiere gegenüber der Inzucht auf mehrere Hunde wurde bereits deutlich hingewiesen. Dass diese Form der Inzucht, die bewusst und kontrolliert auf den Genbestand eines ausgewählten Hundes zielt, aber auch etwas ganz anderes ist, als die so häufig vorkommende und zu Recht kritisierte «So-nebenbei-Inzucht», das wird noch deutlich werden.

Eine alte Züchterweisheit besagt: Je besser ein Tier ist, desto deutlicher soll darauf Linienzucht betrieben werden, um dessen wertvolle Erbmasse nutzbar zu machen.

Diesen Gedanken finden wir auch bei Lush, «einem der führenden Populationsgenetiker der Welt», wie Willis (1984) betont, und er weist mit einem Zitat von ihm darauf hin, dass «mehr Möglichkeiten zum Rassefortschritt verlorengehen, wenn man keine Inzucht betreibt, wo sie angebracht ist, als sie durch zu viel Inzucht verlorengehen». Er fügt hinzu, dass Züchter, die durch Inzucht in Schwierigkeiten kommen, allein durch eine einzige Fremdpaarung den Verwandtschaftsgrad auf Null bringen können.

Ehrliche, konsequente Selektion ist für das Anwenden dieser Zuchtmethode Voraussetzung. Das kann nicht genug betont werden. Tiere, auf die Inzucht betrieben wird, müssen vor allem gesund und frei von erkennbaren Fehlern sein. Es sollen Geschwister und Eltern beurteilt werden können (geschätzter Erbwert). Vor allem aber müssen sie schon durch Nachkommen bewiesen haben, dass sie gute Vererber sind und nach menschlichem Ermessen keine krankmachenden Gene übertragen (erwiesener Zuchtwert). Je mehr Nachkommen geprüft werden können, um so sicherer ist die Aussage. Immer sind aber auch zu beachten

- die Qualität der Mütter dieser Nachkommen (sie tragen 50% bei),
- die Umweltbedingungen, unter denen sie aufwachsen.

Es ist unerlässlich, dass auch die Tiere selbst, mit denen Inzucht betrieben wird, so weit wie möglich über dem Populationsmittelwert (dem Rassedurchschnitt) liegen. Das ist logisch, denn sonst werden diese mit ihren nicht so günstigen Genen das angestrebte Ergebnis negativ beeinflussen.

Alles zusammen ist Voraussetzung für einen höchstmöglichen Erfolg. Im gleichen Verhältnis, wie die ausgewählten Hunde weniger deutlich über die gewünschten Anlagen verfügen, wird das Ergebnis der Zucht weniger erfolgreich ausfallen, oder es wird überhaupt nicht positiv sein.

Eindeutig ist: Nur auf dem aufgezeigten Wege können sichere Vererber hervorgebracht werden.

Ebenso gilt: Sind keine für diese Art der Zucht notwendigen guten und geprüften Tiere vorhanden, kann nicht nach dieser Methode gezüchtet werden.

Wichtig ist auch, so früh wie möglich einen Hund zu finden, auf den inzuzüchten sich lohnt. Nur so ist ein höchstmögliches Verwandtschaftsverhältnis zu ihm zu erhalten (Eltern-Kinder-, Grosseltern-Enkel-Paarungen). Wird der hohe Zuchtwert eines Tieres erst nach dessen Tod oder wenn es altershalber nicht mehr zur Zucht eingesetzt werden kann erkannt, kann allein mit seinen nächsten Verwandten weitergezüchtet werden, und das Verwandtschaftsverhältnis zu ihm ist nicht mehr zu erhöhen, sondern lediglich auf einem gewissen Niveau zu halten.

In unseren Beispielen wurde immer die Inzucht auf einen Rüden dargestellt, weil das der leichteren zuchtorganisatorischen Praxis entspricht. So ein ausgewähltes Tier kann aber sehr wohl auch eine Hündin sein, für die alle hier genannten Voraussetzungen zutreffen.

Die abgebildete Fella v. Sylv, Klubsiegerin der DDR, eine Spitzenhündin in Form und Wesen, haben wir aus einer Sohn-Mutter-Paarung mit einem recht hohen Inzuchtkoeffizienten von insgesamt 26.0% gezogen. Ihre Ahnen sind eine Kombination guter ostdeutscher, schweizerischer (Bänz v. Münnenberg 11545 – Dani v. Eggistein 32114) und westdeutscher Zucht (Dobl v. d. Rechenau 1596 – Sgr. Bosko v. d. Isarlust 904 – Sgr. Arthur v. Cyrendorf 670). Ihr Vater, Champ. Ero v. Sylv, ist selbst auf die Schweizer Linie in 3 : 3 und in 4 : 4 auf die DDR-Siegerin Betty v. d. Teufelskanzel ingezüchtet.

Inzuchtdepression

Ein Problem, das mit Inzucht verbunden sein kann, ist das mögliche Auftreten von Inzuchtdepression. Was ist darunter zu verstehen? Mit diesem Begriff wird ganz allgemein eine Schwächung der Leistungsfähigkeit des Organismus im weitesten Sinne bezeichnet.

Wie kommt es zur Inzuchtdepression?

Es gibt nicht nur Gene und Gensysteme, die Merkmalsausbildungen steuern, wie wir das als Hundezüchter vordergründig sehen. Im Genbestand sind neben den die Lebenskraft fördernden Faktoren auch deren Gegenspieler vorhanden. Ursache der Inzuchtdepression ist das Homozygotwerden vitalitätsmindernder und u. U. auch letal (tödlich) wirkender rezessiver Allele.

Der grösste Teil der genetischen Information überhaupt, die im Zellkern enthalten ist, dient dazu, dass der Organismus mit Genwirkungen sinnvoll hantiert. Nur so können die unendlich vielen Körperzellen ständig die vorhandenen Informationen zur bestmöglichen Anpassung an die Umwelt nutzen. Stress, Krankheit u. a. starke Reize verändern unter Mitwirkung von Hormonen und Nerventätigkeit die chemische Zusammensetzung von Zellen. Der Kern nimmt das als Signale an und kann darauf mit veränderten Genaktivitäten reagieren.

Gensysteme, die die ununterbrochene Lebensfähigkeit auch bei zeitweiliger abnormer Belastung garantieren, werden durch Inzucht natürlich ebenso verändert; gerade sie sind dafür besonders anfällig. Der Organismus braucht aber an solchen Genorten nicht Gleichartigkeit, sondern Vielfalt, Heterozygotie, wenn wir so wollen.

Veränderungen in diesem Spiel der Wirkungen zu verkraften, ist der ausbalancierte Organismus in der Lage. Wird aber eine bestimmte Grenze seiner Flexibilität überschritten, geht es mit der Lebenskraft (dem Vermögen, mit allem fertig zu werden, was auf den Körper einstürmt) abwärts, einem tieferen Stand entgegen (= Depression).

Welches sind die Folgen der Inzuchtdepression?

Fortgesetzte Inzucht (hoher Inzuchtgrad) kann besonders die Eigenschaften negativ beeinflussen, die mit der Vitalität, nämlich der Widerstandskraft, Langlebigkeit, Leistungsfähigkeit, insbesondere der Fruchtbarkeit und Überlebensfähigkeit der Jungen, im Zusammenhang stehen, wenn die Selektion nicht in Betracht gezogen wird.

Welche wissenschaftlich gesicherten Ergebnisse liegen dazu vor?

Es gibt aus dem Bereich der landwirtschaftlichen Nutztierzucht eine Fülle von Belegen, die aber auch nachweisen:

Die Reaktionen sind durchaus unterschiedlich je nach Haustierart und Population.

Die Ursachen dafür sind: Nicht jede Art zeigt gleiche Anfälligkeit.

- In unterschiedlichen Beständen ist die Anfangsheterozygotie ungleich.
- Die Ausgangswerte für Leistung und Vitalität sind unterschiedlich.

Für Hunde gibt es leider nur wenige wissenschaftliche Untersuchungen. Dabei kommen die Autoren auch hier nicht zu unbedingt übereinstimmenden Ergebnissen: Schleger (1983) stellte in einer Bullterrierpopulation eine deutliche Beziehung zwischen Wurfgrösse und Inzuchtgrad (hohes Niveau von 15% bis 30%) fest. Weitere Untersuchungen von Wiener Wissenschaftlern bei anderen Rassen weisen bei niedrigeren Inzuchtgraden einen solchen Zusammenhang nicht aus (Stur, Kandelhart, 1985; Schmidt, Müller, Stur, 1987).

Rehfeld (1970) ermittelte in einer Beaglekolonie: Während ein Inzuchtgrad bis zu 24% keine Auswirkungen zeigte, trat der Depressionseffekt bei einem IK zwischen 50,1% und 67,2% in hohem Masse hervor. Die Überlebensrate von Neugeborenen war von 71,4% bei einem IK von 0 jetzt auf 48,1% gesunken. Bei einem Inzuchtgrad zwischen 67,3% und 78,5% stieg die Welpensterblichkeit auf das 2,6fache gegenüber nicht ingezüchteten Würfen. (Der letzte Wert bezieht sich nur auf 39 Welpen, was eine Angabe in Prozent nicht zulässt.)

Willis (1984) sieht die Wurfgrösse bei Rassehunden als weniger bedeutsam an. Das ist so zu verstehen, dass der Züchter im Ausgleich zu den Vorteilen, die mit sorgfältig geplanter und abgesicherter Inzucht zu erreichen sind, dieses Risiko eingehen kann. Unseres Erachtens muss aber schon darauf gesehen werden, dass keine Inzuchtdepressionen gerade bei solchen Eigenschaften auftreten, die bei der Zucht nicht besonders beachtet werden (z. B. Fruchtbarkeit).

Kaiser (1971) hat für die Population der Schweiz beim Berner Sennenhund eine durchschnittliche Welpenzahl von 6,76 pro Wurf ermittelt (1959–1967). Aus weiteren Zahlen ergibt sich:

Wurfgrösse	Anteil an Gesamtzahl von 995 Würfen = 100 %
klein 1 bis 4 Welpen	22,4 %
mittelgross 5 bis 8 Welpen	50,8 %
gross 9 bis max. 15 (in einem Falle)	26,8 %

Die mittlere Wurfstärke (6,76) entspricht im Vergleich zu anderen Rassen biologischen Gegebenheiten (Beziehung zu Widerristhöhe und Gewicht). Gehen wir – ganz subjektiv – von einer wünschenswerten Welpenzahl von 6 aus, die aufgezogen werden sollen, dann ist die durchschnittliche Wurfgrösse für unsere Rasse eigentlich ungenügend, weil wir bei einigermassen korrekter Auslese nach Vitalität und Zeichnung mit einer Selektionsquote von durchschnittlich mindestens 20% zu rechnen haben. Würfe von 8–9 Welpen im Mittel wären deshalb erwünscht. Züchter anderer Rassen, die weniger selektieren müssen, haben da einfach mehr «Glück». Wenn bei uns aber die Qualität auf Kosten vollzählig aufgezogener Würfe gesteigert werden kann, ist der Gewinn für die Rasse grösser als es die finanziellen Einbussen durch den Verlust einiger Welpen für den Züchter sind.

Ist es möglich, Grössenangaben zu machen, ab welchen Inzuchtgraden Depressionen auftreten können?

Schmidt, Müller und Stur (1987) nennen hinsichtlich des Einflusses des IK auf die Wurfgrösse als Massstab für Fruchtbarkeit den Grenzwert von 6% bis 7%. Lush und Johansson, wie erwähnt, sehen das noch kaum als überhaupt nennenswerte Inzucht an. Willis hält Werte ab ca. 20% für evtl. kritisch, was jedoch Jödicke (1983) als etwas hoch angesetzt ansieht. Schleifenbaum hat ihre Rasse, den als vital geltenden Kromfohrländer, u. .a. auf einer Paarung aufgebaut, bei der eine Hündin «Zottel» sowohl Mutter und Grossmutter als auch Urgrossmutter war (Angaben nach Räber, 1987). Das entspricht mit einem IK von 37,5% genau dem Inzuchtschema der zweimaligen Vater-Tochter-Paarung (vgl. Arten der Inzucht in diesem Kapitel, S. 350), nur dass da das Ziel auf das männliche Tier gerichtet ist.

Eine «Empfehlung», wie hoch der Inzuchtgrad sein darf, ehe etwas «passiert», ist nicht zu geben. Alle Erfahrung vieler erfolgreicher Praktiker gehen darauf hinaus: Wer mit Inzucht arbeitet, muss ständig sensibel und kritisch alle eventuellen Veränderungen bei der Nachzucht, auch und besonders mögliche Vitalitätsverluste, beobachten. Treten häufiger Welpenverluste, Krankheitsanfälligkeiten, verkürzte Lebensdauer, Fruchtbarkeitsprobleme auf? Es gilt, beim Auftauchen vermutlich degenerativer Anzeichen durch die wohlüberlegte Anpaarung nicht verwandter Tiere wieder eine stärkere Heterozygotie herbeizuführen.

Wie für alle anderen Merkmale ist auch für Vitalitätseigenschaften die Qualität der Ausgangstiere bei Beginn von Inzuchtpaarungen von grösster Bedeutung. Theoretisch könnten durch Inzucht auch die Fitnesseigenschaften gesteigert werden, doch dann müssen sie bei den Ausgangstieren optimal vorhanden sein. Inzuchtlinien sollten nie auf Tiere begründet werden, die diesbezüglich Fragen offen lassen. Und auch die darauf aufbauend weiter eingesetzten Hunde müssen in dieser Hinsicht ohne Tadel sein. Wenn es um die ganze Rasse geht, dann gilt heute allgemein: Der durchschnittliche Inzuchtkoeffizient der Population sollte eine Grenze von 6% nicht überschreiten.

Inzucht und Erbfehler

Erbfehler sind genauso begründet wie andere Merkmale auch, selten durch einzelne Gene, meist durch einen Erbfaktorenkomplex. In der Regel unterliegen sie dem rezessiven Erbgang, treten also phänotypisch nur in Erscheinung, wenn die Negativallele doppelt vorliegen oder wenn so viele bestimmte Polygene zusammentreffen, dass das Merkmal manifest wird. Inzucht erzeugt keine Erbfehler. Sie bringt das im Erbgut vorhandene Negative nur zum Vorschein, weil bei dieser Zuchtmethode gleichartige Allele häufiger zusammengeführt werden als bei Fremdzucht. Will man Defektgene möglichst nicht wirksam werden lassen, vermeide man jede Inzucht. Sollen aber Vererber von Defektgenen bekannt werden, damit sie die Zucht nicht mehr schädigen können, sind sie mit Hilfe von Tests zu ermitteln, wie das im folgenden beschrieben wird.

Inzuchtpaarungen als Test

Von Inzuchttests spricht man dann, wenn Väter an ihre Töchter oder auch Söhne an die Mütter angepaart werden. Das ist eine sichere Methode, eventuelle Träger von Defektgenen zu ermitteln. Bei Testpaarungen zwischen nicht verwandten Tieren ist es letztlich immer möglich, dass der zu prüfende Rüde z. B. für eine sehr selten vorkommende Erbkrankheit Defektgene besitzt, die nur deshalb nicht zum Tragen kommen, weil sie im Erbbestand der Partnerinnen nicht vorhanden sind. Inzuchtpaarungen sind in dieser Hinsicht eindeutiger. Eng verwandte Tiere haben eine ähnliche Genstruktur, so dass es wahrscheinlicher ist, dass bei deren Paarung bestimmte Allele oder Gruppen von Genen zusammentreffen, die Defekte oder Anomalien zur Folge haben (z. B. Herzfehler oder andere Störungen der Inneren Organe u. a. m.). Inzest-Paarungen können u. U. Störungen zum Vorschein bringen, die in der Gesamtpopulation so selten vorkommen, dass man gar nicht mehr an eine Vererbung denkt. Dies geschieht einzig darum, weil die Chancen des Zusammentreffens der entsprechenden Gene in solchen Verbindungen erhöht sind, nicht weil die Tiere belasteter sind als der Durchschnitt der Population. Enge Inzuchtpaarungen sind daher immer auch ein harter Test für die betroffenen Tiere. Kommen bei Vater-Tochter-Paarungen (oder auch Mutter-Sohn- oder Geschwister-Paarungen) keine Defekte zum Vorschein, zeigt das auf, dass die betreffenden Zuchtpartner davon frei sind. Allerdings genügt dabei, auch wenn vollständige Würfe aufgezogen werden können, nicht eine einzige solche Verbindung. Soll ein Rüde z. B. zuverlässig getestet werden, muss er an mehrere seiner Töchter angepaart werden können, was in der Praxis kaum je geschehen wird. Immerhin gibt auch schon ein einziger Inzestwurf einigen Aufschluss, wenn nur genügend Welpen geboren werden, indem oft schon im ersten solchen Wurf Fehler oder Defekte auftreten, die alle weiteren Würfe illusorisch machen. Tauchen schwere Fehler, Anomalien, Krankheiten oder andere Schwächen auf, darf auf solche Inzuchtprodukte keine Zuchtlinie aufgebaut werden. Sie würden sich sonst, zusammen mit dem Positiven, das vielleicht auch festzustellen ist, in der Zuchtlinie festsetzen und wären kaum mehr zu eliminieren.

Erweist sich ein Zuchttier auch nach der «Feuerprobe der Inzucht» als frei von Defektgegen, hat man einen wahrhaftig wertvollen Fund gemacht. Es kann als hart getestetes Tier auch in gewöhnlichen Fremdpaarungen viel Gutes für die Rasse bringen.

Will man unter mehreren in Frage kommenden Tieren, meistens sind dies Rüden, das am besten geeignete für den Aufbau einer ingezüchteten Linie aussuchen, ist es günstig, gleichzeitig mehrere zu prüfen. Oft sind die Ergebnisse unbefriedigend, und es muss von neuem begonnen werden. So kann man viel Zeit verlieren. Wer positiv mit Inzucht arbeiten will, darf daher nicht zu spät damit beginnen. Nur wenn rechtzeitig geplant wird, können die Resultate von mehreren Tieren abgewartet und dann auf dem besten aufgebaut werden. Der Aufbau eines wirksamen Verwandtschaftsverhältnisses zu einem ausgesuchten Hund braucht wieder Zeit. Er sollte nach positivem Testausgang dann auch noch wirklich als Vatertier eingesetzt werden können. Sonst muss versucht werden, auf Geschwister oder Nachkommen auszuweichen, was wieder neue Probleme schafft.

Qualitätspass für überprüfte Vererber

Für Hunde, die mit Hilfe von Testpaarungen überprüft und z. B. auch für die Inzucht als tauglich befunden worden sind, kann ein Zertifikat ausgestellt werden, das sie als hochwertige Zuchttiere ausweist. Dieser Qualitätspass wäre durchaus auch mit einer deutlich höheren Decktaxe zu verbinden. Züchter, die einen «sicheren» Vererber suchen, bezahlen sie gern. Wenn die Besitzer solcher Rüden dann unter den Hündinnen, die angemeldet werden sollen, noch verantwortungsbewusst auswählen, würde das zusätzlich Einfluss auf den weiteren Zuchtfortschritt ermöglichen.

Inhalte eines solchen Zertifikats können beispielsweise sein:

- Allgemeine Angaben zum Hund, Fotos im Stand (Profil und von vorn); Eigentümer usw.,
- möglichst aussagekräftige Angaben zu Vater und Mutter,
- Inzuchtkoeffizient, Inzucht in welchen Ahnenreihen, auf welches Tier, möglichst aussagekräftige Daten zu diesem Hunde,
- Bescheinigung über die Wahrscheinlichkeit der Defektfreiheit (Prozentangabe entsprechend der Zahl der überprüften Nachkommen, vgl. Abschnitt: Sichere Informationen durch Kontrolle der Nachzucht, notwendige Anzahl untersuchter Nachkommen),
- vermutete Homozygotie für welche Merkmale,
- phänotypische Vorzüge und Mängel.

Einsatz sogenannter durchschlagskräftiger Vererber auch bei Fremdpaarungen

Züchter, die keine Inzucht betreiben wollen oder können, weil dazu die Voraussetzungen fehlen, die wir noch nennen werden, aber deren positive Ergebnisse nutzen möchten, können dies tun, indem sie einen Rüden nach folgenden Kriterien auswählen:

- Nicht verwandt mit der Hündin,
- zu ihr passend im Sinne einer weitgehend homogenen Paarung,
- ingezüchtet und infolgedessen im Genotyp so gefestigt, dass er seine wertvollen Anlagen, die der Züchter sucht, mit hoher Wahrscheinlichkeit auch auf die Nachkommen übertragen wird.

In Kombination mit den Erbanlagen der Hündin werden diese zwar aufgespalten, aber ein durch Verwandtschaftszucht erblich gefestigter Hund wird seinen Einfluss ungleich mehr geltend machen als jeder andere Vorfahre.

Die Wirkungen der Inzucht

Tiere, die miteinander verwandt sind, ähneln sich im Genotyp mehr als nichtverwandte. Damit geben diese bei der Paarung mehr gleichsinnig wirkende Allele an die

Nachkommen weiter als einander fremde. Der Grad der Inzucht entspricht dem wahrscheinlichen Prozentsatz von Genorten, an denen gleichartige Allele zusammentreffen. Das heisst: Die grosse Menge der Gene, die bei Fremdzucht an den Genloci im heterozygoten Zustand zu erwarten sind, werden beispielsweise bei einer Halbgeschwisterpaarung mit einer Wahrscheinlichkeit von ca. 12,5% homozygot sein. Anders ausgedrückt: Rund jedes achte Allelpaar wird reinerbig geworden sein (doppelt dominant oder doppelt rezessiv).

Das betrifft natürlich nur diejenigen Allele, zu denen im Erbgut Alternativen vorhanden sind:

- Es berührt also generell nicht die Genorte, die für die Rasse des Berner Sennenhundes kennzeichnend und damit sowieso homozygot sind (z. B. das Grundsätzliche der Farben, Langhaar, Hängeohren).
- Es kann nicht die betreffen, die nicht mehr in zwei Zustandsformen vorliegen, weil sie vielleicht bei den Tieren, mit denen wir züchten, gar nicht mehr vorhanden sind: Fehlen beispielsweise die Gene für Kraushaar, kann dieses unerwünschte Merkmal auch nicht bei der intensivsten Inzucht auftauchen; sind die Allele für dunkle Augen nicht vorhanden, lassen sie sich durch keine Art von Inzucht herbeiholen.

Das macht grundsätzlich klar: Was im Erbbestand nicht da ist,

- kann durch keine Art von Inzuchtpaarung wieder herbeigeschafft werden,
- kann auch nicht als Defekt auftauchen.

Durch Verwandtenpaarung entstehen keine neuen Merkmale.

Durch Inzucht wird das, was im Erbmaterial vorhanden ist, ans Tageslicht gefördert. Deshalb können plötzlich Fehler auftauchen, durch Gene ausgelöst, die sich im Erbgut versteckt hielten.

Fehlen in der Linie Allele, müssen sie durch «Einkreuzen» fremder Hunde (die sie möglichst in doppelter Dosis bzw. stark vererbbar führen) hereingeholt werden.

Sorgfältig betriebene Inzucht ist besonders wirkungsvoll für quantitative Merkmale: In ihrer Wirkung sehr schöne, harmonische Tiere basieren auf einer glücklichen Anhäufung und Kombination von Polygenen, die ja die Ausprägung solcher Merkmale wie Typ, Ausdruck, Gangwerk etc. bestimmen. In einer gefestigten Zuchtlinie wird vermutlich dieselbe Eigenschaft auch immer durch eine ähnliche gut ausgewogene Gengruppe bestimmt; in einer anderen Zuchtfamilie kann das gleiche Merkmal durch ein anders zusammengesetztes Genpaket verursacht sein, auch wenn die Eigenschaftsausprägung fast ebenso aussieht. Deshalb führen an sich homogene Fremdpaarungen öfters doch zu Enttäuschungen. Die polygenen Gruppen werden nicht in ihrer Kombination vererbt, sondern nur als Teil. Sie zerfallen bei der Keimzellenbildung und ergänzen dann einander nicht. Sie sind für immer aufgelöst, und die schöne Wirkung ist zerstört. Komplexe Merkmale können deshalb fast ausschliesslich durch richtig durchgeführte Verwandtenpaarungen wirklich ähnlich gemacht werden. Nur so besteht die Chance, dass sich die Teile ähnlicher Gruppen kombinieren und festigen werden.

Natürlich kann es auch da zu Enttäuschungen kommen, indem negative Ansammlungen von Polygenen zusammentreffen (beispielsweise viele Minusgene für Grössenwachstum, so dass plötzlich ein unerwartet kleiner Hund entsteht).

Inzuchtpaarungen auf ein Tier werden deshalb vorgenommen, um diese Art von Gleichgewicht zu schaffen und sorgfältig Aufgebautes nicht wieder zu zerstören. Fremdpaarungen stellen in dieser Hinsicht ein Risiko dar.

Inzucht – eine Zusammenfassung

Möglichkeiten Vorzüge, Ergebnisse	*Grenzen* Nachteile, Notwendigkeiten
Inzucht	Inzucht
– ermöglicht es, verdeckt vorhandene negative Allele sichtbar zu machen, Defektträger auszusondern, damit schädliche Gene auszumerzen und so den Bestand zu säubern,	– erhöht das Risiko, unerwünschte Allele zu verdoppeln,
– bringt keine neuen Fehler hervor,	– lässt keine neuen positiven Merkmale entstehen,
– macht Selektion (das Trennen des Guten vom Nichtgewünschten) besser möglich,	– macht Selektion besonders notwendig,
– verbessert den Populationsmittelwert bei Reinerbigwerden positiver Merkmale,	– setzt den Populationsmittelwert bei Reinerbigwerden negativer Merkmale herab,
– lässt uns dem Zufall besser begegnen, Paarungsergebnisse sicherer voraussagen,	– erfordert, die Zuchtpaarzusammenstellung besonders sorgfältig vorzunehmen,
– ist die einzig sichere Methode, wertvolle Anlagen eines herausragenden Tieres anzuhäufen und zu festigen,	– bedingt, dass der Züchter das, was man als genetischen Hintergrund bezeichnet, besonders gut kennt,
– ermöglicht es, durchschlagskräftige Vererber zu züchten,	– lässt Nachlässigkeiten deutlicher werden und deckt «faule» Kompromisse schonungslos auf,
– ist geeignet, eine ausgeglichene Nachzucht zu erreichen.	– kann zu Inzuchtdepressionen führen.

Die zentralen Bedingungen sind: Die Tiere, mit denen gezüchtet und auf die ingezüchtet wird, müssen über so viel Positives verfügen, dass es sich auch lohnt, es zu festigen. Die Blickrichtung muss vor allem auch auf Gesundheit, Leistungsfähigkeit und Wesensfestigkeit/guten Charakter gerichtet sein.

Auslese, Zuchtmethode, Erfolg – eine Übersicht

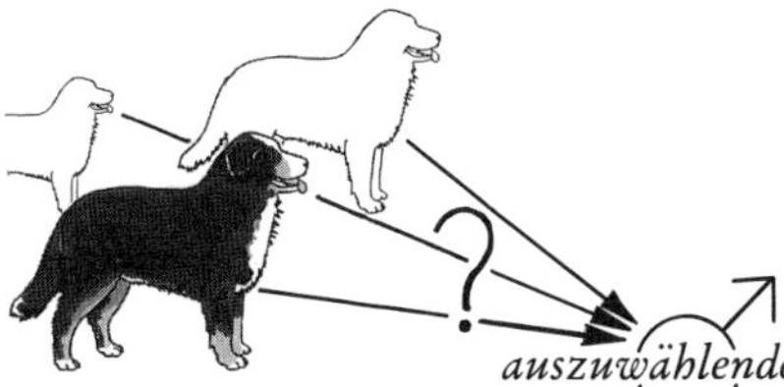

auszuwählender Rüde ♂ ×

vorhandene Hündin

Auslese

Phänotyp (erkennbare Merkmale und Leistungen)	*Erbwert* (Qualität der Geschwister und Eltern)	*Zuchtwert* (Qualität möglichst vieler Nachkommen)	*Verwandtschaftsgrad*
geschätzte Werte		nachgewiesener Wert	zu berechnende Grösse

Zuchtmethode

Fremdzucht | *Inzucht* (gründliche Prüfung)

Erfolg = Qualität der Tiere, mit denen (in-) gezüchtet wurde + (Qualität des Tieres, auf das ingezüchtet ist) + (Inzuchtwirkung)

1. Welpe	2. Welpe	3. Welpe		4. Welpe	5. Welpe	6. Welpe

Auslese nach Phänotyp einschliesslich Wesenstests

neu auszuwählender Rüde ♂ ×

ausgewählte Hündin
(neue Generation)
soll Zuchtfortschritt ausweisen

⇓

Die Darstellung der Beziehungen zwischen der Qualität der Zuchttiere, Auslese, Zuchtmethode und Erfolg der Paarung lässt u.a. erkennen:

- Bei Fremdzucht hat im wesentlichen nur ein Wert Einfluss auf den möglichen Erfolg, nämlich die Qualität der Tiere, mit denen gezüchtet worden ist.
- Bei Inzucht (in Form der Linienzucht auf ein Tier) spielen 3 Einflussgrössen eine deutliche Rolle, 2 davon werden bei Fremdzucht nicht genutzt: die Qualität des Tieres, auf das ingezüchtet ist und die Möglichkeit, dass durch die Inzuchtwirkung erwünschte Gene reinerbig werden. Das wird mit der aufgestellten Formel deutlich.

Allgemeine Voraussetzungen, um Inzucht betreiben zu können

Welchen Weg man in der Zucht gehen kann, hängt von vielerlei Faktoren ab. Um die Methode der Inzucht sinnvoll, d. h. zur Verbesserung seines Zuchtstammes und damit letztlich auch der Rasse, einsetzen zu können, muss ein Züchter über besondere Voraussetzungen verfügen. Sind sie nicht vorhanden, ist es in den meisten Fällen besser, wenn darauf verzichtet und in Form weniger risikoträchtiger Fremdpaarungen das Bestmögliche angestrebt wird.

Diese Voraussetzungen sind

1. günstige persönliche Möglichkeiten, die man hat oder schaffen kann (finanziell, zeitlich, räumlich, familiär, organisatorisch);
   - bei Nachkommen aus Inzuchtpaarungen ist (neben möglichen besonders qualitätsvollen Tieren) immer mit «Ausschuss» zu rechnen, mit Tieren, die infolge aufgetretener Fehler verbilligt abgegeben oder gar eingeschläfert werden müssen (finanzielles Risiko);
   - Inzuchtnachkommen sollten zur endgültigen Beurteilung möglichst lange behalten werden können (grosszügige Raumverhältnisse, hoher Zeitaufwand);
   - Inzucht erfordert eine Langzeitplanung mit besonders sorgfältigen Abklärungen (Organisation, familiäre Verhältnisse);
2. Mut zu äusserster Objektivität und strengster Selektion, das beinhaltet u. a. auch die Trennung von Tieren, an denen man hängt, die jedoch nicht ganz befriedigen (vor allem um Raum für bessere schaffen zu können);
3. eine überdurchschnittlich gute Hündin, um die Inzuchtlinie überhaupt beginnen zu können;
4. dass überdurchschnittlich qualitätsvolle Spitzentiere überhaupt in der Population vorhanden sind;
5. die Bereitschaft anderer Züchter zur Zusammenarbeit (zielgerichtete Fortführung der Linien, gegenseitige Offenheit und Information etc.).

Gangbare organisatorische Wege für die Praxis

Der Kleinzüchter ist in der Regel nur begrenzt in der Lage, Junghunde so lange zu behalten, dass er unter ihnen die am besten, ja überhaupt zur Weiterzucht im Rahmen seines Programmes geeigneten aussuchen kann, was endgültig nicht vor dem 12. Monat möglich ist. Wer also eine Linie systematisch aufbauen will, tut gut daran, sich in gewissem Umfang Zuchtrechte für bestimmte Hunde zu sichern.

Zuchtrechte für Rüden
zu vereinbaren ist in den meisten Fällen unproblematisch. In einem schriftlichen Vertrag kann z. B. festgelegt werden, dass der Hund auf HD geröngt, zur Ankörung vorgeführt wird und in welchem Masse er dem Züchter als Vatertier zur Verfügung steht. Viele Rüdenbesitzer gehen ohne weiteres auf solche Bedingungen ein, zumal wenn der Züchter die entstehenden Kosten oder einen Teil davon übernimmt.

Zuchtrechte für Hündinnen
vertraglich abzuschliessen ist schwieriger. Es müssen Käufer gefunden werden, die entweder bereit sind, selbst ein oder zwei Würfe entsprechend den Paarungswünschen des Züchters aufzuziehen oder aber die Hündin dem Züchter dafür zur Verfügung zu stellen. In diesem Fall sollte dem «Vermieter» auch finanziell grosszügig entgegengekommen werden.

In beiden Fällen ist es wichtig, alles bereits beim Verkauf des Welpen schriftlich exakt festzulegen, damit später keine Differenzen entstehen. Ebenso bedeutungsvoll ist es, gerade zu Käufern solcher Junghunde ein gutes Verhältnis aufzubauen, denn auch ein noch so guter Vertrag lässt sich in der Praxis nur dann mit Leben erfüllen, wenn er auf der Grundlage gegenseitigen Vertrauens basiert.

Für den Züchter ist es wichtig, sich Zuchtrechte vertraglich zu sichern, damit ihm wertvolle Tiere als «Glieder in seiner Kette» nicht verlorengehen.

Ideal ist es, wenn sich mehrere kleine Züchter zusammentun, in derselben Zuchtlinie züchten, miteinander beraten und sich gegenseitig unterstützen. So steht auf breiterer Basis eine grössere Anzahl von Zuchttieren zur Verfügung, mit denen systematisch gearbeitet werden kann. Die Möglichkeiten des einzelnen werden vervielfacht, und trotzdem kann jeder dabei seine Selbständigkeit bewahren. (Sich Zuchtrechte zu sichern, sehen wir als zusätzliche Möglichkeit an.) Das halten wir für den besten aller Wege. Ihn zu gehen, erfordert etwas Organisationsarbeit, Toleranz und den Willen zur Gemeinsamkeit im Sinne des Vorteils für jeden. Gerade die dadurch möglichen Erfolge lohnen den Einsatz.

Gefährliche Folgen der ungeplanten, verdunkelten Verwandtschaftszucht

Vielerorts wird Inzucht wie ein heisses Eisen behandelt, ohne dass allerdings etwas gegen die wirklich gefährlichen Inzuchtformen getan wird. Im Gegenteil: So werden z. B. nach wie vor zu häufig sogenannte Moderüden eingesetzt. Man fährt mit seiner Hündin zum gerade aktuellen Sieger und zu dem, der am sichersten deckt, ohne gross darüber nachzudenken, wie er wohl phänotypisch und vor allem auch genetisch zur Hündin passt. So produzieren vielverwendete Deckrüden (und es sind keinesfalls immer ausgewiesenermassen gute Vererber) einen hohen Prozentsatz sämtlicher Jungtiere, Jahre hintereinander, so dass am Ende ein Grossteil aller Zuchttiere miteinander verwandt ist. Werden dann einige Söhne dieser Vaterhunde wieder oft eingesetzt, ist es nach einiger Zeit fast unmöglich, noch Tiere zu finden, die nicht miteinander verwandt und verschwägert sind. Das hat nichts, aber überhaupt nichts mit kluger Zucht oder gar geplanter Inzucht zu tun; denn es fehlt jeder Überblick und auf die Population bezogen alle Steuerung und die richtige Auswahl. Diese Planlosigkeit hat zur Folge, dass in vielen Stammbäumen etwa von der 4. oder 5. Generation an gehäuft einige Namen immer und immer wieder auftauchen, nicht überlegt gewählt und kombiniert, sondern ganz zufällig. Aus vielen Abstammungsnachweisen, die ja nur bis zur 3. Generation ausgestellt werden, ist dies nicht ersichtlich. Werden jedoch auch die weiter zurückliegenden Generationen berücksichtigt, ist man erstaunt, wie häufig die Tiere ingezüchtet sind, aber eben nicht bewusst, nicht überlegt. Die Verwandtschaft ergibt sich so ganz beiläufig, und das ist gerade das, was nicht passieren darf. Gewiss liegen die Tiere innerhalb der Generationsfolge häufig relativ weit zurück, der einzelne Beitrag jedes Vorkommens ist klein; da sich das Ganze aber ständig wiederholt, die bereits ingezüchteten Hunde unwissentlich oder eben einfach ganz nebenbei wieder ingezüchtet werden, nimmt der ungeplante Verwandtschaftsgrad innerhalb der Rasse immer mehr zu.

Diese Art verdunkelter Inzucht ist wirklich gefährlich. So können Schäden aller Art vermehrt auftauchen, ohne dass man sie fassen oder gar korrigieren kann, weil die Verwandtschaft der Tiere miteinander dies unmöglich macht. Negativgene sind völlig unkontrolliert reinerbig geworden oder haben sich angehäuft. Erbkrankheiten können auftreten, und «keiner weiss, woher sie plötzlich kommen!» Diese, insbesondere von Genetikern, sorgenvoll beobachtete Tendenz führt bei vielen Rassen dazu, dass sie langsam aber sicher in eine Situation hineinmanövriert werden, die eines Tages nicht mehr lösbar erscheint. Wichtige Gene sind verloren gegangen (vor allem auch solche, die die allgemeine Fitness der Rasse mitbestimmen) und können von nirgendwo wieder hereingeholt werden. Ein Weg heraus aus diesem Irrgarten lässt sich nur finden, wenn nicht verwandte Zuchtlinien sorgfältig erhalten oder bewusst über einige Generationen getrennt aufgebaut werden, so dass «echte Kreuzungen» jederzeit möglich sind. Immer neu muss darauf geachtet werden, dass auch Rüden zum Zuge kommen, die weniger im Rampenlicht oder nicht bei einem bekannten Deckrüdenhalter stehen, damit die nötige Vielfalt der genetischen Anlagen im Zuchtbestand erhalten bleibt.

Während der Drucklegung dieses Buches im Sommer 1990 wurde eine Untersuchung zu diesem Problemkreis abgeschlossen und veröffentlicht, die unsere Bedenken bestätigt. (Meyer, Barbara: The Influence of Inbreeding on Genetic Polymorphism in Swiss Mountain Dogs. Diss. med. vet. Bern 1990)

Die Veterinärmedizinerin errechnete den Inzuchtgrad bei allen vier Schweizer Sennenhunderassen und untersuchte die genetische Vielfalt (Polymorphismus) mittels verschiedener biochemischer und molekularbiologischer Methoden. Für Berner Sennenhunde fand sie einen Inzuchtgrad von 12,7%. In einer kleineren Gruppe von

Tieren, unter deren Vorfahren sich entweder ein importierter Hund oder mehrere befinden, beträgt der Inzuchtgrad 5,8%. Ihre molekularbiologischen Untersuchungen bestätigen die Verringerung der genetischen Vielfalt bzw. eine Zunahme der Homozygotie. Meyer weist darauf hin, dass durch die Reduktion der genetischen Variation in ingezüchteten Tierpopulationen und die daraus resultierende erhöhte Homozygotie sich auch seltene rezessive, z.T. mit Krankheiten gekoppelte Gene manifestieren können. Das führt dazu, dass genetisch bedingte Krankheiten und Defekte vermehrt auftreten. Ebenso wird die allgemeine Fitness herabgesetzt, was sich in verminderter Widerstandsfähigkeit gegen Krankheiten aller Art und geringerer Reproduktionsleistung (Fruchtbarkeit) ausdrückt.

Eine Ursache für den hohen Inzuchtgrad sieht B. Meyer in erster Linie im übermässig starken Einsatz bestimmter Moderüden (derselbe Rüde bis zu 158 Würfen). Sie fasst ihre Ergebnisse so zusammen:

«Die Resultate dieser Untersuchung bestätigen – zumindest bis zu einem gewissen Grade – dass in allen vier Schweizer Sennenhunderassen durch Inzucht eine Verarmung der genetischen Vielfalt stattgefunden hat. Wenn sie sorgfältig eingesetzt wird, kann Inzucht aber bei Hunden durchaus ein nützliches Werkzeug sein; diese Zuchtmethode sollte deshalb nicht grundsätzlich verurteilt werden. Begleitend sollte jedoch immer eine strenge Selektion gegen mögliche Inzuchtdepressionen durchgeführt werden. Unglücklicherweise werden genetische Defekte und Erscheinungen von Fitnessverlust von den Zuchtorganisationen nicht systematisch registriert, so dass keine solche Selektion stattfinden kann. Einschränkungen beim Einsatz bestimmter Zuchtrüden (Sieger- und Moderüden) könnten dazu beitragen, dass «Flaschenhals-Situationen» und «Stammtier-Effekte» (starke Einengungen der Zuchtbasis, d. Verf.), die schwerwiegende Veränderungen in der Genhäufigkeit oder gar Genverluste zur Folge haben können, in Zukunft vermieden werden.»

Heterosiszucht

Als eine Art Wundermittel gegen mögliche oder auch bloss befürchtete Inzuchtschäden wird in Züchterkreisen oft die Heterosiszucht angesehen. Dabei versteht man darunter meistens einfach die Paarung nicht verwandter Tiere und übersieht, dass es zum sog. Heterosiseffekt nur unter ganz bestimmten Bedingungen kommen kann. Vor allem geeignete Rassekreuzungen können eine allgemeine Leistungs- und Fitnesssteigerung zur Folge haben. Das ist aus der Kulturpflanzen- und Nutztierzucht allgemein bekannt und wird auch genutzt (Hybridpflanzen, Hybridtiere). Aus dem Gebiet der Hundezucht liegen jedoch bisher keine verwertbaren Erkenntnisse vor.

Als Erklärung für den Heterosiseffekt werden zahlreiche Denkmodelle angeboten, von denen jedoch bisher keines ganz befriedigt oder Allgemeingültigkeit hat. «Wahrscheinlich ist der Heterosiseffekt eine viel zu komplizierte Erscheinung, als dass er jemals auf einfache Weise erklärt werden kann.» (Leibenguth, 1982)

Für die Hundezucht fallen Rassekreuzungen im Prinzip aus. So wären leistungsstärkende Effekte überhaupt nur zu erreichen, wenn zuerst innerhalb der Rasse über

Generationen hinweg mehrere, einander fremde, in sich geschlossene und streng selektierte Inzuchtstämme aufgebaut würden. Dann müsste geprüft werden, ob sich diese für eine Kombination auch eignen (z. B. nicht die gleichen Genfrequenzen bzw. «Schwachpunkte» aufweisen). Nun erst könnten ausgewählte Tiere dieser Inzuchtfamilien zur Erzielung evtl. Heterosiseffekte miteinander gekreuzt werden.

Typisch für Heterosis ist, dass sie nur in der ersten Nachkommengeneration erzielt und nicht erhalten werden kann: Der Heterosiseffekt im Sinne einer allgemeinen Fitnesssteigerung (Fruchtbarkeit, Überlebensfähigkeit von Neugeborenen, Widerstandsfähigkeit gegen Krankheiten, längere Lebensdauer etc.) tritt nur bei hochgradig heterozygoten Tieren der F1-Generation auf. Er nimmt in den Folgegenerationen schnell ab und kann nur durch immer wieder neue Kreuzungen von Tieren aus getrennten, ingezüchteten Stämmen wiederholt werden. (Gottschalk 1989)

Das Erreichen von Heterosiseffekten in seiner Zucht übersteigt weit die praktischen Möglichkeiten des einzelnen Züchters. Bevor er überhaupt an einen Erfolg denken könnte, müsste er sich mit allen Problemen und Folgen lange währender Inzucht auseinandersetzen. Aufwand und möglicherweise zu erreichender Nutzen stehen in keinem tragbaren Verhältnis. Weil unsere Berner Sennenhunde zum jetzigen Zeitpunkt nicht nur innerhalb eines Landes sondern durch vielfältigen Austausch auch über die Grenzen hinweg alle mehr oder weniger verwandt sind, können wirkliche Heterosiseffekte auch durch (vermeintliche) «Fremdpaarungen» nicht erreicht werden. Reelle Chancen könnten sich nur ergeben, wenn ganze Züchtergemeinschaften über Jahre hinweg gleichgerichtet arbeiten und dabei alle zunächst negativen Konsequenzen auf sich nehmen würden.

Vorkommen und züchterische Problematik einzelner Merkmale beim Berner Sennenhund

Im folgenden werden wesentliche Positionen, die den guten Berner Sennenhund ausmachen, einzeln betrachtet.

Wir nennen das Zuchtziel und die am häufigsten vorkommenden Abweichungen, fragen nach dem frühestmöglichen Zeitpunkt einer sinnvollen ersten Beurteilung, die es möglicht macht, die Tendenz der endgültigen Merkmalsausprägung einschätzen zu können, legen dar, wann die Position ausgebildet ist und setzen uns dann mit züchterischen Fragen und dem möglichen Vererbungsmodus sowie modifizierenden Umweltwirkungen auseinander.

Leider ist die Kenntnis über das Verhalten von Merkmalen im Erbgeschehen beim Hund und so auch bei unserer Rasse gering. Gezielte Zuchtversuche wurden hier nicht durchgeführt. Ausserdem ist der Berner Sennenhund in hohem Masse für viele Merkmale uneinheitlich, d.h. gemischterbig veranlagt, so dass aus jedem Tier fast alles hervorgehen kann. Damit ist es schwierig, exakte Aussagen zu machen. Was dargelegt wird, beruht zum grossen Teil auf der Erfahrung gut beobachtender Züchter. Einiges dürfte auch Korrekturen erfordern. Doch das ist nicht weiter schlimm. Dieses Kapitel ist in erster Linie als Anregung gedacht und wird in der Hoffnung geschrieben, dass viele Züchter und Freunde der Rasse Genaues über die Vererbung bestimmter Merkmale beobachten. Je mehr bzgl. der Genetik wichtiger Anlagen bekannt wird, desto besser ist die Zucht zu steuern und um so sicherer kann jeder durch eine öffentliche Diskussion Rat finden, wie spezielle Probleme zu lösen sind.

Neben Aufzeichnungen, wie sich Merkmale «in unserem speziellen Falle» erblich verhalten haben, ist es wertvoll, wenn viele Züchter über deren zu erwartende Ausformung Aussagen machen können. Eine gute Möglichkeit dafür besteht auf der Grundlage von Vergleichen. Dazu ist es nötig, über einen längeren Zeitraum hinweg so viel wie möglich Tiere verschiedener Würfe immer im gleichen Alter (z.B. 6., 8. Woche; 3., 6., 10., 15. Monat o.ä.) mehrfach zu fotografieren, zu messen und sich viele exakte Angaben übersichtlich geordnet schriftlich festzuhalten. Liegen dann genügend Werte, Aussagen, Fotos und evtl. auch Skizzen vor, ist es möglich, von der Entwicklung der untersuchten Hunde ausgehend, auf die wahrscheinliche Ausbildung der Merkmale bei den folgenden schliessen zu können. Das trifft für alle Entwicklungsstufen in jedem Alter und bzgl. aller erfassbaren Eigenschaften zu. Nur auf dieser Grundlage können mit einer relativ hohen Sicherheit Erfahrungen übertragen, für die eigene züchterische Tätigkeit genutzt und an andere Züchter zum Vorteil des Ganzen weitergegeben werden.

Grösse (Widerristhöhe)

Zuchtziel:

Idealgrösse für Rüden 66 bis 68 cm, für Hündinnen 60 bis 63 cm

Abweichungen

Aus der Geschichte der Rasse ergibt sich: Die Körperhöhe war anfänglich sehr unausgeglichen. Neben Riesen von 70 cm gab es vor allem viele kleine Tiere (Rüden gerade so um die 60 cm, Hündinnen kaum 55 cm gross). Die Unterschiede umfassten nach heutigem Verständnis die Breite über mehr als eine ganze Grössengruppe hinweg (mittelgross bis gross). Auch heute kommen noch erhebliche Differenzen vor. Einerseits ist es gut (auch einfacher für den Züchter), wenn die Grenzen nicht eng gesteckt sind, andererseits bringt dies aber Schwierigkeiten mit sich: Die Zuchtplanung ist dadurch kompliziert. Es kommen neben recht kleinen auch sehr grosse Hunde in einem Wurf vor.

Zu kleine Tiere fallen ebenso aus dem Rahmen wie zu grosse. Obere Standardwerte anzustreben, ist nach neuestem Stand der Tierforschung nicht empfehlenswert. Sehr grosse Hunde haben mehr Kreislauf- und Skelettprobleme (krankhafte Veränderungen an den Knochen, frühzeitige Abnutzungserscheinungen).

Wann ist frühestens erkennbar, zu welcher Grösse sich die Tiere wahrscheinlich auswachsen werden?

Das Geburtsgewicht gibt über die spätere Grösse keinen Aufschluss. So können sich Welpen mit einem Anfangsgewicht von nur 350 g durchaus zu grossen kräftigen Tieren auswachsen, und schwere Neugeborene werden nur mittelgross.

Ca. ab der 6. Lebenswoche (ungefähr 2 bis 3 Wochen nach der Umstellung auf feste Nahrung) sind kräftige, besonders frohwüchsige Welpen von zarten und kleinen zu unterscheiden. Wenn nicht regelmässig gemessen wird (was schwierig ist) und man nicht mit wirklich aussagekräftigen Werten vergleichen kann, sind Prognosen kaum möglich. Es sind immer nur die grösseren Jungtiere im Verhältnis zu den kleineren herauszufinden. Endgültige Aussagen können erst viel später getroffen werden. Die Körperhöhe der Verwandten lässt nur dann vorsichtige Schlüsse zu, wenn die Familie hinsichtlich des Merkmals wirklich ausgeglichen ist.

Wann sind Berner Sennenhunde ausgewachsen?

Die meisten Berner haben mit 10 bis 12 Monaten ihre Widerristhöhe erreicht. Geringfügige Zunahmen (ein bis zwei cm) sind zwischen 12 und 14 Monaten möglich; weiteres geringgradiges Wachstum ist bis zum 18. Monat seltener feststellbar.

Zuchtprobleme, Vererbungsmodus, Umweltwirkungen

Das Merkmal Grösse ist polygen bedingt. Korrekturen einer Linie nach oben oder unten (zum angestrebten Mittelmass hin) sind deshalb schwierig, weil von vielen Zuchttieren nicht bekannt ist, was sie genetisch einbringen. Mit einem zufällig grossen Rüden, der aus einer für dieses Merkmal nicht gefestigten Familie stammt, wird der gewünschte Erfolg, die Grösse der Nachkommen zu verbessern, nicht erzielt. Er kann phänotypisch gross sein, genotypisch – als Vererber – aber doch viele kleinere Nachkommen bringen, zumal ja die Mutter ihre grösseminderndenFaktoren mit Sicherheit beisteuert. Aus Kreuzungen verschiedenen grosser Hunderassen weiss man, dass die Mutter auf die Grössenentwicklung der Jungtiere einen stärkeren Einfluss ausübt als der Vater. Um eine noch weit erheblichere Aufspaltung in der Zukunft zu mindern, muss das Merkmal dann auch in den nächsten Generationen gut beachtet werden. Ein Hin-und-Herspringen ergibt nur Konfusität. Die Vererbung der Widerristhöhe haben wir zur Erklärung des polyfaktoriellen Erbganges in der allgemeinen Genetik ausführlich besprochen, so dass hier darauf verwiesen werden kann. Der Erblichkeitsgrad wird in der Literatur mit ca. 65% angegeben. D.h.: Das Merkmal ist stark vererbbar, eine Beeinflussung durch äussere Massnahmen ist möglich (hochwertige eiweissreiche Fütterung, Kalk- und Vitamingaben). Züchterisch wäre aber damit nichts erreicht, und auf diese Art und Weise «hochgepulverte» Tiere können sich anfällig zeigen für Knochenerkrankungen.

Format

Zuchtziel:

Kräftiger, mittellanger Körper; Verhältnis von Widerristhöhe zu Länge 9:10

Abweichungen

Es gibt viel häufiger zu lange als zu kurze Tiere. Das ist das Ergebnis der Bemühung, tiefstehende Hunde zu züchten, die dann oft ganz einfach zu kurzbeinig sind und damit unproportioniert.

Wann ist die Tendenz zur Ausprägung des Formats frühestens erkennbar?

Mit ca. 8 Wochen können oft schon lange von kurzen Welpen unterschieden werden. Verhältnismässig langrumpfige Jungtiere werden im Erwachsenenalter kaum kurz, gedrungene dagegen wachsen sich meist ideal aus. Dass der Rumpf zu kurz wird, ist seltener festzustellen. Gestörte Verhältnisse ergeben sich später meist durch zu lange Beine. Im Vergleich mit den Wurfgeschwistern können langbeinige Welpen mit ca. 10 Wochen ziemlich sicher erkannt werden. Junge Hunde, die schon von Anfang an nahezu elegant sind, beinahe die schönen Formen der erwachsenen zeigen, gar lange Gliessmassen haben und im ganzen schmal erscheinen, werden sich nicht zu typischen Bernern entwickeln.

Wann steht das Format fest?

Die Längen-Höhen-Proportion ist mit ca. 12 Monaten gegeben. Der Rahmen ist da, nicht aber die Kompaktheit. Der Rumpf formt sich noch mindestens bis zum 2. Lebensjahr weiter aus.

Zuchtprobleme, Vererbungsmodus

Die Ursachen für ein falsches Format können ganz unterschiedlich sein. Das Tier ist zu lang: 1. Die Wirbelsäule ist tatsächlich zu lang. 2. Es sind einfach nur die Beine zu kurz. Das Tier ist zu kurz: 1. Die Wirbelsäule ist zu kurz. 2. Die Beine sind zu lang. Also muss genau untersucht werden, warum ein Hund aus dem Rahmen fällt, bevor ein Ausgleichspartner gesucht wird, denn der Versuch der Korrektur muss an der richtigen Stelle ansetzen. Extreme zu paaren (kurz- x langrumpfig, hochgestellt x tiefgestellt), führt öfters zu unausgeglichen proportionierten Nachkommen. Die Tendenz des Ausgleichs (Ergebnis ähnlich intermediärer Vererbung) ist aber offensichtlich. Leider tritt dann häufig ein Aufspalten in der nächsten Generation auf, wenn die Paarung nicht wiederum gezielt gewählt wird. Die besten Erfolge sind möglich, wenn als Paarungspartner für den nicht wie gewünscht geformten oder aus einer solchen Linie stammenden Hund und dessen Nachkommen über mehrere Generationen hinweg Tiere gewählt werden, deren Gebäudeverhältnisse dem Ideal so nahe wie möglich kommen.

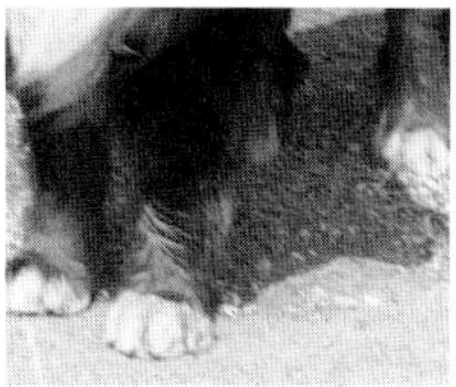

Knochenstärke

Zuchtziel:

Ein der Gesamterscheinung entsprechender massiver Knochenbau, der vor allem an stämmigen Gliedmassen erkennbar ist

Abweichungen

Bei der Betrachtung eines Merkmals sind immer zwei Fragen wichtig: 1. Können besondere Betonungen zu gesundheitlichen Schäden führen? 2. Kommt es durch Überbetonungen zu Disharmonien?

Wie bei anderen Rassen gibt es auch bei uns Tiere, die ein kräftiges und andere, die ein weniger stark ausgebildetes Skelett haben. Zum Berner als kompakten Vertreter grösserer Hunderassen gehören massive Knochen. Das ist keine Frage. Feingliedrigkeit wirkt beim ansonsten kräftigen Hund unproportioniert, und es besteht die Gefahr, dass ein zartes Skelett (besonders bei übergewichtigen Tieren, die sowieso gesundheitlich gefährdet sind) an empfindlichen Stellen überbeansprucht wird (z. B. weiche Fesseln; eine nicht gut tragfähige Wirbelsäule kann zu Senkrücken führen).

Aber auch Grobknochigkeit wirkt unharmonisch. Vor allem kann sie gesundheitliche Schäden zur Folge haben. Stünzi (1976) stellt fest, dass «bösartige Knochentumoren... hauptsächlich bei grosswüchsigen Rassen...» auftreten. Er nennt betont den Berner Sennenhund. Solche Tumoren wachsen schnell «und zerstören den Knochen innerhalb von wenigen Monaten.» Nach Burns, Fraser (1968) sind «... schwere Knochen weniger hart und fest als leichte und anfälliger gegen ererbte Knorpelmissbildungen...», sie sind sozusagen «schwammig». Solche wissenschaftlichen Veröffentlichungen, genannt sind nur zwei von vielen, müssen die Züchter mindestens anregen, über Zuchtziele nachzudenken. Übertriebene Forderungen – in jeder Beziehung – schaden mehr als sie nützen.

Wann ist die Tendenz der Merkmalsausprägung frühestens erkennbar?

Das Geburtsgewicht bietet für die spätere Knochenstärke kaum einen Anhaltspunkt, wohl aber kann der Neugeborene, der im Verhältnis zu seiner Grösse (Länge) die dicksten Beine hat (zu beachten sind besonders die vorderen und die Vorderpfoten) in der Regel einmal ein Berner mit kräftigen Gliedmassen werden. Welpen, die mit 6 Wochen und dann als Kontrolldatum wieder mit 2 Monaten ihre kompakten Beine behalten haben, geben mit einem hohen Grad an Wahrscheinlichkeit die Gewähr, einmal einen kräftigen «Unterbau» zu bekommen.

Wann steht fest, wie kräftig die Gliedmassen werden?

Mit ca. 9 Monaten ist zu erkennen, ob ein Berner kräftige, weniger starke oder eher zarte Gliessmassen hat.

Zuchtprobleme, Vererbungsmodus, Umweltwirkungen

Man muss an eher feingliedrige Partner zum Ausgleich nur solche mit starkem Skelett anpaaren, um viele Kleingene für kräftige Skelettbildung anzuhäufen und dies in den kommenden Generationen beibehalten, sonst ist ein Fortschritt nicht oder höchstens vorübergehend erreichbar. Kraftvoller Knochenbau lässt im Vererbungsgeschehen eine zurückhaltende Tendenz erkennen. Hat sich z. B. ein wenig massiver Unterbau erst einmal «festgesetzt», ist dem nur mit Beharrlichkeit beizukommen.

Eine ausgewogene mineralstoff- und vitaminreiche Fütterung wird die Ausbildung der Knochen unterstützen. Fragen zum Problem des leichten oder schweren Knochenbaues werden immer mehr Gegenstand veterinär-medizinischer Forschung. Mit begründeter Kritik wird ein Warnzeichen gesetzt. Vor der unnatürlichen Forcierung des Wachstums durch übertrieben hochwertige Fütterung wird gewarnt. Auf das sich bei frohwüchsigen Rassen sowieso enorm schnell entwickelnde Knochengewebe wirkt dann eine Art innerer Treibhauseffekt. Er lässt nicht genügend Zeit zum Ausreifen (Einlagerung der Kalksalze). Eine solide Entwicklung und Ausformung der Zellen ist somit nur schwer möglich. Schäden sind dann unvermeidlich.

Unbedingt nötig ist es, zur Unterstützung der Tragefunktion des Knochengerüsts, die Entwicklung eines leistungsfähigen Muskel-, Sehnen- und Bänderapparates zu begünstigen. Das liegt sehr in unserer Hand: Wir dürfen die Junghunde nur massvoll füttern und müssen sie sinnvoll bewegen, so oft wie möglich in kurzen Etappen, jedoch nie bis zur Erschöpfung.

Kompaktheit

Zuchtziel:

Kompakter, dabei beweglicher Gebrauchshund mit geräumigem Brustkorb, und deutlicher Vorbrust. Entsprechend der Brustbildung steht der Berner Sennenhund von vorn gesehen verhältnismässig breit.

Die Aufgabe, den kompakten Grundtyp der Rasse zu erhalten, ist ein altes Problem. Immer wieder einmal besteht die Gefahr, dass sie zum leichteren Typ hin abgleitet. Anzeichen einer solchen Richtung stellte Prof. Heim schon 1909 fest, als er in Basel zum dritten Male eine Gruppe Berner Sennenhunde richtete: «Es wurde sofort klar, dass man auf der Hut sein muss, dass der Bursche bei der Edelzucht nicht an originellem Typus verliert, nicht zu schlank im Körper, zu hoch, zu setterohrig, zu sehr Salonhund wird und wir waren uns darüber einig, dass eine Mittelform... anzustreben sei und das mächtige und stämmige nicht in lauter Eleganz verloren gehen darf.» (Dabei ist unbedingt zu beachten, dass die Rasse damals insgesamt noch erheblich leichter und schlanker war als heute.)

1920 äusserte sich der Tierarzt und erfolgreiche Züchter von Berner Sennenhunden Dr. Scheidegger in ähnlicher Form, nämlich «... dass jede Hochzucht auf eine Verfeinerung der Tiere, die meist mit einer Verlängerung der Form einhergeht, hinausläuft. Dieser Gefahr kann indessen durch geeignete Zuchtwahl entgegengewirkt werden. Wenn ich mir deshalb einen Begleithund auswähle, so werde ich dem eleganten Hunde den Vorzug geben. Als Deckrüde ist mir aber der massigste, wenn korrekt in Bau und Linie, gerade massig genug.» (Unveröffentlichtes Vortragsmanuskript)

Die Hunde der eigenen Zucht kompakt genug zu erhalten oder überhaupt erst Kompaktheit in die Linie hineinzubringen, stellt auch für heutige Züchter noch ein Problem dar.

Um auf die Kompaktheit in der Zucht achten zu können, muss man die Elemente kennen, die dieses Zuchtziel prägen.

Die Kompaktheit steht in direktem Verhältnis zum Körperbautyp, den wir im Kapitel «Der Standard – Massstab und Wegleitung» gleich als ersten Teil unter «Allgemeine Erscheinung» besprochen und illustriert haben. Aus der Übersicht dort geht hervor, welche Körperteile und Proportionen die Kompaktheit vor allem bestimmen. Beim Betrachten der fünf Umrissskizzen wird auch sofort deutlich, wo die Grenzen zum leichten und zum schweren Hund liegen.

Die Kompaktheit des Rumpfes, seine Gedrungenheit, Geschlossenheit, Festigkeit, wird vom Knochenbau her vor allem durch lange, gut gerundete Rippen bestimmt und muskulär insbesondere durch die ausgeprägte Schulter-Oberarm-Bemuskelung sowie die Lendenbreite und Flankentiefe. Sind diese Körperregionen gut ausgeformt, ist es der Rücken auch, und die breite, tiefe Brust ist die Grundlage für den richtigen Stand. Auf die Knochenstärke und die Bedeutung des richtigen Formats sind wir weiter vorn schon eingegangen. Hier sei nur noch einmal betont: Zum kompakten Hund gehören kräftige Beine, und die Rumpflänge darf nur etwa 10% mehr als die Widerristhöhe betragen (Faustregel). Die Illustrationen zeigen, worauf es ankommt. Am schwierigsten ist es, die Länge des Brustkorbes einzuschätzen. Als praktische Regel kann gelten: Wenn die untere Linie nicht ganz allmählich und nur wenig ansteigt, sondern deutlich aufgezogen ist, sollte im Vergleich mit gleichgrossen Hunden desselben Geschlechts geprüft werden, ob der Brustkorb zu kurz ist. Wenn züchterisch korrigiert werden muss, ist es immer wichtg, die wirkliche Ursache für einen Mangel zu erkennen.

Zu den Skizzen

Die Verhältnisse Widerristhöhe, Rumpflänge, Brustbildung und Gliedmassenlänge müssen harmonische Proportionen gewährleisten und einander so entsprechen, dass abhängig vom allgemein kraftvollen Typ optimale Laufleistungen (Ausdauer, Tempo) möglich sind.
Der Rippenkorb muss so geformt sein, dass vier Forderungen erfüllt werden:

1. Die Vordergliedmassen dürfen in ihrer Beweglichkeit (Schrittlänge) nicht behindert werden.
2. Der Brustkorb muss genügend Raum für die Lungentätigkeit bieten.
3. Die Schulter-Oberarm-Muskeln müssen an seinen langen Seitenwänden genügend Ansatzmöglichkeiten finden.
4. Die Brustbemuskelung muss sich weit schwanzwärts ausbilden können. Dazu ist es notwendig, dass der Rippenkorb genügend breit, tief und lang ist.

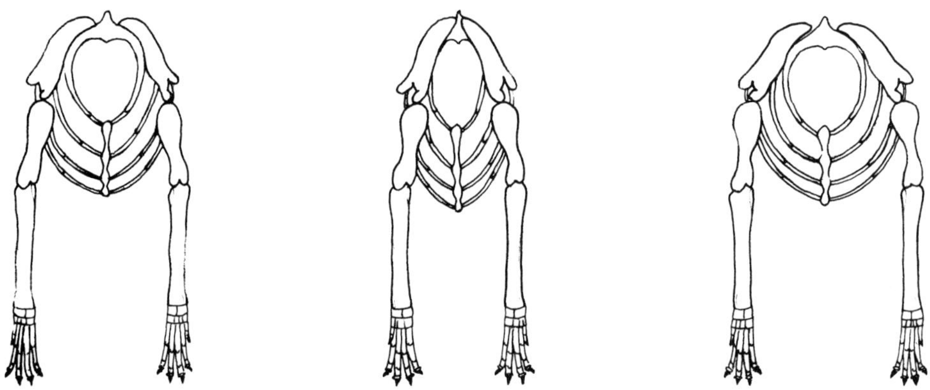

Die Rundung des Brustkorbs
(Teil des Knochengerüsts, von vorn gesehen, jeweils nur vier Rippenbogen gezeichnet – Die Brusttiefe ist in allen drei Fällen richtig. Sie beträgt immer ca. 50 % der Widerristhöhe.)
Die Breite des Brustkorbes, seine Rundung, wird von der Rippenwölbung bestimmt.

Links:
Stand breit, normal gerundeter Brustkorb, Form: breites Oval.
Die Rippen treten seitlich richtig aus der Wirbelsäule hervor und verlaufen nach unten in gutem Bogen zum Brustbein. Die Form entspricht dem gewünschten Typ und bestimmt ihn wesentlich mit.

Mitte:
Stand eng, zu flacher, schmaler Brustkorb, Form: schmales Oval.
Die Rippen treten zu spitzwinkelig aus der Wirbelsäule hervor und treffen auch so auf das Brustbein. Sie verlaufen zu wenig gerundet. Die Form entspricht nicht dem kraftvollen Leistungs- und schon gar nicht dem Zuchttyp. Der Hund ist zu schmal. Die Gesamtkörperform wird zu elegant.

Rechts: Stand zu breit, tonnenförmiger Brustkorb, Form: fast rund.
Die Rippen treten seitlich zu gerade aus der Wirbelsäule hervor und sind zu ausgeprägt gerundet. Der zu breite Brustkorb behindert den Hund in der Bewegung. Die Form entspricht nicht dem Typ des kraftvollen beweglichen Gebrauchshundes, sondern tendiert zum Bulldogtyp. Der Hund wirkt plump und unbeweglich.

Die Tiefe des Brustkorbs

Bei der Betrachtung der Brusttiefe sind zu unterscheiden

1. die durch die Entwicklung des Rippenkorbes bestimmte tatsächliche Tiefe (Mass: oberer Schulterblattrand bis Brustbein),
2. die vor allem durch die Behaarung bedingte optische Brusttiefe. Sie ist immer grösser als die tatsächliche.

Alle Hinweise beziehen sich auf die durch die Skelettentwicklung bestimmte wirkliche Brusttiefe.

Bei der Einschätzung gilt es festzustellen, wo die Ursachen für unterschiedliche Proportionen liegen.

1. *Gleiche Brusttiefe – unterschiedliche Gliedmassenlänge (veränderte Wideristhöhe)*

Die Länge (damit z. T. auch die Lage der Knochen) der Gliedmassen verändert sich. Dadurch wird die Tiefe des Brustkorbes nur im Verhältnis zur Beinlänge anders (relative Veränderung). In Zentimetern bleibt sie gleich. (Beachte waagerechte Mittellinie.)

Der Bodenabstand ist zu gering (hier nur ca. 45 % der Widerristhöhe), weil die Beine zu kurz sind.

Richtiges Verhältnis von Brusttiefe und Beinlänge = 1 : 1

Der Bodenabstand ist zu gross (hier ca. 55 % der Widerristhöhe), weil die Beine zu lang sind.

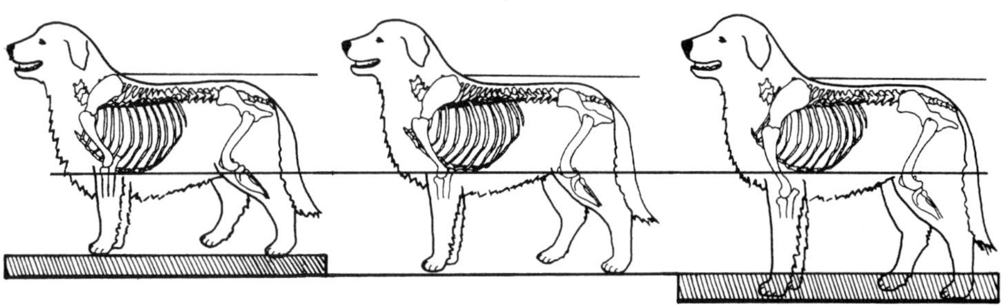

Eine im Verhältnis zur Rumpflänge richtig tiefe Brust, aber zu kurze Gliedmassen verändern den Typ hin bis zum „dackelbeinigen“ Hund, dessen Format verändert ist; er ist zu lang. Die geringe Bodenfreiheit vermindert Beweglichkeit und Laufleistung. Die gewünschten Proportionen sind gestört.

Die richtigen Verhältnisse von Rumpflänge, Gliedmassenlänge und Brusttiefe ergeben die gewünschten Proportionen.

Richtige Brusttiefe im Verhältnis zur Rumpflänge, aber zu lange Gliedmassen ergeben einen hochgestellten, „windigen“ Hund, der auch im Format verändert ist; er ist zu kurz. Die gewünschten Proportionen sind verschoben.

2. *Unterschiedliche Brusttiefe – gleiche Länge der Vordergliedmassen (vom Schulterblatt bis zur Pfote)*

Bei gleichbleibender Widerristhöhe ist die Brustkorbtiefe in Zentimetern tatsächlich anders (absolute Veränderung; beachte stufenförmige Veränderung der Mittellinie). Länge und Bau der Gliedmassen sowohl vorn als auch hinten sind gleich. Es verändert sich nur die äusserlich sichtbare Beinlänge.

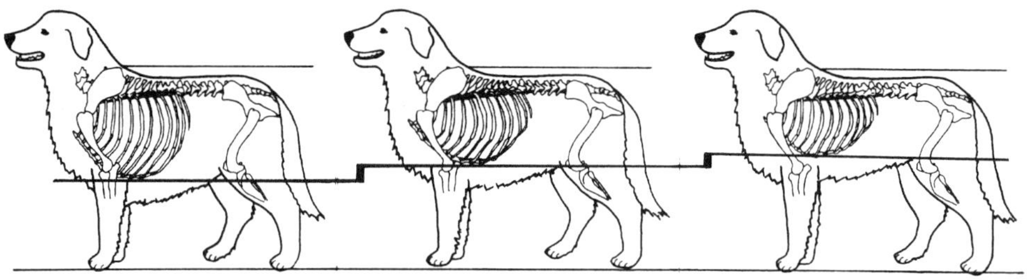

Der im Verhältnis zur Rumpflänge und zur Widerristhöhe zu tiefe Brustkorb verringert die Behendigkeit und Leistungsfähigkeit und macht den beweglichen Gebrauchshund schwerfällig. Das Bein „steckt weit im Rumpf", weil die Brust bis unter die Ellbogen hinabreicht.

Brusttiefe hier
= 55 % der Widerristhöhe

Der erwünschte Typ und die geforderte Leistungsfähigkeit stehen in engem Zusammenhang mit dem richtigen Verhältnis von Widerristhöhe und Brusttiefe. Bei richtigem Bau der Gliedmassen reicht der Brustkorb bis zu den Ellenbogen.

Brusttiefe
= 50 % der Widerristhöhe

Zu geringe Brusttiefe bei normallangen Gliedmassen ergibt einen wenig kompakten Hund. Dessen Brustvolumen ist verringert, die Brustmuskulatur und die der gesamten Schulterpartie ist nur gering ausgeprägt. Die Leistungsfähigkeit wird gemindert sein.
„Viel Bein liegt frei" ausserhalb des Rumpfes, weil die Brust lange nicht bis zu den Ellbogen hinabreicht.

Brusttiefe hier
= 45 % der Widerristhöhe

Sinnvolles Einschätzen eines Körperteiles heisst, dass dabei der Blick immer aufs Ganze gerichtet sein muss, wenn Veränderungen richtig taxiert werden sollen. Bei der Beurteilung der Brusttiefe spielt auch immer der Bezug zur Rumpflänge eine Rolle. In unseren sechs Beispielen ist sie annähernd gleich.

Langer Brustkorb
Die Brustkorblänge beträgt hier 62 % der Rumpflänge.

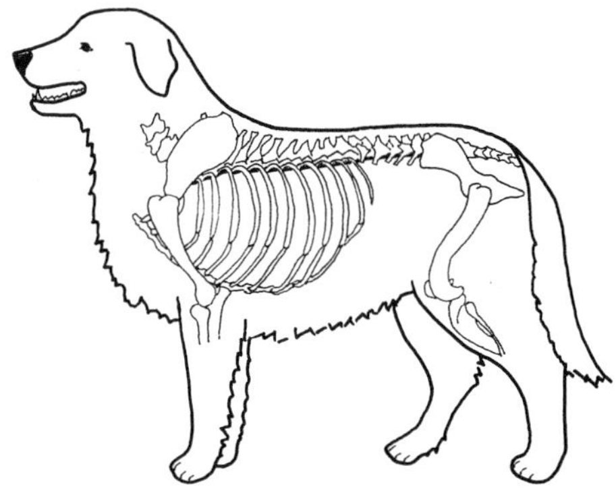

Kurzer Brustkorb
Die Brustkorblänge beträgt hier 54 % der Rumpflänge.

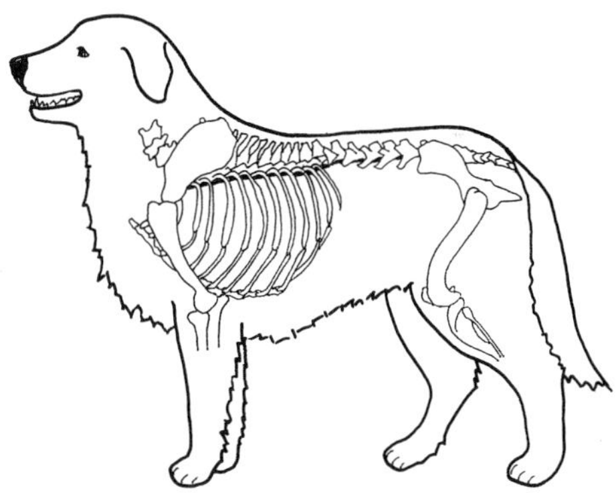

Die Länge des Brustkorbes
Der lange Brustkorb ist es vor allem, der das Atemvolumen positiv beeinflusst; Brust- und Bauchraum sind durch das von der einen zur anderen Seite gespannte Zwerchfell getrennt. Beim Einatmen zieht dieser wichtigste Atemmuskel die Lunge nach hinten. Je länger der Brustkorb ist, um so grösser ist die Erweiterungsfähigkeit und desto stärker die Einatmung. Ein langer Rippenkorb ist Voraussetzung für eine weit nach hinten reichende Brustbemuskelung.
Der lange Rippenkorb verringert den Rumpfanteil, der seine Festigkeit nur durch Muskulatur erhält, weil eine Knochenunterlage fehlt. Die Rippen tragen den Rumpf mit. Ist der Brustkorb lang, wirkt sich das günstig auf die Flankenpartie aus. Eine kurze, feste Flanke ist die Grundlage für die geforderte straffe Lende.
Schliesslich: Bei kurzem Brustkorb ist die ganze untere Linie zu sehr aufgezogen.
Brustkorblänge: Brustbeinspitze bis zur 13. Rippe; Rumpflänge: Vorderseite Schultergelenk bis Sitzbeinhöcker.

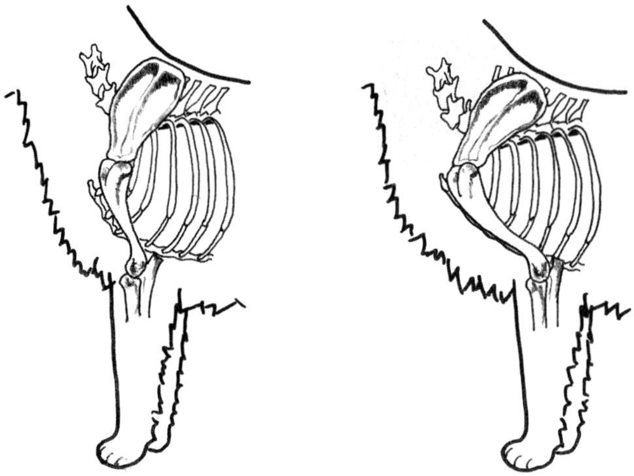

Die Vorbrust
Links: Liegt das Schulterblatt steil und ist insbesondere der Oberarmknochen kurz, dann ist der Winkel am Schultergelenk weit geöffnet. Es liegt zu weit schwanzwärts, das Ellbogengelenk dagegen zu weit kopfwärts. Der Oberarmknochen reicht nicht weit nach hinten. Die gesamte schmale Schulter-Oberarm-Partie bietet bis hinab zum Brustbein nur wenig Raum für Bemuskelung. Damit fehlt die Grundlage für eine gute Entwicklung der Vorbrust. Es ist gar kein Platz da.

Rechts: Ganz anders ist es hier. Schräg liegende lange Schulterblätter zusammen mit vor allem langen Oberarmknochen bewirken weit vorn liegende Schultergelenke und weit hinten liegende Ellbogengelenke. Die langen Oberarmknochen reichen weit unter den Rumpf. Damit werden die Unterarme deutlich unterstellt. Die Grundlagen für die geforderte gute Vorbrustentwicklung sind gegeben.

Abweichungen

Windig, als Gegensatz zu kompakt, ist ein Berner dann,
- wenn er zu lange Beine hat; dann stimmen die Proportionen Widerristhöhe : Brusttiefe : Bodenabstand nicht,
- wenn die Flanken nicht tief genug hinabreichen, die Bauchlinie also zu sehr aufgezogen ist,
- wenn er sehr schmal ist; dann ist der Brustkorb zu wenig gewölbt.

Windige Tiere tauchen, wie bei anderen Rassen auch, immer wieder auf. Manchmal sind die Beine zu lang, meist aber ist die Brust zu wenig entwickelt (zu schmal, zu geringe Tiefe, Vorbrust nicht deutlich ausgeprägt; seltener zu kurzer Brustkorb), und die Lendenpartie ist nicht kräftig genug bemuskelt.

Diese 9 Monate alte Junghündin ist noch sehr schlank und substanzlos.

Mit drei Jahren ist sie ausgeformt.

Wann ist die Tendenz der Merkmalsausprägung frühestens erkennbar?

Geübte Züchter können Welpen mit breit und kräftig angelegtem Brustkorb schon in den ersten Lebenstagen von schmaleren unterscheiden, indem sie den Brustkorb umfassen. Da aber zu diesem Zeitpunkt weder die spätere Gliedmassenlänge noch die Gesamthöhe des ausgewachsenen Hundes festgestellt werden kann, was ja erst die Gebäudeverhältnisse ergibt, sind nur ungefähre Annahmen möglich. Das betrifft noch mehr die Lendenausformung.

Mit 8 bis 10 Wochen sind kompakte Welpen von weniger kräftigen klar zu unterscheiden. Wie sie aber ausgewachsen proportioniert sein werden, ist höchstens dann sinnvoll zu prognostizieren, wenn der Züchter sehr geübt ist und vor allem auch die Typausprägung der Familienmitglieder gut kennt.

Wann ist die Kompaktheit einschätzbar?

Unterschiede in der Brustbreite und -tiefe sind bei Junghunden natürlich feststellbar, aber das eigentliche Breiten- und Tiefenwachstum setzt mit ca. 12 Monaten erst richtig ein. Besonders männliche Tiere wirken zu diesem Zeitpunkt oft noch schmal und verhältnismässig hochgestellt und leicht. Viele wachsen sich erst mit 2 bis 3 Jahren richtig aus. Erst dann sind Brustbreite und -tiefe im Verhältnis zur Widerristhöhe abschliessend zu beurteilen. Junghunde, die mit ca. 12 Monaten schon sehr breit- und tiefgebaut wirken, sozusagen erwachsen, sind mit dem Längenwachstum der Röhrenknochen nur früher fertig und werden später einfach kurzbeiniger sein.

Zuchtprobleme, Vererbungsmodus, Umweltwirkungen

Bei Paarungen wird der Züchter, je nach Ausgangssituation, mehr oder weniger auch den Körperbautyp beachten müssen. Es besteht immer einmal die Tendenz, dass Hunde zu leicht werden.

Geht die Kompaktheit generell zurück, müssen über mindestens zwei Generationen hinweg Partner angepaart werden, die in allen Teilen, die dieses Merkmal bestimmen, die angestrebte Form in ausgeprägtem Masse zeigen. Eine nur einmalige Anpaarung kompakter Partner beeinflusst die gewünschte Entwicklung genetisch nicht in ausreichendem Masse, weil hier keine Dominanz- oder Rezessivitätsverhältnisse vorliegen, sondern sich das Erbbild durch die Anhäufung entsprechender Gene erst stabilisieren muss. Als Voraussetzung für die richtige Partnerwahl ist immer zu ermitteln, inwieweit aber vielleicht auch einzelne Rumpfabschnitte korrigiert werden müssen. Betrifft die Kritik vor allem einzelne Proportionen, dann ist es sehr wohl möglich, durch züchterische Selektion das «isolierte» Merkmal allein zu korrigieren, wenn auch nicht mit nur einer Ausgleichspaarung sozusagen dauerhaft von heute auf morgen. Genetisch gesehen unterliegen die einzelnen Rumpfabschnitte durchaus einer getrennten Determination (Wegner, 1979). Das heisst: Es lassen sich durch systematische Zuchtwahl ein voluminöser oder enger Brustkorb, lange oder kurze

Beine, eine kräftige oder sogenannte schwache Lendenpartie erreichen. Gerade das Verhältnis von Brusttiefe und -breite zur Widerristhöhe kann durch systematische Zuchtwahl auf Tiere mit grossem Brustkorb resp. kurzen Läufen verhältnismässig schnell verändert werden. Es kommt so zu tiefer gestellten, kurzbeinigen Berner Sennenhunden. Extreme, sowohl der zu elegante wie auch der plumpe Hund, entsprechen nicht dem Körperbautyp der Rasse.

Der Gesamteindruck hinsichtlich Brusttiefe und -breite wird durch Fettansatz mitbestimmt. Fett kann sich nicht nur auf den Rippen, sondern auch im Muskelgewebe massiv einlagern, so dass ein übergewichtiger Hund oft auch viel breiter steht als ein knapp gehaltener ähnlich gebauter. Eine besonders ausgeprägte Brustbreite wird dadurch nur vorgetäuscht. Besonders bei leichten Hunden wird oft versucht, durch Überfütterung den Anschein von Breite und Tiefe zu erwecken. Dann kommt es zu den bekannten Disproportionen: «Je schwerer der Rumpf wird, desto dünner werden die Beine.» Kompaktheit ist immer im Sinne von urwüchsig, substanzvoll und athletisch zu verstehen, meint also eine kraftvolle Ausformung des Skeletts und der Muskulatur. Kompaktheit darf nicht mit Schwammigkeit und Fettleibigkeit verwechselt werden, wie das allzu häufig geschieht.

Rückenlinie

Zuchtziel:

Widerrist ausgeprägt, Rücken fest und gerade, Lenden breit und kräftig, Kruppe leicht abgerundet; gerader Verlauf der Rückenlinie; der Widerrist muss etwas höher liegen als die Kruppe, die sich am Ende sanft nach hinten neigt.

Abweichungen

Widerrist zu flach und zum Rücken hin zu wenig entwickelt (Bemuskelung wenig ausgeprägt, steil stehende Schulterblätter).

Rückenlinie über der Mitte des Rumpfes eingesenkt = weicher Rücken (häufig), stark ausgeprägt = Senkrücken (Wirbelsäule ist nach unten verbogen), was eher bei Hunden mit langem als mit kurzem Rumpf vorkommt. Meist ist mangelhafte Bemuskelung die Ursache, und es sind die zwischen und über den Wirbeln gespannten Bänder gedehnt, weil der Rumpf zu schwer ist, so dass die Stabilität verloren gegangen ist. Oft kommt hinzu, dass so ein Hund überbaut ist, hinten höher als vorn steht: Die Hintergliedmassen sind steil und «verschieben» Becken und Kreuzbein nach oben.

Rückenlinie nach oben gerundet = Karpfenrücken, der Hund hat einen Buckel, selten (Verbiegung der Wirbelsäule nach oben).

Lende «zu schwach», nicht breit und kräftig bemuskelt.

Kruppe zu lange gerade verlaufend, nicht sanft gerundet (häufig), mitunter sogar schwanzwärts ansteigend.

Wann kann die Ausformung der Rückenlinie frühestens eingeschätzt werden?

Bei den meisten anderen Merkmalen lässt sich schon beim Welpen eine bestimmte Tendenz feststellen. Bei der sog. Rückenlinie ist dies anders. Beim noch kleinen Hund, dem 6–10 Wochen alten Welpen, verläuft sie im wesentlichen gerade, hie und da auch leicht eingesenkt. Die Form der Rückenlinie ist stark vom Wachstum des gesamten Skeletts, vor allem auch der Gliedmassen abhängig. Die meisten Junghunde wachsen in erkennbaren Schüben, mal vorn, mal hinten, so dass der Verlauf der Rückenlinie mehrfach wechseln und zeitweilig nach hinten deutlich ansteigend verlaufen kann. Erst dann, wenn das Skelettwachstum mit etwa 15 Monaten so gut sie abgeschlossen ist, ist sie annähernd einschätzbar. Auch die endgültige Form von Lende und Kruppe zeichnet sich erst dann ab. Sie wird erheblich von der Muskelbildung mitbestimmt.

Die Gesamtbreite der Rückenpartie ist andeutungsweise mit 5–6 Monaten erkennbar. Es ist aber bei Junghunden immer zu beachten, dass sie zu dieser Zeit vor allem in die Höhe wachsen und daher oft schmal und aufgeschossen wirken. Ist ein Jungtier aber von oben her gesehen deutlich schmal, wird es sich später kaum noch zu einem kräftigen Berner auswachsen.

Wann steht der Verlauf der Rückenlinie fest?

Die Körperabschnitte, die die Rückenpartie bilden, wachsen sich erst relativ spät fertig aus. Muskelbildung und Fettablagerung bestimmen die Form erheblich mit. Eine abschliessende Einschätzung ist deshalb erst mit etwa 2 Jahren möglich.

Zuchtprobleme, Vererbungsmodus, Umweltwirkungen

Der Verlauf der Rückenlinie bestimmt die Silhouette jedes Hundes wesentlich mit. Ein Berner mit einer unregelmässig verlaufenden oberen Linie, vorne eingetieft und gegen hinten ansteigend, kann nie ein schöner Hund sein. Andererseits lässt eine elegant verlaufende Rückenlinie von weitem gesehen andere Mängel verschwinden. Sie züchterisch zu vervollkommnen ist ein wichtiges Ziel, das in der Zucht aller europäischen Länder nicht so recht im Blickfeld liegt.

Ihre Form beruht auf einer Wechselwirkung verschiedener Körperteile: Ausformung des Widerrists, Beschaffenheit des eigentlichen Rückens und der Lende, Lage der Kruppe, Länge und Stellung der Hintergliedmassen usw. Genetisch lassen sich diese Teile unabhängig voneinander beeinflussen (Wegner, 1970).

Es ist möglich, durch zielgerichtete Selektion Rumpflänge, eigentliche Rückenform, Kruppenlage oder Lendenbreite zu verändern. Damit bekommt die gesamte Rückenlinie einen anderen Verlauf. Dies wird dann deutlich, wenn man mit anderen Rassen vergleicht. Einige haben z. B. längere Hälse und kürzere Rücken als der Berner, andere umgekehrt. Bekannt ist die Umwandlung bei den Deutschen Schäferhunden, wo in den letzten 20 Jahren eine abfallende Rückenlinie und eine verlängerte, sich stark, ja extrem nach hinten abwärts neigende Kruppe gezüchtet wurde. Auch beim Berner Sennenhund deuten sich in einigen Ländern bestimmte Tendenzen an. So wird er in Amerika deutlich kürzer, dafür mit einem etwas längeren Hals gezüchtet. Man bezweckt damit eine ebenmässig verlaufende obere Linie. Wenn sich die Form von Körperteilen in wenigen Generationen verändern lässt, dann ist sie stark genetisch begründet.

Berner Sennenhunde mit fester, gerader, evtl. ganz leicht schwanzwärts geneigter oberer Linie, die von einer sanft abgerundeten Kruppe abgeschlossen wird, sind geradezu selten. (Häufig stören aufstehende Haarbüschel noch zusätzlich.) Das bedeutet, dass die erwünschte schöne Form genetisch nicht gefestigt ist, sondern da, wo sie vorkommt, eher auf einer seltenen günstigen Genkombination beruht. In den Nachkommen von Hunden mit guter Rückenlinie kann sie ohne weiteres wieder zerfallen. Wie bei anderen Merkmalen, die auf der Wirkung ganzer Genkombinationen beruhen, muss die unerwünschte Form sorgfältig analysiert werden, bevor man eine züchterische Korrektur angehen kann. Ist das Tier insgesamt zu lang und deshalb der Rücken eingesenkt? Ist eine schlecht gewinkelte Hinterhand die Ursache? Liegt die Kruppe zu waagrecht und ist sie nicht abgerundet? Wie wird der Hals getragen und wie ist der Widerrist entwickelt? Eine gute Rückenlinie kann nicht an sich erstrebt werden. Es sind die Einzelteile, die stimmen müssen. Dann ergibt sie sich von selbst. Ein deutlich eingesenkter Rücken und eine überbaute Kruppe vererben sich mit grosser Hartnäckigkeit, ebenso die Tendenz zu zu langen Tieren. Das weist darauf hin, dass die unerwünschten Gene, die solches bewirken, noch stark im Rassebestand vorhanden sind. Sie finden immer wieder Partner, mit deren Hilfe sich das Unerwünschte ausformen kann. Mit Tieren, die stark vom Gewünschten abweichende Rückenlinien haben, sollte daher gar nicht gezüchtet werden.

Die Rückenbreite (kräftige Lendenpartie) hängt stark mit der Kompaktheit des Hundes und auch mit seinem Format zusammen. Zu lange Tiere sind oft auch schmal in der Lendengegend. Dort muss schrittweise abgebaut werden. Gut ausgeformte Lenden sind in der Zucht seit jeher beachtet worden. Dieses Merkmal ist daher im Erbgut mehr gefestigt als die schöne Rückenlinie. Das Risiko, den Mangel auch unter den Nachkommen zu finden, ist daher nicht so gross, wenn man zu einer gutgebauten Hündin einmal einen Partner wählt, dessen Lende zu kritisieren ist. Selbstverständlich dürfen aber nicht Hunde mit derselben Tendenz gepaart werden.

Umweltwirkungen können die Rückenlinie mitbeeinflussen. Schwache Muskulatur infolge Bewegungsmangel kann einen eingesenkten Rücken begünstigen, ebenso forcierte Bewegung des jungen Hundes nach Mahlzeiten. Bei Zuchthündinnen senkt sich hie und da der Rücken in der zweiten Hälfte der Trächtigkeit, um nach der Geburt wieder normal zu werden. Strafft sich der Rücken nach dem 1. und 2. Wurf nicht wieder, muss das unbedingt als Mangel betrachtet werden. Eine solche Hündin hat einen zu schwachen Rücken. Eine fehlerhaft verlaufende Rückenlinie und vor allem die Lendenbreite wird von manchen Züchtern gerne durch übermässige Fütterung des Tieres zu vertuschen versucht. Hie und da mag es gelingen, eine geringe Vertiefung im Rückenbereich durch Fettansatz zum Verschwinden zu bringen, meist aber geschieht das Gegenteil: Das starke Übergewicht belastet das Rückenskelett so stark, dass es sich noch mehr nach unten biegt.

Die schlechte Rückenlinie hat sich vom Vater (oben) auf den Sohn (unten) vererbt.

Kopf (mit Lefzenform und Ohren)

Zuchtziel:

Ein dem Körperbautyp entsprechend kräftiger Kopf mit flachem Oberkopf (Scheitel), Stop klar, jedoch nicht zu stark ausgeprägt, Fang kräftig, gerade. Das Verhältnis der Länge von Gesichtsschädel und Hirnschädel beträgt ungefähr 1:1,1 bis 1,2. Die Lefzen sind wenig ausgebildet, am Unterkiefer nicht herabhängend, sondern möglichst geschlossen anliegend; Ohren mittelgross (eher klein), dreieckig, leicht abgerundet, hoch angesetzt, in der Ruhe flach am Kopf anliegend.

Der Schädel – das Kopfskelett – wird in Gesichts- und Hirnschädel unterteilt. Bezeichnet sind in den Skizzen nur die wichtigsten formbildenden Knochen . Die Begriffe Fang und Oberkopf sind nicht ganz exakt, aber in der Beurteilungslehre allgemein gebräuchlich wie die anderen hier am Kopfbild verwendeten Bezeichnungen auch (s. Skizze nächste Seite).

Das Nasenbein läuft ungefähr auf Höhe der Mitte der Augenhöhle aus, inmitten des Stops. Dieser umfasst als Übergang vom Nasen- zum Stirnbein den Endteil des einen und den Anfangsteil des anderen Knochens. Der Gesichtsschädel reicht bis zum Ende des Nasenbeins (Höhe etwa über dem M 1). Als äusserer Bezugspunkt kann gut auch der vordere Rand des Überaugenflecks gelten. Dort ungefähr beginnt der Hirnschädel, dessen Endpunkt der Hinterhauptbeinstachel ist.

Die einzelnen Knochen des Kopfskeletts sind miteinander durch Nähte verbunden (in der Skizze als fein gepunktete Linien gezeichnet), die mit fortschreitendem Alter verknöchern.

Wir sind im Prinzip gegen eine Beurteilung mit dem Zentimetermass. In speziellen Fällen ist es aber wichtig, einigermassen exakte Angaben zu machen. Wenn hier das Verhältnis zwischen Fang- und Oberkopflänge angegeben wird, soll damit auch falschen Forderungen entgegengetreten werden, wonach sich die Länge von Fang und Oberkopf wie 1:2 verhalten soll (Kanada).

Dies widerspricht sowohl der Praxis (tatsächlich vorkommende Masse bei richtig proportionierten Köpfen) als auch den Forderungen nach Gesundheit, Harmonie und Kopftyp (lt. Standard).

Gesichtsschädel (Fang) | **Hirnschädel** (Oberkopf)

Kopf Seitenansicht

Schädelskelett Seitenansicht

Schädelskelett (ohne Unterkiefer) Draufsicht

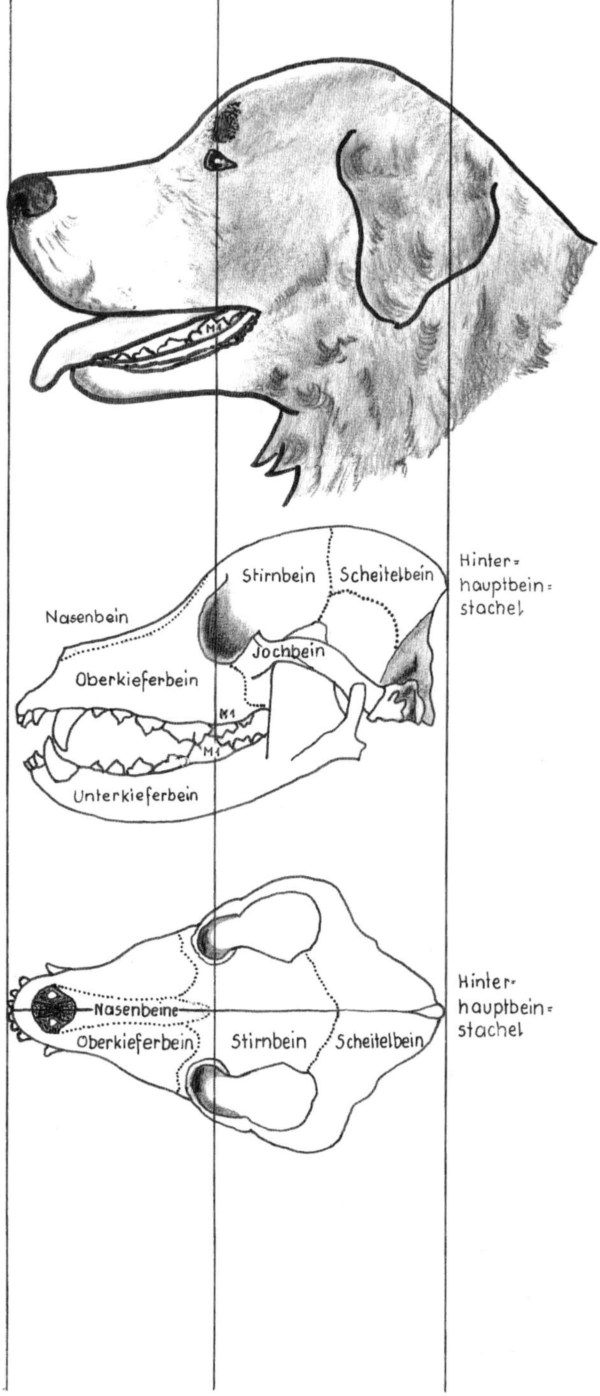

Der folgenden Auswertung liegen Messdaten (dreimal mit der Schiebelehre und zweimal mit dem Lineal ermittelt) von 11 Rüden (Widerristhöhe im Durchschnitt 67,25 cm) und 13 Hündinnen (durchschnittliche Widerristhöhe von 61,27 cm) mit typischen Köpfen zu Grunde. Es wurden die Durchschnittswerte der 5 Messungen für jedes Tier und für alle 24 errechnet. Vom Geschlecht und von der Widerristhöhe abhängige Unterschiede sind, auf den Durchschnitt bezogen, nicht erwähnenswert minimal.

	Länge des Gesichtsschädels in cm = vorderer Rand der Nasenkuppe bis Mitte Stop (unterer Rand des Überaugenfleckes)	*Länge des Hirnschädels in cm* = Mitte Stop bis Hinterhauptbeinstachel	*Verhältnis*
Durchschnitt	12,55 cm	13,68 cm	1 : 1,09
Extremwerte	12,20 cm 12,40 cm	12,20 cm 15,00 cm	1 : 1 1 : 1,21

Abweichungen

Heim hat im ersten, bis 1973 im wesentlichen gültigen Standard, bzgl. der Kopfform nur festgehalten: flacher Scheitel, leichter Stirnabsatz, kräftiger Fang. Als Fehler wurde immer der «plumpe, schwere Kopf» genannt.

Aus seinen Richterberichten ist zu entnehmen, dass er alle Tiere mit grossem und schwerem Kopf von der Zucht ausschloss. Er suchte beim Dürrbächler den «natürlichen Kopf». Dabei dürften ihm solche wie der der Netty v. Burgdorf als Vorbild gedient haben. Den kräftigen Fang, leichten Stirnabsatz, flachen Scheitel (und hoch angesetzte Ohren) können wir an ihrem Kopf ohne Mühe feststellen.

Die Kopfform hat sich seither gewandelt. Anhand der Sammlung von Berner-Sennenhund-Schädeln, die in der Albert-Heim-Stiftung in Bern aufbewahrt und ständig ergänzt wird, ist deutlich zu erkennen, dass infolge falscher Zuchtwahl der Kopf sukzessive kürzer und breiter wird, der Stop ausgeprägter, sich die Gesamtform langsam in Richtung des Bernhardinerschädels entwickelt.

Hirn- und Gesichtsschädel liegen, von der Seite betrachtet, nicht auf einer Ebene, sondern der Hirnschädel etwas höher, der Gesichtsschädel etwas tiefer. Beide liegen aber auch nicht parallel zueinander, sondern beim Normaltyp (Wolf, Deutscher Schäferhund) und den meisten normalschnauzigen Hunderassen ist der Gesichtsschädel etwas nach vorn geneigt (z.B. 10 bis 15 Grad). Bei den eher langschnauzigen Rassen ist er mehr nach unten gebeugt, bei den kurzschnauzigen dagegen kaum oder nicht und im Extremfall (z. B. Pekingese, Französische Bulldogge) sogar deutlich nach oben gerichtet. Nussbaumer (1982) hat diese Schädelveränderungen bei Haushunden

Kopf der Netty von Burgdorf SHSB 3479. Diese am 12. Sept. 1906 im Zwinger von Max Schafroth geworfene Hündin galt lange Zeit als Idealbild der Rasse. Heim schrieb von ihr in seinem Richterbericht von der Ausstellung in Basel 1909: «Die Herren vom Berner Sennenhunde-Club scheinen alle mit mir einig zu sein, dass die Hündin Netty von Burgdorf der beste Berner Sennenhund der Ausstellung ist, das Tier, das Typus und Veredlung am besten miteinander verbindet und vorläufig als die anzustrebende Normalform gelten kann . . .»

untersucht. Er weist eine Tendenz zur Hebung des Oberkiefers beim Berner Sennenhund nach, zitiert den Standard und stellt warnend fest: «Man muss sich fragen, worauf die dem Standard entgegengesetzte Tendenz zurückzuführen ist. Entweder befinden wir uns in einer ähnlichen Übergangszeit wie damals um 1925 beim St. Bernhardshund, als sich die Verantwortlichen aus einer bestehenden Typenvielfalt für den schweren Doggentyp entschieden, oder der stattfindende Wandel ist nur indirekt gewollt, indem er sich mit anderen Merkmalen (Körpergrösse usw.) gekoppelt, sozusagen einschleicht. Wie auch immer, es kann nicht deutlich genug gesagt werden, dass, falls sich dieser Wandel weiterhin fortsetzt, ähnliche Nebenwirkungen am Kiefer wie bei den St. Bernhardshunden zu erwarten sind.» (Schlechte Zahnstellung, schlechte Zahnverankerung im Unterkiefer, Räber 1971)

Seine Andeutung, dass der schwere, kurzschnauzige Kopf eher bei grossgewachsenen Berner Sennenhunden vorkommt, weist Nussbaumer dann 1985 für beide Geschlechter nach: «. . . die relative Schnauzenlänge . . .» wird «. . . bei zunehmender Schädelgrösse deutlich verkürzt.»

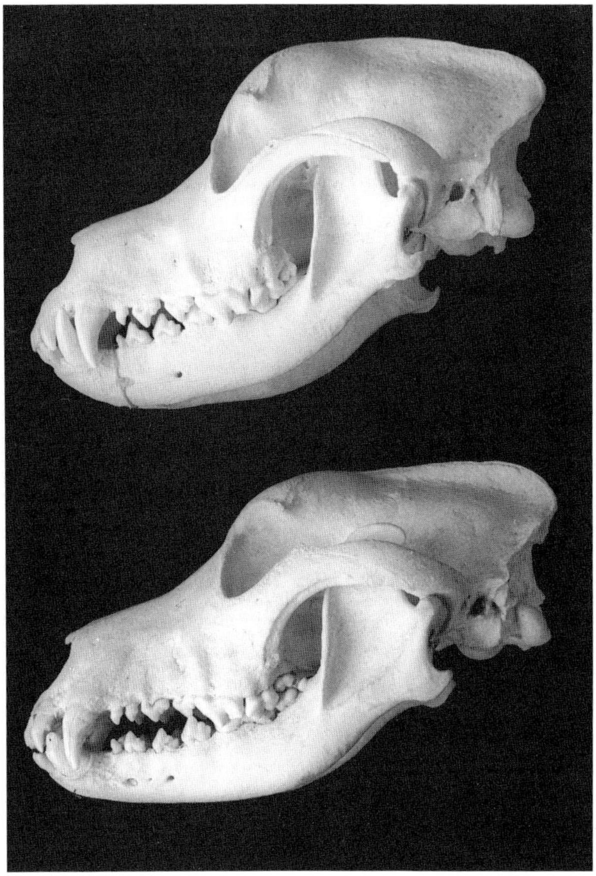

Veränderung der Schädelform durch Selektion auf schwere Köpfe innerhalb von 4 Jahrzehnten: Oben «Alex von Chaindon» SHSB 179593, gew. 22. 4. 1969. Unten: «... von der Rothöhe» gew. 1929. Beim oberen Schädel: Stop vergrössert, Fang verkürzt, Kiefer angehoben.

Nussbaumers Untersuchungen bestätigen wissenschaftlich unsere eigenen, aus der blossen Anschauung getroffenen Feststellungen, dass die Bandbreite der Kopftypen beim Berner Sennenhund stark variert. «... vom langschnauzigen bis zum normalschnauzigen mit teilweiser Annäherung an den kurzschnauzigen Typus ...», kommt alles vor, was auch Räber (1971) konstatiert.

Unsere Einstellung der Tatsache gegenüber, dass neben normalköpfigen immer häufiger auch Hunde auftauchen, die eine verkürzte Schnauzenpartie, übergrossen Stirnabsatz und einen allzukräftigen Oberkopf haben, darf sich nicht damit erledigen, dass man einfach gedankenlos sagt: «Das Schönheitsideal hat sich eben gewandelt.» Wenn man den stark subjektiv gefärbten Begriff des «schönen Kopfes» etwas objektiviert, dann ist doch wohl ein harmonischer, in sich stimmender Kopf gemeint, der den biologischen Funktionen und dem Rassetypus in gleicher Weise gerecht wird. Zu den biologischen Funktionen, die unverändert erhalten werden müssen, gehören: Das Fassen und Festhalten von Beute mit Hilfe eines kräftigen Gebisses in starken Kiefern, das Wittern mit vorgestreckter Nase und freien Atemwegen und das Sehen aus richtig eingesetzten und von gesunden Lidern geschützten Augen. In diesem Sinne ist es fragwürdig, bei Abweichungen dieser Stimmigkeit von Funktion und Form noch von «Schönheit» zu sprechen. Damit der Originalität der Rasse kein bleibender Schaden zugefügt wird, ist die Besinnung von Züchtern und Richtern auf den Standard und damit den herkömmlichen Berner-Sennenhund-Kopf dringend geboten.

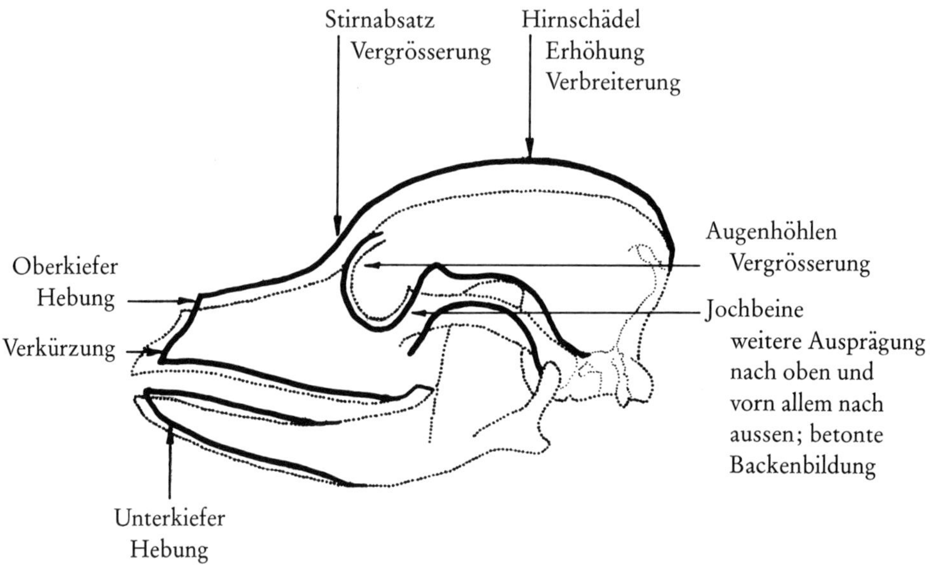

Als unerwünschte Variationen, die den Rassetyp verwischen, kommen vor:

- kurzschnauzige Köpfe mit erheblich ausgeprägtem Stop;
- schwere und breite Köpfe;
- runde Oberköpfe (Kopfquerlinie zwischen den Ohren dachförmig gewölbt), dazu meist
- zu tief angesetzte Ohren;
- zu ausgeprägt entwickelte, dem Unterkiefer nicht anliegende Lefzen;

andererseits aber auch noch hin und wieder

- zu wenig modellierte, flache Köpfe (wenig Stirnabsatz),
- zu leichter, eher spitzer Fang (sog. Schäferhundschnauze).

Wann ist die Tendenz der Kopfausprägung frühestens erkennbar?

Erfahrene Züchter können gut geformte Köpfe am Welpen schon in den ersten Lebenstagen feststellen. Die Breite (zwischen den Ohren, Ansatz beachten) und ein angedeuteter Stop sind feststellbar. Schlecht gebildete Schädel sind klein, wirken fein, flach, wenig ausgeprägt oder sind auch kurz.

Zwischen 5 und 8 Wochen können die Kopfformen andeutungsweise bereits sicherer erkannt werden. Insbesondere schmale Schädel sind ansatzweise schon von breiten zu unterscheiden. Auch der Stirnabsatz bildet sich langsam weiter aus. Welpen mit kurzer Schnauzenpartie und starkem Stop sind von solchem mit langer Schnauze und flachem Stirnabsatz unterscheidbar. Schwieriger sind Ohrenansatz (erheblich von der Formung des Oberkopfes abhängig) und Ohrenhaltung sowie die Lefzenbildung einzuschätzen. Ausgesprochen tief angesetzte Ohren und unförmige Lefzen deuten sich aber bereits an.

Ein üppiger Haarschopf, der dazu noch absteht, kann einen kräftigen Kopf vortäuschen. Auch beeinflussen Breite und Linienführung der Blesse – wie das im Standardkapitel erläutert worden ist – die Kopfform optisch.

Wann ist der Kopf fertig ausgebildet?

Es gibt Köpfe, deren Haut in der Junghundezeit, ca. vom 5.–9. Monat, oft etwas lose ist. Das korrigiert sich meist wieder. Mit ca. 12 Monaten ist die Kopfform im wesentlichen ausgebildet, bei Rüden eher etwas später, weil deren Schädel dann vor allem noch in die Breite wachsen kann. Muskelansatz im Backenbereich (häufiges Benagen von Knochen) und Einlagerung von Fettgewebe können die Linien noch runden, evtl. auch die Ohrenhaltung verändern. Beim gut genährten Hund erscheinen sie höher angesetzt als beim knapp gehaltenen.

Zuchtprobleme, Vererbungsmodus, Umweltwirkungen

Ausser den eben genannten sich relativ gering auswirkenden Beeinflussungen ist die Kopfform ein Merkmal mit sehr hohem Erblichkeitsgrad.

Der schwere Schädel scheint sich genetisch stark durchzusetzen. Nachkommen aus einem Partner mit solchem Kopf und einem mit eher flachem und langem haben fast immer den kompakten Schädel. Es ergeben sich aber in der ersten Generation öfter auch Mittelformen, die jedoch dann wieder aufspalten. Werden Partner mit gedrungenen Köpfen gepaart, steigert sich diese unerwünschte Form zum Nachteil der Rasse innerhalb weniger Generationen noch weiter.

Im vorangegangenen Teil wurde unter «Korrektur polygen gesteuerter Merkmale am Beispiel des Kopfes» ausführlich zur züchterischen Problematik Stellung genommen. Deshalb sei hier lediglich zusammengefasst betont: Eine Korrektur der Kopfform ist nur graduell und über mehrere Generationen hinweg sicher zu erreichen. Müssen Köpfe in einer Linie verbessert werden, sind immer nur Zuchtpartner zu wählen, die die Idealform aufweisen, am besten mit einer leichten Tendenz in der anderen Richtung, nicht aber dürfen extreme Formen zusammengebracht werden, weil es sonst im weiteren zu neuen Problemen (vielfache Aufspaltung) kommt.

Erscheinen bei einem Hund die Ohren zu tief angesetzt, muss immer der ganze Kopf in Betracht gezogen werden. Meist geht mit dem tiefen Ohrenansatz ein allzurunder Oberschädel einher. Hunde mit ausgesprochen rundem Oberkopf können gar keine hochangesetzten Ohren haben. Man wähle, um diesen Mangel zu korrigieren, daher nicht nur einen Zuchtpartner mit richtig angesetzten Ohren, sondern auch mit dem korrekten flachen Scheitel (obere Linie von Ohr zu Ohr) und arbeite auf eine Korrektur des ganzen Kopfes hin.

Zu ausgeprägte, am Unterkiefer offene Lefzen kommen vorwiegend bei schwer–, jedoch auch bei normalköpfigen, kaum aber bei schmal- und spitzköpfigen Hunden vor. Dies betrifft beide Geschlechter. Will man offene Lefzen korrigieren, muss daher immer überlegt werden, ob der ganze Kopf einer züchterischen Veränderung in Richtung auf eine Verfeinerung hin bedarf oder ob bloss die Lefzen isoliert angegangen werden können. Zu stark ausgebildete, schlecht anliegende Lippen gibt es bei Bernern in allen Abstufungen, was auf ein polygenes Merkmal hinweist. Die Wirkung unerwünschter Gene addiert sich. Von einer nur kleinen Öffnung im Lefzenwinkel bis hin zur schlaff herabhängenden ganzen Unterlippe kommen alle Abweichungen vor. Wirksame Korrekturen können nur mit Partnern erreicht werden, die knappe, durchwegs gut anliegende Lippen haben. Zu wenig beachtete Vorstufen zu Hängelefzen sind wohl, nebst der Kopfvergröberung, der Grund, dass sich offene Lefzen stark in der Zucht verbreiten konnten.

Veränderung der Kopfform
Links: Bekannter Ausstellungssieger, Zuchtrüde und Arbeitshund Ende der 50er, Anfang der 60er Jahre: Langer, kräftiger Fang, mässiger Stirnabsatz, flacher Scheitel, kaum gerundeter Oberkopf.
Rechts: Prämierter Rüde der 80er Jahre: Kurzer Fang, ausgeprägter Stop, Scheitel zwischen den Ohren gewölbt, gerundeter Oberkopf.

Richtig flacher Scheitel; wie gewünscht kleine und hoch angesetzte Ohren; Fang zu kurz, untere Augenlider nicht eng anliegend.

Vergleich zwischen Kopfformen
Links: Hündin und Rüde zu Beginn der 20er Jahre. (SHSB 17268 Silva v. d. Rothöhe, SHSB 12469 Othello v. Oberaargau). Rechts: Hündin und Rüde Mitte der 80er Jahre. Die früheren Hunde haben eine gerade Linie zwischen hoch angesetzten Ohren; das Pärchen aus unserer Zeit einen eiförmig gewölbten Oberkopf zwischen den Ohren, die viel zu tief angesetzt sind.

Extrem flacher Oberkopf einer Hündin im Profil, obwohl der Stop deutlich ausgeprägt ist.

Die hängende untere Lefze bildet fast den ganzen Unterkiefer entlang eine Tasche. Der Hund kann den Speichel nicht halten, er sabbert.

Sogenannter schwerer Fang, zu viel Hautbildung: Die Lefzen des Oberkiefers sind zu schwer und verändern die Kopfform negativ. Die unteren Augenlider bilden eine dreieckige Tasche (Ektropium).

Auch das gibt es natürlich noch hin und wieder: Dies ist kein Junghündinnen-, sondern ein Rüdenkopf. Er ist zu leicht, fast spitz; der Fang verjüngt sich zur Nase hin zu sehr.

Die Ohren liegen nicht wie gewünscht mit ihrem vorderen Rand dem Kopf an, sondern sie werden von ihm (zeitweilig) weggedreht, sie sind «lose», stehen ab: Flatterohr. Dieser Mangel, erblich polygen bedingt, lässt eine rezessive Grundtendenz erkennen: Zeitweilig überspringt diese Fehlbildung eine Generation, es kommen verschieden deutliche Ausprägungsgrade vor. Durch die Verwendung von Zuchtpartnern mit einwandfreier Ohrenhaltung ist der Mangel in Grenzen zu halten.

Folgen einer veränderten Schädelform

Vorbiss
Verkürzungen des Oberkiefers können zur Folge haben, dass der untere Kiefer vorsteht: Je nach Grad wird dann Zangenstellung oder Vorbiss der Schneidezähne festgestellt. Der Unterkiefer macht eine Verkürzung nur geringgradig oder gar nicht mit. Stockard (1941) stellte in Zuchtversuchen zwischen normalschädeligen und extrem kurzschnauzigen Hunderassen fest, dass die Länge von Ober- und Unterkiefer durch Gene bestimmt wird, die sich voneinander unabhängig vererben. So ist es bei einer allgemeinen Verkürzung des Gesichtsschädels einer Hunderasse möglich, dass nur der Oberkiefer von dieser Veränderung betroffen ist.

Ektropium
Zusammen mit Schädelvergröberungen und -verkürzungen kommt es zu mehr Hautbildung und vergrösserten Lefzen. Das Gewicht der nur lose sitzenden Haut zieht die Lider unter den Augen herab. Sie liegen nicht mehr fest an und können sich bis zum ausgesprochenen Ektropium ausweiten. Ständige Entzündungen der Bindehäute sind damit vorprogrammiert. Beim Bloodhound, Basset-Hound, Bernhardiner und anderen Rassen hat sich diese Anomalie zum Rassecharakteristikum entwickelt. Auch beim Berner Sennenhund bahnen sich in gewissen Stämmen entsprechende Tendenzen an.

Entropium
Schädelvergröberungen führen automatisch zur Vergrösserung der Augenhöhlen. Augäpfel und Lider machen diese Entwicklung nicht mit. Die Augen bleiben im Verhältnis zur Augenhöhle und zum Schädelskelett zu klein. Als Folge dieser Ungleichheit fallen die Lider zum tiefer liegenden Augapfel hin und rollen ein. (Müller 1969)

Veränderungen im Kehlkopfbereich
Eine Verkürzung und Hebung des Gesichtsschädels im Vergleich zum Hirnschädel (grösserer Stop) hat an der Schädelunterseite eine verstärkte Knickung im Kehlkopfbereich zur Folge. Dies bewirkt, dass die Organe dieser Zone weniger Platz zur Verfügung haben. Bei extrem kurzköpfigen Rassen, wie z. B. Bulldoggen, legt sich dabei das Gaumensegel über den Kehlkopfdeckel, so dass die normale Atmung verhindert wird. Solchen Hunden droht dann Erstickungsgefahr, sobald sie belastet werden. Entsprechende Tendenzen, wenn auch in abgeschwächter Form, lassen sich ebenfalls bei andern kurzköpfigen Hunderassen feststellen. Abweichungen von der normalen Kehlkopfausformung und entsprechende Störungen der freien Atmung konnten in vereinzelten Fällen auch schon beim Berner Sennenhund beobachtet werden.

Nasenspiegel und Lefzen (Farbe)

Zuchtziel:

Nasenspiegel und Lefzen schwarz

Abweichungen

Nasenkuppe
- unterschiedlich schwarz pigmentiert, enthält in den Nasenlöchern, aber auch äusserlich fleischfarbene Flecken (Schmetterlingsnase)
- Farbe nicht tiefschwarz, sondern eher etwas grau oder leicht bräunlich (Richtig braune/leberfarbene Nasenspiegel kommen beim schwarz-braun-weissen Berner Sennenhund nicht vor, weil dazu die genetische Grundlage nicht vorhanden ist.)

Lefzen
nicht durchgefärbt, sie enthalten mehr oder weniger und unterschiedlich grosse rosa oder weissliche Flecke; selbst der eigentlich durchgängig schwarze, sägeartig gezackte Rand der unteren Lefzen ist unterbrochen

Wann beginnen sich Nasenspiegel und Lefzen auszufärben?

Die Pigmentierung ist ein lange währender Prozess. Sie beginnt schon 3–7 Tage nach der Geburt. Auf den rosa Näschen erscheinen hellgraue Tupfen, die langsam nachdunkeln und anzahl- und ausdehnungsmässig täglich zunehmen, bis der gesamte Nasenspiegel dunkel ist.

Lefzen, Pfotenballen (ebenso rosa wie die kleinen Nasen und deren Umgebung) und die zuerst weissen Zehennägel färben sich meist etwas später, werden anfänglich ganz leicht hellgrau, dann zunehmend dunkler.

Wann ist die Pigmentierung abgeschlossen?

Das ist sehr unterschiedlich. Im Prinzip sind die Nasen mit ca. 7–9 Wochen durchpigmentiert. Gelegentlich bleiben rosa Flecken zurück, die sich in den allermeisten Fällen im Verlauf des 1. Lebensjahres noch ausfärben. Eigentliche Schmetterlingsnasen bessern sich meist dann nicht mehr. Das gleiche gilt für die Lefzen (und Pfotenballen) sowie die Nägel.

Es gibt Zuchtfamilien, in denen die Ausfärbung schneller, andere, in denen sie langsamer geht. Das weist deutlich auf genetische Bedingtheit hin.

Zuchtprobleme, Vererbungsmodus, Umweltwirkungen

Schmetterlingsnasen und hellgefleckte Lefzen vererben sich unterschiedlich deutlich. Aussagen über den Vererbungsmodus können nicht getroffen werden, weil Zuchtversuche fehlen. Da dieses Problem bisher entweder kaum oder gar nicht beachtet worden ist, gibt es keine auswertbaren Aufzeichnungen. Es handelt sich bei dieser Erscheinung um Störungen im Prozess der Pigmentbildung und -einlagerung bzw. des Transports der Farbstoffzellen. Das kann viele Ursachen haben und mannigfaltig miteinander verknüpft sein.

Nase, Lefzen und Ballen sind bei Geburt pigmentlos (rosa). Bei diesem sechs Tage alten Welpen erscheinen auf der Nase die ersten dunklen Tupfen: Der dunkle Farbstoff beginnt sich einzulagern.

Diese Erscheinungen u. a. m. fassen Genetiker unter dem Begriff Depigmentierungsanomalien zusammen. Dafür sind Gene und deren Wechselwirkungen unterschiedlichster Art verantwortlich. Für den Praktiker gilt: Mängel in der Ausbildung des Pigments können durch falsche Paarungen verstärkt werden. Als Zuchtpartner für eine Hündin mit solchen Mängeln ist ein Rüde zu wählen, der eine durchgefärbte dunkle Nase hat bzw. dessen Lefzen nicht ebenfalls grössere helle Stellen aufweisen. Eine andauernde Vernachlässigung solcher Anzeichen könnte dann u. U. einmal zum Extremfall der rosa Nasen und auch rosafarbener bzw. weisslicher Lefzen führen.

Graue Nasenspiegel sind oft jahreszeitlich bedingt und fallen bei manchen Tieren in den sonnenarmen Monaten auf. Nicht so stabiles farbintensives Pigment hellt vorübergehend etwas auf. Ob und inwieweit die Züchter einmal auch diese Erscheinung beachten werden müssen, wird die Zukunft lehren. Praktiker anderer Rassen behaupten, dass dem mit der Gabe von Eisenpräparaten entgegengewirkt werden könne. Gesicherte Beobachtungen und Ergebnisse fehlen aber.

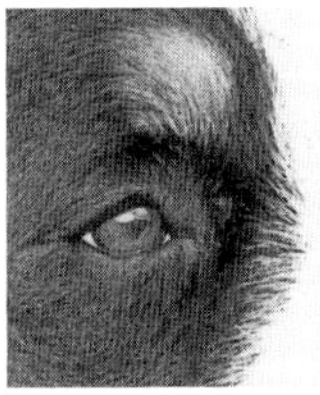

Augen

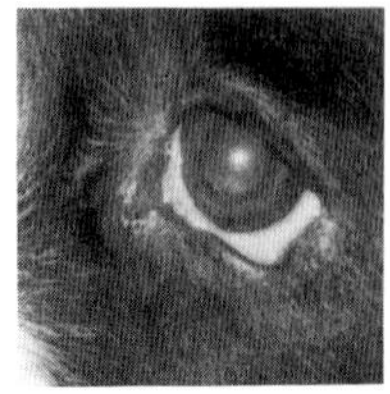

Zuchtziel:

Gesunde, dunkelbraune, mandelförmige Augen mit gut anliegenden Lidern

Abweichungen

Ungenügende Pigmentierung der Iris (Regenbogenhaut): viele Abstufungen von gelb bis braun; extreme Abweichung: blaue Augen

Lidstellungsfehler: Augenlider liegen nicht sauber an, insbesondere das untere hängt herab, ist «offen» = Ektropium; eingerollte Augenlider = Entropium

empfindliche Bindehaut – ungenügend pigmentierte Nickhaut

Dunkelbraune, mandelförmige Augen werden erst seit der Neufassung des Standards ab 1973 gefordert. Heim beschrieb sie einfach als «braun und feurig». Obwohl seit langem in Richtung auf ein dunkles Auge gezüchtet wird, ist die Variationsbreite der Brauntönungen immer noch gross (wässriges Hellbraun mit leichter Gelbtönung – allerdings selten geworden – über warmes Nussbraun bis hin zum Schwarzbraun). Helle Augen wirken stechend und unruhig, dunkelbraune blicken warm und ruhig. Wenn das auch subjektiv klingt, wird es doch von den meisten Hundefreunden so empfunden und entspricht den Erkenntnissen der angewandten Farblehre.

Ein eindeutiger Fehler sind die immer noch vereinzelt vorkommenden blauen Augen (Glasaugen, Fischaugen). Es gibt Hunde mit einem und solche mit zwei unvollständig ausgefärbten Augen. Hier und da sind auch nur einzelne Segmente der Iris extrem schwach pigmentiert: Die hellbraunen Augen sind blau gefleckt (Birkauge). Gegenwärtig sind es in der Schweiz schätzungsweise 1 bis 2% der Welpen, die diese Anomalien aufweisen.

Fehlerhafter Lidschluss kommt beim Berner Sennenhund häufig vor.

Ektropium: Ca. 40 bis 50% haben ein- oder beidseitig nicht ganz geschlossen anliegende Unterlider verschiedenen Grades, sie klaffen etwas vom Augapfel weg, das Auge ist «offen». Die empfindlichen Bindehäute sind Zugluft und Staub ausgesetzt und daher häufig entzündet.

Entropium: Seltener als «offene Augen», doch immer noch viel zu häufig (bei 5 bis 8% der Tiere), sind nach innen eingerollte Augenlider (meist das untere, öfter aber auch beide). Die Wimpern reizen Bindehaut und Hornhaut und verursachen durch ständiges Reiben schmerzhafte Entzündungen. In chronischen Fällen muss diese Fehlstellung operativ korrigiert werden.

Von beiden Arten Lidstellungsfehlern gibt es viele verschiedene Grade und Mischformen. In manchen Fällen steht das untere Lid nur ganz leicht ab und auch nicht immer (oft nach dem Schlafen oder bei Ermüdung) oder nur ein Teil des Lides (meist nahe dem äusseren Augenwinkel) ist eingerollt, ohne das Tier zu irritieren. Es kommen auch Mischformen vor (am äusseren Augenwinkel eingerollt, am inneren offen).

Schnitt durch das Auge (mit Augenlidern), schematisiert

Ol = *Oberlid,* Ul = *Unterlid,* B = *Bindehäute*
H = *Hornhaut,* durchsichtig
P = *Pupille* (Sehloch)
Li = *Linse,* farblos; auf spezielle Weise geschichtete Substanz, gewährleistet Lichtbrechungsvermögen
I,I = *Iris* oder Regenbogenhaut, verleiht durch ihren Pigmentgehalt dem Auge die Farbe. (Bei dunklen Augen führen alle ihre Schichten Farbstoff, bei hellen und blauen Augen nur die tieferen.)
L = *Lederhaut,* das Weisse des Auges
A = *Aderhaut,* reich an Blutgefässen und Pigmentzellen
N = *Netzhaut,* innere Schicht des Auges, lichtempfindlich
G = *Glaskörper,* gallertartig, durchsichtig
S = *Sehnerv*

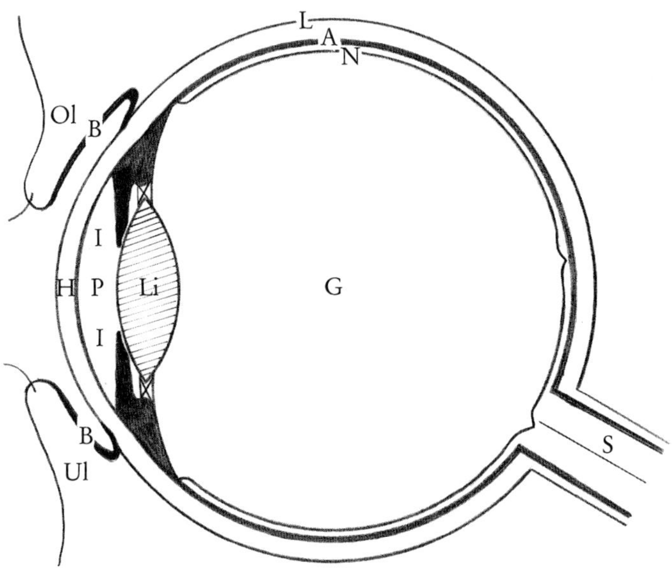

Augenspalte zu schmal, die Mandelform ist zu sehr ausgeprägt.

Grosse, runde Augen verändern den rassetypischen Ausdruck.

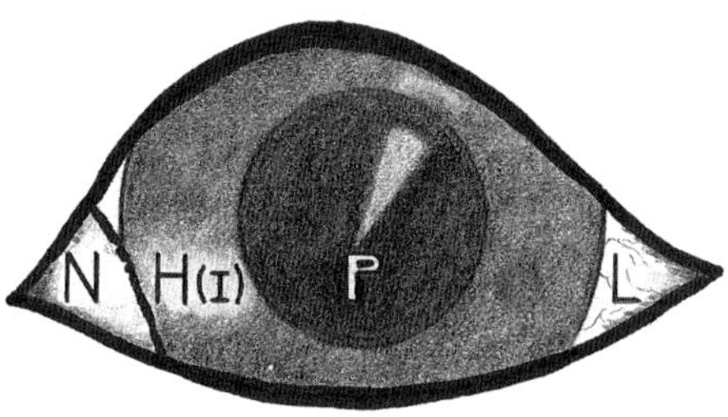

linkes Auge

N = Nickhaut = drittes Augenlid; ein dreieckiger Knorpel im inneren Augenwinkel

H (I) = Hornhaut (durchsichtig) mit dahinter gelegener Iris

P = Pupille

L = Lederhaut (das Weisse des Auges)

Empfindliche Bindehaut – unpigmentierte Nickhaut: Viele Berner Sennenhunde reagieren empfindlich auf Zugluft und Staub. Es entstehen Entzündungen der Bindehaut. Wenn diese nicht rechtzeitig behandelt werden, können sie zum Einrollen der Augenlider führen (erworben, da der Hund das schmerzende Auge zusammenkneift und sich die Augenmuskulatur verkrampft; jetzt scheuern die Härchen auf dem Augapfel, die Beschwerden werden grösser, ein Teufelskreis entsteht). Einige Augenspezialisten sehen einen Zusammenhang zwischen empfindlicher Bindehaut und der bei unserer Rasse in der Mehrzahl unpigmentierten Nickhaut (fehlendes Pigment = fehlener Schutz).

Das von Heim beschriebene hervortretende sehr helle Raubvogelauge ist heute aus der Zucht verschwunden.

Wann sind Farbe und Lidschluss frühestens erkennbar?

Die Farbe
der Augen ergibt sich erst einmal aus der Dichte und Anordnung des Pigments (Farbstoffes) in der ringförmigen Iris, in deren Mitte die Pupille (das Sehloch) liegt.

Auf die Augenfarbe, wie wir sie wahrnehmen, haben aber auch Einfluss
- der Grad der Pigmentierung von Aderhaut und vorderem Teil der Netzhaut, die den inneren hinteren Raum des annähernd kugelförmigen Augapfels auskleiden,
- die komplizierten Vorgänge von Lichtbrechung, -beugung und -reflexion im optischen Organ Auge,
- irisierende (in den Regenbogenfarben schillernde) Effekte der im Augenhintergrund gelegenen Zellen.

Wenn kleine Berner Sennenhunde am 11. oder 12. Lebenstage ihre Augen geöffnet haben, erscheinen uns diese noch dunkelblau, wie bei den Welpen aller Rassen. Wenn von «blauen» Augen die Rede ist, dann müssen wir wissen, dass die Iris nicht in Wirklichkeit so gefärbt ist. Sie erscheint nur so. Die blaue Farbwirkung kommt zustande, wenn der dunkle Augenhintergrund durch die (fast) pigmentlose, aber ja nicht wie eine Glasscheibe durchsichtige, sondern in sich strukturierte Iris mehrfach gebrochen hindurch schimmert. Horák (1986) vergleicht diese Wirkung mit dem Blau des Himmels: Das schwarze Weltall hinter der Lufthülle ruft diesen Eindruck nur hervor. Die Iris der jungen Hundekinder ist vorerst höchstens nur ein wenig in den tieferen Schichten pigmentiert. Die weitere Einwanderung und Verteilung von Pigmentkörnchen auch in die darüber liegenden Schichten der Regenbogenhaut und die zunehmende Produktion von Farbstoff beginnt wahrnehmbar erst mit ca. 3 Wochen, nicht bei allen Welpen zur gleichen Zeit und im selben Masse. Die Pigmentanreicherung und damit die endgültige Ausfärbung ist erst im Alter von mehreren Monaten und zu unterschiedlichen Zeitpunkten abgeschlossen. Das ist die Ursache dafür, dass Prognosen nur generell getroffen werden können. Zum anderen ist dies der Grund, dass die Augenfarbe überhaupt verschieden ausfällt.

Mit ca. 5 Wochen beginnend, sind Brauntöne deutlich zu erkennen (noch immer mit blau und grau vermischt). Mit ungefähr 8 Wochen ist die spätere Augenfarbe in ihrer Grundtendenz ziemlich sicher zu bestimmen. Jetzt tiefdunkle Augen werden sich nicht zu hellen entwickeln, deutlich helle später nicht dunkelbraun werden.

Blaue Augen: Es kann angenommen werden, dass blaue Augen entstehen, wenn die Pigmentbildung bzw. der Transport zum Auge frühzeitig gehemmt oder ganz blokkiert wird. Das Organ erhält dann nicht die Menge Farbstoff, die erst die braune Farbe bewirkt. Damit entsprächen blaue Augen in ihren verschiedenen Formen einer speziellen jugendlichen Pigmentierungsstufe infolge einer Hemmungsbildung. Die Farbänderungen vom dunklen Blau der Welpenaugen zum Blassblau beim ausgewachsenen Blauäuger ergeben sich durch Veränderungen (z. B. Vergrösserung) im Augapfel. Von der 6. Woche an können blaue oder gefleckte Augen erkannt werden.

Der Lidschluss
ist bei vielen Welpen oft relativ lange unklar. In der Regel können offene Augen etwa von der siebenten Woche an von normal geschlossenen unterschieden werden. Meist ist bei etwas offenem Augenlid die Bindehaut gerötet. (Sobald wie möglich behandeln!) Es ist möglich, dass sich die Lider wieder etwas straffen, wenn sich der Kopf auswächst und die Entzündung behoben ist.

Entropium ist erfahrungsgemäss nie schon kurze Zeit nach dem Öffnen der Augen festgestellt worden. Es entwickelt sich in der Regel ab der sechsten Lebenswoche. Aus einer von uns initiierten Untersuchung beim Leonberger (Dr. G. Sobol, 1968) geht hervor: 63,5% der Fälle von Entropium, die bei 129 ausgewachsenen Tieren diagnostiziert worden sind, wurden bereits im Alter von 8 Wochen von den Zuchtwarten (Wurfkontrolleuren) eindeutig festgestellt. Ein erster Hinweis auf die Anomalie ergibt sich, wenn die Augen tränen oder häufig verklebt sind. Zieht man die Lidkante etwas vom Augapfel ab, ist festzustellen, dass sie nach innen gerichtet ist. Eine sofortige Vorstellung solcher Welpen beim Tierarzt und die Bekämpfung der Entzündung sind unerlässlich. Ist die Rötung behoben, entspannt sich das Augenlid manchmal wieder, und die Einwärtsdrehung geht zurück. Sie kann aber auch wieder auftreten. Es ist nie exakt zwischen erworbenem und ererbtem Entropium zu unterscheiden. Mit solchen Tieren soll generell nicht gezüchtet werden, auch dann natürlich nicht, wenn die Anomalie operativ korrigiert worden ist!

Wann sind die Merkmale Augenfarbe und Lidschluss fertig ausgebildet?

Die Augenfarbe, helles oder dunkles Braun, steht mit ca. 3 Monaten im Prinzip fest. Geringfügige Veränderungen der Farbtiefe (Nachdunkeln) sind später noch möglich. Blaue oder gefleckte Augen bleiben unverändert.

Der Lidschluss unterliegt viel häufiger Veränderungen als die Augenfarbe. Ein offenes Auge erscheint nicht immer gleich deutlich. Fetteinlagerungen in der Kopfhaut können das Lid straffer erscheinen lassen, als es in Wirklichkeit ist. Halbwüchsige Junghunde haben oft viel lose Kopfhaut, so dass das Auge im Jugendalter offener erscheint als später beim ausgewachsenen Tier. Ist eine Grundtendenz zu hängendem Augenlid beim Junghund schon sichtbar, bleibt sie immer bestehen. Eindeutig sauber anliegende Augenlider aber werden nie lose werden.

Wie deutlich ein Entropium sichtbar ist, unterliegt starken Schwankungen. Es kann sich bis zum Erwachsenenalter verstärken, bei guter Pflege mitunter jedoch auch verringern. Entropium kann auch noch zwischen dem 6. und 9. Monat erstmalig auftreten, selbst bei Tieren, die als Welpen ganz gesunde Augen hatten. Um festzustellen, ob ein Hund an einem dauernden, genetisch bedingten Entropium leidet oder ob es sich um eine momentane Entzündung handelt, sind mehrere Untersuchungen in zeitlichen Abständen nötig. Entzündete, zugekniffene, lichtscheue, verklebte oder tränende Augen legen den Verdacht auf einen krankhaften Lidschluss aber immer nahe.

Zuchtprobleme, Vererbungsmodus, Umweltwirkungen

1. Farbe

Immer wieder einmal wird die Vermutung geäussert, dass die Berner-Farben Einfluss auf die Tönung der Augen ausüben könnten. Heller Brand sei gekoppelt mit hellbraunen Augen, viel Weiss erzeuge blaue Augen. Die Farbtöne des Auges werden unabhägig von der Fellfarbe vererbt – nicht aber, wenn farbabschwächende Gene anwesend sind. Folgende Farbgene, die sowohl Einfluss auf die Fellfarbe wie auf die Tönung der Augen haben, kommen beim Berner Sennenhund nicht vor: c^{ch} = Chinchilla-Färbung (silbergrau), c^{b} = grau (mit blauen Augen), c = Albinismus, d = Blauverdünnung, M = Merlefaktor = grau-weiss-schwarz gefleckt; marmoriert. Braune Berner Sennenhunde ergeben sich durch den Farbfaktor b (Braunfaktor in homozygoter Form). Solche Tiere weisen, wenn sie leberrote Nasen haben, bb (Faktor für braun) auf; sie bilden dann keinen schwarzen Farbstoff (Willis, 1984). Das Gen b wirkt nur in homozygoter Form, also in doppelter Dosis (bb), auch aufhellend auf die Augenfarbe. Schwarz-rot-weisse Berner können niemals bb aufweisen, sonst wären eben weder der Mantel noch der Nasenspiegel schwarz. In der Anfangszeit der Zucht fielen hin und wieder Berner Sennenhunde mit braunem Mantel. Auch heute kann dies noch vereinzelt als Ausnahmeerscheinung vorkommen (vgl. Merkmal «Farbe und Farbzeichnung»).

Die Scheckigkeit (weisse Abzeichen), beim Berner Gen s^{1}, hat «... auf die Farbe des Auges keine Wirkung.» (Horák, 1987) Das geht auch aus den Untersuchungen von Willis und anderen hervor.

In der Praxis beobachten wir verschiedene Abstufungen der braunen Farbe, so wie es auch bei den meisten anderen Merkmalen unterschiedliche Grade der Ausprägung gibt. Das lässt darauf schliessen, dass mehrere Allele wirksam sind. Burns und Fraser (1966) nehmen drei Allele für die Farbe der Iris an und bezeichnen sie mit Ir (für dunkel), ir^{m} (für mittel), ir^{y} (für hell); Dominanz in dieser Reihenfolge. Daraus abgeleitet, ergeben sich folgende Kombinationsmöglichkeiten:

dunkel ——→ *mittelbraune Tönungen* ——→ *hell*

IrIr	$Irir^{m}$	$Irir^{y}$	$ir^{m}ir^{y}$	$ir^{y}ir^{y}$
		$ir^{m}ir^{m}$		

Eine weitere Abtönung wäre infolge unvollständiger Dominanzen möglich (Willis 1984). Auf unsere Darstellungen über die Vererbung der Augenfarbe bezogen heisst das, dass sich die Verhältnisse zwar differenzieren, der Grundcharakter der erläuterten

Erbvorgänge aber bleibt: Dominanz der dunklen Farbe über die hellere und entsprechende Aufspaltung bei Gemischterbigkeit.

Die gleichen Wechselwirkungen zwischen solchen Allelen werden wir später bei der Vererbung der Brandfärbung noch einmal antreffen.

«Normale» Augenfarbe (Brauntönungen)

Wirkungen von Fellfarben-Genen für verminderte Pigmenteinlagerung in der Iris sind also beim schwarz-rot-weissen Berner Sennenhund nicht vorhanden. Dass die Augenfarbe nicht an die Farbausprägung des Fells gekoppelt ist, zeigt die Praxis: Hunde mit hellem Brand können dunkeläugig sein und umgekehrt; blaue Augen kommen zusammen mit viel und mit wenig Weiss vor.

Dunklere Augenfarbe setzt sich im Prinzip gegenüber der helleren durch. Mit der Vererbung der Augenfarbe haben wir uns im allgemeinen Genetikteil als Beispiel für dominant-rezessives Erbverhalten ausführlich auseinandergesetzt, und wir haben auch festgestellt, dass modifizierende Nebengene für die Augenfarbe deren Intensität verstärken oder abschwächen können. Da die Rasse in bezug auf die Augenfarbe sehr durchmischt ist, reinerbig dunkeläugige Tiere also selten sind, gibt es auch aus zwei dunkeläugigen Zuchtpartnern häufig Nachkommen mit helleren Brauntönungen der Iris. Sollen dunkle Augen durchgehend erreicht werden, darf jede Nachfolgegeneration auch nur mit reinerbigen dunkeläugigen Partnern gepaart werden. Wird zu einem Hund mit dunklen Augen einer mit hellen gewählt, weil man weiss, dass die dunkle Farbe dominieren wird, werden zwar die Nachkommen der 1. Generation mehr oder weniger dunkeläugig sein, ca. die Hälfte aber trägt die Anlage für «hell» rezessiv und wird sie weitervererben. Werden diese gemischterbig veranlagten untereinander oder mit helläugigen Partnern gepaart, tritt die helle Farbe wieder auf.

Blaue Augen, Birkaugen

Pigmetierungsvorgänge der Augen haben mit der Weisszeichnung nichts zu tun. Blaue Augen und Birkaugen sind beim Berner Sennenhund auf ein rezessives Gen zurückzuführen, das seit dem Anfang der Zucht in einigen Linien in geringem Masse unbemerkt weiterläuft (vgl. auch im allgemeinen Genetikteil «Mutationen als Ursache erblicher Defekte»). Dieses Negativmerkmal tritt schätzungsweise bei etwas mehr als 1% der geborenen Welpen auf. Das zeigt an, dass ca. 20% der Tiere der Population die Anlage in einfacher Dosis verdeckt im Erbgut führen (vgl. allgemeiner Genetikteil «2. Fehlerbekämpfung durch Ausschluss auch der Anlageträger», Hardy-Weinberg-Gesetz). Bei der Paarung zwischen zwei Trägern wird die blaue Farbe nur bei ca. 25% der Nachkommen sichtbar (bezogen auf eine grosse Zahl; es muss nicht etwa in jedem solchen Wurf ein Blauäugiger liegen). Das erweckt den Anschein, dass das Auftreten willkürlich und ohne jede spezielle genetische Grundlage geschieht.

Blaue oder Birkaugen kommen auch beim Bernhardiner vor. (Nach Willis und anderen führt auch diese Rasse keine Fellfarbengene im Erbgefüge, von denen bekannt

Rechtes Auge blau, im linken braunen Auge innen ein kleiner blauer Splitter.

ist, dass sie Einfluss auf die Pigmentierungsvorgänge der Augen haben könnten.) Geht man im Kanton Bern über Land, fällt dem Kenner bald auf, dass bei den vielen Bauernhundbastarden häufig solche mit zwei oder auch einem blauen Auge anzutreffen sind. Dass ausgerechnet der Berner Sennenhund und der Bernhardiner, beides Hunde vorwiegend bernischen Ursprungs, Blauäugigkeit als unerwünschtes rezessives Erbmerkmal führen, dürfte ein Hinweis darauf sein, dass beide Rassen aus «derselben Küche» kommen, (Räber, 1971) d. h., dass sie nahe miteinander verwandt sind.

Wie Heim berichtet, wurde in einigen Berner Landschaften das helle «Raubvogelauge» geradezu bevorzugt, weil man diese böse blickenden Hunde als Wächter wollte und sie für besonders scharf hielt, was bei einigen solcher Tiere zufällig einmal der Fall gewesen sein mag. Hier wird deutlich, dass das vereinzelt auftretende blaue Auge ein altes Erbe ist. Es kommt zusammen mit sehr heller, fast gelber Augenfarbe vor, und wir hatten schon erörtert, dass das blaue Auge im Prinzip lediglich einer speziellen Stufe des vererbbaren Depigmentierungsvorganges entspricht.

Für ein rezessives Gen spricht auch, dass blaue und Birkaugen nicht willkürlich im Bestand verteilt vorkommen, sondern einzelne Hunde – vor allem bestimmte Zuchtrüden – sie gehäuft unter ihren Nachkommen aufweisen und andere dagegen nie, obwohl diese die gleichen Hündinnen belegt haben. Dass es immer nur vereinzelte Welpen sind, ist nicht der Willkür des Auftretens zuzuschreiben, sondern der Tatsache, dass solche Erbträger unter den Hündinnen eben doch selten vorkommen.

Indem «Blauäugler» von der Zucht ausgeschlossen werden, ist sicher der wichtigste Schritt zur Bekämpfung der Depigmentierungsanomalie getan. Noch wirksamer wäre es, wenn alle Zuchthunde, die je blauäugige Nachkommen hatten, als solche registriert würden, so dass sie nicht mit Hunden, die über die gleiche Erbmasse verfügen, bei der Paarung zusammentreffen könnten. Erweist sich ein Zuchtrüde als «Streuer», wäre es in allen Fällen sinnvoll, ihn aus der Zucht zu nehmen.

2. Lidschluss

Lidstellungsfehler sind die wohl am meisten verbreiteten Augenkrankheiten beim Hund (Willis, 1984), und man könnte hinzufügen: Wie sehr ist aber gerade auch am Kopf herumgezüchtet worden! Beim Berner Sennenhund ist zu beobachten, dass sowohl Tiere mit offenen wie auch solche mit eingerollten Lidern aus denselben Familien resp. Paarungen stammen. Beide entgegengesetzten Lidstellungsanomalien schliessen also einander nicht aus, sondern stehen in einem Zusammenhang. Das wird auch deutlich dadurch, dass es eine ganze Reihe von Rassen gibt, bei denen beide Krankheitsformen in Kombination beim selben Tier vorkommen (u. a. Beagle, Bernhardiner, Bloodhound, Boxer, Cocker Spaniel, Deutsch Kurzhaar, Deutsche Dogge; Wiesner, Willer, 1984). Und das ist auch beim Berner Sennenhund festzustellen. Der Züchter sieht sich der Schwierigkeit gegenüber, zwischen ererbter und erworbener Anomalie unterscheiden zu sollen, was aber erfahrungsgemäss beim Entropium kaum möglich ist.

Von beiden Formen der Lidstellungsfehler gibt es nicht nur ganz verschieden ausgeprägte Grade, sondern sie unterliegen auch temporären Schwankungen, sind also einmal deutlich und zu anderen Zeitpunkten dagegen kaum wahrnehmbar ausgeprägt.

An das Vorkommen des offenen Auges mit seinen entzündlich geröteten Bindehäuten scheinen sich viele Züchter und Zuchtverantwortliche unserer Rasse nahezu gewöhnt zu haben. Wie anders sind die oft fehlenden Reaktionen auf diese so häufig vorkommende Krankheit zu deuten?

Beim Ektropium kann mit grösserer Sicherheit als beim Rollid von einer rassegebundenen erblichen Krankheitsbereitschaft gesprochen werden. Der typische Fall ist auf die schlaffe Lidhaut zurückzuführen (Wiesner, Willer, 1983). Die Beziehung zwischen Zuchtrichtung und Ausprägungsgrad der offenen Augen wird bei Bloodhound, Basset-Hound, Bernhardiner u. a. am deutlichsten. Mit der Zuchtwahl auf grosse Köpfe, was mit vermehrter Hautbildung einhergeht, wurde automatisch auch auf herabhängende Lider selektiert.

Bei der Lidrandausstülpung ist meist eine Bindehautentzündung die Folge. Da mit einer medikamentösen Behandlung aber die Ursache nicht beseitigt werden kann, wird die Entzündung in vielen Fällen chronisch. Das lockere untere Lid kann nicht gebessert werden. Es wird nur weniger auffällig, wenn die sichtbaren Bindehäute nicht krankhaft gerötet sind.

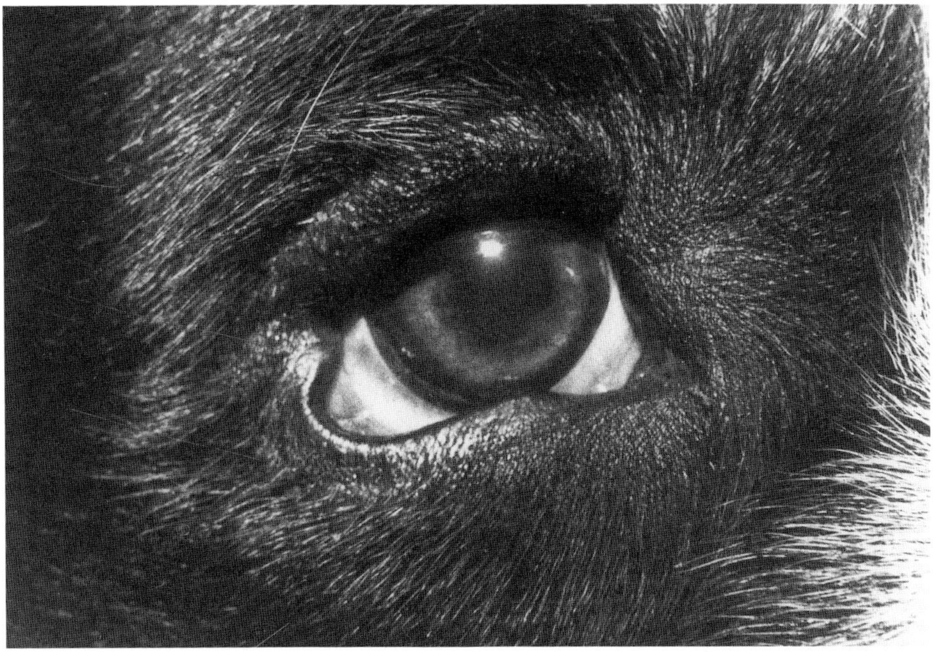

Ektropium; im äusseren Augenwinkel hat sich eine deutliche Tasche gebildet.

Die Augen dieses Welpen tränen, die Lider sind den Augäpfeln zugedreht: Entropium.

Bei der Einstülpung des Lidrandes (Entropium), die mit einer Verengung der Lidspalte einhergeht, sind die Verhältnisse insgesamt ungleich komplizierter. Es ist meist schwer, wenn es überhaupt möglich ist, zu entscheiden, ob anfänglich nur kaum wahrnehmbar dem Augapfel zugekehrte Lidränder zu einer Bindehautentzündung geführt haben oder umgekehrt. Wird eine Konjunktivitis eindeutig zuerst festgestellt, der dann das Einwärtsdrehen der Lidränder folgt (die Entzündung veranlasst den Hund dazu, sozusagen als Abwehrreaktion), dann kann bei wirklich sofortiger fachgerechter Behandlung und aufmerksamer Pflege die Krankheit oft behoben werden. Berühren und scheuern die Augenwimpern Lidbindehaut und Hornhaut aber dauernd, und die Folge davon ist die Entzündung, dann bringt eine medikamentöse Behandlung höchstens vorübergehend Erfolg, weil der auslösende Reiz ständig weiter wirkt. Nur eine Operation kann dauerhaft helfen. In diesem Falle ist von ererbtem, im ersteren kann von erworbenem Entropium gesprochen werden (spastischem = krampfartig ausgelöstem). Aber auch diese Form hat wahrscheinlich eine genetische Komponente, weil nämlich die Vorstufe dazu, das auslösende Moment, überempfindliche Bindehäute sind. Und diese kommen beim Berner Sennenhund relativ häufig vor. Damit haben wir einen weiteren Grund für das Auftreten des Entropiums.

Dass die Vergröberung des Schädels eine Ursache für Entropium sein kann, wurde beim Merkmal «Kopf» erwähnt.

Schliesslich wird für etliche Rassen von einer grossen Anzahl Autoren die Selektion auf kleine mandelförmige Augen mit kurzen, fest schliessenden Lidern als Ursache des Rollids angegeben. Sowohl die genannten anatomischen Merkmale (Schädelform, Augengrösse usw.) als auch die Lidstellungsfehler variieren kontinuierlich, die verschiedenen Ausprägungsgrade lassen also keine deutlichen Übergangsstufen erkennen, sondern diese sind fliessend. Es sind quantitative Merkmale. Am mangelhaften Lidschluss sind verschiedene Gene beteiligt.

Uns sind keine Untersuchungen bekannt, die Aussagen zur Erblichkeit des Lidschlusses beim Berner Sennenhund zulassen. Deshalb greifen wir nochmals auf die erwähnte Arbeit von Sobol zurück. In ihr wird ein Überblick über die «Häufigkeit des Entropiumvorkommens bei Nachkommen eingesetzter Zuchttiere» gegeben. Da der Leonberger und der Berner verwandte Rassen von ähnlichem Körperbau und Kopftypus sind und ausserdem beide in Mitteleuropa aus Bauernhunden entstanden, dürften die Verhältnisse bei beiden Rassen ähnlich liegen. Die Untersuchung umfasst die Nachkommen von 24 Rüden und 41 Hündinnen.

Um eine statistisch einigermassen gesicherte Aussage machen zu können, beziehen wir uns auf sechs Rüden, von denen jeweils 52 bis 125 Welpen erfasst worden sind. Von diesen sechs Vätern entfällt auf Othello die niedrigste Quote mit 1,1%, während Alf mit 32,6% den höchsten Anteil an Nachkommen mit Entropium stellt.

Bei den Hündinnen wurden 7 mit einer hohen Nachkommenzahl zwischen 21 und 32 je Muttertier ausgewählt, was eine etwas gesicherte Aussage zulässt. Die niedrigste Quote hat Carmen mit 9,3%, die höchste Cox mit 52,1%. Das sind bei beiden Geschlechtern gravierende Unterschiede zwischen verschiedenen Zuchttieren. Sie machen deutlich, dass einzelne Hunde die Gene für krankhaft veränderten Lidschluss ungleich stark vererben. Eine Zuchtwahl, begründet auf genauen populationsgenetischen Untersuchungen (Erblichkeit einzelner Merkmale in ganzen Tiergruppen) ist daher wichtig und möglich.

Auf Grund der vorhergenannten verschiedenen Ursachen für die Fehlbildungen muss die Verbesserung des Lidschlusses im Rassebestand daher auf verschiedenen Ebenen angegangen werden. Veränderungen der Zuchtrichtung brachten ungewollt auch eine Selektion auf Lidstellungsfehler mit sich. Bei der Vergröberung und Verkürzung des Kopfskeletts und dem Einrollen oder Ausstülpen der Augenlider sind vermutlich dieselben Erbfaktoren wirksam. Die genetischen Grundlagen dafür können wir in der Pleiotropie (Polyphänie) sehen: D. h., einzelne Gene beeinflussen zwei oder mehr Merkmale (vgl. auch Ende Teil «Lippen-, Kiefer-, Gaumenspalten»). Parallel dazu gibt es sicher spezifische Erbfaktoren, die direkt für die Entstehung von Ektropium und Entropium eine Rolle spielen. Beim Einzeltier können die Anomalien daher auch dann vorkommen, wenn der Kopf feiner ausgebildet ist. Die mehrfachen, die Fehlbildung verursachenden Gene wirken zusammen, verstärken sich gegenseitig oder schwächen einander in der Wirkung ab. Das ist wohl der Grund dafür, dass die Wissenschafter über den genauen Erbgang z. B. des Entropiums uneinig sind. Einige sehen Hinweise für eine Art von dominantem, andere für einen rezessiven Erbgang. Sicher ist, dass da, wo Entropium *bei einem Zuchttier* vorhanden ist, dieses auch bei einer grösseren Anzahl von Nachkommen auftritt.

Für den Züchter ist somit klar: In ein Sanierungsprogramm, das zunächst den Ausschluss aller sichtbaren Merkmalsträger umfassen muss, ist das weitergefasste Zuchtziel, d. h. die für korrekten Lidschluss günstigste Kopfform, einzubeziehen. Bei der Zuchtpaarzusammenstellung ist daher sowohl der Lidschluss des Einzeltieres wie auch die Tendenz der Kopfentwicklung zu beachten. Leider ist es gar nicht so einfach, alle Hunde mit mangelhaftem Lidschluss zu erkennen und von der Zucht fernzuhalten. In der Schweiz und im deutschen Zuchtraum werden die Tiere anlässlich ihrer Vorstellung zur Zuchteignungsprüfung (Ankörung) auch auf *deren* Lidschluss untersucht. Mittlere und schwere Fälle werden meist erkannt und von der Zucht ausgeschlossen, leichtere Fälle dabei aber oft übersehen, dies auch deshalb, weil gerade das Entropium sich nicht jederzeit gleich zeigt. Tiere, die häufig gerötete Augen mit zeitweise eingerolltem Augenlid haben *(Augentränen)*, müssen aber immer als mögliche Träger und Weitervererber eingestuft werden. Mit ihnen sollte nicht gezüchtet werden. Häufig gehen auch aus Paarungen zwischen in dieser Hinsicht ganz unauffälligen Tieren Nachkommen mit Entropium hervor. Eine genaue Untersuchung des Familienhintergrundes würde in solchen Fällen Aufschluss geben. Hündinnen aus belasteten Familien oder solche, die schon Welpen mit Entropium gehabt haben, dürfen daher nie mit Rüden aus ebenfalls belasteten Familien gepaart werden.

Sollen Lidstellungsanomalien aber wirksam und auf die Dauer bekämpft werden, muss auch die Richtung der zukünftigen Kopfentwicklung in das Zuchtprogramm einbezogen werden. Die Gesundheit der Rasse hat absolute Priorität vor allen anderen Gesichtspunkten. Auf die fragwürdige, in einigen Ländern immer mehr überhandnehmende Zuchtrichtung auf verkürzte, massige Köpfe mit starkem Stop sind wir im vorangegangenen Kapitel schon ausführlich eingegangen. Sie hat als Nebenerscheinung auch mehr lose Haut am Kopf zur Folge. Werden Berner Sennenhunde narkotisiert, z. B. beim Röntgen der Hüftgelenke, kann man beobachten, wie locker die Haut am Schädel sitzt. Die bei normaler Augenspannung im Wachzustand anliegenden Augenlider hängen dann offen herab, und auch die Lefzen wirken schlaff und lose. Dies ist bei Rassen mit trockenen Köpfen nicht der Fall. Bedenklich ist auch eine allzu extreme Zucht auf kleine, schmale, sog. «mandelförmige» Augen. Diese waren früher grösser und fast rund (s. die Fotos von Silva v. d. Rothöhe und Othello v. Oberaargau beim Merkmal Kopf). Sollen Ektropium und Entropium aus der Rasse verschwinden, dann muss die von Heim so gerühmte «natürliche» Kopfform des Berners wieder Zuchtziel werden: «Scheitel flach, leichter Stirnabsatz . . Lefzen wenig ausgebildet . . . Ohren hoch angesetzt, kurz und dreieckig . . .», normalgrosse, richtig eingesetzte Augen.

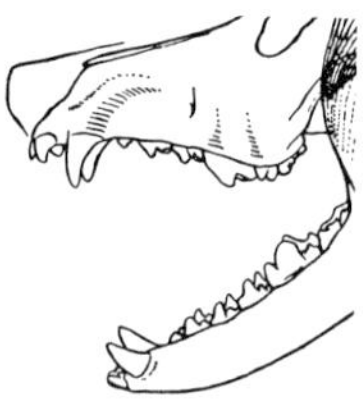

Gebiss

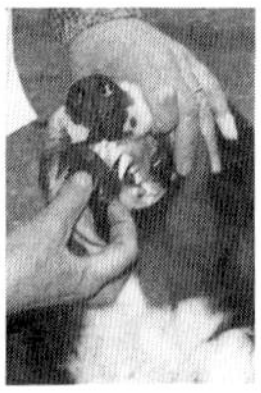

Zuchtziel:

Vollständiges Scherengebiss, kräftig, keine unregelmässigen Zahnstellungen

Abweichungen

Vergleiche zeigen, dass bei grossen bzw. grossköpfigen Hunderassen regelmässige, geschlossene und kräftige Zahnreihen seltener vorkommen als bei mittelgrossen und eher kleinen. Es scheint, dass im Laufe der Entwicklung zwar die Schädel züchterisch vergrössert werden können, dass das Gebiss aber damit nicht Schritt hält. Die in der Sammlung der Albert-Heim-Stiftung in Bern aufbewahrten Schädel von Berner Sennenhunden weisen denn auch ein weites Spektrum unregelmässiger oder auch lückenhaft stehender Zahnreihen auf. Auch asymmetrisch gewachsene Kieferteile sind nicht so selten.

Die heute vor allem vorkommenden Abweichungen von der geforderten Gebissausbildung sind im Zusammenhang mit den Standardfestlegungen schon erläutert worden.

Züchterisch interessieren vor allem
- Zangengebiss (Aufbeissen der Schneidezähne),
- Vorbiss (Vorstehen der Incisivi des Unterkiefers vor denen des Oberkiefers),
- zu klein geratene Incisivi 1 im Unterkiefer (Hemmungsbildung) sind züchterisch (bei der Paarungszusammenstellung) zu beachten,
- fehlende Prämolaren und Molaren.

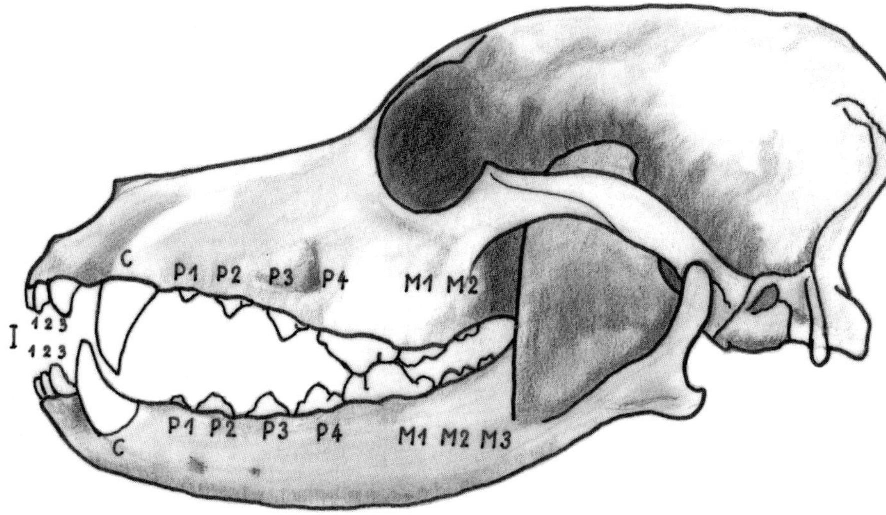

Wann sind Gebissschluss und Zahnzahl frühestens erkennbar und wann stehen sie fest?

Disharmonien des Kieferwachstums entwickeln sich erst Wochen, meist sogar Monate nach der Geburt. Zangenbiss und Vorbiss können sich noch bis zum Alter von 2 ½ Jahren ausprägen, was durch die Beurteilungspraxis immer wieder bestätigt wird. Meist sind sie mit Abschluss des Zahnwechsels (achter Monat) zu erkennen.

Stehen die Schneidezähne schon beim Welpen wie bei einer Kneifzange aufeinander oder beissen die unteren gar vor die oberen, wird sich im Laufe des Wachstums kaum das geforderte Scherengebiss herausbilden, im Gegenteil: Als Erwachsene beissen sie dann in der Regel immer vor. Rückbisse sind beim Welpen häufig anzutreffen. Diese wachsen sich aber bis zum Abschluss des Zahnwechsels in den allermeisten Fällen zur normalen Schere aus.

Unregelmässig gestellte Schneidezähne korrigieren sich nach dem sechsten Lebensmonat nicht mehr.

Zu kleine Incisivi 1 im Unterkiefer sind im gleichen Zeitraum feststellbar.

Die Zahnzahl ist in der Regel endgültig mit 8 Monaten zu konstatieren, häufig schon früher (vgl. Übersicht über Durchbruch und Wechsel der Zähne). In Ausnahmefällen ist der M 3 nicht vor dem 10. Monat erschienen.

Ob alle Backenzähne (Prämolaren und Molaren) in ihren Vorstufen des Dauergebisses im Kiefer enthalten sind, ist schon beim ca. 12 Wochen alten Welpen röntgenologisch zu ermitteln. Soll bereits zu diesem Zeitpunkt entschieden werden, ob ein Junghund in bezug auf die Vollzähligkeit des Gebisses einmal als Zuchttier in frage kommt, lohnt sich die Ausgabe für die Röntgenaufnahmen immer.

Übersicht über Durchbruch und Wechsel der Zähne

Milchgebiss		*Dauergebiss*	
	Durchbruch im Alter von		Wechsel im Alter von
Incisivi 1 Incisivi 2 Incisivi 3	22–25 Tagen		4 bis 5 Monaten
Canini	22–25 Tagen		5 Monaten
Prämolaren 1		keine Milchzahnvorläufer, erscheinen als bleibende Zähne mit 4 bis 5 Monaten	
Prämolaren 2 Prämolaren 3 Prämolaren 4	4 Wochen		6 Monaten
			Durchbruch im Alter von (bleibend)
		Molaren 1 Molaren 2 Molaren 3 (unten)	4 bis 5 Monaten 5 bis 6 Monaten 6 bis 9 Monaten

Zuchtprobleme, Vererbungsmodus, Umweltwirkungen

Zu Vorbiss (Vorstehen des Unterkiefers) kommt es durch
- Oberkieferverkürzung
- Die Unterkieferverlängerung kommt beim Berner Sennenhund praktisch nicht vor, wohl aber bei langschnauzigen Hunderassen.

Demzufolge ist Rückbiss (Rückstehen des Unterkiefers) die Ausnahme. Dazu kommt es durch
- Rückverlagerung des Unterkiefers,
- Oberkieferverlängerung.

(Beides ist gegenüber der Oberkieferverkürzung generell sehr selten.) Vorbiss und Rückbiss sind zuchtausschliessend.

Der genaue Vererbungsmodus des Zahnschlusses ist nur annähernd geklärt. Bisher wurden (auf der Grundlage von Versuchen bei einigen Rassen) rezessive Formen angegeben. Neuere Untersuchungen machen darauf aufmerksam, dass mehrere Gene in polygenetischem Sinne für die Ausprägung in Frage kommen. Da die Übergänge zwischen den Extremabweichungen ausgeprägter Vorbiss bis hin zum erheblichen Rückbiss fliessend sind, ist das auch rein logisch betrachtet wahrscheinlicher. Die Längenausbildung von Ober- und Unterkiefer wird generell polygen bestimmt. Es ist anzunehmen, dass die Art, wie sich diese Abweichungen vom Normalgebiss entwikkeln, rezessive Erbgänge nur scheinbar anzeigen. (Es kann erst ab einem bestimmten Ausprägungsgrad von einer Fehlbildung gesprochen werden.) In diesem Sinne wird auch deutlich, dass Zangenstellung die unmittelbare Vorstufe zum Vorbiss ist. Die Übergänge sind bei quantitativen Merkmalen fliessend. Das haben wir mehrfach festgestellt. Ein oder zwei Millimeter mehr oder weniger lassen uns dann aber subjektiv den Zahnschluss als auf- oder vorbeissend bzw. scherenartig schliessend oder als Rückbiss einordnen.

Unserer Ansicht nach kann im vereinfachten Sinne angenommen werden, dass der Erbgang einen rezessiven Grundcharakter trägt: Hauptgene bedingen die generelle Richtung der Merkmalsausbildung. Deren Steuerfunktion wird durch Nebengene, die die Wirkung der Hauptgene verstärken oder abschwächen, modifiziert. Diese Modifikatoren, als nichtallele Gene, verändern die phänotypische Wirkung der Hauptgene.

Vorbiss, insbesondere in seiner Ausgangsform des Zangengebisses, tritt beim Berner Sennenhund verhältnismässig häufig auf, in der Population der Schweiz schätzungsweise bei 8 bis 10% der Tiere. Die Fehlanlage für Vorbiss wird über Generatioenen hinweg z. T. unerkannt – oder in ihren unterschiedlichen Ausprägungsgraden noch wenig beachtet – hartnäckig vererbt. Obwohl Berner Sennenhunde mit Oberkieferverkürzung in der ausgeprägten Form des Vorbisses seit rund 20 Jahren von der Zucht ausgeschlossen werden, ist der Erfolg noch gering. Dafür kommen verschiedene Gründe in Frage:

- Inkonsequenz bei der Selektion: Hunde, die verhältnismässig früh zur Ankörung gekommen sind und später noch einen Vorbiss entwickeln, werden nachträglich nicht mehr von der Zucht ausgeschlossen.
- Vorfahren, Geschwister und vor allem Nachkommen werden zu wenig berücksichtigt: Leute, die Bescheid wissen, bringen ihre Tiere mit Vorbiss erst gar nicht zur Ankörung oder Ausstellung, so dass die Dunkelziffer der verwandten Tiere mit fehlerhaftem Gebissschluss hoch ist. Es gibt Stämme, bei denen korrekte Gebisse die Regel sind, andere aber, wo sie eher die Ausnahme bilden. Wie will ein Züchter die Gebissstellung in seiner Linie verbessern, wenn nicht zu überprüfen ist, ob der ins Auge gefasste Rüde nur zufällig korrekten Gebissschluss hat oder aus einer Familie mit durch und durch guten Gebissen stammt? Es ist doch ohne weiteres möglich, dass dies nicht so ist.

- Zuchterlaubnis für Tiere mit Zangengebiss: Wir kritisieren das auch aus biologischen Gründen nicht, machen aber darauf aufmerksam, dass dies ein Grund dafür ist, dass sich der Züchter mit dem Vorbiss-Problem herumplagen muss. Wäre die Mehrzahl der Berner in bezug auf einen korrekten Gebissschluss reinerbig, würden die Zangenstellungen auch genetisch langsam in Richtung auf das Normalgebiss hin verbessert, d. h. sie gingen nach und nach zurück. Da ein grosser Prozentsatz der Zuchthunde aber vermutlich trotz phänotypisch korrektem Schneidezahnschluss Gene für die Ausprägungsrichtung Vorbiss besitzt, ergibt die Paarung mit einem Partner mit Zangengebiss dann häufig den unerwünschten Vorbiss. (Durch die Summierung negativ wirkender Erbfaktoren wird die entsprechende Grenze überschritten, und die Abweichung wird dann auch deutlich sichtbar.)
- Und dann darf nicht vergessen werden, dass sich – wie wir dies schon verdeutlicht haben – die Kopfform verändert hat. Mit der Zucht auf kurze Köpfe schrumpft vor allem der Oberkiefer. Die dafür verantwortlichen Gene wirken unabhängig von denen, die die Ausbildung des Unterkiefers steuern, was Stockard in Zuchtversuchen mit normal- und extrem kurzschnauzigen Hunden festgestellt hat, wie dies schon angemerkt worden ist. Der Unterkiefer macht den Schrumpfungsprozess nicht mit, und so kommt es folgerichtig zu Vorbeissergebissen.

Soll der Vorbiss als Zuchtproblem verschwinden, müssen folgende Richtlinien beachtet werden:

- Der Kurzköpfigkeit ist energisch zu begegnen. Der kräftige, gerade und genügend lange Fang ist züchterisch anzustreben.
- Exakte Beurteilung des Zahnschlusses.
- Hunde, die nach der Ankörung noch Vorbiss entwickeln – häufig bei Tieren, die schon ein Zangengebiss haben – müssen nachträglich von der Zucht ausgeschlossen werden.
- Tiere mit Zangengebiss müssen registriert und für die Züchter erkenntlich bezeichnet werden.
- Die Verwandtschaft der Zuchthunde ist statistisch zu erfassen, damit Züchter, die in ihrer Linie gehäuft Gebissprobleme haben, Zuchtpartner unbedingt aus unbelasteten Familien wählen können.
- Tiere, die aus belasteten Familien stammen, dürfen nicht miteinander oder gar mit einem Partner mit Zange gepaart werden.

Zum Problem der Zahnunterzahl (Oligodontie)

Im Prinzip kann jede Art von Zähnen fehlen, weitaus am häufigsten sind es aber die jeweils ans Ende und an den Anfang der Backenzahnreihe gehörenden M 3 (unten) und P 1. Es ist anzunehmen, dass es sich vor allem beim Verlust des Molaren 3 um eine allgemeine stammesgeschichtliche Rückbildungstendenz der Backenzahnreihe handelt. M 3 und P 1 haben selbst schon eine rudimentäre (zurückgebildete) Gestalt angenommen und sind im Verhältnis zu ihren unmittelbaren Nachbarn weniger als halb so gross. Sie haben im Gegensatz zu allen anderen Backenzähnen nur eine

Wurzel. Der P 1 liegt im Funktionsschatten des Caninus (Spengler, 1969). Der M 3, ganz tief hinten im Kiefer, ist ohne Pendant (Gegenzahn) im Oberkiefer und erfüllt keine Aufgabe mehr. Der P 1 hat lediglich zum Schutz des Zahnfleisches (beim Knochenfressen) noch eine Funktion.

Bei Wildcaniden können diese Zähne ebenfalls fehlen.

Immer wieder kommt es auch vor, dass einem Berner Sennenhund ein grosser Backenzahn fehlt, meist der P 4 unten. Ist das der Fall, entsteht eine erhebliche Lücke, die die Kaufläche unterbricht. Das Zahnfleisch ist ungeschützt. Auffällig ist, dass ausser dem P 1 und eben P 4 sehr selten ein anderer Prämolar fehlt. Das weist deutlich darauf hin, dass der Ausbildung der einzelnen Zähne selbständige genetische Gesetzmässigkeiten zu Grunde liegen.

Zahnüberzahl (Polyodontie)

Sie kann generell Incisivi, Prämolaren und Molaren betreffen. Das ist eine Abnormität, die auch beim Berner Sennenhund durchaus hin und wieder vorkommt. Es handelt sich hier bisher aber immer nur um einen überzähligen kleinen Prämolaren, häufiger im Oberkiefer, in Grösse und Form des P 1, der sich bei ihm stehend meist gut einreiht.

Eine genetische Grundlage ist gegeben (Ritter, 1933; Pethig, 1954). Es genügt sicher, Polyodontie lediglich zu registrieren, solange es nicht zu Kaustörungen kommt. Das ist dann der Fall, wenn solche Zähne regellos stehen, was insbesondere bei Schneidezähnen zu Entzündungen führen kann. Solche Zähne müssten dann gezogen werden, um dem einzelnen Tier zu helfen.

Zur Genetik von Zahnausbildung und -position

Der Erbgang wird für unterschiedliche Rassen z. T. verschieden beschrieben. Danach wäre es nicht ganz auszuschliessen, dass er nicht bei allen ganz gleich ist.

Die Beobachtung sporadischer Fehlbildungen aus rein äusserlich mängelfreien Familien, besonders bei Inzucht, könnte als eine Bestätigung der Annahme von Erbgängen mit rezessivem Grundcharakter angesehen werden.

Humphrey und Warner (1934) nehmen für das Fehlen von Backenzähnen rezessives Erbverhalten mehrerer Gene an. Rekombination (Bildung neuer Genkopplungen) eines oder mehrerer Gene infolge Inzucht wird genannt (Lippe, 1938; Skrentny, 1964). Vor allem neuere Untersuchungen sprechen hingegen für Polygene (Kohz, 1955; Koch, 1963; Hirsch, Schöppler, 1965; Schleger, 1984 u. a.). Horàk (1987) hat über viele Jahre hinweg gezielte Zuchtversuche mit Laborhunden durchgeführt. Seine Erkenntnisse sind u. a.: Die Anlage für das Fehlen von Zähnen wird rezessiv vererbt. Jede Rasse hat ihre spezifischen Fehler.

Unterschiedliche Aussagen zum Vererbungsmodus dürfen nicht verwirren. In der Zuchtpraxis stellt er sich uns so dar, dass wir von einem Erbgang mit rezessivem

Grundcharakter sprechen können. In welchem Masse modifizierende Kleingene wirken, ist dabei erst einmal weniger wichtig.

Die Bekämpfung von Zahnverlusten sollte nach den im folgenden genannten Regeln vorgenommen werden, was in der Praxis zu deutlich messbaren Erfolgen geführt hat. Dabei stellen diese letztlich einen Kompromiss gegenüber lückenlosem Ausscheiden aller Fehlerträger (und deren Familien) dar, was ja für Erbfehler grundsätzlich gilt. Das würde aber zu Rassedezimierungen führen und ist deshalb unvertretbar. Bei der Oligodontie (Zahnunterzahl) handelt es sich nicht um ein Merkmal, das die Gesundheit bedroht wie z. B. die Hüftgelenksdysplasie.

Grundregel: Zuchttieren sollten möglichst ausser den M 3 keine Zähne fehlen.

Fehlende Backenzähne werden in den einzelnen Ländern unterschiedlich streng gewertet. Eine zu grosse Toleranz ist wegen der Zuchtproblematik nicht ratsam.

In der Schweiz gilt (Auszug aus dem Zucht- und Körreglement des Klubs vom 8. 2. 1986): Zum Zuchtausschlusses führen:» Gebissfehler: Vorbiss, Unterbiss, fehlende Molaren und Prämolaren, missgebildetes Gebiss, unterentwickeltes Gebiss. Bei Hunden, die in allen übrigen Punkten und in der Gesamterscheinung dem Rasseideal in hohem Masse entsprechen, können toleriert werden: Zangenschluss, das Fehlen von höchstens zwei P 1 (übrige Molaren und Prämolaren müssen vorhanden sein), ein bis zwei unregelmässig stehende Schneidezähne bei korrektem Kieferschluss (z. B. zwei leicht verschobene Incisivi).»

Anmerkung: Dass der M 3 nicht berücksichtigt wird, wurde wohl sicher als selbstverständlich angenommen.

Unabhängig von unterschiedlichen Festlegungen muss gelten:

- Fehlen einem Zuchttier Zähne, ist es nur einem Partner zuzuführen, der alle Zähne hat.
- Die Sicherheit der Paarung wird erhöht, wenn phänotypisch korrekte Partner aus einer Familie stammen, in der Oligodontie nicht vorkommt.
- Bei Zuchttieren ist eine zusätzlich hohe Gewähr für Zahnstabilität dann vorhanden, wenn die Nachkommen vollzählige Gebisse haben.
- Rüden und Hündinnen, deren Nachzucht Zahnfehler zeigt, dürfen nur mit Partnern gepaart werden, die nachweislich zahnstabil sind (Familie beachten). Am besten nimmt man sie ganz aus der Zucht, vor allem Rüden. Das ist besonders dann geboten, wenn ihren Nachkommen andere Zähne fehlen als der P 1. (Der M 3 bleibt unberücksichtigt.)

Weil darüber in Züchterkreisen immer wieder diskutiert wird, sei zu einigen Vermutungen Stellung genommen, die als Gründe für das Fehlen von Zähnen eine Rolle spielen sollen.

1. Ernährungsstörungen oder Krankheiten

Sie kommen als Ursachen für Zahnunterzahl nicht in Frage. Das ist laut heutigem Stand der Wissenschaft geklärt.

- Die Anlagen entwickeln sich bei der ungeborenen Frucht. Extrem negative Umweltfaktoren im obigen Sinne können evtl. für einen verzögerten Durchbruch verantwortlich sein, auch die Zahnbeschaffenheit beeinflussen (z. B. die Härte des

Schmelzes) und unter Umständen auch noch einen vorzeitigen Ausfall befördern, nicht aber das Erscheinen der Zähne verhindern.

- In extremen Fällen können durch schwere Krankheit die Früchte im Mutterleib absterben, nicht aber kann die Ausbildung ererbter Anlagen gänzlich unterbleiben.
- Schliesslich fehlen die verschiedenen Zähne mit stark unterschiedlicher Häufigkeit. Das ist ein weiterer Hinweis darauf, dass Umweltwirkungen nicht Ursachen für fehlende Zähne sein können.

2. Ist es möglich, dass Zähne gar nicht fehlen, dass sie nur im Kiefer steckengeblieben und nicht sichtbar sind?

Sogenannte Pseudooligodontie kann nicht gänzlich ausgeschlossen werden. Die Praxis des Röntgens hat aber ergeben, dass fehlende Zähne auch fast immer nicht angelegt waren, es sich also um echte Oligodontie gehandelt hat. Dass ein Zahn unterentwickelt ist und nicht ganz durchbricht, so dass er kaum zu sehen oder nur zu fühlen ist, kommt also selten einmal vor. Zeitverschiebungen beim Durchbrechen der Zähne (erblicher Temporismus) sind möglich. Alle diese Abnormitäten sind erblich.

3. Können Zähne ausgebrochen oder ausgefallen sein?

Es ist möglich, dass altersbedingt Zähne ausfallen, zumal dann, wenn sie mechanisch stark beansprucht werden. Das betrifft aber kaum die grossen Prämolaren und Molaren. Beim jüngeren Hund ist dies, besonders bzgl. der Backenzähne infolge der Anatomie ihres Halteapparates unter normalen Umständen nicht möglich. Zahnverlust ist nur als Folge traumatischer (gewaltsamer, unfallartiger) Einwirkungen bekannt geworden. Häufiger kann es passieren, dass von den Hakenzähnen ein Stück abbricht, auch bei Schneide- und Backenzähnen ist dies möglich. Müssen beschädigte oder kranke Zähne gezogen werden oder haben Tiere Zähne durch einen Unfall verloren, sollte so schnell wie möglich geröntgt werden. Damit ist eindeutig feststellbar, dass ein Zahn vorhanden war und auch, ob es sich um einen Milch- oder einen bleibenden Zahn gehandelt hat. Züchter und Aussteller erbitten vom Tierarzt eine Bescheinigung und ersparen sich damit eventuellen Ärger. (Beachte: Wenn mehr als 6, manchmal nur 4 Wochen vergangen sind, ist der röntgenologische Nachweis nicht mehr zu erbringen. Durch die sofort einsetzenden Heilungsvorgänge am Knochen ist das Zahnfach, in dem sich der Zahn befunden hat, dann bereits wieder geschlossen.)

Bei scheinbar ausgefallenen Backenzähnen handelt es sich praktisch immer um Milchzähne, die länger als üblich im Kiefer stecken geblieben waren, weil der Schub der darunter sitzenden Zähne des Dauergebisses gefehlt hat. Auf solche persistierenden (beharrenden) Milchzähne trifft man recht häufig. Es sei angemerkt: Dem Junghund ist lieber einmal öfter als zu selten das Gebiss zu kontrollieren. Stehen z.B. Zähne doppelt (kommt öfters bei den Canini vor), müssen sie vom Tierarzt gezogen werden.

Das Staupegebiss wurde als nichterbliche, durch spezielle Umweltwirkungen auftretende Erscheinung schon bei der Standarderläuterung erwähnt. Es bedarf züchterisch keiner Beachtung.

Gangwerk (Gliedmassen und Bewegung)

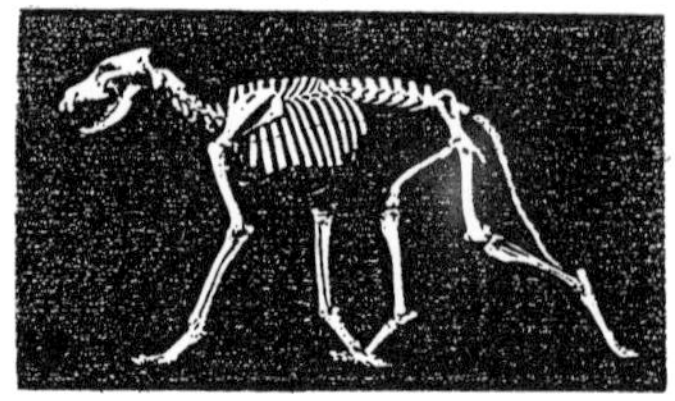

Zuchtziel:

Gut gewinkelte, stämmige Gliedmassen, gerade, parallele Stellung vorne und hinten; ausgreifender Vortritt und kraftvoller Schub aus der Hinterhand, raumschaffender und gleichmässiger Bewegungsablauf in allen Gangarten, geradlinige Gliedmassenführung.

Hunde von Rassen, die in ihren wesentlichen Proportionen durchaus natürlich geblieben sind wie der Berner Sennenhund auch, sollen als ursprüngliche Laufraubtiere so gebaut sein, dass sie mit möglichst wenig Kraftaufwand ausdauernd gehen, traben, galoppieren und gegebenenfalls auch springen können. Für viele Menschen heute ist der Hund der bevorzugte Wanderkamerad, der auch längere Strecken ohne vorzeitige Ermüdung durchstehen können soll. Ebenso werden in den modernen Sporthundedisziplinen, wie im Sanitätshunderevier, in der Rettungshundearbeit und bei Suchhunderprüfungen, beachtliche Laufleistungen verlangt, die auch ein Berner Sennenhund erbringen können soll. Ein tadelloses Gangwerk gehört daher unabdingbar zum guten Hund und ist ein grundlegendes Zuchtziel. Sollen Hunde gute Laufleistungen vollbringen, spielt auch der Wille zur Leistung, die Freude am Laufen eine Rolle. Sie kann ebenso wie die Ausdauer durch gut aufgebautes, lustvolles Training entwickelt werden.

Die Gliedmassen zusammen mit der Art wie der Hund sie bewegt werden ganz allgemein als Gangwerk bezeichnet. Gut ist es, wenn der Hund mit weiten, ausgreifenden Schritten leicht und zügig trabt. Die Pfoten werden dabei etwa geradlinig vorgesetzt. Der Körper wird ohne zu schaukeln oder sich auf und ab zu bewegen in der Laufrichtung vorangetragen. Das Gleichgewicht wird nicht durch ausgleichende Körperbewegung, sondern durch das Aufsetzen der Pfoten in Richtung des Körperschwerpunktes erreicht. Dieser liegt in der Mitte unter der Wirbelsäule. Deshalb werden die Beine im Trab nicht senkrecht, sondern etwas schräg nach innen gehalten. Die Spuren der Füsse liegen viel näher beieinander unter dem Körper, als wenn der Berner langsam schreitet und dabei etwas von einer Seite auf die andere schwankt. Je schneller der Trab, desto schmaler ist die Laufspur.

Vorkommende Abweichungen

Bewegt sich ein Hund schwerfällig, unregelmässig, kurztrittig oder stelzend, wird der Körper im Trab hin und her oder auf und ab geschaukelt, verhindern ein- oder auswärtsgerichtete Pfoten ein ungefähr geradliniges Aufsetzen in der Laufrichtung, sprechen wir von einem schlechten Gangwerk. Ein unharmonischer und den Hund nur mangelhaft vorantreibender Bewegungsablauf ist immer auch unökonomisch. Er bewirkt eine Leistungsminderung, vorzeitige Ermüdung und Abnützungserscheinungen in den Gelenken. Störungen der Bewegungsweise sind auf eine fehlerhafte Konstruktion der Vorder- oder Hintergliedmassen oder beider zurückzuführen. Auf die komplizierten Beziehungen zwischen Konstruktion und Bewegungsweise wurde bereits im Kapitel über den Standard hingewiesen. Da sich Mängel und Fehler im Bau der Vorder- und Hintergliedmassen unterschiedlich auf den Bewegungsablauf auswirken und auch getrennt vererben, werden beide im folgenden dann noch einzeln besprochen. (Mit «Konstruktion» ist immer die Länge und Lage der Knochen der einzelnen Abschnitte der Gliedmassen ausser der Pfote gemeint, vorn: Schulterblatt, Oberarmknochen, Unterarmknochen, Vordermittelfussskelett; hinten: Becken, Oberschenkelknochen, Unterschenkelknochen, Hintermittelfuss.)

Wann kann ein sich entwickelndes Gangwerk frühestens eingeschätzt werden?

Die Neugeborenen stehen noch nicht auf ihren Beinchen, sondern liegen auf Bäuchlein und Brustkasten. Sie kommen voran, indem sie die Hinterbeine seitwärts gegen die Unterlage stemmen, sich mit den Vorderpfoten vorziehen und so vorwärtsschieben. Die ersten Steh- und Gehversuche fallen mit dem Zeitpunkt des Öffnens der Augen zusammen. Im Verlaufe der dritten Lebenswoche gelingt es den Kleinen immer mehr, die Gliedmassen unter den Körper zu bekommen und das Stehen und Gehen zu erlernen. Die Beinchen sind noch eine Weile krumm, und erst wenn die Knochen nicht mehr gar so weich und die Muskeln ein klein wenig fester und etwas geübt sind, stehen die Gliedmassen dann gerader, und die Bewegungen verlaufen koordinierter. Bis zum Alter von 8 Wochen hat sich alles so weit entwickelt, dass der Welpe alle auch vom erwachsenen Hund ausgeübten Bewegungsarten ausführen kann. Zwar bewegt er sich noch weich und tolpatschig, fällt immer noch einmal auf die Nase, und seine am häufigsten gebrauchte Fortbewegungsart ist der typische Welpengalopp. Er ist aber bereits fähig, zielgerichtet und auch geradlinig ein Ziel im regelmässigen Trab anzusteuern. In dieser Situation ist schon beim 8 bis 10 Wochen alten Jungtier zu erkennen, ob es sich locker und regelmässig bewegt, seine Schritte eine gewisse zügige Weite haben und ob es die Pfoten geradlinig vorführt und aufsetzt oder nicht. Von Welpen, die unbeholfen schwankend wie Enten watscheln oder die Hinter- oder Vorderpfoten stark seitwärts ausdrehen, kann man nicht erwarten, dass sie später gute Läufer werden. Nur geringfügig seitlich ausgedrehte Pfoten können sich im Verlaufe des Wachstums noch verbessern, deutlicher von der geraden Laufrichtung abweichende werden dies kaum tun.

Um zu prüfen, ob die Gliedmassen richtig aufgesetzt werden, schiebt man einem Jungtier die eine Hand zwischen den Vorderbeinen unter den Brustkasten und die andere von hinten zwischen den Hinterläufen unter den Bauch und hebt ihn so hoch. Stellt man ihn aus dieser Lage sorgfältig mit allen vier Läufen gleichzeitig auf eine ebene und standfeste Unterlage, ist festzustellen, ob der Kleine natürlicherweise gerade auf seinen vier Pfoten steht. Da Welpen von sich aus selten mit gerade gehaltenen und gleichmässig belasteten Beinen ruhig stehen, gibt diese Prüfung die besseren Hinweise als das blosse Beobachten während des natürlichen Verhaltens, obwohl das selbstverständlich einbezogen werden muss.

Am 8 Wochen alten Tierchen lässt sich mit etwas Übung ebenfalls schon das Ausmass der Winkelung der Hintergliedmassen abschätzen. Jetzt bereits steil stehende Hunde werden auch im Erwachsenenalter keine gute Winkelung haben, sehr gut gewinkelte Welpen werden nicht wesentlich steiler.

Bei Junghunden kann das Gangwerk noch nicht abschliessend beurteilt werden. Das linke Vorderbein dieser 14 Monate alten Junghündin weist leicht nach innen, hinten sind die beiden Hintermittelfüsse und Pfoten ausgedreht. Es ist möglich, dass sich beides noch verliert, wenn der Hund sich ausgewachsen hat. Häufiger verstärken sich jedoch die Fehlstellungen durch zunehmendes Körpergewicht eher noch.

Für die Entwicklung eines guten Gangwerks ist ausgiebige und vielseitige Bewegung im Jugendalter notwendig. Auch die Muskulatur von Rücken und Lenden ist an den Gängen beteiligt und muss stark und elastisch sein.

Bei Welpen, die sich auffällig oft hinsetzen oder hinlegen und deutlich schneller ermüden als ihre Wurfgeschwister, besteht Verdacht, dass eine ernsthafte Skelettstörung vorliegt. Das gilt auch für solche, die sich kaum in Trab versetzen lassen, sondern sich ständig mit ihrem zweifüssigen Welpengalopp fortbewegen. Legt sich ein junger Hund mit ausgestreckten Hinter- und Vorderpfoten flach wie ein Frosch auf den Boden, gilt das für viele Züchter als Hinweis, dass die Hüftgelenke gesund sind. Ein wissenschaftlicher Beweis für diese Annahme kann allerdings nicht erbracht werden.

Wann ist das Gangwerk endgültig ausgebildet?

Da sich das Wachstum der Gliedmassen beim Junghund in oft recht unregelmässigen Schüben vollzieht und gerade die langen Röhrenknochen nicht gleichmässig wachsen, ist das Gangwerk beim jugendlichen Hund nur schwer einzuschätzen. Es können sich sowohl Verbesserungen wie auch Verschlechterungen ergeben. Was sich beim Welpen an Gutem oder Mangelhaftem andeutete, kann sich noch verstärken, aber auch abschwächen. Auch die Muskulatur ist an der endgültigen Ausformung des Skeletts mitbeteiligt. Es spielt daher keine geringe Rolle, ob der heranwachsende Junghund genügend Möglichkeiten hat, diese seinem Alter entsprechend zu trainieren. Von einem jugendlichen Tier, das wenig zum Traben und Spielen mit andern Hunden

Ein Hund, der ein «schönes Gangwerk» entwickeln soll, muss immer wieder Gelegenheit zu regelmässigem und ausdauerndem Trab bekommen.

kommt, sondern immer nur gelangweilt herumliegen muss und höchstens an der Leine mittrotten kann, ist im Erwachsenenalter keine zügige und harmonische Fortbewegungsart zu erwarten.

Wenn das Wachstum mit 15 bis 18 Monaten abgeschlossen ist, steht auch die Qualität des Gangwerks fest. Ein Hund, der in diesem Alter stelzt und kurztrittig läuft, wird nicht mehr zum zügigen Läufer. Weichen die Pfoten beim Stehen und Aufsetzen von der geraden Laufrichtung ab, korrigiert sich das nicht mehr. Mangelhafte Winkelungen werden sich nicht mehr auswachsen. Späterer Fettansatz in den Schenkeln, üppige Behaarung und geschicktes Ringraining können Verbesserungen nur vortäuschen.

Dieser 9 Wochen alte Welpe setzt in der Bewegung seine Pfoten geradlinig vor. Es ist zu erwarten, dass er sich zum Hund mit korrektem Gangwerk auswächst.

Zuchtprobleme, Vererbungsmodus, Umweltwirkungen

Mangelhaftes Gangwerk und unharmonische, unökonomische Bewegungsabläufe sind ein Schwachpunkt vieler Berner Sennenhunde. Kaum einer steht wirklich geradlinig auf allen vier Pfoten und läuft auch so. Nur wenige zeigen die gewünschte, der Rasse entsprechende Winkelung der Hintergliedmassen. Der alte Bauernhund hat sich wenig bewegen müssen. Ja, er sollte gar keinen Drang danach haben. Die Aufgabe des Hofhundes war es, am Ort zu bleiben und zu wachen. Herumstreichen war verpönt. So lag er denn die meiste Zeit, sicher oft auch angekettet, vor seiner Hütte oder auch sonst im Gehöft umher. Stand er einmal auf, wenn es etwas zu melden gab, machte er nur wenige Schritte und liess sich dann wieder hinplumpsen, wie man das typische Sichhinlegen des Berners bezeichnen kann. Wenn es sich zu bewegen galt, dann waren nicht flottes Gehen oder Traben gefragt, sondern kräftiges Stemmen beim Ziehen, da die Hunde oft beachtliche Lasten zu befördern hatten. Das gute Gangwerk konnte deshalb bei diesen Hofhunden vernachlässigt werden und wurde es später auch dann noch, als die Hunde längst rein gezüchtet wurden. Man achtete mehr auf gute Zeichnung und kräftigen Typ. Noch 1923 schrieb Scheidegger: «Die früher mehrheitlich gerade, hin und wieder fast steckengerade Hinterhand ist bei der Mehrzahl verbessert. Dessen ungeachtet wird der eigentümliche Dürrbächlergang im Schritt- und nur im Schritt – noch selbst bei korrekt gebauten Hunden beobachtet. Dieser spezifische Gang ist zwar unschön, erklärt sich aber zweifellos aus der früheren Haltung des Hundes... Die regelmässigste Bewegung war das Ziehen, und diese besondere Gangart haben sie sich mit der Zeit angewöhnt. Es handelt sich hier um die Vererbung einer ursprünglich erworbenen Eigenschaft. (Hier irrt Scheidegger, d. Verf.) Diese Besonderheit wird nach und nach wieder verschwinden, wenn die Hunde in allen Gangarten mehr bewegt werden. – Der Gang vorn ähnelt heute bei vielen Berner Sennenhunden demjenigen des Bären.» Dieser Bärengang (die Vorderbeine erscheinen von vorn gesehen nach aussen gerundet, die Pfoten weisen beim Aufsetzen nach innen) hat beim Berner seine Ursache in losen Schultern und weichen Vordermittelfussgelenken, was unter «Vordergliedmassen» noch besprochen wird.

Auch Heim wies schon 1889 im «Centralblatt» (Nr. 21 u. 22) auf die schlechte Bewegungsweise grosser Hofhunde hin. Eine Hauptursache sah er in der zu steilen Stellung der Hintergliedmassen. Beim Berner traten am Anfang der Zucht die nicht abgeschnittenen Afterzehen an den Hinterbeinen als zusätzliche Behinderung des freien Ganges auf. Heims Analyse «Über den Bau des Hinterbeines beim Hunde» ist tiefgründig und heute noch lesenswert. Allgemein macht er für die steile Stellung bei grossen Hofhunden zu kurze Knochen und zu stumpfe Winkelverhältnisse verantwortlich und schreibt weiter: «Die Muskulatur ist dabei selbstverständlich ebenso beteiligt, denn wenn das Knochengerüst nicht die richtige Leistung möglich macht, so bleibt auch die Entwicklung der Muskeln zurück. Bei Hunden, welche tüchtig arbeiten müssen, ist er (der Fehler der steilen Stellung, d. Verf.) weit seltener, als bei grossen Hofhunden, denen seit Generationen keine genügende Bewegung möglich war. Da wird zugleich oft zu sehr auf die imponierende Höhe als auf die Beweglichkeit... gezüchtet.»

Das Gangwerk der Berner ist seit Beginn der Reinzucht und vor allem in den letzten 20 Jahren zwar wesentlich verbessert worden, trotzdem stellt es noch immer ein gravierendes Problem dar. Die von Scheidegger und Heim genannten zwei Hauptmängel – lose Schultern und steile Hintergliedmassen – sind bei weitem noch nicht verschwunden. Allzuviele Berner gehen nach wie vor gehemmt oder weisen frühzeitig Verschleisserscheinungen in den Gelenken auf. Öfters trifft auch beides zu.

Jeder einzelne Faktor, der auf das Gangwerk einwirkt, ist polygen bedingt. So nimmt immer eine ganze Anzahl von Genen Einfluss auf die Länge der einzelnen Knochen, auf die Winkelung, auf die Muskelbildung und das Sehnen- und Bändersy-

Die Beurteilung von Jungwelpen punkto Gangwerk ist nicht einfach. Die noch weichen Knochen und die nicht fertig entwickelten Muskeln und Bänder können auch im späteren Alter noch Fehlstellungen ergeben.
Bild oben: Dieser 5 Wochen alte Welpe steht gerade auf stämmigen Beinchen. Es ist zu hoffen, dass seine Gliedmassen sich wie gewünscht weiter entwickeln.
Bild unten: Der Welpe ist jetzt ein 7 Monate alter Junghund geworden. Seine Gliedmassen werden immer noch geradlinig aufgesetzt und entsprechen im wesentlichen der gewünschten Form.

stem. Bei der Vererbung sind demnach viele Gruppen von Erbfaktoren mit unterschiedlichen Wirkungen auf mehrere «Bauteile» im Spiel. Diese komplizierten Verhältnisse erschweren Verbesserungen im Bereich des Gangwerkes. Dazu kommt, dass diejenigen Gengruppen weit verbreitet sind, die negativ wirken und so die schlechten erblichen Bedingungen immer wieder von neuem stabilisieren. Diese sind nur mühsam durch bessere zu ersetzen. Diesen sehr alten und in der Rasse festsitzenden Erbbestand zu verdrängen, bedarf hartnäckiger Arbeit durch die gesamte Züchterschaft. Die Negativfaktoren können nur durch konsequente Zuchtwahl auf Tiere mit möglichst einwandfreiem Gangwerk zum Verschwinden gezwungen werden. Es ist in diesem Fall nicht so, wie die Faustregel sagt, dass sich das Normale gegenüber dem Abweichenden durchsetzt. Beim Gangwerk des Berner Sennenhundes ist es eher so, dass sich die heute unerwünschten Stellungen hartnäckig halten. Es ist deshalb bei Paarungen immer sehr genau auf das Gangwerk zu achten. Zu schnell ist das einmal Erreichte wieder zerstört. Die ungünstig wirkenden Gene brechen allzu rasch wieder durch.

Im Bestreben, möglichst imposante kompakte Hunde zu erhalten, wird die Wichtigkeit des korrekt gebauten Bewegungsapparates auch heute noch viel zu häufig einfach missachtet. Man nimmt eher einen Gangwerkfehler in Kauf als einen Verlust an Masse. Schon bei der Auslese eines zukünftigen Zuchthundes im Welpenalter wird leicht übersehen, dass die Veranlagung zu einem guten Gangwerk mindestens ebenso wichtig ist wie für kräftigen Typ. Dabei lassen Bau und Bewegungsweise der Gliedmassen beim jungen Tier sichere Prognosen zu als etwa der Körperbau punkto späterer Grösse und Substanz. In jedem Falle ist der im Wurf nur mittelgrosse und mittelschwere Welpe zu bevorzugen, wenn er korrekt steht und läuft. Es ist nicht der mächtigste zu wählen, der sich nur unbeholfen bewegt, in der Hoffnung, dass er dies schon noch auswachsen wird. Er wird es höchstwahrscheinlich nicht.

Die Konzentration auf betont schwere Hunde steht der Erzüchtung eines leistungsfähigen Gangwerkes in vielfacher Hinsicht entgegen: Schwere Knochen und allgemein viel Masse benötigen für deren Fortbewegung ein besonders leistungsfähiges Muskel-, Sehnen- und Bändersystem. Das ist aber anlagemässig gar nicht vorhanden, noch kann es sich durch viel und gezielte Bewegung überhaupt gut ausbilden, weil andererseits die grosse Körpermasse den Hund ganz einfach weniger beweglich macht. Das hohe Gewicht behindert eine gute Laufleistung, und es mindert die Lust am Laufen. So kommt beim zu schweren Hund auch noch mangelnde Fitness hinzu. Statt der benötigten grossen aktiven Muskelmasse bildet sich meist immer mehr inaktives Fettgewebe aus, und der Teufelskreis ist geschlossen: Viel Masse → geringe Beweglichkeit → weniger Bewegung → noch mehr Masse → noch weniger Beweglichkeit.

Diese Zuchtrichtung verleitet dazu, falsche Schwerpunkte zu setzen. Man begnügt sich damit, ein imposantes Tier zum Vorzeigen in des Wortes wahrster Bedeutung zu haben und vergisst dabei, dass sich jeder Hund auch wie die anderen Artgenossen fortbewegen möchte. Eine dauerhafte Verbesserung des Gangwerkes der Rasse erfordert daher auch ein Umdenken. Nicht der schwerste im Ring vorgestellte Hund ist der beste Zuchtpartner, sondern der rassetypische, der sich am schönsten bewegt. Das bedeutet noch lange nicht, dass den zu leichten Typen der Vorzug zu geben ist. Diese widersprechen dem Standard ebenso wie diejenigen, die sich nicht wie gefordert bewegen. Es gibt durchaus stämmige Hunde mit gutem Gangwerk. Es heisst aber für manche Abschied nehmen vom allzu grossen überschweren Hund als bestimmendem Rasseideal.

Unter den vielen Körpermerkmalen, die für die Beurteilung eines Berner Sennenhundes eine Rolle spielen, gehört das Gangwerk zu denen, die sich durch Umwelteinflüsse, d. h. hier durch Lauftraining, stark beeinflussen lassen. Ein Hund, der viel zum Traben gebracht wird, läuft viel zügiger und dessen Bewegungabläufe sind erheblich besser koordiniert, also harmonischer als bei einem Rassegenossen, der vorwiegend herumliegt, nur im Grundstück umhertrödeln kann oder lediglich an der Leine ausgeführt wird. Es ist deshalb, wenn nicht offensichtliche konstruktive Mängel vorliegen, nicht in jedem Fall zu unterscheiden, ob sich ein Tier nur schlecht bewegt, weil seine Muskulatur infolge Bewegungsmangel unterentwickelt ist und er das flüssige Laufen mit weit gestreckten Gliedern nicht gelernt hat oder ob ein genetischer und sich also vererbender Mangel vorliegt. Selbstverständlich sind auch die Anlagen für Muskeln, Sehnen und Bänder durch Erbfaktoren begründet. Alles kann sich aber nur voll ausbilden, wenn es auch entsprechend gebraucht wird. Leider bekommen noch allzu viele unserer Hunde nie das Lauftraining, das sie befähigen würde, ihr Gangwerk zur vollen Leistungsfähigkeit zu entwickeln.

Konstruktiv bedingte Mängel (den Knochenbau betreffende) lassen sich durch Training kaum oder gar nicht verbessern. Sie müssen durch züchterische Massnahmen angegangen werden. Hier hilft nur konsequente Selektion auf Korrektheit im Bau. Voraussetzung für sinnvolles züchterisches Handeln ist es, genau zu ermitteln, welcher Fehler den Ablauf einer flüssigen, ausgreifenden und ökonomischen Bewegungsweise stört. Der korrekte Bau der Vorder- und Hintergliedmassen und die bei Bernern vorkommenden Abweichungen, der Zeitpunkt ihrer Erkennbarkeit und die genetischen Grundlagen werden deshalb noch im einzelnen dargestellt.

Vordergliedmassen

Zuchtziel:

1. Bau: Schulterblätter lang, schräg liegend, mit den Oberarmknochen einen nicht zu stumpfen Winkel bildend, dem Rippenkorb gut anliegend; Bemuskelung kräftig ausgebildet
   Die Beine müssen von allen Seiten gesehen gerade und parallel stehen.
   Der Stand ist dem Typ der Rasse entsprechend breit.
   Die Vordermittelfüsse müssen fast senkrecht stehen und dürfen nur wenig nachgeben.
2. Leistung: ausgreifender Vortritt, raumschaffend, geradlinig und gleichmässig

Abweichungen:

Erste Gruppe: Mängel, die auf veränderter Knochenbildung beruhen: Schulterblätter zu kurz, Oberarmknochen zu kurz; nicht schräg genug liegend = Winkel zu offen: steile Stellung

Zweite Gruppe: Mängel, die auf Veränderungen des Muskel-, Sehnen- und Bänderapparates beruhen, in der Reihenfolge ihrer Häufigkeit:
nach aussen gedrehte Pfoten,
weiche Vordermittelfussgelenke,
ausgedrehte Ellbogen, verbunden mit zehenengem Stand (lose Schultern),
nach aussen gestellte Vordermittelfüsse und Pfoten (Ellbogen unter den Brustkorb geschoben). Dieser Fehler hat seine Ursache auch in einem Mangel, der zur dritten Gruppe hinführt.

Dritte Gruppe: Mängel, die auf ungenügender Ausformung eines anderen Körperteils beruhen, hier der Brust in Breite und Tiefe: zu enger Stand der Vorderbeine, oft verbunden mit nach aussen weisenden Vordermittelfüssen und Pfoten (französische Stellung)

Dieser Rüde holt mit den Vorderbeinen mächtig aus. Zu einem zügigen Gangwerk gehört auch eine korrekt gebaute Vorderhand. Die Brust ist breit und tief, die Gliedmassen sind gerade, Vordermittelfüsse und Pfoten werden korrekt gehalten.

Im Beurteilungs- und Zuchtgeschehen ist allgemein zu beobachten, dass der Bemuskelung und Konstruktion der Vordergliedmassen weniger Beachtung geschenkt wird als der der Hintergliedmassen. Das mag vor allem daran liegen, dass der Irrtum weit verbreitet ist, den Hintergliedmassen käme für die Bewegungsleistung praktisch die alleinige Bedeutung zu, die Vorderbeine hätten vorrangig die Aufgabe, den von den Hintergliedmassen vorwärtsgeschobenen Körper aufzufangen und solange zu stützen, bis von hinten der nächste Schub kommt. Die Vorderbeine greifen aber sehr wohl aktiv in den Bewegungsvorgang ein, ziehen und stemmen mit, was gut selbst beobachtet werden kann. Wenn die enorme Schrittweite der Hintergliedmassen bei dieser oder jener Rasse oder bei einem bestimmten Hund gelobt wird, dann ist immer zu bedenken, dass der Schritt hinten nur so lang sein kann wie der vorn, es sei denn, der Hund bliebe zwischendurch hinten stehen und liefe vorn zweimal. Nicht zuletzt wird von den vorderen Gliedmassen deshalb viel verlangt, weil sie eine Menge zu tragen haben. Der grössere Teil der Körperlast, nämlich ca. 60%, drückt schon im Stand auf die Vorderbeine. Bei leichten Rassen verschiebt sich das Gewicht mehr nach hinten, bei schweren dagegen nach vorn. Wie sehr die Vordergliedmassen z. B. beim Springen belastet werden, ist zu erkennen, wenn man sich das einmal in der Landephase genau ansieht (am besten in Zeitlupe). Das Bild ist mit Aufnahmen zu vergleichen, die aus Aufprallversuchen mit nicht angeschnallten Puppen im Auto bekannt sind.

Erste Gruppe: Mängel, die auf veränderter Knochenbildung beruhen

Beim Berner Sennenhund ist, wie bei anderen Rassen auch, das zu steil gelagerte Schulterblatt zusammen mit dem etwas kurzen Oberarmknochen der Grund für einen gehemmten Bewegungsablauf (vgl. unter Standardkapitel «Bewegung»). Eine steile Schulter erlaubt keinen ausgreifenden Vortritt, und oft ist das, was wie mangelnder Schub von hinten aussieht, eine Hemmung, die von den Vordergliedmassen ausgeht. Ein stelzender, wenig raumschaffender Gang muss immer Anlass sein, als erstes die Vordergliedmassen zu überprüfen. Oft zeigt sich die nicht ausreichende Winkelung auch in einem harten Auftritt. Die Schulterpartie wird dabei jedesmal mit angehoben und schüttelt auf und ab. Auch das Übertreten im Trab, wobei der Hund die Hinterpfote neben oder vor die den Boden gerade verlassende Vorderpfote aufsetzt und das seitlich verschobene Traben (Rumpf schräg zur Laufrichtung) hat oft in steilen Vordergliedmassen seine Ursache.

Wann sind steile Schultern frühestens erkennbar?

Beim Welpen mit seinem noch weichen und unausgeformten Skelett ist dies kaum möglich. Immerhin kann aber angenommen werden, dass bei 10 bis 12 Wochen alten Tieren, die kurztrittig gehen oder die Pfoten betont hochheben, statt sie weit vor zu schieben oder die ständig den Welpengalopp dem Trab vorziehen, sich eine entsprechende Veranlagung anbahnt. Sichere Prognosen sind jedoch noch kaum möglich.

Auch die Beurteilung beim schon etwas älteren Junghund ist schwierig. Ein stelzender Gang, häufiger Schrittwechsel, Übertreten und die Bevorzugung des Galopps vor dem Trab geben aber Hinweise. Das schnelle und oft nicht gleichmässig fortschreitende Wachstum erlaubt jedoch noch keine sichere Beurteilung. Tadellos gebaute Jungtiere mit guten Gängen werden sich nicht mehr verschlechtern, problematische können sich durch das fortschreitende Wachstum u. U. aber noch verbessern.

Wann ist der Bau der Vordergliedmassen endgültig einschätzbar?

Nach Abschluss des Längenwachstums mit etwa 15 Monaten wird sich kaum noch etwas ändern. Länge der Knochen und Winkelverhältnisse stehen dann fest. Durch Training können aber Muskelbildung und Bewegungsablauf sehr verbessert werden.

Zuchtprobleme, Vererbungsmodus, Umweltwirkungen

Ein Problem besteht darin, steile Schultern und kurze Oberarme als Ursachen einer Gangwerkstörung überhaupt zu erkennen. Der kompakte Bau, das dicke Fell und das häufig vorhandene reichliche Fettgewebe erschweren die Beurteilung. Der erkannte Mangel ist nur mit einem Partner zu korrigieren, der in der Schulterpartie einwandfrei gebaut ist. Es ist zwecklos, zum Ausgleich ein Tier zu wählen, das zwar Schub hat, jedoch ebenfalls zu einer steilen Schulter neigt. Kurze, steilliegende Schulterblätter und Oberarmknochen vererben sich eindeutig. Die Erfahrung lehrt, dass Nachkommen aus Paarungen, die in dieser Position nicht wie gewünscht veranlagt sind, wieder unter denselben Mängeln leiden. Da gute Knochenlängen aber die Tendenz haben, sich stärker durchzusetzen, besteht begründete Aussicht, dass der Mangel durch die Wahl eines Partners mit richtig langen und korrekt im Winkel liegenen Knochen korrigiert werden kann.

Umwelteinflüsse wie Lauftraining und ausgewogene Ernährung werden den Bewegungsablauf verbessern, bleiben aber ohne Einfluss auf die eigentliche Konstruktion.

Zweite Gruppe: Mängel, die auf Veränderungen des Muskel-, Sehnen- und Bänderapparates beruhen

Muskeln, Sehnen und Bänder überziehen in verschiedenen Richtungen oft geflechtartig Knochen und Gelenke, stellen Verbindungen zwischen ihnen her, halten und verstärken sie. Muskeln sind, ausser dass sie die Knochen bewegen, auch an deren Lagefixierung beteiligt. Die Schulterblätter werden nicht durch ein Gelenk, sondern allein durch Muskeln, Sehnen und Bänder an Brustkorb und Wirbelsäule festgehalten. Deshalb spielt die Schultergürtelmuskulatur für Halt und Lage von Schulterblättern und Oberarmknochen eine besonders wichtige Rolle. Beim korrekt gebauten Lauftier Hund sorgt sie dafür, dass die Bewegungsrichtung der Vordergliedmassen geradlinig verläuft. Bei schlecht gebauten Tieren sind von vorn gesehen allerlei Verbiegungen und Knickungen der geraden Linie erkennbar. Einige davon müssen dann durch

Beugungen an anderen Stellen wieder ausgeglichen werden. So stellt z. B. der Hund, bei dem die Ellbogen vom Körper abstehen, die Zehen nach innen, damit der Auftritt im richtigen Schwerpunkt möglich wird. In jedem Falle bringen solche Mängel mehr Kraftaufwand sowohl im Stand als auch vor allem bei der Bewegung mit sich und verursachen einen stärkeren Verschleiss der Gelenke. Man kann den Mehraufwand, den ein so gebauter Hund für seine Fortbewegung braucht, etwa mit einer Fahrt mit dem Fahrrad vergleichen, dessen Vorderrad nicht mehr rund, sondern durch das Fehlen von Speichen verbogen ist.

Sehnen, vor allem Bänder, können durch Überlastung gedehnt und sogar überdehnt werden. Es ist aber auch möglich, dass sie anlagebedingt von Anfang an zu schwach ausgebildet sind, um die Knochen korrekt in ihrer Lage zu halten. Dann kommt es zu den genannten Abweichungen wie unrichtig fixierten Schulterblättern und Oberarmknochen, abstehenden Ellbogen, nach aussen oder innen weisenden Vordermittelfüssen und Pfoten sowie zu weichen, durchtretenden Mittelfüssen.

Wann sind diese Mängel frühestens feststellbar?

Nach aussen abgedrehte Vorderpfoten zeigen sich schon beim 8 bis 12 Wochen alten Welpen. Sie korrigieren sich nur in den seltensten Fällen aus. Weiche, durchtretende Mittelfüsse kündigen sich ebenfalls bereits in diesem Alter an. Sie können auch die Folge einer nicht ausgeglichenen Ernährung sein (Kalk- und evtl. Vitamin-D-Mangel). Der gesunde und nicht zu schwer gefütterte, gutgehaltene Welpe steht fest und gerade auf seinen Pfoten. Schwieriger ist eine Prognose für «feste» oder «lose» Schultern. Da die Muskulatur noch sehr unfertig, das Schulter-Oberarm-Gelenk samt den zugehörigen Bändern noch weich, sowie der Brustkasten noch lange nicht ausgeformt ist, können sich dort erhebliche Veränderungen ergeben. Selten sind bei einem jungen Welpen schon nach aussen weisende Ellbogen eindeutig sichtbar. Erscheint so ein Kleiner aber über die Ellbogenpartie auffallend breit und steht er zugleich unten eng, ist zu vermuten, dass sich diese unrichtige Haltung nicht mehr ganz verwachsen wird, auch wenn sich das Gesamtskelett noch streckt.

Wann ist eine eindeutige Einschätzung möglich?

Wenn im Alter von etwa 10 Monaten deutliche Abweichungen vom Normalen zu sehen sind, wird sich kaum noch etwas ändern. Dies betrifft vor allem die Stellung der Pfoten und die Beugung der Vorderfusswurzelgelenke. Gerade letzteres wird sich, wenn der Hund mit zunehmendem Alter an Gewicht gewinnt, höchstens noch verschlimmern. «Lose Schultern», d. h. abstehende Ellbogen, sind in diesem Alter noch nicht immer eindeutig festzustellen, da der Brustkasten noch unausgeformt und das Breitenwachstum nicht abgeschlossen ist. Eine eindeutige Merkmalsbestimmung ist vor Abschluss der körperlichen Entwicklung im Alter von etwa 2 Jahren kaum möglich. Verschlechterungen können aber auch später noch eintreten. Oft fallen lose

Schultern und Oberarme und damit abstehende Ellbogen erst im späteren Alter auf, wenn der Hund sein volles Gewicht hat. Sehr wahrscheinlich liegt einer solchen Verschlechterung auch eine Erschlaffung der Bänder durch zunehmendes Alter und zu viel Körpermasse zugrunde.

Zuchtprobleme, Vererbungsmodus, Umweltwirkungen

Die Anlagen für die Qualität der Bemuskelung und auch für feste oder schwache Bänder sind vererbbar und damit deren Auswirkungen, die genannten Fehlstellungen. Alle diese Fehler kommen beim Berner Sennenhund verhältnismässig häufig vor. Das weist darauf hin, dass die Negativanlage verbreitet ist und sich auch deutlich durchsetzt. Beobachtungen der Verfasser ergeben eindeutig, dass Nachkommen von Rüden mit weichen Vorderfusswurzelgelenken und ausgedrehten Ellbogen diese Fehler auffallend häufiger und deutlicher zeigen als solche von in dieser Hinsicht korrekt gebauten Vätern. Werden Zuchttiere mit diesen Fehlern benutzt, muss man immer damit rechnen, dass sie bei den Nachkommen auftreten. Wie bei allen anderen polyfaktoriell bedingten Merkmalen gibt es auch hier fliessende Übergänge und graduelle Unterschiede. Das ist in die Zuchtplanung einzubeziehen. Bei einem Hund mit durch und durch korrekt gebauter Vorderfront kann eher das Risiko eingegangen werden, einen Partner mit einem der genannten Mängel zu wählen als bei einem, bei dem diese andeutungsweise auch vorhanden sind. Das ist aber nur dann sinnvoll, wenn mit der Paarung anderes zu gewinnen ist. Hat eine Hündin auch nur ganz geringgradig weiche Vordermittelfüsse, der Rüde zeigt sie aber in deutlichem Masse oder umgekehrt, wird höchstwahrscheinlich der ganze Wurf sie ausgeprägt aufweisen. Deutliche Mängel sind in diesem Fall nicht mit «etwas weniger» zu korrigieren, sondern nur mit «ganz gesund». Die deutliche und die weniger deutliche Ausprägung des Merkmals beruhen nämlich auf derselben Ursache: einer Schwäche der Bänder und Muskeln. Und das kann sich sehr wohl addieren. Eine Korrektur dieser Mängel ist daher nur durch in dieser Hinsicht absolut fehlerfreie Tiere zu erreichen.

Gelenke und Bänder reagieren auf negative Umweltwirkungen wie Überlastung und Überbeanspruchung oft sehr sensibel, besonders dann, wenn sie von ihrer Anlage her schwach sind. Frühzeitiges Springen, häufiges Treppenlaufen im Welpenalter, Übergewicht, zu frühes Ziehen von Wagen oder Schlitten, seitliches Ziehen an der Leine, Ausrutschen auf glatten Böden und eigentliche Verrenkungen durch Misstritte und Stürze können Fehler und Mängel verstärken. Mangelndes regelmässiges Lauftraining (Traben) kommt ebenfalls als Ursache dafür in Frage, dass Bänder und Muskelverbindungen nicht genügend erstarken können. Sie sind dann für Schädigungen anfälliger, und es kommt sehr leicht zu Fehlhaltungen. Deshalb ist in vielen Fällen nicht eindeutig einschätzbar, in welchem Masse der feststellbare Fehler ererbt und zu welchem Anteil er erworben ist. Jede Fehlstellung deutet aber darauf hin, dass in diesem Punkt eine Schwäche besteht, die genetisch bedingt ist. Alle diese hier genannten Schäden verstärken sich durch Übergewicht. Das sei nochmals ausdrücklich betont.

Dritte Gruppe: Abweichungen, die auf einer ungenügenden Ausbildung des Brustkastens beruhen und u. U. kombiniert sind mit schwacher Muskelausbildung

Zu enger Stand der Vorderbeine hat seine Ursache zuerst im nicht genügend gewölbten Brustkasten. Die flachen Rippen lassen Schulterblätter und Oberarmknochen und damit auch die unteren Abschnitte automatisch näher zusammenrücken. Fehlt es zusätzlich an Bemuskelung im Schulter-Oberarm-Bereich und ist der untere Teil der Vorbrust wenig ausgefüllt, verschieben sich die Ellbogen nach innen. Vordermittelfüsse und Pfoten werden dann auswärts gerichtet. Damit will der Körper den schmalen Stand wieder ausgleichen.

Wann ist der Stand verlässlich einschätzbar?

Berner Sennenhunde wachsen meist erst nach Abschluss des Höhenwachstums richtig in die Breite. Vor dem fünfzehnten Lebensmonat kann die Standbreite nicht endgültig beurteilt werden. Junghunde stehen ungefähr bis zu diesem Alter oft noch schmal. Das korrigiert sich aber später oft, wenn die Anlage dafür im Genbestand der Familie vorhanden ist. Extrem schmaler Stand und vor allem nach aussen weisende Vordermittelfüsse und Pfoten sind jedoch schon vorher erkennbar. Das Ausmass der Fettablagerung im Muskelgewebe hat einen deutlichen Einfluss auf die Standbreite. Steht der Hund vorne ziemlich breit, weil er sehr reichlich ernährt wird, ist dies nur eine Scheinkorrektur. Der schmale Brustkasten besteht unter der dicken Speckschicht weiter, und das Gangwerk hat an dieser Stelle nach wie vor seinen schwachen Punkt.

Zuchtprobleme, Vererbungsmodus, Umweltwirkungen

Ist nur der Brustkorb zu schmal, die Vordergliedmassen sind aber richtig, d. h. gerade gestellt, kann mit einem breiter gebauten Partner korrigiert werden. Haben die Beine zusätzlich eine falsche Stellung, muss auch auf völlig korrekt gebaute Gliedmassen geachtet werden: Es hat keinen Sinn, einen Hund zu wählen, der zwar breiter steht, dessen Pfoten aber auch nach aussen oder nach innen gerichtet sind. Nur ein Zuchtpartner mit einer in allen Teilen tadellosen Front wird die Mängel bei einem Teil der Nachkommen ausgleichen. Die Tendenz für den zu schwach ausgebildeten Brustkasten und die damit verbundene enge Stellung der Vorderbeine ist aber nach einer Generation noch nicht beseitigt. Es gilt, auch bei weiteren Paarungen darauf zu achten. In der Regel hat sich nach zwei Generationen die Front gefestigt. Durch Einwirkungen von aussen kann an dieser Fehlstellung nichts korrigiert werden. Übermässiger Fettansatz täuscht oft eine grössere Brustbreite vor, bedeutet jedoch für den Hund nur eine weitere leistungsmindernde Belastung.

Hintergliedmassen

Zuchtziel:

Kräftige, breite und gut bemuskelte Keulen. Ziemlich langer Oberschenkel, mit dem Unterschenkel einen deutlichen Winkel bildend,
gut gewinkelte, kräftige Sprunggelenke, gerader, paralleler Stand, Hintermittelfüsse und Pfoten dürfen weder nach aussen noch nach innen gerichtet sein.

Vorkommende Abweichungen

Alle Abweichungen von den gewünschten richtig gewinkelten und gerade stehenden Hinterläufen sind im Kapitel «Der Standard – Massstab und Wegleitung» schon beschrieben und skizziert worden. Je nach Ausprägungsgrad handelt es sich dabei um Mängel oder eindeutige Fehler.

Wie aus den zitierten Äusserungen von Scheidegger und Heim hervorgeht, war die zu steile Hinterhand seit jeher ein Problem beim Berner Sennenhund, und sie ist es auch heute noch. Nicht weniger häufig treffen wir nach wie vor, insbesondere bei grossgewachsenen Hunden, auswärtsgedrehte Hinterpfoten an, meist verbunden mit kuhhessiger Stellung, z. T. nur angedeutet, öfters aber auch deutlicher ausgeprägt.

Beides verunstaltet den Hund; es lässt ihn eckig und ungelenk erscheinen und behindert, je nach Deutlichkeit, einen flüssigen und zügig-lockeren Gang. Schief zur Laufrichtung gehaltene Pfoten verlangen vom Tier beim Aufsetzen bei jedem Schritt eine leichte Drehbewegung, was einen zusätzlichen Energieaufwand zur Folge hat und schnelleren Verschleiss der Gelenke mit sich bringt.

Weit seltener als diese beiden altbekannten Probleme kommen zu weiter Stand oder nach innen gerichtete Hinterpfoten (O-Beine) vor. Letztere sieht man fast nur bei alten Hunden, deren Bänderfestigkeit nachlässt.

Schon bei Welpen ist zu beobachten, dass sie die Hinterpfoten seitwärts stemmen, wenn sie z. B. an Zwingerwänden hochstehen. Es ist anzunehmen, dass frühes und häufiges Ziehen, was heute viel öfter an der Leine als am Wagen geschieht, das Ausdrehen fördert. Der einstige Zughundeberuf hat seitwärts gestellte Pfoten ohne Zweifel gefördert, stemmen doch auch Menschen ihre Füsse gern seitlich ab, wenn sie schwere Lasten zu schieben haben.

Im gleichen Zusammenhang ist auch die steile Stellung zu sehen. Diese heute ganz unerwünschten Formen waren bei Hof- und Zughunden keinesfalls Nachteile, im Gegensatz etwa zu Schäferhunden, die eine Herde ständig trabend umkreisen müssen und deshalb gute Winkelungen entwickelten. So haben sich die alten Veranlagungen in der Rasse lange Zeit erhalten und weiter festigen können, weil die Verbesserung der Hintergliedmassen durch die selektive Bevorzugung gut gewinkelter und flüssig laufender Hunde erst spät eingesetzt hat. Weitere Fortschritte sind aber nicht nur notwendig, sondern sie sind auch erreichbar und müssen immer weiter beharrlich angestrebt werden.

Wann ist die Entwicklungstendenz der Hinterhand frühestens erkennbar?

Ansätze zu steiler Stellung, Ausdrehen, Kuhhessigkeit und Bodenenge können schon beim 8 bis 10 Wochen alten Welpen erkannt werden (vgl. unter «Gangwerk»). Korrekt gebaute Jungtiere stehen auf geraden Läufen und setzen diese geradlinig vor. Dreht schon ein Welpe aus, steht er sehr bodeneng oder ist er steil, kann sich dies im Verlaufe des Wachstums noch etwas verlieren, viel häufiger aber bleiben diese Mängel bestehen, oder sie verstärken sich noch. Gut gewinkelte und korrekt gebaute Welpen hingegen verschlechtern sich selten.

Wann können die Hintergliedmassen verlässlich beurteilt werden?

Wachsende Junghunde zeigen die einmal eingeschlagene Tendenz zwar schon recht deutlich, fertig ausgebildet ist die Hinterhand aber erst mit Abschluss des Wachstums.

Zuchtprobleme, Vererbungsmodus, Umweltwirkungen

Wie für alle Gangwerkmerkmale gilt auch für die Hintergliedmassen, dass sie durch ganze Gengruppen geformt werden. In Rassen, die von jeher zum ausdauernden und schnellen Laufen gezüchtet worden sind, überwiegen die erwünschten Kombinationen, beim Berner sind die unerwünschten ganz oder zu Teilen weit im Rassebestand verbreitet. Wir können daher nicht von der Annahme ausgehen, dass das Erwünschte über das Unerwünschte dominieren wird. Gute Hintergliedmassen müssen im beharrlichen Aufbau erzüchtet werden. Da die steile Hinterhand vor allem eine Folge zu kurzer Knochen ist (vgl. auch Kapitel «Standard – Massstab und Wegleitung»), lassen sich hier aber graduelle Verbesserungen erreichen. «Steil» kann also u. U. schon mit «etwas weniger steil» z. T. verbessert werden. Natürlich wird man durch die Anpaarung eines gut gewinkelten Hundes eher Fortschritte erreichen: Bei der Nachzucht werden Mittelformen entstehen. Fehlstellungen – ausgedrehte Formen, Kuhhessigkeit – beruhen aber eher auf Bänderschwäche. Deshalb kann bei dieser Art von Mängeln z. B. mit «etwas weniger ausgedreht» keine Verbesserung erzielt werden, sondern nur mit einem Zuchtpartner, der absolut korrekt steht. Es scheint, dass die unerwünschten Stellungen beim Berner Sennenhund innerhalb des polyfaktoriellen Erbganges so etwas wie einen dominanten Grundcharakter zeigen, d. h., dass die Nachkommen aus einem einwandfreien und einem nicht korrekten Partner eher dem negativ veranlagten nachschlagen. Das gilt für Steilheit und ausgedrehte Stellungen. Wenn keine ganz zwingenden Gründe vorliegen, sollten Zuchtpartner mit diesen Fehlern nicht gewählt werden. Auch aus korrekt gebauten Eltern können immer wieder Nachkommen mit mangelhaften Hintergliedmassen hervorgehen, da sich der negativ wirkende Genbestand auch verdeckt hartnäckig in der Rasse hält und immer wieder durch neue Kombinationen zum Durchbruch des Unerwünschten beiträgt. Die Korrektur der Negativabweichungen im Bereich der Hinterhand muss daher kontinuierlich beachtet werden. Nur wenn das zielstrebig von der ganzen Züchtergemeinschaft angepackt wird, werden sich gute Winkelung und korrekte Stellung genetisch so weit in der Rasse stabilisieren, dass diese Probleme nicht mehr allgegenwärtig sein werden.

Rute, Rutenhaltung

Zuchtziel:

rundum buschig, glatt oder leicht gewellt behaart, mit dem letzten Wirbel bis zum Sprunggelenk reichend, im Stand hängend, in der Bewegung schwebend getragen

Abweichungen

Haltung im Stand
- nicht ausgehängt, sondern am Ende aufgebogen,
- seitlich nach links oder rechts abgebogen;

Haltung in der Bewegung
- steil erhoben, oft bis zur Senkrechten oder darüber, gerade;
- steil erhoben und über die Senkrechte hinaus nach kopfwärts übergeschlagen, geringelt (häufigster Fehler),
- nicht wesentlich über der Rückenlinie getragen, jedoch am Ende hufeisenförmig aufgebogen oder einen Ring bildend,
- seitwärts gerichtet,
- Knickrute (selten)

Länge
- zu kurz (letzter Wirbel nicht bis zum Sprunggelenk reichend),
- zu lang (kaum vorkommend),
- Stummelrute bei Neugeborenen (sehr selten)

Behaarung
- gelockt oder kraus,
- zu kurz,
- zu wenig behaart (Setterschwanz),
- vorwiegend nur an der Unterseite lang (Besenrute)

Eine reich und lang, nahezu glatt behaarte und schwebend getragene Rute ist ohne Zweifel ein prächtiger Schmuck. Die Rute kann es ausmachen, ob ein Berner Sennenhund edel oder gemein erscheint. Eine schön schwebend getragene verlängert optisch die Rückenlinie und gibt ihm Eleganz. Eine steil aufgestellte oder gar nach vorn übergeschlagene lässt ihn kurz und plump erscheinen. Es gibt aber kaum ein Merkmal, das dem Züchter so viel Kummer bereitet. Die korrekte Haltung ist geradezu selten. Hündinnen haben eher eine gute Rutenhaltung als Rüden. Gegenwärtig sind es höchstens 20% aller Rüden und kaum 40% der Hündinnen, die ihre Rute auch nur annähernd so tragen, wie es der Standard will. Wesensstarke männliche Tiere zeigen, besonders unter Geschlechtsgenossen, sofort mit der Fahne an, dass sie «den Ton angeben wollen», markieren den Überlegenen, indem sie mit hocherhobenem Schwanz, «auf Krawall eingestellt», Imponiergehabe einnehmen. Tiere, bei denen man die in der Bewegung nur leicht angehobene Rute bewundert, erweisen sich bei näherem Hinsehen häufig als nicht ganz wesenssicher. Das heisst aber keineswegs, dass nicht auch wesensgute Berner eine tadellose Rutenhaltung haben können. Länge, Dichte und Form der Behaarung (glatt, gewellt, gelockt, gekraust) entsprechen der Kruppenbehaarung. Die Rute ist also öfters etwas mehr gewellt als das übrige Haar. Zu kurze Behaarung ebenso wie zu dünne ist – natürlich ausser dann, wenn die Tiere abgehaart sind – selten, ebenso wie vorwiegend an der Unterseite behaarte, sogenannte Besenruten.

Ausser in wenigen Stämmen, wo kurze Schwänze häufiger vorkommen, haben die Ruten meistens auch die richtige Länge.

Wann ist die Rutenhaltung frühestens erkennbar?

Deutlich lange oder kurze Ruten können bei den Welpen schon bei Geburt festgestellt werden, nicht aber Behaarung und Haltung. Als Jungwelpen tragen sie alle ihre Schwänzchen mehr oder weniger wie eine Sichel gebogen hoch, besonders beim Saugen und Fressen, einige sogar bis auf den Rücken geschlagen. Erst im Zeitraum zwischen 8 und 12 Wochen senken sich diese langsam. Wer sie dann noch deutlich hoch trägt, gar zeitweise auf den Rücken legt oder am Ende wie ein Häkchen umbiegt, wird mit grosser Sicherheit auch als Erwachsener die Rute nicht korrekt halten. Bei der Einschätzung sind immer auch die Stimmung und die soziale Stellung des Junghundes innerhalb der Meute zu beachten. Befinden sich die Kleinen in einem Rudel, in dem sie eine niedrige Stellung einnehmen, tragen oft auch solche ihre Schwänze tief, die sie an sich hochtragen würden. Am besten ist die natürliche Rutenhaltung zu sehen, wenn Junghunde sich unbeobachtet und unbeeinflusst fühlen und allein, Nase am Boden, auf Entdeckungsreise sind.

Wann kann die Rutenhaltung eingeschätzt werden?

Zwischen 8 und 10 Monaten steht die Rutenhaltung fest. Allerdings spielen bei der Einschätzung wiederum Rangordnung im Rudel und momentane Stimmung eine wichtige Rolle. Da Junghunde in der Meute – auch in der Gesellschaft von Menschen – meist unten in der sozialen Ordnung stehen, tragen sie auch ihre Fahnen entsprechend gesenkt. Steigen sie in der Rangordnung höher, kann sich die Haltung noch bleibend verändern. Wiederum kann die «wirkliche» Rutenhaltung am besten beim abgeleinten Hund im ungezwungenen Spiel oder bei der Erkundung der Umwelt beurteilt werden. So mancher Hund hält den Schwanz vorbildlich, solange er an der Leine läuft und hebt ihn deutlich höher, sobald er frei und in loser Gesellschaft anderer Hunde ist. Sowohl Rüden wie Hündinnen nehmen ihre Schwänze, wenn sie sich entsprechend sicherfühlen, zum Imponieren deutlich hoch, so weit wie möglich. Bei ranghohen, sicheren Hunden hat man oft den Eindruck, dass sich eine entschieden hoch getragene oder gar bis auf den Rücken nach vorn gebogene Rute durch die Tragegewohnheit im Rudel festsetzt.

Zuchtprobleme, Vererbungsmodus, Umweltwirkungen

Rutenlänge

Längere Ruten scheinen sich gegenüber kürzeren durchzusetzen bzw. pendelt sich bei der Paarung von Tieren mit verschieden langen Ruten die Länge bei der Nachzucht wieder auf das Normalmass ein.

Dichte, Länge und Textur der Behaarung

Sie entsprechen der am übrigen Körper (besonders der auf der Kruppe) und werden auch zusammen vererbt.

Rutenform und -haltung

Viele Züchter nehmen an, dass sich die gute Rutenhaltung rezessiv zur hochgetragenen oder geringelten Rute vererbt. Das kann aber nicht sein. Wäre dies so, dann liesse sich die gute Rutenhaltung rein züchten: Zwei Partner mit der erwünschten Haltung der Rute hätten auch nur solche Nachkommen. Das ist eben leider nicht der Fall.

r = rezessiv = gut; R = dominant = schlecht
Die gute Rutenhaltung wäre dann genetisch so begründet: rr

Paarung rr × rr	Das würde immer rr ergeben, weil das dominante Allel R für schlechte Rutenhaltung gar nicht vorhanden ist.

Die Rutenhaltung folgt nicht dem dominant-rezessiven Erbgang. Die Mendelregeln führen uns in ihrem Fall nicht weiter. Wir haben es hier nicht mit einem eindeutigen Merkmal nach dem «Alles-oder-Nichts-Schema» zu tun, sondern mit einem weitaus komplizierteren. Vom Unerwünschten kommen viele Formen und dazu noch in verschieden stark ausgeprägten Variationen vor. Es müssen also viele Erbfaktoren im polyfaktoriellen Sinne eine Rolle spielen. Für die züchterische Arbeit mit polygenen Eigenschaften gilt allgemein: Fortwährende Selektion in Richtung auf das Gewünschte führt schlussendlich zum Ziel. Doch so einfach ist das bei der Rutenhaltung nicht. Die genannte Faustregel gilt sehr wohl z. B. für die Verbesserung der Kopfform. Diese ist aber ein verhältnismässig «festes» Merkmal. Sie kann unabhängig von der Ausformung anderer Merkmale verändert werden und ist relativ umweltstabil. Ganz anders verhält es sich dagegen mit der Rutenhaltung. Sie wird nicht einfach von «Rutenhaltungsgenen» gesteuert, sondern ist ein Merkmal, das in vielfacher Abhängigkeit steht. Die Rutenhaltung hängt ab von
- Form, Grösse, räumlicher Anordnung und gegenseitiger Lagebeziehung von Knochen,
- Anordnung und Funktion von Muskeln und Sehnen,
- psychischen Bedingungen,
- körperlicher Verfassung.

1. Knochengestaltung
Der erste Rutenwirbel folgt dem Kreuzbein. Dieses besteht aus drei Wirbeln, die aber beim ausgewachsenen Hund im Gegensatz zu allen andern fest miteinander verwachsen und unbeweglich sind. Die ersten beiden Schwanzwirbel sind skelettmechanisch noch zum Kreuzbein zu rechnen. Sie liegen etwa in der Höhe der Hüftgelenke. Erst

ungefähr der dritte liegt «frei», d. h. er ist nicht mehr in die Kruppe eingebettet. Daraus ergibt sich, dass die Lage der ersten Rutenwirbel durch die des Kreuzbeines mitbestimmt wird. Liegt dieser starre Knochen, zusammen mit dem Becken, ziemlich waagrecht, tun dies auch die ersten Schwanzwirbel. Sie bestimmen damit den äusserlich sichtbaren Rutenansatz. Die Rute ist «hoch angesetzt». Mit der waagrechten Kruppe geht häufig auch eine steile Winkelung einher (vgl. auch die Kapitel zur Bildung der Hintergliedmassen). Liegt das Kreuzbein aber geneigt, stellen wir eine «sanft abgerundete Kruppe» fest, und schon die ersten Schwanzwirbel weisen leicht nach unten, in die Richtung, in der die Rute hängen soll.

Seitliche Ansicht des Beckenringes mit Kreuzbein und den ersten sechs Rutenwirbeln
Links schräg und rechts mehr horizontal gelagertes Becken und Kreuzbein mit entsprechendem Verlauf der ersten Rutenwirbel

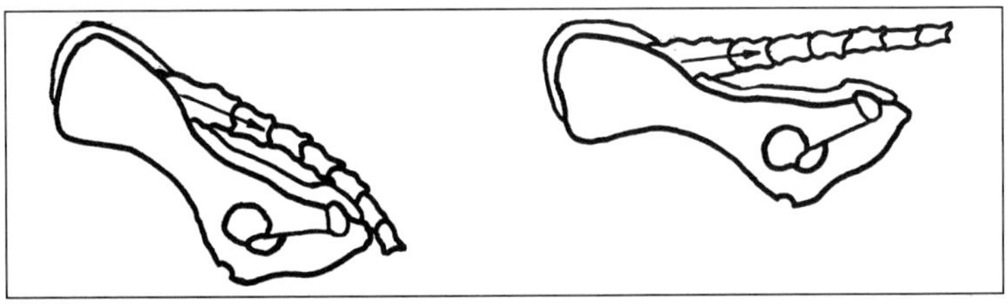

Die nach unserem heutigen Verständnis bei Bernern hässliche Ringelrute war einst ein weit verbreitetes Merkmal des alten Bauerhundes, das sich hartnäckig hält. Es ist im Genbestand der veredelten Bauernhunderassen verankert und bricht immer wieder durch. Heim hat die Ringelrute, nachdem die Sennenhunde aus der Taufe gehoben waren, zuerst bei allen drei Schlägen als Kennzeichen aufgefasst und auch bei Bernern akzeptiert. Erst in seinem Bericht über die «grosse Heerschau in Burgdorf» hat er ihr 1910 bei den Dürrbächlern den Kampf angesagt. «Ein sehr verbreiteter Schönheitsfehler ist der hässliche Ringelschwanz. Indessen erfreut uns schon recht oft eine schön schwebend getragene Rute. Die hoch aufgebogene Rute ist schon viel eher erträglich als der ganz über den Rücken gelegte Schwanzbüschel», stellte er fest. (Centralblatt No 19, 1910) Ringelruten wurden auch bei andern mitteleuropäischen Rassen am Anfang der planmässigen Zucht beklagt, so u. a. bei Bernhardiner, Hovawart, Deutscher Dogge und dem Deutschen Schäferhund. Insbesondere bei letzterem ist sie aber heute praktisch verschwunden, viel eindeutiger als beim Berner Sennenhund. Beim Deutschen Schäferhund fällt der gesenkt getragene oder in Bewegung nur leicht gehobene Schwanz besonders auf. Eine Ursache für diese Verbesserung kann darin gesehen werden, dass bei dieser Rasse auf eine lange, gut gerundete, ja geradezu in weitem Bogen abfallende Kruppe grösster Wert gelegt wird. (Stehen Deutsche Schäferhunde natürlich-bequem, ist der Kruppenverlauf nicht so extrem geneigt wie dann, wenn sie für ein Posen-Foto extra «aufgebaut» werden.) Beim Berner Sennenhund dagegen ist nach wie vor die eher waagrechte Kruppe die Regel mit all ihren Konsequenzen, nicht nur für den Rutenansatz und die Rutenhaltung, sondern auch für die geringe Winkelung der Hintergliedmassen.

Einer der vielen nicht reinrassig gezüchteten Bauernhunde im Emmental, die dem Berner Sennenhund sehr ähnlich sehen. Er trägt eine buschige, über den Rücken geschlagene Rute, die ihm ein spitzartiges Aussehen gibt.

Dass die Gengruppen, die solche Ruten bewirken, auch im Bestand der reinrassig gezüchteten Berner noch keinesfalls verschwunden sind, zeigt dieser Rassehund auf einer Ausstellung.

2. Anordung und Funktion von Muskeln und Sehnen
Die Muskulatur der Hintergliedmassen ist vor allem um die oberen Knochen (Oberschenkel, Becken, Kreuz) gruppiert und umschliesst, ebenso wie die kräftigen, vom Nacken bis zur Kruppe reichenden Muskelstränge, auch noch die ersten Rutenwirbel. Entlang des Schwanzes laufen Muskeln mit sehnigen Endstücken, die wie Zugseile wirken, wenn sich der Muskel zusammenzieht.

Unterschiedliche Becken- und Kreuzbeinlagen (gerade, geneigt) verändern die Muskelanordnung der Hinterhand. Das wirkt sich auch auf die Zugwirkung von Muskeln und Sehnen aus. Ob und wie stark dies die Funktion der Schwanzmuskulatur beeinflusst, ist noch nicht untersucht worden. Dass die auf der Rutenoberseite gelegenen Muskeln und Sehnen aber hauptsächlich dafür verantwortlich sind, wie der Schwanz getragen wird, steht fest. Eine Verkürzung oder ein starker Zug führen zur Ringelrute (Mertens 1973). Wie sehr Funktion und Qualität der Muskulatur die Rutenhaltung bestimmen, wird deutlich, wenn wir daran denken, dass Hunde nach Anstrengungen die Schwänze eher gesenkt tragen. Im höheren Alter lässt die Fähigkeit der Muskeln, sich zusammenzuziehen nach. Ältere Hunde tragen daher die Rute meist besser als in jungen Jahren. Sogar Angehörige von Rassen, deren extrem geringelte und fest auf dem Rücken aufliegende Ruten Rassemerkmale sind (Deutscher Spitz, Chow Chow, Appenzeller Sennenhund u. a.) können den Schwanz vollständig aushängen lassen, wenn sie müde sind.

3. Die Rolle der Nerven
Die Muskeltätigkeit steht in enger Abhängigkeit von Nervenreizen. Das ist die dritte und ganz erhebliche Einflussgrösse auf die Rutenhaltung. Die Rute gilt zurecht als Stimmungbarometer. «Tiefstimmung» drückt sich vor allem in tief gehaltener Rute aus, «Hochstimmung» immer auch im erhobenen Schwanz. Der kleinste positive Reiz führt zur Muskelanspannung, und schon ist die Rute oben.

In der Schweiz haben in den letzen Jahren, zuammen mit den Bemühungen um die Wesensverbesserung, auch die hochgetragenen Ruten wieder zugenommen. Es darf nicht übersehen werden, dass Berner Sennenhunde, die ihre Ruten tief tragen, oft nicht ganz wesensfest sind. Eine direkte Kopplung von Wesenseigenschaften und Rutenhaltung im Sinne einer genetischen Korrelation (Wirkung der Pleiotropie), wie sie von Züchtern mitunter vermutet wird, liegt aber höchstwahrscheinlich nicht vor. Der Zusammenhang muss viel eher darin gesucht werden, dass mit der Selektion auf wesensfestere Hunde gleichzeitig unbeabsichtigt auch vermehrt Tiere mit hochgetragener Rute ausgewählt wurden. Wesensfeste Hunde reagieren auf Reizsituationen oft nicht durch Ausweichen oder gar Flucht, sondern durch Imponiergehabe. Dazu wird, vor allem durch das Hochnehmen des Schwanzes, die Körperoberfläche vergrössert. Dass der Hund z. B. auch mit dem «Spitzen» der Ohren und Aufrichten der Nackenhaare sich stärker und mächtiger gibt als er ist, fällt viel weniger auf als die Veränderung der Rutenhaltung. Es darf nicht unerwähnt bleiben, dass es auch wesensfeste Berner gibt, die eine tadellose Rutenhaltung haben. Sie tragen sie auch unter andern Hunden, z. B. im Ausstellungsring, nicht aufrecht wie eine Standarte oder gar geringelt, sondern nur leicht über die waagrechte Rückenlinie erhoben oder in seltenen Fällen gar schwebend. Solche Hunde müssen angestrebt werden.

4. Körperliche Verfassung
Schliesslich hat auch die augenblickliche Verfassung Einfluss auf die Tragweise der Rute: Fühlt sich das Tier einmal schlecht, ist es müde, hat Schmerzen oder ist unlustig, so ist der Schwanz unten. Ist es körperlich fit, zeigt dies die höher gehaltene Rute an.

Ganz offensichtlich wirken für die Tragweise der Rute also ganz verschiedene Einflussgrössen zusammen. Deshalb dürfte die vom Standard geforderte Schwanzhaltung bei unserer Rasse das Merkmal sein, das die schwierigste züchterische Aufgabe darstellt. Für ihre Verbesserung ist es wichtig, dass alle genannten Faktoren beachtet werden. Die Zuchttiere müssen genau beobachtet und die Art der Abweichungen richtig eingeschätzt werden.

Der Züchter muss bei der Zuchtplanung folgende Punke bedenken:
- Wenn Ruten schon vom Ansatz her senkrecht oder gar nach kopfwärts geneigt hochgehalten werden, ist ganz besonders auch auf die Kruppenneigung und die Winkelung der Hinterhand zu achten. Möglicherweise ist beides mangelhaft und muss verbessert werden.
- Ist die Rute hufeisenförmig gebogen oder geringelt, kann dies eher einer bestimmten begrenzten Gengruppe zugeschrieben werden. Selektion auf ganz gerade Ruten führt dann zum Erfolg.
- Wird der Schwanz zugleich hoch und eingeschlagen getragen, dürften beide Faktoren eine Rolle spielen. Verbesserungen werden dann nur durch Berücksichtigung beider Punkte erreicht. Sie können nur schrittweise verwirklicht werden.
- Nie darf zur Korrektur der Rutenhaltung ein nicht ganz wesensfester Zuchtpartner herangezogen werden. Einmal ist auf diese Art keine wirkliche Verbesserung zu erreichen, weil die Rute nur aus psychischen Gründen tief getragen wird, zum anderen ist das gute Wesen des Berners weit höher einzuschätzen als die Art, wie er seine Rute trägt.

Folgende Erfahrungen müssen bei der Zuchtplanung mitberücksichtigt werden: Relativ kurze Ruten werden meist auch gerader getragen. Lange dagegen sind oft in der zweiten Hälfte aufwärts oder seitwärts gebogen oder gar umgeschlagen, auch wenn sie vom Ansatz her nicht zu hoch getragen werden. Kurze Ruten wirken, auch wenn sie steil nach oben gerichtet und sichelförmig gebogen sind, meist weniger hoch als längere, da sie selten übergeschlagen getragen werden. Wird ein solcher Hund mit einem gepaart, der eine längere und deshalb stärker gebogene Rute hat, kombinieren sich beide Formen gerne: Der hohe Ansatz des kurzrutigen zusammen mit dem gebogenen langen Schwanz ergeben häufig eine bis auf den Rücken übergeschlagene Ringelrute bei den Nachkommen.

Auf Ausstellungen ist immer nur eine «Momentaufnahme» gerade auch der Rutenhaltung möglich. Der Züchter muss die ihn interessierenden Tiere deshalb in verschiedenen Situationen beobachten, um sie richtig einschätzen zu können. Die genaue

Beurteilung ist der weiteren Zuchtplanung zugrunde zu legen. Trotzdem kann die Verbesserung der Rutenhaltung als ein so vielfältig bedingtes und so schwer objektiv erfassbares Merkmal nur schrittweise erfolgen. Die Züchter werden sich damit begnügen müssen, nur etappenweise verbessern zu können: in jeder Generation ein wenig mehr «hinunter». Eltern und Geschwister der Zuchtpartner müssen in diesem Falle ganz besonders gründlich mitberücksichtigt werden. Nur sie geben Hinweise auf die in der Familie wirksamen Gengruppen (den Genotyp). Die Verbesserung der Rutenhaltung ist eine Aufgabe, die die Möglichkeit des einzelnen übersteigt. Sie muss im ganzen Rassebestand gleichzeitig und gleichmässig vor sich gehen. Im Sinne einer kollektiven Selektionsmassnahme hat der Schweizerische Klub, als er 1986 ein Zuchtregelement guthiess, das Tiere mit übergeschlagener Rute von der Zucht ausschliesst, einen Schritt in die richtige Richtung getan. Nur so können die für die Schwanzhaltung wirksamen Gengruppen nach und nach auf die positiv wirkenden eingeengt und später auch stabilisiert werden.

Welpen tragen ihre Schwänzchen meist mehr oder weniger erhoben. Wenn sie aber in diesem Alter schon ein Häkchen bilden oder gar auf dem Rücken liegen, besteht immer die Gefahr, dass sie sich auch beim erwachsenen Hund zu sehr aufbiegen werden. Sichere Prognosen sind jedoch in diesem Alter noch nicht möglich.

Stummelruten und Knickruten
Ganz selten kommt es vor, dass bei Bernern auch noch Welpen mit Stummelruten geboren werden. Sie kommen zustande, weil die Anzahl der Wirbel verringert ist. Forschungsergebnisse deuten darauf hin, dass für diese Skelettdeformation Erbfaktoren verantwortlich sind. Es ist aber auch möglich, dass eine Entwicklungsstörung im Embryonalstadium vorliegt.

Die letzten beiden Fälle wurden 1986 und 1987 gemeldet.
1986: 7 normalschwänzige Welpen, einer mit ca. 3 cm langer Stummelrute im Wurf.
1987: Neben 6 Welpen mit normallanger Rute lag einer mit ca. 2 cm langem Stummel. Solche Neugeborenen sind gleich abzutun.
Räber (1980) teilt dazu als eigene Erfahrung mit, dass gemeinsam mit Stummelruten und Schwanzlosigkeit Missbildungen an den Hintergliedmassen auftreten. Im Extremfall ist es zu einem «...bis zur Funktionslosigkeit deformierten Hinterlauf» gekommen. Zusammenhänge mit Vitalitätsverlusten (z. B. geringere Körperhöhe, hohe Sterberate) werden für andere Rassen genannt.

Ruten mit einem Knick kommen bei ungefähr 5% der Neugeborenen vor. Dieser Mangel ist meist nicht mit blossem Auge erkennbar. Er ist eindeutig nur dann festzustellen, wenn man mit den Fingern über die kleinen Schwänzchen streicht. Dann ist die Deformation eines Schwanzwirbels zu fühlen. Er ist nicht gerade, sondern krumm geformt, verdreht, nicht vollständig ausgebildet, oder es sind die dem Knick benachbarten Wirbel schief miteinander verwachsen. Auch solche Welpen werden nach der Geburt eingeschläfert. Hie und da entgeht ein Hund der Wurfkontrolle und wird aufgezogen. Bei erwachsenen Tieren stellt man dann einen Knick in der Rutenführung fest. Sie können ihren Schwanz aber normal gebrauchen, wedeln und steuern mit ihm, und solche Ruten können wie alle anderen verschieden, d. h. gesenkt oder erhoben und gebogen getragen werden. Auch bzgl. der Knickruten gehen die Meinungen der Fachleute auseinander. Einige schreiben sie einem rezessiven Gen, andere einer ungeschickten Lagerung des sich entwickelnden Welpen im Mutterleibe zu. Die Art des Auftretens lässt einen genetischen Faktor vermuten. Zuchtversuche fehlen zu beiden Abnormitäten.

Behaarung (Länge, Art, Form, Felldichte)

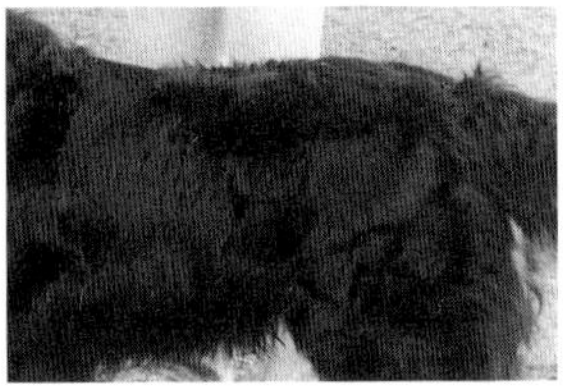

Zuchtziel:

Langes, dichtes, mittelhartes Deckhaar, das schlicht oder in weichen Wellen dem Körper anliegt. Es soll schimmernden Glanz haben. Das Mantelhaar überdeckt die schwarze oder graue Unterwolle überall gut. Reichliches, ausgeprägt langes Brusthaar, eine «Mähne», ist besonders beim Rüden gerne gesehen. Die Rückseiten der Vorderläufe sind deutlich befiedert, die Hinterkeulen schmücken sogenannte lange Hosen. Das Haar im Gesicht und an der Vorderseite der Läufe ist kurz und glatt.
Das Haarkleid setzt sich zusammen aus Deckhaar und Unterwolle. Das Deckhaar besteht aus den spärlich vorhandenen am längsten entwickelten Leithaaren, die etwas über das Fell hinwegstehen und ziemlich steif sind sowie den unterschiedlich stark gebogenen reichlich vorhandenen mehr oder wenig derben Grannenhaaren. Darunter, bzw. in Hautnähe auch dazwischen, liegt das reichlich vorhandene Wollhaar (Unterwolle). Es ist wesentlich kürzer, meist stark gewellt, dünn, weich und sehr biegsam. Teilweise sind Übergangsformen zwischen Deck- und Wollhaar vorhanden.

Abweichungen

- verhältnismässig kurzes Deckhaar (nur 4 bis 6 cm lang),
- gelocktes oder krauses Haar,
- undichtes Fell, sogenanntes offenes Haarkleid (die Unterwolle wird nicht geschlossen überdeckt),
- zu feines Deckhaar,

Verglichen mit anderen, ähnlich langhaarigen Rassen, wie etwa dem Setter oder dem Cocker Spaniel, hat der Berner ein robusteres, dichteres Haar mit mehr Unterwolle. Das Einzelhaar ist kräftiger, das ganze Fell wirkt dicker und ist weniger seidig.

Berner Sennenhunde sind ausgesprochen wetterhart. Sie können bei jeder Witterung im Freien aushalten. Die klimatisch rauhe Landschaft im Berner Voralpengebiet hat die Entwicklung eines gegen Wind und Kälte gut ausgerüsteten Hundes stark gefördert. Das schützende dichte Fell gehört mit zu seinen ursprünglichen Merkmalen. Es darf keiner Modeströmung geopfert werden.

Haarlänge und -struktur sind innerhalb der Rasse noch sehr unterschiedlich. Von Tieren mit einem verhältnismässig kurzen Langhaar, dessen grösste Länge 5 bis 6 cm kaum überschreiten bis hin zu Hunden, in erster Linie Rüden, mit deutlicher Mähne und Haarlängen bis zu ca. 18 cm und mehr findet man alle Zwischenstufen. Ein Teil der Tiere ist vollkommen schlicht, andere haben weiche Wellen, ein nicht geringer Prozentsatz ist vor allem auf der Kruppe mehr oder weniger stark gelockt und mitunter sogar gekraust, was die Eleganz der fliessenden Linien stark beeinträchtigt, so dass viele von ihnen überbaut erscheinen, obwohl sie es gar nicht sind.

Dass Berner Sennenhunde heute ausschliesslich langhaarig gezüchtet werden, ist unzweifelhaft Heims Verdienst. Ob er sich, weil ihm das schlichte Langhaar von seinen Neufundländern her vertraut war, eindeutig für diese Züchtung eingesetzt hat, vielleicht unbewusst oder auch aus praktischen Gründen, werden wir nie wissen, und das ist auch nicht mehr wichtig. Den Dürrbächler-Freunden war diese Zuchtrichtung nicht von Anfang an selbstverständlich. Der Redaktor der Berner «Tierbörse», Tagmann, hat 1908, wie er selbst berichtet, in Interlaken, als erstmals eine Gruppe von über 20 Bernern ausgestellt wurde, die «stockhaarige und die langhaarige Varietät der Rasse» mit Selbstverständlichkeit getrennt gerichtet. Nachdem Heim dann im selben Jahr in Langenthal in einem stock- oder kurzhaarigen Exemplar den «alten Metzgerhund» wiedererkannte und den «Grossen Schweizer Sennenhund» aus der Taufe hob, war zwar für die stock- oder kurzhaarigen grossen dreifarbigen Hunde eine eigene Rasse benannt worden, doch ist es noch sehr lange gegangen, bis sich diese Auffassung vollständig durchgesetzt hatte. Noch 1913 gab der «Dürrbachclub» bekannt (gleichzeitig mit der Mitteilung, man taufe sich jetzt in «Klub für Berner Sennenhunde» um), er wolle sich nun auch der «kurzhaarigen Varietät» wieder annehmen. Wie lange von den Berner Züchtern kurzhaarige Hunde durcheinandergemischt mit langhaarigen ebenfalls als Dürrbächler betrachtet worden sind, wissen wir nicht. Eine entsprechende unmissverständliche Eintragung finden wir noch im SHSB, Band 24, 1925 (eine Wurfeintragung mit kurzhaarigen und langhaarigen Hunden). Heim und wohl auch die wichtigsten Züchter haben sich von Anfang an ausschliesslich für das Langhaar eingesetzt, aber offenbar waren keine klaren Grenzen zu ziehen, und bei den nur lose mitmachenden Züchtern sind sie sicher auch lange nicht gezogen worden, lassen sich doch die Berner Bauern nicht gerne ins Handwerk reden.

Es muss deshalb nicht verwundern, dass die Haarlänge auch heute noch deutlich variiert, ist die Züchtungszeit doch eigentlich eine kurze Spanne. Im ganzen gesehen ist das Fell aber im Durchschnitt deutlich länger geworden als zur Anfangszeit, obwohl es schon damals auch Hunde mit gutem langen Schlichthaar gegeben hat. Nahezu ganz verschwunden ist das übermässig krause Haar. Starke Locken sind aber noch immer viel zu häufig. Wenn dies auch hin und wieder toleriert wird, dürfen wir uns aber trotzdem nicht an diese unschöne Abweichung gewöhnen. Heim schrieb im «Centralblatt» Nr. 28, 1910: «Etwas gewelltes Haar ist kein Fehler, Kraushaar aber verwerflich. Letzteres nicht nur, weil der Kraushaarige einen gröberen ungehobelten Eindruck macht und Kraushaar die schönen Körperformen und das Muskelspiel verdeckt, sondern auch weil das Schlichthaar im Regen praktischer ist, das Wasser schneller zum Abtropfen bringt und weniger eindringen lässt.» Ausgeprägte Locken wirken dazu oft glanzlos, das Haar ist meist trockener und spröder und hält mehr Schmutz fest als die anliegenden weichen Wellen oder Schlichthaar.

Im Bestreben, einen möglichst langhaarigen Hund zu erhalten, sind auch schon vereinzelte Tiere hervorgebracht worden, die zwar ein wunderbar langes Fell und eine üppige Mähne haben, deren Behaarung aber bereits der des modernen Collie ähnelt und auch feiner als durchschnittlich ist. Solche Tiere werden zwar meist bewundert, doch besteht hier die Gefahr, dass der Berner ein Merkmal seines Charakters als robuster Arbeitshund verliert, dass aus dem wetterharten Bauernhund ein Luxushund wird. Überlanges Haar kann nicht ein anzustrebendes Zuchtziel sein.

Wann ist die Haarart frühestens erkennbar?

Manche Rassekenner können auf Grund ihrer Erfahrung schon beim Neugeborenen die zukünftige Haarbeschaffenheit in einem gewissen Grade voraussagen. Vergleicht man eben geborene Welpen miteinander, solange sie noch nass sind, können vor allem hinsichtlich der Textur Unterschiede festgestellt werden: Das nasse Fellchen ist glatt oder gewellt. Auch kann mitunter festgestellt werden, dass die Härchen kürzer oder länger sind. Sobald die Kleinen abgetrocknet sind, verschwinden die Unterschiede. Das Fell nimmt seinen Seidenglanz und eine scheinbare Einheitlichkeit an. Leider gibt es aber über die Unterschiede in der Behaarung an noch nassen Neugeborenen keine Aufzeichnungen, insbesondere auch nicht darüber, wie sich das Fell dann am erwachsenen Hund ausgeprägt hat.

Bis zum Alter von ungefähr 5 Wochen sehen alle Welpen mehr oder weniger gleich aus. Sie haben eine weiche, seidig glänzende Wolle. Ab diesem Zeitpunkt zeigen sich wieder Unterschiede. Die Härchen sind z. T. ungleich lang, da sie verschieden wachsen. Noch relativ kurz, stehen sie teilweise unterschiedlich von der Haut ab. Einige Jungtiere wirken mehr oder weniger «igelig». Ein Teil behält das wollige Aussehen längere Zeit, beim anderen wachsen die noch feinen Deckhaarspitzen schon früh darüber hinaus. Ihr Haar ist deutlich länger und hat mehr Seidenglanz. Sie werden als erwachsene Hunde langhaariger sein als ihre kurzwolligen Gespanen. Ob das Haarkleid jedoch später schlicht oder lockig sein wird, lässt sich zu diesem Zeitpunkt nicht abschätzen, auch ergibt die Länge des Welpenhaares nur grobe Hinweise.

Ab fünften Lebensmonat verändert sich das Aussehen des Felles wieder. Zuerst entdeckt der Besitzer entlang der Wirbelsäule dickere, meist auch intensiver schwarz als die Welpenwolle erscheinende neue Haare; sie zeichnen sich oft wie ein Aalstrich vom Nacken bis zur Rutenwurzel ab. Diese Zone verbreitert sich über die Hinterschenkel, dann über die Flanken, bis die Wolle unter den dickeren und längeren Deckhaaren ganz verschwunden ist. Mit ca. 6 bis 7 Monaten hat der Berner sein Jugendfell. Ausser bei ausgesprochen schlichthaarigen Hunden ist es fast immer mehr oder weniger gewellt oder gelockt, hat schon einen ausgeprägten Glanz, ist aber noch verhältnismässig kurz. Es fehlen die Fahnen, die Hosen, das lange Brust- und das reiche Rutenhaar. Tiere, die mit 6 bis 8 Monaten schlichthaarig sind, bleiben es. Gelocktes Fell jedoch kann später noch eine verhältnismässig glatte Struktur bekommen.

Knapp 9 Wochen alter Welpe mit langem Haar.

Wann stehen Haarlänge und -Textur fest?

Mit jedem Haarwechsel wird das Fell bis ins dritte Lebensjahr hinein etwas länger. Mit 1 ½ bis 2 Jahren nimmt es immer deutlicher die endgültige Struktur an. Locken oder gekrauste Haare vermindern sich, verschwinden bei vielen Tieren aber nicht ganz. Hündinnen sind meist eher «fertig», schon nach der zweiten Haarung (mit etwa 18 Monaten). Rüden haben in der Regel erst mit ca. 30 Monaten nahezu ihr endgültig entwickeltes Fell, d. h. auch das lange Brusthaar und die Hosen sind dann vorhanden. Das kann aber, gerade bei Tieren mit der Anlage für sehr langes Haar, noch etwas länger dauern.

Zuchtprobleme, Vererbungsmodus, Umweltwirkungen

Im folgenden werden die Begriffe Kurz-, Stock- und Langhaar verwendet. Zum einheitlichen Verständnis legen wir uns auf folgendes fest:

Länge des Deckhaares abnehmend ←		*Stockhaar, ursprünglich* (mittellang, derb, schlicht, dichte Unterwolle)	Länge des Deckhaares zunehmend →	
meist Unterwolle abnehmend, weicher			u. U. Unterwolle zunehmend, weicher	
Kurzhaar (auch als Glatthaar bezeichnet)	*Kurzstockhaar*		*Langstockhaar*	*Langhaar* (beim Berner Sennenhund)
	ca. 3 bis 4 cm	*ca. 5 bis 10 cm*		*ca. 4 bis 18 cm* (immer Ohren und Hinterschenkel befranst)
z. B. Whippet, Deutsche Dogge, Entlebucher Sennenhund	z. B. Rottweiler, Grosser Schweizer Sennenhund, Appenzeller Sennenhund	z. B. Bernhardiner (dieser Haarart)	z. B. Deutscher Schäferhund	
	Wellenbildung möglich, unter Umständen zunehmend über (immer unerwünscht) →			
				Lockenbildung bis gekraust

Beobachtungen an Kreuzungsprodukten zwischen lang- und kurz- bzw. stockhaarigen Hunderassen oder Schlägen haben ergeben, dass Kurz- bzw. Stockhaar sich gegenüber Langhaar dominant vererben. D. h.: Die erste Generation aus reinerbig kurz- bzw. stockhaarigen und einem langhaarigem Partner fällt immer kurz- bzw. stockhaarig aus. Als 1956 der Berner Dursli v. d. Holzmühle mit einer Grossen

Schweizer Sennenhündin gepaart wurde (Zuchtversuch), waren alle Welpen kurzstockhaarig. Züchter von Berner Sennenhunden arbeiten also punkto Haarlänge mit einem Faktor, der sich im Erbgang rezessiv verhält. Damit wird deutlich, dass Langhaar stets rein weiterzüchtet, d. h., dass aus reinrassigen Bernern nie Kurz- oder Stockhaar fällt. Kurz- bzw. Stockhaartiere dagegen, die die Gene für Langhaar verdeckt führen, können in ihrer Nachzucht beide Haararten bringen. Bei Grossen Schweizern und Rottweilern ist dies hie und da bei bestimmten Paarungen der Fall, wenn nämlich das Langhaargen als «Restbestand alten Erbgutes» bei beiden Partnern vorhanden ist.

Willis (1984) schätzt, «... dass die gegenwärtige Häufigkeit des Auftretens von langhaarigen Tieren beim Deutschen Schäferhund in Grossbritannien etwa bei 12% liegt, woraus man entnehmen kann, dass ungefähr die Hälfte des äusserlich normalbehaarten Zuchtbestandes ein rezessives Allel für langes Fell besitzt.» Der Deutsche Schäferhund wurde früher auch in der langhaarigen Varietät gezüchtet (Altdeutscher Schäferhund). Buschige Rute sowie eine mässige Hosen- und Mähnenbildung weisen darauf hin. Vom Bernhardiner, wo ja Lang- und Stockharige untereinander gepaart werden, ist bekannt, dass Stockhaar dominant ist, aber auch sogenanntes Mittelhaar erzielt wird (kürzeres Langhaar). Es gibt also fliessende Übergänge vom sehr kurzen bis hin zum sehr langen Langhaar nicht nur bei unserer Rasse, sondern scharfe Trennungslinien sind auch bei anderen Rassen und Haararten nicht zu ziehen. Berner mit recht kurzem Haar sind stets unter Langhaar einzuordnen: Sie haben immer Fransen an den Ohren und an den Hinterschenkeln. Das weist deutlich auf das Merkmal Langhaar hin (auch die buschig behaarte Rute). Dass unterschiedliche Haarlängen (viele phänotypische Zwischenformen) vorkommen, ist nicht einfach mendelnden Genen – sich dominant oder rezessiv verhaltend – zuzuschreiben. Es sind zusätzlich modifizierende (abwandelnde) Kleingene anzunehmen. Wenn bei der Befruchtung nur Allele für z. B. sehr langes Langhaar zusammenkommen, wird das Fell des betreffenden Hundes dann tatsächlich länger sein als in dem Falle, wenn solche für kürzeres Langhaar aufeinandertreffen. Erbfaktoren für «kurzes Langhaar» zusammen mit solchen für «langes Langhaar» ergäben dann eine mittlere Haarlänge, wie wir sie bei den meisten Berner Sennenhunden auch finden. Die Tatsache, dass die Extreme – klar kurzes und eindeutig langes Langhaar – selten vorkommen und die meisten Hunde irgendwo in der Mitte liegen, spricht für eine solche polyfaktorielle Vererbungsweise.

Beim Berner dürften ausserdem spezielle Faktoren vorhanden sein, die zur Wellenbildung und bei stärkerer Konzentration zum gelockten Haar führen. Treffen bei der Befruchtung besonders viele Kleingene für «Haarverbiegung» zusammen, wird es zum gekrausten Fell kommen. Das Kraushaar z. B. beim Pudel (übermässige Entwicklung spiralig gedrehter Unterwolle) ist jedoch etwas ganz anderes als das gekrauste Haar beim Berner Sennenhund.

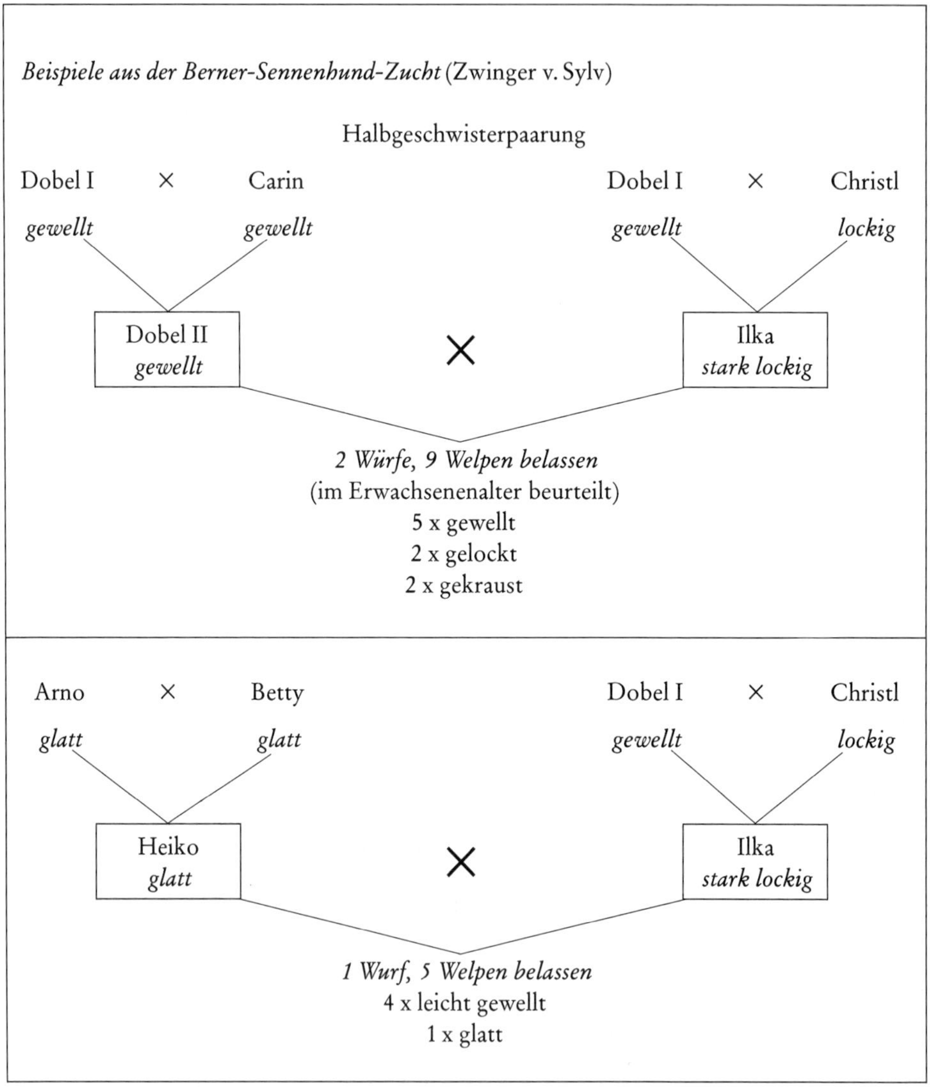

Bei den ersten zwei Paarungen ist anzunehmen, dass durch die Inzucht die Erbfaktoren der Mutter für gelocktes Haar Anschluss fanden an die für das gewellte des gemeinsamen Grossvaters. Die andere Paarung: Kein Nachkomme hatte diesmal Locken wie die Mutter. Bis auf einen waren aber alle nicht so schlichthaarig wie der Vater und dessen Eltern.

Unter Beachtung auch anderer analysierter Paarungen kann angenommen werden: Schlichtes Haar dominiert über nichtschlichtes, es ist aber nicht so durchschlagskräftig (sondern unvollständig dominant), dass es das Negative ganz unterdrücken kann. Oder es ist eben so, wie wir dies schon erörtert haben: Durch die Kombinationswirkung einer Menge Kleingene ergeben sich Zwischenformen. In der praktischen Auswirkung kommt dies aufs gleiche hinaus. Unsere Tiere sind nicht «reinerbig» für eine

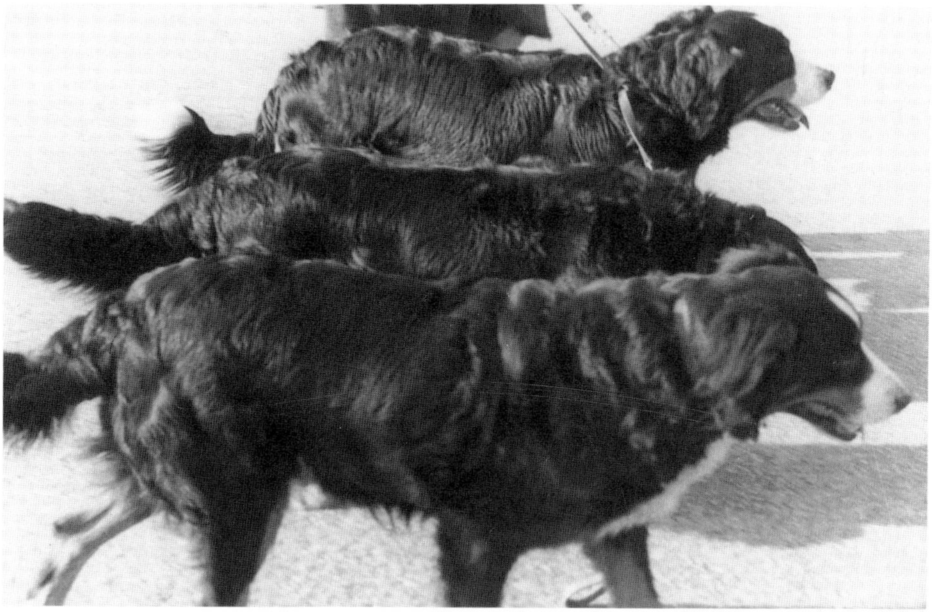

Oben: Mutter (vorn) von schlichthaarigen Eltern abstammend, mit zweien ihrer sechs Töchter; die vier weiteren waren ebenso glatthaarig.
Unten: Der Vater dieser 6 Nachkommen hatte stark gelocktes Haar. Das schlichte Haar der Mutter, erblich gefestigt, hat sich eindeutig gegenüber dem gelockten des Partners durchgesetzt. Die Erbanlagen der 6 Töchter sind aber nun durch Gene für nichtschlichtes Haar «belastet». Das hat sich auch praktisch an deren Nachkommen erwiesen.

bestimmte Haarstruktur und -länge, so dass Voraussagen nur dann einen Wert haben, wenn auch Eltern, Grosseltern und Geschwister bekannt sind und in die Überlegungen einbezogen werden können.

In der praktischen Zucht wird in der Regel versucht, die Haarart zwischen zwei Partnern auszugleichen: Hündinnenbesitzer, die mit dem Haarkleid nicht zufrieden sind, suchen die Verbesserung durch den Rüden. Besitzer schlichthaariger Hündinnen nehmen auch einen gelockten Partner in Kauf, wenn er ihnen dafür andere gesuchte Eigenschaften bringen kann. Eine wirkliche Verbesserung der Haarform – also auf Dauer – wird aber nur erreicht werden, wenn die allgemein verbreitete Gemischterbigkeit nicht gefördert, sondern immer wieder nur das Gewünschte gepaart wird, wenn man also über die Generationen hinweg auf Schlichthaar bei beiden Elterntieren achtet.

Schlichthaar kommt häufiger bei kurzem bis mittellangem Langhaar vor, während meist nur bei gewelltem oder eher lockigem Haar auch das ganz lange mit ausgeprägter Mähnen- und Hosenbildung auftritt.

Dichte, Robustheit und Glanz sind züchterisch vor extremer Länge zu beachten. Dünne, schüttere Behaarung ist der Wetterfestigkeit, die zum Berner gehört, abträglich und auch weniger schön.

Wir haben schon betont, dass das Haarkleid nur auf züchterischem Wege dauerhaft verbessert werden kann. Im Rahmen der von den Anlagen her vorgegebenen Grenze ist es aber beim einzelnen Tier durch Umweltwirkungen durchaus beeinflussbar. Stubenhunde haben meist kürzeres, dafür aber besser glänzendes Haar und weniger Unterwolle, also geringere Haarfülle, als im Freien gehaltene Tiere. Eine gute, vor allem vitaminreiche Fütterung (Vitamin-B-Komplex über längere Zeit hinweg gegeben) und gute Pflege (vieles Bürsten und öfteres Baden mit gut rückfettenden Mitteln) beeinflussen die Fellentwicklung günstig. Hier ist von den englischen und amerikanischen Züchtern (auch besonders anderer Rassen) viel zu lernen.

Farben und Farbverteilung

Zuchtziel:

Klar voneinander abgegrenzte Dreifarbigkeit in symmetrischer Verteilung:
- tiefschwarzer Mantel über Kopf, Hals, Rücken, Brust- und Bauchwand, Flanken, Kruppe, Rute, an den Aussenseiten der Läufe bis zum Vorderfuss- bzw. Hinterfusswurzelgelenk reichend;
- leuchtend braunrote Abzeichen (Brand) über den Augen als Punkte, an den Backen, beidseits der Vorbrust als Flecken in Höhe der Schultergelenke, an den Innenseiten der Beine, im Bereich der Vorder- und Hintermittelfüsse und des Afters;
- saubere weisse Abzeichen
  Kopfzeichnung: weisser Stirnstreif, beidseits der Nase gleich breit bis zum Fang hinunterlaufend; die Blesse soll ein Drittel der Stirnbreite nicht übersteigen (auf alle Fälle muss zwischen der Blesse und den Überaugenflecken noch ein Streifen Schwarz vorhanden sein), die gleichmässige seitliche Weisszeichnung darf am Fang höchstens bis zum Lefzenwinkel reichen, im Idealfall bis Lefzenmitte;
  Kehl- und Brustzeichnung: mindestens handbreit und ohne schwarze Flecke oder Unterbrechungen, in der Breite jedoch höchstens bis zum Schultergelenk reichend und ohne Ansatz zum Kragen;
  Pfotenzeichnung: ganze Pfote weiss, jedoch nicht über das erste (oberste) Zehengelenk in den Mittelfuss hinauf reichend;
  weisse Rutenspitze.

Abweichungen

Nur Zweifarbigkeit
- brauner, gelber oder gelbgrauer Mantel mit Weiss
- schwarzer Mantel mit Weiss (ohne braune Abzeichen)

andersfarbiger Mantel (dunkelbraun)
Mantel mit braunrotem Anflug
blassgelber oder blassbrauner Brand
unsauberer Brand, von schwarzen Haaren durchsetzt (Russ)
asymmetrische Verteilung der Abzeichen (vor allem der weissen)

zu knappe Ausdehnung der weissen Abzeichen
- fehlende, zu schmale oder unterbrochene Blesse
- kein Weiss am Fang beidseits der Nasenkuppe
- zu schmale Brustzeichnung, von Schwarz unterbrochene Brustzeichnung (schwarzer Kragen, schwarze Stellen im Weiss)
- kein oder nur die Zehenspitzen erfassendes Pfotenweiss
- fehlende weisse Rutenspitze

zu starke Ausdehnung der weissen Abzeichen
- sehr breite Blesse (über ein Drittel Stirnbreite), die braunen Tupfen über den Augen berührend
- Weisszeichnung am Fang bis über den Lefzenwinkel hinaus reichend
- zu breite Brustzeichnung
- grosser weisser Nackenfleck (Durchmesser über 5 cm)
- teilweiser oder ganzer weisser Kragen
- Pfotenweiss den Mittelfuss teilweise oder ganz einschliessend (Socken, Stiefel) oder auf der Innenseite der Läufe als Streifen hinauflaufend
- weisser Afterfleck

unsaubere Weisszeichnung
- schwarze, graue oder braune Pigmentflecken im Kopfweiss
- braune Haare zwischen den Zehen

Solche weissen «Socken» sind Grenzfälle. Wird ein Welpe mit diesem Mangel aufgezogen, droht ihm der Zuchtausschluss, da sich Ansätze zu weissen Stiefeln stark vererben.

Starke Asymmetrien, vor allem am Kopf, entstellen den Hund.

In Amerika geborener Welpe aus reinrassigen Berner Sennenhunden: ohne Schwarz; gelber Mantel, weisse Abzeichen.

Geschichtlicher Rückblick und Auseinandersetzung mit dem Standard

Die regelmässige Dreifarbigkeit ist das die Rasse prägende Merkmal. Es ist heute sehr gut durchgezüchtet. In den ersten 15 Jahren der Reinzucht (1907 bis nach 1920) lagen häufig auch gelbe oder rote Hunde mit weissen Abzeichen in den Würfen, ein deutlicher Hinweis darauf, dass Sennenhunde vor der Jahrhundertwende nicht eigentlich dreifarbig rein gezüchtet worden sind. Diese wurden von den Züchtern ausgeschieden.

Andersfarbige Welpen kamen auch später noch vereinzelt vor. Wie häufig, ist nicht zu sagen. Solche Welpen werden von den Züchtern oft verschwiegen.

In den USA kamen noch 1980 aus reinrassigen Berner Sennenhunden beige Welpen mit weissen Abzeichen zur Welt, was die Züchterin ursprünglich zum Anlass nehmen wollte, diese Farbe als eigenen Schlag rein zu züchten.
1957 fiel in Obersdorf/Harz (BRD) eine gut gezeichnete kakaobraune Hündin mit hell abgesetztem Brand, leberfarbenem Nasenspiegel, ebensolchen Lefzen und Pfotenballen und hellen Augen. Sie wurde aufgezogen, weil sie die einzige war. In der Schweiz sind in den letzten Jahren keine solchen andersfarbigen Hunde bekannt geworden. Dagegen gibt es in Deutschland eine Züchtergruppe (nicht dem Schweizer-Sennenhund-Verein für Deutschland angeschlossen), die seit einigen Jahren versucht, sog. havanna- (oder mahagoni-)braune Berner rein zu züchten. Offenbar können unter der schwarzen Decke auch heute, nach über achtzig Jahren Reinzucht,

noch andere Farbvarianten versteckt sein und bei bestimmten Paarungen zum Vorschein kommen. Der Rasseklub und Heim haben jedoch von allem Anfang an den «glänzend schwarzen Mantel» gewünscht und andere Farbvarianten nie in Betracht gezogen.

Das Fehlen brauner Abzeichen und damit das Vorkommen schwarz-weisser Hunde ist in den letzten Jahrzehnten nicht bekannt geworden.

Es geht heute somit in der Farbenzucht nicht mehr um die Fixierung der Dreifarbigkeit an sich, sondern um die Ausgestaltung ihrer vom Standard umrissenen, schönstmöglichen Verteilung in bezug auf die ganze Erscheinung des Hundes. Dabei darf nicht ausser acht gelassen werden, dass sich das, was man heute unter der sogenannten idealen Zeichnung versteht – eine etwa ein bis zwei Finger breite weisse Blesse, weisse Brust, weisse Pfoten und Rutenspitze – nur langsam im Verlaufe der Reinzucht als feste Vorstellung entwickelt hat. Im Rassestandard, den Heim 1910 anlässlich der grossen «Heerschau» in Burgdorf mit dem jungen Klub zusammen aufstellte und 1914 in seiner Schrift «Schweizer Sennenhunde» publizierte, ist die Zeichnung sehr grosszügig umschrieben. Da dieser Standard bis zur Neufassung 1973 vom Schweizerischen Klub für Berner Sennenhunde immer wieder bestätigt, d.h. als gültig erklärt wurde, sei Heims Beschreibung der Farbzeichnung hier im Originaltext wiedergegeben:

«Farbe: Bedingung: Glänzend schwarz mit leuchtend gelbroten Abzeichen an allen vier Läufen, Backen und über den Augen.

Nicht Bedingung, jedoch gerne gesehen: Weisse, leichte Kopfzeichnung, weisser Nackenfleck, Halsring, Bruststern, weisse Füsse und Schwanzspitze.»

Es fällt auf: In dieser ersten Standardformulierung wurden die weissen Abzeichen einerseits nicht zur Bedingung gemacht und andererseits war auch Weisszeichnung an heute unerwünschten Stellen gerne gesehen (Nackenfleck und vor allem Halsring). An anderer Stelle sagt Heim aber, dass schon 1914 «Blässe» (d.h. Hunde mit weisser Kopfzeichnung) die häufigsten, «Bärri» (Tiere ohne Stirnstreif) weniger und «Ringgi» (Berner mit weissem Kragen) am seltensten vorkamen. Wenn er auch die Formulierung in der Musterbeschreibung in bezug auf die Zeichnung sehr grosszügig gewählt hat, so geht doch aus seinen Richterberichten hervor, dass sie ihm nicht unwichtig war. «Wenn starke weisse Abzeichen vorhanden sind, darf auch die Blässe zwischen den Augen nicht fehlen, sonst wird der Gesichtsausdruck zu düster», ist eine seiner Forderungen. Heims Grosszügigkeit der Zeichnung gegenüber beruht auf seiner Freude an natürlicher Variation und dem Vorrang, den er der Gesamterscheinung beimass. Der schöne Hund nach Typ und Harmonie im Stand und in der Bewegung stand bei ihm viel mehr als Zuchtziel im Vordergrund als derjenige mit einer bestimmten Zeichnung.

Trotz der relativ freien Formulierung in den Rassekennzeichen, hat sich das heute gültige Zeichnungsideal vermutlich schon früh in der praktischen Zucht durchgesetzt, auch wenn es nie aufgeschrieben wurde. Wohl stossen wir auf Bilder von Zuchthunden mit Nackenflecken, Halsringen oder Stiefeln, auch auf solche ohne oder mit nur angedeuteter Blesse, doch sie bilden die Ausnahme. Schon zeitig zeichnet sich ab, dass die heute gültige Ausprägung der Abzeichen bevorzugt wurde und dass man mit Hunden, deren Farbverteilung deutlich davon abwich, nicht weiterzüchtete.

Im Standard, den der Schweizerische Klub für Berner Sennenhunde, zusammen mit dem revidierten Zuchtreglement von 1946, im Jahre 1951 herausgab, wurden weisse Kopf- und Brustzeichnung als Bedingung festgelegt, kleiner weisser Nackenfleck, weisse Pfoten und Rutenspitze jedoch weiterhin als zwar «gerne gesehen, aber nicht Bedingung» festgehalten. Wie Halsringe und Stiefel beurteilt wurden, ist nicht bekannt. Es darf jedoch angenommen werden, dass Tiere mit allzu starker Weisszeichnung schon in den Würfen abgetan oder nicht weiter in der Zucht verwendet worden sind.

Die einschneidenste Massnahme zur Herauszüchtung einer gleichmässig symmetrischen Zeichnung war nicht eine Veränderung in der Formulierung des Standards, sondern die Einführung einer obligatorischen Wurfkontrolle in den ersten drei Lebenstagen der Welpen durch Klubbeauftragte, die von der Hauptversammlung 1954 im Heimatland der Rasse beschlossen wurde. Da zu diesem Zeitpunkt mehr Welpen geboren und aufgezogen wurden als abgesetzt werden konnten, sollten nur noch die am schönsten gezeichneten in den Würfen belassen und die andern abgetan werden. Diese strenge Massnahme hat vermutlich das Idealbild der Zeichnung stärker eingegrenzt als jede schriftliche Formulierung. Man wurde in der praktischen Beurteilung strenger, als es die Musterbeschreibung vorsah.

Im nun gültigen Standard von 1990 ist das Merkmal «Farbe» detailliert beschrieben, und die fehlerhaften Abweichungen sind genau bezeichnet. Trotz höherer Ansprüche als je zuvor, lassen die formulierten Forderungen Spielräume. Das ist gut so und hat drei gewichtige Gründe:

1. Die Farbverteilung, d. h. das Ausmass der weissen Abzeichen, lässt sich züchterisch nicht vollständig steuern. Da sich die Zeichnung nicht schablonenhaft vererbt, werden sich auch bei schärfster Zuchtauslese immer Abweichungen vom sogenannten Idealbild ergeben.
2. Werden Ausmass und Form der Abzeichen in der Musterbeschreibung allzu eng gefasst umschrieben, besteht die grosse Gefahr, dass im Bestreben, eine entsprechende Farbverteilung zu erzielen, andere, wichtige Eigenschaften, vernachlässigt werden.
3. Heims Auffassung, die er 1913 in Langenthal erstmals vertrat, hat auch heute noch ihre Berechtigung: «Soll man auf bestimmte Grösse der Abzeichen und strengste Farbsymmetrie züchten? Nein, dreimal nein! Viel lieber wollen wir, dass ein Hund vom andern noch verschieden ist, der eine etwas mehr, der andere etwas weniger Weiss hat. Das Ideal liegt nirgends in der Gleichheit aller. Treiben wir die Schönheit nicht bis zur Langeweile. Eine gewisse Mannigfaltigkeit soll bleiben.»

Der Spielraum wurde langsam, den steigenden Anforderungen folgend, innerhalb der vergangenen fast 9 Jahrzehnte enger. Er war aber immer so weit, dass in den Würfen entsprechend der Grundveranlagung vorkommende Abweichungen auch jetzt noch vielfältig sind, wenn auch immer weniger ausgeprägt (vgl. Aufzählung). Auch aus ganz korrekt gezeichneten Elterntieren können plötzlich stark abweichende Welpen hervorgehen, doch sind sie in der Minderheit. Grob geschätzt, fallen heute in der Schweiz und im gesamten deutschsprachigen Raum ca. 80% der Welpen innerhalb der tolerierten Variationsbreite. In anderen Ländern haben wir noch relativ viele Tiere mit Zeichnungsfehlern gesehen.

Der als zwingend geforderte «tiefschwarze» Mantel schliesst nicht nur leichte Rot-, Braun- oder Grauschattierungen als Mängel aus, sondern insbesondere andere Grundfarben als disqualifizierende Fehler, wie dies schon im Standardkapitel dargelegt worden ist.

Die strenge Forderung nach dem satten braunroten Brand bedarf ständiger Beachtung, damit sie zunehmend züchterisch verwirklicht werden kann.

Eine ausführliche und präzise Auseinandersetzung aus der Sicht des Züchters mit allen diesen Problemen der Anordnung, Ausbreitung und Qualität der drei Sennenhundfarben folgt diesen ersten Seiten der Betrachtung des Einzelmerkmals «Farben und Farbverteilung».

Es sei nochmals betont, dass die Besorgnis um eine schöne Farbverteilung nie zum Farbfanatismus ausarten darf, dem andere, wichtigere Eigenschaften geopfert werden. Mängel hinsichtlich Gesundheit, Wesen, rassischer Ausstrahlung, Körperbau oder Gangwerk sind viel gravierender als z. B. etwas zu viel oder zu wenig Weiss oder auch eine fehlende weisse Rutenspitze. Es zeigt sich immer wieder, dass die Ausprägung der weissen Abzeichen persönliche Geschmackssache ist. Dem einen gefällt die ausgesprochen breite Blesse am Kopf, während der andere mehr Gefallen an der schmalen Schnurblesse hat. Dem trägt der Standard in seiner nicht zu eng begrenzten Beschreibung Rechnung. Trotzdem wird in den folgenden Ausführungen von der «Idealzeichnung» ausgegangen, wie sie sich durchgesetzt hat. Sie bildet sozusagen eine Mitte, von der aus alle Abweichungen klarer erfasst werden können.

Wann ist die Zeichnung erkennbar und wann steht sie fest?

Berner Sennenhunde werden dreifarbig geboren. Zonen, die bei der Geburt weiss sind bleiben es, solche die schwarz sind ebenso. Das Braun erscheint als dunkles, oft ins Schwärzliche gehendes, schmutziges Graubraun. Es hellt später auf. Die Farbzeichnung ist das einzige Merkmal, das schon bei der Geburt eines Welpen mit einiger Sicherheit erkannt und beurteilt werden kann. Umpigmentierungen, d. h., dass also weisse Zonen später noch dunkel oder gefärbte hell werden, gibt es nicht. Trotzdem wirkt die Zeichnung am erwachsenen Hund anders als am jungen Welpen, denn im Verlaufe des Wachstums verändern sich die Verhältnisse der weissen und der dunklen Flächen zueinander. «Das Weiss nimmt ab», sagt der Züchter. Der Schädel wächst proportional mehr in die Länge als in die Breite (Welpen haben einen kurzen, plumpen Kopf), und das Breitenwachstum wirkt sich direkt auf die Mittelfurche am wenigsten aus. So streckt sich eine anfänglich breit erscheinende Blesse bis ins Erwachsenenalter hinein wesentlich. Sie wird länger und im Verhältnis zum Kopf schmaler. Ähnlich verhalten sich auch andere Weisszonen. Die Körperoberfläche dehnt sich seitlich mehr aus als auf der Längsachse (obere Linie, Bauchlinie). Damit wachsen auch die schwarzen Flächen mehr als die weissen Zonen. Kleine Nackenflecke, sehr schmale Blessen, eine ganz schmale Brustzeichnung, die am Neugeborenen noch deutlich sichtbar sind, können dadurch fast vollständig zurückgedrängt werden, so dass sie am ausgewachsenen Hund kaum mehr sichtbar sind. Auch das Pfotenweiss «nimmt ab». Sind nur die Zehenspitzen weiss, verschwinden die knappen weissen Haare später beim stehenden Hund unter der Standfläche der Pfoten. Da zudem die braunen Haare am Mittelfuss länger werden und den oberen Rand der Pfotenzeichnung teilweise überwachsen können, ist manche Pfote, die nach der Geburt allzureichlich Weiss zu haben schien, später korrekt. Es kommt noch eine Erscheinung hinzu, die die Ausdehnung der Weisszeichnung vor allem vom Eindruck her verändert. Die Weisszonen, insbesondere im Bereich des Stirnstreifens, des eventuellen Nackenfleckes und an der

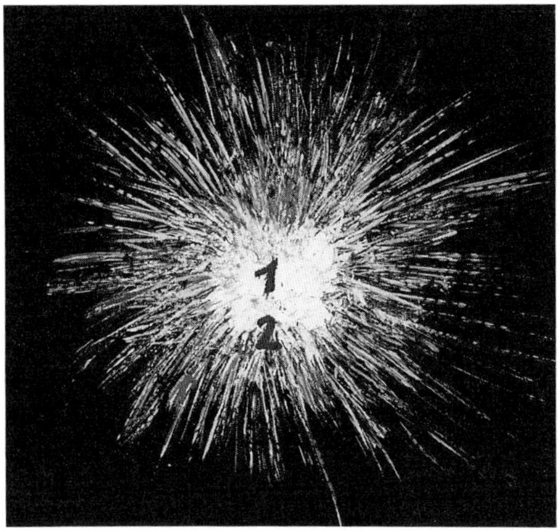

Brust, sind so strukturiert: Im Kern der Flächen liegen die weissen Härchen dicht an dicht (es gibt keine anderen); die Haut darunter ist rosa oder teilweise ganz zart grau pigmentiert (Zone 1). Nach aussen zu werden es weniger, und sie vermischen sich zunehmend mit dem pigmentierten Haar. Ganz am Rand liegen nur noch wenige weisse Haare zwischen gefärbten. (Zone 2). Die weissen Härchen der Zone 2 verschwinden mit der Zeit, vor allem in deren äusserem Bereich. Übrig bleibt das dichte Zentrum. Damit werden die weissen Flächen kleiner und bleiben es auch am Kopf. An der Brust (und auch beim Nackenfleck) wird das Haar mit zunehmendem Alter immer länger, und das Weiss nimmt optisch wieder zu. Es überlappt dann die darunter liegenden gefärbten Haare etwas. Diese Vorgänge sind bei der Einschätzung der Weisszeichnung beim Welpen ebenso zu kalkulieren wie die genannten anderen «Verschiebungen».

Die Entwicklung der Kopfzeichnung vom Neugeborenen zum erwachsenen Hund

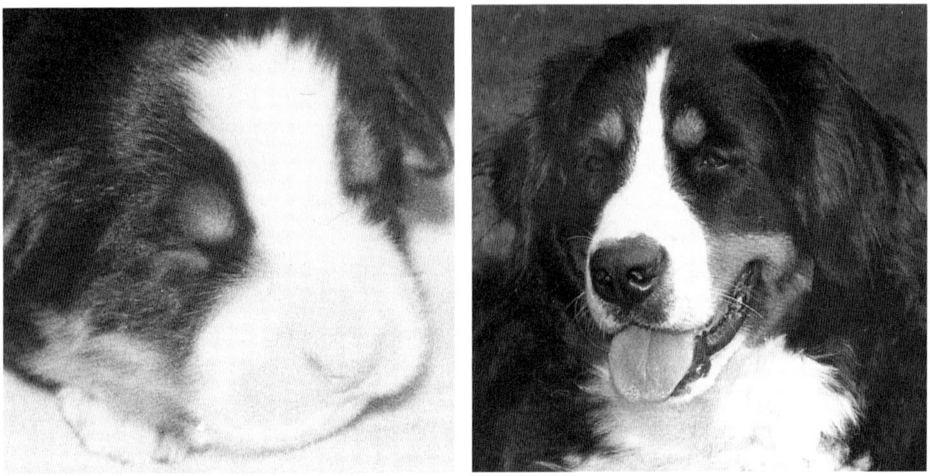

Die anfänglich sehr breit erscheinende Blesse wächst sich zur normalen aus.

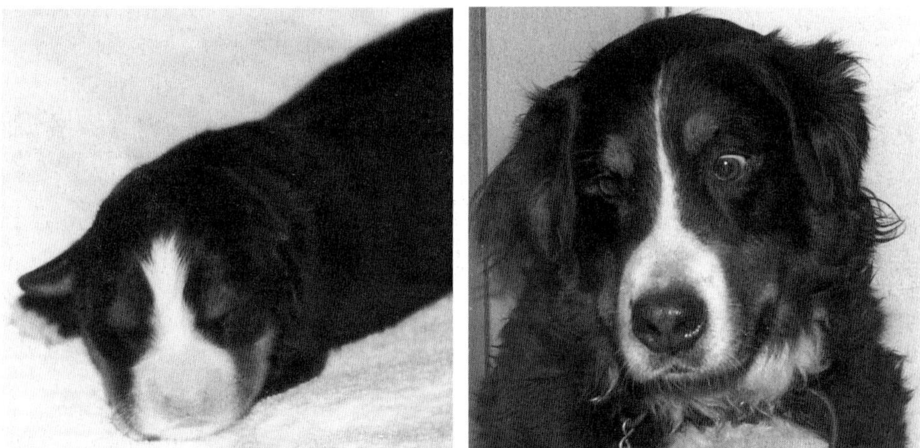

Die anfänglich schön «normal» erscheinende Blesse wird zum schmalen Strich.

Die braunen Abzeichen sind bei der Geburt meist sehr dunkel, oft fast schwarz und die Übergänge zum Mantel noch fliessend. Sie hellen im Verlaufe der ersten 10 Lebenswochen stark auf, so dass 8 bis 12 Wochen alte Welpen oft einen ausgesprochen hellen, fast fade erscheinenden Brand haben. Er dunkelt aber dann meist wieder nach und gewinnt vor allem an Farbintensität und später auch an «Leuchtkraft», so dass vor dem Alter von 5 bis 6 Monaten kein Urteil gefällt werden kann.
Erste Hinweise auf Pigmentflecken im Kopfweiss können vom aufmerksamen Beobachter sofort nach der Geburt, so lange die Kleinen noch nass sind, wahrgenommen werden. Zusammen mit der Ausfärbung der Nasenkuppe erscheinen sie mit ca. 6 Wochen immer deutlicher und nehmen weiter an Intensität zu, nicht aber an Grösse. Die Pigmentbildung in der Kopfhaut (auch parallel zur Farbausbildung der Augen) geht langsam vor sich. Deshalb können die dunklen Flecken gemeinsam mit der Ausfärbung der Lefzen kaum vor dem zwölften Lebensmonat endgültig eingeschätzt werden.

Pigmentflecken im Kopfweiss stören die Kopfzeichnung je nach Ausmass.

Es ist zu beachten, dass es zwei Arten störender Farbflecken im Kopfweiss gibt. Die eine ist schwarz oder grau und beruht auf einer Dunkelfärbung der sonst in den Weisszonen rosafarbenen oder ganz zart grauen Kopfhaut. Durch die dünnen, kurzen und auf dem Nasenrücken auch nicht sehr dicht stehenden weissen Härchen schimmert der dunkle Hautfleck durch, und die darauf wachsenden Haare nehmen in Hautnähe etwas Farbe an. Die zweite Art ist braun, wobei die darunter liegende

Kopfhaut grau oder wie die darauf spriessenden Härchen bräunlich gefärbt ist. Braune Pigmentflecken sehen aus wie ein Stückchen «verirrter» Brand. Sie sind oft schon am jungen Welpen sichtbar und färben sich im Verlauf des ersten Lebensjahres zusammen mit dem Nachdunkeln des Brandes noch deutlicher aus.

Ob Pigmentflecken als störend oder «lustig» empfunden werden, hängt stark von deren Plazierung, ihrer Anzahl und vor allem Grösse ab. Ein paar braune Härchen im Weiss um die Schnauze oder ein kleiner dunkler Schatten stören das Gesamtbild nicht und sind auch bei fast allen Bernern bei genauem Hinsehen festzustellen. Ist das Kopfweiss aber stark gesprenkelt oder sind viele grosse Pigmentflecken vorhanden, dann ist die klare Dreifarbigkeit gestört. Mit solchen Hunden sollte nicht gezüchtet werden, da sich der Mangel vererbt. Wir kennen nach einzelnen Zuchthunden ganze Würfe mit getüpfelten Blessen.

Verfärbungen des schwarzen Mantels, meist ein mehr oder weniger starker rötlicher Schimmer (Rost), sind selten und erscheinen meist erst nach dem ersten Lebensjahr. Es handelt sich dabei um einen Oxydationsvorgang des dunklen Farbstoffes im Haar, der sich, durch Sonnenlicht und Witterung deutlich beeinflusst, auf die Intensität der Schwarzfärbung auswirken kann. Ähnlich wie blondes Haar beim Menschen nach starker Sonnenbestrahlung in den warmen Monaten des Jahres heller wird, kann sich bei dazu veranlagten Berner Sennenhunden auch der schwarze Mantel durch intensives Licht aufhellen und dann einen roten Schimmer bekommen. Oft verschwindet er wieder in der dunkleren Jahreszeit oder nach einer Haarung. Da diese Rottönung nur bei bestimmten Hunden und häufig unter verwandten Tieren vorkommt, ist eine genetische Komponente wahrscheinlich. Es wäre denkbar, dass bei Bernern, deren Mantel zeitweise eine Rottönung annimmt, unter dem phänotypischen Schwarz eine andere Farbe, z. B. rot, genotypisch vorhanden sein könnte. Gesicherte Feststellungen wurden dazu aber bisher nicht gemacht, und für die praktische Zucht scheint der hie und da auftretende Rotschimmer im Haar ohne grosse Bedeutung zu sein.

Hin und wieder gibt es Welpen, die im Alter von 8 bis 12 Wochen wie grau überpudert erscheinen. Häufig sind es solche mit ausgesprochen dichter und langer Babywolle. Bei näherem Hinsehen kann man feststellen, dass die üppige Unterwolle grau statt schwarz ist und der ganze Hund daher auch grau wirkt. Die Erfahrung hat aber gezeigt, dass solche Wolle später nachdunkelt und dass die vom vierten Monat an spriessenden Deckhaare tiefschwarz sind. Einige Züchter behaupten, die im Welpenalter grau angehauchten Tiere seien im Erwachsenenalter besonders kräftig schwarz ausgefärbt.

Zusammenfassend ist zu sagen: Die Zeichnung eines Berners kann im Prinzip schon am Neugeborenen beurteilt werden. Kleinere Abweichungen treten später aber hervor. Sie können durch das proportional nicht gleichmässig verlaufende Grössenwachstum der Körperoberfläche ebenso wie durch die besprochenen anderen Veränderungen stärker betont werden oder auch wieder verschwinden. Am 10 Wochen alten Welpen ist aber die Zeichnung, mit Ausnahme der Intensität des braunroten Brandes und evtl. später noch auftretender Pigmentflecken, vom etwas geübten Rassekenner eindeutig einschätzbar.

Kleiner Exkurs in die moderne Farbgenetik

Die drei Farben des Berner Sennenhundes sind an sich nichts Aussergewöhnliches. Schwarz, Gelb und Weiss sind die Grundfarben des Felles der meisten Wildtiere. Allerdings kommen sie dort nicht getrennt, sondern im selben Haar vor. Betrachtet man das Haar eines Hasen, eines Rehes oder z. B. auch das eines graugelben Deutschen Schäferhundes unter dem Mikroskop, ist es nicht gleichmässig ausgefärbt, sondern quergestreift; dunkle (schwarze), gelbe und weisse Bänder wechseln einander ab. Da diese Ringe mikroskopisch klein sind, erscheint das Haar nur gelbgrau. Betrachtet man die einzelnen Zonen unter noch stärkerer Vergrösserung am quergeschnittenen Haar, ist zu sehen, dass in den Zellen der schwarzen Abschnitte viele kleine dunkle Körnchen eingelagert sind. In den gelben Zonen erscheinen sie gelb oder rötlich, in den weissen sind dagegen keine sichtbar. Diese verschiedenfarbig wirkenden Pigmentkörnchen bestehen aus dem gleichen chemischen Grundstoff, einer Eiweissverbindung, genannt Melanin. Nur da, wo es vorhanden ist, kann Farbe entstehen.

Die Entstehung der Farben im Embryo

Der Pigmentstoff Melanin wird schon sehr früh im ganz jungen Embryo gebildet, und zwar nicht, wie angenommen werden könnte, in der Haut des werdenden Lebewesens, sondern in einer Zone entlang des Rückenmarkes, der sogenannten Neuralleiste. Sie ist ein ganz spezielles Zellgewebe zwischen der entstehenden Oberflächenhaut und dem Nervenstrang des Rückenmarks, aus dem Wanderzellen hervorgehen. Diese können sich später an den verschiedenen Körperstellen in Bindegewebe, Knorpel- oder auch Gehirn- und Nervenzellen umwandeln. Auch die Pigmentzellen entstehen in der Neuralleiste und wandern dann in die Körperhaut (übrigens auch in die Augen) ein. Wo keine solchen Pigmentzellen hinkommen, kann auch keine Färbung entstehen. Man hat in minutiösen Experimenten an ganz jungen Tierembryonen Teile der Neuralleiste von albinotischen Tieren (keine Farbe) auf solche von farbigen Tieren verpflanzt und festgestellt, dass sich die Transplantation so auswirkte, dass die zugehörigen Körperstellen des sonst pigmentierten Tieres ungefärbt blieben. Wurden Neuralleistenfragmente von pigmentierten Tieren in Albinos versetzt, entstand an der von ihnen gesteuerten Stelle im Albino-Embryo Farbstoff.

Welche Art Farbe sich aus dem Pigmentgrundstoff Melanin in der Haut bildet, hängt von der chemischen Beschaffenheit der Hautzellen ab; die Pigmentkörnchen färben sich erst hier aus. In entsprechender Umgebung entsteht schwarzes Pigment. Spezielle chemische Substanzen, die in bestimmten Hautzellen vorhanden sein können, bleichen dunkle Farbkörnchen dort wieder aus, diese werden rot oder gelb. In anderen Hautzonen fehlen Stoffe, die die Ausfärbung ermöglichen. Die Pigmentzellen sterben ab, bevor sie Farbe gebildet haben. An solchen Stellen ist später keine Farbe mehr nachweisbar; das Haar oder die Haut sind weiss.

Die Auswanderung der Melanoblasten (pigmenthaltigen Zellen) aus der Neuralleiste in die Körperhaut geschieht schon bevor oder während in der Haut die Haaranlage entsteht. Während der Haarkeim langsam aus bestimmten Hautzellen gebildet wird, geben die darum herumliegenden Pigmentzellen ihre Farbkörnchen an die Haarzellen ab. Wenn das Haar in die Länge wächst, nimmt es das Pigment vom Ansatz her in seine Zellen mit. Je nach der chemischen Beschaffenheit der werdenden Haarzellen finden die Pigmentkörner dann die entsprechende Umgebung, entweder um sich vollständig auszufärben – dann wird das Haar schwarz – oder sie werden zwar gefärbt, bleichen jedoch aus zu rot oder gelb, oder sie können sich schliesslich überhaupt nicht ausfärben, weil eine chemische Substanz fehlt, dann bleibt das Haar weiss. An gestreiften Vogelfedern (Sperbermuster; New-Hampshire-Red-Hühner) hat man ausserdem durch Versuche festgestellt, dass sich in Zonen, wo sich die Pigmentkörnchen stark dunkel färben, auch eine Substanz bilden kann, die eine Ausfärbung in der nächsten Umgebung verhindert. Jeder dunkle Streifen ist dann von einer nichtgefärbten Zone umgeben. Der nächste pigmentierte Streifen kann erst wieder in einem bestimmten Abstand entstehen. Die Melaninkörnchen selbst können also auch chemische Prozesse in Gang setzen. Es ist sehr wohl möglich, dass auch die gebänderten Haare der wildfarbenen Tiere (Kringel) auf diese Art zustande kommen.

Die Färbung des Hundehaares, so wie sie unserem Auge erscheint, beruht also auf fein abgestimmten Wirkungen aller dieser komplizierten Prozesse: Bildung von Zellen, die Farbstoff entwickeln können, Einwanderung in die Haut, dort – in unterschiedlicher «chemischer Umgebung» – bilden sich verschiedene Farbstoffvarianten aus. Die pigmentierten Zellen werden in das Einzelhaar transportiert. Dort reichern sich unterschiedlich grosse Farbkörnchen in verschiedener Menge an, sie liegen weit gestreut oder eng, verklumpen auch miteinander, zerfallen u. U. wieder oder bleichen aus. Alle diese Vorgänge bewirken die verschiedenen Farben bzw. Farbwirkungen im Haar. Dass alle diese Prozesse schon als «Wachstumsprogramm» im Genbestand der Samen- und der Eizelle gespeichert sind und dann noch nach ganz bestimmten Gesetzmässigkeiten gegenseitig aufeinander einwirken, ist eines der vielen Wunder, die man am Entwicklungsgeschehen wahrnehmen kann.

Wenn bekannt ist, wie die Färbung des Haarkleides bei Säugetieren zustandekommt, wir also wissen, dass die eigentlichen Farbzellen beim Embryo in der Rückenmarkzone gebildet werden und erst nachträglich in die Haut auswandern, wird auch erklärbar, warum die Farben in der Nähe der Wirbelsäule am intensivsten sind und weshalb dunkle Flecken bei Hunden immer zuerst Kopf und Schwanzwurzel entstehen. Es ist sehr wohl möglich, dass die Pigmentzellen in der Nähe ihres Herkunftsortes noch am kräftigsten sind und am dichtesten liegen und auf dem langen Weg vom Zentrum bis hin in die Extremitäten entweder schwächer werden oder dann nur noch dünn gesät sind. Die chemische Zusammensetzung der Körperoberhaut hätte dann infolgedessen auf die Ausfärbung an den Extremitäten stärkeren Einfluss. Das wäre eine Erklärung, warum dunkle Farben immer über Rücken, Kopf und Rute zuerst entstehen und helle Farben, wie z. B. beim Schäferhund am Bauch oder beim Berner Sennenhund die weissen Abzeichen an den vom Zentrum am weitesten entfernten Stellen. Ein weisser Fleck mitten auf der Kruppe eines schwarzen Hundes ist danach undenkbar, und das ist auch in Wirklichkeit so.

Was sich beim Berner Sennenhund als Veranlagung zu einem bestimmten Farbmuster von Generation zu Generation vererbt, das ist im Grunde genommen eine von Genen gesteuerte fein dosierte Körperchemie. Die Neuralleiste besitzt die Fähigkeit, Pigmentzellen zu bilden, und die Körperhaut hat bestimmte, in den einzelnen Zonen nicht ganz gleichgeartete Substanzen in ihren Zellen, die die Ausfärbung der Melaninkörner z. B. zu roter bzw. zu schwarzer Farbe steuern. Die Fähigkeit, auf den dem Licht zugekehrten Seiten, das sind Kopf, Rücken, Flanken und die Aussenseiten der Läufe, kräftig dunkles Pigment, also Schwarz zu bilden, hat der Berner Sennenhund mit anderen Hunderassen gemeinsam. Schwarz-lohfarbene Tiere sind häufig. Gerade im mitteleuropäischen Raum muss der so gefärbte Hund (er wird auch schwarz mit roten Abzeichen, englisch black and tan, genannt) ein alter Farbschlag sein, gingen doch aus diesem geographischen Bereich verschiedene Hunderassen hervor, die heute noch ausschliesslich diese Farbe haben. Bekannt sind vor allem Rottweiler, schwarzroter Dobermann, Dachshund und Pinscher sowie der schwarzmarkenfarbene Hovawart. Der Berner Sennenhund hat also seinen schwarzen Mantel mit den braunroten Abzeichen an den «Rändern» mit vielen anderen Hunderassen gemeinsam. Das, was ihn und die anderen Sennenhundrassen von weiteren schwarz-lohfarbenen unterscheidet, ist die klarere Abgrenzung dieser beiden Grundfarben voneinander. Ausserdem wurden bei den Sennenhunden die weissen Abzeichen nicht weggezüchtet, wie es bei den genannten Rassen geschehen ist, sondern begrüsst und ins Farbmuster eingebaut. Nach den bekannten Vorstellungen ist es erfolgreich gelungen, sie in einer gewissen Symmetrie zu befestigen. Das ist bei keiner anderen Hunderasse auch nur annähernd versucht worden. Wohl gibt es auch bei anderen Rassen dreifarbige Spielarten, also schwarz, braun und weiss, beispielsweise beim Berner Niederlaufhund, Collie, Foxhound, Basenji und weiteren, doch da bei diesen Rassen die verschiedenen Farbschläge durcheinander gezüchtet, d. h. gekreuzt werden, konnte man sich bei keiner auf die Vervollkommung der reinen Dreifarbigkeit spezialisieren. Hätten Heim und die ersten Züchter auch die andersfarbigen Sennenhundschläge in ihr Zuchtprogramm aufgenommen, so wäre wohl, da dies weitere Gesichtspunkte geschaffen hätte, die heutige Ausgeglichenheit und Ebenmässigkeit der Farben nie erreicht worden. «Wir wünschen schwarz mit roten und weissen Abzeichen zu befestigen, Hunde ohne Schwarz als unerwünschte Besonderheit auszuschliessen. Die ganz gelben oder rotgelben werden dann immer seltener werden ... Die Farbzeichnung soll möglichst symmetrisch sein.» So formulierte Heim das auf die Farben bezogene Zuchtprogramm im Jahr 1914.

Englische Farbnamen

Die moderne Genetik, die sich mit der Vererbung der Fellfarben befasst, hat für alle Farben, deren Intensität und Verteilung, Buchstabenbezeichnungen geschaffen. Da die wichtigsten Forschungen bisher in Amerika gemacht worden sind, beziehen sich die Abkürzungen meist auf englische Farbnamen, was das Verständnis für nicht englisch sprechende Hundefreunde ein wenig erschwert. Dazu kommt, dass der gleiche Buchstabe, je nachdem, ob er gross oder klein geschrieben wird und auf welcher Zeilenebene er steht, eine andere Bedeutung haben kann.

Die für uns bedeutsamen Färbungsprogramme und deren Bezeichnungen werden hier erläutert.

Abgesehen von Fellfarben, die auf einem einzelnen Mendelschen Erbfaktor beruhen, ist gerade die Farbgenetik des Hundes mit seinen vielen Rassen und Farben bzw. deren mannigfaltigen Kombinationen und Abstufungen kompliziert und noch nicht vollständig erforscht. Verschiedene Wissenschaftler kommen z. T. zu unterschiedlichen Schlussfolgerungen und verwenden andere Symbole.

Wir halten uns hier allein an die Ergebnisse von Little (1969) und Robinson (1982) und die von ihnen verwendeten Symbole für die Farballele, um die Sache nicht noch schwieriger zu machen.

Die Agutifarben als Grundlage

Die Gesetzmässigkeiten, die der verschiedenartigen Verteilung der bei Caniden vorkommenden Hauptfarben zu Grunde liegen, wurden zuerst an dem kleinen Aguti untersucht, einem südamerikanischen Nagetier. An ihm zeigt sich das Wildfarbenmuster besonders deutlich. Der Name Aguti ist in der Genetik direkt zur Bezeichnung für Wildfarbigkeit geworden. Das Kennzeichnende des Aguti ist es, dass jedes Haar, mehr oder weniger ausgeprägt, eine Art Bändermusterung aufweist, worauf wir einleitend schon eingegangen sind: Die Spitze ist schwarz, nach der Wurzel zu ist es hell, dazwischen liegen in unregelmässiger Anordnung und Ausprägung schwarze, gelbliche und weissliche Querbinden. Mit dem blossen Auge betrachtet, fliessen die einzelnen Farben im Fell mehr oder weniger ineinander; wir nehmen das Aguti optisch als verwaschenes Braungrau unterschiedlicher Intensität wahr. Auch die Farbbezeichnungen wolfs- oder hasenfarben können eine gute Vorstellung schaffen. Für diese Aguti-Farbe (Wildfarbigkeit) steht Allelsymbol A.

Veränderung der Wildfarbigkeit

Für die Aguti- (oder A-) Serie werden neben dem Ausgangsallel vier weitere beschrieben, die durch Mutation entstanden und durch selektive Bevorzugung verbreitet worden sind.

Veränderte genetisch gesteuerte biochemische Reaktionen (oder anders ausgedrückt: ein Austausch von Allelen am Aguti-Genort) bewirken, dass die agutitypische Pigmentierung des Hundehaares im gesamten Fell oder nur in bestimmten Zonen abgewandelt wird. Einmal breitet sich gelbes bzw. rötliches Pigment mehr aus, ein anderes Mal kann es sich gar nicht entwickeln, und das Haar ist ganz schwarz.

- Wird die Bildung gelben Pigments verhindert und dafür nur schwarzes produziert, ist das Fell überall schwarz, Allelsymbol $\mathbf{A^s}$.
  (Das kleine «s» steht für «solid black» = ganz schwarz.)
  Rassebeispiel: schwarzer Neufundländer.

- Wird die Bildung schwarzen Pigments verhindert, erscheint das Fell gelb. Diese Farbausprägung wird mit dem Allelsymbol $\mathbf{A^y}$ bezeichnet.
  (Das kleine «y» ist der Anfangsbuchstabe des englischen Wortes «yellow» = gelb.)
  Rassebeispiel: gold-sable Collie.
- Eine andere Programmierung lässt bei in der Grundfarbe wildfarbenen oder gelben Hunden auf dem Rücken schwarzes Pigment entstehen; es kommt zur sogenannten Sattelbildung, Allelsymbol $\mathbf{a^{sa}}$.
  («sa» ist abgeleitet von englisch «saddle» = Sattel.)
  Rassebeispiel: Airedaleterrier.

Die mit Grossbuchstaben bezeichneten Farben (A^s, A^y, A) setzen sich bei Kreuzungen gegenüber den mit Kleinbuchstaben benannten (z. B. a^{sa}) durch, sind also dominant.

Zur Genetik des schwarz-roten Mantels

Die hübsche schwarz-rote Jacke der Sennenhunde (und anderer Rassen) ist der Wirkung des letzten Allels der Aguti-Serie zuzuschreiben. Es wird mit dem Symbol $\mathbf{a^t}$ bezeichnet. (Das kleine «t» steht für englisch «tan» = braun.) Die Pigmentverteilung wird so gesteuert, dass sich im Zentrum des Felles (Nähe der Wirbelsäule, obere und seitliche Rumpfpartie) schwarzes Pigment durchsetzt und nur bestimmte Randzonen rot werden (Enden der Beine, Flächen an Kopf, Bauch und After).

Das allen schwarz-lohfarbenen Rassen zugrundeliegende Farbprogramm (Hauptfarbe der Sennenhunde) lautet: $\mathbf{a^t a^t}$

Auch diese Variante vererbt sich rezessiv (wie $\mathbf{a^{sa}}$), tritt also nur dann ins Erscheinungsbild des Hundes, wenn beide einander entsprechenden und dieses Merkmal gemeinsam bewirkenden (allelen) Gene auf $\mathbf{a^t}$ programmiert sind. $\mathbf{A^s}$ (reinschwarz), $\mathbf{A^y}$ (gelb) oder A (wildfarben) sind dominant über $\mathbf{a^t}$, d. h. bei einer Kreuzung mit einem z. B. schwarzen Hund ($\mathbf{A^s}$) verschwindet die schwarz-rote Farbe ($\mathbf{a^t}$).

Pape (1985) und darauf aufbauend Jödicke (1990) nehmen eine zweite Agutiserie an (G = Faktor für Körperzeichnungsmuster der Wildfarbe). Sie bezeichnen den Erbfaktor für black and tan danach mit g^t (g = Rezessivschwarzfaktor, t = tan = braun). Ihren Untersuchungsergebnissen nach kann sich aber dieses Farbmuster nur verwirklichen, wenn das Allel g^t in Kombination mit dem Lohfaktor a^y in doppelter Dosis vorkommt ($a^y a^y$). Danach entstünde die Grundfarbe unserer Sennenhunde durch die Wirkung der Allelkombination $a^y a^y g^t g^t$ oder $a^y a^y g^t g$.

Zur Genetik der weissen Abzeichen

Es gilt, jetzt den Faktor kennenzulernen, der bewirkt, an welchen Stellen sich Farbe überhaupt bilden kann und wo nicht. Für eine durchgängige Pigmentierung des Felles oder andererseits für das «Leerbleiben» bestimmter Stellen sind spezielle Genwirkungen verantwortlich. Die vollständige Ausfärbung des gesamten Felles – die Einfarbigkeit – wirkt in der Regel im Erbgang dominant über alle Arten von Scheckung. Dafür steht der Grossbuchstabe «S» (S von englisch «self» = vollfarbig, einfarbig). Für den sich gegenüber Vollfarbigkeit rezessiv verhaltenden Scheckungsfaktor wurde das kleine «s» in der Bedeutung «nicht vollfarbig» gewählt von englisch «spotting» = Fleckung.

S (Vollfarbigkeit) überdeckt s (Scheckung).

Also: SS = reinerbig für Vollfarbigkeit
Ss = gemischterbig
Der Phänotyp ist in beiden Fällen gleich, die Hunde sind einfarbig.
ss = reinerbig für Scheckung

Da sich die Sennenhunde von allen anderen schwarz-lohfarbenen Hunderassen unverkennbar abheben, weil sie zur schwarz-roten Jacke auch noch ein blütenweisses Hemd anhaben, wollen wir uns nun den Einflüssen etwas genauer zuwenden, die dieses Sonntagskleid zustandebringen.

Weiss gilt nicht als Farbe. Es entsteht, wenn durch dafür verantwortliche Gene chemische Vorgänge bewirkt werden, die eine Pigmentbildung hemmen oder ganz verhindern.

Bei Hunden gibt es 4 unterschiedliche Arten der Weissfärbung:

1. Albinismus: völliger Pigmentmangel in Haar und Haut (sehr selten),
2. Leukismus: Das Fell ist ganz weiss, aber die Augen sind pigmentiert wie auch alle nichtbehaarten Hautstellen (z. B. weisser Pudel),
3. stark aufgehelltes Gelb (z. B. das Weiss des Kuvasz),
4. zum Extrem gesteigerte Weissscheckung (z. B. das Weiss des Pyrenäenhundes).

Uns interessiert das Weiss hier nur in seiner Form der Scheckung. Davon sind drei Arten zu unterscheiden, je nachdem wie gross das Ausmass der weissen Stellen ist. Diese drei qualitativ unterschiedlichen Scheckungsmuster werden von drei verschiedenen Allelen kontrolliert, und diese werden durch Buchstaben unterschieden, die dem kleinen «s» für Scheckung hochangesetzt hinzugefügt werden. Sie geben an, in welchem Umfang weisse Flächen vorhanden sind:

s^{i} = kleine weisse, sogenannte irische Abzeichen (zuerst an weissen Ratten irischer Herkunft untersucht; das Muster ist festgelegt: weisse Stellen um die Nase, auf der Stirn, an Brust, Füssen, Rutenende), wie z. B. bei den Schweizer Sennenhunden

s^{p} = ausgedehnte weisse Zonen in variabler Ausprägung (p = englisch «piebald» = buntscheckig) wie z. B. beim Beagle und Bernhardiner.

s^{w} = Zeichen für (fast) weisse Hunde (w = englisch «white» = weiss) wie z. B. beim Pyrenäenhund oder dem Sealyham-Terrier, die allgemein weiss sind, mitunter aber an den Kopfseiten, Ohren und u. U. auch am Rumpf farbige Stellen zeigen. (Die Standards gestatten ausdrücklich solche dachsfarbenen oder gelbgrauen Flecken.) Das ist ein Hinweis darauf, dass diese Rassen verdeckt im Farbprogramm den Wildfarbenfaktor führen und genetisch zu den Schecken gehören.

Grundsätzlich gilt, dass sich im Erbgeschehen mehr Farbe gegenüber weniger durchsetzt, also: s^{i} dominiert über s^{p} dominiert über s^{w}.

Aus der Kleinschreibung geht hervor, dass sich diese Allele im Erbgeschehen rezessiv verhalten. Sie treten also, wie schon erwähnt, nur dann ins Erscheinungsbild, wenn sie in doppelter Dosis vorhanden sind, z. B. $s^i\ s^i$.

Damit kann jetzt die Farbformel für den Berner Sennenhund zusammengesetzt werden:

$$a^t\ a^t\ s^i\ s^i$$

a^t steht für den schwarz-roten Mantel, s^i für die kleinen weissen Abzeichen. Je ein Satz stammt vom Vater und einer von der Mutter.

Für den reinerbig schwarzen Neufundländer wird geschrieben (schwarz, vollfarbig)

$$A^s\ A^s\ S\ S$$

Die verschiedenen Grade der Ausprägung des Scheckenmusters

Scheckungsserie

S = self
(Vollfarbigkeit)

s^i = irisch spotting
(kleine weisse Abzeichen)
Mehr als 80 % des Felles sind pigmentiert.
Das Scheckungsmuster erscheint in Abzeichenform.

s^p = piebald spotting
(grosse weisse Abzeichen)
20 % bis 80 % des Felles sind pigmentiert; «echte Schecken»; Auflösung des farbigen Mantels (Plattenscheckung)

s^w = white spotting
(extreme Weissfleckigkeit)
weniger als 20 % sind gefärbt; reicht bis zum ganz unpigmentierten Fell

Grenzen fliessend.
Überschneidungen durch mitwirkende Kleingene, die je nach Art und Menge für mehr oder weniger Farbe sorgen.

Die Steuerung der Weissvererbung beim Berner Sennenhund

Die vom Hauptgen s^1 bewirkte Weisszeichnung ist in ihrer Ausdehnung variabel. Das weiss jeder Züchter nur zu gut. Verantwortlich dafür sind zusätzliche Neben- oder Modifikations-(Abwandlungs-)gene, die die Wirkung des Hauptgens verstärken oder abschwächen und sogar teilweise ganz unterdrücken können. Kommen in einem Tier viele solche zusätzlichen »Weissmacher« zusammen, drängen sie die dunkle Färbung noch mehr zurück, es entstehen grosse und übergrosse weisse Abzeichen. Mehren sich viele kleine zusätzliche Farbgene, ist es umgekehrt.

Wird eine Erbeigenschaft (in unserem Falle das Ausmass der weissen Abzeichen s^1) durch viele (zusätzliche) Gene bestimmt, ergibt sich unter den Tieren, deren Aussehen davon gestaltet wird, ein bestimmtes Verteilungsverhältnis dieser Merkmalsausprägung. Das Kennzeichen für die polygene oder quantitative Vererbung ist: Der grössere Teil der Hunde zeigt eine mittelgradige Ausprägung der Eigenschaft. Nach beiden Seiten immer weniger werdend, kommen Tiere mit Abweichungen vor, die sogenannten Plus- und Minusvarianten. In unserem Falle also: Der grössere Teil der Berner Sennenhunde hat mittelgrosse weisse Abzeichen, ein weiterer Prozentsatz zeigt etwas weniger oder aber etwas mehr Weiss, und ein geringer Teil fällt mit zu wenig oder zu viel aus dem Rahmen. Würde man alle geborenen Welpen erfassen, einteilen und zählen und das Ergebnis grafisch darstellen, ergäbe sich ungefähr diese Kurve der Normalverteilung:

Variationsbreite der weissen Abzeichen (s^i) beim Berner Sennenhund

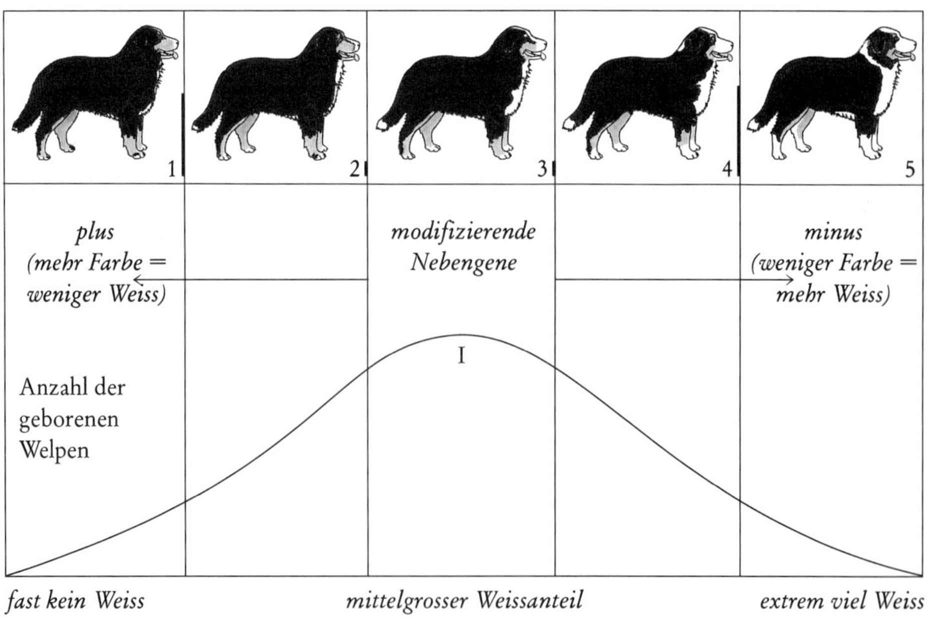

Steuerung der weissen Abzeichen (s^i) durch Zuchtwahl

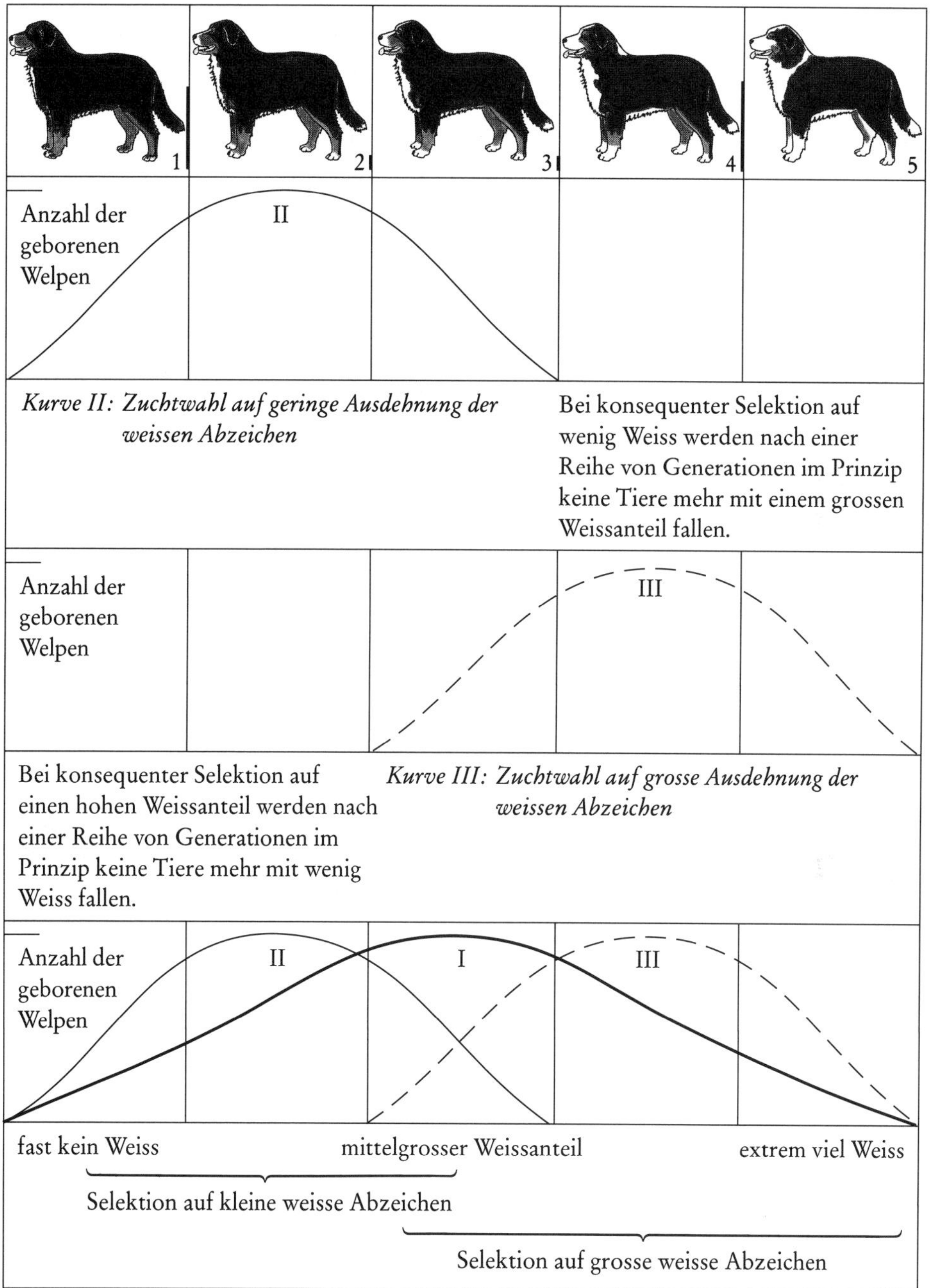

Zusammenfassende grafische Darstellung der mengenmässigen Verteilung der Weisszeichnung, wenn nach dem Standard (Kurve I) oder in extremen Richtungen (Kurven II und III) selektiert wird.

Fassen wir zusammen: Je nachdem, zu welchen Teilen man Tiere der verschiedenen Zeichnungsgruppen (Bilder 1 bis 5) zur Zucht einsetzt, wird sich der Prozentsatz der gering, mittelgradig oder reichlich weiss gezeichneten Berner Sennhunde verändern. Da im Rahmen einer richtig (entsprechend der Standardforderungen) gelenkten Zucht aber in der Regel nur Tiere Nachkommen zeugen sollen, die so gezeichnet sind, wie es die Bilder 2, 3 und 4 (möglichst ohne Nackenfleck) zeigen, wird die Verteilung hinsichtlich der Weisszeichnung ungefähr so ausfallen, wie es in Kurve I dargestellt wurde. Ist entsprechend der Zuchtbreite und der positiven Ausprägung anderer noch wichtigerer körperlicher und psychischer Merkmale eine gezieltere Selektion hinsichtlich der Farbverteilung möglich, wird sich die Kurve nach oben verschieben: Der Anteil der wie im Bild 3 gezeichneten Berner wird langsam zunehmen, und damit werden die Abweichungen nach und nach geringer.

Wirkung konsequenter Selektion

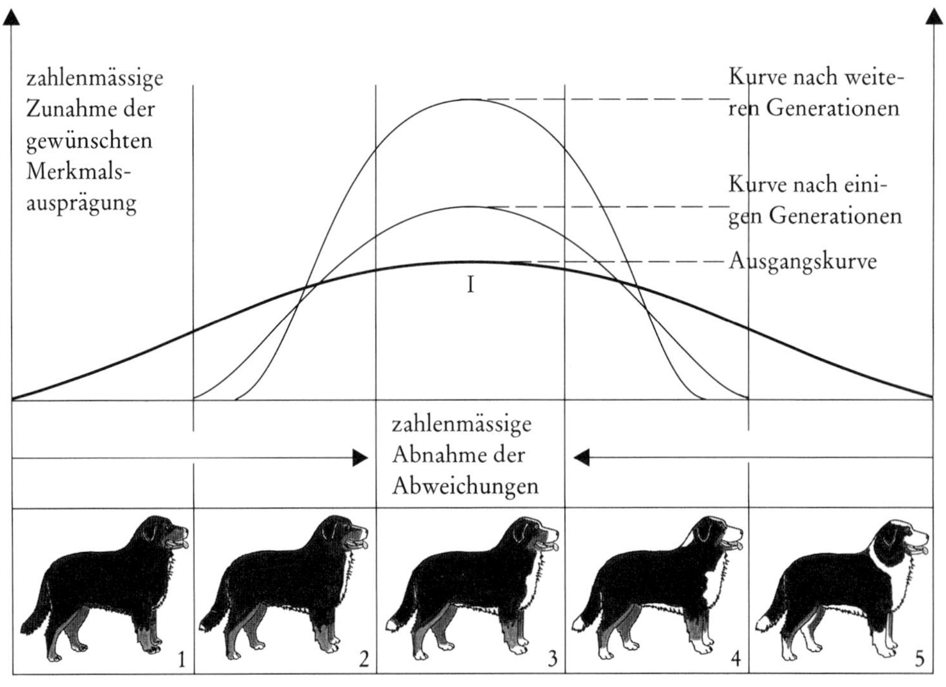

Praktische Zuchtprobleme der Farbzeichnung

Die Beeinflussung der Grösse der weissen Abzeichen – für Züchter von Berner Sennenhunden ein wichtiges Problem – haben wir bisher insbesondere im Rahmen der gesamten Populationen besprochen. Dabei ist deutlich geworden: Der Umfang der Weisszeichnung wird sich auch durch strenge Zuchtwahl nicht vollkommen steuern lassen: Bei Polygenie kann nicht für oder gegen ein bestimmtes Gen ausgelesen werden. Die Vielzahl von Genen prägt eine Vielzahl von Geno- und Phänotypen.

Wenn wir jetzt die den einzelnen Züchter interessierenden Fragen angehen, gilt es, sich noch einmal zu erinnern: Bei der Weissvererbung wirken die beiden grundlegenden Vererbungssysteme gemeinsam:

1. *die monofaktorielle (Mendel-) Vererbung:* Ein Hauptgen erzeugt den Effekt, hier ist es das Gen s^1; als rezessives Allel tritt s^1 nur hervor, wenn es doppelt vorhanden ist: s^1s^1 bewirkt das Vorhandensein der weissen Abzeichen überhaupt.
2. *die polyfaktorielle Vererbung:*
   Wir wissen, dass nicht zu ermitteln ist, wie viele zusätzliche Kleingene von wieviel Genorten auf die Grössenausdehnung der Abzeichen Einfluss haben. Bekannt ist aber, dass
   - ein Teil der Kleingene unter additiver (oder multiplikativer) Kontrolle steht, also zusammenwirkt oder dass eben einzelne von ihnen andere in deren Effekt verstärken.
   - ein Teil von ihnen aber auch in der Lage ist, seinen allelen Partner zu überdecken (Dominanzwirkung) oder auch ein Gen an einem anderen Locus zu maskieren (Epistasiewirkung).

Dass heisst, dass nicht alle Kleingene generell eine Funktion ausüben, die phänotypisch sichtbar wird, sondern sich auch »verstecken« und dann in einer anderen Kombination wieder aktiv werden und hervortreten können. Unterschied gegenüber den Hauptgenen: Ihr Einfluss ist nicht im entferntesten so gravierend; es handelt sich ja um Faktoren im Rahmen der quantitativen Vererbung.

Sich diese Grundlagen noch einmal ins Gedächtnis zurückgerufen zu haben, erleichtert uns das Verständnis der im folgenden dargestellten Zusammenhänge.

Probleme, die den Züchter unmittelbar angehen

Dem einzelnen Züchter geht es um drei Dinge:

1. Welche Möglichkeiten bestehen, den Weissanteil zu verringern oder zu vergrössern?
2. Kann die Ausdehnung der weissen Abzeichen nur an bestimmten Stellen beeinflusst werden?
3. Ist es möglich, einen Einfluss auf die Symmetrie auszuüben?

1. Wie können die weissen Abzeichen verkleinert und vergrössert werden?

Durch die Zuchtwahl auf Regelmässigkeit der Weisszonen ist viel erreicht worden. Aus den »bunten Bauernhunden«, die eine grosse Bandbreite der Weissscheckung aufwiesen (von fast nur schwarz-rot über das ganze Spektrum des irischen Musters hinweg bis zu den Anfängen der Plattenscheckung) wurden Berner Sennenhunde, wie wir sie heute kennen: Ihre Weissscheckung hat sich zur Abzeichenform (eng begrenzte, relativ einheitliche Ausdehnung an immer den gleichen Stellen) stabilisiert.

Geht man über Land, sind heute noch unter den vielen Bastarden auf den Bauerngehöften im Kanton Bern Hunde zu finden, deren Fell die «alte» Farbvielfalt zeigt:

Neben ganz dunklen, fast nur schwarzroten mit einigen weissen Haaren gibt es sie bis hin zu solchen mit riesigem weissen Kragen und langen Stiefeln.

In den Standards von 1910 und 1945 wurden Nackenfleck und Halsring als »gerne gesehen« bezeichnet. Weil der Halsring dann verpönt wurde, da er immer wieder ausuferte, hat man ihn weggezüchtet. Als Überbleibsel dieser grossflächigen Weissscheckung war später laut Musterbeschreibung von 1951 noch immer ein «kleiner weisser Nackenfleck gerne gesehen», im 1957er Standard wird er nicht mehr erwähnt. In der Fassung von 1963 ist er unter «Fehler» aufgeführt; in der jetzt gültigen Vorschrift gilt er als «nicht erwünscht, jedoch toleriert».

In den Zuchten der einzelnen Länder taucht er immer noch hie und da in unterschiedlicher Häufigkeit auf.

Das ist Beweis in drei Richtungen:

- Einmal vererben sich die weissen Abzeichen trotz Zuchtwahl mit ziemlicher Hartnäckigkeit, weil sich ihre Gene nur schwer, letztlich nie vollständig selektieren lassen und solche, die in rezessiver Form vorliegen, doch immer wieder einmal auftauchen.
- Die Entwicklung legt aber auch Zeugnis dafür ab, dass es im Zeitraum von 15 bis 20 Generationen gelungen ist, einen deutlichen Einfluss auf die Weissausdehnung zu nehmen.
- Und schliesslich ist diese Entwicklung in der Hinsicht interessant, dass die weissen Abzeichen eben auch an einer ganz bestimmten Stelle, unabhängig von den anderen Orten, wo sie vorkommen, Selektionsdruck nachgeben, wenn er lange und intensiv genug ausgeübt wird.

Welche Möglichkeiten bestehen grundsätzlich, den Weissanteil bei der Nachzucht verringern oder vergrössern zu können?

Die weissen Abzeichen unserer Sennenhunde gehören zu den Scheckungsfaktoren (S-Serie). So, wie Vollfarbigkeit Scheckung im Prinzip überdeckt, ist auch s^1 (die kleinen weissen Zonen an einigen bestimmten Stellen) gegenüber s^p (der ausgedehnteren Plattenscheckung) dominant. Zwischen s^1 und s^p gibt es aber durch die Wirkung der Kleingene, die auf alle Allele der S-Serie einwirken, Überschneidungen durch Plus- und Minusmodifikatoren, so dass die Übergänge fliessend sein können.

Little hat versuchsweise Hunde mit kleinen weissen Abzeichen (s^1s^1) mit solchen gekreuzt, die das Plattenmuster (s^ps^p) zeigen. Von 101 beschriebenen Nachkommen wiesen alle nur kleine weisse Abzeichen auf (natürlich unterschiedlicher Ausdehnung), keiner die Plattenscheckung. Genetisch waren diese Kreuzungstiere mischerbig (s^1s^p). Bei einer weiteren Paarung solcher Hunde untereinander würden innerhalb einer grossen Zahl wieder 25% mit Plattenmuster hervorgehen.

Dass wenig Weiss über viel Weiss dominiert, ist für die Zucht unserer Rasse insofern von Bedeutung, als dass man auch da die Tendenz feststellen kann, dass sich betont dunkle Hunde meist gegenüber solchen mit viel Weiss hinsichtlich der Farbe mehr oder weniger durchsetzen.

Anders als bei der Kreuzung von S-Tieren (Einfarbigkeit) mit s^1-Tieren ist das

Resultat, wenn Vollfarbige mit Plattenschecken (s^ps^p) gepaart werden. Wenn schon so viel Weiss bei einem Partner vorhanden ist, kann sich die Pigmentierung nicht mehr ganz durchsetzen. Es entstehen vorwiegend Nachkommen mit kleinen weissen Abzeichen, die so aussehen wie s^1-Tiere. Little nennt sie pseudo-irisch gefleckt. Bei seinen Kreuzungsversuchen zwischen Vollfarbenen (SS) und Schecken (s^ps^p) registrierte er 180 Welpen. Davon hatten 134 (74,44%) kleine weisse Abzeichen, und 46 Welpen waren einfarbig (Ss^p), das entspricht 25,56%. Kein einziger war gescheckt (s^ps^p).

Die Züchter nehmen für eine Hündin mit reichlich Weiss einen «dunklen» Rüden, damit sie Welpen mit weniger Weiss bekommen. Sie wollen damit der Gefahr begegnen, dass sich die Weisszeichnung noch ausbreitet. Der Erfolg tritt meistens ein, wenn der Rüde nicht nur zufällig viel Farbe hat, sondern auch aus einer Familie mit wenig Weiss stammt. Grund: 1. Farbe dominiert über Nichtfarbe. 2. Der Anteil der »Weissmacher« verringert sich bei den Nachkommen; dies wird im praktischen Zuchteinsatz von Rüden deutlich, die sich schnell den guten Ruf erwerben, die Farben zu stabilisieren. Sie zeugen mit fast allen weiblichen Tieren, auch mit in dieser Hinsicht Problemhündinnen, meist gutgezeichnete Welpen. Dadurch jedoch, dass in der Praxis versucht wird, durch Gegensätze Mittelwerte zu erreichen, sind unsere Tiere natürlich bzgl. der Grösse der weissen Abzeichen gemischterbig veranlagt, und das bringt viele Probleme:

Die überdeckende Farbe kann schon in der nächsten Generation wieder zurückgehen, je nach Wahl des Vatertieres. Die teilweise überdeckten Weissanteile kommen dann wieder zum Vorschein, wenn sie genügend «Partner» finden, auch wenn diese z.Z. im Phänotyp nicht sichtbar, sondern überdeckt waren.

Das ist die Erkärung dafür, warum aus knapp gezeichneten Eltern Nachkommen mit viel Weiss hervorgehen können.

Umgekehrt dagegen treten in Linien mit ausgeprägter Weisszeichnung kaum Welpen auf, die nur kleine Abzeichen haben. Das Weiss als Rezessivfaktor «sitzt relativ fest», wie der Züchter sagt.

Der genetische Hintergrund: Rezessiv sich vererbende Faktoren (bzw. solche mit ähnlichem Verhalten) lassen sich viel leichter rein züchten, da «darunter nichts mehr versteckt ist», hingegen sind sie nur schwer wegzuselektieren; sie kommen, wie wir dies am Beispiel des Nackenfleckes aufgezeigt haben, doch immer wieder einmal durch.

Die Versuche Littles beweisen: Wenn viel Weiss da ist, kann sich Farbe nicht ganz durchsetzen. Weissfleckigkeit hält sich hartnäckig, im angeführten Beispiel sogar in der ersten Kreuzungsgeneration entgegen der festen Regel, dass Vollfarbigkeit Scheckung überdeckt.

Beantworten wir die als erste aufgeworfene Frage zusammenfassend in aller Kürze: Viel Weiss kann zurückgedrängt werden, indem ein Partner mit wenig gewählt wird. Fehlende Abzeichen sind durch das Anpaaren von Tieren mit ausgeprägtem Weissanteil hereinzuholen. Dabei ist immer das familiäre Umfeld als wichtiger Hintergrund zu beachten.

2. Wie können die weissen Abzeichen nur an bestimmten Stellen beeinflusst werden?

Hat ein Hund viele Weissanteile, nimmt die Abzeichengrösse durchaus nicht an allen bekannten Stellen gleichmässig zu, schön einheitlich verteilt. Nein, einmal erscheint plötzlich ein Stiefel, während Kopf und evtl. auch Brust eher wenig helle Flächen haben, oder die Kopfzeichnung ist übermässig verbreitert, die Pfoten dagegen zeigen kaum Weiss. Gerade diese scheinbare Willkürlichkeit ist für den Züchter ärgerlich, hat er doch in den Würfen immer wieder Welpen, die wunderschön gezeichnet wären, wenn, ja wenn sie eben nicht da oder dort, sehr oft nur an einer Stelle, zu viel oder zu wenig Weiss hätten.

Wir dürfen nie vergessen: Unser $\dot{s}^1$-Faktor ist ein zur Abzeichenform gezügeltes Scheckenmuster! Und das bricht aus den Grenzen, in denen wir es gerne sehen, hin und wieder nach beiden Richtungen aus; das entspricht seinem Wesen.

Bei der Verteilung der weissen Zonen deuten sich trotzdem ganz bestimmte Tendenzen an. Trotz aller Gemischterbigkeit bestehen zwischen einzelnen Zuchtlinien Unterschiede. Grosse Abzeichen treten nicht überall mit derselben Häufigkeit und an den selben Orten auf.

So gibt es Hunde und Hundefamilien, die fast durchwegs reiche Weisszeichnung am Kopf haben und vererben, während die Pfoten nur wenig oder nahezu nichts davon zeigen.

Hunde anderer Familien weisen immer nur eine schmale Blesse, dafür aber immer reichlich Pfotenweiss auf.

Eine dritte Gruppe z.B. kann an Pfoten und Kopf regelmässig knapp gezeichnet sein, hat jedoch immer ausgedehntes Brustweiss. Es scheint, dass auch Erbeinflüsse wirken, die nicht nur auf die Breite der Abzeichen, sondern auch auf deren örtliche Verteilung Einfluss haben. Eine wissenschaftliche Untersuchung dazu gibt es nicht, doch ist diese Erscheinung jedem aufmerksamen Züchter bekannt. Wir wissen aus der Erfahrung, dass vielgebrauchte Zuchtrüden bestimmte Entwicklungsrichtungen in der Farbverteilung an ihre Nachkommen vererben. Bei einem sind bei fehlfarbenen Welpen fast immer Stiefel im Spiel, jedoch nie viel Kopfzeichnung. Andere bringen häufig übermässiges Weiss am Fang oder mehr Nackenflecke, und das alles mit ganz verschiedenen Hündinnen. Diese Tendenzen wären genauso deutlich bei weiblichen Tieren feststellbar, wenn diese ebensoviele Nachkommen hätten wie die männlichen.

Erinnern wir uns daran, dass es gelungen ist, eine so grosse unpigmentierte Fläche, wie es viele Halsringe waren, praktisch wegzuzüchten, ohne dass damit auch der Weissanteil anderer Zonen verändert worden wäre. Das spricht dafür, dass es durchaus möglich ist, die Abzeichengrösse nur an bestimmten Stellen zu beeinflussen, aber wirklich nur dann, wenn ausnahmslos alle Züchter mit einem klar gestellten Ziel lange und nachdrücklich genug und ohne Kompromisse selektieren, wie es eben in diesem Falle geschehen ist. Bei der Verdrängung des weissen Halsringes und auch seines Überbleibsels, des Nackenfleckes, ist es gelungen.

In den Rassekennzeichen von 1910 wurden weisser Nackenfleck und Halsring noch als «gerne gesehen» bezeichnet. Unser erstes Foto zeigt Jutzi v. Sumiswald SHSB 35804, gew. 8. Okt. 1929, ein Zuchtrüde zu Beginn der 30er Jahre (auf dem alten Foto 7 Monate alt). Grosse Nackenflecke und breite Halsringe wurden später als unerwünscht bezeichnet und bekämpft. Seit etwa 40 Jahren sind diese Abzeichen ganz verpönt. Dass das genetische Grundmuster dafür im Genbestand noch vorhanden ist und immer wieder einmal durchbrechen und enorm ausufern kann, wenn seinem anfänglichen Auftauchen nicht gewehrt wird, zeigt das zweite Foto von der Ausstellung in Brno 1983 mit dem in der Tschechoslowakei gezüchteten Rüden im Vordergrund.

Wenn die Grösse der weissen Abzeichen ganz bestimmter Stellen verändert werden soll, muss der Praktiker also wissen: Die einzelne Abzeichengrösse ist beeinflussbar, wenn dies auch schwieriger ist als den gesamten Weiss- bzw. Farbanteil zu verringern oder zu vermehren. Fehlt Weiss an Kopf, Brust, Pfoten, Rutenspitze bzw. ist das Abzeichen an einem dieser Orte zu gross, gelingt ein Ausgleich am ehesten, wenn ein Zuchtpartner gewählt wird, der an der entsprechenden Stelle gerade entgegengesetzt gefärbt ist und auch möglichst aus einer Familie kommt, die eine gewisse Gewähr dafür gibt, dass man das Gewünschte erhalten wird. Soll beispielsweise mehr Pfotenweiss in die eigene Zucht geholt werden, gilt es, einen Rüden zu finden, der als guter Vererber für weisse Pfoten evtl. schon bekannt ist. Auf alle Fälle muss es ein Hund sein, der selbst in diesen Regionen wie gewünscht gezeichnet ist und in dessen Familie die Abzeichen an den Pfoten relativ einheitlich vorkommen. Der Praktiker weiss, dass das Ergebnis, die Abzeichen an den Füssen zu vergrössern, auch sein kann, dass er plötzlich in einem Wurf einen gestiefelten Welpen hat. So ein Hund aber, bei dem sich zu viele Kleingene für Zehenweiss summiert haben, ist ein kalkuliertes Risiko. Geht man es nicht ein, ist das Angestrebte nicht zu erreichen. Soll der Weissanteil vergrössert werden, darf dies nicht mit Gewalt geschehen. Vor Zuchtpartnern mit übergrossen Abzeichen (Blesse fast bis an die Augen, Weiss am Fang bis hinter die Lefzenwinkel reichend, Brustlatz sich seitlich am Hals hinauf erstreckend, hohe weisse Socken) ist zu warnen. Wird so extrem angepaart, provoziert man ein Ausufern der Scheckung bei einem Teil der Nachzucht. Die Gefahr dafür besteht am ehesten an Kopf und Pfoten, weniger an der Brust, praktisch nicht am Rutenende.

Anzumerken ist, dass wir durch richtige Zuchtpartnerwahl darauf achten müssen, dass die deutliche weisse Schwanzspitze nicht bei einer grösseren Anzahl von Tieren ausbleibt. Sie ist ein Abzeichen, auf das zuletzt gesehen wird. Die Züchterschaft muss sich aber bewusst sein, dass auch die weisse Rutenspitze ein Rassemerkmal ist.

3. Kann die Symmetrie der Abzeichen beeinflusst werden?

Das Muster ist bei der irischen Scheckung auf die bekannten Bereiche festgelegt, nicht aber dessen Ausdehnung. Oft ist diese nicht nur geringer oder umfangreicher, sondern auch einseitig und damit unsymmetrisch. Das kann die unterschiedlichen Weissanteile betreffen

- an den vier Extremitäten; beachtet wird vor allem die Gleichheit möglichst beider Vorderfüsse,
- an Kopf und Brust; das einzelne Abzeichen ist dann schief.

Vollständige Symmetrie kommt höchst selten vor; betrachtet man sie unter strengen geometrischen Gesichtspunkten, dann überhaupt nicht, doch sie wird von den Züchtern so weit wie möglich angestrebt, weil das dem allgemeinen Schönheitsempfinden entgegenkommt; besonders im Gesicht wird dies zurecht als wichtig empfunden.

Das Weiss der Hinterpfoten ist weniger variabel als an den vorderen, auch fällt es nicht sofort ins Auge.

Allgemein kann gesagt werden: Die Symmetrie wird prinzipiell besser gewahrt, wenn die Abzeichen nicht zu gross sind, und die Ebenmässigkeit nimmt ab, wenn viele zusätzliche «Weissmacher» die gezügelte Weissausdehnung in Richtung Scheckung vergrössern. Dazu kommt, dass mit zunehmender Abzeichengrösse Unsymmetrien optisch deutlicher werden, dass sie dann ganz einfach mehr auffallen.

Diese Tendenzen sollten aber nicht dazu verführen, zu dunkle Hunde anzustreben und damit das hintenan zu stellen, was die Rasse so einzigartig prägt: ihre klargeordnete Dreifarbigkeit.

Für den Züchter, der die Symmetrie der weissen Abzeichen in seiner Zucht verbessern muss oder will, gilt allgemein: Am schwierigsten ist es, Asymmetrien beim einzelnen Abzeichen zu korrigieren, die »schiefmachenden Gene« hinauszudrängen. Das gilt insbesondere für das Weiss am Fang, weil es hier um die gleichgrosse Verteilung auf beiden Seiten des Kopfes geht. Wer lange genug und gut beobachtet hat weiss, dass sich Ebenmässigkeit oder schiefe Verteilung manchmal sogar «haargenau», häufig aber zumindest der Tendenz nach vererben, dass also eine Regulierung züchterisch möglich ist. Ungleichmässigkeiten ist am besten damit zu begegnen, dass man eine zu umfangreiche Ausbreitung des Weiss durch das Anpaaren von dunklen Hunden in der entsprechenden Region verhindert und symmetrisch gezeichnete Zuchtpartner wählt. Dazu ist besonders darauf zu achten, dass in der Linie des Zuchtpartners keine ähnlichen Asymmetrien vorkommen.

Methoden der Zuchtauslese zur Stabilisierung der gewünschten Zeichnung

Um eine bestmögliche Farbverteilung im gesamten Rassebestand zu erzielen, wird in der Praxis mit zwei Verfahren gearbeitet, 1. mit gezielten Paarungen, 2. mit dem Zuchtausschluss aller Tiere, die der Norm nicht entsprechen.

1. Gezielte Paarungen

Die sicherste Lösung sind homogene Paarungen: Die Weiss- bzw. die Farbanteile der Partner liegen im mittleren Rahmen und sind symmetrisch verteilt; beide Tiere stammen auch aus ausgeglichen gezeichneten Familien.

Heterogene Paarungen sind immer dann nötig, wenn zu korrigieren ist. Es sind immer alle Zonen zu beachten. Extreme müssen vermieden werden. Kontinuität ist gefragt, weil ständiges Probieren nur neue Probleme schafft.

»Dauerhafte« Korrekturen der Weissverteilung (Umfang, Symmetrie) sind nicht in einer Generation möglich. Erfahrungsgemäss dauert dies zwei oder drei. Das hängt davon ab, wie gross die zu korrigierenden Abweichungen sind und welche Zuchtpartner zur Verfügung stehen. Hat man Zuchthunde mit stabilisierten Farben, kann viel leichter auf so bedeutsame Kriterien geachtet werden, wie es Gesundheit, Wesensfestigkeit, Gangwerk und Typ sind; das ist der Vorteil.

2. Ausschluss unbefriegend gezeichneter Tiere von der Zucht

Um mit einiger Sicherheit gut gezeichnete Würfe zu erhalten, ist es unumgänglich, alle Tiere mit extremer Farbverteilung in beiden Richtungen von der Zucht auszuschliessen. Das ist die Grundlage. Man bedient sich dazu zweier Methoden:

1. Alle fehlgezeichneten Welpen dürfen erst gar nicht aufgezogen werden. (Das gilt nicht für Länder, in denen die Tierschutzgesetzgebung etwas anderes vorschreibt.)
2. Tiere mit unbefriedigender Farbverteilung dürfen keine Zuchterlaubnis erhalten.

Diese zwei Auslesemethoden sind als Einheit zu sehen.

Allgemeine Gesichtspunkte für die Selektion von Welpen

In Ländern, in denen eine genügend breite Zuchtbasis vorhanden ist und so viele Welpen geboren werden, dass die Nachfrage gedeckt werden kann, ist es nicht sinnvoll, unbefriedigend gezeichnete Berner Sennenhunde aufzuziehen. Sie machen den schöngezeichneten zahlenmässig Konkurrenz, lassen sich meist kaum verkaufen, setzen das ästhetische Gesamtbild der Rasse herab, und nicht zuletzt können sie Anlass zu Ärger und Verdruss sein, wenn dann doch mit solchen Hunden gezüchtet werden soll.

In Populationen, in denen die Zahl der Zuchttiere gering ist und weitere, für die Rasse wichtigere Probleme noch grössere Sorgen bereiten, wie z. B. die Verbreitung der HD oder anderer Erbkrankheiten, die Festigung eines guten Wesens, des Typs und des korrekten Gangwerks, ist anfänglich eine gewisse Grosszügigkeit am Platze. Hier sind in einem ersten Schritt nur die Neugeborenen zu merzen, die völlig aus dem Rahmen fallen. Alle, die bzgl. der Farbverteilung einigermassen akzeptabel sind, werden aufgezogen. Das garantiert später, wenn viele andere Eigenschaften einzuschätzen sind, die zukünftigen Zuchttiere auf breiter Grundlage auslesen zu können, was dann wirklich rassefördernd und ohne falsche Konzessionen geschehen muss.

Es wäre sehr schade und für Zuchtbestände im Aufbau ein unersetzlicher Verlust, wenn in einem Wurf vielleicht der Rüde oder die Hündin mit den gesündesten Hüften, dem besten Wesen oder dem korrektesten Gebäude abgetan würde, nur weil der Welpe eine Farbabweichung hatte.

Sollte sich ein Zeichnungsfehler später doch als sehr störend erweisen und kommen vielleicht noch andere Mängel hinzu, kann solch ein Hund immer noch von der Zucht ausgeschlossen werden.

In einigen Ländern, vor allem in England und Amerika, ist es auch üblich, zur Zucht ungeeignete Tiere verbilligt und mitunter sogar ohne speziellen Abstammungsnachweis als Familienhunde abzugeben, was in diesen Ländern vielleicht gar keine schlechte Methode ist. Will sich der Züchter aber nicht in Verruf bringen, ist ihm sehr zu raten, auch in Verhältnissen, wo kein Druck zur strengen Selektion schon im Wurf besteht, nicht zu grosszügig zu sein, denn die Zeichnung ist das auffallendste Merkmal am Welpen. Wenn die aufgezogenen Tiere sehr unausgeglichen aussehen und viele unschön gezeichnete Junge in den Würfen sind, spricht sich das herum, und der Züchter riskiert, anspruchsvollere Käufer zu verlieren.

Aussonderung schlecht gezeichneter Welpen nach der Geburt (Wurfkontrolle)

«Grundsätzlich darf mit einer Hündin pro Kalenderjahr nur ein Wurf mit höchstens 6 Welpen aufgezogen werden... Es sind nur kräftige und gutgezeichnete Welpen aufzuziehen.» So steht es im Zucht- und Körreglement des Schweizerischen Klubs für Berner Sennenhunde vom 8.2.1986, erneut bestätigt von der Delegiertenversammlung am 13.2.1988. In der Schweiz muss jeder Wurf sofort gemeldet werden, und in den ersten 3 Tagen nach der Geburt kommt ein Wurfkontrolleur, der zusammen mit dem Züchter schlechtgezeichnete Welpen ausscheidet. Im Idealfall kann unter 8 bis 10 durchschnittlich gut gefärbten Tieren ausgewählt und auf feine Details geachtet werden, um den Wurf auf die erlaubte Welpenzahl zu reduzieren. Es kommt aber auch vor, dass die Kleinen so schlecht gezeichnet sind, dass selbst grosse Würfe auf zwei Überlebende verringert werden müssen. So viele belässt man der Hündin üblicherweise, um diese nicht gesundheitlich zu gefährden.

Es geht hier nicht darum, für oder gegen solche Kollektivmassnahmen, die für manche Züchter auch zum schwer akzeptierbaren Zwang werden können, Stellung zu nehmen. Vor- und Nachteile dieser Frühauswahl wurden bereits dargelegt. Einige Länder kennen sie nicht, während in anderen damit von Anfang an gearbeitet worden ist. Es spricht auch kein züchterischer Grund dagegen, 7 oder 8 wirklich gut gezeichnete Welpen aufzuziehen, wenn die sorgfältige Pflege und Aufzucht dieser Hunde gewährleistet ist. Im Gegenteil, Zuchthunde mit 6 bis 7 gutgezeichneten Geschwistern sind solchen aus Würfen, wo nur 2 oder 3 belassen werden konnten, ohne Zweifel vom genetischen Standpunkt aus vorzuziehen. Es kommt allerdings höcht selten vor, dass alle geworfenen Welpen wirklich so gut gezeichnet sind, dass sie guten züchterischen Gewissens auch aufgezogen werden sollten.

So oder so, seien nun bloss 6 oder eine unbeschränkte Zahl von Welpen erlaubt, wird zur Zuchtbucheintragung eine Wurfkontrolle gefordert oder nicht, es kommt kein Züchter darum herum, für sich selbst zu wissen, was er unter einem gutgezeichneten Welpen zu verstehen hat und was er, allein unter dem Gesichtspunkt der Zeichnung betrachtet, besser nicht aufzieht.

Dazu sind zwei Gesichtspunkte wichtig:

1. Pigmentierte Stellen bleiben gefärbt, unpigmentierte nehmen nach der Geburt keine Farbe mehr an: Eine weisse Rutenspitze bleibt weiss, eine bei Geburt braune Pfote entfärbt sich nicht mehr.
2. Da die einzelnen Körperteile in ihrer Oberflächenbeziehung unterschiedlich wachsen, verschiebt sich der Grössenanteil der weissen Abzeichen proportional zum ganzen Hund gesehen vom Neugeborenenstadium bis ins Erwachsenenalter aber z.T. erheblich und nicht an allen Stellen gleich. (Damit haben wir uns schon bei der Beantwortung der Frage «Wann ist die Zeichnung erkennbar und wann steht sie fest?» auseinandergesetzt.)

Der Züchter muss also die zu erwartenden Verschiebungen ungefähr kennen. Die Abbildungen Seite 464 zeigen, wie sich die Kopfzeichnung vom neugeborenen bis zum ausgewachsenen Hund verändert.

Auswahl der besten Welpen in bezug auf die Zeichnung

Selbstverständlich gibt es ausser der Zeichnung andere, z.T. wichtigere Kriterien (Normalität, Vitalität, Grösse und Gewicht), die bei der Entscheidung, ob ein Welpe aufgezogen oder abgetan werden soll, berücksichtigt werden müssen. An dieser Stelle soll nur die Zeichnung besprochen werden.

Ist ein Neugeborener hinsichtlich seiner Zeichnung zu beurteilen, nimmt man ihn am besten in die Hand, um Zone nach Zone genau ansehen zu können. Die Zeichnung ist immer in bezug auf die übrigen Körperproportionen zu sehen und nie für sich allein, d.h. es ist nicht die Breite der Blesse an sich, die den Ausschlag gibt, sondern ihre Ausdehnung in Beziehung zu Augen, Nasenkuppe und Lefzen. Um das zu diesem Zeitpunkt noch geschlossene Welpenauge, samt dem braunen Fleck darüber, sollte noch ein mehr oder weniger breites Streiflein schwarzer Haare laufen, links und rechts der noch rosaroten Nase muss ein Streifen Weiss vorhanden sein, das braune Bäckchen des Welpen sollte mindestens bis zum Lefzenwinkel reichen. Pfotenweiss wird am erwachsenen Hund kaum sichtbar sein, wenn es jetzt nur das jeweils letzte (unterste) Zehenglied erfasst, es wird knapp sein, wenn es nur so weit geht, wie die Zehen lang sind (Spalten), und es ist ideal, wenn es im Gelenk endet, d.h. ca. 1 bis 5 mm hinter der Aufspaltung der Zehen. Nicht zu vergessen sind Kehl- und Brustzeichnung. Schwarze Flecken und Streifen im Brustweiss stören je nach Lage und Ausmass.

Die nachstehende Zeichnung gibt eine Übersicht über die normale Variationsbreite innerhalb der idealen Weisszeichnung des neugeborenen Welpen.

Der Züchter wird bald feststellen, dass es keine völlig gleichartig und gleichmässig gezeichneten Welpen gibt. Auch innerhalb der erwünschten Norm ist jeder anders. Da hat einer drei Zehen an der einen Pfote vollkommen weiss, die vierte jedoch ist dunkel, zwei Pfötchen sind ideal, ein drittes ist knapp, das vierte reichlich weiss. Die Kopfzeichnung variiert, das Weiss am Bäuchlein – das sich üblicherweise etwa bis zur Bauchmitte erstreckt – hat ein anderes Muster. Jeder Welpe ist schon von der Zeichnung her eine einmalige kleine Hundepersönlichkeit.

Muss ein Wurf reduziert werden, wird am besten eine doppelte Sichtung vorgenommen:

1. Alle eindeutig unschön gezeichneten Welpen werden ausgeschieden. Dies auch dann, wenn der Wurf klein ist. Fehlzeichnungen sind (vgl. auch Kapitel «Der Standard-Massstab und Wegleitung» und Anfang «Merkmal: Farben und Farbverteilung»)
   - stark asymmetrische Kopf- und Brustzeichnung (Weiss verschoben),
   - übermässig viel Kopfweiss (breite Blesse bis an die Augen reichend, auch einseitig verteilt, seitlich bis hinter den Lefzenwinkel ausgedehnt,
   - kein oder sehr wenig Kopfweiss (Blesse nur als schmaler Strich, er wird verschwinden!), unterbrochene Blesse (Stern),
   - Halsring, Nackenfleck (mehr als ca. 10 mm Durchmesser), bis in den Nacken breit verlängerte Blesse,

—— maximale Ausdehnung der weissen Abzeichen

- - - - minimale Ausdehnung der weissen Abzeichen

↔ Spielraum innerhalb des Normalbereichs

▭ Zonen, die braun sein müssen (bei Geburt schwarzbraun)

- Stiefel, starke weisse Streifen an der Innenseite der Läufe (bewirken weisse Fransen am ausgewachsenen Hund),
- schwarze Flecken oder Halsringe im Brustweiss.

2. Muss bei den im Bereich des Erwünschten liegenden Kleinen weiter reduziert werden, wird in erster Linie auf Symmetrie und Harmonie geachtet. Priorität haben schöne Kopf- und Brustzeichnung, da sie am Hund am meisten auffallen, während ein wenig ungleich oder etwas zu wenig oder zu viel gezeichnete Pfoten das Gesamtbild weniger stören. Ebenso kann auf eine weisse Rutenspitze eher verzichtet werden als auf eine gute Blesse. Düstere Hunde (wenig Kopfweiss, Schnurblesse) mit viel Pfotenweiss wirken ausgesprochen unharmonisch gezeichnet. Sehr ungleich gezeichnete Pfoten (weisser Socken an der einen Vorderpfote neben einer fast braunen) wirken unharmonischer als gleichmässig knapp oder reichlich gezeichnete.

Die meisten Schwierigkeiten machen dem Züchter natürlich alle Grenzfälle. Die jeweilige Entscheidung hängt, wie schon dargestellt, von manchen Faktoren ab (Zuchtbreite, persönliches Zuchtziel etc.). Die folgenden Fotos sollen an Hand praktischer Beispiele eine Entscheidungshilfe bieten und sagen wohl mehr aus als jede weitere theoretische Erläuterung.

Welpen, die man nicht aufziehen sollte:

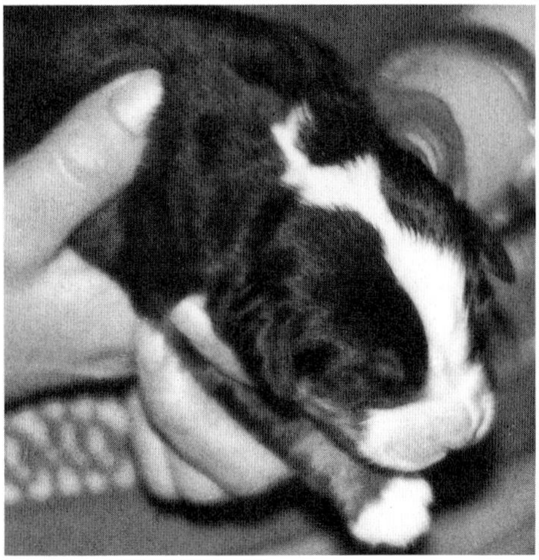

Bis über den Nacken hinaus breit verlängerte Blesse.

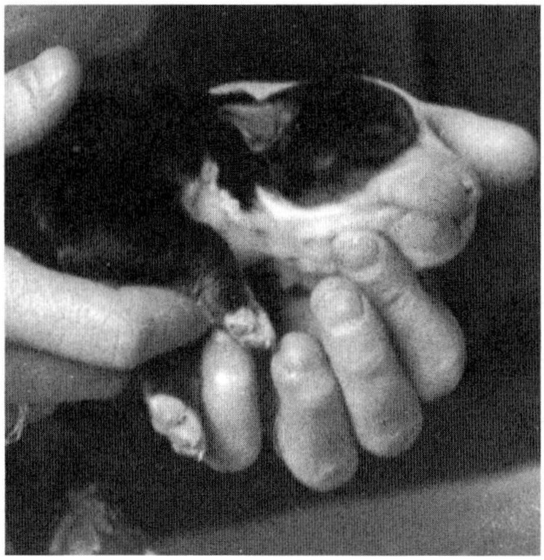

Zu viel Weiss am Kopf, Braun nicht bis zum Mundwinkel reichend, verlängerte Blesse, Ansatz zu Halskragen.

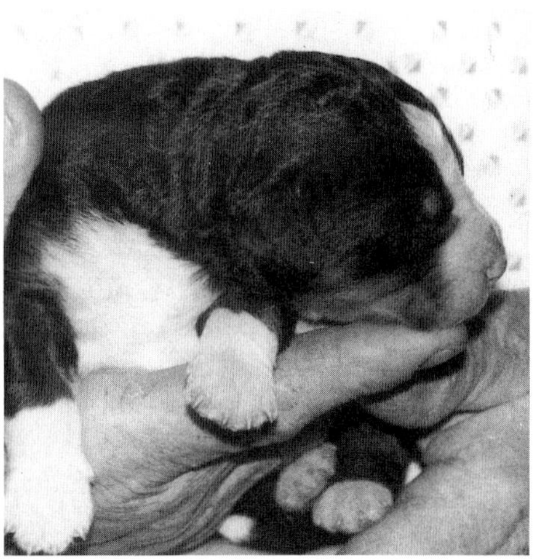

Stiefel, sie reichen bis zu den Vorderfusswurzelgelenken.

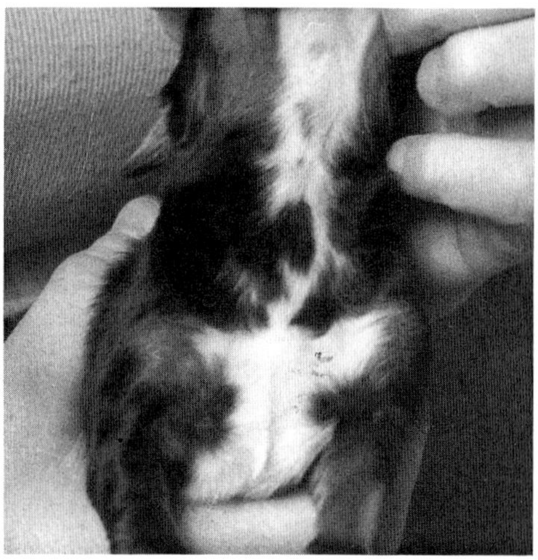

Schwarze Flecken im Brustweiss.

Zeichnungsmängel, die während des Wachstums z. T. verschwinden werden:

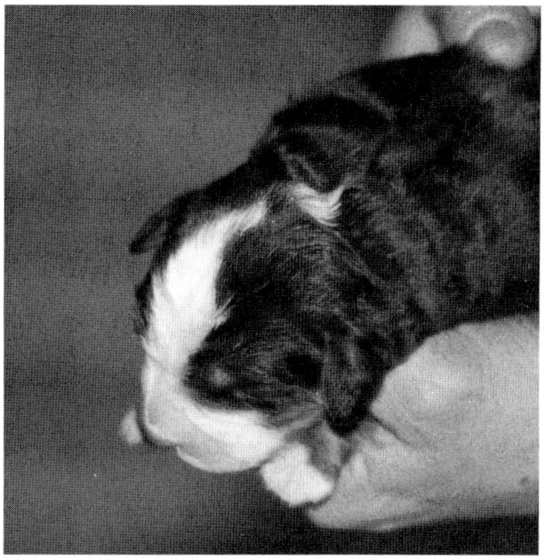

Kleiner weisser Nackenfleck.

Ein schmaler Streifen als Verlängerung der Blesse.

Dünner, lichter Streifen als Andeutung des Halskragens.

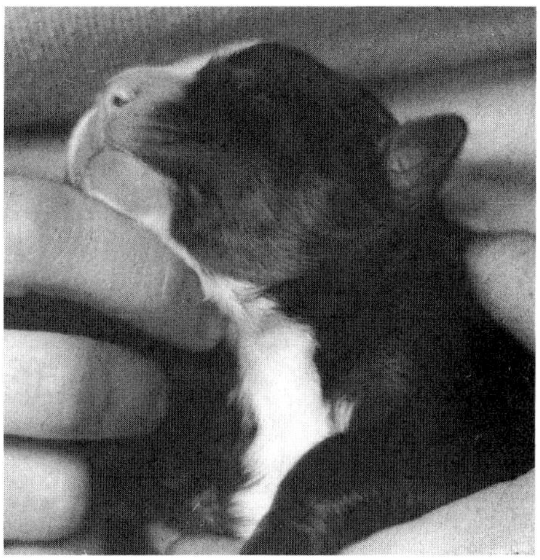

Das Braun reicht bis zur Nase. Wenn diese pigmentiert ist, bleibt zwischen Nase und Backenzeichnung kein weisser Streifen übrig. Dies gilt als geringfügiger Mangel.

Gesichtspunkte für die Selektion ausgewachsener Tiere

Muss entschieden werden, ob ein im Zuchtalter stehender Hund Nachkommen haben oder nicht zur Zucht verwendet werden soll, kann dies nur dann allein auf Grund der Farbverteilung geschehen, wenn eine krasse Fehlzeichnung vorliegt, wie z.B. ein langer Stiefel, grosser Nackenfleck, extrem viel Weiss am Fang, fehlende Blesse, stark asymmetrische oder deutlich unterbrochene Brustzeichnung. Mit Tieren, die in der Farbverteilung eindeutig vom Standard abweichen, sollte nie gezüchtet werden. In Ländern, in denen die Rasseklubs klare Zuchtreglemente oder Körvorschriften aufgestellt haben, bestehen dafür genaue Bestimmungen. Wo dies nicht der Fall ist und der Zuchttiereinsatz allein der klugen Einsicht des Züchters und seinem Verantwortungsbewusstsein überlassen bleibt, muss jeder selbst entscheiden. Bei allen Zeichnungsfehlern ist zu bedenken, dass sie nicht nur am Einzeltier stören, sondern zusätzlich in einem Teil der Nachkommen entsprechende Spuren hinterlassen werden, auch wenn sich die Farbverteilung nicht mit mathematischer Genauigkeit vererbt.

Meistens ist es aber nicht der Extremfall, der denen, die darüber befinden müssen, Schwierigkeiten bereitet, sondern die abweichende Nuance. In solchen Fällen ist die Auswahl auf der Grundlage dreier zusätzlicher Kriterien vorzunehmen:

1. Es ist zu fragen, über welche ausgeprägten Qualitäten der Hund verfügt, die ihn zur Zucht prädestinieren. Insbesondere gelten: Gesundheit, Wesen, Typ, Gebäude, rassischer Ausdruck. Aber auch Detailpositionen wie Rutenhaltung oder Augenfarbe spielen schon begleitend eine Rolle. Immer ist der ganze Hund zu sehen. Ist es allein der Zeichnungsmangel, der zu beanstanden ist, dann sollte ein Tier deswegen nicht von der Zucht ausgeschlossen werden. Kommen aber andere negative Punkte hinzu, fällt es aus. Dabei ist zu beachten, dass knappe Abzeichen weniger streng zu beurteilen sind als zu reichliches Weiss; es lässt sich immer leichter einbringen als reduzieren. Dem trägt auch der Standard Rechnung.
2. Die Familie, das genetische Umfeld, spielt eine Rolle. Stammt der in Frage stehende Hunde aus einer Linie, in der fehlerhafte Farbverteilung häufig vorkommt, ist mehr Vorsicht geboten, als wenn er nur eine Ausnahme unter sonst gut gezeichneten Tieren ist. Wir wissen, dass der Genpool (hier die Menge aller Erbanlagen für die Farbzeichnung in der Gruppe) einen Einfluss hat.
3. Man richte sich nach der durchschnittlichen Zeichnungsausprägung im Gesamttierbestand. Fehlt Weiss, wird ein Hund mit ausgedehnten Abzeichen gerade gut zu gebrauchen sein und umgekehrt. Es wäre nicht klug, ihn in so einem Falle nicht zur Zucht zuzulassen, wenn er ansonsten typisch ist. Es ergibt dagegen keinen Sinn, unbefriedigend gezeichnete Tiere einzusetzen, wenn sie der in der Population vorhandenen Tendenz entsprechen. Sie würden nichts verbessern, sondern nur zur weiteren Ausbreitung der Abweichung beitragen. Je nach Lage der Dinge sollte also etwas grosszügig oder streng verfahren werden. Es sei hier erinnert: Bei der möglichen Zulassung von Hunden, deren Zeichnung ein wenig extrem ausgefallen ist, spielt es durchaus eine Rolle, wo die Abweichung auftritt. Erfahrungsgemäss vererben sich mehr Farbe oder mehr Weiss nicht generell, sondern doch etwas

zonengebunden. So wird ein Zuchttier, naturgemäss besonders ein männliches, dann Gutes bringen können, wenn es gerade an den Körperstellen, an denen eine Abweichung im Zuchtbestand verbreitet auftritt, eine etwas in die entgegengesetzte Richtung gehende Farbausprägung aufweist.

Probewürfe

Häufig wird in Zweifelsfällen die Ansicht geäussert, man könne doch ein oder zwei Würfe versuchen, um zu sehen, ob sich ein Zeichnungsfehler vererbt. Probewürfe sind immer Gefälligkeitsentscheidungen, man kann auch sagen faule Kompromisse. In der Zucht rassereiner Hunde haben Versuchswürfe nur dann Berechtigung, wenn sie mit dem Ziel durchgeführt werden, Träger unerwünschter rezessiver Gene zu ermitteln. Handelt es sich um polygen bedingte Merkmale, und das sind die meisten, ergeben sie keinen Sinn.

Wir wissen inzwischen: Zeichnung wird nicht identisch vererbt. Das, was man am betreffenden Hund sieht, ist in den meisten Fällen der zufällige Ausdruck eines Gesamtvorrates an Modifikationsgenen, die in unzähligen Variationen weitergegeben werden können. Ein oder zwei Würfe lassen überhaupt keine Schlüsse zu. Mehr als Tendenzen sind nicht zu ermitteln und auch nur an Hand einer grösseren Anzahl Welpen. Erwiesen ist auch: Wird ein fehlgefärbtes Tier «glücklich» gepaart, muss es nicht mehr abnorm gezeichnete Nachkommen bringen als andere. Genetisch entstehen dadurch aber wieder Unsicherheitsfaktoren. Diese werden sich in den folgenden Generationen auswirken. Die Vererbung einer einigermassen sicheren Farbverteilung wird damit wieder entstabilisiert.

Die Brandfärbung

Zur schönen Dreifarbigkeit des Sennenhundes gehört auch sein Brand. Er kommt in vielen Farbabstufungen von gelb bis rostrot vor. Gewünscht wird er so farbintensiv und »leuchtend« rot wie möglich.

Wir erinnern uns: Die Grundfarbe der Sennenhunde ist schwarz-lohfarben: Hauptgen a^t (wie z.B. auch beim Rottweiler).

Als genetischer Hintergrund für die unterschiedliche Intensität des Brandes kann ein Nebengen angenommen werden, wohl mit den drei Allelen Int = intensiv für dunklen Brand, int^m für mittleren und int für helle Färbung (Dominanz in dieser Reihenfolge). Sie üben auf die Braunzonen einen Einfluss aus. Die Dominanz ist als nicht ganz vollständig anzunehmen. So kommt es zu vielen Zwischenformen in der Farbabstufung. Jeder weiss, wie unterschiedlich intensiv der Brand sein kann.

Nimmt man eine mittlere Brauntönung als Grundfarbe von a^t ausgehend an, dann wird das Allel Int verstärken, int^m mehr oder weniger indifferent (ohne Wirkung) sein, je nach der Farbtiefe des Lohbrauns, die vom Hauptgen bestimmt wird, und int wird aufhellend wirken.

Zusammenspiel zwischen Hauptgen a^t und den drei Int-Allelen (sechs Möglichkeiten der Kombination) bezüglich der Färbung des Brandes

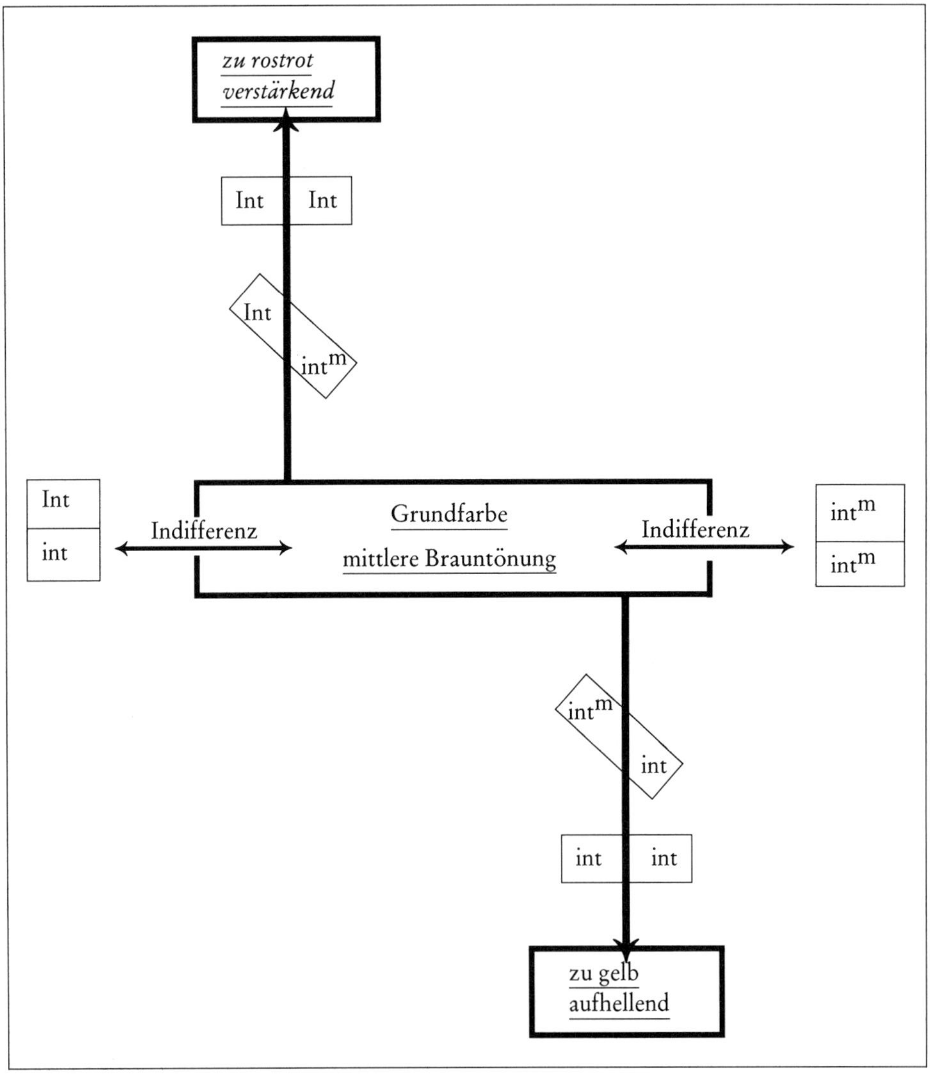

Um keine Welpen mit hellem Brand zu bekommen, ist immer wieder auf einen Ausgleich zu achten. Die deutlich dunklere Färbung dominiert über die hellere. Rüden, die aus einer Linie mit hellem Brand stammen oder ihn selbst haben, werden diese Tendenz auf der mütterlichen Seite noch verstärken. Hat sich die gelbe Farbe erst einmal gefestigt (int int), dauert es einige Generationen, bis die gewünschte braunrote Färbung wieder einigermassen zuverlässig erreicht wird. Das sich rezessiv verhaltende Allel wird immer wieder einmal einen «farbschwachen» Partner finden und sich zeigen.

Die Neufundländereinkreuzung – Darstellung der farbgenetischen Vorgänge

Bevor hier die farbgenetischen Vorgänge dargestellt werden, sei nur kurz erläutert: Nach dem II. Weltkrieg konnte man sich wieder intensiv mit der Zucht beschäftigen. Mögliche Verbesserungen wurden diskutiert, denn vor allem viele Gebissfehler, aber auch scheues Wesen, schlechtes Gangwerk und hohe Ruten waren zu bemängeln. Eine «Blutauffrischung» wurde erwogen. Die ist aber mit gleichrassigen Tieren nicht möglich, weil alle Zuchttiere schweizerische Ahnen haben. Man neigte dazu, eine Einkreuzung des Neufundländers zu favorisieren, weil diese Rasse in Gebäude und Haar dem Berner Sennenhund am nächsten steht. Ein Beschluss war noch nicht gefasst, als 1948 der Neufundländer «Pluto v. Erlengut» SHSB 83863 durch einen Sprung über die Hecke mit der Berner Sennenhündin «Christine v. Lux SHSB 97377 eine vollendete Tatsache schuf, die gleich zum Ausgangspunkt genommen wurde (Zuchtversuch 1). Das Ergebnis am 21.12.1948: 7 schwarze Hunde, hie und da mit ein paar weissen Härchen an Fang und Zehen. Die belassene Hündin «Babette» wurde am 19.2.1951 mit dem Berner Rüden «Aldo v. Tieffurt» SHSB 7763 belegt (Zuchtversuch 2). Am 23.4.1951 fielen 8 Welpen: 4 in Berner Farben, 2 schwarz-rot (Rottweiler Farben) und 2 schwarz mit kleinen weissen Abzeichen. Die gut gezeichnete Hündin «Christine v. Schwarzwasserbächli» wurde zur Weiterzucht eingesetzt, farbgenetisch also nur noch an rein schwarz-rot-weisse Hunde gepaart. Sie warf am 15.3.1952 nach «Osi von Allenlüften» SHSB 9872 5 Welpen, von denen nur 2 überlebten. Mit dem späteren Weltsieger «Alex v. Angstorf» SHSB 45178 und seiner Schwester «Bella» SHSB 45179 ergab der Wurf jedoch gleich 2 überdurchschnittlich typische Hunde. Von Alex von Angstorf wurden zwischen 1953 und 1962 56 Würfe ins Stammbuch eingetragen. Die Neufundländerfarben sind nie wieder aufgetaucht, wie es nach den Regeln der Farbgenetik auch zu erwarten war. Die Alex-Nachkommen brachten vor allem Verbesserungen im Wesen, in den Gebissen, im Gangwerk und in der Haarqualität.

Alex von Angstorf SHSB 45178, gew. 15. 3. 1952, Weltsieger 1956 (Dortmund), Internationaler Champion, Schweizer Sieger 1955

Bella von Angstorf SHSB 45179, gew. 15. 3. 1952, Siegerin 1954

Heute liegt diese einmalige Einkreuzung viele Generationen zurück. Oft wird ihr Einfluss überschätzt. Der Berner Sennenhund ist keine Kreuzung zwischen dem ursprünglichen Dürrbächler und dem Neufundländer. Einmal machen die Alex-Nachkommen nur 7,4% der in dieser Zeitepoche eingetragenen Würfe aus. Berechnet man zum anderen den Anteil des Neufundländererbguts («Blutanteil») in heutigen Hunden, übersteigt er in keiner Zuchtlinie 2%. Trotzdem ist es interessant, diese Einkreuzung einmal unter dem Aspekt der farbgenetischen Vorgänge zu untersuchen.

Die nachfolgenden Übersichten zeigen, welche Farbgene bei den beiden Rassen vorhanden sind und welche Kombinationsmöglichkeiten sich bei der Befruchtung ergeben.

Zuchtversuch 1: Kreuzung eines Neufundländers mit einem Berner Sennenhund:

Der Neufundländer führt zwei Genpaare, eines für Schwarz (A^SA^S) und eines für Einfarbigkeit (S S), die beide dominant sind. Beim Berner Sennenhund sind ebenfalls zwei Genpaare vorhanden, eines für black and tan (a^ta^t) und eines für Nichteinfarbigkeit (kleine weisse Abzeichen: s^1s^1), die aber beide rezessiv sind. In der Kombination dominieren die Farbgene des Neufundländers: Alle Nachkommen sind phänotypisch schwarz, führen im Genbestand aber rezessiv die Berner-Farben.

Zuchtversuch 2: Kreuzung eines Berner Sennenhundes mit einem Mischling:

Der Mischling führt nun zwei ungleiche (heterozygote) Genpaare. An jedem der beiden Genorte liegen dominant die Neufundländerfarben (A^S und S) und rezessiv die Berner Farben (a^ts^1). Daraus ergeben sich nach der Teilung in Geschlechtszellen bei der Befruchtung 16 Kombinationsmöglichkeiten, die 4 Gruppen bilden. Es sind 4 Arten von Nachkommen möglich: reinschwarze (spalterbig für alle Anlagen), schwarz mit weissen Abzeichen (reinerbig für weisse Abzeichen, sonst spalterbig), schwarz-braun (reinerbig black and tan, spalterbig für vollfarbig und weisse Abzeichen) und reinerbige Hunde in den Berner Farben ($a^ta^ts^1s^1$). Die Zahlenverhältnisse 4:4:4:4 würden sich bei einer grossen Zahl von Nachkommen ergeben. Es ist ein Zufall, dass von 8 Welpen gleich 4 in den Berner-Farben fielen. Es hätte auch nur einer oder gar keiner auftauchen können. Dann wäre wohl der Zuchtversuch abgebrochen worden. Alle diese 4 Welpen sind – weil ihre Farben Rezessiv-Merkmale sind – schon reinerbig. Die dominanten Neufundländer-Farben sind bereits «herausgemendelt». So hätte man alle Berner-farbigen Nachkommen aus dem Zuchtversuch 2 mit dem gleichen Ergebnis als Zuchthunde einsetzen können wie die dann verwendete «Christine v. Schwarzwasserbächli».

Zuchtversuch zur Blutauffrischung
Darstellung der farbgenetischen Vorgänge

Diese 4 Farballele spielen eine Rolle:

Neufundländer		*Berner Sennenhund*
A^s = einfarbig schwarz	dominant über	a^t = schwarz-rot
S = voll-(ein-)farbig		s^i = kleine weisse Abzeichen

Pluto v. Erlengut

Farbformel

$A^sA^s SS$

Christine v. Lux

Farbformel

$a^ta^t s^is^i$

Bei der Bildung der Geschlechtszellen werden die Allele der Paare getrennt, so dass in den mit einem einfachen Chromosomensatz ausgerüsteten Keimzellen nach der Reduktionsteilung/ Meiose die einfache Dosis der Farbanlage vorhanden ist (nur die Hälfte des Paares).

Versuch 1

Samenzelle des Neufundländerrüden: A^sS × a^ts^i Eizelle der Berner Sennenhündin

$A^s a^t S s^i$

Körperzelle

kompletter Satz nach Vereinigung von Ei- und Samenzelle

Farbformel des Mischlings (F1) (Alle Nachkommen sind phänotypisch einfarbig schwarz.)

Babette

Versuch 2

Rückkreuzung eines F 1-Bastardes an die (eine) Ausgangsrasse Berner Sennenhund

Berner Sennenhund
(reinerbig)

Neufundländer-Berner-Sennenhund-Mischling
(spalterbig veranlagt für schwarz, schwarz/rot; spalterbig für Vollfarbigkeit/weiße Abzeichen)

Farbformel | *Farbformel*

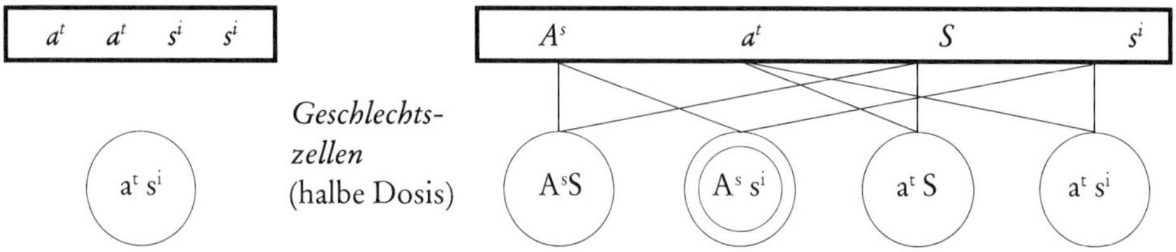

Nur eine Art Samenzellen

Vier Arten von Eizellen: Die Kombinationsmöglichkeiten mit den Samenzellen sind im Kreuzungsquadrat dargestellt.

Die 4 verschiedenartigen Eizellen des Mischlings

die 4 gleichartigen Samenzellen des BS

	A^sS	A^ss^i	a^tS	a^ts^i
a^ts^i	$A^sa^tSs^i$	$A^sa^ts^is^i$	$a^ta^tSs^i$	$a^ta^ts^is^i$
a^ts^i	$A^sa^tSs^i$	$A^sa^ts^is^i$	$a^ta^tSs^i$	$a^ta^ts^is^i$
a^ts^i	$A^sa^tSs^i$	$A^sa^ts^is^i$	$a^ta^tSs^i$	$a^ta^ts^is^i$
a^ts^i	$A^sa^tSs^i$	$A^sa^ts^is^i$	$a^ta^tSs^i$	$a^ta^ts^is^i$
	Zellart 1	Zellart 2	Zellart 3	Zellart 4
Phänotyp	schwarz	schwarz weisse Abz.	schwarz-braun	Berner-Farben

Es entstehen 4 verschiedene Zellarten mit komplettem Gensatz. Damit kommt es unter den Nachkommen zu vier Farbvarianten. Wie oft jeder Farbtyp in einem Wurf tatsächlich auftritt, unterliegt dem Zufall.

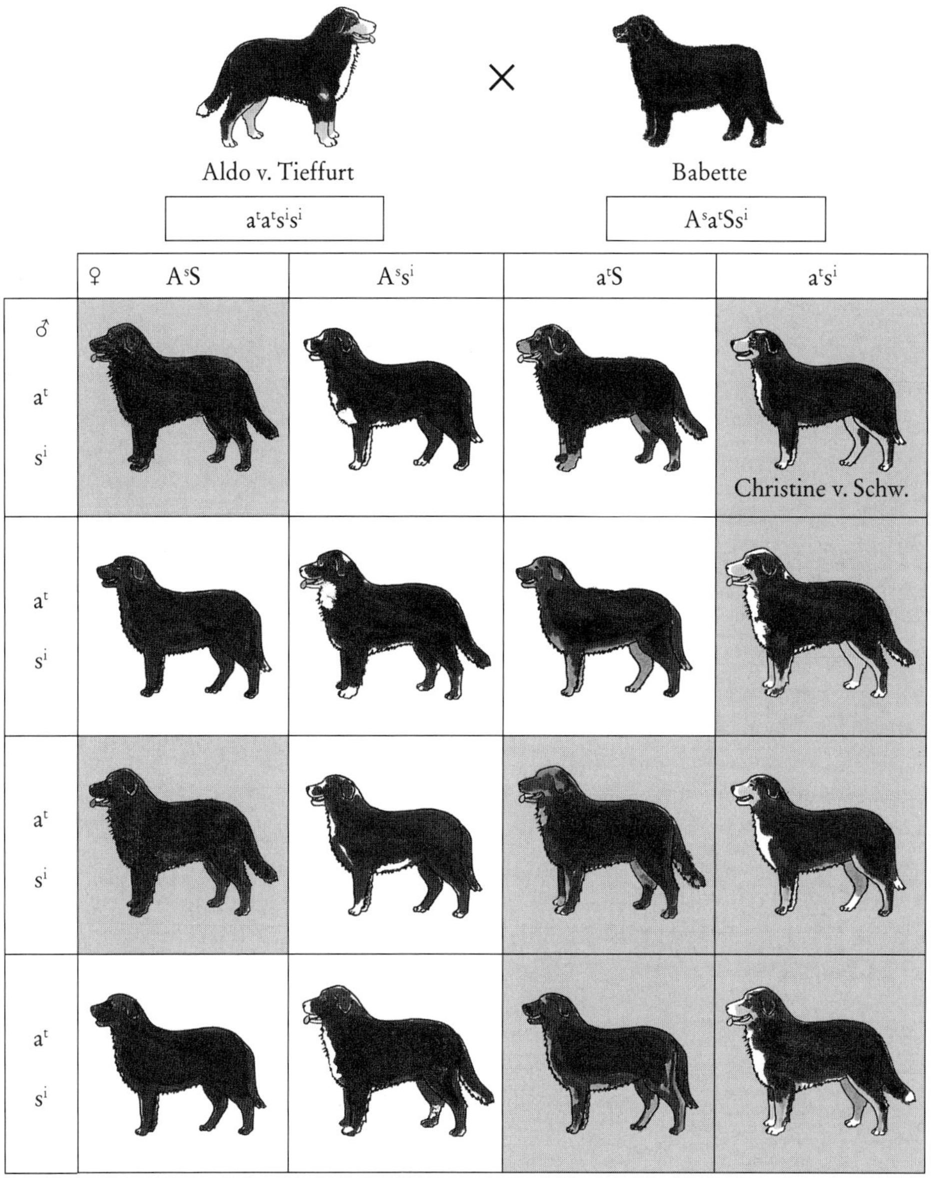

Genotyp	*$A^s a^t$ $S s^i$* spalterbig für alle Anlagen	*$A^s a^t$ $s^i s^i$* reinerbig für weisse Abzeichen, sonst spalterbig	*$a^t a^t$ $S s^i$* reinerbig schwarz-rot, spalterbig für vollfarbig und weisse Abzeichen	*$a^t a^t$ $s^i s^i$* reinerbig schwarz-rot mit weissen Abzeichen; BS-Farben
Phänotyp	schwarz	schwarz mit weissen Abzeichen	schwarz-rot	entspricht Genotyp

Die getönten Felder entsprechen den am 23. 4. 1951 gefallenen Welpen.

Wesen

Zuchtziel:

Aufmerksamer, wachsamer, sicherer und in Alltagssituationen furchtloser Hund, gutmütig und anhänglich im Umgang mit vertrauten Personen, selbstsicher und freundlich gegenüber Fremden. Er soll mittleres Temperament und gute Führigkeit zeigen.

Was eine solche Wesensbeschreibung wiedergeben kann, ist im besten Falle die Auflistung eines bestimmten erwünschten Verhaltens in kontrollierbaren Situationen. Sie umfasst nur den kleinsten Teil typischer und möglicher Verhaltensweisen, die den Hund von anderen Tierarten und den Berner von einem Teil anderer Rassen unterscheiden. Wesentliche, das gesamte Charakterbild ausmachende und am Einzelhund geschätzte Eigenschaften, wie sie im Kapitel «Wesen und Charakter des Berner Sennenhundes» beschrieben sind, werden dadurch gar nicht erfasst. Ein Hund hat zu seiner Auseinandersetzung mit der Umwelt, zur Erhaltung seines persönlichen Wohlbefindens und seiner Unversehrtheit, zur Herstellung sozialer Kontakte mit seinen Rudelgenossen, wozu auch der Mensch gehört, zu seiner Verteidigung und der seiner Nachkommen und seiner Meute ein fast unbegrenztes Verhaltensrepertoire entwikkelt. Es ist gerade diese Verschiedenheit und Vielfältigkeit, die den Menschen immer wieder an seinem Hausgenossen fasziniert. Jeder Hund ist für seinen Besitzer eine einmalige Persönlichkeit. Diese Vielfältigkeit kann kein Standard berücksichtigen. Er legt einzig in grossem Rahmen fest, wie der Mensch die Begegnung seines Hundes mit Umwelt und Menschen sehen will. Dabei werden nur menschliche Massstäbe angewendet. Durch die Forderung bestimmter Eigenschaften sollen Verhaltensweisen gefördert werden, die den Umgang des Menschen mit seinem Haustier erleichtern, es leichter «handhabbar» machen. Zuchtziel ist der Hund, der sich dem heutigen Alltagsleben, dem menschlichen Willen und der menschlichen Bequemlichkeit am leichtesten einordnet. Ein Wesensstandard ist eine Verhaltensbeschreibung, die notgedrungen immer an der Oberfläche bleiben muss. Nur das Sicht- und Messbare kann festgestellt werden. Er sagt auch nichts aus über die dem erkennbaren Verhalten zugrundeliegenden Impulse, Motivationen, Antriebe und Erfahrungsverarbeitungen des Hundes. Er kann nichts über die Zusammenhänge vermitteln, die einen Hund gerade zu diesem und keinem anderen Verhalten bewegen. Anhand des Standards kann man einen Hund nicht verstehen, man kann ihn nur beobachten und mit anderen Hunden vergleichen. Der Hund, der der Beschreibung entspricht, wird dann als «gut im Wesen» bezeichnet, derjenige, der von ihr abweicht, als «nicht so gut» oder «schlecht im Wesen». Der «wesensgute» Hund ist das den menschlichen Wünschen und Vorstellungen weitestgehend angepasste Tier. Es hat einen grossen Teil ursprünglicher Verhaltensweisen abgelegt, die den Wildcaniden befähigen, in seiner Umwelt zu bestehen.

Die für Selbst- und Arterhaltung der Hundeartigen im Wildleben ausgebildeten Triebe, Instinkte und Verhaltensmuster sind beim Haushund im Verlaufe der Domestikation verändert worden und liegen dem, was wir als Wesen bezeichnen, jedoch immer noch als Ausgangsmotivationen zu Grunde. Was wir beurteilen sind Abschwächungen, Verstärkungen oder Modifikationen dessen, was das Überleben und Sozialleben der Caniden seit jeher ermöglichte. Es sind nur graduelle, nicht grundsätzliche Unterschiede, und sie müssen als solche gesehen werden. Ein und derselbe Hund kann sich in einzelnen Bereichen weiter vom ursprünglichen Wildhundverhalten weg entwickelt haben als in anderen. Durch besondere Umweltwirkungen kann ursprüngliches Canidenverhalten auch wieder ausgelöst werden, das man längst als im Erbgut verlorengegangen betrachtete. Das alte Verhaltensrepertoire ist noch da. Das macht es so schwierig, das, was man als Wesen bezeichnet, überhaupt zu erfassen. Trotzdem hat man versucht, Massstäbe aufzustellen, nach denen erwünschtes Verhalten fassbar und wenn möglich auch messbar wird. Man hat das Augenfällige, vom Menschen Feststellbare, in Einzelkomponenten aufgelöst, an deren Ausprägung in einer bestimmten Art und Weise dem Menschen bei seinem Haushund liegt.

1988 hat die Delegiertenversammlung des schweizerischen Klubs für Berner Sennenhunde eine Präzisierung der damaligen bis 1973 im Rassestandard enthaltenen Wesensbeschreibung angenommen, die einen Katalog von Anforderungen an das Wesen eines Berner Sennenhundes als Zuchtziel aufstellt. Wir geben diese «Aufschlüsselung zum Wesensstandard» mit einigen Erläuterungen hier wieder.

Erwünscht wird:

Mittleres Temperament	Der Hund soll ruhig, jedoch nicht träge, sondern aufmerksam, reaktionsbereit und beweglich sein.
Mittlere Härte	Härte bezeichnet den Grad der Empfindlichkeit gegenüber Schmerz- und Schreckerlebnissen und gegenüber menschlichen Einwirkungen. (Ein harter Hund kann mehr ertragen als ein weicher.) Er soll sich durch Schmerz- und Schreckerlebnisse nicht nachhaltig und nicht wesentlich beeindrucken lassen und sich nach Belastungssituationen schnell beruhigen.
Sicherheit:	Der Hund soll alltäglichen optischen und akustischen Einflüssen und Fremdpersonen in friedlicher Situation sicher, d.h. ohne Anzeichen von Furcht, begegnen. (Der Standard von 1973 bezeichnete einen Hund, der sich so verhält, als «wesensfest»)

Führigkeit	(Darunter versteht man die Beeinflussbarkeit des Hundes durch menschliche Einwirkungen.) Der Hund soll eine mittlere bis hohe Bereitschaft zur Lenkung durch den Menschen und zur Eingliederung (im Sinne einer Unterordnung) in eine feste Mensch-Hund-Beziehung aufweisen.
Anhänglichkeit	Er soll eine starke Bindung an seine Kontaktpersonen entwickeln.
Schärfe	(Damit ist die Bereitschaft gemeint, auf bestimmte Situationen mit Aggression zu reagieren.) Die Reizschwelle zur Auslösung von Aggressionshandlungen soll beim Berner hoch sein, d.h. nicht leicht erreicht werden. Erwünscht wird (nach dem Standard von 1973) wenig sicherheitsbedingte Schärfe. Sie soll nur dann ausgelöst werden, wenn der Hund, sein Meister oder dessen Besitz in Gefahr sind.
Schussicherheit	Der Hund soll sich bei einer Schussabgabe zwar aufmerksam, jedoch sicher verhalten und keineswegs nachhaltig beeindruckt sein. (Diese Forderung ist im Standard von 1990 nicht mehr enthalten.)

Vorkommende Abweichungen vom erwünschten Verhalten

Grundsätzlich kann in den meisten Verhaltensformen, die von den erwünschten abweichen, ein Rückfall in Richtung des Wildhundes gesehen werden. Der Hund reagiert in einer bestimmten Situation so, wie sein Verhaltensrepertoire als nichtdomestizierter Wildcanide angelegt war. Er entzieht sich ungewohnten Eindrücken durch die Flucht, meidet sie oder, wo er nicht mehr entfliehen kann, greift er an. Die Reizschwelle des Wildhundes liegt bedeutend niedriger als die eines wesenssicheren Haushundes. Von ihrer Höhe hängt es ab, ob bestimmte Verhaltensweisen, wie z.B. Meide-, Flucht- oder Angriffsverhalten, schnell, langsam, oder fast gar nicht ausgelöst werden. Der Wildcanide erlebt mehr Situationen als bedrohlich als der wesenssichere Haushund und reagiert entsprechend. In der Reihenfolge der obengenannten Aufschlüsselung zum Wesenstandard finden wir bei Bernern folgende Abweichungen:

Temperament: Die meisten Berner Sennenhunde entsprechen punkto Lebhaftigkeit der Vorstellung eines mittleren Temperaments. In jungen Jahren ist der Berner lebhafter als später. Grundsätzlich ruhelose, nervös wirkende Tiere sind ausgesprochen selten. Berner haben ein mittleres Bewegungsbedürfnis. Sie verbringen aber auch grosse Teile des Tages ruhig an einem Platz. Auch ruhend verfolgen sie alles, was in ihrer Umgebung vorgeht, aufmerksam und reagieren entsprechend. Häufiger als ruhelose sind allzuträge, temperamentlose Tiere, die auch auf Umweltreize nur verlangsamt oder gar nicht reagieren. Dies ist vor allem bei älteren und bei verfetteten Hunden so.

Härte: Zu den ausgesprochen harten, unbeeindruckbaren Hunden gehört der Berner in der Regel nicht, er ist aber auch nicht weich, sondern im normalen Rahmen belastbar. Es gibt hier eine grosse Variationsbreite. Unlustvolle Empfindungen und Erlebnisse kann er verarbeiten. Viele Berner reagieren ausgesprochen sensibel auf starke Einwirkungen durch ihre eigenen Leute, wie lautes Schelten oder körperliche Strafen. Solche Erlebnisse werden mitunter tagelang nicht ganz überwunden.

Sicherheit: In diesem Bereich weichen Berner am häufigsten von der gewünschten Verhaltensnorm ab. Formen von Furcht und entsprechendem Flucht- oder Meideverhalten können in allen Schattierungen beobachtet werden. Es scheint grundsätzlich zwei negative Gruppen zu geben: Einerseits Hunde, die kein Vertrauen zu fremden Menschen haben, ihnen ausweichen, sich nicht oder nur ungern anfassen lassen und wo sie nicht mehr entfliehen können, z.B. an der Leine des Meisters, sich vollständig in sich zusammenducken oder zu drohen beginnen (Lefzen hochziehen, knurren) und auch angreifen. Eine andere Gruppe dagegen reagiert fremden Objekten, sicht- und hörbaren, gegenüber mit allen Anzeichen der Furcht. Einige Hunde gehen vor allem lauten Geräuschen aus dem Weg. Häufig kommen auch solche vor, die an ihnen nicht vertrauten Orten Unsicherheit zeigen. Diese Tiere wirken auf dem eigenen Territorium sicher, in fremder Umgebung aber eingeschüchtert.

Führigkeit: Im allgemeinen ist der Berner durch menschliche Einwirkungen verhältnismässig leicht lenkbar, vor allem die Hündinnen. Man hat den Eindruck, dass es dem Sozialverhalten dieser Hunde entspricht, sich einem stärkeren Rudelführer und dessen Beeinflussung unterzuordnen. Die grosse Mehrzahl der Berner will dem Meister gefällig sein. Hunde, die nur wenig beeinflusst werden können, sind äusserst selten. Auch kraftvolle Rüden mit lebhaftem Temperament reagieren sensibel auf heftige menschliche Reaktionen. Bei unangepassten Hunden muss fast immer auf ungünstige Haltungsbedingungen geschlossen werden.

Anhänglichkeit: Zu schwache Bindungsfähigkeit kann kaum je beobachtet werden, und wo sie vorhanden ist, ist sie fast ausnahmslos auf schlechte Sozialisation durch den Menschen zurückzuführen. Die zuständige Kontaktperson hat dem Hund nicht ermöglicht, eine tragfähige Beziehung zu entwickeln.

Schärfe: Die Bereitschaft, auf Aussenreize mit Aggression zu reagieren, ist beim sicheren Berner Sennenhund verhältnismässig gering, d.h. seine Reizschwelle liegt relativ hoch. Er warnt nur, wenn Fremde seine Territoriumsgrenze überschreiten, er lässt sich von Unbekannten anfassen und von Kindern bedrängen. Bei den meisten Berner Sennenhunden kann die Schärfe aber im Verlauf einer Ausbildung mühelos geweckt werden. Sie werden dann zuverlässige Schutzhunde, die auch hart fassen können. Aggressionsbereitschaft ist im Berner grundsätzlich vorhanden. Sie ist durch den Menschen auslösbar und auch kontrollierbar. Anders ist es bei wesensunsicheren Hunden: Unkontrolliertes Zubeissen als Furchtreaktion kommt bei Bernern leider immer noch allzuhäufig vor. Diese Hunde erleben alle möglichen Situationen als bedrohlich, z.B. den Tierarztbesuch, die Annäherung eines Fremden, das Angefasstwerden im Ausstellungsring durch den Richter, und sie beissen in einzelnen Fällen auch zu. Das sind die Tiere, die im Verlaufe der Zeit völlig aus dem Bestand verschwinden müssen.

Schussicherheit: Die Reaktion auf einen lauten Knall kann bei Bernern sehr verschieden sein. Nur wenige zeigen keine sichtbare Reaktion, die meisten zucken einen Augenblick zusammen und suchen dann mit den Augen die Lärmquelle. Das ist eine völlig normale Reaktion. Einige laufen vor Schreck ein paar Schritte weit davon, kehren aber zu ihrer Kontaktperson zurück. Ein Teil wird so nachhaltig verängstigt, dass sie sozusagen kopflos davonrennen und irgendwo Schutz suchen. Wenige lassen sich auch nach längerer Zeit noch nicht beruhigen, sondern wirken verstört. Von der Zucht sollen Hunde mit übermässigen Schreckreaktionen auf starke Lärmeinflüsse ausgeschlossen werden, da Furcht bei solchen Ereignissen sie für bestimmte Verwendungszwecke ungeeignet macht und den Hund selber gefährdet. Knalleffekte können von Hunden auch unterschieden werden, so dass einige nur auf bestimmte Arten überempfindlich reagieren und andern gegenüber gleichgültig bleiben. Zur Lärmempfindlichkeit gesellt sich aber häufig auch Angst vor Gewittern und bei einigen Hunden gar vor dem Geräusch des Windes. Gewitterangst und Schussscheuheit müssen nicht unbedingt gemeinsam vorkommen, tun es aber häufig.

Wann kann das Wesen eines Hundes frühestens eingeschätzt werden?

Bevor diese Frage beantwortet werden kann, muss klargestellt werden, was mit Wesen überhaupt gemeint ist. Allgemein wird heute unter Wesen folgendes verstanden: «Das Wesen eines Hundes ist die Gesamtheit seiner angeborenen und erworbenen Verhaltensweisen sowie seiner augenblicklichen inneren Zustände, mit denen er auf die Umwelt reagiert». Das heisst nichts anderes, als dass das sichtbare Verhalten immer das Resultat angeborener genetischer Dispositionen und erworbener Umwelterfahrungen ist – auch schon beim kleinen Welpen. Bei vielen Hundefreunden und -züchtern herrscht die irrige Ansicht, das Hundejunge komme sozusagen mit einem Satz programmierter Verhaltensweisen zu Welt, die dann durch die Umwelterfahrungen nur noch ausgeformt würden. Zur genetischen Veranlagung werde einfach die Prägung durch die Umwelt hinzugefügt. Der ganze Vorgang ist aber wesentlich komplizierter. Zum endgültigen Verhalten führt eine langandauernde, ständige Wechselwirkung zwischen dem jungen Organismus, seinen genetischen Dispositionen und den Umweltwirkungen. «Es gibt Aktionen und Reaktionen, Rückkoppelungs- und Integrationsprozesse, Wahrnehmung und Filterung dieser Wahrnehmung, Lern- und Prägungsvorgänge» (Althaus 1980). Erst als Folge dieser fortwährenden, komplexen Wechselwirkungen entsteht Verhalten. Es gibt kein Verhalten ohne Umweltwirkung und kein Verhalten ohne die inneren Antriebe aus der genetischen Veranlagung. Beides gehört untrennbar zusammen. Das widerlegt die von vielen Hundeleuten gehegte Ansicht, man könne beim noch ganz jungen Hund durch die Beobachtung seines Verhaltens näher an das heranrücken, was man als «ererbtes Potential» sehen möchte. Da er noch wenig durch die Umwelt geformt sei, werde «das Ursprüngliche» besser sichtbar. Man fordert, Wesensprüfungen schon am möglichst «rohen» Hund durchzuführen. Nun ist aber kein Verhalten, auch das des jüngsten Hundes nicht, nur der Ausdruck seiner genetischen Veranlagung. Das Zusammenspiel zwischen dem, was das junge Lebewesen an genetischen Antrieben mitbringt und seiner Umwelt beginnt in vorgeburtlicher Phase und wirkt auch schon am ersten Lebenstag. Niemand kann z. B. unterscheidend sagen, warum das Neugeborene der Mutter zu an die Wärme kriecht: Einerseits muss das Verlangen nach Wärme zur Selbsterhaltung in seiner genetischen Disposition enthalten sein, andererseits darf man schon dort einen unbewussten Lernprozess, eine Auseinandersetzung mit der Umwelt, annehmen. So ist bereits der jüngste Welpe immer auch schon ein Produkt seiner Umgebung und der Reaktion darauf. Die Entwicklung differenzierterer Verhaltensweisen schreitet im Welpenalter nur langsam fort. Ständig tauchen neue auf, andere verschwinden. Erst nach und nach kristallisieren sich bestimmte Formen heraus, die sich noch verstärken, in einer späteren Entwicklungsphase aber auch wieder abschwächen oder gar ganz verlieren können. Der junge Welpe ist erst ein Wesen auf dem Weg zu seinem späteren Verhaltensrepertoire. Das muss beim Versuch, sich abzeichnende Tendenzen festzustellen, immer gesehen werden.

Trotzdem können schon beim jungen Welpen nach dem Einsetzen seiner aktiven Auseinandersetzung mit der Umwelt in der Prägephase mit 6 bis 7 Wochen Unterschiede festgestellt werden. Nicht alle reagieren auf Umweltreize gleich. Man könnte vielleicht grob so unterscheiden, dass bei den einen der innere Antrieb, diese Umwelt in Besitz zu nehmen, also das Neugierverhalten, stärker ausgeprägt ist als bei anderen, die auf viele Eindrücke zunächst mit Rückzug, also Meide- und Fluchtverhalten, reagieren. Es gibt Welpen, die auf ungewohnten Lärm, neue Gegenstände, unbekannte Menschen stärker mit Furcht oder gar Schreckreaktionen antworten als andere. Bei einigen ist das Neugierverhalten, also die Tendenz, an die Sachen heranzugehen und sie zu untersuchen, nur verzögert. Sie brauchen einfach ein paar Minuten, Stunden oder gar Tage länger, um die Vorsicht zu überwinden. Bei anderen dagegen bleibt diese grundsätzliche Vorsicht oder auch Furcht über die Prägephase hinaus bestehen. Genaue Beobachtung 6 bis 7 Wochen alter Welpen kann also durchaus Anhaltspunkte geben; sie sind aber nur mit äusserster Vorsicht zu interpretieren. Macht man mit 6 Wochen alten Welpen einfache Verhaltenstests, können die Ergebnisse schon zwei Wochen später völlig anders ausfallen. Der Unerschrockene, der mit 6 Wochen einen unbekannten Raum neugierig untersuchte oder eine fremde Person beschnupperte und bepfotete, kann mit 8 Wochen plötzlich zurückhaltend werden und umgekehrt. Nur Welpen, deren grundsätzliches Verhalten über die Wochen unverändert bleibt, lassen eine einigermassen verlässliche Aussage zu.

Bereits etwas sicherere Prognosen lassen sich mit 8 bis 10 Wochen machen. Welpen, die sich in der erwünschten Richtung entwickeln, haben sich bis zu diesem Zeitpunkt mit einer Vielfalt neuer Reize vertraut gemacht und die Furcht davor überwunden. Sie reagieren nicht mehr mit Schreck- oder Meideverhalten, sondern sind diesen Dingen gegenüber entweder indifferent geworden oder gehen sie aktiv an. Sie begrüssen alle Menschen wie sie einen Rudelgenossen begrüssen würden, ziehen sich bei unbekannten Geräuschen nicht mehr zurück und untersuchen neue Gegenstände. Von solchen Welpen kann vermutet werden, dass sie diese Reaktionsweise beibehalten und sich unter günstigen Bedingungen zu «wesensfesten» Hunden entwickeln werden. Andere

Welpen jedoch bauen bis zum Schluss dieser Phase kein richtiges Vertrauen zu Menschen auf, sie weichen allen Fremden aus, zeigen Furcht, wenn sie angegangen oder gar angefasst werden. Wieder andere ziehen sich nach wie vor bei lauten Geräuschen oder unbekannten, vor allem sich schnell bewegenden Objekten zurück, ohne Anstalten zu machen, diese Dinge anzugehen und zu untersuchen. Die Furcht vor Gegenständen, Lärm und unbekannten Menschen kann kombiniert oder nur auf das eine oder andere bezogen vorkommen. Solche Welpen werden voraussichtlich, jedoch nicht immer, auch weiterhin auf neue Situationen mit Furcht- oder Meideverhalten reagieren. Sie werden Mühe haben, bis ins Erwachsenenalter die erwünschte Sicherheit zu gewinnen, können aber unter ganz günstigen Umweltbedingungen noch viel von ihrer Vorsicht ablegen.

Im Welpenalter sind auch schon Temperamentsunterschiede feststellbar. Sehr ruhige können von sehr lebhaften Welpen unterschieden werden. Ebenso zeigen nicht alle die gleichen nachhaltigen Reaktionen auf negative Einwirkungen wie Schmerz oder Schreck. Die einen lassen sich intensiver oder nachhaltiger beeinflussen und reagieren entsprechend, ohne grundsätzlich zurückhaltender zu sein als andere. In einzelnen Fällen kann auch schon festgestellt werden, wenn ein Welpe die Tendenz hat, auf Umwelteinwirkungen, die ihm unangenehm sind, mit Agression, also Knurren oder Abwehrbeissen, zu reagieren.

Leider gibt es keine absolut eindeutigen Kriterien, nach denen man schon Welpen zuverlässig einschätzen und daraus eine sichere Prognose ableiten könnte. Zwei Gründe stehen dem entgegen: Einmal wurden noch nie bei Berner Sennenhunden im Rahmen von Welpentests genaue Verhaltensbeschreibungen in bestimmten Situationen erarbeitet und dann mit dem Erwachsenenverhalten verglichen. Weiter ist ausserdem das Welpenverhalten nichts Abgeschlossenes, sondern ein Verhaltensprozess im Fluss. Nach dem Verlassen der Zuchtstätte muss der Junghund wieder viele, bisher unbekannte Umweltwirkungen verarbeiten und in neue Reaktionsbereitschaften umsetzen, die sein Verhalten noch nachhaltig verändern können. Unter Umständen bekommt man im erwachsenen einen durch seine Umwelt und seine innere Entwicklung gegenüber dem Welpen vollständig verwandelten Hund zu Gesicht.

Jugendentwicklung

Die ganze Jugendentwicklung ist, in kaum abgeschwächter Form gegenüber dem Welpenalter, eine Zeit starker Auseinandersetzung zwischen Umweltwirkungen und genetischer Veranlagung. Die Sensibilität des Junghundes gegenüber Umwelteinflüssen ist immer noch gross. Sein Wesen kann in der Jugendzeit durch die Wirkung verschiedenster Situationen und vor allem durch seine Beziehung zum Menschen noch nachhaltig verändert werden. Aus einem sicheren Junghund kann in ungünstiger Umgebung durchaus eine verschüchterte, unsichere Kreatur werden, während sich ein eher zurückhaltender Welpe unter verständnisvoller Führung noch zu einem recht sicheren Junghund entwickeln kann. Im Junghundalter können auch noch fast spontane Verhaltensveränderungen auftreten, die nicht immer auf bestimmte Umweltwirkungen zurückzuführen sind. So scheint es Gruppen von Berner Sennenhunden zu geben, die sich als Junghunde sicher zeigen und erst im Alter des späteren Zahnwechsels oder der frühen Pubertät Anzeichen von Furcht und Meideverhalten entwickeln. Sie scheuen plötzlich fremde Leute oder reagieren zurückhaltend oder furchtsam auf neue Situationen, denen sie vorher ohne Angst begegnet sind.

Wann ist das Wesen fertig ausgebildet?

Darauf müsste man schlichtweg antworten: nie.

Auch erwachsene Hunde stehen immer in Entwicklung. Sie werden geschlechtsreif, haben vielleicht Nachzucht, Krankheiten können ihre Reaktion auf die Umwelt verändern, sie werden älter und eingeschränkter in ihrer Bewegungsfähigkeit, und die ganze Zeit stehen sie in immer wechselnder Beziehung zu ihrer Umwelt. Dass auch erwachsene Hunde nie «fertig» sind, zeigen Umerziehungsprogramme mit sog. schwierigen Hunden, die Reaktionsweisen entwickelt haben, die die Integration in die Welt des Menschen erschweren. Durch entsprechende Veränderungen der Umweltwirkungen, zu denen besonders auch der Einfluss des Menschen gehört, kann ihr Verhalten noch gewandelt werden.

Obwohl das Verhalten, also das Wesensbild eines Hundes, zeitlebens immer im Fluss ist, zeichnet sich bei Erreichung des Erwachsenenalters, d.h. wenn der Hund seine volle Körpergrösse, Bewegungskapazität und sexuelle Reife erreicht hat, eine gewisse Stabilisierung ab. Er bevorzugt jetzt bestimmte Verhaltensweisen, die ihm den Grad von Wohlbefinden und Sicherheitsgefühl verschaffen, das er zu seinem Leben braucht. Bestimmte Hunde verschaffen sich dieses Gefühl der Sicherheit und des Wohlbefindens, indem sie Situationen aus dem Wege gehen, die nach ihrer Erlebnisweise diese Gefühle beeinträchtigen. Sie entziehen sich Lärm, fremdartigen Objekten oder unbekannten Personen. Kann die nötige Fluchtdistanz nicht eingehalten werden, entweder weil sie daran gehindert werden, etwa durch die Leine oder weil sie sich nicht von ihrer Führerperson trennen wollen, zeigen sie Furcht an. Sie ducken sich, nehmen die Rute herunter, ihre Bewegungen sind verlangsamt. Oder aber sie drohen oder gehen gar zum Angriff über, wenn die Fluchtdistanz wesentlich unterschritten wird und sie sich in die Enge getrieben fühlen. Das ist der nicht wesenssichere Hund.

Der wesenssichere hingegen zeigt sich fremden akustischen und optischen Eindrükken gegenüber indifferent oder geht aktiv an sie heran, um sie kennen zu lernen. Unbekannte Personen, die ihn weder bedrohen noch beengen noch ihm Schmerzen zufügen, duldet er um sich oder geht freundlich auf sie zu, ohne irgendwelche Anzeichen von Furcht zu zeigen. Er bewegt sich frei und gelöst. Dazwischen gibt es alle Schattierungen: Hunde, die nur vor bestimmten optischen Eindrücken oder Lärmeinwirkungen zurückschrecken, nur bestimmte Fremdpersonen meiden oder sich nur an bestimmten Orten unsicher bewegen. Die Möglichkeiten sind fast unbegrenzt. Hier zeigt sich, dass jeder Hund eine eigene «Persönlichkeit» ist, die sich im beschränkten Rahmen eines Wesenstandards nie ganz fassen lässt.

Zuchtprobleme, Umweltwirkungen, Vererbungsmodus

Kein Merkmal gibt dem Züchter so schwierige Probleme auf wie gerade das Merkmal Wesen. Keines kann auf den Einzelhund bezogen so schlecht gesteuert werden und ist so verhängnisvoll, wenn ein Misserfolg auftritt, möchte doch jeder Hundehalter in erster Linie einen «guten» Hund: einen zuverlässigen, angepassten und treuen Kameraden haben, dessen Verhälnis zu Umwelt und Menschen nicht ständig durch unkontrollierbare Reaktionen getrübt wird.

Ein Grund, dass sich Wesen züchterisch schlecht steuern lässt, ist die enge Verflechtung von Umweltwirkungen und Erbanlagen. Nie hat der Züchter Gelegenheit, den wirklichen Genotyp seiner Elterntiere «rein» erfassen zu können. Was er als sichtbares Wesen erkennt, ist immer ein dichtes Gewebe von Erbanlagen und Umweltwirkungen. Die Umweltwirkung ist bei keinem Merkmal so hoch wie beim Wesen. Hat ein Hund, der im Erwachsenenalter Meidereaktionen zeigt, eine schlechte Prägephase erlebt? Hat der Hund, der schussscheu ist, in der Jugend ein Schreckerlebnis gehabt, das er nicht vergessen hat? Hat der Hund, der auf dem Körplatz geduckt und unfroh herumschleicht, noch nie fremde Umgebungen kennengelernt oder hat er einen Meister, der ihn einschüchtert? Hat der Hund, der nach der Hand schnappt, die ihn streicheln will, früher lernen müssen, dass er sich nur durch Drohen und Schnappen Schmerzerlebnisse ersparen kann? Die Fragen sind endlos, und meistens gibt es dafür auch keine eindeutige Antwort. Die Besitzer wissen es entweder nicht oder aber erzählen dann irgendein Schreckerlebnis, wenn der Hund sich furchtsam zeigt und sie ihn gerne angekört hätten. So sind Erbanlagen und Umweltwirkungen bei erwachsenen Hunden im Mittelfeld, die die grosse Mehrheit der Berner Sennenhunde ausmachen, in allzuvielen Fällen gar nicht trennbar. Einigermassen eindeutig einschätzbar sind nur die in jeder Hinsicht sicheren oder die unverkennbar furchtsamen Hunde.

Aus dieser Schwierigkeit oder auch letztlich Unmöglichkeit, den wirklichen Wesensgenotyp eines Hundes erkennen zu können, ergibt sich die nur beschränkt gültige Aussage, die allen Körresultaten anhaftet. Für Zuchteignungsprüfungen wird versucht, eine Reihe von Testsituationen zusammenzustellen, die die Reaktion des Hundes auf verschiedene Umweltwirkungen – eben sein Wesen – sicht- und vergleichbar machen sollen. Je nachdem, wie geschickt eine solche Testserie zusammengestellt ist, sagt sie etwas über die grundsätzliche Reaktionsweise aus oder verfälscht bloss die Art und Weise, wie sich der Hund in der Welt sonst zurechtfindet.

Es ist wohl bisher noch keinem Rasseklub gelungen, eine Prüfungsreihe zusammenzustellen, die nicht auch Schwächen hat und bestimmten Hunden nicht gerecht wird. Sowohl das Arrangement der Prüfungssituationen wie auch die Wesensrichter selbst können in Hunden Reaktionen auslösen, die von den Tieren aus ihrer bisherigen Erfahrung heraus als bedrohlich empfunden werden und denen sie ausweichen, obwohl sie sich im Alltagsleben sicher bewegen. Andererseits können Prüflinge im voraus an die vorkommenden Testsituationen gewöhnt werden, so dass selbst Tiere, die von der Veranlagung her eher etwas furchtsam sind, sich an einer Wesensprüfung in Gegenwart ihres Meisters verhältnismässig sicher bewegen. Das führt dazu, dass

Drei Beispiele von einer Wesensprüfung

Diese sichere Hündin geht furchtlos, mit zufrieden erhobener Fahne, den flatternden Plastikbändern entgegen. Ihr Blick auf die Meisterin weist auf eine gute Beziehung zu dieser hin.

Ein sicherer Hund wedelt und beschnuppert die Hand, die ihn begrüsst. Diese Hündin ist unsicher. Sie blickt weg und duckt sich mit gesenkter Rute in der Hinterhand.

Ein sicherer Hund erträgt auch die unmittelbare Nähe von Menschengruppen. Diese Hündin entflieht dem bedrängenden Kreis in deutlich geduckter Haltung. Sie ist unsicher.

auch Hunde, die eine Wesensprüfung bestanden haben, keine absolute Gewähr bieten, dass sie von der Veranlagung her die gewünschten Qualitäten haben und sie an ihre Nachkommen weitergeben werden. Wie gesagt können durch Wesensprüfungen wohl eindeutig sichere und eindeutig unsichere Hunde ermittelt werden, dazwischen bleibt aber eine weite Grauzone von Tieren, bei denen man nie ganz weiss und nie wissen kann, welche erblichen Dispositionen sie nun an ihre Nachkommen weitergeben werden. Mit dieser Erkenntnis müssen Züchter und Rasseklubs aber leben. Es gibt vorderhand keine anderen Möglichkeiten, unter den vorhandenen Tieren eine wesensmässige Auslese zu treffen, als sie solchen Prüfungen zu unterziehen. Nur dann, wenn sich furchtsam oder aggressiv zeigende Tiere immer wieder von der Zucht ausgeschlossen werden, kann man hoffen, dass die negativ wirkenden Gene in der Population langsam zurückgedrängt werden.

Eine dritte Schwierigkeit besteht darin, dass man noch gar nicht herausgefunden hat, wie sich Wesensmerkmale überhaupt vererben. Bei den meisten körperlichen Merkmalen kennt man ungefähr den Erbgang, dem sie folgen. Man weiss z.B., dass Eltern mit steilen Hintergliedmassen auch wieder ähnliche Nachkommen bringen werden. Bei Wesensmerkmalen ist der Erbgang unbekannt. Man sucht in der Literatur vergebens nach Berichten, die etwas darüber aussagen. Wohl sind im Rahmen von Rassekreuzungen Versuche gemacht und es ist festgestellt worden, dass sich gewisse rassetypische Charaktermerkmale als Gesamtheit oder in Einzelkomponenten vererben. Messbare Verhaltenseigenschaften, wie spurlautes Jagen oder Schussscheuheit sind unter Nachkommen von solchen Hunden untersucht worden, ohne dass man jedoch zu eindeutigen Schlüssen über den Erbgang kam. Von den Merkmalen, die den praktischen Züchter interessieren, wie Sicherheit oder Unsicherheit, liegen gar keine Untersuchungen vor. Auch die verschiedenen Rasseklubs können dazu nichts aussagen, weil bisher von keinem systematische Auswertungen von Aufzeichnungen gemacht worden sind. Es wäre wünschenswert, Hunde mit typischen Verhaltenseigenschaften schriftlich zu erfassen und an den Nachkommen zu überprüfen, wieviele davon sich ähnlich verhalten. Doch solche Aufzeichnungen liegen nicht vor. So tappt man darüber, wie sich Wesen vererbt, immer noch im dunkeln.

Sicher ist Wesen ein hochpolygenes Merkmal. Es wird nicht Schussscheuheit oder ein guter Wächterinstinkt vererbt. Dazu gibt es mit Bestimmtheit keine Einzelgene, sondern immer ein Zusammenspiel vieler, die die Bereitschaft, solche Eigenschaften zu entwickeln, begünstigen oder hemmen. Der Endeffekt entsteht aus dem Zusammenspiel verschiedenster Voraussetzungen, die wieder durch die Umwelt begünstigt oder unterdrückt werden können. Was nun eigentlich vererbt wird, dass sich Verhaltenseigenschaften daraus ergeben, ist nicht fassbar. Sind es bestimmte biochemische Prozesse? Sind es besondere Gehirnstrukturen? Ist es eine besondere Disposition des Nervensystems? Ist es, wie es bei der Schuss- oder Gewitterscheu möglich wäre, einfach eine besondere Empfindlichkeit des Innenohrs? Ist Härte einfach Unempfindlichkeit oder sind da Komponenten wirksam, die das Sozialverhalten beeinflussen, so dass bei einem «harten Hund» das Wahrgenommene einfach von seiner Bindung an den Sozialpartner überspielt wird? Wer wird das je wissen? So ist das, was nun eigentlich vererbt wird, nicht vom Gesamtbild trennbar und kann auch nicht direkt in einem Auswahlverfahren züchterisch gesteuert werden. Die vielen Einzelkomponenten stehen in subtiler Wechselwirkung, sich begünstigend oder abschwächend, und können nicht einzeln gefasst werden.

Trotzdem ist gewiss, dass sich auch Wesensmerkmale vererben. Dafür legen die verschiedenen Rassen mit ihren mehr oder weniger eindeutigen Verhaltensmustern Zeugnis ab. Eigenschaften wie Jagdimpuls oder fehlende Jagdleidenschaft, Bellfreudigkeit oder «Stummheit», Rauflust oder Verträglichkeit, Unterordnungsbereitschaft oder Selbstbehauptungswille und viele Eigenschaften mehr sind in den verschiedenen Rassen durch lange Zuchtwahl ganz unterschiedlich zum Tragen gekommen. Das beweist, dass bestimmte Eigenschaften dem Selektionsdruck weichen, d.h. durch Zuchtwahl beeinflussbar sind, wenn sie lange und intensiv genug betrieben wird. Auf dieser Erfahrung baut die Einführung von Wesensprüfungen im Rahmen der Zuchtzulassung auch auf. Indem immer wieder die furchtsamsten Tiere ausgeschieden werden, soll der Genpool, der Meideverhalten bewirkt, im Gesamtbestand langsam zugunsten der Wesenssicherheit schaffenden Erbanlagen eingedämmt werden. Vorausgesetzt, die Massstäbe zum Erfassen dieses Wesens sind richtig gesetzt, sollte sich so im Verlaufe der Zeit eine Verschiebung Richtung Wesensverbesserung im Gesamtbestand ergeben. Deutlich unangepasste Tiere müssten immer seltener, sichere immer häufiger werden. Da Wesensmerkmale so sehr auf Polygenie beruhen, ist die Massenselektion im ganzen Zuchtbestand das verheissungsvollste Mittel, Wesensschwäche bekämpfen zu können. Leider fehlt bisher jede Überprüfung, ob die seit 20 Jahren in der Schweiz durchgeführte Wesensselektion einen Erfolg absehen lässt. Niemand stellt fest, ob sich das Wesen im Gesamtbestand seit den Anfängen dieser Selektion in der gewünschten Richtung verändert hat. Wäre kein Erfolg festzustellen, müsste nicht diese Selektion aufgegeben werden, sondern die Selektionskriterien wären zu verändern.

Dass sich Wesensmerkmale, ja selbst bis ins einzelne gehende Charaktereigenschaften und Verhaltensweisen vererben, weiss auch der einzelne Züchter. Er kann z.B. aus derselben Hündin von bestimmten Rüden ganze Würfe erhalten, die von Anfang an durch ihr entschiedenes Neugierverhalten auffallen und sich bis zum Abgabealter zu Junghunden entwickeln, die allem Bekannten und Neuen furchtlos begegnen, während er von anderen Rüden Welpen bekommt, die in ihre Umwelt und zu fremden Menschen nie so recht Vertrauen fassen, ja bis zum Schluss sich bestimmten Situationen immer durch die Flucht entziehen. Der Einfluss des Rüden auf das Wesen der Nachkommen ist unbestritten. Unterschätzt wird oft der Anteil der Hündin. Da sie sich in ihrem Heimbereich, dessen Geruchs- und Geräuschkulisse sie kennt, meist auch sicher bewegt, übersieht der Züchter oft (und allzugerne), dass sie in ihr nicht vertrauten Situationen mit Meideverhalten oder gar mit Furcht reagiert, also nicht ganz wesensfest ist. Er vertröstet sich damit, dass sie ja die Ankörung geschafft hat und übersieht, wie doppelt wichtig der Anteil der Mutter an der Wesensentwicklung der Welpen ist. Einmal gibt sie den Jungen ihre Erbanlagen mit, dann aber ist sie auch deren Lehrmeisterin. Welpen übernehmen in vielen Teilen im Prägealter das Verhalten der Mutter und behalten es auch. Ist sie durch und durch sicher, dann vermittelt sie ihnen Vertrauen gegenüber Dingen und Menschen. Zeigt sie aber Unsicherheiten, werden die Welpen diese noch in verstärktem Masse annehmen, und dies in einem Alter, wo sich ihnen solche Verhaltenweisen fast irreversibel einprägen. Wesenssicherheit im Zuchtbestand kann nur mit der Verwendung durch und durch wesenssicherer Tiere erreicht werden. Eine Zuchtbescheinigung, d.h. eine bestandene Ankörung, reicht da, aus den genannten Gründen, nicht aus. Zu wenig sicher ist diese Aussage hinsichtlich des Genotyps des Zuchttieres. Der Züchter tut also gut daran, sich selber vom Wesen der Zuchtpartner ein genaues Bild zu machen. Er muss kompromisslos alle zweifelhaften Tiere von der Zucht ausschliessen, seine Hündin, die ihn nicht ganz überzeugt auch dann, wenn sie die Wesensprüfung bestanden hat. Allzuoft vertrösten sich Züchter damit, das sie dann zur nicht ganz sicheren Hündin eben einen sehr wesensfesten Partner wählen würden. Wohl gibt es Zuchtrüden, die ihr gutes Wesen fast allen ihren Nachkommen mitgeben. Da es sich aber dabei nicht um eine eindeutige Dominanz handelt, sondern um ein subtiles Zusammenspiel vieler Gene, bleiben die ungünstig wirkenden in den Nachkommen erhalten, und eine weitere Generation lässt sie wieder zutage treten. Klares Dominanz- und Rezessivverhalten gibt es bei den Wesensmerkmalen nicht. Mit einiger Sicherheit kann man bloss sagen, dass aus zwei labilen Zuchtpartnern auch wieder labile Nachkommen hervorgehen werden. Dass sie besser als die Elterntiere werden, kommt praktisch nie vor. Die Erbanlagen, die den Wildcaniden so ausrüsteten, dass er durch Vorsicht, Misstrauen und Flucht seine Haut retten konnte, sind die ursprünglichen und im Genbestand der Rassen immer noch vorhanden. Das, was wir als Wesenssicherheit bezeichnen, ist eine jüngere Abwandlung durch die fortgesetzte Selektion. Die ursprünglichen Gene können sich auch in Rassehunden immer noch so zusammenfinden, dass wir plötzlich wieder Hunde vor uns haben, die in die alten Verhaltensmuster zurückfallen. Das weiss jeder Züchter, der aus scheinbar sicheren Vorfahren plötzlich wieder unsichere Welpen erhält. Deshalb ist das Umfeld der Zuchthunde, ihre Familie und ihr Stamm, bei der Wesenszucht auch ganz besonders ins Auge zu fassen. Ist das vorgesehene Zuchttier unter seinen Geschwistern der einzige sichere Hund, ist die Mutter zweifelhaft, hat es im selben Stamm immer wieder scheue Tiere gegeben, dann ist es mehr als ungewiss, ob auch der sicherste Zuchtpartner einen so hohen Anteil an erwünschten Genen einbringen kann, dass scheue Nachkommen ausgeschlossen sind. Die alten Gene haben immer wieder die Tendenz, sich mehr oder weniger bemerkbar durchzusetzen und unerwartet wieder aufzutauchen. Das beweist ihre immer noch weite Verbreitung im Rassebestand. Sie können nur zurückgedämmt werden, wenn jeder Züchter darauf achtet, nur mit Hunden zu züchten, die durch und durch wesensfest sind.

Erbliche Defekte beim Berner Sennenhund

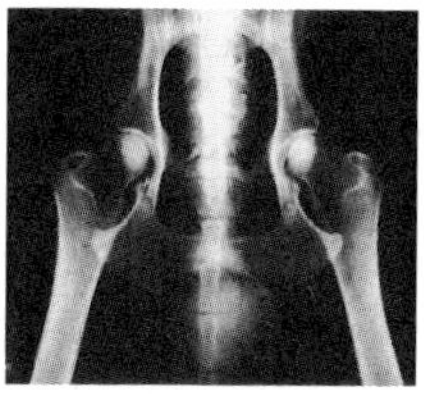

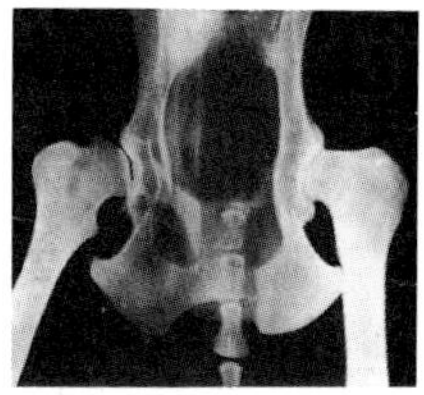

Der gesunde, vitale Hund ist oberstes Zuchtziel

In den letzten 10 Jahren haben sich die Ansprüche an die Rassehunde stark gewandelt. Während vor kurzem noch der schöne Hund reiner Rasse im Zentrum des Interesses stand, wird heute von der Öffentlichkeit immer mehr Druck ausgeübt, dass Rassehunde auch gesund sein und sich durch langes, in keiner Weise beeinträchtigtes Leben auszeichnen sollten. Einige Kenntnisse der Genetik sind zum allgemeinen Wissen geworden, oder man weiss zum mindesten aus anderen Bereichen der Tierzucht, dass Tierbestände durch entsprechende Zuchtwahl wesentlich verändert werden können. Die Ansprüche, dass Rassehunde auch in gesundheitlicher Hinsicht über den Zufallsmischungen stehen sollten, sind teilweise berechtigt, teilweise beruhen sie auf einem Wunschdenken, das sich wohl nie wird ganz erfüllen lassen. Nicht alle Defekte und Krankheiten haben einen genetischen Ursprung und lange nicht bei allen ist die Vererbungsweise klar genug, so dass der Züchter durch geeignete Massnahmen etwas dagegen tun könnte. Trotzdem ist der gesunde und vitale Hund oberstes Zuchtziel, dem sich alles andere unterzuordnen hat.

Dass Erbkrankheiten auch beim Menschen eine Rolle spielen, kann man in jedem entsprechenden Nachschlagewerk lesen. Es sind an die 2000 bekannt. Auch beim Hund sind es erheblich mehr, als allgemein angenommen wird. Viele von ihnen treten jedoch selten auf oder werden gar nicht als solche erkannt, so dass es für Züchter schwierig ist, sie überhaupt in Betracht zu ziehen. Wir greifen für unsere Übersicht nur wenige der bekanntesten heraus, die, unterschiedlich häufig, auch beim Berner Sennenhund vorkommen.

Unter dem Begriff «erbliche Defekte» wird eine Gruppe von Erscheinungen zusammengefasst, die ganz verschiedene Ursachen haben. Im Vordergrund stehen krankhafte Veränderungen, die 100%ig auf der Wirkung einzelner schadhafter Gene beruhen. Dazu gehören z.B. die Progressive Retina-Atrophie (PRA) oder die Trembler-Krankheit, die eindeutig auf ein einzelnes Rezessivgen zurückzuführen sind. Ganz selten verhält sich ein solches einzelnes Defektgen auch dominant, wie es z.B. bei der Spaltnase vermutet werden muss. Häufiger kommen Defekte durch einen ganzen Genkomplex zustande, wobei dann je nach Anhäufung und Zusammenspiel der krankmachenden Erbfaktoren der Defekt in fliessenden Übergangsformen von nur schwacher bis hin zu starker Ausprägung auftreten kann, wie z.B. bei der Hüftgelenksdysplasie. Eine weitere Gruppe von Genen kommt nur dann zur Wirkung, wenn sie durch entsprechende krankmachende Umweltwirkungen begünstigt wird, beispielsweise die Magendrehung. Man spricht dann von Erb-Umwelt-Krankheiten oder auch von einer genetischen Disposition: Ungünstige Gene sind zwar da, sie wirken sich aber nur aus, wenn negative Einflüsse dies provozieren (falsche Nahrung, Haltung, Bewegung, auch Infektionen, Giftstoffe etc.). Eine exakte Trennung zwischen rein erblichen und z.T. zusätzlich durch die Umwelt bedingten Defekten ist nicht immer klar möglich. Eine weitere Gruppe von genetischen Defekten steht mit bestimmten körperbaulichen Eigenarten im Zusammenhang. Wenn Hunde sehr abweichend von der ursprünglichen Canidenform, der etwa die des Wolfes entspricht, gezüchtet werden, können sich an bestimmten Stellen Schwachpunkte ergeben, die in schweren Fällen dann als eigentliche Defekte behandelt werden müssen. Dazu gehören z.B. das Ektropium bei Hunden mit viel loser Haut am Kopf oder die gestörten Atemwege bei extrem kurzköpfigen Rassen. Hier wird der Begriff der Rassen(prä)disposition verwendet. (Von einer Rassenanfälligkeit ist aber erst zu sprechen, wenn sie bewiesen ist!) In Fällen, wo die erstrebte Zuchtform in körperliche Gebrechen ausartet, ist meist nur durch eine Änderung des Standards und der Zuchtrichtung eine Verbesserung zu erzielen.

Der Standard für den Berner Sennenhund enthält zum Glück keine Positionen, die Fehlbildungen direkt begünstigen. Er umschreibt einen der natürlichen Canidenform relativ nahestehenden Hund. Probleme ergeben sich eher aus der Auslegung des Standards. Da keine konkreten Masse und Zahlenverhältnisse angegeben sind, lässt die Interpretation einen grossen Spielraum zu.

Krankheitsdispositionen können sich an einigen Punkten ergeben: Der eine Problemkreis sind Grösse, Knochenstärke und Gewicht der Tiere. Wie gedrungen (und gewichtig?) soll ein guter Berner Sennenhund sein, wenn man weiss, dass Störungen des Skelettaufbaus, vor allem in den Gelenken, mit zunehmender Grösse und zunehmendem Gewicht häufiger auftreten? Ein zweiter Gesichtspunkt ist die Kopfform, die in der sogenannten modernen Zuchtrichtung zu einer Verkürzung mit allen daraus folgenden Problemen hin tendiert.

Die Defekte, die hier besprochen werden, sind weniger Konsequenzen eines abwegigen Standards bzw. dessen falscher Auslegung, sondern beruhen in den meisten Fällen eher auf schädigenden Einzelgenen oder Gengruppen, die von Generation zu Generation weitergegeben werden und immer wieder etwa bei einem Hund zur Wirkung kommen und ihn beeinträchtigen. Es gilt, durch geeignete züchterische Massnahmen die Kette zu durchbrechen und die schadhaften Gene in der Zucht zum Verschwinden zu bringen.

Erschwerend wirkt die Tatsache, dass in vielen Fällen der «Weg» dieser Gene kaum verfolgt werden kann, weil entsprechende Aufzeichnungen fehlen und die Daten nicht zusammengetragen werden. So sieht sich denn der einzelne Züchter oder Hundehalter plötzlich von einer Krankheit oder einem Defekt unter seinen Hunden überrascht.

Nur wenige Erbfehler sind lediglich durch ein einzelnes Gen bedingt, die meisten durch einen ganzen Genkomplex. Im Erbgang verhalten sie sich aber in der Regel fast alle rezessiv resp. mit rezessiver Grundtendenz, wie die meisten negativen Merkmale überhaupt. Das kommt daher, dass sich Genabwandlungen bzw. -schädigungen fast immer aus Mutationen entwickeln: Ursprünglich normale, gesunde Allele werden verändert. Mutationen entstehen durch kleinste Verschiebungen im Aufbau der chemischen Erbsubstanz. Wirkungsweisen der Eiweisse und deren Menge werden umstrukturiert und so die Anlagen und in der Folge die Merkmale der betreffenden Tiere verändert. Schutzmechanismen des Organismus verhindern, dass solche negativen Erbinformationen zur Wirkung kommen, solange noch gesunde Gegenspieler, nicht geschädigte Allele, da sind. Erst wenn diese fehlen, d.h. wenn das Krankmachende in doppelter Dosis, homozygot, vorkommt oder wenn die schädigenden Kleingene in «überwältigender Menge» vorhanden sind, entstehen Fehlbildungen. Das macht es schwierig, den Weg der Defektgene in der Population zu verfolgen, da die Grosszahl der Hunde unbelastet erscheint, auch wenn sie die schadhaften Erbanlagen in sich tragen und weitergeben. Das Verfolgen und Ausschalten dieser Gene wird weiter dadurch erschwert, dass einzelne Gruppen sich nur dann auswirken, wenn ungünstige Umweltbedingungen dazu kommen. Es ist in vielen Fällen schwierig, ja fast unmöglich, den Anteil des Erbeinflusses von der Umweltwirkung zu trennen.

Die Bekämpfung der erblichen Defekte muss immer eine Aufgabe der ganzen Züchtergemeinschaft sein. Der einzelne ist weitgehend machtlos. Es ist Aufgabe der Rasseklubs, Informationen zu sammeln, in Zusammenarbeit mit Tierärzten und Genetikern auszuwerten und gangbare Wege zur Bekämpfung vorzuschlagen. War es bisher fast unmöglich, die entsprechenden Daten und Beobachtungen übersichtlich festzuhalten, sollte dies im Zeitalter der elektronischen Datenverarbeitung kein unüberwindliches Hindernis mehr darstellen.
Bei Defekten, die auf einzelne Gene zurückgehen, ist immer zu entscheiden, inwieweit ausser den Tieren, die den Fehler zeigen, auch die Trägertiere, die ihn streuen, von der Zucht fernzuhalten sind. Sie müssen ja nicht abgetan werden, sondern können, selber gesund, in jeder Hinsicht gefreute Hausgenossen und Kameraden sein, sollten aber daran gehindert werden, durch Nachkommen zur weiteren Ausbreitung der Krankheit beizutragen. Bei polyfaktoriell verursachten Defekten, die sich meist in unterschiedlicher Ausprägung, von ganz schwachen bis zu starken Formen manifestieren, müsste von den Rasseklubs die Grenze des Zulässigen festgesetzt werden, wie es bei der HD z.B. bereits geschieht. Bei einer ganzen Anzahl auftauchender Schädigungen, beispielsweise bestimmten Herzfehlern oder Krebs etc., ist ungeklärt, inwiefern erbliche Dispositionen eine Rolle spielen. Es ist Aufgabe der Rasseklubs, mit den zuständigen Instanzen, Tierärzten, Tierkliniken und Genetikern, zusammenzuarbeiten und die nötigen Untersuchungen zu veranlassen, damit daraus zum mindesten Empfehlungen für das züchterische Vorgehen abgeleitet werden können.

Aber auch die Rasseklubs können nur wegweisend handeln, wenn ihnen von den Züchtern und Haltern die nötigen Unterlagen zur Verfügung gestellt werden. Dort liegen die grössten Probleme. Meistens wird das Vorkommen von Fehlbildungen im eigenen Zwinger als persönliches Versagen empfunden und möglichst verheimlicht. Besonders empfindlich sind erfahrungsgemäss die Zuchtrüdenhalter. Jede Unvollkommenheit unter den Nachkommen ihres Rüden wird als nicht tolerierbare Schande empfunden und heruntergespielt oder vertuscht. Dabei hätten gerade die Rüdenhalter durch offene und ehrliche Angaben über die Stärken und Schwächen ihres Zuchtrüden den grössten Beitrag zur gesundheitlichen Verbesserung zu leisten. Sie müssten dazu allerdings über die Nachkommen ihres Tieres auch möglichst umfassend Buch führen und sich nicht damit begnügen, die Deckgelder zu kassieren. Ein grundsätzliches Umdenken muss sich hier in den nächsten Jahren vollziehen. An erblichen Defekten ist nie der einzelne Züchter oder Rüdenhalter «schuld». Sie laufen, mehr oder weniger verdeckt, im Genbestand der Rasse mit. Der einzelne ist höchstens das Opfer. Sobald Züchter oder Rüdenhalter damit beginnen, sich ehrlich miteinander auszutauschen, stellen sie meistens fest, dass der eine mit diesem, der andere mit jenem zu kämpfen hat. Kein einziger bringt nur fehlerfreie Hunde zustande. Nur das Aufdecken der Karten macht es möglich, dass überhaupt etwas zur Gesundung der Rasse getan werden kann. Wer seine Probleme verschleiert, trägt dazu bei, dass sich die Erbkrankheiten weiter ausbreiten und jeder allezeit unvermutet davon betroffen werden kann. So ein Züchter oder Rüdenhalter ist zwar nicht der «Vater des Defekts», er wird aber durch seine Verheimlichung zum «Vater der Rasseschädigung». Dieses Umdenken, dass nämlich alle gemeinsam für die Gesundheit der Rasse verantwortlich sind und infolgedessen durch schonungsloses Aufdecken der auftauchenden Probleme zur Verbesserung beitragen müssen, ist die vordringlichste Aufgabe für die nächsten Jahre.

Gesundheit – Beweglichkeit – Lebensfreude

Hüftgelenksdysplasie (HD)

Das Hüftgelenk ist die Verbindung zwischen Becken- und Oberschenkelknochen und damit über die Wirbelsäule auch zwischen dem Bewegungsapparat der Hinterhand und dem der Vorderhand. Normale und schmerzfreie Fortbewegung ist für den Hund nur möglich, wenn es intakt ist. Es ist ein Kugel- oder Nussgelenk, bei dem der runde Oberschenkelkopf von der Gelenkpfanne bis zu etwas mehr als der Hälfte umfasst wird. Vor allem durch die Beckenmuskulatur wird es fixiert. Dank seiner Kugelform ermöglicht es dem Tier Bewegungsabläufe und Belastungen in verschiedenen Richtungen. Beim dysplastischen, d.h. fehlerhaft entwickelten Gelenk, führt eine Lockerung zu ungleichen Belastungen und in der Folge zu einer Abflachung der Gelenkpfanne und des Oberschenkelkopfes. Das runde obere Ende des für die Fortbewegung so wichtigen Oberschenkelknochens passt nicht mehr richtig in seine Halterung. Es kommt zu degenerativen Abnutzungserscheinungen und zu krankhaften Auflagerungen auf den glatten Gelenkoberflächen, dem Pfannenrand und am Oberschenkelhals. Es entwickelt sich eine Arthrose, die vor allem beim älteren Hund zu Schmerzen und damit zu Gehbehinderungen führt.

Die Hüftgelenksdysplasie ist heute als typische Erb-Umwelt-Erkrankung bekannt. Einerseits liegt eine genetische Veranlagung vor, so dass sich die Gelenke während des Wachstums der Jungtiere verformen, andererseits können ungünstige Umweltbedingungen den Schweregrad beeinflussen. Übergewicht und zu schnelles Wachstum im Welpen- und Jugendalter bei frohwüchsigen Rassen, unausgewogene Nahrung, vor allem Vitamin-, Mineralstoff- und Proteinüberschüsse und bestimmte Formen von Überanstrengung begünstigen die Fehlentwicklung. Zum Leidwesen der Züchter und Hundehalter hat man bisher noch keine praktisch durchführbaren Haltungs- und Aufzuchtformen gefunden, durch die sich die Entwicklung einer Dysplasie ganz vermeiden liesse. Auch Experimente mit speziellen Vitaminkuren, z.B. Vitamin C oder bestimmten anderen Stoffen, haben bisher zu keinen positiven Resultaten geführt. Sorgfältige Aufzucht mit eher knapper Fütterung und Kontrolle der Bewegungsweise von Junghunden führen höchstens dazu, das Schlimmste zu verhüten.

Erst seit der Mitte der 60er Jahre setzte sich langsam die Erkenntnis durch, dass bei dieser Deformation eine erbliche Disposition vorliegt, die man durch züchterische Massnahmen bekämpfen muss. Die Forschungen über die genetischen Zusammenhänge wurden dadurch erschwert, dass es bei diesem Defekt verschiedene Schweregrade gibt. Vom ganz gesunden zum geschädigten und schliesslich stark deformierten Gelenk bestehen fliessende Übergänge. Das weist daraufhin, dass nicht ein einzelnes krankhaftes Gen die Schädigung herbeiführt, sondern dass es ein Zusammenwirken von vielen ist, gegen die man nicht einzeln angehen kann.

Die Ausbildung dysplastischer Gelenke ist genau genommen ein gestörter Entwicklungsverlauf. Alle Welpen werden mit normalen, jedoch sehr weichen Gelenken geboren. Eine Fehlentwicklung zeichnet sich frühestens im Alter von 8 bis 10 Wochen ab. Die grösste Gefahr für eine Deformierung besteht beim Berner zur Zeit des stärksten Wachstums zwischen 5 und 10 Monaten. Hinterher stabilisieren sich die

Gelenke. Veränderungen im positiven wie auch im negativen Sinne sind aber bis zum Erwachsenenalter immer noch möglich. Das erschwert es, eine frühe Diagnose zu stellen. So ist es vor allem unmöglich, ausser in schweren Fällen, schon beim Welpen eine Voraussage über den Zustand seiner Hüftgelenke zu machen. Diagnoseversuche durch Betasten (Palpation), wie sie von wenigen Tierärzten vorgenommen werden

Classification, Einstufung classification	Classification, Klassifizierung	Country – Land – Pays					Classification, Einstufung classification
		SF Finnland	NL Niederlande	D Deutschland	S Schweden	CH Schweiz	
A 1	No signs of hip dysplasia	Ei-dysplasiaa "hyvät"	Negatief geheel gaaf (1)	Kein Hinweis für HD	Utmark	Frei	A 1
A 2		Ei-dysplasiaa	Negatief niet geheel gaaf (2)		U.A.		A 2
B 1	Transitional case	Rajatapaus	Transitional case (Tc)	Übergangsform (verdächtig für HD)			B 1
B 2					I	I	B 2
C 1	Mild	I	Licht positief (3)	Leichte HD			C 1
C 2							C 2
D 1	Moderate	II	Positief (3½)	Mittlere HD	II	II	D 1
D 2			Positief (4)				D 2
E 1	Severe	III		Schwere HD	III	III	E 1
E 2		IV	Positief optima forma (5)		IV	IV	E 2

oder durch die Beobachtung von Gangart oder Körperhaltung (z.B. ausgestreckt liegen), lassen keine verlässlichen Prognosen zu. Etwas mehr Aufschluss gibt das Frühröntgen ab etwa 8 Monaten. Da aber die Ausformung der Gelenke dann immer noch im Fluss ist, stimmen die so früh festgestellten Zustände nicht immer mit denen am ausgewachsenen Hund überein. Die eindeutigen Fälle, HD-Freiheit oder schwere Missbildungen, lassen sich dann wohl feststellen, bei Zwischenformen sind aber immer Entwicklungen in verbessernder oder in verschlechternder Richtung möglich. Innerhalb der der FCI (Fédération Cynologique Internationale) angeschlossenen Landesverbände hat es sich daher eingebürgert, dass ein gültiges Röntgenbild nicht vor dem abgeschlossenen 12. Lebensmonat des Hundes aufgenommen werden darf. Bei Berner Sennenhunden, einer grossen Rasse mit längerer Wachstumszeit, ist es empfehlenswert, damit bis nach dem 14. oder 15. Lebensmonat zu warten.

Alle Hunde werden heute unter Narkose in zwei genau vorgeschriebenen Positionen geröntgt: Mit angewinkelten und mit ganz gestreckten Hintergliedmassen. Durch genaues Messen werden die Winkelverhältnisse der Knochen zueinander festgestellt und mit den Normalwerten verglichen. Die Abweichungen werden in den einzelnen Ländern z.T. unterschiedlich bezeichnet, in der Schweiz verwendet man die Gradeinteilung von 0–4, in der BRD die Bezeichnungen «kein Hinweis, Übergangsform, leichte, mittlere und schwere HD».

Unbehagen unter der Züchterschaft verursacht immer wieder die Tatsache, dass die Ausmessungen nicht an allen Instituten gleich vorgenommen werden, so dass sich in der Bewertung Unterschiede ergeben.

Ein neues Verfahren wird gegenwärtig an der Universität Bern unter P.D.Dr. Schawalder geprüft. Dieser stellte durch genaues Ausmessen fest, dass beim Berner Sennenhund der Oberschenkelkopf in einem anderen Winkelverhältnis zum Oberschenkelschaft steht als z.B. beim Deutschen Schäferhund (Schawalder 1987). Das hat zur Folge, dass bei bestimmten Hunden beim Röntgen in der gestreckten Lage der Gelenkkopf aus der Pfanne gehoben wird, was dann eine Dysplasie vortäuscht, die gar nicht vorhanden ist. Bei diesem neuen Verfahren werden Hunde ohne Narkose im Stehen, also unter weitgehend natürlichen Belastungsverhältnissen, geröntgt. Es wird gegenwärtig weiter untersucht, ob dies neue Erkenntnisse bringen kann, die in die allgemeine Praxis umgesetzt werden können. Züchter von Berner Sennenhunden sehen der Vervollkommnung dieser Methode mit grossem Interesse entgegen.

Erst gegen Ende der 60er Jahre begann man in den verschiedenen Ländern die ersten Berner Sennenhunde zu röntgen und fand einen recht hohen Prozentsatz mit mehr oder weniger starker Dysplasie. Nicht einmal die Hälfte aller Tiere hatte ganz gesunde Gelenke. In der Schweiz waren es 1970 nur 42% aller geröntgten Hunde. Ein ähnliches Bild bot sich in anderen Ländern. 1971 beschloss die Hauptversammlung des Schweizerischen Klubs für Berner Sennenhunde die ersten Selektionsmassnahmen. Alle Tiere mussten vor ihrer Zuchtzulassung geröntgt und mit Tieren über Grad 2 durfte nicht mehr gezüchtet werden. Allerdings verblieben die bereits angekörten Tiere weiterhin in der Zucht. 1976 wurden die Bestimmungen verschärft und nur noch

Hündinnen und Rüden mit Grad 0 oder 1 zur Zucht zugelassen. Tiere, die bereits in der Zucht standen, wurden nicht abgekört. Diese Vorschriften gelten heute noch. In der Bundesrepublik Deutschland kamen entsprechende Selektionsmassnahmen später. 1978 wurde die allgemeine Röntgenpflicht eingeführt, wobei mit Hunden bis HD mittel gezüchtet werden durfte. Sie mussten allerdings mit einem HD-freien Partner gepaart werden. Seit 1983 erhalten nun nur noch Tiere mit einem Röntgenergebnis «frei» oder «Übergangsform» die Zuchterlaubnis.

Der prozentuale Rückgang der HD durch Selektionsmassnahmen war in den ersten Jahren wenig deutlich. Das hat sich nun aber in den 80er Jahren geändert, vor allem in Ländern, die seit einiger Zeit nur noch mit HD-freien Tieren oder solchen mit ganz leichtem Befall züchten. Das ist ein Beweis dafür, dass auch bei einer Erb-Umwelt-Krankheit Selektionsmassnahmen nach einer gewissen Zeit zu greifen beginnen, wenn der Auslesedruck stark genug ist. Umfassendes Zahlenmaterial, das Aufschluss über die Entwicklung gibt, liegt vollständig nur aus der Schweiz vor. Dieses zeigt, dass der Prozentsatz der HD-freien Tiere seit Beginn der Selektion deutlich angestiegen ist, von rund 50% auf 72% (1986). Der Prozentsatz an Tieren mit HD 1 blieb beinahe gleich, während solche mit schwererer HD, Grade 2–4, deutlich abnahmen. Noch besser sind die Resultate in der früheren DDR mit 85% freien Tieren (1988), wo man auch schon länger und strenger selektiert hatte, weniger gut mit nur 48% freien Tieren in der BRD (1986), wo die eigentliche strenge Selektion erst 1983 eingesetzt hat.

Der heute erreichte Stand in den Populationen, wo man bereits seit längerer Zeit eine hinlänglich strenge Selektion betreibt, wird sich wohl auf den erreichten Werten einpegeln, wenn nicht zusätzliche Massnahmen ergriffen werden. Insbesondere hat sich gezeigt, dass auch HD-freie Tiere genetisch unterschiedlich belastet sind, d.h. dass die einen verhältnismässig viele Nachkommen mit HD haben und andere deutlich weniger. Besonders offensichtlich wird das bei den Rüden, von denen genügend Nachkommen geröntgt werden können, so dass die Unterschiede deutlich werden. Diese Erscheinung ist von andern Rassen bekannt und hat sich auch bei Berner Sennenhunden bestätigt. 1988 hat Dr. Ruth Morgenstern 7 Schweizer Zuchtrüden mit genügend geröntgten Nachkommen untereinander verglichen und recht erhebliche Unterschiede gefunden. Der Rüde mit den wenigsten HD-belasteten Nachkommen hat 91,7% HD-freie Tiere, keine mit HD 1 und 8,3% mit HD 2–3 hervorgebracht, derjenige mit den am meisten belasteten Nachkommen nur 58,1% HD freie, 29,0% mit HD 1 und 12,9% mit HD 2 oder 3. Die übrigen 5 Rüden liegen dazwischen. Erst dann, wenn Rüden, unter deren Nachkommen ein hoher Prozentsatz erkrankter Tiere auftauchen, aus der Zucht genommen werden, sobald die ersten aussagekräftigen Resultate vorliegen, kann eine weitere Verminderung der krankmachenden Gene in der Population erwartet werden und damit auch eine weitere Verbesserung der Röntgenresultate. Wie hoch der Prozentsatz an dysplastischen Nachkommen sein darf, wäre von der Züchtergemeinschaft festzulegen.

Entwicklung der Hüftgelenksdysplasie bei Berner Sennenhunden in der Schweiz seit Beginn der Röntgens 1968

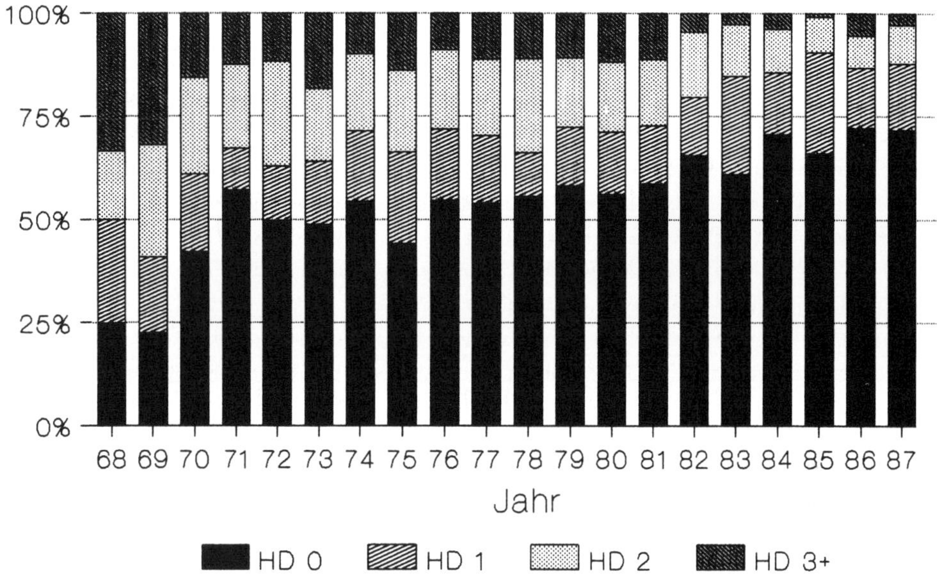

A 1971 Beginn der Selektion: Nur noch mit Tieren von Grad 0-2 darf gezüchtet werden.
B 1976 Verschärfung der Selektion: Nur noch Tiere von Grad 0+1 zur Zucht zugelassen

Angaben in Prozentzahlen pro 5 Jahre

Jahr	*HD 0*	*HD 1*	*HD 2*	*HD 3*	*HD 4*	*Anzahl Hunde*
1972	50,0	12,88	25,76	7,58	3,78	138
1977	54,05	16,22	18,47	9,91	1,35	222
1982	65,73	14,04	15,73	4,49	—	178
1987	71,67	16,11	9,44	2,77	—	180

Ellbogendysplasie, Sammelbegriff für Fehlentwicklungen im Ellbogengelenk
(nicht vereinigter oder frakturierter Processus anconaeus [UAP], fragmentierter oder nicht vereinigter Proscessus coronoideus medialis [FCP], Osteochondritis dissecans [OCD] des Ellbogengelenks)

Dieser Krankheitskomplex wird etwa seit 1960 bei rund 25 Rassen beschrieben. Die zuletzt von Bienz (1985) untersuchte «Wachstumslahmheit» ergab einen hohen Befall beim Berner Sennenhund. Wir folgen hier im wesentlichen seinen Darlegungen.

In den End- bzw. Gelenkstücken der langen Röhrenknochen liegen deren Wachstumszonen (vgl. Skizze). Sobald die Knochen vor allem in der Länge, aber auch im Umfang nicht genau aufeinander abgestimmt wachsen, muss es zu Verschiebungen am Gelenk kommen, was beim Betrachten der Skizzen wohl gut vorstellbar ist.

Tatsächlich verringert sich das Wachstumstempo der Speiche zwischen dem 4. und 5. Monat, während die Elle unverändert weiterwächst. Die Gelenkflächen verschieben sich.

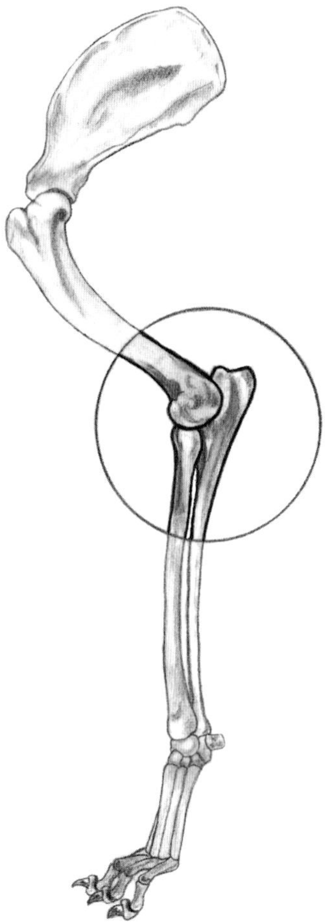

Linkes Ellbogengelenk; körperferne Seite

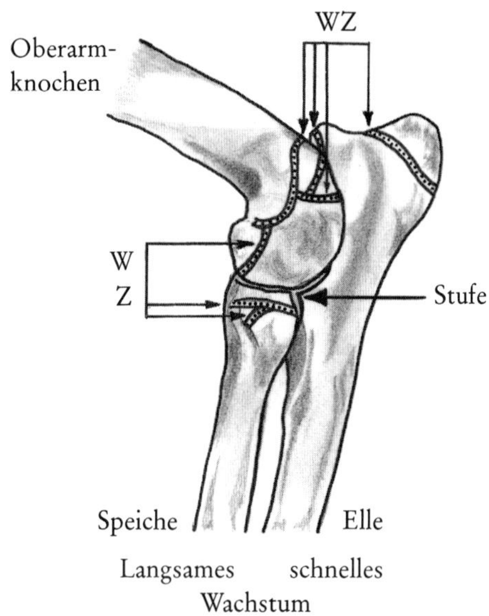

WZ = Wachstumszonen
im Bereich des Ellbogengelenks, schematisch; nach Bienz

Dadurch entsteht im Ellbogengelenk zwischen den Gelenkflächen von Speiche und Elle eine Stufe (vgl. Skizze), die etwa 2 Wochen nach Einsetzen des verlangsamten Wachstums der Speiche ihre grösste Ausdehnung erreicht hat. Einzelne Abschnitte im Gelenkbereich sind nun durch die anders wirkenden Druck- und Zugkräfte vorübergehend mehr als normal belastet und dadurch gefährdet. Infolge der veränderten Belastung wächst jetzt die Elle langsamer und die Speiche schneller, so dass sich die Verhältnisse am Gelenk im Normalfall mit etwa 6 bis 8 Monaten wieder ausgleichen. Krankhaft wird das Geschehen erst dann, wenn durch die erhöhte Belastung Teilchen der Gelenkfläche einreissen und so die ausgleichende Wachstumsverlagerung zwischen Speiche und Elle ausfällt. Dann bleibt die Stufe im Ellbogengelenk bestehen. Der Oberarmknochen wird kopfwärts leicht verschoben. Nun sind die Verhältnisse im Gelenk dauerhaft gestört. Entzündungen treten auf. Nicht mehr feste Knochen- und Knorpelteilchen können sich ablösen und frei in der Gelenkhöhle liegen. Es kommt zur Arthrose, der allgemein bekannten Verschleisserkrankung an Gelenken mit gleichzeitig verlaufendem Abbau (Schliffspuren, Geröllbildung) und Wucherungen (Auflagerung von Gewebe) sowie Ansammlung von Gelenkflüssigkeit.

Eine Behandlung ist nur operativ möglich. Dabei werden vor allem lose Knochenstücke und abgestorbenes Gewebe entfernt. Der dafür günstigste Zeitpunkt liegt zwischen 8 und 14 Monaten. Nicht immer kann erfolgreich operiert werden. In schweren Fällen bleiben Behinderungen des Hundes zurück, so dass oft dessen Euthanasie erwogen werden muss.

Bienz hat Parameter (Hilfswerte zur Berechnung) für das Erkennen von Abweichungen von der gesunden Norm im Ellbogengelenk erarbeitet (Längen- und Durchmesserwerte von Knochenstrukturen, Messwerte für die Stufenbildung). Am Röntgenbild kann damit festgestellt werden, ob und in welchem Masse das untersuchte Gelenk vom Ideal abweicht. Eine allgemeine äussere Untersuchung durch Abtasten, Bewegen und Gangkontrolle ergibt keine genügend zuverlässigen Hinweise: Bei Schmerzreaktionen ist oft nicht feststellbar, ob die Ursache im Ellbogen- oder im Schultergelenk liegt. Bewegungseinschränkungen bei Streckung, Beugung und Drehung sind meist erst im späteren Alter vorhanden. Der Gang kann unregelmässig sein, auch kurztrittig und oft erst nach intensiver Bewegung hinkend, weil Schäden meist auf beiden Seiten vorhanden sind. Es kann sein, dass die Vorderbeine nicht in gerader Linie vorwärts bewegt werden. Im Stand wird die Belastung zwischen rechtem und linkem Bein öfters gewechselt. Die Ellbogen liegen dem Brustkorb nicht an, sondern werden nach aussen gedreht. Das alles ist aber verhältnismässig schwer richtig festzustellen und unterliegt vielen Unsicherheitsfaktoren. Deshalb gilt allein die Röntgenuntersuchung als zuverlässig, wie das auch bei der HD der Fall ist. Wenn es sich einbürgert, wie das bereits einige Züchter machen, bei der HD-Untersuchung ab 12. Monat gleichzeitig die Ellbogengelenke röntgen zu lassen, hätte man nicht nur Gewissheit auch über den Zustand dieser Gelenke, sondern das würde auch dazu beitragen, Unterlagen zu schaffen, die Krankheit eines Tages auf der Grundlage umfangreicher Kenntnisse züchterisch angehen zu können. Dass das Problem der Ellenbogendefekte ernst zu nehmen ist, wird jedem einleuchten.

Bienz ordnete von den 77 untersuchten Berner Sennenhunden 34 nach ihrer Abstammung von zwei Vaterrüden 2 Gruppen zu. Dabei stellte er fest, dass die Gruppe, die den Rüden A zum Vater hatte, Erkrankungserscheinungen zu 47,1% und die andere des Vaters B nur zu 23,5% aufwies. Die Aussagekraft ist bei je 17 untersuchten Nachkommen nur gering, zumal ja auch die Hündinnen mitbeteiligt sind und noch andere Faktoren eine Rolle spielen, aber das Ergebnis weist auf einen erblichen Anteil bei der Ellenbogendysplasie hin.

Bei umweltbedingten Einflüssen ist vor allem daran zu denken, dass rasches Wachstum und eine frühzeitige schnelle Gewichtszunahme die Störung begünstigende Faktoren sind. Das noch unreife Knochen-Knorpel-Gewebe wird unverhältnismässig hoch belastet. Ein Vergleich mit den Verhältnissen beim rasch wachsenden modernen Fleischschwein bietet sich an (Wiesner, Willer, 1983).

Dazu kann eine Überbeanspruchung des jungen Hundes z.B. durch Springen und Hinabrennen von Treppen logischerweise die normale Gelenkausbildung erheblich stören. Die Vordergliedmassen sind ohnehin mit 60 bis 65% des Gesamtkörpergewichts hoch belastet. Dabei verteilt sich das Gewicht auf die beiden Vorderarmknochen noch sehr unterschiedlich: Die Speiche ist um das 4–5fache höher belastet als die Elle. Diese Werte gelten für ausgewachsene Hunde. Im Wachstumsstadium kann das zeitweise noch viel extremer sein. Vom Typ her ist der Berner Sennenhund mehr gefährdet als viele andere Rassen (schwerer Rumpf, die Rüden mit geschlechtsbedingt höherem Gewicht als die Hündinnen zeigten einen um rund 17% grösseren Befall – Ausdrehen der Ellbogen führt zu stärkerer Belastung bestimmter Gelenkteile).

Mit einer Einflussnahme auf die Art der Bewegung und durch knappe Fütterung, «Armeleutekost» kann der Besitzer seinen Teil zur Gesunderhaltung beitragen. Ob eines Tages das Problem der Wachstumslahmheiten ähnlich angegangen werden muss wie das der Dysplasie der Hüftgelenke, wird auf der Grundlage weiterer Forschungsergebnisse zu entscheiden sein.

Der Erbgang ist polyfaktoriell bedingt (viele Übergangsformen vom gesunden zum krankhaften Zustand), wobei es nicht klar ist, ob dabei auch eine eher dominant oder rezessiv wirkende Grundtendenz besteht.

46,8% der ausgewachsenen (Alter zwischen 2 und 3 Jahren) 77 untersuchten Berner Sennenhunde zeigten erhalten gebliebene Anzeichen einer vorausgegangenen gestörten Knochenentwicklung im Ellbogengelenk. Das ist ein enorm hoher Prozentsatz, der deutlich macht, dass dies Problem keine Randerscheinung ist. Schon 1982 hat A.P. Wind in Kalifornien 33 Berner Sennenhunde, davon nur 2 aus Schweizer Zuchten, ebenfalls untersucht und dabei fast genau den gleich hohen Prozentsatz ermittelt, nämlich 45,5%. Ähnliche hohe Werte liegen auch aus andern Ländern vor.

Vorkommen und Entwickung der Wachstumslahmheit der Vordergliedmassen werden heute an verschiedenen Instituten weiter untersucht. «Da die Auswahl geeigneter (d.h. gesunder) Elterntiere als Hauptmassnahme zur Bekämpfung der Ellbogenprobleme gilt, hat sich der Schweiz. Klub für Berner Sennenhunde entschlossen, auf freiwilliger Basis Kontrollröntgenaufnahmen ... anzufertigen.» (Schreiben vom Juli 1986 an die Tierärzte in der Schweiz.) Tatsächlich lassen auch bereits viele Züchter bei ihren zukünftigen Zuchttieren gleichzeitig mit der HD-Untersuchung auch die Vordergliedmassen röntgen. Ein Fortschritt in der Bekämpfung dieser Störung kann aber nur erreicht werden, wenn Tiere mit Anzeichen einer Ellbogendysplasie auch tatsächlich von der Zucht ferngehalten werden. Gegenwärtig erarbeitet eine internationale Komission einheitliche Beurteilungskriterien, die es erlauben werden, die Befunde, ähnlich wie bei der HD, in Schweregraden anzugeben. Sie wird ihre Arbeit voraussichtlich 1991/92 abgeschlossen haben. Dann besteht die Möglichkeit, kollektive Selektionsmassnahmen einzuführen in Form einer allgemeinen Röntgenpflicht für Zuchttiere. Wie bei der HD können dann alle Hunde ab einem bestimmten Schweregrad von der Zucht ausgeschlossen werden. Ein anderer Weg ist kaum möglich, wenn die Rasse von diesem zum Teil sehr schwerwiegenden Defekt befreit werden soll.

Kreuzbandriss

Kreuzbänder (Ligamenta cruciata) sind zwei kurze miteinander verkreuzte Sehnen im Inneren des Kniegelenks, die die Knochen von innen zusammenhalten und gleichzeitig grosse Bewegungsfreiheit ermöglichen. Bei Berner Sennenhunden kommt es verhältnismässig häufig vor, dass eines davon oder beide einreissen oder ganz abgerissen werden. Oft geschieht dies durch einen Misstritt, bei einem Sprung oder wenn ein Hinterbein hängenbleibt und vom Hund losgerissen wird. Das Tier hat Schmerzen und beginnt sofort stark zu hinken. Oft wird der betroffene Hinterlauf gar nicht mehr aufgesetzt. Der Tierarzt stellt bei der Untersuchung einen sogenannten «Schubladeneffekt» fest, d.h. die Gelenkknochen lassen sich gegeneinander verschieben, sie sind nicht mehr fest verbunden. Als Therapie kommt nur eine möglichst sofortige Operation infrage, bei der die gerissenen Bänder zusammengeheftet oder ersetzt werden. Nach der Operation muss das betroffene Gelenk bis zur völligen Heilung 4 bis 6 Wochen lang vollständig geschont werden, der Hund braucht also viel Pflege. Die Heilungsaussichten sind aber gut. Treten keine besonderen Komplikationen auf, erlangt der Hund nach der Rekonvaleszenz wieder seine volle Bewegungsfreiheit. Allerdings besteht die Gefahr, dass durch die einseitige Belastung während der Genesungszeit das gesunde Knie so stark in Mitleidenschaft gezogen wird, dass anschliessend hie und da auch dort Risse auftreten können, die dann ebenfalls operiert werden müssen. Wird ein Hund nach einem Kreuzbandriss nicht chirurgisch behandelt, stellt sich meistens nach einiger Zeit zunächst eine Besserung ein. Er hinkt weniger und belastet das betroffene Bein auch wieder. Doch ergeben sich durch die Verletzung bald degenerative Veränderungen im Kniegelenk, Scheuerstellen und nachfolgende Auflagerungen, so dass das Tier später bei der Fortbewegung wieder Schmerzen hat und stark eingeschränkt wird. Chirurgische Eingriffe zu diesem späten Zeitpunkt bringen meist keinen Erfolg mehr. Das Tier ist und bleibt behindert.

Bei Berner Sennenhunden gibt es zwei Spitzengruppen unter den Patienten mit Kreuzbandriss. Einmal sind es viele ältere Hunde, deren Bandapparat durch degenerative Veränderungen infolge des Alters seine Zähigkeit und Elastizität verloren hat. Mit solchen Alterserscheinungen muss bei einer grossen und schweren Hunderasse gerechnet werden. Sie werden wohl nie ganz zu vermeiden sein. Als zweite Gruppe treten auffallend häufig junge, so um 3 Jahre alte Tiere auf. Bei ihnen muss man eine angeborene Schwäche des Bindegewebes vermuten, denn normalerweise sind die Bänder, die die Gelenke zusammenhalten, auch grossen Belastungen gewachsen. Möglicherweise hängt diese Schwäche mit den anderen Skelettstörungen zusammen, die in jugendlichem Alter bei Berner Sennenhunden auftreten.

Dass die Veranlagung zu Kreuzbandrissen direkt (monofaktoriell) erblich ist, kann ausgeschlossen werden. Es gibt kein einfaches Defektgen für mangelnde Stabilität der Bänder, das man meiden könnte. Der Schaden muss in einem weiteren Zusammenhang gesehen werden. Wie bei allen Defekten, die auf vielfältiger Genwirkung beruhen, geht es auch hier um ein subtiles Zusammenspiel kleinster Wirkungen von Einzeleinflüssen, gegen die nicht gesondert selektiert werden kann. Wenn bei einem Züchter unter seinen gezüchteten Hunden Kreuzbandrisse vorkommen, empfiehlt es sich, den Bestand in Hinsicht auf alle Skelettstörungen im Auge zu behalten. Ein Einzelfall kann tatsächlich einem unglücklichen Unfall zugeschrieben werden. Treten aber vermehrt ausser Kreuzbandrissen auch andere Arten von Störungen am Skelett auf, sollte die Zuchtrichtung neu überdacht werden. Der Züchter muss dann Tiere in seine Zucht holen, die für solche Defekte wenige anfällig sind. Wieder gilt es, ganze Zuchtfamilien und Zuchtstämme ins Auge zu fassen und auf ihre Anfälligkeit im Vergleich zur Gesamtpopulation zu untersuchen. Eine Zuchtfamilie wegen eines oder zwei verunfallter Tiere zu verurteilen wäre falsch und ungerecht. Kommt es jedoch gehäuft zu Kreuzbandrissen, müssen züchterische Massnahmen ergriffen werden. Um der Ausbreitung dieses Übels entgegenzuwirken, sollten Rüden, die deswegen operiert werden mussten, aus der Zucht genommen werden.

Auch die Anfälligkeit für Kreuzbandrisse wird durch Umweltwirkungen mitbeeinflusst. So neigen in der Jugend verfettete oder zu stark im Wachstum forcierte Hunde deutlich stärker zu Kreuzbandrissen als schlank gehaltene und langsamer wachsende.

Entropium, Ektropium

In diesem Kapitel sind unter «Merkmal Augen» beide Defekte ausführlich besprochen worden. Deshalb werden sie hier nur genannt.

Progressive Retina-Atrophie (PRA)
(Fortschreitender Netzhautschwund)

Bekannt geworden ist diese bei einigen Rassen erheblich verbreitete Anomalie beim Berner Sennenhund nur in ganz wenigen Fällen. Allerdings ist auch hier unbekannt, wie hoch die Dunkelziffer ist. Die Krankheit ist angeboren und beginnt mit Nachtblindheit meist schon im jugendlichen Alter; fortschreitend tritt mit ca. 1 bis 2 Jahren auch teilweise Tagblindheit auf. Die Endphase der Krankheit ist völlige Erblindung. Eine Heilbehandlung ist nicht möglich.

Der Defekt ist rezessiv begründet und damit nur im homozygoten Zustand zu erkennen, wenn die Erbanlage also in doppelter Dosis vorhanden ist. Tritt bei einem Hund die Krankheit auf, sind beide Elterntiere Träger des krankmachenden Allels. Um der Gefahr einer Ausbreitung sofort wirksam begegnen zu können, darf weder mit Merkmals- noch mit Anlageträgern gezüchtet werden, d.h. weder mit den Eltern noch mit den Geschwistern betroffener Tiere. Sonst folgt dem Anfang schnell die Katastrophe. Sollten sich die schadhaften Rezessivgene für diese bisher bei Bernern noch seltene Krankheit im Bestand ausbreiten, würde dies später sehr aufwendige Selektionsprogramme notwendig machen, die zum Zuchtausschluss vieler Tiere führen könnten.

Lippen-, Kiefer-, Gaumenspalten

Sie treten bei vorzeitigem Stillstand der normalen Entwicklung im Embryonalstadium auf: Sonst übliche feste Verwachsungen im Bereich der vorderen Schnauzenpartie sind ausgeblieben. Es bleiben offene Stellen, Spalten.

Beim Menschen sind sie in ca. 60 verschiedenen Formen bekannt. Auch beim Hund und anderen Säugern gibt es viele unterschiedliche Ausprägungen. Sie werden vor allem bei Rassen mit verkürztem Gesichtsschädel beschrieben (u.a. Boxer, Bulldoggen ect.). Wir kennen sie in einem Falle beim Neufundländer. Wegner (1979) spricht von «...klarer, typbedingter Disposition...»: «Diese scharfe Einbuchtung (der ausgeprägte Stop, d. Verf.)... geht nicht selten auch einher mit Nasenknorpel-Gaumenmissbildungen...» Hauck (1929) erwähnt «doppelnasige» Wachtelhunde aus Spanien. Von «doppelnasigen Bullenbeissern» berichtet Fitzinger 1876. Nach ihm sollten sie gar als besondere Rasse gezüchtet werden. Eine ähnliche schlimme Verirrung ergriff zu Beginn des Jahrhunderts auch die Züchter des Dürrbächlers.

Die Spaltnase beim Berner Sennenhund

Sie tauchte bei den Hunden in den Gehöften von Seftigschwendi auf, einer Voralpenlandschaft nahe bei Thun, südlich von Bern.

Diese Tiere sahen furchterregend aus, waren sehr scharf und wachsam – zufällig oder weil das Merkmal u.U. mit abnormer Aggressivität gekoppelt war – und man wollte sie als «...einzig... richtige Dürrbächler...» züchten (Heim, 1914). Glücklicherweise hat sich unter den warnenden und mahnenden Worten Prof. Heims bei den Züchtern schliesslich der gesunde Menschenverstand durchgesetzt, sonst hätte dies den Untergang der Rasse bedeutet.

Heim schreibt: «Ich habe solche Spaltnäser gesehen, bei denen die Teilung durch den ganzen vorderen Nasenknorpel hinab ging bis in die Schnauze, so dass man von oben unten in der Nasenspalte die Schneidezähne sah, die von links und rechts gegeneinander gerichtet waren. Erst weit hinter der Schnauzenspitze schliesst sich dann im Gaumen die Oberkiefersutur

(-naht, d. Verf.). Ein sicheres festes Fassen ist mit solchem Oberkiefer nicht möglich. Man bekommt den Eindruck, dass ein starkes hastiges Zubeissen einen Suturbruch (Knochennahtbruch, d. Verf.) erzeugen könnte. Auch bei schwächeren Graden der Spaltnase ist eine sehr unzweckmässige Verstellung der Schneidezähne im Oberkiefer zu beobachten. Das ist eine schwerere Missbildung als beim Menschen die ‹Hasenscharte›. Denn sie betrifft den ganzen Knochen des Zwischenkiefers und die Zähne. Man kann für keinen Fall etwas Nützliches in derselben sehen. Und diese Missbildung ist, wie alle Missbildungen, im Leben schädlich und sie ist im höchsten Masse hässlich. Die Spaltnase entstellt das Tier... Zu meiner Genugtuung hat der Berner-Sennenhund-Club sich dieser Überzeugung angeschlossen und die Spaltnase ausdrücklich verpönt. Das hat so kräftig gewirkt, dass, während die Ausstellung in Luzern 1907 noch ¼ Spaltnäsler hatte (2 von 8, d. Verf.), die Schau in Burgdorf (1910, d. Verf.) unter 107 Hunden noch einen einzigen solchen brachte. Es war eine Verirrung, die Spaltnase zu wünschen; wir haben sie überwunden.» Das gilt dafür, dass diese missgebildeten Tiere nicht mehr auf Ausstellungen erschienen und die Zucht mit ihnen vom Klub nicht anerkannt wurde. Vorhanden waren sie allemal noch, und ganz sicher brachten auch einige noch hier und da Nachwuchs.

«Mediane Nasenspalte («Doppelnase») bei einem ausgewachsenen Rüden der Berner Sennenhund-Rasse» (1955). Mit ihm wurden die hier beschriebenen Zuchtversuche vorgenommen.

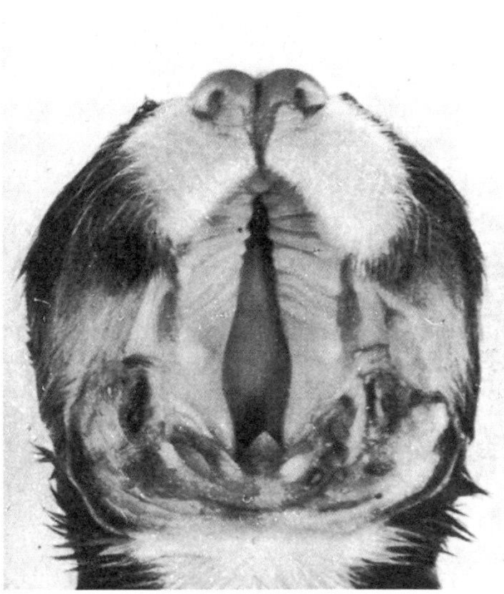

«Mediane Nasenspalte und symmetrische Gaumenspalte» (1955). Dass solche Welpen lebensuntüchtig sind, weil sie nicht normal oder gar nicht saugen können, ist eindeutig. Bei allen diesen Missbildungen handelt es sich um einen sog. Letalfaktor (letal = tödlich). Betroffene Tiere sterben, wenn nicht schon vor oder kurz nach der Geburt, meistens vor Erreichen der Geschlechtsreife.

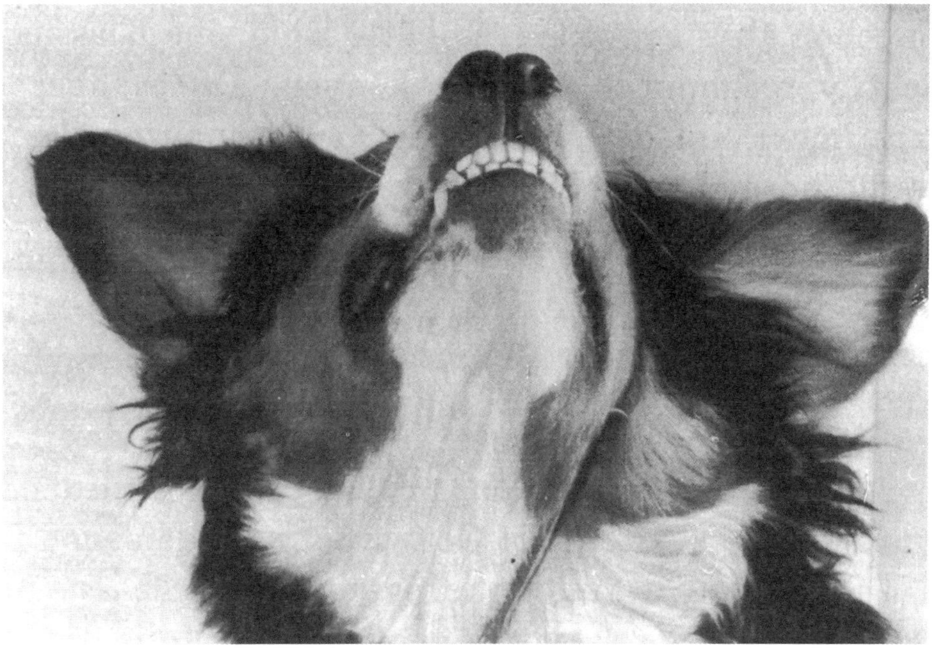

Leichtgradige mediane Nasenspalte bei einer 5 ½ Monate alten Hündin.

Prof. Weber fand nach eifrigem Suchen 1951 in der Umgebung von Bern einen reinrassigen Berner Sennenhundrüden mit einer medianen (in der Mitte befindlichen) Nasenspalte. Auffällig war sein verkürzter Kopf. «Die Nasenpartie ist gekennzeichnet durch eine deutliche, mediane, etwa ½ cm tiefe und etwa 1 cm breite Spalte. Die beiden Nasenlöcher sind deutlich abgesetzt und liegen folglich auch weiter auseinander als bei anderen Hunden... Die genau senkrecht verlaufende Rinne erreicht den unteren Rand der Oberlippe. Ganz zu unterst an dieser Lippe ist auf einer kurzen Strecke, rund über 1 cm, die Spaltung der Weichteile eine vollständige, so dass man bei geöffnetem Maul die Mittelzähne und den Anfang der Gingiva (des Zahnfleisches, d. Verf.) sehen kann.»

Mit diesem Rüden wurden Zuchtversuche durchgeführt, um den Erbgang klären zu können. Er wurde zweimal mit einer reinrassigen Berner Sennenhündin gepaart, die vermutlich mit dem Rüden nicht verwandt war; sie stammte aus einer ganz anderen Gegend. In ihrer Sippe sei die Doppelnase nie festgestellt worden. Bewiesen kann das allerdings nicht werden. Es ist nur anzunehmen, dass sie nicht Träger des Defekts war.

In zwei Würfen fielen 1952 und 1953 19 Welpen. Davon waren 11 normal, 8 wiesen die Missbildung in unterschiedlicher Form auf.

Die Hündin wurde 1954 dann während einer Hitze gleich mit zwei Rüden, einem Rottweiler und einer Deutschen Dogge, belegt. Das Ergebnis: 12 Junge; die Neugeborenen glichen «... zu je einem Drittel deutlich den beiden Vätern und zu einem Drittel vorwiegend der Mutter.» (Weber, 1955) Alle waren bzgl. des untersuchten Merkmals defektfrei, was unserer Ansicht nach aber praktisch keine Aussage über die Genetik zulässt.

Weber nimmt 1955 als Schlussfolgerung an, dass sich die Missbildung wahrscheinlich dominant vererbt. Die Zahlenverhältnisse, die sich bei den beiden Berner-Sennenhund-Würfen ergeben haben – grob gesagt je zur Hälfte gesunde und missgestaltete Nachkommen – sind aber sowohl bei Dominanz als auch bei Rezessivität des schadhaften Gens möglich. Wir zeigen beide Varianten auf. Die erste Möglichkeit stellt dar, wie die Verhältnisse liegen, wenn der Rüde ein dominantes Allel führt, die Hündin aber frei ist. Die zweite Möglichkeit ist die, dass der Rüde zwei rezessive Allele in homozygoter Form führt und die Hündin eines, also spalterbig veranlagt ist.

Verhältnisse bei Dominanz **Verhältnisse bei Rezessivität**

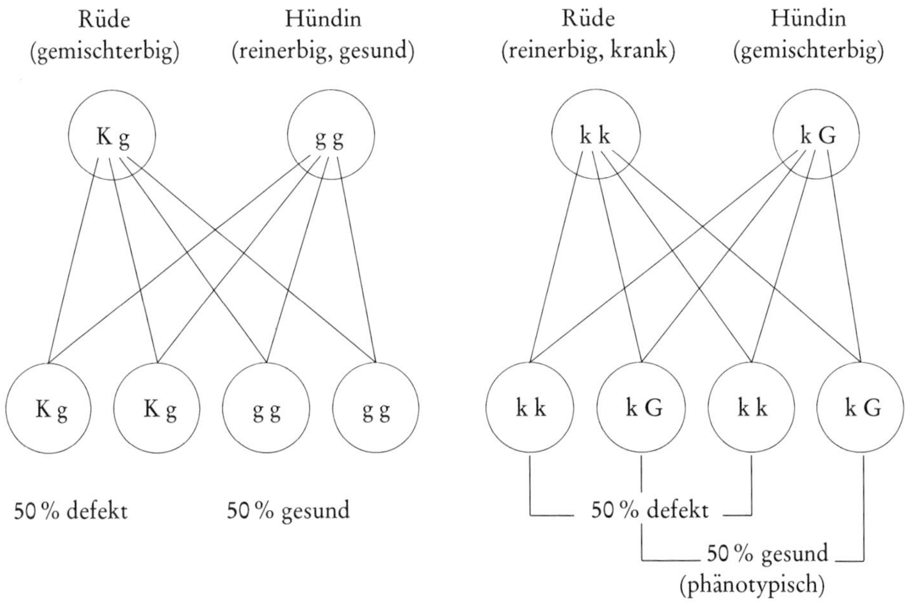

K = Krankmachendes Allel; dominant
k = krankmachendes Allel; rezessiv
G = gesundes Allel; dominant
g = gesundes Allel; rezessiv

1959 berichtete Prof. Weber von einer letzten Paarung (der Rüde war dann zu alt geworden) mit einer Deutschen Schäferhündin: Von 7 untersuchten Welpen (die anderen waren von der Erstgebärenden aufgefressen worden) wiesen 3 Spaltbildungen auf.

Bei allen 3 Würfen nach diesem Rüden waren beide Geschlechter vom Defekt betroffen. Geplante Rückkreuzungen von Töchtern mit dem Vater waren leider nicht möglich, weil alle dafür vorgesehenen Tiere eingingen.

Die 1955 noch etwas zurückhaltend formulierte Schlussfolgerung, dass sich der Defekt dominant vererbe, war nun 1959 im Ergebnis der Paarung mit der Schäferhündin weitaus schlüssiger. Dass diese Hündin die Anlage für die Missbildung verdeckt im Erbgut geführt hat, ist unwahrscheinlich, wenn auch nicht völlig auszuschliessen. Willis (1978) beschreibt die Fehlbildung auch beim Deutschen Schäferhund. Er spricht (1984) davon, dass der Erbgang bisher nur «grob» verstanden wird. Und nach Wiesner und Willer (1983) wurden von verschiedenen Autoren unterschiedliche Erbgänge nachgewiesen (einfache als auch komplizierte rezessive, dominante wie auch polyfaktorielle). Meist ist es so, dass die Anzahl der Paarungen für eindeutige Beweise zu gering ist. Es besteht aber auch die Möglichkeit, dass die genetischen Verhältnisse nicht bei allen Rassen gleich sind. Gaumenspalten können allerdings auch durch äussere Einflüsse in bestimmten Entwicklungsstadien der Embryonen hervorgerufen werden (z. B. durch Giftstoffe). Einzelfälle spaltnasiger Welpen müssen nicht zwingend genetisch bedingt sein.

Mit der Missbildung Spaltnase haben sich die Züchter von Berner Sennenhunden heute glücklicherweise nicht mehr auseinanderzusetzen. Die dafür verantwortlichen Gene scheinen aus dem Genpool verdrängt zu sein. Dieser schlimme Defekt kann wohl als «historische Erscheinung» angesehen werden. Die damit im Zusammenhang stehenden geringer ausgeprägten Spaltbildungen im Form z.B. von Hasenscharten tauchen aber trotzdem immer wieder einmal auf. Ist das der Fall, ist dies aufzuzeichnen. Betroffene Welpen müssen gemerzt werden.

Auffallend ist, dass immer davon berichtet wird, dass Spaltnäsler sehr bissig seien: Heim schreibt das, Weber schildert den Rüden, mit dem er die Zuchtversuche durchgeführt hat, als so «... ausserordentlich angriffig ..., dass nur eine einzige weibliche Person einigermassen mit ihm umgehen» konnte, und Räber (1971) berichtet von einem Spaltnäser, den er «... 1952 im Tierheim Oberbottingen bei Bern» gesehen hat: «Er sah furchterregend aus und tobte hinter den Gittern wie eine Bestie.»

Dass die Spaltnase beim Berner Sennenhund genetisch mit abnormer Aggressivität verbunden sein könnte, ist nicht mehr als eine Vermutung. Dass es Kopplungen körperlicher Defekte mit Störungen im Zentralnervensystem aber gibt, darauf weist Wegner (1979) hin. Derartige Erscheinungen, die oft völlig zusammenhanglos aussehen, beruhen auf pleiotropen Effekten von Genen: Ein Gen beeinflusst mehr als ein Merkmal. Zwei Beispiele: Das Farbgen Merle, das die Fellfare silbrig marmorierend aufhellt und auch zu Pigmentmangel im Auge führt (ein- oder beidseitig blaue Augen), beeinflusst gleichzeitig u.a. auch die Funktionsfähigkeit von Ohr und Auge. Schon wenn es in einfacher Dosis vorliegt (Mm; M steht für Merle, m für nichtmerle), kann es zu Hörschäden kommen. In homozygoter Form (MM; die Tiere sind dann vorwiegend weiss = Weisstiger) sind daran u.a. Taubheit und Blindheit gekoppelt.

Mikropthalmie (krankhaft kleine Augäpfel) beruht bei Rassen mit unregelmässiger Sprenkelung des Felles (Blue-merle-Collie, Harlekindogge, Tigerteckel) ebenfalls auf der pleiotropen Wirkung des Merle-Gens. (Wegner, 1979; Willis, 1984).

Grundsätzlich sei gesagt: Genetische Kopplungen sind bei Hunden noch kaum erforscht. Aber sie bestehen, und so kann sich bei der züchterischen Beeinflussung eines Merkmals gleichzeitig ein anderes mit verändern. Ist diese Beziehung positiv, wird sich das günstig auswirken, weil die Verbesserung des einen Merkmals auch eine Verbesserung des anderen nach sich zieht. Ist sie negativ, stellt sich bei Verbesserung des einen gleichzeitig eine Verschlechterung des anderen ein. Wird dies erkannt, ist zu entscheiden, auf welches Merkmal bzw. einer Erhöhung seiner Qualität eher verzichtet werden kann. Vorrang haben: Gesundheit, Wesen/Charakter, Gebäudemerkmale.

Kryptorchismus

Hodenzurückhaltung kommt beim Berner Sennenhund vor, ist aber kein gravierendes Problem. Kryptorchiden können zeugungsfähig sein (Monorchiden), werden aber bei allen Rassen schon seit langem nicht zur Zucht und nicht zu Ausstellungen zugelassen. Das bewirkt automatisch eine Selektion. Dieser geschlechtsgebundene Erbfehler zeigt sich natürlicherweise nur bei Rüden, weibliche Tiere können aber ebenso Überträger sein. Ausserdem wurde bei anderen Rassen beobachtet, dass in Zuchtstämmen, die stark mit Kryptorchismus belastet sind, auch häufiger weibliche Tiere mit Störungen der Fruchtbarkeit auftreten.

Der Defekt beruht auf einem Komplex von Faktoren, was eine Bestimmung des Erbganges erheblich erschwert. Es werden verschiedene Modelle angeboten. Das hängt u.a. auch damit zusammen, dass die Anomalie nicht bei allen Rassen genau auf die gleiche Art und Weise vererbt wird. Die meisten Forschungsergebnisse weisen auf einen mehrgenig bedingten Erbgang mit rezessivem Grundcharakter hin. Wie der Erbgang beim Berner Sennenhund verläuft, ist bisher noch nie untersucht worden. Die Überwachung der Population in dieser Hinsicht ist Aufgabe der Rasseklubs.

Magendrehung (Torsio ventriculi)

Der Berner Sennenhund gehört mit andern grossen, tiefbrüstigen Hunden zusammen zu den Rassen, bei denen eine Umdrehung und Blähung des Magens verhältnismässig häufig vorkommt. Die Ursachen dieser Erkrankung, die unbehandelt immer mit dem Tode des Tieres endet, sind komplexer Natur.

Einmal wird vermutet, dass die Bänder im Bauchinnern, die die Verdauungsorgane fixieren, bei anfälligen Tieren zu schwach ausgebildet sind, dann wurde in vielen Fällen auch eine Störung des Kalziumshaushaltes im Blut beobachtet, der eine Verkrampfung der Verdauungsorgane mit einer Magenblähung als Folge bewirkt. Rein äusserlich kann eine Magenüberfüllung durch zu grosse Futtermengen oder Trokkenfutter, das dann im Magen aufquillt, die Ursache sein, vor allem, wenn dann noch heftige Bewegungen, wie sie bei Sprüngen, beim Sichwälzen, beim Rennen oder Raufen vorkommen, ausgeführt werden. Der volle Magen schwingt dann wie ein Pendel hin und her und kann sich überschlagen. Er dreht sich um seine Längsachse. Speiseröhre und Zwölffingerdarm werden abgeknickt. Durch Gasansammlung wird der Bauch aufgetrieben. Blutgefässe werden abgeschnürt. Kreislaufstörungen kommen hinzu. Die Hunde hecheln, würgen und versuchen zu erbrechen, was aber infolge des Verschlusses der Speiseröhre nicht möglich ist. Sie haben einen aufgetriebenen Bauch und starke Leibschmerzen. Oft wollen sie sich deswegen nicht mehr hinlegen, sondern bleiben lieber stehen oder gehen rastlos herum. In allen Fällen besteht akute Lebensgefahr. Oft zählt jede Viertelstunde. Geholfen werden kann solchen Tieren nur durch eine sofortige Operation, bei der der Magen – oft ist auch die Milz mitbetroffen – in seine ursprüngliche Position zurückgebracht wird. Damit werden auch die Verschlüsse und die Stauung der Blutgefässe aufgehoben. Dabei wird heutzutage meist gleichzeitig versucht, den Magen an der Bauchwand zu fixieren, um erneute Drehungen zu vermeiden, denn es hat sich gezeigt, dass Rückfälle bei einmal betroffenen Hunden fast die Regel sind. Zur Vorbeugung wird empfohlen, grosse Hunde lieber mehrmals am Tag mit kleinen Portionen zu füttern und Trockenfutter, das durch gleichzeitige Wasseraufnahme erst im Magen quillt, vorher anzufeuchten oder ganz zu meiden. Nach dem Fressen sollen die Tiere ruhen und alle heftigen Bewegungen vermieden werden. Ausserdem ist darauf zu achten, dass der Kalziumhaushalt im Futter jederzeit auf die Bedürfnisse des Tieres abgestimmt wird, um Kalziummängel im Blut zu vermeiden.

Ausser diesen äusserlichen Einflüssen spielen zweifelsohne auch genetische Dispositionen eine Rolle. Wie bei anderen Rassen konnte auch bei Berner Sennenhunden eindeutig beobachtet werden, dass Magendrehungen in bestimmten Familien häufiger vorkommen als in anderen. Eine polyfaktorielle Vererbung der ungünstigen Anlagen muss daher angenommen werden. Mit Tieren, die eine Magendrehung erlitten haben, sollte daher selbstverständlich nicht mehr gezüchtet werden, da ihre Nachkommen die ungünstigen Veranlagungen mitbekommen können. Da aber eine Magendrehung in den meisten Fällen erst beim älteren Tier auftritt, frühestens mit 2 bis 3 Jahren, meistens später, sind bei Zuchttieren fast immer schon Nachkommen vorhanden. Alle Nachkommen solcher Tiere aus der Zucht zu nehmen, wäre eine unverhältnismässige Massnahme, da bei solchen polyfaktoriellen Vererbungsgängen ja nie genau festzustellen ist, wie viele nachteilige Gene im Erbgut der Tiere weitergegeben werden. Züchter, in deren Linien Magendrehungen gehäuft vorkommen, tun aber gut daran, Zuchtpartner aus Linien zu wählen, die davon möglichst frei sind. Auch empfiehlt sich keine Inzucht innerhalb der befallenen Linie, da sonst der Defekt verstärkt werden kann.

Epilepsie

Bisher sind beim Berner Sennenhund erst einzelne Fälle aufgetreten. Sie zeigen aber an, dass unbedingt weiter beobachtet werden muss.

Diese Krankheit ist im Prinzip nicht das Problem irgendeiner bestimmten Rasse, sondern von Familien. Sind sie belastet, tritt der Defekt um so häufiger auf, je höher der Inzuchtgrad ist. (Frankhauser, 1987)

Der klassische Anfall dauert beim Hund wie beim Menschen nur wenige Minuten. Er kann scheinbar völlig unvermittelt auftreten oder sich auch für kurze Zeit durch Unruhe und Ängstlichkeit ankündigen. Dann treten die typischen Krämpfe der Kau- und Gliedmassenmuskulatur auf, das Tier verliert meist das Bewusstsein, fällt, zeigt Lähmungserscheinungen und unkontrollierte Muskelzuckungen, schäumt auch oft aus dem Maul und verliert etwas Urin und Kot. Nach wenigen Minuten, in denen man es gewähren lassen soll, kommt es wieder zu sich und muss dann geschont werden. In leichteren Fällen kann sich Epilepsie auch nur in einer zeitweisen Benommenheit oder ungebärdigem Verhalten äussern.

Anfälle treten bei einigen Tieren in regelmässigen Abständen auf. Sie können aber auch durch Ermüdung, Erregung, zu heftiges Atmen, Fieber, helles Licht oder chemische Substanzen ausgelöst werden. Kommen sie regelmässig vor, ist es möglich, sie durch Medikamente, die dauernd eingenommen werden müssen, zu unterdrücken.

Epilepsie ist eine Krankheit des Zentralnervenssystems resp. des Gehirns. Sie hat zwei grundlegend verschiedene Ursachen, einmal eine traumatische, dann eine genetische. Man unterscheidet daher auch zwei Formen:

1. Sekundäre (erworbene) Epilepsie: Sie kann als Folge von Verletzungen des Gehirns oder Erkrankungen auftreten (z.B. nach Staupe oder massiven Stoffwechselstörungen). Auch beispielsweise ein Hirntumor kann Auslöser sein.
2. Primäre (angeborene) Epilepsie: Sie tritt als selbständige Krankheit auf, häufig erst nach der Geschlechtsreife. Das Tier hat in kürzeren oder längeren Abständen (z.B. alle 3 Wochen oder alle 2 Monate o.ä.) einen Anfall und ist dazwischen symptomfrei, d.h. ein gesunder, normaler Hund.

Die zweite Form interessiert den Züchter, weil sie ein Erbleiden ist. Einige Forscher geben als genetische Ursache ein defektes rezessives Gen an, andere setzen ein polygenes System mit sich summierender Wirkung mehrerer geschädigter Gene voraus.

Nicht immer ist es möglich, sekundäre von primären Erscheinungsformen zu trennen. Sobald Epilepsie irgendwo auftritt, tun Züchter gut daran, wenn sie mit solchen Tieren nicht züchten, weil es viel zu gefährlich ist. Besteht der Verdacht, dass es sich um erbliche Epilepsie handelt, sollten auch die nächsten Verwandten, die ja vermutlich Anlageträger sind, von der Zucht ferngehalten werden.

«Tremblers» (Zitterer); Hypomyelinogenesis

In England sind seit etwa 1982 zunehmend Welpen geboren worden, die ab dem Alter von 10 Tagen, wenn normale Welpen zu sitzen und zu stehen beginnen, durch unkoordinierte Bewegungsabläufe auffallen. Mit etwa 3 bis 4 Wochen, bei einigen auch später, tritt ein ständiges Zittern auf, sobald sie sitzen oder stehen. Bei einigen Hunden ist im späteren Alter dieses Zittern nur noch fühlbar, wenn man sie anfasst, andere zeigen aber auch ständige Ausfallsbewegungen wie Wackeln mit dem Kopf, so dass es ihnen schwerfällt, Wasser oder Futter zu sich zu nehmen. Die meisten solchen Welpen werden eingeschläfert, sobald sich der Defekt zeigt. Bei den wenigen Tieren, die das Erwachsenenalter erreicht haben, konnte bisher keine Besserung des Zustandes beobachtet werden. Sie sind geplagte, kranke Tiere, deren Muskulatur sich durch den ständigen Kräfteverschleiss auch nie voll entwickelt.

Dr. Palmer von der Universität Cambridge analysierte die Krankheit dahingehend, dass die Produktion von Myelin (einer fett- und eiweisshaltigen Substanz in den Markscheiden) um die Nervenfasern herum in Gehirn und Rückenmark gestört ist und normale Nervenfunktionen daher nicht möglich sind. 1986 wurde die Situation bei Berner Sennenhunden vom Genetiker Dr. M.B. Willis analysiert. Er fand heraus, dass die Störung durch ein einfaches rezessives Gen verursacht wird. Alle Fälle können auf einen einzigen, in den 70er Jahren aus Schweden importierten Zuchtrüden zurückverfolgt werden, der seinerzeit wieder auf einen früher aus der Schweiz importierten Rüden ingezüchtet war. Bisher sind Fälle von «Tremblers» nur aus England bekannt geworden. Es ist aber nicht ausgeschlossen, dass die Krankheit plötzlich auch in andern Ländern auftaucht. Nach den Anleitungen von Dr. Willis werden seither im englischen Klub für Berner Sennenhunde alle Daten über das Auftauchen solcher Welpen gesammelt. Sie kommen selbstverständlich nicht in die Zucht. Haben sich Elterntiere als Träger erwiesen, indem sie solche Nachkommen brachten, werden sie ebenfalls aus der Zucht gezogen. Man hofft, dadurch die Krankheit in Grenzen zu halten. Sie ganz zu eleminieren wird nicht mehr möglich sein, da die gefährlichen Rezessivgene bereits zu stark im Zuchtbestand verbreitet sind, als dass alle möglichen Trägertiere erfasst und ausgeschaltet werden könnten. Sollte die Störung auch in andern Zuchtbeständen auftauchen, ist es unumgänglich, dass erwiesene Trägertiere unverzüglich aus der Zucht genommen werden, auch wenn nur ein einziger solcher Welpe gefallen ist und dass auch mit deren andern Nachkommen nicht gezüchtet wird, da sich die Störung sonst, ähnlich wie in England, rasch über die ganze Population verbreiten könnte.

Krankhafte Aggressivität

Zu Beginn der 70er Jahre tauchten in den Niederlanden immer häufiger Berner Sennenhunde, vor allem Rüden auf, die Attacken von krankhafter Aggressivität zeigten. Ihre Angriffe richteten sich, meist aus unbedeutendem Anlass, gegen die Mitglieder der eigenen Familie, wobei weder der Eigentümer selbst noch Kinder verschont wurden. Gegenüber Aussenstehenden oder anderen Hunden verhielten sie sich meist zwar reserviert, jedoch unaggressiv. Viele dieser Hunde wurden so gefährlich, dass sie eingeschläfert werden mussten. Eine Heilung des Fehlverhaltens war nicht möglich. Diese Attacken konnten, ähnlich einem epileptischen Anfall, so unvermittelt auftreten, dass man zunächst an eine Form von Epilepsie dachte. Entsprechende Untersuchungen brachten jedoch keine typischen Veränderungen in der Gehirnstruktur zutage, so dass man auch noch heute nicht genau weiss, welches die eigentliche Ursache der Krankheit ist. Genetische Untersuchungen, nach denen die Abnormität unter Nachkommen von solchen Tieren oder Verdächtigen gehäuft auftritt, zeigten aber deutlich, dass eine erbliche Disposition vorliegt. Ein genauer Erbgang konnte jedoch nicht ermittelt werden. Nachdem der niederländische Klub sofortige Bekämpfungsmassnahmen einleitete und überhaupt mehr auf das Wesen der Hunde zu achten begann, ist die Erscheinung in den Niederlanden weitgehend verschwunden. Seither tauchen Hunde mit diesem Defekt nur noch vereinzelt auch in andern Ländern auf, wobei sie gehäufter in ganz bestimmten Familien oder aus bestimmten Verbindungen hervorgehen. Von den Welpen, die später diesen Defekt entwickeln, nach der Geschlechtsreife, zwischen 1 bis 2 Jahren meist, wird häufig berichtet, dass sie schon als Junghund scheu und kontaktarm waren und Begegnungen mit Fremden mieden. Werden sich als Junghund abnorm verhaltende, nicht wesenssichere Hunde konsequent von der Zucht ausgeschlossen, wird damit auch das Risiko, dass vermehrt Hunde mit krankhafter Überaggressivität auftreten, vermindert. Selbstverständlich darf keinesfalls mit Hunden, die gegenüber dem Meister oder der eigenen Familie Drohverhalten zeigen, auch wenn dies nicht in eigentliche gefährliche Angriffe ausartet, gezüchtet werden.

Krebs

Immer mehr Halter und Züchter von Berner Sennenhunden sind beunruhigt, weil Krebs als Todesursache selbst verhältnismässig junger Hunde offenbar zunimmt. Obwohl Krebs keine eigentliche Erbkrankheit im gewöhnlichen Sinne ist, soll an dieser Stelle davon gesprochen werden. Die möglichst weitgehende Krebsbekämpfung bei Mensch und Tier ist eine Zukunftsaufgabe, die die Mitwirkung aller erfordert. Vorderhand fehlen noch die Grundlagen, um dem häufigen Krebstod züchterisch begegnen zu können. Es zeichnen sich aber bereits Zusammenhänge ab, die solche Möglichkeiten, wenn auch in beschränktem Masse, in der Zukunft nicht ausschliessen.

Krebs als Todesursache hat im letzten halben Jahrhundert bei allen Hunden deutlich zugenommen. So wurden in der veterinärmedizinischen Fakultät in Zürich 1953 von 229 sezierten Hunden nur 15 (6,5%) mit bösartigen Tumoren gefunden, während es 1963 von 447 schon deren 74 (16,5%) waren (Vogt 1968). Allerdings muss man dabei bedenken, dass im selben Zeitraum die Sterblichkeit infolge von Infektionskrankheiten wesentlich abgenommen hat und damit andere Todesursachen «ihre Chance erhielten». Ein Hund, der z.B. nicht an Staupe stirbt, geht dann an anderen Todesursachen ein. Eine Zunahme des Krebsvorkommens bei Hunden wird auch durch neuestes Zahlenmaterial bestätigt, das während der Drucklegung dieses Buches veröffentlicht wurde. (Schweiz. Archiv für Tierheilkunde 132, 1990). Am Institut für Tierpathologie der Ludwig-Maximilians-Universität München sind in den letzten vierzig Jahren (1950–1989) 27959 Hunde einer Autopsie unterzogen worden. 4839 davon, das sind 17,3%, wiesen bösartige Tumore auf (solche des Zentralnervensystems nicht mitgerechnet). Zwischen 1950 und 1954 waren es noch 6,4% gewesen, ab 1960 stieg das Vorkommen auf zwischen 13,4% und 22,9% pro Jahr. Besondere Rassendispositionen wurden nachgewiesen.

Im Dezember 1989 hat M. B. Willis in England das Ergebnis einer Untersuchung über die Todesursache bei 116 Berner Sennenhunden publiziert (Magazin des Bernese Mountasin Dog Club of Great Britain, Dez. 1989). 38 davon, das sind 32,8%, waren an einer Form von Krebs eingegangen. Obwohl das untersuchte Zahlenmaterial zu klein ist, um Endgültiges aussagen zu können, scheinen diese Zahlen doch die Beobachtungen vieler Züchter und Tierärzte zu bestätigen, dass Krebs als Todesursache bei Bernern ausserordentlich zugenommen hat und alarmierend häufig geworden ist. Eine im Vergleich zu anderen Rassen besonders hohe Anfälligkeit muss daher befürchtet werden. Noch liegen zu wenig gesicherte Erkenntnisse vor – in erster Linie fehlen bei der Mehrzahl von vermutlich an Krebs gestorbenen Hunde die genauen Diagnosen – doch stellt sich allen Freunden des Berner Sennenhundes immer unausweichlicher die Frage, was gegen diese verbreitete Erkrankung, die allzuvielen, auch jungen Tieren, das Leben kostet, getan werden kann.

Um züchterisch auf Krebsanfälligkeit einwirken zu können, müssen erst einmal Zusammenhänge erfasst werden, und das setzt als Fundament das Sammeln und Auswerten von Fällen voraus. Hier müsste jeder mitarbeiten: Hundehalter, Züchter und Tierärzte. Jeder einzelne Fall ist wichtig! Alle Informationen, die wir über Krebs bei unseren Hunden zusammentragen, werden nicht zuletzt auch der Forschung auf diesem Gebiet beim Menschen dienen.

Was ist überhaupt Krebs?

Landläufig wird oft Geschwulst oder Tumor gleich Krebs gesetzt. Das ist aber irreführend, denn es gibt sowohl gutartige wie auch bösartige Wucherungen. Von Tumor oder Geschwulst (und evtl. Krebs) spricht man dann, wenn sich körpereigene Zellen ungehemmt zu vermehren beginnen und dadurch andere, normale Zellen verdrängen oder zerstören. Mit Ausnahme der Nervenzellen, die ein Leben lang durchhalten müssen, werden alle Körperzellen in bestimmten Zeitabständen erneuert. Keine (ausser den Nervenzellen) lebt ein ganzes Menschen- oder Hundeleben lang. Jede hat nur eine beschränkte Daseinsdauer, stirbt dann ab und wird durch eine neue mit gleicher Funktion im Gesamtorganismus ersetzt. Dies geschieht durch Teilung einer Nachbarzelle. Im Normalfall werden nur so viele Zellen neu gebildet, wie nötig sind, die abgestorbenen zu ersetzen. Das erfordert gut arbeitende Regulationsmechanismen. Wenn Zellen anfangen, sich nicht normal zu «benehmen», vielleicht sogar ungehemmt zu wuchern, werden sie vom Immunsystem des Körpers zerstört. Das Immunssystem ist seine Gesundheitspolizei, das unter anderem dafür sorgt, dass jede Erneuerung von Zellen und der dazu gehörende Stoffwechsel in geordnetem Rahmen verlaufen und damit der ganze Organismus funktionstüchtig bleibt. Man nimmt heute an, dass jeder Körper dauernd auch krankhafte Zellen produziert, die sich zu Tumorzellen auswachsen könnten, wenn sie nicht vorher vom Immunsystem in ihrer Entwicklung behindert oder zerstört würden. Wenn das Immunsystem aus irgendwelchen Gründen (einer wäre möglicherweise ein genetischer Defekt) Tumorzellen nicht abfangen kann, können sich diese vermehren und einen Knoten abnormer Zellen bilden. Diese sind nicht mehr in den Bau- und Funktionsplan des Organismus eingeordnet und wachsen nach eigenen Gesetzen.

Solch ein Tumor kann auf zwei verschiedene Arten wachsen:

1. als Knoten, der umliegende Zellverbände (Gewebe, Organe) zwar verdrängt, aber nicht in sie hineinwuchert, vergleichbar einem Luftballon, den man aufbläst. (Ein bekanntes Beispiel hierfür beim Menschen ist das Myom in der Gebärmutterwand der Frau.) Solche Geschwülste verursachen durch ihre blosse Anwesenheit Beschwerden, indem sie auf benachbarte Organe drücken und sie in ihrer Funktion beeinträchtigen. Diese Knoten bilden keine Ableger (Metastasen) in anderen Teilen des Körpers. Man bezeichnet sie deshalb als gutartig. In den meisten Fällen können sie durch eine Operation entfernt und der Patient dadurch geheilt werden.

2. Als Wucherung, die sich fortschreitend in umliegende Zellgewebe hineinfrisst und diese zerstört. Es werden Blut- und Lymphgefässe eröffnet und Turmorzellen auch in andere Organe abgeschwemmt, so sie Tochtergeschwülste (Metastasen) bilden. (Ein bekanntes Beispiel dafür beim Menschen ist der Brustkrebs. Von ihm und seinen Ausläufern in die Umgebung hinein hat diese Art von Tumor ihren Namen. Sie erinnert an das Bild des Krebses mit seinen Beinen.) Das betroffene Lebewesen stirbt meist, weil die Funktion lebenswichtiger Organe so weit gestört ist, dass sie ganz ausfallen. Solche Tumore nennt man deshalb bösartig oder zusammenfassend: Krebs.

Von den Fachleuten werden Tumore nach den lateinischen Namen der betroffenen Zellart, des Organes oder Organsystems benannt, und zwar unabhängig davon, ob sie gutartig oder bösartig sind. Das bringt für den Nichtfachmann ein verwirrendes, unverständliches Vokabular, das noch verwirrlicher wird, weil oft für ein und dieselbe Tumorart mehrere Bezeichnungen verwendet werden. Das macht es für den Laien oft schwierig, eine ärztliche Diagnose für solche Fälle zu verstehen.

Es sind heute viele äussere Faktoren bekannt, die «krebsauslösend» wirken können. Zu diesen gehören physikalische Einwirkungen (z.B. auch Strahleneinwirkungen), chemische Substanzen und Virusinfektionen, Defekte im Immunsystem und genetisch bedingte Störungen. Selbstverständlich sind auch unsere Hunde vielen von diesen negativen Einflüssen ausgesetzt. Bei den chemischen Krebsursachen wird immer wieder die Luftverschmutzung für die zunehmende Krebsanfälligkeit verantwortlich gemacht. Wäre tatsächlich die zunehmende Luftverschmutzung allein am Überhandnehmen von bösartigen Tumoren schuld, müssten Hunde in der mit Schadstoffen beladenen Stadtluft viel häufiger an Krebs erkranken als solche auf dem Lande. Das ist aber nicht der Fall. So alt wie manche Kleinhunderassen auch in der Stadt werden (Nase in Auspuffhöhe der Autos), werden die Grossen selten, auch auf dem Lande nicht.

Ungeklärt ist, inwiefern die heutzutage fast ausschliesslich praktizierte Ernährung mit modernen Fertigfuttermitteln Einfluss auf das natürliche Immunsystem der

Hunde hat. Negative Beeinflussungen von dieser Seite sind nicht ganz auszuschliessen. Züchter und Halter von Hunden tun daher gut daran zu beachten, ob ihre Hunde vielleicht karzinogenen (krebsauslösenden) Stoffen in der Nahrung oder der Umwelt ausgesetzt sind.

Beim Berner Sennenhund stehen Knochentumore, Tumore der inneren Organe (vor allem der Leber), verschiedene Leukämieformen, Lymphosarkome und Metastasen von Mammatumoren als krebsbedingte Todesursache im Vordergrund.

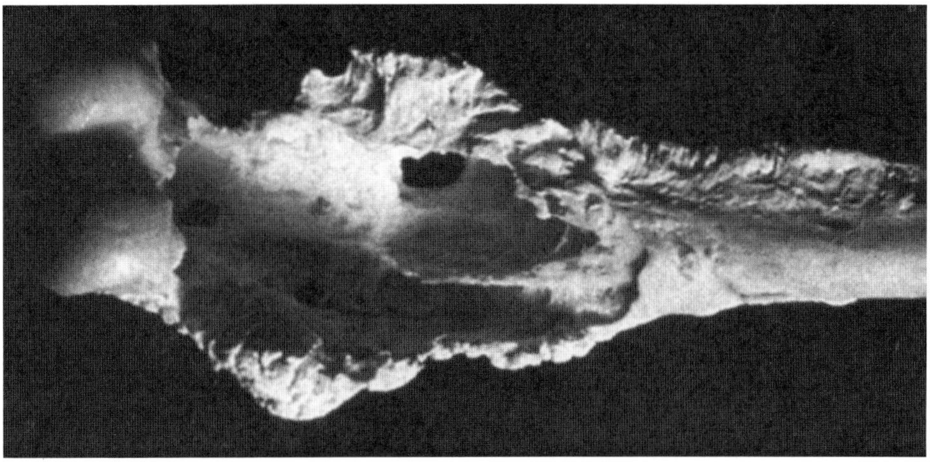

Oberschenkel eines Neufundländers, durch Knochenkrebs aufgetrieben und zerstört.

Eine verstärkte Neigung zu bösartigen Knochengeschwülsten ist bei den meisten grosswüchsigen und schweren Rassen festzustellen. Genetiker (z.B. Willis 1984) betonen, dass dies gut belegt ist und dass das höhere Risiko nicht nur darin besteht, dass grosse Rassen häufiger an Knochenkrebsformen erkranken als andere, sondern dass die Defekte auch in einem jüngern Alter auftreten. Es zeigt sich, dass hohes Gewicht das Skelett ganz allgemein zu sehr strapaziert. «Mastige, etwas träge Tiere scheinen besonders anfällig zu sein» (Stünzi 1976). Geschwülste entwickeln sich dann insbesondere in den stark belasteten End- und Gelenkstücken der langen Röhrenknochen. So könnte man die Folgekette aufzeichnen: Belastung –› Überbelastung –› Verletzung –› Geschwulst. Auch beim Menschen ist bekannt, dass Knochenverletzungen (z.B. Brüche) u. U. Knochenkrebs auslösen können. Eine Heilung ist nicht möglich. Mitunter kann einem Tier, wenn die Krankheit rechtzeitig entdeckt wird und das Glied amputiert werden kann, bevor sich an andern Körperstellen Metastasen gebildet haben, noch eine zusätzliche Lebensspanne geschenkt werden. Bei grossen Hunden ist die Beeinträchtigung aber meist zu gross – sie können kaum auf drei Beinen laufen wie die kleinen – so dass sich dann meistens die Euthanasie aufdrängt.

Mammatumore (Brustdrüsenkrebs) werden bei Berner Sennenhunden eher seltener beobachtet als bei anderen Rassen. Sie kommen bei älteren Hündinnen vor. Hündinnenhalter tun daher gut daran, ihren weiblichen Schützlingen, auch den kastrierten und vor allem den älteren, von Zeit zu Zeit das Gesäuge auf Knoten und Verhärtungen abzutasten. Verdächtige Stellen sollten bald einem Tierarzt gezeigt werden. Nur eine mikroskopische Gewebeuntersuchung kann Aufschluss darüber geben, ob es sich um eine gutartige oder eine bösartige Geschwulst handelt. Bösartige Tumore dehnen sich sehr schnell aus, und es können in kurzer Zeit Metastasen in der Lunge oder in anderen Organen entstehen, so dass das Tier verloren ist. Rechtzeitig erkannte und auf das Gesäuge allein oder die Milchleisten beschränkte Tumore können jedoch operiert und das Tier dadurch oft gerettet werden.

Gebärmutterkrebs kommt bei Hündinnen überhaupt kaum vor, hingegen treten bei Rüden etwa Tumore der Vorsteherdrüse auf.

Häufig wurden bei Berner Sennenhunden in den letzten Jahren bösartige Veränderungen im Brustraum beobachtet, vom Laien oft als «Lungenkrebs» bezeichnet. Die Tiere verloren den Appetit, magerten ab und wirkten müde und lebensunlustig. Häufig betraf dies auch jüngere Berner im Alter von 5 bis 7 Jahren. Im Röntgenbild zeigten sich Schatten, Tumore in der Herzgegend und im Lungenbereich. Trotz eingesetzter Chemotherapie nehmen die Wucherungen in solchen Fällen schnell zu, und die Tiere müssen, damit ihnen weitere Leiden erspart bleiben, oft schon wenige Wochen nach dem Auftreten der ersten Symptome eingeschläfert werden. Leider liegen bisher nur von wenigen dieser Tiere Sektionsberichte vor, so dass die genaue Art der Tumore ungeklärt blieb. Eigentlicher «Lungenkrebs» ist bei Hunden selten. Viel häufiger handelt es sich bei Tumoren im Brustraum um nachträglich entstandene Metastasten anderer Ursprungsherde. In solchen Fällen müsste unbedingt der genaue Verlauf und die Diagnose der Krankheit geklärt werden, wenn man Zusammenhänge erfassen wollte.

Weitere häufige Todesursachen selbst schon ganz junger Tiere betreffen verschiedene Formen von Leukämien (Tumore des Blutes) und Lymphosarkomen (Krebs im Lymphsystem). Im ersten Falle sind es die blutbildenden Zentren, Knochenmark und Körperdrüsen, die von Krebszellen zerstört werden. Die Folge ist eine mehr oder weniger starke «Blutarmut», d.h. Mangel an roten Blutkörperchen, während die weissen Blutzellen oft krankhaft verändert und in Überzahl vorhanden sind. Die Tiere wirken energielos und ständig müde, haben wechselnden Appetit und magern meistens ab. Die Krankheit entwickelt sich langsam und ist im Anfangsstadium schwierig zu diagnostizieren. Durch bestimmte Medikamente kann sie im Anfangsstadium oft vorübergehend aufgehalten, d.h. es kann eine sog. Remission erreicht werden. Das Blutbild wird dann wieder normal, und der Hund wirkt gesund. Nach 5 bis 15 Monaten erfolgt aber fast ausnahmslos wieder ein Rückfall, der gelegentlich wieder aufgefangen werden kann. So kann das Leben dieser Tiere oft um 1 bis 3 Jahre verlängert werden, das Ende ist aber immer der frühe Tod durch extreme Blutarmut, oft auch infolge einer zusätzlichen Infektion. Welche Faktoren die verschiedenen Leukämiearten auslösen, ist bei Hunden bisher noch nicht geklärt worden. Bei Mäusen konnte man Stämme züchten, die ein Leukämie auslösendes Gen im Erbgut führen. Bei den Katzen ist es ein Virus, das eine Leukose bewirkt. Bei Hunden konnte noch nie ein krebsauslösendes Virus isoliert werden, ebenso sind die genetischen Zusammenhänge noch unklar. Vorderhand muss gesagt werden, dass sich die Anfälligkeit für Leukämie nicht im eigentlichen Sinne direkt «vererbt».

So verwirrend wie die Namen der Tumorerkrankungen für den Laien sind, so unklar sind fast immer auch die Symtome. Oft sind sie alles andere als typisch. Für den Hundebesitzer gibt es keine klaren Anhaltspunkte, aus denen er schliessen könnte, ob sein Hund an Krebs erkrankt ist oder nicht, wenn er krank oder unpässlich wirkt. Selbst für Tierärzte ist eine Diagnose oft schwierig. Alle Symptome, die beobachtet werden, können auch bei andern Erkrankungen auftreten:

- Müdigkeit, Appetitmangel, Verlust der gewohnten Fellqualität (mal früh, mal spät im Krankheitsgeschehen);
- Fieber kann, muss aber nicht sein;
- bei einigen Tumorarten: Hautverdickungen, Knoten, die beim Bürsten und Streicheln auffallen;
- bei Knochentumoren: Lahmheit, Schwellungen;
- für den Tierarzt können sich bei der Blutuntersuchung verdächtige Werte ergeben, aber eben auch oft nicht zuverlässig.

Beim Auftreten eines Tumors wird der Tierarzt röntgen und, egal wo ein bereits festgestellter Knoten sitzt, bei Verdacht auf Bösartigkeit auch die Lunge einbeziehen, weil hier am ehesten Metastasen zu erwarten sind. Eine genaue Diagnose kann allein durch eine miskroskopische Gewebeuntersuchung gestellt werden (Entnahme kleiner Proben am lebenden Tier, Biopsie) oder durch die Sektion des toten.

Die maligne (bösartige) Hystiozytose

Im Jahre 1986 veröffentlichten die Forscher Moore und Rosin an der Universität von Kalifornien einen ersten Bericht über diese Krankheit, einen sehr bösartig verlaufenden Krebs bestimmter Zellen des Immunsystems (Histiozyten). Die Wissenschaftler hatten zu dieser Zeit bei 13 Berner Sennenhunden eine besondere Krebsart beobachtet, die bisher bei anderen Hunderassen noch nie festgestellt worden war. Einige dieser Tiere wiesen Tumore und bösartige Veränderungen im Lungengebiet und/oder im Lymphsystem auf, betroffen waren oft auch andere Organe und das Nervensystem. Der Verlauf war immer tödlich.

Zehn dieser Hunde stammten aus derselben Familie. Die Fälle konnten 1986 über acht Generationen hinweg zurückverfolgt werden auf einen Schweizer Deckrüden, von dem zwei in die USA importierte Enkel (ein Rüde und eine Hündin) diese «Histiozytose-Familie» begründeten. Wenn wir den Schweizer «Stammvater» als erste Generation zählen, wurden Fälle von Maligner Hystiozytose in den Generationen 4,6,7,8 und 9 dieser Familien festgestellt. 11 der 13 betroffenen Tiere waren Rüden. Das Alter der erkrankten Tiere lag zwischen 4 und 10 Jahren.

1977 starb in der Schweiz eine 1968 geborene Hündin an einer ungewohnt schnell verlaufenden Krebserkrankung, die bis anhin hier noch nie «bewusst» beobachtet worden war. Die Anführungszeichen beim Wort «bewusst» weisen auf das Problem einer genauen Diagnose hin. Damit es in schwierigen Fällen dazu kommt, braucht es verschiedene Voraussetzungen. Der Tierbesitzer muss daran interessiert sein, der Tierarzt muss die Befunde zur Spezialuntersuchung weiterleiten, und der Untersucher im Institut muss auch das Interesse haben, etwas ihm Unbekanntes an andere Spezialisten weiterzugeben. Das alles traf bei dieser Hündin zu, und so gelangte Material an die Forschergruppe in Kalifornien: Es war Maligne Hystiozytose. Auch diese Hündin ist ein Nachkomme des erwähnten Deckrüden. Von ihr wurden keine Jungtiere in die USA verkauft. Seit diesem ersten, bewusst diagnostizierten Fall wird Maligne Hystiozytose bei Berner Sennenhunden in der Schweiz von Tierärzten, die diese Krebsart kennen, immer wieder beobachtet. Angaben über die Verbreitung fehlen aber, weil in vielen Fällen gar keine genaue Diagnose erarbeitet wird. Sie kann nur über gezielte Blut- und Gewebeuntersuchungen gestellt werden. Oft begnügen sich Hundebesitzer und Tierarzt damit, dass der Hund an «Krebs» gestorben ist. Von anderen Ländern fehlen Informationen.

Die Frage nach dem genetischen Hintergrund der Anfälligkeit für bösartige Tumore

Wenn man untersuchen will, ob beim Berner Sennenhund eine genetische Disposition für eine besondere Krebsanfälligkeit besteht, muss man die vorkommenden Tumore in zwei Gruppen einteilen und gesondert behandeln:

1. Tumorarten, die auch bei anderen Hunderassen vorkommen. Dazu gibt es noch keine Untersuchungen, die uns sagen könnten, ob der Berner Sennenhund stärker betroffen ist als andere Rassen. Hierhin gehören z.B. Osteosarkome (Knochenkrebs), Gesäuge- und Prostatatumore, Leukämie (Krebs in den Ursprungszellen der verschiedenen Blutkörperchen), Lymphosarkom (Krebs im Lymphgewebe), Hämangio-Endotheliom (Krebs in den «inneren Zelltapeten» der Blutgefässe) etc. etc. Dazu müsste über die Häufigkeit des Auftretens zuerst statistisches Material gesammelt werden.

2. Die «Maligne Histiozytose», eine Krebsart, bei der bestimmte Zellen des Abwehrsystems betroffen werden und die zur Zeit noch spezifisch für diese Rasse ist. Sie tritt familiär gehäuft auf. Das weist daraufhin, dass im Genmaterial bestimmter Tiere eine erbliche Disposition dafür vorhanden sein muss. Dieser ganze Komplex muss noch näher geklärt werden. Vor allem ist die tatsächliche Verbreitung unbekannt.

Um mit der Zeit eine Antwort auf die Frage zu bekommen, ob und inwieweit das Krebsvorkommen bei Bernern auch genetisch begründet ist, gibt es nur einen möglichen Weg: die gründliche Untersuchung aller tumorverdächtigen Tiere, auch der toten. Die Kosten dafür sollte uns der vierbeinige Kamerad auch nach dem Tode noch wert sein. Im Hinblick auf mögliche genetische Ursachen ist die Erfassung der Zuchttiere besonders wichtig. Nur durch das geduldige Zusammentragen von Informationen erhalten wir die nötigen Grundlagen und damit die Möglichkeit, etwas vorkehren zu können. Dabei genügt die vage Feststellung, dass ein Hund an Krebs gestorben ist, keineswegs! Es gibt sehr viele verschiedene Tumorarten, die völlig unterschiedliche Auslöser haben können. Sorgfältige und genaue Diagnosen sind wichtig. In Amerika ist vor kurzem eine zentrale Datenbank errichtet worden, wo alle an Krebs eingegangenen Berner registriert werden. Ähnliches wäre auch in Europa zu begrüssen. Nur aufgrund von breit erfassten Populationsgruppen kann geklärt werden, welche Krebsarten gehäuft vorkommen und ob es, wie beim Menschen, Familien gibt, die für bestimmte Arten anfälliger sind als andere. Das Vorkommen der Malignen Hystiozytose weist darauf hin. Erst aufgrund eines grossen Zahlenmaterials lassen sich auch Wege ausarbeiten, wie dem Krebsproblem züchterisch zu begegnen wäre. Wenn sich beim Berner Stämme herauszüchten liessen, die deutlich resistenter sind als andere, wäre das wohl einer der bedeutendsten Schritte in Richtung auf einen gesunden, langlebigen Hund, der in unserer Zeit getan werden könnte.

Störungen der Fruchtbarkeit

Unter «Störungen der Fruchtbarkeit» wird ein Komplex von Erscheinungen zusammengefasst, die alle mit der Fortpflanzungsfähigkeit zu tun haben. Normale Fruchtbarkeit kann aus ganz verschiedenen Ursachen beeinträchtigt sein: Zu geringe Wurfgrösse, Geburtsschwierigkeiten, Milchmangel oder Störungen der Läufigkeit bei der Hündin, mangelnde Spermaqualität oder andere Störungen der Sexualorgane des Rüden. Wenn von einzelnen dieser Erscheinungen nachgewiesen ist, dass sie sich auch vererben, können und müssen sie durch Selektion angegangen werden, d.h. mit Tieren, die nicht normal fruchtbar sind, sollte nicht gezüchtet werden.

Es ist zwar in Züchterkreisen bekannt, dass sich Fruchtbarkeitsmerkmale auch vererben, jedoch ist unbekannt, in welchem Ausmasse. Untersuchungen zu diesem Fragenkomplex beim Hund fehlen leider fast ganz. Man ist also weitgehend auf Mutmassungen angewiesen oder muss von anderen Tierarten auf Hunde schliessen.

Wurfgrösse

Kaiser (1971) gibt für Berner Sennenhunde eine mittlere Wurfgrösse von 6,76 Welpen an (Erfassungszeitraum 1959–1967, 995 Würfe mit 6724 Welpen). Unsere eigene Auswertung der Wurfmeldungen in der Schweiz ergab für 1987 eine durchschnittliche Wurfstärke von 7,15 Welpen (s. Kapitel «Die Geburt»). Die 2 stärksten Würfe dieses Jahres zählten 13 Welpen. Von einer guten Zuchthündin sollten 6 bis 8 Welpen pro Wurf, lieber mehr, erwartet werden können. Bringt eine Hündin regelmässig nur Würfe unter 5 Welpen, kann das nicht mehr als normal und erwünscht eingestuft werden. Die Ursache zu diesem Mangel kann in der Praxis selten ermittelt werden. Die Preisfrage für jeden Züchter ist dann, ob er mit einer solchen Hündin und vor allem mit deren Töchtern weiterzüchten soll. Die Fachliteratur gibt dazu keine unmissverständliche Antwort. Für andere Tiergruppen, z.B. Mäuse, Schafe, Schweine u.a., wird für kleine oder grosse Nachkommenzahlen eine niedrige Vererbbarkeit von etwa 10% genannt. Umwelteinflüsse spielen eine weitaus grössere Rolle als Vererbung. Eine erbliche bedingte Veranlagung für grosse oder kleine Welpenzahlen pro Wurf sowohl bei Hündinnen als auch bei Rüden ist von Kaiser auch speziell für den Berner Sennenhund nachgewiesen worden. Leider gibt es bisher für Hunde keine Untersuchungen, inwieweit sich solche Anlagen direkt auf Nachkommen vererben und wie stark die Väter verantwortlich sind für grosse oder kleine Würfe ihrer Töchter. Bei Rindern ist der Einfluss der männlichen Tiere auf die Fruchtbarkeit ihrer weiblichen Nachkommen nachgewiesen. Kaisers Angaben belegen einzig, dass Selektion in Hinsicht auf vermehrte Fruchtbarkeit möglich ist.

Als äussere Einflussfaktoren auf die Fruchtbarkeit nennt Kaiser in Übereinstimmung mit anderen Autoren

- optimale Haltungs- und Ernährungsbedingungen,
- psychische Wirkungen (sexuelle Erregung erhöht die Befruchtungsrate und ist beim richtig gewählten Deckzeitpunkt höher als beim nicht optimalen),
- enge Wurffolge beeinflusst die Wurfgrösse deutlicher negativ als zunehmendes Zuchtalter, das erst nach dem 4. Lebensjahr wirksam wird.

Die Verminderung der normalen Wurfgrösse unterliegt polygenem Einfluss. Sie ist kaum als eine Folge direkter Vererbung von der Mutter auf die Tochter zu beobachten, sondern eher statistisch in ganzen Familien und Stämmen festzustellen. Für den einzelnen Züchter oder den Rassevorstand ergeben sich daher keine klaren Richtlinien, wie mit diesem Fragenkomplex umzugehen ist. Es wird bei einer Hündin, die nur kleine Würfe bringt, immer abzuwägen sein, ob andere Qualitäten der Nachkommen diesen Mangel aufwiegen, wenn entschieden werden muss, ob eine Tochter oder ein Sohn zur Zucht nachgezogen werden soll. Diese können ohne weiteres wieder normal fruchtbar sein. Treten in einer Familie vermehrt kleine Würfe auf, muss der ganze Stamm beobachtet werden. Zeigt es sich, dass die Welpenzahl pro Wurf in dieser Gruppe wesentlich unter dem Durchschnitt liegt, müssen Hündinnen, die grosse Würfe gebracht haben und deren Töchter vermehrt eingesetzt werden, auch wenn man dafür vielleicht andere Mängel in Kauf nehmen muss. Bei Paarungen ist darauf zu achten, dass auch die Rüden aus fruchtbaren Stämmen kommen und sich durch grosse Würfe auszeichnen.

Die durchschnittliche Wurfgrösse hat nach unseren Zahlen in den letzten Jahren im gesamten Rassebestand eher zu- als abgenommen. Damit ist die Erhaltung der normalen Wurfgrösse kein aktuelles Problem, das spezielle Selektionsmassnahmen erfordern würde.

Störungen des Geburtsverlaufs

Im Gegensatz zur Wurfgrösse, die kein aktuelles Problem darstellt, bedürfen zunehmende Geburtsstörungen immer mehr der Aufmerksamkeit der Züchter. Kaiserschnitte sind in den letzten Jahren immer häufiger geworden. Teilweise geht das darauf zurück, dass heute viel schneller operiert wird als früher, wenn das Leben der Hündin oder der Welpen auf dem Spiel steht, dessenungeachtet ist aber eine deutliche Zunahme der Geburtsschwierigkeiten unverkennbar. Im Vordergrund steht dabei

Wehenschwäche, primäre Wehenschwäche in einzelnen, sekundäre in den meisten Fällen. Oft können bei grossen Würfen die letzten Welpen nicht mehr ausgetrieben werden, so dass ein Eingriff nötig wird. Die Ursachen dieser schwerwiegenden Störung harren dringend einer gründlichen, klärenden Untersuchung. Bisher ist bei Hunden in dieser Richtung nicht geforscht worden. Auch von anderen Tierarten sind uns keine Untersuchungen bekannt, die Aufschlüsse geben könnten, so dass man auf Mutmassungen angewiesen bleibt. Als Gründe kommen genetische Dispositionen, Beeinträchtigungen durch die moderne Hundehaltung oder auch ein durch die Zuchtrichtung ungünstig veränderter Körperbau der Hündin in Frage.

Nach der Beobachtung der Züchter kommen Geburtsschwierigkeiten in einzelnen Stämmen häufiger vor als in anderen, doch können sie praktisch jede Hündin treffen. Es passiert oft, dass eine Zuchthündin nach einem Kaiserschnitt wieder normale Geburten hat. Hingegen gibt es eindeutig Tiere, die regelmässig sehr leicht und schnell gebären, während andere deutlich Mühe haben, was sich in einer langen verzögerten Geburt äussert. Wenn die Art, wie eine Hündin ihre Jungen zur Welt bringt, überhaupt vererbt wird, kann es sich dabei nur um einen sehr komplexen Erbgang handeln. Da bisher Aufzeichnungen über die Häufigkeit und die Verbreitung dieser Erscheinungen völlig fehlen, tappen die Züchter weiterhin im dunkeln. Es muss angenommen werden, dass genetische Dispositionen eine Rolle spielen. Der Züchter tut also gut daran, die Gebärfähigkeit in seinem Stamm im Auge zu behalten. Dabei ist ein vereinzelter Kaiserschnitt noch kein Alarmsignal. Wenn in seinem Bestand Geburtsschwierigkeiten aber deutlich gehäuft vorkommen, muss er bei Paarungen betont darauf achten, nur Rüden einzusetzen, deren Mütter, Grossmütter und Schwestern sich durch leichte, problemlose Geburten auszeichnen. In schweren Fällen muss der belastete Stamm aufgegeben und eine andere Hündinnengeneration nachgezogen werden.

Milchmangel der Hündin

Eine Hündin kann ihre Welpen normalerweise mindestens 3 Wochen lang voll und darüber hinaus teilweise mit ihrer Milch ernähren. Die Milchmenge, die sie produziert, passt sich der Welpenzahl an. Aufschluss über genügende oder ungenügende Milchproduktion erhält der Züchter durch die Kontrolle der Welpengewichte. Immer wieder gibt es aber Hündinnen, die zu wenig oder kaum Milch produzieren. Auch hier stellt sich die Frage, wie bedeutsam die genetischen Dispositionen für genügende oder mangelhafte Milchproduktion sind. Von Hunden liegen wiederum keine Untersuchungen vor, hingegen sehr viele von Rindern, wo ja die Milchleistung eine grosse Rolle spielt und zielgerichtete Selektion in den letzten 50 Jahren eine enorme Steigerung bewirkt hat. Bei Rindern nimmt man eine Heritabilität von etwa 30% an. Ob sich das auch auf Hunde übertragen lässt, ist fraglich. Immerhin zeigt diese Angabe aber deutlich, dass auch die Milchleistung durch Zuchtwahl beeinflusst werden kann. Obwohl es für den einzelnen Züchter eine starke Mehrarbeit bedeutet, wenn er bei mangelhafter Milchleistung einer Zuchthündin künstlich nachhelfen muss, kann man sich fragen, in welchem Masse sie als Selektionskriterium gewichtet werden soll. Künstliche Welpenaufzucht stellt bei der heute erreichten Qualität der Welpenersatzmilch kein allzugrosses Problem mehr dar.

Ausserdem ist, wie bei den andern Fruchtbarkeitsmerkmalen auch, die Annahme, dass sich dieser Mangel direkt vererbt, recht ungewiss. Milchmangel kommt bei Berner Sennenhündinnen in vereinzelten Fällen vor, ist aber bisher nicht durch auffallende Häufigkeit zu einem Problem der Rasse geworden. So bleibt es wieder dem einzelnen Züchter überlassen, wie sehr er in seinem Zuchtprogramm darauf achten will. Er muss wieder sorgfältig gegeneinander abwägen, wie stark die Qualitäten der Nachkommen einer Hündin diesen Mangel aufwiegen, wenn er sich entscheidet, von ihr eine Tochter nachzuziehen. Diese Tochter muss nicht zwangsläufig auch an Milchmangel leiden. Unvorsichtig wäre es aber, sobald eine Zuchthündin zu wenig Milch produziert, diese und deren Tochter wieder mit einem Rüden zu paaren, dessen Mutter oder andere nahe Verwandte in dieser Hinsicht auch Probleme hatten. Nachfragen in dieser Richtung sind also unbedingt angezeigt.

Störungen der Sexualorgane der Hündin

Unfruchtbarkeit kann eine Folge von Defekten der Sexualorgane der Hündin sein. Es kommt u.a. vor, dass die Eileiter nicht funktionieren oder der Uterus gar nicht angelegt ist u.a.m. Solche Anomalien sind ganz direkt erblich. Da solche Tiere aber normalerweise keine Nachkommen haben, erübrigen sich Selektionsmassnahmen.

Störungen der normalen Läufigkeit

Dass Hündinnen gar nicht, nur unregelmässig oder nicht «richtig» läufig werden, ist eine weitere Ursache mangelnder Fruchtbarkeit. Auch bei normal gebärfreudigen Hündinnen kommt es immer wieder einmal vor, dass plötzlich eine Hitze aussetzt oder nur sehr schwach verläuft. Die Ursachen dafür sind meist nicht zu ermitteln und werden häufig in klimatischen Einflüssen gesucht. Solche «Pausen» müssen als normal betrachtet werden, wenn anschliessend der Sexualzyklus wieder wie gewohnt weitergeht. Dauernde Unregelmässigkeiten aber machen oft die Zuchtverwendung einer Hündin unmöglich oder erschweren sie zumindest sehr. Die Ursachen von Läufigkeitsstörungen können vielfältiger Natur sein und müssen in jedem Fall einzeln abgeklärt werden. Meist liegt ein gestörter Hormonhaushalt oder Stoffwechsel zugrunde, der bei Hunden nicht immer auf medizinischem Wege angegangen werden kann. Wieder gibt es über die Vererbung solcher Erscheinungen bei Hunden keine Untersuchungen. Bei andern Tieren schätzt man für die Läufigkeitsvorgänge eine Heritabilität von 20%. Eine direkte Erblichkeit wurde also nicht nachgewiesen, jedoch muss die Vererbung gewisser Dispositionen, die dann in bestimmten Situationen zum Zuge kommen, angenommen werden. Wiederum gilt es für den Züchter, Tendenzen in seiner Zuchtlinie zu beobachten und entsprechend zu handeln. Töchter gestörter Mütter können völlig normal sein. Zeigt aber eine Tochter dasselbe Ungenügen wie die Mutter, sollten von ihr keine weiteren weiblichen Nachkommen für die Zucht nachgezogen werden.

In jüngster Zeit wurde bei einigen Berner Sennenhunden eine Unterfunktion der Schilddrüse (Hypothyreose) festgestellt. Dieser Defekt beeinflusst die Stoffwechselvorgänge und damit u. a. auch die Sexualfunktionen negativ. (Alles läuft sozusagen auf Sparflamme.) Er kann die Ursache sein für Zyklusstörungen, schwach ausgeprägte Läufigkeiten, ungenügende Fruchtbarkeit oder Milchleistung, Dickleibigkeit trotz geringer Futteraufnahme, mangelndes Temperament, Haarausfall u. a. m. Hündinnen, deren Fortpflanzungsverhalten Probleme aufgibt, sollten deshalb immer auch hinsichtlich der Schilddrüsentätigkeit untersucht werden, was durch eine chemische Blutuntersuchung geschieht. Fehlende Schilddrüsenhormone können in Tablettenform künstlich zugeführt werden.

Aufgrund von Beobachtungen bei anderen Hunderassen vermuten Fachleute, dass sich die Veranlagung zu diesem Defekt vererbt. Mit einem betroffenen Tier sollte daher vorsichtshalber nicht unbedingt weitergezüchtet werden.

Störungen der Fruchtbarkeit beim Rüden

Unterschiedliche oder gestörte Fruchtbarkeit bei Rüden kann vielfältige Ursachen haben. Oft sind sie die Folge von Erkrankungen der Geschlechtsorgane. Ist die Fruchtbarkeit oder Deckfreudigkeit bei einem Rüden beeinträchtigt, muss also in jedem Fall die Ursache bestimmt werden. Über genetisch bedingte Anfälligkeiten für solche Erkrankungen gibt es bisher wenig Beobachtungen. Bekannt ist, dass die Hodenqualität sehr direkt erblich ist. Auch die Anfälligkeit für gewisse Hodentumore ritt gehäuft in bestimmten Zuchtlinien auf, eine erbliche Disposition liegt also vor. Bei Berner Sennenhunden wurden in den letzten Jahren Erkrankungen im Nebenhodenbereich festgestellt, die die Spermaqualität beeinträchtigen, so dass die Fruchtbarkeit der betroffenen Rüden stark herabgesetzt ist. Eine Vererbung der entsprechenden Disposition muss angenommen werden, jedoch konnte der genaue Erbgang noch nicht ermittelt werden. Die Untersuchungen müssen fortgesetzt und insbesondere die Söhne solcher Rüden beobachtet werden.

Für die Spermaqualität wird eine Heritabilität von etwa 30% angenommen. Die Beeinflussung der Fruchtbarkeit durch Selektion in einem Rassebestand ist also möglich.

Ausser der Spermaqualität spielt auch die Sprungfreudigkeit, also die Libido, der Geschlechtstrieb der Rüden, für die Fortpflanzung eine Rolle. Es gibt Hunderassen, bei denen die Deckfreudigkeit der Rüden stark herabgesetzt ist. Auch bei Berner Sennenhunden stellt man fest, dass der Geschlechtstrieb ganz unterschiedlich stark vorhanden ist. Abgesehen von Einzelfällen, wo ein Rüde offensichtlich deckfaul oder durch eine Krankheit behindert ist, ist Deckunlust aber bisher nicht zu einem Problem der Rasse geworden. Da in der Fachliteratur für die Libidostärke aber eine verhältnismässig hohe Heritabilität von 30 bis 40% angegeben wird, darf auch diese Seite nicht vernachlässigt werden.

Die Fortpflanzungsfähigkeit des Rüden ist ein sehr komplizierter Komplex. Allgemeingültige Regeln, wie im Einzelfall zu handeln ist, können deshalb nicht genannt werden. Fruchtbarkeit ist für jede Hunderasse ein entscheidender Faktor. Da er stark beeinträchtigt werden kann, darf er bei der Zuchtplanung nie ausser acht gelassen werden. Durch die grosse Nachkommenzahl, die Zuchtrüden üblicherweise haben, können sonst fruchtbarkeitsmindernde Gene vielfältigster Art sehr schnell in der Rasse gestreut und vervielfacht werden. Der Züchter tut gut daran, Rüden mit herabgesetzter Fruchtbarkeit oder mangelnder Sprungfreudigkeit für seine Paarungen zu meiden.

Praxis der Zucht

Hitze und Deckverhalten

Berner Sennenhündinnen werden in der Regel alle 6 Monate hitzig. Selbstverständlich gibt es auch Ausnahmen. Einige Hündinnen haben ihre Läufigkeit alle 4 oder 5 Monate, bei anderen kann es 7 bis 8 Monate oder gar noch länger dauern. Auf die Fruchtbarkeit hat der zeitliche Abstand der Hitzen normalerweise keinen Einfluss. Allzukurze Intervalle sind jedoch nicht wünschenswert. Sie beanspruchen die Hündin und können züchterisch nicht genutzt werden. Lange Abstände sind dann als normal für bestimmte Hündinnen anzusehen, wenn sie regelmässig sind. Bleibt bei einer Hündin, die ihre Brunst bisher in gleichmässigen Abständen hatte, diese plötzlich aus oder kommt sie nur noch sehr unregelmässig, muss an eine hormonelle oder andere Störung gedacht werden. Innerhalb eines bestimmten Rahmens kann aber auch das Wetter einen Einfluss ausüben. Es ist bekannt, dass sich in extremen und andauernden Kälteperioden die Hitze verzögern kann, während sie in aussergewöhnlich warmen Zeiten, z.B. in milden Wintern, gerne auch vorzeitig eintritt. Leben mehrere Hündinnen in einem Hause oder Zwinger zusammen, haben sie ihre Hitzen häufig zur gleichen Zeit. Beginnt die eine, ziehen innerhalb von wenigen Tagen meist auch die anderen nach, was für die einzelne Hündin ebenfalls kleinere Unregelmässigkeiten im Zeitintervall bewirken kann. Eine Abweichung von einem Monat mehr oder weniger liegt durchaus innerhalb der Norm. Wie gross der Prozentsatz der Bernerinnen ist, die grundsätzlich vom normalen 6-Monate-Turnus abweichen, ist nicht bekannt. Eine Auszählung nach den Wurfeintragungen im Schweizerischen Hundestammbuch (SHSB) ergab, dass von 24 erfassten Hündinnen immerhin deren 18 ihren nächsten Wurf innerhalb von 11 bis 13 Monaten hatten, bei 5 dauerte es nur etwa 10 Monate und bei einer aber 14 (s. Tab.). Noch grössere und kleinere Abstände kamen nicht vor. Die Zusammenstellung zeigt auch, dass Trag- und Säugezeiten die regelmässigen Läufigkeitsintervalle nicht unterbrechen. Auch wenn die Hündin gedeckt wurde und einen Wurf aufzog, wird sie in der Regel 6 Monate nach der vorhergehenden Hitze wieder läufig.

Zeitlicher Abstand zwischen zwei aufeinanderfolgenden Würfen bei 24 Hündinnen

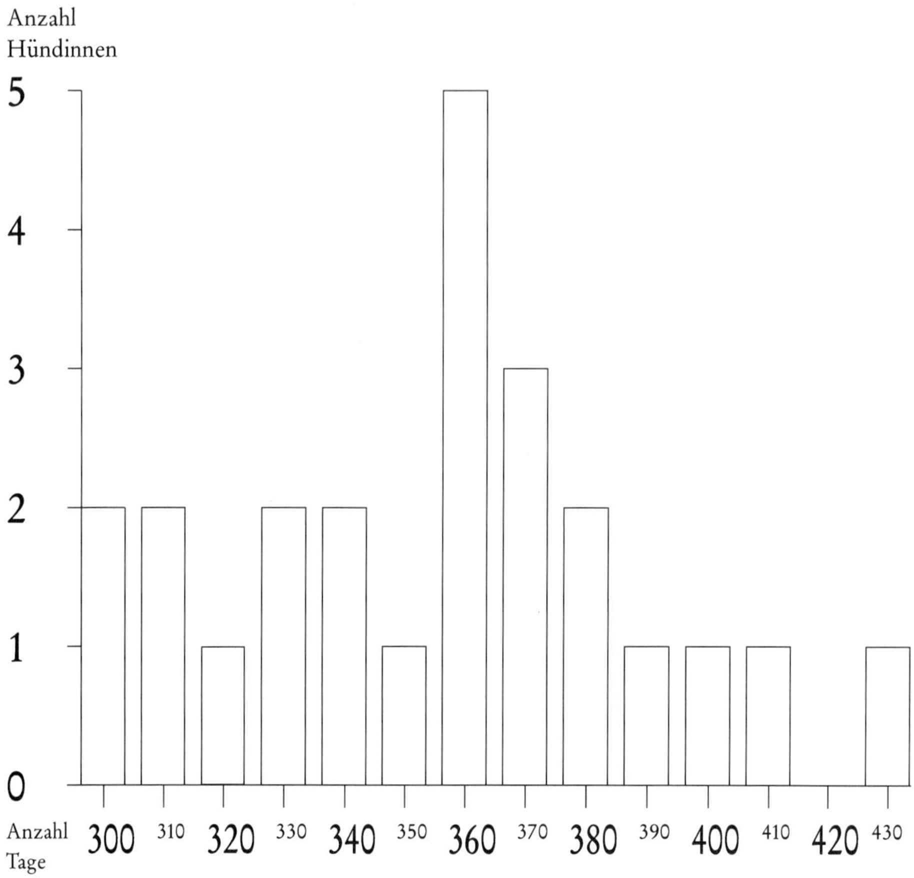

Der zeitliche Abstand zwischen zwei aufeinanderfolgenden Würfen beträgt bei allen 24 Hündinnen zwischen 10 und 14 Monaten mit einem deutlichen Schwerpunkt bei 12 Monaten (360 Tage). 18 Hündinnen warfen ihren nächsten Wurf 11 bis 13 Monate nach dem vorangehenden, bei 5 Hündinnen dauerte es nur 10 bis 11 Monate. Der kürzeste Abstand war 10 Monate und 1 Tag bei zwei Hündinnen, der längste 14 Monate und 15 Tage bei einer Hündin.

Verteilung der Würfe über das Jahr

Zehnjahresperiode von 1976–1985 (2016 Würfe)

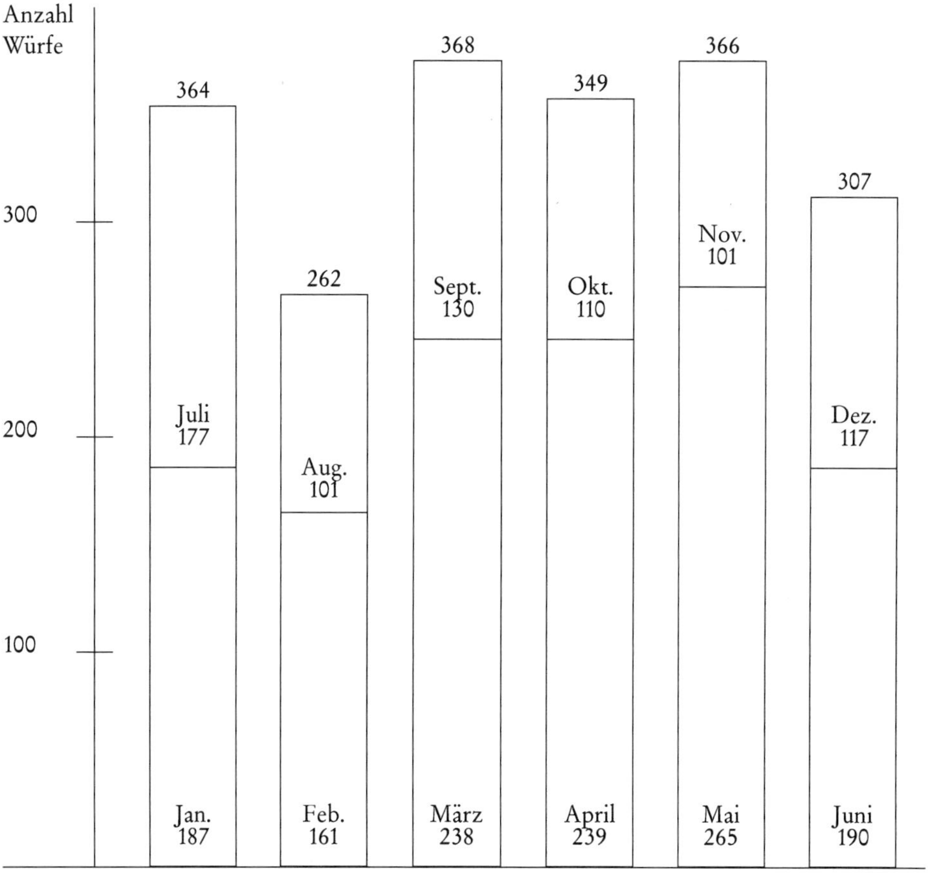

In dieser Tabelle wurden die Wurfeintragungen im Schweizerischen Hundestammbuch von 1976–1985 ausgewertet. Es ist zu ersehen, dass in den Herbst- und Wintermonaten am wenigsten Würfe fallen. Das hängt wohl damit zusammen, dass viele Züchter auf Winterwürfe verzichten. Teilweise werden diese niedrigen Wurfzahlen durch die Eintragungen ein halbes Jahr später, Juni, Juli und Aug., wieder wettgemacht. Die Tabelle zeigt deutlich, dass die Würfe und damit auch die Hitzen ziemlich gleichmässig über das ganze Jahr verteilt vorkommen. Einzig im Dez./Juni (Würfe im Feb./Aug.) werden deutlich weniger Hündinnen läufig.

Die Brunstzeiten verlaufen fast unabhängig von der Jahreszeit, d.h., es gibt keine besonders bevorzugten Monate, in denen die Hündinnen vor allem läufig werden. Auch das ist aus den Wurfeintragungen im SHSB zu erschliessen (s. umstehende Tabelle). Zählt man die Wurfeintragungen pro Monat in den letzten 10 Jahren zusammen und vergleicht die eingetragene Anzahl Würfe miteinander, kann man feststellen, dass es keine ausschließlichen «Spitzenmonate» gibt. In allen Monaten des Jahres fallen Würfe. Wohl fällt der grössere Anteil in die 1. Jahreshälfte, doch hat das weniger mit den Hitzen der Hündinnen als damit zu tun, dass die Züchter Frühlings- und Sommerwürfe vorziehen und Herbst- und Winterwürfe wenn möglich vermeiden. In der Regel wird nur dann eine Hündin in der 2. Jahreshälfte gedeckt, wenn sie im Frühling leer geblieben ist. Zählt man die Eintragungen der jeweils ein halbes Jahr auseinanderliegenden Monate zusammen, stellt man fest, dass sich die Würfe fast gleichmässig auf alle Monate verteilen. Im Januar und Juli zusammengenommen waren es in dieser Zehnjahresperiode z.B. insgesamt 364 Würfe, im Mai und November 366. In den anderen Monaten ist es ähnlich. Einzig im Februar/August und im Dezember/Juni scheinen etwas weniger Welpen geboren zu werden. Das bedeutet, dass im Oktober, Dezember und Juni am wenigsten Hündinnen läufig sind. Welche Bedeutung den beiden Tiefpunkten zugemessen werden muss, ist allerdings unklar.

Die erste Hitze tritt in der Regel zwischen 7 und 12 Monaten ein. Auch da gibt es Ausnahmen. Es kann sein, dass eine Hündin schon mit 5 oder 6 Monaten das erste Mal hitzig wird, es kann aber auch bis 16 Monate dauern. Meistens verläuft die erste Hitze noch verhältnismässig schwach. Die Scham schwillt zwar an, die Hündin blutet auch ein wenig, doch viel weniger ausgeprägt als bei den späteren Brunstzeiten. Ja, oft sind die äusseren Zeichen so wenig ausgeprägt, dass sie übersehen werden können. Der Besitzer merkt wohl eine Veränderung, weiss aber nicht sicher, ob das nun eine Hitze war oder nicht. Auch das typische Brunstverhalten zeigt sich oft nur andeutungsweise. Wohl ist die Hündin «nicht wie sonst», sie fühlt sich aber noch nicht so stark zum andern Geschlecht hingezogen, dass ihr Verhalten auffällt und nimmt, wenn sie beschnuppert wird, oft auch noch nicht die Rute zur Seite. Trotzdem kann sie aber schon gedeckt werden und Junge bekommen. Sie muss also schon bei ihrer ersten Läufigkeit gehütet werden!

Nach der ersten Hitze macht sie häufig einen eigentlichen Reifeschub durch. Aus der Junghündin wird eine erwachsene. Sie wird stämmiger, breiter, ihr Fell wird nach der Härung glatter, meist auch länger. Sie wird ruhiger, ist nun weniger verspielt und oft auch selbstbewusster. Bei der ersten Hitze sollte eine Hündin keinesfalls schon gedeckt werden. Sie ist zu diesem Zeitpunkt noch nicht ausgewachsen. Viele Tiere haben dann ihre endgültige Körpergrösse bei weitem noch nicht erreicht, das Skelett ist noch weich, und der ganze Organismus würde durch eine so frühe Trächtigkeit zu sehr belastet. Bei Tieren, die schon in der ersten Hitze trächtig wurden, tritt häufig ein Wachstumsstillstand ein. Ebenso sind untergewichtige, schwache Welpen zu erwarten.

Eintritt der ersten Läufigkeit

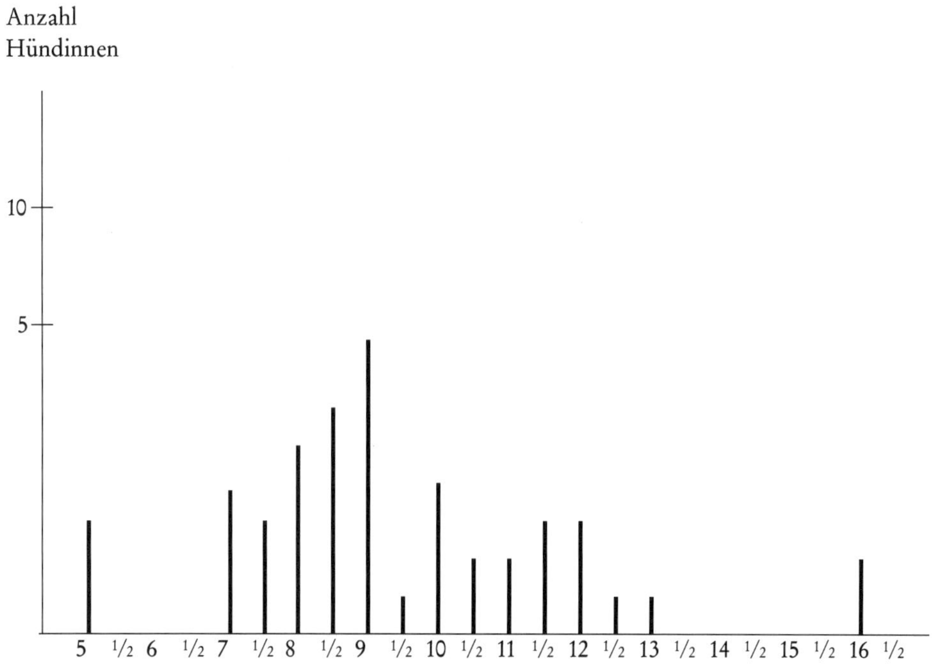

Von 47 Hündinnen liegen Angaben über das Alter beim Eintritt der ersten Läufigkeit vor. Dabei zeigt sich ein deutlicher Schwerpunkt zwischen 7 und 9 Monaten. 29 Hündinnen, das sind 61%, hatten in dieser Zeit ihre erste Hitze. 38 Hündinnen, 80%, erlebten sie vor Erreichen des 1. Lebensjahres. 3 Wurfschwestern waren schon mit nur 5 Monaten das erste Mal läufig und 2 nichtverwandte Hündinnen erst mit 16.

Über den Zeitpunkt des ersten Wurfes gehen die Meinungen der Fachleute auseinander. Als Faustregel hat sich eingebürgert, dass Hündinnen grosser Rassen, zu denen auch der Berner Sennenhund gehört, bei der 3. Hitze das erste Mal gedeckt werden sollten. In Ländern, wo eine Zuchteignungsprüfung (Ankörung) Voraussetzung für die Zuchtverwendung ist, ergibt sich der Zeitpunkt von selbst. Wenn, wie in der Schweiz, die Hündin mindestens 15 Monate alt sein muss, um überhaupt zur Ankörung zugelassen zu werden, wird sie meist bei der darauffolgenden Hitze erstmals gedeckt. Das kann die 2. oder 3. sein, je nachdem, wann die 1. Läufigkeit war und in welchem Alter angekört wurde. Einer Belegung schon bei der 2. Hitze steht bei einem gut gewachsenen, kräftigen Tier nichts im Wege. Vor allzulangem Warten muss hingegen ausdrücklich gewarnt werden. Junge Hündinnen gebären meist leichter als ältere. Bei Erstwürfen nach dem 4. Lebensjahr ist eher mit Komplikationen zu rechnen. Wer eine Zucht aufbauen will, sollte darauf achten, dass seine Zuchthündinnen die ersten Würfe in jungen Jahren haben können. Die Erfahrung zeigt, dass der ganze Organismus den Belastungen von Trächtigkeit und Geburt dann noch besser gewachsen ist als zu späterer Zeit. Nicht immer glückt schon der erste Paarungsversuch, so dass der erste Wurf gezwungenermassen später erfolgt, als man eigentlich geplant hatte. Deshalb sollten Hündinnen, die zur Zucht vorgesehen sind, möglichst schon bei der 3., unbedingt aber spätestens bei der 4. Hitze erstmals einem Rüden zugeführt werden.

Hat eine Hündin einmal ihre ersten Jungen gehabt, stellt sich die Frage, in welchen Zeitabständen sie nun weitere Würfe bringen kann. In vielen Ländern ist dies durch Vorschriften der Rasseklubs geregelt, an die man sich natürlich halten muss. Meist gestatten diese Reglemente einen Wurf pro Jahr. Das bedeutet, dass nach jedem Wurf eine Hitze übersprungen werden muss, bevor man die Hündin wieder belegen lassen kann. Diese Vorschrift entspringt der Erfahrung, dass eine Zuchthündin nach einer anstrengenden Trächtigkeit und Säugeperiode eine Erholungspause braucht, um wieder in den Vollbesitz ihrer Kräfte für den nächsten Wurf zu kommen. Auch in der Natur ziehen die Hundeartigen nur einmal pro Jahr Junge auf. (Wölfinnen werden aber auch nur einmal läufig.) Ob man unter Umständen einmal eine Hündin schon in der nächsten Hitze nach dem Wurf wieder decken lassen kann oder vielleicht auch zwei Hitzen überspringen muss, hängt von ihrer Konstitution und der Wurfstärke ab. Hat sie nur 2 oder 3 Junge zu versorgen gehabt und sich gut erholt, kann man eine gutgehaltene Zuchthündin ausnahmsweise auch schon in der direkt auf den Wurf folgenden Hitze wieder belegen lassen. Umgekehrt sollte nach grossen Würfen oder wenn die alten Kräfte nur mühsam zurückkehren, lieber einmal länger ausgesetzt werden. Allzugrosse Intervalle bei gesunden, leistungsfähigen Tieren sind allerdings nicht empfehlenswert. Die beste Zuchtzeit für Hunde ist eine verhältnismässig kurze Phase und liegt etwa zwischen dem 2. und 6. Lebensjahr. In diesem Lebensabschnitt sollen sie ihre Jungen haben. Natürlich sind Würfe bis ins 8., in vereinzelten Fällen auch noch im 9. Lebensjahr möglich, doch zeigt die Erfahrung, dass Geburtsschwierigkeiten zunehmen und die Totgeburtenrate steigt, je älter die Hündinnen werden. Oft nehmen auch Welpenzahl und Geburtsgewichte in den Würfen ab, je älter die Hündin wird.

Die inneren und äusseren Abläufe der Läufigkeit

Um seine Hündin erfolgreich paaren zu können, muss der Züchter über den Verlauf ihres Sexualzyklus genau informiert sein. Er ist es ja, der aus ihrem Verhalten und einigen wenigen äusseren Anzeichen ablesen können muss, wann der richtige Zeitpunkt gekommen ist, sie einem Rüden zuzuführen. Bei schätzungsweise der Hälfte aller Berner Sennenhündinnen verlaufen das Paarungsverhalten und der innerliche Ablauf der Eireifung zeitlich gut aufeinander abgestimmt und innerhalb der oft beschriebenen Norm, so dass die Paarung keine besonderen Probleme bereitet. Bei einem Teil aber fallen bestimmte Verhaltensweisen aus, sind zeitlich verschoben oder wenig deutlich ausgeprägt, so dass der Züchter Mühe hat, eindeutig festzustellen, wann die fruchtbaren Tage eingetreten sind.

In einer Übersichtstabelle sind die inneren und äusseren Abläufe der Brunst dargestellt. Die innerlichen – Heranreifung der Eizellen, Eisprünge (Follikelsprünge, Ovulation), Vorbereitung der Gebärmutter (Uterus) und Wanderung der Eizellen bis zu ihrer Verankerung in der Uteruswand – sind für den Menschen äusserlich nicht erkennbar. Um festzustellen, wie weit die Entwicklung gediehen ist, muss er sich an den körperlich sichtbaren Veränderungen und am Verhalten der Hündin orientieren. Um dem Züchter das Zusammenwirken der inneren und äusseren, d.h. der unsichtbaren und der sichtbaren Abläufe aufzuzeigen, sind im oberen Teil der Tabelle die inneren und im unteren die äusserlich erkennbaren Vorgänge dargestellt.

Wie bei allen Lebewesen wird auch das Brunst- und Fortpflanzungsgeschehen der Hündin durch Hormone, das sind im Körper selbst gebildete Wirkstoffe, gesteuert. Sie werden von bestimmten Drüsen in kleinsten Mengen ausgeschieden, kreisen in der Blutbahn und wirken auf bestimmte Organe, auch auf das Nervenssystem und damit auf das Verhalten ein. Das erste Hormon, das nach der etwa 19 Wochen dauernden Ruhezeit, dem Anöstrus (Nicht-Brunst), in der sich Hündinnen unter ihresgleichen einfach als Hund unter Hunden verhalten, in Aktion tritt, ist das sogenannte «follikelstimulierende Hormon» FSH. Es wird von der Hypophyse (Hirnanhangdrüse) ausgeschieden und bewirkt, dass im Eierstock der Hündin einige der auf etwa 250 000 geschätzten, dort ruhenden Eizellen zu reifen beginnen. Um die winzige Eizelle herum bildet sich ein Bläschen, der Follikel. Die Follikel produzieren nun ihrerseits Hormone, nämlich Östrogene, welche auf die Gebärmutterwand einwirken. Diese wird stärker durchblutet und reichert sich mit Nährstoffen an. Die Östrogene üben auch auf das Verhalten der Hündin Einfluss aus, jedoch in der Anfangsphase so individuell, dass viele Hündinnenhalter die feinen Veränderungen übersehen oder nicht zu deuten wissen. Im allgemeinen werden die Hündinnen unruhiger, sie haben eher die Tendenz, ihre eigenen Wege zu gehen, und es wird mühsamer, sie unter Kontrolle zu halten. Sie interessieren sich mehr für andere Hunde und deren Markierungen, schnüffeln intensiver, und viele beginnen schon zu dieser Zeit (2 bis 3 Wochen vor der Läufigkeit) selbst zu markieren, d.h. sie lassen ihren Urin nicht mehr in einem einzigen Male ab, sondern kauern sich immer wieder hin und setzen ein paar Tröpfchen. Wer mehrere Hunde gleichzeitig hält, kann auch im Rudel eine zunehmende Unruhe, oft eine leicht gesteigerte Aggressivität beobachten.

Hat das Östrogen in der Blutbahn eine bestimmte Konzentration erreicht, wird das, was man gemeinhin als Läufigkeit bezeichnet, eingeleitet. In der Gebärmutterwand bilden sich kleine Drüsen, die Schleimhaut wird dicker, um später die befruchteten Eizellen aufnehmen zu können. Auch die Scheide (Vagina) verdickt sich, die Nuss oder Scham (Vulva) der Hündin schwillt immer deutlicher an. Die Unruhe, die Unaufmerksamkeit menschlichen Einwirkungen gegenüber, das unermüdliche Schnüffeln an allen Hundespuren, das Markieren und die Aggressivität gegenüber anderen Hündinnen werden nun auch für den ungeübten Beobachter augenfällig. Die Hündin interessiert

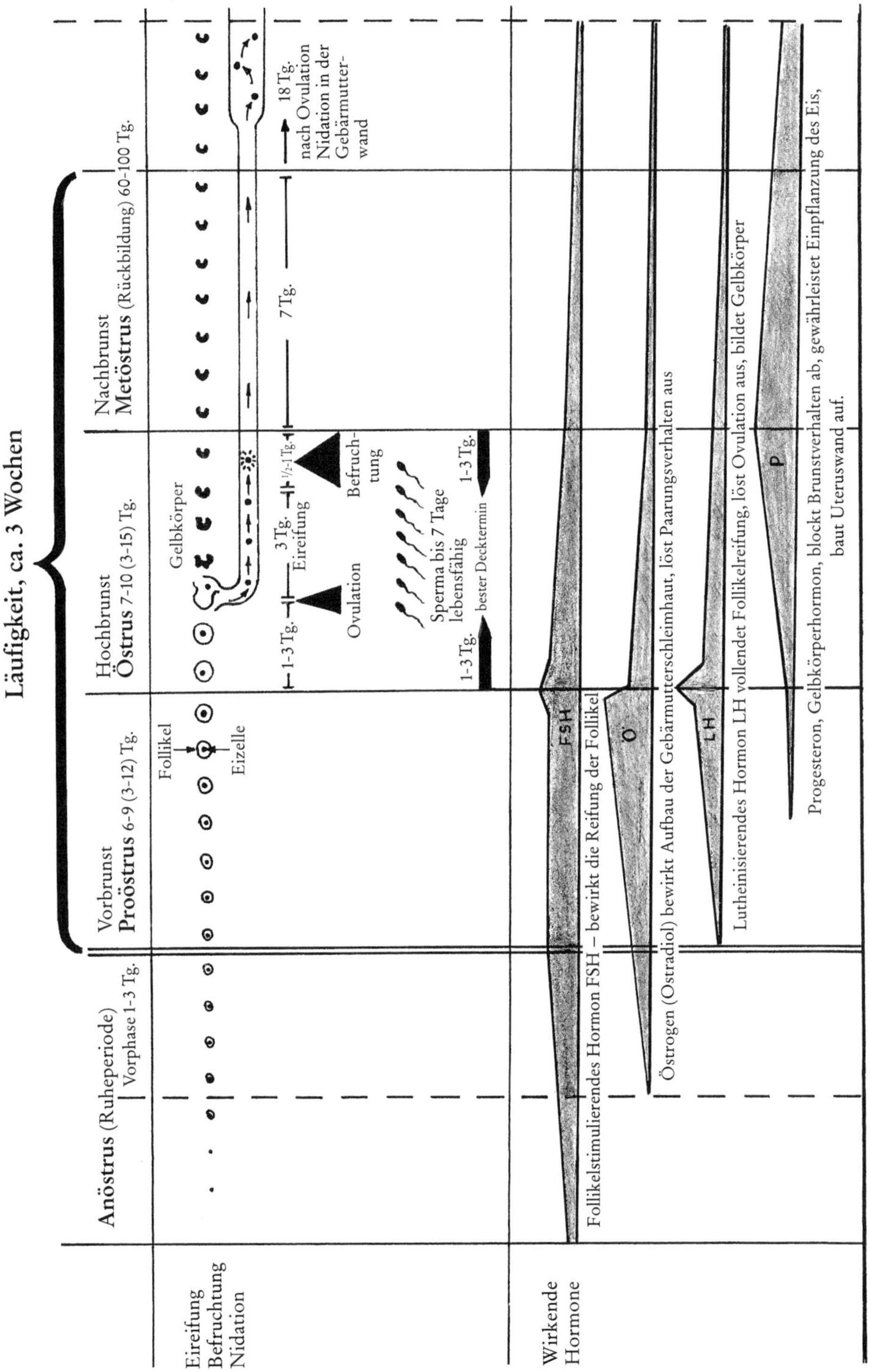
Läufigkeit, ca. 3 Wochen
Anöstrus (Ruheperiode)
Vorphase 1-3 Tg.
Vorbrunst
Proöstrus 6-9 (3-12) Tg.
Hochbrunst
Östrus 7-10 (3-15) Tg.
Nachbrunst
Metöstrus (Rückbildung) 60-100 Tg.
Follikel
Eizelle
Gelbkörper
1-3 Tg.
3 Tg.
Eireifung
1/2-1 Tg.
Ovulation
Befruchtung
7 Tg.
18 Tg. nach Ovulation Nidation in der Gebärmutterwand
Sperma bis 7 Tage lebensfähig
1-3 Tg.
bester Decktermin
1-3 Tg.
Eireifung
Befruchtung
Nidation
Wirkende Hormone
FSH
Ö
LH
P
Follikelstimulierendes Hormon FSH – bewirkt die Reifung der Follikel
Östrogen (Östradiol) bewirkt Aufbau der Gebärmutterschleimhaut, löst Paarungsverhalten aus
Lutheinisierendes Hormon LH vollendet Follikelreifung, löst Ovulation aus, bildet Gelbkörper
Progesteron, Gelbkörperhormon, blockt Brunstverhalten ab, gewährleistet Einpflanzung des Eis, baut Uteruswand auf.

Gebärmutterwand		Gebärmutterwand wird stärker durchblutet, schwillt an	Drüsenbildung, Absonderung von Sekret			
Scham, Vulva		Scham schwillt an, 2-5 Tg. vor der Blutung	Scham hart und geschwollen wird	weicher und kleiner		
Ausscheidung		ganz wenig wässeriges Sekret	Läufigkeitsblutung: dunkelrote Tropfen hellt	auf rötlich wässerig	gelegentl. wieder dunkelrotbraun	
Verhalten der Hündin	1-3 Wochen lang: Unruhe, Markieren, Schnüffeln, unaufmerksam, nicht mehr führig, verstärktes Interesse für Rüden, reizbarer gegen andere Hündinnen		 Interesse für Rüden Spielaufforderung Aufforderndes Rennen, jedoch Drohen, Knurren, Schnappen, wenn der Rüde aufsteigen will.	 Die Hündin «steht». Rute in typischer Art zur Seite biegend, präsentiert sie ihre Scham. Sie lässt sich besteigen. Dazwischen Spielaufforderung. Aufreiten auf den Rüden. Gegen Ende des Östrus häufig aufreiten auf and. Hündinnen	 Desinteresse an Rüden, Drohen oder Beissen bei Annäherungsversuchen.	
Verhalten des Rüden	Interesse an der Hündin und ihren Spuren, jedoch keine Aufreitversuche		Spielverhalten Hündin wird verfolgt, beschnüffelt, beleckt. Selten zaghafte Aufreitversuche. Abwehr wird akzeptiert. Geübte Deckrüden verlieren bald das Interesse und lassen die Hündin in Ruhe.	Er lässt der Hündin keine Ruhe mehr, jagt sie pausenlos, steigt immer wieder neu auf und lässt sich nicht einschüchtern, auch wenn sie (noch) abwehrt.	Er lässt die Hündin nach kurzem Beschnüffeln in Ruhe und zeigt keine Decklust.	

sich deutlich für Rüden, lässt sie aber nicht an sich herankommen. Im Hunderudel fällt auf, dass sie häufiger als sonst von ihren Artgenossinnen unter der Rute «kontrolliert» wird. Sind alle diese Anzeichen da, ist es nur noch eine Frage von Tagen, bis der erste Blutstropfen am Scheidenausgang sichtbar wird. Diese Vorphase zusammen mit der ersten Zeit der Blutung wird in der Fachsprache Proöstrus (Vorbrunst) genannt. Als Brunst (Östrus) gilt nur die Zeit, in der die Hündin den Rüden annimmt.

Sind alle beteiligten Organe für die Einleitung der Befruchtung bereit, bewirkt ein weiteres Hormon der Hirnanhangdrüse, das «luteinisierende Hormon» LH, das Platzen der Follikel (Eisprung, Ovulation), und die Eizellen beginnen durch die Eileiter der Gebärmutter zuzuwandern. Entgegen früheren Darstellungen weiss man heute, dass sich auch bei der Hündin mit ihren mehreren Eizellen die Follikelsprünge nicht über Tage hinziehen, sondern miteinander geschehen und innerhalb von 6 bis 24 Stunden abgeschlossen sind. Als Besonderheit gegenüber anderen Tierarten können aber bei den Hunden die Eizellen unmittelbar nach dem Eisprung noch nicht befruchtet werden. Sie müssen auf ihrer Wanderung durch den Eileiter erst eine weitere Reifung durchmachen, die etwa 2 bis 3 Tage dauert. Erst danach sind sie für eine Vereinigung mit den Samenfäden bereit, müssen dann aber innerhalb von etwa 24–36 Stunden befruchtet werden, sonst sterben sie ab. Gelegentlich findet der Follikelsprung schon in der Vorbrunst statt, also bevor die Hündin «steht», oder er setzt erst 3 bis 4 Tage später als normal ein. Der späte Follikelsprung ist häufiger als der frühe.

Unterdessen, in der Vorphase der Ovulation, der Vorbrunst, die 6 bis 12 Tage dauern kann, hat der Züchter alle Anzeichen der Läufigkeit festgestellt. Die Hündin blutet dunkelrot aus der Scham, und diese ist sichtbar geschwollen (ödematisiert, d.h. stark durchblutet). Sie interessiert sich für Rüden, fiept, wenn sie einen anderen Hund sieht, fordert ihn zum Spiel heraus, lässt ihn aber noch keinesfalls aufsteigen, sondern schnappt nach ihm, wenn er es versucht. Einige sonst anhängliche Tiere können in dieser Zeit zu Ausreisserinnen werden.

In der Regel beginnt bereits 1 bis 2 Tage vor den Follikelsprüngen die Scham zu erschlaffen und weich zu werden, das ausgesonderte Sekret wird wässerig-hellrot, und die Hündin nimmt bei der Annäherung des Rüden die Rute in charakteristischer Art zur Seite. Sie wehrt ihn nicht mehr ab, sondern präsentiert ihm nach einigen Spielen in eindeutier Weise ihre Hinterseite. Sie «steht». Damit zeigt sie an, dass sie jetzt befruchtungsfähig ist. Dieses Verhalten dauert im allgemeinen 4 bis 6 Tage. Die Dauer der Paarungsbereitschaft variiert aber ausserordentlich stark. Wichtig für den Züchter ist es zu wissen, dass die Deckbereitschaft häufig schon vor dem Follikelsprung einsetzt, dass die Hündin also schon 1 bis 3 Tage (oder auch noch mehr) vor dem besten Zeitpunkt steht. Für die Ovulation selbst gibt es äusserlich keine direkten Hinweise. Ein Deckakt genau zu diesem Augenblick ist vom Menschen nicht planbar. Alles, was angestrebt werden kann, ist, dass sich zu dem Zeitpunkt, in dem die Eizellen ausgereift sind, befruchtungsfähiges Sperma in Uterus und Eileitern befindet. Da Hundesperma aber verhältnismässig lange, in günstiger Umgebung bis zu 7 Tagen oder länger lebensfähig ist, kann es als Faustregel gelten, dass ein Deckakt 1 bis 3 Tage, nachdem die Hündin das erste Mal steht, günstig ist.

Zur Zeit der Ovulation bildet sich in den Eierstöcken Gelbkörpergewebe, das ein weiteres Hormon, das Gelbkörperhormon (Progesteron) in die Blutbahn absondert. Dieses sorgt einerseits dafür, dass befruchtete Eizellen in der Gebärmutterwand verankert werden können und sich der ganze Körper für eine beginnende Schwangerschaft bereitmacht, und andererseits bewirkt es den Abschluss der Brunst und des Brunstverhaltens. Es hat 3 bis 5 Tage nach der Ovulation seine grösste Konzentration erreicht, bleibt aber bis zum Zeitpunkt der Geburt in der Blutbahn erhalten. Durch die Wirkung des Progesterons bildet sich wenige Tage nach den Follikelsprüngen die Scham sichtbar zurück, und der Ausfluss hört fast vollständig auf. Bei Annäherung eines Rüden bleibt die Hündin gleichgültig, sie nimmt die Rute nicht mehr zur Seite, und wenn er zudringlich wird, «beisst sie ihn ab», d.h., sie versucht, ihn durch Schnappen zu vertreiben. Hat innerhalb des Östrus eine Paarung stattgefunden, kann der Züchter Welpenfreuden entgegensehen. Wurde eine Paarung vermieden, kann er jetzt aufhören, seine Hündin zu hüten. Eine Befruchtung ist nicht mehr möglich.

Was der Züchter dazu beitragen kann, um eine erfolgreiche Paarung zu erreichen

In vielen Zuchtanleitungen und auch in Züchterkreisen wird gerne die Meinung vertreten, bestimmte Tage, vom ersten Tag der Läufigkeitsblutung an gerechnet, müssten als Decktermin unbedingt zum Erfolg führen. Daglish (Hundezucht auf Grund der Vererbungslehre) nennt den 10. bis 12. Tag, andere bezeichnen den 11. bis 13. Tag als die besten. Diese Faustregeln können nicht mehr als ein Hinweis sein. Allzuhäufig sind die Fälle, bei denen Hündinnen schon am 6. oder 7. Tag oder erst lange nach dem 15. Tag gedeckt werden mussten, wenn eine Trächtigkeit eintreten sollte. Ebensowenig wie auf die Tage-Regel kann man sich darauf verlassen, dass eine Hündin bei jeder Hitze am selben Tag zu decken ist. Der Verlauf der Brunst kann jedes Mal anders sein, so dass dieselbe Hündin einmal früher und einmal später zum Rüden gebracht werden muss.

Will ein Züchter den besten Zeitpunkt seiner Hündinnen erfassen, helfen ihm einzig und allein sein Wissen um die möglichen körperlichen und verhaltensmässigen Veränderungen und die genaue Beobachtung. Er muss sich also Zeit nehmen und die Hündin unter verschiedenen Gesichtspunkten im Auge behalten, um aus der Zusammenschau alles äusserlich Feststellbaren auf den inneren Ablauf der Eireifung schliessen zu können.

Weiss man es aus dem Kalender oder zeigt die Hündin durch ihr Verhalten an (Unruhe, Schnüffeln, Markieren), dass die nächste Hitze bevorsteht, beginnt man mit der täglichen Kontrolle ihrer Scham. Oft ist diese mehrere Tage lang geschwollen und sondert ein wässriges Sekret ab, bevor die ersten Blutstropfen austreten. Da sich viele Hündinnen ständig sauberlecken, nimmt man zur Kontrolle ein Papiertaschentuch oder ein anderes weiches, weisses Papier zuhilfe und betupft die Vulva mit leichtem Druck. Die Verfärbung des Papiertüchleins zeigt den Stand der Dinge sicher an.

Solange die Scham stark geschwollen und die Ausscheidung eindeutig blutrot ist, haben Deckversuche keinen Sinn. Erst wenn die Schwellung zurückgeht und die Vulva weich und kleiner und zugleich das Sekret wässerig hellrot wird (wie ein Roséwein), ist die Deckreife herangekommen. Streicht man bei der Kontrolle der Hündin gleichzeitig leicht über die Scham oder krault sie in der Schwanzgegend, nimmt sie meist von diesem Zeitpunkt an auch die Rute in charakteristischer Weise zur Seite. Dieses seitliche Ab- und Hochbiegen machen Hunde sonst nie. Es ist so auffällig, dass auch Laien erkennen können, dass die Hündin nun paarungsbereit ist. Der beste Deckzeitpunkt ist ungefähr zwei Tage, nachdem die Hündin das erste Mal «steht», d.h. die obengenannten Anzeichen zeigt. Aus den Erfahrungen mit künstlicher Besamung weiss man, dass die besten Erfolge, d.h. die grössten Würfe, erzielt werden, wenn es gelingt, die Hündin 4 Tage bevor sie aufhört zu «stehen» zu besamen. Da man ja aber das Ende der Deckbereitschaft nicht voraussehen kann, ist es ein bewährter Brauch unter Züchtern und Rüdenhaltern, Hündin und Rüde 2mal im Abstand von 2 Tagen zusammenzuführen. Muss aus dem Verhalten der Hündin und den ganzen Deckumständen vermutet werden, das erste Mal sei zu früh gewesen, kann nach zwei weiteren Tagen noch ein drittes Mal gedeckt werden. Die Angst, es gebe dann ungleich alte Welpen, ist unbegründet. Die Follikelsprünge finden innerhalb von wenigen Stunden statt und ebenso die Eireifung. Im Prinzip genügt ein einziger Deckakt. Geschieht er zum richtigen Zeitpunkt, ist der Wurf ebenso gross wie bei mehrmaligem Belegen. Gar keine Vorteile bringt es, wenn man eine Hündin in kurzen Abständen, also innerhalb von Stunden oder am gleichen Tag, mehr als einmal mit dem Rüden vereinigt.

Ein Rüde gibt pro Ejakulation schätzungsweise 300 bis 600 Millionen Spermien ab, scheinbar eine gewaltige Verschwendung der Natur, wenn man bedenkt, dass höchstens zwischen 10 bis 20 Eizellen zu befruchten sind. Aus den Erfahrungen mit künstlicher Besamung geht aber hervor, dass für eine normale Befruchtungschance um 100 Millionen Spermien notwendig sind. Eine Hündin steht in der Regel 4 bis 7 Tage lang. Ob es zur Befruchtung kommt – vorausgesetzt, die Hündin hat eine normale Ovulation – hängt weniger davon ab, dass man den Zeitpunkt auf Stunden oder den Tag genau trifft, sondern davon, wie lebensfähig die Spermien des Rüden und wie günstig die Schleimhäute und deren Absonderungen in Vagina und Uterus der Hündin sind. Punkto Vitalität und Widerstandsfähigkeit der Samenfäden bestehen grosse Unterschiede, teilweise von Rüde zu Rüde. Doch kann auch ein Rüde, der seine Fruchtbarkeit bereits bewiesen hat, durch Krankheiten beeinträchtigt werden, so dass seine Spermien plötzlich nur noch wenig lebensfähig sind und nach dem Ausstossen sehr schnell absterben oder überhaupt nicht mehr befruchten können. Eine wichtige Rolle spielt auch das Scheiden- und Uterussekret der Hündin. Es kann für die Samenfäden sehr günstig sein, so dass sie darin tagelang überleben, es kann aber auch ganz ungünstig sein und auch die vitalsten Spermien innerhalb von kurzer Zeit zum Absterben bringen. Bleibt eine Hündin leer, obwohl der Deckakt zum richtigen Zeitpunkt stattgefunden hat, lohnt es sich immer, ihr Scheidensekret bei Beginn der nächsten Hitze von einem erfahrenen Tierarzt untersuchen zu lassen.

Glaubt man, der richtige Zeitpunkt für die Paarung sei herbeigekommen, kann dies mit einem Rüden aus der Nachbarschaft noch getestet werden. Dies empfiehlt sich vor allem dann, wenn der gewählte Deckrüde sehr weit entfernt steht und man mit einer langen Fahrt und vielleicht sogar mit Übernachtungen rechnen muss. Ist der «Proberüde» interessiert, nicht nur am Spiel, sondern will er die Hündin auch besteigen und macht diese Anstalten, dies zu dulden, indem sie ihm die Hinterseite präsentiert und die Rute zur Seite nimmt, dann ist sie paarungsbereit. Lässt sie ihn aber nicht wirklich an sich herankommen, sondern schnappt, sobald er «Ernst machen will», kann es noch 1 bis 2 Tage zu früh sein, vorausgesetzt, es ist nicht eine Hündin, die einen Rüden überhaupt nie an sich heranlässt. Selbstverständlich kann ein solcher Versuch nur mit angeleinten Tieren und unter strengster Überwachung stattfinden, sonst ist plötzlich eine Hochzeit im Gange, die gar nicht zur Freude des Züchters gereicht.

Ist mit dem Rüdenhalter der Zeitpunkt vereinbart (selbstverständlich hat man die Paarung vorher besprochen und dem Rüdenhalter auch mitgeteilt, als die Hündin läufig wurde), muss die Hündin vorbereitet werden. Zur Zeit der Läufigkeit ist sie häufig abgehaart, so dass sich ein Zurückschneiden der «Hosen» meistens erübrigt. Hat eine Hündin um die Scham herum aber noch einen dichten Haarwald stehen, in dem sich das Glied des Rüden verfangen kann, ist es empfehlenswert, diese Haare rund um die Scham wegzuschneiden. Selbstverständlich wird nur ein sauberes Tier zum Rüden gebracht. Die Hündin sollte ein gutes, fest anliegendes Halsband tragen, woran sie notfalls festgehalten werden kann. Ketten- und Würgehalsbänder sind dazu ungeeignet. Auf dem Weg zum Rüden muss sie unbedingt noch Auslauf bekommen, damit sie sich bewegen und versäubern kann. Ist man beim Haus, wo der Rüde wohnt, angekommen, lohnt es sich, sie erst ausgiebig Witterung nehmen zu lassen. Man gewähre ihr Zeit, die Umgebung abzuschnuppern. Der Geruch ihres Partners in der Luft und am Boden macht sie mit ihm vertraut und regt sie an, bevor sie ihn noch zu Gesicht bekommt, und das kann die Paarung sehr erleichtern. Viele Hündinnen beginnen aufgeregt zu fiepen, sobald sie den Wohnbereich des Rüden mit der Nase untersuchen können und zeigen damit an, dass sie darauf brennen, ihm zu begegnen.

Es ist anzunehmen und auch zu erwarten, dass der Rüdenhalter einen eingefriedeten Hof oder Garten hat, in dem sich die beiden Tiere zunächst in Freiheit und auf ihre Art begrüssen und kennenlernen können. Ist kein sicher umzäuntes Gehege vorhanden, darf die Hündin vorsichtshalber nicht von der Leine gelassen werden. Sie könnte sonst ausreissen und irgendeinen Dorf-Don-Juan dem Auserwählten vorziehen. Die Tiere werden sich beschnuppern und miteinander spielen. Eine freie Spiel- und Werbephase ist zur Anregung beider Partner unerlässlich. Oft wird eine zunächst unwillige Hündin nach einer Werbephase plötzlich sanft und zahm und beginnt auffordernd zu «stehen» oder gar ihrerseits aufzureiten. Der Rüde wird seine Braut belecken und, wenn der Zeitpunkt richtig ist, sie auch bald besteigen und mit ein paar Stössen sein Glied in die Vagina einführen. Ist er nicht richtig interessiert, sondern spielt nur ein bisschen herum, ist meist der Zeitpunkt falsch gewählt. Erfahrene Zuchtrüden kennen die richtigen Tage mit unfehlbarer Sicherheit und besteigen keine Hündin, die noch nicht ganz bereit oder bei der es schon zu spät ist.

Wünschenswert ist immer eine natürliche Vereinigung ohne menschliche Beihilfe. Doch leider ist es nicht immer so, dass sich Rüde und Hündin ohne Unterstützung vereinigen. Mindestens bei der Hälfte aller Paarungen muss mehr oder weniger nachgeholfen werden, wenn man die Tiere nicht tagelang beisammen lassen will bis es gelingt. Die meisten Rüdenhalter weigern sich, so etwas mitzumachen, weil sich ein Rüde mit immer neuen Deckversuchen völlig verausgaben kann. Bei warmem Wetter ist das nicht immer ungefährlich (Hitzschlag!).

Sieht man nach einer gewissen Zeit des Jagens und Spielens und der vergeblichen Aufreitversuche, dass die Vereinigung nicht gelingen will, wird die Hündin herbeigeholt und unter gutem Zureden am Halsband festgehalten, indem man ihr leicht den Kopf nach unten drückt. Der Rüde kann sie so mit mehr Ruhe und Sicherheit besteigen und umklammern, ohne dass sie ihm immer ausweicht. Je nachdem muss die Bodenbeschaffenheit beachtet werden. Kleine Hündinnen sollten bei einem grossen Rüden u. U. etwas erhöht, grosse Hündinnen tiefer gestellt werden. Einige Rüden werden zum Springen animiert, wenn dies immer an der gleichen Stelle geschieht. Wenn der Rüde steigt, ist die Hündin gut zu fixieren, indem man sie an Halsband und Brust festhält. Es hat sich auch bewährt, in dem Moment, wo man glaubt, dass es klappen könnte, sie leicht nach hinten, dem Rüden zuzuschieben. So kann sie sich nicht im entscheidenden Augenblick entziehen. Hat der Rüde sie «erwischt», d.h. sein Glied in die Vagina eingeführt, erkennt man dies an seinem Nachfassen mit den Vorderpfoten und an einem charakteristischen Trippeln mit den Hinterläufen. Mit kräftigen, von aussen nicht unbedingt erkennbaren Stössen werden jetzt Samenflüssigkeit und Sperma tief hinein in die Vagina der Hündin entladen. Nach 1 bis 2 Minuten ermattet der Rüde und versucht nun meist auch, von der Hündin herunterzukommen. Man hilft ihm dabei, indem man den einen Hinterlauf über den Rücken der Hündin hebt, so dass sie nun Hinterseite an Hinterseite stehen. Das Glied des Rüden ist noch geschwollen und wird von einem Ringmuskel in der Vagina der Hündin fest umschlossen. Die Tiere können sich zunächst nicht mehr trennen. Sie «hängen». Das Hängen dauert bei Bernern in der Regel zwischen 15 und 25 Minuten, kann aber auch von kürzerer oder noch längerer Dauer sein. Wie lange es geht, bis die Tiere freikommen, hängt von der Stärke der Umklammerung durch die Hündin ab, weniger vom Schwellungsgrad des Penis. Auch dann, wenn die Tiere nicht oder nur kurz gehangen haben, kann eine Befruchtung zustande kommen, denn das Sperma wird schon kurz nach dem Eindringen des Rüden in die Hündin ausgestossen.

Beim Aufsteigen und Eindringen gibt der Rüde etwas Vorsekret ab. Ist er richtig eingedrungen, werden kurz vor dem Absteigen 1 bis 3,5 cm^3 konzentrierte Samenflüssigkeit ausgestossen. Während des Hängens folgen 10 bis 20 cm^3 Nachsekret (Prostatasekret). Dieses verdünnt die dichte Samenflüssigkeit, hilft sie verteilen und erleichtert den Spermien die Fortbewegung. Regelmässige Kontraktionen der inneren Geschlechtsorgane der Hündin tragen gleichzeitig dazu bei, die Samenfäden in die Eileiter zu transportieren. Wenn kein Hängen zustande kommt (z.B. bei künstlicher Besamung), fällt die Stimulation für diese Kontraktionen weg.

Aufforderndes Spiel gehört zum Paarungsverhalten.

Die Hündin steht.

Sie lässt sich besteigen. Dieser Rüde steigt seitlich auf, wird sich aber bald in die richtige Position drehen.

Nie darf man versuchen, die Tiere irgendwie gewaltsam oder vorzeitig zu trennen. Beide können dadurch verletzt werden. Wenn sich der Rüde abgedreht hat und die Tiere hängen, werden sie beide von ihren Besitzern festgehalten, damit keines einen Losreissversuch machen kann. Haben sie sich dann voneinander gelöst, werden sich meist beide zunächst belecken und ihre Geschlechtsteile wieder «in Ordnung bringen» und hinterher noch etwas miteinander spielen wollen, was man ihnen nicht verweigern soll. Beim Rüden ist darauf zu achten, dass er sich nicht niederlegt, bevor sein Glied wieder vollständig in die schützende Haut zurückgezogen ist. Legt er sich mit noch ausgestossenem Glied auf den Boden, können Sand und Schmutz daran kleben bleiben und zu Irritationen oder gar zu Infektionen führen.

Einige Züchter sind der Ansicht, dass die Hündin nach dem Deckakt unbedingt ruhig gehalten werden sollte, damit der Samen nicht wieder «verlorengeht». Dies hat aber keinen Sinn. Bis die Tiere sich trennen, sind längst Hunderttausende von Samenzellen durch den Muttermund in den Uterus eingedrungen und zu den Eileitern hochgewandert, so dass eine Befruchtung nicht in Frage gestellt werden muss. Bewegung trägt eher dazu bei, dass möglichst viele Samenfäden den langen Weg durch die Uterushörner hinauf an ihren Bestimmungsort schaffen, als wenn die Hündin gleich ins Auto oder in den Zwinger gebracht wird. Sie wird dort entweder sitzen und ihrem Geliebten nachschauen oder sich aber daran machen, die Autopolster aufzureissen, auch wenn sie dies sonst nie getan hat. Am besten lässt man die Tiere, nachdem sie sich getrennt haben, noch ein Weilchen miteinander spielen, wie sie das meistens auch wünschen, oder die Braut wird auf einen Spaziergang geführt, bis sie sich beruhigt hat.

Da es sehr viele Berner Sennenhündinnen gibt, die sich nicht ohne grosse oder kleine Probleme paaren lassen, wird immer wieder die Frage gestellt, wie weit man in das Geschehen eingreifen soll. Dies ist eine Frage des Fingerspitzengefühls und der genauen Beobachtung, wobei Rüde und Hündin gleicherweise beachtet werden müssen. Tatsächlich gibt es Hündinnen, die ohne Mithilfe durch den Menschen, wie Festhalten oder in Ausnahmefällen sogar Anziehen eines Beisskorbes, nie zur Paarung stehen würden. Es gibt auch ungeschickte Rüden, denen man die Hündin präsentieren muss. Von eigentlichen Vergewaltigungen ist aber ganz abzuraten. Gelingt es nicht, mit den oben genannten Hilfsgriffen die Paarung herbeizuführen, ist zunächst der Versuch mit einem anderen Rüden zu machen. Kommt es auch da nicht zum Erfolg, ist unbedingt ein Tierarzt zu konsultieren. Gewaltsam erzwungene Deckakte können eine Hündin so mit Schreck und Panik erfüllen, dass sie zeitlebens nicht mehr ohne grosse Probleme zu decken sein wird. Immer muss man auch daran denken, dass eine Hündin aus uns unbekannten Gründen gerade bei dieser Hitze die Paarung verweigert, weil etwas nicht stimmt. Es gibt auch Weibchen, die aus für den Menschen nicht erkennbaren Gründen ganz bestimmte Rüden ablehnen. Dieses Recht auf Verweigerung sollte man ihnen zugestehen. Sehr häufig sind sie dann bei ihrer nächsten Hitze in ganz anderer Verfassung, und die Vereinigung glückt ohne grosse Probleme.

Was bis dahin beschrieben worden ist, betrifft den normalen Paarungsverlauf, wie er im Idealfall vorkommt. Er gibt dem Züchter und Rüdenhalter keine besonderen Probleme auf. Beide können sich einfach an einem fein von der Natur geplanten

Geschehen erfreuen. Doch leider sind diese idealen, problemlosen Paarungen nicht immer die Regel. Alle Arten von Deckproblemen stellen sich auch beim Berner Sennenhund häufig und müssen von Züchter und Rüdenhalter mit Können und Feingefühl überwunden werden. Einige der häufigsten seien hier genannt.

Besonderheiten und Deckschwierigkeiten

Bei vielen Hündinnen bereitet es schon einige Mühe, den richtigen Zeitpunkt genau zu bestimmen. Deckakte zur unrichtigen Zeit sind denn auch die häufigste Ursache für das Leerbleiben. Es gibt Hündinnen, bei denen schwillt die Scham nicht ab, obwohl das Sekret längst hellrot geworden ist, andere bluten auch während der Brunst noch dunkelrot, wieder andere nehmen nie die Rute in charakteristischer Weise zur Seite oder beissen den Rüden auch dann noch ab, wenn sie offensichtlich deckreif sind. Wenn es schwierig ist, den Zeitpunkt sicher zu bestimmen, ist unbedingt der Gang zu einem in diesen Fragen bewanderten Kleintierarzt zu empfehlen. Dieser kann der Hündin etwas Scheidensekret entnehmen und durch eine mikroskopische Untersuchung der ausgeschiedenen Oberflächenzellen meist recht genau feststellen, ob die Hündin noch in der Vorbrunst, in den günstigen Tagen der Hochbrunst oder schon in der Nachbrunst steht. Ein solcher Abstrich sollte mindestens zweimal im Abstand von 1 bis 3 Tagen, oft auch mehrere Male, vorgenommen werden, damit die jeweilige Entwicklung der Dinge verfolgt werden kann. Der Züchter melde sich also rechtzeitig dafür an.

Falls der erwählte Zuchtrüde in weiter Entfernung wohnt, ist das Feststellen des günstigen Zeitpunktes durch einen Scheidenabstrich dringend zu empfehlen. Natürlich müssen auch alle anderen Anzeichen mit beobachtet werden. So manche Hündin schien schon anzuzeigen, es sei Zeit, die eigentliche Deckbereitschaft trat dann aber erst eine Woche später ein.

Dass mit anderen Rüden ein Versuch gemacht werden kann, wurde schon erwähnt. Wenn sich die Rüden nicht ernsthaft für die Hündin interessieren, ist sie ganz sicher noch nicht oder nicht mehr «soweit». Hat man nicht die Möglichkeit oder ist man nicht gewillt, die tierärztliche Untersuchung vornehmen zu lassen, und wohnt der Deckrüde in der Nähe, kann man eine solche Hündin auch über mehrere Tage hinweg täglich zu ihm bringen, bis bei beiden Tieren offensichtliche Paarungswilligkeit eintritt. Erfahrene sehen oft schon in den ersten 10 Minuten, ob es «etwas wird» oder ob es noch nicht klappen will. Wenn der Rüde nur etwas an der Hündin herumschnuppert und mit ihr spielt, ist es sicher noch zu früh, auch wenn sie ihn zur Paarung einzuladen scheint.

Die Erstlingshündin

Viele Hündinnen, die noch keinen Deckakt erlebt haben, machen alle Arten von Schwierigkeiten. Abgesehen davon, dass es bei ihnen oft besonders kompliziert ist, die

Vaginalabstriche der läufigen Hündin unter dem Mikroskop

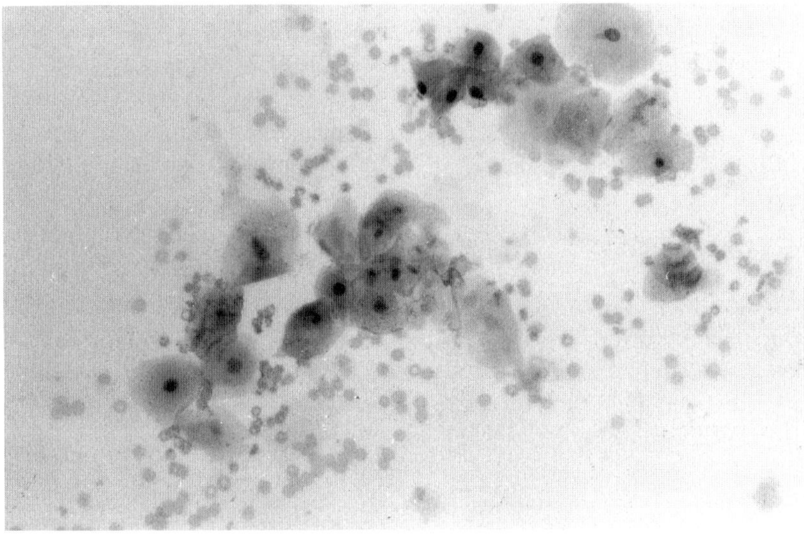

Vorbrunst (erste Phase der Läufigkeit)
- *Zahlreiche rote Blutzellen (kleine, blasse, runde Partikel)*
- *Schleimhautzellen uneinheitlich (Grösse, Form, Färbbarkeit): kleine, rundlich-längliche, grosse blaue, vieleckige orange-rote (verhornte) Zwischenformen*
- *Zellkerne sehr klein (beachten: Verhältnis Zelle/Kern).*

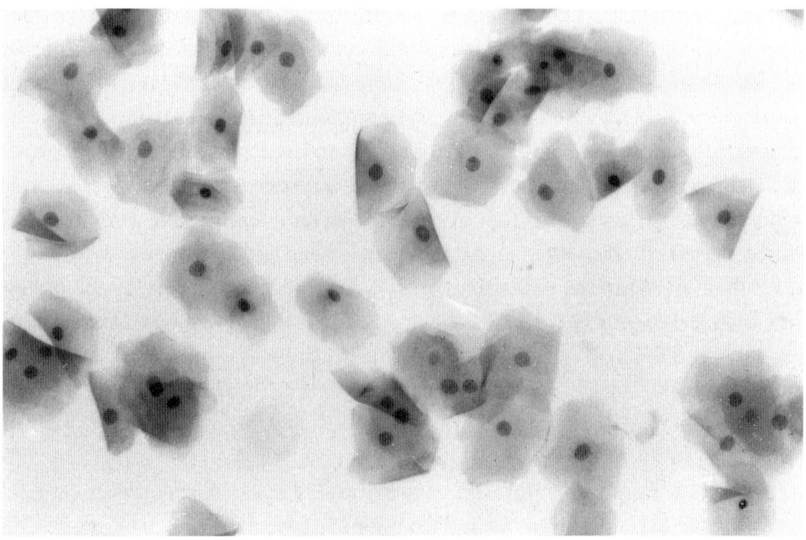

Hochbrunst (Paarung möglich)
- *Sehr einheitliches Bild: grosse, verhornte (orange-rote) Schleimhautzellen, z. T. gefaltet*
- *Zellkerne allgemein klein, aber uneinheitlich (können auch fehlen).*

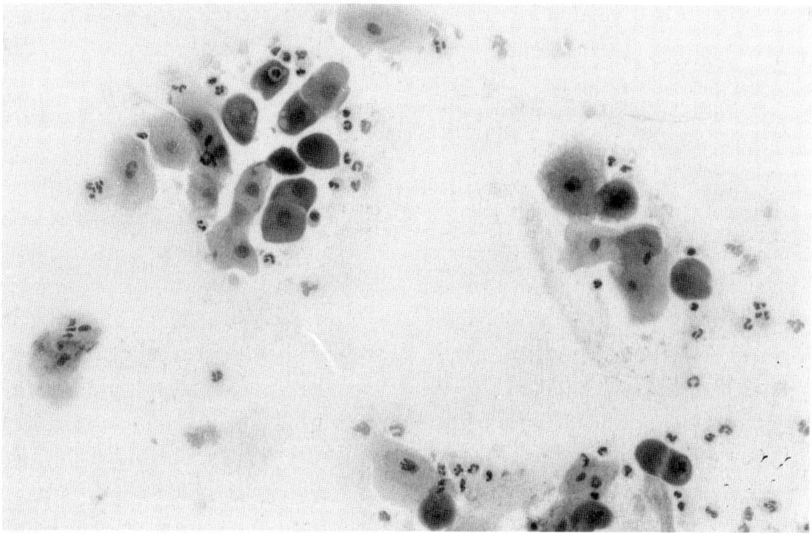

Nachbrunst (unmittelbar nach der Hochbrunst)
- *Viele weisse Blutzellen (sog. «segmentkernige»; z. T. in Schleimhautzellen)*
- *Neben einzelnen verhornten, mehrheitlich abgerundete kleine runde Schleimhautzellen mit verhältnismässig grossen Kernen.*

Deckreife eindeutig festzustellen, kommt es nicht selten vor, dass sie überhaupt nicht stehen wollen. Sie jagen dem Rüden davon, setzen sich hin, lassen sich nur schwer festhalten, beissen den Rüden ab und weigern sich einfach, das zu tun, was die Menschen von ihnen erwarten. Selbstverständlich ist es in solchen Fällen besonders wichtig, dass der richtige Zeitpunkt genau erfasst ist. Schmerzen bei der ersten Kopulation, weil man zu früh etwas erzwingen wollte, können lebenslange weitere Deckschwierigkeiten heraufbeschwören. Für solche Hündinnen wird dringend empfohlen, einen feurigen und geübten Deckrüden zu wählen. Zwei junge, unerfahrene Tiere lange herumprobieren zu lassen, führt nur zur Ungeduld bei den Menschen und zur Verschüchterung der Tiere. Ein erfahrener Rüde hingegen wird die Widerstrebende fast immer zu nehmen wissen, auch wenn sie nur leicht am Halsband festgehalten wird. Ist dieses erste Mal gelungen, verlaufen die weiteren Paarungen meist problemlos.

Die Hündin steht nicht oder beisst den Rüden ab

Es gibt tatsächlich Hündinnen, die nie richtig stehen oder auch während der Hochbrunst nach dem Rüden schnappen, d. h. ihn abbeissen. Einige tun es nur beim ersten Mal, andere legen dieses Verhalten zeitlebens nicht ab. Einer Hündin, die beisst, muss unbedingt ein Beisskorb angezogen oder die Schnauze mit einem Band zugebunden werden. Nur festhalten, damit sie nicht beissen kann, ist meist gefährlich, da sich solche Tiere oft unheimlich winden können und wild um sich schnappen, so dass auch die Helfer gefährdet sind. Viele Rüden lassen sich von einer schnappenden Hündin einschüchtern und decken sie dann auch nicht mehr, deshalb ist es wichtig, dass die Dame daran gehindert wird. Viele lassen sich dann willig belegen, wenn ihnen diese Waffe nicht mehr zur Verfügung steht.

Andere Hündinnen beissen zwar nicht, drehen sich aber weg, setzen sich hin oder werfen sich auf den Rücken, wenn der Rüde sie besteigen will. Solche werden von ihrem Besitzer mit beiden Händen am Halsband festgehalten, so dass sie nicht mehr ausweichen können. Der Rüdenhalter oder eine weitere Hilfsperson schiebt ihnen das aufgestützte Knie unter den Bauch oder hebt ihre Hinterseite mit einer Handfläche hoch und animiert den Rüden gleichzeitig zum Springen. Geschickte Helfer verstehen es, mit der zwischen den Hinterbeinen aufgestützten Hand die Schamöffnung gleichzeitig dem suchenden Glied des Rüden entgegen zu führen. All das soll sanft, betont ruhig und mit gutem beruhigendem Zureden geschehen. Es darf nicht in eine Vergewaltigung ausarten, sondern soll zwei ungeschickten Tieren helfen, sich zu vereinigen. Leider sind solche direkten Hilfen manchmal unumgänglich, wenn es zur Paarung kommen soll.

Die Hündin fordert den Rüden zum Aufsteigen auf, hält aber nicht stand

Recht häufig sind auch die Hündinnen, die zwar den Rüden mit allen Mitteln ihrer Verführungskunst und eindeutigem Stehen zum Aufsteigen animieren, dann aber wegspringen oder gar schreien, wenn er sein Glied einführen will. Die Kopulation scheint ihnen Schmerzen zu bereiten. In den allermeisten Fällen erfolgt der Paarungsversuch einfach noch ein und zwei Tage zu früh. Die Scham ist innerlich noch hart und geschwollen und der Durchgang zu eng, so dass das Eindringen des Glieds für die Hündin wirklich schmerzhaft ist. Keinesfalls darf in solchen Fällen der Deckakt erzwungen werden. Man versuche es 1 bis 3 Tage später nochmals, meistens besteht dann diese Schwierigkeit nicht mehr, und alles geht glatt. Selten kommt es vor, dass Verwachsungen oder ein überstarkes Häutchen (Hymen) den Scheideneingang versperren. Manche Hündin ist auch einfach verspannt, weil sie Angst vor dem Ungewohnten hat. Wenn Besitzer oder Rüdenhalter eine starke Erwartungshaltung ausdrücken oder gar ungeduldig werden, spürt sie das, und Angst und Verkrampfung werden verstärkt. Verweigern Hündinnen das Eindringenlassen des Gliedes über mehrere Tage, müssen sie unbedingt einem Tierarzt vorgestellt werden. Er kann durch eine genaue Untersuchung feststellen, was die Ursache der Schmerzen ist. Oft genügt eine fachmännische Weitung des Scheideneingangs, manchmal ist ein kleiner Eingriff nötig. Unter gar keinen Umständen darf eine solche Hündin vergewaltigt werden. Im besten Fall bekommt das arme Tier eine solche Panik vor dem Gedecktwerden, dass man von nun an immer Deckschwierigkeiten mit ihm hat. Im schlimmsten Fall kann die Hündin ernsthaft verletzt werden.

Wenn der Rüde nicht will

In den allermeisten Fällen zeigt ein Rüde durch sein Desinteresse oder nur halbherzige Deckversuche an, dass der Zeitpunkt nicht der richtige ist. Hie und da kommt es aber auch vor, dass ein Rüde eine Hündin nicht mag oder dass er unpässlich ist. (Eine Hündin, die stark nach Schweinestall roch, wurde kürzlich gleich von mehreren Rüden abgelehnt.) Stark beanspruchte Deckrüden können von sich aus zeitweise das Interesse an weiteren Hündinnen verlieren. Sie können aber auch durch eine vom Besitzer nicht bemerkte Krankheit beeinträchtigt sein und plötzlich nicht mehr dekken wollen. Daneben gibt es auch solche, die überhaupt eher deckfaul sind und immer wieder die Annahme von Hündinnen verweigern. Wenn ein Rüde nicht will, ist meistens überhaupt nichts zu machen. Da helfen weder Zureden noch Abwarten. In allen Fällen, wo der Halter der Hündin begründet zum Schluss kommt, es liege am Rüden und nicht an seiner Hündin, bleibt ihm nichts anderes übrig, als unverzüglich einen Ersatzrüden aufzusuchen und dort sein Glück zu versuchen.

Weigern sich aber zwei oder mehr Rüden, eine Hündin zu decken, liegt es ganz bestimmt an dieser und nicht an den Rüden.

Stille und verschobene Hitzen

Auch bei an sich guten Zuchthündinnen kann es passieren, dass eine Hitze nicht normal verläuft. Häufig kommt es vor, dass die Hündin zwar läufig wird, jedoch die ausgeprägten Anzeichen der Vorbrunst und Brunst nicht aufweist. Alles verläuft irgendwie zu schwach, und in solchen Fällen interessieren sich die Rüden auch nicht. Dies geht meistens auf eine hormonelle Störung zurück. Oft ist die Ursache nicht zu ermitteln. Solche Hitzen müssen einfach übersprungen werden. Viele Züchter fassen sie als natürliche Pause auf. Darauffolgende Läufigkeiten verlaufen fast immer wieder normal.

Anders ist es bei den verschobenen Hitzen. Die Hündin zeigt alle Anzeichen der Vorbrunst und Brunst, doch gerade, wenn der Züchter glaubt, nun sei die fruchtbare Zeit herangekommen, oft nach 10 bis 12 Tagen der Blutung, ist plötzlich alles vorbei, als wäre die Hündin nie hitzig gewesen. 2 bis 3 Wochen danach setzt der ganze Zyklus wieder von vorne ein, und diesmal verläuft auch alles normal, so dass die Hündin gedeckt werden kann und Junge zur Welt bringt. Man vermutet, dass in solchen Fällen zweimal eine Follikelreifung stattfindet, dass die erste aber unvollständig ist und erst das zweite Mal das ganze Brunstgeschehen richtig in Gang kommt.

Vergewaltigung oder künstliche Besamung (KB)?

Hier und da kommt es vor, dass ein Deckakt bei einer Hündin allen Bemühungen zum Trotz einfach nicht gelingen will. Es gibt tatsächlich Berner Sennenhündinnen, die sich einer Paarung dauernd und erfolgreich widersetzen. Wenn nur ein oder zwei Hitzen deswegen übersprungen werden müssen, weil man berechtigte Hoffnung haben kann, dass es das nächste Mal gelingt, ist das weiter nicht schlimm. Besteht aber keine Aussicht auf eine natürliche Vereinigung und hält man die Hündin für wertvoll genug, von ihr Nachzucht zu erhalten, ist die künstliche Besamung einer Vergewaltigung immer vorzuziehen. Die Hündin ist vielleicht aus einer unbestimmten Angst so verkrampft, dass eine Vergewaltigung eine reine Tierquälerei wäre. Die künstliche Besamung ist für sie schmerzlos und in jeder Hinsicht schonender und aussichtsreicher als Gewaltanwendung. Ausserdem wird sie dabei gründlich auf allfällige Störungen untersucht, so dass man vielleicht den Grund ihrer Verweigerung herausfinden kann. KB ist auch dann angezeigt, wenn ein Rüde, von dem man unbedingt Junge haben möchte, aus irgendeinem Grunde nicht deckt oder decken kann. Wenn sein Sperma in Ordnung ist, was vor einer KB immer untersucht wird, kann es auf diese Art doch zu Nachzucht kommen. Allerdings ist immer genau zu prüfen, ob es sich um eine vorübergehende Störung oder grundsätzlich um mangelnde Deckfreudigkeit handelt. Ist es das letztere, überlege man gut, ob man von einem solchen Rüden überhaupt Nachkommen haben will. Die männliche Geschlechtskraft (Virilität) oder in diesem Fall ihr Fehlen kann sich vererben, und die Söhne können dann genau die gleiche Störung haben, wenn man sie als Zuchtrüden einsetzen will.

Paarungsverweigerungen bei Hündinnen beruhen häufig auf einer psychischen Blockierung, weil das Umfeld für sie nicht stimmt. Die Gefahr einer Vererbung auf die Töchter ist dort viel weniger gross, so dass eine KB eher angezeigt ist, wenn die Störung von der Hündin ausgeht, als wenn ein Rüde grundsätzlich deckschwach ist.

Da die KB beim Hund etwas schwieriger ist als bei Rindern, muss man sich vorher erkundigen, ob ein Tierarzt dafür eingerichtet ist. Die grossen Tierkliniken der Städte führen sie auf jeden Fall durch. Wenn man die Hündin noch zum richtigen Zeitpunkt besamen kann, sind die Erfolgsaussichten recht gut. Oft ist dann nach einem gelungenen Wurf die Hündin auch bereit, sich das nächste Mal auf natürliche Weise decken zu lassen.

Die künstliche Besamung (KB)

Sie wird bei Hunden nur dann angewendet, wenn es aus irgendeinem Grunde nicht zu einem natürlichen Deckakt kommen kann. Sei es, dass sich eine Hündin erfolgreich verweigert, sei es, dass der Rüde nicht decken kann oder dass die Tiere infolge grosser Distanzen gar nicht zusammengebracht werden können. Da die KB bei Hunden schwieriger ist als bei anderen Nutztieren und verhältnismässig oft der Erfolg ausbleibt, ohne dass man die genauen Gründe ermitteln kann, ist sie als Notbehelf zu werten, der nur dann eingesetzt werden sollte, wenn eine bestimmte Paarung aus züchterischen Gründen unbedingt wünschbar ist. Bei Rüden sollte eine erste Paarung unbedingt auf natürlichem Wege stattfinden. Es besteht sonst die Gefahr einer Prägung und Fixierung auf den Menschen, so dass der Rüde das Interesse am natürlichen Deckakt verliert. Bei bereits erfahrenen Tieren besteht keine solche Gefahr.

Eine künstliche Besamung von Hunden mit Frischsperma kann heute von vielen geübten Kleintierärzten in deren Praxis vorgenommen werden. Scheint sie als Mittel der Wahl angezeigt, werden Rüde und Hündin zusammen in die Praxis gebracht. Der Tierarzt wird nun die Hündin zuerst genau untersuchen und mittels einer Scheidenuntersuchung und eines Abstrichs feststellen, ob der Zeitpunkt für die Befruchtung wirklich günstig ist, was bei einer KB besonders wichtig ist. Erscheint der Zeitpunkt richtig, werden beide Tiere zusammengebracht, weil sich der Rüde an der läufigen Hündin erregt und die Gewinnung seines Ejakulats dadurch erleichtert wird. Durch eine stimulierende Massage des Penis von Hand wird er zur Abgabe veranlasst. Die ausgestossene Flüssigkeit – Vorsekret, eigentliche Samenflüssigkeit (Ejakulat) und das Nachsekret – wird in verschiedenen Gläsern aufgefangen und das Ejakulat nun zunächst unter dem Mikroskop untersucht. Anzahl, Form, Lebhaftigkeit und Lebensdauer der Samenfäden geben Auskunft darüber, wie gesund und wie aussichtsreich das gewonnene Ejakulat für eine Befruchtung ist. Sind nur wenige Spermien vorhanden, kommen viele entartete vor oder bewegen sie sich nur träge in der Flüssigkeit, verspricht eine KB wenig Aussicht auf Erfolg und wird daher besser mit einem anderen Rüden versucht. Leider wurden gerade bei Berner Sennenhunden anlässlich von KB-Untersuchungen schon eine ganze Anzahl von Rüden entdeckt, deren Fruchtbarkeit stark reduziert war. Sie sind aus der Zucht ausgeschieden.

Erweist sich das Sperma als gut, wird die Hündin meist auf einen Tisch gestellt und das Ejakulat durch ein Röhrchen oder einen Schlauch möglichst tief in die Scheide eingeführt. Hie und da gelingt es, durch den während der Läufigkeit leicht geöffneten Muttermund direkt in die Gebärmutter zu gelangen. Häufig ist dies nicht möglich. So wird versucht, das Ejakulat möglichst dicht vor den Muttermund zu bringen. Diese Einführung ist, wenn sie richtig gemacht wird und die Hündin ruhig steht, für diese schmerzlos. Eine Schwierigkeit der KB bei Hunden besteht darin, dass die rhythmischen Eigenbewegungen der Scheide und des Uterus, die bei einem natürlichen Deckakt mithelfen, das Sperma in die Eileiter zu transportieren, bei einer künstlichen Besamung stark reduziert sind oder ausbleiben. Indem man die Hündin nach der Einführung des Ejakulats an den Hinterbeinen hochhebt, so dass sie nur noch auf den Vorderläufen steht, und dazu während 10 bis 15 Minuten die Scham massiert, wird versucht, dieses Manko auszugleichen. Gleich anschliessend muss sie während 20 bis 30 Minuten ausgiebig bewegt werden. Auch das ist ein Hilfsmittel, um dem Transport des Spermas zu den reifen Eizellen nachzuhelfen. Üblicherweise wird eine KB nach 1 bis 3 Tagen ein zweites Mal durchgeführt, manchmal auch noch ein drittes Mal.

Unmittelbar anschliessend kann, wie auch beim natürlichen Deckakt, nicht gesagt werden, ob eine KB erfolgreich war oder nicht. Dies zeigt sich erst nach 5 bis 6 Wochen, wenn sich die ersten sicheren Anzeichen der Trächtigkeit einstellen oder aber ausbleiben. Eine KB bei Hunden hängt nicht wenig von Geschicklichkeit und Erfahrung des Tierarztes ab. Ausser dass der richtige Zeitpunkt der Hündin genauer zu bestimmen ist als bei einer natürlichen Paarung und die Spermaqualität sehr gut sein muss, hängt ihr Erfolg auch davon ab, ob es gelingt, die Samenflüssigkeit möglichst nahe am Muttermund oder gar in der Gebärmutter selbst zu deponieren. Rechnet man ein, dass es sich bei KB fast immer um Problemfälle handelt, sind die Erfolgsaussichten trotzdem recht gut geworden. Sie liegen heute bei etwa 50 bis 75%.

Die KB mit frischem Sperma direkt von Hund zu Hund ist in der Praxis der Hundezucht schon zu einem üblichen Verfahren herangereift. Schwieriger wird es, wenn mit eingefrorenem Samen gearbeitet werden soll. Hunde sind in allem, was die Fortpflanzung betrifft, wesentlich komplizierter als etwa Rinder. Zwar lässt sich ihr Sperma ebenfalls einfrieren, doch ist die Befruchtungsfähigkeit nach dem Auftauen bei vielen Ejakulaten herabgesetzt. Nicht jede Samenqualität, die bei der natürlichen Paarung durchaus für die Erzeugung normal grosser Würfe genügt, reicht aus, dass auch nach dem Gefrierprozess noch Eizellen der Hündin befruchtet werden. Dazu kommt die Schwierigkeit, dass es offenbar nicht genügt, wenn solches Sperma nur in die Vagina der Hündin eingeführt wird. Man müsste es direkt in die Gebärmutter oder gar in die Eileiter verbringen können, um ein gutes Resultat zu haben, was ohne Operation nicht möglich ist. Deshalb sind die Erfolge mit künstlicher Befruchtung durch gefrorenes Sperma immer noch relativ bescheiden, einige geben sie mit 30 bis 50% an, andere nur mit 10 bis 20% der Versuche. Es gibt zwar bereits Samenbanken mit Sperma noch lebender oder bereits toter Rüden, dies vor allem in Amerika, doch hat sich in der Praxis diese Art der Zucht infolge der damit verbundenen Schwierigkeiten noch nicht durchsetzen können. Die Möglichkeit, durch den Transport von gefrorenem Sperma auch Befruchtungen über Landesgrenzen und Kontinente hinweg vornehmen zu können, ist gegenwärtig immer noch mehr Wunschtraum als Wirklichkeit, obschon in verschiedenen Ländern ständig an der Verbesserung der Technik gearbeitet wird.

Wenn die Hündin leer bleibt

Immer wieder kommt es vor, dass eine Hündin trotz normalem Deckakt leer bleibt. Die Ursachen liegen in solchen Fällen entweder beim Rüden oder bei ihr. Häufigster Grund ist ein falsch gewählter Deckzeitpunkt.

Als zweiter Grund kommt eine hormonelle Störung in Frage. Es hat kein Eisprung stattgefunden oder der Verlauf war gestört, so dass keine befruchtungsfähigen Eizellen vorhanden waren. Wie bei allen Säugetieren können auch eine Missbildung, eine Verwachsung der Eileiter, eine Erkrankung, ein Geschwür in den Eierstöcken oder eine Infektion oder Vereiterung der Gebärmutter der Grund sein. Es gibt Störungen, die vorübergehend sind, so dass Hündinnen bei ihrer nächsten Hitze wieder trächtig werden, ohne dass sie speziell behandelt worden sind, es gibt aber auch andauernde. Auf jeden Fall ist eine Hündin, die mehr als einmal leer bleibt, von einem guten Kleintierarzt untersuchen zu lassen.

Recht häufig kommt es vor, dass die Bakterienflora der Scheide und der Gebärmutter aus dem Gleichgewicht geraten ist. Bei jeder Hündin ist die Scheidenschleimhaut von einer Vielzahl von Bakterien, wie verschiedenen Arten von Streptokokken und Staphylokokken, besiedelt. Sie stehen in einem subtilen Gleichgewicht. Gerät dieses

Gleichgewicht durcheinander, so dass eine Bakterienart stark überhandnimmt, wird die Uterusschleimhaut angegriffen. Die befruchteten Eizellen können sich nicht mehr einnisten und sterben ab. Häufig sind es die Beta-hämolytischen Streptokokken, die eine leichte Infektion bewirken und jede Trächtigkeit verhindern. Eine solche Störung ist von aussen nicht feststellbar. Die Hündin hat weder Fieber, noch Ausfluss noch riecht sie oder zeigt irgendwelche krankhaften Veränderungen. Die Hitze verläuft normal, und der Deckakt kann stattfinden, sie wird jedoch nicht trächtig. Werden mehrere Hündinnen zusammen gehalten, sind häufig alle gleichzeitig infiziert. Tritt bei einer Hündin unerwarteterweise keine Trächtigkeit ein, lohnt es sich daher immer, einige Wochen vor der erwarteten nächsten Hitze durch den Tierarzt einen Abstrich vornehmen zu lassen. Dieser wird zur bakteriologischen Untersuchung an ein entsprechendes Speziallabor eingeschickt. Deuten alle Anzeichen auf eine Streptokokken- oder andere Infektion, kann die Hündin mit Antibiotika erfolgreich behandelt werden. Kurz vor oder in den ersten Tagen der Hitze sollte sie nochmals untersucht und notfalls ein weiteres Mal behandelt werden.

Diese Krankheitserreger können nur dann von einem Rüden übertragen werden, wenn er sich bei einer Hündin infiziert hat und am selben Tag eine zweite belegt. Ausserhalb der für die Bakterien äusserst günstigen Umgebung im Innern der Hündin sterben sie sehr schnell ab.

Es ist bekannt, dass bei Caniden auch eine Befruchtung stattfinden und eine Trächtigkeit beginnen kann, die dann nicht zu Ende geführt wird. Bei Störungen sterben die Embryonen ab und werden während der ersten 40 Tage vollständig vom Körper der Mutter resorbiert. Bei längerer Tragzeit als 40 Tage werden sie ausgestossen. In solchen Fällen treten nach 4 bis 5 Wochen alle Anzeichen auf, dass die Hündin tragend ist, um hinterher in der 6. oder 7. Woche wieder zu verschwinden. Die genauen Gründe für diese Erscheinung sind nicht bekannt. Hat ein Züchter aber den Eindruck, dass eine Hündin zwar aufnimmt, aber die Trächtigkeit wieder abbricht, sollte er Hilfe von einem erfahrenen Kleintierarzt einholen. Möglicherweise liegt ein Hormonmangel oder eine Stoffwechselstörung vor, die medikamentös behoben werden kann.

Bleiben Hündinnen leer, kann es auch am Rüden liegen. Es gibt eine ganze Anzahl von Krankheiten, vor allem der Geschlechtsorgane, die ein männliches Tier vorübergehend oder dauernd unfruchtbar machen können. Nicht immer sind sie vom Rüdenhalter ohne weiteres erkennbar, denn einige Störungen spielen sich ohne grosse äussere Krankheitsanzeichen ab. Bekannt wurde in den letzten Jahren eine Nebenhodenstörung bei Berner Sennenhunden. Die Rüden sind bis zum 4. oder 5. Lebensjahr voll zeugungsfähig. Dann ist die Lebensfähigkeit des Spermas so gestört, dass sie praktisch unfruchtbar werden. Diese Tiere verlieren ihre Decklust nicht und verraten den Defekt in keiner Weise. Besteht der Verdacht, dass der verwendete Rüde unfruchtbar ist, sollte der Hündinnenhalter den Rüdenbesitzer unbedingt darauf aufmerksam machen. Eine Spermauntersuchung wird dann in jedem Fall Klarheit bringen und kann den Rüden u. U. auch entlasten.

Unfruchtbarkeit infolge falscher Haltung und Ernährung; Vitaminmangel

Es sollte selbstverständlich sein, dass eine Zuchthündin in bester Kondition gehalten und richtig ernährt wird. Sie muss bewegt werden, damit ihre Muskulatur straff und gut entwickelt ist, und sie muss knapp, aber gehaltvoll gefüttert werden. Gerade bei Berner Sennenhündinnen, die ja auch «etwas vorstellen sollen», ist Verfettung ein häufiger Grund für Unfruchtbarkeit. Sind Gewebe und Geschlechtsorgane durch zu viele Fettzellen belastet, verläuft der Sexualzyklus flau, eine Trächtigkeit kommt nicht zustande. Zuchthündinnen müssen zur Zeit der Läufigkeit schlank und rank sein. Das bestätigen auch die neuesten wissenschaftlichen Untersuchungen.

Ältere Hündinnen leiden oft an einem versteckten Vitaminmangel. Sie haben einen erhöhten Bedarf an den Vitaminen A und E, da ihre Fähigkeit, diese Wirkstoffe in genügender Menge aus der Nahrung aufzunehmen, mit zunehmendem Alter abnimmt. Zur Anregung der Geschlechtshormone und zum Aufbau der Schleimhäute sind diese Vitamine aber unerlässlich. Ein Mangel kann Trächtigkeit verhindern. Es ist deshalb richtig, nicht mehr ganz jungen Zuchthündinnen zusätzlich zur Nahrung etwa 3 Wochen lang vor der erwarteten Hitze ein Präparat zu geben, das die Vitamine A und E enthält. In natürlicher Form sind diese Wirkstoffe in Weizenkeimen und Weizenkeimöl wie auch in anderen Getreidekeimen enthalten. Besonders Vitamin-A-haltig sind auch Lebertran, Milch, Eigelb und Karotten. Eine entsprechend zusammengestellte Ernährung einige Zeit vor und während der Hitze kann helfen, dass es zur Befruchtung kommt. Daneben gibt es eine ganze Anzahl künstlich hergestellter Präparate, die in der Apotheke oder beim Tierarzt bezogen werden können. In der Schweiz ist ein kombiniertes Vitamin A- und E-Präparat unter dem Namen «Rovigon» in Apotheken erhältlich. Es sollte 3 Wochen lang vor, während der Hitze und dann noch eine weitere Woche gegeben werden und kann helfen, die Uterusschleimhäute für die Aufnahme der befruchteten Eizellen günstig zu beeinflussen. Vor und nach der Geburt gegeben hilft es, diese vorzubereiten und die Milchbildung zu unterstützen. Während der eigentlichen Trächtigkeit, besonders in den ersten Wochen, können aber Überdosierungen an Vitamin A gefährlich sein für die heranwachsenden Welpen und sie u. U. schädigen.

Ausser zusätzlichen Vitaminen können zur Anregung der Läufigkeit und der Fruchtbarkeit auch homöopathische Mittel eingesetzt werden. Wolff (1983) empfiehlt von den beiden Mitteln Aristolochia D 15 und Cimicifuga 3 Wochen lang vor der Hitze täglich 2mal 10 Tropfen zu geben. Beides sind ausländische Pflanzenextrakte, die den Sexualzyklus und die Fruchtbarkeit anregen sollen ebenso wie auch Pulsatilla D 30 (Küchenschelle).

Liegt eine organische Störung vor, können nur eine genaue Diagnose durch den Tierarzt und gezielte Behandlung helfen. Hausmittel dürfen nicht eingesetzt werden, um sich den nötigen Gang zum Tierarzt zu ersparen.

Umstritten und heikel sind alle Arten von Hormonbehandlungen. Hunde reagieren darauf ausserordentlich subtil, und das ganze Gebiet ist noch verhältnismässig unerforscht. Trotzem stehen dem Tierarzt Mittel zur Verfügung, die helfen können, die

Läufigkeit anzuregen und die gewünschte Trächtigkeit herbeizuführen. Man verlasse sich auf sein Urteil, erwarte aber keine Wunder. Niemals sollte man Hormonpräparate, die für andere Tierarten abgegeben wurden oder für Menschen bestimmt sind, seiner Hündin verabreichen. Der Hormonhaushalt des Hundes ist so anders aufgebaut, dass man damit eine Hündin für die Zucht völlig verderben kann.

Pflege und Erziehung des Deckrüden

Wie ein guter Deckrüde äusserlich und charakterlich beschaffen sein soll, wurde in diesem Buch bereits hinlänglich beschrieben. In der Schweiz, der BRD und in Österreich müssen alle Rüden, deren Nachkommen Abstammungsausweise erhalten sollen, vom Rasseklub zur Zucht anerkannt (angekört) sein. Das kann in der Schweiz nach den heute gültigen Zuchtbestimmungen frühestens im Alter von 15 Monaten geschehen. Eine Zuchtanerkennung und ein paar vordere Plazierungen an Ausstellungen machen aber den guten und gern eingesetzten Zuchtrüden noch lange nicht aus. Die Erfahrung zeigt, dass oft Rüden, die an Ausstellungen keine hervorstechenden Erfolge hatten, viel mehr zum Zuge kommen, als ihre besser plazierten Kollegen, einzig deshalb, weil die Züchter wissen, dass sie mit einer gedeckten Hündin heimkehren können, wenn sie dorthin fahren. Es gibt nur wenige Rüden, die als feurige Don Juans geboren werden. Die meisten lernen erst durch die Erfahrung und am Erfolg, was sie zu tun haben, wenn eine läufige Hündin in ihr Revier gebracht wird. So mancher aber, der am Anfang zaghaft und ungeschickt wirkt, wird später zum vielverwendeten Kenner, der auch die heikelsten Hundedamen zu nehmen weiss, wenn der Besitzer mit Geduld und Verständnis von Anfang an ein Umfeld schafft, in dem er positive Erfahrungen machen kann.

Der Eigentümer eines zuchtfähigen Berners, der gern einen Deckrüden aus ihm machen möchte, muss sich also für die zukünftigen Paarungen einrichten. Dazu gehören rein äusserlich ein ruhiger Platz im Freien oder ein grosser, unmöblierter, geschützter Raum. Das kann notfalls eine leere Garage, eine Tenne oder ein Stall sein. Vorzuziehen ist ein eingezäunter Garten, Vorplatz oder grosser Zwinger. Nicht nur die Hündin will den Rüden in einem Vorspiel kennenlernen, viele Rüden werden durch die Fangspiele und das «Um-die-Wette-Laufen» mit der Hündin erst richtig angeregt und deckbereit. Ist freies Spielen infolge eingeengter Räumlichkeiten nicht möglich, verlieren sie u. U. das Interesse am Deckakt. Fremde Zuschauer sollten vom Ort der Paarung ferngehalten werden können. Einmal nehmen viele Menschen Anstoss an solchem Geschehen, dann fühlen sich sensible Hunde aber auch gestört von fremden Betrachtern. Man kann mitunter beobachten, dass sich die Tiere zur eigentlichen Paarung gerne in einen versteckten Winkel zurückziehen, doch wird die Anwesenheit der beiden Hundebesitzer meistens toleriert. Sehr beeinträchtigend ist es für das Gelingen der Paarung, wenn die beiden gar nicht von der Leine gelassen werden können, weil die Gefahr besteht, dass sie entweichen, oder wenn beständige Störungen das eine oder andere Tier ablenken.

Rüden werden mit etwa 7 bis 9 Monaten geschlechtsreif und können dann schon Nachkommen zeugen. Bis sie, nach einer Ankörung, eingesetzt werden, sind sie voll entwickelt. Viele wissen instinktiv, wie sie vorgehen müssen, auch wenn sie sich am Anfang noch ungeschickt anstellen. In Freiheit gelassen, würden sie mit willigen Hündinnen bald durch die eigenen Versuche lernen, wie sie am besten zum Erfolg kommen. Bis einem wohlerzogenen Berner-Sennenhund-Rüden aber die erste Hündin gebracht wird, hat er in seiner Umgebung meist keine oder dann negative Erfahrungen mit dem schönen Geschlecht machen können. Läufigen Hündinnen nachzustreichen oder gar aufzusteigen wurde ihm verunmöglicht oder scharf verwiesen, allzu ausgedehntes Schnüffeln an interessanten Stellen erregte meist das Missfallen seines Meisters. Dazu kommt eine weitere Eigentümlichkeit bei hundeartigen Tieren, die es für einen Anfänger erschwert, sofort zu begreifen, was er nun mit der läufigen Hündin darf und soll: In Wolfs- und Hunderudeln hat nur das Alpha-Tier das Recht zur Kopulation mit der ranghöchsten Hündin. Für viele Rüden ist der Meister in der Zeit ihres Zusammenlebens zum Rudelführer geworden, so dass sie sich nicht unbedingt das Recht herausnehmen, in seiner Gegenwart eine Hündin zu besteigen.

Zukünftige Deckrüden müssen also angeleitet werden. Ausserordentlich wichtig ist es, dass schon die ersten Deckversuche gelingen. Deshalb sollte der Rüdenhalter für die ersten Paarungen nur Hündinnen annehmen, die schon erfahren und leicht zu decken sind. Problemhündinnen wird er noch genug zu Gesicht bekommen. Eine Hündin, die genau weiss, was sie will, den Partner animiert und geduldig steht, kann dem Neuling am besten beibringen, wie die Sache läuft. Dazu sollte sich der Rüdenhalter nicht passiv verhalten, sondern den Hund deutlich ermuntern, das zu tun, wozu es ihn drängt, und ihn, sobald er in der richtigen Richtung etwas unternimmt und auch noch danach, ausgiebig loben. Nur so kann der Rüde lernen, dass er jetzt nicht nur etwas tun darf, sondern auch tun soll, was vorher nicht erwünscht war. Und so wird er von Anfang an daran gewöhnt, dass bestimmte Menschen dabei in seiner unmittelbaren Nähe sind. Einzelne sprechen sehr gut darauf an, wenn man für die eigentliche Paarung immer die gleiche Stelle benutzt und reagieren auch auf Kennworte, so dass sie fast auf Befehl aufsteigen. Wichtig ist, dass Rüden es auch dulden, dass sie während der Paarung an ihren Geschlechtsteilen vom Meister berührt werden können. Einige haben dagegen eine starke Abneigung, können aber daran gewöhnt werden, wenn sie der Halter hin und wieder auch dort anfasst und dazu lobt, wenn keine Hündin da ist. Das wird allen Beteiligten später zugute kommen. Ein guter Deckrüde muss später auch mit schwierigen Hündinnen zurechtkommen, dazu kann es eine grosse Hilfe sein, wenn er sich anfassen lässt, so dass sein Glied notfalls auch etwas in die richtige Richtung gelenkt werden kann. Es gibt Berner, die ihre Halter regelrecht um Hilfe angehen, wenn sie mit einer Hündin Mühe haben. Sozusagen alle Deckrüden, die über Jahre hinweg eine grosse Anzahl von Hündinnen belegen, haben Besitzer, die sich gründlich in die Technik auch schwieriger Paarungen eingearbeitet haben, und sie lassen sich vom Meister helfen. Deckfaule Rüden sind häufig nicht das Opfer einer unglücklichen Veranlagung, sondern eines verständnislosen Meisters. Am schlimmsten ist der Besitzer, der tatenlos dabeisteht und ungeduldig oder gar böse wird, wenn sein Rüde die Sache nicht so schnell oder so mühelos zustande bringt, wie er sich das vorstellt.

Auch mit dem Sexualzyklus und mit den einschlägigen Anzeichen der Deckbereitschaft der Hündin sollte er sich vertraut machen. Obwohl erfahrene Deckrüden mit unfehlbarer Sicherheit wissen, ob der Zeitpunkt günstig ist und keine Hündin bespringen, die zu früh oder zu spät kommt, sollte er selbst die Situation auch beurteilen können. Er muss wissen, wie sich eine Hündin zur fruchtbaren Zeit verhält, wie ihre Nuss aussehen und wie der Ausfluss beschaffen sein sollte, so dass er, vor allem wenn es nicht klappen will, mitentscheiden kann, was weiter zu geschehen hat. Oft kommen auch Unerfahrene mit ihren Hündinnen, die dann auf die Kenntnisse und Erfahrung des Deckrüdenhalters angewiesen sind.

Besonders bei stürmischen Rüden kommt es vor, dass sie ausserhalb der Vagina absamen, wenn sie die Nuss nicht finden oder sich seitlich am Bein der Hündin bewegen. Das muss verhindert werden. Man merkt es dem Rüden an der Art der hastigen Bewegung und am Atmen an, wenn es bald soweit ist. Dann muss er ruhig, aber bestimmt weggezogen werden und ein paar Minuten ruhen. Hat er bei einem Paarungsversuch aber doch vorzeitig das Ejakulat ausgestossen oder «den Knopf» gemacht, d. h., ist sein Schwellkissen gross geworden, muss ihm eine längere Pause von mindestens ½ bis 1 Stunde gegönnt werden.

Nach der Paarung, wenn sich die Tiere getrennt haben, muss kontrolliert werden, ob sich der Penis wieder ganz in die Haut zurückgezogen hat, bevor der Rüde sich niederlegt. Verschmutzungen mit Sand oder Erde müssen vermieden werden. Meist ist der Rüde nach dem Decken durstig und braucht Wasser, oft trinkt er auch zwischen seinen Versuchen gern einmal.

Da sich Rüden durch Lecken selber pflegen, sind regelmässige Waschungen unnötig, jedoch muss hie und da kontrolliert werden, ob die Eichelspitze sauber und nicht entzündet ist. Schmutz und übelriechender Talg unter der Vorhaut müssen entfernt werden. Rüden, die Ausfluss haben, übel riechen, auf Berührungen an den Geschlechtsteilen (Hoden) schmerzhaft reagieren oder andere Anzeichen von Krankheiten zeigen, gehören zum Tierarzt.

Selbstverständlich muss ein Zuchtrüde durch gehaltvolle, eiweissreiche Ernährung und ausreichende Bewegung ständig fit gehalten werden. Er sollte schlank bleiben. Verfettung führt zu Deckunlust und vorzeitiger Erschöpfung während der Paarung.

Ein gesunder Rüde kann ohne Qualitätseinbussen des Ejakulats etwa 2 bis 6 Deckakte pro Woche ausführen. Bei Absamungsversuchen konnte Rüden 5 Tage lang sogar 2mal täglich Samen entnommen werden, ohne dass Verschlechterungen der Ejakulatsqualität festgestellt wurden. Werden Rüden aber übertrieben häufig eingesetzt, besteht trotzdem der Verdacht, dass bei einzelnen Tieren Ejakulate vorkommen, die weniger befruchtungsfähiges Sperma enthalten als andere und Hündinnen deshalb leerbleiben. Manchmal verlieren sie auch das Interesse und wollen gar nicht mehr springen. Mehr als eine Hündin pro Tag sollte auch deshalb in der Hochsaison nicht bedient werden, weil bei zu kurzfristigen Intervallen Gefahr besteht, dass durch den Rüden Infektionen von einer Hündin auf die andere übertragen werden. Am besten ist es, wenn ein Zuchtrüde in regelmässigen Abständen zum Decken kommt. Werden die Intervalle zu lang, kann das erste Ejakulat nach einer Pause von mehr als 6 bis 12 Monaten qualitativ unbefriedigend sein. In solchen Fällen muss die Hündin sicherheitshalber immer nachgedeckt werden.

Wie lange ein Zuchtrüde fruchtbar und potent bleibt, hängt von seinem allgemeinen Gesundheitszustand ab. Eine feste obere Altersgrenze gibt es nicht. Wir kennen Berner, die noch mit 10½ Jahren normal grosse Würfe gezeugt haben. Anzahl und Beweglichkeit der Samenfäden können im Alter leicht vermindert sein. Es wird deshalb empfohlen, dass die Zuchtpartnerinnen junge Hündinnen sein sollten, damit zur etwas geringeren Samenqualität nicht zusätzlich eine kleinere Anzahl reifer Eizellen hinzukommt. Gerade der alt gewordene Rüde sollte aber vermehrt Beachtung finden, hat er doch mit 9 oder 10 Jahren eine stabile Gesundheit und Leistungsfähigkeit bewiesen. Langlebigkeit ist ein Zuchtziel, das vermehrt anzustreben ist.

Bleiben von einem Rüden mehrere Hündinnen nacheinander oder auffallend viele leer, ohne dass ein offensichtlicher Grund, wie zweifelhafter Decktermin etc., ersichtlich ist, sollte er von einem Fachmann untersucht werden. Dasselbe gilt auch, wenn nur kleine Würfe von 1 bis 4 Welpen fallen. Nichts schadet dem guten Ruf eines Zuchtrüden mehr, als wenn von ihm die Rede geht, seine Fruchtbarkeit sei zweifelhaft. Oft wird er dann einfach stillschweigend übergangen, ohne dass der Besitzer erfährt warum. Rüden können Hündinnen gut und mit Eifer decken und trotzdem vorübergehend oder dauernd unfruchtbar geworden sein. Nur eine genaue Untersuchung des Ejakulats kann darüber Aufschluss geben, und ein Zuchtrüdenbesitzer sollte nicht zögern, schon beim ersten Verdacht seinen Hund bei einem spezialisierten Tierarzt vorzustellen. Nicht selten stellt es sich heraus, dass es doch nicht am Rüden liegt, und der Halter weiss, woran er ist. Eine Untersuchung der Fruchtbarkeit befasst sich mit Menge, Farbe, Konsistenz und Dichte des Ejakulats und gibt Auskunft über Anzahl, Gestalt und Beweglichkeit der Samenfäden. Veränderungen in der Ejakulats- und Samenqualität können durch verschiedene Erkrankungen zustande kommen. Viele davon sind erfolgreich zu behandeln, so dass der Rüde seine alte Fruchtbarkeit wieder zurückerhält.

Auch Deckunlust kann die Folge von Erkrankungen sein. Infektionen der Geschlechtsorgane, Entzündungen der Prostata, aber auch Schmerzen in den Hintergliedmassen (HD) oder im Rücken können den Rüden so beeinträchtigen, dass er gar keine Aufreitversuche mehr macht. Will ein Hund plötzlich nicht mehr decken, kann nur eine gründliche Untersuchung Aufschluss über die Ursache der Lustlosigkeit geben und den Weg zur Heilung aufzeigen.

Unerwünschte Trächtigkeiten

Die fruchtbaren Tage einer Hündin werden deren Besitzer vielerorts auch dadurch angezeigt, dass in diesen Tagen plötzlich fremde Rüden auftauchen und sein Haus belagern. Besonders für Züchter, die keinen eigenen Rüden halten, können sie zur

rechten Plage werden. Die liebestollen Burschen suchen überall nach Einlass, setzen ihre Marken – auch Kot – ab, zertrampeln die Gartenbeete und widersetzen sich hartnäckig allen Versuchen, sie zu vertreiben. Zäune und Zwingerwände bis zu zwei Metern Höhe können von solchen Werbern überklettert oder untergraben werden; durch offengelassene Türen oder selbst hochgelegene Fenster dringen sie ohne weiteres ins Haus vor, auch wenn Menschen anwesend sind. Ein uns bekannter Casanova zwängte jeweils seinen Kopf unter die verschlossenen Türen und hängte so regelmässig unser schweres Gartentor aus den Angeln. Ein anderer drang nachts durch das hochgelegene kleine Toilettenfenster ein und verstand es, drei geschlossene Türen zu öffnen, um bis in den 1. Stock zu seiner Angebeteten vorzudringen. Als einziges taugliches Mittel, die zudringlichen Burschen wenigstens für Stunden loszuwerden, hat sich bisher eine gute Schreckschusspistole erwiesen. Merkwürdigerweise sind die meisten streunenden Hunde schussscheu und suchen nach einem Knall entsetzt das Weite. Sicherer ist es allerdings, sie, wenn dies möglich ist, anzulocken und einzufangen und dem Besitzer zurückzubringen, damit dieser sie während der kritischen Zeit entsprechend beaufsichtigt.

Auch die Hündin bleibt solch heisser Werbung gegenüber meist nicht kühl. Sie ist unruhig, fiept und heult und versucht auch selbst mit allen Mitteln, zu ihren Verehrern zu gelangen. Dabei entwickeln auch die Weibchen Fähigkeiten, die man bisher nicht an ihnen gekannt hat. Sie überspringen Zäune, die sie vorher nie überwunden haben, entweichen durch Türspalten und offene Fenster, selbst wenn diese im ersten Stock gelegen sind. Auf Spaziergängen reissen sie aus, und selbst sonst appellsichere Tiere lassen sich oft nicht mehr zurückrufen, besonders wenn sie einem Rüden begegnen. Meist machen sich dann beide Tiere davon, um ungestört das tun zu können, wozu die Natur sie drängt.

Da während der Hochhitze mit allem, auch dem scheinbar Unmöglichsten gerechnet werden muss, kann die Hündin zu dieser Zeit nicht genug behütet werden. Lebt sie mit dem Besitzer im Haus, muss sie drinnen festgebunden werden. Ist es nicht möglich, sie dauernd zu beaufsichtigen, bringe man sie in einen abschliessbaren Raum. Dies ist vor allem am frühen Morgen und abends ab Beginn der Dämmerung wichtig, denn dann sind die Tiere am aktivsten, auch die herankommenden Rüden.

Auf Spaziergängen lasse man die Hündinnen nie von der Leine. Auch solche, die sonst immer in der Nähe ihres Meisters bleiben, können während der Hochhitze plötzlich ausreissen. Wird die Hündin von einem aufsässigen Rüden auch an der Leine belästigt, was bei so kräftigen Tieren für den Menschen recht mühsam sein kann, besonders wenn sie Anstalten macht, sich auch in dieser Situation decken zu lassen, nehme man wenn möglich auch den zudringlichen Rüden an eine Leine. Man wird so besser mit beiden Tieren fertig.

Wenn irgendmöglich, sind während der Hitze alle Spaziergänge in der Nähe des Hauses zu vermeiden. Die Hündin hinterlässt sonst eine «heisse» Spur, die auch dem einfältigsten Rüden den Weg vor die Haustür weist. Wer ein Auto besitzt, verlade seine Hundedame schon in der Garage in den Wagen und führe sie an weit entfernten Orten aus.

Die handelsüblichen Mittel gegen den Läufigkeitsgeruch, wie Sprays, Bäder, Chlorophylltabletten etc., haben bei einer so grossen, langhaarigen Rasse, wie es der Berner Sennenhund ist, nur beschränkte Wirkung. Der Lockgeruch wird ja nicht nur durch die Geschlechtsteile, sondern durch den ganzen Körper, auch an den Fussballen, ausgeschieden und dringt immer wieder durch. In städtischen Verhältnissen, wo die Hündin zum Lösen ausgeführt werden muss, können sie eine kleine Hilfe bieten, entheben aber niemals von den übrigen Vorsichtsmassnahmen.

Vor Hormonpräparaten – Spritzen oder Tabletten – die die Läufigkeit ganz unterdrücken, muss bei Zuchthündinnen ausdrücklich gewarnt werden. Allzuleicht können sie den subtilen Hormonhaushalt völlig durcheinanderbringen. Nicht nur das Risiko einer Gebärmutterentzündung ist gross, sondern derart behandelte Hündinnen nehmen oft in nachfolgenden Hitzen nicht auf.

Was ist nun aber zu tun, wenn ein Unglück passiert ist? Die Hündin riss aus oder ein Rüde drang ein, weil jemand in der Familie unachtsam war. Am häufigsten kommt es zu unerwünschten Trächtigkeiten, weil auch an sich erfahrene Züchter die Hitze falsch eingeschätzt und die Hündin zu wenig streng unter Aufsicht gehalten haben, da sie dachten, es sei «noch gar nicht so weit». Es sind uns Fälle bekannt, wo Hündinnen am 5., 7. oder 8. Tage gedeckt wurden und nach 2 Monaten Welpen geworfen haben.

Oft weiss der Züchter nicht mit Gewissheit, ob nun wirklich «etwas passiert» ist, besonders wenn die Hündin ausgerissen war. Eine halbe oder eine ganze Stunde Abwesenheit bei einem hochläufigen Tier genügt vollständig für einen Deckakt. Manchmal bringt die Hündin eindeutige Spuren mit nach Hause. Ihr Fell ist zerzaust, durch die sie umklammernden Pfoten des Rüden schmutzig in der Flankenpartie und in der Nackengegend oft speichelnass. Bei trockenem Wetter und wenn es kühl ist, können aber solche Spuren auch vollständig fehlen. Von den Paarungspartnern werden oft auch erhebliche Grössenunterschiede überwunden. Wir kennen zwei Mischlingswürfe aus Berner Sennenhund und Dackel. Im einen Falle war eine Berner Sennenhündin die Mutter der Welpen und der Dackel der Vater, im andern Falle war es umgekehrt. Der Züchter muss daher in jedem Fall, bei dem die Tiere Gelegenheit hatten, unbeaufsichtigt zusammen zu sein, annehmen, die Hündin sei gedeckt worden. Im Zweifelsfall kann eine Untersuchung durch einen erfahrenen Kleintierarzt innerhalb der nächsten 12 Stunden Klarheit darüber bringen, ob sich Sperma in der Vagina befindet. Werden solche Untersuchungen aber nicht sehr gründlich vorgenommen, geben sie keinen sicheren Aufschluss. Ist die Hündin unerwünscht gedeckt worden, sind nachträglich vorgenommene Scheidenspülungen und ähnliche Mittel nicht nur zwecklos, sondern auch gefährlich. Während des Geschlechtsaktes sind bereits Tausende von Samenzellen in den Uterus eingedrungen, und dorthin gelangt keine noch so gutgemeinte Spülung.

Es gibt heute Hormonpräparate, durch die die Einnistung (Nidation) der befruchteten Eizellen in die Gebärmutterwand verhindert werden kann, d.h. sie werden abgetrieben. Je nach Präparat müssen solche Mittel innerhalb weniger Tage nach dem Deckakt ein- oder mehrmals injiziert werden. Dadurch kann eine unerwünschte Trächtigkeit verhindert werden. In der Regel dauert danach die Läufigkeit an, und die

Tiere sind weiterhin streng zu hüten, da sie unter Umständen nochmals befruchtet werden könnten. Die Methode ist aber zu unsicher, als dass eine Hündin nach einem unerwünschten Deckakt behandelt und hinterher noch von einem erwünschten Zuchtrüden gedeckt werden könnte. Da das Risiko einer Gebärmuttervereiterung nach einer «Abtreibungsspritze» deutlich erhöht ist und sich hinterher fast immer Störungen der Fruchtbarkeit einstellen – die Hündin «nimmt nicht mehr auf» – ist von solchen Spritzen für Zuchthündinnen dringend abzuraten.

Will der Züchter nach einem unerwünschten Deckakt Gesundheit und Fruchtbarkeit seiner Zuchthündin erhalten, bleibt ihm daher nichts anderes übrig, als vorläufig abzuwarten, ob sie tragend ist. Mit grosser Wahrscheinlichkeit wird sie es sein, denn solche wilden Paarungen fallen erfahrungsgemäss immer in die fruchtbaren Tage. Es hat daher keinen Sinn, die Hündin hinterher auch noch dem ausgewählten Zuchtrüden zuzuführen. Höchstens könnte ein gemischter Wurf aus zwei Vätern fallen, und solche Würfe erhalten nach den Zuchtvorschriften der meisten Länder keine Abstammungsurkunden, auch die vermutlich reinrassigen Tiere nicht, die sich erfahrungsgemäss, bis sie ausgewachsen sind, immer noch als Bastarde entpuppen können.

Erweist sich die Hündin nach 5 bis 6 Wochen als trächtig, lässt ihr der Besitzer selbstverständlich die nötige besondere Pflege und Versorgung zukommen, als wäre es ein erwünschter Wurf. Sie soll ja diese Trächtigkeit möglichst gut überstehen, um auch noch für weitere erwünschte Würfe fit zu sein. Auch während der Geburt braucht die Hündin die Fürsorge des Meisters, als würde sie Rassewelpen gebären. Ihr ist kein Unrecht bewusst, und sie soll es nicht entgelten müssen, dass sie während ihrer Läufigkeit nicht richtig beaufsichtigt worden ist. Schon während oder sofort nach der Geburt muss der Züchter aber handeln und auch hart sein können. Er sollte ihr nicht mehr als zwei Kinder belassen und die andern sofort beseitigen. Zwei Welpen werden von den Zuchtvereinigungen der meisten Länder empfohlen, weil dadurch die normale Milchsekretion der Hündin funktionieren kann und weil Welpen im Spiel miteinander das normale Verhaltensinventar der Hunde erlernen können. Ein Welpe allein hat dazu keine Gelegenheit und entwickelt sich deshalb häufig zu einem charakterlich gestörten Lebewesen, das besonders im Umgang mit seinesgleichen nicht normal ist.

Einer Hündin mehr als zwei Welpen zu belassen ist nicht empfehlenswert und wird auch von den meisten Zuchtvereinigungen untersagt. Für grosse Mischlingshunde ist es meist schwierig, geeignete Plätze zu finden. Häufig ist der Vater unbekannt, oder es lässt sich, auch wenn er bekannt ist, nicht voraussagen, wie sich die Welpen, vor allem wesensmässig, entwickeln werden. Rückschläge auf eine primitivere Wesensstufe, also scheue, unberechenbare Hunde aus solchen Kreuzungen, sind sehr häufig. Wir haben zweimal Welpen aus unerwünschten Paarungen aufgezogen, und beide Male gab es charakterlich schwierige Tiere, obwohl die Eltern bekannt und wesensmässig gute Hunde waren.

Kann die Hündin gleich als Amme für andere Welpen eingesetzt werden, ist es besser, ihr Adoptivkinder zu verschaffen und gar keine Mischlingshunde aufzuziehen. Eine Hündin «kennt» ihre Kinder nicht persönlich. In ihr ist einfach der Muttertrieb erwacht, und sie wird fremde Kinder genauso liebevoll und freudig betreuen wie die selbst geborenen, wenn sie ihr rechtzeitig und geschickt unterlegt werden. Wie man Ammenkinder ansetzt, wird in einem späteren Kapitel beschrieben. Da es aber erfahrungsgemäss schwierig ist, genau im richtigen Moment im Alter entsprechende Adoptivwelpen zu finden, muss ein solcher Austausch schon vor der zu erwartenden Geburt geplant werden, d. h. der Züchter muss sich mit den zuständigen Stellen in Verbindung setzen, sobald er Gewissheit hat, dass die Hündin trächtig ist. Gerade die Freude, sonst vielleicht mutterlos gewordene oder aus übergrossen Würfen stammende Welpen gedeihen zu sehen, kann ihn für den ganzen Ärger über den «Fehltritt» seiner Hündin entschädigen. Ist sie nach dem Wurf wieder gut in Form, wird er das nächste Mal besser aufpassen und ohne Schwierigkeiten den gewünschten Wurf in die Wege leiten. Er hat dann im besten Falle nur ein halbes Jahr «verloren».

Es ist auch möglich, jedoch nicht zu empfehlen, einer Hündin in Notfällen alle Welpen wegzunehmen. Wie man sie dann pflegt, steht im Kapitel «Pflege der Hündin, wenn keine Welpen da sind».

Die Trächtigkeit

Anzeichen der Trächtigkeit

Ist die Hündin nach der Überzeugung des Züchters zum richtigen Zeitpunkt gedeckt worden, hält er meist mit grosser Spannung nach den ersten Anzeichen der Trächtigkeit Ausschau. Das ist fast immer eine kleine Geduldsprobe, denn erst wenn gut die Hälfte der etwa 9 Wochen dauernden Tragzeit vorbei ist, lassen sich sichere Anzeichen für kommende Welpen finden, ja, bei einigen Hündinnen sind verlässliche Aussagen erst nach 6 oder 7 Wochen möglich. Sind bloss 1 oder 2 Welpen vorhanden, kann ein Züchter auch bis zuletzt völlig im Ungewissen tappen.

Nach dem Deckakt verändern sich Verhalten und Körperzustand der Hündin zunächst nicht. Die Läufigkeit geht weiter und bricht nicht etwa plötzlich ab, auch dann nicht, wenn die Hündin erfolgreich gedeckt worden ist. Die befruchteten Eizellen beginnen sich zu teilen und wandern langsam durch die Eileiter in die Gebärmutterhörner hinaus. Erst nach 18 bis 20 Tagen wachsen sie dort an geeigneter Stelle in der Schleimhaut fest (Nidation). Von diesem Zeitpunkt an werden sie über die Gebärmutterwand durch den mütterlichen Blutkreislauf ernährt und sondern nun ihrerseits Hormone ab, die den Verlauf der Trächtigkeit mitbestimmen.

Viele Züchter glauben zu diesem Zeitpunkt, die ersten Hinweise auf eine Trächtigkeit feststellen zu können. Es gibt Hündinnen, die plötzlich mehr schlafen als sonst, andere sind weniger verträglich mit anderen Hunden, viele werden noch anhänglicher und liebebedürftiger als sonst, einige verlieren den Appetit, und wieder andere bekommen einen veränderten Gesichtsausdruck. Das oft genannte Erbrechen nach der dritten Woche kommt bei Berner Sennenhündinnen selten vor. Doch sind alle diese Veränderungen so wenig eindeutig, dass der aufrichtige Züchter meist nicht sicher sagen kann, ob dies nun Zufall oder wirklich ein Anzeichen beginnender Trächtigkeit ist. Rückblickend kann er es meist als solches erkennen, doch um eine sichere Prognose zu ermöglichen, sind die Hinweise zu schwach. Allzugerne liest man in das wirklich Feststellbare seine Wunschträume hinein. Viele Hündinnen verändern ihr Verhalten nach der Läufigkeit auch dann in der genannten Richtung, wenn sie gar nicht gedeckt worden sind; vor allem scheinträchtige zeigen meistens die gleichen Anzeichen, so dass die Gefahr der Täuschung gross ist. Bei vielen Hunderassen ist es möglich, etwa vom 24. Tage an die einzelnen Fruchtblasen durch die Bauchdecke hindurch zu ertasten (Palpation). Zuerst sind sie als etwa haselnuss-, etwas später wie walnussgrosse Kugeln zu fühlen. Bei Berner Sennenhündinnen scheint dies besonders schwierig zu sein. Es gibt auf jeden Fall nur wenige spezialisierte Tierärzte, die auf das Betasten hin eine Prognose zu stellen wagen. Den Züchtern gelingt das Feststellen der Föten von aussen in der Regel nicht. Nach dem 35. Tag werden die Früchte so weich, dass man sie auch bei anderen Rassen nicht mehr ertasten kann. Seit wenigen Jahren gibt es Ultraschallgeräte, mit deren Hilfe vom 25. Tage an das Vorhandensein von Föten festzustellen ist. Der Hündin müssen dazu am Bauch die Haare wegrasiert werden. Noch verfügen aber lange nicht alle Tierärzte über ein solches Gerät und die Kenntnisse, dessen Aufzeichnungen richtig zu deuten, so dass es als Hilfsmittel zur Trächtigkeitsfeststellung noch weitgehend entfällt.

Erst nach dem 42. Tag hat sich in den kleinen Welpenskeletten genügend Kalk abgelagert, so dass sie im Röntgenbild sichtbar werden. Bis dann sind aber die anderen Anzeichen, dass eine Hündin trächtig ist, meistens schon so deutlich geworden, dass ein Röntgenbild gar nicht mehr nötig ist. Sinnvoll ist es bei kleinen Würfen, wenn nicht sicher ist, ob die Hündin überhaupt trägt. Je später geröntgt wird, desto deutlicher zeichnen sich die Welpen ab und desto sicherer wird die Aussage. Bei grösseren Würfen ist es nicht immer möglich, die Anzahl der zu erwartenden Welpen genau festzustellen, dazu sind die Konturen zu unscharf und die Welpen auf dem Bild zu sehr ineinander verschachtelt. Ein Röntgenbild in den letzten 3 Wochen der Trächtigkeit sollte nur dann gemacht werden, wenn man aus zwingenden Gründen wissen muss, ob eine Geburt überhaupt erwartet werden kann oder ob sie gar nicht stattfinden wird.

Es gibt ein einziges Zeichen, das schon nach Ablauf von etwa drei Wochen, bei einigen Hündinnen erst nach 4 Wochen, einen einigermassen sicheren Hinweis ergibt: Das ist eine vermehrte Absonderung aus der Scheide. Bei nichtträchtigen Hündinnen, auch bei scheinträchtigen, ist die Scheide nach Abschluss der Läufigkeit klein und nur ganz leicht mit einem dünnen Film von Feuchtigkeit überzogen. Bei trächtigen Hündinnen ist sie weicher, ganz leicht vergrössert und sondert vermehrt eine milchig-glasige Flüssigkeit ab, die man etwa als schleimigen Tropfen am Scheidenausgang feststellen kann. Nicht immer ist die Absonderung so reichlich, dass sich Tropfen bilden. Legt man die Hündin aber auf den Rücken und öffnet sorgfältig die beiden äusseren Schamlippen, lässt sich die vermehrte Absonderung meist eindeutig feststellen. Fast gleichzeitig oder nur wenige Tage später kann man auch beobachten, dass sich die Zitzen leicht aufzurichten und oft auch zu röten beginnen. Nach Ablauf von 5 Wochen haben die Zitzen einen deutlichen Hof. Das ist auch der Zeitpunkt, an dem der Züchter erstmals mit einiger Sicherheit eine Zunahme des Leibesumfanges feststellen kann. Bei jungen Hündinnen fällt diese Zunahme erst in der oberen Lendengegend hinter den Rippen auf, bei älteren Hündinnen umfasst sie eher den ganzen Bauch.

Je nach Wurfgrösse nimmt der Bauchumfang nach der 5. oder 6. Woche sehr schnell zu. Ebenso wächst das Gesäuge. Nicht nur die Zitzen, sondern die gesamten Milchleisten vergrössern sich deutlich. Bei Berner Sennenhündinnen kann dies am besten am stehenden Tier durch Betasten festgestellt werden. Zur selben Zeit hat die Hündin auch einen gesteigerten Appetit und zeigt dies deutlich an. Einige Trächtige werden träge und schlafen viel, andere behalten trotz des dicken Bauches ihre Lebhaftigkeit.

Gegen Ende der 7. Woche können die Bewegungen der Welpen durch die Bauchdecke hindurch gefühlt werden. Das geschieht am ehesten dann, wenn die Hündin entspannt auf der Seite liegt und man ihr eine Hand auf den Bauch legt und geduldig abwartet, bis sich etwas bewegt.

In der letzten Woche vor der erwarteten Geburt nimmt der Heisshunger meistens deutlich ab. Die Bänder und die Bauchdecke erschlaffen, und der Wurf rutscht in die unteren Bauchteile hinunter. Bei vielen Hündinnen stehen dann die Hüftknochen hervor, und sie gehen merkwürdig weich in allen Gelenken. Das sind erste Anzeichen der bald herannahenden Geburt.

Haltung und Ernährung der trächtigen Hündin

Haltung und Fütterung der trächtigen Hündin müssen darauf abzielen, dass sich die Welpen möglichst kräftig entwickeln und dass die Hündin gleichzeitig optimal fit bleibt, um die Strapazen der Geburt und nachfolgenden Säugezeit bestmöglich durchzustehen. Es geht darum, ein subtiles Gleichgewicht zwischen Schonung und Anforderungen und zwischen kräftiger und doch nicht zu reichlicher Ernährung zu finden. Die Kleinen sollen lebenstüchtig und im Bereich der Normalgewichte zur Welt kommen, und gleichzeitig sollte die Hündin selbst kein Fett ansetzen, weil Verfettung die Geburt erschwert und die nachfolgende Milchleistung herabsetzt und nicht etwa mehrt.

Haltung

An der Haltung der Hündin verändert sich nach der Läufigkeit zunächst nichts. Sie soll nach dem Deckakt ihr gewohntes Leben weiterführen und möglichst viel Bewegung haben. Erst in der zweiten Hälfte der Trächtigkeit, wenn ihr Bauchumfang zuzunehmen beginnt, ist eine gewisse Schonung angezeigt, wenn auch genügend Bewegung wichtig bleibt. Lange Spaziergänge müssen jetzt auf täglich mehrere kürzere verteilt werden, so dass sie nicht überfordert wird. Allzukurze Ausgänge um das Haus genügen aber keineswegs. Eine gewisse sanfte Anforderung muss bleiben, damit die Muskulatur straff und der Kreislauf intakt bleibt. Vor Jahren hat man entdeckt, wie wichtig für schwangere Frauen genügend Bewegung bis zum Geburtstermin ist, dass Mutter und Kind gesünder bleiben und dass die Geburt leichter wird, wenn sich die Mutter bis zuletzt gezielt bewegt. Einsichtige Ärzte haben deshalb das Schwangerschaftsturnen für Frauen eingeführt und empfehlen Wanderungen. Was für Menschen gilt, gilt auch für die Hündin. Mit ihr kann nicht geturnt werden. Sie hält sich durch Schreiten, Traben und leichtes Galoppieren fit, und diese Bewegungsweisen soll sie bis zur Geburt ausreichend ausüben können. Es ist bisher nie untersucht worden, ob die zunehmenden Geburtsschwierigkeiten bei Berner Sennenhündinnen nicht auch mit dem extremen Bewegungsmangel vieler moderner Haushunde zu tun haben. Auf jeden Fall muss der Züchter diese Möglichkeit im Auge behalten.

Viele Hündinnen bleiben bis Stunden vor der Geburt lebhaft, traben und rennen trotz schwerem Bauch herum, andere werden träge und würden die Tage verdösen, wenn sie nicht zu angemessener Betätigung durch den Besitzer angehalten würden. 2 bis 3 tägliche Märsche von mindestens einer halben bis zu einer ganzen Stunde, je nach Zustand der Hündin, müssen deshalb bis in die Tage vor der Geburt ausgeführt werden. Die Hündin soll gefordert, aber nicht überanstrengt werden. Erst wenn sich die herannahende Geburt durch die allgemeine Erschlaffung der Bänder und der Muskulatur anzeigt, soll sie geschont werden. Viele Hündinnen wollen sich in den letzten Tagen auch gar nicht mehr vom Haus entfernen. Streng zu vermeiden ist in der zweiten Häfte der Trächtigkeit alles, was zu heftigen, unkontrollierbaren Bewegungen führen kann, wie Springen, Raufen mit anderen Hunden und für Schutzhunde die Arbeit am Mann. Ruhige Fährtenarbeit hingegen kann ohne weiteres bis kurz vor der Geburt ausgeführt werden, wenn die Hündin Spass daran hat. Aufgeregte und ruckartige Bewegungen bergen die Gefahr, dass sich die Gebärmutter im Bauch überschlagen oder sich einzelne Welpen ungünstig verlagern könnten, was eine normale Geburt unmöglich macht.

Selbstverständlich wird die Hündin auch während ihrer Trächtigkeit saubergehalten und gebürstet. Kurz nach der Läufigkeit ist ihr Fell noch matt und dünn, da diese Zeit meist auch mit einer Härung einhergeht. Bis zur Geburt aber wird ihr Fell dicht und glänzend. Sie ist dann in dieser Hinsicht in Hochform. Ungeziefer muss dringend bekämpft werden, bevor die Welpen ankommen, und zwar gleichzeitig bei allen Hunden, wenn in einem Haushalt mehrere leben. Auch alle Lagerplätze müssen auf Unreinheiten kontrolliert und wenn nötig gesäubert und desinfiziert werden. Baden sollte man die Hündin in den letzten Wochen nur in Notfällen. Um das Einschleppen von ansteckenden Krankheiten zu vermeiden, ist es angezeigt, die Hündin in den letzten drei Wochen nicht mehr mit fremden Hunden zusammenzubringen oder sie auf ungewohnten Spazierwegen, wo viele andere Hunde gehen, auszuführen. Gegen Bakterien und Viren, mit denen sich der tierische Organismus täglich auseinandersetzen muss, ist er immun, nicht aber gegen Krankheitserreger, denen er vorher nicht begegnet ist. Während der Trächtigkeit darf nicht geimpft werden. Die bei Hunden üblichen Schutzimpfungen gegen ansteckende Krankheiten müssen also durchgeführt werden, bevor gedeckt wird. Wird die Hündin krank und müssen Medikamente eingesetzt werden, ist der Tierarzt auf jeden Fall über den Zustand in Kenntnis zu setzen, da es Medikamente gibt, die die heranwachsenden Föten schädigen können.

Zwischen dem 42. und dem 45. Trächtigkeitstag muss sie entwurmt werden. In dieser Zeitspanne aktivieren sich die in Muskulatur und Organen ruhenden Spulwurmeier und wandern als Larven durch den Hundekörper. Sie können durch die Gebärmutterwand auch schon in die Föten eindringen. Werden Spulwürmer in dieser Zeit mit einem entsprechenden Mittel bekämpft, ist der Wurmbefall der Welpen nach der Geburt viel geringer.

Fütterung

Die bestmögliche Fütterung einer Zuchthündin beginnt nicht erst mit ihrer Trächtigkeit, sondern dauert das ganze Jahr. Wenn sie gedeckt wird, sollte sie in allerbester Form sein, nicht zu mager und auf gar keinen Fall verfettet. Um kräftige, gesunde Welpen gebären und dann auch säugen zu können, braucht eine Zuchthündin lange vor dieser Zeit eine ausgewogene Nahrung, die genügend Eiweiss und alle nötigen Mineralstoffe, Vitamine und Spurenelemente enthält. Sollte eine Hündin übergewichtig geworden sein, wozu bei Berner Sennenhündinnen immer die Gefahr besteht, muss vor der Belegung eine Gewichtsreduktion erreicht werden, damit die Trächtigkeit optimal begonnen werden kann. Die Trächtigkeit selbst, die ja nur 2 Monate dauert, ist viel zu kurz, als dass in dieser Periode extremer Belastung Fütterungsfehler noch wirksam korrigiert werden könnten. Deshalb ist die Ernährung schon vor dem Decken zu überprüfen und nötigenfalls zu korrigieren. (Viele Züchter sind sogar der Überzeugung, eine schlanke, fast magere Hündin nehme besser auf und bringe grössere Würfe, besonders, wenn sie dann während der Läufigkeit und in den Decktagen noch besonders gehaltvolle Nahrung bekommt.)

Immer noch gibt es Züchter, die glauben, sie würden besonders kräftige Welpen erhalten, wenn sie die gedeckte Hündin vom ersten Tage der Trächtigkeit an möglichst reichlich füttern. Sie verwechseln die Trächtigkeitsernährung mit Mast. Damit schaden sie der Hündin und gefährden die Welpen. Verfettete Mütter haben schwerere Geburten, nach der Geburt eine verringerte Milchleistung, und die Schwergewichtler unter den Welpen erweisen sich oft als weniger lebenstüchtig als ihre schlankeren Genossen. Die Hündin soll zur Zeit der Geburt muskulös und weder fett noch mager sein. Die Welpen sollen im Bereich der Normalgewichte liegen. Immer wieder zeigt es sich, dass sich schwere Welpen keineswegs zu kräftigeren Hunden entwickeln als leichter geborene. Wie gross und kräftig ein Berner Sennenhund einmal werden wird, liegt in seiner Erbmasse begründet und wird von ihr gesteuert, das Geburtsgewicht ist daneben bedeutungslos. Ein Rüde aus unserer Zucht, der bei der Geburt nur 395 g wog, wuchs sich zu einem schweren Tier von 70 cm aus, während sein Bruder, mit 560 g Startgewicht, nur ein leichtes Hündchen von 61 cm Widerristhöhe wurde. Auch die Welpengewichte werden weitgehend durch die genetische Veranlagung der Hündin und der heranwachsenden Welpen gesteuert. Die Beschaffenheit der Gebärmutter und der Ort, an dem der Welpe darin während seines Wachstums zu liegen kommt, scheinen dabei eine wichtige Rolle zu spielen. So gibt es Hündinnen, die auch bei sehr reichlicher Fütterung immer eher leichte Welpen gebären und nur selber verfetten, während andere immer über dem Durchschnitt liegende zur Welt bringen, auch dann, wenn das auf Kosten ihres eigenen Zustandes geht. Durch die Ernährung lassen sich Welpengewichte deshalb nur in beschränktem Rahmen steuern, wobei bei Hündinnen, die zu schweren Welpen neigen, eher gebremst werden muss, weil grosse Früchte bei der Geburt schwieriger auszutreiben sind und gerne steckenbleiben, so dass Kaiserschnitte nötig werden.

Es ist deshalb für die Hündin und ihre Welpen schädlich, sie während ihrer Trächtigkeit einfach gedankenlos zu mästen. Andererseits darf ihr auch das nicht vorenthalten bleiben, was ihr Organismus für den Aufbau des in ihr wachsenden neuen Lebens notwendig braucht. Alles, was die Früchte zu ihrem Wachstum benötigen, entziehen sie unweigerlich dem Körper der Mutter. Ein durchschnittlicher Wurf von 6 bis 10 Welpen wiegt bei der Geburt etwa 3 bis 6 kg, soviel Substanz muss innerhalb von nur etwa 4 bis 5 Wochen aufgebaut werden können. Ein wohlüberlegtes Vorgehen ist deshalb wichtig.

In den ersten vier Wochen der Trächtigkeit soll die Hündin, wenn sie schon vorher richtig ernährt wurde, überhaupt noch kein zusätzliches Futter erhalten. Falls sie keinen rechten Appetit hat, macht es gar nichts, wenn sie in dieser Zeit eher ab- als zunimmt. Die Föten sind dann noch sehr klein und kommen auch so zu dem, was sie brauchen. Erst von der vierten Woche an darf die Nahrungsmenge langsam gesteigert werden. Fast alle Hündinnen zeigen dies selber an, indem sie deutlich vermehrten Hunger anmelden. Sie verlangen Nachschub, wenn sie die Schüssel leergefressen haben, beginnen plötzlich bei Tisch zu betteln oder Nahrungsmittel zu stehlen, wenn die Futtermenge nicht erhöht wird. Besser, als jetzt einfach grössere Mengen ins Geschirr zu geben, ist es, von dieser Zeit an eine zusätzliche Mahlzeit einzuschalten. Hündinnen, die bisher nur eine Mahlzeit pro Tag bekommen haben, erhalten nun deren zwei, solche, die zweimal gefüttert wurden, deren drei. Die wachsenden Welpen drücken auch auf die Verdauungsorgane, so dass allzugrosse Mengen auf einmal eine Belastung wären. Im ganzen gesehen benötigt eine trächtige Hündin bei einem mittleren Wurf in der zweiten Tragzeithälfte etwa das Anderthalbfache der für sie sonst normalen Futtermenge. Dabei spielt auch die zu erwartende Zahl der Welpen eine Rolle. Von der 6. Woche an kann der schon etwas erfahrene Züchter aufgrund der Leibeszunahme meist einschätzen, ob ein grosser oder nur ein kleiner Wurf zu erwarten ist. Je nachdem sollte er die Futtermenge stark oder nur geringfügig erhöhen. Würfe von nur 1 bis 3 Welpen erfordern keine Verdoppelung der Futterration, solche von 8 bis 12 Kindern aber sehr wohl. In der letzten Woche vor der Geburt geht der natürliche Appetit der Hündin meist merklich zurück, obwohl die Welpen in dieser letzten Zeit täglich erheblich weiterwachsen. Vermutlich ist dies eine Vorsorge der Natur, damit Überschüssiges abgebaut und so eine möglichst leichte Geburt vorbereitet werden kann. In dieser Zeit erhält die Hündin wieder etwa so viel Nahrung, wie sie vor der Trächtigkeit zu sich nahm, allerdings immer noch auf mehr als eine Mahlzeit verteilt. Gerade in diesen letzten Tagen muss darauf geachtet werden, dass die Hündin nicht noch verfettet und die Welpen zu schwer werden. Vor allem dann, wenn sich die Geburt hinauszögert, dürfen die letzten Tage nicht noch dazu genützt werden, möglichst viel in die werdende Mutter hineinzustopfen. Je schlanker die Hündin in den Geburtsprozess hineingeht, desto leichter und reibungsloser wird er ablaufen. Kräftige, jedoch an der unteren Grenze der Normalgewichte liegende Welpen tragen das ihrige dazu bei.

Handelsübliche Fertigfutter für nichtträchtige Hunde sind von ihrer Zusammensetzung her auf den blossen Erhaltungsbedarf abgestimmt. Sie enthalten genügend Brenn- und Aufbaustoffe, um die Energie, die ein Durchschnittshund in seinem Alltagsleben verbraucht, zu ersetzen. Die Leistung einer trächtigen Zuchthündin liegt aber auf einer anderen Ebene. Sie baut mit ihren Körperreserven in wenigen Wochen neue Lebewesen auf, die aus der gleichen Substanz bestehen wie sie selbst und bei der Geburt je rund ein Pfund wiegen! Deshalb genügt es nicht, für eine trächtige Hündin die Nahrung nur mengenmässig zu erhöhen. Sie muss auch qualitativ, von ihrer Zusammensetzung her, verdichtet werden. Neben Wasser besteht der Welpenkörper vorwiegend aus Eiweiss, das er aus dem Blutkreislauf der Mutter bezieht. Eine werdende Hundemutter braucht deshalb in erster Linie Eiweisszugaben, und das ist vor allem Fleisch. Wird während der Trächtigkeit die Fleischration erhöht und nicht einfach die Futtermenge vergrössert, besteht auch weniger Gefahr, dass die Hündin während der Tragzeit verfettet. Ausser mit dem nötigen Eiweiss muss die tragende Hündin auch mit den zusätzlich benötigten Mineralstoffen und Vitaminen versorgt werden. In erster Linie besteht dabei zum Aufbau des Welpenskeletts ein erhöhter Calziumbedarf. Bei den Vitaminen spielen für das Gedeihen der Welpen, den Geburtsverlauf und die nachfolgende Säugezeit vor allem die Vitamine A, B 12, D und E eine Rolle. Diese zusätzlichen Stoffe kann man als künstlich zusammengesetzte Mineralstoff-Vitaminmischung beim Tierarzt beziehen und gesamthaft dem Futter beigeben. Es gibt von solchen Präparaten viele auf dem Markt. Man kann sie aber auch einzeln aus natürlichen Quellen zusammensetzen und der Hündin zukommen lassen. Eine gute Calziumquelle sind Knochenmehl oder gemahlene Eierschalen. Vitamin A und D sind in Lebertran, Milch und Eigelb enthalten, die B-Vitamine in Hefe, Leber, Milch und Eigelb, Vitamin E in Milch und Pflanzenölen.

Es gibt Züchter und vor allem Züchterinnen, die mit viel Liebe und Aufwand den Bedarf an all diesen Stoffen für ihre Hündin berechnen und dann ganz gezielt ihre eigenen, sehr differenzierten Futtermischungen zusammenstellen und darauf schwören. Das ist aber nicht jedermanns Sache. Nicht alle Züchter verfügen über die nötigen Grundlagen und die Zeit für komplizierte Futterberechnungen.

Wer es einfach und trotzdem die Gewähr haben will, dass seine Hündin alles was nötig ist bekommt, kann etwa wie folgt vorgehen: Als Basis wird das gewöhnliche Futter beibehalten, das ja üblicherweise alle Stoffe für den Erhaltungsbedarf enthält. Dazu gibt man vermehrt gutes Fleisch, etwa 200 bis 300 g pro Tag, am besten roh oder auch gekocht (Büchsen), 2 Esslöffel Knochenmehl oder gemahlene Eierschalen und 1 bis 2 Kaffeelöffel Lebertran. Erhält die Hündin dazu täglich einen halben Liter Milch oder ein nicht ganz hartgekochtes Ei und 2- bis 3mal pro Woche etwas Leber (300 bis

500 g), sollte ihr Bedarf an Vitaminen und Spurenelementen gedeckt und auch die nachfolgende Säugeleistung bestens vorbereitet sein.

Die häufig geäusserte Empfehlung, der Hündin in den letzten Tagen vor der Geburt nur noch leichte, suppige Nahrung zu geben, lässt sich in der Praxis nur schwer durchführen. Einmal ist der genaue Geburtstermin im voraus kaum einzuschätzen; die Spanne reicht bei Berner Sennenhündinnen vom 59. bis zum 66. Tag, das ist eine ganze Woche. Zum andern lehnen die werdenden Mütter völlig ungewohntes Futter oft auch einfach ab. Die Hündin hungern zu lassen, weil sie das angebotene Futter nicht mag, bekommt weder ihr vor der Geburtsanstrengung noch den Welpen. Sicher muss das Futter eher eingeschränkt und vor allem alles, was eine Verstopfung bewirken könnte, vermieden werden. Knochen sind in den letzten Tagen verboten. Doch hat die Erfahrung mehrerer gewissenhafter Züchter gezeigt, dass die Hündin durchaus bis zur Geburt ihr gewohntes Futter bekommen kann, ohne dass daraus Nachteile erwachsen.

Dauer der Trächtigkeit

Wie bei anderen Hundeartigen dauert die Trächtigkeit auch bei Berner Sennenhündinnen rund 9 Wochen, also ungefähr 63 Tage. Dass dies durchaus keine feststehende Norm ist, zeigt eine Tabelle, die sich aus den Aufzeichnungen von 98 Würfen ergibt, an denen 24 Hündinnen beteiligt waren. Die meisten Würfe, 27, erfolgten am 62. Tag, gefolgt von 23, die am 63. Tag fielen. Je 10mal kamen die Kinder schon am 60. und 61. Tag zur Welt, 9- und 10mal erst am 64. oder am 65. Diese Streuung dürfte als Normalfall zu werten sein, so dass der Züchter ungefähr damit rechnen kann, seine Hündin werde zwischen dem 60. und dem 65. Tage werfen. Zwei Hündinnen warfen schon am 59. Tag. Bei beiden handelte es sich um Junghündinnen, die ihren ersten Wurf hatten, die eine 9, die andere 11 Welpen. 4 Hündinnen warfen erst am 66. Tag, was nicht mehr als Norm gelten kann. Zwei davon, eine mit 3 und eine mit 5 Welpen, hatten einen Kaiserschnitt, da die Geburt nicht normal verlief. Die Welpen konnten jedoch lebend geborgen werden. Die zwei anderen mit je 6 und 8 Welpen hatten schwere, jedoch noch normale Geburten. Bei 3 Hündinnen wurde gar eine Tragzeit von 69 Tagen vermerkt. Diese waren aber mehrmals an verschiedenen Tagen gedeckt worden, so dass angenommen werden muss, dass die Befruchtung erst auf dem letzten Termin erfolgte. (Die Berechnung bezieht sich überall auf den ersten Decktag.) Alle 3 Hündinnen hatten mehrere Welpen (5, 8 und 10), bei zweien wurde die lange Tragzeit mit einem Kaiserschnitt beendet, wobei alle Welpen lebten.

Trächtigkeitsdauer bei Berner Sennenhündinnen

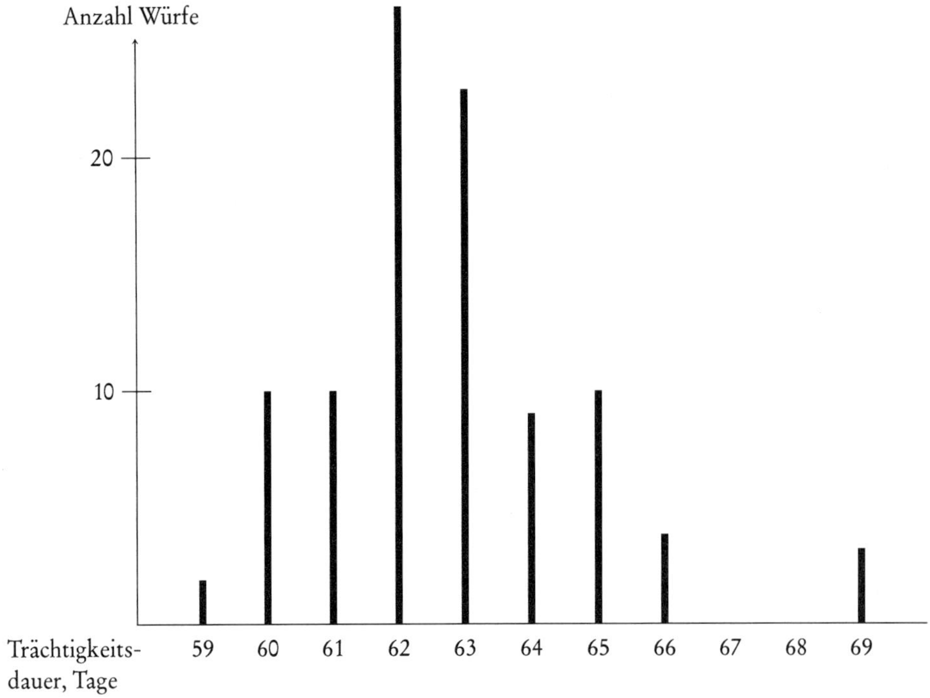

Es gibt für den Züchter keinen Anhaltspunkt, die Tragdauer seiner Hündin im voraus tagegenau einschätzen zu können. Es gibt Hündinnen, deren Trächtigkeit mit schöner Regelmässigkeit 62 oder 63 Tage dauert, daneben aber auch solche, die jedes Mal zu einem anderen Zeitpunkt werfen. So warf eine Hündin je am 60., 66., 63., 65. und 62. Tag, wobei sie bei der kürzesten Tragdauer nur 5, bei der längsten aber 8 Welpen warf. Grosse Würfe werden nicht immer früher abgesetzt als kleine. Eine Hündin mit 3mal 11 Welpen warf sie am 59., am 65. und am 62. Tag. Eine andere warf 4 Welpen schon am 61. Tag, einen 8er-Wurf aber erst am 65. Tag.

Auch zum Decktermin scheint kein direkter Zusammenhang zu bestehen. Es wäre zu erwarten, dass spät in der Hitze gedeckte Hündinnen kürzere Tragzeiten haben als solche, die früh, schon am 8. oder 9. Tag, gedeckt wurden. Lange Tragzeiten gibt es aber ebenso häufig, wenn die Hündin spät wie wenn sie schon früh gedeckt wurde. Die Erfahrung zeigt einzig, dass junge Hündinnen bei ihrem ersten Wurf etwas weniger lang tragen als ältere bei ihren späteren Würfen.

Beziehung zwischen Decktermin und Trächtigkeitsdauer

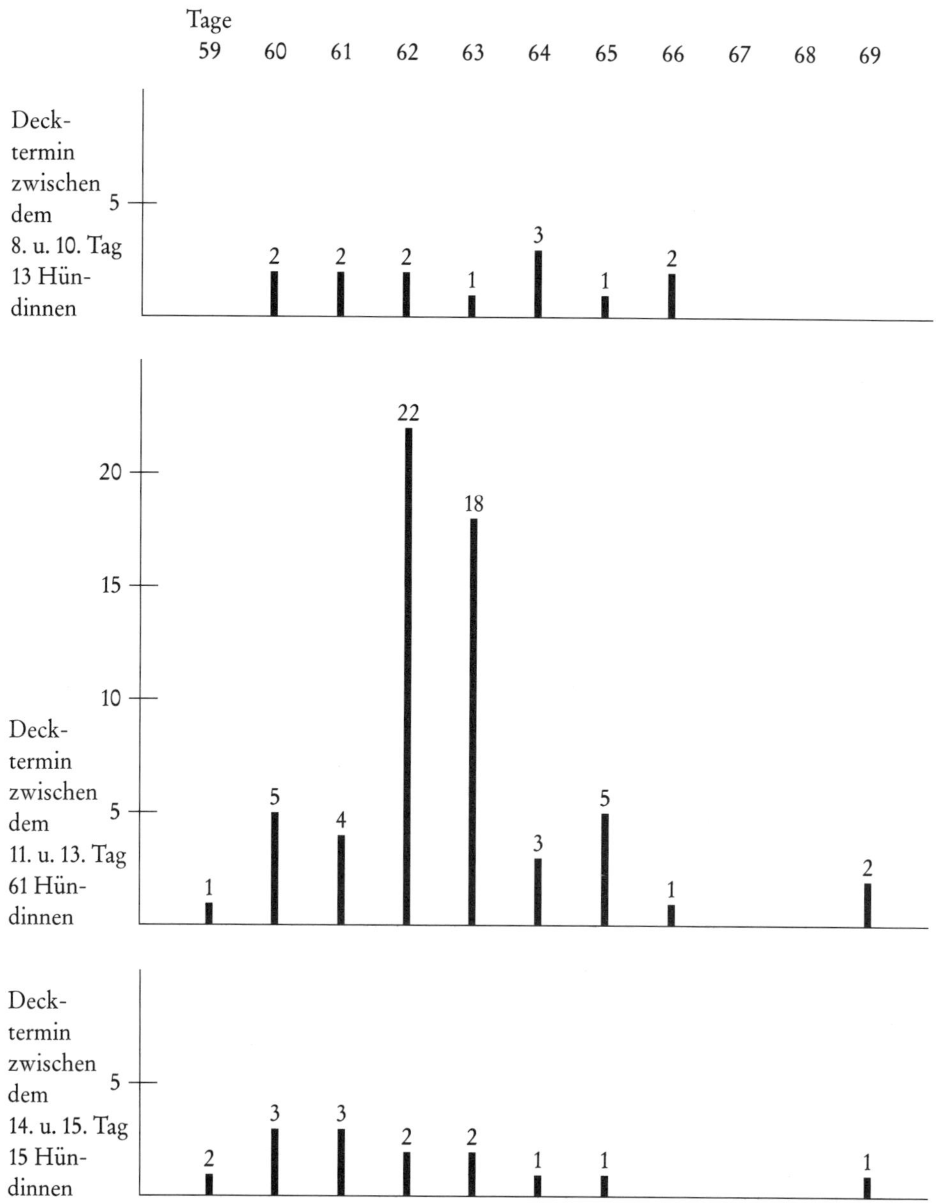

Von 88 Würfen konnten die Angaben zum Decktermin und der Tragdauer ausgewertet werden. Es wäre zu erwarten, dass Hündinnen, die früh gedeckt werden, eine längere, solche, die spät gedeckt werden, eine kürzere Tragzeit haben. Eine leichte Tendenz in dieser Richtung zeichnet sich ab. Doch können auch früh gedeckte Hündinnen nur Tragzeiten von 60 und 61 Tagen haben, während es bei spät gedeckten 63 und 64 Tage dauern kann. Um eindeutige Aussagen machen zu können, müssten mehr Daten zur Verfügung stehen.

Der Züchter kann also nichts anderes tun, als geduldig die ersten Anzeichen der beginnenden Geburt abwarten. Die leidvolle Erfahrung vieler Züchter zeigt aber, dass man beim Überschreiten der üblichen Tragzeit, d.h. wenn sich auch nach 63 bis 64 Tagen keine Anzeichen der Geburt einstellen, seine Hündin unbedingt vorsorglich dem Tierarzt vorstellen sollte. Dieser wird dann entscheiden, ob noch 1 bis 2 Tage zugewartet werden kann oder ob ein Eingriff in Aussicht genommen werden muss. Obwohl auch nach diesem Termin normale Würfe fallen können, ist der Tierarztbesuch zu einem späteren Zeitpunkt oft zu spät. Sollte ein Kaiserschnitt nötig sein, muss er möglichst frühzeitig erfolgen können, da die Lebensfähigkeit der Welpen mit jedem weiteren Tag abnimmt. Abwarten ist in einigen Fällen richtig. Doch was nützt es, eine «natürliche Geburt» ertrotzen zu wollen, wenn dann nur noch tote Welpen geboren werden oder wenn gar die Hündin das Warten mit ihrem Leben bezahlen muss? Ein vorsorglicher Kontrollbesuch beim Tierarzt kostet nur einen kleinen Betrag und wenig Zeit. Wenn es um das Leben eines ganzen Wurfes und der Mutter geht, fällt dies gegenüber dem, was auf dem Spiele steht, überhaupt nicht ins Gewicht.

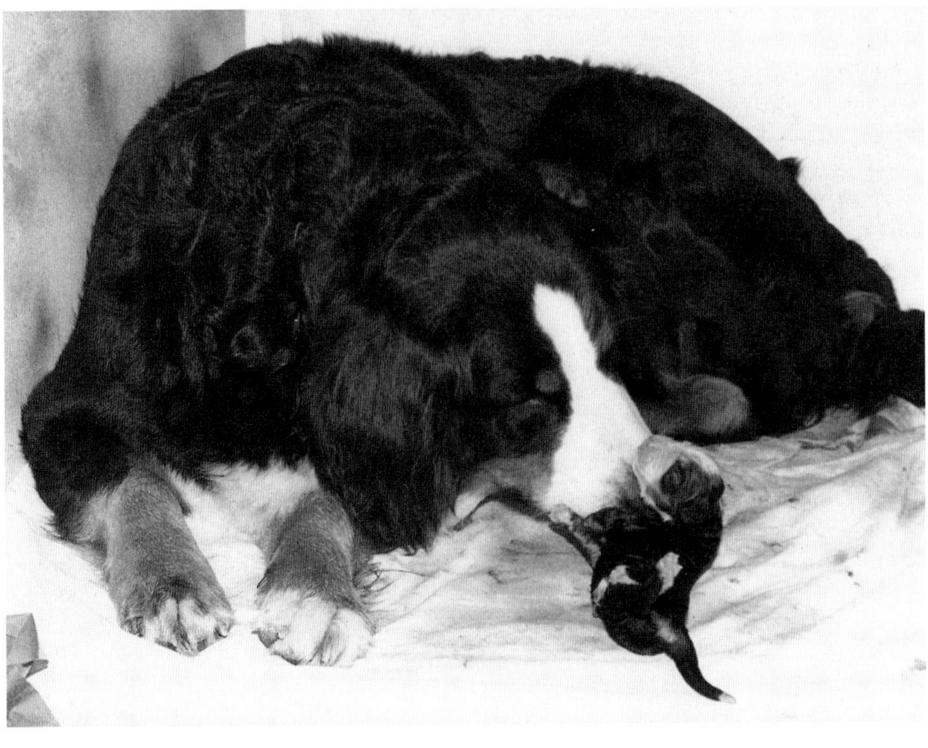

Übersicht über die Trächtigkeit

Woche	Tag	Entwicklung der Welpen	Feststellbare Anzeichen bei der Hündin	Pflegemassnahmen des Züchters	Futtermenge
1	1 7	Befruchtung		Haltung wie bis anhin viel Bewegung Fütterung eher knapp, doch gehaltvoll. – Hündin darf nicht zunehmen	
2	14				
3	18 bis 21	Einnistung (Implantation) in der Gebärmutterwand	Möglicherweise leichte Verhaltensänderungen		
4	23 24 25 26 28	Kopf bildet sich aus Ansätze zu Augen und Hinterbeinen Innere Organe – Das Herz beginnt zu schlagen Ohren, Augenlider und Zehen entwickeln sich Gewicht ca. 75 g	Scheidenabsonderung nimmt zu (Tropfen!) Vom 24. bis 35. Tag können bei einigen Rassen die Embryos ertastet werden		
5	32 35	Das Geschlecht ist feststellbar	Die Zitzen richten sich auf Die Hündin wird über dem Rücken breiter Zunehmender Appetit	Beginn einer langsamen Steigerung der Futtermenge Futterration auf 2 Mahlzeiten verteilen	
6	36 42	Aus dem Embryo ist ein Foetus geworden	Die Zitzen bekommen einen Hof. Die Milchleisten wachsen. Zunahme in der Lendengegend deutlich sichtbar	Eiweiss- und mineralstoffreich füttern. (Calcium!) Zugabe von Eiern, 2 x pro Woche Leber	
7	49		Ab 42. Tag Welpenskelett im Röntgenbild sichtbar	Zwischen 42. und 45. Tag entwurmen Viel Bewegung, auf mehrere Ausgänge pro Tag verteilt	
8	56			An Wurfraum und Wurfbett gewöhnen	
9	58 59 60 61 62 63	Lebend geborene Welpen überleben Geburt (59–63)	Die Hündin hat weniger Appetit Die Hündin wird weich in Bändern und Gelenken	Futterration vermindern Leicht verdauliches, nicht stopfendes Futter geben Geburtsbeginn abwarten	

Die Geburt

Vorbereitungen für den Wurf

Zeitplanung

Die wichtigste Vorbereitung für den Wurf hat schon zu geschehen, bevor er überhaupt in die Wege geleitet wird: Der Züchter muss sich in seinem Terminkalender eine Lücke von etwa einer Woche verschaffen, damit er persönlich dabei sein kann, wenn die Hündin niederkommt. Dann wird sie ihre vertrauteste Person um sich haben wollen und kein Züchter, dem an ihrem Wohlergehen liegt, wird sie für diese entscheidenden Stunden der Obhut eines anderen anvertrauen. Sollte der Wurf also in eine Zeit voraussehbarer unumgänglicher Verpflichtungen oder unverschiebbarer Abwesenheiten fallen, darf die Hündin gar nicht gedeckt werden. Auch dann, wenn der Wurf unterwegs ist, muss sich der Züchter die Tage der möglichen Geburt (60. bis 66. Tag) bewusst freihalten. In unserer durchgeplanten Zeit ist das für viele Hundefreunde gar nicht so einfach und erfordert einigen Mut, denn nicht alle Mitbürger bringen Verständnis dafür auf, dass man für bestimmte Tage wegen einer Hundegeburt keine festen Verpflichtungen annehmen will. Für die Geburt gehört aber der Züchter zu seiner Hündin, und das muss absolute Priorität haben! Familienfeste, berufliche und soziale Verpflichtungen und ähnliches müssen dann für einmal in der Terminplanung zurückstehen. Wenn man das den Betroffenen rechtzeitig klarmacht, wird man dabei eher auf Verständnis stossen, als wenn man im letzten Augenblick absagen muss, weil die Hündin nun doch gerade dann Geburtsanzeichen zeigt, wenn man glaubte, noch für einen Nachmittag oder Abend frei zu sein! Der Züchter nehme doch die paar freien Tage, an denen er mit der Hündin zusammen auf das Eintreffen des neuen Lebens wartet, als willkommene Pause in der Kette der Anforderungen, die an ihn sonst von den Mitmenschen gestellt werden!

Wurfraum und Wurflager

Lange bevor sich die ersten Anzeichen der Geburt einstellen, sollte sich der Züchter entschieden haben, wo die Hündin ihren Wurf zur Welt bringen soll. Dies muss nicht unbedingt derselbe Raum sein, in dem später auch die Welpen heranwachsen. In den ersten drei Lebenswochen hat eine Hündin mitsamt ihrem Wurf auf zwei Quadratmetern Platz, da die Welpen das Nest noch nicht verlassen. Erst von der dritten oder vierten Woche an werden sie einen Auslauf und mehr Raum benötigen. Als Wurfraum kommt deshalb genau so gut ein Zimmer in der Wohnung, eine Ecke in einer hellen Waschküche, ein ungenutzter Stall oder ähnliches in Frage. Ungeeignet ist eine Hundehütte, da die enge Öffnung dem Züchter den Zutritt unmöglich macht und damit auch jede Hilfe für Hündin und Welpen. Bedingung für einen Wurfraum ist, dass er hell oder wenigstens gut beleuchtbar, sauber, trocken, gut zugänglich, zugfrei und im Winter aus irgendeiner Quelle erwärmbar ist. Er muss sich ausserdem an einem Ort befinden, an dem sich die Hündin sicherfühlt, also nicht in der Nähe eines Durchgangs, wo für sie fremde Menschen verkehren, und er muss unerreichbar für andere Hunde sein. Weitere Tiere, auch Rudelgenossen, bedeuten für die Welpen eine nicht zu unterschätzende Gefahr. Scheinträchtige und ältere Hündinnen haben es oft darauf abgesehen, der werfenden Mutter die Welpen zu stehlen. Uns ist auch ein Fall bekannt, wo ein Hund des Rudels 6 von 8 geworfenen Welpen in einem unbewachten Augenblick totgebissen hat. Solche Gefahren fürchtet die werfende Hündin instinktiv, und im selben Sinne wird sie auch durch die Nähe fremder Menschen beunruhigt. Häufig verhalten Hündinnen die Geburt, wenn sie sich nicht sicher wähnen. Deshalb ist ein Ort, wo andere Hunde und familienfremde Menschen weder gesehen noch gehört werden können, für den ungestörten Verlauf einer Hundegeburt wichtig.

Der Boden muss gut gegen Kälte von unten isoliert und leicht zu reinigen sein. Beton- und Steinböden kommen als Unterlage nicht in Frage. Sie müssen mit einer sehr gut isolierten Auflage überdeckt werden. Holzbretter allein genügen nicht, um die Welpen vor Unterkühlung zu schützen. Aus nicht imprägnierten Holzunterlagen lässt sich nach der Geburt das Fruchtwasser nicht richtig entfernen, und sie werden zur Quelle von allerlei Infektionserregern und schlechten Gerüchen. Wer regelmässig züchten will, tut daher gut daran, sich von Anfang an eine spezielle Wurfkiste zu zimmern oder herstellen zu lassen, die allen diesen Anforderungen genügt und für jeden Wurf an einem beliebigen Ort wieder aufgestellt werden kann.

Welche Unterlage für die Geburt die geeignetste ist, hängt weitgehend auch davon ab, wie die Hündin sonst gehalten wird. Jahrzehntelang haben ein Grossteil der Hündinnen auf einer dicken Lage Stroh geboren. Einziger Vorteil von Stroh ist, dass die Gebärende während der Wehen unbehindert darin wühlen und scharren kann, ohne dass etwas zerstört wird. Nachteile sind mangelnde Hygiene und die Gefahr, dass die noch zarten Welpen gestochen werden können und die Hündin darin auch Welpen verlieren und sie vor allem erdrücken kann. Welpen, die ganz in Stroh aufwachsen, sind erfahrungsgemäss nur mit grosser Mühe an Stubenreinheit zu gewöhnen, weil sie im entscheidenden Alter nicht lernen, aus dem Schlaflager zu gehen. Nach einer Geburt muss Stroh immer vollständig ausgewechselt und der Boden aufgewaschen werden. Wer nicht auf dem Bauernhofe wohnt, sollte sich, einzig für eine Hundegeburt, kein Stroh beschaffen. Tiere, die immer in der Umgebung von Stroh leben, haben gegen die darin enthaltene Bakterienflora entsprechende Abwehrstoffe entwickelt, die sie auch auf die Jungen übertragen. Bei anderen ist das nicht der Fall, so dass der Wurf durch die mit dem Stroh aus einer anderen Umgebung eingeschleppten Krankheitserreger gefährdet sein kann. Stroh (in erster Linie kommt das weiche Haferstroh infrage) sollte deshalb nur verwendet werden, wenn es aus dem natürlichen Lebensraum der Hündin stammt.

Völlig ungeeignet ist Sägemehl. Es bleibt den Bernern im Fell hängen und dringt überall ein, auch ins Maul der Hündin, wenn sie die Kleinen leckt, und es kommt den Welpen in Nasen und Augen.

Wurfkiste
Diese Wurfkiste ist mit wenigen Handgriffen montierbar und auch wieder zu zerlegen, so dass sie schnell aufgestellt und nach jedem Gebrauch wieder in ihre Einzelteile zerlegt weggeräumt werden kann, ohne viel Platz zu beanspruchen. Sie ist aus 10 mm dickem Sperrholz gefertigt und daher leicht. Vor Gebrauch wurde sie durch einen dreimaligen Anstrich mit einem guten Klarlack imprägniert und lässt sich leicht sauberhalten. Der Boden ist auf 6 cm dicke Vierkanthölzer montiert. Die so entstandene Luftschicht isoliert gegen Bodenkälte. Das vordere Brett lässt sich herausnehmen, es hat mit 20 cm die richtige Höhe, so dass die Hündin nicht in die Kiste springen muss. Wenn es die Welpen gegen Ende der 3. Woche zu überklettern beginnen, kann aufgestockt werden. Das Rundholz vor der Hinterwand kann die Welpen vor dem Erdrücktwerden schützen.
Masse: Länge 145 cm
Breite 90 cm
Höhe 80 cm
Einlage: Schaumstoffmatratze, 6 cm dick, mit waschbarem Überzug. Legt man 2–3 Leisten oben auf, kann die Kiste mit einer Wolldecke überdeckt werden. Hündinnen schätzen diese Art von Geborgenheit wie in einer Höhle. Eine Decke schafft zugleich einen gewissen Wärmeschutz.

Viele Züchter verwenden alte Zeitungen als Geburtslager. Abgesehen davon, dass diese Unterlage sehr hart ist, vor allem wenn die Hündin stehend wirft, kann durch ihr Scharren ein ständiges Durcheinander entstehen, in dem Welpen gefährlich verwickelt werden können. Zeitungen sind auch nur beschränkt saugfähig.

Teppiche, z.B. Reststücke von Spannteppichen, kommen dann in Frage, wenn man genügend Abschnitte zur Verfügung hat, damit sie nach der Geburt und auch immer wieder in den Tagen danach ganz entfernt und weggeworfen werden können. Sie würden sonst äusserst unhygienisch werden und bald zu stinken anfangen.

Recht brauchbar als Unterlage sind alte Matratzen, entweder ausgediente aus alten Betten, Spreusäcke oder 4–6 cm dicke Stücke aus Schaumstoff. Für die Geburt muss jede Art von Matratzen mit einem wasserundurchlässigen Gummi- oder Plastiktuch bezogen oder fest umwickelt werden, darauf kommen mehrere Lagen saugfähiger alter Tücher, die so gross sein müssen, dass sie um die Matratze geschlagen werden können. Ausgediente Bettücher eignen sich dazu vorzüglich. Solche Wurfbetten können leicht saubergehalten werden. Die Tücher in einer Maschine zu waschen gibt nicht mehr Arbeit als etwa das Auswechseln von Stroh. Während der Geburt, und von einigen Hündinnen auch noch Tage danach, werden sie leider beim Versuch, das eigne Bett herzurichten, häufig zerkratzt oder gar mit den Zähnen zerrissen. Als Unterlage für die Geburt eignen sie sich deshalb nur dann, wenn die Hündin am Zerreissen gehindert werden kann, als Wurfunterlage für die folgenden drei Wochen danach aber vorzüglich.

Eine sehr gute, jedoch in der Anschaffung teure Unterlage ist das seit einigen Jahren angebotene «Vet-bed» und ähnliche Produkte. Dies besteht aus einem starken Gewebe, das aussieht wie ein Schaffell. Es wird in grossen und kleinen Stücken angeboten oder am Stück zum selber Zuschneiden. Auf einer Lage Zeitungen ausgelegt, lässt es alle Flüssigkeiten passieren, Hündin und Welpen bleiben immer trocken. Es kann in der Maschine gewaschen werden. Auch Fruchtwasser hinterlässt keine Flecken. Für die Geburt ist es insofern günstig, als es zu dick und fest ist, um von der Hündin zerrissen werden zu können. Es besteht deshalb auch keine Gefahr, dass sich Welpen darin verwickeln könnten. Da «Vetbed» sich auch für die wilden 6–10 Wochen alten Welpen als Schlafunterlage ausgezeichnet bewährt hat und jahrelang verwendet werden kann, ist es eine Anschaffung, die sich für die meisten Züchter lohnt.

Wo immer auch die Hündin ihren Wurfplatz erhalten soll, muss sie daran mindestens 2 Wochen vor der erwarteten Geburt gewöhnt werden. Ist ihr der Ort nicht näher bekannt, soll man sie dort füttern und wenn möglich auch schlafen lassen, wenn sie dazu bereit ist. Sie bloss in den zukünftigen Wurfraum einzusperren, ist keine positive Gewöhnung. Sie wird ein solches «Gefängnis» zu hassen beginnen und wenn irgendmöglich meiden. Bleibt die werdende Mutter nicht freiwillig in dem Raum, muss der Züchter ihr diesen liebmachen, indem er täglich dort ein wenig mit ihr spielt, ihn ihr zeigt, ihr Dinge versteckt und sie suchen lässt. Er kann sich auch mit ihr zu einem «trauten halben Stündchen allein zu zweit» dort hineinsetzen, für sich etwas tun, wie etwa die Zeitung lesen oder handarbeiten und ihr dazu das Fell etwas mehr als sonst kraulen. Auf jeden Fall muss der Platz ein Ort werden, den die Hündin bis zur Geburt liebgewinnt und wo sie gerne hingeht. Wenn möglich, sei das Wurflager nicht allzuweit von ihrem sonstigen Lebensraum entfernt. Eine Hündin, die ihr ganzes bisheriges Leben in der unmittelbaren Nähe der Besitzer und in der Wohnung verbracht hat, wird sich nur schwerlich für die Geburt und den Wurf in einen entfernten Stall verbannen lassen. Wird sie dazu gezwungen, sind vermehrt verlegene Welpen und eine allgemein schlechte Betreuung des Wurfes häufig die Folgen. Umgekehrt wird eine Hündin auf dem Bauernhof, die vorwiegend draussen war, kaum glücklich sein, wenn sie zur Geburt nun plötzlich in die «hintere Stube» soll. Man überlege sich deshalb auch, wo es für die Hündin am vertrautesten wäre, ihren Wurf in den ersten Wochen aufzuziehen. Der Raum muss auch einigermassen «wohnlich» und leicht erreichbar sein. Wie schön ist es für den Züchter, die heranwachsende Kinderschar immer wieder zu beobachten! Wie gerne setzt man sich dorthin, um eine Weile zuzuschauen! Deshalb sollte die erste Kinderstube auch möglichst in der Nähe des Betreuers und entsprechend eingerichtet sein!

Wärmequelle

Ausser einem geeigneten Wurflager benötigt der Züchter in den ersten 14 Tagen und bei kühlem Wetter auch noch darüber hinaus eine Wärmequelle für die Welpen. Neugeborene Hundekinder haben, ähnlich ganz jungen Ferkeln, noch keine Fettschicht unter der Haut und sind unfähig, sich selbst aufzuwärmen. Sie brauchen, um ihre Körpertemperatur von 35–37°C zu halten, in den ersten 4 Lebenstagen eine unmittelbare Umgebungstemperatur von etwa 32–33°C. Bis zum 10. Lebenstag sollte sie 27°C und bis zum Alter von 3 Wochen etwa 22°C betragen. Diese Temperaturen finden die Welpen etwa unter dem Schwanz, zwischen den Hinterschenkeln und ganz dicht am Gesäuge der Mutter. Würde die Hündin in einer engen Höhle gebären, wie es Wölfe noch tun, könnte sie diese mit ihrem eigenen Körper erwärmen. In einer Wurfkiste und einem grösseren Raum verflüchtigt sich aber die Wärme der Mutter, und die Welpen liegen zu kühl. Sie werden dann träge, trinken nicht mehr richtig, werden schwach und anfällig für Infektionen. Unterkühlte und daher lebensschwache Welpen werden von der Mutter auch gerne zur Seite geschoben. Oft weiss der Züchter, wenn er einen toten Welpen findet dann nicht, weshalb die Hündin ihn abgelehnt hat. Eine Wärmequelle für die Welpen hat daher nichts mit Verwöhnung zu tun. Sie ist für die Welpen überlebenswichtig. Abhärtung kommt später, wenn sie herumgehen und sich selbst erwärmen können.

Als Wärmequelle werden mit guten Erfolg spezielle Wärmelampen oder Tierwärmeplatten verwendet. Bei den Wärmelampen, die speziell für diesen Zweck konzipiert sein müssen, besteht immer die Gefahr, dass sie dem Wurf zu nahe oder zu weit weg aufgehängt werden. Überhitzung bewirkt eine starke Austrocknung der Haut und im schlimmsten Fall bei sehr jungen Welpen, die der Situation noch nicht entfliehen können, einen schnellen Tod. Die Gebrauchsanweisung des Herstellers muss also genau eingehalten werden. Zur Sicherheit kann die Temperatur in Wurfnähe mit einem Thermometer nachgemessen werden. Sie sollte zwischen 27 und 30°C. liegen. Aufschluss gibt auch das Verhalten der Welpen. Wenn sie auseinanderstreben, ist es zu heiss. Liegen sie immer auf dichten Haufen, suchen sie Wärme und es ist zu kühl. Unruhe kann ebenfalls auf unangemessene Temperaturen hinweisen. Ein Nachteil der

Wärmelampe besteht darin, dass die Wärme meist über eine verhältnismässig grosse Fläche gestreut wird und auch die Hündin nicht verschont, die das Säugen in zu grosser Hitze nicht schätzt und dann gerne an kühlere Stellen im Wurflager ausweicht. Sie wird daher mit Vorteil nicht über der Mitte, sondern am Rand des Wurflagers befestigt.

Tierwärmeplatten lassen sich regulieren und geben in der Regel eine gleichmässige, sanfte Wärme von unten ab. Sie trocknen die Haut der Welpen weniger aus, und wenn sie nicht zu gross gewählt werden, kann sich die Hündin an den Rand oder daneben legen, wenn sie kühle Temperaturen vorzieht. Muss eine Neuanschaffung ohnehin gemacht werden, ist der Wärmeplatte vor der Lampe der Vorzug zu geben.

Wir verwenden seit Jahren ein einfaches Heizkissen, wie es für uns Menschen käuflich ist. Es wird in die Mitte der Wurfkiste unter die Tücher gelegt. Dort herrscht dann immer die gewünschte Temperatur. Dahin kriechen die Welpen, wenn die Mutter die Kiste verlassen hat, so dass sie sich, wenn sie zurückkommt, einfach um die Welpen herumlegen kann und selber nicht an der Wärme liegen muss. Wenn die Welpen auf diese Art immer wieder zur Mitte gelockt werden, besteht auch weniger Gefahr, dass einer in einer Ecke erdrückt wird.

Ausrüstung für die Geburt

Es ist nicht viel, was für eine Hundegeburt bereit gemacht werden muss:

- Einige weiche, nicht zu grosse Tücher, um notfalls einen Welpen anfassen oder abreiben zu können;
- eine Kartonschachtel von etwa 30×40×20 cm Grösse, ausgestattet mit einem Tuch und u.U. einer flachen Bettflasche. In diese Schachtel legt man die schon geborenen Welpen, wenn eine Wegnahme von der Mutter während der Wehen nötig ist;
- Faden und eine Schere, um notfalls einen Welpen abnabeln zu können;
- eine Waage, weil zur späteren Identifikation der Welpen die Geburtsgewichte oft wichtige Hinweise geben;
- Notizpapier und Bleistift, um die Zeiten, zu denen die Welpen geboren werden samt ersten grob erfassten Kennzeichen, Geburtsgewichten und beliebigen weiteren Notizen (Vitalität) gleich festhalten zu können;
- ein Becken mit Trinkwasser oder Tee für die Hündin;
- eine Dose Hunde-Ersatzmilch, für den Fall, dass Welpen mit der Flasche gefüttert werden müssen (Wochenenden!) und eine Plastikspritze (Pipette) oder ein Tierfläschchen für Welpen.
- Befindet sich kein fliessendes Wasser in der Nähe auch ein Becken mit Wasser, Seife und Handtuch zur persönlichen Händewäsche.

Bewährt hat es sich auch, sich vor der Geburt beim Tierarzt ein Fläschchen mit «Respirot» oder ein ähnliches atmungs- und kreislaufanregendes Mittel zu besorgen, das man einem Welpen, der zu lange im Geburtskanal steckte und deshalb fast erstickt ist, auf die Zunge träufeln kann, um ihn zum Atmen anzuregen. Gleichzeitig sollte man sich auch vergewissern, dass der Tierarzt im Notfall erreichbar wäre. Sonst muss unbedingt vor der Geburt geklärt werden, welcher Tierarzt zur Verfügung steht. Besonders an Wochenenden, wenn viele Kliniken kaum bedient sind, kann dies sonst zu Problemen führen, da bei Geburtsschwierigkeiten schnell gehandelt werden muss.

Das ist alles. Es sind also kein chirurgisches Arsenal und keine Apotheke nötig. Ob man auch eine Handarbeit oder eine Lektüre und etwas zu Trinken für sich selbst bereitmachen will, ist eine persönliche Sache. Eine Geburt kann lange dauern, und eine gezielte ruhige Beschäftigung neben der Wurfkiste könnte für manchen Züchter ein gutes Beruhigungsmittel sein!

In einigen Zuchtanleitungen wird empfohlen, langhaarigen Hündinnen vor der Geburt Hinterteil und Schwanz zu scheren. Das sollte man bei Berner Sennenhündinnen nicht tun. Auch noch so lange Hosen und ein buschiger Schwanz behindern das Geburtsgeschehen in keiner Weise, und nach der Geburt benützen die Welpen diesen Haarwald gerne als Wärmekammer.

Wenn die Geburt beginnt

Eine Hundegeburt ist etwas vom Faszinierendsten, an dem ein Mensch teilhaben kann. Da werden Instinkte wach, die wir Menschen nur noch ahnen, aber selbst kaum mehr empfinden können. Wir dürfen deshalb mit Freude und mit Ehrfurcht vor der Kreatur auf das grosse Ereignis zugehen.

Das erste, was ein Züchter gegen Ende der Trächtigkeit beobachten kann, ist, dass die Hündin einen Nistplatz sucht. Sie tut dies heimlich. Wenn sie sich unbeobachtet glaubt, kann man sie durch die Umgebung pirschen und mögliche Plätze auf deren Tauglichkeit untersuchen sehen. Bald beginnt sie irgendwo, sich ein verstecktes Nest einzurichten. Viele Hündinnen graben sich Gruben, gerne unter einem Gebüsch oder den Hauswänden entlang. Andere verkriechen sich in Schuppen hinter Gerümpel oder gehen in die Kellerräume und scharren dort. Da dieses Scharren und Kratzen möglichst im geheimen geschieht, wird es oft übersehen. Manchmal verrät nur die erdige Nase, dass die Hündin gegraben hat. Bei vielen kann dieses Graben tagelang dauern, andere beginnen damit erst 1–2 Tage unmittelbar vor der Geburt. Wenn möglich, soll man sie dabei, nur von ferne beobachtend, gewähren lassen. Die Löcher kann man nach der Geburt immer noch zuschütten. Das Gefühl, das natürlich unbewusst ist, etwas für ihre kommenden Kinder zu tun, gibt ihr Befriedigung, ausserdem verschafft es ihr im Hinblick auf die Geburt hilfreich-anregende Bewegung. Besteht die Gefahr, dass sie sich an völlig unzugängliche Orten verkriecht, sind die entsprechenden Räume zuzuschliessen. Höhlen, die so tief sind, dass die Hündin zur Geburt darin richtig verschwinden kann, müssen kurz vorher mit Brettern verschlossen oder zugeschüttet werden. Die Hündin wird unmittelbar vor der Geburt nämlich nicht mehr zu bewegen sein, ein solches Versteck wieder freiwillig zu verlassen.

Ein weiteres Anzeichen, dass es nicht mehr lange dauern kann, sind die eingefallenen Flanken und der weiche, schwerfällige Gang. Oft vergrössert sich auch die Scheide leicht und sondert vermehrt Schleim ab. Viele Hündinnen wollen sich nicht mehr vom Haus entfernen oder kehren bei Ausgängen unvermittelt um und laufen heim.

Die Hündin hat sich eine Wurfgrube gegraben. Sie hechelt. Die Vorwehen haben begonnen.

Die beginnende Geburt, d.h. der Anfang der Wehen, kündet sich durch gesteigerte Unruhe an. Die Hündin wechselt ständig ihre Liegeplätze, sie läuft umher, will in kurzen Abständen hinausgelassen werden und gleich wieder hinein. Auffallend ist, wie jetzt viele Weibchen zwischen besonderer Anhänglichkeit und dem Drang, sich zu verstecken, hin- und herschwanken. Immer häufiger hört man sie scheinbar unbegründet hecheln, sie setzen immer wieder Harn ab, haben oft auch etwas Durchfall, belecken sich ihre Schamgegend häufiger als sonst und haben nirgends so recht Ruhe. Oft graben sie auch wie wild an ihren Löchern oder scharren und kratzen auf ihren Liegeplätzen oder in irgend einem Winkel. Diese auffallende Ruhelosigkeit und das zeitweise Hecheln sind die Zeichen, dass die Eröffnungswehen begonnen haben. All das kann Stunden dauern und dann unvermittelt wieder abbrechen. Gerade wenn man meint, nun gehe es so richtig los, legt sich die Dame hin, um ein paar Stunden ruhig zu schlafen. Bei einzelnen Hündinnen kann der Wechsel zwischen Unruhephasen und Ruhepausen zwei oder gar mehrere Tage dauern, im allgemeinen darf man aber damit rechnen, dass die Welpen innerhalb von 24–36 Stunden da sein werden, bei besonders schnellen Gebärerinnen auch schon innert 6–12 Stunden, wenn die Rastlosigkeit einmal begonnen hat.

Weitere auffallende Hinweise auf eine Veränderung sind bei vielen Hündinnen, jedoch lange nicht bei allen, Futterverweigerung und die deutliche Milchbildung in den Zitzen. Es gibt Hündinnen, die bei einsetzender Geburt, 12–36 Stunden vor dem

Wurf, jegliche Nahrungsaufnahme ablehnen. Andere fressen auch noch unmittelbar vor der Ankunft des ersten Welpen eine ganze Schüssel leer. Bei vielen Hündinnen schwillt das Gesäuge schon Tage vor dem Wurf deutlich an. Aus den prallen Zitzen lässt sich mühelos Milch herausdrücken, ja bei einigen tropft sie gar heraus. Bei andern schiesst die Milch erst während der Geburt oder gar Stunden danach ein. Auf die spätere Milchleistung hat das keinen Einfluss, und auch für die Welpen scheint in den ersten Stunden immer schon genügend da zu sein, um überleben zu können.

Ein sicheres Zeichen, dass die Geburt begonnen hat, ist der Abfall der Körpertemperatur. Hunde grosser Rassen haben eine Normaltemperatur von etwa 38°C. Bei trächtigen Hündinnen kann sie allerdings in den letzten Tagen auch stark schwanken, etwa zwischen 37,7° und 38,2°. Kurz vor der Geburt sinkt sie aber deutlich um 0,5 oder sogar bis zu 10 Grad ab, um hinterher wieder kontinuierlich zu steigen. Die tiefsten Temperaturen, die wir vor Geburten bei unseren Bernerinnen gemessen haben, lagen bei 36,8°, 37,0° und 37,2°. Da die Temperaturmessung vor allem bei Problemgeburten wichtige Hinweise für den Tierarzt ergibt, sollte sie wenn möglich immer durchgeführt werden. Dabei muss schon einige Tage vor dem Termin mit dem Messen begonnen werden, um die Normalwerte der Hündin zu ermitteln. Am besten misst man 3mal täglich im After; sobald man vermutet, dass die Temperatur abfällt häufiger, etwa alle 4 Stunden. Ist der tiefste Punkt erreicht, dauert es normalerweise nur noch 6–24 Stunden, bis der erste Welpe da ist. Nicht bei allen Hündinnen ist die Temperaturmessung das eindeutigste Mittel, um die herannahende Geburtszeit vorauszusagen. Bei einigen schwankt die Temperatur in den Tagen vor der Geburt so sehr, dass es schwierig ist, den charakteristischen Temperaturabfall genau festzustellen. Oft geben dem Züchter alle andern Verhaltensweisen deutlichere Hinweise, wie weit die Hündin ist. Die Temperaturmessung ist dann nur ein weiteres, zusätzliches Hilfsmittel.

Wir haben immer wieder herauszufinden versucht, ob man in der Zeit der Eröffnungswehen, die diese ganze Unruhe verursachen, einen Wehenrhythmus feststellen kann. Dann würde, ähnlich wie bei den Frauen, die Zeit für die erste Geburt da sein, wenn diese Eröffnungswehen schnell aufeinanderfolgen. Doch scheint es bei Hunden, auf jeden Fall bei Bernern, nicht möglich zu sein, von aussen festzustellen, wann die Wehen kommen und gehen. Die Intensität der Wehen lässt sich nur aus dem allgemeinen Verhalten der Hündin erschliessen. Am Anfang des Geburtsvorganges hechelt sie nur gelegentlich. Mit fortdauernder Wehentätigkeit beginnen viele fast pausenlos zu hecheln. Sind die Wehen weiter fortgeschritten, stellt man oft auch ein leises Muskelzittern fest. Die Hündin wechselt immer häufiger ihre Lage, setzt sich hin, legt sich, steht wieder auf, setzt sich wieder und wendet sich zunehmend ihrem Hinterteil zu, schnuppert dort oder leckt. Wenn sie liegt und nicht hechelt, hört man harte, stossweise Atemzüge, manchmal ein Seufzen. Das pausenlose Hecheln und harte Atmen sind das sicherste Zeichen, dass die Geburt des ersten Welpen nahe bevorsteht. Wenn möglich, bringe man die Hündin in diesem Stadium in die Wurfkiste, wenn es nicht schon vorher geschehen ist. Einige Hündinnen bleiben dann auch gerne dort und legen sich in der letzten Phase still, doch heftig atmend hin. Andere wollen durchaus nicht an einer Stelle verweilen und irren weiterhin ziellos umher. Nach der Erfahrung mehrerer

Züchter ist es am besten, die Hündin gewähren zu lassen und ihr einfach unauffällig zu folgen. Dabei muss verhindert werden, dass sie sich an einem unzugänglichen Ort verkriecht. Zwang aber kann in diesem Stadium bewirken, dass die Hündin abgelenkt wird und die Geburt verklemmt. Es macht gar nichts, wenn der erste Welpe irgendwo in Haus oder Garten geboren wird, vorausgesetzt, er kann sofort aufgesammelt und in die Wurfkiste verbracht werden. Liegt er einmal dort, wird die Hündin diesen Ort nicht mehr verlassen und ihre weiteren Welpen dort gebären.

Presswehen setzen nach den Eröffnungswehen oft unvermittelt ein. Man erkennt sie daran, dass die Hündin das Hecheln unterbricht und sozusagen den Atem anhält. Sie presst ihn in die Bauchhöhle und schaut mit charakteristischem Blick in die Ferne. Dann hechelt sie weiter und presst nach kurzer Zeit von neuem. Ist der Welpe schon in den Geburtskanal eingetreten, hebt sich bei jedem Pressen der Schwanzansatz der Hündin an. Das erste, was durch die Scheide austritt, ist die mit Wasser gefüllte äussere Fruchtblasenhülle. Sie tritt manchmal als Blase hervor, die dann platzt. Bei Bernern ist sie aber selten zu sehen. Der buschige Schwanz deckt das Geschehen zu, und häufig platzt sie auch schon im Geburtskanal. Nicht immer kann man vorher schon eindeutige Presswehen feststellen. Dann geht plötzlich «das Wasser ab». Oft macht die Hündin danach eine Pause, meist aber folgt unmittelbar nach dem Wasserabgang schon der erste Welpe. Presswehen können beim ersten Welpen bis zu einer halben Stunde oder länger dauern, vor allem bei der jungen Hündin, die das erste Mal gebiert. Alle weiteren Welpen folgen dann in Abständen von etwa 20 bis zu 90 Minuten. Nachdem die Hündin den Welpen geputzt hat, ruht sie ein Weilchen, bis sie unvermittelt neu zu hecheln oder heftig zu atmen beginnt. Nach einer Weile setzt erneutes Pressen ein, diesmal viel kürzer. Mit nur 4–10 Presswehen können die weiteren Welpen meistens nach aussen befördert werden.

Berner Sennenhündinnen gebären ihre Jungen in allen Lagen. Unsere alte Pischa ist bei jedem Durchtritt eines Welpen aufgestanden und liess ihn dann ganz einfach auf den Boden plumpsen. Ihre Tochter Bina kauerte sich jeweils hin und trippelte im Kreis herum, als wollte sie sich versäubern, während die andere Tochter Aila und weitere Hündinnen ihre Welpen in liegender oder halb zum Sitzen aufgerichteter Stellung bekamen. Alle Hündinnen wenden sich beim Austreten eines Welpen ihrem Hinterteil zu und beobachten aufmerksam, was da geschieht. Des buschigen Schwanzes wegen kann der Züchter den Austritt des Welpen meist nicht sehen, sondern nur hören. Dass er da ist, zeigt ihm das schlabbernde Lecken der Hündin an, wenn sie die Fruchthülle aufreisst und die Nachgeburt frisst.

Im allgemeinen sind Berner Sennenhündinnen recht instinktsicher und wissen, was zu tun ist. Sie reissen die Fruchthülle auf und verschlingen sie, den Welpen dabei leckend. Meist wenden sie sich dann zunächst der Nachgeburt zu oder ziehen diese heraus, wenn sie dem Welpen nicht unmittelbar nachgefolgt ist, was fast immer der Fall ist. Von der Nachgeburt her wird dann auch der Nabel bis kurz vor die Bauchhaut mit den Backenzähnen abgekaut. Dabei werden die Welpen recht unsanft herumgeschoben und mit der Nase geschubst, was aber eher zu deren Wohl als Schaden gereicht. Man kann oft beobachten, wie die heftige Bewegung die Atmung des Kleinen unmittelbar anregt. Erst wenn Nachgeburt und Nabelstrang verschwunden sind, wendet sich die Hündin erstmals gründlich dem Welpen zu und beginnt, ihn wieder drehend und wendend, von allen Seiten sauberzulecken. Fast immer ist er dann schon auf seinem Weg an die Zitzen.

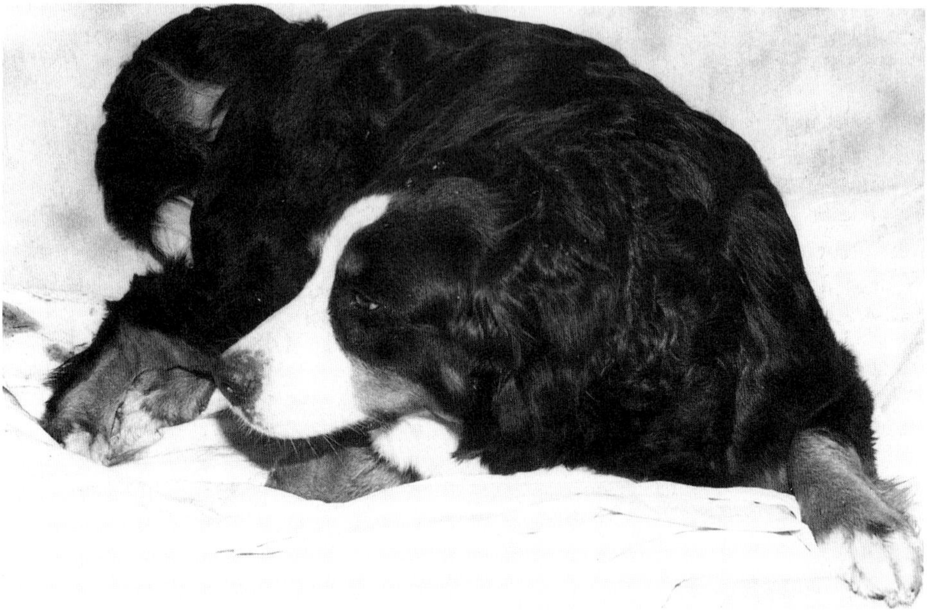

Die Hündin presst. Sie stellt das Hecheln ein und drückt die Atemluft in die Bauchhöhle. Die Schwanzwurzel hebt sich an.

Sie hat sich zum Pressen aufgerichtet.

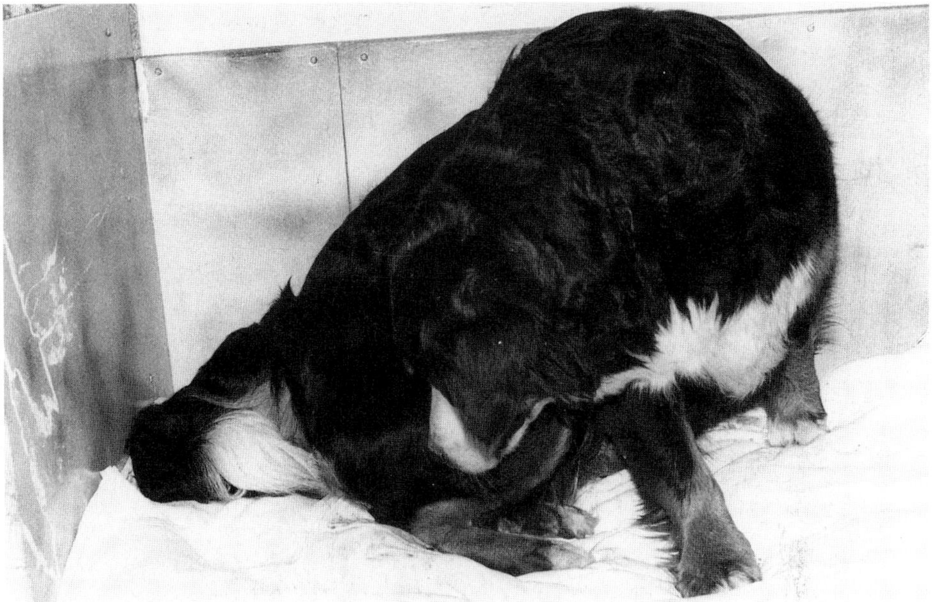

Wenn der Welpe austritt, schaut sie nach hinten.

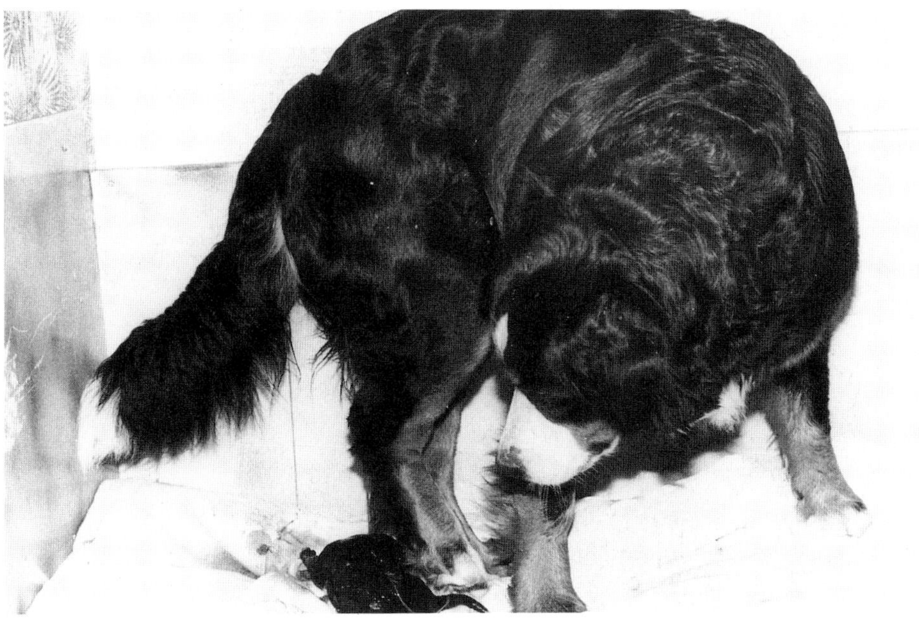

Er ist da. Bei diesem Welpen sind die Fruchthüllen beim Durchtritt gerissen. Sie werden mit der Nachgeburt ausgestossen.

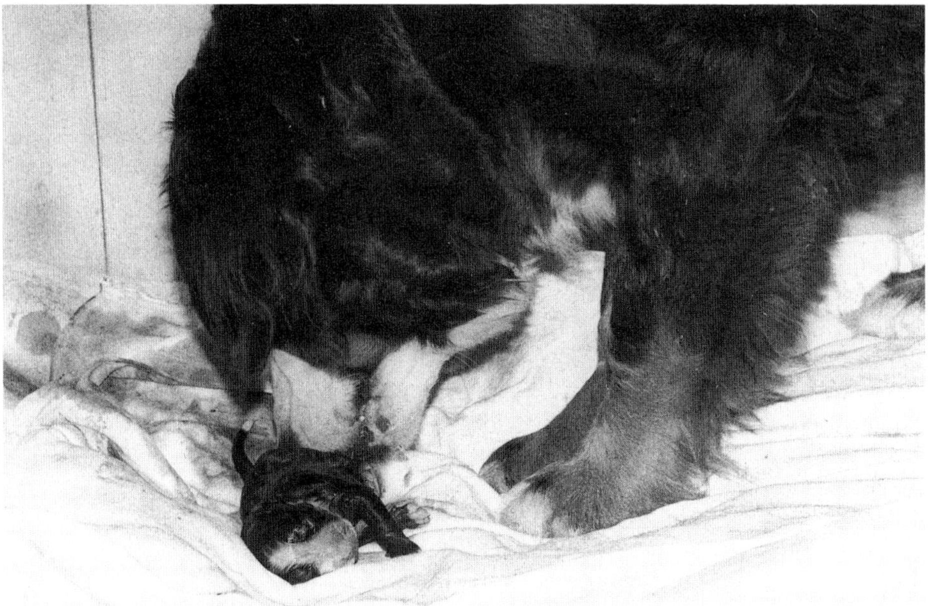

Der Welpe wird geleckt.

Die Nabelschnur wird abgekaut.

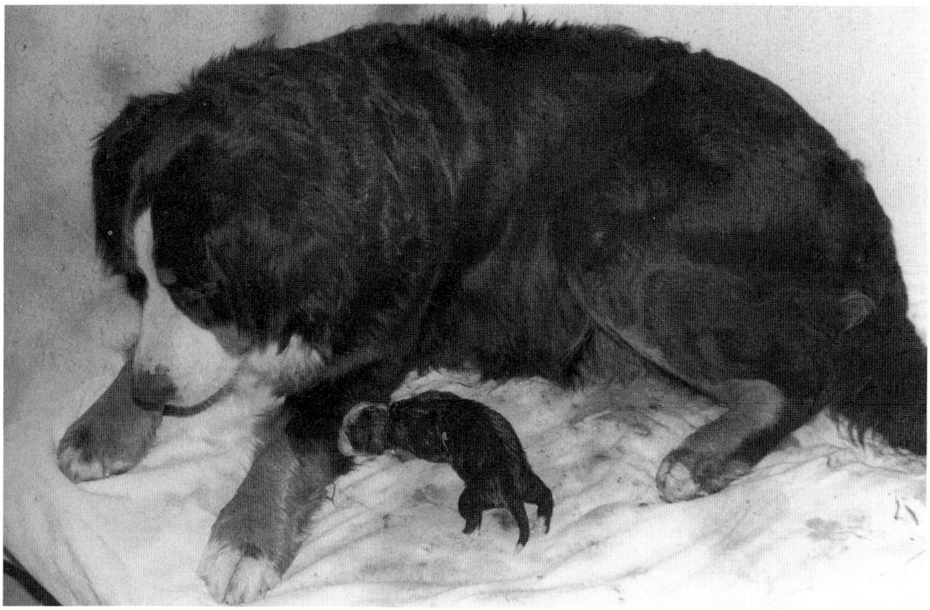

Schon sucht das Neugeborene nach der Milchquelle.

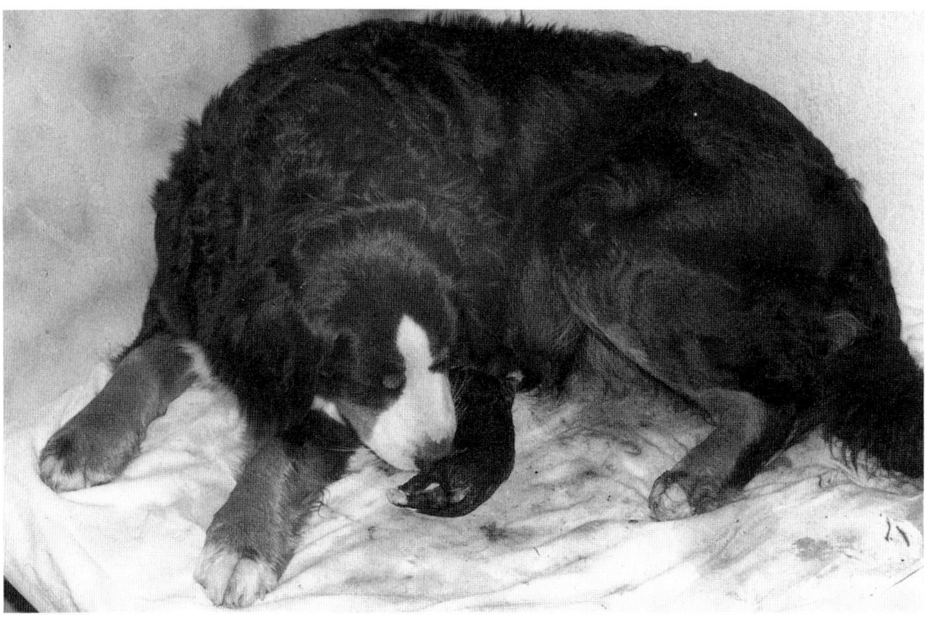

Es ist am Ziel.

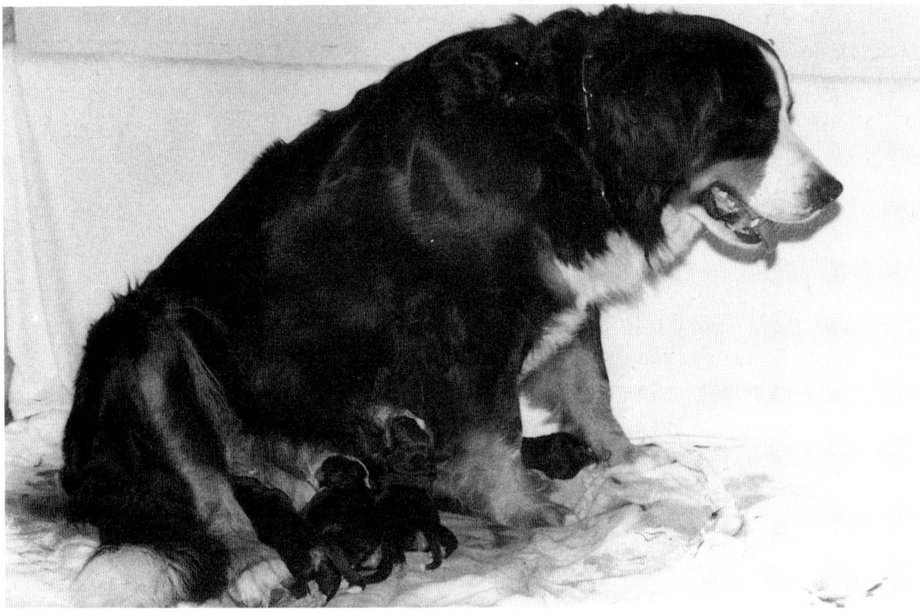

Nun sind es schon drei. Die Hündin hechelt wieder. Ein weiterer Welpe wird bald dazukommen.

Es ist geschafft. Die Hündin legt sich nach dem Ende der Geburt auf die Seite und bietet den Kleinen das Gesäuge dar.

Ein Grossteil der Welpen kommt in der inneren Fruchthülle, dem Amnion, zur Welt, ein bläulich durchsichtiger und mit Flüssigkeit gefüllter Hautsack, der den Welpen eng umschliesst. Bei einem Teil reisst er schon im Geburtskanal, so dass der Kleine «nackt» herausgleitet. Etwas mehr als die Hälfte der Welpen wird mit dem Köpfchen voran geboren, bei den andern treten die Hinterbeinchen zuerst aus. Ist der Kleine von der Fruchthülle befreit, schnappt er noch benommen nach Luft, dazu öffnet sich sein Mäulchen. Bald kann man ein stossweises Wimmern hören, und er beginnt, seine Glieder zu regen. Nicht lange dauert es, bis er unter dem Lecken der Hündin seine Beinchen noch unsicher gegen den Boden zu stemmen beginnt, um sich der Wärmequelle, den Zitzen, zuzuschieben. Er schaukelt mit seinem Köpfchen dem Gesäuge entlang, ruht auch etwas aus, doch versucht er immer deutlicher, eine Zitze in sein Mäulchen zu bekommen und sich daran festzusaugen. Bei unserer Sissy konnten wir einmal beobachten, wie ein Neugeborener, noch durch die Nabelschnur mit der Mutter verbunden, schon zu saugen begann. Ein unvergessliches Bild!

Die Welpen folgen einander in Abständen von 20 Minuten bis gegen anderthalb Stunden. Häufig kommen zwei kurz nacheinander, worauf dann eine längere Pause folgt. Bei grossen Würfen kann die Hündin auch etwa eine grössere Ruhepause einschalten, in der sie ganz einfach schläft.

Recht schwierig ist es festzustellen, ob eine Geburt beendet ist, oder ob sich noch ein oder mehrere Nachzügler im Bauch befinden. Vom Verhalten her ist die Hündin normalerweise dann fertig, wenn sie ruhig und zufrieden wird, nachdem sie die Welpen geputzt hat und sich dann zum Schlafen auf die Seite legt, der Welpenschar das pralle Gesäuge darbietend. Doch das kann sie gelegentlich auch zwischenhinein während des Werfens tun. Am besten stellt man die Hündin auf die Beine und tastet vorsichtig ihren Bauch ab. Einen weiteren Welpen fühlt man oft, aber leider nicht immer, als festen Klumpen, meist unten in Bauch oder nahe hinter den Rippen. Ist alles weich, ist vermutlich keiner mehr drin. Hegt man die Befürchtung, es könnte noch einer zurückgeblieben sein, gibt nur ein Röntgenbild sicheren Aufschluss.

Die Mitwirkung des Züchters bei der Geburt

Die Geburt ist ein natürliches Geschehen und durch Hormone und festgefügte Instinkte so gut vorprogrammiert, dass sie in den meisten Fällen auch ohne jegliche Einwirkung des Menschen ablaufen könnte. Die vielgelobte Natur kann aber im Einzelfall auch recht grausam sein. Es spielt für den Fortbestand der Hundeartigen im ganzen gesehen überhaupt keine Rolle, ob die einzelne Hündin und der einzelne Welpe die Geburt überstehen oder daran zugrunde gehen. Es werden genügend andere geboren, die das Überleben der Art sichern. Nicht zuletzt deshalb, weil von der Natur ein grosser Abgang der Jungtiere eingeplant ist, werfen Hunde so zahlreiche

Geburtsdauer bei Berner Sennenhündinnen

Von 74 Geburten liegen Vermerke über den Geburtsverlauf vor.
62 verliefen normal, bei 12 musste ein Kaiserschnitt vorgenommen werden (16,2 %).
Von 46 normalen Geburten ist die Dauer vom ersten bis zum letzten Welpen bekannt. Es wurden folgende Zeiten angegeben:

Anzahl Welpen	*Dauer der Geburten in Std. u. Min.*	Durchschnittl. Dauer	Durchschnittl. Zeit pro Welpe
2	2.25		
3	1.15		
4	3.40, 9.45		
5	3.00, 5.00, 5.30	4.30	1.07
6	4.45, 6.05, 12.00	7.36	1.30
7	5.00, 7.00, 9.00, 9.00, 10.25, 11.10, 11.25	9.01	1.30
8	3.00, 7.30, 8.00, 8.45, 11.00, 13.00	8.27	1.12
9	6.00, 8.30, 10.10, 12.45, 18.00	11.04	1.22
10	8.45, 10.30, 13.00, 14.45	11.45	1.18
11	6.25, 6.55, 7.40, 7.55, 8.30, 9.00, 9.45, 11.55, 13.20, 13.35	9.30	0.57
12	–		
13	10.45, 21.00, 32.00*	15.22	1.17
14	42.00*		
		Durchschnittl. Zeit pro Welpe	*1.16*

* Diese beiden Schwergeburten wurden nicht mitgerechnet.

Die Durchschnittswerte sagen weniger aus als die einzelnen Geburten. Die Dauer jeder Geburt mit gleicher Welpenzahl kann sehr unterschiedlich sein. Den Rekord hält wohl die Hündin, die in nur 3 Std. 8 Welpen geboren hat. Eine andere benötigte für die gleiche Welpenzahl 13 Std.

Alle 1¼ Std. kommt im Durchschnitt eine Welpe zur Welt. Das stimmt in der Wirklichkeit kaum je so genau. Häufig kommen sie in kürzeren Abständen, von 20–40 Minuten, dann schaltet die Hündin wieder eine Pause ein, die bis zu 2 Std. oder darüber dauern kann. Die Durchschnittszahlen zeigen jedoch, dass Berner Sennenhündinnen keine besonders schnellen Gebärerinnen sind.

8mal kamen die ersten Welpen in normaler Zeit, 1 oder 2 zurückgebliebene aber erst viele Stunden später, meistens tot. (Diese Geburten sind in der obenstehenden Liste nicht enthalten.)

Wurfgrösse	1. Gruppe	Nachzügler
8	7 Welpen in 6 Std.	der letzte nach 11 Std. tot
6	5 Welpen in 5 Std.	1 nach 9 Std. tot
7	6 Welpen in 4.30 Std.	1 nach 8 Std. tot
10	8 Welpen in 6 Std.	2 nach 14 Std. tot
9	7 Welpen in 8 Std.	1 nach 8 Std. lebend, 1 nach 12 Std. tot
9	6 Welpen in 9 Std.	1 nach 8 Std. tot, 2 nach 10 Std. tot
8	6 Welpen in 15 Std.	2 nach 26 Std. tot
6	5 Welpen in 6.50 Std.	1 nach 19 Std. lebend

Nachkommen. Bei den Wölfen erreichen von 6 Geborenen in der Regel nur etwa 2 das zweite Lebensjahr. So sind auch bei den Hunden Pannen schon unter der Geburt nicht selten. Zur freien Wildbahn besteht aber der gewaltige Unterschied, dass es sich bei einer Hündin und deren Welpen nicht einfach um namenlose Tiere handelt, deren Tod oder Überleben niemand gross kümmert, sondern um, hoffentlich, geliebte Hausgenossen oder dann mindestens finanzielle Werte. Verluste können also nicht einfach hingenommen, sondern müssen vom Menschen wenn irgend möglich verhindert werden. Deshalb ist die Überwachung der Geburt bei seinen Hunden für jeden Züchter unerlässlich. Nur er kann Pannen rechtzeitig erkennen und Hilfe schaffen, bevor es zu spät ist.

Viele Berner Sennenhündinnen, die als Hausgenossen gehalten werden, suchen für ihre schweren Stunden deutlich die Nähe des Züchters. Offenbar ahnen sie instinktiv eine mögliche Gefahr und suchen um Hilfe nach. Unsere Pischa hat keinen Welpen geboren, wenn ihre Meisterin nicht in der Nähe war. Einer fiel auf den harten Küchenboden, weil sie ihr mitten im Werfen dorthin nachgelaufen war. Andere Hündinnen sind unabhängiger, zeigen aber trotzdem, dass sie die Gegenwart ihrer engsten Bezugspersonen als Sicherung schätzen. Fremde Zuschauer sind aber immer eine arge Störung und sollten nie zugelassen werden. Für den Züchter besteht die Hauptaufgabe während der Geburt vor allem im aufmerksamen Beobachten des Geschehens. Solange alles wie gewünscht abläuft, soll er nicht eingreifen, sondern die Gebärende nur aufmunternd und freundlich begleiten. Ob man sich dabei während der ganzen Dauer der Geburt direkt neben sie setzt oder sie in Ausnahmefällen nur periodisch in kurzen Abständen kontrolliert, hängt von der Hündin und den gegebenen Umständen ab.

Gefahren während der Geburt

Es gibt Gefahren, die nur den einzelnen Welpen und solche, die die Hündin und mit ihr den ganzen Wurf bedrohen. Viele davon kann der Züchter durch seine Gegenwart verhindern oder korrigieren.

Gefahren, die die Hündin und den Wurf bedrohen

Es sind hauptsächlich drei Pannen, die bei Berner Sennenhündinnen verhältnismässig häufig vorkommen:

1. Die Geburt kommt gar nicht richtig in Gang.
2. Die Geburt gerät ins Stocken.
3. Es bleiben einzelne Welpen oder eine Plazenta zurück.

Alle drei Störungen sind für die Hundemutter lebensbedrohend und damit auch für den Wurf.

Selten kommt es vor, dass trotz herangekommenem Geburtstermin alle Anzeichen der Geburtsvorbereitung ausbleiben. Die Hündin überträgt. Das kann in vereinzelten

Fällen wirklich nur eine hinausgezögerte Geburt sein, die dann, zwar verspätet, aber doch normal vor sich geht. Weitaus häufiger handelt es sich jedoch um eine ernsthafte Störung (primäre Wehenschwäche), und der Wurf ist wirklich in Gefahr. Wird die normale Wurfzeit überschritten, nimmt die Lebensfähigkeit der Welpen schnell ab. Ja, es können ganze Würfe schon im Mutterleib absterben, ohne dass der Züchter äussere Anzeichen davon bemerkt. Deshalb ist bei einer Tragzeit über 63 Tage hinaus unbedingt vorsorglich der Tierarzt zu konsultieren. Vermutlich wird er noch 1–2 Tage zuwarten und versuchen, die Geburt einzuleiten. Tut sich dann immer noch nichts, muss ein Kaiserschnitt gemacht werden. Ist die Temperatur gefallen, ohne dass die Geburt einsetzt, muss immer ein Tierarzt beigezogen werden. Eine Operation beansprucht Hundemütter viel weniger als Menschenmütter. Sie erholen sich davon schneller als von einer schweren Geburt, doch muss sie rechtzeitig vorgenommen werden können, wenn man lebende Welpen haben will. Nichts ist trauriger, als wenn man sich nach allzulangem Zögern endlich zu einem Schnitt durchgerungen hat und dann alle oder ein grosser Teil der Welpen nur noch tot herausgeholt werden können! Ein Kaiserschnitt ist zwar eine Notlösung, doch die sicherste Entbindungsart, wenn man das Risiko eines verlorenen Wurfes nicht eingehen will.

Häufiger als das völlige Ausbleiben aller Geburtsvorphasen kommt es vor, dass die Hündin zwar die Stadien der Eröffnungswehen durchläuft, dass aber nach dem Wasserbrechen oder länger dauernden Presswehen kein Welpe austritt. Als Faustregel gilt, dass zwei Stunden nach dem Wasserabgang oder zwei Stunden nach Beginn der ersten Presswehen der erste Welpe da sein sollte. Presst die Hündin lange umsonst, kann die Wehentätigkeit völlig zum Erliegen kommen, und die Früchte sterben ab. Die Ursache dafür ist meist ein nicht richtig liegender oder viel zu grosser erster Welpe, den die Hündin trotz aller Mühe nicht austreiben kann. In solchen Fällen muss unverzüglich der Tierarzt beigezogen werden. Nur ein Röntgenbild schafft dann Klarheit über das weitere Vorgehen. Manchmal kann der Fachmann einen solchen Welpen mit der Zange herausholen und so die Geburtswege freimachen, häufiger hilft nur ein sofortiger Kaiserschnitt. Niemals dürfen ohne vorhergehende Beurteilung der Lage durch den Tierarzt bei Geburtsstockungen Wehenmittel gespritzt werden. Ein Gebärmutterriss könnte sonst die Folge sein.

Ähnliche Stockungen können auch während der Geburt auftreten. Entweder lässt die Wehentätigkeit deutlich nach oder wird eingestellt, obwohl noch ungeborene Welpen da sind, oder andauernde Presswehen sind erfolglos. Beides sind Störungen, die die sofortige Hilfe des Tierarztes erfordern. Eine Wehenschwäche der Hündin (sekundäre Wehenschwäche) ist eine Erschöpfung der Uterusmuskulatur. Sie kann sich schon nach wenigen Welpen, meist aber erst gegen Ende der Geburt eines grossen Wurfes einstellen. In leichteren Fällen kann sie mit Injektionen von Wehenmitteln behoben werden. Einige Tierärzte händigen den Züchter solche Wehenmittel, die nur unter die Haut gespritzt werden, bei schwierigen Geburten zum Selbstgebrauch aus (Oxytocin). In solchen Fällen muss sich der Züchter punkto Menge und Zeitabständen eisern an die Anweisungen des Tierarztes halten. Überdosierungen bewirken genau das Gegenteil, nämlich eine Verkrampfung der Gebärmutter, die den weiteren

Geburtsvorgang völlig lahmlegt. Ohne vorgängige fachmännische Untersuchung dürfen Wehenmittel niemals gespritzt werden. Als Faustregel gilt, dass spätestens alle 2 Stunden ein Welpe kommen sollte, sonst muss der Arzt benachrichtigt oder darf nach seiner Anleitung ein Wehenmittel gespritzt werden. Ist trotz Medikamenten auch nach drei Stunden seit dem letzten Welpen kein weiterer angekommen, ist es unerlässlich, den Tierarzt zu konsultieren. Anregung bei schwacher Wehentätigkeit bringt gelegentlich das Bewegen der Hündin. Stellen sich zur richtigen Zeit keine neuen Wehen ein, nehme man sie aus dem Wurflager und mache mit ihr einen flotten Marsch. Das bringt oft die Sache wieder in Gang. Bleiben trotz Bewegung und Medikamenten weitere Wehen endgültig aus, muss der Rest des Wurfes durch einen Kaiserschnitt entbunden werden.

Presst die Hündin, ohne einen Welpen freizukommen, oder presst sie eine Zeit lang und bricht dann plötzlich ab, versperrt wahrscheinlich ein Hindernis den Weg. Dies kann ein zu grosser, ein nicht normal ausgebildeter (Wasserkopf), ein nicht richtig gelöster oder ein falsch liegender Welpe sein. Welpen in Querlage (Bauch oder Rücken zum Geburtsausgang) und Welpen in Rückenlage (Beinchen nach oben) oder in Nackenlage (mit dem Nacken voran und umgeknicktem Kopf im Geburtskanal) können von der Hündin ohne Hilfe nicht geboren werden. Wieder schafft nur ein Röntgenbild Klarheit und gibt Hinweise für das weitere Vorgehen. Presswehen ohne Erfolg, d.h., wenn die Hündin mehr als eine halbe Stunde lang fast ununterbrochen presst, ohne dass ein Welpe austritt, müssen immer Anlass für einen sofortigen Gang zum Tierarzt sein. Da sich die nachfolgenden Welpen bereits von der Gebärmutter ablösen, besteht sonst die Gefahr, dass sie alle absterben, bevor sie geboren werden können.

Eine weitere Gefahr für das Leben der Hündin bedeutet das Zurückbleiben eines einzelnen Welpen oder in seltenen Fällen auch einer Plazenta. Solche Reste sterben ab und beginnen bald in Fäulnis überzugehen. Dies kann bei der Hündin starke Blutvergiftung bewirken, die nach wenigen Tagen zum Tode führt. Der Züchter muss daher die Mutter nach dem Wurf genau beobachten und abtasten. Besteht der geringste Verdacht, dass noch ein Welpe drinstecken könnte, ist eine Röntgenaufnahme das sicherste und billigste Diagnosemittel. Hie und da kann nach der Feststellung, dass ein Nachzügler da ist, noch etwas zugewartet werden, wenn man nicht Wert darauf legt, diesen Welpen unbedingt auch lebend zu erhalten. Wenn er nach einem Wehenmittel nicht kommt, wird er häufig nach ein oder zwei Tagen tot geboren. In seltenen Fällen kommt es vor, dass er auch nach 24 oder mehr Stunden noch lebend zur Welt kommt. Der Züchter sollte aber niemals auf eigene Faust solche Abwarteexperimente eingehen, sondern nur dann zuwarten, wenn der Tierarzt feststellt, dass keine unmittelbare Gefahr für die Hündin besteht. Zu gross ist das Risiko einer lebensgefährlichen Infektion. Die Hündin muss genau beobachtet werden. Sollte sie Fieber bekommen oder zu stinken beginnen, ist höchste Alarmstufe. Wird erst dann ein Kaiserschnitt gemacht, hat sich die Gebärmutter fast immer schon so stark infiziert, dass sie mitsamt dem Welpen entfernt werden muss. Damit ist dann die Hündin für die weitere Zucht verloren.

Gefahren, die die Welpen bedrohen

Die grösste Gefahr für alle Welpen ist, das sie nicht rechtzeitig Luft, d.h. Sauerstoff bekommen und deshalb ersticken. Dies geschieht dann, wenn die Sauerstoffzufuhr durch die Mutter über die Nabelschnur schon unterbrochen wird, bevor der Welpe frei atmen kann, entweder weil sie reisst oder abgedrückt wird, während er noch im Geburtskanal steckt oder weil die Eihaut zu spät geöffnet wird. Die ersten Atemzüge müssen spätestens 60 Sekunden nach dem Unterbruch der Sauerstoffzufuhr durch die Mutter erfolgen können.

Gerade junge Mütter oder auch sehr verfressene Hündinnen wenden sich ihren Neugeborenen oft allzuspät zu. Sie fressen genüsslich die Plazenta oder belecken sich ausgiebig das Hinterteil, ohne sich zunächst um den nach Luft ringenden Welpen in seinem Hautsack zu kümmern. Da ist es die Aufgabe des Züchter, mit den Fingern die Eihaut über Nase und Mäulchen einzureissen und dem Neuankömmling zunächst Luft zu schaffen. Ein paar kräftige Massagestriche mit einem Tuch über Rücken und Seiten regen die Atmung an, und sobald der Kleine zu wimmern beginnt, wendet sich ihm meist auch die Hündin zu. So mancher kleiner Berner Sennenhund hätte schon leben dürfen, wenn ihn im entscheidenen Moment die helfende Hand seines Züchters vor dem Erstickungstod bewahrt hätte! Bei Erstgebärenden, deren Reaktionen man noch nicht kennt und bei Hündinnen, die nachlässig mit den Welpen umgehen, sollte der Züchter daher bei jeden ankommenden Welpen gegenwärtig sein.

Schwieriger wird es zu helfen, wenn ein Welpe schon halb erstickt aus den Geburtswegen tritt. Dies geschieht häufig bei grossen Früchten, die nur mühsam ausgetrieben werden können und vor allem bei Hinterendlage, wenn die Hinterbeinchen vorankommen und der Kopf lange steckenbleibt. Der Züchter muss einer mühsamen Einzelgeburt nicht tatenlos zusehen, sondern kann sie durch aktives Eingreifen oft erheblich verkürzen. Kommen die Beinchen voran, schiebt man die Scheide weitmöglichst zurück und versucht, die Pfötchen mit den Fingern oder, da sie glitschig sind, mit einem Tuch zu fassen. Während die Hündin das nächste Mal presst – und nur dann – wird daran langsam und stetig nach unten, Richtung Bauch der Hündin, gezogen. Man wird schnell feststellen, ob der Welpe nachgibt und wie stark man ziehen darf. Meist bekommt man so ein Tierchen mit 1–3 Presswehen frei. Bei in Kopflage steckenden Welpen fühlt man, wenn man den Finger aufwärts in die Scheide führt, häufig das Schnäuzchen im engen Beckendurchgang stecken. Mit schlanken Fingern gelingt es oft, seitwärts am Köpfchen vorbei weiter nach innen zu gelangen und die Fingerspitze des Zeige- oder Mittelfingers hinter dem Kiefer in der Ohrengegend leicht einzuhaken. So kann man, wenn die Hündin wieder presst, mitziehen und versuchen, den dicken Kopf durch die Beckenpforte zu bringen. Alle derartigen Manipulationen dürfen nur mit kurzgeschnittenen Fingernägeln und gründlich desinfizierten Händen vorgenommen werden. Jede Kraftanwendung ist zu vermeiden. Man gehe mit viel Fingerspitzengefühl unter äusserster Schonung der Hündin vor. Behutsam angewendet, kann durch diese Mithilfe ab und zu ein steckender Welpe befreit werden, bevor er erstickt ist. Auch für die Hündin ist es eine Erleichterung.

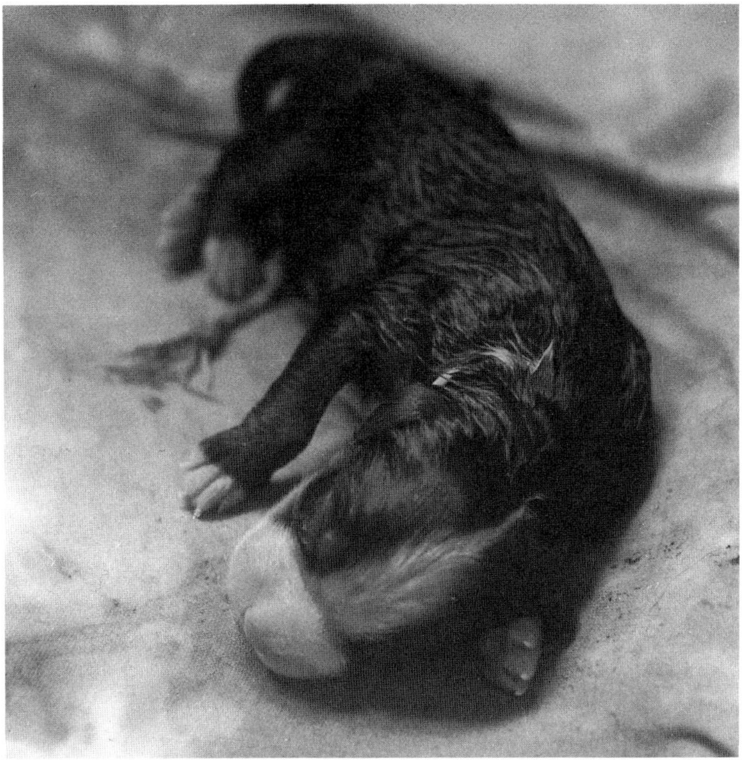

Der neugeborene Welpe
Noch benommen liegt er da. Die Nabelschnur ist halb abgekaut.

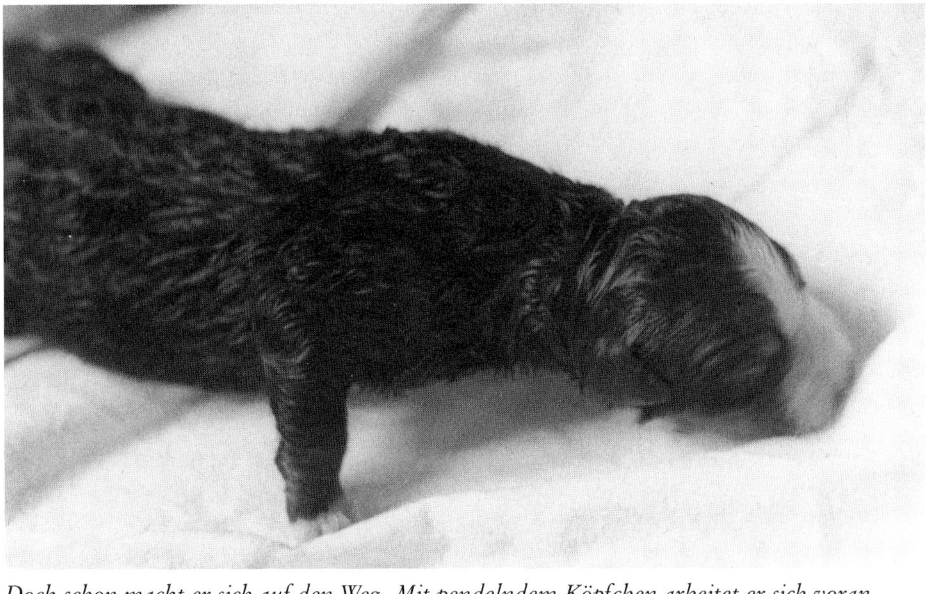

Doch schon macht er sich auf den Weg. Mit pendelndem Köpfchen arbeitet er sich voran.

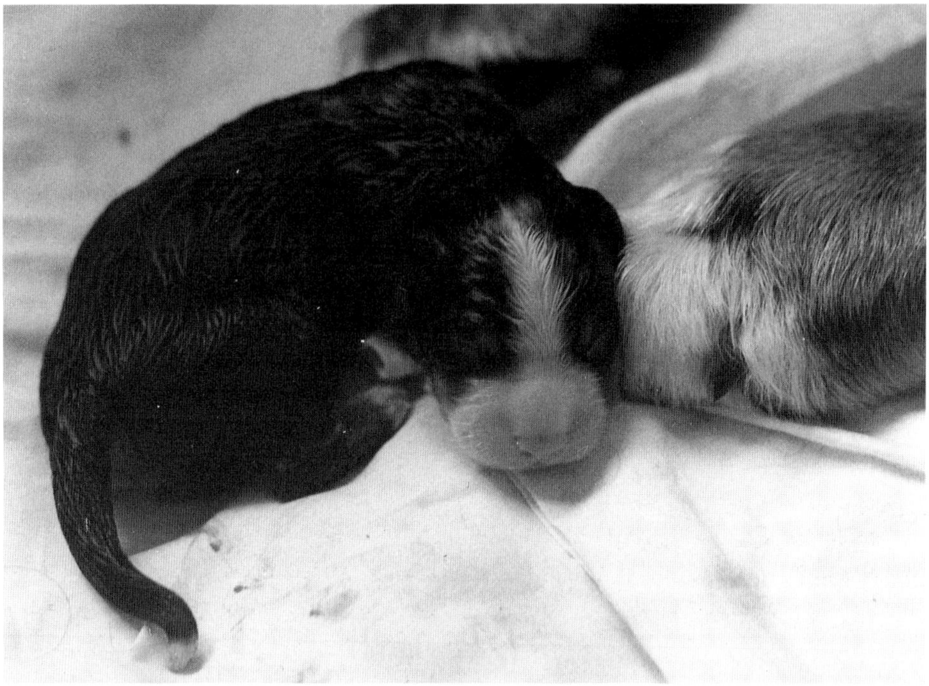

Eine Pfote der Mutter ist erreicht. Er ruht einen Augenblick aus, bevor er daran entlangkriecht.

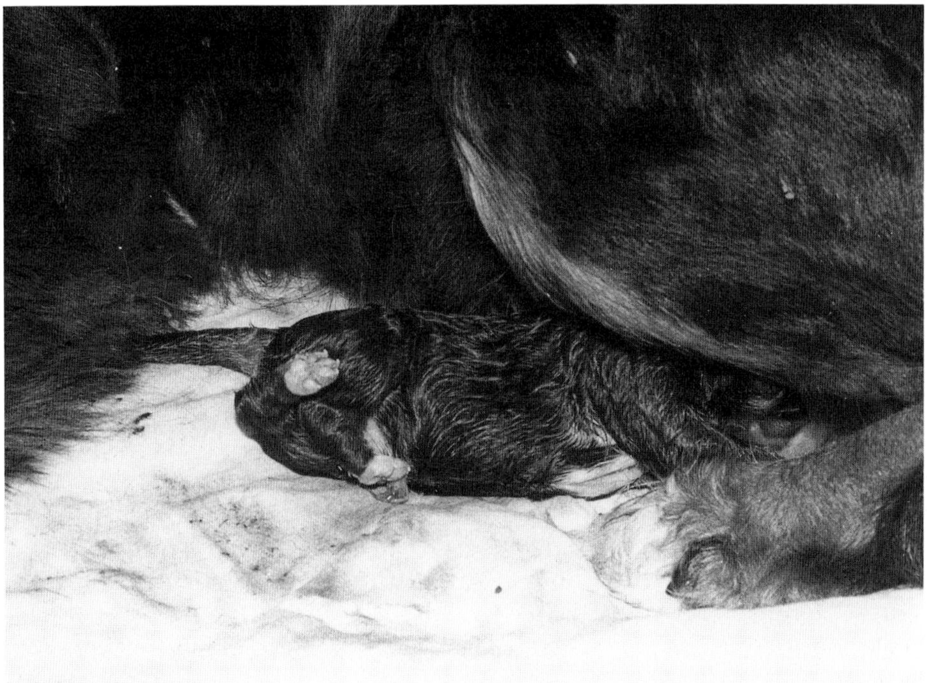

Am Ziel.

Kommen Welpen schon blau, also halb erstickt zur Welt, ist sofort zu handeln. So kann man immer wieder einzelne durchbringen. Die Eihaut ist meist längst aufgerissen. Als erstes müssen Nase und Mund von Fruchtwasser und Schleim befreit werden. Das macht man am besten durch Absaugen mit dem Mund. Das süsslich salzige Fruchtwasser ist ungefährlich und kann ausgespuckt werden. Dann wird der Welpe kräftig mit einem Tuch massiert, wenn vorhanden, kommen 1–2 Tropfen «Respirot» auf die Zunge. Beginnt er jetzt noch nicht zu atmen, nimmt man ihn in die Hand, Rücken zur Handfläche und Zeigefinger im Nacken, und schwingt ihn kräftig mehrmals auf und nieder. Dies sollte Fruchtwasserreste aus der Lunge und den Blutkreislauf in Gang bringen. Welpen können auch, wie Menschen, durch Nase und Mäulchen direkt beatmet werden (Mund-zu-Mund-Beatmung). Beim Hund geht diese Methode besser allein durch die Nase. Dabei muss aber die Luftmenge mit Fingerspitzengefühl und Vorsicht dosiert werden. Welcher Wiederbelebungsversuch den jeweils besten Erfolg verspricht, muss ausprobiert werden. Solange der Kleine nur gelegentlich das Mäulchen aufreisst und unregelmässig nach Luft schnappt, muss er weiter massiert und geschwungen oder beatmet werden. Es kann bis zu einer Stunde dauern, ehe die Atmung kräftig und regelmässig anhält. Man gebe nicht zu schnell auf. Zeigt sich aber bei einem schlappen Welpen nach 15–20 Minuten intensiver Bemühung noch überhaupt kein Lebenszeichen, muss man ihn als verloren aufgeben.

Nicht alle Welpen überstehen einen Sauerstoffmangel während der Geburt schadlos. Das erste, was ausfällt, wenn das Gehirn nicht immer mit genügend Sauerstoff versorgt war, sind Trinkfähigkeit und Schluckreflex. So ein Welpe ist in den ersten Stunden oft unfähig, eine Zitze zu fassen und wirksam zu saugen. Er muss zunächst künstlich ernährt werden, wenn er nicht ganz abschwachen soll. Am besten gibt man 5–10prozentige lauwarme Traubenzuckerlösung ein. Sehr oft stellen sich dann die Trinkfunktionen innerhalb von 24–48 Stunden wieder ein. Hat der Kleine diese Zeit überstanden und trinkt er dann normal, steht einer weiteren Aufzucht nichts im Wege. Man hat bisher keine Nachteile beobachtet. Lernt der Welpe aber das Trinken an der Zitze nicht und muss er mit dem Fläschchen durchgebracht werden, stellt sich häufig nach wenigen Tagen eine Lungenentzündung ein, da auch der Schluckreflex nicht richtig funktioniert und Milch in die Lunge gelangt ist. Welpen, die nach 2–3 Tagen noch nicht normal mit den andern saugen, schläfert man daher am besten ein.

Hie und da kommt es vor, dass Hündinnen ihre Neugeborenen beim Abnabeln nicht nur herumschubsen, sondern an der Nabelschnur aufheben und herumbaumeln lassen. Das muss vom Züchter unter allen Umständen verhindert werden, da so die Bauchhaut einreissen und Nabelbrüche entstehen können. Am besten nabelt er die Welpen dann selber ab. Dazu gibt es zwei Methoden. Bei beiden wird gewartet, bis sich die Nabelschnur geleert hat, oder das Blut wird mit den Fingern gegen den Bauch des Welpen ausgestrichen. Dann wird die Nabelschnur etwa 1,5 bis 2 cm vom Bauch entfernt entweder mit den Fingern durchgerissen oder mit einer desinfizierten Schere durchgeschnitten. Selten ist es nötig, den Nabel vorher mit einem Faden abzubinden. Über ein steriles Vorgehen braucht sich der Züchter keine grosse Gedanken zu machen. Es ist in der Wurfkiste schlichtweg unmöglich. Die ganze Umgebung des

Welpen, in der er sich bewegt, ist alles andere als steril, und er kommt dabei auch nicht zu Schaden, wenn die Hündin die Nabelschnur selbst durchtrennt hat.

Eine weitere Gefahr für die Welpen besteht darin, dass sie während der Geburt von der Hündin erdrückt oder zertreten werden können. Während der Geburtswehen, besonders wenn einzelne Welpen nur mit grosser Anstrengung geboren werden, können viele Hundemütter nicht mehr richtig aufpassen, was da so alles um sie herumkrabbelt. Liegt eine Hündin nicht ruhig, tut man daher gut daran, die geborenen Welpen aus der Wurfkiste zu nehmen, bis alle da sind. Dazu dient am besten eine grosse Kartonschachtel, in die man unten eine flache Wärmeflasche oder ein Heizkissen legt.

Darauf kommen die Hundekinder ausser dem Letztgeborenen, den die Hündin noch belecken will. Wenn sie nun auch ein paar Stunden nicht saugen können, macht das gar nichts, solange sie gut warmgehalten werden. Wärme ist für sie in den ersten Stunden wichtiger als Nahrung. Vom Fruchtwasser wird das Wurfbett auch immer nasskalt. Schon deswegen ist es ungünstig, die selbst noch feuchten Welpen dort herumkrabbeln zu lassen. Sie kühlen aus und ihre Trinkkraft wird dadurch erheblich herabgesetzt. Erst wenn die Tücher gewechselt sind, gibt man sie wieder der Mutter. Bei grossen Würfen kann man sie der Mutter schon während der Geburt wieder für ein Weilchen ans Gesäuge legen, wenn sie eine Pause eingeschaltet hat, bei kleinen Würfen und schnellen Geburten gibt man sie erst zurück, wenn die Hündin fertig ist. Stellt man die Schachtel dicht neben die Wurfkiste, akzeptiert sie dieses Vorgehen meist auch, solange sie die Welpen in der Schachtel beschnuppern und belecken kann. Es gibt allerdings Hündinnen, die völlig ausser Kurs geraten, wenn man ihnen die Welpen wegnimmt. Einige beruhigen sich, wenn die Kleinen ausser Sicht- und Hörweite gebracht sind, andere lassen sich so nicht beschwichtigen. Ist die Wurfkiste gross genug, kann man in solchen Fällen auch in einer Ecke eine warme Bettflasche oder ein Heizkissen unter die Tücher schieben und die Welpen dort zusammenhalten, bis alle da sind und die Gebärende ruhig genug geworden ist, so dass man sie ihr gefahrlos ans Gesäuge geben kann.

Unterkühlung im nassen Wurfbett ist oft der Grund dafür, dass Welpen schlecht trinken. Solche Kleinen dürfen niemals gleich gefüttert, sondern müssen immer zuerst aufgewärmt werden. Man steckt sie dazu am besten unter seine Kleidung und wärmt sie auf der eigenen Haut. Ganze Würfe müssen an einen warmen Ort kommen und dazu auch massiert werden. Erst wenn alle Körperfunktionen wieder normal sind, darf man sie der Hündin anlegen oder ihnen ein Fläschchen geben.

Hosen und Schwanz der Mutter sind eine wunderbare Wärmekammer.

Das praktische Vorgehen

Etwa ein Drittel aller Geburten bei Berner Sennenhunden sind Problemgeburten. Unter den 74 ausgewerteten Würfen gab es 12 Kaiserschnitte, das entspricht jeder 6. Geburt.
Jedes Jahr gehen in der Schweiz (rund 200 Würfe) 3–5 Zuchthündinnen infolge von Geburtsschwierigkeiten ein. Diese Tatsachen und das Vorangegangene dürften auch den letzten Züchter überzeugen, dass er bei der Geburt an die Seite der Hündin gehört, um Schlimmem zuvorzukommen zu können. Trotzdem muss er nicht von vornherein mit Problemen rechnen. 2/3 aller Geburten laufen ohne grosse Störungen ab, d.h., die Welpen werden in angemessener Zeit ohne direkte menschliche Einwirkung geboren und von der Hündin richtig versorgt. Bei einer Erstgebärenden tut er gut daran, sich die ganze Zeit in ihrer Nähe aufzuhalten. Bei Hündinnen, von denen man weiss, dass sie leicht gebären und richtig mit den Welpen umzugehen wissen, kann man sich auf Kontrollen in kurzen Abständen beschränken, ausser die Hündin wünscht die ständige Gegenwart der vertrauten Person. Diese Kontrollen sollten so häufig erfolgen, dass sofort erkannt werden kann, wenn ein Welpe «steckt», in Atemnot kommen könnte oder wenn die weitere Wehentätigkeit ausbleibt. Die Zeiten, in denen Welpen zur Welt kommen, müssen also genau verfolgt werden. Am besten legt man sich dazu

einen Notizblock an. Dort wird die Geburtszeit jedes Welpen genau vermerkt. Dazu kommen später: Geschlecht, Geburtsgewicht und ein paar eindeutige Unterscheidungsmerkmale. Viele Züchter lieben es, auch eine Notiz über seine Vitalität zu machen (Biotonus), d.h., ob er sofort lebhaft zu den Zitzen strebt oder sich erst nach einiger Zeit auf den Weg macht. Für die spätere Lebenskraft und Gesundheit gibt dieses erste Verhalten jedoch keine zuverlässigen Hinweise, da die Lebhaftigkeit in den ersten Minuten oft mehr mit dem Geburtsverlauf als mit dem Welpen selbst zu tun hat. Welpen, die nur mühsam geboren werden konnten, brauchen oft eine Weile, bis sie sich von den Strapazen erholt haben, während andere, die nur so herausschlüpfen, sofort unbehindert nach den Zitzen streben. Immerhin geben solche Beobachtungen Hinweise, bei welchen Welpen später noch besonders beobachtet werden muss, ob alles in Ordnung ist.

Die Aufzeichnungen über den Wurf können etwa so aussehen:

15.30 R	540 g	Schmale Blesse, links vorne kein Pfotenweiss; kräftig, lebhaft
16.10 H	490 g	Mittlere Blesse, rechts mehr Weiss am Fang, beidseitig vorn viel Pfotenweiss; musste massiert werden, bevor sie atmete
16.55 H	520 g	Sehr schmale Blesse, normales Pfotenweiss, keine weisse Schwanzspitze; zuerst etwas mitgenommen, erholt sich schnell

Das Wiegen und Kontrollieren der Neugeborenen geschieht am besten, während die Hündin schon mit dem nächsten Welpen beschäftigt ist. Dann wird sie am ehesten zulassen, dass eines ihrer Kinder entfernt wird. Auch da muss man behutsam vorgehen, da die Hündinnen zu diesem Zeitpunkt ihren Wurf bereits bewachen und es oft gar nicht zulassen wollen, dass man die Kleinen anfasst. Wenn man der Hündin den Wurf nicht überlassen kann oder will, kommt der Welpe nach dem Wiegen gleich in die bereitgestellte Schachtel.

Von den Zeichnungsmerkmalen wird nur das Auffallende, vom Normalen Abweichende, aufgeschrieben, woran man den Welpen hinterher wieder erkennen kann. Auch in ausgeglichenen Würfen sind nie alle Welpen gleich. Sind die Kleinen sehr gleichmässig gezeichnet, beachte man besonders einzelne Zehen oder die Bauchzeichnung als Unterscheidungsmerkmale.

Zusammen mit der ersten Kontrolle von Gewicht und Zeichnung wird auch nachgesehen, ob das Hündchen normal ist. Man schaut ihm ins Mäulchen, kontrolliert die Ohren, die Gliedmassen, den Nabel und die kleine Rute. Tierchen, die Anomalien aufweisen, wie Spaltnasen, Gaumenspalten, fehlende Ohren, unvollständige Glieder, Knick- oder Stummelruten, werden der Hündin später gar nicht mehr zurückgegeben, sondern gleich abgetan. Einige Züchter besorgen dies selbst, andere bringen sie zum Tierarzt, damit er sie einschläfert. In Ländern, in denen Wurfkontrollen durchgeführt werden, müssen solche Tiere jedoch dem Wurfkontrolleur gemeldet werden.

Solange die Geburt dauert, muss der Hündin von Zeit zu Zeit frisches Wasser oder, wenn sie es gewöhnt ist, auch Tee zum Trinken angeboten werden. Nahrung hingegen braucht sie jetzt keine. Eine gut gehaltene Zuchthündin hat genügend Reserven, um auch eine lange Geburt durchzustehen. Ausserdem frisst sie ja alle Eihäute und die Nachgeburten auf. In verschiedenen Büchern über Zucht werden allerlei Spezialitäten und Tränklein für die werfende Hündin empfohlen. Sie reichen vom schwarzen Kaffee mit viel Rahm über Eiercongnac bis zu allerlei Tees. Unsere Hündinnen haben alle diese Extras stets abgelehnt, und wir glauben auch nicht, dass damit der Verlauf einer Geburt wirklich beeinflusst werden kann. Bei grossen Würfen sollte man es nicht zulassen, dass die Hündin alle Nachgeburten auffrisst. Ein Teil sollte ihr weggenommen werden, da sie sonst starken Durchfall bekommen kann.

Verliert die Gebärende viel Fruchtwasser, muss von Zeit zu Zeit die Unterlage gewechselt werden. Wenn sie nicht selber geht, muss man sie auch mehrmals ins Freie führen, damit sie sich lösen kann. Im übrigen beschränkt sich die Geburtshilfe darauf, der Hündin durch ruhiges Verhalten Sicherheit zu geben und Störungen aller Art fernzuhalten.

Glaubt man, dass alle Welpen da sind, wird der Bauch kontrolliert. Die Mutter wird nochmals ins Freie geführt, ihr Bett wird frisch gemacht, und dann erhält sie ihren Wurf zurück. Hat sie alle ihre Kinder genügend geputzt und beschnuppert, wird sie sich bald langausgestreckt auf die Seite legen, um die Kleinen saugen zu lassen und vorläufig nichts als der Ruhe bedürfen.

Der Züchter lasse es nicht zu, dass sie gleich von bewundernden Besuchern überfallen wird, und wenn er selbst noch so gerne den Wurf jedermann zeigen möchte. Die Hündin regt sich in den ersten Tagen viel zu sehr auf. Welpen können auch noch nach der ersten Woche besichtigt werden, wenn die Mutter schon alles gelassener nimmt.

Geburtsgewichte von Berner Sennenhunden

Die nachstehenden Gewichte wurden anhand der Angaben aus 5 verschiedenen Zwingern berechnet. Es sind 13 verschiedene Hündinnen mit insgesamt 45 Würfen beteiligt. Gewogen wurden insgesamt 250 geborene und 212 aufgezogene Welpen.

Durchschnittsgewicht der geborenen Welpen (250)	503,2 g
Standardabweichung	70,6 g

Berner Sennenhunde werden also rund 500 g schwer geboren. Abweichende Gewichte von 430 g bis 570 g liegen innerhalb der Norm.

Durchschnittsgewicht der aufgezogenen Welpen (212)	509,5 g
Standardabweichung	68 g

Das leicht höhere durchschnittliche Geburtsgewicht der aufgezogenen Welpen ergibt sich dadurch, dass oft die leichtesten nicht aufgezogen werden. In der oberen Zahl (250) sind alle geborenen Welpen eingeschlossen, sowohl die ausgesprochenen untergewichtigen wie auch die sehr schweren.

Hündin und Welpen in den ersten Tagen

Die ersten Tage nach der Geburt sind für den Züchter meist vor allem Zeiten der Freude und geben erstaunlich wenig Arbeit. Die Hündin übernimmt sofort die ganze Fürsorge für ihre Kleinen. Sie säugt sie und untersucht unermüdlich ihre Hinterseiten, um nachzusehen, ob einer geputzt werden muss. Alle Ausscheidungen werden von ihr aufgeleckt. Ausser durch ihren Wochenfluss wird das Lager überhaupt nicht beschmutzt. Ihr Wurfbett verlässt eine Hundemutter meist überhaupt nicht und verteidigt es entschieden gegen alle Eindringlinge, seien dies nun fremde Menschen oder Tiere. Einzig ihr ganz vertraute Personen lässt sie an ihren Wurf heran, hat es aber am Anfang ungern, wenn allzukühn nach ihren Kindern gegriffen wird.

Trotz der äusseren Idylle hören die Überwachungsaufgaben für den Züchter nach der Geburt nicht auf. Er muss sich vergewissern, dass sich weder bei der Mutter noch bei den Welpen Störungen einstellen.

Die Fürsorge für die Hündin

Weil die Hündin in den ersten 2–4 Tagen nach dem Wurf in der Regel nicht freiwillig ihr Nest verlässt, weder um Nahrung aufzunehmen noch um sich zu versäubern, muss der Züchter sie von Zeit zu Zeit an der Leine hinausführen, damit sie sich lösen kann und ihr das Futter zum Bett bringen. Nach der Geburt erhält sie leichte Kost. Einige Hündinnen brauchen 1–2 Tage Zeit, bis sie überhaupt wieder etwas zu sich nehmen. Milch mit 1–2 Eigelb, etwas leichtes Fleisch oder gekochter Fisch mit Reis oder, wenn sie mag, ein Hafer- oder Reisbrei, sind die erste Nahrung, bevor man nach ein paar Tagen wieder auf Normalkost umstellt.

Wenn die Hündin sich einige Stunden von den Geburtsstrapazen ausgeruht hat, sieht man nach, ob es nötig ist, ihr die Hinterhand zu waschen. Trotz der langen Behaarung an Schwanz und Keulen machen sich die meisten Hündinnen bei der Geburt erstaunlich wenig schmutzig. Sie lecken sich sauber. Sind sie aber nass geworden, müssen die eingetrockneten Geburtsflüssigkeiten, am besten mit einem milden Desinfektionsmittel, aus dem Fell gewaschen werden. (Solche Desinfektionsmittel kann man beim Tierarzt kaufen, z.B. Lysoformin u.ä.) Die Hündin fängt sonst bald an zu stinken, und es entwickeln sich an den verschmutzten Stellen Bakterienherde, die den Welpen keineswegs bekommen. Auf gar keinen Fall soll man sie ganz baden, sondern nur das Nötige abduschen und hinterher gut trockenfrottieren. Ungefähr drei Wochen lang hat die Hündin einen zuerst stärkeren, dann immer schwächer werdenden, grünlich blutigen Ausfluss aus der Scheide (die Lochien). Er riecht süsslich und gehört zum normalen Geburtsablauf, macht es aber nötig, dass ihr am Anfang mindestens einmal täglich das Bettzeug gewechselt wird.

Wenn alles gut geht, wird die Hundemutter nach einigen Tagen wieder selbständiger werden. Sie verbringt zwar weiterhin die meiste Zeit mit ihrem Wurf, verlässt jedoch ihr Lager zum Fressen und sich Versäubern auch wieder allein. Sie kommt auch gerne wieder auf Ausgänge mit, die man dann auch unbedingt wieder aufnehmen sollte, um ihr Bewegung zu verschaffen. Doch muss sie dabei an der Leine geführt werden, da fast alle Hündinnen nach wenigen Metern schon wieder umkehren und heim zu ihren Kindern laufen möchten.

Leider kann es in diesen ersten Tagen auch Störungen geben, auf die der Züchter besonders achten muss. Am häufigsten kommt es vor, dass Reste von Fruchthäuten, Nachgeburten oder im schlimmsten Fall gar ein toter Welpe in der Gebärmutter zurückgeblieben sind. Diese gehen sehr schnell in Fäulnis über und verursachen schwere Entzündungen, die in kurzer Zeit in eine allgemeine Blutvergiftung (Sepsis) übergehen können. Diese ist lebensgefährlich und eine der häufigsten Ursachen, dass Hündinnen nach dem Wurf eingehen. Je früher behandelt werden kann, desto besser sind die Aussichten, dass die Krankheit glimpflich überwunden wird. Hinweise auf eine solche Gefahr sind,

- wenn die Hündin unruhig ist,
- wenn sie sich ausserhalb des Wurflagers an kühle Stellen legt,
- wenn die Welpen schmutzig sind, weil sie sie nicht putzt,
- wenn sie Welpen aus dem Nest an kühle Stellen trägt,
- wenn die Welpen nicht zunehmen,
- wenn die Welpen unruhig oder apathisch sind,
- wenn die Hündin nach den ersten 1–2 Tagen nicht frisst oder wenn sie erbricht,
- wenn die Hündin einen üblen Geruch verbreitet,
- wenn die Hündin keinen oder einen veränderten Lochialausfluss hat.

Einige Hündinnen zeigen bei einer Temperaturmessung Fieber an (über 39,3°C), andere Untertemperatur (unter 37,5°C). Zeigt sich irgendeine der genannten Erscheinungen, muss unverzüglich der Tierarzt aufgesucht werden. Er wird entscheiden, ob die störenden Überreste durch die Gabe von weiteren Wehenmitteln, durch Spülungen oder eine Operation herauszuholen sind. Antibiotika unterstützen die Behandlung. Ist bereits eine Blutvergiftung eingetreten, kommt meist jeder Rettungsversuch zu spät. Aber auch dann, wenn rechtzeitig eingegriffen und die Hündin gerettet werden kann, ist sie noch längere Zeit schwer krank und muss als Patient behandelt werden. Meist versiegt dann auch die Milch, und die Welpen müssen mit der Flasche ernährt werden.

Eine weitere Störung, die auch erst nach 1–5 Wochen noch auftreten kann, ist eine Entzündung der Milchdrüsen (Mastitis). Sie entsteht oft dann – aber beileibe nicht nur – wenn Hündinnen sehr viel Milch und nur einen kleinen Wurf haben. Werden nicht alle Zitzen regelmässig leergesaugt, meist sind es die hinteren, entstehen Stauungen, die Milchdrüsen infizieren sich, und es können sich schmerzhafte Abszesse bilden. Der Züchter muss also das Gesäuge der Hündin regelmässig kontrollieren. Fühlen sich einzelne Milchdrüsen heiss und hart an, sind die Welpen dort anzusetzen, was gar nicht so leicht ist, da die Kleinen die verhärteten Zitzen gerne meiden. Am besten sind diese durch sanfte Massage anzumelken, meist werden sie dann angenommen, sonst sind sie sehr vorsichtig ganz auszumelken. Starker Druck schädigt die Milchdrüsen und verschlimmert die Sache. Reagiert die Hündin schmerzhaft oder stellt sich gar Fieber ein, was ganz schnell gehen kann (lieber einmal mehr als zu selten messen!), ist sofort der Tierarzt zu benachrichtigen. Eine Brustdrüsenentzündung ist eine schwere Erkrankung, die auch die Welpen gefährdet. Sie müssen meist abgesetzt und dann mit der Flasche ernährt werden. Rechtzeitig erkannt, kann eine Mastitis mit Antibiotika und die Verhärtungen auflösenden Salben behandelt werden. Die Aussichten auf schnelle Heilung sind nur bei frühzeitigem Behandlungsbeginn gut.

Wenn eine Hündin plötzlich lahmt, Mühe beim Aufstehen hat, seltsam unruhig wird oder zu zittern beginnt, sind das häufig frühe Anzeichen einer beginnenden Eklampsie. Solche Säugekrämpfe entstehen, wenn der Calziumhaushalt nicht mehr stimmt, was häufig auch erst nach Wochen des Säugens eintritt, weil die Welpen der Hündin diese Mineralstoffe entziehen. Durch 1–2 Calzium-Injektionen, die der Tierarzt verabfolgt, ist diese Störung meist schnell behoben. Wird sie zu spät entdeckt, treten Krämpfe ein. Die Hündin hechelt, kann nicht mehr stehen und macht mit den Gliedmassen unkoordinierte, ausfallende Bewegungen. Auch hier gilt, dass nicht herumgepröbelt werden sollte, sondern möglichst schnell fachmännische Hilfe durch einen guten Tierarzt herbeigeholt wird. Insbesondere ist es zwecklos, einer solchen Hündin über das Futter nun erst Calzium zuführen zu wollen. In diesem Stadium können orale Kalkzugaben vom Körper nicht mehr wirkungsvoll verarbeitet werden. Als hilfreich erweist es sich aber, wenn Hündinnen, die einmal nach einer Geburt an Eklampsie erkrankt sind, vorbeugend vor und nach den Geburten zusätzliches Calzium zu füttern.

Die Betreuung der Welpen

Berner Sennenhunde wiegen bei der Geburt im Durchschnitt knapp etwas mehr als 500 g. Die Berechnung der Geburtsgewichte von 250 Welpen aus 41 Würfen von 12 verschiedenen Hündinnen ergab einen Durchschnitt von 503,2 g mit einer Standardabweichung von 70,6 g nach unten und nach oben. D.h., dass die meisten Welpen bei ihrer Geburt zwischen rund 430 und 580 g schwer sind (vgl. Seite 619). Dabei gibt es Hündinnen, deren Würfe regelmässig zwischen nur 400 und 500 g liegen, während andere zu schweren Welpen von 500 bis 650 g neigen. Der schwerste uns bekannte, lebend geborene Welpe wog bei seiner Geburt 870 g, der leichteste nur 240 g. Es sei nochmals erwähnt: Das Welpengewicht lässt sich durch Fütterung während der Trächtigkeit nur in beschränktem Rahmen beeinflussen, es beruht vorwiegend auf der genetischen Veranlagung von Mutter und Welpen. Schwere Welpen sind nicht unbedingt lebensfähiger und werden als erwachsene Hunde auch nicht grösser oder kräftiger als leicht geborene. Bringt eine Hündin regelmässig eher unter dem Durchschnittsgewicht liegende Welpen, braucht das den Züchter nicht zu beunruhigen. Diese Hunde haben genau die gleichen Lebensaussichten wie ihre schwereren Kollegen.

Bedeutungsvoller sind grosse Gewichtsunterschiede innerhalb desselben Wurfes, insbesondere wenn dann in der nachfolgenden Säugezeit nicht darauf geachtet wird, dass sich die Gewichte ausgleichen. Auch Welpen mit nur 350 g können ohne weiteres aufgezogen werden, besonders dann, wenn der ganze Wurf eher leicht ist. Anders ist es, wenn so ein kleiner unter lauter andern mit über 500 g liegt. Dann wird er den Rückstand kaum mehr aufholen. Er sollte nur dann im Wurf belassen werden, wenn er sich durch einen starken Lebenswillen, also Lebhaftigkeit und gute Saugeigenschaften, auszeichnet. Sonst lohnt sich die Mühe nicht.
Nicht nur die Hündin, auch die Welpen müssen nach der Geburt überwacht werden. Die Mutter kümmert sich nämlich nicht darum, ob alle zum Zuge kommen, und unter den Welpen geht es nach dem Recht des Stärkeren zu. So werden kleine oder im Anfang saugschwächere Welpen gerne abgedrängt und kommen bei grossen Würfen kaum oder nur an den schlechteren Zitzen zum Saugen. Dabei ist schon ein grösseres Geburtsgewicht oft ausschlaggebend für mehr Kraft. Ganz besonders Schlaue lassen oft andere eine Zitze «anrüsten» und drängen sie dann weg, wenn der Milchfluss so richtig in Gang kommt. Will der Züchter ein gleichmässiges Wachstum des ganzen Wurfes erreichen, muss er also unbedingt verfolgen, was sich da am Gesäuge tut. Schwächere Welpen müssen an die guten mittleren oder hinteren Zitzen gelegt, stärkere zurückgehalten werden. Ist der Wurf gross und wird ein ungleicher Kampf um die besten Zitzen geführt, ist es hilfreich, die kräftigen Welpen mehrmals am Tag aus dem Wurf zu nehmen und sie erst wieder dazu zu legen, wenn sich die schwächeren sattgetrunken haben. So können die Unterschiede oft innerhalb von wenigen Tagen ausgeglichen und der Wurf dann mehr sich selbst überlassen werden.

Besonderer Pflege bedürfen kleine oder saugschwache Welpen. Da in den ersten Tagen nicht zu unterscheiden ist, ob es sich um Tierchen von schwacher Konstitution handelt oder um solche, die durch eine traumatische Geburt noch geschwächt sind, lohnt es sich meistens, wenn man ihnen nachhilft. Für sie wird von Hand eine gute Zitze angemolken bis Michtropfen austreten. Dann werden sie dort angelegt und festgehalten, bis sie sich angesaugt haben. Der Vorgang muss solange in stündlichen Abständen wiederholt werden, bis sie von selbst zu saugen beginnen. Will das Trinken nicht gelingen, gibt man in stündlichen Abständen eine 5–10 %ige lauwarme Traubenzuckerlösung ein, jeweils etwa 10–20 g. Die Flüssigkeit wird hinten auf die Zunge getropft und abgewartet, bis der Welpe sie geschluckt hat. Am besten nimmt man dazu eine Pipette oder eine Plastikspritze, wie der Tierarzt sie für Injektionen braucht (natürlich ohne Nadel). Damit lässt sich auch die Menge gut dosieren. Nach wenigen Stunden hat so ein Welpe oft genügend Kraft gewonnen, um selbst saugen zu können. Es ist äusserst wichtig, dass alle Welpen in den ersten 12–24 Stunden Muttermilch bekommen. Auch saugschwache Welpen müssen daher von Anfang an immer wieder an die Zitzen gesetzt werden, man darf nicht einfach auf die Flasche ausweichen.

Die beste Art, Zustand und Fortschritte der Welpen in den ersten Tagen zu überwachen, ist die tägliche Gewichtskontrolle. Dazu genügt eine Küchenwaage, die möglichst auf 10 g genau wiegt. Die Welpen werden täglich um die selbe Zeit gewogen, und das Ergebnis wird notiert.

In den ersten 24 Stunden nehmen sie kaum oder nur geringfügig zu (10–30 g). Entwickelt die Hündin erst spät Milch, können sie sogar etwas abnehmen (ca. 10–20 g). Mit dem zweiten Tag sollte aber ihre Zunahme, etwa 20–50 g, beginnen, sonst stimmt etwas nicht, und sie müssen unbedingt künstliche Welpenmilch erhalten. Die Hündin muss genau untersucht werden. Vielleicht ist sie krank oder produziert kaum Milch. Die erste Milch, die sog. Kolostralmilch, ist in den ersten 48 Stunden für die Welpen lebenswichtig. Sie enthält nicht nur alle Nährstoffe und Vitamine für die Kleinen in konzentrierter Form, sondern auch besondere Abwehrstoffe, die vor Infektionen schützen. Fällt sie aus, muss der Tierarzt zugezogen werden, damit er durch eine Injektion von Gammaglobulinen diese Stoffe bei den Welpen ersetzt. Nehmen diese ab dem 3. Tag täglich etwa 50–80 g zu, müssen keine Bedenken mehr gehegt werden. Liegt die Zunahme darunter, ist zuzufüttern, dann produziert die Hündin zu wenig Milch. Man besorgt sich am besten eine der bei Tierärzten erhältlichen Welpenmilch-Marken (Esbi-Lac, Welpi-lac u.a.) und gibt je nach Zunahme zwei- oder mehrmals täglich eine Mahlzeit aus dem Fläschchen zusätzlich. Eigenmischungen aus Kuh- oder Ziegenmilch werden nicht von allen Welpen gut vertragen und sollten nur in Notfällen verwendet werden. (Genaues ist unter künstlicher Aufzucht von Welpen beschrieben.)

Der einzelne Welpe nimmt nicht alle Tage gleichviel zu. Er kann in Extremfällen an einem Tag plötzlich sein Gewicht um bis zu 120 g und am nächsten dafür nur um 60 g erhöhen. Ist die Zunahme im Durchschnitt regelmässig, sind keine Bedenken am Platz. Nehmen einzelne Welpen aber überhaupt nicht oder 2 Tage lang weit unter dem Durchschnitt zu, stimmt etwas nicht. Unter Umständen sind sie noch geschwächt und müssen zugefüttert werden, häufiger aber sind sie krank. Infektionen bei jungen Welpen sind recht häufig. Sie können innerhalb von wenigen Stunden zum Tode führen. Werden sie rechtzeitig erkannt, was im Anfangsstadium fast nur durch Gewichtskontrolle möglich ist, kann dem Welpen oft mit Antibiotika das Leben gerettet werden. Immer muss dann auch die Hündin untersucht werden, möglicherweise hat sich eine Zitze entzündet und sondert infizierte Milch ab. Wird ein sonst kräftiger Welpe plötzlich tot im Wurf gefunden, ist er fast immer einer Infektion erlegen. Da dann auch alle anderen Welpen gefährdet sind, sollte in solchen Fällen immer der Tierarzt zugezogen werden um abzuklären, ob der ganze Wurf mitsamt der Hündin behandelt werden muss. Häufig kann nur eine möglichst baldige Sektion durch ein entsprechendes Institut Klarheit über die Todesursache bringen. Zur Sektion bestimmte Welpen müssen kühl gelagert werden. Nimmt der ganze Wurf an einem Tag plötzlich weit unter den Erwartungen zu, ist dies ausnahmslos ein Hinweis, dass die Hündin erkrankt ist.

Sind die drei ersten Tagen gut überstanden, die Welpen nehmen gleichmässig zu und die Hündin ist wohlauf, sind damit auch die grössten Klippen genommen.

Alle Welpen, die sich als überzählige, kränkliche oder fehlgezeichnete zur Aufzucht nicht eignen, sollten am dritten Tage eingeschläfert werden. Man entscheide sich sofort und eindeutig. Zögern und Zuwarten machen die Sache nur schwerer, denn man wird mit jedem Tag mehr an diesen Tierchen hängen.

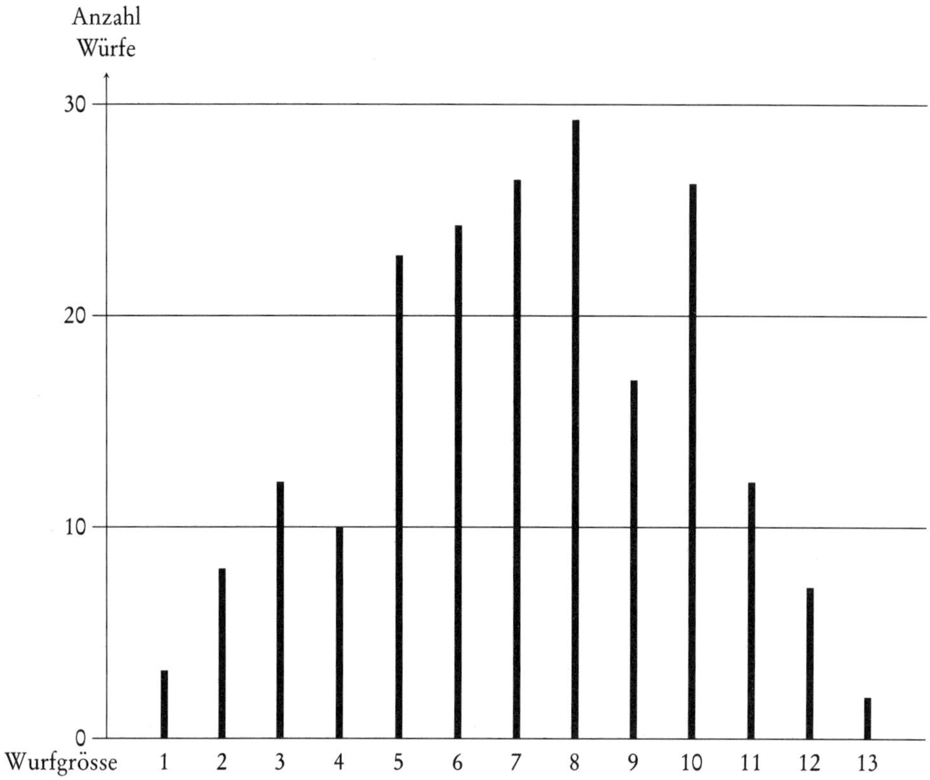

Wurfgrösse bei Berner Sennenhunden

Die Übersicht basiert auf den Eintragungen ins Zuchtbuch für Berner Sennenhunde in der Schweiz des Jahres 1987. Es wurden 199 Würfe mit insgesamt 1423 Welpen gemeldet. Das entspricht einer durchschnittlichen Wurfgrösse von 7,15 Welpen.

Die grafische Darstellung zeigt auf, dass Würfe von 5–8 Welpen am häufigsten sind, gefolgt von solchen mit 9 und 10 Welpen. Seltener umfassen die Würfe nur 4 oder weniger oder 11 Welpen und mehr. In den 2 grössten Würfen lagen 13 Welpen.

Von den 1423 Welpen wurden 137 tot geboren, das entspricht 9,63%. 80 Welpen sind nachträglich eingegangen, das sind 6,22% der lebend geborenen. 253 Welpen, 20,98% der überlebenden, wurden abgetan, weil sie schlecht gezeichnet oder überzählig waren.

931 Welpen wurden aufgezogen, das sind 65,43% der geborenen. Pro Wurf sind das im Durchschnitt 4,68 Welpen.

Wie bei anderen Hunderassen lagen in den Würfen insgesamt etwas mehr Rüden als Hündinnen. Es waren Rüden 725 = 50,95%.

Ärgerliche Verluste

Leider gibt es bei Berner Sennenhunden, wie bei andern grossen und schweren Rassen, ein lästiges Vorkommnis, gegen das der Züchter fast machtlos ist: Es ist das «Verliegen» von Welpen durch die Hündin. Meist geschieht es in der ersten Lebenswoche, dass der Züchter plötzlich einen toten Welpen findet, den die Hündin offenbar erdrückt hat. Sie hat sich drauf gelegt oder mit dem Rücken an eine Wand gequetscht oder ist mit einer Pfote darauf getreten. Es gibt einige Schutzmassnahmen, die mithelfen können, solche Verluste zu verhindern. Ganz vermeiden lassen sie sich jedoch leider nicht.

Einen gewissen Schutz bringt die richtige Grösse des Wurflagers. Die Wurfkiste sollte weder zu gross noch zu klein sein. In zu grossen Kisten können sich die Welpen verlaufen, die Hündin verliert die Übersicht. In zu kleinen Kisten ist sie in ihrer Bewegungsfreiheit eingeengt und kann sich deshalb auf Welpen legen. Eine vorstehende Leiste, nicht höher als 8–10 cm über dem Boden entlang der Rückwand, hindert die Hündin daran, sich direkt in den Winkel zu legen. Befinden sich Welpen nahe der Wand, werden sie dann von der sich niederlegenden Hündin unter die Leiste geschoben und haben Atem- und Bewegungsraum. Die Liegeunterlage darf nie so beschaffen sein, dass sich die Welpen darin verwickeln oder darunter kriechen können. Werden Tücher verwendet, müssen sie so gross sein, dass sie um die Matratze geschlagen werden können. Die vordere Abschrankung der Kiste, meist ein Brett, muss so niedrig sein, dass die Hündin nie einspringen muss. Einige Züchter sorgen dafür, dass das Lager auch nachts ein schwaches Licht hat, so dass die Hündin die Welpen immer sehen kann. Am gefährlichsten kann für die Welpen eine Aufregung der Mutter werden. Stürmt sie, durch die Hausglocke, das Gebell von Zwingergenossen oder Besucher aufgeschreckt, hastig aus dem Nest und noch aufgeregt wieder dahin zurück, ist schnell ein Welpe zertreten. Allen Aufregungen muss daher tunlichst vorgebeugt werden. Notfalls ist eine Hausglocke eben in der ersten Woche auszuschalten. Viele Züchter haben schon versucht, eine junge Hundemutter fast rund um die Uhr zu bewachen und vor allem dann aufzupassen, wenn sie das Lager verlassen hatte und dahin zurückkehrt. Sicher sind dadurch schon tote Welpen vermieden worden, die Erfahrung lehrt aber, dass solche Verluste auch bei grösster Sorgfalt oft leider nicht verhindert werden können.

Die Pflege von Hündin und Wurf nach einem Kaiserschnitt

Ein Kaiserschnitt bei Hunden ist für den modernen Kleintierarzt zur Routineoperation geworden. Unzähligen Hündinnen und ungeborenen Welpen in Not konnte dadurch schon geholfen werden. Kaiserschnitte werden heutzutage praktisch ausnahmslos in der Praxis des Tierarztes ausgeführt. In den meisten Fällen kann der Züchter dabei sein, ja oft ist seine Mithilfe sehr erwünscht, da die Welpen, anders als bei der natürlichen Geburt, oft von aussen zu den ersten Atemzügen veranlasst werden müssen. Drängt sich ein Kaiserschnitt auf, mache sich der Züchter also für 1–2 Stunden frei, indem er eventuell schon vorhandene Welpen in eine wärmende Kiste legt und begleite seine Hündin in die Praxis. Sie wird es schätzen, dort nicht allein gelassen zu werden. Nach den nötigen Untersuchungen erhält sie eine Beruhigungsspritze, von der sie schon einschläft und wird dann auf dem Operationstisch festgeschnallt. Von da an muss alles sehr schnell gehen. Das Hauptproblem für den Tierarzt besteht darin, die Narkose so zu dosieren, dass einerseits die Hündin keine Schmerzen mehr empfinden kann und andererseits die Welpen nicht zu viel Narkosemittel abbekommen, da dies ihre Vitalität reduziert. Die Hündin erhält das Narkosegas durch einen Schlauch direkt in die Lunge, oft überwacht eine Hilfsperson Atmung und Herzschlag. Sobald das Mittel wirkt, wird die Bauchhaut, meist am Unterbauch zwischen den Zitzen, aufgetrennt und die vollen Gebärmutterhörner werden durch die Öffnung herausgeholt. Durch einen Schnitt in ein Gebärmutterhorn entnimmt der Tierarzt Welpen um Welpen. Jetzt sind genügend Hilfspersonen wichtig. Die Welpen müssen möglichst schnell von ihren Häuten befreit und durch Absaugen von Geburtsflüssigkeit, Massage, Ausschwingen oder Wechselbäder zum eignen Atmen angeregt werden. Einige reagieren sofort. Häufig sind aber die Welpen durch die Strapazen der verzögerten Geburt oder durch das Narkosemittel geschwächt und erfordern mehr Anstrengung von seiten der Helfer. Sind alle Welpen in Sicherheit, kann sich der Tierarzt etwas mehr Zeit nehmen. Es folgt das zeitaufwendige Vernähen der Schnitte durch die verschiedenen Hautschichten. Gebärmutter, Bauchfell und Oberhaut werden durch getrennte Nähte verschlossen. Bei einer gut dosierten Narkose zeigt die Hündin, kaum sind die letzten Stiche gesetzt, meist schon an, dass sie langsam wieder aufwacht. Die ganze Operation dauert kaum mehr als etwa eine Stunde, oder die Zeit liegt, je nach Welpenzahl, noch darunter. Ist alles wunschgemäss gegangen, kann der Züchter jetzt seine noch benommene Hündin und – hoffentlich – einen ganzen Korb voll Welpen mit nach Hause nehmen. Nach einer kurzen Beobachtungszeit wird der Tierarzt meistens beide entlassen. Wir haben es erlebt, dass Hündinnen schon kurze Zeit nach dem Kaiserschnitt selbst zum Auto gehen konnten, andere müssen getragen werden. Hündinnen, die schon Würfe hatten, werden, auch wenn sie noch stark unter dem Einfluss der Narkose stehen, sofort ihre Aufmerksamkeit ihren Welpen zuwenden. Hat der Tierarzt es nicht anders verordnet, kann man der Hündin, nachdem man sie zu Hause auf ihr Lager gebettet hat, die Welpen auch sofort ans Gesäuge legen. Sie wird das schätzen, auch wenn sie noch nicht die Kraft hat, sie auch zu putzen. Merkwürdigerweise scheint die Naht zwischen den Zitzen den Hündinnen kaum Schmerzen zu bereiten, auch wenn die Welpen saugen. Niemals aber darf man sie in diesem Zustand mit den Kleinen alleine lassen. Das Narkosemittel wirkt noch gut 6–24 Stunden nach, und in diesem Zustand sind die Tiere nicht fähig, ihre Bewegungen zu kontrollieren. Eine Hundemutter könnte sich dann mitten auf die Welpen legen, ohne es zu merken. Diese werden nur eine Weile zum Saugen angesetzt, und wenn sie genug haben, unbedingt mit einem feuchtwarmen Wattebausch massiert, damit sie sich lösen und dann wieder von der Mutter getrennt. Im Abstand von etwa zwei Stunden werden sie erneut angesetzt und wieder massiert. Erst wenn die Hündin ohne zu Schwanken gehen kann, lebhaft in die Welt blickt und ihre Kleinen mit dem normalen Eifer putzt und betreut, kann man ihr den Wurf wieder überlassen. Das dauert normalerweise etwa einen Tag.

Der Milchfluss wird durch einen Kaiserschnitt in der Regel nicht beeinträchtigt. Kommt er aber nicht in Gang, wird am besten in Absprache mit dem Tierarzt entschieden, ob künstliche Welpenmilch gegeben werden muss. Durch Kaiserschnitt entbundene Welpen haben unmittelbar nach der künstlichen Geburt meist mehr Mühe, die Zitzen zu fassen, als normalgeborene. Oft erholen sie sich aber in wenigen Stunden in warmer Umgebung und saugen dann normal. Sonst sind sie gleich zu behandeln wie saugschwache Welpen nach einer Normalgeburt.

Hündinnen, die nicht schon vor der Operation durch eine mühsame Geburtsarbeit erschöpft waren, erholen sich von einem Kaiserschnitt erstaunlich schnell. Am ersten Tag nach dem Eingriff sind sie noch mehr oder weniger apathisch und erschöpft. Doch schon nach der zweiten Nacht merkt man kaum mehr einen Unterschied gegenüber Hündinnen, die eine normale Geburt hatten. Unsere Aila wollte am zweiten Tag nach der Operation nicht nur unbedingt mit auf den Spaziergang kommen, sondern sie sprang unterwegs auch mühelos und ohne Anzeichen von Schmerzen über einen Bach.

Wie normale «Wöchnerinnen» auch, bekommen sie, sobald sie Nahrung annehmen, in den ersten Tagen nur leichtverdauliche Kost und vor allem genügend zu trinken. Wichtig ist die tägliche Kontrolle der Naht. Diese zieht sich als 15–20 langer Strang am Unterbauch zwischen den beiden Zitzenreihen hin. Je nachdem, welche Technik der operierende Tierarzt angemessen findet, besteht sie aus einer Reihe von einfach zugeknüpften Fäden, oder es ist ein Gazestreifen mit aufgenäht. Man wird feststellen, dass sich die Naht sehr schnell schliesst. Bilden sich aber rote Ränder an den Schnittstellen, wirkt die Wunde infiziert oder entstehen gar von den Einstichstellen weg rote Streifen, muss die Hündin sofort dem Tierarzt vorgestellt werden. Auch wenn die Hündin beginnt, ihre Wunde belecken, ist dies ein Anzeichen, dass die Wundheilung nicht normal verläuft und es sie juckt. Hündinnen belecken ihre Kaiserschnittnarben normalerweise nicht, sie ignorieren sie. Vom Belecken zum Aufreissen der Fäden ist nur ein kleiner Schritt. Hätten wir dies vor Jahren gewusst, wäre zu verhindern gewesen, dass sich unsere erste Zuchthündin am fünften Tag nach einem Kaiserschnitt die Bauchdecke aufriss und daran verblutete. Ein solcher Unfall kommt sehr selten vor, und er geschieht nicht aus dem Blauen heraus. Hündinnen machen sich nur dann an ihrer Naht zu schaffen, wenn die Heilung nicht normal verläuft, und das kann vom aufmerksamen Beobachter vorher festgestellt werden. Kaiserschnitthündinnen brauchen also nicht grundsätzlich einen Kragen zu tragen.

Ungefähr 10 Tage nach der Operation kann der Tierarzt die Fäden herausziehen, und damit hört die spezielle Fürsorge für die Kaiserschnitthündin auch meistens auf. Für die weitere Zucht ist eine Hündin, die eine Schnittgeburt hatte, nicht verloren. Sie kann auch nach einem Kaiserschnitt wieder normal werfen. Zwei Hündinnen unserer Zucht hatten beim 2. und 3. Wurf je einen Kaiserschnitt, weil Welpen zurückgeblieben waren. Beide haben aber danach 3 weitere Würfe normal zur Welt gebracht. Kaiserschnitte können theoretisch auch mehrere Male, bis zu dreimal hintereinander, vorgenommen werden. Trotzdem muss sich ein Züchter fragen, ob er mit Hündinnen, die ernsthaft an Geburtsstörungen leiden und mit deren Töchtern weiterzüchten will. Geburtsstörungen bei Berner Sennenhündinnen dürfen nicht nur durch den momentanen Eingriff, sondern müssen auch durch gezielte Zuchtwahl auf Weibchen mit normaler Gebärfähigkeit bekämpft werden.

Pflege der Hündin, wenn keine Welpen da sind

Selten einmal kommt es vor, dass eine Hündin nach der Geburt gar keine Welpen zu betreuen hat. Seien diese nun tot geboren, zu spät durch einen Kaiserschnitt entbunden oder weil es Mischlinge waren abgetan worden: Bei der Hündin werden durch die Geburt auf jeden Fall alle mütterlichen Instinkte und der Milchfluss in Gang gebracht. Die Mutter wird ihre Jungen suchen, ihr Nest verteidigen und sich so verhalten, als hätte sie Kinder zu betreuen. Der Züchter kann diese Instinkte nicht auslöschen. Durch die Geburt erfolgt eine hormonelle Veränderung, der die Hündin unterworfen ist, auch wenn ihr Verhalten zwecklos geworden ist. Trotzdem kann einem solchen bemitleidenswerten Tier durch seine Leute wesentlich geholfen werden. Wichtig ist, dass unmittelbar nach der Geburt alles beseitigt wird, was die Hündin daran erinnern könnte. Konnten Welpen bei einem Kaiserschnitt nur noch tot geborgen werden, wird schon, während sie noch in der Narkose liegt, alles, was man zur Geburt vorbereitete, weggeräumt. Sie wird dann gar nicht in die Wurfkiste zurückgebracht, sondern wenn möglich an ihren alten Platz, auf dem sie zu normalen Zeiten gerne schläft. Wenn sie aus der Narkose erwacht, muss das ganze Wurflager, alle Tücher und Hilfsmittel, bereits verschwunden sein. Hat die Hündin normal geboren und waren die Welpen tot oder werden sie abgetan, wird sie durch eine Hilfsperson auf einen kleinen Spaziergang geführt, und der Züchter beseitigt alle Spuren der vorangegangenen Geburt. Wichtig ist, dass alles, was noch den Geruch der Geburtsflüssigkeiten tragen könnte (Tücher, Teppiche etc.) restlos beseitigt resp. gewaschen wird. Kommt die Hündin vom Ausgang zurück, sollten ihre Aufenthaltsorte wieder so hergerichtet sein, als hätte nie eine Geburt stattgefunden.

Der Milchfluss kann zunächst nicht gestoppt werden. Sind aber keine saugenden Welpen da, wird er jedoch schnell zurückgehen. Die vollen Zitzen dürfen nicht gemolken werden. Wird die Hündin arg von Milch geplagt, helfen Umschläge mit essigsaurer Tonerde auf das Gesäuge und vielleicht ein Mittel vom Tierarzt. Die Hündin wird wie nach einer normalen Geburt versorgt, erhält jedoch ganz knappes Futter und nur das wirklich Nötigste zu trinken. Wichtig sind nun gezielte Ablenkung und Beschäftigung. Sobald sich die kinderlose Mutter von der Geburt erholt hat, sollte sie häufiger als sonst bei allen Gelegenheiten mitgenommen werden, man mache mit ihr zusätzliche Spaziergänge und spiele mit ihr. Hündinnen, mit denen gearbeitet wird, können wenige Tage nach der Geburt schon wieder für Fährten- und leichte Revierarbeit herangezogen werden. Je mehr man der Hündin das Gefühl gibt, mit ihrer Gegenwart und dem, was sie für den Meister tun kann, für diesen wichtig zu sein, desto schneller wird sie ihre Mutterschaft «vergessen». Eine Geburt ohne Kinder ist für eine Hündin schlimm. Trotzdem ist man erstaunt, wie schnell ein Tier ein solches Ereignis überwunden hat, wenn man ihm dazu die richtigen Hilfen bietet.

Die Wurfkontrolle

In der Schweiz ist die Kontrolle des Wurfes durch einen anerkannten Klubfunktionär in den ersten Lebenstagen eine feste Einrichtung. Sie wurde 1955 vom Klub eingeführt, weil die Züchter viel zu viele schlecht gezeichnete Welpen aufzogen, die dem Gesamtbild der Rasse mit seiner typischen Zeichnung Abbruch taten. Schweizer Züchter müssen also kurz nach dem Wurf einen nahegelegenen Klubfunktionär benachrichtigen, der ihnen bei der Auswahl der zur Aufzucht geeigneten Welpen an die Hand geht. In anderen Ländern nimmt der Züchter selbst die Auswahl der Welpen vor. In einigen Ländern ist die Höchstzahl der aufzuziehenden Welpen festgelegt. In der Schweiz und in Österreich dürfen pro Wurf höchstens 6 Welpen aufgezogen werden. In Holland, Skandinavien, England, Frankreich, den USA und weiteren Ländern bestehen keine Vorschriften. In der Bundesrepublik Deutschland ist das Töten von gesunden, lebensfähigen Welpen zur Wurfreduktion durch das Tierschutzgesetz verboten.

Landesverbände, die über die Anzahl der aufzuziehenden Welpen einschränkende Bestimmungen für ihre Züchter erlassen haben, taten dies aus Erfahrung und im Bestreben, für die belassenen Jungtiere möglichst günstige Aufzuchtbedingungen zu schaffen. In der freien Natur würde niemals ein ganzer, grosser Wurf von 10 oder 12 oder mehr Welpen überleben. Die schwächeren würden durch Aushungern und mangelnde Wärme natürlicherweise eingehen, so dass am Schluss auch nur noch ein Teil übrigbleiben würde. Eine Reduktion des Wurfes ist daher nichts anderes, als dass der Züchter künstlich herbeiführt, was sonst auf natürliche Weise auch geschähe. Sollen mehr als 6 oder 7 Welpen belassen werden, ist bei ihrer Aufzucht künstlich nachzuhelfen. Entweder muss der ganze Wurf aus der Flasche miternährt oder eine Ammenmutter beigezogen werden.

Auch wenn kein Rasseklub Vorschriften erlässt, empfiehlt es sich, am 3. Tag eine Sichtung der Welpen vorzunehmen. Wurden mit Geburtsfehlern behaftete und ganz abartig gezeichnete gleich gar nicht angesetzt und schon nach ihrer Geburt beseitigt, sollte eine endgültige Entscheidung, was nun aufgezogen werden soll, nicht früher erfolgen. Einmal kann die Zeichnung nach 3 Tagen sicherer beurteilt werden, da die Haut der gerade Neugeborenen oft noch verzogen ist und Ungenauigkeiten vortäuscht, und dann weiss man bis dahin über das Gedeihen und die Lebensenergie der einzelnen Jungtiere schon etwas Bescheid. Es können Welpen scheinbar lebensschwach geboren werden und sich in den ersten 3 Tagen prächtig erholen, während kräftig geborene vor sich hinzuserbeln beginnen und nicht recht zunehmen.

Die Welpen werden nach ihrer Lebenskraft und der Zeichnung gesichtet. Es hat keinen Sinn, in einem genügend grossen Wurf auch die schwächlichen mitzuziehen und mühsam aufzupäppeln. Eindeutig schwache und zurückgebliebene Welpen, die Sonderpflege benötigen würden, werden deshalb ausgeschieden. Dasselbe geschieht mit Welpen, die gravierende Zeichnungsfehler haben. Die genaue Beurteilung der Zeichnung am Welpen wurde schon dargestellt (vgl. Kapitel «Vorkommen und züchterische Problematik einzelner Merkmale», Teil «Farben und Farbverteilung»). Hier seien nur die gravierendsten Zeichnungsfehler erwähnt: Völlig fehlende Blesse, nur ein ganz dünner Strich (er wird verschwinden) oder ein Stern; «weisse» Köpfe: Blesse bis an die Augen und stark über die Mundwinkel hinausreichend, deutliche Asymmetrie der Kopfzeichnung, grosser weisser Nackenfleck, weisser Halsring, von schwarzen Flecken oder Streifen durchzogenes Brustweiss, weisse Stiefel. Welpen mit diesen Fehlern sollten niemals aufgezogen werden, auch wenn keine Wurfbeschränkung eingehalten werden muss. Fehlendes Pfotenweiss und fehlende weisse Schwanzspitze sind grosszügiger zu beurteilen. Muss eine Beschränkung auf 6 oder 7 Welpen eingehalten werden und ist der Wurf nach dem Ausscheiden der schwachen und fehlgezeichneten Welpen immer noch zu gross, werden die übriggebliebenen sorgfältig miteinander verglichen und die besten behalten. Priorität hat dabei eine gute und symmetrische Kopfzeichnung, danach das korrekte Brustweiss und erst dann die Zeichnung der Pfoten. Wenig Pfotenweiss ist einem Stiefelansatz aus genetischen Gründen vorzuziehen.

Es kommen grosse, kräftige Würfe vor, aus denen kein einziger Welpe entfernt werden müsste. Daneben gibt es auch solche, in denen nicht ein Welpe wirklich ideal gezeichnet ist. Düstere Welpen können, solange noch eine Blesse vorhanden ist, eher aufgezogen werden als «Weisslinge», die überall, besonders am Kopf, viel zu viel Weiss aufweisen. Fehlgezeichnete Würfe mussten, zum grossen Leidwesen der Züchter, schon bis auf zwei Tierchen reduziert werden. Zwei Welpen sind der Hündin immer zu belassen, damit die Milch abgesaugt wird und damit die Welpen miteinander spielen können.

Die Reduktion eines Wurfes auf eine bestimmte Zahl oder auf die Welpen mit der erwünschten Zeichnung wird immer umstritten bleiben. Am problematischsten ist die Einschränkung auf eine bestimmte Welpenzahl, gibt es doch Hündinnen, die ohne weiteres auch grössere Würfe ernähren könnten und Züchter, die gerne zufüttern oder eine Amme beiziehen würden, wenn dafür ein ganzer Wurf aufgezogen werden könnte. Um feststellen zu können, was die Elterntiere wirklich vererben, wäre das

Ein ausgeglichen gezeichneter Sechserwurf nach der Wurfkontrolle.

Vorhandensein ganzer Würfe unumgänglich. Andererseits ist es verständlich, dass Rasseklubs, die ein Interesse daran haben, dass aus ihren Beständen nur kräftige und wohlgenährte Junghunde abgegeben werden, einschränkende Vorschriften erlassen, so dass auch jeder bei einem weniger erfahrenen Züchter aufgewachsene Welpe reelle Chancen hat. Hätten alle Züchter immer vorbildlich für Hündin und Welpen gesorgt, wäre es nie zu diesen Einschränkungen gekommen. Angesichts der vielen modernen Mittel wie künstliche Welpenmilch und Welpenfutter ist es allerdings fraglich, wie weit solche kollektiven Massnahmen noch sinnvoll sind. Solange sie aber bestehen, muss sich der einzelne Züchter an die Vorschriften seines Klubs halten. Ähnlich diskutabel ist die Reduktion von Würfen aus Zeichnungsgründen. Von Gegnern solcher Massnahmen wird den Klubs und Züchtern oft entgegengehalten, es würden mit den fehlgezeichneten Welpen vielleicht gerade die gesündesten und charakterlich besten umgebracht. Sicher können unter den aus Zeichnungsgründen abgetanen Welpen genau so gut besonders gesunde und besonders wesensfeste Hunde sein wie unter den aufgezogenen. Niemand wird das je wissen. Tatsache ist aber, dass von den Welpenkäufern unter einem guten Berner Sennenhund in erster Linie immer der schön gezeichnete verstanden wird. Die korrekte Zeichnung ist das «Markenzeichen» des reinrassig gezüchteten Berners. Unschön gezeichnete Welpen finden meist lange keinen Käufer und müssen meist zu stark herabgesetztem Preis verkauft oder auch verschenkt werden. Sie haben dann oft das gleiche Schicksal wie der Bastardhund, der nichts gekostet hat und für den man auch nichts aufwenden mag. Ein sanftes Einschläfern des Welpen, der mit dem unrichtigen Kleid geboren wurde, ist dann die gnädigere Lösung als ein verschnupftes Hundeleben. Deshalb sollten gewissenhafte Züchter sich von diesen Argumenten nicht verunsichern lassen und mutig das Nötige tun. Lieber ein kleinerer, kräftiger und schöner Wurf als ein ganzer Zwinger voll ungleicher Junghunde, die niemand haben will!

Das Schneiden der Afterkrallen

Gleichzeitig mit der Wurfkontrolle werden den Welpen meistens auch die hinteren Afterkrallen (Wolfskrallen) geschnitten. Das sind die sogenannten überzähligen Zehen an der Innenseite der Hinterfüsschen, die manchmal auch doppelt ausgebildet sind. Sie sind etwas höher angesetzt als die übrigen vier. Sie würden den Hund beim Gehen stören und werden daher am besten gleich am ganz jungen Welpen entfernt. Der Züchter kann dies in Abwesenheit der Hündin mit einer scharfen Schere selbst besorgen oder vom Tierarzt oder vom Wurfkontrolleur vornehmen lassen. Wichtig ist, dass der kleine Schnitt tief genug erfolgt, so dass die ganze äussere Zehe entfernt wird. Am besten lässt man sich die richtige Schnittweise von einer erfahrenen Person zeigen. Bis etwa zum 5. Tag ist das Entfernen der Afterkrallen für die Kleinen schmerzlos, weil das Nervensystem noch nicht ausgebildet ist. Sie schreien höchstens etwas, weil sie sich dagegen wehren, festgehalten zu werden. In den ersten 24 Stunden nach der Geburt dürfen keine Krallen geschnitten werden, weil die Gerinnungsfaktoren im Blut noch nicht fertig ausgebildet sind, es besteht sonst Verblutungsgefahr. Die entstehende kleine Wunde ist harmlos und muss nicht verbunden werden. Man kann sie entweder von der Hündin sauberlecken lassen oder, wenn man es vorzieht, mit einem blutstillenden Spray oder Puder behandeln. Unmittelbar nach dem Schneiden müssen die Welpen noch eine Weile überwacht werden. Sehr selten kommt es vor, dass ein Kleiner unverhältnismässig stark blutet. Solche Blutungen müssen unbedingt durch einen Verband zum Stillstand gebracht werden. Notfalls muss der Tierarzt helfen.

Die Aufzucht der Welpen

Vom Züchter hängt es weitgehend ab, ob die in seiner Zuchtstätte geborenen Welpen später einmal als kontaktfreudige, anpassungsfähige und gesunde Begleiter ihre zukünftigen Besitzer erfreuen, oder ob sie als Problemhunde immer wieder Anlass zu allerlei Kummer geben werden. Die Zeit, die das Hundekind bei seinem Züchter verbringt, ist mit 8–12 Wochen, am ganzen Hundeleben gemessen, ausserordentlich kurz. Und trotzdem ist sie die wichtigste! Nicht nur verzwanzigfacht der Welpe in dieser Zeitspanne sein Gewicht, er macht in diesem Lebensabschnitt auch alle grundlegenden Erfahrungen und gewinnt daraus seine Grundeinstellung zur Umwelt, vor allem zum Menschen. Im Gegensatz zu Wildcaniden, wie etwa Wölfen, Schakalen oder Kojoten, sind Haushunde in jeder Beziehung, so etwa in der Nahrungsbeschaffung oder durch die Gestaltung ihrer Umwelt, voll und ganz vom Menschen abhängig. Wenn der Mensch gut für sie sorgt, können sie sich entsprechend ihrer Veranlagung zu ihrem Bestmöglichen entwickeln, ist die Versorgung mangelhaft, bleiben sie weit hinter dem zurück, was ein guter Haus- und Begleithund sein könnte. Über den Daumen gepeilt, verdankt jeder gute Hund nur etwa die Hälfte der an ihm geschätzten Eigenschaften seiner positiven Veranlagung, die andere Hälfte ist der bewussten aktiven Mitarbeit des Züchters zuzuschreiben. Kümmernde und charakterlich enttäuschende Tiere sind häufiger die Folge nachlässiger Betreuung im frühesten Jugendalter als die Auswirkungen schlechter Erbanlagen. In den folgenden vier Bereichen ist die gezielte positive Beeinflussung der heranwachsenden Jungtiere durch den Züchter entscheidend:

1. Ernährung,
2. Vorbeugung gegen Krankheiten,
3. Bereitstellung einer geeigneten Umwelt,
4. bewusste Kontaktpflege zwischen Mensch und Tier.

In allen vier Bereichen kann die «Natur» allein den Welpen nicht versorgen, und er ist für seine Entwicklung voll und ganz auf den Menschen angewiesen. Alle vier setzen beim Züchter ein grundlegendes Wissen voraus, so dass er ganz bewusst das in einem bestimmten Zeitabschnitt Richtige tun kann. Gute Welpenaufzucht basiert nicht nur auf Gutmeinen und einer mehr oder weniger diffusen Liebe zum Tier, sondern auch auf konkreten Kenntnissen. Bevor wir aber auf die grundlegenden Fürsorgemassnahmen des Züchters eingehen, müssen wir uns klarmachen, wie sich Hundewelpen überhaupt entwickeln.

Die Hundekinder wachsen schnell. Grössenunterschied zwischen einem 3 Tage und einem 3 Monate alten Welpen.

Die Entwicklung vom Welpen zum Junghund

Die Entwicklung des Welpen verläuft nicht gleichmässig, sondern in ganz bestimmten Etappen. In jeder Phase kommt etwas Neues hinzu, das der Kleine vorher von seiner Ausstattung her noch nicht tun konnte, oder er reagiert anders auf Aussenreize als zuvor. Was in jeder Phase an Fähigkeiten oder Erfahrungen natürlicherweise erworben wird, hat dann zu geschehen. Es kann hinterher nicht mehr oder nur ungenügend nachgeholt werden.

Die verschiedenen Phasen haben von verschiedenen Forschern z. T. unterschiedliche Bezeichnungen bekommen und werden auch nicht von allen gleich abgegrenzt, je nach Gesichtspunkt, unter dem die Verhaltensforscher ihre Untersuchungen durchführten.

1. und 2. Lebenswoche: Die vegetative Phase

Als erster Entwicklungsabschnitt nach der Geburt können die ersten 14 Tage angesehen werden. Man nennt ihn auch die vegetative Phase, weil die Welpen fast wie im Mutterleib vollständig von der Mutter abhängig «vor sich hinvegetieren». Sie sind noch blind und taub, und auch ihr Geruchsinn ist noch wenig ausgebildet. Die am besten entwickelten Sinne sind Wärmeempfinden und Tastsinn. Mit ihrer Hilfe ist es den Kleinen stets wieder möglich, die Mutter und damit die Milchquelle zu finden. Haben sie den direkten Hautkontakt mit ihr verloren, pendeln sie mit ihrem im Verhältnis schweren Köpfchen hin und her (Suchpendeln), der Wärme entgegen, bis sie an einen Körperteil anstossen und kriechen dann diesem entlang, bis sie wieder am Gesäuge sind. Ihr Tageslauf besteht aus Saugen und Schlafen. Kot und Urin können sie nur unter der leckenden Massage der Mutter lösen, die auch alle Exkremente aufnimmt. Die Ausscheidungen ihrer Kinder müssen für Hündinnen etwas Wohlschmeckendes sein, denn sie sind unermüdlich daran, deren Hinterseiten danach abzusuchen, ob irgendwo wieder etwas fällig ist. Obwohl die Hündin nach den ersten 2–3 Tagen ihr Nest wieder selbständig verlässt, tut sie dies in den ersten 2 Wochen nur ganz zielgerichtet und immer nur für kurze Zeit. Dann kehrt sie zurück, schiebt ihre Kinder zusammen und legt sich sorgfältig um diese herum. Sie schläft auch noch im Wurfbett. Meistens präsentiert sie den Kleinen das pralle Gesäuge und reckt ihre Glieder U-förmig zur Seite aus, so dass sie dazwischen liegen können (funktionelles U). Wie oftmals pro Tag die Welpen zum Trinken ans Gesäuge krabbeln und wie lange sie schlafen, wurde bei Berner Sennenhunden bisher nie untersucht. Jedenfalls sind beide Intervalle sehr kurz, vermutlich liegen die Saugabstände unter zwei Stunden. Fast immer werden die Kleinen durch die Bewegung eines einzelnen oder der Hündin miteinander wach und saugen gemeinsam, häufig mit deutlich hörbaren Schluckbewegungen, so dass sich die Schluckerei fast anhört wie ein kleines rhythmisches Konzert. Dazwischen schlafen sie gern direkt am Gesäuge, mit dem Köpfchen auf einer Pfote, zwischen den Hinterschenkeln oder unter dem buschigen Schwanz der Mutter. Zum Saugen wird die Zunge um die Zitze geschlagen. Abwechslungsweise stossen die beiden Vorderpfoten gegen das Gesäuge, um dem Milchfluss nachzuhelfen: der sog. Milchtritt. Hat die Mutter das Lager verlassen, liegen die Kleinen dicht beisammen oder halbwegs aufeinander in einem oder mehreren Haufen (Kontaktliegen). Ein Welpe, der ganz den Kontakt mit Wurfgeschwistern und Mutter verloren hat, beginnt bald zu wimmern und pendelt im Kreis herum, bis er wieder irgendwo auf etwas Lebendiges stösst. Die Isolierung von Wurf und Mutter scheint grosse Ängste auszulösen. Zunehmend nimmt diese Angst aber ab, und in genügend warmer Umgebung kann man bald auch einzelne für sich alleine schlafen sehen, meist auf dem Bäuchlein oder der Seite, doch nicht selten auch behaglich auf dem Rücken, die vier Beinchen in der Luft.

Das charakteristische Merkmal dieser ersten Entwicklungsperiode ist die geschlossene Einheit, die Mutter, Welpen und Wurflager bilden. Die Welpen nehmen noch nichts von der weiteren Umwelt wahr. All ihr Streben zielt nur darauf ab, satt und warm zu sein. Zwei Verhaltensweisen aus dieser Zeit bleiben bei Hundeartigen zeitlebens erhalten: Sie tippen vertraute Lebewesen mit der Pfote an, wenn sie etwas möchten: Der Milchtritt ist zum Pfötchengeben geworden, und sie legen als Zeichen der Vertrautheit gerne dem Menschen den Kopf auf Knie oder Schoss, wie sie im Welpenlager ihr Köpfchen auf Mutter oder Wurfgeschwister gelegt haben.

In den ersten drei Wochen bilden Hündin, Wurf und Lager eine geschlossene Einheit.

3. Woche: Übergangszeit

Die zweite Phase, die dritte Lebenswoche, wird von vielen Forschern noch zur ersten gerechnet, weil die Einheit des Wurflagers auch jetzt noch nicht durchbrochen wird. Trotzdem bringt die dritte Woche Neues, so dass man sie auch als Übergangsphase betrachten kann.

Am 10., 11. oder 12. Tag öffnen Berner-Sennenhund-Welpen ihre Augen. Meist ist zuerst nur eine schmale Spalte sichtbar, durch die blau die glänzende Oberfläche schimmert, und oft öffnen sich nicht beide Augen am gleichen Tag. Früh geborene Welpen, d. h. solche mit weniger Trächtigkeitstagen, öffnen die Augen später als spät geborene. Gleichzeitig wird auch der Gehörgang frei, und die Kleinen können Geräusche wahrnehmen. Beides, Seh- und Hörvermögen, muss aber erst noch langsam entwickelt werden. Erst Tage nachdem die Äuglein offen sind, können die Welpen auch richtig sehen und etwas fixieren. Wann genau dies bei Berner Sennenhunden der Fall ist, dazu fehlen bisher exakte Untersuchungen. Sicher ist aber, dass die Welpen gegen das Ende der dritten Woche die Mutter erkennen können, wenn sie ins Lager kommt, und sich zielgerichtet auf sie zubewegen. Ebenso krabbeln sie auf ihren Betreuer zu. Fast gleichzeitig mit dem Öffnen der Augen und der Ohren beginnen die Kleinen auch zu stehen und richtig zu gehen. Vorher ist ihre Fortbewegung ein Vorwärtsrobben, sie schieben sich auf dem Bauch und benutzen die Beinchen nur zum Stemmen und Ziehen. Kurz vor oder mit der dritten Woche stellen sie aber die Beinchen unter den Körper und beginnen, sich vom Boden abzuheben. Oft purzeln sie dabei noch hin, kehren aber nie mehr zum alten System zurück. In derselben Zeit wird der aufmerksame Züchter auch da und dort kleine nasse Stellen oder Kotflecke feststellen. Die Welpen können sich nun auch ohne die Massage der Mutter selber lösen. Ja, einzelne Welpen entfernen sich schon vom Welpenknäuel, wenn sie urinieren müssen, und tun dies etwas abseits. Der Saug-Schlaf-Rhythmus wird jetzt auch durch kurze Phasen anderer Tätigkeit aufgelockert. Die Welpen wandern kurze Strecken in der Wurfkiste herum und stehen bis Ende der Woche auch an den Wänden hoch. Bei uns purzelt zu dieser Zeit immer etwa einer über die niedrige vordere Abschrankung und krabbelt dann schreiend auf dem kalten Boden ausserhalb umher. Auffallend ist das ständige Tuckern, mit dem sie ihre ersten Wanderungen begleiten. Es ist ein charakteristischer Piepston, den sie ununterbrochen ausstossen, wenn sie wach und unterwegs sind. Er dient offenbar dazu, einen Hörkontakt zu den Geschwistern herzustellen. «Solange man die andern tuckern hört, ist man zu Hause und in Sicherheit», das ist wohl die Deutung dieser Töne. Sie verlieren sich nach 2–3 Wochen, wenn die Welpen gewandter geworden sind. Ausser Sehen und Hören entwickelt sich in der zweiten Woche auch die Riechfähigkeit. Erstmals kann man beobachten, dass die Kleinen etwas beschnuppern. Auf die Arme genommen, schnuppern sie ihren Betreuer gern überall ab. Im rosa Näschen lagern sich die ersten Pigmentstoffe ein. Es erscheint dann oft wie dunkel getupft. Sie interessieren sich aber nicht nur für Mutter und Menschen, sondern beginnen auch ihre Wurfgeschwister wahrzunehmen. Sie bepfoten und belecken sich gegenseitig und knabbern noch ungeschickt an ihren Kameraden herum. Sie lernen auch, sich bewusst voneinander zu entfernen. Etwa vom 19. Tage an kann man hie und da schon ein erstes Knurren oder einen Bellversuch beobachten. Häufig wird damit kein anderer Zweck verfolgt, als es einfach auszuprobieren. Man kann so einen Kleinen isoliert für sich allein sitzen und in die Welt hinausknurren oder bellen sehen. Bald aber dient dies als Warnungssignal für die Wurfgeschwister.

Dieses ganze reiche Leben, das da als Eigenaktivität der Welpen beginnt, spielt sich immer noch im Wurflager ab. Auch wenn die Welpen die Möglichkeit haben, entfernen sie sich noch kaum von ihren Geschwistern und der Mutter. Das Wurflager ist ihr sicherer Hort, den sie sich noch nicht zu verlassen getrauen. Deshalb wird diese Phase von einigen Forschern auch noch zur ersten gerechnet.

4. bis 7. Woche: Die Prägungsphase

Mit dem 21. Tag ändern sich fast schlagartig das Interessengebiet und die Aktivität der Welpen. Ihre motorischen Fähigkeiten, ihr Gesichts-, Hör- und Geruchssinn und die zugehörigen Gehirnfunktionen sind nun so weit ausgebildet, dass sich die Hundekinder aktiv mit der Umwelt auseinandersetzen und das Lager verlassen können. Deutlich reagieren sie jetzt auf Reize von aussen. Geräusche schüchtern sie ein, so dass sie sich ins Lager ducken, oder sie erregen ihre Neugier. Alles Neue, das sie mit den Augen entdecken, wird auch mit der Nase und mit dem Mäulchen untersucht. Sie wenden ihre ganze Neugierde der Umwelt zu. Nähert sich der Züchter dem Wurflager, watscheln die Kleinen schon recht behende auf ihn zu und stehen fiepend an seinen Beinen hoch. Etwa von der 5. Woche an wedeln sie dazu auch deutlich mit den Schwänzchen. Sie getrauen sich jetzt aus dem Nest heraus und unternehmen kleine Entdeckungstouren, allerdings in der vierten Woche erst in ganz bescheidenem Ausmass, mehr als wenige Meter laufen sie noch nicht vom Welpenbett weg. Entfernt sich die Mutter aus der Kiste, laufen sie ihr ein Stück nach und versuchen im Laufen, nach den enteilenden Zitzen zu fassen. Die Hundemutter entfernt sich nun immer häufiger aus dem Nest. Sie säugt jetzt oft auch stehend. Zum Schlafen legt sie sich lieber in der Nähe nieder, um vor der drängenden Kinderschar etwas Ruhe zu haben. Viele Hündinnen nehmen in dieser Zeit ihr normales Familienleben wieder auf und besuchen die Welpen nur noch zu den Säuge- und Säuberungszeiten. Kot und Urin werden immer noch zusammengeleckt, bis fremdes Futter den Geschmack verdirbt. Zwischen dem 22. und 24. Tag stossen bei Berner Sennenhunden die oberen Schneide- und Fangzähnchen durch, die unteren Schneide- und Fangzähne folgen 2 Tage später, und nach weiteren 2 Tagen sind auch die vorderen Backenzähne, unten und oben, durchgebrochen. Der Welpe hat jetzt ein Mäulchen voll spitzer weisser Milchzähnchen. Damit kann er von nun an auch feste Nahrung zu sich nehmen. Wildhündinnen beginnen zu dieser Zeit vorgekautes und vorverdautes Futter im Magen ins Lager zu tragen und dort den Welpen vorzubrechen. Bei Berner Sennenhündinnen kann man diese Instinkthandlung nur noch vereinzelt beobachten. Der Welpe beginnt nun, seine Umwelt auf ihre Fresstauglichkeit zu untersuchen. Er tut dies ausgiebig und nimmt alles, was ihm begegnet, ins Mäulchen. Von der 5. Woche an kann man beobachten, dass Gegenstände ins Nest getragen werden, um dort in Ruhe untersucht werden zu können. Auch die Geschwister bleiben als Entdeckungsobjekt nicht verschont. Die Spiele werden differenzierter, intensiver, sie entwickeln sich zum richtigen Gerangel, bei dem auch geknurrt und etwas gebellt wird, wenn der Kollege es zu weit treibt. Täglich werden die Bewegungen gewandter, gekonnter. Aus dem langsamen und wackeligen Schreiten der 3. Woche wird ein recht behender Gang, entstehen ein Trott und der typische Welpengalopp.

Nach und nach wird der Aktionsradius ausgedehnt. Unsere Welpen, die bei gutem Wetter am Ende der dritten Woche in ein Gartenhaus im Freien gebracht werden, setzen sich aber in der vierten Woche höchstens in den Ausschlupf und betrachten sich von der sicheren Schwelle aus die Welt. Erst in der 5. Woche kommen sie heraus, entfernen sich aber noch nicht mehr als 2–3 Meter vom Einschlupf. Erst etwa vom Beginn der 6. Woche an getrauen sie sich weiter fort und dehnen in dieser Zeit ihre Entdeckungsgänge in immer grösseren Kreisen bis ans Ende des Auslaufs aus. Wenn sie ein Geräusch oder etwas sich hastig Bewegendes erschreckt, eilen sie unverzüglich in die Sicherheit des Häuschens zurück, um allerdings schon nach kurzer Zeit wieder herauszuschauen, was das Unbekannte wohl gewesen sein könnte. Sie eilen auch dann in ihr Lager zurück, wenn die Mutter oder andere Hunde des Rudels zu bellen beginnen. Diese Reaktion dient in diesem Alter dazu, die noch wehrlosen Kleinen vor dem Zugriff anderer «Raubtiere» zu schützen.

Das eigentliche Welpenlager bleibt jetzt immer sauberer. Abgesehen von einem oder zwei Schmutzfinken, die es in jedem Wurf gibt, beginnen die Kleinen, ihre Pfützchen und Häufchen immer weiter von ihrer Schlafstelle entfernt abzusetzen. Wenn möglich vermeiden sie es auch, den engeren Spielbereich direkt vor dem Häuschen zu beschmutzen.

Die 4. bis 7. Woche werden deshalb Prägungsphase genannt, weil in dieser Zeit, in der der Welpe sich intensiv seiner Umwelt zuwendet, alles, was er erfährt, einen tiefen Eindruck auf ihn macht. Es prägt sich ihm ein. Was er dann als gefährlich oder schmerzlich erlebt, wird er immer so einstufen. Was sich in dieser Zeit als harmlos oder gar angenehm erweist, wird er entweder ignorieren oder immer wieder aufsuchen. Er lernt dann, alles was er hört und sieht einzuordnen, einiges davon durch seine eigenen guten oder schlechten Erfahrungen, anderes, indem er seine Mutter beobachtet und nachahmt. Flieht die Mutter, flieht auch er. Geht die Mutter vertrauend auf etwas zu, folgt bald auch der Kleine. Erlebt er den Menschen als gütigen Futterspender, der ihn ausserdem streichelt und krault und mit ihm spielt und ihm so Wohlbehagen verschafft, wird er ihm bald mit inniger Welpenliebe anhangen und bis zum Schuss dieser Phase überallhin nachlaufen, wie er es bei seiner Mutter tut. Bald gehen ihm Nähe und Zärtlichkeit vor Futter, und er bringt seinem Zweibeiner unbegrenztes Vertrauen entgegen. Anders ist es, wenn dieser Zweibeiner für ihn unberechenbar bleibt, wenn dessen Einwirkungen einmal wohltuend und dann wieder schmerzlich oder völlig gleichgültig sind. Sein Vorschussvertrauen stösst dann ins Leere, er beginnt, sich in acht zu nehmen und ihm zu misstrauen. Lieber hält er sich dann nicht allzunahe beim Menschen auf. Bis zum Ende dieser Phase hat der Welpe alles erlernt, was ein Canide an Fertigkeiten für ein Hundeleben braucht. Er ist zwar noch ein kleiner, aber doch schon ein fertiger Hund, der zu den wichtigsten Einwirkungen aus seiner Umwelt eine eigene Reaktionsweise entwickelt hat.

8. bis 11. Woche: Die Sozialisierungsphase

In diesem Zeitabschnitt reift das Hundejunge zum Mitglied seiner Meute heran, das sich darin zurechtfindet und einordnen kann. Hundeartige leben ja immer in einem Meuteverband und sind von diesem sozialen Gefüge abhängig, um überhaupt überleben zu können. In der Wildnis führt nur die gemeinsame Jagd auf ein Beutetier zum Erfolg, und nur durch gemeinsame Anstrengung des ganzen Rudels können Junge aufgezogen und ernährt werden. Eine strenge Hierarchie unter den Meutekumpanen schafft Ordnung und erhält den Frieden im Verband. Das Bedürfnis, in einem sozialen Gefüge zu leben, ist den Hunden einerseits als urinnerster Instinkt angeboren, andererseits muss das praktische Alltagsleben im Rudel auch erlernt und durchgeübt werden. Auf die Integration ins Hunderudel zielt deshalb die nächste Entwicklungsstufe ab. Viele Verhaltensforscher, die Hunde- oder Wolfsfamilien mit heranwachsenden Welpen beobachtet haben, stellten fest, dass etwa von der 7. Woche an der Vater mehr und mehr ins Gesichtsfeld der Welpen tritt. Er spielt mit den nun herangewachsenen Jungtieren, weist sie aber auch zurecht. Er greift ein, wenn sie ernsthaft zu streiten beginnen und scheut sich nicht, einen unbotmässigen Naseweis auch einmal im Genickfell zu packen und durchzuschütteln, worauf die gemassregelten Kleinen sich zwar für einen Augenblick schreiend verziehen, doch dem Vater auch bald wieder mit erhobenem Schwänzchen zulaufen.

Die Entwicklung des Welpen.

Das Neugeborene im Vergleich zur Menschenhand. Es ist noch nass und faltig.

3 Tage alter Welpe; die Falten haben sich geglättet, das Fellchen ist weich und seidig.

1 Woche alt: Noch blind, kriecht er auf seiner Unterlage umher.

2 Wochen alt: Jetzt sind die Augen schon gut geöffnet.

3 Wochen alt: Er kann jetzt sitzen und seine Umwelt wahrnehmen.

4 Wochen alt: Die ersten Spiele beginnen. Die Welpen interessieren sich für die Dinge ihrer Umgebung.

5 Wochen alt: Er verfügt jetzt über die meisten Fähigkeiten des erwachsenen Hundes.

6 Wochen alt: Aufmerksam wird alles verfolgt, was rings herum geschieht.

8 Wochen alt: Schon ein richtiger kleiner Hund.

Da in Berner-Sennenhunde-Zuchten selten der Vater dabei ist, konnten bei unserer Rasse noch kaum solche Familien beobachtet werden. Der Züchter kann einzig feststellen, dass sich auch die Mutter nicht mehr alles gefallen lässt, sondern die Welpen etwa wegknurrt, wenn sie allzu zudringlich werden. Beim Spiel werden die Kleinen häufig von ihr auch auf den Rücken geworfen, jedoch in Ruhe gelassen, sobald sie artig ihre vier Pfötchen in die Luft strecken. Meist geht dann das Spiel gleich in einer anderen Art wieder weiter. Tanten und ältere Junghunde aus früheren Würfen mischen sich gerne in ähnlicher Weise mit ein, können aber gegen die Kleinen auch recht unleidlich sein und sie wegknurren oder böse nach ihnen schnappen. Auch unter den Welpen selbst werden alle Arten von kleinen Ringkämpfen ausgetragen. Sich aus geduckter Stellung anspringen, sich belauern und überfallen, von oben auf einen Kameraden hinunterspringen, sich verfolgen, wenn einer eine Beute hat und viele Formen mehr kann der Züchter beobachten. Wird einmal etwas zu derb zugepackt, kann das Opfer zetermordio schreien, worauf der Angreifer meistens sofort von ihm ablässt. Die Welpen lernen dabei, nur so stark zuzubeissen, dass der andere nicht verletzt wird: die sog. Beisshemmung. Bei Welpenkämpfen unter Berner Sennenhunden wird daher nie einer ernsthaft verletzt. Das Knurren und Jaulen, das die Auseinandersetzungen begleitet, ist eher Zeichen des Eifers und des Behagens als Ausdruck ernsthaften Zorns.

Wenn sie nicht schlafen oder fressen, sind die Kleinen sozusagen immer in ein Spiel verwickelt. Neben der körperlichen Ertüchtigung, dem Training von Muskulatur, Gelenken und nervlicher Reaktionsfähigkeit, dienen alle diese Spiele auch dazu, dass der einzelne Welpe sich innerhalb des Rudels einschätzen lernt. Er erfährt, dass Vater und Mutter immer die stärkeren sind, dass man auch mit der Tante nicht umspringen kann, wie es einem passt, dass einzelne Geschwister in bestimmten Situationen überlegen sind und in anderen unterliegen. Den Welpen scheint es genausoviel Spass zu machen, auch den Unterlegenen zu spielen. Eine eindeutige, starre Rudelordnung stellt sich aber bei Berner Sennenhunden nicht ein. Nach der Erfahrung mehrerer genau beobachtender Züchter kann man auch am Ende dieser Phase kaum einen eindeutigen Rudelführer ausmachen. Wohl gibt es Tiere, die sich in Einzelaktivitäten andern überlegen zeigen, in anderen dann aber wieder nicht, so dass sich kein eigentliches Alphatier herauskristallisiert. Da ist der Welpe, der sich am Futternapf als der gierigste erweist und auch gerne die andern vertreibt; er schwingt aber bei den Kämpfen selten obenauf. Da hat es einen Animator, der unermüdlich seine Geschwister aus allen möglichen Hinterhalten anspringt. Dort gibt es den, der den dürren Ast schlussendlich regelmässig für sich erobert. Und da ist einer, der immer als erster dabei ist, wenn es etwas Neues zu sehen gilt. Obwohl sich im Spiel aktivere und passivere Welpen unterscheiden lassen, echte Rowdies und zurückhaltendere Träumer, schält sich doch keine deutliche Rangordnung heraus. Deshalb verlaufen die Spiele bei Bernern meist auch letztlich eben nur als vergnügliches Spiel und nie als ernsthafte Kämpfe. Mit bösartigem Raufen muss sich der Züchter in diesem Alter kaum je befassen.

Deutlich erweitern die Welpen zu dieser Zeit auch ihren Horizont. Sie würden jetzt die Gelegenheit zu kleineren und grösseren Ausflügen in der näheren Umgebung nutzen, ohne sich gänzlich ausser Sichtweite des Heimes zu verlieren. Da sie aber fast immer durch ein Zwingergitter daran gehindert werden, sind sie häufig auf Ausguck nach dem, was draussen geschieht. Ist es etwas, was sie interessiert, stellen sie sich an den Zaun und begehren durchdringend schreiend nach draussen. Wenn etwa ein anderer Hund durchstreicht oder wenn sich der Züchter in Zwingernähe zu schaffen macht, zeigen sie mehr als deutlich an, dass sie dabei sein möchten. Bellt die Mutter, verkriechen sie sich nicht mehr ins Lager, sondern laufen neugierig herbei, und die ersten beginnen schon, mit der Mutter gemeinsam zu bellen. Bei einzelnen Welpen taucht in dieser Zeit auch eine kurze Phase des «Fremdens» auf. Sie können jetzt zwischen Bekannten und fremden Personen unterscheiden. Auf Bekannte laufen sie zu und begrüssen sie stürmisch, indem sie an ihnen hochstehen, vor Fremden weichen sie jedoch plötzlich zurück und kommen erst herbei, wenn sich die Unbekannten als freundlich erweisen. Bei gut veranlagten Welpen dauert diese Phase der Fremdenscheu nur wenige Tage, und es genügen 2–3 angenehme Begegnungen mit Unbekannten, damit sie auch zu diesen Vertrauen fassen.

12. bis 16. Woche: Die Phase des Umgebungslernens

Nach der 12. Woche setzt sich fort, was sich in der Prägungsphase schon anzudeuten begann: Die Welpen erweitern ihren Horizont. In der Wildnis würden sie sich jetzt einerseits zeitweise von der Mutter lösen und in kleinen Gruppen auf eigene Entdekkungsreisen gehen, ihr andererseits aber auch folgen, wenn sie Streifzüge unternimmt. Wenn wir einen Welpen nachgezogen haben, kam er ab der 10. bis 12. Woche immer auch auf die kleineren täglichen Ausgänge mit. Es ist eindrücklich zu sehen, wie die kleinen Kerle nun ihrer Mutter auf Schritt und Tritt folgen, auch wenn die sich gar nicht darum zu kümmern scheint. Sie versuchen, mit ihr Schritt zu halten, schnüffeln da, wo sie schnüffelt, strecken die Nase in die Luft, wenn sie den Wind prüft, fallen in Galopp, wenn sie es tut und winseln, wenn sie im Bach badet, bevor sie sich selbst hineingetrauen. So lernt der Junghund nun an der Seite der Mutter sein «Jagdgebiet» kennen, d. h. die Annehmlichkeiten und Gefahren seiner weiteren Umgebung. Wird ihm dies in dieser Zeit vorenthalten, wenn er also nicht im Schutz eines Meuteverbandes seine Umwelt kennenlernen kann, weil er beispielsweise weiter im Zwinger gehalten wird, entwickelt er einer unbekannten Welt gegenüber bald Furcht und Misstrauen. Der Welpe muss sich nach der 12. Woche im Schutz eines stärkeren Begleiters, und das ist in den meisten Fällen sein jeweiliger Meister, mit seiner weiteren Umwelt vertraut machen können, wenn er nicht dauernden Schaden davontragen soll.

Diese 5 Phasen muss der Züchter kennen, wenn er den ihm anvertrauten Hundekindern zu jeder Zeit das zukommen lassen will, was sie für ihre gesunde Entwicklung notwendig brauchen. Wenden wir uns nun dem Beitrag des Menschen zu dieser Entwicklung zu.

Ernährung

Die Ernährung der säugenden Hündin und die Entwicklung der Welpengewichte

Im ersten Drittel der Aufzuchtzeit geschieht die Ernährung der Welpen im Normalfall ausschliesslich über deren Mutter. Sie säugt die Kleinen. Mit der Muttermilch erhalten sie alle Stoffe, die sie zu ihrem Gedeihen brauchen in ausreichender Menge, richtiger Zusammensetzung und bester Verdaulichkeit. Die Milchleistung der Hündin ist, gemessen an ihrem Körpergewicht, gewaltig. In der 1. Woche nimmt ein Sechserwurf täglich um etwa 400–450 g zu, in der 2. Woche 500–600 g und in der 3. Woche 600–750 g. Das ist Substanz, die die Welpen der Mutter entziehen. Sie muss daher diese Nährstoffe in sich aufnehmen können, damit sie sie weitergeben kann. Ausreichende Ernährung der Mutterhündin ist für das Gedeihen der Welpen deshalb von grösster Wichtigkeit. Nach der Geburt muss sich ihre Nahrungsmenge gegenüber dem Normalbedarf mindestens verdoppeln, um in der zweiten und dritten Woche bis zum Dreifachen gesteigert zu werden. Meistens kann man sich einfach auf den Appetit der Tiere verlassen und ihnen in drei täglichen Mahlzeiten soviel geben, wie sie aufnehmen. Nur eine oder zwei Mahlzeiten reichen keineswegs aus, die Hündin könnte so gar nie genug aufnehmen. Viele Züchter stellen auch ein gutes Grundfutter in ausreichender Menge ständig zur Verfügung (Ad-libitum-Fütterung), so dass sie sich jederzeit selbst bedienen kann, und geben in einzelnen, zusätzlichen Mahlzeiten Fleisch, Milch oder anderes gehaltvolles Futter noch extra dazu. Das beugt einer Überfüllung des Magens vor. Die Zumessung der richtigen Menge braucht etwas Fingerspitzengefühl. Hat eine Hündin nur wenige Welpen zu versorgen oder produziert sie wenig Milch, darf die Futtermenge nicht allzusehr gesteigert werden, da die Hündin sonst nur verfettet, und das ist keineswegs wünschenswert. Bei grossen Würfen und reichlicher Milchproduktion kann ihr kaum zuviel gefüttert werden. Pro Welpe rechnet man etwa ¼ des Normalbedarfs einer Hündin. Das entspricht dem Doppelten der normalen Futtermenge bei 4 Welpen oder dem Dreifachen bei 8. Der Höhepunkt der Milchabgabe wird in der 3., 4. und 5. Woche erreicht. Danach geht die Milchproduktion zurück, um bis gegen das Ende der Säugetätigkeit in der 7. oder 8. Woche ganz oder fast ganz wegzubleiben. Länger sollten Hündinnen ihre Welpen nicht säugen, damit die Kleinen fertig entwöhnt und auf feste Nahrung umgestellt den neuen Besitzern abgegeben werden können. Wenn Hündinnen auch nach dieser Zeit ihre Kinder noch ein- bis zweimal am Tag etwas nuckeln lassen, muss das nicht mehr als eigentliches Säugen betrachtet werden. Im gleichen Masse, wie die Milchproduktion zurückgeht, muss auch die Nahrungsmenge der Mutter nach dem Säugehöhepunkt wieder sukzessive abgebaut werden. Auch bei sehr viel Milch produzierenden Müttern müssen nach der 6. Woche die Futterrationen deutlich gekürzt werden, damit der Milchstrom zurückgeht. Man gibt einfach nur noch die normale Futtermenge, wie sie vor Trächtigkeit und Säugezeit angemessen war. Eine Hündin sollte aus der Säugezeit in bester Form hinausgehen können und weder abgemagert noch verfettet sein. Das zweite ist bei Berner Sennenhündinnen viel häufiger der Fall. Die Hündinnen haben sich grosse Futtermengen angewöhnt und fressen gerne auch weiterhin noch weit über das hinaus, was sie für sich und die Welpen brauchen. Gerne naschen sie auch ständig bei den Kleinen. Wenn der Züchter nach der Abgabe des Wurfes nicht mit einem völlig verfetteten Tier zurückbleiben will, muss er daher aktiv eingreifen und verhindern, dass es sich ständig am Welpenfutter gütlich tut. Sonst muss hinterher gründlich abgespeckt werden, was weitaus härter ist, für beide, Halter und Tier, als wenn der Appetit der Dame schon vorher wieder in normale Bahnen gelenkt wird.

Wie bei der trächtigen Hündin darf nicht bloss die Menge erhöht, sondern es muss auch der Gehalt der Nahrung verbessert werden. Hundemilch ist sehr eiweiss- und fetthaltig und enthält im Verhältnis auch viel Mineralstoffe, vor allem Calzium. Das muss der säugenden Hündin zugeführt werden. Es genügt also keineswegs, einfach mehr vom sonst üblichen Fertigfutter zu geben. Trotz Magenüberfüllung könnte die Hündin daraus zu wenig Nährstoffe aufnehmen, um dem Säugeanspruch zu genügen. Neben einem guten Grundfutter muss sie jetzt zusätzlich tierisches Eiweiss (Muskelfleisch, Leber, Eier, Quark etc.) und unbedingt Mineralstoffe (Calzium und Phosphor) und Vitamine bekommen. Die Nahrung darf und soll auch vermehrt Fett enthalten. Bis 10% Fett oder gar darüber sind keineswegs schädlich. Fettes Fleisch ist daher nicht zu vermeiden, sondern wünschenswert. Täglich ein halber bis ein ganzer Liter Milch wird von den meisten Hündinnen sehr geschätzt und ist eine wertvolle

Die Hündin säugt ihre 3 Wochen alten Welpen mit Behaglichkeit im Freien.

Hinterher wird der Boden nach Häufchen abgesucht und alles sauber weggeleckt.

Ergänzung. Da Milch aber abführen kann, sollte Kuhmilch nicht in übertriebener Menge gegeben werden. Sie ist auch zu wenig gehaltvoll, um dem Nährstoffbedarf der Säugenden wirksam zu begegnen. Wertvoller als Kuhmilch hat sich für Zuchthündinnen spezielle Welpenmilch erwiesen, so wie sie für die Aufzucht mutterloser Welpen hergestellt wird. Sie hat die richtige Zusammensetzung und fördert die Milchbildung. Der Flüssigkeitsbedarf der Hündin liegt hoch über dem, was ein Hund sonst trinkt. Frisches Wasser muss daher immer ausreichend zur Verfügung stehen. Von Futtermittelfirmen werden auch spezielle Futtermischungen für säugende Hündinnen angeboten. Wer sich nicht selber mit der Zusammenstellung der richtigen Nahrung befassen kann oder will, greift am besten auf ein solches erprobtes Futter zurück.

Leider lässt sich der Milchfluss der Hundemütter über die Ernährung nur in beschränktem Masse beeinflussen. Es gibt Berner Sennenhündinnen, bei denen die Milch nur so heraustropft und die auch grosse Würfe bestens ernähren können, während die Milch bei anderen einfach nie recht genügen will oder manchmal gar fast ganz ausbleibt. Auch allerbeste Fütterung trägt in solchen Fällen wenig dazu bei, die Milchmenge zu steigern. Bei Tierärzten gibt es verschiedene Produkte zur Milchsteigerung (u. a. auch Hormonpräparate). Sie können dem Futter beigemischt werden, um die Milchproduktion anzuregen. Die Gabe von Fencheltee und auch homöopatische Mittel (z. B. Urtica urens 30) werden empfohlen. Leider lässt sich nach unserer und der Erfahrung anderer Züchter bei Milchmangel mit keinem dieser Mittel ein nennenswerter Erfolg erzielen. Die Milchproduktion einer Hündin folgt ihrer genetischen Veranlagung und ist von aussen kaum beeinflussbar. Hat eine Hündin zu wenig Milch, muss das einfach akzeptiert und die Welpen müssen entsprechend mit der Flasche zugefüttert werden. Keinesfalls dürfen sie aber ganz abgesetzt werden, sondern sollen am Gesäuge der Hündin bleiben, da auch noch so wenig Muttermilch besser ist als gar keine. Sie hilft mit, die künstliche Welpenmilch zu verdauen und die Kleinen gesund zu erhalten.

Die Ernährung der Welpen

Ob die Hundekinder während der Säugezeit genügend Milch bekommen, lässt sich nur mit der Waage feststellen. Es ist keineswegs so, dass hungrige Welpen schreiend im Wurflager herumkrabbeln. Zum Wimmern veranlassen sie einzig Kälte, Isolation von Mutter und Geschwistern oder Schmerzen, Hunger hingegen merkwürdigerweise nicht. Ein ruhig liegender Wurf bietet daher noch keine Gewähr, dass die Kleinen auch genug bekommen. Ständiges und angestrengtes Saugen, ohne dass die Welpen nach 10–15 Minuten mit rundem Bäuchlein satt von den Zitzen abfallen, kann aber schon ein Hinweis sein. Das Gesäuge der Hündin selbst gibt über die wirkliche Milchleistung nicht immer Auskunft. Bei einigen Hündinnen tropft fast ständig Milch heraus, bei anderen aber muss sie von den Welpen richtig herausgemolken werden, ohne dass sie deswegen Mangel leiden. Der Züchter, dem daran liegt, dass seine Welpen einen guten Start ins Leben haben, wird daher seine Welpen täglich auf die Waage legen und sich die Gewichte notieren. Wieviel Berner Sennenhunde pro Tag im Durchschnitt zunehmen, darüber geben die nebenstehenden Tabellen Auskunft. Liegen die Zunahmen wesentlich unter diesem Durchschnitt, muss die Muttermilch durch ein Ersatzpräparat ergänzt werden. Meistens genügt es, wenn die Welpen sich 2- oder 3mal pro Tag aus dem Fläschen richtig vollsaugen können. (Genaueres zur Flaschenfütterung steht unter «Aufzucht mutterloser Welpen».) In der 1. Woche sollte die Zunahme zwischen 50 und 80 g liegen, in der zweiten Woche um 70–110 g, in der dritten Woche um 80–120 g pro Tag. Bei einzelnen Hündinnen liegt sie auch wesentlich darüber. Das Geburtsgewicht verdoppelt sich innerhalb von 7–8 Tagen. Welpen, die in der 1. Woche unter 50 g, in der 2. unter 70 g und in der 3. Woche unter 80 g zunehmen oder die ihr Geburtsgewicht am 8. Tag noch nicht verdoppelt haben, müssen zugefüttert werden. Liegen die Zunahmen nur wenig unter den Durchschnittswerten, kann angenommen werden, dass der Rückstand nach Beginn der Beifütterung aufgeholt wird. Im Zweifelsfall ist eher nicht zuzufüttern, denn künstliche Welpenmilch kann bei einzelnen Welpen auch Störungen verursachen. Man setzt knapp ernährte Welpen dann einfach möglichst früh schon an ein Tellerchen und gibt ihnen den ersten Welpenbrei. Nach unserer Erfahrung sind Berner-Sennenhunde-Welpen frühestens etwa vom 17. Tage an in der Lage, Nahrung aus einem Gefäss aufzulecken. Frühere Versuche waren wenig erfolgreich, die Kleinen schmierten nur herum und hatten Mühe, etwas von der Milch oder dem Brei ins Mäulchen zu bekommen, so dass es einfacher ist, sie vorher aus einem Fläschchen saugen zu lassen.

Gewichtszunahme von Berner-Sennenhund-Welpen in den ersten 10 Lebenswochen
Den Berechnungen liegen Angaben aus 5 verschiedenen Zwingern zugrunde. Sie betreffen Welpen aus 45 Würfen von 13 verschiedenen Hündinnen.

Woche	Anz. Welpen	Mittelwert am Ende der Woche (Gramm)	Standardabweichung	Wochenzunahme	Standardabweichung	Durchschnittl. Tageszunahme	Standardabweichung
0	250	503	70				
1	179	976	174	470	137	67	19,5
2	177	1 622	314	644	177	92	25
3	168	2 369	447	730	186	104	26
4	151	3 229	530	842	198	120	28
5	121	4 296	621	1 109	273	158	35
6	83	5 814	771	1 315	293	187	41
7	74	7 158	909	1 346	328	192	46
8	61	8 570	993	1 296	228	185	32
9	20	9 771	788	1 494	500	213	71
10	12	11 118	1 196	1 178	316	168	45

Diese Durchschnittsgewichte am Ende einer Lebenswoche dürfen keineswegs mit sogenannten «Idealgewichten» verwechselt werden. Sie geben zwar Anhaltspunkte, doch müssen unbedingt auch die Standardabweichungen beachtet werden. So liegt ein Welpe, der z. B. am Ende der 5. Woche erst 3675 g wiegt, durchaus noch innerhalb der Norm, genau so wie sein Wurfbruder, der es bereits auf 4900 g bringt. Wesentlich über den Durchschnittswerten liegende Welpengewichte sind wegen der Gefahr von Skelettschädigungen nicht anzustreben. Wichtig ist die stetige, gleichmässige Gewichtszunahme, auch wenn diese innerhalb eines Wurfes durchaus unterschiedlich sein kann.

Richtwerte für die Gewichte am Ende einer Woche, die Tageszunahmen und Wochenzunahmen
Den Berechnungen liegen Angaben aus 5 verschiedenen Zwingern zugrunde. Sie betreffen Welpen aus 45 Würfen von 13 verschiedenen Hündinnen.

Woche	Tageszunahme	Wochenzunahme	Gewicht am Ende der Woche (Gramm)
0			400–600 (Geburtsgewicht)
1	50–85	340–520	800–1150
2	70–120	550–840	1300–2000
3	80–130	550–950	1900–2800
4	90–150	650–1050	2700–3750
5	120–190	840–1400	3700–4900
6	140–230	1000–1550	5000–6500
7	150–240	1050–1650	6200–8000
8	150–240	1050–1550	7600–9500

Diese Angaben sind Durchschnitts- bzw. Richtwerte. Auch hier ist ersichtlich, dass die täglichen und wöchentlichen Gewichtszunahmen innerhalb des Normalbereichs grosse Unterschiede aufweisen. Welpen, deren Gewichte sich innerhalb dieser Grenzwerte bewegen, nehmen «normal» zu. Liegen die Zunahmen aber deutlich darunter oder kommen sie zu einem Stillstand, muss zugefüttert werden bzw. sind der Welpe oder der ganze Wurf und die Mutterhündin auf Krankheiten zu untersuchen.

Vergleich zweier Zwinger mit unterschiedlichen Ausgangsgewichten der Welpen und Milchleistungen der Hündinnen

Die Zahlen zeigen, dass unterschiedliche Geburtsgewichte und eher knappe Milchleistung der Mutterhündin später ausgeglichen werden. Die angegebenen Gewichte entsprechen dem Durchschnitt aller Welpen.

	Zwinger A Hohe Geburtsgewichte, hohe Milchleistung (3 Hündinnen, 11 Würfe, 50 Welpen berücksichtigt)		*Zwinger B* Niedrige Geburtsgewichte, knappe Milchleistung (3 Hündinnen, 12 Würfe, 64 Welpen berücksichtigt)		
Woche	Gewicht	Tageszunahme	Gewicht	Tageszunahme	
0	525		478		
1	1034	72	906	61	Säugezeit
2	1764	104	1425	74	
3	2534	110	2046	88	
4	3372	119	2834	112	Beginn der Zufütterung
5	4374	143	4020	169	
6	5528	164	5144	160	
7	7169	234	6782	234	
8	8304	162	8571	255	
9	9558	179	9800	175	

Gegen Ende der ersten Woche müssen allen Saugwelpen unbedingt die nadelspitzen Krallen an den Vorderpfoten zurückgeschnitten werden. Sie können sonst das Gesäuge der Mutter erheblich verletzen, was dann öfter zu Infektionen führt. Danach sind, solange die Welpen saugen, die schnellwachsenden Krallen etwa alle 8–10 Tage erneut zurückzuschneiden.

Auch dann, wenn eine Hündin ihre Kleinen ausreichend ernähren kann, bringt die 4. Woche eine Veränderung. Meistens stellt der Züchter beim Wiegen fest, dass die Gewichte nun nicht mehr erwartungsgemäss weiter zunehmen oder dass sie gar zurückgehen. (Aus den Tabellen ist dieser Rückgang nicht ersichtlich, da alle Züchterinnen, die die Gewichte zur Verfügung stellten, dann zugefüttert haben.) Bei den Welpen sind die Milchzähne durchgebrochen, und ihr ganzer Verdauungskanal ist so weit entwickelt, dass sie nun ausser der Muttermilch auch andere Nahrung verdauen können. Eine Wildhündin würde jetzt anfangen, ihren Kindern Futter vorzuwürgen. Viele Hündinnen beginnen in dieser Zeit, das Säugen zu vernachlässigen. Sie besuchen ihre Kinder immer seltener und lassen ihnen oft nicht genügend Zeit, sich richtig satt zu saugen. Solchen Hündinnen muss geholfen werden, indem sich der Züchter Zeit nimmt, sie zum Säugen zu den Kleinen zu begleiten. Wenn er dabei bleibt und sie dazu lobt und streichelt, kann oft diese Säugekrise in ein paar Tagen überwunden werden und die Hündin übernimmt die alten Pflichten wieder wie vorher. Trotzdem sind das äussere Zeichen, dass nun mit der Zufütterung begonnen werden kann und muss. Einzig bei Hündinnen, die sehr viel Milch produzieren, kann noch ein paar Tage zugewartet werden, doch spätestens in der 5. Woche sollten alle Welpen auch zusätzliches Futter bekommen.

Nach 4–5 Wochen (oft auch schon früher) beginnt die Hündin stehend zu säugen.

Die erste zusätzliche Nahrung besteht am besten aus einem nicht zu dicken Brei. Entweder verwendet man Welpenmilch, wie sie von vielen Futtermittelproduzenten angeboten wird, und reichert sie mit feinen, sich möglichst ganz auflösenden Getreideflocken an (z. B. Matzinger), oder man stellt aus Kuhmilch selber eine der Hundemilch entsprechende Welpenmilch her. ½ l Kuh- oder Ziegenmilch, angereichert mit einem Eigelb, 2–3 Esslöffel Rahm, einem Esslöffel Honig, einem Calziumpräparat und feinen Flocken werden von allen Welpen gerne aufgenommen und auch gut vertragen. Alle Getreideprodukte müssen, wenn es nicht vorpräparierte Hundenahrung ist, gekocht werden. Rohe Flocken können von den Welpen nicht verdaut werden und erzeugen Durchfall. Erstmals gefüttert werden die Kleinen, bevor wieder eine Säugezeit fällig ist. Als Trinkgeschirr haben sich bei uns grosse Tonschalen, wie man sie als Blumenuntersätze verwendet, bewährt. Sie haben die richtige Randhöhe und genügend Gewicht, so dass sie von den Welpen nicht umgeworfen werden können. Am besten stellt man die Kleinen am Anfang zu zweit ans Gefäss. Einige entdecken sofort von selbst, dass man da etwas Gutes aufschlecken kann, anderen muss man die Schnauzenspitze eintauchen, so dass sie sie belecken können. So merken sie, wie man es anstellen muss, etwas von der süssen Sache ins Mäulchen zu bekommen und nicht nur an den Pelz. Immer wieder laufen die Bürschchen in den ersten Tagen vom Teller weg und «vergessen», was sie eigentlich wollten. Wenn sie wieder dazugestellt werden, beginnen sie erneut zu lecken. Mehrere Welpen zusammen fressen aus der Nachahmung heraus besser als einer allein. Man nimmt sie daher in der Lernphase, die 3–4 Tage dauert, am besten in kleinen Gruppen, die man noch überwachen kann. Nach den ersten Tellermahlzeiten ist es meistens nötig, sie mit einem feuchten Tuch abzuwischen, oder man hält sie der Hündin zum Sauberlecken hin. Künstliche Welpenmilch lässt sich auch nach dem Abtrocknen aus den Fellchen bürsten.

Am ersten Tag gibt man nur eine Mahlzeit, am zweiten zwei, um dann, je nach der Milchleistung der Hündin, auf 3 oder 4 zu erhöhen. Auskunft über die notwendige Anzahl der Mahlzeiten gibt wiederum die Gewichtszunahme der Kleinen. Gleichzeitig mit der Breifütterung beginnt man auch mit der Gewöhnung an Fleisch. Rohes Fleisch wird von Hundewelpen von allen Nahrungsmitteln am besten vertragen, man kann es sogar geben, bevor man mit der Breifütterung beginnt. Am besten besorgt man sich für den Anfang feines gutes Rinderhackfleisch. Auch fein gehacktes Geflügelfleisch hat sich bewährt. Die Kleinen kommen am ersten Tag nacheinander auf den Schoss und lecken eine etwa nussgrosse Kugel ohne jeden Zusatz von der Hand. Meistens nehmen sie es sofort an. Die Menge wird jeden Tag verdoppelt, bis der Tagesbedarf erreicht ist. Einige Züchter mischen das Fleisch auch einfach unter den Brei. Wir ziehen es vor, es im Anfang aus der Hand zu geben, einmal um das Vergnügen mitzuerleben, mit dem die Kleinen es zusammenlecken und dann auch, weil diese Handfütterung die Welpen an die Hand des Menschen als Quelle von Wohlbehagen gewöhnt. Erst später kommt dann das Fleisch in den Teller. Sobald man mit der Zufütterung begonnen hat, muss den Welpen auch frisches Wasser zur Verfügung gestellt werden. Die Muttermilch deckt den Flüssigkeitsbedarf vollständig, jede Art von Zufütterung bringt aber ein Ungleichgewicht, so dass die Kleinen von jetzt an auch Wasser nötig haben.

Die ersten Mahlzeiten am Teller geben meist ein grosses Geschmier.

Ist einmal die erste Woche mit dem leichtverdaulichen Brei und dem Fleisch vorbeigegangen, ohne dass die Welpen Durchfall bekommen haben, kann auf massivere Kost umgestellt werden. Es gibt eine ganze Menge spezieller Welpennahrungen auf dem Markt, in Flockenform, als Kügelchen, Brocken oder auch in Büchsen. Solche Nahrungsmittel können nun nach und nach beigezogen werden. Je nachdem werden sie in Wasser oder Milch eingeweicht oder trocken mit Wasser zusammen gegeben. Viele dieser Futtermittel sind als Alleinfutter geeignet und enthalten alles, was der Welpe zu seinem Heranwachsen braucht (z. B. Pedigree Pal Junior). Es ist also möglich, die Kleinen etwa von der 5. Woche an auf ein solches Welpenfutter einzustellen und ausschliesslich damit aufzuziehen. Je nachdem, wieviel Muttermilch die Kleinen noch bekommen, erhalten sie dann 3 oder 4 Mahlzeiten pro Tag. Einige Züchter stellen die Futterquelle auch zur freien Verfügung, so dass sich die Welpen jederzeit etwas holen können, wenn sie Hunger verspüren. Für zukünftige Haushunde, die auch nicht ständig an der Quelle sind, ist es aber besser, wenn sie von Anfang an feste Fütterungszeiten gewöhnt werden. 7.00, 11.00, 16.00 und 20.00 Uhr haben sich bei uns als die günstigsten Zeiten erwiesen. Die Menge richtet sich einfach nach dem Appetit. Alles, was nicht in 5 Minuten verzehrt ist, wird dann weggeräumt. Bei der Mahlzeitenfütterung gewöhnen sich die Welpen daran, dass der Mensch es ist, der ihnen Futter verschafft, und das fördert ihr Vertrauen und ihre Anhänglichkeit.

Trotz vieler ausgezeichneter Produkte, die überall im Handel sind und generell eine hervorragende Ernährungsgrundlage bilden, halten wir es nicht für wünschenswert, dass Hundewelpen ausschliesslich mit einem einzigen Futter aufgezogen werden. Die Gewöhnung an ein einziges Produkt in der Prägephase der Welpen ist keineswegs günstig, weil die Gefahr besteht, dass ein Hund später nur noch eine einzige Sorte Futter frisst. Auch Hunde lieben Abwechslung. Ein einschlägiges Welpenfutter (z. B. Pedigree Pal Junior) kann der ganzen Ernährung zugrunde gelegt werden, indem man es z. B. zweimal am Tag verfüttert, bei den andern Mahlzeiten aber etwas anderes gibt. Insbesondere sollten Welpen auch daran gewöhnt werden, vor allem rohes, aber auch gekochtes Fleisch und gemischtes Futter zu sich zu nehmen. Auch Futtermischungen für erwachsene Hunde werden von der 6. Woche an schon gut vertragen. Bei uns werden die Welpen daher nach einem abwechslungsreichen Plan gefüttert:

- Am Morgen bekommen sie weiterhin einen gekochten Brei aus Milch, 1–2 Eigelb, Vollkornflocken und der täglichen Calzium-Phosphor-Ration. Wir haben immer den Eindruck, dass die Welpen eine Schlabbermahlzeit am frühen Morgen ganz besonders lieben.
- Am späten Vormittag gibt es die Flockenmischung unserer erwachsenen Hunde, die auch Gemüse enthält, vermischt mit rohem Hackfleisch für Hunde oder mit Büchsenfleisch, hie und da auch mit gekochtem Fisch oder einer Gemüsebeilage.
- Am Nachmittag bekommen sie ein Welpenfutter, im Anfang eingeweicht, später trocken,
- abends nochmals die Mittagsmahlzeit mit Fleisch.

Rohes Fleisch ist, vor allem seit es die reklamewirksame Tierfutterindustrie gibt, als Hundenahrung umstritten. Wir verdanken diesem ganzen Wirtschaftszweig und der zugehörigen Forschung viel. Sie hat aufgehellt, was Hunde wirklich zu ihrem gesunden Wachstum brauchen und es narrensicher zu guten Futtermitteln zusammengestellt. Trotzdem sind wir der Auffassung, dass Hundewelpen, trotz bestem Büchsenfleisch, auch rohes Fleisch bekommen sollten. Die modernen Tiefkühlgeräte machen die Lagerung auch grösserer Mengen möglich. Rohes Fleisch ist die Grundnahrung aller Fleischfresser, darum wird es schon von jungen Welpen ohne weiteres verdaut. Oft wird die Möglichkeit, dass Hunde über rohes Fleisch mit Krankheitskeimen infiziert werden könnten, ins Feld geführt. Die modernen Fleischkontrollen sind aber heutzutage so streng geworden, dass zu solchen Bedenken kaum mehr Anlass besteht. Die gefürchtete Aujeszkysche Krankheit (Pseudowut beim Schwein), die für Hunde tödlich ist, wenn sie infiziertes Fleisch bekommen, ist beispielsweise in der Schweiz seit über 10 Jahren nicht mehr aufgetreten, so dass, zumindest in dieser Hinsicht, hier keine Gefahr mehr besteht.

Hundewelpen lieben Fleisch, und wenn der Züchter es aus einwandfreier Quelle beziehen kann, steht seiner Verfütterung nichts im Wege. Praktisch ist Hackfleisch verschiedener Zusammensetzung, das mit Flocken vermischt werden kann. Für die Welpen ist es aber ein wunderbarer Zeitvertreib, wenn sie an grösseren Stücken herumreissen können, dabei wird die Nahrung auch von den scharfen Zähnchen in verdauungsgerechte Stückchen gerissen. Kälberviertel oder Kalbsköpfe oder Teile vom Rind, die noch die Knochen enthalten, können ohne weiteres ganz in den Zwinger gegeben werden. Auch Schaf- und Pferdefleisch werden gerne genommen. Nicht zu empfehlen sind grössere Mengen Schweinefleisch, sie erzeugen häufig Durchfall. Kleinere Fleischstücke, die von einzelnen Welpen fortgeschleppt werden können, nagelt man auf ein grosses Brett.

Sicherheitshalber sollte kein Fleisch aus unbekannter Quelle verfüttert werden. In landwirtschaftlichen Gebieten ist aber immer wieder Fleisch erhältlich, das für den Menschen nicht freigegeben wird, für Hunde aber bedenkenlos verwendet werden kann. Dazu gehören tot geborene Kälber oder auch Rinder, die z. B. wegen einer Magenblähung notgeschlachtet werden mussten. Tiere, die wegen Krankheit vor dem Abgehen mit Medikamenten, vor allem Antibiotika, behandelt wurden, sollten als Welpenfutter nicht verwendet werden. Können keine ganzen Fleischstücke für die Welpen beschafft werden, sollten sie zur Stillung ihres Nagebedürfnisses wenigstens grosse, nicht splitternde Kalbsknochen bekommen. Wer einmal erlebt hat, mit welchem Vergnügen sie diese bearbeiten, sie herumschleppen, darum kämpfen oder sich mit einer solchen kostbaren Beute in einen Winkel verstecken, wird seinen Hundekindern diese Freude nie mehr vorenthalten wollen.

Für den modernen Züchter führen viele Wege nach Rom, d. h. zu einer gesunden Welpenentwicklung. Das Angebot geeigneter Hundenahrungsmittel ist heute gross, so dass sich jeder sein Welpenfutter nach den eigenen Möglichkeiten und der eigenen Neigung zusammenstellen kann. Folgende Regeln sollten aber beachtet werden:

- Die Beifütterung sollte in der 4., allerspätestens aber in der 5. Woche beginnen.
- Das erste Beifutter besteht aus einem leichtverdaulichen Welpenbrei und aus rohem gehacktem Fleisch.

Grosse Fleischstücke oder Knochen, von denen die Welpen das Fleisch abreissen können, sind für sie ein herrliches Vergnügen. Die Nahrung wird dabei auf natürliche Weise zerkleinert.

- Alle Getreideflocken müssen aufgeschlossen resp. gekocht sein.
- In den ersten zwei Wochen wird das Futter lauwarm, in den weiteren mindestens zimmerwarm gereicht.
- Zwischen eiweiss-, fett- und kohlehydrathaltigen Nährstoffen muss ein ausgewogenes Verhältnis bestehen.
- Ausschliesslich Fleisch oder nur Getreidenahrung sind schädlich und werden dem Nährstoffbedürfnis der Hunde nicht gerecht.
- Wird ein fertiges, vorfabriziertes Welpenfutter gereicht, sollen keine zusätzlichen Mineralstoffe und Vitamine gegeben werden, auch kein Calzium.
- Wird eine eigene Futtermischung hergestellt, müssen eine für Hunde richtige Mineralstoffmischung (Calzium und Phosphor im richtigen Verhältnis, 1,2 : 1) und Vitamine beigegeben werden.
- Wird reichlich Fleisch gefüttert, sollten keine Hundefutter mit starkem Eiweisszusatz (Protein) verwendet werden, sondern einfache Getreide- und Gemüseflockenmischungen. Zu hoher Proteingehalt wirkt sich ungünstig auf die Skelettbildung aus.
- Kuhmilch allein ist keine genügende Welpennahrung.
- Mast- und Aufzuchtmittel, die für andere Tierarten bestimmt sind (Schweine, Kälber), sind für Hundewelpen schädlich.

- Von der 7. Woche an sollten die Welpen auf einen Futterplan eingewöhnt werden, der später auch einem Welpenkäufer zugemutet werden kann.
- 4 Fütterungszeiten pro Tag reichen für 6 bis 10 Wochen alte Welpen aus.
- Welpen sollten ausreichend, jedoch eher knapp gefüttert werden. Überfütterung und zu hohe Gewichte führen zu Skelettstörungen und sind daher schädlich.
- Frisches Wasser muss immer zur Verfügung stehen.

Die Aufzucht von Welpen ohne Muttermilch

Wenn eine Hündin bei der Geburt eingeht, keine Milch oder zu wenig hat oder schwer erkrankt, müssen Welpen ganz oder teilweise künstlich ernährt werden. In Ländern, wo keine Beschränkungen der Welpenzahl besteht, muss bei grossen Würfen die natürliche Muttermilch mit künstlicher ergänzt werden.

Fällt eine Hündin nach der Geburt vollständig aus, so dass sie die Welpen auch nicht mehr reinigen kann, sollte, wenn immer möglich, eine Amme beigezogen werden. Einen Wurf von mehr als 2–3 Welpen mit der Flasche aufzuziehen und sauberzuhalten, übersteigt meist die Kräfte einer einzigen Betreuerperson, müssen die Kleinen doch in kurzen Abständen rund um die Uhr versorgt werden. Bei einer Amme ist ausser der Nahrungsquelle auch die richtige Wärme und die beste Sauberhaltung für die Kleinen gewährleistet. Als Ersatzmutter kommt für Berner-Sennenhunde-Welpen jede übermittelgrosse säugende Hündin in Frage, auch eine Mischlingshündin. Grössere mutterlose Würfe müssen oft auf 2 oder 3 Ammenmütter verteilt werden. Der Altersunterschied zwischen den eigenen Kindern der Ersatzmutter und den angesetzten sollte möglichst klein sein und eine Woche nicht übersteigen. Die Zusammensetzung der Hündinnenmilch passt sich dem Alter der eigenen Kinder an, und oft haben Hundemütter dann auch nicht mehr die Geduld, die kleineren, fremden zu säugen, wenn die andern schon grösser geworden sind.

Um einer als Ammenmutter ausersehenen Hündin fremde Welpen unterzuschieben, gibt es verschiedene Methoden. Wir haben gute Erfahrungen damit gemacht, die neuen Welpen einfach ausserhalb der Wurfkiste hinzulegen. Ihr Gewimmer veranlasst die Hündin bald, aus dem Nest zu kommen und die Kleinen tröstend zu belecken. Das Gejammer weckt ihren Mutterinstinkt. Zuerst schreckt sie vor dem fremden Geruch zurück, doch bald werden die hilflosen Kleinen ins Nest getragen, oder die Hündin versucht, sie an ihr Gesäuge zu schieben. Hat sie sie einmal saugen lassen und sie geputzt, ist kaum mehr etwas zu befürchten. Eine andere Methode besteht darin, die Welpen der Amme zusammen mit den fremden eine Weile in eine Schachtel zu legen und sie denselben Geruch annehmen zu lassen. Einige Züchter bestreichen alle Welpen mit ausgemolkener Hündinnenmilch oder mit etwas Wochenbettfluss, wenn die Hündin noch welchen ausscheidet. Die fremden Welpen werden am besten nach einer längeren Säugepause angesetzt, damit die Amme so richtig Säugedrang hat. Der Wurf muss dann noch eine Weile überwacht werden.

Alle Neugeborenen, ob sie nun durch eine Amme oder künstlich aufgezogen werden, müssen nach der Geburt in den ersten 24 Stunden unbedingt Kolostralmilch bekommen. Fällt die eigene Mutter vollständig aus, muss entweder gefrorene Kolostralmilch anderer Hündinnen eingesetzt werden oder wenn diese nicht erhältlich ist, müssen den Welpen zum Schutz vor Infektionen Gammaglobuline injiziert werden.

Seit es industriell hergestellte, künstliche Welpenmilch gibt, ist die Flaschenaufzucht von Hundewelpen kein unlösbares Problem mehr. Von Eigenmischungen aus Kuh- oder anderer Milch ist abzusehen. Kuhmilch ist völlig anders zusammengesetzt als Hundemilch, sie enthält zu viel Milchzucker, zu wenig und anders zusammengesetzte Eiweisse und zu wenig Fett. Sie sollte nur in äussersten Notfällen eingesetzt werden. Völlig ungeeignet ist menschliche Säuglingsnahrung. Künstliche Welpenmilch gibt es bei Tierärzten und auch bei Futtermittelfirmen. Es ist ratsam, für die Neugeborenen in der ersten Woche nur eine erprobte Welpenmilch zu verwenden, wie sie beim Tierarzt erhältlich ist (Welpi-lac, Esbi-lac u. ä.). Später kann immer noch auf ein billigeres Produkt aus der Futtermittelindustrie umgestellt werden. Diese Milchpulver werden in körperwarmem Wasser aufgelöst, meist im Verhältnis 1 : 3. Die Gebrauchsanweisung der Packung ist in jedem Fall genau einzuhalten.

Neugeborene Hundewelpen sind in den ersten 2 Tagen 12mal im Abstand von 2 Stunden und, wenn sie normal zugenommen haben, in den nächsten 6 Tagen bis zur Verdoppelung ihres Geburtsgewichts 8mal im Abstand von 3 Stunden zu füttern, dies rund um die Uhr, auch in der Nacht. Erst nach 8–10 Tagen kann man auf 6mal im Abstand von 4 Stunden umstellen und dann so verteilen, dass eine Nachtruhe von 6 Stunden eingeplant wird. Nach 16–17 Tagen kann mit der Fütterung von rohem Fleisch und kurz darauf auch mit der Tellerfütterung begonnen werden, wie bei der normalen Welpenaufzucht beschrieben. Nehmen die Welpen nicht genügend zu, also am 1. Tag unter 50 g und am 2. Tag unter 60 g, muss länger in kleinen Portionen und häufiger gefüttert werden. Das gilt auch bei unterdurchschnittlicher Zunahme an späteren Tagen.

Als Milchmenge wird pro Tag etwa 20% des Körpergewichts benötigt. Das heisst, dass ein 500 g schwerer Welpe am ersten Tag etwa 100 g bekommen sollte, das sind pro Mahlzeit etwa 8–10 g. Am zweiten Tag können es dann schon 120–140 g sein. Auskunft über die richtige Menge gibt wieder die Waage und auch etwas die Trinkfreudigkeit der Welpen. Pro Gramm Gewichtszunahme werden etwa 2–2,5 g Milch benötigt.

Mutterlose Welpen kann man mit der Pipette, mit der Flasche oder mit einer Magensonde aufziehen. Bei einigen Welpen muss tatsächlich bei den ersten Mahlzeiten zur Pipette oder auch zu einer Plastikspritze vom Tierarzt gegriffen werden, weil sie aus der Flasche zu schlecht saugen. Man tropft dann die Milch hinten auf die Zunge und wartet, bis sie abgeschluckt ist. Es ist dabei sehr sorgfältig vorzugehen, damit sich der Kleine nicht verschluckt. Gerät Milch in die Atemwege, kann dies eine Lungenentzündung bewirken. Nach 2–3 Mahlzeiten nehmen dann auch solche Welpen meistens den Sauger an. Als Flasche eignen sich die speziellen Tierfläschchen für Welpen am besten. Wir haben mit Säuglingsflaschen und -schnullern keine guten Erfahrungen gemacht. Die Schnuller sind zu gross und zu hart und wurden von unseren Welpen nur ungern angenommen. Spezielle Welpenflaschen aus Kunststoff und deren Mundstücke sind weicher und den Welpenmäulchen angepasster. Man achte darauf, dass die

Fläschchen eine Grammeinteilung haben, damit die Menge gemessen werden kann. Oft hat man den Eindruck, dass ein Welpe eifrig trinkt, liest man aber an der Skala ab, muss man feststellen, dass er noch fast nichts zu sich genommen hat. Andere wieder würden sich viel zu sehr vollschlagen, wenn man die Menge nicht auch etwas einschränken könnte. Wichtig ist die Grösse des Loches, das man mit einer glühenden Nadel in den Schnuller brennt. Ist es zu klein, müssen sich die Kleinen viel zu sehr plagen, um überhaupt etwas herauszubekommen, ist es zu gross, besteht die Gefahr, dass sie sich verschlucken und Milch in die Lunge bekommen. Das Loch sollte etwa so gross sein, dass pro Sekunde ein Tropfen herausfällt, wenn man das Fläschchen auf den Kopf stellt. Kunststofffläschchen für Tiere sind nicht teuer, am besten kauft man gleich 2 zusammen, damit man immer eine Flasche warmstellen kann, während ein Welpe an der anderen trinkt. Zu wenig warme Milch (unter 38° C!) wird oft abgelehnt. Selbstverständlich müssen diese Fläschchen, wie die für Menschenkinder auch, peinlich saubergehalten werden. Wird bei einer Mahlzeit nicht alles getrunken, stellt man die Milchreste für höchstens einige Stunden in den Kühlschrank. Am besten wird für jede Mahlzeit neue Milch zubereitet.

Man kann Welpen auch mit einer Magensonde ernähren. Das ist viel weniger zeitraubend, und man ist dann sicher, dass jeder Welpe wirklich die benötigte Menge bekommt. Ausserdem besteht bei der Sondenernährung keine Gefahr, dass der Welpe Milch aspiriert und sich eine Lungenentzündung zuzieht. Hilfreich ist Sondenernährung vor allem bei Welpen, die schlecht vom Fläschchen saugen. Am besten lässt man sich von seinem Tierarzt zeigen, wie das gemacht wird. Er wird auch am Magenschlauch anzeichnen, wie weit er hineingeschoben werden muss, damit er sicher im Magen deponiert ist. Die Gefahr, dass die Sonde in die Luft- statt in die Speiseröhre eingeführt wird, ist viel weniger gross, als man befürchtet. Falsches Einführen wird dadurch angezeigt, dass sich die Luft in der durchsichtigen Sonde im Atemrhythmus auf- und abbewegt. Züchter, die grosse Würfe aufziehen müssen, wählen oft die Sondenernährung. Sie hat aber den grossen Nachteil, dass der Saugreflex der Kleinen nicht befriedigt wird und sie dann an allem Erreichbaren herumsaugen, vor allem an ihren Wurfgeschwistern. Das kann auch bei der Flaschennahrung geschehen, wenn das Saugloch zu gross ist und die Welpen zu schnell satt werden.

Zum Trinken werden die Welpen am besten auf den Schoss genommen. Dort bleiben sie warm, und die Hände des Betreuers sind frei. Im Anfang wird das Mäulchen mit leichtem seitlichem Druck auf die Kiefer geöffnet, der Sauger hineingeschoben und gleich ein Tropfen Milch herausgedrückt. Das weckt den Saugreflex. Nur die ersten zwei bis drei Male brauchen jeweils etwas Geduld, bis jeder begriffen hat, was er soll, dann aber saugt meist auch der letzte mit grossem Eifer. Wenn ein Welpe nicht mehr recht will und bloss am Sauger herumkaut, genügt es oft, ihm das Fläschchen einen Augenblick zu entziehen, ihn etwas zu massieren und dann neu zu beginnen. Mit ein wenig Geschick kann die Flasche so gehalten werden, dass die Welpen beim Milchtritt, den sie auch an der Flasche ausführen, nicht ins Leere stossen, sondern Halt an der Hand finden.

Auf das Trinken muss in jedem Fall das Putzen folgen. Junge Welpen können ihre Exkremente nur dann ausscheiden, wenn sie von der mütterlichen Zunge an Bauch und After massiert werden. Ist eine Hundemutter vorhanden, hält man ihr die Kleinen zum Lecken hin. Ist keine da, muss der Mensch mit einem feuchten Wattebausch oder weichen Papiertaschentuch o. ä. die mütterliche Zunge imitieren, d. h. solange Bäuchlein und After massieren, bis sich Urin und Kot gelöst haben.

Ist eine Hundemutter vorhanden, wohnen die Welpen selbstverständlich bei ihr in der Wurfkiste. Sie ist die allerbeste Pflegerin und hält sie warm. Müssen grosse Würfe nur zusätzlich künstlich ernährt werden, wird der Wurf aufgeteilt. Eine Hälfte kommt immer abwechslungsweise ans Gesäuge und die andere erhält das Fläschen. In der Nacht kann man dann auf die Zufütterung verzichten.

Ist aber keine Mutter mehr da oder kann sie keine Pflegefunktionen übernehmen, muss der Züchter die Welpen künstlich warmhalten. Genügend Körperwärme ist für sie in der ersten Zeit genauso wichtig wie regelmässige Mahlzeiten. Unterkühlte Welpen trinken nicht mehr. Mutterlose Welpen, die sich nicht am Gesäuge und im Fell der Mutter aufwärmen können, brauchen eine höhere Umgebungstemperatur als normal aufgezogene. In den ersten 4 Tagen sollten sie bei 31–33 Grad, bis zum 10. Tag bei 27 Grad und ab dem 10. Tag bei 22 Grad (gut geheiztes Zimmer!) gehalten werden. Man legt sie deshalb nicht in eine weite Wurfkiste, sondern hält sie in den ersten 2 Wochen in einer Schachtel oder einem Korb nahe beieinander. Unter die Unterlage – Tücher oder Zellstoff – werden immer wieder neu aufgewärmte flache Gummibettflaschen oder besser ein Heizkissen, auf der niedrigsten Stufe eingestellt, geschoben. Auch eine Wärmelampe kann verwendet werden, doch ist dabei besondere Vorsicht am Platz. Sie muss mindestens 60 cm oder mehr von den Welpen entfernt aufgehängt werden, da sie ja nicht entfliehen können. Überhitzung (über 35 Grad) führt zum schnellen Tod. Am besten legt man von Zeit zu Zeit ein Thermometer ins Nest und kontrolliert die Temperatur. Nach der 2. Lebenswoche, wenn die Hundekinder zu stehen, zu sehen und sich mehr zu bewegen beginnen, müssen sie mehr Platz zur Verfügung haben. Die Aussentemperatur darf dann auch kühler sein. Der Züchter wird bald, wie bei einem normalen Wurf, durch eigene Beobachtung herausfinden, was seinen Welpen am besten bekommt.

Zwischen sorgfältig mit der Flasche aufgezogenen und von einer Hündin gesäugten Hunden ergeben sich später keine Unterschiede. Die Flaschenkinder werden bei guter Betreuung genauso gesund und kräftig wie ihre glücklicheren Kollegen. Trotzdem sollte sich jeder Züchter reiflich überlegen, ob er sich auf die Flaschenaufzucht ganzer Würfe überhaupt einlassen will. Wohl dauert die intensive Betreuung nur gute 3 Wochen, doch eine Person allein kann die Tage und Nächte intensiver Pflege nicht durchstehen. Ist ein ganzer Wurf zu betreuen, muss dann, wenn der letzte Welpe versorgt ist, schon wieder mit den ersten begonnen werden! Es braucht dazu also mindestens 2 Personen, die sich abwechseln können. Nach 10 bis 12 Tagen, wenn sich die Welpen selber lösen, kostet es viel Zeit, sie und ihr Lager sauberzuhalten. Kot und Urin müssen ständig weggewaschen und auch die Welpen immer wieder mit einem feuchten Tuch gereinigt werden. Eine Amme, die alle diese Pflichten übernimmt, ist da die günstigere Lösung. Sind dort die Welpen einmal auf festes Futter eingestellt, kann sie der Züchter nach Hause holen und für den Rest der Kinderstube selber weiterbetreuen.

Durchfälle bei Welpen

Welpen setzen, solange sie saugen, etwa 3–5mal pro Tag Kot ab. Dieser ist gelblich und dickflüssig. Ist er grünlich oder grau verfärbt und wässerig dünn und wird er zusätzlich häufiger ausgeschieden, stimmt etwas mit der Verdauung nicht mehr: Sie haben Durchfall. Selten handelt es sich bei Durchfall von Saugwelpen um eine vorübergehende Störung, wie sie gelegentlich durch etwas ausgelöst werden kann, was die Mutter gefressen hat, häufiger ist er Anzeichen einer beginnenden Infektionskrankheit. Bakterielle und Virusinfektionen können bei jungen Welpen sehr schnell tödlich verlaufen. Deshalb sollte bei länger als ein paar Stunden anhaltenden Durchfällen vor Beginn der Beifütterung immer vorsorglich der Tierarzt konsultiert werden. Er hat die Möglichkeit, beginnende Infektionskrankheiten unter Kontrolle zu bringen.

Bei Welpen, die schon anderes Futter als Muttermilch aufnehmen oder künstlich ernährt werden, ist Durchfall eher auf Fütterungsfehler zurückzuführen. Kuhmilch, Zucker, ungekochte oder unverträgliche Getreideprodukte, nicht einwandfreies Fleisch, bestimmte Büchsennahrung, zu grosse, auf einmal gefressene Futtermengen und vieles mehr können den jungen Welpen buchstäblich den Magen verderben. Erste Massnahme bei Durchfall ist immer eine absolute Fastenzeit von mindestens 12–24 Stunden. Ausser leichtem Kamillen-, Schwarz- oder Fencheltee statt Wasser und, wenn sie noch saugen, Muttermilch, bekommen die betroffenen Kleinen gar nichts. Das reguliert meistens die normale Verdauung wieder. Von der Verabreichung von allerlei stopfenden Mitteln muss dringend abgeraten werden. Wenn die Verdauung einen Tag zur Ruhe gekommen ist, kann man sorgfältig wieder zu füttern beginnen. Als erstes eignen sich künstliche Welpenmilch oder dann rohes feines Hackfleisch ohne Zusätze. Wenn dann die Kotbeschaffenheit wieder in Ordnung ist, kann langsam zur normalen Fütterung übergegangen werden, jedoch selbstverständlich unter Auslassung der Futterbestandteile, die vermutlich den Durchfall verursacht haben. Hält der Durchfall länger an (mehr als 1–2 Tage), muss eine ernsthafte Erkrankung vermutet werden, und der Kleine gehört zum Tierarzt. An Durchfall erkrankte Welpen trocknen sehr schnell aus, was die Sache noch verschlimmert. Solchen Welpen muss dann immer Elektrolytlösung (Blutflüssigkeit) unter die Haut oder in die Venen gespritzt werden.

Überhaupt sollte bei erkrankten Welpen nie lange herumgepröbelt werden. Diese jungen Lebewesen haben noch wenig Widerstandskraft, und allzuschnell kann das Lebenslichtlein im Krankheitsfall ohne fachmännische Hilfe auslöschen. Im Zweifelsfall ist daher immer ein Tierarzt beizuziehen.

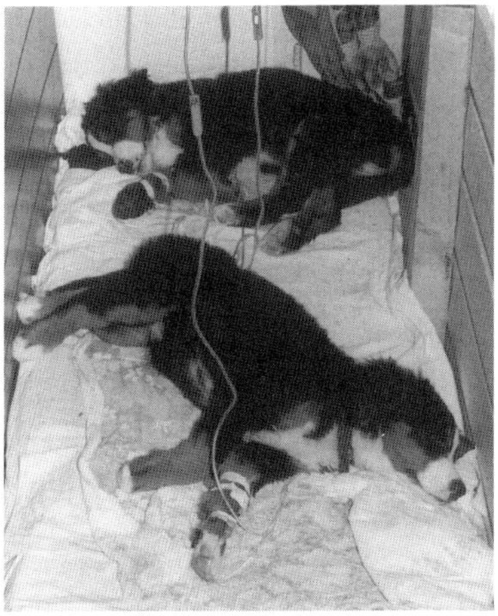

Bei starken Durchfällen muss Welpen unbedingt Körperflüssigkeit zugeführt werden. Diese beiden sind an einer Parvoviroseinfektion erkrankt. Die Vorbeugung gegen solche Seuchen gehört zur Pflicht des Züchters.

Vorbeugung gegen Krankheiten

Wenn Welpen richtig ernährt, sauber und geschützt vor den Extremen der Witterung aufwachsen, sind sie im allgemeinen auch gesund. Zwei Dinge aber müssen bei allen Hundewelpen bekämpft werden: Der Befall durch Spulwürmer (Askariden) und die ansteckenden Hundekrankheiten.

Spulwurmbekämpfung

Alle Welpen haben Würmer, dagegen nützt auch die allerbeste Hygiene nichts. Sie nehmen die Larven schon im Mutterleib auf und nach der Geburt durch die Muttermilch. Innerhalb der ersten Wochen entwickeln sich die Spulwurmlarven zu den ausgewachsenen Schmarotzern, wie sie etwa als weisse, 5–10 cm lange spaghettiartige Fäden im Kot gesehen werden können. Diese Schädlinge entziehen den jungen Welpen nicht nur einen Teil der Nahrung, sie wirken durch die Aussonderung von Giftstoffen auch ausgesprochen schädlich für alle inneren Organe, insbesondere Leber und Nieren. Verwurmte Welpen können Durchfall haben, sie wirken mager mit aufgetriebenem Bäuchlein, und ihr Fell verliert den Glanz. Der aufmerksame Züchter lässt es daher gar nicht zur Entwicklung ausgewachsener Spulwürmer kommen. Es gibt heute bei den Tierärzten ausgezeichnete Mittel, mit denen sie schon bei ganz jungen Welpen bekämpft werden können, ohne dass diese Schaden nehmen. Der Beginn der Wurmbekämpfung ist etwas umstritten. Einige Ärzte und Züchter empfehlen, die Kleinen schon am 8. Lebenstag zum ersten Mal zu entwurmen, andere warten bis zum 14. Tage. Wir geben den Welpen erstmals am 10. Tag ein Wurmpräparat, und zwar Piperazinsirup (Helmizin) ein, und haben damit nur gute Erfahrungen gemacht. Der süsse Sirup wird den Kleinen mit einem Löffel oder einer ausgedienten Plasticspritze ins Mäulchen gegossen, und sie schlecken ihn mit Wohlbehagen hinunter. Einige Tierärzte verschreiben auch gerne Banminthpaste, die gegen verschiedene Eingeweidewürmer wirksam ist. Da ganz junge Welpen aber ausschliesslich von Spulwürmern befallen sind, wirken Piperazinprodukte ausreichend. Die Wurmkur wird alle 2 Wochen wiederholt. Für den zweiten Teil der Wurmbekämpfung verwenden wir jeweils Banminthpaste oder Lopathol. Der Züchter sollte sich für die Wurmbekämpfung niemals auf Hausmittel verlassen – diese sind entweder wirkungslos oder schädlich – sondern sich an die Anweisungen seines Tierarztes halten. Wurmmittel sollten nie unterdosiert werden, wenn sie wirksam sein sollen. Nicht jeder Tierarzt empfiehlt die gleichen Produkte, und nicht alle Medikamente verlangen den gleichen Anwendungsrhythmus. Allen gemeinsam ist aber, dass die Welpen bis zu ihrer Abgabe an die Käufer 4–5mal entwurmt werden müssen, wenn sie sich gesund entwickeln sollen. Beim ersten oder zweiten Mal muss gleichzeitig mit dem Wurf auch die Hundemutter, und wenn mehrere Hunde im Zwinger sind auch diese, entwurmt werden. Für Berner Sennenhunde eignen sich dazu Lopatol oder Telmin oder ähnliche Produkte.

Zu den weiteren gesundheitlichen Vorsorgemassnahmen des Züchters gehört der Schutz der Welpen vor ansteckenden Krankheiten. Dies geschieht einerseits dadurch, dass man die jungen Hunde keiner Ansteckungsgefahr aussetzt, und andererseits indem man sie gegen die häufigsten Hundekrankheiten schutzimpfen lässt.

Ansteckungsgefahren aus dem Wege gehen

Hundewelpen gehören vor ihrer Abgabe an den zukünftigen Besitzer nicht unter fremde Hunde. Jede Ansammlung von Hunden birgt die Gefahr, dass Krankheitskeime, gegen die die Kleinen noch nicht immun sind, eingeschleppt werden könnten und sie schädigen (Zwingerhusten!). Auch die Hundemutter und andere Hunde des Zwingers, die mit den Kleinen Kontakt haben, sollten, solange die Welpen im Haus sind, nicht auf Ausstellungen oder andere Ansammlungen von Hunden gebracht werden. Da auch Menschen Infektionskrankheiten übertragen können, sollte der Züchter es nicht dulden, dass seine Welpen von Leuten, die viel in andern Zwingern herumkommen, angefasst oder gar aufgenommen werden. Diese Vorsorgemassnahmen bieten einen gewissen, notwendigen Schutz der Welpen.

Schutzimpfungen

Die Muttermilch der Hündin enthält neben den Nährstoffen auch alle Abwehrstoffe gegen Krankheiten, mit denen sich der Organismus der Hündin in ihrem Leben auseinandergesetzt hat oder gegen die sie geimpft worden ist. Nach dem Absäugen erlöscht dieser Schutz für den Welpen, und er muss seine eigenen Abwehrstoffe aufbauen. Das kann er bei gewissen Krankheiten nur, wenn er dagegen geimpft wird. Die für Hunde lebensbedrohenden Seuchen sind Staupe, Leptospirose, Hepatitis

(Leberentzündung) und neuerdings auch Parvovirose. Gegen alle wurden wirksame Impfstoffe entwickelt, die jeden Hund zeitlebens davor schützen, wenn er periodisch dagegen geimpft wird. Bei den Welpen sollte die erste Impfung bald nach dem Absäugen vorgenommen werden. Während der Säugezeit ist sie wirkungslos, da die Abwehrstoffe, die über die Muttermilch aufgenommen werden, den Impfstoff neutralisieren. Es hat sich deshalb als zweckmässig erwiesen, wenn die Welpen nach der 8. Lebenswoche, keinesfalls vorher, erstmalig geimpft werden. Je nach Tierarzt und Impfstoff wird gegen alle 4 Krankheiten ein kombinierter Impfstoff verwendet, so dass nur eine Injektion nötig ist, oder aber es wird gegen Parvovirose extra geimpft. Nach 4 Wochen muss die Injektion unbedingt wiederholt werden, da nie feststeht, ob die Welpen nun wirklich nach dem ersten Mal genügend Abwehrstoffe entwickelt haben. Die Inkubationszeit, d. h. die Zeit, die nach der Impfung vergeht, bis der junge Organismus seine eigenen Abwehrstoffe aufgebaut hat, beträgt etwa 10 Tage. So lange sollte der Welpe noch im Zwinger verbleiben, damit er wirklich geschützt ist, bevor er an einen neuen Ort verpflanzt wird. Bei der Impfung erhält jeder Welpe vom Tierarzt einen internationalen Impfpass, in dem der Wirkstoff eingetragen ist. Dieser Impfpass wird dann mit dem Welpen an den neuen Besitzer abgegeben. Die Impfung gegen Tollwut, die in den meisten Ländern fest vorgeschrieben ist, erfolgt nicht, bevor der Junghund 5 Monate alt geworden ist. Vorher kann sie zu Komplikationen führen.

Die richtige Umgebung

Welpen brauchen zu ihrer gesunden Entwicklung Schutz vor extremen Witterungseinflüssen, Licht, frische Luft und Sonne, vor allem aber Platz. Bis zum 21. Lebenstag ist das Wurflager ihr Lebensraum und genügt allen Ansprüchen. Befindet es sich an einem Ort mit Zimmertemperatur, oder werden die Welpen im Sommer geboren, wird der Züchter schon wenige Tage nach der Geburt die zusätzliche Heizquelle ausschalten können. Ungefähr innerhalb einer Woche setzen die Kleinen genügend Substanz an, um ihren Wärmehaushalt selbst regulieren zu können. Der Züchter kann an ihrem Verhalten erkennen, ob die Umgebungstemperatur für sie warm genug ist oder ob sie noch nach wärmeren Stellen streben. Solange die Kleinen sich an die Mutter drängen, am liebsten auf Knäueln liegen oder sich zu den wärmsten Stellen drängen, ist ihnen die Umgebung zu kalt, und sie brauchen die Heizplatte oder Wärmelampe noch. Liegen sie aber entspannt und einzeln in der ganzen Wurfkiste herum, auch dort, wo es kühler ist, entspricht ihnen die Raumtemperatur, und es kann auf zusätzliche Wärme verzichtet werden. Winterwürfe in ungeheizten Räumen werden die Heizung aber, je nach Aussentemperatur, auch noch einige Wochen benötigen, damit sie sich immer wieder aufwärmen können. Steht den Welpen ein kleiner, geschlossener Raum zur Verfügung, z. B. eine ringsum gut isolierte Kiste, in die sie sich verkriechen und die sie selbst durch ihre Körpertemperatur aufwärmen können, kann früher auf eine zusätzliche Wärmequelle verzichtet werden, als wenn sie in offenen, kalten Räumen leben.

Nach 3 Wochen wird die Wurfkiste zu klein.

Vom 21. Tag an beginnen die jungen Hunde ihren Horizont zu erweitern, sie streben aus dem Wurflager hinaus und benötigen von jetzt an mehr Raum. Sie möchten ihre Geschäftchen jetzt auch ausserhalb ihres Nestes verrichten können und die nächste Umgebung erforschen. Während der 4. Woche genügen 2–4 zusätzliche Quadratmeter. Danach aber nimmt ihr Aktionsradius sehr schnell zu, und ihr Lebensraum muss immer mehr erweitert werden. Bei uns, wo alle Welpen im Haus geboren werden, wird bei schlechtem Wetter die Wurfkiste mit einem Gittergehege um etwa 1 × 2 m erweitert, damit die Welpen noch im Haus bleiben können. Steht den Kleinen ein eigenes Zimmer oder sonst ein grösserer Raum zur Verfügung, kann auch einfach die vordere Wand der Wurfkiste abgeklappt oder herausgenommen werden, so dass sie hinaus können. Spätestens am Ende der 4. Woche müssen sie aber Zugang zu frischer Luft und Sonne bekommen, es wird also Zeit, sie tagsüber in einen Auslauf im Freien zu versetzen. Bei uns ziehen sie dann jeweils samt der vertrauten Wurfkiste in ein ausgebautes Gartenhaus um, wo sie Schutz in der Nacht, vor Regen, Kälte oder allzugrosser Sonnenhitze finden. Durch eine Schlupftüre haben sie direkten Zugang zu einem 40 m^2 Meter grossen Gehege im Freien, das sie dann immer mehr in Anspruch nehmen. Es dauert jeweils etwa bis zum Ende der 5. Woche, bis sie richtig frei ein- und ausgehen und sich vom Häuschen entfernen. In derselben Zeit beginnen sie auch mehr und mehr, aus dem Häuschen hinauszugehen, um ihre Geschäftchen zu verrichten. Am Ende der 6., manchmal auch erst der 7. Woche, bleiben Nest und Haus meistens sauber. Sie betrachten es als ihre Wohnung, die man nicht beschmutzt. Der Grundstein zur Sauberkeit im Haus ist damit gelegt, ohne dass direkt vom Menschen eingegriffen worden ist.

Solche Provisorien genügen für einen Wurf Berner Sennenhunde nicht.

Wird am Zwingereingang eine Absperrung angebracht, kann die Hündin ein- und aussteigen, ohne dass die Welpen ihr folgen können.

Niedrige Zäune werden von grossen Welpen ohne weiteres überklettert. Dieses Gitter ist 95 cm hoch.

Ausläufe müssen «möbliert» sein. Büsche spenden Schatten und ergeben Verstecke. Hier findet gerade eine Hetzjagd wegen eines Tennisballs statt.

Diese von der Mutter gegrabene Wurfhöhle ergibt für die Welpen einen herrlichen Unterschlupf.

Mit den Zähnen erkundet der Welpe seine Welt.

Die wenigsten Berner Sennenhunde werden in grossen Zwingeranlagen gezüchtet. Wir verzichten deshalb darauf zu erklären, wie eine eigentliche Zuchtanlage aussehen müsste. Die Beschreibung der festen baulichen Einrichtungen, die es dazu braucht, würde den Rahmen dieses Buches sprengen. Weitaus die meisten Züchter versuchen, auf dem Gelände, das ihnen zur Verfügung steht, sich für 1–3 Würfe pro Jahr einzurichten und müssen sich dabei auf die Gegebenheiten einstellen. Fest steht, dass man ohne genügend Platz im Freien nicht züchten kann. Wer nicht das Gelände eines Bauernhofes zur Verfügung hat, muss zumindest über einen eigenen Garten verfügen. Berner Sennenhunde können nicht in Wohnungen aufgezogen werden.

Die Welpen brauchen von der 4. Woche an einerseits eine feste Unterkunft, das ist ein geschützter Raum, in dem sie schlafen und bei schlechtem Wetter auch spielen können, und dazu als zweites einen genügend grossen Auslauf. Wenn immer möglich, sollten beide miteinander verbunden sein, damit die Welpen frei ein- und ausgehen können. Ist der Auslauf jederzeit erreichbar, genügen für den Schlafraum 4–6 m^2 Grundfläche. Mehr ist natürlich besser, was der Züchter spätestens bei schlechtem Wetter merken wird. Nicht überall ist es möglich, Schlafraum und Auslauf direkt zu verbinden. Die Welpen verbringen dann die Nacht im Haus, in einem Stall oder einem andern Raum und werden täglich in den Auslauf getragen. Auch so ist es möglich zu züchten, doch kostet das alles natürlich viel mehr Zeit. In solchen Fällen muss der Schlafraum grösser sein, er sollte mindestens 8–12 m^2 messen, also Zimmergrösse haben, damit die Welpen bei schlechtem Wetter Spielfläche haben. Sie sollten nicht gezwungen sein, ständig in ihrem eigenen Kot herumzutrampeln. Auch der Auslauf muss besser gestaltet werden, als wenn zusätzlich der Wohnraum als Zufluchtsort zur Verfügung steht. Er braucht unbedingt einen Schattenplatz, an den die Welpen vor der Sonnenhitze fliehen können und ein windgeschütztes, überdachtes und vom Boden her isoliertes Gehäuse, das ihnen Schutz vor Platzregen und scharfen Winden bietet. In langen Schlechtwetterperioden oder bei andauernder Hitze ist es nicht möglich, die Welpen nur bei günstiger Witterung hinauszutragen. Sie sollten sich täglich im Freien tummeln können, also muss ihr Freilauf entsprechend gestaltet sein. Besonders schlimm ist es für schwarze, langhaarige Welpen, wenn sie schutzlos Nachmittage lang an der prallen Sonne braten müssen!

Als Schlaf- und Wohnraum für heranwachsende Welpen kommen die verschiedensten Räumlichkeiten in Frage, solange sie genügend gegen Bodenkälte und Zugluft geschützt sind. Sie müssen Tageslicht haben, damit sich die Hundekinder an den Wechsel von Tag und Nacht gewöhnen können. Berner Sennenhunde werden in Zimmern, in Bastelräumen, in Waschküchen, in Ställen, in leerstehenden Wirtschaftsräumen oder in eigentlichen Welpenhäuschen aufgezogen. Gegen keine dieser Unterkünfte kann grundsätzlich etwas eingewendet werden, wenn sie entsprechend eingerichtet sind. Wichtig ist vor allem die gute Isolation gegen Bodenkälte. Den Welpen kann nicht vorgeschrieben werden, an welcher Stelle sie schlafen sollen. Liegen sie wiederholt auf kalter Unterlage, ziehen sie sich Verdauungsstörungen und häufig Blasen- und Nierenentzündungen zu, die sie dauernd schädigen können oder zumindest langwierige Behandlung erfordern. Beton- oder Keramikböden und ähnliches müssen daher mit einer gut isolierenden Auflage versehen werden. Holzbretter als Auflage eignen sich nur, wenn zwischen Holz und Untergrund eine Luftschicht zirkulieren kann. Weil sich Holz schlecht sauberhalten lässt, werden sie am besten noch mit einer Gummimatte oder einer Kunststoffauflage mit rauher Oberfläche überdeckt. Das eigentliche Nest der Welpen muss zusätzlich isoliert und weich sein. Die Wurfkiste ist dazu am besten geeignet. Leider taugt eine mit Tüchtern bedeckte Matratze nicht unbedingt für die ganze Aufzuchtphase. Ältere Welpen betrachten sie gerne als Spielzeug, an dem man nach Herzenslust herumbeissen und -reissen kann. Die Tücher und eine nicht ausnehmend solide Matratze gehen bald in Fetzen. Als beste Unterlage für das Welpenbett hat sich für uns ein ausreichend grosses Stück Vetbed erwiesen. Es kann wohl herumgeschleppt, jedoch nicht zerrissen werden. Einige Züchter verwenden auch eine dicke Schicht Stroh oder Heu. Verkehrt die Mutterhündin aber im Wurflager und im Haus zugleich, werden in der Wohnung bald überall Heuhälmchen liegen, die sie im Fell mitschleppt. Bei Regenwetter wird die Auflage im Schlaflager der Welpen meistens stark durchnässt und muss immer wieder durch eine trockene ersetzt werden.

Die Bodengestaltung des Spiel- und Schlafraumes ist nicht unproblematisch. Einerseits muss so ein Boden leicht zu reinigen, d. h. aufzuwaschen sein, andererseits geben glatte Böden den kleinen Pfötchen keinen Halt, so dass die Welpen immer wieder ausrutschen, was der Entwicklung ihrer Gliedmassenskelette keineswegs bekommt. Recht guten Halt geben Gummimatten, wie sie für Rindertransporte verwendet werden, sie sind aber etwas schwieriger aufzuwaschen. Wird ein Kunststoffboden eingesetzt (Novilon), ist auf eine genügend rauhe, griffige Oberfläche zu achten. Noch schwierigere Probleme als der Bodenbelag bereitet eine saugfähige Einstreu. Heu und Stroh sind wenig saugfähig, müssen ständig ausgewechselt werden und bleiben den langhaarigen Hunden im Fell hängen, vor allem der Mutter. Dasselbe, nur noch schlimmer, passiert mit Sägemehl. Dort, wo die Hündin auch im Haus verkehrt, kommt so etwas deshalb nicht in Frage. Wir haben uns immer wieder mit dem Auslegen von dicken Schichten Zeitungspapier beholfen. Die nassen und beschmutzten Teile können dann mehrmals am Tag weggenommen und die Welpenstube einigermassen saubergehalten werden. Leider werden die Zeitungen für grössere Welpen bald zum beliebten Spielzeug, so dass sie darin die grösste Unordnung anrichten. Sind die Welpen einmal sauber, d. h. gehen sie aus dem Häuschen, um ihre Geschäftchen zu verrichten, wird der Boden mit alten Spannteppichen belegt. Das gibt ihren Pfötchen beim Spielen prächtigen Halt. Sind aber Schmutzfinken im Wurf, die fast bis zum Schluss ihre Brünnlein auch in der Welpenstube laufen lassen, müssen diese Teppiche immer wieder ausgewechselt und fortgeworfen werden. Für die Ausstattung der Welpenstube gibt es kein Patentrezept. Der Züchter muss immer ein wenig nach eigener Phantasie die besten Lösungen suchen.

Der Auslauf kann nicht gross genug sein. 30 m^2 für einen Sechserwurf sind das Minimum. 40–50 m^2 sind schon besser, und noch mehr ist erstrebenswert. Die Welpen wollen ja nicht nur herumsitzen, sondern sich richtig tummeln, sie wollen rennen, sich balgen und einander auch entfliehen können. Wer regelmässig züchten will, sollte von

Anfang an einen festen Auslauf planen und solide einrichten. Provisorien, wie mobile «Laufgitter», eignen sich für Berner Sennenhunde nicht. Sie sind meistens zu klein und zu wenig stabil. Wenn sich so ein ganzer Wurf 8 Wochen alter Junghunde gegen einen Zaun wirft, muss dieser schon etwas aushalten können. Als Umzäunung eignen sich nur Gitterstäbe oder dickes, nicht zu weitmaschiges, rostfreies Drahtgeflecht an starken Holz- oder Eisenpfosten. Sie sollte mindestens 120 cm hoch sein und etwa 15 cm in den Boden vergraben werden. Grössere Welpen sind Ausbruchspezialisten. Nur bis zum Boden reichende Gitter werden untergraben, Zäune bis zu einem Meter Höhe überklettert. Wenn die Eingangstüre zweiteilig gemacht wird, d. h. mit einem unteren, etwa 50 cm hohen Flügel und einem oberen, bis Zaunhöhe reichenden, kann die Hündin, solange sie säugt, frei aus- und eingehen, ohne dass die Welpen ihr folgen können. Hundemütter werden von älteren Welpen oft hart bedrängt und müssen ihnen zeitweise entfliehen können. Wird eine Hündin mit den Welpen zusammen im selben Zwinger gehalten, muss ihr von der 4. Woche an unbedingt ein Fluchtplatz geschaffen werden, wo sie nicht erreicht werden kann. Das ist eine erhöhte, genügend grosse Liegefläche, wo sie ihre Ruhe hat und trotzdem den Wurf beobachten kann. Kann sie aus dem Zwinger hinaus, ist das nicht nötig, wird aber hie und da geschätzt.

Die beste Grundlage für einen Freiauslauf ist Naturboden, Gras, Erde oder Sand. Er muss nicht eben sein. Ist ein Gehege genügend gross, muss deshalb an der natürlichen Bodenbeschaffenheit nichts geändert werden. Sobald der Auslauf aber unter 40 m^2 misst oder stark von grossen Würfen belegt wird, verwandelt sich eine Wiese oder ein Rasen bei Regenwetter unter den flinken Hundepfötchen bald in einen unansehnlichen Morast. Dem kann mit der Auflage von Kunststoffgittern direkt auf Gras oder Rasen teilweise entgegengewirkt werden. Der Wurzelbereich bleibt dann geschützt, und Gras oder Rasen erholen sich wieder, wenn der Zwinger leersteht. Soll ein Auslauf regelmässig belegt werden, sollte sich der Züchter schon bei seiner Einrichtung über die Bodenbeschaffenheit Gedanken machen und das Nötige vorkehren. Ungeeignet sind Beton, Asphalt oder andere Beläge. Sie können zwar leicht mit Wasser abgespritzt werden, sind aber zu kalt für die Welpen und erlauben kein Graben. Nie sollte ein ganzer Freiauslauf nur festen Boden aufweisen. Sehr gut bewähren sich Sand oder feiner Kies. Sie lassen Wasser nach einem Regen schnell versickern, auch die Hundepfützchen verschwinden, und die Häufchen lassen sich daraus sauber aufnehmen. Nach starker Belegung können Sand oder Kies auch mit einem Desinfektionsmittel abgespritzt werden. Am besten ist es, wenn ein Freiauslauf verschiedene Bodenbeschaffenheit hat. Bei uns liegen direkt rings ums Häuschen einige Quadratmeter Waschbetonplatten, die dann auch immer wieder mit Wasser gereinigt werden können. Auf der ganzen Länge der Vorderfront beim Welpeneingang ist darauf ein 60 cm breites Holzbrett (mit Querleisten darunter) angebracht, das den Welpen erlaubt, unter dem Schutz des Daches jederzeit warm und trocken auf Ausguck zu liegen. Der übrige Auslauf besteht zur Hälfte aus Gras und zur Hälfte aus einem 30 cm tiefen Kiesbett mit einer 10 cm dicken Auflage aus grobem Sand. Es hat uns bisher noch nie gereut, das Material dazu mit Lastwagen herbeigeschafft und mit Schubkarren in den Garten transportiert zu haben. Auf dieser Unterlage können sich die Welpen auch bei

Regenwetter tummeln, ohne zu unkenntlichen braunen Schmutzkugeln zu werden, sie können dort ihre Löcher buddeln, und das Ganze ist mit wenig Arbeit immer sauberzuhalten. Das Herausklauben von Kothäufchen aus dem Grasboden ist da schon mühsamer.

Nun hat die Forschung an Zootieren in den letzten 50 Jahren die Erkenntnis gebracht, dass Tiere in Gefangenschaft desto besser gedeihen, je vielfältiger, d.h. je angepasster an ihre natürliche Umwelt, die Gehege gestaltet werden. Die Ausstattung des Auslaufs erwies sich als wichtiger als dessen Grösse. Auch Hundewelpen sind sozusagen Tiere in Gefangenschaft und brauchen einen Lebensraum, der für sie vielfältige Spiele und die Entdeckung verschiedenartiger Geländearten zulässt. Ein Zwinger darf daher nicht nur aus einer kahlen Fläche bestehen, sondern muss «möbliert» werden. Ein Busch, um den man kreisen und hinter dem man sich verstekken kann, ein Holzbrett, auf das man klettern und von oben auf die Geschwister herunterbellen kann, ein Rohr, durch das man schlüpfen oder sich darin wie in einer Festung verschanzen kann, eine Holzkiste als Rückzugsort und vieles mehr bringt den Welpen Abwechslung und bereichert ihre Spiele. So lernen sie auf natürliche Weise, auch mit Hindernissen und verschiedenen Geländearten fertig zu werden und sind zur Unterhaltung nicht einzig und allein auf die Geschwister angewiesen.

Diese Hinweise zur Zwingergestaltung können für den zukünftigen Züchter nicht mehr als eine Anregung sein, nun selber zu überlegen, wie er für seine Welpen im Rahmen der eigenen Möglichkeiten die zweckmässigste Kinderstube schaffen kann. Die Ausgangslage ist an jedem Ort anders, und der Phantasie sind da keine Grenzen gesetzt, solange die Welpen in ihrem Lebensraum Schutz vor Unfällen und Witterungseinflüssen finden und Luft, Sonne und genügend Bewegungsraum haben.

Der Kontakt mit dem Menschen und seiner Welt

Haushunde werden in die Welt des Menschen hineingeboren. Jahrtausendelange Selektion hat bewirkt, dass der Hund den Menschen als Rudelgenossen annimmt und sein Leben mit ihm teilt. Die heutige Welt mit ihrem Lärm, ihren Temperaturen, ihren Gerüchen und ihren Bewegungen ist auch seine Welt geworden. Der Hund ist wie keine andere Tierart mitbetroffen von der Verstädterung unserer Umwelt, von der Verkehrsdichte, von der Zurückdrängung natürlich gewachsener Lebensräume. Trotzdem wird er immer noch als kleines Wildtier geboren. Er muss sich mit dieser Menschenwelt erst nach und nach vertraut machen. Seine Veranlagung ist immer noch auf das freie Leben und den Nahrungserwerb in der Wildbahn ausgerichtet. Ohne Kontakt mit dem Menschen und seiner Welt würden auch von rassereinen Tieren abstammende Junghunde wieder zu Rudeljägern werden, die dem Menschen, seinen Wohnungen und seinem Lärm aus dem Wege gehen. Wachsen Rassehunde bis zur 7. Lebenswoche ohne direkten Kontakt mit dem Menschen auf, passen sie sich diesem nie mehr vollständig an. Sie bleiben zurückhaltend und weichen allzu hautnahen Begegnungen aus und sind demzufolge als Hausgenossen schwierig oder gar untragbar.

Furcht vor allem Unbekannten ist allen Tieren angeboren. Sie schützt die Jungtiere davor, blindlings in Gefahren hineinzulaufen, die für sie tödlich sein könnten. Diese Furcht kann sich auf Lebewesen, auf fremdartige Gegenstände, auf etwas sich Bewegendes oder auf eine Lärmquelle beziehen. Wenn Hundewelpen im zarten Alter Furcht vor Dingen, Lärm, Menschen oder anderen Tieren anzeigen, ist das kein Zeichen für schlechte Abstammung, sondern das natürliche Schutzverhalten, das jedem Tier angeboren ist, auch Rassehunden. Hundewelpen haben aber nicht nur die Furcht vor dem Unbekannten auf den Lebensweg mitbekommen, sondern auch eine ganz gehörige Dosis Neugier. Diese treibt sie dazu, alles Neue kennenzulernen, um herauszufinden, ob das Unbekannte nun auch wirklich gefährlich ist oder nicht. Es wird beobachtet, belauscht, vorsichtig angeschlichen, beschnuppert, bepfotet, beleckt und mit den Zähnen erprobt. Geschieht dem Hundekind bei seiner Entdeckungsreise dabei nichts Böses, stuft es das unbekannte Ding je nachdem als harmlos, jedoch uninteressant, als faszinierenden Spielgegenstand, als Fressobjekt oder gar als Kumpel ein, mit dem man sich immer wieder befassen kann. Starke Geräusche veranlassen junge Welpen im Anfang zur sofortigen Flucht ins Nest. Kann man auch in diesem zarten Alter schon wissen, ob es nicht das drohende Knurren eines Ungeheuers ist, wenn neben dem Zwinger ein Motorrad oder ein Auto gestartet werden? Ertönen dieselben Geräusche aber immer wieder, ohne dass dem Welpen dadurch Schmerzen zugefügt werden, verliert er nach und nach seine Furcht und gewöhnt sich daran.

Es ist Sache des Züchters, seinen Hundekindern beim Abbau ihrer natürlichen Furchtinstinkte zu helfen. Unter einem wesensicheren Hund wird ein Tier verstanden, das sich sicher und furchtlos in unserer Welt bewegt und zu den Menschen ein tiefes Grundvertrauen entwickelt hat. Das kommt nicht ohne aktive Mitwirkung des Menschen zustande. Die Bereitschaft, sich auf die Umwelt einzulassen, ist nicht bei allen Welpen gleich. Bei einigen überwiegen die Furcht und Fluchtinstinkte, bei anderen mehr das Neugierverhalten. Bei ganz jungen Welpen handelt es sich dabei fast nur um Nuancen. Man spricht dann von unterschiedlicher genetischer Veranlagung. Tatsächlich bekommen die Hundewelpen einen Teil ihrer Veranlagung aus dem Erbgut der Eltern mit. Was aber damit in den ersten Lebenswochen im Zwinger geschieht, ist von entscheidender Bedeutung. Haben auch von ihrer Veranlagung her eher vorsichtige Welpen Gelegenheit, sich langsam aber stetig mit einer vielfältigen Umwelt vertraut zu machen, können sie bis zur 8. oder 10. Lebenswoche Vertrauen in ihre Umgebung fassen und einen grossen Teil der Furcht ablegen. Bieten sich im Zwinger wenig Erfahrungsmöglichkeiten, gewinnen auch neugierige Welpen zu wenig Sicherheit im Umgang mit der Welt und erweisen sich am Schluss trotz bester Veranlagung als zurückhaltend oder gar scheu.

Wie stellt es nun der Züchter praktisch an, wenn er seine Welpen gut an den Menschen und eine vielfältige Umwelt gewöhnen will? Teilweise weist der Hundewelpe ihm selbst den Weg zum richtigen Tun. Wenn er nur ein bisschen beobachtet und sich von den Bedürfnissen der Kleinen leiten lässt, wird er ihnen auch richtig begegnen können.

Die erste Gewöhnung an den Menschen, seinen Geruch und seine Hand geschieht ganz automatisch, wenn die Kleinen vom ersten Lebenstag an gewogen werden. Sie sind zwar in den ersten drei Lebenswochen noch nicht darauf eingestimmt, daraus eine dauernde Bindung wachsen zu lassen, wird das Wiegen aber auch in der 4. und 5. Woche noch fortgesetzt und der Welpe dabei immer auch auf den Arm genommen und gestreichelt, entwickelt er zur ihn betreuenden Person eine enge Bindung wie zur eigenen Mutter. Schon bei ganz jungen Welpen wird bald offensichtlich, dass sie es lieben, auf dem Arm oder im Schoss des Menschen zu sein. Sie schmiegen sich an, schnuppern und lecken an Gesicht und Händen herum, und es fehlt nur, dass sie dazu noch schnurren wie Kätzchen. Züchter, die nicht wiegen, sollten bald, spätestens zu Beginn der 3. Woche, anfangen, ihre Welpen täglich einmal auf den Arm zu nehmen und zu liebkosen. Ein weiteres, Vertrautheit schaffendes Mittel ist die Fütterung aus der Hand. Auch die Liebe des Welpen geht durch den Magen. Wer ihn füttert, ist für ihn eine Urquelle alles Guten, wie die Mutter mit ihrem weichen, warmen Gesäuge. Wenigstens zeitweise Handfütterung vom Beginn der Prägephase an ist deshalb wichtig. Mindestens sollte sich der Züchter jedesmal, wenn er den Kleinen das Futter bringt, Zeit nehmen, um sich zu ihnen hinunterzukauern, sie zu streicheln und mit ihnen zu sprechen. Sie müssen sich ja auch an die menschliche Stimme gewöhnen. Bald wird er feststellen, dass es den Welpen wichtiger ist, ihn erst zu begrüssen, als sich sofort aufs Futter zu stürzen. Sich zu den Welpen hinunterkauern, sie anfassen, liebkosen, auf den Arm nehmen, auf dem Schoss herumkrabbeln lassen oder sich gar zu ihnen in den Zwinger setzen oder legen, ist kein übertriebenes Verhalten überspannter Tiernarren, sondern in der Prägephase ein Muss für alle Züchter. Wenn Welpen immer nur ein paar Füsse und etwa einen Besen auf ihrer Augenhöhe kommen und gehen sehen, können sie kein richtiges Vertrauen zu dem hohen Zweibeiner fassen. Sie wollen das merkwürdige Lebewesen ganz ansehen, beschnuppern, bepfoten, belecken und beknabbern können, vor allem auch das Gesicht und die Hände. Nur so wird ihr Vertrauen tief und wird nie mehr, auch nicht durch schlechte Erfahrungen in späterer Zeit, gänzlich auszurotten sein.

Welpen brauchen aber nicht nur den Kontakt mit dem Züchter. Sie müssen schon in der Prägephase erfahren, dass es viele verschiedene Menschen gibt, die zwar unterschiedlich riechen, sich aber ähnlich gut verhalten. Sie entwickeln sonst bald vor allen Unbekannten Scheu. Der Züchter muss also dafür sorgen, dass in der Prägephase auch die andern Familienmitglieder oder, wenn diese fehlen, Nachbarn, Freunde oder Verwandte sich mit den Welpen abgeben. Unter Anleitung haben Kinder meist eine grosse Begabung, mit jungen Welpen zu spielen. Sie sollten in jedem Hundezwinger willkommen sein. In Frauenhaushalten müssen die Kleinen unbedingt auch Bekanntschaft mit Männern machen. Es braucht für eine genügende Gewöhnung keine tägliche Invasion fremder Besucher. Ein paar gute Begegnungen, wo die Unbekannten sich zu den Welpen hinkauern, sich untersuchen lassen, sie streicheln oder auch etwa auf den Arm nehmen, genügen schon. Zurückhaltendere Welpen dürfen nie verfolgt und zur Begegnung gezwungen werden. Der Unbekannte verhalte sich ruhig, bis sie die Neugier von selber herbeitreibt, und beginne sie erst dann sorgfältig zu liebkosen.

Kontakt der Welpen mit den Menschen ist wichtig.

Mögliche Welpenkäufer können viel zur Gewöhnung an Fremde beitragen, auch wenn das gar nicht die Absicht dieser Leute ist. Es muss nur verhütet werden, dass sie allzu rücksichtslos nach den Welpen greifen oder sie unvorsichtig aufheben.

Ausser an Menschen müssen die Welpen in der Prägephase auch an die verschiedensten Gegenstände und Geräusche gewöhnt werden. Sie müssen Dinge haben, die sie beknabbern, herumschleppen und um die sie raufen können. Einige davon sollten auch Geräusche erzeugen. Die in Tierhandlungen erhältlichen Plastikspielsachen, vor allem solche, die piepsen oder rasseln, sind zwar eine Hilfe, genügen aber keineswegs. Ein Sack voll scheppernder Büchsen, aufgehängte Blechdosen, eine Glocke, die läutet, wenn man sie bepfotet, und vieles mehr lassen die Kleinen beim ersten Ton noch furchtsam fliehen, sind aber bald beliebte und hilfreiche Spielobjekte. Flatterndes Plastik im Wind, grosse Kartonschachteln zum Zerreissen, ein Ball zum Herumrollen, Äste zum herumschleppen, Seile oder Säcke zum Ziehen und vieles mehr erweitern Betätigungsfeld und Horizont der Kleinen. Der Züchter kann bei der Beschaffung von Spiel- und Gewöhnungsobjekten seine ganze Phantasie einsetzen, muss aber selbstverständlich darauf achten, dass sich die Welpen an den Gegenständen weder verletzen noch sie verschlucken können. Viele Züchter gewöhnen den Wurf auch systematisch an starke Geräusche, indem sie während der Mahlzeiten auf Blechdeckel schlagen, Rasseln betätigen oder Schüsse aus einer Schreckschusspistole abgeben. All das kann hilfreich sein, muss aber sorgfältig dem Entwicklungsstand der Welpen angepasst werden. Am schnellsten verlieren Welpen ihre Furcht vor unbekannten Objekten, auch lärmigen, wenn sie sie beschnuppern und mit den Zähnen erforschen können. Durchlaufen Welpen eine derart vielfältige und an Erlebnissen reiche Prägungsphase, kennen sie hinterher kaum noch Furcht. Ist diese Zeit verpasst, kann dies nie mehr vollständig nachgeholt werden.

Der Kleine hat eine interessante Beute gefunden.

An neuartige Gegenstände pirscht man sich heran, um sie kennenzulernen.

Der Kampf um eine Beute ist wichtiger Teil der Sozialisierungsspiele.

Etwas andere Aufgaben stellen sich in der nachfolgenden Sozialisierungszeit. Der junge Hund muss nun lernen, sich in ein Meutegefüge einzuordnen. Unter den Wurfgeschwistern und mit andern Hunden geschieht diese Einordnung durch unermüdliche Spiele von selbst. Doch auch ins Menschenrudel sollte sich der Kleine einfügen lernen. Er hat dazu auch noch als Junghund Zeit, doch der Grundstein wird in dieser Phase von der 8. Woche an gelegt. Der Welpe ist nun fähig, schon einfache Dinge zu lernen, sich Kennwörter zu merken und ihnen durch Gewöhnung Folge zu leisten. Es ist sogar möglich, schon so jungen Welpen spielerisches Apportieren und erste Fährtenarbeiten beizubringen. Solche Aufgaben werden von den Kleinen mit grossem Eifer angenommen. Für die meisten Züchter liegen solche Spezialaufgaben jedoch ausserhalb ihrer Möglichkeiten. Die Welpen aber in dieser Zeit an Halsband, Leine, Wohnung und Auto zu gewöhnen, sollte sich keiner nehmen lassen. Er braucht dazu pro Woche 3–4mal eine Stunde, und die muss eingesetzt werden, um den Hundekindern den Übergang zu den zukünftigen Besitzern und an einen neuen Ort zu erleichtern.

Als erstes bindet man den Welpen etwa in der 8. Woche ein dünnes Lederhalsband um. Das geschieht am besten direkt vor einer Mahlzeit. Oft wird empfohlen, das Halsband in den ersten Tagen nur zu den Mahlzeiten umzubinden und hernach wieder zu entfernen, damit sich die Welpen unter Ablenkung daran gewöhnen können. Wir fanden im mehrmaligen Anziehen und Wegnehmen keinen Vorteil. Einmal angezogen, sollte es auch belassen werden. Wohl kratzen sich die Kleinen in den ersten Stunden immer wieder am Hals, um das fremde Ding wegzubekommen, doch nach kurzer Zeit schert sich keiner mehr darum.

Liegt einmal ein Halsbändchen um den Hals, folgt die erste Gewöhnung an eine Leine. Dabei wird keineswegs angestrebt, den Welpen schon so etwas wie Leinenführigkeit im Sinne von «bei Fuss gehen» beizubringen. Sie sollen einzig lernen, nicht mehr in panikartige Furcht zu verfallen, wenn sie etwas am Halse zieht. Mit dem Rat, den Welpen die Leinen einfach einzuklinken und sie damit laufen zu lassen, haben wir bisher wenig Erfolg gehabt. Sie treten darauf, verheddern sich überall und werden von den Geschwistern unsanft herumgezerrt. Den besten Erfolg hatten wir bisher, wenn wir den ganzen Wurf mit der Mutter auf einen kleinen Spaziergang ausführen. Die Welpen sind dann eifrig bestrebt, Mutter und Geschwistern nachzutraben und müssen niemals an der Leine vorwärts gezerrt werden. Einer nach dem andern kommt für eine kurze Strecke an die Leine, wobei man dem Welpen folgt. Nach drei solchen Ausgängen hat sich fast jeder daran gewöhnt, dass ihn zeitweise etwas am Hals ziehen kann und fällt nicht mehr in Panik. Ja, er lässt sich bereits sanft lenken. 2–3mal bevor er fortkommt, sollte auch jeder Welpe für sich an der Leine ausgeführt werden. Er wird ja bald ganz allein in neuer Umgebung sein, und das ist eine kleine Vorbereitung. Es genügt, wenn man mit ihm, ihn sanft mit der Leine lenkend, z. B. rund ums Haus herumgeht und ihn alles nach seinem Belieben beschnuppern und untersuchen lässt. Will er nicht vorwärtslaufen, wird er gelockt und nicht etwa roh an der Leine gezerrt. Für die Welpenkäufer, die ja oft auch Anfänger in der Hundehaltung sind, ist es eine grosse Erleichterung, wenn sich der Kleine schon durch das Band der Leine etwas führen lässt, und junge Welpen akzeptieren diese Einengung besser als ältere, die schon ihren eigenen Willen entwickelt haben.

Ein weiterer Schritt ist die Gewöhnung ans Auto. Die meisten Welpen werden per Auto abgeholt, und dann ist dieses Lärmgefährt für sie nicht mehr ein Grund zur Panik. Werden Welpen früh, noch im Wurf und mit der Mutter zusammen, ins Auto genommen, entwickeln sie später kaum je die bekannte «Autokrankheit» mit Erbrechen und Durchfall, die ja meistens eine Auswirkung von übermässiger Angst und Stress ist. Es ist wichtig, dass beim ersten Mal nur eine kurze Strecke, 2–4 Kilometer, gefahren wird und dass die Welpen am Ziel aussteigen und kurz in einer interessanten Gegend spielen oder laufen können. Die Gegenwart der Mutter beruhigt sie auf der Fahrt. Ist die Mutter eine schlechte Autofahrerin, muss sie zu Hause gelassen und nur der Wurf eingeladen werden. 2–3 Fahrten genügen meist, dass die Welpen sich vollständig an alle Begleiterscheinungen des Autofahrens gewöhnen. Ja, wir haben immer wieder beobachtet, dass die Kleinen schon nach dem zweiten oder spätestens dem dritten Mal das Auto zu lieben begannen, hinzuliefen, daran hochstanden und hineinzugelangen versuchten.

Ausser ans Auto müssen die Welpen auch an die Wohnung des Menschen gewöhnt werden. Sind sie beim neuen Besitzer, wird auf einen Schlag der ganze Zwinger mit allen bekannten Gerüchen, die dem Hundekind bisher Sicherheit gaben, verschwun-

Im Spiel mit älteren Hunden lernen die Welpen, sich ins Rudel einzuordnen.

den sein, und es wird nur noch Menschendinge und Menschengerüche um sich haben. Das kann auf sein zartes Leben wie ein Schock wirken, wenn es darauf nicht vorbereitet ist. Spätestens von der 8. Woche an müssen daher Hundewelpen auch einige Male in die menschliche Wohnung genommen werden, damit sie diese kennenlernen können. Es ist nicht zu empfehlen, den ganzen Wurf miteinander dorthin zu bringen, sondern jeden Welpen einzeln oder zwei zusammen. 3–4mal mindestens 15 bis 20 Minuten, in denen der Welpe sich alles im eigenen Tempo ansieht und beschnuppert, genügen, dass die Kleinen auch vor diesem unbekannten Ort die Furcht verlieren und sich frei darin bewegen.

Diese genannten Massnahmen in der Sozialisierungsphase helfen dem Welpen, sich der menschlichen Gesellschaft anzupassen und bereiten ihn auf sein Einzelleben mit dem zukünftigen Besitzer vor. Derart aufgezogene Hundekinder haben alle möglichen Stadien der Furcht schon überwunden und können sich nun als Junghunde harmonisch weiterentwickeln und das bereits Gelernte fortwährend vertiefen. Sie haben Vertrauen in den Menschen gefasst und können der Umwelt ohne starke Ängste neugierig begegnen.

Werden Welpen ausnahmsweise über 10–12 Wochen hinaus im Zwinger behalten, darf der Züchter sie nun dort nicht einfach verkümmern lassen, sondern muss daran denken, dass das Begonnene fortgesetzt werden muss. Nach der 12. Woche beginnt

Ältere Welpen sollten vor Abgabe an die neuen Besitzer das Auto kennenlernen. Fahren auch die erwachsenen Hunde mit, verlieren sie schnell ihre Furcht.

Grössere Welpen gehen gerne schon zu zweit oder in Gruppen auf Erkundungsgänge in die weitere Umgebung.

das aktive Umgebungslernen. Die Junghunde müssen also aus dem Zwinger hinausgeführt und auf kleinere Ausgänge mitgenommen werden, damit sie immer weitere Teile der Welt kennenlernen können. Auch Dorfplätze, Bahnhöfe, Strassen u. a. m. gehören zu den Orten, die der Junghund in dieser Phase erkunden können sollte. Er sollte sich immer wieder auch in der Wohnung aufhalten können, im Auto mitfahren, an der Leine geführt werden, und es muss mit ihm gespielt werden. Das bewahrt ihn davor, dass er später nur noch als geschädigter Welpe abgegeben werden kann, der sich vor jedem unbekannten Ort fürchtet. Natürlich muss sich der Züchter mit eigenen Junghunden, die er zur Nachzucht behält, in ähnlicher Weise befassen.

Welpenexamination

Wenn ein Wurf älterer Welpen fröhlich und ausgelassen im Auslauf herumtollt, nimmt man, von weitem gesehen, meist auch an, dass sie alle gesund und normal entwickelt sind. Doch leider kann man sich dabei täuschen. Es gibt einige leidige Fehler und Unvollkommenheiten, die auch erfahrene Züchter übersehen können, wenn sie nicht speziell darauf achten. Zu solchen Fehlern gehören: Nabelbrüche, nicht abgestiegene Hoden, fehlerhafter Gebissschluss und Entropium. Dies sind Defekte, die den Wert auch schönster und kräftigster Welpen mindern und über die der Interessent aufgeklärt werden muss. Einige davon kann man beheben, andere müssen wohl oder übel in Kauf genommen werden. Will ein Züchter nicht während oder nach einem Welpenverkauf deswegen unliebsame Auseinandersetzungen mit den Käufern erleben, nimmt er am besten seine Welpen, ungefähr wenn sie 8 Wochen alt sind, einen nach dem andern vor und prüft systematisch, ob die vier genannten Punkte alle in Ordnung sind. Er macht sozusagen ein «Welpenexamen» und notiert sich die Befunde. In Deutschland erfolgt um die 8. Woche die Wurfabnahme durch den Verein für Schweizer Sennenhunde (SSV). In der Schweiz wird zur selben Zeit allen Welpen die Stammbuchnummer ins Ohr tätowiert. Ein Klubfunktionär kommt ins Haus, prüft die Welpen und nimmt die Tätowierung vor. Trotzdem kommt es immer wieder vor, dass die genannten Fehler übersehen werden. Der Züchter tut also gut daran, seine Welpen selber zu kontrollieren. Käufer haben grundsätzlich ein Anrecht auf ein völlig intaktes Jungtier. Wenn Unerfahrene einen Fehler nicht erkennen und einen solchen Welpen kaufen, kann der Züchter auch später noch zur Verantwortung gezogen werden, und es gibt unangenehme Geschichten. Meist muss er dann den Welpen entweder zurücknehmen oder einen Teil des Preises zurückerstatten. Der Züchter ist verpflichtet, Käufer über Mängel aufzuklären. Meistens hat das auch einen Preisnachlass zur Folge.

Nabelbrüche

Nabelbrüche sind kirschen- bis walnussgrosse Erhebungen am Bauch des Welpen in der Nabelgegend. Sie sind weich und bereiten dem Tier auch bei Berührung keine

Schmerzen. Sie entstehen dann, wenn sich beim Nabeldurchgang die Bauchdecke nicht ganz schliesst und Fettgewebe aus der Bauchhöhle durch die Öffnung austritt. Oft kann man mit dem Finger das Loch fühlen und die weichen Teile in die Bauchhöhle zurückdrücken. Nabelbrüche kommen verhältnismässig häufig vor und können beim 4–5 Wochen alten Welpen erstmals festgestellt werden. Bei Hündinnen sind sie häufiger als bei Rüden. Meistens sind sie eine Folge genetischer Veranlagung, vermutlich liegt ein Rezessivfaktor zugrunde. Hat eine Hündin viele Welpen mit Nabelbrüchen im Wurf, kann oft durch einen Rüdenwechsel eine Verbesserung erreicht werden. Hie und da wird die innere Bauchdecke auch angerissen, wenn eine Hündin ihre Welpen beim Abnabeln an der Nabelschnur hochhebt oder herumzerrt. Nabelbrüche sind reine Schönheitsfehler, die bei Berner Sennenhunden mit dem langen Bauchhaar kaum ins Gewicht fallen. Dass ausser Fettgewebe auch Darmteile durch die Lücke austreten, kommt bei Hunden kaum je vor.

Kleine Nabelbrüche können ignoriert werden. Sie korrigieren sich meistens im Junghundealter von selbst. Hat ein Züchter aber Welpen mit grösseren Nabelbrüchen im Wurf, kann er verschieden vorgehen. Der eine Weg ist der, dass der Bruch schon am Welpen operiert wird. Der Tierarzt schneidet das Fettgewebe heraus und heftet mit 2–3 Stichen die Haut wieder zusammen. Das ist nur ein kleiner Eingriff, der jedoch eine Narkose erfordert. Ist die Operation gemacht, kann der Züchter einen vollwertigen Welpen abgeben. Einige Tierärzte lehnen jedoch Narkosen, nur eines geringen Schönheitsfehlers wegen, für so junge Welpen ab. Sie führen die Operation lieber erst am älteren Hund aus, z. B. dann, wenn er für das Röntgen der Hüftgelenke ohnehin narkotisiert werden muss. Mit dem Käufer wird dann im Kaufvertrag vereinbart, dass der Züchter die Kosten der Operation noch übernimmt, falls sie später nötig wird, oder er gewährt einen Preisnachlass. Oft verschwinden mit dem Wachstum des Hundes auch grössere Nabelbrüche später noch. Wenig Erfolg haben Versuche, Nabelbrüche wie bei Säuglingen mit Pflastern und Bauchbinden und ähnlichem zum Verschwinden bringen zu wollen. Der Bauchinhalt drückt bei Welpen ja ständig nach unten auf die Öffnung, und bei den so lebhaften Tieren ist es nicht möglich, einen Verband anzubringen, der auch wirklich sitzt.

Nicht abgestiegene Hoden

Bei männlichen Welpen liegen die Hoden bei der Geburt noch in der Bauchhöhle oder im Leistenkanal. Erst zwischen 4–7 Wochen steigen sie langsam in den Hodensack (Scrotum) ab. Mit 7 Wochen sind sie bei den meisten der gesunden Rüden zu ertasten, und zwar etwa bei der Hälfte schon im Hodensack, bei den andern in mittlerer Stellung nahe der Leiste. Mit 8–9 Wochen liegen 75% der Hoden an ihrem Ort und können dort bei den Welpen ertastet werden. Bleibt einer oder bleiben beide Hoden oben in der Bauchhöhle oder im Leistenkanal stecken (Kryptorchismus, ein- oder beidseitig), gilt das als Missbildung. «Hodenlose» sind nicht fruchtbar. «Einhoder» sind zeugungsfähig. Bei beiden besteht im Alter Neigung zu Hodengeschwülsten. Rasseklubs schliessen sie als Zuchttiere aus. Sie können auch nicht ausgestellt werden.

Kryptorchismus kommt bei Berner Sennenhunden selten vor. Im allgemeinen können bei 8 Wochen alten Welpen beide Hoden deutlich ertastet werden. Äusserst selten passiert es, dass der Abstieg einige Wochen länger dauert. Sind bei einem männlichen Welpen mit 8 Wochen nicht beide Hoden fühlbar, muss deshalb angenommen werden, dass sie kaum mehr absteigen. Der Welpe ist kein vollwertiger Rüde. Wohl können in der Bauchhöhle verbliebene Hoden später operativ heruntergeholt werden, doch als Zuchttier scheiden solche Rüden auf jeden Fall aus. Sie würden den Defekt auch an ihre Nachkommen vererben. Welpenkäufer müssen also darauf aufmerksam gemacht werden, wenn ein männlicher Welpe in dieser Hinsicht nicht intakt ist. Für solche Tiere kann auch bei weitem nicht der volle Preis verlangt werden. Sie ergeben aber in allen andern Hinsichten genauso liebe und treue Hausgenossen und Kameraden wie die «vollständigen» Kollegen.

Fehlerhafter Gebissschluss

Das Milchgebiss des Welpen hat weder die endgültige Zahnzahl noch kann sich immer die spätere Kieferlänge, resp. die Stellung von Unterkiefer und Oberkiefer zueinander, schon endgültig voraussagen lassen. Gute Aussichten, dass sich ein normales Scherengebiss entwickelt, bestehen dann, wenn die untere Schneidezahnreihe etwa 1–2 mm hinter der oberen zurücksteht. Leider gibt es auch Welpen, die schon beim Milchgebiss eine unkorrekte Stellung aufweisen. Steht der Unterkiefer vor (Vorbiss), besteht keine Aussicht, dass sich die Sache korrigiert. Vorbiss schon beim Milchgebiss führt fast ausnahmslos zu Vorbiss im Erwachsenenalter. Häufiger haben Welpen einen verkürzten Unterkiefer (Unterbiss, Rückbiss). Die Differenz kann recht erheblich sein und beim Welpen bis zu 1,5 cm oder mehr betragen. Glücklicherweise verwachsen sich ein grosser Teil der Unterbisse im Verlaufe des Zahnwechsels. Der Unterkiefer streckt sich, so dass viele dieser Welpen als ausgewachsene Hunde ein normales Scherengebiss aufweisen. Der Ausgang kann aber nie sicher vorausgesagt werden. Auch dieser Mangel muss dem Käufer mitgeteilt und für den Welpen ein Preisnachlass gewährt werden. Eine eigentliche Behinderung erwächst für den Hund daraus nicht. Er ist auch so imstande, seine Nahrung zu sich zu nehmen und Knochen zu benagen. Bleibt ein Unterbiss zurück, scheiden solche Hunde jedoch als Zucht- und Ausstellungstiere aus.

Entropium

Entropium und Ektropium bei Hunden sind in diesem Buch im Zusammenhang mit dem Merkmal Augen ausführlich behandelt worden. Trotzdem muss hier nochmals darauf verwiesen werden, da dieser Defekt im Welpenalter von vielen Züchtern übersehen wird und später zu allerlei unliebsamen Auseinandersetzungen zwischen Käufer und Züchter führt. Gesunde Welpenaugen sind sauber, offen und blank. Sobald ein Welpe verschmierte, tränende oder zugekniffene Augen hat, besteht immer Verdacht auf Entropium. Züchter vertrösten sich dann gerne damit, es handle sich um eine vorübergehende Reizung. Der Welpe habe im Zugwind gesessen oder Staub ins Auge bekommen. Beides kann möglich sein, doch gehören solche Welpen ausnahmslos zum Tierarzt. Das Auge muss so oder so behandelt werden, und zwar so schnell wie möglich. Handelt es sich um eine vorübergehende Störung, wird sie durch ein entsprechendes Medikament (Tropfen oder Salbe) bald zum Abklingen gebracht. Sind aber die Augenlider eingerollt und scheuern die Wimpern auf der Hornhaut, handelt es sich um ein angeborenes Entropium. Die genaue Diagnose kann nur vom fachlich ausgebildeten und erfahrenen Kleintierarzt gestellt werden. Eindeutiges Entropium kann schon am jungen Welpen operativ korrigiert werden. Einige Tierärzte warten aber mit einer Operation lieber zu, bis der Hund grösser ist und behandeln vorher mit Medikamenten. Das genaue Vorgehen muss mit dem Arzt abgesprochen und der Käufer entsprechend orientiert werden. Wird eine spätere Operation ins Auge gefasst, hat der Züchter auf jeden Fall die Kosten zu tragen, wenn er keinen Preisnachlass gewährt hat. Wird der Jungwelpe noch vor der Abgabe operiert, scheidet trotzdem als Zucht- und Ausstellungstier aus, ist aber ein vollwertiger Familienhund. Meistens muss er deshalb trotz der Operation billiger abgegeben werden.

Auch offene untere Augenlider dürfen nicht vernachlässigt werden: Die entzündeten Bindehäute sind zu behandeln. Hie und da korrigiert sich dieser Mangel wieder, wenn sich der Kopf auswächst. Tiere mit Ektropium taugen nicht zur Zucht.

Übersicht über Entwicklung und Pflegemaßnahmen in den ersten 9 Wochen der Welpen

Woche	Phase	Entwicklung	Fütterung
1	Vegetative Phase	12–15 mal Saugen am Tag dazwischen nur schlafen Kontaktliegen Isolation löst Angst aus Suchpendeln Körperteilen entlang kriechen	Muttermilch oder künstl. Welpenmilch 12 mal pro Tag, alle 2 Stunden
2		Bei genügend Wärme Einzelliegen 10.–12. Tag: Öffnen von Augen und Ohren Stehen, versuchsweises Gehen sich entfernt vom Haufen lösen	Muttermilch oder künstl. Welpenmilch 8–10 mal pro Tag
3	Übergangszeit	Hören und sehen, Interesse an Umwelt, erste Reaktion auf Geräusche. Die Mutter wird wahrgenommem kurze Wachphasen; sicheres Gehen erste Kontaktnahme mit Wurfgeschwistern; Bellen, Knurren	Muttermilch oder künstl. Welpenmilch, 5–6 mal pro Tag Lecken aus Schale ab 17. Tag möglich, Fleisch von Hand
4	Prägephase	22.–25. Tag: Durchbruch der Zähne Das Lager wird für kurze Zeit und kleine Distanzen verlassen. Furchtreaktionen auf starke Geräusche und hastige Bewegungen; erste Reaktionen auf Anruf; Welpen laufen auf Betreuer zu.	Beginn der Zufütterung Welpenbrei Rohes Hackfleisch
5		Ausdehnung des Aktionsradius Rückzug, wenn Mutter bellt oder bei ungewöhnlichen Erscheinungen Umwelt mit den Zähnen erkunden differenziertere Spiele Bellen, Knurren	Langsame Umstellung auf festeres Futter Spezielle Welpennahrung Mischfutter Fleisch am Stück oder gehackt
6		Weitere Umwelt wird erforscht. Beute wird ins Nest getragen. Dinge herumschleppen Beginn lauter Spiele Menschen werden stürmisch begrüsst.	Wie 6. Woche 4 Mahlzeiten pro Tag Knochen zum Benagen
7		Alle Bewegungsarten möglich, auch Hinder- nisse besteigen, klettern Durchlaufen grösserer Strecken Erstes Graben. Alles wird interessiert angegangen und untersucht.	4 Mahlzeiten pro Tag Welpen entwöhnen Bei viel Milch Hündin etwas weniger füttern
8 9 10	Sozialisierungs- phase	Intensive Spiele, auch mit anderen Hunden; weitere Ausdehnung des Horizonts; mit der Mutter bellen, Ausbruchsversuche aus dem Zwinger, Fähigkeit, Kennworte zu erlernen. Erste spielerische Dressurversuche möglich.	4 Mahlzeiten pro Tag Auf Futter einstellen, das auch die Käufer verwenden können.

Pflegemassnahmen	Umweltgestaltung	Kontakt mit Menschen und Umwelt
Am 3. Tag Wurfkontrolle Schneiden der Afterkrallen Täglich wiegen Nabel kontrollieren Lagerwäsche wechseln	Wurfkiste oder anderes weiches geschütztes sauberes Lager Platzbedarf 1,2 bis 1,5 m^2 Evtl. zusätzliche Wärmequelle	Zum Wiegen auf den Arm nehmen, streicheln
Wiegen,Krallen an den Vorderpfoten zurückschneiden Am 10. Tag entwurmen mit Piperazinprodukt	Allmähliche Rücknahme der zusätzlichen Wärme	Auf den Arm nehmen, streicheln
Wiegen Krallen zurückschneiden		Auf Arm und Schoss nehmen Sich beschnuppern lassen Ansprechen
Wiegen 2. Entwurmen Lager reinigen, wenn Hündin nicht mehr putzt Kot kontrollieren	Erweiterung des Wurflagers um 2–5 m^2 Lebensraum der Welpen ständig sauberhalten	Auf Arm und Schoss nehmen Handfütterung von Fleisch Sich hinkauern, beschnuppern und benagen lassen
Wiegen Krallen zurückschneiden	Tagsüber versetzen in einen Freiauslauf Platzbedarf 10–15 m^2	Kosespiele mit der Hand, auf Arm und Schoss nehmen An Zuruf beim Füttern gewöhnen Ansprechen mit Namen Erste Spielsachen
Wöchentlich 1 mal wiegen 3. Entwurmen Fell bürsten	Grösserer Auslauf wird nötig. 30 bis 50 m^2 Spielzeug Gelegenheit zum Graben	Kosespiele mit der Hand, neue Spielsachen geben. An Lärm und fremde Objekte gewöhnen An fremde Frauen, Männer und Kinder gewöhnen
Wöchentlich wiegen, Bürsten		Fortfahren wie bisher Spielgegenstände wechseln Fremde Besucher immer willkommen Oft mit den Welpen spielen An eigenen Namen gewöhnen
4. Entwurmen. Wöchentlich wiegen Erste Schutzimpfung		Fortfahren wie bisher Spielgegenstände wechseln Ins Haus nehmen An Auto, Halsband und Leine gewöhnen Möglichst viele verschiedene Umwelteindrücke vermitteln

Scheiden tut weh

Die Suche nach dem besten neuen Meister

Kein Züchter nimmt gerne Abschied von «seinen» Hundekindern. Hat er sich ausgiebig mit ihnen beschäftigt, ist ihm meist jedes einzelne ans Herz gewachsen, und er trennt sich nur ungern von ihnen. Um so wichtiger ist es für ihn, Gewissheit zu haben, dass jedes in seinem neuen Heim verstanden und seinen Hundebedürfnissen entsprechend behandelt werden wird. Im eigentlichen Abgabealter sind die Welpen fast immer schon längst ausgesucht und versprochen. Viele Käufer bestellen ihren späteren Hausgenossen gerne früh und wollen schon im zartesten Alter wissen, welches nun der ihre sein wird. Es ist zwar für den Züchter schmeichelhaft, wenn ein Wurf schon früh versprochen ist, besser aber ist es, wenn die einzelnen Hunde erst etwa vom Alter von 6–8 Wochen an fest an die Käufer zugeteilt werden. Vorher kann nur aufgrund der Zeichnung ausgesucht, bei älteren Welpen aber der Charakter mitberücksichtigt werden. Nicht jeder Welpe passt zu jedem Besitzer. Der junge Mann, der gerne mit seinem Berner auch Arbeitsprüfungen bestehen möchte, wird einen temperamentvollen Draufgänger eher schätzen als einen ruhigen Philosophen. Der jungen Familie, die den Hund als Kumpan für die Kinder möchte, muss ein Dickfeller, der etwas ertragen kann, zugeteilt werden. Und die ältere Dame, deren geliebte Hündin vor kurzem gestorben ist, würde mit einem allzu wilden Ungestüm ihre liebe Mühe haben. Ihr sagt wohl die sensible, anschmiegsame Kleine im Wurf am besten zu. Bei älteren Welpen können solche Konstellationen beachtet und mit dem Käufer zusammen der am besten passende Junghund ausgewählt werden. Zukünftige Zuchthunde sollten grundsätzlich nie vor der 6. Woche ausgesucht werden, je später, desto besser. Knochenstärke, Bau, Gangwerk, Kopfform und Rutenhaltung lassen sich erst nach 7–8 Wochen andeutungsweise einschätzen (vgl. Teil «Vorkommen und Genetik einzelner Merkmale»).

Wenn Käufer kommen, muss sich der Züchter bewusst sein, dass er, seine Welpen und seine Zuchtstätte sozusagen einer Prüfung unterzogen werden, und das ist auch gut so. Zwischen Käufer und Züchter muss sich ein Vertrauensverhältnis entwickeln, das erleichtert jeden späteren Kontakt. Deshalb darf auch der Züchter sich nicht scheuen, seine Kunden unter die Lupe zu nehmen. Nicht jeder, der sich mit dem Gedanken trägt, einen Berner Sennenhund anzuschaffen, hat auch die nötigen Voraussetzungen dazu, diesem Hund eine artgerechte Zukunft zu bieten. Es ist Aufgabe des Züchters, Leute herauszufinden, die falsche Vorstellungen von den Eigenheiten der Rasse haben oder die tatsächlichen Anforderungen, die ein Hund in einem Haushalt stellt, nicht einschätzen können. Sie müssen im Gespräch darauf hingewiesen werden. Notfalls bekommen sie eben keinen Hund. Das Argument, dass sie dann einfach anderswo einen kaufen, ist eine Ausrede. Ein Züchter, der einen Interessenten überzeugt, dass er vielleicht besser noch warten, sich nach einer anderen Rasse umsehen oder überhaupt auf die Anschaffung eines Hundes verzichten sollte, hat weit mehr für

Hunde überhaupt und seine Rasse getan, als wenn er einen Hund verkauft hat. Gespräche mit Welpenkäufern brauchen deshalb Zeit. Der angebotene Kaffee beim Informationsgespräch ist da kein Luxus. Um sich ein Bild zu machen, lasse der Züchter die möglichen Käufer erzählen, über ihre Arbeit, ihre Familie, ihre bisherige Erfahrung mit Hunden, wohin der vorherige Hund gekommen ist, warum man jetzt einen neuen und gerade einen Berner möchte. So rundet sich das Bild, und bald wird sich für den Züchter abzeichnen, ob er ein gutes Gefühl hat, wenn er gerade diesem Käufer einen Hund überlässt.

Heutige Hundekäufer sind im allgemeinen gut informiert. Trotzdem machen sich viele zu wenig konkrete Vorstellungen, was es heisst, einen lebenshungrigen Junghund im Haus zu halten und dieses Tier dann 10–13 Jahre lang angemessen zu betreuen. Der Zeitaufwand ist beim jungen Hund annähernd derselbe wie für ein 8–15 Monate altes Kind. Er ist genauso unberechenbar und bringt den Haushalt durcheinander. Auch Berner Sennenhunde müssen an Sauberkeit im Haus gewöhnt werden, sie laufen gerne dorthin, wo man sie nicht haben möchte, sie benagen Schuhe und Möbelstücke und schleppen Bücher herum, wenn sie sie erwischen. Sie wollen spielen, rennen und etwas erfahren können und sind als Junghunde von Ungeübten nur schwer an der Leine zu zähmen. Auch jeder erwachsene Hund braucht seinen täglichen Auslauf, will Kontakt mit den Menschen haben und für die Familie jemand sein. So an die 1½ bis 2 Stunden pro Tag muss von Leuten in modernen Wohnverhältnissen allein für den Hund in den nächsten Jahren eingeplant werden können. Meistens ist es die Hausfrau, die diese Zeit erbringen können muss. Ein Irrtum ist, dass ja Kinder und Garten da sind. Kinder sind heutzutage von Schule und Freizeitaktivitäten sehr beansprucht. Selbst wenn ein Kind es will und der Hund ihm viel bedeutet, kann ihm die ganze Fürsorge für ein Tier nicht zugemutet werden. Auch mehrere Kinder zusammen sind selten in der Lage und bringen neben ihren übrigen Interessen vor allem auch nicht die Ausdauer auf, sich mit dem jungen Hund so viel zu beschäftigen, dass sein Bewegungs- und Kontaktbedürfnis gestillt wird. Im Winter zum Beispiel, wenn die Schule lang und die Tage kurz sind, ist es für sie schlichtweg unzumutbar, dass sie auch noch täglich eine Stunde und mehr den Hund ausführen. Die Aufgabe fällt fast von selbst an Vater oder Mutter zurück. So muss sich eines von beiden schon beim Kauf bereitfinden, diese Pflichten gern zu übernehmen. Und der Garten beim Einfamilienhaus? Kein Hund, der über das verspielte Jugendalter hinaus ist, wird den eigenen Garten auch als Tummelplatz benutzen. Ausgang heisst für ihn, fremde Gerüche wahrnehmen, andere Hunde treffen, etwas Neues von der Welt sehen. Um sich zu bewegen, braucht er diesen Motor. Spaziergänge sind der Ersatz für die Jagdzüge, die seine Ahnen einst in der Wildnis unternahmen. Die allzu bekannten Gerüche und Einrichtungen im eigenen Garten haben keinen Reiz und verführen ihn kaum zur Bewegung. «Hunde mit Garten» müssen deshalb ebenfalls täglich auf längere Ausgänge geführt werden. Auch ein scheinbar gemütlicher Bäri hat ein Anrecht auf dieses Stück Abenteuer in seinem Leben.

Über diese und andere Dinge muss sich der Züchter mit seinen Käufern unterhalten und sie auf die Probleme aufmerksam machen. Die Illusion, mit einem Berner Sennenhund so etwas wie ein gutmütiges Plüschtier zu bekommen, muss im Interesse dieser intelligenten und vielseitigen Tiere zerstört werden. Sonst sind die Weichen für ein glückliches Hundeleben der liebevoll und sorgfältig aufgezogenen Welpen von vornherein falsch gestellt.

Bei den folgenden Käufergruppen muss unserer Erfahrung nach besonders sorgfältig abgeklärt und oft von einem Hundekauf abgeraten werden:

Leute, die nicht bereit sind, den Hund in die Wohngemeinschaft aufzunehmen: Wenn Hundehaare in der Wohnung so sehr stören, dass bereits ein Zwinger bestellt oder ein Hundehaus für den Garten in Auftrag gegeben ist, sind die Voraussetzungen für einen Bernerkauf nicht gegeben. Hunde im allgemeinen und Berner Sennenhunde vielleicht besonders entarten, wenn sie nicht im Meuteverband der Familie leben können.

Leute, die sich vorstellen, den Hund einfach täglich laufen zu lassen, anstatt ihn selbst zu bewegen: Sie werden wegen des streunenden Hundes früher oder später Schwierigkeiten bekommen und es der Rasse oder dem Züchter anlasten. Auch Berner Sennenhunde bleiben nicht beim Haus, wenn ihnen dort nichts geboten wird und die Gelegenheit zu interessanten Ausflügen besteht.

Leute, die ganztags arbeiten: Es gibt Berufstätige, die unglaubliche Opfer auf sich nehmen, um trotz des nötigen Erwerbslebens einen Hund halten zu können. Sie führen ihn vor der Arbeit aus, verzichten seinetwegen auf die Mittagspause und machen am Feierabend noch lange Spaziergänge. Wird das eingehalten, ist die Zeit der Einsamkeit einem erwachsenen älteren Hund noch zuzumuten, nicht aber einem jungen unter anderthalb Jahren. Welpen können so schon gar nicht gehalten werden. Wenn Berufstätige niemand haben, der den jungen Hund in ihrer Abwesenheit betreut und wenn kein grosser sicherer Auslauf oder ein älterer Hund vorhanden ist, mit dem er spielen kann, muss Erwerbstätigen vom Kauf abgeraten werden.

Familien und Paare, wo sich Mann und Frau oder Freund und Freundin nicht über die Anschaffung eines Hundes einig sind: Vielleicht möchte der Mann allein den Welpen haben. Wer anderes als die Frau muss ihn aber den grössten Teil des Tages um sich dulden, wenn der Mann an der Arbeit ist? Wenn die Frau allein den Hund haben möchte: Wird sie sich seinetwegen durchsetzen können und wollen, wo es nötig ist? Wie werden Ferien und Freizeit mit einem Hund gestaltet sein, wenn dem Mann das vierbeinige Familienmitglied nichts bedeutet und er ihn nur gerade gnädig toleriert?

Mütter mit kleinen Kindern: Den Bedürfnissen kleiner Kinder und denen eines jungen Hundes gleichzeitig gerecht zu werden, ist fast ein Ding der Unmöglichkeit. Einmal müssen im Alltag beide voreinander geschützt werden, weder der Junghund noch die Kinder haben den «Verstand» und das Mass, vernünftig, d. h. ohne sich zu stören oder wehzutun, miteinander umzugehen. Dann muss der Junghund ausgeführt werden, auch bei schlechtem Wetter. Wer bleibt bei den Kindern, wenn die Mutter sie nicht mitnehmen möchte?

Senioren, die noch nie einen Hund oder nur den einer kleinen Rasse gehabt haben: Sie geben sich oft zu wenig Rechenschaft, dass ein heranwachsender Berner eine recht starke und konsequente Hand braucht, wenn er z. B. leinenführig werden soll. Älteren

Menschen fehlt oft die Körperkraft, um in den ersten zwei Jahren mit einem noch ungestümen Junghund fertig zu werden.

Leute, die jemandem einen Hund schenken möchten: Nicht immer ist das Geschenk mit dem Empfänger genügend besprochen worden. Oft ist das Tiergeschenk z. B. für die einsam gewordene Mutter zwar gut gemeint, will sie sich aber so binden, wie sie mit einem Hund gebunden ist, oder hat sie im Grunde genommen ganz andere Interessen?

Es ist Aufgabe des Züchters, zu wenig durchdachten Hundekäufen vorzubeugen. Muss von einem Kauf abgeraten werden, erfordert das viel Feingefühl und Takt, denn für die Betroffenen bedeutet der Verzicht auf einen Hund meist ein echtes Opfer.

Besonders gut müssen Verkäufe ins Ausland überlegt werden. Es gibt Berner Sennenhunde, die bei ausländischen Hundefreunden wunderbare Plätze haben. Andere Länder haben aber auch andere Gepflogenheiten in der Tierhaltung. Vor allem ist es nicht in allen Ländern üblich, grosse Hunde im Haus zu halten oder sie auch auszuführen. Man stellt für das schöne, dort auffallende Tier einen Zwinger vor die Haustür, damit jeder es bewundern kann und glaubt, der Hund sei damit glücklich. Andernorts wird der Hund in die Garage verbannt und nur für Ausstellungen herausgeholt. Aus unserem ersten Wurf endete eine schöne Hündin durch unsere Unerfahrenheit als reine Zuchtmaschine, die nie mehr aus ihrem primitiven Zwinger herauskam. Abklärungen über die Plätze im Ausland sind nicht einfach, sie müssen aber im Interesse unserer Hunde, so gut es irgend geht, vorgenommen werden, wenn wir die Welpen nicht in ein lebenslanges Hundeelend schicken wollen.

Der richtige Zeitpunkt für die Übergabe

Sind die Welpen ausgesucht, folgt dann über kurz oder lang der Abgabetag. Der beste Zeitpunkt für den Umzug ins neue Heim ist unter Hundeleuten umstritten. Einige plädieren dafür, dass der Hund schon zu Beginn der Sozialisierungsphase, also mit 7–8 Wochen, verpflanzt wird. Als Argument wird ins Feld geführt, der Hund passe sich dann viel besser an seine neue Meute, die Familie, an. Wir halten diesen Zeitpunkt für eindeutig zu früh. Das Hundekind ist in diesem Alter noch zu zart und zu unentwikkelt. Als gewichtiger äusserer Grund, einen Welpen nicht vor 10 Wochen abzugeben ist der, dass er vorher gar nicht vor ansteckenden Krankheiten geschützt werden kann. So ungefähr zwischen 7 und 9 Wochen erlischt der Schutz durch die Muttermilch. Der Welpe muss nun seine eigenen Abwehrstoffe aufbauen. Er ist in dieser Zeit extrem anfällig für alle möglichen ansteckenden Seuchen, und er ist nicht dagegen geimpft. Ihn ausgerechnet in dieser Zeit in ein anderes Milieu mit einer ganz neuen Bakterienflora zu verpflanzen, ist äusserst ungünstig. Werden die Kleinen mit 8 Wochen aber geimpft und kann noch im Zwinger die Inkubationszeit, d. h. die Zeit, in der sich die Abwehrstoffe bilden, abgewartet werden, besteht ein viel kleineres Risiko, dass sie sich nach der Verpflanzung eine Krankheit zuziehen. Nie wurde bisher beobachtet, dass ein erst mit 10 oder 11 Wochen abgegebener Welpe sich dem neuen Heim

Dieser kleine Berner Sennenhund fliegt nach Amerika.

schlechter angepasst hätte. Im Gegenteil, für den erstarkten und nun schon ein bisschen selbständigen Welpen bedeutet die Verpflanzung in diesem Alter einen viel kleineren Schock als früher. Hunde müssen ja nicht nur mit Menschen, sie müssen auch mit ihresgleichen zurechtkommen, und genau das üben sie von der 8. bis zur 10. Lebenswoche mit ihren Wurfgeschwistern ein. Sie brauchen diese Zeit der intensiven Spiele und Auseinandersetzungen noch, um das richtige Verhalten unter ihresgleichen zu erlernen und dort Sicherheit zu gewinnen. Nichts Schlimmeres als ein Hund, der sich vor allen andern Hunden fürchtet und nicht mit ihnen umzugehen weiss. Es mag sein, dass es für andere Rassen anders ist, für Berner jedenfalls hat sich ein Abgabealter von 10–11 Wochen als ideal erwiesen. Viel später sollte die Übergabe auch nicht stattfinden. Jeder Züchter kann die Beobachtung machen, dass den Junghunden nach dieser Zeit das Wurf- und Zwingerleben nicht mehr genügt. Sie streben hinaus und verlangen nach Selbständigkeit. Dann ist es Zeit, sie ihrer neuen Familie anzuvertrauen.

Die Übergabe

Jede Übergabe erfordert Vorbereitung und nochmals Zeit. Impfzeugnis, Abstammungsurkunde, Fütterungsplan für den nächsten Monat, wenn möglich auch das im Zwinger gebrauchte Futter für die nächsten 8–14 Tage und, wenn es vorhanden ist, Informationsmaterial über die Rasse, ihre Haltung und den Rasseklub sollten bereitliegen, wenn der Käufer kommt. Welpen sollten, wenn sie den Umzug ertragen müssen, nie auch gleichzeitig auf ein anderes Futter umgestellt werden. Jeder Platzwechsel ist ein Stress, und die Verdauungsorgane reagieren bei Hunden darauf zuerst. Durchfälle können die Folge sein. Das muss vermieden werden, indem der Welpe in der ersten Zeit das bewährte Futter bekommt. Der neue Meister kann später immer noch auf sein eigenes umstellen, wenn ihm das besser zusagt.

Unsere Welpen werden am Tag vor der Abgabe immer noch mit einem Hundeshampoo, das auch Komponenten gegen Ungeziefer und Hautallergien enthält, gebadet und anschliessend geföhnt. Zwingerschmutz und -gerüche werden so aus dem Fell gewaschen. Alle Welpen kommen ja jetzt in ein Haus, in einen Privathaushalt, der auch hygienische Anforderungen stellt. So ein frisch gebadeter, glänzend schwarzer Bär mit seidigem Fell sticht meistens aus seinen Geschwistern heraus und wird von den Käufern entschieden lieber weggetragen, als wenn ihm noch der ganze Zwingerdreck und Geruch anhaftet. (Auch sauber gehaltene Welpen haben einen Zwingergeruch.) Nach Schlechtwetterperioden ist ein Bad vor dem Abgabetag fast unumgänglich. Nicht alle Käufer bringen schon Halsband und Leine mit. Ein passendes Halsbändchen gehört zum Hund. Es wird schnell verwachsen sein, und die Käufer können gebeten werden, es später zurückzuschicken. Das ist dann immer auch der Anlass für einen kurzen Bericht über das Ergehen des Kleinen.

Ob der Züchter mit den Käufern einen eigentlichen Verkaufsvertrag ausfertigen will, steht in seinem Ermessen. Handelt es sich um einen normalen Verkauf ohne Auflagen, genügt auch eine Quittung. Wenig Sinn haben Verträge, die die zukünftige Haltung des Junghundes beinhalten. Verkauft ist verkauft, und wenn die Haltung des Hundes nach der Übergabe nicht den Wünschen des Züchters entspricht, kann er daraus keine rechtlichen Schritte ableiten. Deshalb sind die Auswahl der Käufer und alle vorgängigen Abklärungen so wichtig. Will sich der Züchter aber gewisse Rechte am Hund ausbedingen, ist ein schriftlicher Vertrag nötig. Zu solchen Rechten gehören: Das Vorkaufsrecht, wenn ein Hund später einmal wieder verkauft werden sollte, das Recht, mit einer vielversprechenden Hündin einen oder mehrere Würfe züchten zu können, das Recht, einen Rüden für die Zucht zur Verfügung zu haben, das Recht, einen Hund auszustellen oder ankören zu lassen. In den Vertrag kann auch die Verpflichtung aufgenommen werden, dass der Hund später geröntgt wird, und zwar die Hüfte (HD) wie auch die Ellbogengelenke. Unbedingt müssen in solchen Verträgen auch die finanziellen Verpflichtungen festgelegt werden. Wer bezahlt die Kosten für Ausstellungen, Körung oder Röntgen? Wird der Käufer für seine Umtriebe entschädigt, wenn er den Hund zur Zucht oder für Ausstellungen zur Verfügung stellt? Wer trägt das daraus entstehende Risiko und eventuelle Tierarztkosten? Alle diese Punkte müssen mit dem Käufer besprochen, schriftlich festgehalten und von beiden Parteien unterzeichnet werden. Erfahrungsgemäss führen vage, mündliche Absprachen sonst später gerne zu Unstimmigkeiten, ja oft sogar zu gerichtlichen Auseinandersetzungen. Bei der Welpenabgabe sind viele Hundekäufer in der Freude über den Welpen zu Versprechungen bereit, die sie später bei nüchterner Überlegung lieber nicht mehr einhalten möchten. Liegt einem Züchter sehr daran, sich einen bestimmten Hund für die Zucht zu erhalten, muss der Käufer entsprechend ausgesucht werden. Er muss von Anfang an bereit sein, auf die Bedingungen einzugehen. Sonst muss auf diesen Verkauf verzichtet werden. Für die Regelung der finanziellen Seite gibt es viele Möglichkeiten. Wir verzichten deshalb hier auf die Wiedergabe von einzelnen Vertragsmustern. Die Rechte und Pflichten müssen aber auf jeden Fall so verteilt sein, dass sich beide Seiten von der Zusammenarbeit einen Gewinn versprechen können. Um sicherzugehen, dass ein entsprechender Vertrag haltbar ist, tut man gut daran, einen in solchen Rechtsfragen bewanderten Berater beizuziehen.

Und die weitere Verantwortung

Sind die Welpen nacheinander von ihren glücklichen Neubesitzern davongetragen worden, bleibt der Züchter meist mit einem lachenden und einem weinenden Auge zurück. Er ist froh, nun zeitlich weniger beansprucht zu sein und vermisst gleichzeitig seine Hundekinder. Aufenthaltsraum und Auslauf werden gereinigt und evtl. desinfiziert, die Spielsachen verräumt, die anderen Hunde erhalten wieder mehr Aufmerksamkeit. Doch mit der Abgabe sind die Aufgaben für den Züchter noch nicht beendet. Er muss den Käufern zeigen, dass er den weiteren Kontakt mit ihnen wünscht und immer eine offene Türe für sie hat. Viele melden sich nach einigen Tagen von selbst, um über ihre ersten Erfahrungen mit dem Junghund zu berichten. Bei anderen muss man nachfragen. Jeder Züchter, der seine Aufgabe ernstnimmt, hat das grösste Interesse daran zu erfahren, wie es den Hunden aus seiner Zuchtstätte geht und wie sie sich entwickeln. Wenn er seine Zucht planen will, muss er wissen, was aus jedem einzelnen Hund geworden ist. Dafür ist er auf die Informationen seiner Käufer angewiesen. Am Welpen sind die meisten Merkmale, die für den Züchter den guten Hund ausmachen, noch gar nicht erkennbar. Konstitution, Grösse, Zahnstellungen, der Zustand der Hüftgelenke und vieles mehr schälen sich erst durch das Wachstum nach und nach heraus. Diese Informationen müssen schriftlich festgehalten werden. Ob dafür ein Heft, eine Kartei, ein Ordner oder sonst ein System verwendet wird, ist zweitrangig. Wichtig ist, dass der Züchter über alle Hunde aus seiner Zucht Buch führt. Aussehen, Charakterentwicklung, Krankheiten, HD- und Vorderhandröntgen, Körberichte, Ausstellungserfolge, Zuchtergebnisse und später die Todesursache werden dort festgehalten. Nur so wird es möglich, Tendenzen in der eigenen Zucht zu erfassen und eventuelle Korrekturen vorzunehmen. Die meisten seiner gezüchteten Hunde werden deshalb nie ganz aus dem Gesichtskreis des Züchters verschwinden, sondern ihm ähnlich verbunden bleiben, wie Kinder, die in die Ferne gezogen sind.

3. TEIL

BERNER SENNENHUNDE ERLEBEN

Eine Freundschaft muss gestaltet werden

Noch nie hat es auf der Welt so viele «Luxushunde» gegeben wie in unseren Tagen. Auch wer sich einen Berner Sennenhund erwirbt, wird in den wenigsten Fällen von ihm einen praktischen Nutzen erwarten. Vorbei sind die Zeiten, wo man einen Käsereihund brauchte, um täglich die Milch wegzuschaffen, wo es Vieh einzutreiben galt und wo ein Hund das weitläufige Areal eines Bauernhofes zu schützen hatte. Heutige Hunde sollen in erster Linie Gespielen des Menschen sein. Man verspricht sich eine Bereicherung des ganz persönlichen Lebens, wenn man einen solchen Gefährten in sein Haus aufnimmt. Die wenigsten Menschen können ganz genau sagen, warum in ihnen plötzlich der Wunsch nach einem Hund erwachte. Bei einigen ist es das Bedürfnis nach Sicherheit. Sie erhoffen sich von einem Hunde Schutz vor allen möglichen Gefahren. Bei der Mehrzahl ist es aber ganz einfach der Wunsch, die spontane Freundschaft eines andersgearteten Lebewesens zu erfahren. Der Hund bildet für sie eine Brücke aus unserer technisierten und organisierten Welt hinaus in die ursprünglichen Kräfte und Schönheiten der Natur. Sie finden in ihm eine ungebrochene Gefühlswelt wieder, die sie selbst als Sehnsucht in sich tragen. Der Hund verkörpert viel von dem, was wir für uns selber möchten, doch durch die Ansprüche unserer modernen Welt und Lebensweise nur noch verschüttet vorfinden. Das sind vielleicht unbewusste Gründe, warum sich gerade so viele moderne Menschen zu Hunden hingezogen fühlen und trotz aller Aufwendungen, die sie dafür erbringen müssen, ohne so ein Tier zum «Luxus» nicht leben möchten.

Leider ist es alles andere als leicht, heutzutage einen Hund zu halten. Unsere Wohnweise, die dichte Bebauung der Landschaft, der dauernde Verkehr und die vielfältigen Belastungen jedes einzelnen durch sein Berufs- und Alltagsleben schränken die Möglichkeiten, mit seinem Hund ein Leben in Freiheit zu geniessen, weitgehend ein. Vor einem halben Jahrhundert noch konnte man seine Vierbeiner mehr oder weniger laufen lassen, und sie suchten sich selbst ihre Unterhaltung oder fanden sie auf dem familieneigenen Gelände. Solche grossräumigen Areale sind heute die Ausnahme geworden. Nach wenigen Metern hört das Gebiet schon auf, das Meister und Hund in aller Freiheit beanspruchen dürfen, und das Grundstück des Nachbarn beginnt oder die Strasse, wo niemand mehr besondere Rechte hat.

Deshalb muss heute jede Unternehmung mit einem Vierbeiner geplant werden. Die Leine ist das tägliche Schicksal von Meister und Hund. Wer heutzutage einen vierbeinigen Kameraden ins Haus nimmt, lädt sich unweigerlich auch eine Last auf. Mit dem Futter allein ist es nicht mehr getan. Der Hund muss notgedrungen auch ausgeführt werden. Er hat, auf einen engen Lebensraum verbannt, keine Möglichkeit mehr, sich selber zu unterhalten. Leben in die Einförmigkeit seiner Tage bringt für ihn nur noch der Mensch und was dieser ihm vermitteln kann. Der Grossteil seiner natürlichen Fähigkeiten liegt brach. Erwachsenwerden bedeutet für viele Junghunde zunehmend alles, was an natürlichen Begabungen und Neigungen in ihnen liegt, zu verdrängen und absterben zu lassen. Es hat in der modernen Menschenwelt keinen Platz mehr. Man wünscht den angepassten, den problemlosen Hund.

Gerade Berner Sennenhunde werden oft in der irrtümlichen Ansicht gekauft, in ihnen besonders einfach zu haltende, «praktische» Begleiter zu bekommen. Man sieht im Bäri so etwas wie einen gemütlichen Teddybären, der anspruchslos ist und alles geduldig erträgt. Bald sieht man sich aber getäuscht. Auch der Berner ist in erster Linie durch und durch Hund und stellt als solcher seine Ansprüche. Er möchte seine Veranlagungen und Bedürfnisse ausleben und entfalten können. Er ist nicht dazu geboren, seine Tage als hübsche Dekoration des Hauses untätig zu verwarten. Auch er sehnt sich danach, seine Sinne zu gebrauchen und die Welt erleben zu können. Untätigkeit und Langeweile sind nicht nur für Menschen, sondern auch für Hunde tödlich. Der glückliche Hund ist ein im Rahmen seiner Neigungen und Fähigkeiten aktiver Hund.

«Hunde erleben», so ist der letzte Teil unseres Buches überschrieben. Auf all den vielen vorausgegangenen Seiten haben wir ausführlich dargestellt, wie ein Hund im besten Falle aussehen soll, wie man ihn ausstellt, wie man ihn zur Idealvorstellung hin züchtet und wie man Junge aufzieht, um guten Nachwuchs zu erhalten. Das alles ist für einige Menschen wichtig. Was aber eigentlich und vor allem für uns alle zählt, ist das, was wir mit einem Hunde zusammen erleben können. Wir kaufen den Berner letztlich nicht seiner Schönheit wegen – dann könnte uns auch eine Statue oder ein ausgestopfter dienen – sondern um das zu erfahren, was darin verhüllt ist: seine «Seele», wenn man es so nennen will. Das Wesen eines Hundes, seine Eigenart, seine individuelle Persönlichkeit und Ausdrucksweise sind es, die uns anziehen und bereichern. Nicht wie er aussieht, sondern was er für uns ist, macht uns den Begleiter lieb und unersetzlich. Im Kapitel «Wesen und Charakter des Berner Sennenhundes» am Anfang dieses Buches haben wir uns an das herangetastet, was die Dürrbächler-Persönlichkeit früher war. Diese letzten Abschnitte sollen uns noch einmal zum Hund als beseeltem Lebewesen an unserer Seite hinführen. Sie sollen Wege aufzeigen, wie wir ihm auch unter den erschwerten Bedingungen unserer Zeit die Möglichkeit verschaffen können, sich voll zu entfalten und uns dadurch mehr zu bereichern, als wenn er verkümmern müsste. Unsere Freundschaft mit ihm muss gestaltet werden, sonst wird sie zum eintönigen Trott. Nur am Rande geht es dabei auch um das, was man Erziehung des Hundes nennt. Die eigentliche Abrichtung klammern wir aus, denn darüber gibt es genügend gute Bücher. Sie ist für einen jungen Berner nicht anders als für jeden andern Hund. Wir möchten aber dem nachgehen, was man selbst dazu beitragen kann, dass gerade diese Rasse in ihrer Eigenart besonders intensiv erlebbar wird.

Gute Freunde.

Der Berner gehört zu seinen Menschen

Das alte Bild, wo der Bäri vor seinem Bauernhaus liegt, bringt viele Leute auf die fixe Idee, der Berner gehöre eigentlich vor und nicht in das Haus. Das stimmt nur zum Teil. Es ist richtig, dass er es gut erträgt, im Freien zu liegen. Sein Fell ist warm genug und wird noch dichter und länger, wenn er sich oft an der frischen Luft aufhält. Es stimmt auch, dass Berner Sennenhunde sich gerne auf Aussichtsposten hinlegen, wo sie alles Kommen und Gehen beobachten können. Dass sie ins Freie gehören, stimmt aber nur solange, als sich vor diesem Haus auch ein guter Teil des Lebens abspielt. Bei Bauernhäusern ist das der Fall. Die landwirtschaftlichen Arbeiten lassen sich nicht in Wohnungen verrichten, so dass der Hund immer wieder jemandem nachlaufen und Kontakt halten kann. Anders ist es in weitaus den meisten modernen Wohnverhältnissen. Der Posten vor dem Haus oder im Hintergarten kann todeinsam sein. Und Einsamkeit ist das Schlimmste, was Hunden zugefügt werden kann. Das hat nichts mit etwaiger Verwöhnung moderner Luxushunde zu tun, sondern damit, dass der Hund von seiner innersten Natur her auf ein Leben in Gesellschaft von Artgenossen angelegt ist. Auch seine Menschen sind für ihn so etwas wie Meutegenossen.

Wölfe, die Urahnen auch unserer Berner Sennenhunde, leben bekanntlich in Rudeln von etwa vier bis gegen einem Dutzend Tieren. Nur durch gemeinsame Anstrengung gelingt es ihnen, die grossen Beutetiere zu erjagen, deren sie für ihre Ernährung bedürfen. Gemeinsam ziehen sie auch ihre Würfe auf. Jeder hilft mit bei der Versorgung der Welpen. Wölfe leben aber nicht nur kalt und gleichgültig nebeneinander her. Es gibt unter ihnen viele Zeichen der Zuneigung und der Zusammengehörigkeit. Einmal schlafen sie immer nahe beieinander. Dann spielen sie oft und ausgiebig Fang- und Raufspiele mit vielfältigem Rollentausch. Um Kontakt untereinander zu halten, stubsen sie sich häufig mit der Schnauze in die Seite oder in die Lefzengegend, sie beriechen und belecken sich oder reiben sich aneinander und tun auf mancherlei Weise kund, dass sie sich mögen. Am meisten Aufmerksamkeit bekommt der Rudelführer, doch er selbst gibt auch andern viel Zeichen der Zuneigung. Hat sich ein Mitglied der Meute entfernt, wird es bei der Rückkehr von den andern freudig begrüsst. Wenn sich einmal ein Welpe verirrt hat, winselt er so lange, bis er von einem Erwachsenen aufgefunden und ins Rudel zurückgebracht wird. Das Alleinbleiben wäre für ihn der sichere Tod. Auch aus der Gruppe ausgestossene Erwachsene bleiben nicht lange allein. Sie versuchen, durch nächtliches Heulen schnell wieder andere anzulocken und mit ihnen eine neue Meute zu bilden. Zufrieden und ausgeglichen ist ein Wolf nur in einem Meuteverband.

Die Veranlagung und das Bedürfnis, in einem Rudel zu leben, ist auch in modernen Haushunden noch ein Urverlangen. Ohne eine enge Verbindung zu ihrer Meute können sie nicht wirklich leben, oder sie seien denn abgestumpfte Neurotiker geworden. Beim Berner Sennenhund kommt dazu noch die starke Prägung auf den Menschen hinzu. Im Gegensatz zu einigen Jagd- oder Windhunderassen etwa, die von jeher in Meuten gehalten wurden und nie in engem Kontakt mit dem Menschen lebten,

Junghunde lieben Nähe und zeigen Zärtlichkeit auf ihre Art und Weise.

lief die Selektion beim Berner darauf hinaus, dass ein sehr anhänglicher und abhängiger Schlag herausgezüchtet wurde, der ohne eine enge Beziehung zum Menschen nicht sein kann. Darum gehört der Berner dahin, wo sich seine Leute aufhalten. In den meisten Fällen ist das die Wohnung, das Haus.

Wer sich einmal von der Vorstellung gelöst hat, dass er seinen Hund verwöhnt, wenn er ihn bei sich im Hause leben lässt, wird bald erfahren, dass er selbst dadurch genau so gewinnt wie sein Tier. Er wird erleben, wie der Junghund ihm überall folgt und sich für alles interessiert, was er tut und wie der ältere gerne still in der Nähe seiner Arbeitsplätze liegt. Er verfolgt auch dann jedes Geschehen, wenn er scheinbar döst. Viele Male am Tag steht er auf, stubst Meister oder Meisterin an, legt ihnen seine Pfote aufs Knie und zeigt auf allerlei Art seine Zuneigung. Er ist dankbar, wenn man zu ihm spricht, auch wenn er die Worte nicht versteht und gibt immer wieder zu erkennen, dass seine Leute ihm alles bedeuten. Stürmisch ist die Freude, wenn eine Person das Haus verlassen hatte und dann wieder zurückkommt! Wer seinen Berner im Hause hält, wird bald erstaunt sein, wie gut dieser den Tagesablauf kennt und wieviele Handlungen er zu deuten weiss. Die stumme Sprache des Hundes wird für ihn immer vielfältiger und reicher. Lebt der Hund draussen allein, kommt es nie zu diesem engen, genussreichen Kontakt.

Natürlich müssen ein Haus oder eine Wohnung auch entsprechend eingerichtet werden, wenn ein Hund darin mitleben soll. Er muss bestimmte Orte haben, wo er sich aufhalten darf, und es wird in vielen Häusern Zonen geben, die er nicht betreten soll. Man kann ihm bestimmte Zimmer und Orte verbieten, z. B. weil man dort keine Hundehaare mag. Es ist eine Frage der Geschicklichkeit und der Konsequenz, ihm das beizubringen. Wenn sie es einmal begriffen haben, akzeptieren Hunde solche Grenzen auch. Gerne wird der Berner sich seine Ruheplätze selbst auswählen. Fast immer sind sie dort, wo er entweder eine besondere Übersicht oder engen Kontakt mit den Hausbewohnern hat. Treppenabsätze oder der Platz unter dem Wohnzimmertisch sind besonders beliebt. Wenn der Hund dort nicht stört, lasse man ihm die selbst gewählten Ruheorte. Regelmässig benutzte Liegestellen müssen mit einem Überzug, einer Matratze, einem Teppich oder einer Decke versehen werden. Weniger damit der Hund weich liegen kann – er schätzt im Sommer auch kühle Steinböden – als dass solche Stellen nicht von den fettigen Hundehaaren speckig werden und dann kaum mehr zu reinigen sind. Lehnt er sich dabei regelmässig an eine Wand, wird am besten auch sie bis zur Höhe von 60–70 cm mit einer abwaschbaren Kunststoffplatte belegt. Dient zur Versäuberung der Garten, wird man es nie bereuen, wenn man in eine Tür oder eine Wand eine Hundeklappe einbaut, durch die er selbständig ins Freie gehen und zurückkehren kann. Das erspart einem, immer wieder Türen öffnen und schliessen zu müssen.

Berner Sennenhunde sind eine pflegeleichte Rasse. Ihr Fell hat die Fähigkeit, sich immer wieder selbst zu reinigen, so dass sie auch bei minimaler Pflege sauber aussehen und ihre schwarze Decke glänzt, ausser sie seien gerade in Härung. Trotzdem müssen sie auch gebürstet werden. In welchen Abständen dies zu geschehen hat, hängt von den Ansprüchen ab, die man an die Fellqualität und die Sauberkeit der Wohnung stellt.

Ein Hundefell, das regelmässig, z. B. alle 1–2 Tage, gebürstet wird, ist immer weicher und glänzender als eines, das nur selten ein paar Bürstenstriche abbekommt. Tägliche Fellpflege, die nicht viel Zeit kostet, verhindert es auch, dass Hundehaare in der Wohnung herumfliegen. Besondere Aufmerksamkeit muss der Stelle hinter den Ohren gewidmet werden. Dort, und nur dort, bilden sich gerne Verfilzungen, die, wenn sie einmal da sind, nur noch mit der Schere entfernt werden können. Zur Zeit des Fellwechsels, der 3–6 Wochen dauern kann, hilft nur tägliches Auskämmen mit einer feinen Drahtbürste, um die sich lösenden Haarbüschel in Grenzen zu halten. Oft hilft ein Bad, bei dem man die losen Haare am nassen Hund wegkämmt, am Anfang und wieder gegen den Schluss des Härungsprozesses. Ein Duschbad mit einem guten Hundeshampoo für schwarzes Haar bringt auch schnell wieder etwas Glanz und Fülle ins sonst zur Härung matte und unansehnliche Fell. Sonst müssen Berner Sennenhunde eigentlich nicht gebadet werden, ausser sie haben sich schmutzig gemacht. Sich in stinkendem Schmutz zu wälzen ist leider auch für viele Berner ein Urvergnügen. Dann kommt der Besitzer oft nicht um eine Generalwäsche als Mittel gegen penetrante Gerüche herum. Legt jemand Wert auf einen besonders schönen Hund, wird er jedoch feststellen, dass auch der Berner durch ein gelegentliches Bad enorm gewinnt.

Berner haben natürlicherweise keinen starken Hundegeruch, ausser sie seien gerade nass geworden. Riecht ein Hund unangenehm, ist immer das Futter zu überprüfen. Ein Futterwechsel kann starke Ausdünstungen zum Verschwinden bringen.

Selbstverständlich wird der Hund auch in der Nähe seiner Leute schlafen wollen. Das ist sein ganz natürliches Verhalten. Caniden schlafen nie allein, sondern in engster Nähe zu den Rudelgenossen. Es ist also keine Verwöhnungserscheinung, wenn der Hund mit ins Schlafzimmer kommen will. Ob man allerdings mit seinem Berner auch den Schlafraum teilen soll, ist eine sehr persönliche Sache. Die einen geniessen den gemeinsamen nächtlichen Frieden, die andern möchten dort keine Hundehaare haben oder brauchen den Berner als Wächter hinter der Eingangstür oder in anderen Räumen. Kann er im Wohnbereich seiner Menschen mit deren Gerüchen bleiben, ist es keine grosse Härte, den Hund aus den Schlafräumen fernzuhalten. Er wird sich an eine andere Schlafstelle gewöhnen wie an so vieles im Leben auch. Unsinnig ist es, ihn für die Nacht in entfernte Räume, z. B. in den Keller, in die Garage oder einen Schuppen zu sperren. Dies ist nichts als eine unnötige Isolation. Etwas anderes ist es, wenn der Hund Wächteraufgaben zu erfüllen hat. Dann kann er selbstverständlich auch daran gewöhnt werden, in einer Hundehütte oder an einem andern geschützten Ort im Freien die Nacht zu verbringen.

Junge Hunde haben ein besonders starkes Bedürfnis nach Nähe. Trennung vom Rudel löst bei ihnen automatisch grosse Furcht aus. Unbeschützt von erwachsenen Tieren kommen Canidenkinder in der Wildnis um. Wenn Welpen, die gerade ins Haus gekommen sind, andauernd winseln, wenn sie die Nacht allein verbringen müssen, ist das weder Verwöhnung noch Trotz, sondern die Sehnsucht nach dem Schutz der Mutter und der Meutegenossen. Sie fürchten sich ganz einfach allein. Sie gehören deshalb unbedingt in die Nähe ihrer Betreuer. Eine grosse Schlafkiste neben dem Bett oder in unmittelbarer Nähe des Schlafzimmers ist kein Luxus. Der Hund kann auch mit der Leine festgebunden und auf eine Decke gelegt werden. Sofort wird man merken, wie er im Schutz des Menschen seine Furcht verliert und ruhig wird. Nie würde ein Junghund schlafende Menschen stören. Tiere respektieren instinktiv den Schlaf der andern. Beginnt er in den frühen Morgenstunden wieder unruhig zu werden, wird er von einem Bedürfnis geplagt, und dann ist es ein leichtes, ihn hinauszuführen. Junghunde, die die Nacht in Hörweite verbringen können, werden sehr schnell sauber, weil es in der Nacht am einfachsten ist, sie unter Kontrolle zu halten und an das Hinausgehen zum Versäubern zu gewöhnen. Wünscht man später, dass der Hund die Nächte anderswo verbringt, kann er, wenn er seine instinktive Furcht vor dem Alleinsein mit 6 oder 7 Monaten verloren hat und selbständiger geworden ist, immer noch umgewöhnt werden.

Hunde wirklich erleben, heisst den Alltag mit ihnen teilen. Das kann man nur, wenn sie um uns sind.

Zum Schlafen suchen Hunde gerne die Nähe der Rudelgenossen.

Der Garten, ein erweiterter gemeinsamer Lebensraum

Der Garten kann für einen Vierbeiner ein wunderbares Betätigungsfeld sein, und die meisten Hundehalter wünschen auch, dass sich ihr Hund möglichst oft dort an der frischen Luft aufhält. Der Naturboden ist für ihn auch der beste Untergrund und seinen beweglichen Pfoten weit besser angemessen als Parkett oder Teppichböden. Hier haben die Füsse Halt beim Rennen, hier können Gruben gegraben werden, um sich hineinzulegen, hier kann man Knochen verscharren oder mal schauen, was unter dem Rosenbusch steckt. All das sind natürliche Beschäftigungen für den Hund, sind für ihn Lusterlebnisse. Wer immer es kann, sollte seinem Hund dieses Stück Handlungsfreiheit gewähren. Da beginnt aber der Konflikt. Wir pflegen unsere Gärten in erster Linie, damit sie die Augen erfreuen. Wir lieben Blumenbeete und schöne Rasenflächen, und wenn der Hund mitten im Tulpenbeet seine Grube gräbt oder sich am liebsten in die Sommerrabatte legt, empfinden wir das als Zerstörung. Ein gepflegter Garten und ein aktiver Hund sind unvereinbar. Irgendeinmal gilt es deshalb, eine Entscheidung zu treffen. Entweder wir vermeiden, den Hund allein in den Garten zu lassen, oder wir verzichten auf einen Teil der Blumenpracht. Es ist zwar möglich, einen Berner daran zu gewöhnen, dass er nur auf den Wegen geht und keine Beete mehr betritt. Das funktioniert, solange er unter Aufsicht ist. Muss aber einmal Nachbars Katze vertrieben werden oder sucht er eine günstige Vergrabestelle für seinen Knochen, fällt die Gewöhnung dahin, und wir finden die Spuren der Hetzjagd auch in den frisch angepflanzten Gemüsebeeten oder die Knochengrube an der Hauswand. Gärten, die von einem grossen Hund oder vor allem von mehreren mitbenutzt werden sollen, müssen dazu eingerichtet werden. Es ist möglich, so viel Umstellungen vorzunehmen, dass ein gemeinsames Benutzen dieses eigenen Bodens für Vierbeiner und Menschen möglich wird. Und es lohnt sich weit, ein für allemal Ruhe zu schaffen, als sich immer wieder neu zu ärgern. Kulturen, Gemüse oder Blumen, die von den Hunden nicht betreten werden sollen, werden am besten durch einen Zaun abgetrennt. Da niedrige Provisorien oft übersprungen werden, muss so eine Absperrung schon 80–90 cm hoch sein. Empfindliche Blumen in Rabatten kann man durch robustere Gewächse ersetzen. Blütenbüsche oder Rosen statt zarte Frühlings- und Sommerblumen können ebenso hübsch sein und halten eher einem Ansturm stand. Soll in solchen Beeten überhaupt nicht gescharrt werden, kann ein Drahtgeflecht waagrecht etwa 5 cm unter der Erdoberfläche vergraben werden. Die Gewächse werden in herausgeschnittene Lücken gepflanzt. Hübsch sind oft auch bunte runde Flusssteine. Sie können Blumen ersetzen. Werden sie ebenfalls mit einem Drahtgeflecht unterlegt, kratzt dort kein Hund mehr ein Loch. Schwieriger ist es, Löcher im Rasen zu vermeiden oder zu korrigieren. Sie müssen zugeschüttet, neu besäht und abgedeckt werden, bis sich wieder eine feste Decke gebildet hat. Will man sie vermeiden, müssen einfach genügend Orte vorhanden sein, an denen der Hund auch einmal graben darf. Unbepflanzte Erde unter Büschen wird gerne dazu genutzt, und dort stören Gruben und Löcher weniger. Damit Rasenplätze nicht immer vom Urin der Hündin versengt werden, sollte diese vom ersten Tage an für ihr Geschäft an einen bestimmten Platz gewöhnt werden. Rosen werden zwar wegen der Dornen im Sommer gemieden, doch wie auch andere Büsche gerne im Winter von Junghunden zum Zeitvertreib angenagt. Abhilfe kann man schaffen, indem man einerseits dem Hund etwa Äste zum Herumschleppen gibt und andererseits die empfindlichen Büsche im Winter mit einem Drahtgeflecht schützt.

Mit der nötigen Phantasie ist es möglich, fast jeden Garten so einzurichten, dass Mensch und Hund gleicherweise einen Nutzen davon haben. Man muss sich nur einmal, möglichst schon im ersten Jahr, dazu entscheiden, die nötige Umstellung vorzunehmen. Und dann wird man oft mit einem leisen Schmunzeln beobachten können, was der Berner auf dem natürlichen Boden alles unternehmen kann.

Niedrige Abschrankungen halten Hunde oft nicht davon ab, sich in die Blumenbeete zu setzen.

Das war einmal eine Blumenrabatte …

… jetzt liegen dort grosse Flusssteine als «hundegerechte» Dekoration.

Gemeinsame Streifzüge

Der eigene Garten darf nicht zum Gedanken verführen, damit habe der Berner Sennenhund genügend Raum, um sich bewegen zu können. Wie schnell ist das kleine Stück Erde auf seine Gerüche abgesucht! Und dann sind es immer dieselben, nämlich die eigenen. Bald wird der Besitzer feststellen, dass sein Bäri das Gartenstück am Morgen in kurzer Zeit untersucht hat und sich dann nicht mehr dafür interessiert. Hat er nicht gerade einen Knochen zu vergraben oder am Zaun etwas zu verbellen, bildet es ihm keinen Anreiz zum Weitergehen oder Spielen. Gehen und Laufen hat für den Hund nur dann einen Sinn, wenn es ihn zu neuen Eindrücken, neuen Gerüchen führt, die er prüfen und untersuchen kann. Wolfsrudel bejagen Flächen von 10–30 Quadratkilometern und bewegen sich darin auf langen Streifzügen, die nicht nur der direkten Jagd, sondern auch dem Kennenlernen des Geländes und dem Abstecken seiner Grenzen durch Markieren dienen. Gemeinsames Traben im Rudel ist eines ihrer Bedürfnisse. Es steckt auch noch als wichtiges Urbedürfnis in unseren Berner Sennenhunden. Wie wichtig gemeinsame Ausgänge für Hunde sind, zeigt sich daran, dass sie sich meistens dem Menschen am engsten anschliessen und ihn als ihren Führer betrachten, der mit ihnen Wanderungen unternimmt. Jeder Sennenhundfreund wird die Beobachtung machen können, dass dem Hund gemeinsame Spaziergänge sogar wichtiger sind als das Futter. Werden sie täglich zur gleichen Zeit ausgeführt, wartet er ungeduldig darauf. Er bellt und tanzt vor Freude, wenn man die Leine nimmt und vergisst darob sogar einen vollen Futternapf.

Bevorzugte Zeiten sind der frühe Morgen und der späte Nachmittag oder Abend. Fast alle Wildtiere sind in der Morgen- und Abenddämmerung am aktivsten, während sie am hellen Tage schlafen. Diesen Rhythmus kann man auch noch bei unseren Haushunden beobachten. Ein zweimaliger Ausflug von etwa einer Stunde am Morgen und am Abend gibt dem Hund das Gefühl von Sättigung und Zufriedenheit. Er hat sich in der Welt umgesehen und kann jetzt ruhig schlafen. Natürlich sind längere Wanderungen noch schöner, vor allem wenn sie frei von der Leine durchgeführt werden können. Die Leine darf überhaupt nur ein Notbehelf sein. Hunde müssen sich in ihrem eigenen Rhythmus bewegen können. Sie wechseln gerne die Gangarten. Am häufigsten bewegen sie sich in einem leichten Trab, der für den Menschen im Gehen gerade zu schnell ist. Selten schreiten sie, und hie und da müssen sie sich auch richtig auslaufen können. Besonders junge Hunde haben oft ein unbändiges Bedürfnis, einfach in weiten Kreisen zu rennen. Diese Leidenschaft sollen sie ausleben können, sie müssen hinterher wieder lange genug still in der Wohnung liegen.

Im Sommer können wir wenig teilhaben an dem, was den Hund interessiert. Wir wissen nicht, was er untersucht, wenn er intensiv einen Grasbüschel beschnüffelt oder eine Weile mit tiefer Nase eine Fährte verfolgt. Im Winter verraten uns oft die Spuren im Schnee ein bisschen etwas von dem, was der Hund erlebt.

Am liebsten gehen Hunde da, wo die Spuren von vielen Artgenossen liegen. Wenn immer möglich, sollten sie solchen frei begegnen können. Es ist falsch, seinen Berner an die Leine zu nehmen, sobald ein anderer Hund auftaucht. Das gibt ihm den Eindruck, dieser andere bedeute eine Gefahr, denn aneinanderdrängen tut man sich nur in Gefahrenmomenten. Nahe beim Meister und in der Bewegungsfreiheit durch die Leine eingeengt, fühlen sich viele Hunde von einem anderen dann bedroht und beginnen aggressiv zu werden. Unbeeinflusste und natürlich aufgewachsene Caniden begegnen einander in fremden Revieren mit freundlichem Interesse. Das Begrüssungsritual läuft ab, und damit ist die Angelegenheit erledigt, oder es folgt bald ein vergnügliches Spiel. Zu Unfreundlichkeiten oder gar Kämpfen kommt es meist nur dann, wenn der Meister zu sehr in der Nähe steht oder sich gar noch rufend einmischt. Für den Hund bedeutet dies dann, dass er sein Rudel verteidigen soll. Sich entfernen und die Hunde sich selbst überlassen ist die richtige Reaktion. Dasselbe gilt auch für Spaziergänger und Läufer, die einem begegnen können. Der Hund ist fast immer nur daran interessiert, Witterung nehmen zu können. Die Gleichgültigkeit des Besitzers und sein Weglaufen signalisieren ihm, dass solche Begegnungen ohne Bedeutung sind und keine besondere Reaktion erfordern.

Weil man mit einem jungen Hund an ganz einsamen Orten am wenigsten Probleme hat, kommt man in Versuchung, möglichst nur dort unterwegs zu sein. Besonders für den Junghund aber ist es wichtig, gerade auf belebten Wegen seine Erfahrungen zu machen. Er muss alles erst kennen- und richtig einschätzen lernen. Er muss üben können, wie man einem andern Hund richtig begegnet, muss erfahren, dass Spaziergänger harmlos sind und dass es sich nicht lohnt, einem Waldläufer nachzurennen. Der Junghund ist im ersten halben Lebensjahr in der kritischen Phase des Umgebungslernens. An der Seite seiner Mutter würde er die Welt mit ihren Gefahren, Harmlosigkeiten und Freuden einschätzen lernen und Sicherheit gewinnen können. Da ihm die leibliche Mutter fehlt, muss der Besitzer deren Rolle übernehmen und den Junghund mit allem geduldig vertraut machen, was ihm in seinem Leben begegnen kann. Dazu gehören nicht nur einzelne Kontakte auf sicheren Wanderwegen, sondern auch belebte Strassen mit Menschengedränge, Geschäfte, Fahrzeuge und andere Tiere. So erhält man einen Hund, mit dem man sich später überall frei bewegen kann, ohne befürchten zu müssen, er reagiere ängstlich oder aggressiv. Der Anfang zu vielen gemeinsamen Erlebnissen, die für Mensch und Hund gleicherweise lustvoll sind, wird so in den ersten Monaten gelegt.

Nicht nur den vierbeinigen Kameraden erhalten tägliche Spaziergänge muskulös und gesund, sie können auch für den Menschen zur echten Kraftquelle werden. Wenn es aber nicht zur Last werden soll, täglich neben allen anderen Pflichten auch noch den Hund zu bewegen, müssen diese Ausgänge positiv in den Tagesablauf eingeplant und es muss notgedrungen auf anderes verzichtet werden. Wir müssen uns bewusstmachen, dass es so etwas wie ein Vorrecht bedeutet, uns täglich mit einem anderen Lebewesen in der Natur bewegen zu können und dadurch teilzuhaben an ihren Stimmungen und ihrem Jahreslauf. So wird uns der Hund zum Vermittler positiver Werte in unserem Leben, von denen wir für die Bewältigung der Alltagsmühen zehren können.

Das gemeinsame Laufen ist für jeden Hund ein zentrales Bedürfnis.

Das Absuchen des Bodens mit der Nase ist für den Hund das, was für den Menschen Information und Sensation aus Presse, Radio und Fernsehen sind.

Gemeinsam wird die Welt entdeckt. Die Rolle des Kameraden kann auch vom Menschen übernommen werden.

Hunde nehmen es nicht übel, sondern lieben es, wenn sie unterwegs auch zu speziellem Tun angehalten werden. Diese zwei klettern auf Befehl auf Erhöhungen.

Berner sind auch ausgezeichnete Kameraden für grössere Wanderungen. Berge und Täler durchstreift der Hund, der sich täglich bewegen kann, genau so mühelos – oder mit denselben Ermüdungserscheinungen, wenn man so will – wie wir. Das einzige, was ihm mehr zusetzt, ist allzugrosse Hitze. Ganztägige Sommerwanderungen ohne Abkühlungsmöglichkeit, wo die Sonne unerbittlich auf das schwarze Fell herunterbrennt, sind daher lieber zu unterlassen. Man verlege grössere Touren in die Morgen- und Abendstunden oder auf die kühleren Jahreszeiten. Sonst aber kann man einem gesunden Berner ohne weiteres dieselbe Anstrengung zumuten wie sich selbst.

Urlaub und Entspannung

Viel zu wenig wird heute noch die Gesellschaft des Hundes ausgenutzt, um erholsame Ferien zu verbringen. Wenn man einen Hund als Begleiter hat, warum plant man nicht öfter grössere geruhsame Wanderungen von Ort zu Ort abseits des grossen Touristenstroms? Überall gibt es Gaststätten, wo man auch mit einem Vierbeiner eine Nacht verbringen kann. Der Hund kann uns helfen, das eigene Land oder fremde Gebiete von einer ganz anderen Seite her zu entdecken. Wir werden auf Schönheiten stossen, die uns mit dem Auto oder einem andern Verkehrsmittel nie begegnet wären. Die kleinen Dinge rücken in unser Gesichtsfeld. Im Zeitalter der Verkehrsreduktion, unserer Umwelt zuliebe, kann der Hund der beste Anreger sein, uns auch ohne grossen Benzinverbrauch zu bewegen. Alle öffentlichen Verkehrsmittel nehmen auch Hunde mit, und Futter gibt es selbst in der kleinsten Ortschaft zu kaufen. Fast jeder Urlaub kann so geplant werden, dass der Hund daran teilhaben und ihn bereichern kann. Wir reisen anders mit dem Hund als ohne ihn, weniger oberflächlich, weniger hektisch und auf schnellen Konsum bedacht. Er verschafft uns Gemächlichkeit und verhilft zu Entspannung. Warum also nicht unsere Urlaubs- und Erholungszeiten so planen, dass wir diesen Kameraden zu unserem eigenen Nutzen einbeziehen?

Auch Auslandsferien können durch die Teilnahme des Hundes gewinnen. Wir werden mehr wandern und das Land aus der Nähe anschauen. Wenn wir den Kontakt zu den Einwohnern eines fremden Landes suchen, ist der Hund die beste Brücke. Berner Sennenhunde fallen auf, und gerne werden ihre Besitzer deswegen angesprochen. Daraus kann sich manches Gespräch entwickeln, das sonst unterblieben wäre. Gaststätten in südlichen Ländern sind unseren Hunden gegenüber meist sehr tolerant. Da dort überall kühle Steinböden in den Häusern liegen, finden Berner auch in wärmeren Gebieten die nötige Abkühlung. Meerbäder lieben sie, und das Meerwasser bringt das Fell zum Glänzen. Das einzige, was sie nicht vertragen, ist langes Liegen an einem heissen Strand. In einigen Ländern ist das Mitführen von Hunden in öffentlichen Verkehrsmitteln nur mit einem Maulkorb gestattet. Ein solcher muss deshalb im Reisegepäck mitgeführt werden. Plant man eine Reise in ein südliches Land, sollte der Hund vorher daran gewöhnt werden. Museen und Sehenswürdigkeiten sind häufig für

Hunde verboten. Fast immer ist aber ein Wächter vorhanden, der einen so schönen Hund wie den Berner gerne ein Weilchen in seine Loge nimmt, wenn man ihm genügend versichert hat, dass er nicht beisst. Es gibt keinen Grund, mit seinem Berner Sennenhund nicht auch die Ferien zu geniessen. Er tut uns in fernen Ländern mehr Türen und Herzen auf, als er verschliesst.

Ganz besonders geniessen es Hunde, wenn man mit dem Zelt unterwegs ist. So dicht an dicht wie beim Zeltleben können sie sonst selten mit ihrer Meute leben. Mit Genuss schlafen sie eng an der Zeltwand, wo sie jeden Atemzug der Bewohner hören können. Viele Hunde beginnen ganz instinktiv, das Zelt auch zu bewachen. In den meisten Ländern wird das von den Einwohnern mit grossem Respekt zur Kenntnis genommen und kann für die Zeltbewohner zum echten Schutz vor fremden Zugriffen werden. Nicht jeder Zeltplatz eignet sich für Ferien mit Hund. Man muss die weniger dicht belegten oder freie Plätze wählen. Gelingt dies, kann der vierbeinige Begleiter für das freie «Nomadenleben» noch so etwas wie eine Krönung bedeuten.

Reisen ins Ausland sind mit Berner Sennenhunden sehr gut möglich, wenn man sich entsprechend ausrüstet. – Dieser Hündin musste in einem südlichen Land mit Schuhbändeln die Schnauze zugebunden werden, weil für die Fahrt in öffentlichen Transportmitteln ein Maulkorb vorgeschrieben ist, der aber vergessen worden war.

Weitere Hunde als Spielkameraden

Wenn Junghunde einander begegnen, fallen sie sofort in intensive Spiele. Sie jagen und haschen sich, packen einander und rangeln. Das Bedürfnis, sich immer wieder mit Artgenossen spielerisch messen zu können, ist bei ihnen noch gross und nimmt bei einigen Hunderassen zeitlebens nie ab. Viele Hundehalter stellen sich deswegen irgendeinmal die Frage, ob nicht zwei Hunde besser als nur einer zu halten wären. Für einen Junghund ist es tatsächlich wunderbar, noch einen Spielkameraden im Haus zu haben. Zweifellos ist es für sein gesundes Wachstum nur förderlich, wenn seine Gelenke, Muskeln und Bänder durch tägliche natürliche Bewegung im gemeinsamen Spiel gefordert und entwickelt werden. Es ist praktisch unmöglich, dass der Mensch ihm zu ähnlich ausgiebiger Betätigung verhilft, auch wenn er noch so viel selber mit ihm zu spielen oder zu laufen versucht.

Wer sich mit dem Gedanken trägt, als Spielkameraden für seinen Hund einen zweiten anzuschaffen, muss sich das trotzdem gut überlegen. Einmal geht das enorme Spielbedürfnis junger Hunde mit zunehmendem Alter bei Bernern merklich zurück, bei einigen schon im Verlauf des zweiten Lebensjahres, bei anderen später. Über 3 Jahre alte Hunde spielen kaum mehr miteinander. Sie laufen wohl bei Ausgängen gerne gemeinsam, schnüffeln jeder da, wo der andere etwas beriecht, doch die Zeit der Hetz- und Fangspiele ist vorbei. Jeder lebt neben dem andern her, und beide zusammen sind sie vor allem auf ihren Meister bezogen. Berner können ohne weiteres zu mehreren zusammen gehalten werden, da sie sich gut vertragen und nur ganz selten ein Streit ausbricht. Die Zeit aber, wo ein Hund den anderen zur Bewegung animiert, geht bei ihnen mit dem Jugendalter vorbei. Es sind dann einfach zwei Hunde zu versorgen, zwei Hunde im Auto mitzuführen, zwei Hunde im Zaum zu halten, wenn sie auf Ausgängen etwas erregt, zwei Hunde mit in den Urlaub zu nehmen oder bei Freunden zu plazieren. Und zwei Hunde werden dann auch im gemeinsamen Haushalt alt.

Häufig wird die Befürchtung geäussert, wenn zwei Hunde zusammen aufwüchsen, würden sie sich nur aneinander, jedoch kaum oder weniger an den Menschen binden. Dem ist nicht so. Das Bedürfnis, sich einem stärkeren Rudelführer unterzuordnen und unter dessen Führung zu handeln, ist bei jedem einzelnen gross. Der Mensch ist, dank seiner Überlegenheit, natürlicherweise immer der Herr und der andere ein Rudelgefährte auf niedrigerer Stufe. Wichtig ist nur, dass man sich jedes Junghundes auch einzeln annimmt. Jeder muss immer wieder persönlich angesprochen werden, man muss von ihm einzeln Gehorsam und kleine Leistungen verlangen. So festigt sich seine Beziehung zum Meister, und er lernt immer besser, sich in eine Wohngemeinschaft einzufügen. Mehr Schwierigkeiten bereitet es, dass bereits zwei Hunde ein eigenes Rudelbewusstsein entwickeln und entsprechend handeln. Auf Spaziergängen entfernen sich zwei zusammen weiter als ein einzelner, zwei zusammen laufen, ohne auf den Meister Rücksicht zu nehmen, eher auf andere Hunde, Menschen oder Tiere zu als einer allein. Sie fühlen sich als Paar häufig stark, wo der einzelne vorsichtig wäre.

Junghunde brauchen viel Kontakt zu anderen Hunden und Spielgelegenheiten mit ihnen.

Jagdimpulse springen wie ein Fieber von einem auf den andern über, und wo einer allein noch eine Katze, ein Schaf oder ein Huhn unter der Leitung seines Betreuers einfach nur neugierig betrachten würde, bricht bei zweien sofort die Hetzlust durch. Ein Hund allein ist in vielen Situationen abrufbar, zwei oder mehrere sind es kaum oder nie. Es ist, als ob die ablaufende Rudelaktivität sie für alles andere taub machte. So müssen zwei Hunde unter besonders scharfer Kontrolle gehalten und viel mehr vorausschauend beaufsichtigt werden als einer allein.

Zwei oder mehrere Hunde im Haus zu halten, kann aber Gelegenheit zu viel spannenden und rührenden Beobachtungen bieten. Wir bekommen eine Ahnung, wie Hunde Beziehungen unter sich ausleben. Ihre Art und ihr Wesen wird vor uns offenbar, wie wir es nie erfahren können, wenn wir nur mit einem zusammenleben. Trotzdem muss aus den genannten Gründen immer gründlich überlegt werden, ob man sich einen zweiten Hund zumuten will. Auch ein einzelner kann ein glückliches Tier sein, wenn der Mensch seine Bedürfnisse kennt, ernstnimmt und ihnen, so weit es möglich ist, entspricht.

Kleine Spiele und Aufgaben

Viele Hunde, darunter auch die Berner, sind richtig «stolz darauf», kleine Aufgaben zu übernehmen. Einige legen sich solche «Pflichten» selber zu, anderen müssen sie beigebracht werden. Aus vielen Witzbildern sind die Szenen bekannt, wo ein Hund seinem Meister die Pantoffeln zuträgt, eine Zeitung holt oder die Leine zum Ausgehen bringt. Solche und ähnliche kleine Dienstfertigkeiten werden von vielen Hunden selber entwickelt. Es ist nicht recht erklärbar, warum sie sich gerne auf ihre Art «nützlich» machen. Vermutlich ist es das Bedürfnis, dadurch im Rudel Bedeutung zu erlangen. Sie greifen dann auf ihr Verhaltensrepertoire des Beutezutragens oder andere natürliche Veranlagungen zurück. Wenn immer möglich, sollte ein Hundehalter jeden derartigen Impuls unterstützen. Es braucht oft nur wenig Ermunterung in der Anfangsphase, dass ein Hund solche kleinen Handlungen zu einem Ritual ausbaut, das er immer wieder ausführt und an dem er hängt. Im Dorf begegnet uns immer ein Berner, der den Einkaufskorb seiner Besitzerin zum Laden und oft auch, erheblich beladen, wieder nach Hause trägt. Ihm die Last abzunehmen, ist für ihn eine «Beleidigung», und er geht ohne seinen Korb nicht weiter. Unsere Pischa steigt jeden Tag mit in den Keller hinunter, um die Büchse mit dem Katzenfutter hochzutragen. Eine weitere selbsterfundene Pflicht ist das Melden des Postboten. Sie kann ihn vom Haus aus nicht sehen, auch seinen Wagen nicht, erkennt aber dessen Ton aus allen andern Motorengeräuschen heraus. Dann geht sie zur Tür und bellt, bis ich Brief und Zeitungen aus dem Kasten geholt habe. Bei vielen Hunden lassen sich ähnliche Neigungen entdecken, wenn man nur genügend darauf achtet und dem Hund im richtigen Augenblick die nötige Ermunterung zuteil werden lässt, die angedeutete

Handlung auch zu Ende zu führen. Der Erfolg bindet dann Meister und Hund umsomehr aneinander.

Um gemeinsame Spielmöglichkeiten zu haben, sollte jeder Berner apportieren lernen. Am besten bringt man es ihm schon im zarten Jugendalter bei. Alle Junghunde schleppen Dinge herbei oder laufen zu etwas hin, das man fortgeworfen hat. Oft geht es nur darum, einen Gegenstand zu finden, den der Kleine gerne aufnimmt und ins Lager trägt. Weiche Dinge aus Stoff, Leder oder Fell, die den Geruch des Meisters tragen, werden am liebsten aufgenommen. Dann braucht man ihn nur herzulocken und mit ihm und dem Gegenstand etwas zu spielen, so dass er Interesse daran gewinnt, mit aufgenommenen Dingen zum Meister zu kommen. Immer wieder mit wechselnden Gegenständen geübt, führt das fast immer zum Erfolg, besonders wenn der Junghund für das Herbeibringen gelobt wird. Ohne dass man sich zum Ziel setzen muss, stilistisch perfekte Leistungen einzuüben, wie sie an Gebrauchshundeprüfungen verlangt werden, kann man das Herbeibringen nach eigener Phantasie ausbauen. Geworfene Spielbälle bringen den Hund zum Laufen, ein ins Gras geworfener Schlüsselbund wird gesucht, ein Gegenstand auf dem Spaziergang fallen gelassen, kann vom Hund geholt werden usw. Der phantasievolle Hundehalter wird selber für sich und den Hund immer neue Spielformen entdecken, die ihm dessen Tüchtigkeit beweisen und den Vierbeiner mit «Stolz» erfüllen.

Berner Sennenhunde übernehmen gerne kleine Aufgaben. Dieser Rüde hilft seiner Meisterin einen Korb voll Gras nach Hause zu tragen.

Hunde und Kinder als Spielgefährten

Häufig sind es die Kinder in einem Haushalt, die sich einen Hund wünschen. Es ist selbstverständlich, dass Eltern dann trotzdem die Fürsorge für das Haustier im wesentlichen übernehmen müssen. Unsere Kinder sind durch Schule und andere Interessen so stark in Beschlag genommen, dass von ihnen unmöglich verlangt werden kann, auch noch die Dauerfürsorge für ein anspruchsvolles Tier wie den Hund zu übernehmen. Sie werden mithelfen. Doch die täglichen Spaziergänge können kaum regelmässig von ihnen übernommen werden. Trotzdem möchten Kinder mit dem Hund auch etwas erleben und unternehmen. Fast alle versuchen sich darin, dem Hund irgend etwas beizubringen, leider selten mit Erfolg. Ein jüngeres Kind hat nicht die Autorität, sich bei einem Hund auch durchzusetzen. Es ist für ihn ein gleichrangiger Rudelgenosse, keine Führerpersönlichkeit. Dann fehlt Kindern auch meist die Geduld, eine Übung systematisch und in kleinen Schritten aufzubauen, so dass der Hund begreifen kann, was es meint. Das Kind hat eine Idee, und dann sollte der Vierbeiner auch schon können, was es von ihm will. Dressurversuche gelingen meist nur unter Anleitung eines Erwachsenen. Er bringt es dem Hund bei, das Kind führt es aus. Soll das Kind mit dem Hund Ball spielen können – es wirft den Ball, er fängt ihn ein – sind es in den meisten Fällen die Erwachsenen, die dem Vierbeiner das Apportieren zeigen müssen. Wie Ballspiele können auch Suchspiele Kindern und Hunden grosse Freude machen. Das Kind versteckt einen Gegenstand im Haus oder im Freien, der Hund sucht ihn und bringt ihn zurück. Dabei können auch Kinder lernen, dass sie das Tier jedesmal loben oder belohnen müssen, wenn es mit dem Gegenstand ankommt. Jüngere Kinder haben es schrecklich gern, wenn sie sich selber verstecken und vom Hund finden lassen können. Waldstücke mit Unterholz eignen sich besonders gut für solche Spiele. Das Kind wird vor den Augen des Hundes mit einer Futterbelohnung in der Hand in ein Versteck geschickt. Nach kurzer Pause geht der Hund es suchen. In den meisten Fällen wird er sich sofort allein auf den Weg machen, sonst muss er auffordernd begleitet werden. Ist er angekommen, erhält er die Belohnung und wird gelobt, das Kind fasst ihn am Halsband und lässt sich zurückführen. Will man es besonders dramatisch machen, wird der Berner an eine lange Suchleine genommen und führt den Vater oder die Mutter zum versteckten Kind. Grössere Kinder im Indianeralter können es im Freien auch mit «melden» versuchen. Der Hund wird angelernt, zwischen zwei festen Posten hin und herzulaufen und Botschaften zu überbringen. Als Behälter für die kleinen Zettel eignet sich gut eine leere Medikamentenhülle aus Blech, die am Halsband befestigt wird. Zuerst wird der Hund nur auf kurzen Strecken in Sichtweite hin und her geschickt. Ein Kind steckt die Botschaft in die Hülle und schickt den Hund mit «lauf zu X» auf den Weg, das andere lockt ihn herbei. An jedem Zielort erhält der Läufer bei der Ankunft eine Futterbelohnung. Hat der Hund einmal begriffen, worum es geht und läuft er auf Befehl sicher hin und her, können die Distanzen ausgedehnt werden. Kennt der Hund die beiden Posten, können sie nach einiger Zeit auch weit entfernt liegen: Der eine ist das Indianerhaus im

Hunde und Kinder haben gemeinsam, dass sie ungehemmt und ausgelassen miteinander spielen können. Gerne arten solche Spiele aber auch aus, und es kann zerrissene Kleider geben. Kinder müssen dann zum richtigen Verhalten gegenüber dem Hund angeleitet, nicht etwa darf mit dem Hund gescholten werden.

nahen Wald, wo der Sprössling den Nachmittag verbringt, der andere die mitspielende Mutter zu Hause. Hat der Hund eine Rückentasche, können so sogar kleinere Lasten hin- und hertransportiert werden. Wunderbar, wenn der kleine Indianer durch den Hund einen vergessenen Hammer oder gar seine Waldmahlzeit kommen lassen kann! Kinder sind stolz, wenn sie einen Hund haben, der «etwas kann». Gemeinsame Beschäftigung macht das Tier für sie viel interessanter, und sie werden sich selbstverständlicher auch an der Alltagsfürsorge beteiligen, wenn gemeinsame Aktivitäten entwickelt werden können.

Für grössere Kinder und den Familienhund kann «melden» ein herrlicher Zeitvertreib sein. Der Hund kommt dabei ausgiebig zum Laufen.

Die meisten Berner sind auch gute Schwimmer. Einigen muss es beigebracht werden. Gemeinsames Planschen und Schwimmen ist bei Kindern und Hunden beliebt.

Der Hund am Wagen

Jedes Kind ist stolz, ein Wagenlenker zu sein. Und Berner Sennenhunde lieben im allgemeinen das Ziehen sehr, wenn sie richtig angeleitet werden. Wer Kinder und einen Berner hat, besorge deshalb wenn irgend möglich auch ein Gefährt. Es werden von verschiedenen Firmen prächtige Hundewagen angeboten, mit Bremsen und allen Schickanen. Zur Not geht aber auch ein gewöhnlicher Leiterwagen, zu dem man eine Deichsel (Lande) herstellen lässt oder im Winter ein Schlitten. Das Geschirr kann man in Hundespezialgeschäften kaufen, bei einem Sattler herstellen lassen oder selbst aus einfachen Stoffgurten nähen. Am blossen Halsband sollte man Hunde nie ziehen lassen.

Will man dem Hund das Ziehen beibringen, muss man sorgfältig und schrittweise vorgehen. Zuerst wird er ans Geschirr gewöhnt, d. h., man zieht es ihm einige Male über, wenn man ihn spazierenführt. Erst wenn er sich daran gewöhnt hat, spannt man ihn vor den Wagen. Die ersten Male ist der Wagen natürlich leer, und man sorgt dafür, dass weder Unebenheiten des Bodens noch Steigung und Gefälle die ersten Fahrten erschweren. Der Hund wird angeleint und mit viel Lob geführt. Am Anfang fasst man die Deichsel mit an und lenkt den Wagen mit. Erst nach und nach überlässt man die ganze Last dem Hund. Wenn ihm viel Lob das Gefühl gibt, dass er da etwas ganz

Fahrten mit dem Hundewagen sind bei kleinen Kindern sehr beliebt. Grössere übernehmen dabei lieber die Rolle des Wagenlenkers.

Grossartiges vollbringt, wird er schon bald Freude zeigen, wenn man Geschirr und Wagen hervorholt und mit Lust grössere Strecken bewältigen, auch wenn der Wagen beladen ist. Je häufiger man ihn einspannt, desto selbstverständlicher wird die Zugleistung. Wie viel spannender ist ein Sonntagsbummel, wenn der Hund auf dem Wagen das Picknick mitführt und sich die Kinder abwechslungsweise als Wagenlenker betätigen können! Kinder werden ausserdem immer neue Gelegenheiten finden, den Hund anzuspannen und mit ihm auszufahren. Unsere Antje war noch kaum sieben Jahre alt, als sie mit ihrer vier Jahre jüngeren Schwester im Wagen und der Hündin im Geschirr ganz allein den knapp zwei Kilometer langen Weg von uns zu den Grosseltern und zurück gefahren ist. Davon spricht sie heute, nach 30 Jahren, noch.

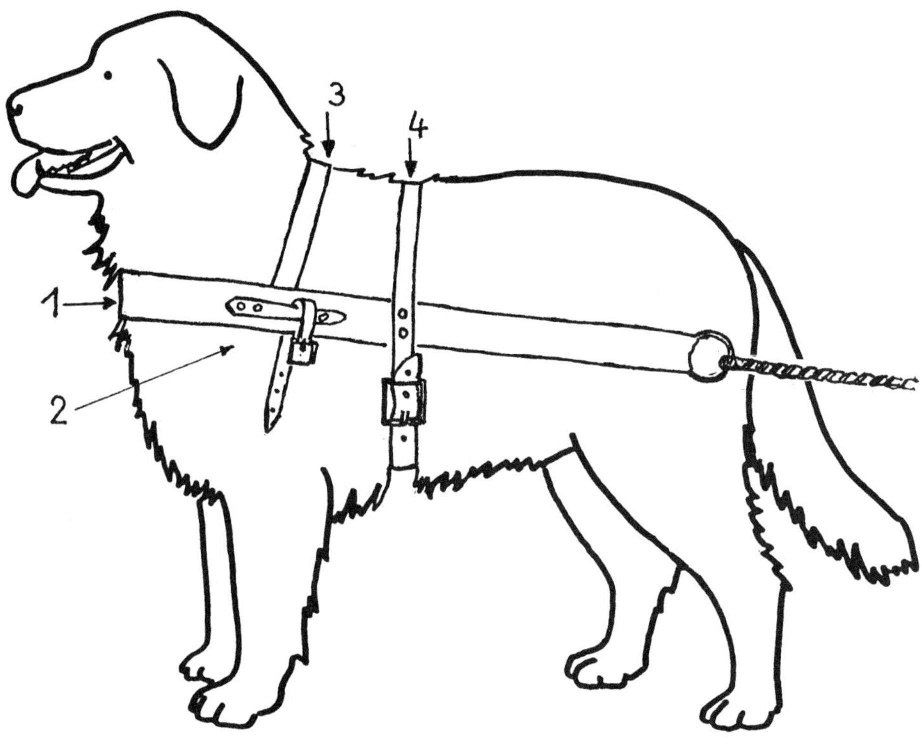

Ein Sielengeschirr muss richtig sitzen:

1) Das Brustblatt liegt oberhalb der Schultergelenke über dem Brustbein auf. Sitzt es tiefer, wird die Bewegungsfreiheit der Vorderbeine behindert.
2) Die Befestigung für die Deichsel muss unterhalb des Tragriemens liegen.
3) Der Tragriemen trägt die Last von Geschirr und Deichsel. Er sitzt im Nacken vor den Schulterblättern.
4) Dieser Befestigungsriemen umschliesst den Brustkorb hinter den Ellbogen. Er hält die Anschirrung fest und darf nicht zu weit nach hinten, zu den Weichteilen des Hundes, rutschen.

Ausmessung eines Sielengeschirrs

Die Zahlen beziehen sich auf eine Hündin von 62 cm Widerristhöhe. In Klammern stehen die Masse für einen 68 cm grossen Rüden.

Material: Brustblatt: starkes Leder; Riemen: weiches Leder; Zugseil: Am Ende eine Kette zum Einhängen am Wagen. Ein Sielengeschirr kann auch aus starken Stoffgurten hergestellt werden.

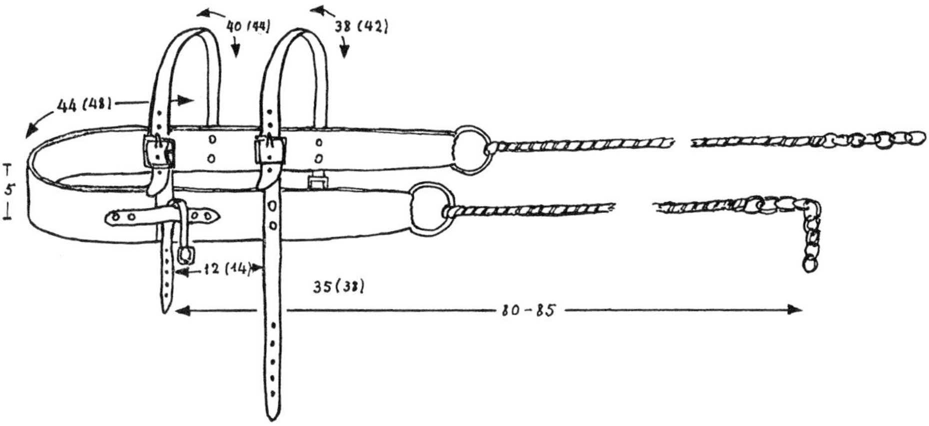

Abmessung einer Deichsel für ein Hundegespann

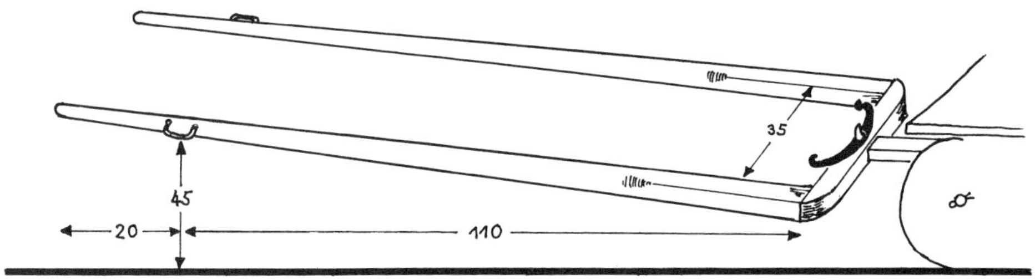

Nicht nur dann, wenn man Kinder hat, sollte man seinem Berner das Ziehen beibringen. In der heutigen Zeit, wo jedermann nach Wegen sucht, den Benzinverbrauch einzuschränken und nach umweltfreundlichen Transportmitteln Ausschau hält, hätte auch das Hundegespann eine echte Chance. So vieles, was man schnell in den Kofferraum verstaut, liesse sich über kurze Distanzen auch mit dem Hundewagen transportieren! Man müsste nur den Mut aufbringen, ihn wieder einzusetzen.

Leider gibt es in Europa im Gegensatz zu Amerika, wo Zughundprüfungen an jeder grossen Hundeschau abgelegt werden können, den Zughund immer noch nicht als sportliche Leistungsdisziplin. Neben all den anderen Hundesportarten wäre die Erarbeitung einer anspruchsvollen Zugleistung für viele grosse Rassen und ihre Betreuer eine echte Herausforderung und für die Hunde ein Geschenk.

Der Berner als Arbeits- und Sporthund

Jeder Hund soll etwas lernen dürfen

In den letzten 30 Jahren hat sich die «Hundedressur» von der reinen Abrichtung zum Polizei- oder Schutz- oder Sanitätshund zu einer Sportart durchgemausert, in der die Freude am gemeinsamen Tun wichtiger geworden ist als der ursprüngliche reine Gebrauchszweck. Ziel der Abrichtung ist es nicht mehr, möglichst scharfe Tiere zu erhalten, sondern die vielfältigen Betätigungsmöglichkeiten eines Hundes auszuloten, zu fördern und zu pflegen. Er soll seine Nase entwickeln, sein Gebiss brauchen können ohne Schaden anzurichten, seine Lauffreudigkeit soll genutzt und seinem Bedürfnis unter der Anleitung eines Rudelführers sich betätigen zu können, soll entsprochen werden. Unter dieser neuen Sicht, dass das, was man mit dem Hund zusammen tun kann, in erster Linie Spass und Herausforderung bedeutet und nicht nur durch den direkten Nutzen eine Berechtigung hat, ist eine neue Art von Hundesport entstanden. Man bezieht mehr Disziplinen ins Programm ein, man erzieht Hunde nicht mehr durch Zwang und Drill, sondern baut auf ihrer natürlichen Lernfähigkeit auf. Hunde werden heute auf den Übungsplätzen, abgesehen von wenigen Ausnahmen, nicht mehr durch Härte und Strafen dazu gebracht, das zu tun, was der Meister möchte, sondern durch Ermunterung, geschickte Leitung und viel Lob.

Viele Hundefreunde, und unter ihnen nicht die schlechtesten, haben Mühe, sich mit dem Gedanken zu befreunden, einmal selbst mit ihrem Hund einen Dressurplatz aufzusuchen. Sie befürchten, der Hund werde innerlich irgendwie vergewaltigt und er verliere seine Natürlichkeit. Oder sie haben Angst, Hundeausbildung sei bloss etwas für Spezialisten. Vielleicht haben sie auch irgendwo schon einen Dressurfanatiker gesehen, der ehrgeizig nur auf seinen eigenen Erfolg bedacht, mit einem lustlosen Hund herumexerzierte. Das sind bedauerliche Auswüchse, die leider wohl nie ganz verschwinden werden. Heute ist Hundeausbildung etwas für jedermann geworden. Frauen, natürlicherweise mehr auf Kontakte als auf Technik ausgerichtet, arbeiten mit grossem Erfolg. Auch ältere Kinder sind fähig, mit ihrem Hund den Kursen zu folgen. Niemand, der seinen Hund verstehen will, muss befürchten, nicht mitzukommen. Jedermann kann teilnehmen. Er muss nur bereit sein, wöchentlich mit seinem Berner einen Übungsplatz aufzusuchen und zusammen mit anderen am Kontakt mit seinem Hund zu arbeiten. Was er bei andern sieht und lernt gibt ihm Anregung, sich auch die Woche hindurch mit seinem Hund in vielfältiger Art zu beschäftigen. Die Befürchtung, Hunde könnten ihre Natürlichkeit verlieren, widerlegen diese selbst. Ein Hund, mit dem sinnvoll gearbeitet wird, blüht auf. Er darf ausleben, was an Fähigkeiten und Neigungen in ihm schlummert. Es ist gerade die offensichtliche Freude ihrer Tiere an dieser Art von Betätigung, die Hundefreunde veranlasst, beim Hundesport zu bleiben, auch wenn sie zuerst nur einmal schnuppern wollten. Der Bäri, der schweifwedelnd und tänzelnd vor Freude sich über den Übungsplatz bewegt und seinem Meister oder seiner Meisterin jeden Wunsch von den Augen abzulesen versucht, ist ein bekanntes Bild geworden. Wer nur irgendwie die Möglichkeit hat, sollte seinem Berner deshalb eine Ausbildung gönnen. Er muss keine ehrgeizigen Pläne hegen und kann auch nur soweit mitmachen, wie er glaubt, dass es ihm und seinem Hunde bekommt. Der Ausbildungsgang wird ihm aber so viel Anregung geben, was man mit einem Hund unternehmen kann und wie seine Begabungen am besten zur Entfaltung gebracht werden können, dass er dadurch in jedem Fall für den sinnvollen Umgang mit seinem Hausgenossen viel gewinnt. Es ist heute auch so, dass unter ganz verschiedenen Disziplinen – Prüfungsklassen – ausgewählt werden kann. Nicht jeder muss seinen Hund zum Schutzhund, der auch angreift, oder zum Sanitätshund ausbilden. Es gibt Lehrgänge, in denen ganz einfach einige Fähigkeiten des Hundes als Begleiter gefördert werden sollen. Viele Hundesportvereine bieten auch Klassen an, in denen nach eigener Lust und Laune gearbeitet werden kann. Die ganze Hundesportbewegung kommt immer mehr weg vom militärischen Drill. Man hat erkannt, dass der moderne Mensch vor allem das Bedürfnis hat, sich mit seinem Hund zusammen in einer lustvollen gemeinsamen Betätigung entspannen zu können. Dem wird zunehmend mehr Rechnung getragen. Hat man das Pech, zu einer Abrichtegruppe zu stossen, wo der Ehrgeiz der Teilnehmer wichtiger ist als das Wohlbefinden der Hunde, kann und soll man die Gruppe wechseln. Hund und Ausbilder müssen sich wohlfühlen auf dem Platz. Nur so kommt es zu lustvollen gemeinsamen Erlebnissen, und das ist ja der Hauptzweck der ganzen Ausbildung.

In den Anfangsjahren der Sportkynologie hat man den Berner Sennenhunden Vorbehalte entgegengebracht. Es kam so selten vor, dass ein Berner ausgebildet wurde, dass diese Ausnahmen auf vielen Übungsplätzen von den Führern anerkannter Gebrauchshunde fast mitleidig belächelt wurden. Man unterschätzte den gemütlichen Bäri gewaltig. Unterdessen haben Berner an Leistungsprüfungen immer wieder bewiesen, dass sie andern Rassen in nichts nachstehen. Es kommt nicht selten vor, dass ein Berner vor Schäferhunden und andern Gebrauchshunderassen an der Spitze steht. Immer hängt das natürlich weitgehend von der Geschicklichkeit und Ausdauer seines Führers ab. Es gibt keine Sporthundedisziplin, die vom Berner nicht mit ebensoviel Berechtigung ausgeübt werden könnte, wie von andern Artgenossen.

Die Arbeitsweise des Berners in einzelnen Prüfungsdisziplinen

Grundsätzlich weicht die Ausbildung eines Berner Sennenhundes nicht von der anderer Rassen ab. Auch bei ihm wird am meisten erreicht, wenn sorgfältig und schrittweise mit viel Verständnis und Ermunterung aufgebaut wird. Der Berner ist ganz besonders empfänglich für Lob, ja die ganze Ausbildung muss darauf ausgerichtet werden. Auf Strafen, harte Zurechtweisungen oder Zwang reagiert er ausgesprochen empfindlich. Er gibt dann einfach auf, verweigert sich oder tut alles nur noch völlig lustlos, schleppend, mit hängendem Kopf und hängender Rute. Auch mit allzuhäufig wiederholtem Drill erreicht man bei ihm nichts oder das Gegenteil vom Gewollten. Man hat den Eindruck, dass für ihn alles irgendwie «sinnvoll» oder «logisch» sein muss. Übungen müssen ihm schrittweise vorgezeigt werden, so dass er erfassen kann, was wir von ihm wollen. Hat er es einmal begriffen und ist gelobt worden, wird er behalten, was er gelernt hat, ohne dass man es bis zur Bewusstlosigkeit übt. Da macht der Berner nicht mit. Dafür wird er nie mehr vergessen, was er einmal gekonnt hat. Auch nach grossen Unterbrüchen und bis ins Alter hinein steigen Berner sofort korrekt und mit Freude auf Übungsprogramme ein, die sie früher beherrscht haben. Ja, sie scheinen fast so etwas wie stolz zu sein, wieder einmal vorzeigen zu dürfen, was sie beherrschen. Mit welch sichtbarem Eifer zeigt unsere alte, elfjährige Grossmutter immer noch vor, wie schön sie einen «Gehorsam» absolvieren, wie korrekt sie apportieren kann, wenn wir eine Weile mit den Junghunden herumgeübt haben. Wird mit einem Spurengeschirr hantiert, drängt sie sich herzu und arbeitet dann auch jede Spur mit Genauigkeit aus. Es ist, als wollte sie den Jungen sagen: «He ihr Lümmel, schaut her, so wird's gemacht».

Hinsichtlich der einzelnen Übungsgruppen und Disziplinen kann man bei Bernern etwa folgendes beobachten:

Gehorsamübungen (bei Fuss gehen, sich setzen u. legen, auf einem Platz bleiben)

Wenn der Berner Sennenhund absichtslos seinen Meister begleiten will, geht er hinter ihm her. Das tut er vor allem, wenn er müde ist. Unrichtig angelernt, hängt er deshalb auch an der Leine oder beim freien Bei-Fuss-Gehen gerne hintendrein. Er muss ganz bewusst nach vorne geholt werden, indem man schon mit dem jungen Hund die Bei-Fuss-Übungen möglichst spannend macht. Mit ihm aufmunternd sprechen, einen Futterbrocken in der rechten Hand halten, häufig die Richtung wechseln bringt auch den Berner dazu, schön auf Schulterhöhe mit dem Blick ins Gesicht des Meisters nebenher zu gehen. An der Leine reissen oder andere gewaltsamen Korrekturmassnahmen bringen nur Lustlosigkeit und dadurch noch schleppenderen Gang. Das heutzutage oft anzutreffende Bild, wie ein Berner mit erhobenem Kopf und schwingender Rute rassig neben seinem Führer hertrabt, beweist aber, dass auch er ausgesprochen schön bei Fuss gehen kann.

Einige Mühe bereitet, wenn man in dieser Beziehung im Anfang zu nachlässig ist, auch das korrekte Sitzen und Liegen. Vor allem schwerere Berner Sennenhunde setzen und legen sich gerne auf die untergeschlagenen Hinterkeulen, sie «kippen», statt sich gerade, in der gewünschten Sphinxstellung, zu halten. Aufmunternde Korrekturen, Futterbelohnung und, wenn es richtig gemacht wird, den Hund mit viel Lob interessiert behalten, schaffen Abhilfe. Auch Berner können sich korrekt setzen, wenn ihnen konsequent gezeigt wird, wie man es haben will.

Apportieren

Apportieren.

Alle jungen Berner Sennenhunde tragen auch Gegenstände umher. Zu Dingen, die zum Haus oder dem Meister gehören, entwickeln sie meist eine starke Beziehung. Sie nehmen natürlicherweise Sachen auf, die den Geruch des Meisters tragen und bringen sie herbei oder tragen sie auf ihr Lager. Daraus kann man meistens das Apportieren schon beim jungen Hund aus dem Spiel heraus entwickeln. Voraussetzung ist, dass es durch freundliche Ermunterung geschieht und kein Zwang angewendet wird. Das korrekte Ausgeben im Sitzen sollte nicht zu früh verlangt werden, sondern erst dann, wenn der Hund im Heranbringen bereits sicher ist. Wie in allen Bereichen spricht der Berner auch hier auf Zwangsmethoden nicht gut an. Er verliert die Lust und macht nicht mehr mit.

Weitsprung.

Hochsprung.

Fährten ist für Hund und Meister eine der schönsten Disziplinen.

Nasenarbeiten

Alle Arten von Nasenarbeiten sind für den Hund eine ganz besondere Freude. Die Erfahrung zeigt, dass auch Berner Sennenhunde eine ausgezeichnete Riechfähigkeit besitzen. Sie stehen darin keiner anderen Rasse nach. Sorgfältig angelernt, kann schon der ganz junge Hund zum Ausarbeiten von Fährten herangezogen werden. Der Berner hat daran grosse Freude und arbeitet Spuren mit sehr viel Eifer aus. Ist er aus dem lebhaften Junghundealter heraus, verrichtet er Fährtenarbeit meist ruhig und sehr zuverlässig. Er gaunert nicht herum und bleibt auf der Spur. Das gemeinsame Ausarbeiten einer Fährte bringt Meister und Hund besonders nah zusammen. Hier ist einmal der Hund der Führende und der Mensch voll und ganz auf dessen Nase und Verhalten angewiesen. Er muss zwangsläufig beobachten lernen, ohne selbst wesentlich eingreifen zu können. Das eröffnet ein ganz neues Verständnis für den Hund. Das Vergnügen des Fährtens, schon mit dem jungen Hund, sollte sich daher niemand nehmen lassen.

Gegenstands- und Personenreviere

Vorteile der Rasse sind hier ebenfalls Zuverlässigkeit und Beständigkeit. Der Berner reviert gerne mit tiefer Nase und aus eigenem Antrieb und gibt vor allem nicht auf, solange er glaubt, noch etwas finden zu können. Da viele, je nach Temperament, eher zur Bedächtigkeit neigen, müssen sie von Anfang an zu einem zügigen Tempo angehalten werden. Grössere Reviere in den höheren Stufen, z. B. Sanitätsreviere, schafft ein Berner dann ohne Mühe, wenn er genügend Lauftraining hat und schlank gehalten wird. Nicht mehr ganz junge Angehörige der Rasse finden auf Spaziergängen ihre Befriedigung nicht darin, in Kreisen herumzurennen, wie etwa die leichteren Schäferhunderassen, sondern in einem gleichmässigen, gemütlichen Trab oder Trott in der Nähe des Meisters. Sie kommen deshalb auf gewöhnlichen Ausgängen eigentlich wenig zum zügigen Rennen. Hunden, die zudem überhaupt wenig bewegt werden, fehlt es für die hohe Laufleistung, die ein grosses Revier verlangt, deshalb in vielen Fällen ganz einfach am Training. Man kann einen Berner nicht die ganze Woche hindurch nur ums Haus liegen lassen und dann erwarten, dass er sich samstags oder sonntags durch besondere Leistungen im Schnellauf hervortut! Soll er in grossen Personenrevieren erfolgreich sein, muss dauernd geübt werden.

Arbeiten im Personen- und Sanitätsrevier entsprechen der Veranlagung des Berners. Er spürt gerne fremde Personen auf und zeigt sie seinem Meister an. Diese Arbeiten scheinen für ihn irgendwie Sinn zu machen und werden daher mit grossem Eifer ausgeführt. Es ist möglich, dass darin die alten Treibhundinstinkte, die ihn früher befähigten, verlorenes Vieh aufzuspüren und zurückzubringen, zum Tragen kommen. Er stellt sich gerne vor einen gefundenen «Verbrecher» hin, verbellt ihn und hindert ihn am Fortlaufen. Wird im Sanitätsrevier mit dem Bringselverfahren gesucht, begreift er schnell, dass man mit dem Bringsel im Fang anzeigen kann, dass man einen Verwundeten gefunden hat und führt seinen Meister mit «hundlichem Stolz» zur Fundstelle.

Schutzdienst
(Verteidigen des Führers, Fassen und Stellen eines «Verbrechers»)

Die Bereitschaft, seinen Meister im Notfall zu verteidigen, ist bei vielen Berner Sennenhunden als natürlicher Instinkt vorhanden. Sie können zwischen friedlichen und «gefährlichen» Situationen unterscheiden. Sehr sichere Hunde besitzen allerdings eine grosse Toleranz. Es braucht viel, bis sie angreifen. Ein wesensfester Berner Sennenhund muss aus dem Spiel heraus zum Angriff gebracht werden. Dann aber führt er die Schutzhundarbeiten fast immer mit Lust und Leichtigkeit aus, ohne deshalb ein Beisser zu werden. Er beobachtet genau und packt nur dann zu, wenn es der Meister befielt oder wenn es die Situation verlangt, so wie er es gelernt hat, dann aber mit grosser Sicherheit und bemerkenswerter Härte. Mannarbeit ist für ihn so etwas wie ein Raufspiel. Sehr selten gibt es einen Hund, der nicht zum Fassen gebracht werden kann. Mit misstrauischen, labilen oder gar zum Schnappen neigenden Hunden sollte man allerdings keine Schutzhundearbeiten üben, weil sich entweder kein Erfolg einstellt oder die Neigung zu unkontrollierter Aggressivität verstärkt werden kann.

Obwohl dieser Bäri hier nicht ganz korrekt am Ärmel gefasst hat, ist sein Eifer unverkennbar. Er hat nicht im Sinn, den «bösen Mann» wieder loszulassen, es sei denn, es werde ihm vom Meister befohlen.

Gegenstandbewachen, wie es die Prüfungsordnung vorschreibt: Bäri warnt korrekt.

Gegenstandsbewachen

Es liegt dem Berner geradezu im Blut. Er hat eine natürliche Neigung, Gegenstände, die seinem Meister gehören, vor fremdem Zugriff zu schützen. Schwierigkeiten kann es geben, wenn ein sehr sicherer Berner es nicht nötig findet, den Herankommenden lange im voraus zu warnen. Solche Hunde beobachten bloss genau, was vor sich geht, oft schweifwedelnd und mit der Pfote den Gegenstand festhaltend und knurren erst dann, wenn der «Dieb» auf bedrohliche Nähe herangekommen ist. Berner sind keine Beller. Da, wo ausdauerndes Warnen, d. h. Bellen, von der Prüfungsordnung verlangt wird, muss es ihnen deshalb systematisch beigebracht werden. Einige haben auch eine starke Beisshemmung, d. h. sie würden kaum einen Figuranten, der ihnen den Gegenstand wegnehmen will, in die blosse Hand beissen, sondern fassen eher den Gegenstand und halten ihn fest. Das ist ein sinnvolles Vorgehen, das man keinem Berner verübeln sollte.

Berner Sennenhunde als Rettungshunde (Katastrophenhunde, Lawinenhunde)

Leider muss man sagen, dass es bisher erst ganz wenige Berner Sennenhunde gegeben hat, die vollumfänglich als Rettungshunde ausgebildet worden sind. Das liegt nicht an der Rasse, sondern daran, dass an den Führer eines Rettungshundes hohe Anforderungen gestellt werden, die weit über die sonst in der Sportkynologie üblichen hinausgehen. Die Ausbildung für Führer und Hund ist vielseitig, lang und hart. Es braucht schon fast eine Berufung, dass man sie durchhält. So gibt es überhaupt wenige Hundefreunde – immer noch zu wenige – die sich diesem aufwendigen Training unterziehen. Viele davon suchen sich gleich zu Beginn eine Rasse aus, die sich in dieser Art von Arbeit schon bewährt hat. Meistens sind es leichtere, sehr lauffreudige Hunde wie etwa die belgischen und deutschen Schäferhunde oder der schottische Border Collie. Trotzdem sollte es sich kein Besitzer eines Berner Sennenhundes nehmen lassen, ihn als Rettungshund auszubilden, wenn er sich zu dieser Art von Arbeit mit dem Hund hingezogen fühlt. Berner können wunderbare Trümmersuchhunde und Lawinenhunde abgeben, vor allem die etwas leichteren Hündinnen. Sehr schwere Tiere haben allerdings Mühe, sich in einem Trümmerfeld sicher zu bewegen. Unter dem grösseren Gewicht gibt der Untergrund ganz einfach eher nach. Im Lawinenfeld fehlen Bernern vom schweren Typ Ausdauer und Behendigkeit. Rettungshunde müssen deshalb an der unteren Gewichtsgrenze und ständig in bester Arbeitskondition gehalten werden. Von ihrem Wesen her bringen Berner zum Rettungsdienst die besten Veranlagungen mit. Das Aufsuchen von Verschütteten in einem Katastrophengebiet ist eine Arbeit, die der Berner «versteht» und die für ihn «Sinn macht». Er begreift deshalb schnell, was man von ihm erwartet und zeichnet sich durch einen grossen Durchhaltewillen aus. Gut trainierte Berner Sennenhunde können mit Erfolg auch im Lawinenfeld eingesetzt werden. Sie lieben die Arbeit im Schnee und suchen sehr zuverlässig und mit Hingabe.

Ein Sanitätshund (Rettungshund). Er trägt die Schabracke mit dem roten Kreuz.

Der Sanitätshund hat einen Verwundeten gefunden und kehrt mit dem Bringsel im Fang zurück.

Wer daher mit seinem Berner etwas Sinnvolles tun möchte, bilde ihn zum Rettungshund aus. Er wird durch diese auch für den Hund sehr schöne Arbeit schon im Training wunderbar mit ihm verbunden werden und dadurch grosse innere Befriedigung erfahren. Ausserdem ist der Gedanke, mit seinem Hunde vielleicht einmal Menschenleben retten zu können, wohl der schönste Antrieb, ihn diese wunderbaren Anlagen entwickeln zu lassen.

Plädoyer für den Hund im Berner – ein Wort zum Schluss

Ein junger Hund im Haus bedeutet etwa dasselbe wie ein kleines Kind, das gerade krabbeln und gehen lernt. Beide, der Junghund und das Kleinkind, sind in ihren Reaktionen spontan und unkontrolliert. Beide gehen auf alles zu, was in ihre Reichweite kommt, um es mit allen Sinnen zu erkunden: Das Kind mit Augen, Händen und Mund, der Welpe mit Nase, Pfoten und Zähnen. Beide haben Zeiten der ungebremsten Aktivität und daneben lange Schlaf- und Ruhephasen. Fast unvermittelt fallen sie vom einen ins andere. Beide suchen sie auch immer wieder den Kontakt mit ihren Betreuern. Das Kleinkind lacht den Menschen ins Gesicht und lernt bald, nach ihnen zu rufen. Der Junghund stösst mit der Schnauze, stellt sich auf die Hinterbeine und bearbeitet die grossen Wesen mit den Pfoten oder reisst mit den Zähnchen an den Kleidern. Das Gesicht des Kindes strahlt zufrieden, wenn man es aufnimmt und liebkost, der junge Hund drängt sich herzu und hält still, wenn man ihn streichelt. Beide brauchen den warmen, liebenden Körperkontakt. So lernen beide durch ihr Tun nach und nach die Reaktionen des grossen Wesens kennen, richtig zu deuten und auch für ihre Bedürfnisse zu nutzen. Das Kind erlernt mit der Zeit die Bedeutung der Sprache, der Hund die der menschlichen Körperbewegung und Mimik und den Klang von Worten richtig zu deuten. Für beide verläuft auch die Erziehung in ähnlichen Bahnen. Sie besteht im wesentlichen darin, einen Freiraum zu schaffen, in dem sich die jungen Lebewesen bewegen können, ohne sich selbst oder anderen zu schaden. Wo dies nicht mehr möglich ist, müssen klare Grenzen gesetzt und mit einfachen Mitteln verständlich gemacht werden. Behutsam müssen die jungen Lebewesen angehalten werden, sich den Realitäten und der Bequemlichkeit anderer Hausbewohner anzupassen. Trotz all dieser Ähnlichkeiten besteht zwischen dem, was einem Kleinkind während seines Aufwachsens und seiner Erziehung geschieht und dem, was ein Junghund erlebt, ein grundlegender Unterschied. Das Kleinkind wächst, je mehr es sich entfaltet, zunehmend in eine ihm gemässe, von Menschen für Menschen geschaffene Umwelt hinein. Je mehr Fähigkeiten es entwickelt, desto besser kann es davon Gebrauch machen und desto reichere Handlungsmöglichkeiten bieten sich ihm an. Alle seine vorhandenen Anlagen zielen darauf ab, sich in der Menschenwelt sicher zu bewegen und seine Bedürfnisse darin stillen zu können. Die eigenen Kräfte zu entwikkeln und zur vollen Entfaltung zu bringen bedeutet für das Kind, immer mehr Sicherheit, Handlungsspielraum und Freiheit zu gewinnen; Freiheit auch, diese Welt zunehmend mitzugestalten und seinen Bedürfnissen anzupassen.

Anders ist das für den jungen Hund in Menschenhand: Diese Menschenwelt ist nicht seine angestammte Umgebung. Er ist nicht dafür ausgestattet und kann aus den meisten Dingen, die uns etwas bedeuten, keinen Nutzen ziehen. Seine ihm innewohnenden Fähigkeiten sind für ein ganz anderes Leben angelegt. Seine natürliche Umgebung wären Wälder und Steppen mit ihren unveränderten Landschaftsformen und ihrer Tierwelt. Seine Anlagen sind darauf ausgerichtet, in jener Welt zusammen mit Meutegenossen zu leben und sich zu behaupten. Dazu hat er seine wunderbare Riechfähigkeit und die Lauffreudigkeit, den Drang, Fährten zu verfolgen, die Kraft und Geschicklichkeit, ein Beutetier zu überwältigen und ein reiches Ausdrucksverhalten, wodurch er sich mit seinen Artgenossen verständigen kann. Kindheit und Jugend müssten für einen Junghund so angelegt sein, dass er alle diese Begabungen, ähnlich wie der Mensch die seinen, zur Entfaltung bringen könnte. So würde er zum vollwertigen Hund, der sich in seiner Welt zu behaupten weiss, ähnlich wie der Mensch in der seinen. Doch in der Umwelt, die wir unseren Haushunden bieten, sind diese natürlichen Fähigkeiten wertlos geworden. Ja, sie stören und führen zu Konflikten. Entwicklung und Erziehung bedeuten daher für einen Welpen nicht Förderung, sondern Einschränkung seiner eigentlichen Veranlagungen. Sie müssen ausser acht gelassen, ja zum Verkümmern gebracht werden, damit er ein angepasster Hausgenosse wird.

Man kann den Werdegang und das Leben unserer Haushunde durchaus einmal von dieser Warte aus sehen. Der Hund bezahlt für sein behütetes Dasein unter der Obhut des Menschen auch seinen Preis. Wir haben ihm den harten Kampf ums Überleben abgenommen. Er ist versorgt. Dafür muss er aber einen Grossteil seiner natürlichen Fähigkeiten ungenutzt lassen. Er muss sich unserer Welt anpassen und seine eigene vergessen. Ein Teil dieses Anpassungsprozesses geschah bereits im Verlauf der vieltausendjährigen Domestikation. Es waren die jeweils am besten auf die Bedürfnisse des Menschen ausgerichteten Hunde, die vermehrt wurden. So kamen immer mehr die mit den abgeschwächten, den modifizierten Anlagen ausgestatteten zum Zuge. Wir finden die ursprünglichen Fähigkeiten und Bedürfnisse des Wildcaniden in unseren Haushunden deshalb nur noch abgeschwächt und abgewandelt vor, zu unserem Glück, denn die ungebrochene Art, wie sie dem Wolf noch eigen ist, würde es dem einzelnen von uns unmöglich machen, so ein Tier als Hausgenossen zu halten. Trotzdem sind auch in den domestizierten Hunden die ursprünglichen Veranlagungen immer noch vorhanden. Sie schlummern und möchten zum Tragen kommen. Sie sind nicht nur Begabungen, sondern gleichzeitig auch Bedürfnisse. Hier sind Mensch und Hund wieder gleich. Was man kann, möchte man auch tun. Fähigkeiten auszuleben bedeutet Lust. Man beobachte einmal ein kleines Kind, wenn es gehen gelernt hat: Wie es dann strahlt und jauchzt und immer wieder neu ein paar Schritte tut! Auch für den erwachsenen Menschen bedeutet es Lust, das zu tun, was er kann. Ein Blumenbeet zu gestalten, ein mechanisches Problem zu lösen, einen guten Brief zu formulieren, ein Haus zu bauen, eine Strecke zu schwimmen, ein Musikstück zu spielen – endlos könnte man aufzählen, was der Mensch alles tut und dabei tiefe Befriedigung erlebt. Eine erfüllende Arbeit bringt immer dieses Gefühl der Lust und Befriedigung. Das Streben, es zu erlangen, ist der Antrieb, der unsere Welt gestaltet. In dieser Beziehung sind Tiere nicht anders. Das zu tun, wozu sie veranlagt sind, ihre Begabungen auszuleben, bedeutet auch Lust für sie. Nichts ist schlimmer für Mensch und Tier, als am Umsetzen der eigenen Neigungen gehindert zu werden. Bei beiden führt es zu tiefer Lebensunlust, zur Depression, ja im schlimmsten Falle zu Krankheit und Lebensverkürzung.

Es ist für Menschen in modernen Lebensumständen nicht einfach, nicht nur ihre, sondern auch die Bedürfnisse ihres Haushundes wahrzunehmen. Zu sehr hat sich die Umwelt zuungunsten der Tiere verändert, zu sehr sind wir in unseren eigenen Angelegenheiten gefangen, um noch gross darauf achten zu können, dass sich auch unser Begleiter entfalten kann. Und trotzdem, wer einen Hund um sich haben will, muss auch dessen Bedürfnisse in sein Lebensprogramm einbauen. Es sind ja durchaus egoistische Motive, die uns veranlassen, einen Vierbeiner ins Haus zu nehmen. Wir möchten durch seine Andersartigkeit erfreut werden. Wir möchten die Zeichen seiner Zuwendung erfahren. Wir möchten, dass er unsere Aktivitäten bereichert, uns animiert oder stumm begleitet. Es bedeutet etwas, ein Wesen um sich zu haben, das einem immer und in jeder Situation vertraut und jederzeit fraglos zugetan bleibt. Wir brauchen uns nur einmal das Umgekehrte vorzustellen, nämlich der Hund würde den Menschen in ähnlicher Weise adoptieren, um uns bewusst zu werden, wie einseitig diese Beziehung ist. Das Tier ist voll und ganz von uns abhängig, wir aber nicht von ihm. So müssen wir es auch sein, die seinen Lebensrahmen so abstecken, dass es wenigstens noch etwas von seinen Anlagen und Bedürfnissen ausleben kann.

Berner Sennenhunde sind feine Hauskameraden. Im Verlaufe ihrer Entwicklungsgeschichte als Hofhunde wurden sie den menschlichen Anforderungen an einen vierbeinigen Begleiter weitgehend angepasst. Es ist nicht schwierig, sie auch in modernen Verhältnissen als gute Haushunde zu halten. Gerade deshalb ist die Versuchung gross, in ihnen nur so etwas wie einen gutmütigen Teddybären zu sehen und dann erstaunt zu sein, wenn der eigentliche Hund mit seinem Betätigungsdrang und seinen Bedürfnissen durchbricht. Auch im Berner Sennenhund wohnen alle Veranlagungen, die den Caniden ausmachen und möchten sich entfalten können. Es gilt, auch im beschränkten Rahmen moderner Wohn- und Lebensverhältnisse Freiräume zu schaffen, in denen ein solcher Hund seine Fähigkeiten und Neigungen ausleben kann. Eine Handvoll Möglichkeiten versuchten die letzten Kapitel aufzuzeigen. Phantasie und Einfühlungsgabe werden manchen zu weiteren Ideen führen. Ebenso wichtig ist es aber heute, sich als Hundehalter auch aktiv an der Gestaltung einer Umwelt zu beteiligen, die es unseren vierbeinigen Freunden erlaubt, noch etwas von dem zu sein, was sie in erster Linie sind: Hunde.

Literaturverzeichnis 1, zur Rassegeschichte

Literatur zur Geschichte der mitteleuropäischen Bauernhunde, insbesondere des Berner Sennenhundes

Grundsätzliches zur Domestikationsforschung

Boessneck, Joachim: Herkunft und Frühgeschichte unserer mitteleuropäischen landwirtschaftlichen Nutztiere, Züchtungskunde 30, 289–296, 1963
Carlen, Louis: Das Recht der Hirten, Zur Rechtsgeschichte der Hirten in Deutschland, Österreich und der Schweiz, Aalen 1970
Driesch, Angela v. d.: A guide to the Measurement of animal Bones from Archaeological sites, Peabody Museum Bulletin 1, Harward University, 1976
Frewein, Josef, Hrsg.: Das Tier in der menschlichen Kultur, Zürich 1983
Hachmann, Rolf: Die Germanen, München 1977
Hauck, E.: Abstammung, Ur- und Frühgeschichte des Haushundes, Prähist Forschungen, Anthrop. Ges. Wien H. 1, 1–164, 1950
Hemmer, Helmut: Domestikation – Verarmung der Merkwelt, Braunschweig, Wiesbaden 1983
Herre, W., Röhrs, M.: Haustiere – zoologisch gesehen, Stuttgart 1973
Herre, Wolf: Zur haustierkundlichen Problematik der Analyse von Tierknochenfunden aus frühgeschichtlichen bis mittelalterlichen Siedlungen Mitteleuropas, Die Kunde, N. F. 23, 1972
– Prähistorische «Rassen» der Haushunde und ihre Bedeutung für die Rassengeschichte, Unser Rassehund, 10. Okt. 1974
– Grundfragen zoologischer Domestikationsforschung, Nova acta Leopoldina Bd. 52, Halle 1980
Huber, W.: Die Beziehungen zwischen Kopflänge und Schnauzenlänge bei verschiedenen Haushunderassen, 12. Jahresb. der Schweiz. Ges. f. Vererbgsforschg, Band XXVII, Heft 1/4, 1952
Jensen, Ad. E.: Mythos und Kult bei Naturvölkern, Wiesbaden 1951
– Kelten und Germanen, Bibliotheca Germanica, Bd. 9 Bern und München 1960
Klatt, B.: Domestikation und Vererbung, Z. Züchtungskunde, Bd. 5, Heft 2, 1930
Kretschmar, Freda: Hundestammvater und Kerberos, Veröffentl. des Forschungsinstituts für Kulturmorphlogie, Frankfurt a. M. 1938
La Baume, Wolfgang: Zur Abstammung und Herkunft des Haushundes, Paideuma, Mitteilg. zur Kulturkunde, Bd. VIII, Heft 2, 1962
Lindner, Kurt: Geschichte des deutschen Waidwerks, Berlin 1937–1940
Lüps, Peter: Biometrische Untersuchungen an der Schädelbasis des Haushundes, Zool. Anz. Jena 192, 5/6, 1974
Matolcsi, Janos, Hrsg.: Domestikationsforschung und Geschichte der Haustiere, Internationales Symposium in Budapest 1971, Budapest 1973

Müller, Hanns-Hermann: Bibliographie zur Archäo-Zoologie und Geschichte der Haustiere, Zentralinstitut für Alte Geschichte und Archäologie, Berlin 1984
Müller-Karpe, H.: Zur frühen Mensch-Tier-Symbiose, AVA-Kolloquien Bd. 4, München 1983
– Naturwissenschaftliche Rundschau, 16. Jahrgang, Heft 8, Stuttgart 1963
– Die Entwicklung der Haustierwelt Nordwest- und Mitteldeutschlands in ihrer Beziehung zu landschaftlichen Gegebenheiten, Petermanns geografische Mitteilungen, 99. Jg., Gotha 1955
– Studien an frühgeschichtlichen Hunden, Festschrift für B. Klatt, Zoologischer Anzeiger, Ergänzungsband zu Band 15, Leipzig 1950
Nehring, A.: Die Indogermanen- und Germanenfrage, Wiener Beiträge zur Kultur und Linguistik, Jahrgang 4, 1936
Nobis, Günther: Abstammung, Domestikation und Rassebildung unserer Haushunde
Paul, Martha: Wolf, Fuchs und Hund bei den Germanen, Wiener Arbeiten zur Germanischen Altertumskunde und Philologie, Wien 1981
Scholz, Herbert: Der Hund in der griechisch-römischen Magie und Religion, Diss. phil. hist., Berlin 1937
Stockhaus, Klaus: Zur Formenmannigfaltigkeit von Haushundschädeln, Z. f. Tierz. u. Züchtungsbiol., Bd. 77
Vries, Jan de: Altgermanische Religionsgeschichte, Bd. 1, Berlin u. Leipzig 1935
Zeuner, Frederik E.: Geschichte der Haustiere, München 1967

Übersichten über verschiedene Kulturepochen

Abel, W.: Deutsche Agrargeschichte – Geschichte der deutschen Landwirtschaft vom frühen Mittelalter bis zum 19. Jahrhundert, Stuttgart 1967
Bächthold-Stäubli, H., Hrsg.: Handwörterbuch des deutschen Aberglaubens, Bd. 4, Berlin und Leipzig 1931/1932
Döbler, Hannsfred: Die Germanen – Legende und Wirklichkeit, Gütersloh 1975
Jankuhn, Herbert: Deutsche Agrargeschichte – Vor- und Frühgeschichte vom Neolithikum bis zur Völkerwanderungszeit, Stuttgart 1969
Kimmig, W. u. Hell, H.: Schätze der Vorzeit, Funde aus Deutschland, Frankreich und der Schweiz, Spectrum Verlag Stuttgart 1965
Klein, E.: Geschichte der deutschen Landwirtschaft, Stuttgart 1969
Meyer, Peter, Hrsg.: Berner, Deine Geschichte – Landschaft und Stadt Bern von der Urzeit bis zur Gegenwart, Bern 1981
Osterwalder, Christin: Die ersten Schweizer – Eine archäologische Entdeckungsreise durch die Geschichte eines Volkes
Pauli, Ludwig: Die Alpen in Frühzeit und Mittelalter. Die archäologische Entdeckung einer Kulturlandschaft, München 1980
Tschumi, Otto: Urgeschichte des Kantons Bern, Bern 1953

Grabungsberichte, die mehrere Epochen umfassen

Amschler, J. W.: Ur- und frühgeschichtliche Haustierfunde aus Österreich, Archaeologia Austriaca, Heft 3, Wien 1949

Behrens, Hermann: Die neolithisch-frühmetallzeitlichen Tierskelettfunde der Alten Welt, Studien zur Wesensdeutung und historischen Problematik, Veröffentlichungen des Landesmuseums für Vorgeschichte in Halle, Heft 19, Berlin 1964

Bersu, Gerhard: Das Wittnauerhorn – Monografien z. Ur- und Frühgeschichte der Schweiz, Bd. IV, Basel 1945

Boessneck, Joachim: Herkunft und Frühgeschichte unserer mitteleuropäischen landwirtschaftlichen Nutztiere, Züchtungskunde, Heft 30, 1963

– Zur Entwicklung vor- und frühgeschichtlicher Haus- und Wildtiere Bayerns im Rahmen der gleichzeitigen Tierwelt Mitteleuropas, Studien an vor- und frühgeschichtlichen Tierresten Bayerns, München 1958

Hescheler, K., Kuhn, E.: Die Tierwelt, in Otto Tschumi: Urgeschichte der Schweiz, Bd. 1

Keller, C.: Die Abstammung der ältesten Haustiere – Geschichte der schweizerischen Haustierwelt, Zürich 1902

Kuhn, Emil: Beiträge zur Säugetierfauna der Schweiz seit dem Neolithikum, Revue Suisse de Zoologie, Tome 39, No. 18, Genf 1932

Scholz, Erwin: Die Tierknochenfunde v. d. Burg Schiedberg bei Sagogn in Graubünden, Diss., München 1972

Studer, Th.: Beiträge zur Geschichte unserer Hunderassen, Naturwiss. Wochenschrift XII, Nr. 28. 1899, Wesensdeutung und historische Problematik, Veröffentlichungen des Landesmuseums für Vorgeschichte in Halle, Heft 19, Berlin 1964

Literatur zum Neolithikum

Boessneck, J., Jequier, J.-P., Stämfli, H. R.: Seeberg, Burgäschisee-Süd; Die Tierreste, Acta Bernensia II, Teil 3, Bern 1963

Dahr, E.: Studien über Hunde aus primitiven Steinzeitkulturen in Nordeuropa, Lunds Univ. Arskrift NF Avd 2, 32, Nr. 4, Lund 1973

Diverse: Die neolithischen Ufersiedlungen von Twann

– Grundbacher, B., Stampfli R.: Tierknochenfunde, erster Bericht, Band 2, Bern 1977

– Furger, Alex R.: Die Siedlungsreste der Horgener Kultur (Stampfli H. R., Tierknochenfunde: Dokumentation), Band 7, Bern 1980

– Becker, C.: Johannsson, F.: Tierknochenfunde, Zweiter Bericht, Band 11, Bern 1981

– Becker, C.: Tierknochenfunde, Dritter Bericht, Band 16, Bern 1981

Drack, W., Hrsg.: Ur- und frühgeschichtliche Archäologie der Schweiz, Band II, Die jüngere Steinzeit

Furger, A. R., Hartmann, F.: Vor 5000 Jahren ... So lebten unsere Vorfahren in der Jungsteinzeit, Bern 1983

Hartmann-Frick, H.: Die Tierwelt des prähistorischen Siedlungsplatzes auf dem Eschner Lutzengüetle, Fürstentum Liechtenstein, Diss., 1959

– Die Tierwelt im Neolithischen Siedlungsraum, Sonderdruck aus Ur- und frühgeschichtliche Archäologie der Schweiz, Band II, 1970

Hescheler, K.: Die Fauna der neolithischen Pfahlbauten der Schweiz und des deutschen Bodenseegebietes nach neueren Forschungen, Vierteljahreschr. natf. Ges. Zürich 78, 198–231, 1933

Hescheler, K., Rüeger, J.: Die Wirbeltierreste aus dem neolithischen Pfahlbaudorf Egolzwil 2., Vierteljahresschr. naturf. Ges. Zürich, 84, 307–330

– Die Reste der Haustiere aus den neolithischen Pfahlbaudörfern Egolzwil 2 und Seematte-Gelfingen – Vierteljahresschr. naturf. Ges., Zürich 87, 381–486

Kuhn, E.: Die Fauna des Pfahlbaues Obermeilen am Zürichsee, Vierteljahresschr. naturf. Ges. Zürich, 80, 65–144, Zürich 1932
Nobis, Günter: Die Anfänge des Neolithikums vom Orient bis Nordeuropa, Teil IX, Der Beginn der Haustierhaltung in der «Alten Welt», Köln/Wien 1984
Rütimeyer, L.: Die Fauna der Pfahlbauten der Schweiz, Neue Denkschr., Schweiz. Ges. Naturw., 19, 1862
Stampfli, H. R.: Die Tierreste der neolithischen Siedlung «Seeberg/Burgäschisee-Süd», Z. Tierzüchtg. u. Züchtgsbiol., 77, 31–34. 1962
Studer, Th.: Beitrag zur Kenntnis der Hunderacen in den Pfahlbauten – Arch. F. Anthropol., Braunschweig, XII, 67–77
– Die Thierwelt in den Pfahlbauten des Bielersees. Mitth. Naturf. Ges. Bern II, 1–99, 1882/83
– Die Hunde der gallischen Helvetier. Schweiz. Blätter f. Kynologie., Jg. II, 1893
– Zwei grosse Hunderassen aus der Steinzeit der Pfahlbauten – Schweiz. Hundestammbuch 5, Hunde der Schweiz im Altertum; helvetisch-römische Hunde, Schweiz. Hundestammbuch 7
– Die prähistorischen Hunde in ihrer Beziehung zu den gegenwärtig lebenden Rassen, Abh. Schweiz. Paläont. Ges. Zürich XXVIII, 1–137
Wyss, René: Das jungsteinzeitliche Jäger-Bauern-Dorf von Egolzwil 5 im Wauwilermoos, Archäologische Forschungen, Zürich 1976
– Vergleichende Betrachtungen an Tierresten aus zwei neolithischen Siedlungen am Burgäschisee, Mitt. Naturf. Ges. Bern N. F. 21, 113–136, 1964

Literatur zur Bronzezeit

Burkart, W.: Crestaulta, eine Bronzezeitliche Hügelsiedlung bei Surin im Lugnez, 1946
Drack, W., Hrsg.: Ur- und frühgeschichtliche Archäologie der Schweiz. Band III: Die Bronzezeit
Rüeger, J.: Die Tierreste aus der (früh- bis mittel-) bronzezeitlichen Siedlung Crestaulta (Kanton Graubünden), Rev suisse de Zool., 49, 18, 251–267, Genève 1942
Wettstein, E.: Die Tierreste aus dem Pfahlbau am Alpenquai in Zürich, Vierteljahresschr. naturf. Ges. Zürich, 69, 78–127, Zürich 1924

Literatur zur Hallstattzeit

Diverse: Die Hallstattkultur, Frühform europäischer Einheit, Internat. Ausstellung des Landes Oberösterreich 1980, Steyr
Drack, W., Hrsg.: Ur- und frühgeschichtliche Archäologie der Schweiz, Band IV, Die Eisenzeit, Veröffentl. d. Schweiz. Gesellschaft für Ur- und Frühgeschichte, 1966–1976
Fischer, Franz: Frühkeltische Fürstengräber in Mitteleuropa, in: Antike Welt, Zeitschrift für Archäologie und Kulturgeschichte, Sondernummer 1982, Raggi-Verlag, Feldmeilen
Graf, Günther: Tierknochenfunde von der Heuneburg, Grabungen 1959–1963, Diss. Stuttgart 1967
Kastelic, José: Situlenkunst, Meisterschöpfungen prähistorischer Bronzearbeit, Wien/München 1964
Kossak, G.: Studien zum Symbolgut der Urnenfelder und Hallstattzeit Mitteleuropas, Berlin 1954
– Südbayern während der Hallstattzeit, 1959

Lessing, Erich: Hallstatt, Bilder aus der Frühzeit Europas, Verl. Jugend und Volk, Wien, München
Morton, Friedr.: Hallstatt und die Hallstattzeit, Verl. d. Musealvereins Hallstadt, 1953
Rüeger, Jakob: Das Wittnauer Horn, die tierischen Reste, in: G. Bersu, das Wittnauer Horn, Monografien zur Ur- und Frühgeschichte der Schweiz, Bd. 4
Schüle, Wilhelm: Eisenzeitliche Tierknochen von der Heuneburg bei Hundersingen (Donau), Stuttgarterbeiträge zur Naturkunde, Nr. 33, 1. Feb. 1960
Weiss, Barbara: Tierknochenfunde auf der Heuneburg, Grabungen 1964–1965, Diss. Stuttgart 1967
Würgler, Friedr. E.: Veränderung des Haustierbestandes während der Bronze- und Eisenzeit in zwei schweizerischen «Melauner» Stationen, Montlingerberg und Mottata Ramosch, Zeitschrift f. Tierzucht und Züchtungsbiologie, Bd. 77

Literatur zur Latènezeit

Amschler, Wolfgang: Eisenzeitliche und römerzeitliche Tierreste aus Hallstatt, Oberösterreich, Archaeologia austriaca, Heft 3, 1949
Bittel, W., Kimmig, W., Schiek, S.: Die Kelten in Baden-Württemberg, Stuttgart 1981
Boessneck, Joachim et. al.: Die Tierknochenfunde aus dem Oppidum von Manching, Die Ausgrabung von Manching, Hrg. W. Krämer, Bd. 6, Wiesbaden 1971
Boessneck, Joachim: Die neuen Tierknochenfunde aus dem Keltischen Oppidum bei Manching im Vergleich mit den früheren, Zeitschrift für Tierzucht und Züchtungsbiologie, Bd. 77, 1962
– Ur- und frühgeschichtliche Tieropferfunde, Wissenschaftliche Zeitschrift der Martin-Luther-Universität, Halle Wittenberg, Gesellschafts- und Sprachwissenschaftliche Reihe, Band 31, 1982
Furger-Gunti, Andres: Die Helvetier – Kulturgeschichte eines Keltenvolkes, Zürich 1984
Hartmann-Frick, Hanspeter: Die Fauna der befestigten Höhensiedlung auf dem Borscht, Fürstentum Liechtenstein, Vaduz 1965
Herm, Gerhard: Die Kelten – Das Volk, das aus dem Dunkel kam, Düsseldorf und Wien 1976
Oberdorfer, Friedrich: Die Hunde des Latène-Oppidums Manching, Studien an vor- und frühgeschichtlichen Tierresten Bayerns, München 1959
Jankuhn, Herbert: Archäologische Beobachtungen zu Tier- und Menschenopfern bei den Germanen in der römischen Kaiserzeit, Nachrichten der Akademie der Wissenschaften in Göttingen, Jahrgang 1967
– Zur Deutung der Tieropferfunde aus La Tène Helvetia Antiqua, Festschrift für Emil Vogt, S. 155 ff.
– Hrsg.: Vorgeschichtliche Heiligtümer und Opferplätze in Mittel- und Nordeuropa, Bericht über ein Symposium in Reinhausen b. Göttingen, vom 14. – 16. Okt. 1968, Göttingen 1970
Keller, C.: La Faune de La Tène, in: Paul Vouga, La Tène, Leipzig 1923
– Über Haustierfunde von La Tène, Mitteilg. der thurg. Naturforschenden Ges., 20. Heft, Frauenfeld 1913
Krämer, Werner: Prähistorische Brandopferplätze, Helvetia Antiqua, Festschrift für Emil Vogt
Lessing, Erich: Die Kelten – Entwicklung und Geschichte einer europäischen Kultur, Freiburg (Schweiz) 1978
Petri, W.: Neue Funde des Hundes aus dem keltischen Oppidum von Manching, Studien an vor- und frühgeschichtlichen Tierresten Bayerns 10, München 1961

Schlerath, B: Der Hund bei den Indogermanen, Paideuma, Mitteilungen zur Kulturkunde, Band VI, November 1954
Schwarz, Klaus: Die Viereckschanze von Holzhausen, Jb. d. Bayerischen Bodendenkmalpflege, 1960
– Zum Stand der Ausgrabungen in der spätkeltischen Viereckschanze von Holzhausen, Jahresbericht der Bayerischen Bodendenkmalpflege, München 1962
Schwerz, F.: Tierreste aus La Tène, Anatomischer Anzeiger, 50. Bd. No. 18, Jena 1918
Stampfli, Hans Rudolf: Die Tierreste der Grabungen 1961 und 1962 auf der Engehalbinsel bei Bern, Jahrb. d. Bern. Histor. Museums, 39. u. 40. Jg., Bern 1962
Teichert, Manfred: Tierreste aus dem germanischen Opfermoor bei Oberdorla, Weimar 1974
– Haustierhaltung, Jagd und Fischfang in einigen germanischen Siedlungen zur Latènezeit und römischen Kaiserzeit, Domestikationsforschung und Geschichte der Haustiere, Internat. Symposium in Budapest 1971
Traininas, Dovidas: Beiträge zur Kenntnis der Haustiere der römisch-keltischen Ansiedlung auf der Engehalbinsel bei Bern, Diss. med. vet., Bern 1933
Vries, Jan de: Kelten und Germanen, Bern u. München 1960
– Keltische Religion, Stuttgart 1961
Wilke, Georg: Die Religion der Indogermanen in archäologischer Sicht, Leipzig 1923

Griechische und römische Schriftsteller

Plinius Secundus: Naturalis/Historiae – Naturkunde, Buch VIII, hrsg. u. übersetzt von Roderich König, Kempten 1976
Aelian: On the characteristics of Animals, English translation by A. F. Scholfield Vol. 1–3, Harward University Press, Cambridge 1958
Cäsar, Gajus Julius: Der gallische Krieg, übers. u. hrsg. v. Marieluise Deissmann, Stuttgart 1980
Columella: 12 Bücher über die Landwirtschaft, hrsg. u. übersetzt von Will Richter, Band II, Bücher 6–10, München, Zürich 1982
– Über Landwirtschaft, Ein Lehr- und Handbuch der gesamten Acker- und Viehwirtschaft aus dem 1. Jahrh. u. Z., übersetzt, eingeführt und erläutert von Karl Ahrens, Berlin 1976
Flavius Arrianus: Kynegetica, Arrians Kynegeticus, s. Anhang zu Xenophons Kynegeticus, übers. v. Chr. H. Dörner
Grattius Falliscus: Cynegetica
Oppian: Cynegetica, With an english Translation by A. W. Mair, Harward University Press, Cambridge 1928
Strabo, Amasya: The Geography of Strabo, with an english translation by H. L. Jones, London 1924
Tacitus: Germania, Übersetzung, Erläuterungen und Nachwort von Manfred Fuhrmann, Stuttgart 1971
Varro, M. Tarentius: De re rustica
Xenophon: Kynegeticus oder Büchlein von der Jagd, übersetzt v. Christian Heinrich Dörner, Langenscheidtsche Bibliothek der griech. u. röm. Klassiker, 61. Band, Berlin u. Stuttgart

Literatur zur Römerzeit

1. Werke zur Zeit- und Kulturgeschichte

Dohr, Heinz: Die italienischen Gutshöfe nach den Schriften Catos und Varros, Diss. phil.-hist., Köln 1965

Drack, W., Hrsg.: Ur- und frühgeschichtliche Archäologie der Schweiz, Band V, Die römische Epoche, Zürich 1966–1976
Franke, Alfred: Rom und die Germanen – Ein Bild der deutschen Frühgeschichte, Tübingen 1980
Furger, Alex A.: Vom Essen und Trinken im römischen Augst, Sonderdruck aus «Archäologie der Schweiz», 8. Jg. 1985, Nr. 3
Gonzenbach von, Victorine: Die römischen Mosaiken der Schweiz, Basel 1961
Hartmann, Martin: Vindonissa, Oppidum-Legionslager-Castrum, Windisch 1986
Howald, E., u. Meyer, E.: Die römische Schweiz, Zürich 1940
Imhoof-Blumer, F. u. Keller, O.: Tier- und Pflanzenbilder auf Münzen und Gemmen des klassischen Altertums
Laur-Belart, Rudolf: Über die Colonia Raurica und den Ursprung von Basel, Basel 1959
– Römer und Germanen in der Schweiz, Congrès International des Sciences Préhistoriques et Protohistoriques, Actes de la IIIe Session, Zürich 1953
Leibundgut, Annelies: Die römischen Bronzen der Schweiz, III Westschweiz, Bern und Wallis, Mainz 1980
Lexikon der alten Welt, Zürich und Stuttgart 1965
Loeschke: Lampen aus Vindonissa, Zürich 1919
Marti, O.: Römer und Alamannen am Oberrhein im 4. und 5. Jh. n. Chr., Bern 1954
Martin-Kilcher, Stefanie, Zaugg, Marc: Die Römerzeit, Fundort Schweiz, Bd. 3, Solothurn 1983
Ninck, Martin: Die Entdeckung von Europa durch die Griechen, Basel 1945
Paulys Realencyclopädie der classischen Altertumswissenschaft, Neue Bearbeitung, begonnen von Georg Wissowa, Stuttgart 1913
Pobé, M., Roubier, J.: Kelten – Römer, Begegnung der Kulturen in Gallien
Schlich, Hermann: Haltung und Gesundheitspflege der landwirtschaftlichen Nutztiere bei den Römern, Diss. med. vet., Giessen 1957
Stähelin, Felix: Die Schweiz in römischer Zeit, Basel 1931
Wiedmer, Hans-Rudolf: Die Walenseeroute in frührömischer Zeit, Helvetia Antiqua, Festschrift für Emil Vogt

2. *Grabungsberichte mit Tierknochenfunden aus der Römerzeit*

Schweiz:

Ammann, Heinrich: Osteologische Untersuchungen an Tierknochenfunden der römischen Militärbasis Vindonissa, Diss. med. vet., Zürich 1971
Bisig, Victor: Osteometrische Untersuchungen an zwei fast vollständigen Hundeskeletten der römischen Colonia Augusta Raurica, Diss. med. vet., Zürich 1971
Krämer, Hermann: Die Haustierfunde von Vindonissa, Diss., Zürich und Genf 1899
Martin-Kilcher, Stefanie: Die Funde aus dem römischen Gutshof von Laufen-Müschhag; Ein Beitrag zur Siedlungsgeschichte des nordwestschweizerischen Jura, Bern 1980
Sauer-Neubert, Angelika: Tierknochenfunde aus der römischen Zivilsiedlung Hüfingen, 1969
Schibler, J., Schmid, E.: Tierknochenfunde als Schlüssel zur Geschichte, der Ernährung, des Handwerks und des sozialen Lebens in Auguta Raurica, Augster Museumshefte, 12. August. 1989
Schmid, Elisabeth: Eine gallorömische Villa rustica bei Rheinfelden aus Argovia, Jahresschrift der historischen Gesellschaft des Kantons Aargau, 75. Band, 1963

Stampfli, H. R.: Die Knochenfunde auf dem Areal der römischen Villa auf dem Buchsi b. Köniz, Jb. des bern. hist. Museums, 39/40, 1959 u. 1960 Bern 1961
– Die Tierreste aus der römischen Villa «Ersigen Murrain» in Gegenüberstellung zu anderen zeitgleichen Funden aus der Schweiz und dem Ausland, Jb. des bernischen Historischen Museums, 45. u. 46 Jg.
– Tierreste aus einer Grossküche von Augusta Raurica, Baseler Stadtbuch 1967, 176–186
– Über Knochenfunde aus der römischen Stadt Augusta Raurica, Actes du VIIe Congrès International des Sciences Préhistoriques et Protohistoriques Prague, 21–27 août 1966, Prague 1970
Würgler, F. E.: Die Knochenfunde aus dem spätrömischen Kastell Schaan, Jahrb. Hist. Ver. Fürstentum Liechtenstein 58, 255–282, 1959

Ausland

Ehret, Rainer: Tierknochenfunde aus der Stadt auf dem Magdalensberg bei Klagenfurth in Kärnten, Kärntner Museumsschriften 34, Klagenfurth 1964
Hildebranft, K.: Tierknochenfunde aus der Stadt auf dem Magdalensberg bei Klagenfurth in Kärnten, Kärntner Museumsschriften 42, Klagenfurth 1966
Hornberger, Martin: Gesamtbeurteilung der Tierknochenfunde aus der Stadt auf dem Magdalensberg in Kärnten (1948–1966), Kärntner Museumsschriften 39, Klagenfurth 1970
Kokabi, Mostefa: Viehhaltung und Jagd im römischen Rottweil, Arae Flaviae II, Stuttgart 1982
Müller, Rudolf: Die Tierknochenfunde aus den spätrömischen Siedlungsschichten von Lauriacum, Wild und Haustierknochen ohne die Rinder, Diss. med. vet., München 1967
Pfannhauser, Reinhard: Tierknochenfunde aus der spätrömischen Anlage auf der Burg Sponeck bei Jechtingen, Kreis Emmendingen, München 1980
Piehler, Winfred: Die Knochenfunde aus dem spätrömischen Kastell Vermania, 1976
Requate: Tierreste aus dem römischen Kastell Ascibrugium, Zeitschrift für Tierzucht und Züchtungsbiologie, Bd. 77
Swegat, Walter: Die Knochenfunde aus dem römischen Kastell Künzing-Quintana, Diss. med. vet., München 1976

Literatur zum Frühmittelalter (Völkerwanderung, Alemannen)

Behm-Blancke, Günther: Gesellschaft und Kunst der Germanen, Die Thüringer und ihre Welt, Dresden 1975
Dölling, Hildegard: Haus und Hof in den Westgermanischen Volksrechten, Veröffentlichungen der Altertumskommission am Provinzialinstitut für Westfälische Lands- und Volkskunde, Bd. II, 1958
Drack, W., Hrsg.: Ur- und frühgeschichtl. Archäologie der Schweiz, Band VI, Das Frühmittelalter, Zürich 1966 bis 1976
Feddersen, D., Heinrich D.: Anomalien und Pathologien an Haustierknochen aus einer frühmittelalterlichen Siedlung und deren Bewertung im Hinblick auf Tierhaltung. Z. f. Tierz. und Züchtgsbiol., Bd. 94, 1977/78
Hachmann, G.: Die Germanen, Aerchaeologia Mundi, Genf 1971
Herre, W., Nobis G., Requate, H., Siewing G.: Die Haustiere von Haitahabu, Neumünster 1960

Moosbrugger-Leu: Die Schweiz zur Merowingerzeit – Die Archäologische Hinterlassenschaft der Romanen, Burgunder und Alemannen, 2 Bde. Bern 1971 u. 1973
Wais, Gerhard: Die Alemannen in ihrer Auseinandersetzung mit der römischen Welt, Berlin-Dahlem 1939

Literatur zu Mittelalter bis Neuzeit

Driesch, A. v. d. u. Kokabi, M.: Tierknochen aus einem Brunnen der mittelalterlichen Wüstung «Altstadt» in Villingen, Sonderdruck aus Fundberichte aus Baden-Württemberg, Bd. 4, 1979
Le Goff, Jacques: Kultur des europäischen Mittelalters, Zürich 1970
Schwarz-Dietrich, W. H.: Sachgüter und Lebensformen, Einführung in die materielle Kulturgeschichte des Mittelalters und der Neuzeit, Berlin 1970
Würgler, F. E.: Beitrag zur Kenntnis der mittelalterlichen Fauna der Schweiz, Jahrb. St. Gall. Natwiss. Ges. 75, 1–89, 1956

Mittelalterliche Chroniken

Boner, Ulrich: Edelstein, Bern 1450
Cysat, Joh. Leopold: Beschreibung dess Berühmbten Lucerner oder 4 Waldstätten Sees und dessen Fürtrefflichen Qualiteten und sonderbaaren Eygenschafften, Lucern 1661
Cysat, Renward: Collectanea Chronica und Denkwürdige Sachen pro Chronica Lucernensi et Helvetiae, Bearbeitet von Dr. J. Schmid, Luzern 1969
Edlibach, Gerold: Zürcher Chronik, Zürich 1485
Schilling, Diebold: Die Schweizer Bilderchronik 1513, Herausgegeben von Alfred A. Schmid, Luzern
– Amtliche Berner Chronik, Bern, 1468 und 1484
– Spiezer Chronik
– Chronik der Burgunderkriege, Bern 1480
Tschachtlan, Bendicht: Berner Chronik 1470

Darstellung von Hunden und Hunderassen vom Mittelalter bis zum Ende 19. Jahrhundert in zeitlicher Reihenfolge

Coleri, Iohannis M.: Öconomia oder Haussbuch, Wittemberg 1604
Gesner, Conrad: Thierbuch, Zürich 1683
König, Emanuel: Georgica Helvetica Curiosa, Das ist ein Eydgenössisch-Schweizerisches Hauss-Buch, Basel 1750
Zimmermann, E. A. W.: Geografische Geschichte des Menschen und der allgemein verbreiteten vierfüssigen Thiere nebst einer hieher gehörigen Zoologischen Weltcharte, Leipzig 1778
Schreber: Die Säugethiere und Abbildungen nach der Natur mit Beschreibungen, Dritter Theil, Erlangen 1778
Höpfner, D. Albrecht: Magazin für die Naturkunde Helvetiens, Zürich 1788
Blumenbach, J. F.: Handbuch der Naturgeschichte mit Kupfern, Göttingen 1791
– Abbildungen naturhistorischer Gegenstände, Göttingen 1796
Buffon, M. le Comte de: Histoire Naturelle des Quadrupédes, Berne 1792
Bechstein, J. M.: Gemeinnützige Naturgeschichte Deutschlands, Leipzig 1801

Römer, J. J. und Schinz, H. R.: Naturgeschichte der in der Schweiz einheimischen Säugethiere, Zürich 1809
Götz, Theodor: Monographie des Hundes, Gotha 1834
Brehm's: Illustriertes Thierleben, 1. Bd. Die Säugethiere, Hildburghausen 1868
Fitzinger, L. F.: Der Hund und seine Racen, Tübingen 1876
Horn, Oscar: Handbuch des Hunde-Sport, Wien/Leipzig 1882
Bungartz, Jean: Kynos, Handbuch zur Beurtheilung der Racen-Reinheit des Hundes, Stuttgart 1884
Koch, A.: Encyklopädie der gesamten Thierheilkunde und Thierzucht, Bd. I–II, Wien und Leipzig 1885/86
Beckmann, Ludwig: Geschichte und Beschreibung der Rassen des Hundes, Braunschweig 1895
Strebel, Richard: Die Deutschen Hunde, München, ca. 1905

Zur Geschichte von Landwirtschaft und ländlicher Kultur in der Schweiz, insbesondere des Kantons Bern

100 Jahre Gemeinde Rüschegg, Schwarzenburg 1960
Anderegg, F.: Illustriertes Lehrbuch für die gesamte schweiz. Alpwirtschaft, Bern 1897–1898
Audétat, Emil: Verkehrsstrassen und Handelsbeziehungen Berns im Mittelalter, Diss., Bern 1921
Frey, Heinrich: Das Emmental, Diss. Bern 1910
Friedly, Emanuel: Bärndütsch als Spiegel des bernischen Volkstums, Dritter Band: Guggisberg, Bern 1911
Geiser, Karl: Geschichte des Armenwesens im Kanton Bern, Bern 1894
– Studien über die bernische Landwirtschaft im 18. Jahrhundert, Bern 1895
Gotthelf, Jeremias: Sämtliche Werke, hrsg. von Hunziger, R. und Bloesch, H., Zürich
Grunder, Ernst: Beim alten Gurnigelküher, Guggisberg Jahrbuch 1947/48
Gutzwiler, K.: Hirten und Bauern in der Urzeit, Alpwirtschaftl. Monatsblätter 1940, Nr. 2
Hauser, Albert: Wald und Feld in der alten Schweiz, Zürich 1972
Historischer Kalender oder der hinkende Bot, Bern 1897 u. 1898
Imobersteg, J.: Das Emmenthal nach Geschichte, Land und Leuten, Bern 1876
Jenzer, J. J.: Heimatkunde des Amtes Schwarzenburg, Bern 1869
Marty, Albin: Die Viehwirtschaft der Urschweiz und Luzerns, insbesondere der Welschlandhandel 1500–1798, Zürich 1951
Merz, F.: Das Entlebuch und seine Viehzucht, Alpen- und Milchwirtschaft, Zürich 1887
Odermatt, Josef: Die Emmentaler Alpen, ihre Wirtschafts- und Rechtsgeschichte, Diss. Bern. Huttwil 1926
Ramseyer, Rudolf: Das altbernische Küherwesen, Sprache und Dichtung, Forschungen zur deutschen Sprache, Literatur und Volkskunde, Bd. 8, Bern 1961
Rodt von, Eduard: Altbernisches Jagdwesen, Neues Berner Taschenbuch 1901
– Bern im fünfzehnten Jahrhundert, Bern 1905
Roth, Alfred G.: Vom Küher zum Käser – Chronik des Amtes Fraubrunnen, 1958
Scheuchzer, Joh. Jak.: Beschreibung der Natur-Geschichten des Schweizerlandes, 3 Bde., Zürich 1706
Schnyder (v. Wartensee) Joseph Xaver: Besondere Beschreibung etlicher Berge des Entlibuches, Luzern 1783

Sonderegger, Stefan: Grundlegung einer Siedlungsgeschichte des Landes Appenzell anhd. der Orts- und Flurnamen, Appenzeller Jahrbücher 1957, Trogen 1958
Stalder, E. W.: Das Schwarzenburgerland, Berner Heimatbücher 6
Tschudi, v., Friedr.: Das Thierleben der Alpenwelt, Leipzig 1853
Walser, Hermann: Dörfer und Einzelhöfe zwischen Jura und Alpen, Bern 1900
Zahler, Hans: Volksglaube und Sagen aus dem Emmental, Schweiz. Archiv für Volkskunde, 15. Jahrg.
Zopfi, Hans, Hrsg.: Das Emmental, Land und Leute, Langnau 1954

Gemischtes seit Beginn des 20. Jahrhunderts

100 Jahre Kynologische Forschung in der Schweiz, Schweiz. Kynologische Gesellschaft, Albert-Heim-Stiftung, Bern 1976
50 Jahre Schweizerische Kynologische Gesellschaft 1883–1933, Winterthur 1933
100 Jahre Schweizerische Kynologische Gesellschaft, Bern 1983
Brockmann-Jerosch, M., Heim, A. u. H.: Albert Heim, Leben und Forschung, Zürich 1952
Glättli, Walter: Unsere Hunde in der Vergangenheit. Die Entstehung der Kynologie um die Jahrhundertwende, Selbstverlag, Thalwil 1986
Heim, Albert: Die Schweizer Sennenhunde, Zürich 1914
– Der Neufundländerhund, Zürich 1927
– Der Zughund, SHSB Band 29, 1930
– Die Schweizer Sennenhunde, in: Festschrift zum Fünfzigjährigen Bestehen der S.K.G. Winterthur 1933
Mäder, M.: Der Appenzeller Sennenhund, Diss. Zürich 1951
Räber, Hans: Schweizer Hunderassen, Zürich 1971
Scheitlin, M.: Der Grosse Schweizer Sennenhund, Diss. Zürich 1945
Schmid, Bastian: Zur Psychologie des Treibens und Hütens, Zeitschrift für Tierpsychologie, Bd. I, Heft 1, Berlin 1937
Schneider, Karl Max: Zur gewichtsmässigen Jugendentwicklung gefangengehaltener Wildcaniden nebst einigen zeitlichen Bestimmungen über ihre Fortpflanzung, Zoologischer Anzeiger, Ergänzungsband zu Band 145, (Festschrift für B. Klatt)
Seiler, Roman: Der Hochdächser, in: Erlebnisse, Erinnerungen und Dichtungen eines alten Schulmeisters, unveröffentlichtes Manuskript, ca. 1900
Tagmann, Adolf: Der junge Hund, Praktische Anleitung zur Züchtung, Aufzucht, Pflege und Dressur, Zürich und Leipzig, ca. 1900
– Illustriertes Kynologisch-Ornitologisches Lehr- und Adressbuch der Schweiz, Bern 1907
Tschudy, W.: Geschichte des Hundes, Bern, ca. 1918

Periodica

Schweizerisches Hundestammbuch (SHSB) Band 1 bis 89, 1989
Der Hund: Offizielles Organ des Vereins zur Veredelung der Hunderacen für Deutschland, Leipzig Jg. 1881–1883
Schweizerische Blätter für Ornitologie, Beilage: Schweiz. Blätter für Kynologie, 1885–1886
Centralblatt für Jagd- und Hundeliebhaber, Offizielles Organ der Schweiz. Kynologischen Gesellschaft, Zürich, Basel u. St. Gallen 1885–1921
Schweizerische Tier-Börse, Bern 1898–1921

Schweizer Hundesport und Jagd, Offizielles Organ der Schweiz. Kynologischen Gesellschaft (SKG) Bern 1922–1930

Ausstellungskataloge in zeitlicher Reihenfolge

Katalog der Internationalen Hunde-Ausstellung auf dem Turnplatz in Bern, am 14., 15., und 16. Juli 1889, veranstaltet von der Sektion Bern der Schweiz. Kynologischen Gesellschaft

Katalog der Internationalen Hundeausstellung in Thun, am 12., 13., und 14. August 1899, veranstaltet von der Sektion «Berna»

Katalog der Kantonal bernischen Hundeschau auf dem Galgenfeld bei Ostermundigen, Sonntag, den 28. April 1901

Katalog der Schweizer. Hundeschau, Sonntag, den 11. Mai 1902 auf dem Galgenfeld bei Ostermundigen. Kynologischer Verein Berna, Sektion der SKG

Katalog der Internationalen Ausstellung von Hunden aller Rassen auf der Schützenmatte in Bern, am 13., 14. und 15. August 1904 in Bern, veranstaltet vom kynologischen Verein Berna

Katalog der II. allgem. Ausstellung von Hunden aller Rassen in der Centralmarkthalle Langenthal, am 20. und 21. Mai 1905

Katalog 1908, Internationale Hundeausstellung, Jubiläumsausstellung zur Feier des 25jährigen Bestehens der Schweiz. Kynolog. Gesellschaft in Langenthal, Samstag und Sonntag den 29. und 30. August 1908.

Literaturverzeichnis 2 (alles übrige)

Althaus, Th.: Die Verhaltensentwicklung beim Siberian Husky in den 10 ersten Lebenswochen. Liz. Bern 1973

Belfield, W. O., Zucker, M.: How to have a healthier dog, New York 1982

Bienz, A.: Klinische und radiologische Untersuchungen über den fragmentierten Prozessus coronoideus medialis im Ellbogengelenk des Berner Sennenhundes und der anderen Sennenhunde-Rassen, Diss., Zürich, 1985

Brass, W., u. a.: Bericht der Hüftgelenkdysplasie-Kommission, Kleintierpraxis, Hannover, 23, 1978

Brunner, F.: Der unverstandene Hund, Melsungen, 1975

Burns, M., Fraser, M. N.: Die Vererbung des Hundes, Reutlingen, 1968

Concannon, P. W.: Endocrinology or canine estrous cycles, Pregnancy and parturition, Society for Theriogenology, Proceedings of the annual meeting, Denver, Colorado, Sept. 1984

Donath, W. F.: Hunde gesund ernährt, Rüschlikon-Zürich, 1978

Fankhauser, R.: Anfallkrankheiten (Epilepsie) beim Hund, Unser Rassehund, Dortmund, 12, 1987

Freudiger, U.: Die Resultate der Hüftgelenksdysplasie-Bekämpfung beim Deutschen Schäfer in der Zeit von 1965 bis 1972, Schweiz. Arch. Tierheilkunde, 115, 1973

– Über die Zuverlässigkeit des Vorröntgens zur Beurteilung der Hüftgelenkdysplasie, Schweiz. Arch. Tierheilkunde 115, 1973

– Die Hüftgelenksdysplasie, ein kynologisches Problem, Separatdruck aus «Der Bund«, Nr. 134, 12. 6. 1979

Gottschalk, Werner: Allgemeine Genetik, Stuttgart, New York, 1989

Gustavson, I.: The Chromosoms in the Dog, 1964

Harmar, H.: Hunde züchten mit Erfolg, Rüschlikon-Zürich, 1978

Hauck, E.: Die Beurteilung des Hundes, Berlin u. Wien, 1929

Hirsch, H., Schäppler, G.: Ein Beitrag zum Thema Prämolarenverluste beim Hund, Der Hund, Berlin, 1965
Holmes, J.: Der Hund im Haus, Rüschlikon-Zürich, 1979
Hořak, F.: Die Augenfarbe des Hundes, Der Hund, Berlin, 1, 1987
Hutt, F. B.: Animal Genetics, New York, 1964
Jödicke, R.: Inzuchtkoeffizienten in der Hundezucht, Schweizer Hundesport, 2, 1983. Ein Beitrag zur Vererbung des Black-and-tan-Musters, Hunde, 6, 1990
Johansson, J.: Rendes, J., Genetics and Animal Breeding, Edinburgh and London, 1969
Kaiser, G.: Physiologische und evolutive Aspekte der Säugerontogenese im Zusammenhang mit den körpergrösseabhängigen Fortpflanzungserscheinungen bei Haushunden, Sonderdruck aus Z. f. Systematik u. Evolutionsforschung, 4, 1977
– Die Reproduktionsleistungen der Haushunde in ihrer Beziehung zur Körpergrösse und zum Gewicht der Rassen, Zt. für Tierzüchtung und Züchtungsbiologie, 2, 3, 4, 1971
Koch, W.: Prämolarenverluste, Der Hund, Berlin, 1963
Kohz, E.: Über den Prämolarenmangel beim Hund, Diss., München, 1955
Leibenguth, Friedrich: Züchtungsgenetik, Stuttgart, New York, 1982
Lippe E.: Verhalten verschiedener Gebissanomalien des Hundes im Erbgang, Diss., Greifswald, 1938
Little, S. S.: The inheritance of coat color in dogs, New York, 1957
Lush, J. L.: Animal breedingplanes, The Jowa State College Press, Ames, Jowa, 1945
Lyon, Mc, D.: The Dog in Action, New York, 1969
Meyer, H.: Ernährung des Hundes, Stuttgart, 1983
Moore, P. F., Rosin A.: Malignant Histiocytosis of Bernese Mountain Dogs, Vet. Pathol, 10, 1986
Müller, L. F.: Rassebedingte Krankheitsdispositionen, Unser Rassehund, 19, 1969
Nickel, R., Schummer, A., Seiferle E.: Lehrbuch der Anatomie der Haustiere, Berlin und Hamburg, 1976
Nussbaumer, M.: Über die Variabilität der dorso-basalen Schädelknickungen bei Haushunden, Zool. Anz., Jena 209, 1982
– Grössen- und geschlechtsabhängige Proportionen zwischen Hirn- und Gesichtsschädel beim Berner Sennenhund, Zt. f. Tierzüchtung und Züchtungsbiologie, 1, 1985
Ochsenbein, U.: Der neue Weg der Hundeausbildung, Rüschlikon-Zürich, 1979
Olson, P. N.: Clinical approach to infertility in the stud dog, Society for Theriology, Proceedings of the annual meeting, Sept. 1984, Denver, Colorado
Onstott, K.: The New Art of breeding better dogs, New York, 1977
Pape, H.: Anpassung des Farbvererbungsschemas bei Hunden an allgemeine Verhältnisse bei Säugetieren, Schweizer Hundesort, 6, 1985
Pfaffenberger, C. J.: The New Knowledge of Dog Behavior, New York, 1963
Pfosi, H.: Hunde, Zucht, Aufzucht, Haltung, 1964
Portmann-Graham, M.: The Mating and Whelping of Dogs, London, 1961
Räber, Hans: Brevier neuzeitlicher Hundezucht, Bern, 1974
Rehfeld, C. E: Definition of relationships in a Beagle colony, Am. J. Vet. Res. 31, 723–32, 1970
Robinson, F.: Genetics for dog breeders, Oxford, 1982
Schawalder, P.: Beiträge zur Biomechanik, Klinik und Therapie des Hüftgelenks beim Hund, Bern, 1987
Schleger, W.: Geschichte und Entwicklung des Bullterriers – genetisch bedingte Fintessminderung einer einseitig gezüchteten Hunderasse, Diss., Wien, 1983

Schleger, W., Stur, J.: Hundezüchtung in Theorie und Praxis, Wien, München 1986
Schmidt, A., Müller, S., Stur, J.: Untersuchungen über den Zusammenhang zwischen Inzuchtgrad und Wurfgrösse bei verschiedenen Hunderassen, Hunde, Bern, 13, 1987
Schweiz. Kynologische Gesellschaft, Reglement für Ausstellungen der SKG, Langenthal, 1979
Scott, J. P., Fuller, J. L.: Genetics and the social behavior of the dog, Chicago and London, 1965
Seiferle, E.: Neue Hundekunde, Rüschlikon-Zürich, 1973
Seiferle, E., Leonhardt, W.: Wesensgrundlagen und Wesensprüfung des Hundes, Zürich, 1984
Selden, J. R., Moorhead, P. S., Oehlert, M. I. Patterson, D. F.: The Giemsa banding pattern of the canine karyotype, 1975
Sieber, I.: Hundezucht mit Liebe und Verstand, Rüschlikon-Zürich, 1963
Skrentny, T. T.: Prelimimary study of the inheritance of missing teeth in the dog, Wien, 1964
Spengler, H.: Gedanken zum Problem der Backenzahnverluste beim Hund, Der Hund, Berlin, 1969
Stockard, C. R.: The genetic and endocrine basis for differences in form and behavior as elucidated by studies of contrasted pure-line dog breeds and their hybrids, Amer. Anat. Mem. Wistar Inst. Anat. Biol., Philadelphia, 19, 1941
Stockmann, F., Aldington, E. H. W.: Das Gangwerk des Hundes, Weiden, 1985
Stöhr, H.: Wie hilft man kranken Hunden? Rüschlikon-Zürich, 1961
Stur, J., Kandelhart, H.: Untersuchungen über den Inzuchtstatus einer Rauhhaardackelpopulation, Unsere Hunde, Wien, 1985
Stünzi, H.: Rasse und Krankheitsdispositionen. In: 100 Jahre kynologische Forschung in der Schweiz
Stünzi, H., Teuscher, E., Scheitlin, M.: Zur Pathologie und Therapie der akuten Magendrehung beim Hund, Schweiz. Arch. Tierheilk., 97
Teichmann, P.: ABC der Hundekrankheiten, Leipzig, 1984
Trumler, E.: Mit dem Hund auf Du, München, 1971
Van der Velden, N. A.: An abnormal behavioural trait in Bernese Mountain Dogs, Tijdschr. Diergeneesk., 8, 1976
Vogt, H.: Rassen- und altersmässige Verteilung der Krankheiten in der Hundepopulation Zürichs, Diss., Zürich, 1968
Weber, W.: Über die mediane Nasenspalte beim Berner Sennenhund, Archiv der Julius- Klaus-Stiftung, Zürich, 1955
– Über die Vererbung der medianen Nasenspalte beim Hund, Schweiz. Archiv f. Tierheilkunde, 8, 1959
Wegner, W.: Kleine Kynologie, Konstanz, 1979 u. 1986
Whithney, L. F.: How to breed dogs, New York, 1976
Wiesner, E., Willer, S.: Lexikon der Genetik der Hundekrankheiten, Leipzig, 1983
Willis, M. B.: Züchtung des Hundes, Stuttgart, 1984
– Some provisional ideas on Hypomyelinogenesis in the Bernese Mountain Dog, Bernese Mountain Dog Club of great Britain Magazine, 1986
– Genticists report, German shepard Dog Improvement Foundation, Colesden, Mimeo, 1978
Wolff, H. G.: Unsere Hunde gesund durch Homöopathie, Regensburg, 1983
Woodruff, Ch. S.: Akute Blähung und Magenverdrehung, Schweizer Hundesport, 10, 1983
Zimen, E.: Der Wolf, Wien, 1978

Zeitschriften

- The Alpenhorn, official magazine of the Bernese Mountain Dog Club of America, Downers Grove, Illinois, USA
- Bernese Mountain Dog Club of Great Britain Magazine, Davyhulme, Manchester, GB
- Der Hund, Verband der Kleingärtner, Siedler und Kleintierzüchter, Berlin
- Schweizer Hundesport/Hunde, Haltung, Zucht, Sport, offizielles Organ der Schweiz. kynologische Gesellschaft, Bern
- Unser Rassehund, offizielles Organ des Verbandes für das Deutsche Hundewesen, Dortmund

Nachweis der Abbildungen und Grafiken

1. Farbbilder

(die Seitenangaben beziehen sich auf die nebenstehenden Textseiten)

S. 48 Zwei ausgewählte Darstellungen ländlicher Szenen mit Hunden von Schweizer Kleinmeistern aus dem 18. Jahrhundert, aus der Sammlung Gugelmann, Schweiz. Landesbibliothek, Bern
Sigmund Freudenberger (1745–1801): «Am Murtentor in Bern».
Eine Marktszene mit zwei Bauernhunden. Man beachte vor allem auch den dreifarbigen Hund links im Bild unter dem Kopf der Kuh.
Franz Niklaus König (1765–1831): «Die Kindstauffe im Canton Bern»
Die Dreifarbigkeit ist bei diesem Hund nur angedeutet, doch unzweifelhaft vorhanden. Grösse und Gehabe lassen den am Familienleben teilhabenden grossen bernischen Hofhund erkennen.

Als «Schweizer Kleinmeister» wird eine Gruppe von Malern verstanden, die unter dem Einfluss der Aufklärung und dem damals einsetzenden «Zurück zur Natur» u. a. gerne ländliche Idyllen darstellten. Die von ihnen gemalten Bauernhunde sind zwar nicht einheitlich, lassen sich jedoch aufgrund der Hängeohren, des Haars, der Farben und auch des Typs unschwer als Vorläufer des heutigen Berner Sennenhundes erkennen.

S. 49	Netty von Burgdorf, gemalt von A. Heim	Albert-Heim-Stiftung
	Auf dem Viehmarkt in Thun	B. Pfeiffer
S. 80	Ausdrucksvoller Rüdenkopf	Foto Friebel
S. 81	Standbild eines schönen Rüden	B. Günther
	Blick auf die Berner Landschaft. Im dunstigen Hintergrund die Hügel des Dürrbachgebiets	M. Bärtschi
S. 208	Bäuerin aus altem Kühergeschlecht vor dem Berghaus auf der Alp Rämisgummen in den Emmentaler Alpen	M. Fankhauser
S. 209	«Wer bist du?» Schaf und Hund beschnuppern sich.	G. Schmidt
S. 320	Ein Korb voll Züchterglück	E. Ménégoz
S. 321	Welpen an der besten aller «Tränken»	G. Schmidt
S. 384	Zwölf Tage alte Welpen – gerade haben sich die Augen geöffnet	M. Bärtschi
	Welpe auf Entdeckung	M. Bärtschi
S. 385	Portrait einer aufmerksamen Hündin	M. Bärtschi
	Bäri döst	R. Kufahl
S. 512	Im Sprung	G. Schmidt
S. 576	Spielend erobern Welpen ihre Welt	G. Schmidt
S. 577	Freundschaftliches Raufen um Beute	G. Schmidt

S. 513	Im hohen Norden werden Berner noch zu echter Arbeit eingesetzt	Foto Jensen
	Nicht wie «Hund und Katz»	D. Stingl
S. 704	Berner sind gute Bergkameraden	B. König
	Nana, Sämi und Bäri – drei Freunde	H. Bussmann
S. 704	Wir zwei	H. Bussmann

2. Schwarzweissfotos

Margret Bärtschi

Für weitere Aufnahmen danken wir den nachfolgend genannten Personen und Institutionen: Abert-Heim-Stiftung, S. 21, 58, 64, 65b., 67, 107, 389, 394; Abrams, R., 320; Baumgartner, R., S. 735; Brönnimann, Fr., S. 68, 69; Burger, S., S. 402; Cook, P., S. 238, 546, 736; Eghoff; vet. anat. Institut der Universität Bern, S. 564, 565; Fankhauser, M., S. 210; Flathus, L., S. 167; Foto Klopfenstein, S. 686; Gasser, V., S. 735; Herper, R., S. 99; Günther, Prof. Dr. B., S. 424; Hübscher, M., S. 458; Hutt, F. B., Genetics for Dog Breeders, S. 246, 247; Iseli, H. U., S. 72, 481; Jacob, H., S. 335; Kern, L., S. 719; König, B., S. 318; Langmoen, A., S. 688; Leimgruber, F., S. 493; Perlmutter, M., S. 180; Pfander, H., S. 47; Ramstein, Dr., C., S. 72; Schmidt, G., S. 676; Schweiz. Landesmuseum Zürich, S. 30; Sharmann, G., S. 93; Spengler, H., S. 353; Teichmann, P., S. 537; Tschanz, E., S. 102, 185, 393; Verkehrsverein Langnau, S. 43; Wald, C., S. 92, 159, 481b.; Weber, W., S. 526, 527; Wiget, H. R., S. 723; Unbekannt, S. 225, 459

3. Grafische Darstellungen und anatomische Skizzen

Hansjoachim Spengler

ausgenommen: M. Bärtschi: S. 61, 71, 85 unten, 95, 101, 104, 164, 254, 256, 257, 260, 262, 302, 303, 305, 307, 390, 474, 475, 476, 487, 519, 548, 549, 551, 554, 588, 589, 625, 724, 715

Sachwortverzeichnis